金陵全書

丙編·檔案類

南京近代教育檔案

首都教育

南京市檔案館 編

南京出版傳媒集團
南京出版社

圖書在版編目（CIP）數據

南京近代教育檔案. 首都教育 / 南京市檔案館編
. -- 南京 : 南京出版社, 2019.12
（金陵全書）
ISBN 978-7-5533-2708-2

Ⅰ. ①南… Ⅱ. ①南… Ⅲ. ①地方教育—教育史—史料—南京—近代 Ⅳ. ①G527.531

中國版本圖書館CIP數據核字(2019)第264067號

書　　名　【金陵全書】（丙編・檔案類）
南京近代教育檔案・首都教育
編　　者　南京市檔案館
出版發行　南京出版傳媒集團
南　京　出　版　社
社址：南京市太平門街53號　　郵編：210016
網址：http://www.njcbs.cn　　電子信箱：njcbs1988@163.com
聯系電話：025-83283893、83283864（營銷）　025-83112257（編務）

出 版 人　項曉寧
出 品 人　盧海鳴
責任編輯　朱天樂　崔龍龍
裝幀設計　王　俊
責任印製　楊福彬

製　　版　上海雅昌藝術印刷有限公司
印　　刷　上海雅昌藝術印刷有限公司
開　　本　889毫米×1194毫米　1/16
印　　張　29.75
版　　次　2019年12月第1版
印　　次　2019年12月第1次印刷
書　　號　ISBN 978-7-5533-2708-2
定　　價　1000.00 元

提　要

南京是中國近代教育的重要發源地。清末國力衰微，社會動蕩，國人寄希望于教育救國，以助國家强盛。南京以「洋務運動」爲先聲，建學堂、采西技、開民智、啓童蒙，率先創辦新式學校，走在了當時中國教育的前列。

民國肇始，中央政府設教育部，省設教育司、廳機構，一九一三年，南京在縣公署下設第三科，管理教育事宜。一九一五年，南京爲金陵道，設道視學，以視察各縣教育狀况。一九一九年五四運動的爆發，南京出現了一股興辦學校的熱潮。一九二三年，南京地區各縣教育局下設學務委員改爲教育委員，負責本學區的教育事項。這一時期，涌現出一批教育改革實踐家，郭秉文在南高師（後改名爲東南大學）推行教育改革，陶行知在南京開展平民教育和鄉村教育，陳鶴琴創辦了中國第一個實驗幼稚園——鼓樓幼稚園，俞子夷在南高師附屬小學開展各類教學法實驗改革……一時間，南京教育率全國之先，前來參觀學習者絡繹不絶。

一九二七年，國民政府定都南京，六月一日，南京特别市政府成立。與此同時，南京市教育局也組建完成，主要管理全市公、私立中小學及幼稚園。市局局址設在貢院街市府内（一九二八年遷至船板巷，再遷奇望街），局内設局長一人，又分置總務、學校教育、社會教育三科。不久，國民政府改革教育行政體制，試行大學院和大學區制，原江蘇省教育廳改爲第四中山大學教育行政院，管轄江蘇省及上海地區一切教育行政事宜。大學院和大學區制試行不滿兩年，遂停止。此後，中央爲教育部、省爲教育廳、市縣爲教育局或教育科的教育行政系統基本固定下來。

一九二八年五月，南京特别市教育局在科級下面設股，總務科設文書、庶務、統計、編審等股；學校教育科設中等教育、初等教育、改良私塾等股；社會教育科設圖書博物、民衆教育、文化藝術、公共娛樂等股。十一月又增設教育研究科，下設編審、測驗、統計等股；開設督學、視察指導員若幹人。一九三〇年，國民政府取消特别市建制，南京特别市教育局改稱南京市教育局，設第一、二兩科，第一科設總務、初等教育、中等教育三股；第二科設民衆教育、文化藝術、編審實驗等三股，另設督學、指導員。一九二三年，因市財政拮據，市教育局撤并入市社會局，爲社會局第三科，下設學校教育、社會教育、研究實驗三股；另置督學、指導員和統計人員。次年，南京市增設教育設計委員會，有委員十五至二十一人，市長、秘書長、社會局局長爲當然委員，其他委員由市政府聘請專家及熱心教育事業者充任。到抗戰爆發前，南京的初等教育、中等教育、高等教育、職業教育、師範教育得到迅速發展。整頓學風、强化巡育，實行軍訓，推廣會考制度。

一九三七年七月，抗日戰争爆發。國民政府爲保存教育實力，堅持長期抗戰和準備戰後重建，决定將文化教育機構内遷。在烽火連天，極端困難的條件下，南京的高等學校、普通中學、中等職業學校、軍事學校陸續遷往西南、西北地區，其中遷往重慶的最多。西遷辦學不但保存了民族文化教育事業的實力和元氣，培養了一批專門人才，搶救了一批無法估計的文化資源，而且在客觀上調整了中國文化教育發展不平衡的局面，促進了大後方文教事業的發展。

一九三七年至一九四五年，日僞統治南京期間推行奴化、僞化教育，廣大愛國師生利用各種形式與日僞當局展開鬥争。

一九四六年，國民政府還都南京。南京市的教育文化工作仍屬社會局管理，着手接收和恢復各級各類學校的工作，努力肅清汪僞政權奴化教育的影響。次年，恢復了市教育局機構，設四室四科，即秘書室、哲學室、人事室、會計室以及國民教育科、中等教育科、社會教育科、總務科。

一九四九年四月二十三日，南京解放，南京的教育事業揭開了新的一頁。

《南京近代教育檔案》的主要内容包括：國民政府教育部、南京市教育局頒布的國民教育五年計劃、各省市教育工作計劃編制要點、普及失學民衆識字教育計劃、南京市師範教育實施方案、南京市職業教育推行改進計劃及職業教育設施概况等；大學法、專科學校法、南京市實施義務教育暫行辦法、南京市立中等學校及各級國民學校學生免費暫行辦法、南京市立各級學校職教員考核暫行辦法等；南京市教育局所屬各小學及社教機關經費報銷、校務維持及經費支領、市立中小學教職員支薪暫行辦法、教育文化臨時費附屬表、各學校所收學雜費設備費明細表等；南京市各小學校向南京市社會局上報校舍房産調查表、南京市工務局制定的校舍施工細則、工程合同、工程開工請示單、驗收申請單及工程驗收單、工程决算書、各中小學校舍圖樣等；教育部督學視察南京市中小學及社會教育報告、南京市私立各級學校視察報告、南京市國民學校視導標準等；南京高等師範學校教育專修科第一級教學概况、國立東南大學農科之基礎與計劃、概况、南京特别市教育、工作述要、教育事業概况、南京教育、教育概覽、教育章則輯要、首都教育等以及有代表性的中小學校檔案匯編。

希望《南京近代教育檔案》的出版，有助于深入研究、弘揚南京近代教育的歷史經驗，有助于生動考察南京教育的源遠流長，有助于開展具有地域特色的愛國主義教育，更有助于「創新名城、美麗古都」新南京的建設。

目録

首都教育

創刊號

中華民國三十五年十二月二十五日

首都教育出版社編印

首都教育創刊號（一九四六年十二月二十五日）

檔號：1003-7-1276

文華印務局

承印

書籍圖表　中西箋封　彩色商標　文憑股票　喜帖訃聞　中西簿記　燙金劃線　鐫刻圖章

地址：南京林森路二六三號

南京市自來水管理處
首都電廠　註冊

俊記水電工程行

承裝水電工程　經售水電材料

代客承裝各色光燈

備貨充足　售價低廉

行址：朱雀路八〇號

發刊詞

馬元放

古者講庠序之教，其學校之制，莫備於京師，蓋所以儲致用之人才，繫四方之觀瞻，其大且重，曾不以時世變易而有所損遜，洎乎今日，則與時俱進，增重有加，南京承吳晉之後，為八代名都，迨至明代，制度恢閎，城垣高壯，其氣象之偉大，更足振領全域，超邁舊京，而國子監之規模，生徒多至數萬，今猶無出其右。興國之業，人文之盛，蔚為異采，歷久弗衰，運會轉軸，陸海替興，南京西負東向，吞吐江海，自門戶開放以來，巍為重鎮，國父窆瘞，定為首都，國民政府承教奠此，增飾創建，甫及十年，而學校大備，聲教日隆，於京師之大之重，頗足相副。嗣敵寇肆虐，陷我上都，犬羊腥羶，將及八載，而我首都之教育設施，遂盡淪於荊榛。去歲勝利復員，艱難經營，收瓦頹垣之中，漸聞弦誦之聲。信中國之新生，其基深厚，而我民族潛在之力，無功不成，非可限量。今夏教局恢復，懷於「建國工作教育第一」之義，益知其大且重，倍於四方。八年之摧毀既久，一朝之興復匪易，進而配合建設，則擴展之圖，亟待進行，其所需要，誠昔所未有而莫急於今。撫視江山，眷懷今古。以首都之大，教育之重，我教界同人，自分所應勉。惟喪亂之後，圖籍蕩然，參考進修，鮮所取資，每一念及，輒以為憾。為研究輔導起見，爰有「首都教育」半月刊之印行，所冀集思廣益，日知月能，促進教育之效率，俾盡吾人之職責，所以復興民族，完成建國，無忝於首都之大且重者，本刊願為前驅。尚希各方人士，有以教之。

特載

勗南京市教育工作同人

——朱教育部長於三十五年十一月三日在南京市教育工作人員第一次擴大紀念週訓詞——

今天得到這個機會，參加南京市教育工作人員第一次擴大紀念週，與諸君共聚一堂，感覺非常愉快！在去年勝利之後，卽想與各位談談，但是限於時間，未能如願。

在八年抗戰期中，不論在前方或後方，各位為教育而努力奮鬥，對爭取勝利是有莫大貢獻的！南京教育工作人員之苦心維持教育，與努力地下工作，本人常獲得報告。各位在萬分困難之處境中，出生入死，實令人欽佩！

勝利已逾一年，在這一年之中，重心在復員工作，很多未能如預期而完成。戰爭中所遭遇的困難，各國皆然，我國基於特殊情形，自更嚴重。

因此一年來恢復工作尚未能完成，發展自無從談起。

現在失學兒童與青年這樣多，不能一一予以入學機會，令人非常難過，主持教育行政的人，內心更覺不安！我們教育工作人員，一定要在崇高的理想下，來克復這種困難，完成這種任務。你們能在清苦生活中，從事教育工作，當卽憑藉此種崇高的理想，目前教育界生活之清苦，較戰時為尤甚，幾已至不能維持生活，此種情況，我很清楚，我致力於教育工作三十年，對此自亦深表同情。但其原因，我們亦應有所了解，八年長期抗戰，國家整個經濟，的確異常困難，抗戰勝利後，遭遇意外阻礙，經濟損失，不計其數，同時政府應有的收入，因受意外阻礙，而大為減少，國家財政竭蹶，自必影響事業之發展，教育事業之連同蒙受影響。亦屬不可避免之事實。

在目前這種情形之下，學校設備固甚簡陋，而教職員的薪津，也是不夠維持生活的，但是我教育界的同仁，仍能堅守崗位，從事教育工作，這為的是我們負有一種神聖的使命；為國家，為民族，願在崇高的理想下，艱苦奮鬥，完成使命。

在這個重大困難情形之下，京市教育，不僅維持現狀，並能逐漸擴充，均係各位努力奮鬥的成就。

教育工作人員生活困苦，乃是事實，在教育第一的原則之下，教職員待遇，本應提高，但諸君應知在目前情形之下，仍是軍事第一，亦必須國家秩序完全恢復後，才能做到教育第一，因為這種緣故，政府不能不顧及軍人待遇之調整，而單獨提高公教人員待遇，尤其未便單獨從高教育工作人員之待遇。在物價高漲中，薪水階級特別痛苦，敎界同仁，痛苦尤深，自可不言而喩，亦唯有憑我們自己的崇高理想，克復困難，以完成神聖的使命，京市生活程度甚高，各位堅苦卓絕之精神，彌覺感慰！

教育本身，尙有一重大危機，就是學風問題，學風不振，眞是嚴重，現在學風不如戰前，殊堪焦慮，戰爭破壞一切，學風因之亦被破壞。所以今日的敎育，特別要從嚴格整頓學風做起，否則我們都是敎育的罪人。樹立學風，不能徒託空言，我們要實事求是，負責敎導學生，勿稍鬆和姑息。方能轉移風氣。

此外還須喚諸君注意的：

敎師敎學時要有充分的內容，不可馬馬虎虎，敷衍從事，這種不負責任的態度，必須糾正。我們敎書，定要有充分的內容，好的敎學方法，學生才樂於接受，易於了解。

要使兒童與青年，養成尊師重道的心理。敎師要以身作則，身體力行，並須與學生共同生活，視學生爲自己的子女，關心無微不至。能如此，學生自然會聽敎師的話，自然可以接受一切。

我們辦理行政，要合理化。要有良好的秩序。現在學校各種條件，因未能具備，但是在現況下可以做到的，尙多未能完成，新生活運動推行十餘年，但其成績離開理想仍甚遠。一定要做到整齊清潔，井井有條，公正無私，財政尤須絕對公開。對學生應嚴加管束，不可姑息。這些年來，因種種原因，學校對於學生，有時過於姑息，造成很多不良現象，我們要好好管束學生。對兒童與青年，一味放縱姑息，這是不對的。現在許多青年，我們愈放縱他，他却愈不入軌道，很多青年，已經是衣國家，食國家，住行也靠國家，還認爲這樣享受是當然的，這種觀念還要得嗎？糾正這種錯誤觀念的責任，完全在敎師，趕快要樹立良好學風，轉移風氣，過去不良的情形與現在學生囂張狀態，都不能再繼續下去。這是我懇切要求於諸君的！

至於敎師生活，和學校設備等，敎育部和市敎育局實在無時不在關心之中，自當盡最大的努力，設法使敎育界同仁，能安心敎學，學校設備能逐漸予以充實。

我相信目前國內的一切糾紛，不久當能平復，經濟狀況也可望逐漸好轉的，我們本着過去堅苦卓絕的精神，渡過了這個難關，只要我們共同努力以赴，一切都可以克服，前途自然是光明的！

對京市教育工作人員之希望

——馬前市長於三十五年十一月三日在南京市教育工作人員第一次擴大紀念週訓詞——

今天我們全市中小學敎職員，在這裏舉行擴大紀念週，這是一個富有意義的創舉，尤其本人能在調任之前，有這樣一次機會，來和大家見見面，說幾句話，實在格外覺得愉快，我現在首先要把南京市，戰前和戰後的敎育情形，作一個簡略的報告。

本人奉命幾次主長京市，對於敎育素來特別重視，在戰前，南京市的敎育經費，就佔全市府的開支百分之四十。那個時候，計有中等學校五所，各級小學一百七十九所，質量都很好，新築校舍佔百分之五十以上，各校的圖書室，體育室，衛生室，和校具敎具，無不俱備，小學敎師必須檢定合格才准聘用，學生總數，中學生三千五百多人，小學生七萬餘人，抗戰勝利後，我們回來接管的時候，中學雖然仍爲五所，小學那就祗有六十七所，比戰前少一百十二所，並且師資水準很低落，學生總數，中學生三千一百多人，小學生二萬餘人，校舍被拆毀的十七所，被敵僞佔用，經機關接收還沒有由市政府接管的，有十五所，其餘僥倖還存在的，也無一不被破壞，課棹椅破爛不全，圖書儀器差不多完全喪失。爲着敎育重於一切，本人當時不避萬難，雖在市政府的經費極端困難情形之下，仍立定決心以全力從速恢復戰前的狀態，現在市政府每個月的稅收，只有四億多元，而用在敎育的經費每月要超出這個數額，我們一方面在提高敎師的待遇，一方面在積極增加學校和班級，現在敎師的待遇已經提高到與公務員一樣，學校和班級，這個學期，計有中心國民學校五十七所，國民學校六十所，小學方面合共一百一十七所，一千零三十五班，比接管的時候多五十所，比戰前還少六十二所，男子中學五所，女子中學二所，師範學校，職業學校各一所，中等學校方面，合共九所，一百七十七班，比接管的時候，和戰前多了四所，現在市政府全部的稅收還不夠敎育費的開支，那不敷的經費，就是由臨時參議會通過的建校協助費來彌補，本來國民敎育應該是義務敎育，這個學期每個學生收一點費用，市政府實在有不得已的苦衷。南京市的敎育雖然市政府盡了最大的努力，可是失學兒童還有二三萬人，這是本人引為極大遺憾的，現在本市有獻校祝壽運動，如果能够募集得相當的捐款，本市的教育，一定可以大大的改善。

我們大家都知道，教育是天下的公器，是立國的基本，一個國家的教育發達，這個國家一定强盛，國民教育關係尤其大，從前德國的能够富强，就完全是因為國民教育的成功，當時歐州有名的鐵腕宰相卑斯麥，深謀遠慮，以全力發展教育，普及教育，卒使戰後的普魯士統一强盛，這是一個很顯明的例子，同時這也可以說是小學教師的功勞，並且說明了小學教育之重要，小學生之重於大學生，比如說大學生是工程師，小學生就是普通工匠，如果有了好工程師，設計出完美的崇樓傑閣，而沒有技術優良的工匠去砌成，是沒有法子完成一座理想中的大廈的，教職員諸君：不要輕視你自己，國家興亡的責任，就在各位的身上！我們要認清自己責任的重大，以犧牲精神，來獻身教育，為國家作育人才，這樣我們的國家才有希望，諸位的事業一定成功。

古人說：「尊師重道。」教師所負的責任這麼重大，我們對教師尊敬，是理所當然的，可是我們尊師，更要重道，所謂道是什麼？道就是我們應走的路，我們現在應走的路就是三民主義，這個世界之所以戰爭不息，人民之所以還是困苦不堪，就是因為民族問題，民權問題，民生問題，沒有得到解決的原故，三民主義是解決這三個根本問題的最好方案，現在中國的教育方針就是要培養一班能够實行三民主義的青年，各位教師有些對於三民主義很有研究，有些還沒有多大研究的，就要加緊研究，教師自己成為三民主義的忠實信徒，才可以培養出做三民主義忠實信徒的學生。

領袖統一全國，對教育確立宗旨，以三民主義為最高原則，二十年來已卓著成效，尤以軍事教育最為成功，這次抗戰能獲勝利，實在完全賴軍事教育之成就，至於普通教育，毋庸諱言的，還沒有完全依照這個規定方針切實做到，甚至一部份學校，情形複雜，樹立派別，排除異己，並且以學生為鬥爭工具，這種現象實在太壞！我們一定要剷除，要造成一種好風氣，否則上樑不正下樑歪，影響所及，將不堪設想。

此外，本人總覺得現在一般學校課程似嫌廣泛學生不能完全接受，普通學校的學生畢業離校後不能利用，因此我們今後必須多注重自然科學，應用科學，尤其是職業教育，以便使每個學生走進社會能够有所貢獻，直接能參與建國的工作，這才不失教育的意義，否則徒然造成許多士大夫向衙門鑽，寄生於社會，增加社會的負担，這也是我們今後應該注意改進的。

本人現在調任農工部，不能兼辦南京的市政，不過我剛才已經說過：教育是立國之本，關係太重，本人向極關懷，下一任市長當然也一樣重視教育，希望各位教職員先生安心工作，為國家作育建國人才而努力，本人雖然不做南京市市長，可是很願意以市民的資格來協助市政府發展南京市的教育，使南京市的教育成為全國的模範教育。

最後，敬祝各位健康與成功！

南京市未來之展望

——沈市長於三十五年十一月十八日在市府就職致詞——

市與省同為地方自治一單位，不久民主政治實現，市長應歸民選，本人得在此過渡時期中來任此席，實樂為地方自治作一番準備，並願與地方人士推誠相與，尊重民意，在中華民國首都為民主政治樹立之先聲。

南京自下關開埠，已越百年，雖曾設馬路工程局與商埠督辦，但至民國十六年國民政府奠都，始從事廣大之現代市政建設，至今僅歷二十年，而其間又經八年之淪陷，實僅十二年耳。吾人在此時此地所見之市政規模，猶是歷任市長在過去短短十二年中辛苦經營之成績，全市建設本未完成，亦可云方在開始，自遭戰爭，復多破壞，本人認為目前本市設施，初步尚須視財力所及，先設法滿足當前最為急切之需要，然後配合時機，作一步緊接一步之擴展。

市政建設，固賴乎人力，亦有賴乎天然環境，本市前臨揚子，中貫秦淮，玄武莫愁，點綴南北，淸凉獅子，環繞東西，在如此山水名勝之區，益以現代化之道路，現代化之交通工具，現代化之建築，現代化之水電供應，現代化之衛生文化設備，將來建設大成，必為國際名都，可無疑義，吾人試懸想在復興前途中之中華首都，有一如此美麗宏偉之遠景，當皆悠然神往。

世界各國首都，類皆有數百年之歷史，在數百年中，投以無量數之金錢物資，濟以無量數之心思才力，日積月累，乃有如今日倫敦、巴黎、華盛頓之市政。本市雖曾為六朝明代乃至太平天國之故都，然幾經滄桑，久成陳跡，其為中華民國之首都前已言之，實僅有十餘年之歷史，未來之發展，至少亦當數十年乃至百年，本人於此正在前進之縣長之歷史中，得有機會為吾百萬市民服務，為戰後重建之新邦效力，實覺無限愉快，無限興奮而亦無限畏懼，畏懼不克負荷此重任，惟切望地方父老，中央長官，市府同仁，隨時隨地，督教而匡助之，此則本人所不勝欣感者也。

首都興學祝壽運動

——馬副市長三十五年十月二十八日在南京市政府　國父紀念週報告——

一、興學祝壽之意義

歷來，遇到豐功偉烈，建立了大勳勞之後，總要勒碑刻銘，垂諸永久作一個不朽的紀念，又遇到康疆逢吉，年登壽域的時候，總要華封三祝，舉觴稱慶，來一個熱烈的祝賀。

抗戰勝利後的今年，恭逢　國民政府蔣主席的六秩華誕，為紀念他的功勳，我們應該如何示其不朽，為慶祝他的生辰，我們應該如何示其熱烈。

主席的豐功偉烈，是獨有千秋，橫絕四海，單以抗戰而言，日本這一次的侵略中國，比過去任何侵入的異族，還要頑强，比過去任何蹂躪的地區，還要廣大，然而，在　主席英明領導之下，經過八年的血戰，終于獲得勝利，光復河山，因此，我們中國得巍然躋於五强之列，這是我們歷史上從來沒有的，亦是我們中國從來沒有的，因　主席的勳勞，我們才振起數千年的積弱，因　主席的勳勞，我們才克復數萬里的神州，我們的民族因　主席而復興，我們的中國因　主席而再生。

為要打倒滿清專制的無能與黑暗，　國父倡導了國民革命，　主席秉此革命的精神，又擊潰了日本軍閥的驕妄與殘暴，抗戰是國民革命的一部份，　主席以抗戰的勝利，引導國民革命於成功的階段，　主席的革命精神，是民族的明燈，也是國家的光輝。

主席的蓋世功勳，正是六十年的紀錄，　主席的六秩華誕，正是革命的里程，我們應該將「勒碑刻銘」與「華封三祝」合而為一，才足以表示我們的愛戴崇敬於萬一，但是　主席是不許繁文褥節，盛事鋪張的。

不朽的紀念，不在於有限的物質，熱烈的祝賀，不在一時的奮欣，全部的抗戰史實已是最好的文字，全國敬愛的人心，已是最好的禮物，正用不着再獻什麼？惟有將　主席的革命精神「薪火相傳」，傳授給下一代，一代一代傳下去，作為民族國家的保證。使明燈的光輝，永垂於無窮，這才稍示我們的一點微意，因此，我們要「興學祝壽」。

「民為邦本，本固邦甯」，「建國時期，教育第一」勝利後的我們，民族必須從此復興，要復興民族，必須先建設國家，要建設國家，必須要有健全的國民與適用的人才，健全的國民與適用的人才，如何作育，則有賴於教育，所以培本致用，是今後建設國家第一個任務，我們謹願担任這一個任務來獻給主席。

革命的進程是無盡止的，革命的精神，是要發揚的，我們要繼起，要光大，我們應該以主席的堅苦奮鬪的精神，來教育後一代的國民，使革命的精神，為無量數，祝　主席的政躬，為無量壽。現當建國進行的時會，我們發動興學運動，百年樹人來祝壽，實具有深長的意義。

二、首都學荒的嚴重

興學祝壽運動，具有深長的意義，已如上述，鑒於京市學荒的嚴重，這個運動更有推行的迫切的需要，京市的教育，被敵僞八年的統治，可算摧毀淨盡，如今要在收拾殘破之餘，完成建國第一的重大任務，實在不是一件容易的事。

京市學校，過去雖經政府一再努力，然而，因京市人口激增，學荒的趨勢，仍是有增無減，教育局初成立的時候，估計失學兒童，暨學校容納不下的兒童，達百分之五十以上，這種危險的現象，本人曾發出「緊急的呼籲」，要求各界援助，一面於行政方面，竭力設法，將教育經費，儘量擴大，對於經費方面，市政府已經盡其全力，達到最高的限度，但由於各校的本身，如校舍，設備等項，尤以房屋問題，最感棘手，幾於無一學校，不是交涉，便是修理，處處皆有問題，至於設備，亦是難如預定之充實。即課桌椅尚不敷用，甚至有多少兒童，自帶椅凳，或竟有立着讀書寫字的，即如此因陋就簡，儘量容納，仍然有少數的兒童，無法求學，這現象，實在令人十分痛心，以殘破的基礎，有限的經費，短促的時間，以應大量的要求，眞有力不從心之感。

現在單就首都的國民教育說：根據首都警察廳九月份的調査，全市學齡兒童，有一二三一七六名，現有市立的中心國民學校及國民學校，共計一百一十六所，在學兒童約六一二〇〇名，還有私立小學三十三所共約一百六十五班，在學兒童約九九〇〇名，共計七一一〇〇名，一千〇二十班，這一千多班小學，共所能容納的數量，比照南京全市學齡兒童數，仍然有很大的差離，就是還有五二〇七六名學童被擯在校門之外，所以首都學荒情形，實在是非常嚴重。

依照教育部頒「國民教育綱領」發展國民教育，地方亦與有職責，首都的學荒雖經中央的補助，市府的籌措，因需要太多，一時很難適應，所以企求於地方各界共同協助者，還很殷切，我們在緊急呼籲之後，日在期待各方的響應，承熱心教育的倡導也有好幾處，地方自動捐助，興建校舍，俾廣容納，但較諸全市，爲數還是很微，首都發動這個「興學祝壽」運動，以建設國民學校來作爲獻給　主席的壽禮，一面遵從　主席「教育第一」的昭示，一面亦爲想解首都一部份的學荒。

三、興學祝壽之機構與辦法

首都興學祝壽運動是首都各界通力合作來進行的，十月十二日已由市政府邀集首都黨政團憲軍警各機關，農工，商，漁，自由職業各團體，各報社，各區公所，各區區民代表會，以及地方熱心人士，在市政府商議進行，同時組織「首都各界獻校祝壽委員會」推市長爲主任委員，市參議會議長，市黨部主任委員，市教育會常務理事，爲副主任委員，各機關團體首長爲常務委員，本人爲總幹事，並推定市黨部宣傳處處長爲本會宣傳委員會主任委員，市參議會秘書長爲推行委員會主任委員，各機關團體區公所區民代表會等分任委員，分別主持辦理關於獻校祝壽方面一切事宜，現已分區開始進行。

四、獻校較獻機更有意義

祝壽是一件隆重的大典，獻校可是一個巨大的數字，但衆擎易舉集腋成裘，事實上不甚爲難，曾憶　主席五十生辰的時候全國各地，發起獻機祝壽，忽忽又是十年，我們想到　主席的歲月增壽，我們更應該想到　主席賜予我們的國族復興，十年前正是日本伸展侵略魔手的時候，我們爲充實國防，一架一架的獻了飛機，後來，抗戰軍興，「八一三」以後，政府就用這些飛機來轟炸淞滬敵軍，那時全國人民心理，起了莫大的興奮，但是我們要知道獻機制止侵略，還是「消極的作用」是「治標的辦法」，獻機對於政府，不過給予政府的助力，寄以勝利的期望，今日獻校的意義，較諸獻機，更有深長的意義，獻校是爲發展教育培植人才，從事國事的建設，是「積極的作用」，是「治本的辦法」於勝利之後，對　主席是表示祝賀，對政府是表示感謝，實際還是首都各界自家的子弟兒童，得其實惠，所以我說獻校祝壽是功在國家，利在兒孫。

五、希望各界共同努力達成目標

首都各界，獻校祝壽，這是各界的事，也是每一個市民的事，現在治平可期，人皆得以安居樂業，我們的一切，俱應作根本之圖，爲了表示對　主席的愛戴與崇敬，爲了補救首都的學荒與教育前途的發展，我們懇切希望，我首都的全體同胞，踴躍熱烈贊助這個運動，使獻校之舉，早日圓滿完成，以表示我們對　主席愛戴的悃誠，以盡我們對於國民教育的義務。

補白一

南京市教育工作人員擴大紀念週紀要

南京市教育局於十一月三日上午九時假大華大戲院舉行復員後首次全市教育工作人員擴大紀念週到國立中大附中及全市市私立學校校長教職員社教機關工作人員暨市教育局全體職員一千餘人教育部朱部長家驊馬市長超俊馬副市長兼局長元放均親自出席首由馬兼局長領導舉行儀式并作報告略謂今天我們教育工作人員舉行第一次擴大紀念週承部長市長蒞臨實爲無上光榮部長主持全國教育市長竭力維持本市教育今市教育之所有成就皆爲部長與市長之所賜報告畢即請朱部長與馬市長先後訓話訓詞另見本刊最後由馬兼局長致詞答謝並報告本市教育概況復以南京爲首都所在中外觀瞻所繫勗勉同人發奮努力完成教育使命云。

補白二

市教局兩次社教活動教育部均傳令嘉獎

——體育節及國防科學化運動——

本市教育局成立之初即奉令舉辦抗戰勝利後第一屆九九體育節，辦理各種活動如游泳及爬山比賽籃網球及國術表演等並爲聽取各方意見以資借鏡起見復又召集京市體育界先進教育界名流暨新聞記者等舉行國民體育座談會體育同志聯誼會等業將經過情形呈報教部備查在案旋奉教育部體字第二九二六六號指令略以該局成立伊始即注意推進京市國民體育舉行體育節活動等情形均屬良好殊堪嘉許等語又本年國慶紀念日該局爲喚起社會民衆學生注意科學教育之重要激發其獻身科學之熱情與志願起見復又擬具國防科學化運動實施項目如數請專家廣播舉行國防科學通俗講演舉行全市中學生科學演說競賽會等一般成績尚屬圓滿當經製成二種報告呈報教部頃奉該部社字第三七六八四號指令略謂該局辦理國慶日擴大科學化運動，成績甚佳殊堪嘉許令仰知照云

論述

中等教育應有的轉變（上）

章柳泉

京市教育，經八年摧殘，基礎大壞，目前的措施，雖然大半含有緊急救荒的意味，但是當這重建京市教育的時候，我們也不能拋却理想，也許這正是轉變風氣的最適當的時期。中等教育是培養國家基幹人才的教育，如何能使青年確爲國家基幹，學校內的一切措施，固要重加考慮，最根本的還是要把年深月久在那兒作祟的傳統觀念改變過來，這傳統觀念，簡單的說，便是「士大夫」觀念，分開來說可得二義：

第一，教育就是讀書，讀書就是舞文弄墨在文字和書本上用工夫；

第二，讀書的結果便是做特殊階級，只勞心，不勞力，多享權利，少盡義務。

這種分析，一定有人以爲是太過分，可是我們如果把事實檢討一下，現在的新教育，比起科舉，也不過換了一套新衣，讀書的內容豐富了一點罷了，根本的意識，是沒有多大的改變的，當然也有不少較進步的學校，他只不過像大家競尙做八股文章的時候，有少數究研經世之學的人們一樣，畢竟不爲世重。

就第一點來說，現在的中等學校，還不是仍舊專門在那兒讀書，拚命在那兒讀書，除了文字書本上用工夫以外，其他一切都不重視嗎！所謂優良的學校，便是這學校功課嚴，畢業生考試的能力强，至於訓導的方法好不好，指導的功夫够不够，體格訓練，休閒活動注重不注重等等，可以不管。所謂優良的教師，便是講書講得好，至於盡不盡導師的責任，品格能不能給學生良好影響，乃至是不是把應講授的講授完，可以不管。所謂優良的學生。便是能拚命讀書，至於體格如何，情感如何，思想如何，生活習慣如何，也可以不管。這類的情形，我們隨便可以舉一些事實。

某中學一般人都認爲辦得不錯，因此頗爲有名，考其出名原因，惟一的便是畢業生攷大學有把握。這學校投考的學生較多，選擇的機會較大，落第的多半進該校的補習班，補習了一年再考，因此別的學校讀三年，這學校便已讀了四年。初中如此，高中也如此，於是六年變成八年，時間既然充裕，功課便逐步加重，程度也隨着提高。高中應學的，提前在初中教，大學應學的，提前在高中教，平時就在著名大學的入學試題上用功夫，到了高中三年級，簡直可以說丟開一切，以全力預備考試，這樣自然考大學有把握了。但是教育的意味異常淡薄，辦學變成了辦考試，所得不過是一些書本文字上的知識而已。

這種風氣傳染很快，許多學校在競爭之下，都走這一條道路，學生青年的擔負，也就一天加重一天。在二十五年「首都學生」的雜誌上，載了一個中學生的自白，中間記了一段上自修的情形，讀了眞叫人不知作何感想。他那文章的大意是如此的：「……下自修的號吹過了好久，級任先生也來過幾次，爲了明天的功課和考試，不能不再多留一會。……人少了幾個，電燈光變得更黃了，一切像死一般的靜，只聽見紙上沙沙的聲音，巷子裏賣湯圓敲竹梆的聲音，一聲聲分外清楚而沉重地打在心上，忽然一個同學倒下了，鼻血流滿了一嘴一臉。……稍微騷動了一下，彼此又靜下來，流血的鼻子裏塞了一團紙，仍舊在做他的問題。……快三點了，自修室的人漸漸要走完，可是寢室樓上又有了新的聲音，穿鞋子的聲音，下樓梯的聲音，早起的代替了晚睡的，彼此揉着眼。自修室的人，始終沒有斷。……」這眞所謂拚命讀書。

學校裏既然用全力注重讀書，其他方面自然就不大能說得上。「健康第一」，說起來是誰都承認的，但是在學校裏，就體格訓練一點說，還是虛應故事的多，體育課程，在別的國家極其認眞，在中國不但沒有培養自動的習慣，連强迫多半是一句空話。日本學生，在任何極冷天氣，都穿單衣上體育課，中國學生做得到嗎？德國人把健身操當做吃飯一樣，中國人做得到嗎？中國學校縱有運動，也只是屬於少數人的。談不上普遍的鍛鍊，加之過量書本工作的担負，體格怎得不差。上次世界運動會，中國和英國的足球賽，上半個時間打得很好，下半時間就不行了，失敗全在體力不够。再看航空招生，據某初級階段標準不高的考試結果，五千七百多人中只取了三百人，還有從某軍事學校五百個健壯的入伍生中選擇五十個去學航空，結果又只取了二十個，這眞正是民族前途的最大危機。當然，體格的不强，有先天遺傳和後天營養的關係，可是積極鍛鍊的提倡和消極摧殘的避免，對體格的改變，還是有極大的力量。

同樣的原因，青年的情感和精神，也受了極大摧殘。中等教育階段的青年，正是發育的時候，應當使他們活潑，快樂，有勇氣，敢進取，然而過重文字的教育，給予他們極大的壓力。他們爲着做不完的作業，應付不了的艱深的課程，失掉了勇氣，弄得一個個愁眉苦臉。憂鬱侵蝕青年的情感，發揚蹈厲的精神，便不容易表現出來，越是號稱用功的學生，精神上所受的抑制也越大。我有許多朋友的子弟，統犯這個毛病。星期天要領着他們出去走走，他們不是說這樣功課沒有做好，便是說那樣習題等着明天要繳卷，縱或隨着我們玩玩，也顯着心不在焉的神氣，這和體格的不健全一樣的危險。我有一個朋友說笑話，他說在西洋到處可以聽到三種聲音，在中國也到處可以聽到三種聲音，雖然同是三種聲音，所表現的精神就大不相同。西洋的三種聲音是音樂聲，唱歌聲和笑聲，中國的三種聲音是吵嘴聲，駡人聲和嘆氣聲。中國的青年如果全在那兒嘆氣，一點勇敢進取活潑快樂的精神都沒有，中國還有什麼希望呢！美國大學一二年級的學生和小孩子一樣，丟了功課只講要，他們可以三三兩兩跑到很遠的地方去旅行，他們也可以結成團體做極冒險的遊戲，跑着，跳着，唱着，充滿了朝氣，充滿了希望，中國中等學校青年，都是成人，都帶秋氣，這還要得。一般中等學校，對於感情和精神的陶冶，更不如體育的重視。沒有人去指導，也沒有時間去指導。音樂藝術認爲是隨意科，縱有也不過是教室內一點工作，整個生活上決不發生影響。學生們的休閒生活，因爲缺乏教師的指導，很容易流於低級趣味，而一般號稱用功的學生，簡直一點娛樂沒有，因之別的國家大學生活潑天眞，而我們中國的中學生，却暮氣沉沉。

學校對於學生的操行，比起情感和精神乃至於體育，都要注重些；但是多半偏於消極的制裁，不能做積極的領導。風紀差的學校，甚至連消極的制裁也沒有做到。一般學校最忽視的，便是團體生活，新生活最低的要求，也沒有切實的訓練。團體生活中最宜打破的個人主義，英勇主義，士大夫的壞脾氣，仍舊在學校裏滋長着。學生們以敢不守規則爲榮，以能侵犯別人的自由相驕，不但缺乏正確的生活理想，也沒有養成合理的生活習慣。升學和就業的指導，很少實施。學生們的個性如何，才能如何，應當如何去發揮他們天賦特長，更少注意。導師的確是一個良方，可惜認眞推行的，只佔少數。而且有一些教師的行爲，不特不能積極的以人格感召學生，反於無意之間給學生們很多不良的暗示。譬如說遲到早退，就不啻教學生們不守時；託故請假，就不啻教學生們虛僞欺騙；上課時少講書，多說閒話，就不啻教學生敷衍不負責任；教了書便走，學校事全不管，一切集會活動，概不參加，又不啻教學生們滅絕羣性。教師們如此，甚至有負訓導責任的也是如此，這影響就大了。有些學校，不但較高的生活理想談不上，就連起碼的生活習慣，也不指導。記得四川有某個中學，因爲日常生活沒有好的指導，學生們起臥無定時，飲食無節制，寢室門口小便沒人管，水溝汚泥積得幾寸厚沒人打整，結果發生疫症，學校放了數週的假，學生死了三十幾個，這是多麼可恥的一件事！還有學生們在學校裏放任慣了，而且習於安逸。只勞心，不勞力，只顧自己，不顧別人，一旦入了社會，稍微苦一點的或受拘束一點的事，便不願幹，也不能幹。反之聘用或僱用的機關，也不願意要這種工作人員，這也是教育上極大的損失！至於學生不服教師，致師領導不了學生，加着外力的操縱指使，有作用的挑撥利用，師生之間，形成對立，甚至如對敵人一樣，在中等學校中，也不是沒有的事。

上面所舉的事例，雖然是零零碎碎，但就個人所見，以及教育界朋友所談，這種只重讀書不重其他的情形，可以說中等學校大抵如此。我們如果再進一步研究研究中等學校以全力注重的讀書，這裏面問題也多，而最大的毛病，就是不切實用。

（未完）

教師要研究兒童心理

張達善

一、教師心目中的兒童心理

論理從師範學校畢業的小學教師，對於兒童心理的原則和事實已經有充分的認識，至於研究的方法，更應具有諳熟的應用技巧，實際上小學教師對於兒童心理學眞有認識，眞能應用者實不多見，就一般情形看來，小學教師心目中的兒童心理學，祇是一種點綴教育的學科而已，心理學之於教育在理論上雖然好像生理學之於醫學動植物學之於農業學，但事實上心理學本身既極幼稚，而人類心理之難於控制又遠甚一切，對於教育之應用實相距尚遠。心理學的原則，祇是好聽的理論，可以和教育併論，尚不能應用實行，有些從外國抄襲來的結論，不以之應用於小學教育中，所能發生的問題還較簡單，一旦以之應用於實際，反使教育的事實困難叢生，而不易控制，所以小學教師心目中實在沒有兒童心理學的需要。

確實，心理學在目前應用於小學教育，是有許多問題，玆將重要的缺點列后：

1.缺乏兒童發展常模　兒童間的個別差異很大，從個別研究所得之結果，不能看做常模，特別是外國研究所得之兒童心理結果。環境不同，人種各別，更不適合我國之應用。所以一般教師要實際分析兒童身心之發展，往往毫無依據，對於兒童應加什麼指導頗不易體會而得。

2、缺乏測量心理狀態之工具　要研究兒童心理學，客觀的方法，就是心理狀態的測量，但是在目前的我國，無論在智力、學習和品格各方面，都沒有一種適當的測量工具，因此許多有研究興趣的教師，不僅興趣遞減，甚至懷疑到心理狀態測量之不可能。

3.分析兒童心理參考材料之缺乏　以分析法研究兒童心理現象是一種較為便利的方法，但是分析法除應用現實的材料外，更需要各種過去及有關的參考材料，然而在習慣上教師對於這種參考材料，往往不易從兒童的家庭中獲得。因此兒童的行為背景，就無從着手分析了。

4.教材與兒童心理的關係，未能確切明瞭　各種教材對於兒童學習的關係，現在並沒有正確的明瞭，例如：「七足歲兒童能明瞭除法嗎？能明瞭兩位除數的除法嗎？」這一類心理狀態既不清楚，則那一種教材應該有怎樣的歷程，有怎樣的內容，更是不能具體明瞭，所以教材教法上應用到的心理原則，也並不見確切，反使教師懷疑到心理學在應用上的效率。

以上四點，是心理學在教育上應用的困難，也就是教師心目中，所以忽視兒童心理需要的原因，但教育是前進的，教育的科學必以兒童心理為依據，決不能因噎廢食，教師們應該針對這些困難的途徑，知所應從事兒童心理研究的途徑。

二、研究兒童心理的途徑

近十數年來，國內研究兒童心理之重心，都在大學或教育學院內，這種趨向既不切實，又多損耗，因為大學和兒童之距離太遠，而小學教師的需要，大學教授和大學生也摸不清楚，所以小學教師應該自己負起責任來，首先把研究兒童心理的重心移到小學裏來。至於方法方面，小學教師如果遇有困難，不妨去請教大學教授們，這樣研究的材料和對象既在面前，而自身的需要亦可控制，按照次序以求解決，所得的結果，自可切合實用的需要。筆者認為下列幾種重要工作必須小學教師負起責任，日積月累地進行，而後才能達到完成。

1.尋求發展常模　兒童心身的發展，雖沒有絕對的，固定的型式，但有較為可靠的確切常模是必然的事實。這種常模的確定，對於教育的實施，關係異常重要，例如比照身長體重的常模，可以判斷兒童之健康狀態，兒童數觀念的常模，可以確定教材之進程，智力常模，可以確定兒童能力的適應及其努力之狀況。而這些常模的求得，有些雖然需要良好的標準，但就發展來說，大體上祇要能精確的觀察。切實的紀載，從數十人增至數千人或數萬人的累積，由一學期而數年的累積，就能獲得很豐富的研究材料。在目前的需要，筆者認為下面的幾種常模是亟應尋求的。

(1)身長和體重

(2)握力

(3)肺力

(4)字彙數量

(5)語句的長度（包括歌唱）

(6)說話學習能力

(7)數觀念

(8)加減計算能力

(9)乘除計算能力

(10)寫字能力

(11)遊戲行為和伴侶

(12)其他

2.研究行為的相關現象　行為的發生一定有發生的因子。雖不如刺激反應公式那樣一定不移，但多少總可能找出一些相關現象的途徑、這種相關現象明瞭以後，教育上就有許多方法是非常經濟了。進而研究教育方法之改進，也就有所依據了。玆將亟需研究而易於着手研究的兒童行為相關問題舉列於下以便參考。

(1)圖畫和智力

(2)語言和智力

(3)各種學科在學習上的相關

（4）健康和情緒

（5）練習的分配和學習的興趣

（6）其他

以上所舉問題之種類雖不甚多，但和前述之發展常模，是有密切相關的。換言之，倘使發展的常模已經獲得，這些問題的研究才能有效，所以要研究這些問題，最好從常模的尋求入手。

3.研究教材的層次　教材的進程，普通有直進法和圓周法兩種，前者是整個教材順序排列，無反復的機會，後者循環排列復習之機會均等，所以小學教學都採用圓周法，不過所謂圓周，一般都是按照論理次序，而不是心理的次序「所有整個教材的層次是否合乎兒童心理，能研究而有結果者，實屬不多，如：低年級算術教材是數的認識，五以內加法，十以內加法，二十以內加法，五以內減法，十以內減法……等，這是確切合乎兒童心理的嗎？有認爲低級算術教材的層次應爲十以內數的認識，十以內加法減法並進，究竟需要什麼層次才適合兒童心理，這是研究兒童心理的一條重要途徑。

以上三類材料，需要以持久的態度來加以研究，這是異於一般的研究，因爲常模的尋求，現象的相關以及教材層次的確定要可靠，要正確，人數必須多，有些要經過數年的時間來繼續觀察每個兒童，有些要在許多不同的情境中來觀察兒童，這是需要特別認識的。

三、研究兒童心理方法

普遍的研究兒童心理的方法，有記載，測量，分析三種，都是輕而易舉。可以個人研究，又可以集許多人的研究結果，彙集研究，玆特舉要於下以供參考。

1.記載：就是記載事實，把觀察的經過和結果記載下來，實際上就是觀察法。兒童心理研究的進行在確定研究的對象和種類後，就要訂定要點，如：事實發生的開端，時期，地點，經過狀況。個體活動受環境的種種影響，個體活動受個體當時情形的種種影響。個體活動受已往歷史的影響，和個別差異等，這種方法也可說是長期的調查法。

2.測量：是按照研究的一定需要，加以測度。也可說是實驗法，其實就是實驗法中應有的過程，這種工作的進行是按照預定的計劃，按時用適宜的工具測量之，例如：求兒童身長體重的發展常模，一面要大量的測量各學齡兒童的身長體重，並按月測量各學齡兒童的身長體重，其結果以每一兒童自身作比較，又可以混合各種學齡兒童的結果作比較。

3.分析　有個案分析，和事實（行爲）經過的分析，個案的分析是追究探討某一特殊事件的根源，分析個人的整個狀態，以確定特殊事件的根本原因，事實（行爲）經過的分析是對於某種事實研究的經過，事先預定研究若干要點，這種研究要點，是可用數量或一定的標準來診斷的，再就各個兒童的行爲反應分別異同確定次序。

以上三種方法的實施和順序，雖有不同，而最後都必應用統計方法，以確定研究的結果，至於實際進行研究時，應用種種觀察方法，問答方法，訪問方法，以及各種方式的測驗是應該按照需要而定。

四、教師研究兒童心理的態度

有一個時期（大約在抗戰前三四年）小學研究工作曾經時髦於一時，小學教師都集中注意到從事研究和實驗，但是因爲實驗研究之多求速成，實驗研究的技術幼稚，不是標新立異，就是以實驗爲幌子，不但沒有獲得成效，反而失却了一般教師對於實驗研究之信心，以致每況愈下，教師們心目中也就失去了兒童心理的地位。所以教師對於研究兒童心理先要恢復信心，要能認識教師與兒童間正常關係的發展，教育方法的科學化必須依賴兒童心理的事實根據，有了這種基本觀念，才能確定開始研究，研究工作既經開始，仍須具有下列兩種基本態度。

1.耐久　兒童心理研究要有正確可靠的結果，決不是短時期的工作就可成就，特別是探求兒童身心發展的常模，研究的量要多，研究的時間要長，而對於每一對象的研究實施，更必力求一致化，標準化，有的研究工作在量的方面要達到數萬人才能正確，而研究的時期甚或要經過數年或拾年之久才能可靠，這種研究沒有耐久的意志，是決不能進行的。

2.精細　科學方法的研究和實驗，是不能忽略去任何一個極微小的因子，記載要詳盡，又要便於統計，測量要切實，更不能隨便舉行，隨便試驗；分析是要將每一要點的細微末節不致遺漏膚淺的工作決不能使研究有所成就。而這種精細態度是要保持在耐久的條件下以達到一致化和標準化。

此外研究技術的修養，合作和聯絡以及計劃的詳密，從事實驗研究的教師亦應加以注意，玆特說明如下以作本文之結論。

1.研究技術的修養　教師研究技術的修養不足，不但研究的結果不可靠，研究的興趣也往往因困難的不能克服而減退，有些研究者依樣葫蘆的進行研究工作，是很可怕的，所以在研究沒有開始之前，一切必須的修養是決不可少。

2.合作和聯絡　合作和聯絡不僅可以印證實驗研究的結果、且可免除浪費，至於各種常模的探求，尤須聯絡各地教師共同進行，例如兒童身長體重的常模，能聯合二百個單位，每一個單位有一百個兒童的材料，就可以從二萬兒童求出常模倘使這二百單位繼續研究二年就可以增加到四萬或八萬個兒童的材料，共可靠性卽大增，且以大規模合作研究爲事業教師精神生活亦可增加不少趣味。

3.計劃詳密　教師從事研究兒童心理的態度，固須精密，尤賴計劃的詳密，以及充分的準備，例如學理準備，研究手續之準備，工具之準備，都須在工作開始前完成。在計劃中按照需要和進程逐一詳細規定，要使工作按了計劃前進，不致發生困難或脫節之處，則成功可期。

怎樣推行二部制

邵鶴鳴

（一）二部制的意義和功能

二部制是把一個學校裏的全部兒童或一部份兒童，分爲二個部份，由一個教師施行「交替」「往復」等形式之教學的意思。

一個國民學校或中心國民學校，全部施行二部教學時，可稱之謂二部國民學校或二部中心國民學校，一個學級施行二部教學時，可稱之謂二部學級。

二部制有下列幾個特殊功能：

一、補救學荒——二部制差不多可以利用一個學校的經費、師資、校舍、設備，來教育加倍的兒童，最合經濟原則，也是救濟學荒的治標辦法。

二、適應社會需要——一班貧困的人，正要依靠年齡較大的兒童幫助工作，以維持生活，眞有不能遣送兒童入學的形勢。在託兒事業尚未發達和國民經濟普遍貧乏的現階級社會，大部份的公教人員和職業父母，要是有較小的孩童的話，亦很需要較大的兒童，在家照顧小孩。在二部編制中，兒童一方面可以在學校讀書，一方面可以在家庭操作。對這種社會需要，可以獲得相當的解決。

三、提高教師待遇——施行二部制，教師人數約可減少一半，因之待遇自易增加。教師的物質生活提高了，精神生活自較安適，工作效率亦可因之而增高。

四、培養兒童的自學精神——自動學習，是新教學法中的重要成分。二部教學重自動學習之指導，頗能養成兒童自動學習的能力。

五、促進兒童的羣體生活——二部教學，多集團活動。公約的共守，彼此間的互助，以及領袖的輔導，在在均能培植羣體生活的良好基礎。

（二）二部制在目前的需要

世界各國在普及國民教育時，已多有實行二部制而著成效的。我國在三十年前，亦曾提倡採用，惟佛曇花一現；十年前，中央和各地方，均曾明文規定厲行二部制以普及義務教育，後因戰事爆發，未見成效。現在勝利復員，各地原有校舍，被破壞者甚多；國家財政與國民經濟，均甚窘困；師資亦感缺乏；以致各地在鬧着嚴重的學荒。厲行二部制以救濟學荒，促成義務教育之提早普及，實在是目前實施國民教育上迫切需要的一種緊急措施。

（三）二部制的種類以及各種二部制的分析研究

二部制的種類很多，大約說起來，可分下列數種：

一、全日二部制

全日二部制。亦稱同時二部制。卽甲乙兩部兒童同時到校，甲部在教室受直接教學時，乙部在另一場所自習或遊戲。有的科目像音樂、體育、工作以及公民訓練等，亦可使兩部兒童混合上課。這種全日二部制的優點在：（一）可以養成兒童良好的自學能力（二）學生在校時間，不少於普通學級，能迎合一般的家庭心理。不過在施行時，應多指導兒童自習的方法，多供給自習的材料，並應特殊訓練領袖以輔導自習；否則自習那一部的兒童，容易枯坐無味，甚至秩序凌亂，在施行此制前，應妥爲支配工作場所，除應有一個教室供直接教學外，並應有另一教室或場所供自習或遊戲用。如果能把接連的兩個教室，用來辦一個二部學級，並且在適當的地方打通，使教師能用複式教學，那就更方便了。

二、間日二部制

間日二部制是甲乙兩部兒童，間日到校受全日的直接教學。到校日期宜有規定，如甲部在星期一、三、五到校，則乙部在星期二、四、六到校。此制的優點，能使兒童有幫助家庭操作的機會，與教養其自學的能力。不過除掉窮鄉僻壤外，以乎沒有施行這種編制的需要。因爲在家庭的時間太長，就是校外工作支配得很好的時候，在教學進程上，總很容易受到阻礙。

三、半日二部制

半日二部制，卽兩部兒童異時到校，受教師之直接教學半日。如甲部兒童前半日到校，則乙部兒童後半日到校。並可視需要而規定上下午更換到校，如第一星期或第一月甲部兒童在每日上午到校，乙部兒童在每日下午到校，一星期或一月後更調時間到校。其優點能培養兒童半工半讀精神與自學能力。在政府財力與國民經濟兩感困難的現階級中，大可採用。

四、混合二部制

混合二部制，亦稱折衷二部制，卽甲部兒童全日在校受教師的指導，乙部兒童在上午或下午到校作半日的學習。此制的優點在：（一）高年級實行半日學習時，可讓兒童幫助家庭操作與培養自學能力；（二）低年級實行半日學習，可適合兒童生理與心理（年齡小，少上課。）不過，實行此制時，除應有一個教室供直接教學外，亦須有另一教室或場所供自習與遊戲之用。

五、交會二部制

交會二部制與半日二部制彷彿，並將一部份學科如公民訓練、音樂、體育、工作等，使兩部兒童交會一小時，同時上課。一般辦法是將上午末一節，實施交會教學。其優點在一方面可以實施一部份的共同訓練，一方面可以節省教師一點精力。實施時要特別訓練第二部兒童的準時到校。事實上使第二部的兒童在上午十一時以前到校，是很多困難的；況且第二部兒童在教師午膳時間在校活動，學校行政上亦感困難重重。

（四）京市各級國民學校實行二部制之我見

京市義務教育，本已相當普及；惟以淪陷八載，原有校舍與設備，橫被摧毀，損失慘重。國府還都後，學齡兒童，急遽增加，以致造成嚴重之學荒。二部制可以解決一部份學荒，似可積極推行。惟究應推行何種二部制，並應如何培養兒童之自學精神或切取家庭聯繫，實應詳爲規劃，與繼續不斷之研究改進，期使不減低教學效率與獲得學生家長之贊同。個人以爲下列各點，是本市推行二部制所應該注意的：

一、三年級至五年級，可以大量推行半日二部制，一、二年級可以酌辦半日二部制。原因是本市校舍異常缺乏，全日二部制爲校舍所不許可。三年級至五年級的兒童，自學能力已相當強，只要指導得當，不會影響學業的，況且三年級至五年級的兒童，已能幫助家庭做一點輕易的事情和照顧他的小弟妹，一部份經濟艱困的家庭和職業父母，已相當需要他在家庭幫忙。一、二年級的兒童，自學能力較差，在家庭裏很少能夠幫忙，反而增加父母照料的麻煩，實行半日二部制時，自易爲家庭所不歡迎。不過，有許多家庭情形較好的，在午飯後很願意小孩兒在家裏有午臥的機會，所以一、二年級可以酌辦半日二部制，要是一部份學校校舍有辦法的時候，或者只想省節一點經費的話，一、二年級也可以酌辦全日二部制。六年級應該提要複習全部小學課程，指導其升學與就業，需要較多的直接教學時間。以不辦二部制爲原則。

二、實行二部制的學級，應特別着重小領袖的訓練，自動學習工作的適當支配和自學能力的培養。

三、辦二部制的學校，要釐訂指導半日二部制學級兒童在家自習辦法，並視需要而指導兒童組織自習團。

四、教育局應該時常召集二部制教學研究會，研討二部制之實施辦法，與交換研究心得。

五、教育局可以詳訂實驗辦法，指定若干辦理二部制的學校，作比較實驗，以鑑二部制之教學效率。

京市實施半日教學制之展望

王祿明

（一）半日教學制的領域

站在兒童本位上談教育，顯然的，無論那一種制度，那一種方法，必須要適應兒童的需要，以兒童本身的要求，爲最高原則。否則，即不能稱爲兒童本位的教育。一般兒童，在受初等教育的階段，本來可說是一個全時受教的時期，他們整個的時間，整個的生活，都應該無廣不包，無微不至的受教育的薰陶、滋潤和培養，在目前，一般家庭教育，合理想者，其數字尙小；而社會教育，有美滿設施的地方，亦不多覯：因之，學校教育，在整個教育領域上，遂立於比較重要的地位。根據這一點，無論在國內或國外，在城市或鄉村，一般的兒童，都需要受全日的教育；只有少數特殊環境如需要半工半讀的工業區域或生理上需要半日受教半日休息的兒童才需要受半日制的學校教育。所以專就受教兒童本身說，半日制教學的領域，是極其狹隘的。

（二）京市施行半日制的特種原因

京市自國民政府奠都以來，人口日增，入學兒童，亦與日俱增；以學校添建的數量來說，還不能滿足襃偪社會的需要，因之，有許多兒童往往因失學而流浪街頭，殊失普及教育之本旨，民國二十一二年左右，教育當局有見於此，在校舍不敷而又無力卽時興建校舍以資收容之情況下，遂通令各小學，酌採二部制，多收兒童，以資救濟，抗戰勝利，還都以後，京市小學校舍，被毁甚多，在天天鬧着房荒的聲中，又復鬧着校荒，許多父母，帶着子女，常常東西奔走總難獲得一席；更有許多兒童，一聽學校不能容納的囘覆，無異被判重刑，眞是一件極慘痛的事！教育當局，看到這種情景，因又通令各小學，酌辦半日制，以增收入學兒童，減少失學兒童的數字，顯然，這種辦法非出於兒童本身的需要，純係行政當局因校舍不敷而欲救濟失學兒童的一種臨時過渡辦法。這種辦法的消長，是與校舍的建築，成反比例的，一旦大批校舍建築完成，足够全社會的需要，容納全部學齡兒童，那時，半日制會用不着明令宣布，就廢除了。

（三）京市現行半日制得失的檢討

單就京市現行之半日制來說：可謂有利有弊，正因爲牠有牠的價值，所以京市學校才採用牠；也正因爲牠有許多缺點，所以有許多地方，還不肯採用，牠的優點，合起來講，約有下列二端：

（甲）減少校舍不敷的困難，救濟大批失學兒童；

（乙）節省人力與財力。

至其缺點亦甚多，玆舉其大者如下：

（甲）教學的時間和分量，均略有減小，其成績恐難與全日制並駕齊驅。

（乙）家長多係有職業與經常任務者，如欲於所有程度各異之子女羣中，一一抽暇查考指導，分任學校教職，實不勝其煩。

（丙）少數家庭，另聘補習教學之家庭教師。所費亦多。

（丁）兒童在校時間，偏重教學，生活訓練之時間稍感不够。

（戊）在校內共同生活之時間減少，所謂「人格感化」「因勢利導」等效能，亦大爲減少。

（已）半日制既非適應兒童本身的要求，自不爲社會人士歡迎，因此，有若干兒童家長，爲使兒童全日入學起見，遂送兒童上午入甲校，下午入乙校，虛佔學額，重復受課，殊背當局令辦半日制之主旨。欲免此弊，學校對入學兒童，便須一一切實調查，以謀革絕。

（四）現行半日制的幾種補救辦法

（甲）減少教學分鐘數——部頒課程標準所規定各級各科教學分鐘數，原爲全日制所適用，今行之於半日制，必須視兒童年齡，智力，及時令等實際情形，酌予減少，俾便於適宜之時間內教學，而保兒童身心之健康。

（乙）教師不採包辦制——任課教師，應力避包辦制，不可以排課表等事之便利而忽視之，每一教師所任課務，倘能妥爲分配於上下午各級中，既利對全校兒童之認識，便於訓導；而其教學工作，亦自不致有勞逸不均之感。

（丙）分配課外作業——有許多作業可以分配給兒童帶回去做，祇要把方法和注意點，事先講清楚弄明白就行了。譬如寫字筆順預先講解：計算的方式，預先說明，兒童便可在家書寫和練習了，所以對半日班的兒童，要注意利用其休閒時間，支配指導並考査其課外作業。

（丁）指導室外活動——學校運動場，在上課期間，有閒着不用的時候，可由學校分別規定不在入學時間之兒童，來校集會，作種種室外的公民活動和康樂活動，並指定指導教師，以彌補業已減少之定時教學。

（戊）供給閱讀圖書——兒童的生性，是好動愛學習的。我們看到許多兒童，偷看連環圖書，孜孜不息，這正是他們愛求知好探討的表徵，我們除了消極地禁閱內容荒謬的連環圖以外，還要積極地去創造，徵集或購買適用的優良讀物來做代替品，兒童自會視爲珍寶，利用閒暇去埋頭研究的。

（已）多與家庭聯絡——家庭與學校，對兒童應共負教學之責，對半日制之兒童，更應盡力輔導，分任教職，但學校應與家庭，時時取得聯絡打成一片，所以半日制的級任教師，應當抽暇與學童家長通信，或訪問，以明學童之生活實況。所有種種特殊困難如遲到，缺席，忘帶課業用品，不按期繳納作業成績事項，當可盡量減少。

（庚）採間時二部制——學校倘有相當房間如禮堂會客室等可作學童臨時自修之用者，則學校不妨廢除半日制，採用全日間時二部制，蓋全日在校，雖間時作息，而談話接觸之機較多，便於指導。

（五）半日制實施之過去與將來

半日制的缺點，當不容諱言：施行以來，反對的人，自亦隨之不可免，然而我們若在減少校荒，救濟失學兒童一點上着想，實未可厚非，即目爲善制，亦屬的當，因爲有一個教室，即可增設一級，有十個教室，便能增設十級，由此類推，當可想像牠在普及教育上的功績了。

其次，便要討論到半日制的教學效率了，從戰前與現時歷次定期考試與入學考試來看。半日班學生的成績，較之全日班學生，並無遜色，最近開三牌樓中心國民學校做了一個比較工作，以同樣題材，對同年級的半日班與全日班施以測驗，半日班統計所得之成績，其中點數且大於普通全日班，此種比較測驗，因限於時間，未及舉行等組實驗或輪組實驗，其結果雖不十分可靠，然據大體以觀，半日制的教學效率，較之全日制，可謂無甚差異。

最後，我們要談一談今日政府的財力和社會的需要了，很明顯的。居大戰後之今日，無論中央政府或南京市政府，財政上的困難，可謂達於極點，收入有限，而百廢待舉，處處感到入不敷出的艱難。單就教育一項來說，校舍被毀太多，學童數卻激增不已，因此造成[illegible]種局面：一面是無力添建學校，收容失學兒童；一面是無數兒童家長，吵着要送兒童進學校。在這種財力極度困難的過渡期中，我們不能專唱高調，一味向政府責難，愚見以爲在人力財力交困之現狀下，空言實無補於事，欲云加速普及教育，使受教育之機會均等，半日制究不失爲一種優良制度，在本文第二節裏，我們已明白指出，必然要等到經費有了辦法，物質建設，達到完滿的地步，半日制便可不待法令宣佈，即全數廢止了。事實上也祇有到那時才可廢止，在目前還談不上反對和廢除。因爲這不能純以個人的立場來批評，我們要站在整個社會的立場上來設想，要拿比較測驗所得的教育效率來做準論，即以兒童本位來說，也應以全體或大多數爲標準，我們絕不能一面高喊「反對半日制」一面使多數學齡兒童，被摒在學校的圍牆之外，這是一件極不平的事！假如失學兒童太多，又無其他補救善策，我不但主張不廢止半日制，並且想擴大牠的範圍，除了適用於教學分鐘數較少的低年級外，並得適用於有自動學習能力的中高年級，至於牠的缺點，我們只有在補救上去想辦法，我們試回想：蘇聯於一九二八年起施行「文化五年計劃」，在校舍不敷校具缺乏之情況下，爲謀教育之急速普及與推廣，許多中學和小學，都實行分班輪流上課辦法。一直到一九三三年，添建之校舍，仍感不敷設校，仍需採行二部制或三部制。試問：今日大戰後的我國，其財富比那時的蘇聯，能高得幾許？我們既不能追踪英美富麗堂皇地去做，還是窮人想窮法，繼續採用現行之半日教學制，我們再不忍看大批失學兒童，在歧路徬徨，在街頭流浪了！我們要高喊：學校不得爲少數幸福兒童所專有：教育要普及化！教育機會要均等化！

還都後南京市體育的推進（上）

楊汝熊

甲、前言

九年前，狂虐的敵寇强佔了南京，使首都淪陷八載，遭受了空前的破壞，抗戰勝利了，國府還都了，可是首都還不能照預定計劃迅速地復員，加緊地建設，這不能不譴責於一般破壞和平的陰謀者。在這般情形之下，首都教育的復員工作，無疑地也不能不遭遇挫折！

體育是教育事業中最重要而最基本的一部門，體育辦不好，其他智育和德育即使辦得好，也是徒勞！這一點信念，我想教育界人士誰都有的，可是在實際上卻不一定個個人都能够照這話做，因此，我們覺得，在現階段的社會裏，體育的確還有積極提倡的必要。

南京市自上年十月間復員以後，以百廢待舉，一時人力財力無法顧及全部建設事業的實施，教育自然也不能例外，因此，市政當局只能注意到失學兒童和青年的安插與救濟，未能積極推進體育事業。本局於本年七月十六日成立，鑒於南京爲首都所在，而復員以來，體育空氣如此沉寂，亟有積極倡導的必要，於是從種種方面，在可能範圍內，儘量提倡協助，希望首都的體育機構逐一建立而漸趨健全，體育活動逐漸舉辦而漸趨蓬蓬勃勃地發展，這對於社會國家和民族無疑的是一大貢獻，同時也爲首都的教育奠立了堅强的基礎。作者服務京市教育局，主管全市體育事業的推進，職責所在，不容懈怠，所以願意乘這個機會把本局成立以來五個月中推進體育的經過，概述如后，藉求賢達指教！

乙、體育機構的建立

關於本篇所擬提出的報告，願分兩方面來陳述：第一是體育機構的建立，第二是體育事業的推進。

現在先以體育機構的建立說起。體育機構可分爲四種：一、體育設計及執行機構。二、社會體育機構。三、體育實施機構。四、體育視導機構。茲分述如后：

（一）國民體育委員會的成立　現在本局體育行政，係由第三科主管，按照教育部的規定，應該單獨成立國民體育委員會，以主持其事。因此，本局乃於本年九月間聘請董守義吳邦偉方萬邦等二十餘人爲委員，成立南京市國民體育委員會，於九月三十日舉行成立大會，並推定吳邦偉，馮公智，陳越梅，楊汝熊及龔家鹿等五人爲常務委員，祇是因爲本局係在年度中途成立，委員會所需員額及經費，均未列入預算，無從支用，所以會中工作仍由第三科指定人員兼辦，不設專任職員；所需經費亦由社教經費內勻支，下年度如能設置專任職員，則國民體育委員會就可以切實負起體育設計及執行的任務了。

（二）市體育會的籌備　國民體育委員會是行政機構，體育會是社會體育組織，是民間體育團體，有前者的倡導，配合了後者的實施，體育事業才會有長足的進展。本局成立以後，即積極倡導市體育會的組織。九九體育節那天晚上，本局召開體育同志聯誼會於南京勵志社，當場即推定吳邦偉、徐汝康等體育界七人爲市體育會籌備委員，其後籌備會先後開會兩次，已將應辦手續辦理完竣，正呈請市社會局核辦，社會局核准後，即可依照三十三年八月教育部與社會部公布的「體育會組織辦法」，將南京市體育會組織成立。而協助推動體育事業。

（三）市體育場的恢復　偌大的首都，人口達百萬以上，而公共體育場竟無一個，這對於市民健康關係實在太大了！本局成立以後，對於公共體育場的建立，深切的感覺其需要決定盡力促其實現，查戰前原有市立體育場一所，位於漢西門內石鼓路，建築尚未完工，即因戰事而停止，首都淪陷時期，爲敵偽佔作軍火庫，所以勝利以後，爲軍政部所接收，作爲首都被服廠廠址，急應收回，以恢復市立體育場。又前江蘇省立南京公共體育場原設本市公園路，棄置未用，曾由本局商請江蘇省教育廳移歸本市應用。近已簽奉國府　蔣主席核准；將以上兩處場地撥給本市，作爲恢復市立體育場之用。所以本局已派定龔家鹿氏爲體育場籌備主任，十一月十五日成立籌備處，正式籌備進行，並在教育復員費中撥給國幣壹億元，作爲修建費，公園路體育場短期內即可建築完成，石鼓路方面則仍在繼續交涉遷讓中。

（四）中小學體育的督導　本局成立以後，奉教育部令派國民體育委員會委員吳邦偉，方萬邦二人，輔導本市國民體育的推行。吳方二委員到局後，即商定進行辦法三項：一、通令各中小學擬具本學期體育實施計劃，送局審核；二、擬定中小學體育概況調查表，分發各中小學，令飭限期塡報，三、由本局指派督學一人，陪同吳方二委員，分赴各中小學，作實際之視察與輔導。這三項辦法都已經遵照實施。

丙、體育事業的推進

「經費爲事業之母」，要推進體育事業自然也不能例外，可是本局本年度的經費預算中，尚未編列體育經費，所以推行體育事業頗感「無米爲炊」之苦！因此，我們一方面設法與本市各有關機關取得聯繫，獲得他們經濟上的幫助，一方面是請教育部撥款補助，這麼一來，在本局成立迄今短短的五個月當中，竟能舉辦了三次規模很大的體育活動，這是頗足引以自慰的。在這短短五個月當中，我們配合著季節與紀念日，舉辦了三次體育活動。一是體育節，二是總理誕辰籃球表演賽，三是中小學體育表演會，茲分述其概況如下。

（一）體育節的各項體育活動　本年九月九日爲勝利還都後第一屆體育節，本局爲遵奉中央法令，打破本市沉悶體育空氣，積極倡導體育活動起見，乃遨集有關的機關團體，二十餘單位，組織體育節籌備委員會，開會數次，討論體育節各項體育活動舉行辦法，會務由本局主持，並推定作者爲大會總幹事，分設總務，競技及宣傳等三組進行。其重要活動如下：

一、游泳比賽：七日下午在漢中路業餘體育會游泳池舉行游泳比賽初賽，參加男女運動員四十六人，八日下午舉行決賽，成績甚佳。

二、越野爬山比賽：九日上午九時舉行，起點在中山東路勵志社門前，終點在中山陵墓碑亭前。參加比賽者二十六人，

三、籃球比賽：九日下午三時在勵志社籃球場舉行，參加比賽者爲鴻翔、京鄉，民意等三隊，共賽兩場，觀衆數千人。

四、網球比賽：九日下午四時在勵志社網球場舉行，由勵志社主辦，邀請上海網球界名手來京表演男女單打雙打等數場，頗獲觀衆好評。

五、國術表演：九日下午三時在勵志社大禮堂舉行，由中央國術館主辦，張館長之江親臨主持，白部長崇禧等均蒞場參觀，表演節目很多，極爲精彩。

六、國民體育座談會：由本局邀請教育界，體育界，及新聞界人士，於八日晚在香鋪營公餘聯歡社舉行，到郝更生等三十餘人，由馬局長及郝更生主席，對於發展本市國民體育的計劃討論甚詳。

七、體育同志聯誼會：九日晚在勵志社大禮堂舉行，並於會後聚餐，到各校體育教師及本市教育界人士四十餘人，由馬局長元放主席。

（二）籃球表演賽的舉行　每年十一月十二日總理誕辰，依照教育部規定，各地應分別舉辦社會體育擴大運動，本年爲勝利後第一屆社教擴大運動，本局特聯合有關機關擴大舉行，籃球表演賽便是其中活動之一。此次表演賽，係委託南京市體育會代辦，被邀參加的有松青、白隊，勵新，及應隊等男子籃球隊四隊，中大及金女大等女子籃球隊二隊，十日下午舉行男子隊四隊預賽，十二日下午在勵志社籃球場舉行男女兩組決賽，觀衆三千人，結果白隊及金女大籃球隊獲勝，此六隊爲南京實力最強的籃球隊，此次雖然是友誼性的表演賽，實際上亦無異南京市的錦標賽，所以很爲社會一般人士所注意。（未完）

榮譽考試制

王惠三

我國考試制度可分爲官吏考試與學校考試二種，茲所論的是學校考試，學校考試依其性質的不同，又可別爲入學考試與平時考試學期考試等數種。入學考試目的在無法收容的許多投考生內選取優秀分子，這種考試是無法避免的。現在所要研究的係指學校平時所行的月考與學期考。按學校之所以要舉行各種考試，其目的不外乎督促學生之自動溫習和測驗學生對於各種教材內容之是否明瞭？如果方法不善，可使學生身心上受到極大害處。根據許多教育家調查之結果，均證明有此事實。例如麥爾玆 Melzi 之調查，於二百名女子小學中，其卒業考試前一個月，與卒業考試後體重之比較，平均減少七百五十克。又如伊立福 Iwlieffau 及科先索夫 Kosinzoff 實驗保加利亞某高等女校之學生五百四十二人，在其考試後發現百分之六十八體重減輕，而且年級愈高，年齡愈大，其減輕之比例亦愈增，彼等均認爲考試疲勞之結果，往往發生神經衰弱，神經興奮，恐怖不安等病，影響身心爲害匪淺。故日本於明治三十三年修改小學校章程時，完全將小學校之考試廢除，對於高等女校之考試亦加限制，此舉曾爲世界之教育家及學校衛生學家所讚美。我國五四運動以後，廢止考試制度運動亦曾風靡全國，卒以無適當之代替方法，恐生流弊，未敢毅然實行。一直到現在，世界各國學校還有考試制度的存在，這亦是教育上一個值得研究的問題。前面已經說過考試的目的是要督促學生溫習，是要測驗學生對於各種教材是否明白。要達到上面目的則考試非嚴格不可，否則打拍司，帶挾帶，或交頭耳語，不但不能達到目的，反而影響學生之品性，養成作弊行爲，徒然濫費教員與學生之寶貴時間與精力。戰前首都教育，確有相當的成效，教師學生對於考試極其認眞，可是經過了淪陷八年後的首都學生，就有些不同了，這不能怪學生，由於敵僞時期主持教育者之敷衍塞責，有名無實。本校（市立師範）以所負責任的重大，係培植京市國民教育之優良師資，如果考試馬虎，則不但失了考試的目的，且影響其將來爲人師表之行爲，所以在教務會議上一致決議，採用嚴格主義，發現考試作弊，一經查出立予除名，事前由各級級任導師詳細說明決議案之理由，校長在紀念週上再作總的報告，奈以數年來之遺毒太深，學生對於考試，雖經剴切說明，猶有存倖幸心理者在。第一次段考後，結果三個學生在嚴格考試制度下，受退學處分。但第二次段考就無人作弊了。教員都認爲滿意，在第一次段考至第二次段考之間，學生之學習態度與聽講精神，據許多教員之觀察亦認爲有進步。有一次教務會議中，我們想試行榮譽考試制，我們認爲人類都應該有向上心，自尊心，尤其是師範生，將來離開本校就是老師，這種自尊的行爲和人格，不得不培植。我們就選擇了特別師範科第二班。因爲該班學生經過二次段考，無一人有作弊之意思，考三民主義時，教師將題目試卷交給該級級長，教師不到教室去監考，惟考試時教室門洞開，表示可以請任何人檢舉，任何人監督，結果非常令人滿意，同班監督較教師監督嚴密，輿論制裁，遠勝法律規章，這種所謂榮譽考試制，似乎有提倡的價值。

本刊登載**南京市教育局**不另行文之**法令**，希市屬各學校各社教機關**注意**！

法規

南京市國民學校教師教學研究會分組研究辦法

（一）南京市教育局爲督導全市國民教師進修及研究教學起見訂定本辦法

（二）國民學校教師研究會分左列各組：

1 初級國常科研究組
2 高級國語科研究組
3 算術科研究組
4 社會科研究組（包括公民歷史地理）
5 自然科研究組
6 藝術科研究組（包括圖畫勞作）
7 音樂科研究組
8 體育科研究組
9 民衆補習教育組

（三）凡本市各級國民學及已立案之私立小學校長及教員應依其興趣或所担任之課程性質參加一組或數組研究

（四）國民學校教師教育研究會之研究範圍如左

1 課程標準實施結果之討論
2 補充材料之選擇
3 教學方法之研究
4 鄉土教材之搜集
5 教科用書及教學參考書之選定
6 各科教具之設計製作與運用
7 每學期教學進度之預定
8 實驗教學之規劃及實行
9 教學觀摩之支配及檢討
10 平時閱讀圖書雜誌之報告及討論
11 學生課外讀物之調查及指導
12 學生課外作業及課外活動之規劃及指導
13 畢業成績考查方法之研討
14 各科測驗之編造
15 部頒國民教育研究問題之研究
16 其他關於教學研究事項

（五）各組研究會由教育局指定市立中心國民學校主持之並爲開會召集人主持一切會務其主持學校如左

初級國語常識組　火瓦巷中心國民學校
高級國語組　大行宮中心國民學校
算術組　漢口路中心國民學校
社會組　珠江路中心國民學校
自然組　五台山中心國民學校
藝術組　荷花塘中心國民學校
音樂組　朝天宮中心國民學校
體育組　夫子廟第一中心國民學校
民衆補習教育組　三牌樓中心國民學校

（六）各組研究會每月開會一次必要時得由主持學校召開臨時會議

（七）各組研究會爲謀各科教學之聯絡亦得聯合舉行

（八）各組研究會開會時應呈由教育局派員出席指導所有研究結果應向局報核其成績優良可以發表者得由教育局編印刊物分發各校以資參考

（九）各組研究會應輪流舉行教學成績展覽會以資觀摩

（十）各組研究會開會時得由教育局視需要情形延請專家演講或指導之

（十一）本辦法自公佈日施行

附十二份開會日程表

組別	主持學校	開會日期	開會時間	地點
初級國常組	火瓦巷中心校	十二月九日	下午二時	市立師範
算術組	漢口路中心校	十二月十一日	仝前	本校
藝術組	荷花塘中心校	十二月十三日	仝前	本校
高級國語組	大行宮中心校	十二月十六日	仝前	市立師範
社會組	珠江路中心校	十二月十八日	仝前	本校
音樂組	朝天宮中心校	十二月二十日	仝前	本校
自然組	五台山中心校	十二月二十三日	仝前	市立師範
體育組	夫子廟第一中心校	十二月二十五日	仝前	本校
民衆補習教育組	三牌樓中心校	十二月二十七日	仝前	市立師範

南京市教育局管理私塾辦法

第一章　總則

第一條　本辦法根據部頒國民教育實施綱領第五條及改良私塾辦法之規定訂定之

第二條　凡私人或私人聯合設立之私塾均依照本辦法管理之

第三條　私塾之命名應稱爲某某私塾其已改良者應稱爲某某改良私塾均應製牌懸掛以示公開

第四條　私塾在不妨礙公私立國民學校招生之範圍內得招收學齡兒童或年長失學之兒童參照國民學校課程教學並得招收年長失學兒童予以就業準備其補習一科二科者得作爲補習生

第五條　私塾學年學期或休假日應依照部頒修正學校學年學期及休假日期規程辦理每年開學日數至少須滿貳百玖拾捌日

第二章　設立變更及調查登記

第六條　已設立及新設立之私塾均須於每學期前塡具「設立私塾表」經調查登記後發給「許可證」調查表及許可證由局製定頒發

第七條　已經本局核准設立之私塾如有遷移塾址或自行停辦等事應呈報本局備案其自行停辦之私塾應將許可證繳銷

第八條　本局舉辦私塾調查登記事項得指定中心國民學校校長教員就近辦理并得聯絡警察與自治機關人員協助辦理

第九條　許可設立之私塾應具備下列各項條件

（一）不違背中華民國教育宗旨及其實施方針者

（二）塾師文理清通常識豐富者

（三）塾舍寬敞光線空氣充足並有空場足資學生活動者

（四）能遵用　部訂教科書者

（五）收容學齡兒童不妨礙當地國民學校學額之充實者

第三章　課程與教訓管理

第十條　私塾課程分為基本課程補充課程兩種基本課程為一、國語（包括說話讀書作文寫字）二、常識（包括社會自然公民衛生）三、算術（包括筆算珠算）四、體育補充課程得斟酌需要訂定之

第十一條　依照上項基本課程及補充課程訂定課程簡表發交各私塾實施

第十二條　私塾應視學生之年齡程度及其家庭狀況編級教學教學時須以引起兒童之學習興趣為主並須注重理解不得專重背誦

第十三條　私塾應以　部頒小學公民訓練標準注重積極誘導方法絕對禁用體罰平時並須指導兒童課外活動以養成兒童課外運動及守紀律之習慣

第十四條　塾師平日應指導兒童注重塾內塾外之清潔衛生並能施行清潔檢查以養成兒童清潔衛生之習慣

第四章　塾師訓練與輔導研究

第十五條　寒暑假期或相當時期舉行塾師訓練班或講習班其講習學科除國語算術常識外並注重公民訓練科學常識與各科教學法之實際研究

第十六條　對於塾師得介紹進修讀物及令其參加國民教育研究會並指派參觀優良國民學校

第十七條　對於私塾之輔導由主管人員督學中心國民學校校長或優良國民學校教職員等組織輔導網其輔導方法由本局訂定實施

第十八條　凡認為成績優良或辦理合法之私塾其塾師得酌量免受訓練或講習

第五章　獎勵及取締

第十九條　對於私塾除已核准改良私塾者外。其成績較優者得酌改為代用國民學校

第二十條　對於已核准改稱改良私塾及改為代用國民學校之私塾得酌予補助

第二十一條　對於有下列情形之私塾先予以警告或令其改進其有屢誡不悛者得取締之

（一）不遵令登記者

（二）違反中華民國教育宗旨者

（三）塾師身心缺陷或有不良嗜好者

（四）墨守成法不接受改進之指導者

（五）指定在假期訓練或講習而不參加者

（六）塾舍簡陋無法改善者

（七）妨礙當地國民學校學額之充實者

第六章　附則

第二十二條　本辦法經呈奉　市政府核准公佈施行並呈報　教育部備案

公佈專欄

南京市教育局轉令所屬輔導抗戰軍人遺族申報請卹

南京市教育局訓令

（卅五）教人字第二〇三號

中華民國三十五年十二月十四日

事由：為准社會局函將　主席二十八年七月陽侍秘渝手令重行節錄令仰遵照由（祇登本刊）（不另行文）

令所屬各機關

案准社會局第八一九八號函開：

案奉社會部京福五字第一三五六九號訓令內開：「案准國防部本年勤卹敘字第一二八三號酉養代電開：查抗戰八載犧牲成仁之官兵甚多　主席蔣對將士之遺族時深軫念謹將

主席二十八年七月陽侍秘渝手令敬謹重行節錄於次：（一）凡各部隊長官對於所屬陣亡官兵務須隨時申報事實及其籍貫世居親屬情形迅速請卹不得積壓如對其親屬情形不明者應行文其原籍政府詳查具報不得因其缺略任意延擱以免遺漏（二）各家屬如確知其子弟陣亡而尚未得核定卹金領狀者准逕報請卹（三）如家屬不甚通曉文字或不諳請卹及領款手續者各當地保甲長或士紳或教育人員如有知聞者應即自動協助為之辦理或依照優待出征軍人家屬辦法由各當地熱心有力人士特予設法維持其生計並應作為本委員長在一月皓侍秘電告全國士紳教育界人士書之補充事項認真推行倘地方政府及保甲人員有故意侵吞各家屬應領卹款者一經查實無論款目多寡即置重典（四）凡中央黨政軍各機關派往前後方視察與檢閱之文武人員每至一地應即訪查各該地陣亡將士之遺族其應領卹款曾否照章領得規定優待法令地方政府及人士能否切實遵行將其實情詳報本委員長查核中央各原派機關並以此列為出差人員勤惰功過考成之一以上各端雖至簡括要執行撫卹規章之有效辦法亦即中正與各級軍政長官及全國同胞義無可辭之責任切望一致遵行等因茲以撫卹委員會業已結束所有卹案由本部聯合勤務總司令部撫卹處繼續辦理務望督促所屬輔導遺族申報請卹以期遺族皆沾實惠而副我　主席關懷之至意除分電外相應電請查照辦理並轉飭遵行為荷等由准此除分令外合行令仰遵照並轉飭遵行」等因除分函外相應函請查照轉飭遵行為荷」

等由准此除分行外合行令仰遵行

此令

兼局長馬元放

南京市教育局電令本年寒假中學生畢業會考暫停

南京市教育局代電

發文（卅五）教一字第七九三號

中華民國三十五年十二月十二日發

事由　奉部電本年寒假中學生畢業會考應仍暫停舉行電仰知照由（祇登本刊不另行文）

（各市私立中學校）案奉教育部亥支中第三六四二三號代電開「本年寒假中學生畢業會考因交通困難各級學校復員尚未竣事應仍暫停舉辦」等因奉此合行電仰知照南京市教育局兼局長馬元放亥文印

南京市教育局電令各中小學勸募冬賑百元運動

南京市教育局代電

發文（卅五）教一字第七九四號

中華民國三十五年十二月廿一日發

附辦法乙份

事由　准市新運會電請分令各中小學勸募冬賑百元運動電仰知照由（祇登本刊不另行文）

市私立各中小學公鑒：准南京市新生活運動促進會亥銑京新字第二八七號代電開：「本會爲冬令救濟發動百元捐款運動經冬令會第二次籌募委員會通過發動京市各中小學學生勸募茲擬就勸募辦法草則一份隨電送上敬請迅予分令各中小學校集勸學生勉力推行至該項紀念券當由本會派員分送各校洽辦相應電請查照共襄善舉并希見復爲荷」等由並附辦法一份准此自應照辦合亟電仰知照南京市教育局兼局長馬元放亥箇印附辦法一份

南京市各中小學爲冬令救濟推行百元捐款運動勸募辦法草則

（一）根據冬令會第二次籌募委員會決議並經南京市新運會主任幹事核定發動各中小學學生勸募以廣收效特訂定左項辦法

（二）本運動所印之紀念券每本拾張每張五十枚每枚一百元計每本款額爲五萬元按各學校學生之多寡分發若干本

（三）各學校當局於接獲此項印訂之紀念券時按該校各級學生人數之多寡（中學以每級十人計小學由各級任教師酌情規定）分發各級級長

（四）各級級長於接獲此項紀念券時立將該級同學以十人爲一組分組若干分隊每分隊各發乙本

（五）各校校長爲該校本運動之總隊長各級任教師爲該校本運動之指導員各級級長爲該校本運動之隊長各分組再由指導員指選一人爲分隊長

（六）各中學分隊長於接獲此項券本後分發每同學一張（計五十枚）由分隊長領導勸募隊長（即級長）督促之

（七）各小學級任教師於接獲此項券本後分發五年級以上同學每人廿枚五年級以下同學每人十枚指導其向親友勸募以自由樂捐爲原則決不強迫

（八）勸募方式以各同學課餘間分別個別勸募或於星期及例假日由分隊長率領分組勸募（小學生切忌赴街頭鬧市以防車輛肇事）

（九）各同學將所領得之紀念券勸募完畢後將所得之款交該級指導員再存轉學校當局

（十）各中學所領得之券如未能如期捐完再由分隊長召集得力同學分別勸捐之各小學同學如不能如期捐完可繳由級任教師轉學校當局送回

（十一）各學校將所募之款整齊後連同券本存根一併備函送繳市府路廿二號之二市新運會彙計轉送冬令會

（十二）各勸募分隊熱心公益勞績可嘉之同學由學校當局分別予以精神上之獎勵

（十三）本運動得按各學校同學人數之比例以各級爲單位作爲競賽方式其成績最佳者由本會分請有關首長予以嘉獎並公諸報端

（十四）本辦法由南京市教育局市新運會會商訂立之

（十五）本辦法如有未盡或未妥之處各校校長或各該校教職員酌情辦理之

南京市教育局轉令各中小學生發動一碗米運動

南京市教育局訓令

發文（卅五）教一字第八一〇號

中華民國三十五年十二月廿三日

事由　抄送南京市各中小學生爲冬令救濟發動一碗米運動辦法令仰知照并轉飭遵辦由

令南京市公私立中小學校

（祇登本刊不另行文）

案准三十五年度首都冬令救濟委員會箋函爲抄送南京市各中小學生爲冬令救濟發動一碗米運動辦法一份囑轉飭各校照辦等由准此合行抄發南京市各中小學生冬令救濟發動一碗米運動辦法一份令仰該校知照并轉飭遵照辦理爲要

此令

附抄發南京市各中小學生冬令救濟發動一碗米運動辦法一份

兼局長馬元放

南京市各中小學生爲冬令救濟發動一碗米運動辦法

一、本市各中小學學生爲響應首都冬令救濟捐助食米救濟貧民發起一碗米運動

二、各校由學生自行發動每人節約食米一碗捐由學校彙齊後將數量通知首都冬令救濟委員會簽發收據派車運回統籌分配

三、前項捐米專以救濟本市之赤貧戶口爲目的冬令救濟監核委員會根據貧民調査表審核配發

四、各校捐米數量以及發放情形應由冬令救濟委員會登報公布

南京市教育局轉令廣爲征集鄉賢著述地方志乘抗戰文物先烈傳紀等

南京市教育局訓令

發文（卅五年）教祕字第四七八號

中華民國三十五年十二月廿一日

事由　爲令仰廣爲征集鄉賢著述地方志乘抗戰文物先烈傳紀等逕寄國立北平圖書館南京辦事處俾供閱覽由

令公私立中小學及社教機關

（祇登本刊不另行文）

案准南京市政府祕書處（卅五）府總祕編字第一〇二九號函開：「案准國立北平圖書館南京辦事處本月佳日代電開：「本館承京師圖書館之後歷史悠久蒐羅豐富深荷各方贊助捐贈圖書廣事庋藏曷勝榮幸貴市人才薈萃文物昌明鄉賢著述地方志乘抗戰方物先烈傳紀務祈通令所屬代爲徵集源源賜寄俾供衆覽而資永藏不勝翹感特電奉懇佇候復示」等由准此自應照辦除電復該處外相應函請査照廣爲徵集逕寄該處」等由准此合行令仰各該校館廣爲征集逕寄該處爲要

此令

兼局長馬元放

南京市教育局成立五個月來工作概況

三十五年七月十六日至十二月十五日

南京市政府於民國十六年六月一日成立時，卽單獨設有教育局。至民國二十一年四月，始併於社會局。本年七月，市府爲謀本市教育之積極開展，乃於七月十六日重行恢復教育局。本局成立以來，卽以國民教育之發展，中等教育之擴充，社會教育之推廣，校館房舍之整理，以及行政效率之增進爲中心工作。在國民教育與中等教育方面，儘量增校增班；社會教育方面，除酌量增設社教機關外，並儘量利用時機，展開社教活動；對各校館房舍，作必要之建築與緊急之修繕；在教育行政方面，分別訂定各項章則，規程，辦法，力謀行政效率之增進。茲特將本局五個月來之重要工作分述於下：

（一）國民教育之發展

一、增校增班與二部制之推行

在民國二十六年，本市原有市立各級小學一百七十九所，一千四百五十一班，在學兒童七萬零三百六十五名。連同國立，省立，私立，與代用小學以及私塾。共收容學生八萬七千零三十六人。根據當時統計，全市學齡兒童約十萬名，小學教育已相當普及。迺以淪陷八年，原有基礎，摧毀殆盡。去年接收時，小學僅六十七所，學生兩萬餘名。經社會局積極推進，在上學期學校增至九十校七百六十二班，收容學童四萬五千零四十六名。嗣以國府還都，本市人口驟增；學齡兒童，亦隨之急遽增加。根據本年八月首都警察廳之調查報告，全市學齡兒童數已增至十二萬三千二百三十七名，致形成嚴重之學荒。本學期乃竭力增校增班，並指定學齡兒童衆多地帶之國民學校，辦理半日二部制。目前已有市立國民學校一百十七校一千零三十五班，收容兒童五萬七千零十人。此外已立案之私立小學，現有一一所，另有私立幼稚園一所。正辦理復校與立案手續者，有小學二一所，幼稚園二所，約共一四〇班，收容兒童七〇〇〇人。約計在學兒童，共六萬四千餘名。茲附列學校分佈表及本學期與上學期校數班數學生數比較表於下：

甲、學校分佈表

區別	校數		班級數	備註
	中心國民學校	國民學校		
第一區	五	〇	九八	1，另設國民教育實驗區一所，實驗國民教育之實施方法。
第二區	六	二	一〇七	
第三區	九	一	一四八	
第四區	一二	四	一六〇	2，另設幼稚園一所，正派員籌備中。
第五區	一〇	五	一七〇	
第六區	四	一	七八	
第七區	一	二	三一	
第八區	〇	二	一二	
第九區	一	一四	五九	
第十區	二	九	四三	
第十一區	二	五	三九	
第十二區	四	五	五八	

湯山區	一	一〇	三二
總計	五七	六〇	一〇三五

乙、本學期與上學期校數班數及學生數比較表

學期別	學校數	班級數	學生數
上學期	九〇	七六二	四五〇四六
本學期	一一七	一〇三五	五七〇一〇
本學期增加數	二七	二七三	一一九六四

二、民教部之設立

本學期已在國民學校開設民教班，因係試驗性質，加以設備限制先辦七三班，收容失學民衆約三二〇〇人。所用課本，均由局免費供給。此後擬逐漸擴充，以掃除本市文盲。茲將民教班分佈情形表列如下：

區別	班級數	區別	班級數
第一區	四	第八區	二
第二區	八	第九區	一三
第三區	四	第十區	八
第四區	三	第十一區	二
第五區	一二	第十二區	五
第六區	四	湯山區	七
第七區	一	總計	七三

三、小學教師暑期講習會之舉辦

為提高小學教師之服務精神，並增進其教學知能起見，特辦理小學教師暑期講習會。七月二十二日開學，八月二十七日結業。受訓學員結業者，計普通組一百九十一人，體育組三十三人，共二百二十四人。普通組之學科為教育原理，國語教材及教法，算術教材及教法，常識教材及教法，並有工作討論，康樂活動，及國父紀念週之精神講話與國父遺教總裁言行等，體育組除上述各項外，加設體育原理，韻律活動，體育教材及教法等學科。此外，並聘請特約講師，作專題講演，計有陳鶴琴先生之「活教育」，曹芻先生之「教育的任務」，周君尚先生之「國民教育的基礎在那裏」等二十八次。

四、小學教師之考核與登記

上學期結束時，曾對各校教職員予以考核。成績優良者，予以合理保障；成績低劣者，予以淘汰。並登記復員教師與備用教師，擇優任用。復員小學教師共登記二百八十人，已全部分發任用；備用教師共登記八百二十四人，已分發任用二百五十三人；教育部分發本局任用之國立師範畢業生，共已來局登記者，均經分發任用，計二十九人；本年度市立師範畢業生九十二人，亦已全部分發任用。

五、國民教育實驗區之設立

為實驗國民教育之設施方法起見，特成立國民教育實驗區。開辦費及實驗研究費，由教育部補助，經常費則由本局負担。茲錄其本學期之工作計劃於下：

1. 目的

甲、協助學校成爲快樂康健之生活環境

乙、會同學校教師陶冶兒童之優良德性培育兒童之健康活動訓練兒童之集體生活俾其智力及學習能力可獲正常發展

丙、會同學校教師研究並實驗各科教學方法

2. 範圍

以第一區珠江路中心國民學校大行宮中心國民學校鄧府巷中心國民學校楊將軍巷中心國民學校第五區五台山中心國民學校漢口路中心國民學校及第六區琊琊路中心國民學校玄武門中心國民學校三牌樓中心國民學校三條巷中心國民學校爲實驗區範圍

3. 工作要項　本年內以改善各校兒童健康生活爲中心工作

甲、舉辦各校兒童體格檢查並列表統計爲擬訂健康指導辦法之根據

乙、調査各校校舍內外環境及其他物質設備狀況

丙、會同各校擬定健康指導辦法并督促實施

丁、會同各校擬定醫藥衛生設備最低限度標準

戊、普遍推行各項康樂活動

巳、調査并研究各校兒童之游戲趨向及方式

庚、舉辦各校兒童健康競賽

辛、分別與各校教師舉辦座談會研討改善兒童健康生活之有效方法。

六、幼稚園之籌備

本市公家設立之幼稚園，尚付缺如，故本學期已派員籌備。目下園址園舍，業經大體確定，下學期即可開學。

七、分科教學研究會之組織

爲研究改進國民學校之各科教學起見，特舉辦國民學校分科教學研究會。全體國民學校教師，依其所担任之科目，分別參加各該科教學研究會，從事研討。除由本局督學及視導分別領導進行外，開會時並聘請各科教學專家，出席指導，以收宏效。茲將本學期各科教學研究會之主持學校及指導人表列於下：

組別	主持學校	領導進行人員	聘請指導人員
初級國常科研究組	火瓦巷中心國民學校	崇啓　曹樹人	魏冰心　邵鶴鳴
高級國語科研究組	大行宮中心國民學校	洪爲法	馮客談　章柳泉
算術科研究組	漢口路中心國民學校	張右源	水心　薛天漢
社會科研究組	珠江路中心國民學校	崇啓　曹樹人	李清悚　張達善
自然科研究組	五台山中心國民學校	張右源	徐允昭　潘平之
藝術科研究組	荷花塘中心國民學校	夏易堪	仇河清　薛珍
音樂科研究組	朝天宮中心國民學校	厲鼎立	王問奇　吳伯超
體育科研究組	夫子廟第一中心國民學校	厲鼎立	鄒彬芳　饒家鹿
民衆補習教育組	三牌樓中心國民學校	洪爲法	沈堅　楊汝熊

（二）中等教育之擴充

一、原有中等學校之整理與三中之添設

在民國二十六年，本市原有中等學校五所，去年接收時，中等學校仍爲五所。上學期，就原有五所中等學校，開辦六十六班。本學期除調整各校行政外，並就白下路一中分校擴充改設第三中學，原有之五所中等學校，使之盡量增設班級，以收容還都之中學生。

二、國立三臨時中學之接辦

國府還都後，國立南京第一、二、三臨時中學，均劃歸本局接辦，現已改爲市立第四第五中學及第二女子中學，並加派原任國立南京第一、二、三臨時中學校長爲市立第四，五中學及第二女子中學校長。三校之經費，仍由教育部負担。

三、復員教師之登記與復員學生之分發

復員中學教師共登記五十二人，已分發任用五十一人。復員中學生，共登記二千四百十三人，亦早經全部分發就學。

四、敵僞中等學校畢業生資格之甄審

遵照教育部命令，組織收復區中等學校畢業生資格甄審委員會，辦理敵僞中等學校畢業生之甄審事宜。共計請求甄審者九百二十五人，經甄審合格者六百四十七人，甄審合格之畢業生，其原肄業學校屬本市者，已塡發甄審合格畢業證書，其原肄業學校屬各省市者，已塡發甄審合格臨時證明書，幷分別通知各該省市教育廳局，換發甄審合格畢業證書。

五、青年軍暑期補習班之舉辦

爲輔導青年軍還都後之升學與就業起見，特辦理青年軍暑期補習班，予以升學與就業之指導。七月二十五日開學，九月一日結業。入班之青年軍共六十人，結業後依照其志願，分別分發市屬各中等學校就學與介紹其就業。

附統計表三種，以窺中等學校現況之一斑：

甲、市立中等學校一覽表

校名	班級數 高中	班級數 初中	備註
市立第一中學	九	一五	
市立第二中學	五	一二	該校已遷移一部份至鄉市口新校舍
市立第三中學	五	八	
市立第四中學	一四	一〇	該校經費由教育部負担高中班級內有師範科四班
市立第五中學	一八	一八	該校經費由教育部負担高中班級內有師範科二班
市立第一女子中學	六	一三	
市立第二女子中學	一一	一二	該校經費由教育部負担高中班級內有師範科二班
市立師範學校	七		該校均係師範班
市立職業學校	四	一〇	該校辦商農二科商科高級三班初級七班農科高級一班初級三班
總計	七九	九八	

乙、本學期與上學期校數班數及學生數比較表

學期別	學校數	班級數	學生數
上學期	五	六六	二五七八
本學期	九	一七七	八六四四
本學期增加數	四	一一一	六〇六六

丙、已立案之私立學校一覽表

校名	班級數 高中	班級數 初中	備註
私立鍾英中學	四	七	
私立金陵大學附屬中學	一二	一四	
私立金陵女子文理學院附屬中學	五	一一	
私立安徽中學	四	六	
私立中華女子中學	四	七	
私立青年會中學	三	五	
私立成美中學	三	四	
私立東方中學	三	五	
私立匯文女子中學	六	一四	
私立明德中學	七	七	
私立伯純中學	三	四	
私立石城中學	二	三	
私立樂羣中學	四	三	
私立昌明中學	一	三	
私立育羣中學	三	一〇	
私立震旦初級中學	一	四	該校本學期試辦高中一年級
私立惠民初級中學		六	
私立華南初級中學		四	
私立道勝初級中學		三	
私立憲光初級中學		三	
總計	六五	一一三	約共收容學生八九〇〇名

(三)社會教育之推廣

一、原有社教機關之整理

在民國二十六年，本市社教機關有民衆教育館三所，圖書館一所，游泳池一所，體育場三處，民衆學校十五所，民衆夜校二百五十一班，兒童樂園五所，盲啞學校一所。去年接收時，有民衆教育館二所，農民教育館一所，圖書館一所。上學期，有民衆教育館二所，圖書館一所。本局成立以後，對於原有社教機關，即積極予以整頓。除對各館房舍加以修繕，充實外，並增加各館經費與員額：第一民教館原有職員十人，現增爲十四人；第二民教館原有職員七人，增爲十二人；圖書館原有職員五人，增爲八人。又第一民教館每月經常費原約六萬元，現增爲二十六萬元；第二民教館原約五萬元，現增爲二十四萬元；圖書館原約五萬元，現增爲二十萬元。各項工作人員之資歷，均按部定標準，逐一審核，核定其職務，並提高其待遇，因此各館工作，得有相當開展。

二、電教隊之設立

爲推行電化教育起見，經於八月間成立第一電化教育巡迴工作隊。該隊之工作人員，早經派往教育部見習期滿。十月份起，已在本市各區巡迴放映教育電影。並與教育部及美國新聞處，合設中小學教育電影中心施教站二十四站，業經在各中心施教站，普遍輪流放映兩週。茲附巡迴放映記錄如下：

電化教育巡迴工作隊巡迴放映記錄

次數	放映地點	日期	片名	約計觀衆
一	夫子廟第一中心國民學校	九月九日	1.世界運動會共四本 2.海濱生活一本 3.突擊之前一本 4.爪哇風景一本	二千餘人
二	市府	九月十八日	1.中國爲何而戰一大本 2.海濱生活一本 3.水一本 4.唐奴鴨從軍	六百餘人
三	同上	九月廿四日	1.突擊之前 2.錫蘭一本 3.德里一本 4.我的孩子一本	六百餘人
四	同上	十月八日	1.大河一大本 2.農業機械化一本 3.舞藝的改造一本 4.牧者一大本	七百餘人
五	夫子廟第一中心國民學校	十月九日	1.大河一大本 2.農業機械化一本 3.舞藝的改造一本 4.牧者一大本	三千餘人
六	同上	十月十八日	1.美國大選一本 2.新聞片二〇一號一本 3.羊與狗 4.錫蘭	三千餘人
七	蓮子營第一職校二院	十月三十日	1.吉普車自傳一本 2.光明的將來一本 3.近代化的中學一本 4,健身	一千餘人
八	白下路市立三中	十月卅一日	1.吉普車自傳一本 2.光明的將來一本 3.近代化的中學一本 4,健身	一千餘人
九	市府教局	十一月一日	蘇聯之抗戰	三百餘人
十	府西街市立一中	十一月六日	1.吉普車自傳一本 2.光明的將來一本 3.近代化中學一本 4.健身	一千餘人
十一	許家巷市立一女中	十一月七日	1.吉普車自傳一本 2.光明的將來一本 3.近代化中學一本 4.健身	二千餘人
十二	朝天宮中心國民學校	十一月十一日	小天使全部	一萬餘人
十三	長樂路中心國民學校（改在蓮子營職分校加）	十一月卅日	1.吉普車自傳一本 2.光明的將來一本 3.近代化中學一本 4.健身	六百餘人
十四	夫子廟中心國民學校	十一月廿日	同右	一千五百餘人
十五	承恩寺中心國民學校	十一月廿一日	同右	二千餘人
十六	市府	十一月廿二日	新生全部	三百餘人
十七	朝天宮中心國民學校	十一月廿三日	1.吉普車自傳一本 2.光明的將來一本 3.近代化中學 一本 4.健身	五千餘人
十八	顏料坊中心國民學校	十一月廿四日	新生全部	二百餘人

三、體育場之籌備

爲發展市民體育起見，擬設市立體育場，業經派員籌備，成立籌備處，並已呈准　蔣主席將公園路原有之江蘇省立公共體育場及漢西門原有市立公共體育場，撥歸市府，正籌劃修建中。

四、國民體育委員會之組織

爲積極實施國民體育起見，特邀約有關機關與體育界人士，組織國民體育委員會，辦理（一）關於中央令頒之國民體育法令執行事項，（二）關於本市學校及民衆體育之計劃推行事項，（三）關於本市國民體育之督導考核事項，（四）關於本市國民體格之檢查統計事項，（五）關於本市運動比賽之管理事項，（六）其他有關本市國民體育事項。該會置委員二十五人至三十一人，由教育局長就下列人員中分別聘請或指派充之：（一）本市有關各機關代表，（二）對於體育有研究或貢獻之人士，（三）教育局祕書各科科長督學室主任。主任委員由教育局局長兼任之，常務委員三人至五人，由教育局局長就委員中指定之。

五、健康教育委員會之組織

爲積極實施國民之健康教育起見，特與衛生局合組健康教育委員會，辦理關於（一）審核全市各學校衛生經費預算及計劃，（二）督察各校學校衛生實施，（三）設計改善學校之環境衛生，（四）舉辦學校衛生講習班，（五）連絡各校學校衛生實施工作，（六）評判本市各學校衛生實施功效，（七）研究學校衛生問題，（八）編撰有關兒童衛生補充讀物及小學衛生教育教師參考書。該會設委員九人至十一人，由教育局會商衛生局分別指派或聘任之。正副主任委員，由教育局局長及衛生局局長分別充任之。

六、各種社教活動之舉行

本市淪陷八載，民氣日趨消沉，故本局成立後，盡量利用時機，舉辦下列有關社教之活動：

（1）舉行先師孔子誕辰暨教師節紀念會　八月二十七日上午九時，在市府大禮堂舉行先師孔子誕辰暨教師節紀念儀式，會後茶會招待全市教師，並赴朝天宮祀孔。

（2）舉辦體育節各項活動　本年九月九日爲國府還都後之第一次體育節。本局特邀請首都各有關機關組織體育節籌備會，舉辦各種活動。玆附活動日程表如下：

南京市民國三十五年體育節活動日程表

日期	項目	時間	地點
九月七日	游泳比賽	下午三時	漢中路業餘體育會
九月八日	游泳比賽	下午二時	漢中路業餘體育會
	馬市長超俊廣播	下午八時	中央廣播電台
	國民體育座談會	下午八時	公餘聯歡社
九月九日	秋季大掃除	上午八時	全市
	爬山比賽	上午九時	勵志社—總理林園
	網球表演	下午三時	勵志社網球場
	籃球比賽	下午四時	勵志社籃球場
	國術表演	下午四時	勵志社大禮堂

體育同志聯誼會	下午七時	勵志社餐廳
馬局長元放廣播	下午八時	中央廣播電台

（3）舉辦擴大科學化運動　遵照教育部規定於國慶日舉辦各項科學教育工作。除一部份工作令飭各學校分別舉辦外，並由本局主辦下列各項科學教育工作：（一）訂發標語，由各校館繕貼，並送電影院製成幻燈片，以廣宣傳。（二）特約本市各大報紙如和平日報等於國慶日出「科學與國防」特刊。（三）聘請綏靖區政務委員會祕書長何浩若，交通部次長譚伯羽於十日及十一日下午二時至三時分別在益世電台播講國防科學之重要。（四）聘請清華大學教授兼電機工程系主任葉楷及中國業餘無線電協會副理事長朱共清於國慶日下午二時在文化會堂作通俗講演。葉先生之講題爲「雷達」，朱先生之講題爲「提倡國防科學最有效的辦法」中學生及各界人士前往聽講者七百餘人，至四時許講畢，繼以大鼓，技藝，歌舞等餘興。（五）聯合教育部社會教育司及美國新聞處放映科學電影，各場放映情形列表於後：

放映日期	時間	地點	片名	放映機關	觀衆約數
十月九日	下午七時	夫子廟第一中心國民學校	大河、農業機械化、水、牧者、舞蹈的改造	南京市第一電教隊	六千人
十月十日	同上	國民大會堂廣場	農業機械化、水雷達、	教育部社會教育司	共一萬餘人
同上	同上	同上	新聞片二本十一月星期二（羅斯福選舉）	美國新聞處	同上
同上	同上	下關車站廣場	新聞片、鴨子從軍、美國近況、瘧蚊	同上	九千人

（六）十二日下午二時在文化劇院舉行本市中學生國防科學演說競賽會，玆將優勝者講題及所得獎品，表列如下：

名次	姓名	講題	所得獎品
第一名	葉鳴之	我們要求科學到學校裏來到民間去	教部立軸、教局銀盾及青年叢書信紙信封
第二名	黃濬	從國慶紀念說到怎樣建設新中國	馬市長錦旗、青年叢書信紙信封
第三名	周皋	國防建設之重要性	市黨部錦旗，青年叢書信紙信封
第四名	許之玢	科學的國防	中央文化運動委員會錦旗信紙信封
第五名	劉成霖	國防與科學	國防科學運動組立軸信紙信封

（4）舉辦祝壽獻校萬人大合唱　爲擴大獻校祝壽宣傳起見，特於主席誕辰（十月三十一日）在大中橋體育場舉行中小學祝壽獻校萬人大合唱，請國立音樂院吳院長伯超江甯師範王代校長問奇担任指導。祝壽歌二首，係分請羅家倫，盧冀野兩先生所製成。該日參加者各中小學生達萬餘人，情況至爲熱烈。

（5）舉辦國父誕辰社會教育擴大運動週　爲紀念　國父誕辰，特舉辦社會教育擴大運動週。計舉行古今書畫，戰利品，革命史蹟，科學畫片，菊花等五項展覽，男女二組籃球表演。及兒童演說二種競賽，地方事業推進委員會會議，老人，青年及地方自治人員座談會各一次，通俗演講二場，教育電影五場，中央，青年，益世三電台播送廣播演講六日，話劇公演二日，音樂大會一次。

（6）舉行中小學體育表演會　此次籌備本市第一屆中小學體育表演會，旨在提倡全能運動，注重普遍發展，凡公私立中小學須各選拔學生總數百分之二十參加，以矯正已往「學校體育只培養少數選手」之積弊。由本局聘請體育專家二十一人爲籌備委員，組織籌委會，並聘教育部國民體育委員會吳委員邦偉爲籌備主任，徐汝康等七十三人爲評判員。各方惠贈獎品一百零三件。大會日期原訂十一月三十日上午八時在中央大學體育場舉行，後以雨雪地濕延期至十二月四日舉行。參加表演者，市立中等學校九校，私立中學十八校，公私立小學三十三校，共六十校，學生六千餘人。團體表演項目共八十九節，團體比賽，跑擲跳俱備。表演成績列甲等者二十校，乙等者二十三校，均已由大會定期給獎。比賽成績優良者，亦發給獎品獎狀。

附社教機關一覽表

名稱	地址
一、第一民衆教育館	夫子廟
二、第二民衆教育館	上新河
三、民衆圖書館	夫子廟
四、第一電化教育巡迴工作隊	顏料坊八十六號
五、體育場籌備處	公園路

（四）校館房舍之整理

本市各中小學與社教機關之房舍，在抗戰期間，頗多損燬；勝利後復多被各機關團體佔用，亟應加以添建，修繕，並收回被佔校舍。茲分述如下：

一、校舍之添建與修繕

關於添建方面，已興工建築香鋪營，白下路，中央路，三所中心國民學校，並爲第一第二女子中學及第二第四第五中學添建一部份校舍。

關於修繕方面，截至十一月中旬止，已修繕中等學校七校，國民學校六五校，社教機關三處，其他各校館房舍之待修繕者，爲數仍多，正陸續修繕中。

茲將各中等學校，國民學校及社教機關之修建工程，表列於下：

（一）市立中等學校修建工程一覽表

校名	修建科目	核定修建費	備考
市立第一中學	修理教職員宿舍電燈及加蓋席棚	一三、五一八、一〇〇元	分三次修理
市立第一中學	修理校舍圍牆及內部路面	二、五〇〇、〇〇〇元	
市立第二中學	建築房屋	七三、〇〇〇、〇〇〇元	
市立第三中學	房屋修理	八、三〇〇、〇〇〇元	
市立第三中學	修理水電及課桌等工程	一、九七〇、〇〇〇元	
市立第一女子中學	添建教室	二〇、四五〇、〇〇〇元	
市立第一女子中學	修理傳達室及廚房	三〇〇、〇〇〇元	
市立師範學校	修理玻窗及天溝水管等工程	一、七五〇、〇〇〇元	
市立第一職業學校	建築房屋	二二、五〇〇、〇〇〇元	
市立第一職業學校	修理分校校舍工程	二、一〇〇、〇〇〇元	
市立第四中學 市立第五中學 市立第二女子中學	添建校舍	三〇〇、〇〇〇、〇〇〇元	該項建築費係由教部撥發
市立第二女子中學	修理盥洗室	一、九五八、〇〇〇元	
合計		四四八、三四六、一〇〇元	

（二）市立國民學校修建工程一覽表

校名	修建科目	核定修建費	備考
一區香舖營中心國民學校	建築校舍	一九〇、〇〇〇、〇〇〇元	
二區白下路中心國民學校	建築校舍	一九〇、〇〇〇、〇〇〇元	
六區中央路中心國民學校	建築校舍	一九〇、〇〇〇、〇〇〇元	
二區八府塘中心國民學校	間隔教室	八七五、七〇〇元	分三次修理
三區砂硃巷中心國民學校	修理校舍及課桌椅	一、九九六、七五〇元	分三次修理
二區一保保國民學校	修建草房十二間	一、九〇〇、〇〇〇元	
五區清涼山中心國民學校	修理校舍毛廁及隔間教室	一、八六〇、〇〇〇元	分二次修理
三區承恩寺中心國民學校	隔間教室及開闢天窗等	一、一五〇、〇〇〇元	分二次修理
四區鈔庫街中心國民學校	修理校舍及電燈校具等	三、七八七、〇〇〇元	分二次修理
三區夫子廟第二中心國民學校	修理校舍及課桌椅等	四、四二八、〇〇〇元	分二次修理
五區安品街中心國民學校	修葺校舍間隔教室	一、六二〇、〇〇〇元	
五區三保保國民學校	修改舊屋爲教室	六七〇、〇〇〇元	
五區程善坊中心國民學校	修理校舍隔間教室	一、四三〇、〇〇〇元	分二次修理
五區四保保國民學校	隔間教室及修建毛廁	六〇〇、〇〇〇元	
一區大行宮中心國民學校	廁所及廚房改爲教室	八二〇、〇〇〇元	
十區二保保國民學校	修建教室補助費	五〇〇、〇〇〇元	
十二區頭關鎮中心國民學校	急修房屋傾圮	三五〇、〇〇〇元	分二次修理
四區高崗里中心國民學校	急修簷牆等工程	二、〇三〇、〇〇〇元	分二次修理
二區遊府西街中心國民學校	修理校舍	三、四〇〇、〇〇〇元	
三區顏料坊中心國民學校	修理課桌椅旗杆	一、二九〇、〇〇〇元	分二次修理
五區二保保國民學校	隔間教室	二三〇、〇〇〇元	
五區許事街中心國民學校	修理校舍	一、四九〇、〇〇〇元	
五區慈悲社中心國民學校	修理屋面等工程	一、六〇〇、〇〇〇元	
六區玄武門中心國民學校	修配校舍玻窗及廁所	五七〇、〇〇〇元	
三區建康路中心國民學校	修建廚房及黑板	二、一二〇、〇〇〇元	分三次修理
四區胭脂巷中心國民學校	修理校舍	一、六〇〇、〇〇〇元	
四區剪子巷中心國民學校	修理校舍	二、二〇〇、〇〇〇元	
四區船板巷中心國民學校	修理校舍	一、八〇〇、〇〇〇元	
五區朝天宮中心國民學校	修理校舍	一、四〇〇、〇〇〇元	
三區夫子廟第一中心國民學校	修理校舍	一、五〇〇、〇〇〇元	
七區一保保國民學校	修理校舍	二二〇、〇〇〇元	

十二區上新河中心國民學校	修理校舍	四〇〇、〇〇〇元	
五區莫愁路中心國民學校	修理校舍	四、二五〇、〇〇〇元	
五區漢口路中心國民學校	修理校舍	三、二〇〇、〇〇〇元	
四區考棚中心國民學校	修理校舍	二、八〇〇、〇〇〇元	
一區鄧府巷中心國民學校	修理校舍	三、九八〇、〇〇〇元	分二次修理
四區信府河中心國民學校	修理校舍及搭建廚房	四、八八〇、〇〇〇元	分二次修理
二區二條巷中心國民學校	修理校舍	六〇〇、〇〇〇元	
一區珠江路中心國民學校	修理校舍	四、五〇〇、〇〇〇元	分二次修理
十一區窰灣中心國民學校	修理校舍	一、八〇〇、〇〇〇元	
十一區雨花路中心國民學校	修理校舍	三、一五〇、〇〇〇元	
湯山區湯山中心國民學校	修理校舍及課桌椅	六、六〇〇、〇〇〇元	
四區井家苑中心國民學校	修理校舍及分校	六、〇六四、〇〇〇元	分二次修理
四區徐家巷中心國民學校	修理校舍	一、四三四、四〇〇元	
七區下關中心國民學校	修理校舍	二、八六〇、〇〇〇元	
二區會公祠中心國民學校	修理校舍	一、二〇〇、〇〇〇元	
八區一保保國民學校	修理校舍	四、七〇〇、〇〇〇元	
四區邊營中心國民學校	修理校舍	一、六〇〇、〇〇〇元	
九區四保保國民學校	修理校舍	四八〇、〇〇〇元	
四區荷花塘中心國民學校	修理校舍	二、八〇〇、〇〇〇元	
二區大中橋中心國民學校	修理校舍	六六〇、〇〇〇元	
三區長樂路中心國民學校	修理校舍	二四、五〇〇、〇〇〇元	
四區二保保國民學校	修理校舍	四四〇、〇〇〇元	
二區二保保國民學校	修理校舍	一、一四〇、〇〇〇元	
六區瑯琊路中心國民學校	修理校舍	三、八〇〇、〇〇〇元	
六區莫愁湖中心國民學校	修理站衡及裙板黑板等及廁所	一、二六六、〇〇〇元	分二次修理
三區二保保國民學校	修理校舍	三二三、六〇〇元	
九區八保保國民學校	修理校舍補助	三五〇、〇〇〇元	
一區珠江路中心國民學校	危險部份急需修理	一、七〇〇、〇〇〇元	
一區府西街中心國民學校	修理校舍	三、〇六〇、〇〇〇元	
一區火瓦巷中心國民學校	修理校舍	四、七〇〇、〇〇〇元	
五區安品街中心國民學校	修理火災後部	二、三六〇、〇〇〇元	
二區逸仙橋中心國民學校	修理校舍	二、八〇〇、〇〇〇元	

四區馬道街中心國民學校	修理校舍	一、七九〇、〇〇〇元
九區三保保國民學校	補刷校舍新建廁所	一、四〇〇、〇〇〇元
六區三牌樓中心國民學校	修理全部校舍	五、三〇〇、〇〇〇元
三區長樂路中心國民學校	修理校舍	四、八二四、〇〇〇元
七區一保保國民學校	修理風零	九五、〇〇〇元
合計		七三一、二三四、四五〇元

（三）市立社教機關修繕工程一覽表

機關名稱	請修科目	核定修理費	備攷
市立民衆圖書館	修理天溝等及小便池	一、一二〇、〇〇〇元	二次修理
市立第一民衆教育館	補助修理及裝置電燈	八五七、八〇〇元	
市立第二民衆教育館	修理館舍	一、〇〇〇、〇〇〇元	
合計		二、九七七、八〇〇元	

二、被佔用校館之收回

關於各校館房舍被各機關團體佔用者，一部份業經收回，亦有迄今尚未能收回者。茲分述如下：

甲、已全部收回者：

（一）興中門小學　原被第五十七軍與京滬鐵路局使用，已由憲兵司令部派員勒令遷讓交由本局收回，現已設立綏遠路國民學校。

乙、已局部收回者：

（一）逸仙橋小學　爲內政部警察總署與救濟院孤兒院使用現救濟院孤兒院所佔用之部份已讓出，由本局設立逸仙橋中心國民學校。關於警察總署所使用之部份，雖經國府一再電令該署遷讓。但尚未能收回。

（二）遊府西街小學　爲聯勤總部第一汽車修理廠所使用，大部份已收回，由本局設立遊府西街中心國民學校。

（三）火瓦巷初級職業學校　爲首都監理所與交通部公路總局京滬段工程處所使用，現交通部公路總局京滬段工程處所使用之部份，已全部遷讓，由本局設立火瓦巷中心國民學校。爲首都監理所使用之部份，經簽請市府飭令工務局轉令首都監理所在寒假前覓屋遷讓。

丙、尚未收回者

（一）漢西門小學　爲首都被服實驗廠所使用。現該廠已允將鳳凰街四幢倉庫與地基上之其他房屋交換，本局已表同意，正洽商接收手續中。

（二）新菜市小學　爲首都警察廳北區消防隊所使用。

（三）九龍橋僑易小學及九龍橋游泳池　爲首都警察廳南郊派出所使用。

（四）鼓樓民衆教育館　爲首都警察廳消防總隊所使用。

（五）燕子磯農民教育館　爲首都警察廳燕子磯警察所使用。

以上四處均爲首都警察廳所使用前以本市懸圓街中心國民學校房屋原爲警察子弟學校舊址原擬互相使用祠以警察廳忽將警察醫院搬入發生波折迄今尚未有解決辦法

（六）漢西門公共體育場　現爲首都被服實驗廠所使用尚未收回）

三、各校館設備之充實

各校館設備，均極簡陋即最低限度之課桌椅黑板等，亦多不齊全，亟應予以急需之購置，分配各校使用，截至目前止，計爲各校聯合購置者，已達五六、五二八、〇〇〇元，爲各校單獨購置者，已達一四、四三七、一二五元。茲分別列表如下：

聯合購置一覽表

品名	數量	單價（元）	總價（元）
油印機	三〇架	七七、〇〇〇	二、三一〇、〇〇〇
毛算盤	四二只	二九、〇〇〇	一、二一八、〇〇〇
上課鈴	二八只	五、〇〇〇	一五四、〇〇〇
四號黨國旗	三〇付	一〇、〇〇〇	三〇〇、〇〇〇
六號國旗	二〇付	一二、〇〇〇	二四〇、〇〇〇
面盆	四打半	七〇、〇〇〇	三〇六、〇〇〇
痰盂	一五打	四〇、〇〇〇	六〇〇、〇〇〇
馬桶	七七個	一一、〇〇〇	七七〇、〇〇〇
木床	一五〇張	三〇、〇〇〇	四、五〇〇、〇〇〇
黑板	一五〇塊	二四、〇〇〇	三、六〇〇、〇〇〇
中學課桌凳	四〇〇套	一五、三〇〇	六、一二〇、〇〇〇
小學高級課桌椅	五〇〇套	一七、六五〇	八、八二五、〇〇〇
小學中級課桌椅	五〇〇套	一七、四五〇	八、七二五、〇〇〇
小學低級課桌椅	一〇〇〇套	一六、二〇〇	一六、二〇〇、〇〇〇
瑞士鬧鐘	三八個	七〇、〇〇〇	二、六六〇、〇〇〇
合計			五六、五二八、〇〇〇

各校單獨購置一覽表

校名	購置費（元）	購置物品
安品街中心國民學校	一、八〇〇、〇〇〇	辦公用具及什器
夫子廟第二中心國民學校	六五二、六二五	傢具什器
雨花路中心國民學校	三五〇、〇〇〇	辦公用具
陵園國民學校	二八〇、〇〇〇	傢具什器
第十區八保國民學校	六六八、五〇〇	傢具什器
綏遠路國民學校	四二六、〇〇〇	辦公用具及傢具什器

逸仙橋中心國民學校	六八〇、〇〇〇	辦公用具及什器
湯山中心國民學校	四、六八〇、〇〇〇	課桌椅、辦公用具、及什器
市立第三中學	四、九〇〇、〇〇〇	運動器具辦公用具及傢具
合　計	一四、四三七、一二五	

（五）行政效率之增進

爲增進學校教育與社會教育之行政效率起見，特舉辦下列各項事宜：

一、學校行事歷之頒發

根據教育部之規定，與本市之實際情形，訂定中等學校與國民學校行事歷，頒發各校，以爲辦事之圭臬。茲附中等學校與國民學校之行事歷於下：

南京市中等學校三十五年度第一期學校行事歷

三十五年八月一日（星期四）	學期開始
八月二十七日（星期二）	孔子誕辰休假一日
九月三日（星期二）	勝利紀念日
九月五日（星期四）	暑假終了
九月六日（星期五）	開學辦理學生註册手續
九月九日（星期一）	正式上課總理第一次起義紀念日
九月十日—十七日	呈報擬聘教職員名册
九月十九日—二十六日	呈報各項學生名册
十月一日—七日	呈報上學年各級學生成績册
十月十日（星期四）	國慶紀念日休假一天
十月十一日—十六日	舉行第一次月考
十一月十一日—十六日	舉行第二次月考
十一月十二日（星期二）	國父誕辰休假一日
十二月十三日—十八日	舉行第三次月考
十二月廿五日（星期三）	雲南起義紀念日（十二月五日肇和兵艦起義紀念日併本日舉行）
三十六年一月一—二日年假二日	
一月廿日—廿六日	舉行學期考試
一月廿七日（星期一）	呈報下學期應行辦理事項
一月三十一日（星期五）	學期結束

註（1）本學期開學期內之時間爲一百四十八天

（2）校慶紀念日休假不得逾一日事前應呈報備查

（3）畢業班學生在本局規定會考日期二星期前須舉行三年二學期學期考試
（4）本學期至少應開校務會議二次
（5）每月定期召開教務訓育事務會議一次
（6）各校假期不得任意變更
（7）未盡事項得依各校情形酌予編排

南京市國民學校三十五年度第一學期行事曆

三十五年八月
八月一日（星期四）學期開始
八月二十日（星期二）招收新生
八月二十七日（星期二）孔子誕辰休假一日
八月三十一日（星得六）暑假終了
九月一日（星期日）開學辦理學生註冊手續
九月三日（星期二）抗戰勝利紀念舉行儀式
九月四日（星期三）開始上課
九月九日（星期一）總理第一次起義紀念舉行儀式
十月十日（星期四）國慶紀念休假一天集會慶祝
十一月十二日（星期二）國父誕辰紀念休假一天舉行儀式
十二月廿五日（星期三）雲南起義紀念舉行儀式（十二月五日肇和起義紀念併於本日舉行）
三十六年一月一、二日（星期三、四）年假兩天
一月二十日（星期一）學期考試開始
一月三十一日（星期五）學期結束寒假開始

註（1）本學期開學期內之日數爲一五三日計二十二週
（2）校慶紀念日休假不得逾一日應事前呈報備查
（3）畢業班學生得提早一星期結束
（4）各校假期起訖日期不得任意變更

二、視導計劃之釐訂

爲厲行視導制度與重視輔導工作起見，特訂定本學期視導計劃與注意事項，茲附錄於下：

南京市三十五年度第一學期教育視導計劃

第一期　九月一日至十月十日
一、根據上學期視察情形通令各校注意今後應行改進事項
二、擬具調查表通令各校က限期填報

三、擬具最低限度應備之表冊通令各校館分期辦理
四、視察市立各級學校辦理概況如有重要事項隨時簽報　長官
五、自行分配視導工作簽報　長官

第二期　十月十一日至十一月二十日

一、視察市立各級學校教員教學狀況並隨時指導改進
二、視察私立各級學校辦理概況並隨時指導改進
三、視察市私立社教機關及補習學校辦理概況並隨時指導改進
附註　關於體育設備及民教情形視察時宜分別酌予指導
四、上列三項視察情形如有重要事項隨時簽報　長官
五、市立中心國民學校有學生十班以上者指導其組織各科教學研究會
六、計劃各級學校抽查學生成績事宜
七、檢討第一期視導工作已否完成未完成者從速趕辦

第三期　十一月二十一日至十二月二十日

一、視察市立各級學校並檢閱成績已否依照指示分別改進
二、視察私立各級學校並檢閱成績已否依照指示分別改進
三、視察市私立社教機關及補習學校並詳加檢討已否依照指示分別改進
四、將視察私立各級學校情形隨時簽報　長官
五、將視察市私立社教機關及補習學校情形隨時簽報　長官
六、市立中心國民學校已組織各科教學研究會者檢討其工作成績
七、抽查各級學校學生成績
八、檢討第二期視導工作已否完成未完成者從速趕辦

第四期　十二月二十一日至一月二十日

一、檢討本學期視察工作有無遺漏有遺漏者隨時補行視察
二、斟酌市立各級學校在下學期應否加班如須加班當如何辦理
三、評列市立各級學校教員等第有疑義者復往視察
四、撰擬市立各級學校視察報告并評列各校校長辦學等第
五、草擬下學期市私立各級學校應共同改進或注意事項

三十五年度第一學期視導工作注意事項

一、同人出發視導各級學校時共守之原則
甲、輔導重於考核
乙、考核力求客觀

二、小學（包括民教部）及社教機關個別視導中學視導二人合成一組
三、視導人員之視導地點臨時決定以輪流分區為原則；但郊區可集中全體視導人員，分別視導。
四、普通視導一學期中至少須有二次或三次以上特別視導不在內
五、視導中等學校時宜盡一日之力於其升旗早操前抵達晚間自修後退出
六、視導人員每至一校除對其教學實施訓導實施與該校負責人共同研究外並對其行政處理事務管理體育衛生推廣研究等逐一分工考核
七、教學方面採分科視導制同時并調閱各科習作簿本考核學生勤惰及教師批改實況
八、各校如有寄宿生應注意其膳宿生活實況
九、中學應規定高初中一學期作文總篇數（最低限度）高初中英文數學練習次數以及各科筆記種類頒發各校以期一律而作將來會考之準備
十、對各校公費生免費生人數須詳加核對以重公帑而免虛糜
十一、未出發先函各校索取作息時間表及總課表但不通知視導時日
十二、先印就視導調查表交各中學填寫出發視導時即就其已填之表逐一驗其實況
十三、各教師學歷經歷證件必要時得予抽查并通令各校轉告各教師事先準備隨時繳驗
十四、對於教職員評列等第分甲乙丙丁四等甲丁兩等須詳加評語其兩人同時視導一校者則由二人合繕報告時共同評定
十五、每次視導一校後應就各所見分為教務訓育行政事務活動等項摘要製成報告遇有特殊事項則隨時專案報告
十六、每一學期經多次視導後於學期終了時應合繕一總報告詳列改進事項送呈　局長核奪
十七、本方案經視導會議通過後施行

三、教師待遇之提高

提高教師待遇，以安定其生活，增進其工作效率，實為必要之措施，一月前曾擬具提案，將國民學校教師，月薪平均提高到一一〇元，中等學校教師，月薪平均提高到二二〇元，經市政會議決議，交付審查，因市庫支絀，尚未有結果。已暫就原有經費，將教師待遇稍加調整，國民學校教師之年資較高者，均酌予提高；中等學校教師待遇，自一四〇至二六〇元，由各校就核定預算內按年資擬定薪給。

四、私立學校之獎助

為獎助私立學校起見，其辦理成績較優者，已分別核發獎助金，計鍾英中學及金大附中，各二百萬元；金陵女子文理學院附中，安徽中學，東方中學，中華女中及附小，明德女中及附小，各一百五十萬元；成美中學，青年會中學，匯文女中及附小，育羣初中及附小，震旦中學，各一百萬元。

五、教育定期刊物之編印

為研討教育學術，輔導教師進修，增進教育效率起見，特編印教育定期刊物一種，定名為首都教育半月刊。創刊號定十二月十五日出版。

六、私塾之管理

訂定管理私塾辦法，力謀私塾教育改進，冀有助於失學兒童之教育。許可設立之私塾，應具備下列各項條件：

1. 不違背中華民國教育宗旨，及其實施方針者；
2. 塾師文理清通，常識豐富者；
3. 塾舍寬敞，光線空氣充足，並有空場足資學生活動者；

4.能適用　部訂教科書者；

5.收容學齡兒童及失學兒童，不妨礙當地國民學校學額之充實者。

七、市教育設計會議之舉行

本局為確立今後教育實施計劃起見，特擬訂京市教育實施三年計畫草案於十一月二十八日，邀請教育部各司科長，及教育專家舉行市教育設計會議，商討研究，冀於三年之內普及本市國民教育，並配合市政建設，培養各種實用人才，使本市教育質與量，均能臻於理想之境地。茲摘錄三年計劃中之要點如下：

南京市教育實施三年計劃編製要點

一、本計劃以普及國民教育為重心，務期三年以內使全體學齡兒童均能入學，並充實各中心國民學校，以增進實驗研究成果，發揮輔導效能。

二、國民學校民教部對失學民衆補習教育僅辦初級班至高級班則由補習學校負責辦理。

三、幼兒教育，關係重要，限於經費人才，三年內僅使四歲至六歲幼兒四分之一入學，二歲至四歲者酌辦數班，以資提倡。

四、各中學就最低需要設計，不足之數以獎助私立中學為調劑。

五、師範學校注重專科師資之培養，以應實際需要。

六、本市職業學校，數量過小，理應大量增設，以培育建設幹部。為顧及經費，僅就本市急需之實用人才，先為規劃。

七、本市社會教育基礎過薄，不得不略事增設與充實。

八、教育質素之提高為當務之急，加強視導工作鼓勵教師進修亦必須有所設施。

九、本市為首都所在，教育實施，應起示範作用，不能過於簡陋，同時顧及經費困難，亦不能過於舖張，故本計劃不得不一方面致力於重心設施，一方面極度緊縮以期易於實現。

十、本計劃所需經費，決非市庫單獨所可負担，除一部分已列市預算外，其餘不足之數，應請　中央專案補助。

八、獻校祝壽運動之協助推進

十月三十一日恭逢　主席六秩華誕，首都各界鑒於本市學荒之嚴重，特本　主席「建國時期，教育第一」之昭示，發起恭獻國民學校六十所，以為　主席壽。由首都各界獻校祝壽委員會主持辦理，本局盡力協助。該會決定之獻校祝壽之辦法要點如下：

一、目標　國民學校六十所金額陸拾億元

二、期間　自即日起至十二月三十一日止

三、捐獻方式　自由捐獻如有捐獻地產房屋及巨額經費者另定紀念褒揚辦法

最近，教育部對各地舉行獻校祝壽運動，有具體之指示，自本年十月三十一日起至明年十月三十一日止定為興學祝壽年，在此期間推動興學祝壽事宜，此後當遵照部令，協助首都各界獻校祝壽運動之積極推行。

本刊徵稿簡約

一、本刊稿件以左列各項爲範圍
1.論著
2.教育設施
3.實驗研究
4.各科教材
5.優良事例介紹
6.書報評介與讀書報告
7.調查統計
8.教育法令
9.教育消息
10.視導報告

二、本刊除特約專家撰著外歡迎外界投稿

三、來稿文言白話不拘但須扼要切實並繕寫清楚附加標點稿紙請勿兩面寫每篇以壹仟字以上壹萬字以下爲原則

四、來稿須具眞姓名并須註明詳細通訊地址

五、本刊對來稿有刪改權其不願刪改者須預先聲明

六、來稿一經刊載版權即歸本刊但聲明保留者不在此限

七、來稿經刊載後當致酬現金但本局與各附屬機構概況介紹與報告性質之稿件酌贈本刊不另致酬

八、來稿用否概不退還其附足郵資者得於不用時寄還

九、來稿請寄南京市教育局轉首都教育出版社

本刊廣告刊例

地位	面積	每期價目
封底	全頁	國幣拾萬元
	二分之一	國幣陸萬元
	四分之一	國幣叁萬五千元
封裏	全頁	國幣捌萬元
	二分之一	國幣五萬元
	四分之一	國幣叁萬元
普通	全頁	國幣五萬元
	二分之一	國幣叁萬元
	四分之一	國幣壹萬柒千元

連登三月九折　半年八折　全年七折

首都教育

創刊號

民國三十五年十二月二十五日出版

編輯者　首都教育出版社
發行者　首都教育出版社　社址：南京市教育局內　電話：二四三四一
印刷者　大明印書館　南京洪武路三一一號　電話二二八九二
經售處　首都教育出版社　南京各大書局

本期爲特大號定價國幣八百元

本刊價目

項別		期數	價目	備註
零售		一期	四百元	特大號或有特殊需要時得提高售價
長期定閱	半年	十二期	四千元	
	全年	二十四期	七千元	

本刊依法向主管機關聲請登記中

世界書局

出版

各級教科書

各種參攷書

辭典字典

尺牘文範

發售

文具儀器

學校用品

南京分店：太平路二五三號

大明印書館

承印

報章雜誌

中西書籍

課本講義

表冊簿記

出品

精益求精

交件迅速

定期不誤

保證滿意

地址：洪武路三一一號

電話：二二八九二

首都教育

第一卷
第二期

目次

中華民國三十六年元月十五日
首都教育出版社編印

首都教育第一卷第一至十二期（一九四七年一月十五日—一九四七年六月十五日）
檔號：1003-7-1276

特載

旅美觀感

——張伯苓先生於三十六年一月七日在中國教育學術團體聯合會南京市教育局歡迎會演講詞——

本人此次乘抗戰結束南開校務告一段落之機會，赴美療病，經三月餘之醫治，已告痊癒，正籌備回國，不幸過華盛頓時，因洗澡不愼摔了一交，背骨折斷，復幸美國醫藥昌明，僅一個半月之診治，絲毫未感痛苦卽告復原。本想立卽趕回國內參加國民大會。適遇美國海員罷工，致不能參加制憲工作，引爲憾事！今次赴美爲有生以來的第四次，記得距前三十九年第一次赴美考察教育，由美轉歐回國，越九年，又再度赴美在哥倫比亞師範學院研究教育問題，民十五年爲南開大學籌開辦費又去了一次。綜合四次的感想各有不同，各位均在教育界服務，讓我將對教育方面的感想說了，現在我將要講的話分爲兩點：一點是我二十年前赴美研究教育的心得，另一點是這次在美和杜威等幾位美國教育專家討論中國與世界教育現況所得的結論。

三十年前我在哥倫比亞大學知道有一種設計教學法，提倡以（一）研究（二）計劃（三）做（四）檢討四項步驟來教學生，也可以算爲做事的方法。回國以後，我曾經用這個方法來創辦南開大學，和做許多事情，結果沒有不成功的。後來我把設計教學的步驟，編了四句口訣，就是：「爲何做，如何做，做起來，好不好」。用來教南開學生，叫他們在團體生活中體驗，譬如有一次南開學生要舉行校友招待會，就先研究爲何要舉行校友招待會，其次再計劃如何舉行，再次實行招待，末後檢討做得好不好。其他例子很多，都有很好的效果。用設計教學的步驟去做事，無論團體或個人都很適用，也一定能獲得美滿的成就。我相信每個人做事都能運用設計教學的方法，無論什麼事都能够成功的。

其次，說到和美國幾位教育專家檢討教育的結果，覺得教育的範圍太廣，所能發揮的力量也太偉大了。世界戰後趨向工業化的國家，利用科學發展，文化也跟着迅速進步；無疑我們是個工業落後的國家，科學更談不到，但世界潮流趨向，使我們不得不向進步的工業科學國家的路線走。教育改造文化、影響了政治，我們有傳統的文化，有與其他各國不同的歷史和環境，因此我們不能事事模仿人家，尤其不能枝枝節節的模仿人家；我們需要通盤籌劃，有了整套科學化工業化的教育，才可以迎頭趕上進步的國家現在國際環境對我日趨有利，願全國教育界人士，把握時間與空間，每個人在自己的崗位上發揮力量，我想中國的前途是光明無比的！目下我們教育工作人員的生活，自屬異常艱困；但是八年抗戰的艱苦生活，都渡過去了，勝利後短期的苦難，亦應勉力苦挨過去，我國憲法已制成，國事前途，異常燦爛，晨曦前之短時間混沌，乃自然現象，我們應該好好迎接光明的來臨！光明之神，正在向我們招手，我們大家向光明之途邁進吧！

（本文以匆促付印，未及送請張先生校閱；如有錯誤之處，當由編者負責。）

南京市國民教育實驗區舉辦體育教員講習班

南京市國民教育實驗區爲改善區內體育教學及實施方法特舉辦體育教員講習班。一月二十七日開始，二月十六日結束。由區內各校保送各該校之體育教員及體育教員入班受訓。

南京市教育局主辦社教擴大運動週奉令嘉獎

教育部以南京市三十五年度社教擴大運動週籌備周密效果亦著報告亦甚詳實特傳令嘉許

論述

中等教育應有的轉變（下）

章柳泉

拿算學來講課程標準所訂的已經很重，學校裏有時還要重而加重，加增教學時數的也有，選用高深課本的也有，額外加增材料指定難題也有，實際上多半是徒費學生的時間。譬如算學這一門裏的幾何，除了經驗幾何和一部份很淺的以外，其餘嚴格講都可以不學，幾何難題更是毫無用處。爲着學物理吧，很淺的一部份就够了，爲着學高深數學吧，據專家的意見，任何高深數學裏，都用不着幾何。最普通的說法是幾何組織嚴密，條理井然。能訓練人的思想，可是近代心理學早就證明了學習遷移的不可能，而把訓練說擊得粉碎。就思想論思想，與其靠幾何來訓練，何如靠學邏輯來得直截了當哩。

拿國文來講，在爭取時間的今日，最大多數的中學生所需要的是：（一）看書看得快，而又能抓住要點，了解無誤；（二）用語言文字發表意見來得快，而又條理清楚，不致使聽的人或是看的人發生誤會：此外便是由欣賞內容而得着一種陶冶或是感發興趣的作用。至於拿艱深的材料來培養國學基礎，希望個個中等學校的學生都進大學文學院，中國文學系，就未免大偏了。然而大多數的學校對於（一）（二）兩點，幷沒有充分的訓練，反之却有一篇哀江南賦教了一兩個月還沒有教完的事實。看深奧的書籍，作典雅的文章，畢竟是少數人或是不常遇的事，看報章，雜誌，普通圖書和通信紀錄，發表意見，總是大多數人日常的活動。對多數人日常所需要的能力不加大力培養，而專對那少數人不常用的事上用工夫，實在太不經濟。

拿史地來講，功用觀念最爲重要，我們要從本國歷史地理的學習中了解國家，了解民族，進而愛國家，愛民族，縱的方面得到了發達的觀念，橫的力面發生了社會的態度。以材料而論，既要豐富又要客觀，把亂雜無章不可置信的資料塡鴨式的教給學生，固然不好，用主觀武斷的態度拿一種原因來解釋一切，如拿經濟的原因來解釋一切歷史的變動，也不妥當。然而學校裏偏偏拿構造的觀念代替功用的觀念，拿記賬式的背誦代替因果的探索，與現代生活無關的古代史料特別講得多，補充得多，等到教到最關緊要的現代史，便又因時間不夠而從略了。至於繼往開來的熱情的激發，人類生活的正確認識，是否每個教師都注意到，又是問題。

拿自然科學來講，哲德民（Judd）早說過科學教學應防備兩種危險：（一）過於趨向專門；（二）理論與實驗分開。但是現在中等學校的科學教學，空口講白話的也有，有眞實環境不會利用的也有，有實驗儀器不會或不肯做的也有，故意提高程度專講冷僻原理的也有。科學研究的目的，原在求實用，眞能達到實用的目的，究竟有多少呢？科學研究還有一個目的，就是培養探求眞理的衝動和科學的精神，這一點在中等學校裏，也很不容易找得到。

再拿外國語來講，實在不必人人都學，就學也不必人人都要學成外國文學家。然而中學生很多的時間花在這上頭了，遇着愛選深書的教師，永遠用不着的字也要記，永遠用不着的句法也要學，更花精力。胡毅在中學教學法原理一書裏說：「除開有特別職業關係者外，一班人能用之外國語幾乎全是閱讀方面，一般大學畢業生至少均有十年英文訓練，所學一切會話作文等等，究有何用，恐無人能說。而眞正閱讀能力，亦因訓練目標太雜，多數都不能達到圓滿地步」。現在的中學裏，一般將來用不着外國文的學生，也跟着別人學外國文，畢業以後幾年不用，忘得乾乾淨淨，幾年力量白費。將來要用外國文的學生，也沒有依單純的目標，集中力量來學，等到要用的時候，說不定還要重新學過。這樣的學習，眞是浪費。

此外像圖畫，音樂等，原在陶冶心性，培養情操，以美的力量來改變生活，但結果却變成學生爲着取這門功課的分數而上課，教師也爲教這一點鐘功課而上課，作用全失。

教學万法，也有很大的問題，最大的便是偏重講演。教室內的活動，除了教師講演，便是抄寫黑板；下課的時候，除了作習題，便無他事。學生幾乎離了教師就不能學習，教師除了上課似乎也沒有其他的責任，而所謂學習，又僅限於記誦，決不是如莫里孫（ Morrison ）所說的眞正成功的學習。

根據上面的分析研討，我們知道現在的中等學校是在以全力注重讀書，其他像體格如何鍛鍊，情感如何陶鎔，精神如何發揚，團體生活如何指導，生活習慣如何訓練，思想如何導正，都用力很少。而所謂拚命讀書，又多半是鑽牛角尖，注重形式，缺少實用價值，所以我第一個分析，「敎育就是讀書，讀書就是舞文弄墨，在文字上和書本上用工夫」，并不太過分。

再就第二個分析來說，也可以有一些事實。在過去讀書的出路是從政，所謂學而優則仕，過去讀書的人少，能讀書的已經是特殊階級，所以說士爲四民之首。一旦讀書有成，做了官，自然是特殊而又特殊了。讀書人不但做了官可以予取予求，頤指氣使，就是退而爲鄉紳，也能夠受一鄉供養，名利雙收，現在的讀書人，雖然趕不上從前，就全人口論，也還是少數。因此對於做特殊階級，仍舊是心嚮往之。秀才不如舉人，舉人不如進士，功名愈高，地位便愈特殊。同樣，小學不如中學，中學不如大學，因此升學便成爲一般中等學校學生心目中唯一的出路。能升學，可升學的，固然準備升學，不能升學，不可升學的，也準備升學。進中學的準備升學，進師範，進職業的，也準備升學。爲着升學，不能不讀艱深而無用的功課，爲着升學，不能不忽視應受的專業訓練。不但學生如此想，學校裏還幫着如此做。某很有名的女師校長，爲着要代辦中學班，曾在書面上說他學校裏的課程和中學無大差別。然而統計的事實告訴我們，升學的不過占中等學校畢業生少數，多數的人跟少數的人跑，在國家培養人才的觀點上看，是一件不經濟的事。

丟開升學的不算，一班不能升學的，對於服務機會的選擇，也是愈能特殊愈好，甚或暫時不服務，專等好機會到來。師範畢業生總是應當做敎師的，然而只要有較好的機會，任何一種比敎師待遇好而事情清閑的工作，他可以立刻離開敎師的崗位。職業學校的畢業生，總是應當從事於專長的業務的，然而多半做了中下級的農官和工官，乃至與其所學全無關係的職務。中學畢業生升不了學的，更是希望做事少錢多而有面子的工作。在敎育發達的國家，中學階級幾乎是包括在義務敎育範圍以內，中學畢業生沒有什麼特殊，你是中學畢業，我也是中學畢業，洗衣服的是中學畢業，趕馬車的也是中學畢業，做生意買賣的，種田種地的，甚至於做侍應生的，也都是中學畢業。這些事如果要叫中國的中學畢業生去做，很少是高興的。記得有一個初中畢業生，因爲經濟關係、不能升學，考取江南汽車售票員，隨車售票，每月有三十元的待遇（二十五年的時候三十元一月不算壞），可算是一個很好的職業。但是他見了乘車的敎師，總覺得怪難爲情的。還有一個初中畢業生在他親戚店裏管事，事情做得也很好，但是他見了他的同學，偏要說我在這兒玩玩。這都是傳統的士大夫的潛意識在他那兒作怪。

再回過頭來說升學，中學生進了大學以後，還是要畢業服務的，服務的途徑和中學畢業生差不多，多半集中到公敎一途。達則爲官，窮則敎書，畢竟是士大夫的本色。學文法的不說，學理農工商也大部走入這條道路。出色當行的是各做各的官，各敎各的書；次一等的是就性質相近的你做我的官，我敎你的書；等而下之，便是學農的做工官，學工的敎國文，只求有官做，有書敎，也談不上什麼學以致用了。中等學校學生一心一意想升學，結果不過如此。我在這兒要聲明一句，我不是說大中學畢業生不應當做公務員或是敎書，辦學，公敎人員是國家必不可少的工作人員，而且很應當有一班優秀的人才來從事這種工作，不過如果一切的人才都集中在這一條路上，甚或集中到這條路上的人，意識中存了一個這是特殊階級的觀念，則不特國家其他的事業不能發展，就連公敎的工作，也不會有良好的成績。

以上是就第二個分析說的，綜上兩種分析，可以知道現在的中等敎育，距離最高的敎育理想固然很遠。就連國家政策的最低需要，也不能滿足。中國所需要的青年是健壯，活潑，樂觀，前進，精神飽滿，勇敢奮鬥的青年，而現在的中等敎育所培養出來的青年，恰恰相反，結果造成了青年的早熟，早熟的結果便是早衰，別的國家五十歲的人是少壯派，七八十歲的人仍舊是國際叱咤風雲的角色，中國人到了五十歲便想告老還鄉，享享清福。外國人把精力放在担負責任的時候用，中國人的精力，在學校裏受敎育的時候，提用的乾乾淨淨。中國所需的青年是負責任，守紀律，有民主精神，有服務人生觀的青年，而現在的中等敎育所培養出來的青年，又多不能與之相合。人人想做英雄，個個想做領袖，羣之界限不明，權利義務不分，不顧規章公約，不尙公平競爭。結果造成一團私見，對於團體生活最基本的信念，全沒有樹立基礎。別的國家團體愈大，力量愈大，我們中國則團體愈大，力量愈小。中國所需要的青年是克勤克儉，實事求是，有勞動身手，有開發產業興趣的青年，而現階段的中等敎育却又走到相背馳的路上，大家都願做官任敎，勞心而不勞力，在玄想裏兜圈子，在文字上求歷練。國家的政策如此，敎育效果如彼，長此以往，何堪設想，我們還不應當切切實實地檢討一番，把中等敎育來一個徹底的新轉變嗎！

所謂新的轉變，就是把前面所舉的種種弊端，完全改正過來，第一要減當課程的擔負，而使一切課程皆合實用，并且改良教學方法；第二要切實鍛鍊體格，注重營養；第三要特別注重精神和情感的陶鎔；第四要認眞推行導師制，切實實施團體生活指導和升學就業指導；第五要提倡勞動服務的風氣；而最要緊的便是要用全副精神，全副力量，打破這傳統的士大夫觀念。

不過這種轉變，有關整個的社會風氣，辦學的人固然要有新的覺悟，不顧一切的去實現教育的理想，家庭、社會、大學以及行政人員，也要有新的態度，方能將這根深蒂固的潛勢力打倒。否則學校掙脫不了各方面的壓力，遷就各方面的意見和批評，一定不會澈頭澈尾使學校的面目一新。

現在的家庭多半是提倡文字教育，我們常看到許多家庭向學校請求，希望特許他的兒子不上體育課，不受童訓和軍訓。又有許多家庭希望學校加重體罰、還有的家庭甯可讓自己的子女讀書讀得生肺病，不讓他們有運動娛樂的機會，而且還誇獎他的子女肯用功。「斯斯文文」，「像大人一樣」，乃是家長心目中典型的青年，愛唱，愛動，愛發表，總覺得野性未除，學問沒有到家。子女們因爲學業成績不好受學校的處分沒有話說，如果因爲身體或操行不好受學校的處分，總覺得學校不大公平。不管子女的資質如何，都要讀高中，讀大學。越有錢越肯培植子女，究竟對國家有何貢獻，是不問的。

現在的社會，也提倡文字教育，重資格，重門第（學校的門第）。以文字論人，已經是很通行的，還有各種各樣考試，也都是以文字定高低。抗戰前某地考小學教師，完全是文字的考試，內容復側重高中的課程，結果新畢業的高中學生，大都考取，教學有經驗，有能力的老教師，反多落第。最可笑的有某一高中畢業生，考取後因教法不良被督學查出撤職，第二次招考却又取，考取後又被撤職，撤職後又再考取，一直到這高中畢業生自己不願幹纔算了結。目前社會各方面選拔人才，還全用考試，也和考教師一樣，結果總是普通中學的畢業生占便宜。因此無形中便獎勵一班青年去進普通中學，師範教育，職業教育，便受了一個很大的打擊，所以有師範畢業後再進高中的事實。而且社會上有一條廣大的出路，只要有書本上的文字工夫，便能躋進，學校裏自然也就除了書本文字以外什麼也不注重了。再說一般的輿論，仍舊是古老的看法，把辦學校當辦考試的，照常受輿論的稱許，眞正照最高教育原則去辦教育的，也許反得不着輿論的維持。

大學注重文字教育，更是顯然，給眞正辦中等教育的壓力也最大。大學的入學試題，多半超過中學的課程標準，有些大學最愛出難題，好像題目出淺了，便失了他的校格。其實也不過是門檻高而已，進了門，也沒有什麼稀奇。題目出難了，大家考得分數都不好，結果四十分也取，三十分也取，還不是一樣。在外國進大學容易，畢業難，我們正好相反，進大學難，而畢業容易。初行統考的時候，某大學校長吵着要好學生，主其事的人說：「中國投考大學的青年全在這裏，好也如此，壞也如此，再好除非到外國去選」。雖是笑話，却是實情。統考後命題較爲合理，可也不十分容易，像某年統考，某一算學題，連閱卷的人也算了一個多鐘點方才算出，進大學是中等學校學生自身的最大希望，也是家長對子女的最大希望，大學特別注重書本上的文字工夫，又怎能叫中等學校不跟他走呢！

主持教育行政或担任教育視導工作的人，過去也頗注重文字教育，有的拿會考成績的優劣作爲學校辦理成績的標準，有的只考核一個學校的學科訓練。看教師的成績，只看課室內教學，看學生的成績，只看作業簿。師範學校，職業學校，辦不發達；普通中學一天一天的加多。人才的供應，沒有通盤打算，中等學校的學生出路，仍舊是以文字進身。現在的作風已漸漸的改變，然而因爲各種的牽制，遷就的地方，在所不免，至少可以說還沒有或是還不能用全力來矯正這種風氣。

家庭如此的看重文字教育，社會如此獎勵文字教育，大家彼此引誘，教育行政方面，又不能或無法用全力矯正，辦學的人，處於這種環境之下，自然是很難施展的。這幾種誘因，都能互爲因果，互爲影響，日子越久，力量越大。因此三四十年的新教育，還是八股教育，還是士大夫的教育。這種教育的缺點，在這次神聖的抗戰中暴露的異常清楚，我們再不能因循下去了。爲着建國，爲着民族未來的光榮，全中國的人士，應當立刻下一個最大的決心，把士大夫的觀念從潛意識裏提出去，合力促成一個劃時代的新轉變。家長們不要再自私，青年是國家的，應當讓國家本着國家的政策去培養；社會人士不要多造誘因；輿論界尤其要給予正確的指導；大學把門檻放低；教育行政當局作有力的督導；學校教職員更要振起精神，不再粉飾，不再徒騖虛名，切切實實把學校一切設施作一度澈底的改變，從觀念上根本改變起，我想十年以後，中級基幹人才，一定是不可勝川的。

（完）

怎樣舉行測驗？

李伯棠

學期快要結束了，各校照例的要舉行一次學期測驗，怎樣舉行測驗呢？本文想介紹一些具體的方法，以供各校的參考。

測驗，普通叫考試。是考查某時間兒童學習一種作業和教師指導兒童作業兩方面的成績和效率的工具。所以考試制度，至今大家還是在採用。不過舊有的考試方法，都是教師隨便出題目，偏於主觀，一切試卷，全憑教師武斷，用些籠統的評語：就是判定分數，又漫無標準。我們要避免這種主觀武斷的流弊，大家改用新的考試方法。新法考試是用測驗式的，因爲在編造測驗的時候，已注意到下列四點了：

一、有客觀的精神　教師對於選取題材，評閱試卷，判定分數，都有客觀的標準，不存主觀成見去評定。

二、題材普偏而豐富　題材的選擇：記憶固然重要，還有理解，應用諸方面，實在比記憶還重要。所以選取題材注意豐富。因爲出了三、四個題目不能代表全部的成績考查。

三、答案一定十分明顯　題材的範圍不太廣，要求的答案可以具體說明，用不到靠作文的助力來幫助說明。

四、手續迅速評閱便利　成績考查題材豐富，常常考查，考查手續在幾分鐘內就可測定，非常敏捷，同時批閱又十分便利，教師省力不少。

測驗的方法，通行的有下列四種：

一、選擇法　就是一個問題下面排列了幾個答案，在這幾個答案中，只有一個是對的，叫兒童把對的答案選擇出來。不過我們編製選擇法的問題，應該注意下列四點：

1. 所舉的答案要類似的；
2. 所舉的答案中只有一個是對的；
3. 編製的題材，不能有一些兒暗示；
4. 編製的題材中選擇的答案數要一樣幾項。

例如：

(1)我國中央政府下設：　(1)三院(2)四院(3)五院(4)六院……（　）

(2)九一八事變發生在民國：(1)十九年(2)二十年 3)二十一年(4)二十二年……………………………（　）

(3)我國戰時的陪都設在：(1)成都(2)昆明(3)蘭州(4)重慶……（　）

在上面許多問題中，兒童只要就平日學習所得，每題找出一個答案出來，把該項答案的數字，塡在右面（　）內。例如第一題我國中央政府下設五院，他的次序是（3），兒童就在（　）內塡一個（3）字。假如兒童以爲第二項對，就塡（2）字進去（有的不用塡數字的辦法，在對的一項下畫一橫線，或者圈出來，低級多用此法）。這樣兒童不會爲了文字的障礙而影響他的成績。不過在選擇的時候，不免有些機遇，因爲他本來不知道那一項對，隨意的寫了一個答案，偶然給他猜中了，這樣測驗的成績不是變了不準確了嗎？所以我們還要除去這種機遇，酌量減去錯誤的分數，下面是依照機遇公例而定的一張表，我們根據此表來計算兒童的成績：

選擇答案數	公式
2	（對題－錯題）×每題應得分數＝兒童實得之成績
3	（對題－$\frac{1}{2}$錯題）×每題應得分數＝兒童實得之成績
4	（對題－$\frac{1}{3}$錯題）×每題應得分數＝兒童實得之成績
5	（對題－$\frac{1}{4}$錯題）×每題應得分數＝兒童實得之成績

假定選擇的答案數愈多，機遇一定愈少，這個公式可以不用。我們應用上面的公式計算分數，也許會有負分數——就是反欠幾分，一概作爲零分。此法計算分數，多半教師平常不採用或不會用，我們再作如下的說明：

1. 選擇法答案二項的，就是下面要談的是非法。
2. 選擇法答案三項的，每題分數最好支配雙數，容易計算，假定每題二分，對一題得二分，錯一題扣一分。每題四分，則對一題得四分，錯一題扣二分，餘類推。
3. 選擇法四項的，每題分數最好支配三的倍數，或三分一題，或六分一題。假定每題三分，對一題得三分，錯一題扣一分。每題六分，則對一題六分，錯一題扣二分。餘類推。
4. 舉例如下：

	答案數	總分數	總題數	每題分數	對題數	錯題數	未做題數
(1)	3	100	50	2	41	7	2
(2)	3	100	25	4	19	5	1
(3)	4	90	30	3	23	5	2
(4)	4	90	15	6	11	4	0

計算結果如下：

(1)心算：對41題應得82分，錯7題（每題扣1分）應扣7分，實得(82－7) 75分

公式計算：$(41-3\frac{1}{2})\times 2=37\frac{1}{2}\times 2=\frac{75}{2}\times 2=75$（注：$3\frac{1}{2}$即錯7題的$\frac{1}{2}$）

(2)心算：對19題應得76分，錯5題（每題扣2分）應扣10分，實得(76－10)66分

公式計算：$(19-2\frac{1}{2})\times 4=16\frac{1}{2}\times 4=\frac{33}{2}\times 4=66$（注：$2\frac{1}{2}$即錯5題的$\frac{1}{2}$）

(3)心算：對23題應得69分，錯5題（每題扣1分）應扣5分，實得(69－5) 64分

公式計算：$(23-1\frac{2}{3})\times 3=21\frac{1}{3}\times 3=\frac{64}{3}\times 3=64$（注：$1\frac{2}{3}$即錯5題的$\frac{1}{3}$）

(4)心算：對11題應得66分，錯4題（每題扣2分）應扣8分，實得(66－8)59分

公式計算：$(11-1\frac{1}{3})\times 6=9\frac{2}{3}\times 6=\frac{29}{3}\times 6=58$（注：$1\frac{1}{3}$即錯4題的$\frac{1}{3}$）

二、是非法　使兒童辨別所舉問題的語句是對呢還是錯？編製時我們注意下列幾點：

1.所舉的語句不是對定是錯，語句應肯定；

2.語句要明顯，不能含糊；

3.對的題數與錯的題數要相等。

例如：

（1）雙十節是中華民國的生日。……………………（　）

（2）清朝末年我國的政治辦理得非常好。…………（　）

（3）七七事變發生在民國二十七年七月七日。………（　）

（4）從上海到南京的一條鐵路叫京滬鐵路。…………（　）

兒童認為這一句意義是對的，在（　）內做一個（＋）號，錯的做一個（－）號。回答這種題目，僅有是非兩項，他的機遇當然格外多了，所以計算成績時，仍照前述機遇公式——兩個答案的計算成績：

（對題－錯題）×每題應得分數＝兒童實得之成績

三、填充法　每個問題裏缺掉幾個字，要兒童在空缺的地方填出相當的字句。

例如：

（1）牛是＿＿＿動物。

（2）我國工商業的中心地是＿＿＿。

（3）三民主義就是＿＿主義，＿＿主義，＿＿主義。

（4）貴州省東鄰＿＿省，南鄰＿＿省，西鄰＿＿省，北鄰＿＿省。

這種填充法，空缺的地方，有的字數限定的，有的字數不限定，字數假如限定了，也許有一點暗示，教師可酌量用一種就好了。

四、問答法　這種方法和從前考試的方法差不多，不過內容要十分簡要，兒童要容易回答，我們有時也可採用它。

例如：

（1）中山先生是什麼地方人？＿＿＿＿＿

（2）佛教的老祖宗叫什麼名字？＿＿＿＿＿

（3）四月四日是什麼節日？＿＿＿＿＿

（4）第二次世界大戰打了幾年？＿＿＿＿＿

兒童將各個問題的答案寫在橫線上。照上面的填充和問答法，我們可以知道兒童對於某個問題：錯在什麼地方，或錯了幾分之幾，我們考查時也可常用此法。

最後我們舉行測驗時還要注意下列幾點：

一、一般試題應注意的。

1.每次考查的題目最好用一種方法。因為各種方式答案不一律，為便利和正確起見，每次單用一種方法較為妥當。

2.每次考查的題目，難易最好一致，如果有時難易不一致，也應該容易的在前面，難的在後面，

3.問題中要免去一切雙關的字句和意義。

4.問題的文字要簡單。

二、一般手續應注意的。

1.舉行測驗，事前應注意問題的內容分量，酌定時間，在一定時間內做完。

2.試卷格式，應該橫行寫，便於回答。同時要注意字迹要寫得清楚。

3.在測驗時，第一做法要說得清楚，使每個兒童都能明瞭後再開始做。

4.收發試卷應該用傳遞法，第一人挨次傳到後面，末了再由後面的收上來。

5.開始測驗，應同時舉行，教師說：「大家把鉛筆舉起來——做！」

6.計算時間要把起訖時間寫在黑板上。

7.測驗結束後，教師把預先做好的答案對照，用顏色筆批改，對的做個「ν」符號，錯的做個「╲」符號，沒有做的便不做符號。

8.測驗成績批訂後，教師把每次結果，記載在兒童各科成績單上，以便將來核計。

卅五年十二月於國立編譯館

兒童教育與健康問題

吳韞琨

我們這些親身受過私塾式的小學教育的人，往往特別的關切兒童的健康。我們常常會想到下列這些問題：兒童們是不是還給整天的鎖住在教室中不許跑出來呼吸一點新鮮空氣呢？是不是還在冷酷的鞭影下討生活呢？是不是還在課程的重壓下使神經過度的緊張呢？是不是還强制着把全副精神集中在書本知識上呢？

舊式的私塾教育對於這些問題都是以「是」來回答的，比較解放一點的私塾式的小學教育，除極少數以外，也大都是以「是」來回答的。只有一些在大都市裏進步的小學才在努力的克服和糾正上述各種不適當的病態現象。

在兒童教育中我們以爲應把兒童健康作爲最重要的目標。杜威曾經說過：「假如我們是尊重兒童的話，我們第一種特別要遵守的規條就是要確實使兒童有一種健康的身體發展」。

健康的重要不僅是因爲健康本身的意義與價值，而且是因爲身體不健康，則智慧活動也必失敗，使良好的品性也難養成。常常可以看到一些懶惰，自私自利，容易觸怒，缺乏向上心，與鬱鬱不樂的兒童便是那些面黃肌瘦，時常爲疾病所纏繞着的兒童。

健康二字當然要從廣義方面看，就是不僅是身體的健康而且是心理的健康。懶惰、易怒、易愁、悲觀、退縮、喜歡在冥想中過夢幻生活等種種心理上的病態是較之面黃肌瘦及其他身體上的疾病尤爲嚴重的。

學校中的種種設施，假使妨礙兒童健康的話，是極大的錯誤假使不注意兒童健康的話，也是極大的過失。兒童教育必須以兒童健康作爲第一重要的任務。

我們現在來檢查一下那些兒童健康的障礙物。在兒童的營養方面，我們一向就很少注意，怎樣的食品才算是對於兒童適當？怎樣的份量才算是恰好？這些，我們都很少知道，就是知道了也是很少見之於事實。有很多兒童所需要的食物我們沒有給與，而有很多兒童不需要的東西却給與得太多。一般學校裏，那些兒童的臉上，都有着營養不良的標誌。這是摧殘兒童健康最主要的原因。

在衣服方面，不是太小，就是太大，式樣也不適合，常會把一個天眞爛漫的小孩子包裹得像一個少年老成的人，洗滌的次數太少，難得有幾個是沒有髒東西黏汚在衣服上的。

教室宿舍等的建築大都沒有注意到空氣是否流通，光綫是否過弱或過强，是不是太潮溼等問題。抗戰以來，很多小學校都以舊有的私人住宅，廟宇等作爲校舍，於是這問題更爲嚴重。

物質方面既然對兒童健康那麽妨礙；但對於兒童健康的妨礙有更甚於物質方面的。

教師對於兒童心理的無知而發生的粗暴行爲是最值得我們注意。一直到現在仍舊有很多的教師以體罰與責駡來管訓兒童，結果使兒童在威力下無可奈何的屈服。有些一知半解的教師，則以譏嘲與羞辱來代替體罰與責駡，結果使兒童得到比體罰和責駡更不良的影響，致使精神上發生很多嚴重的病態現象。

過重的課程把兒童所有的時間與精力都拘束到書本上去，使沒有餘暇從事各種個別的及社會的活動，和舒暢身心的娛樂，這不但戕賊兒童的健康，而且使兒童變做呆笨。我們知道各種活動是健康的源泉，每一個常態的兒童都有一種健康的自然的欲念，就是活動，不使活動，便是强力來壓迫這種健康的自然的欲念。同時，活動是最能啓發兒童的智慧的。從活動中學習才能眞正的學習到一種有用的實際知識。柯布（Stanwood Cobb）在其所著新教育中說：「學校終日監困兒童坐在桌旁，用功於抽象的書本工作，我們希望的便是使他塊塊變成中世紀的遺骸。因爲人類如因要發達知識，便不惜犧牲身體活動，那不啻自求毀滅。」

除了課程的份量過多外，其內容的不適合也會使兒童對課程沒有興趣，當兒童被强迫着去拚命的克服這種「沒有興趣」的困難時，身體上及心理上的健康便受到極大的影響。許多教材不是太抽象，便是太高深，或者是在兒童日常生活上所不需要的東西，這些太抽象太高深和在生活上沒有經驗過也沒有需要的東西，便要兒童去學習，其不良結果是可想而知的。

在參室或自修室中，因為教師的態度與處理的不得當，常會使兒童的神經過度緊張，使一個未成熟兒童的神經常常過度的緊張是最要不得的。許多身體上與心理上的毛病都由此而來。兒童將來的不良態度與情緒之造成，其原因也大都在此。

從上面這一粗疏的檢討中，我們可以得出一些妨礙兒童健康的原因：就是營養的不良，衣服不適當，宿舍教室等的不合衛生要求，教師對兒童態度的不合理，課程份量過重和內容的不適當，以及教室自修室內兒童神經的過度緊張，為保護和促使兒童健康起見，我們必須儘可能的掃除這些健康的障礙物。

對於兒童的營養我們必須特別注意，無論在任何困難情形下必須使兒童得到最低限度的營養資料，一般兒童的所以營養不良，其實不是在不足，而是在不當。這只要我們加以注意，就會很容易的糾正過來。衣服方面也是如此，應當在式樣的適合，寒暖的調節以及保持清潔等上面特別注意。在宿舍教室自修室方面，必須使空氣流通，光綫適當，濕度氣溫等適可，除建築時必須顧到這些條件之外，已經建築成或利用住宅廟宇等的學校，應儘可能的改造。

至於教師方面，我們必須使所有的教師都知道他是一個兒童的伴侶，不是一個專制的知識灌輸者和嚴格紀律的執行者，他應當是一個兒童在獲得知識時的指導者與忠實的助手。教育是一種藝術，絕對不能有一絲官僚習氣夾雜其間。我們要使所有的教師明瞭體罰與責罵雖然能立時收效，但只是暫時的，而且會引起兒童種種憎恨悲觀，頹喪等不良態度。同時冷嘲，熱諷與羞辱等方式會引起更甚的惡劣態度。最良好的教師應當避免這些不適當的行動。應當使兒童有自已制裁自已的力量，或者使兒童自己的集團來發生制裁的力量，使養成健康的社會感。

給兒童以充份的運動，休息與娛樂的機會是必要的，尤其要給兒童以各種活動的自由。使兒童的雙手常常動，是有極大的益處的。手工作業可以發揮兒童的創造力，使兒童有成功的自信，這些都是一個健康兒童所必須具備的優良品質。

課程的份量不應過重，書本知識尤其不應過於看重。過重的抽象知識常會使一個聰慧兒童變做愚笨與感到不公道（在不及格的時候）。而使愚鈍的兒童感覺失敗，感覺卑劣。

至於課程的內容，我們應當使其與兒童的需要相適應，與兒童的日常生活相連繫。我們不應當使教材來支配兒童而應使教材環繞着兒童。決定學習之質與量的是兒童，而非課程。

我們更要使整個學校中充滿快樂，同情與和諧的空氣，給兒童以愛情與了解，使他們不恐懼不憂愁，使他們安適與愉快，使他們的身心保持平衡的生長，使他們的智慧能儘量的發展。

我們不要把兒童看做一張白紙（這是舊時代的普遍的錯誤觀念），以為可以任意塗上任何顏色，寫上任何東西，我們也不要把兒童看做是一個具體而微的成人，致以成人的標準來估量兒童，以成人的好惡來定取捨。兒童是有他的自我，有他的個性，需要與慾望的，要強迫一個兒童從事某些工作或獲得某種知識，不但是徒勞無功，而且戕賊了兒童的健康。

我將以杜威的名言來作為結束：「兒童是起點是中心是終鵠，兒童發展與兒童生長就是理想。」

讓健康在兒童教育中佔着首要的地位吧！

還都後南京市體育的推進（下）

楊汝熊

（三）第一屆中小學體育表演會的舉辦　經過八年的破壞，南京的中小學受到莫大的摧殘，所以復員已經一年，而體育設備尚極簡陋，甚至還付缺如，也還有連場地都沒有的，還談什麼體育？不過，本局為了提倡體育，喚起社會人士重視體育，不能不在萬分困難的情形之下，勉為設法。因此，經本局國民體育委員會決議，決定本年舉辦第一屆中小學體育表演會，藉資倡導，復經本局聘定黃守義，陳越梅等二十一人為籌備委員，吳邦偉為籌備主任，於十月間成立籌備會，積極進行各項籌備工作，原定十一月三十日舉行，嗣因雨雪，改於十二月四日舉行，此種表演會與一般運動會性質不同，辦法亦異，茲將各項概況列述如下，藉供各地體育界參考。

（1）舉行辦法

體育表演會與一般運動會性質及目的均不同：運動會注重個人錦標的爭取，表演會注重全體學生體育的平均發展，因此，這次體育表演會的舉行辦法也與一般運動會大大不同，茲錄其辦法如下：

南京市第一屆中小學體育表演會辦法

一、本會定名爲南京市第一屆中小學體育表演會。

二、本會定於民國三十五年十一月三十日假國立中央大學運動場舉行。

三、本會爲提倡普及與顧及運動興趣起見所有活動分團體比賽及團體表演二部各學校參加辦法規定如左：

一、凡公立及已立案（或已核准開辦）之私立中等學校均須參加團體比賽及團體表演。

二、凡市立中心國民學校國民學校及公立或已立案（或已核准開辦）之私立小學高年級學生得參加團體表演。

四、本會團體比賽項目及參加隊數人數規定如左：

一、高級中學及其同等學校——男女生同，

（一）五十公尺穿梭賽跑。（二）立定跳遠。（三）推鉛球。（男生八磅女生六磅）

二、初級中學及其同等學校——男女生同。

（一）三十公尺穿梭賽跑。（二）立定跳遠。

三、每一學校每一年級男生及（或）女生各參加一隊。

四、每隊隊員人數應爲各該年級男生或女生數之百分之二十（計算時小數在五以上者作一人計）但不得少於十人如依此計算後其隊員不滿十人者仍須補足十人）

五、每一隊員須自備號布一方（闊六吋高四吋之白布中間爲號碼四角書明校名級別）比賽時依此號碼次序行之。

六、比賽規則另訂之必要時得舉行預賽。

五、本會團體表演種類及參加節目規定如左：

（一）表演種類分：

一、體操　二、墊上運動　三、器械運動　四、疊羅漢　五、遊戲　六、韻律活動　七、國術　八、其他有表演價值之體育活動。

（二）中等學校每校至少表演二種節目。

（三）中心國民學校國民學校及小學高級每校至多表演二種節目。

（四）表演用具由校自備其須有特殊布置者（如劃線等）事先須向本會籌備委員會接洽。

六、各學校參加團體比賽及團體表演均須塡具報名單於十一月二十三日前送達本會籌備委員會（在國立中央大學體育館）報名單另發。

七、本會所有比賽及表演均聘請評判員評定名次等第其成績優良之學校由本會發給獎品並由教育局頒發獎狀以資激勵。

八、各學校參加本會員生交通膳食概由各學校自理。

九、本辦法由南京市教育局頒布施行。

（2）比賽規則

南京市第一屆中小學體育表演會團體比賽規則

甲、五（三）十公尺穿梭賽跑

一、劃五（三）十公尺跑道二道，在兩端綫上二道之中，各置一跳高架（如圖）

二、全隊分爲甲乙二組，（單數爲甲組，雙數爲乙組，）各成縱隊排於跑道兩端綫外。

三、起跑時，甲組第一人（一號）右手持一接力棒，在端綫後預備，聽評判員發令（吹哨笛）後，方得出發，循甲道跑至對面端綫，將棒交與乙組之第一人（二號），此時乙組第一人立於端綫後方，用右手從跳高架後方伸至甲道等候接棒，接棒後，方得出發，循乙道跑至對面端綫，照上法傳棒與甲組第二人（三號），如此輪流穿梭接跑，至最後一人跑到對方端綫爲止

四、傳棒時，必須由前一人持棒遞交次一人手中，不得脫手投擲，犯者取消該隊資格，如係無意失手落棒於地，應由前一人拾起交與次一人。

五、每人跑完後，應依次（成反排）排立於本道端綫外，不得散亂。

六、全隊所跑總時間，以隊員數除之，卽爲該隊之平均成績。

乙、立定跳遠

一、場上劃一直綫，直綫一端劃一橫線爲起跳線。（如圖）

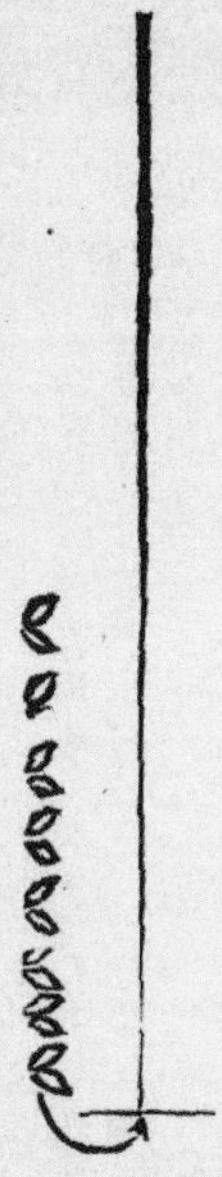

二、全隊成橫排立於直線之一邊，第一人從起跳線起跳，評判員於其跳出後身體任何部份着地之最近點，用鐵扦劃一與直線垂直之短線，即作第二人之起跳線，如此依次接跳，（每人一次）至全隊跳完爲止。
三、起跳之前，足尖不得觸及或越出起跳線，違者由評判員酌扣其成績。
四、預備跳時，得擺臂屈身作勢，但跳出之前，足尖不得彈躍離地，違者罰扣成績十公分。
五、罰扣成績時，由評判員於劃定次一人起跳綫時，按應罰距離扣除之。
六、每人跳過後，仍歸原隊，依次排列，不得散亂。
七、全隊所跳之總距離，除以隊員人數，即爲該隊之平均成績。

丙、　推鉛球（高中男生八磅女生六磅）

一、場上劃直徑二．一三四公尺之推擲圈，以圈之中心爲圓心，作一九十度角，角內作若干同心弧．每弧相距五十公分。（如圖）

二、全隊排於推擲圈後，依號數一一推擲，（每人一次）推時應在圈內以單手從肩上推出，不得將球移至肩後拋擲，違者不計成績。
三、推擲時，身體任何部份不得觸及圈外之地面或踏於圈上，並須待球落地後從圈之後半部走出歸隊，違者由評判員罰扣其個人成績一公尺。
四、每人推擲後，由評判員在球落地之兩弧間依規則測量計算其成績。
五、總計全隊每人所推之成績，再以隊員人數除之，即爲該隊之平均成績。

各校參加團體比賽注意事項

一、各校先在體育課內及課外運動時間普遍教學跑跳擲三項運動方法
二、各班級分別舉行預選測驗依百分之二十之比例選拔代表隊（例如某校初中一年級有一上男生二班一下男生一班共一百四十二人應選出二十八人爲一隊又一上女生一班一下女生一班共九十三人應選出十九人爲一隊）
三、如按百分之二十計算某級代表人數少於十人時應補足十人（例如某校高中一年級只有一班且係男女兼收計男生三十六名女生十九名按百分之二十計算男生爲七名女生爲四名均不足十名應再補選男生三名女生六名使各有十人爲一隊）但如某級女生或男生之總數不足十人時則不必報名並在報名單上註明
四、各級代表隊選出後應按本會規定之團體比賽規則練習尤須注意接替與排列之秩序俾參加大會正式比賽時能嚴整而迅速
五、各校須發號布應分隊編號每隊均自第一號起順序編列（例如某校初三級男生隊十二人號碼即爲一至十二號女生隊十四人號碼即爲一至十四號）號布應佩於胸前四角均須縫牢號布上字樣舉例如圖

六、參加比賽之各隊應於大會秩序册上規定出場時間之前五分鐘在指定地點集合聽候評判員率領入場
七、各隊經評判員點號後不得再行更換隊員（三種比賽之隊員應完全相同）
八、各隊應以第一號爲隊長統率全隊受評判員之指揮入場比賽賽畢整隊出場任何隊員如有不服從裁判之行動裁判員得取銷其資格

各校參加表演節目注意事項

一、每節表演所需之時間必須準確填報以便排列秩序。
二、表演者之服裝，宜力求整齊。
三、參加表演之單位，應於秩序册規定時間之前五分鐘在指定地點集合聽候報

告員指揮入場。

四、輪及表演者已到應入場時間經報告員呼喚後二分鐘仍未入場者卽取消該項節目。

五、表演時除必需之領隊或指揮人員外其他教職員不得入場。

六、入場及出場，均用跑步，以求迅速表演開始時毋須向司令台報告。

（3）組織及職員

大會職員

名譽會長　朱家驊　陳　誠　谷正綱

會　　長　沈　怡

副 會 長　馬元放

籌備主任　吳邦偉，

籌備委員　黨守義　江良規　陳越梅　吳仲歐　徐汝康
　　　　　馮公智　龔家鹿　黃麗明　王健吾　馬振鑾
　　　　　周鶴鳴　周名璋　孫淑銓　陳韻蘭　趙汝功
　　　　　章柳泉　邊振方　岳　科　楊汝熊　紀乃佺

總 幹 事　馮公智（兼）

副總幹事　龔家鹿（兼）

總務組主任　龔家鹿（兼）

副 主 任　沈桂甲

幹　　事　徐　犖　朱光煜　楊善元　張廣侯　許漢文

表演組主任　馮公智（兼）

副 主 任　楊文采

幹　　事　李鶴雲　牛炳鎰　馮成雄　黃希眞

招 待 組　楊汝熊（兼）

總 招 待　章柳泉（兼）邊振方（兼）岳　科（兼）陳嘯青　施元謨

招　　待　胡鍒成　徐恩慶　張家衡　任應培　喩百棣
　　　　　趙潔如

團體比賽：

大會評判員：

跑：（發令）　徐汝康　徐紹武
　　（計時）（AB區）　蔡紹遠　徐恕忠　周銘章
　　　　　　（CD區）　劉繼元　徐炎之　徐　鑣
　　（記錄）　A劉英冠　B劉魁升　C張鵰南　D馬鳳閣

跳：A'　馬振鑾　戴仁璧　B'沈榮熙　邵鴻章
　　C'　牛炳鎰　姚文光　D'閔宗元　陳均謨
　　A''章祖愈　任民元　劉青上
　　B''韓錦文　吳大磬　陳于清
　　C''仲　逵　陳被玉　禹如山
　　D''程小棠　楊　毅　楊芬田

領導：邵潭良　唐俊鎬　張平堂　李安鴻　曾祥星　鈕因森
　　　陶國幹　馬賢斌　劉天錫　鄭宗濂　楊榮昭　帥士蘊

團體表演：

第一組：高　梓　陳越梅　周月英　孫淑銓　俞淑芬　凌佩芬

第二組：吳　瀓　朱重明　蕭忠國　趙汝功　俞晉祥　高　棪

第三組：吳蘊瑞　王毅誠　周鶴鳴　吳玉崐　宋鴻坦　倘樹梅

第四組：袁宗澤　陳韵蘭　田漢祥　何學詩　朱國祥
　　　　王健吾　鮑涵泉　朱恩貞

總記錄：沈佩言　劉漢明　張鍾英

報　告：李鶴雲

運動用具管理：許漢文

運動員伙食管理：黃希眞

（4）參加學校

統計公私立中小學參加的，共六十校：計市立中等學校九校，私立中學十八校，中等學校共二十七校：市立國民學校及中心國民學校三十一校，私立小學二校，小學共三十三校。參加學校約佔總數百分之四十。參加學生達六千人以上。

（5）表演結果

關於此次團體比賽項目，因爲參加學生太多，致當日未能全部測驗完畢，現正繼續補辦，所以結果還不能披露，關於表演部份，已經結束：計評定成績列入甲等者二十三校，列入乙等者二十八校，均由本局酌給獎品獎狀。

介紹幾種低年級工作遊戲教材

仇河清

小學低年級的工作選材，是比較困難一點，因爲低級兒童在年齡和能力上，都是十分幼稚，如果要把不需要的材料，或不適于能力上所作的材料，供給他們作，一定减少興趣，或不樂于作，我們知道低年兒童生活所需要的是遊戲，在遊戲中常常發現他們工作表現和能力，如果教師選材能利用遊戲方法訓練他們，那麽成效一定很大，這類教材，在兒童遊戲中很易選得，玆介紹數種如下，以爲一般指導低級工作教師之參攷研究。

一、撕紙遊戲，——很小兒童，拿了紙便喜歡撕破得零零碎碎，才肯罷休，成人以爲破壞，在兒童是一種遊戲，如果教師利用他本性，有方法指導，這是兒童樂于接受的，工作指導順序如下：

1. 搜集廢紙，——如舊報紙，包物廢紙，壞書本等，皆是撕紙工很好的材料，帶到學校來整理齊，這是預備工作，

2. 撕紙方法，——在方法上應多加指導，則不致發生無規則現象：

第一步，——教師在黑板上先繪各種幾何形體如圓，方，三角，橢圓，長方等，使兒童認識一下，

第二步，——指示撕紙時注意兩手的姿勢，以及撕的方法，

第三步，——開始撕各種幾何圖形，誰撕得快，撕得整齊，撕得多，就算最好，用比賽的方法，來鼓勵他們，

第四步，——進一步選擇類似各形體實物輪廓，

方——花盆，小屋，

圓——燈籠，蘿菠，

三角——茅亭，篷架，

橢圓——小雞，瓜果，

這種材料，很合低年兒童興趣，在效果上看，有：

1. 養成兒童搜集的能力，
2. 利用廢物，使兒童有惜物的美德，及改造習慣，
3. 從撕紙遊戲中，兒童可以知道各種幾何及類似各種幾何形體之物品輪廓。
4. 訓練手的技術。
5. 材材易得，兒童隨時隨地可以練習。
6. 照實物撕圖，可作繪畫上輪廓基本訓練。

二、吃餅遊戲，——吃餅乾是兒童最喜歡的兒童除喜遊戲就是好吃，餅乾是很合于兒童的食品，如果當他吃的時候，我們指導一些吃的遊戲，也引起他們許多發表練習的好機會：

1. 放在盤上的餅乾，有圓的有方的，有橢圓的，請大家計劃一下，怎樣放在盤上，就算好看，放置最好看的請他多吃幾片，使兒童練習排列及佈置的方法。

2. 一塊圓的餅乾，咬一口就是月亮形，對面咬一口，就是笔錠形，一塊方餅乾四角咬一口，就是十字形，中間再一口，就成元寶形，一塊橢圓餅乾，咬一口就成水盂形，旁邊再一口就成牛角形，類此例多咬幾種形來作比賽吃的遊戲。

一方面吃一方面玩，兒童在快樂中得下列幾種效果：

1. 各形體位置排列法，
2. 各形體變化法。
3. 是運用思想及發表的好機會。

三、搬弄器物遊戲，——兒童稍大一點，就喜歡搬弄家具，作他們遊戲的資料，是成人最討厭的，因爲佈置得很整齊的桌椅用具，被他們搬弄亂雜無章，成人常禁止，兒童十分掃興，要知道這是兒童發表創作的好機會，如果能指導兒童在事後整理，則不方開善路之門，遊戲的方法，如：

1. 椅凳作飛機，——兩張背椅，脚對脚横放在地上，椅背在上當機翼，中間夾放兩凳作機身，小朋友坐在凳擋中，很像航行在空中。

2. 大芭蕉扇作自行車，——兩個芭蕉扇，每手拿一個一前一後夾於兩腿間，向前行，很像一架自行車。

3. 算盤作火車，——算盤反過來，底板向上面放鉄煙罐，後放大紙盒，推動的聲音好像火車響。

4. 草帽堆寶塔，——爸爸媽媽哥哥弟弟草帽集中在一處，大的放下面，小的叠上面，堆上七層很像一座塔。

5·雨傘作小亭——雨傘張放開，小桌反過來，脚腿四根頂着傘，好像一個小小亭，小朋友裏面坐多自在。

6.長凳做小舟，——長凳反過來，兩根小竹當搖櫓，四根細竹縛在凳腿上，頂上放塊布，好像一隻小舫船。

這許多工作遊戲的材料完全出自各個兒童心裁，由觀察實物象形，利用作模做工作遊戲，頗有計劃及創造思想，家長及教師們，應多鼓勵及協助指導，因爲這工作遊戲有下列幾種功能：

（一）發表兒童創造本能。

（二）養成兒童合作習慣。

（三）訓練兒童勞動身手。

（四）引起兒童觀察實物的注意。

四、玩水遊戲，——玩水也是兒童最喜歡的遊戲。不過，一般的玩法，無意義，應該指導他們一些新奇的方法，如：

1·吹肥皂泡，——洗衣剩的肥皂水倒了眞可惜，小朋友每人找一隻廢筆管，一頭浸入肥皂水，一頭放在嘴裏輕輕吹，吹出許多小彩球，一個個向上昇，吹一個昇一個，空中全是色彩球，眞正有趣味！

2·水變魔術——明礬放在水杯中溶化以後，選取潔淨筆，浸着明礬水，自由繪畫白紙上，待乾後白紙無畫蹟，取盆清水放在桌面上，請爸爸媽媽哥哥都來看，壹張白紙放在水面上，立刻現出字畫來，弟弟拍手叫奇怪。

3.水的染色，——一杯清水放點紅，好像花瓣色。

一杯清水放點黃，好像梨皮色。

紅水放點黃，好像橘皮色。

黃水放點藍，好像蘋果色。

藍水放點紅，好像葡萄色。

小朋友試試看，要預備紅、黃、藍、三種原色，卽可染出多種色。

4·自來噴水，——廢鐵罐底鑽一洞，利用橡皮管埋于地面上，旁邊佈置點假山水，從管尖高噴出來。

5·簡易水槍、——粗細竹管各一節，細管要稍長，細管一端縛布條，粗管頭上留一節，節上鑽小孔，再將細竹套于粗管內，放在水缸中收滿竹管水，拿着細竹向前頂水，卽遠遠射出來。

這許多工作遊戲，有的需要敎師指導，與兒童共同合作，在玩○時候講解給兒童聽，如自來水何以會噴得高，肥皂水何以能吹出泡等等說明道理，那麼兒童就可以理解無疑，這種工作遊戲在效果上，有：

1.在工作遊戲中得到最淺近的科學常識。

2.明白簡單色彩配合法。

3.知道利用自然物及廢物的方法。

4.運用兒童思想。

五、戰鬥遊戲——兒童喜歡羣衆活動，羣衆遊戲方法很多，戰鬥亦是一種，取得短棍作槍，劃分兩組遊戲，卽可開始，他們的遊戲場大多在野外，遊戲時也可指導他們幾種工作訓練：

1.堆假山——野外石頭土泥沙可利用作堆山的材料。

2.築城——野外磚瓦到處皆有，可利用築城，作進攻的對象。

3.戰具——短竹棍作槍，粗竹管作砲，短竹管作望遠鏡手帕紮在竹竿上做旗幟，這是象形的戰具，再找幾個小竹籃，挑抬運送子彈。

4·築橋——抬塊小門架在小溝上卽成一小橋。

5.其他……

各項工作用分工合作的辦法、是遊戲上應有態度。這種工作的功能：

1.適應兒童活動上的需要。

2.練習兒童勞動身手。

3.養成兒童分工合作習慣。

4.利用環境實地操作。

六、手影遊戲——用雙手作出各種類似動物形象，在燈前或陽光下映放在牆壁或布幕上，手之一部分表現動作，卽像一個動物飛，或嘴張，或頭擺等樣，頗感有趣，這類遊戲也是兒童最歡迎的，如：

1.蝙蝠——兩手交叉掌對內兩大姆指靠齊，兩手扇動着，很像蝙蝠飛。

2·豬頭形——中指並直，二四指作彎形，放於中指上，大指中指互相合，很像一個豬頭形。

3.犬首形——右手拳着左手大指，左手二三四五指合，卽成犬首形。

4.鴨嘴形——右手蝸勢，隨于左掌背卽成鴨嘴形。

照着影子慢慢改變兩手姿勢，可以映現出來各種動物形影，如編得不像，照影慢慢改，很容易改像，小朋友請試試看，一定有趣味。

在兒童遊戲當中，有許多是成人以爲最玩皮的擧動十分討厭，並加以禁止，而不知兒童有許多創作表現，本能運用，互助精神，勞動訓練，常識增進，多半是由玩皮遊戲中發現出來的，如果認爲兒童這種遊戲是有一部分缺點，如撕紙是破壞行爲，玩水是危險的，搬弄桌椅影響整齊秩序，何如照上面方法，利用廢紙撕、搬弄桌椅後訓練整理，玩水指導正當方法，則缺點容易補救。明白的師長們，不要埋沒兒童的一切，一般指導低級工作敎師，深感無適當敎材，現在可以明白答覆：請在兒童遊戲中去找尋！

公佈專欄

南京市教育局轉令非軍事機關學校人員一律不得着用軍人同樣制式之服裝

南京市教育局訓令

（卅六）教祕字第〇〇〇四號
中華民國三十六年一月六日

事由：爲令知凡非軍事機關學校人員一律不得着用軍人同樣制式之服裝仰轉飭所屬遵照由

令公私立各級學校及各民敎機關（祇登本刊不另行文）

案奉

南京市政府（卅五）府總祕二字第一一六七號訓令內開：

「案奉　行政院三十五年十二月十六日節京貳字第二三七九二號訓令開：「據國防部呈稱查軍人服裝係奉　國府令頒服制條例詳明訂定意在端肅儀容表示軍人身份凡非軍人自應不便着用茲查各地非軍人而着用軍服者屢見不鮮影響所及不惟有損體制且難免有不肖之徒假冒軍人藉端滋事本部雖經迭飭憲警糾正亦感困難爲謹飭秩序起見擬請鈞院轉呈國民政府准予通令全國凡非軍事機關學校人員一律不得着用軍人同樣制式之服裝並咨請中央黨部通令各級黨部人員亦不得着用以重體制而維秩序等情經轉呈　國民政府核示去後茲奉國民政府三十五年十二月六日處京字第四三七號令開應准照辦除分行外合行令仰遵照并轉飭所屬遵照」等因奉此除分令外合行令仰遵照」

等因奉此合行令仰遵照并轉飭所屬遵照

兼局長馬元放

南京市教育局轉令提前發給青年從軍師範畢業生證書

南京市教育局訓令

（卅六）教一字第〇〇四三號
中華民國三十六年一月八日

事由：奉教育部電飭提前發給青年從軍師範畢業生證書轉令知照由

令各市立中等學校（祇登本刊不另行文）

案奉

教育部三十五年十二月九日高字第三六一一六號代電內開：

「查師範學校畢業生在服務期內從軍其服務期間與服役期間合計滿二年半或超過二年半者依照規定准予免試保送升學是項學生之師範學校畢業證書仰提前半年發給俾便該生等辦理入學手續合行電仰知照 併轉飭各師範學校知照」

等因奉此合行令仰知照

此令

兼局長馬元放

南京市教育局轉令解釋辦理收復區中學生甄審事宜疑義

南京市教育局訓令

（卅六）教一字第〇〇四四號
中華民國三十六年一月八日

事由：奉教育令部據北平市教育局呈請解釋辦理收復區中學生甄審事宜疑義各點等因轉令知照由

令各公私立中等學校（祇登本刊不另行文）

案奉

教育部三十五年十二月二十五日中字第四零二六二號訓令內開：

「案據北平市教育局三十五年十月三十一日敎二字第九一號呈以辦理收復區中等學校學生資格甄審事宜發生疑義各點呈請解釋到部茲就原疑義及本部核示各點分別列後

（一）僞中學畢業經大學甄審及格者—查所稱「經大學甄審及格」想係卽指經大學入學試驗及格之意凡僞高中畢業生未經甄審投考大學入學試驗成績合於錄取標準者可先行 錄取作 爲試讀 生俟 補受甄審及格取得正式證明文件後再行改爲正式生

（二）臨時大學各分班發給證書者—凡僞高中畢業生入各臨時大學先修班或補習班補習期滿成績及格取得正式證明文件者可免予甄審

（三）高中修業以同等學力資格入大學者—可以比照第（一）項辦法辦理

以上各點除分行外合行令仰知照」

等因奉此合行令仰知照

此令

兼局長馬元放

本刊徵稿簡約

一、本刊稿件以左列各項爲範圍

1.論著
2.教育設施
3.實驗研究
4.各科教材
5.優良事例介紹
6.書報評介與讀書報告
7.調查統計
8.教育法令
9.教育消息
10.視導報告

二、本刊除專家撰著外歡迎外界投稿

三、來稿文言白話不拘但須扼要切實並繕寫清楚附加標點稿紙請勿兩面寫每篇以壹仟字以上壹萬字以下爲原則

四、來稿須具眞姓名并須註明詳細通訊地址

五、本刊對來稿有刪改權其不願刪改者須預先聲明

六、來稿一經刊載版權即屬本刊但聲明保留者不在此限

七、來稿經刊載後當致酬現金但本局與各附屬機構概況介紹與報告性質之稿件酌贈本刊不另致酬

八、來稿概不退還其附足郵資者得於不用時寄還

九、來稿請寄南京市教育局轉首都教育出版社

本刊廣告刊例

地位	面積	每期價目
封底	全頁	國幣拾萬元
	二分之一	國幣陸萬元
	四分之一	國幣叁萬五千元
封裏	全頁	國幣捌萬元
	二分之一	國幣五萬元
	四分之一	國幣叁萬元
普通	全頁	國幣五萬元
	二分之一	國幣叁萬元
	四分之一	國幣壹萬柒千元

連登三月九折 半年八折 全年七折

本刊依法向主管機關聲請登記中

首都教育

第一卷第二期

民國三十六年元月十五日出版

編輯者 首都教育出版社

發印者 首都教育出版社 社址：南京市教育局內 電話：二四三四一

印刷者 大明印書館 南京洪武路三一一號 電話二二八九二

經售處 首都教育出版社 南京各大書局

本刊價目

項別		期數	價目	備註
零售		一期	四百元	特大號或有特殊需要時得提高售價
長期定閱	半年	十二期	四千元	
	全年	二十四期	七千元	

首都教育

第一卷
第三四期合刊

目次

中華民國三十六年二月十五日
首都教育出版社編印

論述

首都教育之回顧與前瞻

馬元放

「地道敏樹，人道敏政」，建國之道在於人，樹人之道在於教。古時「教」「養」兼施，國民教育的設施，是放在國民經濟之上。抗戰勝利後，　蔣主席昭示「建國時期，教育第一」，因爲八年抗戰，國家元氣大傷，非重行建設不可，要重行建設，必須培植建設的人才，所以這一昭示，是通乎古今，而爲目前最切要的工作。

南京市教育，原由社會局主辦，三十五年七月，才恢復教育局專司其事。因爲南京淪陷過久，遭敵僞摧殘過甚，抗戰前京市教育原有之相當規模，一毀無餘，以致勝利以後，興復很難，雖經竭力進行，終以限於經費，展布不易，所有工作，不能盡如預定的計劃。

以京市極度支絀的經費，辦理極端重要的教育，任務之艱巨，不言可喻。但爲仰副　主席的昭示，我們仍當悉力以赴。爲希各方明瞭本市教育狀况予以協助起見，爰將本市教育分抗戰前，淪陷中，復員後三個時期的變遷及發展國民教育，擴充中等教育，推廣社會教育，增進行政效率的動態與今後之計劃分述於後：

一、抗戰前京市教育概况

南京市政府，成立於民國十六年六月一日，當時京市教育事業，甫由江甯縣移交市府接管，工作重心，在規劃與整頓；自十七年起，至二十年止，迭經寬籌經費，廣設學校，規模漸具。至二十三年九月，省市劃界，實行交割，鄉區學校，盡歸市府管轄。嗣後學校之質與量，均突飛猛進。蓋京市自建都以來，人口日增，學童亦隨之俱增，故教育事業，亦必日益需要而日益進展。至二十六年，市立各級小學，已達一百七十九所，一千四百五十一班，在學兒童七萬零三百六十五名，連同國立、省立、私立與代用小學以及私塾，共收容學生八萬七千零三十六人。市立中等學校，計有五所，四十班，學生二千二百名，連同國立、省立、私立各中等學校，共收容學生一萬二千九百二十三名。社教機關，計有民衆教育館三所，圖書館一所，游泳池一所，體育場三處，民衆學校十五所，民衆夜校二百五十一班，兒童樂園五所，盲啞學校一所，各種教育之質與量，均已相當完美。玆分述戰前本市國民教育、中等教育、社會教育之實况如下：

1.國民敎育

民國二十六年上期，本市小學屬於國立者，有國立中央大學實驗學校小學部；屬於省立者，有江蘇省立南京實驗小學；屬於市立者，計有市區小學四十八校，六百四十三班，鄉區小學十校，七十班，市區簡易小學四十三校，二百六十九班，鄉區簡易小學五十二校，一百十二班，外加獨立短期小學二十六校，連同市鄉區各小學附設之短期小學班，共計三百五十七班，總計市立小學一百七十九校，一千四百五十一班，學生七萬零三百六十五名；此外尚有公立小學六校，七十三班，學生三千零十一名；私立小學四十二校，二百零三班，學生五千四百七十二名；代用小學四校，十五班，學生五百二十四人。玆附本市抗戰前之國民教育統計表二種，以窺發展情形之一斑：

南京市抗戰前市立小學概况統計表

年度 / 項別	十五年度	十六年度	十七年度	十八年度	十九年度	二十年度	廿一年度	廿二年度	廿三年度	廿四年度	廿五年度	備註
校 市立小學	38	33	33	34	36	39	39	40	41	36	48	(1)京市市政府成
市立簡易小學							29	31	34	37	43	立於民國十六

學校數	市立鄉區小學				4	4	4			40	66	62
	市立短期小學										21	26
	共計	38	33	33	38	40	43	68	71	115	170	179
學級數	市立小學	123	169	180	206	252	292	313	367	434	599	621
	市小附設幼稚園		12	14	14	16	17	17	16	16	16	22
	市立簡易小學							100	131	163	209	269
	市立鄉區小學				6	6	7			94	171	182
	市立短期小學										262	357
	共計	123	181	194	226	274	316	430	514	707	1,257	1,451
學生數	市立小學	4,939	6,928	8,953	10,136	11,370	12,467	12,994	17,149	21,203	28,627	30,001
	市小附設幼稚園		398	611	683	765	805	85[illegible]	985	1,112	1,304	1,317
	市立簡易小學							4,270	6,186	8,079	10,876	12,231
	市立鄉區小學				278	253	231			5,153	9,011	9 218
	市立短期小學										13,090	17,508
	共計	4,939	7,326	9,564	11,097	12,388	13,503	18,116	24,320	35,547	62,908	70,365
經費數(元)	市立小學		180,766	242,825	283,087	332,930	393,576	427,836	475,053	516,048	710,166	806,802
	市立簡易小學							57,180	78,582	113,100	154,356	221,2[illegible]0
	市立鄉區小學				1,920	4,525	4,866			47,304	95,939.88	103,000
	市立短期小學										96,018	264,600
	共計		180,766	242,825	285,007	337,455	398,442	485,016	553,635	676,452	1,056,479.88	1,400,622

年六月，表中十五年度係江甯縣移交時之概況。

(2)幼稚園附設於市立小學。

(3)簡易小學原稱義務小學，至二十三年始改爲簡易小學。

南京市抗戰前公私立及代用小學概況統計表

年度	校數	學級數	學生數	教職員數	全年經費數(元)
17年	46	132	3,776	195	——
18年	47	154	6,076	293	84,348
19年	46	176	5,645	304	——
20年	63	170	5,412	303	——
21年	42	162	5,681	319	143,755.28
22年	51	211	8,336	429	178,920.00
23年	56	262	9,896	425	255,432.00
24年	57	263	10,079	481	388,274.40
25年	52	291	9,007	451	263,350.56

2.中等教育

民國十六年市區之中等學校，有國立中央大學實驗中學、江蘇省立南京中學、南京女子中學、市立中區實驗學校、私立金陵大學附屬中學、安徽中學、鍾英中學、五卅中學、鍾南中學、東方中學、成美中學、青年會中學、匯文女子中學、中華女子中學、愛羣中學、明育女子中學、正誼中學、南京中學、鳧山中學、益智中學、曉莊勞山學園、平旦學校等二十二校。十七年度國民革命軍遺族學校成立。十八年度市立中區實驗學校添設高中師範科，私立三民中學開始設立，私立愛羣中學與明育女子中學合併爲私立育羣中學。十九年度國民革命軍遺族女子學校成立，私立正誼中學、南京中學、鳧山中學、益智中學停辦，勞山學園、平旦學校，亦無形停頓。二十年度添設私立樂育中學、文化學院附屬中學、華南初級中學、現代初級中學、冶城初級中學、京華初級中學、民治初級中學等七校。二十一年度添設市立初級職業學校、私立金陵女子文理學院附屬高中、兩廣初級中學、大公初級中學、九一八初級中學、大江初級中學、學藝初級中學、行健初級中學等八校。二十二年度市立中區實驗學校中學部改稱市立第一中學，初級職業學校改組爲職業補習學校，私立中學添設明德女子初級中學、首都女子初級中學、震旦初級中學、勵志中學等四校。以上私立中學除文化學院附屬中學、九一八初級中學、大公初級中學、民治初級中學、大江初級中學、均不久停辦，樂育中學亦因成績低劣於二十二年度下學期勒令停辦外，計尚存二十四校。除勵志中學高中部外，餘均已先後立案。二十四年度鑒於市區中等學校之供不應求，並爲便於師範生之專業訓練計，添設市立第二中學及師範學校各一所，市立第一中學之高中師範科，則自該年度起，停招新生，增招高中普通科，以便維持高中變軌初中三軌制度。又原有職業補習學校，則自同年度起，改組爲初級職業學校，並附設職業補習班，以應需要。二十五年度江蘇省立南京中學遷設鎮江，私立金城女子職業學校校董會核准立案，並呈報開辦學校，計截至二十六年上期止，全市共有國立、省立中學各一所，市立中學三所，（內一所正籌備就緒因戰事發生而未開學）私立中學二十四所，共二十九所，內完全中學十七所，高中一所，初中十一所，又國民革命軍遺族學校二所，內設初高級普通科職業科，市立師範學校一所，內設師範及簡易師範科，市立初級職業學校一所，內設初級職業科及職業補習班。總計共有中等學校三十三所，二百八十五班，收容學生一萬二千九百二十三人。茲附抗戰前之中等教育統計表二種，以窺發展情形之一斑：

南京市抗戰前市私立中等學校概況統計表

類別	初高級	十六年度	十七年度	十八年度	十九年度	二十年度	二十一年度	二十二年度	二十三年度	二十四年度	二十五年度	合計
市立	初級	142	146	296	345	364	381	395	396	674	927	4068
	高級			29	50	84	158	194	229	467	582	1793
	計	142	146	327	395	448	539	589	625	1141	1509	5861
私立	初級	1045	1696	3032	3039	3521	3633	4338	4583	4943	6125	35960
	高級	521	1011	1457	1683	2031	2524	2518	2685	2812	3582	20824
	計	1566	2707	4489	4722	5552	6162	6356	7268	7755	9707	56784

總數	初級	1187	1842	3330	384	3885	4019	4733	4972	5617	7052	40028
	高級	521	1011	1486	1733	2115	2682	2712	2914	3279	4164	22617
	計	1708	2853	4816	5117	6000	6701	7445	7893	8896	11216	62645

南京市抗戰前市私立中等學校經費總額比較表

類別 ＼ 經費數 ＼ 年度	十六年度	十七年度	十八年度	十九年度	二十年度	二十一年度	二十二年度	二十三年度	二十四年度	二十五年度	合計
市立	15,000.00	15,000.00	32,700.00	57,921.00	69,463.00	73,766.00	78,269.00	81,312.00	147,196.00	178,828.00	749,400.00
私立	98,807.80	209,550.80	304,971.70	456,758.00	445,178.11	522,414·94	5[illegible]6,[illegible]36·00	7[illegible]6,608·00	809,288·65	875,137·8[illegible]	5,084,951·82
總數	113,807·80	224,550·80	337,671·70	514,679·00	514,646·11	586,120·94	644,505·00	877,920·00	956,484·65	1,053,965.8	5,834,351·82

3. 社會教育

本市抗戰前之社會教育，以實施強迫成人識字教育爲中心工作，其他各項社教事業，亦積極推進，約可分述如次：

甲、民衆學校與夜校　本市民衆學校，創始於十七年十二月，是爲第一屆，全爲夜校制，其時開辦四十七校，五十四級，教員一百十五人，學生二千五百零二人，畢業生一千三百六十五人，所用經費共二千九百十元，嗣後每六個月辦一屆，校數經費數均有增加。至二十年三月，除設立兼任夜校外，並辦專設民衆學校，教職員均專任職，校務有識字班、社會活動、代筆問事、及其他推廣事業等。至二十三年專設民校增至十一校，夜校改爲二十八校，合共三十九校，學生五千六百九十一人，畢業人數四千四百二十五人。二十四年度上學期，專設民校增爲十四校，夜校增爲四十八校，合共六十二校，學生四千五百人，畢業人數三千五百七十四人；下學期試辦強迫成人識字教育，取強迫入學制，其對象爲有組織之團體工人，下級推動機關有各區推行識字教育委員會，專設民校仍爲十四校，夜校則增爲六十二校，連同其他公私立民衆夜校三十七校，共收容學生七千五百五十四人，畢業人數五千一百三十六人。至二十五年度上學期民衆學校共開六十班，民衆夜校共二百四十班，鄉區民衆識字班三十九班，合共三百十三班，收容學生一萬五千六百五十人，畢業人數一萬一千五百八十三人。

南京市市立民衆學校歷屆發展狀況統計表

屆別	校數	級數	學生數	畢業生數	教員數	辦理年月	所用經費
第一屆民衆學校	47	54	2,502	1,365	115	17年12月	2,910
第二屆民衆學校	47	52	2,492	1,259	81	18年9月	5,568
第三屆民衆學校	46	49	2,156	1,233	54	19年3月	8,598

第四屆民衆學校	44	46	1,949	1,058	49	19年9月	7,684
第五屆民衆學校	43	48	1,8[illegible]6	1,127	53	20年3月	9,585
年六屆民衆學校	35	46	1,778	1,014	50	20年9月	8,768
第七屆民衆學校	41	51	2,351	1,446	49	21年3月	9,760
第八屆民衆學校	41	47	2,125	1,185	52	21年9月	9,137
第九屆民衆學校	22	34	1,575	970	40	22年3月	9,904
第十屆民衆學校	28	44	1,971	1,493	53	22年10月	12,918
第十一屆民衆學校	32	52	2,307	1,914	48	23年3月	18,000
第十二屆民衆學校	39	63	2,737	1,965	59	23年8月	21,360
第十三第民衆學校	39	61	2,954	1,411	61	24年2月	34,412
第十四屆民衆學校	61	89	4,399	2,634	136	24年8月	47,664
第十五屆民衆學校	76	122	6,466	3,823	180	25年2月	37,535
第十六屆民衆學校	132	313	15,650	11,588	195	25年8月	60,000
共計	773	1,171	55,314	36,480	1,275	八年共辦十六屆	312,893

乙、民衆教育館　本市自十六年七月設有市立第一通俗教育館，十八年增設第二通俗教育館，至十九年改第一館爲民衆科學館，第二館爲歷史博物館，二十一年春復成立首都實驗民衆教育館，同年夏季乂將科學館歷史博物館等分別歸併或裁撤，二十三年起，除鼓樓民教館係就原有者改組外，增設八卦洲民衆教育館、燕子磯民衆教育館各一所，二十六年上學期，爲統一社教機關名稱及便於管轄起見，分別更名爲鼓樓民衆教育館、八卦洲民衆教育館、燕子磯農民教育館。

丙、盲啞學校　本市盲啞學校，係特種教育之一，創於民國十六年十月，其時先設盲科於救濟院殘廢所內，十八年遷至船板巷增設啞科，二十二年復添設盲童師資訓練班，二十四年添設聾啞職業班。後爲使該校學生深造以便就業起見，設高中師範科，畢業後可担任其他各地盲童教育工作。

丁、游泳場　該場設於本市九龍橋河畔，利用天然水源築成一場，場內分高、中、初三部，有跳台、瞭望台、更衣室、寄衣室及各項救護設備。每年於六、七、八、九四個月內開放，平時派員保管。游泳人數，每月在二萬以上。二十六年並添置淋浴設備及各項安全設備。

戊、教育電影　本市教育電影，自二十三年上學期開始興辦，按月放映，供各界民衆及各級學校學生觀覽，尙具成效。放映辦法：（一）於每星期日上午假用各電影院映放；（二）每晚分往各民衆學校放映兩種，每月容納觀衆三萬二千餘人。後因學生逐年增加，未能普遍，乃於二十五年度八月份起，爲謀推廣及增進各校補充教材起見，特分日間電影教學及夜晚巡迴放映兩種，並改訂辦法如下：（一）放映教學電影地點，定在各學校內，放映時間規定自上午九時起至下午五時止，放映場地，應用禮堂或教室，所需黑帘及影幕等均由放映人隨帶。並於每月未開始以前，由局選擇自然、史地、衛生及人事上影片若干種，先將各片名稱，分送各校，如遇教授某種課程之教材，與所選影片相同時，各校得於三日前指定時日及所須映放片名，函局派人到校放映，以助教學，講解說明，得由該科教師自任；（二）巡迴放映教育電影由本局就各級學校操場或禮堂爲放映場地，每晚下午六時半起，分派電影機兩架，前往規定之學校放映，除招待本校學生及附近簡易小學、短期小學學生外，並招待各附設民衆夜校學生共同觀覽，其巡迴放映觀覽表，由局事前編定，分發各校，總計每月巡迴放映四十八校，參觀人數五萬三千餘人。鄉區交通不便，又無電流供給，學生及民衆無觀覽之機會。二十六年由教育部發給半價教育電影機及發電機全部，用以辦理鄉校教育電影。

己、圖書館　該館創設於十八年六月。二十六年上期，存書二十萬册，報章雜誌二千餘種，五萬餘册，裝訂成册之報紙有六百餘册。每日閱覽人數，在八百人以上。爲便利市民閱覽報章圖書起見，除在本市設閱報牌八十餘方外，並就各區區公所設立圖書閱覽分處。

庚、學校體育與社會體育　學校體育方面，除指導校內體育活動外，并每年舉行全市中小學聯合運動會，以資提倡，自十八年起，曾舉行第一屆中小學聯合運動會，中途因淞滬戰爭停辦二年，至二十六年已繼續舉行至第六屆，但第一、二、三、四屆僅舉行大會，各學校祇有少數學生直接參加，自二十五年第五屆大會起，爲使各校普遍參加計，按學校所在地劃分爲九區，飭各校事先參加區運動會，在區會被選舉者，代表該區參加大會，本年第六屆大會又增劃二區共爲十一分區，至參加人數自第一屆所參加爲六百餘人起，已增爲一萬餘人。又因兒童之健康訓練與體育教師之關係最爲密切，故於二十五年利用暑期舉辦一次小學體育教師講習會，集全市小學體育教師分爲學術二科，施以訓練。社會體育方面，有首都黨政軍學體育促進會、南京市體育委員會、業餘體育會、首都騎射會、白下體育會、大學體育協會、中學體育協會、小學體育研究會之組織，其目的均在提倡全市體育之發展，每季均舉行各項比賽。至民衆運動場地，本市內除有公共體育場及鼓樓兒童運動場外，並建築漢西門運動場與第一住宅區內之小運動場。

二、淪陷期內教育概況

敵僞侵佔期間，市立中等學校雖仍爲五所，但均以戰前小學爲校舍；各級小學六十七所，民衆教育館三所，民衆圖書館一所，中心民衆學校三所。教學設備，一無所有，房屋破爛不堪，教師素質至差，學生程度低劣，學風更腐敗壞。原有教育基礎，殆已摧毁淨盡。

三、復員後京市教育概況

1. 接收與整理

卅四年接收時，市立中等學校五所，中學生二千九百餘人；小學六十七所，小學生兩萬餘人；民衆教育館三所，民衆圖書館一所，中心民衆學校二所，教學設備，簡陋無比，即最低限度之課桌椅，亦殘缺不全。房屋十九均破爛不堪，隨時有傾圮之危險。戰前自建校舍，被毁者四十所，被軍警憲等機關佔用者十五所。除接收僞組織市立中小學及社教機關外，並接收陳逆羣所辦之私立正始中學及正始小學。正始中學佔用前市立昇平橋小學，接收後暫改爲第一中學分校；正始小學佔用前市立評事街小學，接收後將評事街小學復校，又發現佛教團體往生蓮社在抗戰期間，利用奸僞勢力佔用承恩寺公產，附設佛慈小學，亦經接收整理，歸併承恩寺小學。

至於整理工作，大約可分下列幾種：

甲、甄審教師　本市淪陷期間，中小學教師多半濫竽充數，乃訂定甄審辦法，組織甄審委員會切實辦理，於去年十一月中旬辦理竣事。中小學教師經此甄審，素質業已提高。

乙、調整中小學校長及社教機關主管人員　接收各學校及社教機關後先將不堪任用者予以撤換；嗣再從事調查與個別談話，並依據督學視察報告，將不能勝任之學校校長與社教機關主管人員分批撤換。經過此番調整，教界情形，大爲改善。

丙、肅清奴化教育毒素　在接收後曾召集各主管人舉行精神講話，特別提示（一）僞組織以「和平建國」麻醉人民，並以「和平」「事變」等名詞掩飾欺騙，應向學生多予矯正；（二）在紀念週時或利用適當機會，舉行精神講話，使學生思想歸於純正；（三）將敵僞宣傳品檢送銷燬，剷除敵僞圖書標語，整飭校容等問題。並於三十五年元月四五兩日舉行市私立中小學訓導會議，討論範圍爲集體訓練事項、思想訓練事項、生活指導事項、家庭聯絡事項、課外活動事項。議決案件計中學組十一件，小學組十三件，均由各校次第實施。

丁、辦理中學生甄審及小學生成績測驗　接收之初，經遵照教育部朱部長向收復區教育界廣播不使中小學有一日停課之指示，在校長調整完竣，教師甄審蕆事，國定教科書翻印之同時，所有中小學學生一律照原在學級繼續上課，利用寒假大考機會，中學生實行甄審，小學生舉行成績測驗。

戊、翻印國定教科書及免費印贈小學公民課本　接收時國定教科書聯合供應處對於本市學生應用書籍，不能完全供應，經將儲備樣本，依照實際需要數量，招商承印，按所需工本費售予學生應用。另翻印小學公民課本五千冊，免費發給學生。

已、緊急修理與急需添置　中小學校舍年久失修，危險堪虞，乃作校舍之緊急修理與課桌椅等急需物品之添置。

庚、提高教育工作人員待遇　將二十六年原訂教育工作人員薪級提高，所有加成數、基本生活費等，自三十四年十一月份起，與公務員同等待遇。

2.國民教育之發展

國民教育之質與量，均亟待發展，曾舉辦下列數項重要工作：

甲、增校增班與二部制之推行

抗戰勝利，國府還都，本市人口驟增，學齡兒童亦隨之急遽增加。三十五年春季，市立各級國民學校，增至九十校七百六十二班，收容學童四萬五千零四十六名；惟據三十五年八月首都警察廳之調查報告，全市學齡兒童數已增至十二萬三千二百三十七名，故本學期乃竭力增校增班，並指定學齡兒童衆多地帶之國民學校，辦理半日二部制，目下已有市立各級國民學校一百十七校，一千零三十五班，收容兒童五萬七千零十人；已立案之私立小學十一所，私立幼稚園一所；正辦理復校與立案手續者，有小學二十一所，幼稚園二所，約共一百四十班，收容兒童七千人。本學期全市在學兒童，共約六萬四千餘名。

乙、民教部之設立

本學期已在各級國民學校開設民教班，因係試驗性質與設備限制，暫辦七十三班，收容失學民衆約三千二百人。所用課本，均由局免費供給。此後擬逐漸擴充，以掃除本市文盲。

丙、小學教師暑期講習會之舉辦

為提高小學教師之服務精神，並增進其教學知能起見，特於三十五年暑期，辦理小學教師暑期講習會。分普通組與體育組，普通組之學科為教育原理、國語教材與教法、算術教材及教法、常識教材及教法，並有工作討論、康樂活動及 國父紀念週之精神講話與 國父遺教總裁言行等；體育組除上述各項外，加設體育原理、韻律活動、體育教材及教法等學科。此外，並聘請特約講師，作專題講演。

丁、小學教師之考核與登記

三十五年暑假前，對各校教職員，曾予以考核。成績優良者，予以合理保障；成績低劣者，予以淘汰。並登記復員教師與教育部分發本局任用之國立師範畢業生，以及市立師範本屆畢業生，一律分發任用。此外，復作備用教師登記，分別擇優任用。

戊、國民教育實驗區之設立

為實驗國民教育之設施方法起見，特成立國民教育實驗區。開辦費及實驗研究費，由教育部補助，經常費則由本局負担。本學期以訓育、體育、衛生為實驗中心。

已、幼稚園之籌備

本市市立之獨立幼稚園，尚付缺如，上學期已派員籌備。現已先成立遊府西街幼稚園。本學期即可開學。

庚、分科教學研究會之組織

為研究改進國民學校之分科教學起見，特舉辦國民學校分科教學研究會。全體國民學校教師，依其所擔任之科目，分別參加各該科教學研究會，從事研討。除由本局督學及視導分別領導進行外，開會時並聘請各科教學專家，出席指導，以收宏效。

3.中等教育之擴充

關於中等教育之擴充，可分述如左：

甲、原有中等學校之整理與四所中學之添設　接收後就原有五所中等學校，開辦六十六班。三十五年秋除調整各校行政外，並就白下路一中分校擴充改設第三中學，原有之五所中等學校，使之盡量增設班級，收容還都之中學生。此外尚接辦國立南京第一、二、三臨時中學，改稱市立第四第五中學及第二女子中學。目下已有市立中學五所，女子中學二所，師範學校一所，職業學校一所，計初中八十八班，高中六十班，師範十五班，初級農科三班，高級農科一班，初級商科十班，高級商科三班，共收容學生八千六百四十四名。已立案之私立中學，共有 十校，計初中一百十三班，高中六十五班，共收容學生約八千九百名。

乙、職業學校分校與師範分校之籌設　為擴展職業教育，並推廣師範教育，特在燕子磯籌設職業學校分校及師範分校，正派員籌備中。

丙、復員教師之登記與復員[illegible]生之分發　復員中學教師共登記五十二人，分發年用五十一人；復員中學生共登記二千四百十三人，全部分發就學。

丁、敵偽中等學校畢業生資格之甄審　遵照教育部命令，組織收復區中等學校畢業生資格甄審委員會，辦理敵偽中等學校畢業生之甄審事宜。計請求甄審者九百二十五人，經甄審合格者六百四十七人。

戊、青年軍暑期補習班之舉辦　為輔導青年軍還都後之升學與就業起見，特於暑期中辦理青年軍暑期補習班，予以升學與就業之指導。計入班之青年軍共六十人，結業後依照其志願，分別分發市屬各中等學校求學與介紹其就業。

4.社會教育之推廣

推廣社會教育事宜，可分述如下：

甲、原有社教機關之整理　去年接收後，就原有社教機關，成立民衆教育館二所，圖書館一所。本學期對原有社教機關，積極予以整頓。除對各館房舍加以修繕充實外，並增加各館經費與員額。

乙、電教隊之設立　為推行電化教育起見，經於三十五年八月成立第一電化教育巡迴工作隊，十月份起，已在本市各區巡迴放映教育電影，並與教育部及美國新聞處合設中小學教育電影中心施教站二十四站，輪流放映。

丙、體育場之籌備　體育場亟待籌備恢復，已呈准　蔣主席將公園路原有之江蘇省立公共體育場及漢西門原有市立體育場撥用，正籌建中。

丁、國民體育委員會與健康教育委員會之組織　為積極實施國民體育與健康教育起見，特邀約有關機關與體育衛生界人士，分別組織國民體育委員會與健康教育委員會。並於十二月四日舉行全市中小學體育表演會。

戊、各種社教活動之舉行　本市淪陷八載，民氣日趨消沉，故本學期儘量利用時機，舉辦各種有關社教之活動。

5.行政效率之增進

為增進學校教育與社會教育之行政效率起見，特舉辦下列各項事宜：（一）頒發學校行事歷（二）釐訂視導計劃（三）提高教師待遇（四）獎助優良私立學校（五）編印首都教育半月刊（六）管理私塾（七）舉行市教育設計會議（八）協助推進獻校祝壽運動。

茲附本市三十五年度第一學期教育概況表，以窺市教育現況之一斑：

南京市三十五度第一學期教育概況表

項	別	校數(或館隊場數)	班級數	學生數	備註
國民教育	市立國民學校	60	1035	57010	1.國民學校班級數內包括幼稚園三處。 2.私立小學中包括四所幼稚園。 3.國立中大附小及省立當師附小正在復員期間，數字尚未能確定，亦未列入。 4.國民教育實驗區一所，負實驗研究與輔導責任。 5.市立各級國民學校內另辦有民教班七十三班，收容學生三千二百人。
	市立中心國民學校	57			
	私立小學	35	140	7000	
中等教育	市立中學	5	114	8644	1.國立中大附中，社教學院附中，護士學校，助產學校及省立江甯師範未列入。 2.市立中學與市立女子中學中有師範科八班。
	市立女子中學	2	42		
	市立師範	1	7		
	市立職業學校	1	14		
	私立中學	20	113	8900	

社會教育	市立民衆教育館	2		
	市立圖書館	1		
	市立電化教育巡迴工作隊	1		
	市立體育場	1		市立體育場正修建中。

四、今後改進計劃

本市首都所在，中外觀瞻所繫，自應在全國起示範作用，今後更須排除困難，極積推進：

1.寬籌教育經費　本市現有教育經費，僅足以勉強維持現狀，欲謀擴充學校數量與改善學校素質，必得寬籌經費。按本市內中央機關林立，公務員之籍貫遍及全國各省市，所有學生實多為全國各省市公務員之子弟，故京市之教育，已非純粹之地方事業，而為全國性之事業，本市教育經費，自應由國庫負擔或由國庫給予大量補助。今後應盡量爭取中央補助與寬籌地方經費。

2.添建校舍　校舍不敷，實為造成學荒之根本原因。自當切實協助首都各界獻校視壽運動之推進，以添建校舍。原有校舍被佔用而迄今未遷讓者，尤應積極交涉收回。

3.普及國民教育　儘量增設國民學校，務期三年以內，使全體學齡兒童均能入學；並充實各中心國民學校，以增進實驗研究成果，發揮輔導效能。

4.掃除文盲　增設各級國民學校民教部，每區成立民衆學校與補習學校，以掃除文盲，並擬利用電化教學，藉以節省人力財力，並加速掃除文盲。

5.推廣幼稚教育　設立獨立幼稚園，增設各級國民學校中之幼稚班級，使四歲至六歲幼兒，均有入學機會，二歲至四歲者，酌辦若干班，以資提倡。

6.充實中等教育　酌量增設中學，並獎助私立中學，使中學生均有求學之所；酌量增設師範學校，並著重增設勞作美術師範科、幼稚師範科、音樂體育師範科、社教師範科、與鄉村師範科；增設農業、工業、商業、家事職業學校，培養實用人才，以配合市政建設。

7.擴展社會教育　充實原有社教機關，大量增設社教機構，使每區有一民衆教育館與簡易體育場，並在適當地點成立科學館，藝術館、圖書館、電化教育館、兒童教育館等，且須隨時利用時機，實施各種社會教育活動。

8.加強輔導工作　厲行視導制度，著重分科視導，組織各種教育研究會與各科教學研究會，編印教育定期刊物與輔導叢書，舉辦教師通訊，講習會，及夜間學校，設立教育資料館，教育設備工廠，教育公有林場、農場、菜園等。

看了上面的敍述，可知京市教育，尚在補苴狀態中，去配合建國工作的理想尚遠，我們深知南京為首都所在，對於各省市應起示範作用，更當有超越的成就。再則教育既為建國的基礎，則又當眞能計及百年，不僅以因應一時為已足，本局對今後計劃，已定有南京市教育實施三年計劃，於興復之中，奠久遠之基，茲事體大，尚希各方多予指正，多予匡助為幸！

本社事啓

一、歡迎長期定閱與零購：長期定閱半年十二期，國幣四千元；全年二十四期，國幣七千元；零購每本六百元。

二、歡迎投稿，每篇以一千字至三千字為最適宜；國民教育之實際問題與各科教材，尤所歡迎！

專載

南京市教育實施三年計劃

三十五年十二月南京市政府提經
南京市參議會第一次大會通過

本市位於首都，中外觀瞻所繫，各項建設，亟待推進，教育設施，尤應積極開展；惟以淪陷八載，原有各級學校及社教機關之屋舍設備，橫被摧殘，損失慘重，故修建屋舍與充實設備，乃本市教育復員工作中之迫切要圖，且國府還都以來，本市人口驟增，中小學生數亦隨之急遽加增，學校之增設，更屬不容稍緩，爰特擬訂南京市教育實施三年計劃，冀於三年之內，普及國民教育與掃除全市文盲；並改進各級教育之素質，以作整個教育之合理設施。惟本市市庫收入短絀，目前教育文化支出，每月即需四億六千餘萬元，幾及全市收入之數。此四億餘之教育文化費，僅能維持半數學童之就學，欲謀普及教育與整個教育之合理設施，尚需數倍以上之經費。校舍之建築與設備之購置，需款尤鉅。一市之收入，決難負担此項巨額教育經費。按本市內中央機關林立，公務員之籍貫，遍及全國各省市，所有學生，實多爲全國各省市籍公務員之子弟。故京市之教育，已非純粹之地方事業，而爲全國性之事業。本市教育經費，自應由國庫負担，庶可使首都教育與市政建設，獲得迅速擴展，此則不得不向 中央及各界迫切呼籲者也。

本計劃分爲國民教育、中等教育、社會教育及教育行政四大類，共編製要點及各類實施辦法如下：

編製要點

一、本計劃以普及國民教育爲重心，務期三年以內，使全體學齡兒童均能入學，並充實各中心國民學校，以增進實驗研究成果，發揮輔導效能。

二、掃除文盲工作，以失學民衆讀完初級班課程爲標準，暫由國民學校民教部負責辦理，至高級班，則由補習學校辦理，將來並擬利用電化教學，藉以節省人力與經費。

三、幼稚教育，關係重要，限於經費人才，三年內僅使四歲至六歲幼兒四分之一入學；二歲至四歲者，酌辦若干班，以資提倡。

四、各中學均就最低需要設計，不足之數，以獎助私立中等學校爲調劑。

五、師範學校除配合國民教育逐年發展情形所需之普通師資外，注重專科師資之培養，以應實際需要。

六、本市職業學校數量過小，理應大量增設，以增育建設幹部；惟顧及經費，僅就本市急需之實用人才先爲規劃。

七、本市社會教育基礎過薄，亟應增設與充實。

八、教育質素之提高，爲當務之急；加强視導工作，鼓勵教師進修，亦必須有所設施。

九、本市爲首都所在，教育實施，應起示範作用，不能過於簡陋；同時顧及經費困難，亦不能過於鋪張，故本計劃不得不一方面致力於重心設施，一方面極度緊縮，以期易於實現。

十、本計劃所需經費，決非市庫單獨所可負担，除一部份已列市預算外，其餘不足之數，應請 中央專案補助。

實施辦法

壹 國民教育

（一）小學部

甲、計劃根據

1. 全市學齡兒童——根據三十五年九月首都警察廳調查報告，全市學齡兒童數爲一二三一七六名。

2. 現有學校數與在學兒童數——現有市立中心國民學校與國民學校共一一七所，一〇三九班，在學兒童約六二一〇〇名；又私立小學三三所，平均每校五班，約一六五班，在學兒童九九〇〇名：共七二一〇〇名。（每班原應以五〇名爲限，但實際上多在六〇名以上，此以每班六〇名計算。）

3.國民學校在籍學生有一部份不足學齡，（因無幼稚園之故）亦有一部份超過學齡，此部份學生估計約一萬人，以私立小學容納之學額抵補之。

乙、實施計劃——力謀教育普及，使全部學齡兒童，均能入學。學校分佈，每區一中心國民學校，鄉區每保一國民學校，城區每三保或四保一國民學校。

1.所需校數及班級數

一、學校數　二一七校　平均每二保有一校，除已有一一七校外，尚須增設一〇〇校。

二、班級數　二四三五班　平均每保六班，已有一〇三五班，尚須增設一四〇〇班。

2.所需師資　三六七四人　平均每班以一、五人計算，再加校長二一七人，共需如上數。現已任用一六四六人，尚須添聘二〇二八人，每年由市立師範培養新師資，以及利用現有師資，可不感缺乏。

3.所需經費另定之

（二）民教部

甲、計劃根據——根據三十五年九月首都警察廳調查報告，本市文盲三七〇四八六人，具有私塾教育程度者一〇七六三七人，文盲人數除去年在四十五歲以上，與身患痼疾或肢體殘廢者，約有二七〇〇〇〇人須受初級補習教育。

乙、實施計劃——每校民教部均設初級成人班及婦女班，使全部文盲均受補習教育。

1.所需初級成人班及初級婦女班班級數　五四〇〇班　（內二一〇〇〇〇人交民衆學校辦理）

2.所需師資　一三五〇人　以每年每四班用一人計算，師資來源可不感缺乏，如利用電化教學，師資可節省六分之五。

3.所需經費另定之

（三）幼稚部

甲、計劃根據——根據三十五年九月首都警察廳調查報告，本市有二歲以上未滿六歲之幼兒約五〇〇〇〇人，四歲至六歲幼兒以半數計，約二萬五千人，假定有四分之一須入學。

乙、實施計劃——使本市四歲以上未滿六歲之幼兒，四分之一有入學機會；二歲以上未滿四歲之幼兒，則酌設班次，以城區每區有幼兒班十五班，鄉區每區有幼兒班九班，平均每區十二班爲原則。

1.所需幼兒班班級數　一五六班　（以每班容納四十人計算，內酌設二歲至四歲之班級。）

2.所需師資　三一二人　（以每班二人計算）

3.所需經費另訂之

貳　中等教育

（一）中學

甲、計劃根據

1.國民教育普及後，每學期高級約有八千畢業生，（全市學齡兒童十二萬餘人，六個年級平均分配，每一年級約二萬人，再以春秋兩季分，每一學期約一萬人，高年級人數較低年級爲少，故估計爲八千人，又三十五年暑期，小學畢業生實數爲二千一百餘人，三十四年全部在校兒童爲三萬餘人，比例亦相等。）以四分之一升學計，約有二千人。

2.初級中學設齊後，畢業生公私立合計每學期約有四千人。（京市公立學校初三下有四十級，私立中學數目大致相等。故公私立各以二千人計，合爲四千人。）以四分之一升高中，約一千人。

3.南京首都所在，公務人員較多，非本京籍者，其子弟率多在家鄉受國民教育，再來京受中等教育。附近南京各地，以首都學校辦理較優，亦往往使子弟來京受中等教育。此類學生，以一部份中學生投考師範學校職業學校之餘額及私立學校容納之。

4.京市現有完全中學七所，初中八十八級，高中六十級。

乙、實施計劃——以各區普遍設立，均衡發展爲原則。初級中學除準備升學外，兼培植地方自治人才，完全中學以升學爲主，並擇一二所辦六年一貫制。

1.所需學校數　初級中學十一所，高級中學九所。京市無市立初級中學，爲使各區小學畢業生通學便利起見，應普遍設立，以每區一所爲原則，人口密集區域，除完全中學有初中部外，再增設五所。至完全中學，除已有七所外，（男子中學五所，女子中學二所。）須增設男女中學各一所，並遷建二所。關於各校設置地點，完全中學九所，一中在城南，二中在城北，四中在城西，五中在城中，二女中在城東，均各就原在地發展；三中原在城南，與一中過近，應遷至城東，一女中係借用國民學校校舍，仍宜在城南（門西）覓地遷建；新增第六中學設下關，第三女中設三牌樓附近，初級中學十一所，第八區至十三區各設一所共六所；一區至七區，均有完全中學，但（一）因人口密集（二）因顧及男女分校及通學便利（三）因不使一校班級過多，特增設五校。（鼓樓附近設男初中，新街口附近設女初中，大行宮附近設男初中，白下路附近設女初中，中華門附近設男初中。）

2.所需班級數　初中二四〇班，高中一〇八班。全部初中應設二四〇班，已設八八班，應增一五二班；全部高中應設一〇八班，已設六〇班，應增四八班。初中每學期約有二千名入學，設四〇班，六個學期共二四〇班，其分配如下：

一、獨立之初級中學，一律辦十二班。（十一個初中共一百三十二班，惟初級中學係新辦，三年內僅能辦至九十二班。）

二、完全中學之初中部，亦限辦十二班。（九個完全中學共一〇八班）

三、八區至十三區之初級中學，得分設男女二部，各設六班。

完全中學高中部，每一學期有一千人入學，應設十八班，六個學期共一〇八班，以九個完全中學分配，每校十二班，每一學期二班。（完全中學高初中合計共二十四班）

3.所需師資　一一六〇人。（每班三、三人）兩共一一六〇人。除已有教職員四八〇人外，尚須增教職員六八〇人。

4.所需經費另定之

（二）師範學校

甲、計劃根據

1.國民學校小學部共需教師三八四六人，民教部共需教師一三五〇人，（但可逐年減少）幼稚部共需教師三一二人。

2.南京師資不感缺乏，除幼稚部及社教師資預爲培養外，餘僅作一般補充準備，並以側重培養專科師資爲主。

乙、實施計劃

1.所需學校數

一、市立師範一所，設城南小市口。

二、市立女子師範一所，設城中。

三、市立鄉村師範一所，設燕子磯。

2.所需班級數　市立師範設普通師範科六學級，勞作美術師範科三學級，音樂體育師範科三學級，社教師資科三學級；女子師範設普通師範科三學級，幼稚師範科三學級，音樂體育師範科三學級；鄉村師範設普通師範科六學級，注重鄉村教材及分團或複式教學。

3.所需師資　三校共三十級，需教職員一百人，（每班三、三人）以中央大學師範學院培養爲主。

4.所需經費另定之

（三）職業學校

甲、計劃根據

1.南京八卦洲江心洲亟待開發，需要墾殖中級人才。

2.南京有廣大人口，且爲首都，庭園花木菜蔬及農產製造，皆需作合理之經營；化學工業，亦有極大需要。

3.首都建設，需要土木工程中級人才。

4.首都交通發達，工廠亦必大增加；新式農具之製造，且可供給外埠，關於機械製造與修理之人才，必需培養。

5.京市紡織業原有基礎，應培養人才，以謀復興。

6南京商業，亦向稱發達，應培養新人才，以謀發展。

7.衛生事業，關係全市人民福利至鉅，將來公共衛生業務發展，必需大量中級人才。

乙、實施計劃——本市僅辦高級職業學校，專科以上學校，暫不設立，各種高級技術人才，可由本市各大學培養；初級技術人員，由職業學校附設之短期訓練班及補習教育培養之。

1.所需校數及班數：

一、設高級農業職業學校二所，各設六學級。

二、設高級工業職業學校二所，各設六學級。

三、設高級商業職業學校一所，設六學級。

四、設高級家事職業學校一所，設六學級。

以上各校之配置如下：

一、設第一高級農業職業學校於燕子磯，注重農作。

二、設第二高級農業職業學校於上新河，注重園藝及農產製造。
三、設第一高級工業職業學校於浦口，注重機械及土木工程。(浦口工業區，有工廠可供實習。)
四、設第二高級工業職業學校於漢中門外，注重染織及應用化學。(水運便利，宜於設紡織染及化學工業工廠。)
五、設高級商業職業學校於城中，注重會計簿記貿易保險等。
六、設高級家事職業學校於城南，注重家事疾病護理及各種衛生。
七、各級中學得酌設一年制之高初級職業補習班，其科別班數視需要訂定之。

2. 所需師資　全部高級職業學校共三十六級共需教職員一二〇人(每班三、三人)除已有教職員四二人外尙需教職員七八人

3. 所需經費另定之

叁　社會教育

甲、計劃根據

1. 所有部定社會教育方面重要設施如民教館圖書館體育場等，均需普遍設立。
2. 爲普及科學教育，需要設立科學館，增設電教隊；爲實施藝術教育，提倡正當娛樂，需設藝術館。
3. 小學民教部普設成人班及婦女班，需每區專設一民衆學校，以示範輔導。
4. 爲救濟不能入正軌學校之靑年，兼培養初級技術工作人員，需普設補習學校。
5. 本市各種集會，尙無適當場所，亟需建一民衆大會堂。
6. 爲給予社會兒童之適當教育，兼輔助學校教育之實施，需設立兒童教育館，並應廣設兒童遊樂場所。
7. 本市現僅有民敎館二所，圖書館一所，電教隊一隊，在籌辦中者，有體育場民教館補習學校各一所。

乙、實施計劃

1. 所需社教機構數

一、民衆教育館　十三所

除已設二所外，須增設十一所。(每區一所)其中應擇一所大加充實，並附設大會堂及教育資料館。

二、圖書館　一所

本市原有圖書館一所，館址狹小，必須遷建。除充實內容外，並於每區民衆教育館內分設閱覽室，以期普遍。

三、體育場　三所

除已有一所外，須增闢二所，並於每區內適當地點分設簡易體育場，由各區民衆教育館管理之，以普及國民體育。

四、科學館　一所

於市區適當地點設立，另於各區民衆教育館內分設科學中心站，推廣民衆科學教育，並協助學校實施科學教育。

五、藝術館　一所

除陳列並展覽藝術品外，並組織戲劇、美術、音樂教育工作隊，實施民衆藝術教育，並協助學校發展藝術教育。

六、電化教育館　一所

爲推行並輔導本市電化教育之中心，指導各社教機關學校使用及修理電教之機件，並附設電教工作隊、教育電影院及教育廣播電台等。另於各區民衆教育館內，設電化教育施教站。

七、民衆學校　十三所

每區一所，並指定其一所至二所爲示範民校，對教法教材從事研究實驗。

八、補習學校　十三所

每區一所，並指定其中二所至三所爲示範補習學校。除辦高級成人班及婦女班補習教育外，分普通補習學校及職業補習學校二種：一使失學靑年有就學機會，一使工商從業員及低級公務員有進修機會。其中並酌設婦女職業補習學校。

九、兒童教育館　一所

選擇適當地點建兒童教育館一所，爲社會兒童中心教育機關。一切設備，兼可輔助學校教育之實施。並於各區民衆教育館內，劃定專門部分，辦理社會兒童教育。(如兒童圖書閱覽室 娛樂室運動場等)

2.所需員額數　六一〇人

民教館體育場科學館藝術館十八所，各十五人，共二七〇人。圖書館及各閱覽室三十人，電教館及電教隊三十人，民校補校二十六所，各一〇人，共二六〇人。兒童教育館及兒童遊樂場二〇人。合計如上數。

3.所需經費另定之

肆　教育行政

甲、計劃根據：

1.加强視導工作，以發揮教育最大效能。

2.教育工作人員之任用及待遇，應有合理之制度。

3.教育工作人員之進修，應多方增進。

4.教育經費，應作久遠之籌劃。

5.各級學校及社教機關之設備，應大加充實。

6.發揮行政三聯制精神，使設計執行與考核，密切配合。

7.應利用首都有關機關專門人才，協助工作。

8.選拔地方建設高級人才。

乙、實施計劃

1.改進要項

一、確立視導組織，釐定視導標準，改善視導方法，增加視導次數，舉行視導會議，並視分區分科視導之需要，增設視導人員。

二、制定中心國民學校區，從新指定中心國民學校，並加强其輔導工作。

三、設國民教育專科及專門視導十人、（國語二人算術一人社會一人自然一人音樂一人體育一人美術勞作一人幼稚教育一人公共衛生一人）注重分科與專門視導。

四、注重中等學校之分科視導。（中等學校一般行政視導，由督學担任，中等學校分科視導，請有關機關專家担任，不另設員額。）

五、舉行國民教育研究會（全市每學期一次各區每月一次）中等教育研究會（全市每學期二次）社會教育研究會（每學期二次）及各級學校分科研究會。（中等學校與國民學校分別組織）

六、制定本市各級學校及社教機關工作人員任用、待遇、服務、獎懲規則。

七、編印輔導定期刊物及叢書。

八、舉辦教師通訊講習會及夜間學校。

九、組織教育工作人員參觀團與考察團。

十、設立教育資料館，搜集各項足資示範之章則、圖表、教材、教具、研究實驗報告、建築設備模型、學生作業等，分類陳列展覽。

十一、創設教育設備工廠，製造各項教具、儀器、課桌椅、運動遊戲器具等，以企業組織經營之。

十二、籌建教育公有生產事業，（指定京市公有山地作教育公有林場，指定八卦洲江心洲大小黃洲旗地作教育公有農場，指定土城廢址作教育公有菓園〇）以企業組織用新式方法經營，於純利中提成充作教育經費。

十三、聘請專家舉行設計會議，每年一次或二次。

十四、每年舉辦留學考試一次，其科別名額另訂之。

2.所需人員

一、視導二三人（分區視導一三人——每區一人專科視導一〇人）

二、編審八人（編輯輔導刊物辦理教師通訊並担任設計考核事宜）

三、館長編輯幹事共四人（教育資料館設館長一人編輯二人幹事一人）

四、教育設備工廠及教育生產事業人員另行規定

3.所需經費另定之

南京市教育實施三年計劃分年進度表

項目	第一年	第二年	第三年	備註
一、國民教育				
（一）增設國民學校	六〇所	二〇所	二〇所	第一年六十校平均每校八個教室第二三年各二十校平均每校十二教室
（二）添建教室	一三〇個	二〇〇個	二〇三個	補充舊有學校教室使二部制逐漸減少並調整至每校六班或十二班
（三）增加國民學校小學部班級	六〇〇班	四〇〇班	四〇〇班	第一年可使全體學齡兒童百分之七十五入學第二年可使百分之九十入學第三年全部入學並使每班不超過五十人

(四)舉辦初級成人兼及婦女班	六〇〇班	一二〇〇班	三六〇〇班	第一年用普通班級教學辦法並作電化教學準備第二年試用電化教學方法第三年全部實施電化教學
(五)設立幼兒班	五二班	五二班	五二班	每年於城區每區設五班鄉區每區設三班
二、中等教育				
(一)增設初級中學	四所	四所	三所	第一年四所城區二所鄉區二所第二年城區一所鄉區三所第三年城區一所鄉區二所
(二)增加初級中學班級	一六班	三二班	四四班	第一年四校每校春秋季各招一年級生兩班第二年除原四校仍春秋季各招兩班外新增四校各招春秋季一年級學生二班第三年十一校各招春秋季一年級學生二班
(三)增設完全中學	一所	一所		第一年設第三女子中學第二年設第六中學
(四)遷建完全中學	二所			第一年遷建第一女中及第三中學
(五)增加高中班級	一二班	一八班	一八班	第一年新校增四級舊校補充八級第二年新校增八級舊校補充十級第三年新校增八級舊校補充十級
(六)增加初中班級	四班	十班	六班	調整舊有完全中學初中班級除按年增班外並移四班至新設校計第二年移二班第三年移二班
(七)增設師範學校	一所	一所		第一年設鄉村師範第二年設女子師範
(八)遷建師範學校	一所			師範學校校址被燬現借用國民學校校舍必須重建
(九)增加師範班級	六班	八班	八班	第一年招普通師範科二班勞美音體幼稚社教師範科各一班第二年幼師移女師辦理並增普師及專科師範各一班第三年同
(十)修建職業學校	三所	二所		第一年建築工業職校一所於漢西門外農業學校一所於燕子磯修理商業職校一所第二年建築工業職校一所於浦口農業學校一所於上新河
(十一)增加職業學校班級	八班	十二班	十二班	第一年農業工業商業家事職校各招一年級學生二班第二年除原有四校繼續各招一年級生二班外新增二校亦各招一年級生二班第三年六校各招一年級生二班
三、社會教育				
(一)增加民衆教育館	二所	四所	五所	連舊有二所共十三所使每區有一所內一所附設民衆大會堂
(二)遷建并充實圖書館	一所			舊有一所設城南必須遷建充實並分年於城區東西北設閱覽室
(三)增設體育場	一所	一所		第一年增設漢西門體育場第二年增設三牌樓體育場
(四)設立科學館	一所			設城中原公共講演廳地址
(五)設立藝術館			一所	設新街口附近
(六)設立電化教育館	一所			設夫子廟
(七)設立民衆學校	四所	四所	五所	每區一所並於城內指定二所為示範學校
(八)設立補習學校	四所	四所	五所	每區一所並於城內指定三所為示範補習學校
(九)設立兒童教育館	一所			設洪武路介壽堂旁
四、教育行政				
(一)設立教育資料館	一所			設城中
(二)設立教育設備工廠		一所		設漢西門外
(三)設立教育公有林場	一所	一所	一所	公有生產事業每年撥發基金三年後自給自足
(四)設立教育公有農場	一所	一所	一所	
(五)設立教育公有菓園	一所	一所	一所	

公佈專欄

南京市教育局轉令獎勵台省及各省學生相互易地求學

南京市教育局代電（祇登本刊不另行文）

事由：奉教部電轉交辦二中全會第四十八號提案一案電仰遵照由

市私立各中等學校：奉教育部三十五年十二月十八日中字第四〇〇四四號代電開：「層奉國民政府交辦二中全會第八十四號提案請獎勵台省及各省學子相互易地求學以期溝通文化增進民族情感由一案查原辦法一鼓勵台省大中學生赴國內各校求學并由教育部酌訂優待辦法對於語言文字方面之缺憾尤應訂定補救辦法以適應台籍學生一節嗣後遇有台籍學生前往該市肄習時應寬予錄取其在師範學校肄業者畢業後應准其返台服務其入中學肄業者應比照邊疆學生予以優待從寬取錄除分行外合行電仰遵照辦理爲要」等因奉此自應遵辦合亟電仰遵照辦理爲要南京市教育局兼局長馬元放丑東印

南京市教育局轉令准退伍士兵要求入學優待辦法要點

南京市教育局訓令（祇登本刊不另行文）

事由：奉教部令關於核准退伍士兵要求免費入學者經核定三點令仰遵照由

案奉

教育部三十五年十二月二十日訓令第四〇一五九號訓令內開：

「一、查此次抗戰勝利以來經核准退伍士兵中除青年軍復學者外要求入學者茲經核定退伍士兵優待辦法要點如下（一）榮譽軍人就學公立中等以上學校者應依照民國三十年八月二日本部第二九三三五號令公佈榮譽軍人就學公立中等以上學校辦法辦理（二）一般核准退伍士兵考入國立中等以上學校就學者准予免除學費（三）各省市立學校均須依照修正各級學校設置免費名額及公費名額規程設置免費及公費學額退伍士兵考入各該校者如家境清貧可檢具證件逕向校方申請除電國防部轉知及分令外合行令仰該廳（局）轉飭所屬公立中等以上學校遵照辦理」

等因奉此自應遵辦合行令仰遵照

此令

兼局長馬元放

南京市教育局轉令抄發教育用品免稅規則

南京市教育局訓令 發文字第〇〇〇五號 民國三十六年一月九日發

令本市各中小學校社教機關（祇登本刊不另行文）

事由：爲令發教育用品免稅規則仰知照由

案奉

教育部總字第三六九二八號訓令內開：

「查教育用品免稅規則茲經財政部函送過部除分行外合將原規則抄發知照」

等因奉此合行將原規則抄發知照

此令

兼局長馬元放

附抄發教育用品免稅規則一份

教育用品免稅規則 三十三年二月八日公布

第一條 國內公立及已立案之私立各級學校暨其他教育機關購置教育用品時依照本規則第三條請領免稅護照

第二條 前條之教育用品以左列各品爲限

甲、儀器乙、理化用品丙、標本模型丁、依各學校及教育機關設立性質用以教學或研究之必需品

第三條 合於第一條規定之學校或教育機關購運之教育用品應按照附表所列品名數量價值等項分別塡註六份呈由教育部或呈由各該主管教育行政機關轉報教育部核明確與第二條之規定相符除教育部留存一份備查外餘悉咨行財政部塡發護照分別令行該管關局免稅驗放

第四條 教育用品免稅護照由財政部塡發每護照一紙照章應貼印花四元

第五條 前項護照應由持照人經過各關局時先行繳驗單貨相符即予加戳放行如所運物品查與單開品名數量等項不相符合或有影射塗改及一照兩用情事應由各關局照章扣留呈請核辦

第六條 前項護照均應依限繳由最後之關局呈送財政部核銷所有各關局驗放之教育用品並按章列表二份彙報財政部備查

第七條 本規則自呈准行政院公佈之日施行

附購運教育用品請領護照表式

洋土貨名稱	
數重量	
價值	
用途	
起運者	
接收者	
取道	
經過關局	
起運及到達之約計日期	

注意：本表第一第二第三三欄如所購物品係由國外進口須用華洋對照文字國內用品須用本國文字逐件填明如本欄不敷用時得用另紙謄寫粘於表後

南京市教育局轉令本年度學生公費准延長支給

南京市教育局訓令

（卅六）教一字第〇〇八七號
中華民國三十六年一月十五日發出

事由：奉部令本年度學生公費經呈奉行政院核准延長支給仰即知照并轉飭知照由

令各市私立中學（祇登本刊不另行文）

案奉

教育部本年元月十四日總字第一〇九三號訓令內開

查本年度學生公費業經本部呈請行政院按照原規定「國立中等以上學校及省立專科以上學校學生公費給予辦法」延長支給一年茲奉行政院卅五年十二月二十七日節京嘉乙字第二五三九九號指令內開「准延長支給惟各校全半兩種公費名額自卅五學年度起改訂爲各佔總人數百分之三十仍應分飭遵行」等因奉此自應遵照辦理至私立專科以上學校卅五學年度所招新生停給公費除分行外合亟令仰遵照

等因奉此合亟令仰知照并轉飭知照

此令

兼局長馬元放

南京市教育局轉令飭知青年復學就業輔委會所辦普通中學班次應辦畢業手續

南京市教育局訓令

（卅六）教一字第〇〇八九號
中華民國卅六年一月十五日發出

事由：奉令飭知青年復學就業輔委會所辦普通中學班次應辦畢業手續仰知照由

令各市私立中等學校（祇登本刊不另行文）

案奉

教育部本年元月九日京導訓字第三四二九號訓令內開：

「查本部青年復學就業輔導委員會所辦各省市中學進修班及職業訓練班而辦理普通中學班次者原爲臨時收容　學生之機構不能辦理畢業手續該班初高中三下肄業期滿學生應准參加當地省市立中學校畢業考試及格者由各該考試學校發給畢業證書以資升學前經令飭遵照在案至不及格者由各該班發給結業證明書投考學校時可作同等學歷論除已電青補會轉飭所屬各班遵與該廳商洽辦理外合亟令仰知照并轉飭所屬中等學校知照」

等因奉此自應遵辦合行令仰知照

此令

兼局長馬元放

轉錄部令廢止各級國民學校籌集基金獎勵辦法

事由：廢止保國民學校及鄉鎮中心學校籌集基金獎勵辦法今後關於籌基金之獎勵應依照捐資興學褒獎條例之規定辦理令仰知照由

教育部訓令　國字第三九三四七號中華民國三十五年十二月十七日發

令南京市教育局

案查本部二十九年九月七日第二九零七五號令公布之保國民學校及鄉（鎮）中心學校籌集基金獎勵辦法業已廢止今後關於籌集基金之獎勵應依照捐資興學褒獎條例之規定辦理仰即知照此令

部長朱家驊

附錄

南京市教育局高級職員一覽表

三十六年二月一日

職別	姓名	性別	年齡	籍貫	經歷	到職年月
兼局長	馬元放	男	四六	江蘇武進	曾任江蘇特派考察日本教育及市政專員中央宣傳部海外部主任祕書江蘇省政府委員兼教育廳長江蘇省黨部主任委員現任中央執行委員南京市副市長	三十五年七月
祕書	章柳泉	男	四八	安徽涇縣	國立南高畢業河南四川教育廳主任祕書及本市一中代理校長	三十五年八月
第一科科長	侯景華	男	四七	江蘇東台	國立南洋大學工學士曾任江蘇省立四臨中校長國立南京二臨中及中大附中教員	三十六年二月
第二科科長	岳科	男	四〇	南京	上海大同大學文學院畢業曾任祕書科長專員等職	三十五年七月
第三科科長	楊汝能	男	三八	江蘇灌雲	省立社會教育學院畢業民教館長民教館實驗區主任研究輔導部總幹事教育部專員	三十五年七月
第四科科長	陳嘯青	男	三九	江蘇鹽城	無錫國學專門學校畢業江蘇省黨部總務科長中央警校講師市政府專員	三十五年七月
督學兼代督學室主任	洪爲法	男	四六	江蘇江都	國立武昌高等師範畢業蘇省棲霞鄉師訓育主任蘇省民政廳祕書鎮江民教館長	三十五年九月
督學	張右源	男	四九	湖南湘鄉	國立南京高師畢業高考及格縣黨部指導委員湖南湘鄉中學校務主任等職	三十五年七月
督學	夏易堪	男	四四	江西新建	上海震旦大學文科畢業貴州省教育委員主任幹事江西財廳科長視察二十五集團軍機要祕書	三十五年七月
督學	張辰	男	四二	南京	國立中央大學理學士中大助教軍校教官教部及編譯館編審女子師範學院江蘇學院教授	三十六年一月
視導	曹樹人	男	三九	江蘇溧水	中大畢業曾任祕書專員講師副教授及中學校長	三十五年七月
視導	畢琳	男	三九	安徽貴池	私立大夏大學教育學士安徽省督學安徽省立第十二臨中及私立建國中學校長	三十六年二月
視導	崇啓	女	三四	安徽天長	東京明治大學政經系畢業中央政治學校留日學生訓練班畢業第六第七軍醫院少校指導員桂林女中訓導主任軍委會湖南新聞檢查處軍荐一階檢查員	三十五年七月
視導	邵鶴鳴	男	四〇	江蘇宜興	蘇省立四中高師畢業安徽教育廳設計委員教育部編輯	三十五年八月
視導	施元謨	男	四五	南京	江蘇省立第四師範學校畢業高淳六合縣教育局長四川永川縣政府教育督導員	三十五年七月
編審	歐聞弗	男	四五	江蘇淮安	江蘇省立第九中學畢業江蘇高等檢定考試及格蘇六區專員公署科長蘇省保安特黨部祕書南京市黨部祕書	三十五年八月
編審	朱希平	男	四八	安徽舒城	皖省立一師本科畢業中央訓練團黨政班二十二期畢業安徽省定遠縣教育局長國家總動員會議專員	三十五年十月
人事室主任	朱博夫	男	四八	江蘇六合	國立中央大學法學士六合阜甯等縣教育局長句容縣長	三十六年一月
會計室主任	馬文鈺	男	三八	江蘇武進	二十四年高等考試及格湖南審計處祕書主任	三十五年七月
聯合會計室主任	胡紹荃	男	三八	湖南甯鄉	國立湖南大學經濟系畢業湖南田糧管理處督導專員祕書科長及專員等職	三十六年二月

南京市立各級國民學校一覽表

三十六年二月一日

區別	校名	原來校名	地址
一	南京市第一區中心國民學校	珠江路中心國民學校	珠江路蓮花橋
一	南京市第一區大行宮國民學校	大行宮中心國民學校	大行宮
一	南京市第一區鄧府巷國民學校	鄧府巷中心國民學校	鄧府巷
一	南京市第一區香舖營國民學校	楊將軍巷中心國民學校	香舖營
一	南京市第一區逸仙橋國民學校	逸仙橋中心國民學校	逸仙橋
一	南京市第一區大光路國民學校	大中橋中心國民學校	大光路
一	南京市第一區大中橋國民學校	大中橋中心國民學校分校	大中橋
一	南京市第一區藍家莊國民學校	新設	藍家莊公教一村
二	南京市第二區中心國民學校	八府塘中心國民學校	白下路
二	南京市第二區曾公祠國民學校	曾公祠中心國民學校	曾公祠
二	南京市第二區洪武路國民學校	第二保國民學校	洪武路
二	南京市第二區火瓦巷國民學校	火瓦巷中心國民學校	火瓦巷
二	南京市第二區遊府西街國民學校	遊府西街中心國民學校	遊府西街
二	南京市第二區二條巷國民學校	二條巷中心國民學校	西華門二條巷
二	南京市第二區三條巷國民學校	第一保國民學校	西華門三條巷
三	南京市第三區中心國民學校	府西街中心國民學校	府西街
三	南京市第三區夫子廟第一國民學校	夫子廟第一中心國民學校	夫子廟
三	南京市第三區夫子廟第二國民學校	夫子廟第二中心國民學校	夫子廟
三	南京市第三區慧圓街國民學校	慧圓街中心國民學校	慧圓街
三	南京市第三區砂珠巷國民學校	砂珠巷中心國民學校	砂珠巷
三	南京市第三區建康路國民學校	建康路中心國民學校	建康路
三	南京市第三區承恩寺國民學校	承恩寺中心國民學校	承恩寺
三	南京市第三區顔料坊國民學校	顔料坊中心國民學校	顔料坊
三	南京市第三區新廊國民學校	長樂路中心國民學校	新廊
三	南京市第三區鈔庫街國民學校	四區鈔庫街中心國民學校	鈔庫街
三	南京市第三區周處台國民學校	第一保國民學校	周處台
四	南京市第四區中心國民學校	第二保國民學校	門東小西湖
四	南京市第四區馬道街國民學校	馬道街中心國民學校	馬道街
四	南京市第四區荷花塘國民學校	荷花塘中心國民學校	荷花塘
四	南京市第四區考棚國民學校	考棚中心國民學校	下江考棚
四	南京市第四區船板巷國民學校	船板巷中心國民學校	船板巷
四	南京市第四區剪子巷國民學校	剪子巷中心國民學校	剪子巷
四	南京市第四區信府河國民學校	信府河中心國民學校	信府河
四	南京市第四區高崗里國民學校	高崗里中心國民學校	高崗里
四	南京市第四區胭脂巷國民學校	胭脂巷中心國民學校	胭脂巷
四	南京市第四區邊營國民學校	邊營中心國民學校	邊營
四	南京市第四區雙塘國民學校	井家苑中心國民學校	雙塘
四	南京市第四區釣魚台國民學校	第一保國民學校	釣魚台
四	南京市第四區貓魚市國民學校	第四保國民學校	貓魚市
五	南京市第五區中心國民學校	五台山中心國民學校	上海路五台山
五	南京市第五區丁家巷國民學校	莫愁路中心國民學校	丁家巷
五	南京市第五區評事街第一國民學校	評事街中心國民學校	評事街
五	南京市第五區評事街第二國民學校	第二保國民學校	評事街
五	南京市第五區徐家巷國民學校	第四區徐家巷中心國民學校	徐家巷

五	南京市第五區安品街國民學校	安品街中心國民學校	安品街
五	南京市第五區程善坊國民學校	程善坊中心國民學校	程善坊
五	南京市第五區朝天宮國民學校	朝天宮中心國民學校	朝天宮
五	南京市第五區慈悲社國民學校	慈悲社中心國民學校	慈悲社
五	南京市第五區清涼山國民學校	清涼山中心國民學校	清涼山
五	南京市第五區秣陵路國民學校	第一保國民學校	秣陵路
五	南京市第五區石鼓路國民學校	第三保國民學校	石鼓路
五	南京市第五區漢中路國民學校	第五保國民學校	漢中路
五	南京市第五區柏菓樹國民學校	第四保國民學校	柏菓樹
六	南京市第六區中心國民學校	瑯琊路中心國民學校	瑯琊路
六	南京市第六區鼓樓國民學校	三條巷中心國民學校	鼓樓
六	南京市第六區玄武門國民學校	玄武門中心國民學校	玄武門
六	南京市第六區漢口路國民學校	第五區漢口路中心國民學校	漢口路
六	南京市第六區北陰陽營國民學校	第一保國民學校	北陰陽營
六	南京市第六區三牌樓國民學校	三牌樓中心國民學校	三牌樓
六	南京市第六區淵聲巷國民學校	新設	中山北路公教四村
七	南京市第七區中心國民學校	綏遠路中心國民學校	興中門綏遠路
七	南京市第七區虹門口國民學校	下關中心國民學校	下關虹門口
七	南京市第七區二板橋國民學校	第一保國民學校	下關二板橋
八	南京市第八區碼頭街國民學校	第一保國民學校	浦口碼頭街
八	南京市第八區小河西國民學校	第二保國民學校	浦口小河西
八	南京市第八區新炭場國民學校	第二保國民學校分校	浦口新炭場
九	南京市第九區中心國民學校	燕子磯中心國民學校	燕子磯
九	南京市第九區堯化門國民學校	第一保國民學校	堯化門
九	南京市第九區三台洞國民學校	第三保國民學校	燕子磯三台洞
九	南京市第九區邁皋橋國民學校	第四保國民學校	中央門外邁皋橋
九	南京市第九區八卦洲國民學校	第五保國民學校	八卦洲軰路
九	南京市第九區七里洲國民學校	第六保國民學校	七里洲
九	南京市第九區笆斗山國民學校	第七保國民學校	笆斗山
九	南京市第九區寶塔橋國民學校	第九保國民學校	寶塔橋
九	南京市第九區蓋家灣國民學校	第十保國民學校	邁皋橋蓋家灣
九	南京市第九區方家營國民學校	第十一保國民學校	中央門外方家營
九	南京市第九區伏家橋國民學校	第十二保國民學校	笆斗山伏家橋
九	南京市第九區雙柳村國民學校	第十三保國民學校	八卦洲雙柳村
九	南京市第九區上元門國民學校	第三保國民學校分校	上元門
九	南京市第九區東門村國民學校	第四保國民學校分校	太平門外東門村
九	南京市第九區興衛村國民學校	第八保國民學校分校	太平門外興衛村
九	南京市第九區許家村國民學校	新設	笆斗山許家村
十	南京市第十區中心國民學校	孝陵衛第一中心國民學校	孝陵衛
十	南京市第十區小衛街國民學校	孝陵衛第二中心國民學校	小衛街
十	南京市第十區太平門國民學校	第九區第二保國民學校	太平門
十	南京市第十區岔路口國民學校	第九區第八保國民學校	岔路口
十	南京市第十區滄波門國民學校	第一保國民學校	滄波門
十	南京市第十區邁羣鎮國民學校	第二保國民學校	馬羣鎮
十	南京市第十區仙鶴鎮國民學校	第三保國民學校	仙鶴鎮

十	南京市第十區蛇盤村國民學校	第四保國民學校	祺麟門蛇盤村
十	南京市第十區勵志莊國民學校	第六保國民學校	勵志莊
十	南京市第十區牌樓鎮國民學校	第七保國民學校	牌樓鎮
十	南京市第十區蔣廟國民學校	第八保國民學校	蔣廟
十	南京市第十區五旂村國民學校	第九保國民學校	五旂村
十	南京市第十區陵園國民學校	陵園國民學校	陵園
十	南京市第十區黃馬村國民學校	新設	馬羣黃馬村
十	南京市第十區獅子壩國民學校	新設	馬羣獅子壩
十一	南京市第十一區中心國民學校	雨花路中心國民學校	雨花路
十一	南京市第十一區窰灣國民學校	窰灣中心國民學校	窰灣
十一	南京市第十一區西善橋國民學校	第一保國民學校	西善橋
十一	南京市第十一區西街國民學校	第二保國民學校	中華門外西街
十一	南京市第十一區花神廟國民學校	第三保國民學校	花神廟
十一	南京市第十一區寶塔山國民學校	第四保國民學校	中華門外寶塔山
十一	南京市第十一區九龍橋國民學校	第五保國民學校	九龍橋
十一	南京市第十一區碧峯寺國民學校	新設	鄧府山附近碧峯寺
十一	南京市第十一區高柏村國民學校	新設	高柏村
十一	南京市第十一區海佛庵國民學校	新設	海佛庵
十一	南京市第十一區小行國民學校	第一保國民學校分校	小行
十一	南京市第十一區鐵心橋國民學校	第一保國民學校分校	鐵心橋
十一	南京市第十一區雙橋門國民學校	新設	雙橋門
十二	南京市第十二區中心國民學校	上新河中心國民學校	上新河
十二	南京市第十二區莫愁湖國民學校	莫愁湖國民學校	莫愁湖
十二	南京市第十二區三汊河國民學校	三汊河中心國民學校	三汊河
十二	南京市第十二區頭關鎮國民學校	頭關中心國民學校	頭關鎮
十二	南京市第十二區鳳凰街國民學校	第一保國民學校	水西門外鳳凰街
十二	南京市第十二區江心洲第一國民學校	第二保國民學校	江心洲
十二	南京市第十二區江心洲第二國民學校	上新河中心國民學校分校	江心洲
十二	南京市第十二區所街國民學校	第三保國民學校	江東門所街
十二	南京市第十二區大黃洲國民學校	第四保國民學校	大黃洲
十二	南京市第十二區小黃洲國民學校	第五保國民學校	小黃洲
十二	南京市第十二區棉花堤國民學校	上新河中心國民學校分校	棉花堤
十二	南京市第十二區大勝關國民學校	頭關中心國民學校分校	大勝關
十二	南京市第十二區天垢村國民學校	頭關中心國民學校分校	天垢村
十二	南京市第十二區雙閘國民學校	頭關中心國民學校分校	雙閘
十二	南京市第十二區大士亭國民學校	新設	水西門外大士茶亭
十三	南京市第十三區中心國民學校	湯山中心國民學校	湯山
十三	南京市第十三區寺莊國民學校	第一保國民學校	湯山寺莊
十三	南京市第十三區湯山頭國民學校	第三保第一國民學校	湯山頭
十三	南京市第十三區黃栗墅國民學校	第三保第二國民學校	湯山黃栗墅
十三	南京市第十三區文頭村國民學校	第四保國民學校	湯山墳頭村

十三 南京市第十三區北尚莊國民學校	第五保國民學校	湯山北尚莊
十三 南京市第十三區麒麟門國民學校	第六保國民學校	麒麟門
十三 南京市第十三區沙塘國民學校	第七保國民學校	麒麟門沙塘
十三 南京市第十三區東流村國民學校	第八保國民學校	東流村
十三 南京市第十三區西流村國民學校	第九保國民學校	西流村
十三 南京市第十三區後村國民學校	第十保國民學校	後村
南京市立師範學校附屬小學		崔八巷
南京市立遊府西街幼稚園		遊府西街
國民教育實驗區		北平路

南京市立中等學校一覽表

三十六年二月一日

校名	地址
南京市立第一中學	府西街
南京市立第二中學	饗市口
南京市立第三中學	白下路
南京市立第四中學	龍蟠里
南京市立第五中學	石鼓路
南京市立第一女子中學	許家巷
南京市立第二女子中學	竺橋
南京市立師範學校	金鑾巷
南京市立師範學校分校	燕子磯
南京市立職業學校	武定門

南京市立社教機關一覽表

三十六年二月一日

名稱	地址
南京市立第一民衆教育館	夫子廟
南京市立第二民衆教育館	上新河
南京市立民衆圖書館	夫子廟
南京市第一電化教育巡迴工作隊	顔料坊
南京市立體育場	公園路

本刊徵稿簡約

一、本刊稿件以左列各項爲範圍
1.論著
2.教育設施
3.實驗研究
4.各科教材
5.優良事例介紹
6.書報評介與讀書報告
7.調查統計
8.教育法令
9.教育消息
10.視導報告

二、本刊除約專家撰著外歡迎外界投稿

三、來稿文言白話不拘但須扼要切實並繕寫清楚附加標點稿紙請勿兩面寫每篇以壹仟字以上壹萬字以下爲原則

四、來稿須具眞姓名并須註明詳細通訊地址

五、本刊對來稿有刪改權其不願刪改者須預先聲明

六、來稿一經刊載版權即歸本刊但聲明保留者不在此限

七、來稿經刊載後當支酬現金但本局與各附屬機構概況介紹與報告性質之稿件酌贈本刊不另致酬

八、來稿否概不退還其附足郵資者得於不用時寄還

九、來稿請寄南京市教育局轉首都教育出版社

本刊廣告刊例

地位	面積	每期價目
封底	全頁	國幣拾萬元
	二分之一	國幣陸萬元
	四分之一	國幣叁萬五千元
封裏	全頁	國幣捌萬元
	二分之一	國幣五萬元
	四分之一	國幣叁萬元
普通	全頁	國幣五萬元
	二分之一	國幣叁萬元
	四分之一	國幣壹萬柒千元

連登三月九折　半年八折　全年七折

本刊依法向主管機關聲請登記中

首都教育

第一卷第三四期合刊

民國三十六年二月十五日出版

編輯者　首都教育出版社

發行者　首都教育出版社　社址：南京市教育局內　電話：二四三四一

印刷者　大明印書館　南京洪武路三一一號　電話二二八九二

經售處　首都教育出版社　南京各大書局

本刊價目

項別	期數	價目	備註
零售	一期	六百元	特大號或有特殊需要時得提高售價
長期定閱　半年	十二期	四千元	
長期定閱　全年	二十四期	七千元	

首都教育

第一卷
第五期

目次

論述

公佈專欄

中華民國三十六年三月一日
首都教育出版社編印

論述

南京市教育建設的我見

李清悚

南京市的教育建設在戰前比其他建設有基礎。雖然在量上尚不能達到理想的境界，而在質的方面，據國內一般專家評論，還算不差，這乃是歷來市政當局與地方人士努力的結果。在量的方面說：小學比中學發達，中學比職業學校發達。

根據二十三年的統計，市立小學一一五校（市小四十一校，簡小三十四校，鄉小四十校）共六九四級，學生三二九四四人，連同私立公立等小學校學生達五萬九千四百十九人，估計全市學齡兒童約九萬人，已三分之二入學了。

根據二十五年中學統計，南京有中等學校三十七校，屬市立者四校，國立者七校，私立者二十七校，內職業五校，師範一校，中學三十一校。學生不足一萬五千人，僅爲小學生四分之一。每年招收新生，投考者擁擠不堪，無法盡納，於是升學問題，在戰前的南京，仍是一個極嚴重的問題。

南京市教育費佔全市事業費支出第二位，佔全市支出百分之十六，與紐約市百分之二十七的比例，雖然相差尚巨，然而也算不可多得了。

過去十年的南京教育總批判，是瑕瑜互見，最大優秀之點，可以分析如下：（甲）優點——（一）在量上說：各方面歲有增加。（二）教師人才尚整齊，大多數已受師資訓練。而有志於終身專業，（三）研究空氣與實事求是精神尚濃厚。（四）小學教師待遇，比較其他地方爲高。（五）市政府對於學校物質建設，相當注意，年有新校舍建築。（乙）缺點——（一）缺乏整個一貫之教育政策。（二）未能與地方經濟建設需要配合。（三）中等學校設施尚嫌不足。（四）社會教育設施未見成效。（五）最後二三年教師動盪性太大。今後之設施，自應鑒已往之得失，迎合未來之需要，作有計劃之設施，共可注意之原則有以下十點：

（一）教育設施，以南京全體人民爲對象，尤注重本籍青年或兒童。

（二）學校教育質量並重。

（三）特別注意生產教育與經濟建設配合。

（四）注意人才教育提高市民素質。

（五）教育行政學術化。

（六）光大教育研究精神與風氣。

（七）特別注意教師福利之設施。

（八）利用新式教育工具。

（九）行政與民意機關配合協進。

（十）簡化學校及社教機關行政工作。

根據以上十項原則再談教育的實際的建設問題如次：

（甲）教育政策及計劃的厘訂

過去南京教育缺乏一貫政策與計劃，一切設施因人而易。雖有優良設施，輒苦不能永久。縱有片斷計劃，亦難繼續設施。在行政上不免有許多浪費。平常說教育爲國家百年大計，縱非百年，亦當有十年二十年之計劃，求一貫的設施，方能宏大效率，這種計劃必定要針對地方需要，配合地方各種事業，縝密擬訂，詳細討論，徵求各方意見，然後決策，決策以後，不輕更改，不因人而易，貫澈實施之。這是一種首要的工作，是主政者不可忽視的，我們檢討一地方教育事業之得失，必先自政策計劃始，是一定的程序。南京今後教育政策究應如何，當非一言可以述其端倪，我以爲應以普及國民教育，使全市無不受教之人。推廣職業教育與生產事業配合，使市民人得一生活專技，不能升學，即可就業，市無流浪無業之人。注意人才教育，選拔市民中優秀青年而深造之。使地方人士，遂代有賢達才能之士，爲地方各種事業之主幹與領導人才，以提高社會素質。爲此三大綱，乃目前必有之注意，舍此而外，是不易再找到中心政策的。並非私見，願地方人士共商之。

（乙）教育行政機構與工作的改進趨向

一、健全教育行政機構　南京市自十六年設立市政府起，即設立教育局，成立一獨立教育行政機構，到二十一年歸併於社會局為一科，當時因主市政者力求減政，費用於事業，立意甚佳，但在教育上是一最大的損失。幸而市府採臨時參議會的建議恢復了教育局，七閱月以來，機構已逐漸奠定，此後應力求延攬專才，使盡量求學術化專業化，以期健全。

二、加強建教合作　南京市的問題為經濟凋敝，人才寥落兩大端，解決南京問題，非提倡工業，建立經濟基礎不可，經濟建立上有二大要素：一是資本，二是技術人才，過去南京教育只有普通教育，沒有生產教育，固然是過去經濟建設事業不發展所致，但也是我們未嘗注意到他，根據戰前的中小學升學統計，小學生中升中學為全數畢業生數四分之一，中學生升大學為全畢業生數七分之一，是有四分之三小學畢業生和七分之六中學畢業生需要就業，這個比例數字不為不大了，可是都沒有就業訓練，受教育的兒童青年已如此了，失學的兒童和青年及失業的民衆又當怎樣呢？他們的數字每較這個還要龐大，所以我以為解決南京的教育問題，一方面要為少數優秀份子施以人才教育，一方面要為多數人施生產教育，多數人有了職業訓練，技術訓練，就可應工商界的需要，一方面是生產事業機關，沒有人才缺乏的顧慮，一方面是多數市民無業而有業了；可是訓練如何的人才，才合生產事業機關的應用，彼此密切配合，互相合作，庶可沒有「辦事業人才無來路，辦教育無出路」的諷言。我主張辦生產教育技術教育，都要辦在那一種生產事業的機關裏，該機關或該業公會為主體，供給經濟設備，指示需要，教育行政機關代覓教師人才，輔導組織，如此市政府沒有教育經費缺乏的顧慮，生產事業機關，減少代辦教育工作的麻煩，互助互惠，至為有益，但在開始的時候，是需要教育行政人員倡導的。

三、建立教育審議機構　地方教育攸關市民直接幸福，和地方未來之發展。所有教育計劃之訂定，應博採衆議，庶幾集思廣益，與地方實際需要迎合，此種機關構成份子，必以地方公正士紳，對於教育有研究者為主體，加以經濟建設工作方面負責人士，市教育會之代表，及市府有關人員，如此，則教育局長雖有時而更易，此種機構長存，不使教育計劃因人而異，而教育局長，有此輩審議人員為政策之支持者，對外執行，反比較的容易了，此在美國各州皆曾遍設立，成績甚著，可為借鏡。最近京市教育局將有教育設計委員會之組織，可以為此種機構之另一種姿態出現，然猶非眞正之審議制。

四、建立堅強之研究輔導機構　教育是一種專業，教育行政應當學術化，是歷來教育者所主張的，而行政學術化的最大重心則於研究和輔導工作上面。

（一）研究工作　依照部頒法例本有各級教育研究會的組織。但此項研究會，交換意見的效益大，實際研究，發現原理和方法的功用微。大凡研究工作成績，得於埋頭伏案工夫多。徵言高論的工夫少。各種研究會，雖也必要，尤其要有常設的組織，應成立一南京市地方教育研究所，聘請專家主持之，從事教育調查，統計，教材編輯，教學方法介紹特殊教育問題的解決，教育計劃的草擬乃至於教具校具標準圖式的擬訂，教師輔導叢書教育公報教育年鑑等編輯出版等，工作範圍確甚廣大。

（二）輔導工作　市教育局有督學視察之設，彼等職務應重在積極的輔導，不應重在消極的督察。可以在局內組織一教育輔導委員會，以局外專家局內督學視導及師範學校校長中心學校校長教導主任代表合組之。除行政性質視察不在此會討論之例外，其餘問題皆可列入討論。尤其輔導方案的訂定與巡迴輔導團的組織等，皆為本委員會之重要工作。

南京市教育在十六年初創時代，對於研究輔導工作特別注重，當時主持學校教育行政的陳鶴琴先生，親自到各校巡迴輔導，間週必定有一研究會，巡迴到各校去舉行，藉此互相觀摩，養成風氣，因此十年以來，尚有實事求是的精神，誠不可多得，以後是值得光大的。

五、興辦各種教師福利事業　教育工作，期在長久，優良教師，不獨廣為羅致，並且希望其任職長久，欲達到這個目的，先決問題在於待遇方法之優越，教師福利事業之興辦，使大家能安心供職，福利既厚，則考核可嚴，人才選取必更優良，教師福利事業，除政府頒佈法令可以設施者嚴格實施外，尚可辦者舉例如下：

一、建築教師住宅區　在南京市各區擇地建築教師住宅區，廉價租給教師。每區內籌設公共食堂，消費合作社，圖書閱報室等。

二、籌辦教師公寓　凡無家庭單身之教師，可仿青年會宿舍辦法，擇市中心區域籌辦男女教師公寓各一所，寓中有食堂，理髮，洗浴，合作社，圖書室等。

三、籌辦教育農場　此種農場所產生之糧食蔬果以平價供應教師購用為主，訂定辦法管理之。

四、辦理教師儲蓄保險　戰前上海公共租界學校，曾辦教師儲蓄，凡教師儲一元時，公家亦為之儲一元，此種強迫儲蓄，在南京可以舉行。由南京市民銀行主辦之，同時舉辦人壽保險。

五、辦理全市教師消費合作社　本社設總社於市中心區，設分社於各教師住宅區及教師公寓內，供應生活日常用品。

六、舉辦教師家屬小工業　教師家屬不能離家庭出外任職者，由教育局舉辦一種家庭小工業，分配家屬工作，以資生產。

七、舉辦教師著作出版社　爲獎勵教師研究寫作，舉辦出版社，收購教育著作，優給稿費，送特約之書局出版。

八、交通工具之優待　全市公共汽車在上午七時半前，應派往各教師住宅區及教師公寓免費接教師赴學校工作，午後五時到六時再送教師回寓所。

九、教師制服內衣之供應　教師當如軍隊一樣，由公家發給服裝，可是此事體太大，或不是一市的問題。但可每年僅發制服一套，其內衣鞋襪則廉價供應之。

十、舉辦教師俱樂部　除了物質上供應外，對於教師精神修養上，也應當有所供應，可舉辦一教師俱樂部，提倡高尚娛樂，以修養精神增加工作效率。

六、減少學校事務工作　以往各學校校長每有一種同感，就是耗精神於事務工作，較研究輔導工作爲多。這是一種大損失，尤其笑話的，一個規模極小的學校，也照樣調製各種會計報表等，甚至每月辦公費的總數，不够購會計報表紙張，我不是會計專家，但我始終認爲是一種浪費。校長管事務工作太多，不獨減少教學效率，且容易招致誤會。使校長教師間不能融洽，以後當設法減少各校事務工作，教育行政方面多爲代辦，這在一個省區，交通遙隔是不可能，而南京市則極容易，可以改良之點如次：

一、校舍建築事項　教育局有校舍建築委員會，統籌辦理。訂定圖樣，請市政府工務局建築，財政局付款。

二、設備方面　市政府組織一教育用品供應社，可用股份公司性質，招商承辦而由市府派員教育會教職員代表合組監理委員會監督之。所有各種校具，教具，均由教育局延請專家訂定圖樣標準，令其製造。備各校領用，教育局訂定領用辦法實行之，每月由教育局向該社結賬一次，該社憑賬向財政局取款，學校有領用之便，無訂製付款之煩。但此舉必求事得其人，辦法公允。不然，爲少數人斂聚之資，反不如各校自辦了。

三、員工薪津的處理　各校員工皆由學校發聘任用之月起，呈請教育局發給薪津活存摺一個，其上註明薪額，每月由員工自行向市民銀行領取，摺上註明有效年月，離職及聘約終止時，即無效。員工薪津過期未取及取而有餘，照給利息，員工收此摺時，就按摺上所註月餘給一總收據，爲學校造報之資。只要不妨礙公庫制度之條件下，似屬可行。

四、經濟方面　學校經濟之處理，其大宗不外薪津，行政費，設備費，及臨時開支。現在將薪津設備兩大項減去，各校只領行政費爲數不多，可不必每月造報，採半年或一年一報，則省事甚多，並且規定規模在若干級以上之學校，始單獨造報，自此以下，皆用簡單辦法，繳單據和財產增減表於教育局，由局方綜合報之。在審計法令上，可否通融應求專家研究之。

五、文書方面　舉凡一切下行公文，除指令，及特殊之訓令外，均登公報通知。公報用活頁，每週一發行，緊急事項，便由通知，呈報表格每學期一次，有繼續性者不必再塡，有變更者塡之。教育公報如能辦爲日刊更佳，這在平時是極可能的事。

六、學生用品方面　學生用品，亦可由教育用品供應社辦理，不必由各校代辦，也可省了不少的事。

以上所舉六例，皆足以減少各校事務工作，但其中有一特別注意之點，就是將各校事務集中管理，辦得好確可以發生極大效率，辦得不好，流弊反大，凡集中管理事項，要保持五大原則，(一)公平，(二)廉潔，(三)正確，(四)迅速，(五)守信用，則無所不可了。同時應要求審計工作人員審慎的監督和支持，與此事成敗關鍵甚大。審計者利用職權舞弊固不多，而不近人情之吹毛求疵，亦未必是，如何求其適宜，以發揮效用爲最重要。

(丙)中等以上教育的建設

南京中學以上學校，市辦的只有第一中學第二中學，市立師範初級職業等四校。戰後添了一所女子中學。最近添設第三中學，將三個國立臨中改爲市立，共九所中等學校了。此外就是私立中等學校，以前有二十六校，現在只有二十二校，仍不足收容全市小學畢業生四分之一，而私立學校收費都大，不是一般人所能入。並且辦理好的固不少，不能適合標準也不能避免。這一點在戰後南京教育是迫切需要增辦的，　根據解決南京經濟凋敝及人才寥落兩問題的原則。

南京不但要擴充普通中等教育，並且擴充職業教育與注重人才教育，我以爲至少要每區設一個中學爲原則至少也先要有六個中學，兼辦職業科，一個高級中學，女子中學在外，前者爲擴充普通中等教育及職業教育，後者〇人才教育，分配情形如下：

六個普通中學兼辦高初級職業。

一、市立東區中學　兼辦土木科。

二、市立南區中學　兼辦農產製造科。

三、市立西區中學　兼辦染織科。

四、市立北區中學　兼辦化工科。

五、市立下關中學　兼辦電工科。

六、市立浦口中學　兼辦機械科。

普通中學兼辦職業，是一種可以實驗的新型學校的辦法，至少在目前確是有利的，一則節省學校之行政人員，二則普通科技師可以通用，三則予學生以極大便利，普通學生之心理願入普通中學，而不喜入職業學校，學生投考，先考公立中學次私立中學次師範，再次職業，所以職業學校乃收取第四等學生，今與中學合辦，學生外有中學之名而實際學職業，其心則安，這雖是青年幼稚心理，確不可不注意順應之，並且中學生升學機會少，如此不升學者，可以回校修職業科，環境熟習，不覺生疏，職業訓練，易於推行。

另外可以添設，市立師範二三所，高級農科職業學校一二所，高級商科職業學校一二所，女子職業學校一二所，各得附設初級中學班次。

另設高級中學一二校，提高素質，嚴取學生，聘請優良教師任教，所以收優秀學生，嚴格教育，以期造就各事業界之領袖人才，所收學生雖不限於南京籍者，但市籍學生與非市籍學生，應釐訂一比例，庶本籍青年不致被擯。

高等教育有國立學校，地方不必再辦，但可以設立一所市政專科學校專造地方各種建設人才及一所技藝專科學校，造就較高級技術人才，爲地方所用皆有必要。

又每年招考留學生若干名，選派南京市籍學生，赴海外深造，各省皆有此舉，南京市獨無，戰後宜加選派，限收本籍學生，此等學生歸國後，有爲南京服務之義務，爲期至少一年。

（丁）國民教育的整理與建設

南京小學校以二十五年下學期的統計有市立小學四十八所簡易小學三十四所，鄉區小學八所，鄉區簡小三十九所，合計普通小學五十六校，簡易小學七十三所，共一百二十九校，南京現有十三區，平均區各十鎮，鎮各十保，則有一百三十鎮一千三百保，如以每鎮一中心學校，每保一國民學校，則其量相差太鉅，倘以十萬學齡兒童計，每班五十人，則需辦二千級，每鎮一中心學校一百三十校，每校六級容七百八十級，其餘爲國民學校每校四級，則應辦三百二十校，以此統計，可以設計如下：

一，每區設一區中心學校，各辦二十四級，每校附設一兒童教育館，爲本區各校之中心，有輔導本區各鎮中心學校之責任。

二、每區設二十所至五十所之保國民學校，至少達到每保一校之目的，視各區人口密度情形，而定學校多寡，每校辦四級至八級，附設初級民教部。

三、本市中心區域，辦中心兒童教育館一所。

以上估計容十二萬兒童，至少要有三百四十校二千級，這個數字並不算大，但比戰前多一倍半。關於經費之挹注，或有困難，除請中央協款外應按部頒中心學校及國民學校籌募基金辦法，成立南京市國民教育基金籌募委員會，募集基金，並可指定已有產業，充教育基金，各學校校舍亦可用募建辦法，凡捐建校舍一所，即以該校校舍題捐建者之名，曰「某某學舍」，例如王一亭所捐曰一亭學舍，虞洽卿所捐曰洽卿學舍，請公正士紳善書者題字，市長上匾，以資激勵，此風一開，舉凡爲某人做壽，爲某人志念，親友皆可醵資捐建校舍，每年於市慶日國慶日舉行獻舍典禮，市長給獎狀，著爲定例，並應請中央頒佈法律保障之，非捐款人犯叛國罪及刑事犯，皆不得更其名，這未嘗不是一個好的辦法。

（戊）社會教育的整理與設施

戰前本市社會教育，除民衆學校尚相當發達外。其他設施則太少，可舉者是首都實驗民衆教育館八卦洲農民教育館盲啞學校，與職業補習學校各一所，此外就沒有什麼了，今後社教在復興工作中，有極大的作用，應當用更大的力量去設施，可以設計如下：

（一）補習教育　中央新頒補習教育法，廣施補習教育，應利用各中小校夜間之空間校舍辦理補習學校，輔導各工廠辦理農工補習學校，仿日本青年學校制度，辦青年學校收容在職青年，施以公民教育職業補習教育軍事訓練三種教育或用間日制半日制夜校制均可，對於淪陷期間未入學之兒童，現已成年而失學者實爲一種最重要的教育。

（二）民衆教育　除已有之實驗民教館應恢復外，各區應有一規模較小之民教館，或獨立設置，或附設於區中學內，實施該區內之民教活動。

（三）電化教育　電化教育爲新型教育，其效用不止於社教，且爲學校教育之良好工具，應廣遍設施，其設施要點如次：

一、創設電化教育館。
二、設立教育電影製片所，可以附屬電敎館。
三、設影片庫，總庫由電敎館代辦，分庫由各民敎館代辦。
四、設立電敎器材修理所，屬於電敎館或獨立設置均可。
五、設立教育短波電台一所。
六、各中學及各區中心學校或民敎館成立廣播站與放映站。
七、設市立教育電影院一所。
八、教育局內設電化教育服務處，各區設分處或電敎工作隊。不另設機構，交由電敎館總籌亦可。
九、辦理電敎人員訓練班。
（四）科學教育　設市立科學館，各區設中心實驗室。
（五）圖書館　恢復已有之市立圖書館，並將各區設立巡迴圖書站，各敎師住宅區公寓內設分館。
（六）推行家庭敎育　各學校機關儘量設立家庭敎育補習班。
（七）戲劇教育　設立教育劇院，各民敎館設小劇場。
（八）音樂教育　設立業餘歌詠隊擴充市府晉樂隊爲交響樂團。
（九）設立南京市博物館　陳列南京市歷史文獻古物及各區特產名勝照片影片等。
（十）設立本市通志典籍編纂委員會　延請地方專門學者爲委員，組織委員會編纂本市通志年鑑文獻叢書，及抗戰史籍等。（此館近已設立）

其餘如體育場游泳池等不及備述，皆爲應有之設施。

京市敎育之建設，百端待舉，其困難問題不外經濟與人才兩端。以南京稅收短少，市帑支絀，應付如此設施，自屬不繼。但南京爲全國首都，所有設施，至少爲地方者半，爲首都者半，地方用款取於地方，自無不可。首都用款，取於中央，亦屬理所當然。故在經費方面，除地方盡力自籌外，中央實應逐年有一巨大之協款爲是。

在人才方面，問題較少。因經費豐裕，待遇優良，各方面人才，自然會向南京集中，則將來不是缺乏問題，而是用人政策如何決定，人才如何選擇問題了。在政策方面，應注意的有三點：（一）儘先用本市造就的師資。（二）儘量任用本籍的師資。（三）繼續不斷迎合本市需要與環境條件造就本市適當的師資，此種用才與養才之政策配合，則人才問題，必能得到適宜的解決。目前南京師資未能整齊，乃是臨時現象，因有許多舊有優良師資，尚逗留西南各地，爲交通所阻，未能卽歸，一旦歸來。目前問題可迎刃而解了。

敎育是地方百年之計，主敎育者應當看得遠，想得長，做得切實，自然能樹立百年不拔之基了。

（附註）本稿係著者對於本市復員後敎育之一種理想的計劃，曾對全市敎師擇要演講過，今再錄其全文，本市最近所擬敎育三年計畫，多取本文之精神，著者在參議會中主持敎育文化委員會商討工作，對於三年計劃，本其理想，檢討供獻之處亦甚多。

國語科教學的三種重要方術（上）

章柳泉

合理的操練
有利的指導
量表和測驗的應用

（一）

近年來各地國民敎師對於敎學方法，大不講求，這固然由於師資的缺乏，但是良好的風氣沒有養成，也是很大的原因。就國語科而論，常看見許多敎師，敎讀書的時候，自始至終只是讀，而且是全班同時拉長了喉嚨讀；敎寫字的時候，只是敎兒童盲目的寫，而且每週只有一次或兩次寫的機會；說話從不指導，作文也只是出一個題目，叫兒童隨意做做而已。這樣的敎法，自然也能收一些效果，不過我們要知道敎學的事，不僅是一個「結果」的問題，如何獲得這結果，比結果更重要。就單拿結果來講，價値如何，也是値得硏究的。在敎學上我們有一個最基本的原則應當了解，這原則便是「經濟的原則」。同是一種學習，用甲種方法，一個月可以學會，用乙種方法，兩個月方能學會，甲種方法自比乙種方法經濟；同是一種學習，用甲種方法進步來得大，用乙種方法進步來得小，甲種方法又比乙種方法經濟。但是經濟二字，不能完全拿時間花得少作解釋，假如有一種學習，用甲種方法很短的時候可以學會，可是不容易保持，隨學會隨遺忘；用乙種方法，學會的時間要稍長，可是保持的力量很大，那末乙種方法反比甲種方法好。又譬如用很勉强的方法教兒童學習，甚至於用嚴酷的體罰逼着兒童學習，有時也可以很快的學會，就單純的學會而言，也許是經濟的，然而就全盤而論，如此的學習，兒童生理心理一定是大受摧殘，使得兒童其他的學習和將來一切的幸福，都蒙受極惡的影響，所得不償所失仍然是不經濟的。再譬如所學的內容，完全無用，或價值很小，縱使方法如何經濟，結果總是徒費光陰，也不能因為方法經濟，就說這種學習是經濟的。因此我們對於學習的經濟，至少要明白下面的幾點：

第一、要注意學習的內容，明白學習的目的，否則全盤都錯；

第二、要顧及全般的過程，不要只看一個結果，或只注意某一小節的過程；

第三、要運用有利的方法，在合理的過程中，走極經濟的學習之路。

（二）

本文主要的目的，是要討論幾種方術，但是目的和方法，有聯帶的關係，不得不在這裏將目的先簡單地談一談。國語科可以分讀書、寫字、識字、說話或作文四部門，讀書的主要目的在：（一）獲得高度的閱讀速率，（二）獲得正確的了解；書法的主要目的在：（一）獲得高度的書寫速率，（二）獲得相當優良的品質；識字的目的在對於常用的字：（一）認識無誤，（二）讀音無誤，（三）書寫無誤；說話或作文的目的在用語言文字發表自己的意見或感情：（一）迅速，（二）正確。就這簡單的目的而言，我們可以發現現在一般國語科教學情形，在讀書方面，往往忽略了閱讀速度的增進；在寫字方面，也不注意速度，而對於品質却又提得過高；在識字方面，往往超出了常用的字彙；在說話或作文方面，說話的訓練既為一般學校所忽視，作文的內容，也多不能充分培養兒童發表的能力。因此我們必須把目的認清，目的弄清楚了，才能進一步談方法，否則把力量用在無用之地，是絲毫沒有益處的。

講到方法，範圍也極其廣泛，本文想提出三種重要的方術來說一說，就是：（一）如何運用合理的操練；（二）如何實施有利的指導及（三）如何利用各種測驗和量表。這三種方術，不能說包括國語科的一切的學習，可是能把這三方面的工夫做到，也就可以說是盡了教學上最大的能事了。

（三）

先講操練。有些人主張一切技能的獲得，應當在很自然的環境中學習，不必特別把某一種技能，從他的原有環境中提出，加以操練。譬如識字，只需在讀書裏學習，寫字，只需在寫信上或作文時練習，不必單獨練習識字或寫字。這種主張，自然也有他的道理，但依現在學習心理研究的結果而言，操練實有他的價值。而且一切技能，如果單靠在自然環境中學習，機會一定太少，或太不平均，對於達成熟練的結果，是很有影響。不過操練如不善用，流弊也很大，我們應特別留心。

操練對於國語科的學習，有很大的貢獻。拿讀書來說，閱讀速率的增進，是我們所希望獲得的，而速度的增進，確可由操練造成。據奧勃連（O' Brien）的實驗，同程度同能力的學生，如果一組用通常的方法，一組受特殊的操練，這兩組學生對讀書速率的進步，便大不相同。受操練的一組，平均速率要超過用平常方法的百分之三十一。至於如何操練，也很簡單。

第一、用有限制的時間訓練兒童練習快讀，讀後要給他們一種了解的試驗。

第二、用閃光片練習，以增加兒童視覺距（每次眼球停頓能看見的字數叫做視覺距）的長度。

第三、訓練兒童不許發喉音。（發喉音最能減低閱讀速度）

第四、用曲線表記載每日閱讀的速度，如第一日每分鐘閱讀幾個字，第二日每分鐘閱幾個字等，可以利用希望打破前一日紀錄的心理來鼓勵兒童快讀。

這幾種辦法，都可以在教室內施行，而且極短的時間內，會有極大的進步。我們要想達到「讀得快」的目的，就應當採用這種操練的辦法。

其次，拿寫字來說，速度和品質都需要操練，下面幾點是在操練時應當注意的：

第一、操練的時間不要太多，也不要集中在一二次，最好每天一次，每次有十五分鐘的時間，也就够了。

第二、兒童每天紀錄寫字品質和速度的成績，這種成績，除和自己的成績比較外，還可以和同班的以及標準量表比較。

第三、操練時要注意兒童的位置：身體要直，兩脚要在地上，筆要握得輕鬆（不必有固定的執筆法），拿前臂支持手臂重量，，動作的形式，可允許變化。

第四、字寫到相當的好，就可以免除訓練，過好的品質，是無多大益處的。

再其次是識字。一個字反復認識的時間愈多，對這個字認識的正確性和保持性也愈大，是有實驗證明的，不過反復的次數也有限度，超過了限度，仍是白費精力和時間。我們教兒童學習識字，自然少不了操練，但是應當特別注意操練的方術，下面幾點，是最值得注意的：

第一、生字的練習，也和寫字一樣，每週的時間不必太多，識字的效率和上課的時間總數並不成正比例，因爲識字的效果如何，除了操練的次數以外，還要看操練的強度，操練的方式和他的應用。

第二、提示生字的方式，經過感覺的官能愈多愈好，一個字要是又看、又聽、又讀、又寫，有着很强的印象，一定容易記得。

第三、音同意異的字，分開來學習好些，字形相似的字，合在一起學習好些。

第四、每一個字的難的部份，容易混淆和容易錯誤的部份，以及和其他的字相同部份（像偏旁字頭字尾等），要特別注意。

第五、生字不必完全放在句子裏面操練，單獨的或是用卡片操練，較爲有利，但是要利用競賽遊戲等方法，使得操練變成一種有興趣的活動。

第六、測驗學習法是有效的方法，其法第一次提示生字，用測驗方法找出個人的錯誤，第二次專操練他錯誤的字，第三次和第一次一樣，第四次和第二次一樣，如此直到應學的字都學會爲止，是很可採用的。

再談說話或作文，操練的功效也很大。根據麥克格勞（Mc Graw）的實驗，（先找出一般的錯誤，然後把錯誤編成測驗去操練學生，每次的操練時間是十分鐘，一共繼續兩年。）受操練的兒童一年的進步，要抵三年或四年的進步，關於說話和作文的操練，也有應注意的地方：

第一、操練以針對錯誤爲最有效，因此錯誤的發現，最爲重要，（如字的用法錯誤，詞的用法錯誤，文法的錯誤等等。）而尤其要緊的是要知道那些錯誤在那一年犯的最普遍。

第二、用口語發表的操練，應當比用文字發表的操練更重要，據克拉浦（Cl app）的實驗，（把九年級的兒童分成兩組，一組只是文字操練，一組三分之一的時間文字操練，三分之二的時間口語操練，結果是注重口語操練的一組成績好，）雖在九年級，說話的操練，仍舊要比作文的操練時間多，事實上，說話也比作文應用廣些。

第三、作文的速度，我們要注意訓練。作文的品質，在小學裏不必期望過高，一個小學部的畢業生，能寫一段文字，把意思清清楚楚地表達出來，沒有錯字錯詞和文法上的錯誤，也就够了。

第四、口語的操練可以利用種種遊戲表演的方術，把容易錯誤或混淆的詞編入有趣的對話裏，使兒童藉遊戲或表演，得着反復操練的機會。

以上是分別的說出操練的重要和應當注意之點，我們還可以總括地說一說，不管是國語科的那一種操練，都應當牢記着下面幾點共通的原則：

一、各種操練每次的時間要短，分配的時間却宜較長。

二、各種操練，尤其在低年級，應當多利用遊戲的方式，使得苦燥的操練，有外加的興趣，不致變爲苦工。

三、操練的價値，固然要利用「多因」，但是「顯因」也是很重要的條件，在提示的時候，能給兒童以强有力的印象，對操練更爲有利。

四、缺點的矯正和不良影響的排除，（如針對錯誤之點操練和抑制或改正某種不利於學習習慣等）在操練中是很重要的，我們不要錯認了以爲只有消極的作用。

五、操練的結果最好每次都有紀錄，能劃曲線表示，這樣不但能看出進步，還可以刺激兒童自求進步。

六、要認清操練的目的，過度的或是超要求的操練，是沒有什麼利益的。

（四）

操練的重要和應當注意之點，已如上述，現在要講指導了。教室完全只有教師的活動，是不對的；完全讓兒童亂動，也是不對的。正當的辦法是教師設法引起兒童的自發活動，然後再從旁輔導兒童，一方面用種種方法造成有利學習的環境，鼓勵兒童前進，一方面使阻礙前進的因子減少，或在動向錯誤的時候加以指導。國語科各種學習，需要指導的地方很多，也可以分別地說一說。

讀書有兩個目的：一是求能讀得快，一是求能完全了解。關於求快，在前面已略略談過，至於了解的問題，待教師指導的地方很多：

第一、教師選擇教材，要特別留心，務必所選的材料，都是有意義的。所謂有意義，就是教材的內容在兒童經驗以內，一方面教材中所描寫的事物須爲兒童所熟悉，一方面所用的文字須爲兒童應用的字彙中的字。

第二、教師應替兒童創造適宜的心境（Mental set），換句話說，就是要對兒童注意文字內容的方法，加以注意。關於這一類的方法，很多有實驗的根據，例如：（一）對閱讀的內容預發問題；（二）對閱讀的內容預先說明，（三）用有反應的閱讀（即問題卡）增進閱讀動機（卡片上寫能用動作表演或分用簡單的口語回答的文句），讓兒童看了卡片以動作或口語回答）；（四）叫兒童用心尋覓幷記住文字中心思想；（五）用表演、畫圖、剪貼、着色、沙箱等辦法作重述故事的練習；（六）叫兒童指出文中表示特殊性質的部份，或尋出故事中人物個性等；對於增進了解，都很有幫助。

第三、讀書能力差異很大，教師對於適應個別興趣，要下一番指導的工夫：（一）聰明的兒童在工作完了的時候，可以鼓勵作默讀或自動閱讀的練習，在家作課外的閱讀；（二）劣等的兒童須加以特別的指導，如識字的練習，讀時除去重複的訓練，注意內容的訓練等，都是很有益的；（三）興趣不同的兒童，可以允許他們讀不同的材料，但是事前對材料的內容和程度須加以選擇，事後須給一次了解的測驗；（四）對了解能力薄弱的兒童，要在指定功課以前多發問題，以創造他適當的心境。

有指導的學習和沒有指導的學習，效果差得很遠。拿問題卡的練習而言，有練習的一組，三個月的進步抵得上普通學習兩年的進步；拿預發問題的學習而言，經過預發問題一組，比其他一組，成績要多三分之一：所以教師們不能不做指導的工夫。

寫字的指導，應當注意的，有下面幾點：

第一、應當指導兒童集中注意於品質，速度和好的結果的產生，不必過分注意位置和動作，但是坐的姿式，必須校正。

第二、對初寫字的兒童，要注意習慣養成的次序：（一）須給予已學習的筆劃和將學習的筆劃間以極大限度的便利和極小限度的阻礙；（二）應先寫兒童在學校工作和通訊中常用的字。

第三、兒童年齡的適當要特別注意。年齡小的和年齡大的，因爲成熟情形不同，所用的材料和方法應當都不一樣。福禮門和道夫台（Freeman and Dougherty）主張第一期練習在黑板上，可以發展兒童大肌肉，臂部自由動作，二三年級用鉛筆在無光紙上練習，四年級方開始用筆。低年級的兒童寫大字，以後按年齡逐漸縮小字形。

第四、兒童的個性不能抹煞，不同的字的式樣和形狀，應當允許，要想寫字的人寫得和字帖一樣，是不必要的。

識字也需要指導，有指導的學習和獨立的學習，成績大不相同。皮爾遜（Pearson）菲爾敦（Fulton）等，都做過這種比較實驗，結果都是有指導的學習成績好，好到幾乎一倍。所謂獨立學習，就是讓兒童用自己的計劃去學習，所謂指導的學習，是教師在提示生字時加以指導。如：說出字意，幷應用到句子裏，能力差的學生多給他練習的機會，把生字的特別地方指出來，多給兒童經過感覺的官能等等，因此可知識字一事，不僅要操練，還需要有指導的操練，此外應注意的，還有三點：

第一、利用應用規則和聯念去學習識字，沒有什麼利益，而且會引起錯誤，這也是有實驗證明的，所以我們不必把時間花在學習規則上，以希望應用規則來記憶生字。字義的解釋，對學習識字，幫助也不大，不過可以增加一點保持力。

第二、識字的能力差異也很大，我們不要同年級的兒童作同樣的練習，上面所說的測驗學習法，很可以補救這個毛病。

第三、識字的最大用處在能利用所識的字作文字和口語的發表，通常所用的字數目幷不多，負指導責任的人，應當注意這一點。不要把精力用在無用的字上，從前有些人認爲認難字可訓練兒童心能，現在這種見解，已完全沒有人相信了。

說話和作文需要指導的地方特別的多，下面幾點，應當特別注意：

第一、作文時對於兒童選題、取材、佈局、應用大綱等，如果加以指導，作文的成績，一定有極大的進步，（黑刻提HecKert曾做過比較的實驗，有指導一組的成績，要比沒有指導一組的成績好一倍以上，而且不管是聰明的兒童或是愚笨的兒童，一樣都是有利的。）因此教師們不能毫不負責地讓兒童盲目地去作文。

第二、應當利用社會化的方式去練習說話或作文。社會化方式是叫兒童說話作文以聽衆或讀者爲對象，不以教師爲對象，就是叫兒童很眞實的對大衆說話，或是寫信給他的朋友，這種辦法，能增進兒童學習的動機，而使得這種工作不嚴重化。據實驗的結果，用這種方法，兒童對說話作文的進步，比起普通方法要大三四倍。

第三、作文或說話的題目，對作文或說話的品質關係很大，合宜的題目，能產生優良的品質，反之，可得極不好的結果。同是一個兒童，因爲題目的不同，品質可以差異四五個年級。能產生優良品質的作文或說話題目，是兒童不用搜集材料，或是兒童有很活潑的經驗，或是兒童只需描寫眼前親近的事物的題目。

第四、文法規則或艱深古文的學習，對作文并無多大幫助，不但實驗的結果有充分的證明，道理也很明顯。第一，作文說話是習慣，是藝術，而不是科學；第二，兒童缺乏應用原則的能力，一個人對於文法或字源有豐富的知識，不能說這個人就有了作文或說話的習慣，正如有了對算術名詞或定義的知識，不能說就是會算一樣。習慣靠練習，任你懂得如何透澈，不練習終於是不會的。所以對於作文或說話差的兒童，唯一的辦法就是指導他多作練習；講規則，講原理，是勞而無功的。

關於這一段的討論，我們也可以總括地說一說：

一、有指導的學習和沒有指導的學習，結果差異很大，教師們應當負起指導的責任，不能讓兒童盲目的去學習。

二、最有效的指導就是找出缺點，然後針對着缺點作有效的改正練習。

三、個性的差異要能顧及，應當對不同的能力、不同的興趣、不同的成熟，作不同的適應。

四、「有用」的原則要記牢，一切無用的，或縱有用也很小的學習，應當廢止。

五、要設法使兒童對要學的材料有準備，換句話說，就是有適當的心境。

六、指導工夫重在如何使練習順利有效，丟了練習找其他的辦法來代替，總是勞而無功的。國語科的學習多是習慣問題，習慣是無理論可講的。

(五)習慣的養成，技能的獲得，操練的效力最大，而有指導的操練，尤能增進學習的效率，上面已略說過。此外再要討論的便是測驗和量表，測驗和量表是操練的工具，離開了工具，不特指導無從實施，操練的本身也必大大的減色。我們隨便舉幾個例子，便可以知道：

一、前面提過，快讀以後，要給予一種了解的試驗，這試驗便是測驗，最好能預先編成一套。

二、我們說寫字寫到相當的好，就可以免除練習，這「相當」二字，不能不有個標準，這裏便需要書法量表了。（書法量表是書法的一個標準，是用統計的方法，把各年級兒童的書法，按着優劣，找出各等級的代表型式，然後把各等的式樣，印在紙上的。每次兒童寫好了字，都可以和這標準比較，看他能列在那等。）譬如在美國他們就可以說書法的品質能達桑戴克（Thorndike）書法量表上的11等或12等，或是能達到愛利斯（Ayres）書法量表上60等或70等就夠了。

識字和作文都先要用測驗的方法找出錯誤所在，然後按着所找出來的錯誤，再編成測驗去訓練兒童，自然是少不了測驗的。至於作文應好到什麼程度，又自少不了要應用作文的量表的了。

各種測驗和量表，美國最多，應用便利，對於學習的效率，大有裨助。讀書方面有：各種字彙測驗，各種朗讀測驗，各種默讀測驗；寫字方面有：各種書法量表，各種書法診斷練習片；識字方面有：各種拚法量表、拚法測驗；作文方面有：各種錯誤測驗、診斷測驗，各種量表。我們有默讀識字等標準測驗，（中華教育改進社主編商務印書館印行）書法量表也有幾種，不過種類不多，應用不普遍，而對於練習用的各種測驗，最近更少提倡，實在是很可惜的一件事。其實編造診斷測驗并不困難，就是編造量表也不是不可能的事。如果行政方面重視這一點，各學校把講求方法蔚成風氣，是不難辦到的。現在先介紹幾種例式，再提出幾點意見，以爲結果。

（未完）

社會科教學的討論

張達善

一、社會科教學的困難

許多教師對於担任社會科的教學，並不視爲畏途，但是担任社會科教學的教師，在指導兒童活動方面和學習成績的表現，比到担任國語和算術的教師，總感稍遜一籌，甚至有些教師感到小學高級社會科的教學是不能輕易嘗試的。此種事實，並非由於担任社會科的教師對於教學之不努力，或非專任的社會科教師，（一般學校多由各教師兼任，）而是由於社會科教學的本身困難。

（一）社會科教材範圍廣泛，內容複雜　就部訂小學課程標準分析，社會科包括了公民科，歷史科，地理科，以及共公衛生，差不多古往今來，直接間接的人類活動之事實、地點，以及時間、空間之關係，都屬社會科之教材。在橫的方面還比較固定些，而在縱的方面，一切演進着，增加着和變動着，更爲複雜，所以高年級的社會科教學，不得不分科設立，尤易趨向較專門的研究，一個普通教師，雖具有足够的常識修養，仍不易滿足兒童的求知慾。

（二）歷史事實不易徵信　兒童的觀念，注意集中於現實，離開現實就會引起兒童的懷疑，歷史事實既極遙遠，活動的環境完全不同，兒童獲得之觀念亦易模糊，自然不易徵信，加以我國歷史的攸久，事實之綜錯更易混淆，也就能使兒童的學習興趣減低。

（三）空間想像不易形成確切的觀念　例如地理上的位置、人物、風俗、物產之介紹，有時兒童不易想像，往往在觀念上發生錯誤。前幾年美國人民想像中的中國人，男的都是拖着辮子，女的都是纏着小脚，一個個都是吸着鴉片，那樣瘦弱的病夫，這就是觀念上的錯誤，又如在大戰中歐洲的捷克波蘭消滅得那樣快，因此就有人就心到我國抗戰的前途，其實大小多少之差雖同爲一個國家的組織，相去何止霄壤，日本俘虜徒步經過桂黔川的公路，才明白了中國地理的偉大，絕非從地圖的認識，所能具有觀念，而兒童的空間觀念，既遠不如成人，在他們的想像中，就更易錯誤了。

（四）教材單元組織，不易完整　全部社會科教材既極龐雜，而時間空間又極綜錯，教材的組織單元，就不易與兒童思想單元吻合，國內出版之社會科（或常識科）教科書都應用單元組織方法編輯，但大半牽强，祗把性質相近似的教材排列在一起而冠以一個單元名稱，所以兒童思想既不能形成一個單元，則兒童心理上即不能發生連繫，結果，兒童獲得了許多零碎的觀念，記憶保持不能長久，研究的興趣更談不到，小學畢業就業的學生，固然用不到這些知識，小學升學的學生就在進初中後再學一遍。

以上是偏於教材方面的困難，其實在教學方法方面的困難更有甚於此的。

（一）指導兒童學習的技術是多種的　社會科教學的原則，當然是「做、學、教」；但是「做」的技術就是多種的，例如：作法，塑造，繪畫等能力，決不是每一個教師所力能勝任，在教科書的供給方面，低級是一些圖和少數的文字，中級祗是簡略的文字，因此許多事實的說明多靠實際的觀察，而遙遠的非洲，古代的涿鹿之戰、以及異鄉風物，目前都不能立即搬到教室裏來供學生觀察，所以有些教師往往避重就輕，用讀書教學的方法來教學常識，甚或把課文中的生字，還搬到黑板上來討論，眞是可惜。

（二）教學活動易於影響其他各科教學　社會科的教學應能多用活動方法以灌輸各種社會知識於無形，但是要充分的指導兒童活動，活動的結果，勢必影響到其他各科的教學，同時一個教師要從各種兒童活動中教學社會科的教材獲得最高的效果，亦必配合着自已的種種技術，亦非簡單。

認淸了以上種種困難，分析困難發生的詳細因子，則困難的解決自有徑可尋了。

二、社會科教材的討論

在討論社會科教材之前，先要意識到接受此種教材的對象。按照我國學制及課程標準，接受此種教材的對象是六歲到十二歲的兒童，因此教師首須估量到六至十二歲兒童接受此種教材的能力，教材程度深淺限度應以何種標準選擇才適合兒童的心理。　這些教材的運用要使兒童獲得那些成就，　茲分論各點於下：

（一）教材內容應簡括　兒童接受教材的能力是隨年齡而增加的，年齡幼小的兒童不僅教材的量不能多，就是觀念的培養也須力避繁複。據彭司的歷史科學習心理的研究：

（1）兒童弱於年代觀念。

（2）原因結果的推論必自十二三歲開始。

（3）社會結合的思想不可語十一歲以下的兒童。

（4）十二歲以上的兒童其所信漸離依賴。

（5）十一歲以內的兒童對於評論攷證沒有多大的興趣。

所以小學社會祗需要培養若干觀念、興趣，使每一個兒童在小學中具有「我國的歷史是很攸久的，」「我國的土地是廣大的，」「整個世界人類生活是有趣味的，要加以詳細研究的，」等深刻觀念，既無須詳細的引今證古，亦不必强兒童默記世界各地名，以及歷代年代時日和人物傳記，應力求教材的簡括。

（二）課程標準要善爲活用　社會科教學要由近及遠，由具體而抽象，所以組織教材時，要活用課程標準，更須注意現行教科書的活用。因爲課程標準的組織和次序，偏重於論理的組織而缺少心理的適應，在應用時就要打破原有的組織，以切合本地和現實環境的教材中心，組成單元。有時可充分利用各種兒童康樂活動，使社會教材於有形無形中交給兒童，使兒童發生對於社會科學習的最高興趣，更不必將現行教科書的全部教材，一股腦兒納入兒童腦中。

(三)課文應簡明，使每課的重要觀念一目瞭然　小學社會科教學既不必指導兒童來詳細研究，也不是要兒童把許多名詞和事實强兒童記憶；而要讓兒童發生興趣和獲得重要的基本觀念，所以課文不宜冗長繁瑣，更不能用一串的名詞來把課文簡縮過多的事實，但觀現行國定本教科書在課文的長短方面尙無不甚適合之處，中級的常識每課總在二百至三百字之間，高級歷史地理每課總在四百至五百字之間，而課文的內容則異常高深，無異初中教科書之縮短，如高小歷史第二冊第二課「北魏的崛興和民族的融合」一課，全文不到四百字，敍述從晉到隋唐，包括的概念有「八王之亂」、「匈奴」、「洛陽」、「長安」、「晉朝」、「建康」、「羯」、「鮮卑」、「氐」、「羌」、「中原」、「苻堅」、「前秦」、「肥水戰」、「拓跋珪」、「山西」、「魏」、「道武帝」、「稱霸」、「劉宋」、「東晉」、「南北朝」、「北魏」、「孝文帝」、「中原文化」、「漢制」、「通婚」、「同化」、「長江流域」、「南方文化」、「宗族」、「國威大發展」等三十二個重要的概念，這些每一個概念都不是幾分鐘內所能說明，更不是十一歲兒童的意識所能清晰明白，因此教學上就發生極大的困難，而每一個兒童對之也就索然無味了。事實上「北魏的崛起和民族融合」的要點要不要使兒童接受已成問題，而以這樣繁瑣複雜的敍述編成簡短的三百八十九字的課文，兒童如何能課前預習課內討論呢？作者認為社會科的課文中最好能顯示十個以內重要的明顯概念，使兒童能自習，更不能有文字上的困難。

(四)教材中的名詞應力求減少　社會科教材具有特多的名詞，而名詞給予兒童的影響極易變成枯燥無味，作者曾實際地實驗過名詞和功用，在兒童學習中的效率(見南京實小：小學教育的實驗研究)證明功用的學習較名詞的學習容易，容易保持，而記憶教學的原理，應注重興趣，注重理解，所以社會科的教材不宜使兒童强記無謂的名詞，要選擇重要之點，編成趣味化的問題教材。

(五)教材範圍應比照現行標準縮小　中低年級兒童經驗不廣、時空觀念不發達，社會科教材範圍所及就不能太廣，最好以鄉土史地為出發，至本國史地為限，至於特殊的具有較高趣味的世界性教材，目的在使兒童知道本國以外，尙有更大的時間和空間，亦以儘量少用為是。高級兒童雖較中低級兒童進步，其範圍仍不應太廣，祇能就中級兒童的範圍稍事擴增而已。

(六)簡化兒童作業材料　作業的目的一面使兒童溫習所獲得的知識，一面在引起兒童對於教材研究的興趣，但是興趣引起的第一個條件是容易完成其作業，所以兒童的作業材料一定要簡單明白，易於達到完成。但現行教科書的作業材料，適與此原則相反，課文後面的問題都不是容易解答的問題，有的答案需要把課文中的一整段抄錄下來，有的答案也要把課文加以很多的改組，在編者也許偏重在指示教師的提示，但實際上兒童都是把這些問題當做作業，把課文上的文句，生吞活剝，照樣抄錄整段的課文作為答案，毫無興趣可言，所以社會科的兒童作業，問題的答案必須簡單，利用圖表的填寫或繪畫使兒童感覺到作業容易完成，興趣盎然，學習的效果也容易收到了。

三、社會科教學方法的討論

社會科的教材既極複雜，所以教學方法就要多方變化，就要因教材而教學，不僅使兒童獲得知識，更重在使兒童發生研究的興趣和研究的態度。所以社會科教學的研究不祇是教室內的刺戟和反應，而需要重視教室以外兒童活動。根據柏剋 Parke 氏的分析社會科中可利用的學生活動有下列七項：

(1)觀察真正的社會情境和材料圖書模型。

(2)解決問題須從人生需要上發生或從學生的經驗，目前狀況或想像歷史上人民生活而發生。

(3)發展觀念用下列各法：

1.遊戲的模做社會活動

2.製作縮型的實物及情況

3.繪製地圖(從兒童熟悉的開始)繪製表解

4.記述經驗實物事實

5.比較和陳示歷史活動

6.討論發生的問題

7.組織概括和複習所獲經驗的結果

(4)閱讀課本和補充讀物，包括冒險的閱讀和歷史的研究。

(5)研究大運動，不依年代詳細學習。

(6)確定地理上的影響，對於歷史發展的關係。

(7)採用偉人生活於社會運動中的偉人，審辨大衝突和發展。

以上七項以一至四各項最易實施，粵多可在社會教學之研究一文中提出十五項學習活動：

(1)表演賽會假扮　(2)遠足和想像的旅行

(3)製造和手工　(4)學生報告指定問題

（5）沙箱陳列　（6）地圖，表解，掛表。
（7）辯論　（8）做凸面地圖和模型
（9）研究社會組織　（10）收集圖畫及材料
（11）做小冊子　（12）編造紀念日表
（13）揭示時事新聞　（14）團體練習遊戲
（15）使用幻燈及電影

歸納二氏的分析，社會科的教學活動，約有搜集，認識，分類，比較，作圖，製作模型，表演，欣賞和討論。而搜集，認識和分類是觀察的教學活動；比較，作圖和製作模型是實驗的教學活動；表演，欣賞和討論是故事的教學活動。玆特討論於下：

（一）觀察教學法　觀察是對於感官的直接剌戟，使兒童發生研究的興趣，需要或了解。有的是偶然的，有的是預期的。偶然的觀察是兒童自動的。預期的觀察是有計劃的觀察，是要教師的提示和領導，可分室內觀察法，室外觀察法和校外觀察法，但是一般教師對於這些方法的運用，多不甚感有興趣，有些教師且認爲社會科舉行室外觀察和校外的觀察非常困難，且效率極小，確實，觀察教學法除了室內觀察方法較易於舉行外，室外和校外的觀察不是一件容易事，至於效果，倘使舉行得當，是非常顯著的，否則是很難估計的，而最要的條件是教師充分的準備，計劃周詳，玆就實際的狀況討論於下：

1.室內觀察　室內觀察舉行的困難，最可能的是秩序凌亂，觀察實物不敷分配，觀察不眞確，觀察要點不能注意，這些事實發生的基本原因，就是實物太少，或是沒有經過兒童的搜集，以及提示沒有引起注意，要解除這些困難，應先使兒童搜集活動普遍化，如是觀察的實物增加，就可使全室兒童個個有事可做，同時兒童以親自搜集的實物供其他兒童觀察，興趣和注意就能增高，教師在這種場合下，提示觀察的要點，也就容易使觀察眞切了，倘使有些東西在兒童方面不易搜集，或是祗有一份觀察的實物，則舉行觀察時應分組進行，或用重複觀察法，就是先指定各組，按次序自由觀察，觀察一次完畢後，教師才提示要點，使兒童再行分組，按照提示要點觀察一次，至於利用幻燈影片，以利觀察，祇要是可能，效益比其他方法更大。

2.室外觀察和校外觀察　室外觀察是教室以外學校以內的活動，如學校以內生活常規的觀察，學校歷史所遺留的事跡，這些都是不能在教室以內舉行的；校外觀察，是在學校以外的活動，如特殊社會生活，風俗習慣，山川地形，機關工廠，博物館等參觀，活動的範圍較室外觀察更廣，這種觀察教學所發生的困難，較之室內觀察尤甚：（1）控制困難，指揮兒童的行動非常不便，（2）秩序不易維持，（3）觀察的時間，每一兒童所占極短，所得印象亦極模糊，（4）易受其他事物的影響，觀察目的易於無形失去，（5）舉行校外觀察，易於影響其他課程，（6）教師在事前事後所費的精力倍於普通的室內觀察。確實這些方法的困難很多，但是按照以下的辦法實施困難是可能避免的。

（1）事先厘訂計劃，將觀察的材料按照次序布置，校外的觀察亦在事先接洽妥當，再加以布置。
（2）分成若干小組，每五六人爲一組，並推定領隊指揮。
（3）反覆說明觀察的要點和目標，并訓練每組領隊，指示觀察的方法。
（4）實際觀察時，教師先指示每組領隊觀察，再由領隊分別指示各組觀察，教師相機訂正。
（5）每一兒童有指定工作，如記錄觀察結果，採集標本等。
（6）連絡其他各科，共同舉行校外教學，既可不影響其他功課，又可獲得其他教師的協助。
（7）室外觀察以每週一次爲原則，校外觀察以每月一次爲原則，並充分應用課外時間。
（8）觀察時同時進行搜集，搜集時進行認識，並指示兒童整理。

此外一切活動的常規，更須充分加以訓練，如集合地點，路由，應帶物品，集合信號，和避免危險等應守規則，都須養成習慣，如是效力所及，就不僅是認識觀察事物的知識了。

至於一般觀察教學法的過程，簡略的說來是要從發現到證驗，先要引導兒童能發現所觀察的事實和需要，所以搜集是觀察教學的準備活動，使兒童在研究前能做到「發現觀察」，在研究觀察時，興趣就能達到最高濃度，觀察以後整理思想也就非常便利，加以印證，事實和理論符合，遺留給兒童的印像，就可以達到極度的深刻，這就是『證驗觀察』。此外教師更要記着，觀察前提示問題，這是可以加強兒童觀察時的每一個動作的正確性，也是觀察教學法所不可忽視的。

（二）實驗教學法　是用實驗法指示兒童學習，這種方法是使事物的情境受着控制，按照預定的計劃變化，兒童參與其中，親身體驗，從事更詳細的觀察，有些教師認爲這種教學方法實施困難，其實這種方法，不過多多注意兒童的活動，設法讓兒童自動而已。教師方面所增加的工作，祗是事先的設計和準備。關於這種教學法所利用的活動，有比較，作圖，模型製造等。

（1）比較　比較一切事物的異同，兒童可以有很好的興趣，而在知識的吸收方面也就容易，教師的工作就是提示「比較的要點」這種實驗法和觀察法不同之處，就是觀察的事物在兩種以上，並認定觀察的關係，其過程分觀察，說明，比較，討論和整理。

（2）作圖　作圖是實驗的描寫，社會科應用這種活動方式，在兒童方面的學習非常自然，如地圖的做作，歷史事實的想像繪畫，社會人物古蹟風景的寫生，兒童完全在不知不覺中親身去經歷，不過有時兒童的作圖技術欠佳，教師易感失望，其實這種教學的成功，並非表面的圖畫作品，而是兒童的實際獲得，這種活動的注意點是：材料分配的適當，事實的明顯分析，標本的切實選取。

（3）模型製作　這種活動可以分做沙箱製作和工藝製作，前者適用於低年級，在沙箱中指示兒童佈置異地兒童生活，古代人生活等，後者適用於中高年級，和工藝課聯絡，製作地理形勢，交通器具模型等。製作應注意之點是：適合兒童年齡和能力，和各科聯絡，訓練兒童分工合作之習慣。

以上三種活動，是社會科實驗教學方法的實際活動，也是實驗教學法的過程，實施時更應注意以下幾個原則：

1. 實驗進行必須分組，每組五六人，由組長指導；
2. 事先有充分的佈置，實驗方法必須反覆指示；
3. 實驗的經過，指導兒童筆記；
4. 實驗用品須有詳盡的處理和指導；
5. 充分利用廢物，製造實驗用具。

（三）故事教學法　故事教學低年級最感興趣，而中高年級從故事中學習社會，無論在時間、空間方面反比事實的敍述，容易徵信，而獲得深刻的印像，不過故事教學的技巧，很易發生不同的影響，實施的注意有：（1）故事的穿插不可過多（2）故事構造不太曲折複雜（3）多用兒童的經驗，語言，適合兒童的口吻。（4）重要點的提示特別著重，且占有明顯的地位（5）隨時提出討論問題．

故事教學法的過程，約可分講述，欣賞，表演，和討論，茲分別討論於下：

（1）講述　故事講述的生動與否，影響最大，而教師講述故事的生動與否，不備在語氣方面的輕重，事實的對比和起承轉合，更具有重大關係．

（2）欣賞　欣賞故事，是要點的重述，使兒童由深入而淺出，多多利用兒童活動，使兒童加以復述，引導兒童有良好的意境，欣賞整個故事，由情緒教育而知識學習。

（3）表演　是故事講演的再溫習，並由做上引起討論的動機，因爲兒童在初聽一個故事時沒有什麼問題，但是表演一次，學者立刻發生問題，表演的方式，有局部事實的動作表演，和化裝戲劇式的表演兩種，前者的舉行較爲便利，可常常舉行。

（4）討論　討論是故事教學法的結束過程，一方面要使兒童深切的研究事實的眞像，一方面就是整理兒童的整個思想，所以在整個教學中占有重要的地位，要充分注意兒童的自動。

談生活勞作

陳重寅

勞作教育思潮，近年確有長足的進步，就中「注重生活勞作」一點，尤爲當前我國學校實施勞作教育最值得倡導推行者，因爲我國目前經濟困難，學校辦公費不敷，校工人數甚多，對於學校環境之整理佈置，以及日常淸潔衞生工作，多感人力財力之不足；所以我們運用學生的時間勞力，來領導他們從事生活勞作，確是最切需要，而可以解決學校中一大困難的辦法。

以上好像是就目前學校經費不充的現狀，而加以補救替代的消極看法，但這僅是原因理由的一小部分，生活勞作的意義與價值，確另有其重大而積極的理論與看法，約要述之如左：

（一）吾人生活之範圍甚廣，小之穿衣吃飯，行住坐臥，大之工作學習，處世對人，在在都需要「勁」的基本成分，也就是需要「勞作」。飲食起居的生活動態，有了適當的勞作訓練，養成習慣，自能處置有方，井井有條；不會馬虎苟且，凌亂不堪。

（二）生活動作上能够有了適當的勞作訓練與習慣，反映到他的爲學，治事，與做人各方面，自然也就不會：一曝十寒，始勤終懈；（爲學之病）怠惰積壓，敷衍推諉；（治事之病）因循萎靡，缺乏熱情（做人之病）了。

就上述兩點看來，青年學生予以生活勞作的訓練，其意義與價值爲何如？學校中要學生做的生活勞作，又分兩方面：

（一）領導他們做學校環境的整理佈置，和團體生活中共同需要的供應事項。

（二）指導他們做個人生活上需要的勞作，如整理衣箱，內務，書籍，洗衣，補衣，補襪等等。

還許多生活上的勞作，使學生們有了訓練，養成習慣，不但可使自已的日常生活上軌道，有秩序；而且確實足以影響他們將來對於爲學治事與做人各方面，都可以有合理，正常，較進步的表顯。

過去一般中小學的勞作，除了某幾省專作農業勞作外，其餘多半是做紙，豆，竹，木，金，土，各類手工，當然有他「藝術的」和「創作能力的」訓練意義，但以設備多半不齊，教學方法未盡合理，所獲效果，離遠理想境地；我們一方面應研究改進，一方面對生活勞作的倡導，也値得加以努力。

現在一般高初中，可作的生活勞作項目，約要分類，舉例如左：

（甲）學校環境整理佈置的勞作要目：

（1）平地　（2）舖路　（3）種樹種花　（4）粉牆　（5）油漆　（6）裝修電燈　（7）糊窗　（8）裝配玻璃　（9）洗地板　（10）大掃除　（11）修牆　（12）紮籬　（13）修剪花木　（14）擦玻璃　（15）各種會場佈置　（16）修門窗　（17）修桌椅

（乙）供應團體生活共同需要之勞作要目：

（1）裝訂練習簿　（2）木板印刷　（3）油印　（4）做粉筆　（5）做墨汁墨水　（6）做漿糊　（7）糊信封

（丙）解決個人生活需要之勞作要目：

（1）洗衣　（2）修補衣服鞋襪　（3）修補書籍　（4）釘被褥　（5）炊事

筆者曾多次領導學生從事上開的生活勞作，所體驗得來經驗的教訓，有如左列：

（1）領導者對此舉，要有認識，有興趣，有熱情；

（2）工作計劃要訂得好，步驟階段要分得詳適；

（3）工具配備，要齊全合用；

（4）學生的分組，要恰當，要指定分組的領袖；

（5）事前要詳細指導學生工作的方法；

（6）工作時，領導者要親自動手，以身作則，身先士卒。

最近筆者在南京市立第一中學，也提倡此項生活勞作；請各位勞作教師合作，領導學生平治校地。三閱月來，全校崎嶇不平之地面，湊亂蕪雜之碎磚，垃圾、和雜草野樹，均已剷平、芟除，達到初步之整潔。其動員人數、工作時間、及工作代價之數字如左：

（1）工作學生除高二三六班學生無勞作課程外，計參加生活勞作之學生人數共一〇七四人。

（2）實際工作時間，每週一．二小時，（點名及取、還工具時間除去）計工作十週（陰雨及假期除去）共爲1.2小時×10週×1,074人=12,888小時。

（3）普通泥水小工，每日實際工作，亦僅八小時，故本校學生勞作之工時，共爲12,888小時÷8小時=1,611（工）。學生工作效率差折半計算，亦有八百〇六工。

（4）普通泥水小工，三十五八月至十二月之工資平均數，爲七，五三〇元；故本校本學期學生勞作之代價，應爲7,530元×806工=6,069,180元

本學期此項生活勞作之實施，因種種關係，未能照理想實現，下學期當再繼續努力的實驗，希我教育界同志，多多指教！幸甚！

卅六．一．五．於一中寢室

公佈專欄

南京市教育局轉令復員公費生升學留級後公費給予辦法

南京市教育局訓令

發文（卅六）敎一字第〇一八九號
中華民國三十六年二月十二日發出

事由：爲復員公費生升學留級後公費給予辦法令仰知照由

令市屬各中學（祇登本刊不另行文）

案奉
教育部三十六年元月三十一日總字第（〇五一〇八）號代電開：
南京市教育局三十六年元月十七日敎一字第一〇〇號代電悉初中畢業之公費生升入高中其公費繼續應以原校高中爲限至公費生留級後其公費即予取消仰即知照。
等因奉此自應遵辦除分令外合行令仰該校轉飭知照
爲要
此令

兼局長馬元放

南京市教育局轉電招收同等學歷學生優先錄取僑生入學

南京市教育局代電

發文（卅六）敎一字第〇二二〇號
中華民國三十六年二月十七日發出
（祇登本刊不另行文）

事由：奉　教育部電飭招收同等學歷學生優先錄取僑生入學仰知照由

各市私立中學鑒奉　教育部北處僑字第四七五五號代電開：「查抗戰期中海外各地華僑學校備受影響僑生失學者頗多凡在家自修者均無學籍證件可資回國升學茲准僑務委員會轉電到部應准轉飭凡持有僑生身份證件具有小學或初中畢業程度者得在同等學力名額中優先錄取（師範學校及師範科不收同等學歷者除外）合行電仰知照」等因奉此自應遵辦合行電仰知照南京市教育局兼局長馬元放北篠印

南京市教育局轉令厲行檢舉漢奸

南京市教育局訓令

發文（卅六）敎四字第〇一〇六號
中華民國三十六年二月二十一日發

事由：爲奉令轉飭厲行檢舉漢奸由

令各中小學校、社教機關（祇登本刊不另行文）

案奉
南京市政府三十六年二月三日府總祕二第一〇一九號訓令內開
案准行政院三十六年一月二十七日從捌字第二五四六號訓令開查處理漢奸案件條例第二條規定對於左列漢奸應厲行檢舉一曾任偽組織簡任職以上公務員或荐任職之機關首長者二曾任偽組織特務工作者三曾任前兩款以外之偽組織文武職公務員憑藉敵偽勢力侵害他人經告訴或告發者四曾在敵人之軍事政治特務或其他機關工作者五曾任偽組織所屬專科以上學校之校長或重要職務者六曾任偽組織所屬金融或實業機關首長或重要職務者七曾在偽組織管轄範圍內任報館通訊社雜誌社書局出版社社長編輯主筆或經理爲敵偽宣傳者八曾在偽組織範圍內主持電影製片廠廣播台文化團體爲敵偽宣傳者九曾在偽黨部新民會協和會偽參議會與重要工作者十敵偽管轄範圍內之文化金融實業自由職業自治或社會團體人員憑藉敵偽勢力侵害他人經告訴或告發者該條例自施行以來上開各款漢奸被拘者固所在多有而漏網者亦不乏其人亟應加緊緝處以昭國法尊嚴各機關對於偽組織相同機構之漢奸合於該條規定者應即依法厲行檢舉毋庸寬縱除分別函令外合行令仰遵照辦理並轉飭所屬一體遵照辦理等因奉此除分令外合行令仰遵照
等因奉此除分行外合行令仰知照
此令

兼局長馬元放

南京市教育局轉令要求日本歸還物資必須繳交物權及被劫奪證件

南京市教育局訓令

發文（卅六）敎四字第〇一〇三號
中華民國三十六年二月二十一日發出

事由：爲奉令轉知要求日本歸還物資必須繳交物權及被劫奪證件由

令各中小學校、社教機關（祇登本刊不另行文）

案奉
南京市政府三十六年二月八日總祕字第一二六九號訓令內開：
案准行政院賠償委員會三十六年二月一日京（卅六）二字第一三〇號公函開：「案准外交部一月二十八日東(三十六)一五〇三代電開：案據駐日代表團電稱查關於劫奪物資之歸還此間總部秉承華盛頓遠東委員會議決案辦理至少必須繳交兩項文件甲物權證明乙確實被劫時之證件如此方可辦理國內請求物資歸還之案件大率證件不全或毫無證件以致迭次文件往還或當面洽商均難獲得結果敬希轉咨有關各方面每

案必須檢寄證件並希寄送兩份爲禱等情除分電外相應電請査照並轉知各有關機關爲荷等由准此除分函外相應函達即希査照辦理爲荷」等由准此除分令外合行令仰知照並轉飭所屬一體知照

等因奉此除分行外合行令仰知照

此令

兼局長馬元放

南京市教育局轉令注意逃役壯丁

南京市教育局訓令

發文（卅六）教人字第〇〇九〇號
中華民國三十六年二月十七日發

事由：爲奉令轉飭注意逃役壯丁一案令仰遵照由

令所屬各機關（祇登本刊不另行文）

案奉

南京市政府本年二月五日（卅六）府總祕四字一一四三號訓令內開：

案奉行政院本年元月二十九日從貳字第二八二七號訓令略開：「據報壯丁於中籤後大多紛紛向當地機關活動充當員工俟役藉圖避免兵役等情査此種規避兵役情事早經嚴禁有案茲値恢復平時征兵之際依照新兵役法規定凡屬國民皆有服役義務非但不容再有此類事件發生且各機關員工俟役除現役軍官佐屬或法令規定視同現役者及已受訓之國民兵暨預備役業經在鄉軍人登記之官佐士兵外如屆現役及齡一經中籤均應遣回應征以維役政除分令外合行令仰遵照并飭屬一體遵照」等因奉此除分令外合行令仰遵照

等因奉此除分令外合行令仰遵照

此令

兼局長馬元放

南京市教育局轉令訂閱活教育月刊

南京市教育局訓令

（卅六）教一字第〇一八六號
中華民國三十六年二月十日發出

事由：准函轉知飭訂活教育月刊仰知照由

令市立師範暨各級國民學校（祇登本刊不另行文）

准

教育部國民教育司箋函開：

「奉交下活教育月刊社社長陳鶴琴十一月三十日活字第〇七號呈乙件內稱：「本刊爲研究新教育思想建設新教育理論提供新教材教法之定期教育刊物自民國三十年一月在江西泰和出版迄今已出三卷八期素爲各地教育工作同人所推重刻以教育文化復員本刊自四卷一期起決移滬（愚園路四〇四號）繼續出版以應需要茲爲求發行上之深入與普遍起見擬請轉令各省市教育行政機關分飭各師範學校及各級國民學校暨幼稚園推介訂閱」等情核屬可行除分函外相應函達査照並轉知所屬各師範學校中心國民學校暨幼稚園等訂閱爲荷」

等由准此合行令仰知照

此令

兼局長馬元放

南京市教育局訓令介紹學校行政叢書

南京市教育局訓令

發文（卅六）教一字第〇二四五號
中華民國三十六年二月二十一日發出

事由：爲介紹伍瑞鍇編著之學校行政叢書仰自由採購參考由

令市私立各中小學（祇登本刊不另行文）

案准

廣東文化事業公司函開：

「敬啓者敝公司發行伍瑞鍇編著之學校行政叢書內容豐富切合實用裨助教育甚大第一種「教務處理」三十五年秋季出版以來風行一時現第二種「訓導實施」又經出版第三種「事務管理」亦在排印中懇賜介紹俾資屬中小學校教職員師範生及從事地方教育行政人員知所採購以利教育至級公誼」

等由准此合行令仰各該校自由採購以備參考可也

此令

兼局長馬元放

介紹沈子善編小學寫字範本

【摘錄教育通訊復刊一卷十三期】

一

中國人必須能寫正確整齊的中國字，這是無可懷疑的。寫字的能力和興趣，應在兒童時期培養基礎，這也是無可懷疑的。中國的書法，不只有實用的價值，而且還富有藝術趣味。小學裏寫字教學固然談不上要達到藝術的境地，但現在一般小學生所寫的字，筆劃不正確，間架不穩當，行列不整齊，已成通病。這眞是一個不大不小的問題，値得注意研究和改進。而寫字範本，正是研究這個問題時所應注意的核心。

二

在現行小學國語科課程標準，關於寫字作業，經分級規定項目，除注音符號練習應和讀書聯絡教學，正誤字練習應和讀書及作文聯絡教學，毋需編輯範本外，其餘各項，都需要範本，才可進行練習和模倣。一般教師因爲時間的缺乏，無暇編印理想的寫字範本，同時又迫於教學上的需要乃不得不利用教科書（甚至是用印刷體排印的教科書）和舊有的法帖來代替。結果不免發生以下各種弊端（一）往往有極難認的字不合兒童學習能力（二）往往有「帖寫」「避諱省寫」及印刷體的字，與實際應用的不相符合（三）內容往往含有迷信成份，與兒童教育主旨不合。目前小學寫字教學成績難滿人意，固屬在教學方術上尚有待改進，而優良的小學寫字範本的缺乏，恐怕是主要的原因了。

三

小學兒童缺乏便於學習而合乎教育原理的寫字範本，這是每一個兒童家長和小學教師所深切感到的困難問題。但這困難問題，目前由於沈子善先生編的小學寫字範本刊印問世，而獲得比較合理的解決。沈子善先生現任國立復旦大學教授，和書學雜誌的主編，擅長書法，研究教育亦已有三十多年，最近就他多年研究的心得，按照小學課程標準的規定編成小學寫字範本一套，交由上海大東書局照相製版精印發行，各地大東書局均有出售。這一套寫字範本，計有下列各種：

一年級適用的：筆順練習範本
二年級適用的：〔一〕正書中字影寫範本
〔二〕正書中字做寫範本
三年級適用的：正書中字做寫範本
四年級適用的：正書中字做寫範本
三、四年級共同適用的：〔一〕正書結構練習範本
〔二〕正書小字練習範本
五年級適用的：正書中字做寫範本
六年級適用的：正書中字做寫範本
五、六年級共同適用的：〔一〕正書小字做寫範本
〔二〕通用草書練習範本
四、五、六年級共同適用的：簡易行書練習範本

是項小學寫字範本有以下所述各特點：

（一）就歐陽詢顏眞卿柳公權趙孟頫褚遂良各家法帖中選用可供兒童倣效的字跡；

（二）所選用的字跡都能顧及兒童學習能力，凡帖寫字省寫字都未選用；

（三）各年級所用範本的字量都隨年級上升而加多；

（四）按字跡書寫的難易和筆劃學習的難易排列先後；

（五）字體相近或筆劃相似的字儘量排在一起；

（六）包括「筆順」「影寫」「臨寫」「結構」等練習及中字大字小字與通用行書，草書各部門，符合課程標準的規定；

（七）對於「執筆」「運腕」「寫字姿勢」「毛筆使用」及「用墨」「用硯」「選紙」「臨帖要點」等都有扼要的指導；

（八）曾根據優良小學實驗意見加以修正；

（九）印刷精美清晰。

具有以上各項特點的小學寫字範本，就本人所知，國內還未見過。優良的課程標準所規定的項目和目標，必需有優良的教材可供利用，才可實現。沈教授以其教育家而兼書法家的資格編出這一套的寫字範本，實在是全國小朋友學習寫字的福音，特爲紹介，希望全國的小學教師和兒童家長多多採用，並根據這一套教材再進一步研究它所適用的教學方法，以促進小學生寫字成績的進步。

私立學校開辦費及經常費最低數額

近年以來物價高漲，經濟情形變動甚劇，機關學校各項經費均有增加，而私立各級學校之開辦及經常各費迄未另定數額，致各級教育行政機關審核私立學校立案時標準不一，疑難叢生。教育部有鑒及此，特按照目前經濟情況訂定中等以上學校開辦費及每年經常費最低數額表，令飭省市教育廳局依照規定辦理。至於私立小學之經費設備仍依私立學校規程第三十二條第三款之規定辦理。茲將中等學校開辦費及每年經常費最低數額表抄錄於后：

校別	開辦費	每年經常費
高級中學	建築費一二〇、〇〇〇、〇〇〇元 設備費八〇、〇〇〇、〇〇〇元	一二〇、〇〇〇、〇〇〇元
初級中學	建築費八〇、〇〇〇、〇〇〇元 設備費六〇、〇〇〇、〇〇〇元	八〇、〇〇〇、〇〇〇元
高級農業職業學校	建築費八〇、〇〇〇、〇〇〇元 農場及設備四〇、〇〇〇、〇〇〇元 設備費八〇、〇〇〇、〇〇〇元	一二〇、〇〇〇、〇〇〇元
高級工業職業學校	建築費一二〇、〇〇〇、〇〇〇元 工場及設備三〇〇、〇〇〇、〇〇〇元 其他設備費八〇、〇〇〇、〇〇〇元	一六〇、〇〇〇、〇〇〇元
高級商業職業學校	建築費一一〇、〇〇〇、〇〇〇元 設備費一〇、〇〇〇、〇〇〇元	八〇、〇〇〇、〇〇〇元
家事學校	建築費一二〇、〇〇〇、〇〇〇元 設備費六〇、〇〇〇、〇〇〇元	八〇、〇〇〇、〇〇〇元

本刊徵稿簡約

一、本刊稿件以左列各項爲範圍
1.論著
2.教育設施
3.實驗研究
4.各科教材
5.優良教例介紹
6.書報評介與讀書報告
7.調查統計
8.教育法令
9.教育消息
10.視導報告

二、本刊除約專家撰著外歡迎外界投稿

三、來稿文言白話不拘但須扼要切實並繕寫清楚附加標點稿紙請勿兩面寫每篇以壹仟字以上五千字以下爲原則

四、來稿須具眞姓名幷須註明詳細通訊地址

五、本刊對來稿有刪改權其不願刪改者須預先聲明

六、來稿一經刊載版權卽屬本刊但聲明保留者不在此限

七、來稿經刊載後當致酬現金但本局與各附屬機構概況介紹與報告性質之稿件酌贈本刊不另致酬

八、來稿用否概不退還其附足郵資者得於不用時寄還

九、來稿請寄南京市敎育局轉首都敎育出版社

首都教育

第一卷第五期

民國三十六年三月一日出版

編輯者　首都教育出版社

發行者　首都教育出版社　社址：南京市教育局內　電話：二四三四一

印刷者　大明印書館　南京洪武路三一一號　電話二二八九二

經售處　首都教育出版社　南京各大書局

本刊價目

項別	期數	價目	備註
零售	一期	六百元	特大號或有特殊需要時得提高售價
長期定閱　半年	十二期	四千元	
長期定閱　全年	二十四期	七千元	

本刊依法向主管機關辭請登記中

首都教育

第一卷
第六七期合刊

目次

論述

師範教育運動特輯

中華民國三十六年四月一日

首都教育出版社編印

論述

教師的真價

馬元放

學記曰：「人之患在好爲人師」，我們現在應當反過來說：「人之患在不好爲人師」，人之患好爲人師，意思說學力未充，不可勉强施教，是勸人不要做老師。人之患不好爲人師，意思是教育是神聖的事業，惟恐人忽視他，是勸人要做老師。

「古之學者爲己」，「今之學者爲人」，古人讀書，只是自己做學問，人不知尙且不慍，況在乎做老師呢？今之學者爲人，這話用之於今，最爲確當，對國家社會有所貢獻，以及爲國家社會服務，這是現代人求學的終極目的，所以今日的學者，皆應有「爲人服務」的態度，知能傳授，愈廣則效能愈大，教育普及，愈發達則國家愈强盛，我們需要日益發達的教育，自必須要大量的師資，而做老師去教人，乃是爲人的最基本的工作，也是對於國家社會最基本的貢獻。

然而直到今日，社會上尙流行一種不合理的偏見，以爲「做教員沒有甚麼了不起」，而做老師的本人，也不能免俗，自以爲「並不了不起」。甚至有些人以爲：「沒有辦法弄個教員當當」而且從我國創始學校教育，數十年來，都是「窮人子弟學師範」，經濟狀況較好的家庭，都不肯教子弟入師範，而去學別種學科，向別的方面去發展，這種不合理的觀念與現象，皆是極大極大的錯誤。

我們第一要糾正學師範是末流的觀念，要知學師範與學其他科學，同樣的有價值 有過之而無不及，師範學校，因爲免繳宿膳學費，固然是淸寒子弟最大的出路，但是社會上決不應該因了他們沒有花錢，而就鄙夷這一途。要知道師範學生，由公家免費供給食宿各項，正是因爲他們將來將犧牲個人的權利，而專門爲國家社會作育人才的一種優待，這是國家社會的義務，並不是什麽救濟淸寒的性質，很不該爲勢利的人們所不屑的。然而，偏見還是存在，這是由於歷史傳統的遺毒。

「古之學者爲已，今之學者爲人」，論語上這兩句話的原意。是人應爲自已的志願而學，不可徇俗人之見而學，這個「爲人」是「爲人所左右」，與我前面所說的「爲人服務」意思大不相同，俗人之見是怎樣呢？簡單的很，「書中自有黃金屋」一語足以了之。

自從蘇秦懸梁刺股而得六國相印以來，這就奠定了中國讀書人數千年的求學方針，——讀書做官，本來在春秋戰國時代，學術空氣，非常濃厚，所有士人，上焉者如孔孟諸子，爲已而學，成聖成賢，各自成家，下焉者流爲「辯士」醉心功名，如蘇張之輩。可是後來的人口誦孔孟，而心儀蘇張，讀書做官，乃成了不朽的定律，後世帝王，看透了這一點，便以「金馬玉堂」來牢籠天下士子，再爲鉗藏思想起見更定出「科舉」的辦法，使天下世世，爲此而教，爲此而學。

既讀書就該讀得「發科發甲」及第做官，否則，讀書而不得做官，便爲人所瞧不起，於是落第的秀士，沒有出路，只好去做「人之患」，幾千年的中國文教，是在這樣的一條線上打轉，歷刦不已，窮秀才才教書，因此生出「窮學生才進師範」「沒有辦法 才當教員」以及「當教員沒有什麼了不起」，一貫相承，是歷史的傳統，也是歷史的遺毒。

現在已不是那個時代了！過去的謬誤觀念要根本剷除，「教育第一」，做老師乃是至高至上的第一件榮譽的事，建國的人才，要打老師手裏一個一個培植出來，做老師並不是這一代人才的末流，而是下一代人才的搖籃，一般人只能貢獻知能與國家社會爲其服務，做老師的却能貢獻並以服務國家社會有知能的人才，他們的貢獻，是比一般人更進一步，更高一層，這是最大的辦法，也是非常的了不起。

我們且說我們第一個老師——孔子，孔子第一是充滿了「爲人服務」的精神，他老人家駕着笨拙的馬車，風塵僕僕，不辭勞苦，甚至爲人所追陁，忍受過飢餓，所以如此「之屑屑不憚芸煩」，所爲何來？他懷着滿腹經綸，很想把他的崇高的理想，偉大的計劃實現於當世以求得「王者之治」。走了一國，又是一國，周遊列國，不遇而返，「夫子何爲者，栖栖一代中」，夫子的栖栖正是夫子的犧牲的表現，他是想以自己之所學來貢獻於他人，假如孔子爲了自己的名利，他很可以做到若干的大官，可是「不義」的「富貴」，「於我如浮雲」世俗之所謂「功名富貴」，孔子是不要的，他根本沒有做到「金馬玉堂」的無聊的夢，這是何等的胸襟！退而講學於洙泗之濱，弟子三千，身通六藝者七十二人，以一個私人講學，而有這麼多的學生，可見到孔子的人格感召和他的教學內容。他會「發憤忘食，不知老之將至，」他亦會「未嘗無誨」，「誨人不倦」他的自學和教人的態度，又是何等的眞摯！孔子所希求的雖不能行諸於政，便即見之於教，他的着眼，在當時的域中諸國，在後來的天下萬世，這又是何等的眼光！以孔子的犧牲的精神，遠大的眼光，高闊的胸襟，眞摯的感情，任舉一端，皆足以師表萬世。

再說我們第二位老師——國父孫中山先生，他自小立志要救中國，覺得要救中國，非得兼采中外古今的長處，不足以由破壞而建設，由「小康」而「大同」於是他定下了三民主義，這是他的眼光遠大。他從二十歲起便奔走革命，踏遍全球，歷盡辛苦，終身以之，凡四十年，這是他的犧牲精神，辛亥革命成功後，他爲避免分裂，讓位總統，功成不居，敝屣尊榮，這是他的胸襟高闊。到處講演，開化人心，大度包容，不念舊惡，這是他的感情眞摯，孔子、諄諄以「仁」教人，國父諄諄以三民主義教人，前聖，後聖，他們兩位，都是只知「爲人」，從沒有狃於俗人之見，斤斤於一已的小取小成，這樣的老師，才是我們眞正的老師。

孔子與國父都沒有做過大官，而他們之并垂不朽，都在「諄諄教人」所以我們要眞正做一點切實有用的事業，那學師範，做教員，自有無上的意義。

人固不可妄自尊大，但亦不可妄自菲薄，天覆地載，我們應該具有頂天立地的氣概，要立志做大事，不要做大官，數千年讀書人傳統的歪曲觀念，決不應存在於今日事之大小，在於對於他人是否有利，而不在於名位之大小，我之所爲，苟於與天下有一毫補益之處，雖謂之天下由我而興，亦無不可，我把教育事業看得極神聖，那我做起老師來，自有一種「自反而縮」沛然浩然了不起的氣象，至於生活的清苦，我們須看孔子與國父在世曾有過怎樣的享受？所謂宮室車馬衣食之奉，苟得而極欲，那是不足與語經世之大道的。

孔子以仁教人之後，數千年來很少人得其眞傳，儘管孔門之書未廢，實則因八股取士這一來，反廢了孔氏之道，直到國父，才有了眞正的傳人，國父承先啓後。以三民主義教我們，政府早已定三民主義爲中華民國的教育宗旨，所以凡我國人，首先要接受三民主義來教自已，然後再以三民主義來教後人。而我們中國文化的道統，才可以維持於不敝，才可以邈遐於無疆，教師的眞正價值就在這一點。

教學相長，做老師的一面應努力學習兩位老師——孔子與國父教人的榜樣，一面再以自已做榜樣給學生學習，「經師易得，人師難求」，經師是教人以學問，人師是教人以做人，我們現在當干戈之後，瘡痍之際，而亟待建設的憲政之初，需要大量的人才，也需要大量的師資，需要「經師」亦需要「人師」，需要作育人才的老師，也要光大文化的老師，需要任重擔而爲一，今後的人之患，不在於「好爲人師」而在於「不好爲人師」，敎師自有眞價頗共努力。

師範教育的新路線

吳研因

師範教育是國民教育之母。有了怎麼的師範教育，才能產生怎麼樣的國民教育，才能教育出怎麼樣的國民來。所以師範教育在教育方面，居於領導的地位，先得有確定的路線，然後依着這路線走去。

我們的師範教育，應當走怎麼樣的路線呢？照德日的軍國主義那路線走嗎？德日的軍國主義顯然是失敗了，我們不應當再「蹈覆轍」。照英美的個人主義那路線走嗎？英美的個人主義，雖然有「當今之世捨我其誰」之慨，可是將來究竟怎麼樣呢？我國 國父在民族主義以及民權主義中雖竭力反對個人主義，在民生主義中也雖竭力反對從個人主義發展成的資本主義。 國父的遺教是不會錯的，他看到個人主義的不是，資本主義的一定後落。照現勢而論：英國已衰落不振；美國雖全盛而也在恐慌「不景氣」的來臨，別的勢力的將代她而興，却也已到了「夕陽無限好，只是近黃昏」的境地了。既如此，我們何必跟奔去上日暮的窮途呢？那麼我們的師範教育，究竟走什麼路線呢？我覺得我們現在正在迷惘徬徨中，還沒有確定。

最近我讀到艾偉先生帶回來的「新教育同志會國際會議」在澳州開會後的「閉幕宣言」。

那宣言的大意說：

「時機已到，凡屬教師以及一切……跟教育有關係的人，都得堅定立場，毫不猶豫地起來追求世界的和平跟安全。

「我們怕原子彈戰爭，我們希望建立仁厚公平的世界秩序；我們當聯合一切教育機關，全力以赴，責無旁貸。

「我們並不代表任何國家或黨派，只把公民跟教育者的資格，希望全世界教育者的同志們，跟我們一致保證國際教育應達到以下的最低目標：

「A發展教育，使人類一致承認仁厚公平的世界秩序，最後得歸各國人民完全管理。——在這管理下，所有世界上的物質以及精神的資源，都爲了全民而應用。

「B努力教育，使人類一致具有建設世界秩序的忠心跟理想——雖然仍得忠心於自己的國家，但這種忠心應當推及全世界。就是把「國際權威」觀念來代替「國家主權」的傳統觀念（在世界和平跟安全的爭執上，大家得服從國際權威。）

「C提高並加深世界任何角落的教育程度，使人類一致向建立世界秩序的方向前進。——掃除落後國家的文盲，並使所有國家都達到教育的最低標準，以促成「國際權威」（這最低標準由會員國以民主的方式共同決定）的建立。

「D所有教育，對聯合國大憲章的原則，在具體的以及特殊的應用上，力求合作，決不背道而馳。——所謂「平等自由，如兄如弟」以及「高尙人格」……的意義，每一教師，學生以及父母……都得負責宣導，以使人人領會。

「我們的工作步驟，是：

「A對聯合國教育科學文化組織定的工作的項目（就是各國教育機關應辦的事項，各國對這項目，可建議改進或增加）予以密切的合作。——無論任何種族的大小成人團體，也得熟悉這個項目。

「B在五年內聯合國教科文組應從聯合國獲得充分的權威以急切實行所定的工作項目——例如爲提高全世界教育程度所需的大量預算，由全體予以支持。

「C此外，我們建議分類整理國際間的教育資料以及名辭，並且釐訂國際間頒給學位以及證書的辦法（特別注重大學入學試驗的及格標準），以便彼此承認，交換學生跟畢業生。

「D關於科學的發明，（例如原子能）務使供給人類作爲建設之用。一國專有或祕密的試驗，是以引起疑懼並且違反世界和平跟安全的，必須加以譴責。聯合國教科文組尤應注重於科學知識的傳播。——例如：使教學方法跟近代學習心理的原則以及科學的社會責任相調和，而致教育於日新又新，這也是一端。

「E我們應努力支持聯合國教科文組，請世界各國加入。——尙未加入的蘇聯以及已經建立政府的戰收國，也得促請她們一致加入。」

我讀了這篇宣言，我覺得該會所主張的新教育，在追求世界的和平跟安全，也顯然地站在反侵略，反擴張，反獨佔的前鋒，跟德日的軍國主義以及英美的個人主義有所不同。

這是教育的新路線，也正是師範教育的新路線。教育也只有依着這路線走，才可以改變國際的舊思想，造成國際的新權威，眞能達成世界的和平跟安全。因此，我希望從事於師範教育的同志們，一致依着這新路線走，爲世界的和平跟安全而努力。我並且希望有志於世界和平跟安全的青年們，也加入爲同路人，向着這新路線前進。

我們如果來一個「新教育同志會中國分會」的組織，集合全國從事於教育的同志們，一致努力，把中國的新權威建立起來，以使羅爲世界的新權威，那更有力量，更可以有助於世界的和平跟安全。

最近師範教育之趨勢

羅廷光

師範教育是國民教育之母，更是建國興國必不可缺少的教育，其重要幾人人皆知。師範教育在今日，顯然有朝下列三方面發展的趨勢：

一、專業化　古代社會生活簡單，分工不很精細，一個人往往兼治幾件事。例如牧師可以傳道，也可以教書；江湖客可以賣藝，也可以醫病。都是極平常的。那時候教師當然談不到專業的話。中國古代讀書人儘可一面做官，一面授徒如淡弁長自爲博士，及任河南太守，諸生往學者，尙常有千餘人，著錄者前後萬人。又歐陽翕拜揚州牧，遷汝南太守，在郡教授數百人。同樣的例子多不必細舉。他們不做官退隱時，也常有弟子前來就學。例如漢「鄭玄遊學十餘年。歸鄉里後，客耕東萊，學徒相隨已數千百人。孫明牧豕於大澤，以資奉養，學生乃執經壟畔以追之。」(漢書)讀書人，或出而爲仕或退而耕種，並不以教育爲謀生工具。即後世私人設館授徒，亦還重在所謂「傳道、授業、解惑」上決不把教書當作唯一啖飯之逕。中國人一向目教書爲「淸高事業」不爲無因了。

時代的巨輪，推轉到現在，情形可大不相同了。教師不獨是一種職業(Profession)——需要專門知識和技能的職業。他位與醫生，律師工程師等相類，但和他們並不盡同。教育事業係以活潑潑的人(兒童，青年或成人)爲中心，以整個社會爲對象，其影響所至，不僅關乎個人，抑且關乎社會國家，不僅及於現在，抑且及於將來。以故教師非受深切的專業訓練和具高永的專業精神不爲功。師範教育之任務，即在培養此種專業精神和訓練此種事業人才。

二、科學化　這與上述專業化有聯帶關係。因了科學化之故尤覺非專門人才不能勝任。譬如近代醫學進步且日趨於科學化，那末醫病的事豈是江湖客和三村學究所能率爾操觚的嗎？

我國先儒講學，每有成績優異者：孔子之「循循然善誘人」，可不必說。後世如漢匡衡善說詩，時人爲之語曰：「無說詩，匡衡來；匡說詩解人頤」。南北朝時嚴植之「並五經博士，館在潮溝，生徒常百數。講說有四段次第，析理分明，每當登講，五館生畢至，聽者千餘人」。(南史本傳)

不但如此，古人論教學法亦每多獨到之處。例如程端禮根據朱子的讀書法編訂了讀書分年日程，計劃異常周密。王筠的「教童子法」尤爲膾炙人口，其中對於兒童識字，讀書，講解，作文等教學，皆有詳細的安排都很難得。不過前人所述教法，多本之個人經驗，殊少科學的根據，不足垂爲典範。近因教育科學化，教學之受其影響者極深，最重要者：(一)利用科學研究結果以爲教學根據，各門學科心理於此貢獻甚大。(二)藉科學方法鑑別所用教法良否。觀察法，實驗法等都是鑑別教法良否的有效工具

除此以外，關於行政組織和教室管理等等，亦漸有科學化的趨勢。總之教師所遇的各項實際問題，近人皆欲置之科學的基礎之上加以考核，於以得到合理的解決。

三、藝術化　教師的專業不獨是科學化，也還是藝術的。一來因爲教學的對象是兒童和少年，他們是十分活潑可愛的。只從師生感應的過程中，便可發見無限之藝術的興趣。二來因爲教育在今日，可用的專門技術，已層出不窮。實驗教育，教育心理及教育行政學校管理等方面之需專門訓練且不必說。單就教學(視察和指導在內)而論，可用的技術已應有盡有。教師如能運用此等技術，自可將教學效率大爲提高，否則必難勝任愉快。但我們所重教學技術的訓練決非以傳授數種成法爲已足，最要在使學者獨運匠心，或由原理的探討而悟得技術或方法的應用、或由實際所得的經驗，而追及於所依據的原理，務使理論實際融會貫通，有左右逢源之效，而無扞格不入之處。

中國師範教育之改造

張天麟

一個健全的國家當中，有兩種人是完全屬於國家與民族的，這兩種人既不應受政治的影響，更不應聽從任何黨派的指揮。他們的職責只在衛護國家的生存和延續文化的命脈。他們底工作方式雖則一個趨於破壞，一個趨於建設，然而他們的最終目的却只有一個：就是爲了國家，永遠爲了國家。這兩種人就是：一是軍隊，一是教師。

原來這兩種人最初統不屬於國家。勿寧說這兩種人都屬於個人，最少屬於團體的個人，但是這兩種人勢必屬於國家，已經成了現代健全國家的必要條件。國家養兵千日，可以用在一時，但是我們也不要忘記了師資造就數年國家將要用其終生。他的犧牲還比士兵爲苦；因爲士兵不是終日作戰，但是教師却天天爲下代犧牲。沒有犧牲的教師，也產生不出好的士兵來，當年爲國家流血，國家賴以生存的士兵，何嘗不是個個却經過了我們辛苦的國民教師之手才陶冶出來的？現在我們眼看着我們的教師們備受飢餓之苦，飽嘗世人的白眼與虐待，我們實在感到萬分的辛酸！中國是個師道立家，師道立國的方化古國，現在他底教師竟然受着這樣的痛苦，我不知道這個國家的文化程度已經退化到什麼樣子？根據實驗羣衆心理的測驗證明，凡是病愈後，就忘記了醫生的人，不可交，開支其青春力不知培護其青年前途的團體，不持久，以及輕視教師和學者

的國家，不能强。因此我籲請社會人士對於師範教育應當首先糾正態度，我們應當看重我們的教師，尤其我們要尊重我們的小學校教師！這種風氣是非要不可的！

中國現行的師範教育，在本質，制度和方法上還有大問題，我們承認我們底教師對中國文化的供獻已盡了他最大的努力，但是問題不在他們而在制度與方法的本身，教師的本身是沒有什麼罪過的。

我們首先應分清楚普通的教育是和師範教育不同的。當然有人說共不同點乃在師範教育係訓練師資而普通教育係爲升學或就業而設。其實我們的分別點不在這上面，而是要找它本質上的不同處：普通教育固然也注意訓育問題，但是總要偏重在知識的教育上，而師範教育固然也重知識，但是其重點却在人格教育上。這話還仍嫌籠統，我們再具體一點說：普通教育的重點在「吸收」而師範教育之重點在「給予」。吸收容易而「給予」困難。能够吸收的人未必能够給予。而且有時即便站在「給」的地位的人，未必然有東西可以拿得出來。這個能否「給予」並不純粹是智識的問題而是一個整個人的問題，這其中關係人底性格是否成熟，心靈是否成熟，然後才談得到能力是否成熟。往往很多身居給予地位的人，有給予的衝動，未必有給予的本領，即或有給予的材料，而未必有給予的情緒。師範生固然隨時也在「吸收」，但是他吸收的目的在給予而不在自用。他所吸收的能否消化固是問題，就是他即便可以消化，但能否表達又是問題。這一切一切統是在普通教育不必多行顧慮而在師範教育中非顧慮不可的問題。譬如生性冷酷的人，最好不要讓他受師範的訓練，而心靈未熟，性格未定的人絕不能放他出去做教師以及滿腹學識只爲自已享受不爲兒童需要旁想的人更不合師範教育的原意，試看爲什麼美國的小學教員幾乎都是師範學院或大學畢業生充任，德國小學師資爲什麼經過四年中學程度又經過四年師範訓練？以及瑞士小學教師何以受過相當於中國三年初中後再受五年師範教育才爲合格呢？要曉得：作一個現代的國民小學教員，不僅需要有豐富的知識並且還需有堅定的人格，尤其需要心靈上的成熟。兒童需要同兒童在一起；因爲彼此心理階段相同，易於瞭解，便於彼此精神之補充，但是孩子畢竟是孩子，孩子所可給出的絕不能超出他「應給」和「能給」以外去。他底心靈精神發展之成熟，還必須從成熟人的身上採取養料。因此凡是心靈精神發展還沒有成熟的人，便不能充當兒童的師資，根據這種道理，我們認爲我國的簡易師範是要不得的，因陋就簡，只可暫而不可久，爲國家文化命脈計，勢非改革不可。尤其拿十九省六十二萬師資中合格者不過八萬人，小學畢業以教小學者就有八萬五千人而初中畢業來教小學的也有十一萬五千人的事實來看，眞是非常可怕，像這樣低落程度，如何能領導使中華民族去作生存的競爭。

我國師範教育，無論是高等師範或普通師範在分科上也有問題，讀師範的學生除了兩門教育和心理學而外，幾乎合普通的大學和中學沒有什麼區別，可以說他們所受的訓練，普通課目多於專業訓練；因此便失掉了許多師資上應得的專門知識，同時因之也失掉了師範教育之獨立單元的意義；唯其只以課程細目爲單位（如國文系英語系，體育系等等）那麼，師資所受的訓練是「分」的而不是「整」的，因而在教學方面也只能走「分」的而不是「合」的路子，最新的美國師範教育已經感到只走「分」的路子是不够的，所以他也走「合」的路子，就是說不僅以細目爲單位，同時還要以大科爲單位，意即在師範學院中，就以國民教育，中等教育及職業教育等爲單位，同時也顧及其他細目的並立，師範生儘可以選修各科系目但是必須在大科中（如國民教育）完成其專修，這樣以來，教育的部門，連師資訓練在內可以成爲一個整體，既合乎教育原理，也合乎教育的施設，所以這種辦法，我國大可以倣傚實行。

教育工作不是說的而是做的。師範教育不僅只是理論而還要動作，我們也可以說師資訓練根本是實驗的教學工作。可是我國的師範學校中的畢業前後的實習，根本不能配合師資和學生的需要；因爲迨將近畢業時去實習已經晚了。教育上一切的困難問題却發生在實際工作之中。而問題的解決又往往須根據歷史上經驗的原理。而這些寶貴的經驗原理又不是在短的行動中所能體會到的，它需要時間，它須要研討，但是兩種要素在直接教學中往往是得不到的，勢必在直接教學以前才可以，所以師資訓練必須研究工作和實際行動打成一片方可。歐洲大陸有些國家訓師資，開頭便讓學生去實習，然後再來作理論上的研討。這種制度的好處是可以讓師範生從實際工作中去發現問題，然後再在理論中解決問題的方法；但是毫無概念的師範初級生却未必具備着發現問題的能力，他心目中未嘗不可以因此獲得概括的印像。可是他並不能認請問題之所在。這樣或許就有使他浪費時間的可能；所以我主張我國的師範學校無論是高級的或普通的，學生的實習不應當在將畢業之前，也不必在入學之時就開始，最合理的辦法是在第一學年之後；因爲這樣以來師範生因此可以先獲得一般問題的印像，那不啻給他添上幾隻發現問題的眼睛。同時就從二年級開始便可一面實習一面上課。直至畢業而至就業，一定可以勝任裕如。

中國師範教育的教學方法和方式，也需要改革，班級式的注入演講，根本不足為師範的教學的有效方法，師範教學方法的真諦，不僅在講演而還在提出問題，不僅在敘述，而還在討論，並且不僅在單方面提出問題，而且還在雙方設法解決問題。以後繼續共同發現新問題。師範教育的方式，不是純粹發自教師一方面的，而是以將來的兒童學生為對象所舉行的師生合作研究會商。單就師生合作研究的方法來說已經是個很專門的問題，絕不是教師上堂一講就可以了事的。所以我提議師範訓練教學應採取師生合作研究的方式課堂應當儘可能地最少一部份由講演式改為師生合作研討式的佈置。

歸納以上的意見我可以提出下列幾個建議：

一、教師屬於國家，但是社會上應當養成尊重教師的風氣。

二、師範教育的本質不僅在使師資有吸收能力，而還在培養他給予的本領。心身精神不成熟的人不能去做教師。師資訓練年限應延長。

三、師範教育的分科應以大單元如國民教育，中等教育，職業教育等為中心。不應以個別細目訓練師資（如普通學校課目）為目標。

四、師資訓練應重實習，並須自二年級起即開始實習。

五、師範教育方式不應偏取注入講演式而應取師生共合研討式。

師範教育運動中檢討師範教育

滕仰支

一年一度的師範教育運動週，現在又到舉行的日期了，佳期當前，感慨橫生，對於我國過去的師範教育，（本文指中等教育的師範教育而言）自然想加以檢討，對於將來的師範教育，自然也就寄予無窮的希望。先來談談師範教育運動週吧！

民國三十年，正是抗戰後第五個年頭，也是國家宣布實施國民教育的第二個年頭，軍事，政治，經濟各種建設，都需要大量的人力；而國民教育，國家認為抗戰建國的基礎工作，需要的師資甚多，又非短期間所能造成，加以原有的教師。因生活壓迫而動搖，一般青年，又多不願來學師範；這種現象，為我國師範教育上，向所未有，可以說是面臨着空前的危急。中國國民黨五屆八中全會，集會於重慶，委員程天放吳敬恒等十一人，見於當時師範教育情形，建議加以改善，茲錄議決案全文如下：

「程委員天放等提：各省亟應設法切實改善師範生待遇，並由中央撥發專款酌予補助一案，決議通過，並於全國作師範教育之運動，師範生畢業後之待遇，亦應改善，各省應儘先充實增設師範學校。」

教育部即根據上項決議，於三十年十二月四日以中字第四七〇八七號訓令，開示推進師範教育原則七條及工作要項十八條，令各省市妥慎籌劃，盡力推行，俾能早日普及國民教育，完成建國大業。其十八條為：

「自卅一年度起，應於每年三月二十九日起，（至四月四日）舉行推進師範教育運動週，分別辦理下列各事項：（一）召集師範教育會議或討論會，（二）發刊師範教育專號（三）印發師範教育輔導小冊，（四）舉行師範教育廣播演講或普通演講會，（五）舉行師範生效忠國家獻身教育事業宣誓，（六）舉辦師範學校成績展覽會或工作競賽，（七）頒給師範學校教員服務獎狀及清寒優良師範生獎學金，（八）其他。」

以上是說明師範教育運動週怎樣來的。至舉行師範教育運動週，則希望得到下列的效果：

（一）使全國一般人士，明瞭師範教育的重要，予以深切的注意。

（二）使教育界人士甚至從事師範教育的人員，重視師範教育，並提高研究及實際從事師範教育的興趣。

（三）使學校的教師能鼓勵及指示學生升入師範學校。使家長能夠送適宜從事教育工作的子弟，學習師範教育。

（四）使師範生激發其獻身教育之忠誠，不半途而廢或中途改業，致國家有無形的損失。

（五）打破青年貪求近功，忽視遠效的觀念。

（六）表現師範教育上各方面的事實，公諸社會，引起社會一般人士的注意，批評，和提供改進意見。

（七）希望免除社會與學校的隔閡，獲致社會各方面的協助，擴大發展師範教育的力量。

（八）報導政府對師範生及國民教育的優遇；促起社會人士協助政府，設法提高師範生及國民學校教員待遇。

（九）使社會人士，師範學校師生，瞭解政府的師範教育政策，師範教育前途，因以發揚光大。

這九點希望，可以說是師範教育運動週的意義所在。同時我們還要知道，師範教育運動週，是給我們一個集中力量宣傳、報導、研究、檢討、表現成績……的時間，並不是運動週以外就沒有師範教育運動了。我們的政府爲何督促實施師範教育，我們的社會人士爲何倡導師範教育，我們的師範學校教職員爲何研究實驗師範教育，我們的青年如何歡喜，自願接受師範教育，如能無時無地不注意推行，那末，每到運動週時，我們便有成績，供大家批評了。

關於師範教育運動週的起源及意義，都已說過，但師範教育運動週爲什麼選定三月二十九日至四月四日的時間呢？作者曾於三十二年師範教育運動週時，發表「師範教育運動的新意義」一文時曾加說明。簡單的說，三月二十九日是革命先烈紀念日，四月四日是兒童節，教師應怎樣去用先烈所洒的鮮血，來灌溉我們民族的幼苗？教師應該怎樣去學先烈爲國犧牲，大公無我的精神，來担負國家所付予的重任，完成建國大業？其用意或者在此吧。

師範教育運動週自實施以來，中央各省市教育廳局以及師範學校，社會一般人士對師範教育有了相當的注意，在數字上師範教育，也有相當的進展。觀看附表可略知一斑。

年度	學校數	學生數
二五	八一四	八七、九〇二
二六	三六四	四八、七九三
二七	三一二	五六、六七九
二八	三三九	五九、四三一
二九	三七四	七八、三四二
三十	四〇八	九一、二三九
三十一	四五五	一〇九、〇〇九
三十二	四九八	一三〇、九九五
三十三	五六二	一五七、八〇六
三十四	六六二	一八〇、三四四

回觀我國師範教育，加以檢討，是數量不多，素質亦難如理想。可以說，無時不需要運動，也無時不在運動改進之中，現分四個階段檢討其成果，以供關心師範教育的人士研究。

（一）

師範教育之有運動，應該是由來已久，不過是沒有最近幾年來舉行師範教育運動週這樣的具體罷了。請看：在前清末季頒佈新學制以前之醞釀，如光緒二十三年盛宣懷奏請設立之南洋公學，二十四年孫家鼐呈請設立之京師大學堂，都設有師範班級；等到壬寅，癸卯學制先後頒佈以後，師範學堂初級師範學堂，以及短期養成師資之簡易師範科，師範傳習所，既均列入學制，復通令各省縣設立培養師資機構，足見當時已知注重師範教育，當然的，辦學校要有學生，但是沒有先生，學校教育又怎樣實施呢？

當時停科舉，設學堂，師資需要之多，着實可觀，從舊的「八股」「策論」教育，改爲新的帶有科學性質的教育，這不只是形式的，名詞的變更，實在是一個素質的變更，定有不少的阻力，不少的破壞，層見疊出。畢竟是新教育運動成功，而師範教育運動，也奠定了：

（一）確定師範生公費待遇，

（二）男女師範學堂均列入學制系統，

（三）正軌師範學堂以外，得設短期班，

（四）師範學堂官辦，

四大基石。

在這個時候，學生對於學堂，多懷着戒懼的心情，政府還得要勸導他們入學，「教習」自以由原有塾師改造者爲宜。在客觀的環境上看，當時不拿那些習「八股」學「策論」的人改造，也有無地取材之感。此時的師範教育，有革新祖負的人在用它來造就維新的人材，愛國的國民；在政府或仍不免希圖着造就忠君，忠於清室的順民。

（二）

等到民國成立，推翻專制，改造共和，不只是民國以前醞釀政體之變更，而是國體的改變，師範教育方面，當然要培養一種教師，要他們教導全國的國民去做國家的主人。民國八年「五四運動」以後，西洋的「民治」「科學」兩大潮流，湧進了多年閉關自守，掛着「中華民國」招牌的我國，師範教育遂又有了新的評價。看課程，取消了讀經講經，教學科目，彈性那樣的大，內容那樣的豐富，科學知識，民治思想，專業訓練那樣的注意，可以知道了。

在這個時期，師範教育也隨着大的運動，有了相當的成就，舉其重大者，如下：

（一）師範學堂改為師範學校，並冠以省立縣立字樣，

（二）初則准許師範學校私立，以增加師範生數量，繼為便於貫澈國策，確定為政府設立，不准私人設立。

（三）為提高學生程度，擴大師範生思想，知識領域，師範學校可與中學合併設立，繼為加强師範生專業訓練，規定師範學校獨立設置。

（四）公佈師範學校法，師範學校規程，師範學校教學科目及各學期每週教學及自習時數表，師範學校各科課程標準。

（五）縮短師範學校年限為三年，提高入學程度至初中畢業。

（六）在不減低師範生素質原則之下，辦理特別師範科及簡易師範科，

（七）舉辦師範學校教員檢定及師範生畢業會考。

（八）為增加師資數量，准辦簡易師範學校，招收小學畢業生訓練四年。

（九）由設立鄉村師範學校，進而規定師範學校以設在鄉村為原則。

（十）廢止修身，讀經講經，增加公民的，人文的，科學的教育專業訓練的各種課程。

（十一）由男女分校至男女同學，復轉至以男女分校為原則。

（十二）准設體育師範學校，幼稚師範科，以訓練專門科目師資。

更值得加以申述的是鄉村師範教育運動。我國雖然有走上工業化的國策，但是事實上仍在以農立國的程途中前進。全國農民佔百分之八十以上，而我們應經改進的新教育，卻一面承繼着本國的舊士大夫教育，一面又襲上西洋適應工業化的教育制度之面幕，所培養的人材，當然不免是「四體不勤，五穀不分」，沒有到農村服務的志願和興趣。鄉村師範教育運動，是一般新教育改革家，實行家，提倡師範應先下鄉的運動。在農村的環境裏，養成刻苦耐勞，從事生產，具有農夫身手，科學頭腦的樂在鄉村服務改造農村的新教師，自民國十年起，這種運動於數年間即瀰漫了全國，私立的如南京曉莊師範，上海立達學園農村教育科省立的如浙江的湘湖鄉師，江蘇的棲霞鄉師，黃渡鄉師，河南的百泉鄉師，都是當時鄉村師範中有實驗工作而較有成效的。鄉村師範學校之能成制度，以及師範學校規程中列入師範學校……於可能範圍內，應多設在鄉村地方」。均受了這個運動的影響。

民國成立至抗戰以前的師範教育，尤其在國民政府成立之後，在質在量，都有相當的進展。當時的新文化運動，使得人們敢大胆的批評，創造；國民革命的力量，推翻了帝制打倒了軍閥，更使民治思潮澎湃起來，如何造就我國新的國民，自是師範教育上重要的課題。

（三）

民國三十六年，抗戰軍興，我政府決定了抗戰建國的國策，動員全國各方面之人力從事工作。在教育方面，由注意推進戰時民衆教育，進而實施國民教育，對於師範教育的推進，更不遺餘力。因為需要的教師多，原有小學教師多有離開崗位的，而青年又多不願來學師範教育。如何解決師資數量？如何獲得優良師資來担任重大的國民教育工作？遂為抗戰期間，師範教育主要致力之所在，在抗戰期間，有下列的重要設施：

（一）各省市師範教育作有計劃的推進，二十七年至三十年實施第一次師範教育方案，三十一年至三十四年度實施第二次師範教育方案。

（二）設立國立師範學校，收容戰區學生。

（三）實行訓練實習間期制。

（四）初中加受師資訓練科目。

（五）教育部督令各省市推設女子師範學校，及勞作、美術、音樂、童子軍，社會教育各種專科班級或學校。

（六）加强管理師範畢業生服務。教育部訂有詳細辦法。

（七）規定選拔優秀小學畢業生入簡易師範學校，初中畢業生入師範學校保送升學辦法。

（八）行政院公佈師範學校學生公費待遇實施辦法，教育部令知各省市提高師範生公費待遇。

（九）教育部頒佈師範學校畢業生免試保送升學辦法。

（十）教育部令各省市擬訂各種師資短訓班結業學生升學簡師及師範學校辦法

（十一）教育部對全國清寒優秀師範生發給奬學金，每年一次，各省市亦多舉辦。

（十二）教育部規定各省市設置中、師、職三類學校之比例（高中、師範、職業為2：1：1初中、簡師、初職為6：2：3），使師範學校按比例增設，矯正專辦中學之弊。

（十三）爲保障師資數量，國民政府明令各機關團體不得任用服務未滿期的師範生，雖在軍事吃緊的時候，師範生仍是緩服兵役。

（十四）行政院令知各省市提高師範學校教員待遇，比中學教員薪給提高百分之二十五範圍以內。

（十五）教育部頒佈師範學校教員研究進修辦法。

（十六）修訂師範學校簡易師範學校課程標準，使課程適合抗戰建國，實行新縣治，推行國民教育之需要。

（十七）改善附屬小學設施，改進師範生實習。

（十八）教育部令知各省市改善教導環境，並擬訂三年設備計劃，加以實施。

（十九）教育部令各省市訂定師範生訓練方案。

（二十）教育部公佈師範學校輔導地方教育辦法，使學校與社會聯系，發揮師範教育的效能。

（廿一）研究師範學校各科教學過程，改善教學方法。

（廿二）舉行師範教育運動週，使全國各界人士及一般青年明瞭師範教育的重要。

統觀以上三個時期的師範教育，對於素質的要求，各因其背境而異，但對數量的要求，則是每一個時期都感覺不够，這短短的我國師範教育史，可說是質量交織着發展的歷史。後一時期均較前一時期的要求爲多，同時改進的地方，也較前一時期爲多，如師範教育之法規，漸次確定，師範教育之設施走上計劃的程途，師範生的訓練，教育專業的訓練，漸居重要的地位等是，我們很有理由，對師範教育的發展，是抱樂觀的。

（四）

勝利之後，重在復員，各項戰時設施，均應予以新的評價，師範教育亦然，並早於三十三年教育部指示各省市預籌戰事結束，師範教育，應行注意各事項。現教育部已督令各省市教育廳局辦理：

（一）各省市學校復員時，應儘先恢復師範學校，師範學校戰時已遷到鄉間辦理的，復員時不必再遷回城市，以符師範學校設在鄉村之原則。

（二）各國立師範學校分別就地交省或遷回原省市辦理。

（三）於上海、廣州、漢口、北平、瀋陽，辦理師資訓練所，給予淪陷區師資以新的訓練，並訓練有志担任教育工作之青年以增加師資數量。

（四）督導各省市訂定考核師範生專業訓練辦法，指定上海市立幼稚師範學校，新陸師範學校，南京市立師範學校，江蘇省立江寧師範學校浙江省立湘湖師範學校，杭州師範學校等，切實研究，實驗師範學校各科教學過程，以期改進全國師範學校教學方法。

（五）令各省市依照規定，甄審偽師範學校學生及畢業生。

（六）自三十五年八月起，實施戰後五年師範教育計劃，於提高素質之外，期於五年內增加師範生五十萬人。

總之：師範教育，須待改進之處甚多，在數量上，普及全國國民教育時，需要師資約三百萬人，現在勝師資約八十萬人，在校的師範生約二十一萬（三十六年三月約計數）每年約有六、七萬師範生畢業，若依過去師範生增加數量每年以三萬人計，即須再過七十年，換句話說，要到民國一〇六年，師資才可以敷用，而養老，退休，離職，死亡的人數尙未扣去。世界文化日在發展的今日實不容許我們「老牛托車」樣的蹣跚着前進，戰後五年計劃，打算以五年的時間，增加五十萬的師範生實是國家最低限度的要求，並不過分。至於素質方面，師範教育制度上，到相當時期，應取消簡易師範學校及簡易科，進而舉辦五年制師範學校（招收初中學生訓練五年）或三年制專修科（招高中學生訓練二年）最後希望將國民教育師資，提高至師範學院畢業。課程仍須再求精粹合用，教法亦須普遍改善，訓練更要切實，在提高素質上看，似乎工作也仍在開始，距理想之鵠的還遠的很呢。我國的師範教育四、五十年努力，也可以說是四、五十年的師教運動，許多宣傳者，實行者，研究者，用多少精神力量，在師範教育上，其成就不爲不多，但就全程上看數量，看素質，其相差之遠，都値得我們警惕，値得我們呼號，値得我切實的作師範教育運動，熱烈的舉行師範教育運動週！

沒有先生，不能辦學校，沒有好先生不能辦好學校：我們大中華民國數千萬學齡兒童，正期待着多量的好先生啦！

師範教育運動的意義

李清悚

我國辦新教育已有七十年歷史，在各類教育中要以師範教育辦得最早，當時是根據辦學校必先造就師資的理由，所以在清末與民初之間，師範教育的體系非常完整，這確是我們教育界許多先進獨有的一種進步的見解，將中國教育奠定了一個很好的基礎，是在我們教育史上值得驕傲的一件事。可是不幸在五四以後許多高等師範發生了昇格運動，都繼續改成大學，無形將一個完整體系的師範教育腰斬了。到了民國十六年以後，再來了一次師中合併運動，幾乎將師範教育完全吞沒了。這一種逆勢所趨，固然由於推展高中級教育的要求所引起，但是這其間却潛伏了一種思想上暗流——就是否定教育專業特質的存在。這一種暗流，無疑的是危害師範教育一個最大的毒素，由於這毒素的傳播，不但是使師範教育制度發生基礎的動搖與破壞，而且影響整個師資的素質和社會的觀感。舉一個例子來說，在民國初年學生以考入師範學校爲榮，現在學生以考入師範學校爲不得已。這種風氣的轉變是足以證明整個社會觀感不同的。由於這些情形的轉變，一般憂心教育的人士，在近十餘年間曾發生了三次社會性的運動，都是攸關師範教育的，第一是敎師節運動，第二是良師興國運動，第三就是師範教育運動，三種運動的起因和內容與期望，雖都不同，但是他們的基本精神却是一致的。就是強調教育專業的特質，和保持教育專業的精神。

「教育專業」一個名詞的構成是根據近代科學的進步，與教育上科學方法的應用，使教育學變成一種專門的學術，應用這種專門學術，以從事教育工作，就變成「教育專業」了。站在教育學術圈子以外的學者由於他自信性過度發展的結果，都否認他們以外的專門學術的存在，於是對教育學，也做同樣的否定，尤其以純粹科學家爲然。我們雖不能說他們是思想硬化，至少有一點「進步的頑固」，天地間許多常理常識的存在，都具有成爲純粹科學的可能性，人們的發現範圍，至爲有限，一人的智慧和他受生物限制的生命，在人類發現範圍內，所獲到眞知灼見，又至有限，從他們這一點渺小的獲得，豈能否定一切，這無疑的是一種類似的狂妄。在一個謙和而樸實的學人，必不致輕加否定，然而積非成是，「教育專業」一詞，在過去一二十年間，却曾受到相當的抨擊。在名詞的本身素質，是未必因此而受損害，然而在專業範圍以內，却受到很多外來的侵蝕。這是我們教育學術圈子以內的人們，所認爲足以担憂，而亟需糾正的一件事，這一種工作應當是師範運動的一個基本的意義，這是學理本身來推論的。

根據學理的解釋，我們首先要提高教育學者及教育工作者的自信。在教育學術圈子以外的人，對我們「專學」「專業」加以懷疑和摧毀，是不足搖動我們的基本素質，和生命，最怕的是我們自己誤中宣傳，而隨聲附和，先破壞本身的自信。這是最危險的事，我們每一個矢身以教育爲專業爲人士，應提高他自信，在基本哲學中，求得我們理論根據，在科學領域中，廣大搜得我們的方法，不斷的研求和堆積是加強我們學術上自衛最基礎的工作。一切專門學術塑成都是從這一條途徑來的，我們不能以現狀爲滿足，我們尤不拒絕任何學理與方法，在教育學術中的應用和融和，與消化。這一種自信和自强態度的提示和強調，這應當也是師範教育運動的一種最重要的意義。

教育學者和教育專業工作者，在自信自强的精神中，尤應當有當仁不讓的精神。凡是我們教育以內的事應絲毫不客氣的担負起來，不避任何怨尤，不避任何艱巨，始終不懈的去努力，必使我們領域中充滿了和樂與成長，對於外人善意的批評，固然是謙虛的接收，對於外來惡意的攻擊，決不爲其動搖。我們終身於此毫不改變，我們有我們的遠大的目的，這個目的達到，我們能得到最高尚的愉快，這不是一般人所能想像的，這在我們自己應當毫不懷疑的去謀實現。這決非阿Q精神，凡是一個任何宗教家所具有的情操、我們教育者是同樣具有的，我們要磨練我們自己的志趣。這也是師範教育運動之一種重要的意義。

凡是一種運動，對內是鼓勵自己的精神，鞏固自己的意志，對外乃是要求對我們工作的重視。教育者工作是對於每一個人都有極大的影響，對於未來的社會負擔締造責任，所以值得要求他人對我們工作的重視。我記得在良師興國運動中有五大要求，他的原文如次：（見二十六年六月六日前進教育半月刊第

七期）

（1）維持生活　吾人不敢有非分之求，但願維持最低限度之生活，以小學教師而論，月薪標準應按各地生活程度使三口之家，足以自給。鄉村小學教師應以三十元為起度（此戰前數字可以萬倍觀之）小城市之小學教師之月薪應以四十元為起度。至於大城市教師之地域加薪，及繼續服務者之年功加俸，尤應普遍實行，以應急切之需要。

（2）救濟意外　教師月薪僅足維持經常生活，更無餘力以謀儲蓄每有意外事件發生。即無以應付，故此等意外費用，為生產疾病衰老死亡，撫孤卹寡等事，皆應由國家另行支給，以安教師之心，使無後顧之慮。

（3）培植子女　人類無不冀其後世之繁榮，而在現時教育制度之下，青年子弟欲求學上進，非有大量金錢，不足以應付，小學教師以僅有之收入，絕不能更充作子女之學費，故應規定凡為小學教師之子女者皆應享有公費之權利，則小學教師目前生活雖苦，而能寄其無窮之希望於子孫，精神上亦可稍獲安慰。

（4）獎勵進修　教師任事日久經驗日增，而學問不免日退，故進修學術，為教師絕不可少之工作，行政當局，尤應盡力給與機會，獎勵教師進修，凡任事滿五年或十年者，即應給予半年或一年之休假，使讀書考察或作專題研究，一面補充其學術之不足，一面更為教育作改進之貢獻，庶幾兩益。

（5）尊重教道　教師之物質報酬既少，則精神之報酬，自應多多給予，故行政人員及視導人員對於教師應有相當禮貌，不可隨意申斥視同僚屬，凡非抵觸規章違犯法律者，更不應隨意撤換，或以校長之進退為轉移。

以上五端要求，相隔十年，依然有存在價值。我們願喚起社會對師範教育之注意，對小學教師此五點基本要求，予以滿足，實基本的方法。現在實施憲政，制尚民主，凡有活運力，能一躍而濟政治樞要，隸黨籍者易於享受分配地位的機會，將來政府改組，也是容易此等人物所充滿。這是自然之勢。可是我們更要求朝野諸公的注意，政治上東風壓西風，西風壓東風，是常有的事，但是教育是百年大計，希望任何黨派如有參加教育的機會，千萬要在你們同志中選出教育專家任其事，那嗎黨派雖易，而教育專質不變，這是我們所希望的還一點，尤其希望我們國民黨同志，首先來倡導，這種影響是很大的，這是我們最後的一個希望。

美國教師的服務和進修

馬客談

美國師資教育制度因一九二〇年提高程度而起變化，於是教師服務的情況，亦隨之而變化。在一九二〇年以前，為師範教育中心時期，在一九二〇年以後為師範學院中心時期，本文所述重在說明一九二〇年後師範畢業生的服務情況，但為追溯原因，間亦談到一九二〇年前有關教師服務的事實。

一、年齡及性別

美國教師在職年齡，據最近統計，平均為二十七歲，其留職時期之久暫，男女不同，大概單身男師平均為四年，單身女師平均為五年，結婚的男師平均為九年，結婚女師平均為十年。

中小學教師女子多於男子，但教育行政當局，教育視導人員及學校校長等，則多為男子担任。在一八七〇年中小學校教師女子占有百分之六十一，到一九四〇年，則增至百分之七十九。其中百分之八十八服務於幼稚園及小學校，百分之七十服務於初中，百分之六十二服務於新式中學，百分之五十六服務於舊式中學及職業學校，以上是指一般城市情況而言，若在鄉村則男教師多於女教師，推原其故，則因鄉村農業工作，素為男子担任，故教師亦多用男子。

在一九三〇年，每二十個小學校中有三或四個已結婚的女教師，每二十個初級中學中，有三個已結婚的女教師，每二十個高級中學中，有一個或二個已結婚的女教師，當第一次世界大戰以前，公立學校是不許已結婚的女子任教的，現在此禁漸開，關於此問題的研究，社會上原有兩派不同的主張，略述如下：

（一）贊成用已結婚女子為教師的主張是：

1.可以使一般女教師定心教學，不顧慮結婚後另謀業的問題。

2.可以節省地方上造就新教師的經費。

3.可以鼓勵獨身的女教師發生組織家庭的興趣。

4.因內心的經驗豐富對於學校的利益更多同情心。

（二）不贊成用已結婚女子為教師的主張是：

1.因為學校責任及家庭責任幷重的原因，將消耗教師一部的時間及注意力。

2.已結婚的女子因工作煩重，將有不願生育子女的趨勢。

3.已結婚的女教師因有丈夫的經濟協助，也許減少專業精神，未結婚的女師，則以職業為生活。

4.因為已結婚女師的薪金比較低廉，也許影響一般教師的薪水標準。

關於此問題各方的研究結果雖不一致，但最近趨勢，因社會上事實的需要多主張已結婚的女師，應仍在學校服務。

二、聘用和憑證

美國中小學教師的聘用。行政當局及學校當局最重視教師憑證，凡為教師，必先獲得教師憑證，方為合格，此種憑證在以前適用於幼稚園到第十二級教師職務，近來在憑證上載明適用於某一階段，如幼稚園及小學或高級中學等，以專責成，茲將各種憑證的效用，分述如次：

1.試用憑證　此種教師憑證，僅限用於一定期間內，有一年二年三年的不同，在滿期以後，必須經過考試或因他種進修而更換終身憑證，據近來美國教育者的主張，最好師範學院畢業之學生，先給予試用憑證。

2.終身憑證　此種教師憑證可用之終身，不過近來教育學者及教育行政人員多主張教師獲得此種憑證後，經過相當年明，仍要呈驗其進修的證明或其他類似的證明，以表示其有教育能力及近代知識，方為有效。

3.交換憑證　各省的師範學院的科目及程度不同，而教師憑證上的要求亦不盡相同，又因為有教師憑證由省政府發給，有的由政府監督城市政府發給，有的由師範學院直接發給，更難一致，所以省與省之間，多彼此求得諒解，互相承認他省所發之憑證為有效，使收楚材晉用之便。

4.視導憑證　因為要承認一種可以擔任視導工作及行政工作者的資格，於是省政府也可以發給一視導憑證，此種制度發展甚速，在一九〇六年只有一省實行，到一九三七年，已有三十一省施行。

5.考試憑證　在一九三七年已有二十省發給教師考試憑證，同時有些大城市亦用此制為選任教師的方法，如紐約城即實行此制，頗收成效。關於考試資格，各省的要求亦至不相同，有的省分一無條件，有的省分需要已得學士或碩士學位的，方為合格。

一般教師聘用的手續，先由地方督導主任（等於中國教育局長）提供優良教師名單於教育委員會，（等於中國教育局不過是委員制）經認可由會先行致送聘約，等到學年開始時，再由督導主任指派工作場所，前往工作。

普通聘約有三種：（1）是一年的聘約。（2）是繼續的聘約，教師接收此聘約後，可要求地方教育行政當局於不擬繼續時，應於一定時期前，預行通知。（3）是試用聘約，教育行政當局對於此類教師可於任滿時解約，不必說出原因，不過如無過失，應當給予其他工作。

各地方教師的聘用，雖以行政當局與教師間的合約為主，但社會人士對教師的信仰，除了合宜的資格外，更注重教師的人格，如生活習慣，政治思想，社會觀念，種族背影及宗教信仰等，皆為社會所重視，而為聘用時的主要參考資料。

三、工作擔負

美國教育行政當局及教育學者對於教師的担負，均注意研究，使得適當的分配，所謂教師擔負，是包括教學及校務兩方面而言，例如教師的學級工作，除去直接教學外，還有其他責任，如預備功課，測驗考試，全體會議，部份會議，應付偶發事項，召集報告，計劃課程，記錄簿籍，改訂課卷及其他直接有關學級的事務，皆須擔負，此外課外活動的指導及社會活動的參加，亦皆為教學外之擔負。

究研教師担負的輕重，除注意量的多寡外，尤應了解下列各種情況：如課時的長短，學級的大小，分組的多寡，學生個性差異及品格的特質，功課的性質，必需準備的時間，開會及聯絡的時間等，在在皆能給予教師的担任上以極偉大的影響。

道格拉斯Douglass的計算式，頗為一般研究教師担負者所採用，他把幾種要素用簡單方法入公式，即可求得教師担任的分量，如以每週教學的總担負爲TL每週學級上課的節數爲CP又每週因教學而化去的同樣的預備節數（單位同於原上課的時間。但不包括原上課時間在內）DUN，每週各節課上的學生人數爲NP每週所化於視察全校，學生活動，出席教職員會議，委員會的工作，協助視導行政工作，參加其他活動等的時間節數，（仍以上課時間爲單位）爲PC及每節上課時間的分數爲PL而定爲下列的公式：

$$TL=\left(CP-\frac{2Dun}{10}+\frac{(NP-20CP)}{10}+\frac{PC}{2}\right)\left(\frac{PL+55}{100}\right)$$

有人用上列公式去調查一二六三個中學教師及校長於明里蘇達Minnsota魁北克Quabeck及道格拉斯Donglass三地，其結果如次：

（一）中學教師在小規模學校中所担負的，重於大規模學校的教師。

（二）教師在學校當局管理嚴密的學校中所担負的工作比不嚴密的學校爲重。

（三）初任職的教師所担負的比久於其職的教師爲重。

（四）體育，家事，手工，及外國語教師所担負的工作，比其他教師爲輕。

四、修進方法

美國近數十年使關於教師進修的方法發展甚速，尤其是自一九二〇年後，師範學院代師範學校而起，於是原有的教師感於學養的不足，多努力從事進修。其方法甚多，如（1）教育考查。（2）學校參觀。（3）課餘及假期在大學選修學分。（4）研究。（5）調查。（6）教育講演。（7）教育發表。（8）參加教育實習所FduCational Workshop（6）教師會議。（10）組織專業團體。（11）社會工作等，風行一時。就一般趨勢來說，從過去行政人員督導教師進修的方法，漸漸變爲教師自動的努力進修。

大學及師範學院在課後晚間，暑假期間，皆爲教師開班，使獲進修的機會，也有設函授部，使教師在其服務學校中即可自行進修的，最近教育實習所Educational Worksoop的運動，日見風行，每逢夏季，各大學及各教育學術團體，多開辦教育實習所，聘請教育名流對參加實習的教師講演新理論新方法，共最主要的活動，爲經驗豐富的教師和需要進修的教師共同工作，共同研究，使需要進修的教師，從這共同生活的環境中，得到最實用新穎的教育經驗和方法，以便實地的應用，凡經過進修的教師，皆給予憑證，行政當局即按其憑證，給予進級加薪，以資鼓勵。

教師進修自檢表頗爲利便此表根據科學方法，將優良教師應具的各種條件，皆羅列其上，每一項目給予適當分數，合爲一千分或分爲五等，視導人員可用此表以考查教師的成績，同時教師自身亦可用此表，以檢查進修的結果。

論師範教育的制度與師範學校的課程

張遠善

一、師範教育的制度

各國教育制度各異，師範教育制度更是大相逕庭。就教育制度之本身而論，師範教育既爲教育之基本，則師範教育不僅量的方面應大量擴充，以展開建國工作，尤須注重質的優良，才能宗成建國之使命。就國家民族而論，師範教育既爲推行政治，發展經濟，傳播文化之動力，則國家的教育實施，應以師範教育之設施爲重心。因爲師範教育是配合政治之工具，國家民族之動態是繫於師範教育之動力。故師範教育制度之確立，應注意下列三點：

（一）師範教育應由中央統制，地方設置；中央監督，地方管理。師範教育爲推行政治之工具，是確切不移的事實，中央爲政治樞紐，何者應革，何者應興，何地應推行何種政綱，何時應推行何種政策，均爲中央必有的整個計劃。每一地方需要若干教師，每一地方教師應具何種性能，中央計劃政治，不僅要確切的統計，更須具週到之部署，而以教師爲必需之配合者，師範教育既爲中央統制，則中央始能按照全盤計劃，指示每一地方設置師範學校之數量及性能，但中央之施政範圍廣大，設置及管理之行政紛繁，必交由地方進行，每一地方之師範學生。均為每一地方之工作幹員，以地方之財力與人力培植本地方之工作幹員，亦爲應行之行政。而地方直接設置，直接管理，將來直接運用，亦較便利。但設置是否合乎全國之政綱政策，管理之是否合理，是否合乎政治之要求，又必中央加以嚴密之監督，如是師範教育始能配合政治，始能爲政治之工具。

（二）師範教育應有一貫的完整獨立系統，并與各級各類教育溝通。師範教育既爲配合政治之教育，又爲國家教育設施之重心，則師範教育制度即應爲各類各級之教育中心。師範教育制度應成爲一貫完整的獨立系統，而各類各級教育均能與之汲汲相通。例如小學畢業可升入師範學校，初中畢業可升入師範學校，高中畢業亦可升入師範學校。任何初級高級職業學校，均可升入師範學校，至於各級師範學校畢業之學生，經過相當時間之服務，亦可升入高一級之師範學校，如是不僅師範學校畢業學生無進修困難前進無途之感。而各類各級畢業生，亦可自由受教育專科之訓練。

（三）各級師範學校之修業年限，應比照普通學校增加一年，師範教育負有重大之任務，既須廣泛豐富之學識，更須完整之人格，强健之體格，以及教育專科之訓練，其訓練之主旨，既較同級之中學教育，大學教育更爲加重、而以同樣之年限，修畢加倍之課程，自爲不可能之事實，强不可以而爲則必流於粗製濫造，徒具課程之繁重形式，而無切實發揮師範教育之效能。如謂我國過去教育失敗，此或即失敗之主因。試比較現制師範學校，與中等學校之課程，不僅主要科目相若，而各主要科目之課程標準大綱亦復相同，但各科目之時間，則一般減少，以較少之時間，學習同一之科目內容，自不可能。再加以師範教育之特有訓練，及教育專業訓練，更屬不可能，故欲求師範教育之質素提高，增加修業年限，實屬必要。我國舊制師範教育制度，曾較同級各類教育延長一年，當時行之，效果顯著，大部師範學生，高等師範學生之程度，均能較高於中學及大學畢業生。後因改行新學制，適應全國普及教育之需要，乃比照中學年限確定現制，僅簡易師範因學歷基礎過淺，入學年齡過低，仍保持延長一年之狀態。但施行廿年來之結果，徒見師範學校之程度低落，教師之素質轉劣、長此以往，整個教育必將繼續低落。考歐美各國之師範教育制度，雖各有不同，但任何制度中，均有特有之教育專業訓練期限，是證師範教育較普通教育之時限應予加長。今際建國伊始，師範教育延長修業年限，實爲急圖。

茲根據以上之原則，就現行整個學制擬具師範教育之制度如下：

1.師範學校分初級、中級、高級，其名稱如何，茲不討論，初級師範相當現行簡易師範學校，中級師範相當現制普通師範學校，修業年限均爲四年，高級師範相當現行大學師範學院，修業年限爲五年，均獨立設置，不附設於任何性質之學校。

2.初級師範入學資格，爲小學畢業生，并限以年齡在十五歲以上者，畢業後得充任初級小學教師，或幼稚園，托兒所之教師。

3.中級師範入學資格，爲初中畢業生，初級師範畢業生，或其他初級職業學校之畢業生，畢業後得充任小學教師，或幼稚園，托兒所教師。

4.高級師範入學資格，爲高中畢業生，中級師範畢業生，及其他中級職業學校畢業生，畢業後得充任中學教師，或其他中等職業學校之教師。

5.各級師範學校之教育專業科目訓練及教育實習，均集中於最後一年，以便學習及證驗，而於師範生之繼續深造，亦較合理。

6.師範生之服務年限，一律規定三年，三年後始得繼續深造，升入較高一級之師範學校。但師範生升學後之修業年限應加以注意，初級師範畢業生升入中級師範後，第三年之末學期或暑假中，可先舉行教育專業科目之考試，及格後可至學校同意之小學校、充任實習教師，并併入服務年限內計算。中級師範畢業學生，升入高級師範後，第四年之末學期（最好在學期結束後之假期中）舉行教育專業科目之考試，及格後可在學校同意之中學校內充任實習教師，實習教師期間，由校加以考查，成績優良得承認其畢業，如是師範學校學生之升學，即具有充分之一貫性，完整性，與獨立性。同時師範學校與學生間之聯絡，亦可加强。

還裏有兩點要加說明的：1.延長修學年限，决非增加學習科目，而是使應行學習之科目　充實內容，提高師範生之程度，及擴充其知識之領域，尤以各科小學教材之研究，須伴同有關各科同時進行，如是可使師範教育質素提高，青年對於師範教育之興趣得以加强，以利師範教育之推行。2.集中教育專業科目與教育實習於最後一年中，絕非前三年辦理中學教育，一如現制之特別師範科，前三年之教育　應特重師範教育之特有訓練。師範教育所需訓練之特有品德，及體格，信心等，較教育專業科目尤爲重要，因這些訓練，必須經過長時間的經常訓練，始能獲得成功。至於便利教育學科之學習，理論與實際同時并進，以及師範生之繼續深造，猶其餘事。

此外在師範教育制度中，還要建議確立技術專科師範學校制度。就是美術、音樂，實用技藝，體育教師之訓練，要在專設的師範學校中訓練。不要在普通師範中分組訓練，最明顯的理由，是提高小學兒童的美術，音樂實用技藝的興趣，培養體格的訓練習慣，且使兒童的教育重心不落在智識上，至於普通師範學校中，就學生的興趣分組訓練各種技能，仍可存在，以便利普通教師兼美術體育音樂實用技藝課程，美術、體育，音樂實用技藝師範學校的年限，及入學資格等，均應與同級的師範學校相同。

茲歸納以上所述，臚列其要點於下：

1.師範教育應由國辦，絕不由私人經營，地方政府秉承中央直接管理。

2.師範教育之設置，應保持與需要之均衡，人數的需要或訓練標準的高低，由中央按實際情形加以統制。

3.師範教育制度應為一貫的獨立制度，自成一系統，而與各級學校相溝通。

4.師範訓練機關之設立，採用分區制，一區內之高級中級初級師範學校，除其校數，級數，及招收新生數等，需與本區的需要配合外，對於本區中小學教育應確立輔導制度，以利畢業生之實習。

5.師範生之服務年限，規定為三年，必須服務期滿，始准升學，但其升入高一級學校後之最後一年，可充實習教師，關於教育學科可參加考試，及格後免修之。教育實習，可以實習教師之實習報告代替之，充任實習教師之時期，得併入服務年限計算。

6.師範生實習時，應考查其實習時的成績及教育專業課程的進修計劃，完全及格後給予教師證書。

7.師資訓練機關之學生入學資格，修業年限，待遇情形，考試標準，試任時期，教職員人選資格，以及圖書設備等等，均應標準化，以收整齊統一之效。

8.師範生由國家訓練亦由國家任用。

二、師範學校的課程

師範教育的課程問題，和師範教育之推行有密切關係，和師範教育的制度更有一貫的關係，課程必須隨制度而確定，而變更，課程必按照師範教育之目標而訂立。就政治之立場而論，其他一切教育的課程伸縮性不妨大些，師範教育課程之規定似應嚴格，關於師範教育的課程問題，可分做兩類意見。一類是主張對於師範生注重基本學科的訓練，授以文哲科學之基本知識，其他一切實用知識，則不逐一列入課程，規定直接傳授。一類是按照人類生活活動，及將來之實際需要，類列為課程，以便利將來就業，這兩種相反的意見，都各有至理，同樣，教育家主張課程簡化，德體應與知識并重的訓練。而每一學科的專家則就學科的發展與重要而論，又主張增加師範生之學習時間及科目，這些都是師範課程之爭論點，而是無法解決之課程問題，茲就實際的狀況，分析現制普通師範學校之課程，為討論之依據，以切合現實之需要。

（一）現制師範課程之分析：現制師範課程，脫胎於十七年所頒佈之高中師範課程暫行標準，經二十二年九月及二十九年三月之兩次修改，於三十年七月公布，茲綜述如下：

1.課程標準之全部，以教學科目為主，除教學科目外，并規定課外運動，戰時後方服務及學生在校自修時間。

2.三年教學科目，共廿五種，外加選修科目八種，每週上課時間三四小時，共計二〇四小時。

3.按照課程性質，全部教學科目可分為四類：（1）普通學科：如公民，國文，數學，歷史，地理，化學，物理，博物等共七十八小時。（2）體格訓練科目，如體育軍訓等，計共三十二小時。（3）休閒活動科目，如音樂，美術，實用技藝等，計共二十九小時。（4）專業訓練科目，又可分為教育專業及地方行政，前者如教育心理，教育概論，教育行政，教材教法，教育實習，計共五十七小時，後者如地方自治衛生，農村經濟合作等計共八小時。

4.現制課程標準說明之特點：有（1）適合新縣制的需要，（2）適應國民教育的需要，（3）教學時數較過去課程減少，（4）實行分組選修，（5）改定科目名稱，擴充內容，（6）增強國防生產教材，（7）規定課外活動，（8）改革實習課程。

就上述四點之敘述，現制師範課程確有若干特點：相當的表現了調和性與整個性，適合師範教育之整個需要，調和若干課程的矛盾意見，但為提高師範教育之質素，與增加師範教育之使命，以下各點似為重大之缺點：

1.現制課程專業訓練所佔比例較大，影響其他各科之學習，按照科目時數之比例，普通課程之科目佔三八、二三，體格訓練科目佔百分之一五、六八。休閒技術科目佔百分之一四、二一，專業訓練科目佔三二、八四。專業訓練約佔有一年之學習時間，就師範教育之立場，專業訓練的時間并不算多，但以一師範生比一高中學生，則其程度無形中即減低一年，因為學習其他科目的時間，已為專業科目所佔有，故欲提高師範學生之程度，使其不低於高中學生，則調整課程與加長在學年限為同時并進之必然事實。

2.現制課程缺乏精神訓練之標準及規定，品德訓練為師範學校之重要訓練，必須規定詳盡之標準，列為整個課程，因為品德之培養，道德範型之建立，尤重潛移默化，必經相當之時間，而非一年半載之短期訓練，設不於整個標準中詳加規定，則所謂師範教育注重德性之訓練，將徒託空言。

3.體格訓練缺乏實施方案，師範學校之體格訓練，負有鍛鍊自身及準備訓練兒童之責任，必須於課程標準中詳細規定實施方案，現制課程所列者僅每週課外活動三小時，及體育軍訓三十二小時及早操，此實一大缺點。

4.教育專業課程缺乏整個性與均衡性，現制普通師範之教育課程，全部脫胎於師範學院之教育課程，無論形式和內容，均為大學教育課程之縮型。名稱是大學課程的名稱，內容是大學課程的綱要，不同者僅部份之繁簡而已。因此全部教育專業課程不厭分割，成為詳盡之類別，注重每一課程獨立系統之完整，而於整個教育專業之訓練則發生重複或缺少之事實，失去其完整，全部教育專業課程既因乏完整之系統，故或偏於此，或重於彼，自失均衡。

（二）師範學校課程之調整：依據以上分析，師範學校之課程調整應注意如下各點：

1.規定詳細的品德訓練標準。這應是師範教育的特點，也是師範教育特點的發揚，不能看做普通中學的訓育實施方案，在這一部分標準中，可分為兩部，一即普通之品德訓練，亦即普通中學的訓育標準，一即師範學校的品德訓練標準，應注意下列各原則：

（1）規定品德訓練，課外活動，衛生設備，以及日常起居飲食等應與全部課程合成一片。

（2）品德訓練注意範型人格之培育。

（3）教育興趣，信仰與教育專業之意志，應視爲品德訓練之一部分，使師範學校充滿教育空氣，堅定教育專業之意志。

（4）服務精神，立身功夫，及接物態度之培養，應列爲師範生之德性訓練。

（5）管理兒童之方法，與其自身進修志趣，應列入師範生之德性訓練。

2規定確切的體育訓練方案，師範生之體格訓練，亦包括自身與訓練（將來應用）的兩方面，所謂自身的必須使每一師範生之本身鍛鍊成健強的體格，所謂訓練的，即在鍛鍊其自身的體格時注意鍛鍊和培養的方法，將來以這些方法應用於兒童的鍛鍊。在自身訓練中特別注重方法的指導，在應用方面，應注重缺點矯治及成績測驗等技術指導，當然這些也直接受訓練。

3.增加必須之科目及時間，師範學校課程，在延長修業年限的前題下，課程的調整應注意下列兩點：

（1）增加外國語。師範學校取消外國語之經過，先係十九年公佈之師範學校課程標準，列爲選修，以後雖經二十二年之修改，仍列爲選修，二十四年公布正式師範學校課程標準，改將外國語取消，其理由爲加重基本學科教學時數，外國語既非小學應用科目，又可集中其學習教育之專業科目，乃決然不讓英語存在於師範學校，但自此以後，師範學生之程度，即大見減低，風氣所致，凡外國語及數學能力較差之學生，趨向師範學校受師範教育，而一般有志青年，認爲師範學校既係前進無途，乃裹足不前，以致師範學生之訓練，被目爲低能訓練，影響青年心理，此當爲一大因素，作者認爲外國語爲一種工具，訓練師範生既必予以升學之機會，又必使其能吸收廣大之知識，此種科目之設置，仍屬需要，縱因師範教育之目的不同於中學教育，不妨在教材方面予以限制，使外國語成爲讀書之工具，而不必着重文學欣賞，同時使受師範教育的青年心理上無異樣感覺，優秀青年即樂於接受師範教育，提高師範生之質素，當可大有裨益。

（2）增加基本科目之必要時間。師範學校之物理，化學，博物等，按照課程標準之規定，其內容實較中學爲繁，但各種均無實習時間，甚有減少時間者，徒具相同之形式，故一般教學結果，反使程度減低，對於師範生質素固極有關係，而應用上及心理上亦大受影響。尤以師範生將來出而教人，一切實驗之技術，尤須有諳熟之訓練，故在延長修學年限之可能下，此類科目之時間，亦應酌予增加。

4.改訂休閒科目及實用技藝科目爲學分制，以適合個性之發展。音樂美術及實用技藝，是休閒科目，也是技術科目，和個人之興趣有密切關係，現制課程，規定爲一律的同樣的訓練，原意在使師範生之智能，有廣泛的訓練，同時使每一師範生，均有良好之休閒性格。但此類學科，因個性之關係，而強以一律的同樣訓練，就作者經驗所得，其結果少數人既嫌訓練不足，仍不能應用於小學，而多數人則趨於敷衍態度，徒使時間浪費，不如將此類學科，規定爲學分制之計算，學生就其興趣所在，任習一種或數種，規定至少在三年內選習若干學分，如是既不失休閒訓練之意義，又可因學生之興趣發展，提高技能之訓練程度，雖云不能使每一師範生所得相同，但較之大多數人一無所得，則不可同日而語。

5.改訂公民爲人生理想和道德，并另設社會科學概論，現制公民科課程以三民主義爲經，而以人生哲學及各種社會科學爲緯，在形式上似頗完善，但所包含之內容既廣，每週教學時數又少，（二三年級每週一小時）教學上發生極大困難，致學生對此一學科之興趣趨於冷淡，教師對於此一學科之教學不能一貫，故此一學科之改訂，實爲必要。師範教育之訓練對於人生之理想及道德既應加偏重，最好設一人生之理想和道德科目，時間稍稍集中，（二年課程併爲一年，每週一小時改爲二小時）使學生注意到修身立己之功夫，以接近訓導上之理想，其餘三民主義及各種社會科學教材另行設立社會科學概論一學科，以滿足學生對於社會學之需要。

（三）課程與教材之配合。師範課程有兩重任務，一爲訓練師範生本身之充實，一即應用材料的學習，指導其收集及運用之方法，以作充分之準備。

自來課程之爭論，大部集中科目時數及教材大綱，其實教者縱按規定之時數及教材大綱教學，實際不一定即能適合師範教育之需要，在師範教育受國家統制之原則下，師範課程應注意課程與教材配合之規定，在充實教材內容方面，基本教材應注意最低限度的說明，在應用教材方面，應按照小學課程標準說明必須教學之教材，有了這個規定，實際上，應用教材是基本教材學習的刺戟，而基本教材又可促進研究應用教材之興趣，兩者相輔相成，影響學習之效率，當可大有裨益，專業化之精神，亦易見增加。

（四）教育專業課程調整的理想，師範學校教育，專業課程在組織和分配方面，應根據以下幾個原則：

1.以兒童生活及國民學校組織爲中心，師範教育以適應國民教育的實際爲原則，師範學校教育專業課程。即應注意兒童生活之切合，及國民學校組織之適應。

2.由具體到抽象，先實際後理論。根據學習心理的程序，從具體至抽象，先事實後理論，是經濟的學習，也是深刻印象的學習，使學者的觀念獲得，不僅是清晰，且能明白，進而研究理論的體系，更可發現新的啓示。這就是所謂合於心理的排列。

3.不囿於固有學科之名稱，現制師範學校之教育課程，對於教育的各種科目之名稱，都帶有專門化之意味，然而這種固有的名稱，對於學科的本身是切合的，但對於小學教育之實際則缺乏應用上之價值，同時我們要使整個課程以實用爲前提，以兒童生活及國民學校組織爲中心，且合於心理的次序，而同時又欲保存固有的學科名稱，實爲不可能之事實，亦爲不需要的事實、所以這個理想的課程，不必具有學科的固有名稱，應打破固有課程之每一系統，就事實的應用和學習上的程序，排列整個之課程綱要．使師範生在畢業後即將所習之程序化爲工作的順序，並可使小學教師便於參考一切職務上，進修上的有關事項。

4.注重各學年間量的均衡，現制師範教育課程，偏重在第三學年、其實就學習的理論而言，沒有任何理由可以容納某一時期，偏重某一性質的學科的可能，一切的分配均應使其均衡，這樣我們要把全部的教育課程，就其可能平均分配在各學年間，不但使學習上教學上便利，就是學校的行政上也可便利不少

5.保存現制課程之全部內容。爲了現制課程是經驗的產物，則其優點，當然不能隨便抹殺，儘管組織上需要改變，內容上需要增加。但原來課程的全部內容當然需要保存，所以這個理想課程的建議，即是原來課程之調整和擴充而已。

依據了上列原則，擬將全部教育課程分爲四部：

1.準備的——對於兒童之基本認識。

2.教導的——教導實施之技能。

3.辦學的——處理學校行政的實際。

4.進修的——進修方法的研究及專業興趣之培養。

玆將理想之教育事業課程綱要列舉如下：

1.準備的：第一學年第一學期修畢對於兒童的基本認識。

學科名稱——兒童的發展

綱　要　　可包括部頒課程標準之綱要

(1)幼兒的發育和健康：嬰兒經護之研究，嬰兒死亡之研究，嬰兒健康問題，胎兒及初生兒之發育，產母死亡之研究，懷胎期間之衞生。

(2)兒童情緒的發展：兒童情緒之發展，情緒的意義，情緒之種類，情緒習慣之養成與破除。

(3)兒童智力的發展：(兒童社會性的發展)智慧之界說，智慧之增進，智慧之分配，團體智力測驗，個別智力測驗。

(4)兒童社會性的發展：兒童社會性的發展，兒童語言的發展，兒童圖畫之發展。

(5)個性差異的發展：個人差別，種族，家庭，兩性，年齡之差別。

(6)異常兒童心理的發展：特殊兒童，天才與低能，兒童之變態心理。

(7)兒童動作能力的發展。

(8)心理和教育：心理學之方法，分類，意義、教育心理之問題、心理和教育之關係。

2.教導的：第一學年第二學期至第二學年終修畢對於教導方面的一切應用技術。

學科名稱：教導實施之基礎材料

綱　要　　可包括部頒課程標準之綱要。

(1)刺激和反應：刺戟反應之公式及其解釋，反射本能與習慣之簡單敘述。

(2)學習和指導：學習之分析，人類與動物之學習比較，動物學習之舉例，試驗與錯誤，交替反射，領悟，學習之實驗，學習高原，學習律，習慣之養成，便利學習之境況。學習指導。

(3)分配和練習：進步狀態，學習曲線，生理的限度，練習時間之長短與分配，注意與學習，遺忘之速度，實驗遺忘之結果學習快慢與保存久暫問題，練習之移轉、實驗移轉之結果。記憶與文字。

(4)疲勞心理：疲勞之心理，疲勞之種類，疲勞之測驗，救濟疲勞之方法。

(5)小學教育目標：教育目標，教材、教法，兒童，環境等之相互關係，教員之態度及技術。

(6)小學課程：小學教材之範圍及來源，小學教材組織之原則及方法，小學教材選擇分量支配及排列之一般原則。

(7)教學之各種方法：問題的教學法，練習的教學法，欣賞的教學法，發表的教學法，個別學習的教學法，複式教學法．各種著名的教學法，教學方法所根據之重要原則。

(8)訓導之各種方法

學科名稱：教學實施

綱　要　　可包括部頒課程標準之綱要

(1)教學事項：教學事項，教學準備，學籍編選，學級編制。

(2)教材和教材書：教材及教學方法的意義，小學教科書之選擇及使用。

(3)體育教材及教法：體育教材及教法，體格測驗。

(4)國說教材及教法：國語教材及教學法，國語讀法之心理，識字測驗

，常用字問題，識字的教學原則，國語教本上之困難指導，小學錯字之分析，讀法測驗，讀法之研究，書法之問題。

（5）算術教材及教法：算術教材及教法，算術之學習心理，算術能力之養成，算術上錯誤心理，算術上之推理，診斷與補救算術上之缺陷，算術教本上之字彙。

（6）常識教材及教法：常識教材及教學法，常識之學習心理，自然科之學習心理，歷史之學習心理，常識測驗。

（7）勞作教材及教法：勞作教材及教法，職業測驗。

（8）音樂教材及教法：音樂教材及教法，音樂測驗。

（9）美術教材及教法：美術教材及教法，美術測驗。

（10）教學成績考查：編造測驗之方法，考試時測驗方法之應用，測驗實驗之方法，TBCF制之說明，測驗實習，測驗之意義，測驗之功用及限制，測驗之歷史，成績考查，記分方法。

學科名稱：訓導實施

綱　要　可包括部頒課程標準之綱要

（1）訓導事項：訓練組織，訓練方法。訓練標準

（2）環境設施：改善環境，健康檢查，訓練及活動，營養及保健，預防及治療。

（3）課外活動。

（4）兒童自治。

（5）兒童賞罰。

（6）學校和家庭：家庭之聯絡與輔導。

（7）兒童心理衛生，心理衛生之方法。

（8）特殊兒童之訓導：特殊兒童之教導，變態行為之原因。

（9）訓導成績考查：品性測驗。

3.辦學的：第三學年第一學期修畢對於學校行政之處理。

學科名稱：小學行政實施

綱　要　可包括部頒之課程標準綱要。

（1）科學的行政方法：小學的行政及範圍，小學行政之研究方法，小學行政之基本原則，小學行政之現狀及趨勢。

（2）小學校長：小學校長之職務，小學校長工作時間之分配，小學校長之修養，評定校長工作方法。

（3）小學教師：小學教員之資格，小學教員之待遇，小學教員之職責進修方法及康樂生活，評定教員工作效率方法。

（4）校舍和設備：學校環境，校地及校舍支配，校舍之建築及修理，校具之設備及修理，布置與裝飾，評判校舍之標準。

（5）行政組織和設施：行政組織原則，組織系統，各項會議，各項規則，行政歷，統計及報告，出版。

（6）事務管理：經濟管理，圖書管理，文件管理，校舍管理，校工管理，雜務處理。

（7）公文和表冊：各種公文之研究與試作，表冊研究與仿製，列表法圖示法。

（8）學校和教育行政：行政事項，教育經費之來源及分配主要教育法令與方案，教育視導。

（9）辦理社教民教方法：社會之輔導與協作，集會，成人之學習心理。

（10）研究工作：組織方法，工作程序。

4.進修的：第三學年第二學期修畢對於教師進修的各方面。

學科名稱：教育研究

綱　要　可包括部頒之課程標準綱要。

（1）教育的科學研究法：結果之應用及整理。

（2）研究教育科學的統計法：次數分配，平均數，離中差數，相關。

（3）教育和社會的適應：發展及適應，社會之組織及活動，社會之演進，社會組織及教育社會組織，教育之職能與必要，各類教育。

（4）近代教育思潮的發展。

（5）近代教育思潮之趨勢。

（6）近代學制的發展：學制之構成及其歷史之發展，各國學制舉例，中國學制之沿革及現況。

（7）現代學制的趨勢：各級學校之職能，國家教育行政系統之構成，各國教育行政系統舉例。

（8）中外教育家的生平與思想：

（9）教育哲學的研究。

（10）教育哲學的根本問題。

這個課程綱要，只是一個輪廓，雖未十分完善，却具有確當之意義，至於列舉可包括教部課程標準綱要之作用，在使讀者明瞭這個課程在質和量的方面是增加的，是整個的，決非採取這樣的內容就算完了，當然詳細的整個內容需要精密的整理和補充，不過最好這種整理和補充，不要用理論的方法完成，而要根據事實上之效能來確定。

師範教育運動週感言

王惠三

說一句老實話，中國今日之所以能成爲世界上的一大强國，大半是由於她天賦的優厚——在縱的方面，她有悠久的歷史與文化；在橫的方面，她有廣大的幅員與人口。正因爲如此，所以生活上的經驗，特別來得富豐，社會上的組織，也特別顯得繁複。加以近世各種科學的突飛猛進，中國的學問早就成了一個『混血兒』。固有文字的艱深意義，外來科學的深奧原理，誠非一般人所能了解。所以，父母對於自身子女的教育頗感棘手，不僅無暇教導，並且無法担任。於是在三百六十行的社會中，就生產了「教師」這末一行。我們無論翻開典籍或者聽聽傳說，都不難知道古代人對於教師是如何的崇敬。可惜近年來因爲人們過於重視物質方面的享受，認爲吃粉蠟灰的生活太清苦了，於是大多數受過專業訓練的優良教師都改了行，而另一批不知教育爲何事的代用品，攙進學校裏來，因而形成現今教育事業落後的現象。由於社會人士的鄙視教師，造成了教師們自卑的心理；由於教師們自卑的心理，更促使一般人以「教師」爲詬病，這實在是一個必然的趨勢。

我們要知道，一個優良教師的養成，決不是一朝一夕的事。他至少須具備三個條件：（一）在學識方面，應該富有求知慾。　因爲時代的巨輪，老是不停地在前進着。教師們如要能適應潮流，對於舊知新學必須力求淵博，而且要能融會貫通，否則最多不過是一架留聲機而已。同時因爲教育事業既繁且複，一個問題的處理，事前應有精密的設計，當事又要審愼的處置，事後更須作詳盡的檢討，以爲日後之參攷，所以非有幹練之才不可。（二）在品性方面，應該溫存和樂。　因爲教師的職務，即在傳道、授業與解惑。倘若沒有誨人不倦的精神，就會對生活感到枯燥，對事業感到乏味。而且因爲他要做人家的表率，所以在道德上必先有較深的涵養。一切不良嗜好，足以傷身戕性的，應努力摒除。（三）在體格方面，須有活潑的精神，靈敏的身手。　因爲如此則對清苦的教員生活，方不致悲觀，而能用愉快的心情，濃厚的興趣，隨時隨地爲兒童或青年解決問題。

培養優良教師，既然如此困難，則政府對於有用的人才，自應設法保障，使其安心教學。但是現實情形，卻距我們理想太遠了。在校的師範生，每日以公家待遇來計算，只能够吃到三根油條一杯開水。出校後，雖各地對國民學校教師的待遇高下不同，但充其量，也只能與一般裁縫，泥水匠等相比較，難怪一些勢利之徒，要看不起這壟肩負建國重任的教師了。最近，尊師重道的口號叫得很響，當局也在推進師範教育運動，這無非想挽救我國當前教育上的危機。可是我以爲要使教師們安於職守，爲國家培育下一代的人才，政府至少要做到下面幾點最低的要求：

A　釐訂教師待遇標準，實行年功加俸制。

B　訂定教師進修辦法，不因人事變動而受影響。

C　國家應有退休金之規定。

D　儘量保障優良教師。

國語科教學的三種重要方術（下）

章柳泉

一、默讀測驗的例子

默讀試驗

初小三年級到初中二年級

姓名…………年齡…………年級…………時間…………

先讀下面的例子

胡小明很快的從路上走過，你左手拿了一本國語讀本，右手拿了一本練習簿，身旁邊掛着一個飯盒子。

答下面的問題

1.（3） 這小孩名字叫做：
1.胡小民，2.胡少朋，3.胡小明，4.吳小朋。

2.（4） 他左手拿的是：
1.練習簿，2.飯盒，3.算術課本，4.國語課本。

3.（5） 這小孩大概是到：
1.公園去，2.學校去，3.街上去，4.河邊去。

現在準備， 一說「起，便很快的讀下面各段練習，并逐段回答問題」

一個獅子在樹林內睡着。
一隻小老鼠在他的背上跑上跑下。
獅子醒來，用他的脚掌把老鼠捉住。

1.（ ） 獅子是在：
1.洞內，2.樹林內，3.籠內，4.屋內。

2.（ ） 獅子捉住的是：
1.狗，2.貓3.兔子，4.老鼠。

…………………………………………

…………………………………………

小喜寶和你的母親住在鄉下。上星期六他的父親從城裏來看他們。他帶了麵包，糖果，衣料，鷄蛋糕，圖畫書，送小喜寶。小喜寶先看見了她的爸爸，叫了一聲便趕快跑到屋子裏去告訴媽媽。

1.（ ） 從城裏來的是：
1.媽媽，2.爸爸，3.小喜寶，4.母親

2.（ ） 爸爸先看見的是：
1.小喜寶，2.媽媽，3.母親，4.父親。

3.（ ） 爸爸送的東西，不能吃的是：
1.麵包，2.糖果，3.衣料，4.鷄蛋糕。

………………………… …………………………

二、書法測驗的例子：

書法測驗標準記分片

姓名……………… 年齡……………… 年級……………… 日期………………

學校……………… 教師………………

標準	完全分數															
1.輕重	3															
2.斜度	5															
整齊																
混雜																
3.大小	7															
整齊																
過大																
過小																
4.行列	8															
5.行的距離	9															
整齊																
過近																
過遠																
6.字的距離	11															
整齊																
過近																
過遠																
7.筆劃的距離	18															
整齊																
過近																
過遠																
8.清潔	13															
墨點																
不小心																
9.字形	26															
普通形式																
勻稱																
筆劃太緊																
少了一部分																
多了一部分																
總成績	100															

三、識字測驗的例子：

識字測驗

姓名………　年齡………　年級………　日期………

說明：下面的句子，每句裏有一個較大的字，仔細看這較大的字，如果是對的，就寫一個「＋」號在括弧裏，如果不對，寫一個「－」號在括弧內，但同時要把這個正確的字寫在後面虛綫上。

例如：（＋）1. 我看見一條狗　1. ……………

（－）2. 他有五本書書　2. ……書……

（　）1. 一年有四季　1. ……………

（　）2. 惠民到海邊去釣魚　2. ……………

（　）3. 大家商議種麥子　3. ……………

（　）4. 天氣是一天比一天冷　4. ……………

（　）5. 哥哥被石頭打了　5. ……………

（　）6. 我們應該幫助別人　6. ……………

（　）7. 這個人的腦經不清楚　7. ……………

（　）8. 昨晚我家捉到了一個賊　8. ……………

（　）9. 他故意不來上課　9. ……………

（　）10. 王先生顧了一輛車子走了　10. ……………

（　）11. 姊姊預備進中學　11. ……………

（　）12. 不知道是什麼原故　12. ……………

（　）13. 農村都很富裕　13. ……………

（　）14. ……………　14. ……………

（　）15. ……………　15. ……………

（　）16. ……………　16. ……………

說明：下面每行都有四個相同的字，只有一字是對的。找出對的字來，并且把這字的符號記在括弧內。

例如：（4）1. 找，2. 我，3. 我，4. 我。

（　）	1.	1 是	2 是	3 是	4 是
（　）	2.	1 你	2 你	3 你	4 你
（　）	3.	1 現	2 現	3 現	4 現
（　）	4.	1 從	2 從	3 從	4 從
（　）	5.	1 學	2 學	3 學	4 學
（　）	6.	1 幾	2 幾	3 幾	4 幾
（　）	7.	1 國	2 國	3 國	4 國
（　）	8.	1 補	2 補	3 補	4 補
（　）	9.	1 亂	2 亂	3 亂	4 亂

……………………………

……………………………

……………………………

（　）29　1 ……………

（　）30　1 關　2 關　3 關　4 關

這些例子不過是個樣子，不能算是標準，有許多診斷用的測驗，是很可以倣造的，現在我要把我的意見說一說了：

第一、標準測驗的編造，固然不容易，練習用或診斷用的測驗，并不十分難，標準測驗雖然可以暫緩，練習用或診斷的測驗，却應大大的提倡。

第二、書法量表，識字量表、作文量表，用處很大，應當設法編造起來，不妨以省（市）爲單位，各省（市）編造各省（市）的量表。

第三、識字和作文的錯誤統計，應提前辦理，因爲針對錯誤用力，最易生效。對錯誤沒有下一番發現和分級的統計工夫，練習一定是有許多浪費的。

第四、教育行政機關應當聯合研究機關負編造測驗和量表的責任，並應督導各校應用。

第五、各級視導工作人員應倡導講求方法的風氣，鼓勵各教師應用測驗和量表。

第六、各學校校長教師也應當自己負起責任，不要以爲測驗是多麼難的一回事，如果你能隨時留意，你便可以發現你所教的兒童的各種缺點，假使你再稍稍留心一點，你便可以根據你所發現的錯誤，編造你自己用矯正測驗。

（六）

這篇文章至此可告一結束，有人以爲陳義過高，誠然，這裏面有許多辦法，不能全部做到，尤以缺乏工具——各種測驗，量表，會使各種辦法大大減色，但是也有很輕而易舉的事。我們應當取法乎上，尤應提倡講求方法的風氣，如果非工具不可的話，我們就不妨先從工具入才。中國教育的效率太差，最重要還是方法問題，教育效率差，人力就不能充分發揮，人力不能充分發揮，國力也就自然削弱，不要小看了這件事。

介紹王問奇主編小學音樂教材

李清悚
馬客談
張達善

抗戰勝利以後，小學音樂教學上感到教材的缺乏至爲迫切，抗戰歌曲已不合時宜，市面上充斥的「黃色音樂」更不適於兒童學習，小學裏多半感到無歌可唱。

王問奇陳雲龍吉爾璋三先生有鑒於此，特從收藏的四五千首兒童歌曲中選編一本小學音樂教材第一集，這一集中有獨唱，齊唱，輪唱，對唱，及合唱多種，極合小學中高年級兒童之用。

王先生現任江寧師範音樂科主任，對於兒童音樂已有二十年研究的歷史，近曾指揮南京全市學生萬人大合唱對於實地教學更具經驗，陳先生與吉先生也是多年的音樂教師，他們按照小學音樂課程標準編了這本書，交南京太平路三八二號初等教育研究社出版，書用鉾版白報紙精印，封面用米色道林紙，潔白耐用，第一集全是歌曲足够兩學期教學之用，每本收回工料費一千五百元，批購十冊以上可享八折優待。

這集小學音樂教材有以下特點：

（一）打破以前小學音樂課本論理式之排列，而採用折衷式之排列，即論理與心理兼顧，故全集各曲不但適於教學更可適於音樂會或播音之用。

（二）歌曲種類兼顧，有的可以引起優美的情緒，有的可以引起愛鄉的觀念（其中頗多民歌），多半是新歌，也有些是極有價值的舊作。

（三）有正譜有簡譜，簡譜附在書的最後幾頁，以免與五線譜混淆，設備完全與不完全的學校均可採用。

（四）正譜部分附有伴奏，歌譜部分儘量放大適合兒童閱讀。

（五）書式大小與一般教科書相同便於携帶，但印刷精美清晰則有過之無不及。

上列特點，是國內小學音樂課本的創舉，是教材荒中的一個大福音，現轉爲介紹希望全國小學兒童，人手一冊，多多採用，並希望王先生以後陸續編輯第二集以及無數集，以增進全國兒童音樂教育。

專載

南京市教育局工作概況

本局自去年七月十六日恢復成立以來，迄今已縣縣八個月。前五個月，以國民教育之發展，中等教育之擴充，社會教育之推廣，校館房舍之整理，以及行政效率之增進爲中心工作，其工作概況，已見本刊創刊號，茲將最近三個月來之工作，擇要分述於下：

甲　國民教育方面

一、增校增班　本市市立各級國民學校，去秋雖曾盡力設法增校增班。但學荒情形，仍甚嚴重，故本學期仍以最大努力，以增校增班，截至現在止，各級國民學校方面，已開辦一百四十四校（內有獨立幼稚園一所）一千三百二十二班，約可收容兒童七萬九千三百二十名，較上學期之一百一十七校一千零三十五班，收容兒童五萬七千零十人。計增設二十七校二百八十七班，增收兒童約二萬二千人。此外已立案之私立小學上學期爲十一所，私立幼稚園一所，本學期已立案之私立小學增七所，現仍從事增校增班之策劃與進行，俾消弭學荒於無形。茲附列市立各級國民學校分佈表，本學期與上學期校數班數及學生數比較表於下：

學校分佈表

區別	學校數：中心國民學校	學校數：國民學校	班級數	備註
第一區	一	一八	一四九	1. 另設一國民教育實驗區一所，實驗國民教育之實施方法。
第二區	一	七	一一三	
第三區	一	一〇	一七七	
第四區	一	一二	一五一	2. 第二區國民學校數字內包括獨立幼稚園一所。
第五區	一	一四	一九六	
第六區	一	六	一二三	
第七區	一	二	三八	
第八區		四	三一	
第九區	一	一八	八八	
第十區	一	一五	六九	
第十一區	一	一二	六六	
第十二區	一	一四	八四	
第十三區	一	一〇	三七	
總計	一二	一三二	一三二二	

本學期與上學期校數班數及學生數比較表

學期別	學校數	班級數	學生數	備註
上學期	一一七	一〇三五	五七〇一〇	1. 本學期學校數內包括獨立幼稚園一所
本學期	一四四	一三二二	七九三二〇	2. 本學期之學生數係約數因各校尚未呈報
本學期增加數	二七	二八七	二二三一〇	

二、增設民教班　上學期在各級國民學校開設民教班七十三班，本學期增開一百零六班，共一百七十九班。茲將民教班分佈情形列表如下：

區別	班級數	備註
第一區	一三	內四十五班係本局與世界學生服務社中國分社所合辦
第二區	一五	
第三區	一七	
第四區	八	
第五區	二九	
第六區	一五	
第七區	五	
第八區	六	
第九區	一七	
第十區	一六	
第十一區	一二	
第十二區	一五	
第十三區	一一	
合計	一七九	

三、確定中心國民學校制　遵照教育部規定，確定中心國民學校制。每區設一中心國民學校，負輔導區內國民學校責任。本市共十三區，第七第八兩區，

學校數量較少，故合設一中心國民學校。又依教育部規定，將中心國民學校定名為「南京市第某區中心國民學校」，國民學校一律用所在地地名改稱「南京市第某區某地名國民學校」。並訂定中心國民學校組織規程，工作大綱與輔導辦法，以為各校辦事之依據。

四、規定研究組織　上學期曾組織分科教學研究會，尚能依照預定計劃，按期舉行，本學期當繼續進行，以研究改進各級國民學校之各科教學方法，增進各科教學效率。茲為謀各區國民教育與全市國民教育之研究改進起見，已遵照教育部規定，分別組織各區國民教育研究會與市國民教育研究會。市國民教育研究會由本局主持，各區國民教育研究會由各該區中心國民學校主持；分科教學研究會，分別由各區中心國民學校主持。茲將分科教學研究會開會概況表列如下：

組別	主持學校	指導專家	開會日期	開會時間	開會地點
初級國常組	第二區中心校	魏冰心、邵鶴鳴	四月一日、五月一日、五月廿九日	下午二時	五台山第五區中心國民學校
算術組	第四區中心校	水心、薛天漢	四月五日、五月三日、五月卅一日	同前	第六區鼓樓國民學校
複式教學組	第十三區中心校	李業、張家伯衡	四月八日、五月六日、六月四日	同前	金鑾巷市立師範學校
藝術組	第十二區中心校	仇河清、薛席儒	四月十日、五月八日、六月七日	同前	第三區夫子廟第一國民學校
高級國語組	第十一區中心校	馬客談、章柳泉	四月十二日、五月十日、六月十八日	同前	五台山第五區中心國民學校
社會組	第一區中心校	朱清悚、張達善	四月十五日、五月十三日、六月十四日	同前	第六區鼓樓國民學校
社會事業組	第十區中心校	趙步霞、郭子通	四月十七日、五月十五日、六月十八日	同前	金鑾巷市立師範學校
音樂組	第六區中心校	王問奇、吳伯超	四月十九日、五月十七日、六月廿一日	同前	第三區夫子廟第一國民學校
幼稚教育組	第三區中心校	雷震清	四月廿二日、五月卅日、六月廿五日	同前	五台山第五區中心國民學校
自然組	第九區中心校	徐允昭、潘平之	四月廿四日、五月廿二日、六月廿八日	同前	第六區鼓樓國民學校
體育組	第七區中心校	鄒彬芳、龍家麗	四月廿六日、五月廿四日、七月二日	同前	金鑾巷市立師範學校
民衆補習教育組	第五區中心校	沈堅、楊汝熊	四月廿九日、五月廿七日、七月五日	同前	第三區夫子廟第一國民學校

五、舉辦體育教師講習班　為改善國民學校體育教學及實施方法起見，特令飭國民教育實驗區利用寒假，舉辦體育教師講習班。一月二十七日開學，二月十六日結束。講習科目有體育概論，小學體育行政，小學體育設備，小學整隊與走步及徒手操教材教法，小學竿上運動與疊羅漢教材教法，小學韻律活動教材教法，小學遊戲教材教法，小組討論等。

六、徵集各中心國民學校圖書室圖書　為充實各級國民學校閱覽圖書起見，擬先在各區中心國民學校成立較完善之圖書室。三月八日下午三時，曾邀集本市各書局經理，在本局舉行茶會，請各書局捐贈兒童讀物與教育參攷書籍，以充實各中心國民學校圖書室，各書局均已應允。

乙　中等教育方面

一、增設班級與成立師範分校　市立中等學校，去秋亦曾盡力增校增班；本學期就原有學校開辦一百八十六班，較上學期增設九班，約可增收中學生五百人。並為加強實施師範生之專業訓練起見，特在燕子磯成立師範分校，將中學內兼辦之師範班級，一律劃入市立師範與師範分校辦理，至於已立案之私立中學，上學期為二十校一百七十八班，本學期為二十四校，班級數尚未據呈報。茲附列市立中等學校一覽表及本學期與上學期校數班數暨學生數比較表於下：

市立中等學校一覽表

校名	班級數 高中	班級數 初中	備註
市立第一中學	九	一六	
市立第二中學	六	一三	

市立第三中學	五	九	
市立第四中學	一〇	一二	該校經費由教育部負担
市立第五中學	一四	二一	該校經費由教育部負担
市立第一女中	六	一四	
市立第二女中	八	一五	該校經費由教育部負担
市立師範學校	八		
市立師範分校	四	二	
市立職業學校	四	一〇	
總計	七四	一一二	

本學期與上學期校數班數暨學生數比較表

學期別	學校數	班級數	學生數	備註
上學期	九	一七七	八六四四	本學期之學生數係約數因各校尙未呈報
本學期	一〇	一八六	九一四四	
本學期增加數	一	九	五〇〇	

二、分發復員學生　上學期來局登記過遲以及寒假中來局登記之國立中學復員學生共三百四十一人，已於二月六日及二十六日全部分發就學。

三、舉辦僞中等學校畢業生甄審考試　對僞中等學校畢業生資格之甄審，去暑曾舉辦第一次甄審考試。二月二十三及二十四兩日，假市立第三中學舉行第二次僞中等學校畢業生甄審考試。參加甄審考試之僞中等學校畢業生共二百一十五名，經甄審考試合格者，計高中一百零九人，簡師二十一人，初中三十九人，共一百六十九人。

四、舉行中等教育檢討會議　爲檢討中等教育之設施起見，特召集本局祕書，主管科科長，全體督學，並邀請教育部視察本市中等教育之督學，於一月二十日下午舉行中等教育檢討會議，以檢討過去與策劃將來。

五、核發理化儀器　本市自抗戰勝利復員後，各市私立中等學校陸續恢復，但八年中受敵僞之摧殘，損失慘重，現在弦歌雖續，設備殊屬簡陋，其中以理化儀器之缺乏爲尤甚，亟應從事補充，俾植科學教育之基，前奉教育部配發本市物理儀器十八套，化學儀器四套，已妥予分配，由各校領回應用，並以本市市立及已立案之中等學校計共三十四所，教育部所發之數，不敷分配，特電請上海中央研究院配售理化儀器，以應各校需要。

六、選送英語教員受訓　教育部爲改進各省市中學英語教學起見，特舉辦中學英語講習會，本局已令飭市立一中、[illegible]中，二女中及私立鍾英東方等校，選送英語教員前往受訓。

丙　社會教育方面

一、修建體育場　公園路體育場，已在修建，六月一日之全市運動會，即在該場舉行，五台山體育場地皮，正向童子軍總會洽撥中。

二、接收六角亭　夫子廟前之六角亭，業經撥交第一民敎館爲實施社會教育之用，一月中旬，並函由社會局飭踞作該亭之閑人遷讓，經令飭該館接收，撥款修繕以便應用。

三、訂購藥品器材　健康教育委員會爲實施各級學校健康教育起見，曾購買藥品，裝置保健箱五十隻，於一月下旬分發各校使用，二月上旬，又訂購藥品器材一批，業經運到，正裝箱陸續分發各校使用。

四、訂定本年度健康教育實施計劃　本年度健康教育實施計劃，業經擬定，以全市市立中等學校及各級國民學校爲對象，並分爲特約設施學校、中心設施學校，一般設施學校三種，其工作亦分爲三類：（一）特約設施學校之工作，爲研究及實驗各校衛生工作與教學示範之用，全市指定中學二所、國民學校五所爲特約設施學校，全校員生均將檢查砂眼，普照X光，及實行學校衛生方案中各項工作。（二）中心設施學校規定市區中心國民學校八所及中學七所，各校須先成立一衛生室，除發生示範作用外，並爲各區小學生之中心治療場所，其餘工作爲實施衛生教學，（包括師資培養，編發衛生刊物，衛生講演，衛生隊訓練與家庭聯絡）衛生事務，（包括預防、保健、診療等工作）衛生生活（如環境衛生，學生飲食心理衛生之指導）等。（三）一般設施學校係指城區與郊區未經指定爲特約設施學校與中心設施學校之國民學校，其工作情形與中心設施學校相同，惟無衛生室。城區各校學生診療疾病時，可至附近中心設施學校，郊區各校則僅發急救箱一隻，按時分寄衛生宣傳材料。至種痘、霍亂、傷寒之預防工作，由附近衛生所負責辦理。

五、籌辦市運動會　本市全市運動會業定於六月一日舉行，本屆運動會比賽項目，除球類與游泳比賽另行舉行外，其餘均將遵照規定，並以田徑爲主，刻已擬定比賽辦法，此次大會，爲產生本市全國運動會選手計，故市民均可自由參加。大會比賽單位，共分八組：計公開男子女子組，指本市公私立專科以上學校之學生及市民；高中男子女子組；初中男子女子組；高級小學男子女子組。市運會籌備主任由本局馬兼局長担任，下設場地設備，註冊編配、裁判、獎品、招待、糾察、衛生、宣傳、總務等九組。

六、覓賺房屋籌設首都補習學校　首都補習學校上年度已列入預算，因校舍無着，未能如期成立，茲教育部令與實驗民校合併設立，並准按月補助廿萬元，特覓購八條巷房屋，正在議價訂約中，以作校舍，並擬訂設立計劃，除在本校設置班級外，並利用中小學教室開晚班以期普遍。

七、籌辦兒童節紀念會　本年兒童節紀念會，教育部令飭當地政府主辦，復奉市府批交本局主辦，業經積極計劃，詳訂辦法，並聯合社會衛生兩局，共策進行。茲錄兒童節暨青年兒童科學運動週實施辦法如下：

南京三十六年兒童節暨青年兒童科學運動週實施辦法

一、舉行紀念大會　四月四日兒童節分區舉行紀念大會由各該區中心國民學校分別負責辦理（三月二十九日青年節紀念大會由南京支團部主辦）

二、科學教育廣播演講　敦請科學專家或機關首長自三月二十九日至四月四日在首都各電台舉行通俗科學講演講述最新科學常識　國父及　蔣主席有關科學訓示或中外科學家奮鬥成功之事蹟以激發學生獻身科學運動之熱情及志願

三、放映科學教育電影　請國防部特勤處美國新聞處教育部社會司中華教育電影製片廠及南京市第一電化教育工作隊於運動週內在本市各適中地點放映有關兒童與青年及科學教育電影由第一電教隊負責辦理並請教育部社會司協助接洽放映事宜

四、舉辦兒童講演比賽　先舉行預賽選出代表後再行參加決賽

（一）講演題目　自行决定但以「忠孝仁愛信義和平」之八德爲主講述本國革命先烈及古代偉人之兒時軼事或世界上科學家發明家之兒時生活

（二）參加人數　凡本市國民學校應選派學生二人至三人參加

（三）舉行預賽　本比賽分區舉行由各區中心國民學校主持預選

（四）演說時間　每一學生演說時間規定以三分鐘爲限

（五）舉行決賽　各區預選后推派代表二人參加決賽

（六）決賽日期地點　四月二日下午二時在白下路市立三中大禮堂

（七）評　　判　由本會敦聘兒童教育專家五人至七人組織評判委員會担任之

（八）給　　獎　獎品由大會統籌徵集地點日期臨時決定後通知

五、書法及自由畫比賽

1.參加單位　本市各公私立小學均應甄選學生二人至四人參加預選

2.舉行預選　各中心國民學校負責主持區預選後　産生代表二人參加決賽

3.比賽時間　兩項比賽時間均予規定以示限制

4.比賽種類　（一）大楷　用四開上等元書紙寫每頁十六格

（二）小字　用六裁班關紙寫六行每行二十字

（三）自由畫　自由命題作畫一幅

5.比賽日期及地點　臨時决定后通知

6.評　　判　由本會敦請專家九人至十三人組織評判委員會分書法自由畫兩組評判之

7.給　　獎　優勝者由本會發給獎品或獎狀以資鼓勵

六、舉行青年籃球比賽　按高初中各分男子女子兩組每校至少組織一隊參加採用分組淘汰制由南京市體育會主辦自三月十日起開始報名

七、獎勵優秀青年　由中等學校全體學生就上學期品行體育及學業三項成績優良之六人中選出最優秀學生三人提經校務會議通過定期發給奬章並派員率領晉謁教育部部長本市市長教育局局長請訓

八、舉行遊藝會　分區舉行遊藝會藉資慶祝由各區中心國民學校主持每一國民學校應參加表演節目，並由社會局聘請音樂家參加演唱兒童歌曲並組織兒童歌詠隊巡迴各區參加演奏

九、舉辦兒童勞作美術作品展覽　定期分區舉行兒童美術勞作作品展覽擇優彙送教育部轉送南美洲烏拉圭國參加國際公開展覽

十、慰問貧苦兒童　請社會局負責主持並以大會名義向本市各機關團體徵集有關兒童玩具文具營養品等以便分發

十一、倡導保護童嬰運動　請社會局擬訂詳細辦法並主持辦理

十二、舉行兒童福利座談會　請社會局會同社會部兒童福利實驗區共同負責並發動各區地方人士成立簡易兒童遊樂場

十三、編印兒童福利書刊　由婦女指導委員會約請本市各兒童福利機關團體編輯有關兒童福利及衛生等書刊或在本市各報編印專刊以便散發

十四、舉辦兒童健康檢査及比賽 由衛生局主辦舉辦六歲以下兒童健康檢査及比賽一次注重檢査工作及缺點矯治

八、童子軍支會監事會成立並聯合理事宣誓 本市童子軍支會理事會，早經組織完成；監事會人選，在二月中旬亦經總會聘定。全體理監事，已於三月五日上午九時，假五台山童子軍總會舉行宣誓。現正計劃推進本市童子軍教育中。

九、轉發幻燈機片並修理各校收音機 奉教育部分發幻燈機片，業經轉飭電化教育巡迴工作隊領取應用。又該隊在一月下旬開始修理收音機工作，各校已視需要陸續送往修理。

丁 教育行政方面

一、頒發學校行事歷 三十五年度第二學期各公私立中等學校及國民學校之行事歷，於一月上旬即頒發各校，以爲各校辦事之圭臬。茲錄中等學校及國民學校之行事歷於下：

南京市三十五年度第二學期中等學校行事歷

三十六年二月一日（星期六）學期開始

二月三日（星期一）開始辦理招收新生事宜

二月十日（星期一）開學

二月十一 十二日（星期二 三）考試新生

二月十三 十四 十五日（星期四 五 六）辦理註册等手續

二月十七日（星期一）開始上課

三月二十九日（星期六）革命先烈紀念休假一天集會紀念

四月四日（星期五）春假一天

五月五日（星期一）革命政府成立紀念舉行儀式不放假

七月三日（星期四）學期考試開始

七月九日（星期三）暑假開始

七月三十一日（星期四）學期結束

註：（一）本學期開始上課至學期考試完畢共計日數爲一四二日

（二）校慶紀念日休假不得逾一日幷須事先呈報備査

（三）畢業班學生得提早一星期結束

（四）各校假期起訖日期不得任意變更

南京市三十五年度第二學期國民學校行事歷

三十六年二月一日（星期六）學期開始

二月三日（星期一）招收新生

二月十日（星期一）開學

二月十一 十二（星期二 三）辦理學生註册等手續

二月十三日（星期四）開始上課

三月廿九日（星期六）革命先烈紀念休假一天集會紀念

四月四日（星期五）兒童節集會慶祝春假一天

五月五日（星期一）革命政府紀念舉行儀式

七月三日（星期四）學期考試開始

七月十四日（星期一）暑假開始

七月卅一日（星期四）學期結束

註：（一）本學期開始上課至學期考試完畢共計日數爲一四五日

（二）校慶紀念日休假不得逾一日應事前呈報備査

（三）畢業班學生得提早一星期結束

（四）各校假期起訖日期不得任意變動

二、規定公私立學校收費標準 三十五年度第二學期各公私立中等學校及國民學校之收費標準均在開學前分別擬定，由市府提經市參議會通過後令飭各校遵照。市私立各級學校收費標準如下：

南京市市立各級學校三十五年度第二學期收費標準

中等學校

（一）學費 高初中各二萬元（職業學校及師範學校免繳）

（二）設備費 高中四萬元初中三萬元（包括修繕及圖書體育美勞理科健康等設備費）（師範生免繳）

（三）雜費 高初中各一萬元（師範生免繳）

（四）宿費 高初中各二萬元（包括水電煤工等費）（師範生免繳）

國民學校

(一)學費　免收

(二)設備費　高級三萬元中低級二萬元(包括修繕及圖書體育勞作健康等設備費)

幼稚園

(一)學費　一萬元

(二)設備費　二萬元

南京市私立各級學校三十五年度第二學期收費標準

私立中學

(一)學費　高中五萬元初中四萬元(二)雜費　四萬元

(三)衛生費　一萬元(四)圖書費　五千元

(五)體育費　五千元(六)設備費　二萬元

(七)補助費　高中十七萬元初中十六萬元

(八)損失賠償費　一萬元(在學期終了時仍應結算歸還)

(九)實驗費　一萬元(無實驗設備之學校不得徵收)

私立小學

學雜設備等費以十三萬元爲最高額

三、指示各國民學校改進事宜　根據上學期視導結果，於開學時指示各校改進事宜；最近並根據各校本學期現況，再度指示各校改進事宜。至於各校個別應行改進事宜，視導時即分別予以指示，茲錄兩次指示改進事項如下：

二月十四日通令改進各點

1. 初級部國語常識兩科，應由級任教員担任教學。
2. 二部制之學級，其教室名稱，應改用「第一」「第二」字樣。
3. 半日班及民教班教師，應由各校通盤支配課務，俾使竟日留校服務。
4. 教員應儘可能住校，校長不得携帶眷屬同住校內。
5. 對於學生嚴禁體罰。

三月十九日通令改進各點：

1. 各校已開課多日，學生應用簿本，尚有少數學校未能發齊，應從速催促承辦商號尅日製齊，轉發學生，以免影響作業。
2. 各校有因學生名額關係，尚有陸續補收新生者。自令達之日起，一律不得再收。如於教室秩序無礙而情形特殊者，可酌予變通，但時間以不超過學期三分之一爲限。其因陸續補收學生之設備費，仍應補繳本局出納股。
3. 學校必須置備之表簿及應行呈報本局之學校概況，前經制定統一項目及格式，詳加說明，令頒在案，各校應趕速製齊應用。內中概況表一項，務須於本年三月二十五日以前，一式複繕四份：一份送本局第二科，一份送督學室，一份送秘書室統計員，(均不備文)一份存校，不得延誤。
4. 本局正在積極組織各科教學研究會，詳細辦法業經頒布，各校教師應踴躍參加，以求進益。
5. 教師對於學生，不得施行體罰，本局曾一再告誡。各校教師應嚴格遵守：否則一經查明屬實，教師撤職，校長記過。
6. 學校門首每有零食攤販，對於衛生及觀瞻，均屬有礙，各校亟應制止學生購買，並商請附近崗警嚴予取締。
7. 各校不得假藉販賣部名義，出售零食。(清潔餐點不在此限)
8. 位於交通要道車輛繁多之學校，在散學時對於必須穿過馬路之學生，應設法使之安全通過，不能聽其任意奔跑，以免危險。
9. 現在各地火患頻仍，難免有宵小恣意破壞，各校應嚴加防範。
10. 學校環境衛生，至爲重要，應督促校工勤加洒掃整理。

四、編造特種基金預算　市立各級學校學生設備費收入，前經簽奉市府批飭編造特種基金預算，遵經擬編完竣送核。內指定項目如圖書、體育、美勞設備，中學佔百分之四十，國民學校佔百分之二十；修建設備中學佔百分之四十，國民學校佔百分之五十；預備費中學佔百分之二十，國民學校佔百分三十。

五、提高教師待遇　上學期本市各市立學校教職員待遇，已盡財力之可能，略予提高，本學期中學教師可由平均一百七十八元之月薪，提高爲二百元，對各級國民學校教師，已訂定教職員核薪標準，視資歷之高下，核定薪給，約可較上學期提高百分之二十。

六、建築校舍房舍　中央撥發本市之補助費，教育方面經市府核定爲三十五億元，已分配建築中等學校，國民學校與社教機關。首都各界獻校祝壽運動，隨時予以協助進行，以期達到預定目標。本年度各級學校及社教機關之建築經費，業經妥爲支配。

七、修繕校舍與添置設備　各級學校及社教機關，上學期雖曾大量修繕與添置其必需之設備，但仍須繼續予以必要之修繕與必需設備之添置。截至現在止，本學期爲各級學校社教機關單獨修繕及購置費，已達三九八、〇九五、〇〇〇元；爲各級學校及社教機關聯合購置之費用，已達三三四、四三四、八八六元。惟以本市各級學校及社教機關在敵僞時期橫被摧殘。損失奇重，其校館房舍與必需設備，雖經繼續不斷之修繕與添置，但房舍應再予修繕者爲數仍多；必要設備如課桌椅，辦公桌椅，風琴，油印機，毛算盤，教師臥床等，亦尚待繼續補充。

八、編印首都教育半月刊　爲研討教育學術，輔導教師進修增進教育效率起見，去年年底曾發行首都教育半月刊，現仍按期出版。

九、訂定各科室工作聯繫辦法　爲謀本局各科室工作之聯繫起見，特訂定各科室工作聯繫辦法，以增進各科室工作之效率。

十、管理私塾　去冬曾訂定管理私塾辦法，力謀私塾教育之改進，冀有助於失學兒童之教育。先從登記入手，然後予以視察輔導。業經登記之私塾分佈情形如下表：

私塾分佈表

區別	私塾數	備註
第一區	四	各區尚有未經登記之私塾，正令飭限期辦理登記手續中。
第二區	五	
第三區	二	
第四區	一二	
第五區	六	
第六區	二	
第七區	一七	
第九區	一	
第十一區	八	
第十二區	一〇	
合計	六七	

△編者的話▽

此次倉促間編印師範教育運動特輯，承教育部吳司長研因、張幫辦天麟、滕科長仰支、中央大學師範學院羅院長廷光、中華教育電影製片廠李廠長清悚、江蘇省立江寧師範學校馬校長客談、張主任逵善、以及本市市立師範學校王校長惠三，在百忙中爲本刊撰文，使本特輯得以如期與讀者見面，實在使本刊異常感激！在這幾篇大作中，提示出師範教育運動的意義和歷史，師範教育應走的路線，師範學校的行政和課程，並介紹美國教師的服務和進修，定均爲讀者所歡迎，特在此代表本社及本刊讀者向各位作家謹致謝忱！

公佈專欄

南京市教育局訓令

（卅六）教一字第〇五二八號
中華民國卅六年三月廿五日發出

事由：奉令廢止部發奬狀規程仰知照由

令市屬公私立中小學

案奉

教育部本年三月十日參字第一三六六七號訓令開：

「查「教育部奬狀規程」係民國二十年二月公佈爲時已久其內容已分別包括於「捐資興學褒奬條例」「教員服務奬勵規則」及「教育部著作發明及美術奬勵規則」等法規之內玆爲適化法令起見將該項奬狀規程予以廢止除分令外合行令仰知照并轉飭所屬知照」

等因奉此合行令仰知照

此令

兼局長馬元放

南京市教育局訓令

（卅六）教一字第〇五二一號
中華民國卅六年三月廿五日發出

事由：奉　教部令頒修正之奬勵編譯職業技術教材暫行辦法仰知照由

令市私立各中學

案奉

教育部本年三月七日中字第一二二八八號訓令內開

「查本部前爲謀增進職業技術教材之供應推進技術教育起見曾訂頒「奬勵編譯職業技術教材暫行辦法」惟歷時已久玆爲謀切應現況賡續奬助策勵技術教材之編印起見特將該辦法重行修訂玆檢發修正之該項辦法仰即轉發所屬爲要」

等因附發奬勵編譯職業技術教材暫行辦法及附表一份到局奉此自應遵辦合行刊載該項辦法及附表仰即知照

此令

兼局長馬元放

附奬勵編譯職業技術教材暫行辦法及附表一份

奬勵編譯職業學校技術科教材暫行辦法

一、教育部爲推進技術教育奬勵研究編譯供應各類職業學校教材起見特訂定本辦法

二、凡對於某種技術科目有研究自編或翻譯之教材未經印行者均得依照本辦法申請奬勵

三、技術教材之範圍暫以適用於左列三種學校者爲限

（一）、高級職業學校

（二）、初級職業學校

（三）、職業補習學校

前項教材除作教本者外並包括其他適用於職業學校學生應用之參考書手册圖表及教授掛圖等類其方式或供整個學科應用或供某一單元應用亦可

四、凡本部已頒有課程標準之科目須依照規定標準編著翻譯者其材料需適合本國情形及需要

五、編譯教材申請奬勵者應依照規定表式塡寫申請表連同原稿逕呈或由學校或機關轉送本部審核

六、送審之教材須繕寫清楚自加標點如有附圖者均應附入如係翻譯者并須附繳原本

七、經本部審查認爲優良可用之教材視其內容及需要情形由部依照左列標準分別給予奬勵

（一）甲種奬金自一百萬元至三百萬元

（二）乙種奬金自五十萬元至一百萬元

（三）丙種奬金自十萬元至五十萬元

八、凡得奬之教材本部得令其將原稿內容補充或修正并限期印行必要時得將版權予以收購

九、本辦法自公布之日施行

奬勵編譯職業技術教材申請書表

申請人姓名		性別	
年齡		籍貫	省　市縣
詳細住址及通訊處			
學歷及經歷			
現在服務或進修機關		職稱及任職年數	
編譯教材名稱		通用學校	科　級職業學校 科　職業補習學校
著譯經過		檢送册數	
付印發行計劃		約計字數及希望稿費	
備註			

注意（一）如係翻譯須在編譯教材名稱欄內註明原本名稱

（二）著譯經過欄可將參考用書編著時商榷協助之人員此項教材會否試用修改已否請人校閱及是否全部翻譯或節略原文若干章節等記入

（三）檢送册數記明附送編譯稿本及原本等册數

（四）希望稿費塡出讓版權時希望之稿費

南京市教育局訓令

（卅六）教二字〇五〇八號
中華民國卅六年三月廿四日發出

事由：奉　部電知强迫入學條例第八條規定之罰鍰提高一百倍仰知照等因除分別函令外合行令仰知照由

令各級國民學校

案奉

教育部國字第一二〇六七號代電內開

查强迫入學條例于民國三十三年頒布施行該條例第八條規定「處以十元以下之罰鍰」一項本部前准河北省政府咨請解釋經轉奉行政院指示略以「依法律規定應科罰鍰者就其原定數額提高至一百倍在罰金罰鍰提高標準條例已有規定」等因當經咨復在案近復迭據江蘇福建等省教育廳呈請對該條例規定罰鍰數額予以提高等情前來除核復並分行各省市教育廳局遵照院令指示辦理外合行電仰知照并轉飭知照

等因奉此除分別函令外合行令仰各該校知照

此令

兼局長馬元放

南京市教育局訓令

（卅六）教一字第〇四七五號
中華民國卅六年三月二十日發出

事由：奉　教部令廢止各級教育行政機關平時考查中等學校及小學學生學業成績辦法仰知照由

令市私立各中小學

案奉

教育部本年三月三日參字第一二二二八號訓令開：

「查各級教育行政機關平時考查中等學校及小學學生學業成績辦法係於二十三年一月公佈為時已久與現時情形多有未合應予廢止嗣後各級教育行政機關對於中等學校及小學學生之學業成績應斟酌實際情形隨時予以考核除分令外合行令仰知照並轉飭知照」

等因奉此合行令仰知照

此令

兼局長馬元放

南京市教育局訓令

（卅六）教一字第〇四八六號
中華民國卅六年三月廿一日發出

事由：奉　教育部令以准國防部代電為規定醫師藥劑師獸醫護士等服役征調及護士職校學生受訓辦法一案令仰遵照由

令本市市私立中等學校

案奉

教育部訓字第一一八一三號訓令內開：

「案准國防部三十六年二月八日成賤字第六五一九號代電內開：「案准衛生署三十五年十二月三十日京醫（三五）字第一五六八四號公函為轉據廣州市醫師公會電請規定醫師徵調緩役辦法等由查現行兵役法幷無緩役之條醫師牙醫師藥劑師藥劑生獸醫護士助產士等除曾在高中以上學校畢業取得軍訓及格證書者及在抗戰時期曾受徵調服務軍事機關部隊一年以上而有軍醫署發給之正式證明文件者平時不再徵集戰時仍受專業人員徵調外其餘如為現役及齡（屆滿二十歲）男子一經中籤依法概須入營又醫事職業（如護士助產士藥劑等）學校學生准比照兵役法第二十四條第一項第二款高中以上學校未畢業學生予以緩徵及同條第二項於畢業後徵集入營受預備幹部訓練之規定辦理茲准前由除電復衛生署幷分電各行轅戰區綏署陸海空軍聯勤各總司令部教育部各省市政府各軍師團管區以及本部各單位飭屬遵照外特電希查照幷飭屬遵照為盼」等由准此除分令外合行令仰遵照幷轉飭遵照

等因奉此合行令仰各該校遵照

此令

兼局長馬元放

南京市教育局訓令

（卅六）教一字第〇四四五號
中華民國卅六年三月十八日發出

事由：奉　部令抄發教育圖書標本儀器審查規則一份仰遵照由

令市私立各中小學校

案奉

教育部本年二月二十五日參字第一〇九六〇號訓令開：

查本部前頒之教科用標本儀器審查規程及修正教科圖書審查規程兩種性質相近茲經合併改訂為教科圖書標本儀器審查規則一種除分別公布廢止幷分行外合行檢發該項規則一份令仰遵照

等因附發教科圖書標本儀器審查規則一份奉此合行刊載原規則令仰遵照

此令

附刊載教科圖書標本儀器審查規則

兼局長馬元放

教科圖書標本儀器審查規則

第一條　學校用教科圖書及標本儀器應經教育部

審定其未經審定發給執照或經審定已逾有效期間者不得發售或採用

第二條　呈請審查時教科圖書之發行人或著作人應呈送稿本及印刷樣張各二份標本儀器之發售人或製作人應呈送樣品二件附具製作圖樣及說明書各二份並均應註明製作人姓名及出品定價

第三條　呈請審查時所有科學名詞外國人名地名及其他專門名詞應編中外名詞相互對照表（名詞之經教育部公布者應以公布者為標準）附於書後或標本儀器

第四條　呈請審查時應呈繳審查費其額數小學教科用書按全書售價之五十倍中等學校教科用書按全書售價之四十倍各種掛圖按全圖售價之三十倍標本儀器按每件售價之二十倍

第五條　教科圖書標本儀器定價過高者教育部得令其減低之經審定後定價必須增加者應呈請核示

第六條　呈請審查之教科圖書標本儀器應行修正者由教育部飭具呈人依照簽註修正或改製（呈送之教科圖書修正本或改編本應于修改處加簽載明前次稿本中原簽冊數行數字數等）並應依照第二條之規定再送審查

第七條　教科圖書標本儀器審定後之印本或製品應再呈送二份經覆核無誤發給審定執照

第八條　經審定教科圖書標本儀器之左列事項由教育部於教育公報公布之

一、名稱

二、冊數或件數

二、定價

四、製作人姓名

五、送審者姓名

六、適用學校之種類

七、審定日期

八、執照號數

九、有效期間

第九條　經審定之教科圖書應將審定執照影印於底封面標本儀器應載明審定之年月暨執照號數

第十條　教科圖書標本儀器經審定後應予修正者應依第二條之規定送請審核其經教育部飭令修正者應於三個月內為之逾期撤消其審定

第十一條　教科圖書之審定有效期間中等學校為三年簡易師範學校及小學各為四年期間屆滿前四個月應再送審查並應按照第四條之規定另呈繳審查費

第十二條　教育部認為應行審查之其他教育用品將適用本規則

第十三條　發售人違反第一條之規定或不遵守禁止發行之命令者予以行政處分或科以法律上之處罰

第十四條　本規則自公布日施行

南京市教育局訓令

（卅六）教二字第〇三九三號
中華民國卅六年三月十八日發出

事由：為奉部令依照憲法規定延長國民義務教育年限仰遵照由

令市各區中心國民學校
　私立私各小學

案奉

教育部國字第一一五五七號訓令內開：

「查義務教育為全國國民應受之基本教育國民文化水準之高下胥視國民所受義務教育之程度如何以為斷歐美各國無不以普及國民義務教育為急務故其國民義務教育之年限最少者為六年多者八年九年不等且有延長至十餘年者我國自二十四年八月起實施義務教育當時鑒於我國土地廣大人口衆多而經費支絀師資缺乏欲在短時期內完成義務教育實所難能故遵照第四屆中央執行委員會第五次全體會議實施義務教育標本兼治等案酌定分期普及辦法先推設一年制短期小學以期逐漸達成義務教育之普及二十九年起全國實施國民教育分義務教育及失學民衆補習教育兩部份應在國民學校及中心國民學校內同時實施全國自六足歲至十二足歲之學齡兒童除可能受六年制小學教育者兩分別受四年或二年或一年之義務教育

本部為積極推進國民義務教育計早經決定小學以辦理六年制為原則四年為例外值此憲法公布尤應迅予完成期符合憲政之實施原有國民學校及公私立初級小學今後應逐漸增設高級部以收容小學五六年級之兒童至中心國民學校及公私立小學原已辦理高初兩級今後應參酌地方需要添設高級班次并充實內容設施以使能輔導國民學校之研究與改進如因經費關係一時無法達成此項目標亦應懸此目標擬定分年辦理計劃循序實施除分令外合行令仰遵照」

等因奉此合行令仰各該校遵照

此令

兼局長馬元放

南京市教育局訓令

（卅六）教三字第〇二〇七號
中華民國卅六年三月十四日發出

事由：爲令發著作發明及美術獎勵規則仰知照由

令 市立各級學校
　 私立
　 市立社教機關

案奉

教育部學字第四〇八一號訓令內開：

查本部三十五、三十六兩年度學術獎勵業經開始合併辦理除登報通告外合行令發著作發明及美術獎勵規則一份仰即知照并轉飭所屬一體知照爲要

等因奉此合行抄附原規則一份令仰知照

此令

附發著作發明及美術獎勵規則一份

兼局長馬元放

教育部著作發明及美術獎勵規則

行政院三十三年五月五日義陸字第一〇一七六號指令核准教育部卅三年七月七日叁字第三二九一二號公布

第一條　教育部對於專門著作科學技術發明與美術作品之獎勵依本規則辦理之

第二條　獎勵之範圍如左

著作

（一）文學（包括文學論文小說劇本詞曲及詩歌）

（二）哲學

（三）社會科學

（四）古代經籍研究

發明

（一）自然科學

（二）應用科學

（三）工藝製造

美術

（一）繪畫（包括中畫西畫及圖案等）

（二）雕塑

（三）音樂（包括樂曲及樂理等）

（四）工藝美術

前項獎勵以本國學者於最近三年內完成者爲限

第三條　著作及發明有下列情形之一者不得請求獎勵

（一）中小學教科書

（二）通俗讀物

（三）紀錄表冊或報告說明

（四）三人以上合編之著作

（五）繙譯外國人之著作

（六）編輯各家之著作而無特殊之見解者

（七）字典及辭書

（八）演講集

（九）無正確學理根據及說明之發明

（十）發明之程序不明或發明事項未完成者

（十一）他人已經發見之事項

（十二）無法試驗或證實之發明事項

第四條　每年獎勵種類及名額由教育部就第二條所列範圍內酌定之

第五條　著作發明及美術作品參加獎勵之候選者由教育部選行提出或由學術審議委員會推薦原著作人發明者或美術製作者亦得自行申請但每人於每類中以參加一種作品爲限

前項推薦及自行申請之作品均須於每年三月一日起至九月底止呈送教育部

第六條　申請獎勵之著作暨科學發明之論文以用中文敍述並已出版者爲原則原稿如係用外國文字撰述者須將全文譯成中文隨繳其因印刷困難尚未出版之著作以繕正本申請獎勵者字數須在五萬字以上但詩歌詞曲及科學發明論文不在此限

第七條　申請獎勵之發明必須詳細敍明發明或發現經過必要時並須呈繳圖樣及原發明品

第八條　申請獎勵之工業發明品以獲得專利證書爲限

第九條　參加獎勵之候選者均須附具左列各件

（一）用中文敍述之說明書三份（式樣附後）

（二）原著作發明或美術製作（已出之著作及發明中自然科學應用科學二類論文須繳送三份其尚未出版者須繳送原稿二份）

（三）介紹書須詳載推薦人或介紹人對於該著作發明或美術作品之意見

（四）屬於工業發明者之專利證書

說明書及介紹書概不發還除已出版之著作及科學發明論文留存一份備查外其餘各件於審查竣事後發還

第十條　自行申請者之介紹書以具有左列資格之專家二人填具之

(一)曾任或現任專科以上學校長院長或教授担任有關該項著作或發明之科學著

(二)曾任或現任研究所之研究員原係研究該項科學者

(三)期於該項科學確有研究已有重要著作者

第十一條 參加獎勵候選作品由學術審議委員會專門委員或另行聘請之專家負初審之責初審合格者提出學術審議委員會大會決定其應否給獎及評定其等第

第十二條 審查合格評定等第在獎勵名額以內之各種著作發明及美術作品每種均由教育部給予十五萬元以上之獎金其得一等獎者授予學術獎狀或藝術獎狀其餘發給得獎證明書

第十三條 申請獎勵之著作發明及美術作品第一次未經獎金者得將原作品詳加修正再報第二次之申請惟續請以一次為限並須將作品附繳

第十四條 本規則自公布日施行

附註 (一)三十五年度三十六年度兩屆學術獎勵合併舉行接受獎勵日起自本年十二月一日起至三十六年六月底為止(截止日期以申請獎勵之作品寄達教育部之日為準逾期即不接受申請)

(二)申請獎勵說明書及作品等件於申請期內掛號郵寄南京教育部學術審議委員會收

(三)申請人地址如有變更務須隨時通知

科學技術發明申請獎勵說明書

中華民國三十 年 月 日

申請人	姓名 / 年齡 / 性別 / 籍貫 省 縣	
	住址 / 通訊處	
	學歷	
	經歷	
科學技術發明	名稱	
	類別	
	完成時間	中華民國 年 月 日
	發明程序	
	學理根據及內容要點	
	本發明在科學上或技術上之貢獻	
	曾否獲得何種獎勵或專利權	
	已往曾否向本會申請獎勵	
介紹人對於本發明品之評語		
備註		

本欄由介紹人填寫 申請人 簽名 蓋章 介紹人 簽名 蓋章

美術作品申請獎勵說明書

中華民國三十 年 月 日

申請人	姓名 / 年齡 / 性別 / 籍貫 省 縣	
	住址 / 通訊處	
	學歷	
	經歷	
美術作品	名稱	
	類別	
	完成期出	
	製作經過	
	內容要點	
	本作品在美術中之特殊成就	
	曾否獲得何種獎勵	
	已往曾否向本會申請獎勵	
介紹人對於本作品之評語		
備註		

本欄由介紹人填寫 申請人 簽名 蓋章 介紹人 簽名 蓋章

專門著作申請獎勵說明書

中華民國三十　年　月　日

申請人	姓名	年齡　性別　籍貫　省　縣
	住址	通訊處
	學歷	
	經歷	
專門著作	名稱	
	類別	
	出版年月或完成時間	中華民國　年　月　日
	著作經過	
	內容要點	
	本著作在學術上之特殊貢獻	
	曾否得何種獎勵	
	已往曾否向本會申請獎勵	
介紹人對於本著作品之評語		
備註		

本欄由介紹人填寫　申請人　簽名蓋章

介紹人　簽名蓋章

簽名蓋章

南京市教育局訓令

（卅六）教一字第〇四六九號

中華民國卅六年二月十九日發出

事由：奉　部令頒發學校畢業證書發給辦法并廢止畢業證書遺失後證明資格辦法等六種法令仰知照由

令市私立各中小學校

案奉

教育部本年二月六日參字第〇六七三八號訓令開：

「查與「學校畢業證書發給辦法」有關之法令計有「畢業證書遺失後證明資格辦法」「中等學校學生畢業證書遺失請求證明畢業資格辦法」「畢業證書遺失後呈請證明資格限制辦法」「戰區中等以下學校發給畢業證書辦法」「大學畢業證書加載『依照學位授予法第三條之規定授予某學士學位』字樣令」及「專科以上學校畢業證書驗印時期及發給臨時畢業證書辦法」六種茲爲簡化起見特將學校畢業證書發給辦法加以修訂并將其餘六種法令一律廢止除公布並分令外合行令仰知照并轉飭知照

等因附發學校畢業證書發給辦法一份奉此合行刊載原辦法令仰各該校遵照辦理

此令

附學校畢業證明書發給辦法

兼局長馬元放

學校畢業證書發給辦法

第一條　各級學生修業期滿成績及格者由各該校發給畢業證書

規定服務年限之各級學校畢業生其畢業證書應俟服務期滿後發給應參加畢業會考之中等學校畢業生其畢業證書應俟畢業會考及格後發給

第二條　各級學校畢業證書之式樣應依照本辦法之規定

第三條　各級學校畢業證書應於辦理畢業後三個月內依照左列規定呈請驗印

一、專科以上學校國立中等學校（包括國立各校附屬中等學校）及教育部直轄之邊地小學畢業證書由教育部驗印中學生參加畢業會考者由所在地主持會考之教育行政機關驗印

二、省市縣公私立中等學校省市（院轄市）立小學（包括師範學校附屬小學）及師範學院附屬小學畢業證書由所在地省市教育行政機關驗印

三、縣市（省轄市）立小學（包括師範學校附屬小學）中心國民學校國民學校及私立小學畢業證書由所在地縣市教育行政機關驗印

四、其他不屬於教育行政機關設立之學校畢業證書按學校等級分別依照以上規定由各級教育行政機關驗印

第四條　各級學校畢業證書均應造備存根編定號數載明學生姓名性別籍貫年齡及所修學科存校備查

第五條　中等以上學校畢業證書應貼畢業生最近二寸半身像片一張加蓋鋼印或騎縫校章並依法貼足印花

第六條　中等以上學校得於學生畢業時先發給臨時畢業證明書其有效期間除規定服務年

限之各級學校分別至服務期滿發給正式畢業證書爲止外其餘學校均爲一年師範學校臨時畢業證明書應載明限於服務教育工作不得作爲升學及其他證明之用臨時畢業證明書應貼畢業生相片加蓋鋼印或騎縫校章於換發畢業證書時由校收回註銷

第七條　中等以上學校學生畢業證書遺失應同原校呈請證明轉呈主管教育行政機關核辦其原校業已停閉者應依左列各款之規定向主管教育行政機關呈請證明

一、事先須將畢業證書遺失原因登載當地著名報紙三日以上聲明作廢（報紙附呈）

二、開具本人姓名性別年齡籍貫原畢業學校名稱校長姓名所習學科入學或轉學及畢業年月等項一覽表並附本人二寸半身像片二張

三、原肄業學校教職員或現任薦任職公務員二人以上之切實證明書

第八條　依前條規定呈請證明者經主管教育行政機關查案屬實得發給畢業證書遺失證明書

第九條　中心國民學校國民學校及小學學生畢業證書遺失得呈請原校補發

第十條　學生冒用他人證書及將證書塗改或僞造畢業證書應予開除學籍僞造官廳印信並應送司法機關依法懲處

第十一條　學生冒用他人證書投考學校於核准畢業後始行發覺或經人告發者應撤銷其畢業資格并追繳其畢業證書

第十二條　本辦法自公布日施行

附證書式樣

第一種證書式樣

←50公分→　←40公分→

黨旗　國父遺像　國旗

畢業證書

學生　　係　　省　　縣人現年　　歲在本校　　學院　　系修業期滿成績及格准予畢業依學位授予法第三條之規定授予　　學士學位此證

校長、院長

學校關防

貼學生相片處

貼印花處

中華民國　　年　　月　　日

說明

一、第一種證書大學畢業生用之

二、本校之下應註明該生所屬之學院及學系

三、署名處應於校長之上冠以國立或某省立或私立某大學字樣院長之上冠以某學院字樣并於名下加蓋小章

四、紙幅以五十公分寬四十公分長爲度

五、學生相片上應由學校加蓋鋼印或加蓋騎縫校章

六、紙張用中國白宣紙虛綫處得加邊欄

七、證書後面應載明某字第幾號於存根簿相連騎縫填寫加蓋學校關防

八、教育部驗印處在左方年干之上

九、本證書式樣獨立學院畢業生適用之但證書上本學院校長及院長等字樣應分別照改

十、師範學院及醫學院學生畢業證書俟服務期滿在證書上加蓋服務期滿圖記後由原校呈請教育部驗印發給

第二種證書式樣

←50公分→　←40公分→

黨旗　國父遺像　國旗

畢業證書

學生　　係　　省　　縣人現年　　歲在本校　　修業期滿成績及格准予畢業依專科學校法第十條之規定給予畢業證書此證

校長

學校關防

貼學生相片處

貼印花處

中華民國　　年　　月　　日

說明

一、第二種證書專科學校及大學專修科畢業生用之

二、本校以下在設有兩種以上之專科學校應註明該畢業生所屬之專科在大學專修科應註明某學院某專修科

三、署名處應於校長之上冠以國立或某省市立或私立某校字樣并於名下加蓋小章

四、紙幅以五十公分寬四十公分長爲度

五、學生相片應由學校加蓋鋼印或加蓋騎縫校章

六、紙張用中國白宣紙虛線處得加邊欄

七、證書後面應載明某字第幾號與存根簿相連騎縫填寫加蓋學校關防

八、教育部驗印處在證書左方年干之上

九、師範專科學校師範專修科醫學專科學校醫學專修科學生畢業證書俟服務期滿在證書上加蓋服務期滿圖記後由原校呈請教育部驗印發給

第三種證書式樣

←40公分→　←32公分→

國旗　國父遺像　黨旗

畢業證書

學生　係　省　縣人現

年、　歲在本校　修業期滿

成績及格准予畢業依中學／師範學校／職業學校

法第十二／十四條之規定給予畢業

證書此證

學校鈐記　校長

貼印花處　貼學生相片處

中華民國　年　月　日

說明

一、第三種證書中等學校畢業生用之本校二字之下在高初級合設之中等學校應分別塡註初級或高級在附設特別師範科或幼稚師範科之師範學校或二科以上之職業學校均應分別塡註科別

二、署名處應於校長之上冠以某省市縣立或私立某校字樣并於名下加蓋小章

三、在專科以上學校附屬中等學校部份其主任人員並應署名

四、紙幅以四十公分寬三十二公分長爲度

五、學生相片上應由學校加蓋鋼印或加蓋騎縫校章

六、紙用中國白宣紙虛綫處應加邊欄

七、證書後面應載明某字第幾號與存根簿相連騎縫塡寫加蓋學校鈐記

八、教育行政機關驗印處在證書左方年干之上

九、參加畢業會考學生畢業證書由主管教育行政機關加蓋畢業會考及格戳記後發由原校轉給

十、師範學校學生畢業證書俟服務期滿加蓋服務期滿圖記後由原校呈請主管教育行政機關驗印發給

第四種證書式樣

←36公分→　←28公分→

國旗　國父遺像　黨旗

畢業證書

學生　係　省　縣人現

年　歲在本校　修業期滿

成績及格准予畢業依國民學校

法第九條之規定給予畢業證書

此證

學校鈐記　校長

中華民國　年　月　日

說明

一、第四種證書中心國民學校及小學畢業生用之中心國民學校或小學之初級畢業者其證書應於本校二字下塡註初級字樣中心國民學校之民教部畢業者應於本校二字下分別塡註初級成人班初級婦女班高級婦女班字樣

二、署名處應於校長之上冠以學校校名並於校長名下加蓋小章

三、紙幅以三十六公分寬二十八公分長爲度

四、紙張用中國白宣紙虛線處得加邊欄

五、證書後面應載明某字第幾號與存根簿相連騎縫塡寫加蓋學校鈐記

六、教育行政機關驗印處在證書左方年干之上

(核發機關全銜)證明書

學生　係　省　縣人現年　歲於民

國　年　月在　學校　畢業其畢業

資格曾經本局核准茲據該生呈以前領證書遺失依照

規定手續呈請證明畢業資格前來經查案屬實特予證

明此證

局長

貼相片處加蓋鋼印

中華民國　年　月　日

說明：適用於各級學校如曾授予學位者並應於「核准」下加塡「并依法授予學士／碩士／博士〇〇學位」

南京市教育局訓令

(卅六)教三字第〇一九五號
中華民國卅六年三月十四日發出

事由：爲中國文化建設學會詐款嫌疑一案令仰知照由

令市立各級學校
　私立各級學校
　市立各社教機關

案奉

教育部高字四四二九號訓令內開：

「據本部高等教育司案呈以准吳興縣立簡易學校函稱：『敝校於本年十月十五日接到中國文化建設學會函一件內稱「最近美國贈予新美利堅百科全書三百套業由本會駐美分會轉運來京原擬依向例分別轉贈惟以是項全書重量過

大運費不均每套約美金十元再加國內運費約合國幣四萬元強貴校如需用該種百科全書請於本年十月底以前函寄南京市廣州路郵局第五零三號郵箱通知本會并匯附國幣貳萬元本會當即將該書託運寄上等語」敝校接到上項函件後爲充實敝校圖書館當即於十月二十三日匯去法幣貳萬元匯往該會迄今二月未獲音信恐係念秧者流向各學校騙取法幣事關教育文化用特函請貴司予以查明是否有該學會敝校受害有限深恐貽害他校相應函達查照見復」等語查該會未在本部備案除由司函復該校外合令知照并轉飭所屬知照」

等因奉此查本案前據報該會詐款嫌疑一案即經本局派員澈查屬實茲奉前因合亟令仰知照

此令

兼局長馬元放

南京市教育局訓令

（卅六）敎三字第〇二四一號
中華民國卅六年三月廿五日發出

事由：爲中國文化建設學會詐款一案轉令知照由

令　市私立各中學、市立各社教機關

案奉

教育部高字第一三三八六號訓令內開：

「案查中國文化建設學會詐款嫌疑一案前經函請南京市政府澈查并於本年一月二十九日以高字第四四二九號通令飭知在案頃准南京市政府復函開：『案准貴部高字第四四三〇號公函略以據報中國文化建設學會假託贈送美國所贈百科全書之名詐欺行騙囑徹查見復等由准此當經飭據教育局查復稱詐騙行爲確屬實在渠主犯即前中國文化建設學會總務主任丁明因事機洩露業已逃匿無蹤澈查殊感困難頃已商得廣州路郵局同意隨時密切注意該犯行蹤俾得早日拿獲并囑將所有未取信件等物一併退還原寄人等情相應據情函復即希查照』等由准此合令知照并轉飭所屬知照」

等因奉此合亟令仰知照

此令

兼局長馬元放

南京市教育局訓令

（卅六）敎人字第〇一四九號
中華民國卅六年三月十三日發出

事由：爲令知錄用現役空軍技術人員須持繳離職證件合行令仰遵照由

令所屬各級學校及社教機關

案奉

南京市政府本年三月六日（卅六）府總人字第二三九〇號訓令內開：

「案奉　行政院本年二月二十六日從人字第六八一四號訓令內開：『據國防部三十六年二月七日列代字第八九號代電稱：「案據空軍總司令周至柔呈稱：『查本部所屬各機關機械士技工等時有潛逃另謀職業情事影響工作甚大茲爲杜絕一般士工投機取巧以維工作起見擬請鈞部轉呈行政院通飭全國所屬機關今後錄用現役空軍機械士技工等須飭呈繳離職證否則不予錄用』等情查所稱各節確屬實在理合轉呈鑒核通飭遵照辦理」等情據此應准照辦除分令外合行令仰遵照并飭屬遵照』等因奉此自應遵辦除分令外合行令仰遵照并飭屬遵照」

等因奉此自應遵辦合行令仰遵照

此令

兼局長馬元放

南京市教育局訓令

（卅六）敎四字第〇一九二號
中華民國卅六年三月十三日發出

事由：爲奉教育部令關於度量衡採用公制事轉飭知照由

令　市私立各中小學及社教機關

案奉

教育部三十六年二月二十七日發文高字第一一二五八號訓令內開：

「案准經濟部工業準標委員會三十六年一月十六日標字第八六七號函略以公制爲我國法定度量衡制我國工業雖間有使用英制者惟爲顧全法令似不宜有所遷就本會第十七次常務委員會討論決議各工業所有計量單位應以公制爲主爲顧全過渡時期之困難情形在三十八年以前各項計量單位必要時公制之外得酌加用英制單位以資換算希查照并轉知各學校等由准此查度量衡自應採用公制嗣後於教學上應多予注意逐漸改用公制以符規定除分令外合行令仰遵照并轉飭遵照」

等因奉此合行令仰遵照

此令

兼局長馬元放

南京市教育局訓令

（卅六）敎人字第〇一三一號
中華民國卅六年三月六日發出

事由：爲奉令轉知曾任僞職人員經證明協助抗戰等實情者得縮短或免除其限制年限由

令各級學校及社教機關

案奉

市政府(卅六)府總人字第二〇三四號訓令內開：「案奉　行政院三十六年二月二十日從捌字第五八六八號訓令內開：「査偽組織或其所屬機關團體任職人員候選及任用限制辦法第七條規定依該辦法應受限制之人員在其任偽職期間內曾爲協助抗戰工作或有利於人民之行爲或其職務係專門技術經證明屬實者得由考銓機關斟酌情形分別縮短或免除其限制年限關於該條所稱證明機關茲經本院與考試院會同規定爲各部隊最上級指揮部(行轅戰區長官部綏靖公署綏靖司令部)特工最上級機關(中央調査統計局前軍事委員會調査統計局)中央黨部中央主管機關(部會署)地方最高級行政機關(省及院轄市政府)除分別函令外合行令仰知照并轉飭所屬一體知照」等因奉此除分令外合行令仰知照并轉飭所屬一體知照」

等因奉此合行令仰知照

此令

兼局長馬元放

南京市教育局訓令

(卅六)教一字第〇三〇三號
中華民國卅六年三月四日　發出

事由：奉教育部令准國防部預備幹部管訓處代電以青年軍復員學生可不參加高中畢業生集訓等由令仰知照由

令市私立各中等學校

案奉

教育部本年二月五日訓字第〇六四五四號訓令內開：「准國防部預備幹部管訓處本年一月十一日(卅六)序锋異字第一七一號代電開：「査復學青年軍凡經受預備幹部教育取得預備軍官適任證書者當可不參加高中學生畢業後之集訓並依照三十五年度雙十節頒佈之兵役法第二章第七條第二項「預備後以現役期滿退伍者服之至屆滿四十五歲止除役」之規定非正式動員不予應徵至在中學肄業期間則應率先接受軍訓更須參加軍訓考試以爲楷模復請査照并希通飭知照」等由准此除分令外合行令仰知照并轉飭所屬知照爲要」

等因奉此自應遵辦合行令仰知照

此令

兼局長馬元放

南京市教育局訓令

(卅六)教一字第〇二九〇號
中華民國卅六年三月三日　發出

事由：奉　部令頒發解決大中學生畢業後失業問題辦法一案仰遵照由

令市私立中等學校

案奉

教育部本年二月中字第〇九七四八號訓令開：「案奉　行政院本年一月三十一日從玖字第三〇四一號訓令開：『前奉　主席代電飭擬具解決大中學生畢業後失學問題辦法一案經擬具辦法七項復請核示在卷茲奉　主席本年元月八日府交字第九〇一六號代電准予照辦等由查原辦法第(一)(五)兩項應由教育部辦理第二項應由社會教育兩部會同辦理第三項應由內政教育兩部會同辦理第四項應由經濟部交通部資源委員會農林部等會同教育部辦理第六項應由銓敘部辦理第七項應由社會部辦理除分令各有關部會并函銓敘部外合行抄發原辦法令仰遵照辦理』等因并附發辦法一份到部奉此查原辦法內(一)項由本部依照往例辦理(二)(三)(四)三項另商指定部會辦理外關於(五)項自應由各學校切實遵辦合行抄發原辦法全份仰即轉發所屬遵照爲要」

等因附抄發解決大中學生畢業後失業辦法一份奉此自應遵辦合行抄發原辦法一份令該校遵照辦理

此令

附抄辦法一份

兼局長馬元放

解決大中學生畢業後失業問題辦法

(一)專科以上學校畢業生選送服務仍由教育部依照往年辦法辦理并與有關機關切取聯絡

(二)關於職業介紹社會部在大都市設有職業介紹所社會部直轄之社會服務處及各省市所辦之社會服務處亦規定辦理職業介紹工作嗣後對於大中學校畢業學生應儘先設法介紹職業

(三)獎勵大中學校畢業學生回鄉服務担任地方自治工作俾免集中都市覓業困難

(四)獎勵各級事業機關辦理技藝訓練班招收高初中畢業學生分別予以短期訓練訓練期滿後由原辦事業機關予以服務之機會

(五)中等以上學校應設置職業介紹及輔導機構經常辦理各該校畢業學生之職業介紹工作及養成靑年之創業精神與服務興趣

（六）各機關應厲行退休制度并裁汰成績低落之人員以增加大中學校畢業學生之就業機會

（七）從速制定國民就業法俾該法公布後大中學校畢業生可依法取得就業之機會

南京市教育局訓令

（卅六）教人字第〇一二三號
中華民國卅六年二月廿八日發出

事由：為令知自本年二月二十日起全國氣象事業一律劃歸交通部管轄仰即知照由

令所屬各學校及社教機關

案奉

教育部三十六年二月二十日社字第一〇二六四號訓令內開：

案奉行政院三十六年一月二十八日從肆字第二七四七號指令略開：以據本部會同交通部呈為請將中央氣象局劃歸交通部管轄以利航空一案經提出本院卅六年元月二十一日第七七三次會議決議「通過」紀錄在卷除呈報國民政府并令交通部遵照外仰即遵照等因奉此經商定自本年二月二十日起全國氣象事業一律劃歸交通部管轄除呈報行政院并分別函令外合行令仰知照并轉飭知照為要

等因奉此合行令仰知照

此令

兼局長馬元放

南京市教育局訓令

（三十六）教四第一二七號
中華民國卅六年二月廿七日發出

事由：為檢發優待應考人及考試及格人員乘坐車船辦法令仰知照由

令公私立中小學及社教機關

案奉

南京市政府（卅六）府總秘二字第一八七七號訓令內開：

「案准考選委員會三十六年二月十三日（卅六）京會任劊字第七三七號公函開：「案查本會前為優待各項考試應考人暨初試及格人員應考或參加訓練乘坐車船起見經擬定優待辦法一種商准交通部同意呈奉考試院轉奉國防最高委員會准予照辦在案茲以各省市普通及特種考試舉行次數年有增加各地交通情況現尚未見好轉上項辦法於各省、市所舉辦之普通及特種等項考試似應普遍適用復經會商准交通部函復同意予以援案辦理囑查照辦理等由准此相應檢同原辦法一份函請查照辦理轉行遵照」等由附送優待應考人及考試及格人員乘坐車船辦法准此除分令外合行抄發原辦法令仰知照」

等因并附優待應考人及考試及格人員乘坐車船辦法一份奉此除分行外合行抄發原辦法一份令仰知照並轉飭所屬一體知照

此令

附優待考試人及考試及格人員乘坐車船辦法一份

兼局長馬元放

優待應考人及考試及格人員乘坐車船辦法

一、應考人攜帶入場證經車站輪局核對相片後准其優先購票

二、應考人赴考試地沿途所經站局往返各儘先購票一次并於購票後在證面加註標記

三、凡此次應考人及格後參加訓練時准持同及格通知憑驗入場證再予優先購票一次

四、此項辦法有效期間應考人自三十　年　月　日起至三十　年　月　日止初試及格人員自三十　年　月　日起至三十　年　月　日止

南京市教育局訓令

（卅六）教人字第七八號
中華民國卅六年二月十三日發出

事由：為令發榮譽軍人職業保障辦法仰即知照由

案准

社會局（卅六）社三字第五六六號公函內開：

「案奉市府交下行政院節京二字第一六二五四號訓令：「據社會部呈送榮譽軍人職業保障辦法經提出本年十月一日本院第七六一次會議決議修正通過除以院令公佈並轉報　國防最高委員會備案暨分行外合行抄同該項辦法令仰遵照此令」等因附抄發榮譽軍人職業保障辦法一份奉此正辦理間復奉社會部京福四字第一四五四七號訓令：「查本部為輔導榮譽軍人獲得適當職業並使其職業有所保障起見經擬具「榮譽軍人職業保障辦法」呈經　行政院公佈並通飭施行在案除實施細則俟訂定後另案飭遵外合行抄發「榮譽軍人職業保障辦法」一份令仰該局知照並轉飭知照此令」等因附發榮譽軍人職業保障辦法一份奉此除分行外相應抄同該辦法函請查照為荷」

等由附榮譽軍人職業保障辦法一份准此除分行外合亟令仰知照

此令

附榮譽軍人職業保障辦法乙份

兼局長馬元放

榮譽軍人職業保障辦法

一、凡榮譽軍人職業之保障除法令另有規定者外悉依本辦法之規定

二、本辦法所稱榮譽軍人（以下簡稱榮軍）係指參加抗戰因傷成殘並經軍事機關證明之官兵而言

三、凡合於前條規定之榮軍而無左列情形之一者均得依法申請當地官署享受本辦法之一切權利

（一）褫奪公權者

（二）吸食雅片毒品或其他代用品者

（三）患惡性傳染病尚未根治者

（四）傷殘過重無工作能力者

四、前條所稱主管官署在中央爲社會部在省爲社會處或民政廳在市爲社會局在縣爲縣政府

五、本辦法所稱榮軍職業應以危險性較小及無劇烈活動者爲主其業名規定如左

（一）各種工廠管理人員輕工業工人及手工藝工人

（二）各交通機關之售票員郵差押運員及各種輕便工作之職工

（三）各公務機關及社會團體之職員及工友

（四）學校中之教師事務人員及工友

（五）民教館中之演講員事務員及工友

（六）圖書館博物館及美術館中之管理人員

（七）各種業務機構之會員工

（八）各醫藥或衛生機構之醫護助理人員

（九）各娛樂場所售票及收票人員

（十）各商店店員

（十一）書報販及固定攤販

（十二）其他榮軍自選之職業

六、主管官署對於榮軍職業應視其傷殘情形教育程度職業勸能及工作興趣並參酌當地榮軍人數及各業機會之多寡規定當地每機一關團體工廠商店以其原設員工名額百分之二至百分之三安置之不得拒絕

七、凡榮軍自願經營小商或小規模生產事業者政府應於最初二年內准予免納全部營業稅並准依照規定手續在當地銀行以低利長期貸借所需資金之一部各地合作機構對於榮軍社員申請貸款者應儘先貸給榮軍經營之小商業及生產事業如發覺有非榮軍之資本在內前項應享受之權利即予取消

八、當地榮軍人數過多確難悉予安置職業時主管官署得通知鄰近地區主管官署予以安置必要時並得報請中央主管官署核辦榮軍因此而易地就業者並准其呈驗證件免費搭乘交通工具

九、凡在各機關團體工廠商店服務之榮軍其待遇須與一般員工相同且不得無故解雇

十、榮軍因傷殘部位發生病症經法定醫師證明者當地主管官署應准其在公立醫藥機關免費醫療倘當地無適合之醫藥機關而須易地醫療時並准其呈驗證件免費搭乘交通工具

十一、榮軍在各業服務期間應照章取其保證如使所在之機關團體工廠商店蒙受財物上之損失時由保證人負責賠償必要時當地主管官署得由榮軍應領之各款內扣繳

十二、榮軍在各業服務期間不能勝任時其服務機關應申請當地主管官署調換主管官署經查明屬實後應於一個月內另行安置但在未安置前其現服務機關不得令其離職

十三、榮軍對於所在機關團體工廠商店之一般服務規則必須切實遵守如有犯規行爲准由服務機關照章處理並通報當地主管官署

十四、榮軍在就業前得予以技能訓練就業後並予以繼續輔導其辦法另訂之

十五、榮軍職業之安置訓練及輔導事宜得由當地主管官署聘請有關機關團體首長及熱心公益人士組織榮譽軍人就業輔導委員會協助辦理其組織辦法另訂之

十六、本辦法自公佈之日施行

南京市教育局訓令

（卅六）教二字第○二四二號
中華民國卅六年二月廿四日發出

事由：爲奉令轉飭所屬小學改用初小國語常識修訂標準本幷附發高小地理國定課本教材更正表併飭一體遵照改正教學等因檢同更正表通令遵照由

令市立各級國民學校
　私立各小學校

案奉

教育部國字第八一二八號訓令內開

查現行小學各科教科書國定本係在抗戰期間先後編輯繼續印行各省市小學已採用有年自抗戰勝利後內外情勢變遷淪陷地土既經收回行政區域已多調整小學課程教材自應分別重加釐訂以期切合實際適應需要其關於小學課程標準者本部業經擬訂修正草案應俟詳加審查整理完竣後公佈施行其關於小學國定課本者本部督導國立編譯館從速愼重修正期臻完善除初小國語常識課本八冊業經修正竣事重行製版印行各學校應一律改用修訂標準本外高小地理課本教材內容之應加修正者頗多業已制定更正表各學校應將課本文字及插圖分別改正後教學其他各科課本在修訂標準本尚未出版供應以前教材內容

如有與現時實際情形不同之處在教學時并應分別改正除分行外合亟檢發高小地理國定課本教材更正表一份令仰查照并轉飭所屬小學一體查照更正教學爲要

等因附發高小地理國定課本教材更正表一份奉此合行檢發高小地理國定課本教材更正表一份通令各學校一體遵照更正教學爲要

此令

附發高小地理國定本教材更正表一份

兼局長馬元放

高小地理國定課本教材更正表

高小地理課本（一）

頁數	行數	錯誤	修改
			第一圖依照課文修改
二	一	面積有一千一百多萬方公里	面積約有一千萬方公里
	二	四萬七千萬	四億七千萬
	十一	東北四省、蒙古、西藏	東北九省、西藏
四	五、六、七、	二十八省……的領土	三十五省九院轄市和西藏等
六	六	直	院
	八	在抗戰前增加到	約有
七	六	三	等
一一	四、五、	直 分爲市區……閘北	院 包括黃浦、閘北。
	五至八	江灣的市心中區……已鑿明收回了	黃浦區就是從前公共租界和法租界也是最繁盛的區域
一九	一	在此次抗戰前……一落千丈	爲全國絲織業的中心
二八	六	只是望不見而已	刪去
三〇	八至十	到福建戰時省會……政治的中心了	到永安永安也沿閩江上流四面多山抗戰時期福建省會移設於此
四二	二	自被敵人侵佔以後	從前被日本侵佔
	三	所以	現在
	四	必須要 爲島上同胞恢復自由	刪去 島上同胞才得恢復自由
四三	十一	太平洋戰起……日軍强占	刪去
四四	七、八、	最近……一個海口」	現在我國已經收回了改稱湛江市
四五	一、二、	却又多……收回來	還沒有全部收回」
四七	十	要收回……台灣	要把台灣的糖業發展
五九	八、九、	戰時首都的重慶去	陪都重慶去
	十二	（即今泰國）	刪去
六〇	一	西南的國防便常受威脅	刪去
	五	戰時首都的	刪去

修改高小地理課本（二）

頁數	行數	錯誤	修改
二	四	直	院
	五		「新市區是」之下加「抗戰時期」
	六、十、	從戰區……根據地	現在人口約有九十萬
	十一	「現在重慶是抗戰的重心交通比過去便利	重慶的交通比從前便利
三	二	渝迪	渝滬
		迪化	上海
八	十、十一、	還有黑吉……爲我國	還有新、甘、青、藏、和東北各省黑龍江省是我國
十	三、四、	八十七萬噸	刪去
一五	三	流	游
二五	十一		「可惜」之後加「從前」二字
二六	四、五、	我以爲	現在
	五、	以後收回	刪去加
	八	可惜大部分爲外人利用	刪去
二七	三至五	可是自九一八……非收復不可	刪去
三五	七	從此就門戶洞開了	刪去
四三	一	這次	刪去
四四	八	這次抗戰	抗戰時期
四五	十、十一、	李華接着說……行政院了	刪去

頁數	行數	錯誤	修改
四八	[illegible]	祁連山	祁連山
五四	四	中蘇	刪去
五五	一	經過蘇聯國境上空	刪去
	七、八、	我們在飛機……鞏固呢	刪去

修改高小地理課本（三）

頁數	行數	錯誤	修改
一六	九	行政區	刪去
一九	一	遂爲行政區直轄行政院	刪去
二〇	三		全刪去
	四	以	刪去
	四		「日本」之後加「抗戰後我國大連爲自由港以旅順爲中、蘇共用軍港
二二	九	我們……不可	刪去
	一二	日本……根據地了	刪去
	七	濱江	哈爾濱
二三	一	南滿	中長
	一	濱江	哈爾濱
	四	人口有三十多萬	人口約有一百萬
	五、六、	不過精華區……失土的決心	刪去
	九、十、	南滿、中東……三省	中長、吉長鐵路的交點是東北各省
二四	一二	中東鐵路支綫	中長鐵路
		濱	刪去
	一	江（哈爾濱）	哈爾濱
	二、三	濱江	哈爾濱
	四	中東	中長
	九	濱江	哈爾濱
	十二	濱江	現在
二五	一	東省……地帶	院轄市
	八	濱江	哈爾濱
二七	五	濱江	哈爾濱
三〇	八	非把……不可	刪去
	九	東	長
	六	既然知道……等到	刪去
	七	我們後我們	已經但是還
	十	中東	中長
	一二	中東	中長
三一	七	濱江	哈爾濱
三二	三	遼吉	安東吉林
	一二	自	從前
三四	一	一定要束縛重新……自由	已經束縛了
四〇	九		「遊覽」之後加舊
	十	當然一一收回自己管理	已收回自己管理
五三	一	北部邊疆	北邊本來也是我國領土現在爲蒙古人民共和國
五七	三	抗戰勝利以後	刪去

修改高小地理課本（四）

頁數	行數	錯誤	修改
六	二、三、	蒙古還不到一人	刪去
八	一	中東	中長
一四	九	三	九
一七	一一	其餘的……奪去	刪去
一九	十至十二	近年因……崩潰的	刪去
三五	三、四、	侵略者一定仍會失敗的	乃又失敗
四二	一二	步步失敗……危急了	乃至失敗

南京市教育局訓令

（卅六）教一字第〇二七六號
中華民國卅六年二月廿七日發出

令市私立各中等學校

事由：奉 部令檢發初中地理教科書修訂表令仰知照由

案奉

教育部本年二月十四日中字第〇八八四〇號訓開

「查此次世界大戰之範圍廣大其影響及于各地之經濟交通政治與學術文化者至鉅而疆域與地名尤多更改部編國定教科書取材于戰事結束之前若干部份已與現狀不符爾後重版時自當詳愼修正冀能符合現況惟已出版各書若任其錯訛流傳必致貽誤學子各級教員教學時發現此類不符現狀之教材應即指導學生改正或詳予解釋本部前經令飭國立編譯館就各科中變更最大之一科——地理先行予以修改訂正玆據呈送到部合行檢發該項修訂表一份仰即複印轉發所屬各公私立學校該科教員以供參考又各科教員對該科以及其他各科課本內容訛誤之處如更有發現並應隨時繕寄國立編譯館俾供將來修正時之參考併仰轉飭知照」

等因附發初中地理教科書訂正表一份奉此自應遵辦合行刊佈部編初中地理（一）至（六）冊各修訂表令仰該校切實遵照辦理併轉知各科教員對該科或其他各科課本內容訛誤之處如更有發現應隨時繕寄國立編譯館俾資修正

此令

附初中地理教科書訂正表

兼局長馬元放

修改初中地理（一）

頁數	行數	錯誤	修改
四	四、五、	抗戰軍興……的基礎	刪去
二八	二	其中……次之	刪去
	五、六、	上海紗廠……經營的紗廠	刪去
	六、七、	抗戰期間……開工了	刪去
三〇	九至十三	市區和特區上海市原……陸路運輸的	刪去
三一	一至十	總站市中心……完全收回	刪去
	十一		「上海已成爲」之上加上海原有公共租界和法租界抗戰後都已收回現在
五九	九	過去與日人……日本	刪去
六八	六	抗戰期內	近年
七〇	十	抗戰期間工廠遷移於	刪去
八六	七、八、	現在漢陽……完整如故	刪去
九二	四	又一變而爲政治中心	會刪去

修改初中地理（二）

頁數	行數	錯誤	修改
六	八	以後	時期
十五	一、二、	抗戰以後……的耒陽	刪去
十七	五、六、	在抗戰……很重要	刪去
	八、九、	所以自從……在這次抗戰中	抗戰期中
三五	四	軍興以後	時期
	五、六、	因此一躍……政治的重心	刪去
	八	和內遷的學校	刪去
三七	十三	自	抗戰時期
四〇	二、三、	抗戰以後……領導的地位	刪去
四八	二	泰國	暹羅
五三	七	以後	時期
五四	六		台灣之後加「省」字
五四	八、九、	以後古人……明白確定	勝利之後
五六	八	目前……可成	刪去
五七	六	首府	省會
六四	十一	我國的	刪去
	十三	戰前	刪去
六五	一	在戰時……中心	刪去
	二	戰前	刪去
六七	七	抗戰以後	刪去
	八	「〃躍」和「原有的」	均刪去
	八	全省	粵北
七〇	一	是廣東的戰時省會	抗戰時期曾爲廣東省會
	九		廣州灣前加「湛江市就是從前的」

七一	十	因爲……發達	戰後我國已收回改設湛江市
	三	九龍澳門廣州灣三個	九龍和澳門
	三、四、	自從不平等……應由我國	還沒有
	四	戰後	刪去
七七	七	獨山	都勻
八七	十	以後	期中
九九	十二	以後	時期
一〇〇	九	後方	西南

修改初中地理（三）

頁數	行數	錯誤	修改
六	三、四、	河北淪陷……叫人痛恨	刪去
七	四、五、	抗戰以前尚未……占餘鐵	刪去
八	五、六、	河北淪……又新築	又有
十四	一	威海衛行政區	刪去
	六、七、	威海衛……六十方公里	刪去
十六	五、六、	八島原屬……管轄	刪去
十七	九	威海衛行政區	刪去
十九	二、三、	暴敵强占……四百萬噸以上	刪去
	三、四、	敵人	刪去
二〇	二	威海衛行政區	刪去
二一	十	威海衛行政區	刪去
二四	二	現爲行政區直屬行政院	刪去
二九	十、十一	焦作煤礦……很有幫助	刪去
三三	八、九、	抗戰發生……經濟重心	刪去
三四	九	魯山在……所在地	刪去
四〇	四	暴敵侵占……經營每年	近年來
	七	戰後	現在
	十三	戰時新建的	刪去
五〇	五	以後	期中
五五	六		院轄市之一之後加「但院轄市府尚未正式成立」
	九	發生以後	時期
五六	八、九、	目前爲……[illegible]	爲隴海鐵路與川陝公路的交點
六二	十一	抗戰以前	刪去
六三	三	後方	我國
六四	十二	大後方的	刪去

修改初中地理（四）

頁數	行數	錯誤	修改
十五	十一	〔淪陷後的東北〕	〔淪陷及收復後的東北〕
十六	二		後加一段：民國卅四年八月日本無條件全面投降後東北土地也就收復中央政府乃就（偽滿洲國）所劃的行省略加變更改設九個省及大連哈爾濱二院轄市現在把九個省的名稱幷省會所在地列表如後

省名	省會所在地	省名	省會所在地	省名	省會所在地
遼寧	瀋陽	吉林	永吉	黑龍江	北安
安東	安東	松江	哈爾濱	嫩江	齊齊哈爾
遼北	四平街	合江	佳木斯	興安	海拉爾

二一	六、七、八	在九一八……錦承鐵路	錦承鐵路從錦縣通到承德再
二三	七	日人……的中心	爲錦承鐵路與葉峯鐵路的交點
二七	一	日寇	刪去
二八	四、五、六	日寇近來……已經完工	刪去
三二	十	由日寇	刪去
三六	二	後	時期
又	九、十、	民國……所以	刪去
又	十一	成	刪去
四一	三		蒙古之下加「本來」
又	又		「要區」之後加「但抗戰後我國已承認蒙古人民共和國所以大部份的地方已脫離我國而獨立了蒙古」
又	又	黑龍江	興安省

四九	六	五省	刪去
五一	十三	包括……汗三	人民共和國和唐努烏梁海等地
五二	一	音諾顏汗……兩部	刪去
五四	九	黑龍江省	興安省
七四	六、七、	中蘇航空……航空路之一	刪去
八七	六、七、	占全國……和蒙古	刪去

修改初中地理（五）

頁數	行數	錯誤	修改
一	八	有一千……方公里	約一千萬方公里
	九	比歐洲……還要大	等於歐洲全洲的面積
二	一	三十個省區	三十五個省和一個地方
	二	或蒙古	刪去
	二、三、	黑龍江較法國本國大	刪去
六	四、五、	蒙古……有科布多盆地	刪去
九	四至六	杭愛山……相比擬	範圍廣大
十	七、八、	最北在……不及三千公尺	西北角的阿爾泰山高達三千公尺以上
十一	十二	蒙古	刪去
十二	六	蒙古	刪去
十四	五	和唐努……北部分	刪去
	八	蒙古和	刪去
十七	二	東三省	東九省
十九	一	遂甯東部	安東
	四	蒙古……大片地方	西北沙漠地帶
二一	五	和蒙古 注入	刪去 經於
	六	烏魯克木河……塞河都	刪去
二五	七	吉林	刪去
三三	八	遂甯和吉林兩	東北各
三六	八	四川爲主	台灣爲主四川
	十、十一	台灣……的困難	刪去
三九	二	遂甯東南部	安東
	十二	三	九
四一	六	蒙古	察北綏北
	十	抗戰以前	刪去
四二	十二	所產……戰前	刪去
四三	一	大部運……的事情	刪去
四四	二	吉林兩省	松花江流域
四六	十	已由日人開採利用	刪去
	十一	供給日本海軍的需用	刪去
四八	八	「昭和」	刪去
	九、十、	可惜……自辦	我國中部
五十	七		而且之後加戰前
	八	其中……最大	戰後日人紗廠已由我國接收
五一	六	瀋江	哈爾濱
五二	一		等省之後加但戰後又有不少工廠遷回沿海地帶
五六	三、四、	但自……漸低落	刪去
	六	以後	期中
六二	十二	中東路	中國長春鐵路
六三	三	從前	刪去
	四至六	東北的南滿……蘇聯的手裏	中長路現爲中蘇合辦
	七、八、	中東路……交還我國	刪去
六五	一至四	和中蘇合辦……航空路綫之一	刪去
	四	後方航空路	抗戰期中航空路
	六、七、	東北淪陷……航空中心	刪去
	十	以後	期中
六六	十	蒙古	刪去
六七	一	和蒙古	刪去
六八	五	蒙古	刪去
六九	十一	三	九
	十二	三	九

七十	三	南北	各地
	五	「除蒙古外及「察哈爾綏遠甯夏」	均刪去
七三	十一	蒙古	大漠
七五	八	濱江	哈爾濱
七六	一	後方	內地
七七	二	七	八
七九	二		「朝鮮」之下加「蒙古」
	十三	是從……的邊界 向北	刪去 至蒙古邊境
八十	一、二、	轉西一直……黑龍江兩	是東北各
	五	戰後	刪去
	六、七、	第二……識別	刪去
	八	第三……山口	帕米爾高原以北還有一段和蘇聯交界
	九、十、	大致在奎屯山……界限明確 則	刪去 刪去
	十三		十三行之後加〔中蒙國界〕一小節外蒙古自成立蒙古人民共和國於民國三十九年經我中央政府承認其獨立後於是我國陸界又增加一新國的國界此界綫起自興安終於新疆
八二	十一	蒙古邊境的薩彥嶺	刪去
八三	十一		「庫頁島之前加「蒙古」
八四	十二	台灣澎湖	刪去
	三	此外……較廣	此外還有九龍租借地
	七		「累卵」之下加「蒙古已經獨立」
八五	七	蒙古	刪去
	二、三、四	而且……這些島嶼	刪去

修改初中地理（六）

頁數	行數	錯誤	修改
四	十一	庫頁島……很荒涼	刪去
十一	九	遼吉	安東吉林
五二	六	奧國……併吞	刪去
五五	六	對外……第三位	國際的貿易
一〇九	二		「重要軍港」之後加「但這次日本戰敗當由盟國收回」
一一二	九	戰後	現在

請指教！
請交換！
請訂閱！

本刊徵稿簡約

一、本刊稿件以左列各項爲範圍
1.論著
2.教育設施
3.實驗研究
4.各科教材
5.優良事例介紹
6.書報評介與讀書報告
7.調查統計
8.教育法令
9.教育消息
10.視導報告

二、本刊除約的專家撰著外歡迎外界投稿

三、來稿文言白話不拘但須扼要明瞭並繕寫清楚附加標點稿紙請勿兩面寫每篇以壹仟字以上五千字以下爲原則

四、來稿須具真姓名并須註明詳細通訊地址

五、本刊對來稿有刪改權其不願刪改者須預先聲明

六、來稿一經刊載版權即爲本刊但聲明保留者不在此限

七、來稿經刊載後當致酬現金但本局與各附屬機構概況介紹與報告性質之稿件酌贈本刊不另致酬

八、來稿用否概不退還其附足郵資者得於不用時寄還

九、來稿請寄南京市教育局轉首都教育出版社

本刊廣告刊例

地位	面積	每期價目
封底	全頁	國幣拾萬元
封底	二分之一	國幣陸萬元
封底	四分之一	國幣叁萬五千元
封裏	全頁	國幣捌萬元
封裏	二分之一	國幣五萬元
封裏	四分之一	國幣叁萬元
普通	全頁	國幣五萬元
普通	二分之一	國幣叁萬元
普通	四分之一	國幣壹萬柒千元

連登三月九折　半年八折　全年七折

本刊依法向主管機關聲請登記中

首都教育

第一卷第六七期合刊

民國三十六年四月一日出版

編輯者　首都教育出版社

發行者　首都教育出版社　社址：南京市教育局內　電話：二四三四一

印刷者　大明印書館　南京洪武路三一一號　電話二二八九二

經售處　首都教育出版社　南京各大書局

本刊價目

本期係特大號
零售每册一千五百元

項別		期數	價目	備註
零售		一期	六百元	特大號或有特殊需要時得提高售價
長期定閱	半年	十二期	四千元	
長期定閱	全年	二十四期	七千元	

首都教育

第一卷
第八期

目次

中華民國三十六年四月十五日
首都教育出版社編印

特載

當前教育的重點：人格教育與體育

沈市長三月十六日在南京市教育工作人員第二次擴大紀念週講詞

久已盼望有如此機會，今天得與各位見面，十分愉快。

國家完成抗戰大業之後，戰時瘡痍尚未康復，一切仍在艱難困苦之中，教育工作人員的生活與公務人員同樣清苦，甚且有過之而無不及。各位在此時期固守崗位，不計較物質利害，獻身於「百年樹人」的建國大業，這事業的本身固十分光榮，而各位的精神亦特別可佩。所以本人要特別對各位表示敬意。

今日大家都覺得問題很多，誠然，現在的問題是千頭萬緒，但最基本的問題恐怕還是人才的培養。就社會的健康言，如何做人做事，仍是最基本的要着。國家需要健全的國民，同時也需要各種的人才。一個健全的國民需要種種的條件，而所謂各種人才，其中也包含着許許多多的知識與技能，所以國家對於教育的要求是多方面的。怎樣使當前的教育能配合國家最迫切的需要呢？我很想以一個外行人，就這一問題，把個人的管見，就教於各位。

我們無可諱言，今日社會上實有種種令人不能滿意的現象，許多人說，它的根本原因在於道德的墮落。我們需要有骨格，有胆量，有見識，能負責任，能創造，不怕挫折……的人才。要培養這種人才，學校教育應當於教人以從業的知識與技能之外，教人以做人的道理。

有這麼一個故事：一對自以爲注重兒童教育的父母，向一位教育家問起他們的六個月的嬰孩應從何時起施以必需的教育，那位教育家答道：「你們已遲了六個月。」這故事說明嬰孩出生後的教育就與他未來人格的養成有關。但嬰孩時期係在家庭教育範圍內，就學校言，人格教育的灌輸，必須從小學即開始。

從前范靜生先生說過：要想大學辦好，必須辦好中學；要想中學辦好，那就必須先辦好小學。他認爲小學教育是根本，理由是，如果沒有好的小學，好的中學生向那裏去找？如果沒有好的中學，好的大學生又向那裏去找？這是一種看法。但蔡孑民先生却說：要想小學辦好，必須先辦好中學；要想中學辦好，那就必須先辦好大學。因爲，如果沒有好的大學，好的中學師資向那裏去找？如果沒有好的中學，好的小學師資又在何處？在蔡先生看，大學教育才是根本。現在范蔡兩先生都已先後成了古人了，但這問題仍然有兩方面的意見。

有人說，小學教育的意義在量的普及，大學教育的意義在質的提高。我以爲，小學教育中學教育在供給良好原料，大學教育則在精製成品。要精製成品，需要良好原料。這就是我主張人格教育要從小學開始的理由。同時，並非妥協，我以爲范蔡兩先生的意見都有它的理由。辦小學教育的人應從范先生的看法，辦大學教育的人應從蔡先生的看法，至於辦中學教育的人，則范蔡兩先生的看法本屬一致，可以兼從。

各位的責任在辦小學和中學，我們必須把小學和中學教育看作根本。南京爲首都所在，我們即使不願過分的妄自尊大，以爲南京的一切必須爲全國表率，但是看到了國家急迫的需要，我們必須盡其在我，爲全國樹立風氣。

在其他事業方面應當如此，在教育方面更應當如此。

向來教育家將德育智育體育三事並重。但照王雲五先生的意思，德育智育未必有補於體育，而體育却可以輔助德育智育。我很贊成這個意思。一個研究學問的人，如果沒有强健的身體，不是精神疲乏，便是疾病頻仍，雖有研究的宏願，却無研究的精力，卽或毅力過人，以其多病之身仍能研究有得，但是未老先衰，或是中年去世，在家庭和民族都不免是重大的損失，要使身體强健，實有賴於體育。身體强健的人，精神大都愉快而樂觀。愉快則對人多能同情，樂觀則對事多能積極。反之，身體衰弱而多病的人，精神大都憂鬱而悲觀，憂鬱則對人多感不滿，悲觀則遇事都感消極。王雲五先生說得好：「人要有文明的頭腦，却不可無野蠻的身體。」我們處此大時代，人人都應該在一個文明頭腦之下，配合一個野蠻的身體。有一次，我看到一張蘇聯影片，叫做「蘇聯之光」，這不是一張普通影片，其內容是顯示蘇聯體育的進步的。片中靑年男女穿着運動衣，那健壯體格，看了令人欣羨，當時我就想，我們常說「迎頭趕上」，就體育言，從今日起，奮起直追，趕上人家，恐至少也需十年二十年工夫。

體育旣是如此重要，於是不得不進而討論體育的實際和內容，現在學校中都有體育一科，但就實際觀之，一般學校之體育大半祇知注重形式，體育運動往往側重錦標主義，其內容與設施亦多未能普遍化，於是體育的興趣與習慣不易養成。因此，要使體育發生大效，應以習勞耐苦，養成野蠻人一般的身體爲目的，而以設備簡單普及、人人都能習行爲方法。我很希望本市各校對於體育能特別注意，並且都能循着以上所說的方向去發展。

本人對於教育，自愧缺乏專門的研究，今天不過就自己所感想的提出了教育方面我個人以爲應當特別注意的兩個重點，卽人格教育與體育，貢獻給各位作參考。我所說的僅限於原則方面，至於如何實施，則有待於各位的計劃和推行了。

南京市教育工作人員第二次擴大紀念週紀要

南京市教育局於三月十六日上午九時，假大華影戲院舉行南京市教育工作人員第二次擴大紀念週，到沈市長馬副市長暨市屬各學校各社教機關職教員二千餘人。首由教育局馬兼局長元放領導行禮，並即席報告，略謂：今天舉行本市第二次教育工作人員擴大紀念週，承市長蒞臨訓話與新由美返國之社會教育專家趙步霞先生惠臨講演，毋任榮幸與感激！市長重視教育，對教育同仁尤屬關切，甚願與教育界同仁見面，故請市長臨會訓話；目下學荒仍甚嚴重，文盲掃除工作，更屬艱巨，故請趙先生蒞會講演掃除文盲問題；又以我們教育工作同仁、甚少同樂機會，故紀念週後放映教育電影，以資同樂。繼由沈市長訓話。（訓詞見本期特載）復次由趙步霞先生講演，大意爲：（一）美國小學教師百分之八十以上是女性，女教師非特在小學教育界佔重要地位，政治上亦頗有力量；（二）美國小學教師有優越之物質生活；（三）美國人對我國抗戰頗多稱頌；（四）實行民主，須先使成人識字受教育；（五）掃除本市文盲，應編輯適當的課本，是項課本須包括基本字彙與基本常識，使文盲研讀，然後定期考試，不合格者收愚民捐，並可不核發結婚證書等等，以爲督促。並應鼓勵中小學辦民教班，大中學生作義務教師。此外且可利用無線電等實施電化教育。本市有健全的教育機構，很多的識字人，而文盲却並不甚多，只要下決心做，兩年內定可掃除本市文盲。演講畢，即放映教育電影，十二時許始散會。

論著

幼兒教育四大建議

雷震清

正名義

四大建議

幼兒教育

一、凡是幼兒都要教育

二、健全幼兒的生活

三、完成幼兒教育行政

四、建立幼兒教育的學術基礎

（附）幼兒教育實施大綱

正名義

用「幼兒教育」這一個名詞來替代「幼稚教育」的叫法，這是從事幼兒教育工作者，沒有說出來的感覺，我現在給她宣示出來。從前我們總覺得幼兒年紀小，發育未全，感覺他是「稚」，稱爲幼稚兒童。教育事業波及到他們，便就簡簡單單的說是幼稚教育。我們知道，幼兒自有他們的整個性的生活，教育事業，對着某一階段的說法，應該稱着對象，而不宜稱其形態；或按其程度，而不必形其差異。因此我根據了大家的感覺，來宣示「幼兒教育」這一個名詞。有人說：名字沒有關係，我却說：「名不正，則言不順。」

四大建議

幼兒教育在我國已有四十年之歷史，在此期中，有之不爲多，無之不爲少，工作不多，影響也小。今後世界，非復戰前之形態，吾人應設法使之成爲人羣活動中之一環，有之適足以成其整，無之則世界缺少一種極大之活力。必須如此，五十年代之幼兒教育，纔有意義。我的看法，世界今後必須做到如此地步，纔可以有發展，亦纔有發展之可言。

二十年來從事幼兒教育工作，常覺此項事業，應積極的建立。因此我的觀點，是從幼兒方面出發，國家方面推行，到人類方面完成。爲着進行的具體化計，提出下面四大建議：

建議一　凡是幼兒都要教育

我先得替「幼兒」一詞，下一個時期範圍。關于人類發展的人爲的分期，各個心理學家，各有不同的說法。前此吾人亦有稱五六歲爲幼兒，三四歲爲嬰兒。一二歲爲乳兒之擬議。二三年來，對嬰兒一詞甚感不合。乳兒嬰兒亦可稱幼兒。故直接以幼兒名其全體，將人類從誕生至六歲一段統稱爲幼兒期。至其中分期：以一歲稱乳兒，因其特徵爲吃乳；二歲三歲爲步兒，以其特徵爲學步；四五六歲幼兒，漸趨社會化，其中活動最多者，爲學習語言，故命名爲語兒。本文所提的幼兒教育，即包含此期全部的教育。

幼兒期教育，一般人士，均以爲此係家庭的工作，父母的責任，不甚注意。在心理學方面，研究人類發展，以兒童易於控制，有不少的研究。但在教育學方面，則研究者殊不多。近雖有家庭教育之提倡，然所述者，類多個人的經驗，或殘缺不全的個案研究。以故在教育方面，不如其他部份的容易發展。人類自有幼兒，幼兒的教育，至今仍未脫離其原始形態。

社會生活發生了變化，社會組織亦隨之而演進。以前對於幼兒生活，不成問題的事情，現今成爲問題；以前只有沿習的方法，無所謂教育，而今成爲極嚴重的教育問題。我們不能復古的說：交給父母，歸還家庭，我們要很鄭重的提出幼兒教育，——幼兒教育，使她從家庭的大門走出來，到社會上去；從父母的肩膀上擴大起來，到國家的事業中去；從張家李家的寶貝育養，到人類的幼兒培植。

幼兒是人類的幼苗，他有蓄藏甚富的活力，和人類生活中的社會地位，他有接受人類及國家教育的權利。國家應給以合理的教育。不可以其小而藐視，不可以其稚而輕視，更不可以其難，而棄置不顧。

幼兒的發育，其發展的方向及發展的限制，雖因遺傳而不同；但其發展的條件及發展的途徑，則可因環境而有異。從幼兒的環境觀察，雖與社會組織形態及生活習尚而有種種的差別，但其求生及活力的表現，則無二致。故凡是幼兒，國家社會均須給以此時期應受的教育，不可以其環境不同而歧視，不可以其地域不同而忽視，更不可以其差異繁複，而任意處置。

人民的半數是婦女，現在婦女被幼兒纏住了，不能參與社會的工作，人羣的損失如何大。兒童期的前期是幼兒期，幼兒期的教育未被提出，兒童期的教育須多費加倍的力量。未來世界的協作，靠人民的全體，將來的全體，即今日幼兒的全體。因此我提出一句概括的話；——凡是幼兒都要教育——。我想這應該是國家行政的政策、人羣進化的基石。

現在請大家來看看數目字，據教育統計的報告，我國有學齡兒童四千六百三十九萬五千七百五十八人，拿這數字和全國人口總數四萬萬七千萬人的比較，適佔其十分之一。查學齡兒童的前期爲幼兒，國家現有此大數量的學齡兒童，自然也有相當數量的幼兒。常聽人說，我國嬰兒的死亡率甚高，則幼兒的數目尚不止此。現暫以此數爲準，估計我國之幼兒，當在四千七百萬人，佔全國人口十分之一。此十分之一的人口的教育工作，我想決不在國家事業之下。可是「凡是幼兒都要教育」這句話，容易提出。這種事業却不易進行。重要的事，沒有不難的，世界上也決沒有不費力的成功。我們用「天下無難事」的態度，來進行這工作罷！

建議二　健全幼兒的生活

「愛之欲其生，惡之欲其死。」這是我國的幼兒生活，一個母親對她的幼兒，表示親愛的時候，心肝寶貝，出口成歌。一時氣來，死鬼討債，罵不絕聲。冷熱不調，一曝十寒，此種生活，如何健全。

我們知道爲謀人羣的進化，世界的和平，人類應有一種信心的培養，和善心的薰陶，然後才能本協作的態度，過集體的生活。此種工作，當從兒童的誕生開始，而尤重於幼兒的全部時期。

細察今日之幼兒生活機構，在家庭方面，不失之溺愛，即持之過嚴，至所謂幼稚教育機關，則大多材料過深，促成早熟。或生活單調，引起厭倦，宋人揠苗助長，至今成爲笑柄。而生活簡單，亦無以舒其充沛的活力，今後應有所改進。

茲建議幼兒教育的活動，分做四大類：

第一、察——察即是觀察，觀察幼兒的生活，和身體中各項的發育；

第二、導——導即是引導，引導幼兒的活動，和工作中所需的能力；

第三、護——護即是保護，保護幼兒的行動，和環境中必需的刺激；

第四、養——養即是滋養，滋養幼兒的身體，和生長中應有的活力。

我們要健全幼兒的生活，必須從這四方面同時注意。有人以爲這可交給家庭，那可付之社會。家庭那能負得完，有些行動，在家庭中，可以說竟無機會或相反的機會。至社會中的救濟機構，或管制性質的組織，有些不但不能應用幼兒的活力。甚至改變幼兒的活力。幼兒教育機構，係特設的性質，自然要極力設法，本着四大活動，從生活中培養信心，薰陶善心。

信心善心參加幼兒生活，滲透幼兒生活，其持久性必甚強固．其擴大性必甚活躍，教育事業，如果不注意于幼兒教育，只從人生中途，截某一段來進行，徒見其費力多而成效少。我國教育宗旨，在促進世界大同，大同之基礎，應該建立在良好的幼兒教育身上，因此我歸納起來說：「大同之基，在於幼教」。

建議三　完成幼兒教育行政

我國學制系統圖中，分高等中等初等教育三大階段。從前小學法中第十條，規定小學得附設幼稚園。最近國民學校法公佈，其第八條，仍作同一的規定。民國二十八年十月頒布幼稚園規程，在法制上觀察，幼兒教育尚在附庸時期，今後我們要盡力爲此佔全國人口十分之一的幼兒，要求教育機會均等，更要求影響世界大同的幼兒教育，能被大衆所重視。在學制系統中，成立幼兒教育段，其年齡爲一至六歲。在教育事業中，幼兒教育成爲一環。必待此舉完成後，幼兒教育纔算在人羣活動中佔一席地位。否則一般人所提，重視幼兒，民族幼苗，亦不過徒具空言。

幼兒教育的建立，已有相當的事實，幼兒教育的發展，必須成爲今後教育的主要工作。從事實的需要，應當配合適宜的行政，然後從行政中，從事具體的工作，學制系統部份已于前述，此全國人口十分之一的教育工作，他們的年齡雖小，按着前述的四大活動，事務極繁，爲行政效率計，應專設機構，負責計劃推行。因此建議教育部成立「幼兒教育司」專司全國幼兒教育事宜；各省教育廳成立「幼兒教育科」，專司其全省幼兒教育事宜。各縣幼兒教育工作，亦應具體分列，指示實施。

幼兒教育的實施單位，爲「幼兒園」。幼兒園的設置，以保爲基本，保幼兒園爲幼兒教育的正宗。其餘或爲輔導，或爲示範，或爲實驗，茲按性質，分別如下：

1.正宗　保幼兒園及分園
2.輔導兼聯繫性質　鄉幼兒園
3.示範兼推行性質　縣幼兒園
4.實驗兼倡導性質　省市幼兒園　中央幼兒園

幼兒教育的實施，爲今日的急務。則實施此項教育之人員培養，尤爲當務之急。全國幼兒園成立，幼兒入園，茲估以幼兒與教師之比爲二十比一。則四千七百萬幼兒，應需二百三十五萬教師。此數如分二十年養成，則每年須培養十一萬七千五百人，每校每年畢業以三百人計，依上數，每年須有幼教師範四百校。以每校容納十位受過專業訓練的幼兒教育人才計。則需四千人。此種人才之訓練，應設十個專科學校負責。此外應設幼兒教育學院一所，負實驗研究工作。作最高之指導機構。爲醒目計，茲列表如左：

1.全國設幼兒教育學院一所；
2.全國設幼兒教育專科學校十所；
3.各省市成立幼教師範學校共四百所；
4.全國普設幼兒園分二十年完成。

本建議的第一項是完成幼兒教育系統，第二項是添設幼教行政組織，第三項是設置幼兒園，第四項是培育幼教人才，詳當另編方案。

建議四　建立幼兒教育的學術基礎

慚愧得很，現在談幼兒教育的人，不是提到杜威華生，就是想到蒙台梭利，考夫卡或機賽爾。我們有血統，我們有民族性，還有我們的環境，似乎不能依人家的知識，爲知識，猶如輸血的不能用血型不同的人一樣。國內對於幼兒的研究甚少，應積極的展開幼兒的實驗研究，將其結果，作我們的設施準則。否則基礎不固，雖外表炫耀，亦不過曇花一現，無補實際。今後之研究工作很多，下列各項，不過列舉其一部分：

1.幼兒生理的發育；　2.幼兒心理的發展；
3.幼兒能力的增進；　4.幼兒活力的充沛；
5.幼兒的營養；　6.幼兒的衣服；
7.幼兒的健康及疾病；　8.幼兒園的設施教導；
9.幼兒園的行政組織；　10幼兒園的設備玩具；
11幼兒園的師資培養；　12幼兒園的工作效能；
13父母兄姊教育；　14幼兒教育行政與視導；

我希望能很快的成立幼兒研究所，聘請有志幼兒教育的人士，從事研究，從做中學，做中求進步。

四大建議的第一，從政策方面着想，第二從內容方面求效，第三從行政方面實施，第四從學術方面立足。幼兒教育，應本着這些進行。

餘晉

慈善制的育嬰堂，保姆般的蒙養園，救濟性的托兒所，貴族式的幼稚園，都過去了，過去了。我們不要用慈善眼光，來看幼兒教育，我們不要本保姆態度，來行幼兒教育，我們不要拿救濟方法，來辦幼兒教育。我們不要採貴族方式，來教幼兒教育。從本篇文字中，我們知道幼兒教育的領域，的實質，的地位，的學術，已規定了。並從事進行研究了。在最近的二十年，她將開鮮艷的花，致豐碩的菓。

末了，希望雷震清對於幼兒教育的這一個夢，能實現。這不單是幼兒的福，亦是人類的福。

（附）幼兒教育實施大綱（擬）

一、意義　幼兒教育的實施，係以全國人口十分之一的幼兒爲對象，運用下列意義進行：

1 健全民族幼苗；

2. 培養正確人生；

3. 建立大同基石。

二、幼兒　幼兒教育中所稱的幼兒，其年齡係從誕生起至六足歲止，不分智慧，不分體質，不分家境，不分區域，一律接受國家實施的幼兒教育。

三、機構　實施幼兒教育的基本單位，爲幼兒園，幼兒園以保立爲正宗，鄉幼兒園負輔導及聯繫責任，縣幼兒園負示範及推行責任，省市幼兒園及中央幼兒園負實驗及倡導責任。保幼兒園得因地域的關係，舉辦流動幼兒園。

四、分組　幼兒園爲實施的便利，得將幼兒分爲乳兒組（一歲以內）步兒組（二歲至三歲）及語兒組（四歲至六歲）。

五、園務　幼兒園的園務爲：

1. 用科學方法，教育幼兒；

2. 向父母兄姊介紹幼兒教育設施；

3. 促進社會，增進幼兒幸福。

六、人員　幼兒園設園主任一人，教師若干人，教師與幼兒之比例。乳兒組一比六，步兒組一比十二，語兒組一比二十。

七、設備　幼兒園園舍，分房屋及場所二項，園具分衣具，食具，住具，玩具，及辦公用具五項。均由中央規定具體式樣，各園仿照設置。

八、設置　幼兒園的設立分：

甲、要點　1. 本健幼意義發動；

2. 採集團方法實施；

3. 從社會組織競進；

4. 用政治力量推行。

乙、原則　1. 鄉村先于城市；

2. 有職業婦母區先于無職業婦母區；

3. 貧苦區域先于較富區域；

4. 教育程度低區先于教育程度較高區；

5. 勞動職業多區先于勞動職業少區；

6. 集團生活區先于非集團生活區。

丙、時期　幼兒教育推行到普及狀態，以二十年爲期。此中分做五個時期，每期四年，其中第一期爲準備期，第五期爲完成期，詳細進行規定，各省各市不同，應按實際狀態，詳列入園百分數等。

九、師資　師資培養，分正常的及輔助的二種：

正常部分，國家應成立下列機構：

1. 幼兒教育學院一所；

2. 幼兒教育專科學校十所。

3. 各省市設幼教師範學校共四百所：

輔助部分，各地因事實需要，得成立輔助機構：

1. 短期幼教訓練班；

2. 一年幼教訓練班；

3. 二年制幼教師範；

4. 正常幼教師範實行期間實習制。

師資培養時應注意：

1. 學生須無肺病或傳染病；

. 學生入學須以保爲單位，以便畢業後就近辦理本保幼兒園。

十、研究　幼兒教育發動較遲，國內尚少具體的參考，應即日成立幼兒研究所。

十一、推廣　爲便利幼兒教育人士的參攷，須成立：

1. 幼兒教育陳列館；
2. 幼兒教育資料室；
3. 幼兒教育供應處；
4. 幼兒教育編輯所；
5. 幼兒教育訪問團。

十二、行政　爲主辦幼兒教育的實施，各級主管教育行政機關，應分別設立主管部門如：

1. 教育部——幼兒教育司；
2. 教育廳——幼兒教育科；

督導爲行政的重要工作，各級主管教育行政機關，應設立幼兒教育督學，負視導責任。

幼兒教育範圍甚大、事務至繁，效能宏偉，中央應督令地方行政人員進，並列爲行政考績之一。

幼兒教育事業，國家應責成社會人士實施，其有特殊貢獻及勞績者，國家應予以獎勵。

上列十二項，爲實施時的一般規定，各項均須有詳細之事實及步驟，容繼續草擬求教。

幼稚教育之我見

許如珍

在整個世界教育史中，幼稚教育不過一百多年的歷史，在這一百多年以前，兒童只是小型的成人，因之一切衣食用玩教管，都是以成人的觀念去衡量他，看待他，直到法國名教育家福祿培爾創辦了有史以來第一個幼稚園後，於是才引起了全世界教育界對兒童的注意和興趣，換言之，也便是直到福祿培爾創辦幼稚園起　才從世界人類中發現了兒童，加之百年來心理學科的發達，不特教育心理學成立了專門科學，更在教育心理學中確立了兒童心理學這一門類，從此更確定了兒童的特殊地位，兒童自有兒童自已的世界觀、宇宙觀，決非小型的成人，絕不能以成人的目光和各種概念來衡量兒童，這種兒童教育上的大進步，固當感謝晚近教育心理學家的努力，然而推本求源，卻不能不歸功於創辦世界第一所幼稚園的兒童之母的福祿培爾先生哩！

就國家民族的立場說，小學教育爲國民最重要的基本教育；就個人的立場來說，也未嘗不是如此。但我們更當知道，幼稚教育尤爲基本教育之基本，因爲兒童最富於可塑性，一切優良的習性，正確的道德觀念，健全的人格基礎，甚至於健康端正的體格姿勢，都在這一時期培植其穩固的根柢，俗語所謂染於蒼則蒼，染於黃則黃，又謂近朱者赤，近墨者黑，莫非說明兒童可塑性之强，同時也說明了幼稚教育之重要，不然何以在這短短的一百多年幼稚教育史中，歐美各國幾乎發達到每一個村莊均有一所幼稚園來教育兒童呢，更何以能使一班世界教育家，願以其畢生精力，來努力於幼稚教育呢！

「教育兒童並非難事」。我國創辦新教育，雖已有四十餘年的歷史，而這種錯誤觀念，依然盛行於今日的社會裏。自然，假使教育兒童而不顧及兒童的個性，能力，興趣，以及環境與心理，只是當作一個小型的成人去管教，置教學效率於不顧，一味注入式地去教、講、說，甚至責罰，乃當然是沒有什麼困難可言的，反之，乃便絕然不同了。本人自插足社會，即辦理兒童教育，十餘年來，巳創辦幼稚園三所，主持托兒所三年餘，差不多一直沒有和兒童離開過共同生活，這雖不敢說不畏艱難，但確由於性情與興趣所近，眼看着來自各個家庭環境不同，和個性各異的兒童，或者見人怕羞說話囁嚅的兒童，經過幾個星期訓練後，竟全變得待人接物能有禮貌，說話報告，玲瓏清晰，見到這種情形，怎得不興奮無地呢！

要想把一個幼稚園辦到確實能爲兒童的樂園，憑我淺薄的十餘年經驗所得，固非輕而易舉，但也不致難到令人卻步。

在物資方面首先該注意兒童恩物的設備，因爲任何兒童的天性都是好動的，好奇的，這種好動、好奇，便是實施教育的最好機會，換句話說，兒童一切的教育訓練，都要在這兩點基本天性上出發，所以各種恩物設置，在幼稚教育中是佔最重要的地位，沒有了玩具，在幼稚兒童中便可說失去了教育。

其次是教師本身的條件，說到教師，至少該具備左列三個條件：

一、忍耐性　兒童雖是天眞活潑，但究竟是麻煩的，這種麻煩當然由於好動好奇的天性而來，作教師的應當瞭解在成人認爲麻煩，在兒童的世界觀中，卻是嶄新的，因爲在他周遭的一切，他都渴望着去了解它，這時的教師應該不憚煩地去解釋，引導和說明。

二、兒童化　「加入兒童隊伍」，這該是幼稚教師的信條。我們既承認兒童另有他」的世界觀，宇宙觀，那麼我們成人的世界觀與宇宙觀，便決不能適合他們的興趣，一個與兒童生活的教師的行動、言語、態度，甚至好惡，不能與兒童融和在一起，也決不能引起兒童的興趣，而發生引導的教育作用的。

三、機敏　包括隨機應變和行動活潑。教育兒童應該儘量利用現實環境，課程雖然固定，而內容卻須多變化，這種變化，便不得不靠教師隨機應變運用靈活，而行動之活潑與態度之和藹，尤爲幼稚教師所不可缺乏之條件。

以上所述不過就經驗中覺得最重要者而言，其詳當非此千餘字之短文所能盡述。

總之：幼稚教育是基本教育之基本，其重要性決不容吾人忽視。其工作雖煩，但確是件極有趣味，極有意義的工作，深盼當今之辦教育者，能深切體認及之！

本校圖書館輔導下的學生閱讀活動

市立第二女子中學徐元璞

現在一般學校，其學生之學習情形，大別之不外下列二種：第一、教師對於教室內的教學，頗爲認眞，舉凡在教室內所授之課程，教師以全力使學生達到其預期之效果，對於教室以外之智識，則非所計。這在某種程度方面說，此等學生之學業成績，誠然不能算壞。第二種似乎較前一種爲進步，他們知道學習的範圍，不能限於一室之內，須得擴大智識範圍，就是說：學校應設有圖書館，應當使學生時常到圖書館裏去閱讀課本以外的書籍。

上列兩種辦法，我們都不能認爲十分滿意，依教育的眼光看，各有其缺點：第一個是失之於讀死書，其智識囿於教室以內的學習，而不知道發掘教室以外智識的珍藏。第二個　失之於無聯絡，他們在教室與圖書館裏所得的智識，各自爲政，其智識是割裂而無系統，他們還有一個更大的共同缺點：就是這樣所得的智識，是被動的，強迫的，外鑠的，而不是心理的，興趣的，自發活動的智識。

本校圖書館鑒於上述之缺點，努力於進一步的工作，不獨避免圖書館與教學隔離之普通症狀，不獨天天研究如何使圖書館與教室打成一氣，且進而輔導學生閱讀各種書籍，指導學生從事研究與活動，它的工作設施，約爲下列三個重要部門：

一、圖書館之本體活動

學生欲閱讀之書籍，常常因爲借閱手續之煩難，而減低其興趣，尤其是中學生，有時興趣一退，就不願閱讀了；且學校借書每集中於課後十分鐘休息時間內，這短短時間內若不能將所假之書，一律借出，則事過境遷，學生或許就不再借閱了；此外憑書目借書，學生亦常因不知該書內容而失望，本校圖書館，非常注意上述之困難，力求借書手續之簡單迅速與正確，能在學生閱讀興趣高潮下，立即使其得其愛讀之書，本校圖書館借書辦法，是一面開放書櫥，使各種書籍露其微笑之面目，招引其欣賞者，一面變更圖書登記法，以杜威氏之分類爲主，輔以橱層序登記法，發揮檢書借書還書之最大便利，行之一年，成效頗著。

二、圖書館之輔導活動

引起閱讀動機，鼓勵閱讀興趣，布置閱讀環境，無疑的是學習的重要條件，本校圖書館不是等候學生來讀書，亦不任學生隨便讀什麼書，而是用各種方法引導學生閱讀與最近課程有關或適合其心理生理發展以及與國際上政治上社會上事態關連之書籍。所以本校圖書館樹立十數木牌，並不斷更換，以顯明有趣之文字或圖表，揭示出各種重要而有關之智識，——如常用字彙、時事摘要，自然現象，各種有價值的統計、新書介紹、偶發事項等。使學生於不知不覺中，得到最有價值之智識，並且進一步的引導學生去閱有關上列各種智識的參考書，使他做升堂入室深一層的研究探討。

三、學生的自發活動

上列兩種辦法，究屬側重館方，是以圖書館爲主，本校乃再加改進，讓學生自行舉辦有意義的工作，如（一）編製壁報　本校除各級學生已辦級刊外，再編圖書壁報，其投稿編排等重要手續，都是學生自己動手，她們將時事扼要的介紹給其他同學，同時登載文學小品，鼓勵他們寫作。（二）舉辦月會，如詩歌朗誦，書籍介紹故事講述等，而月會最大意義要使學生視學校如家庭，月終同聚一堂減除流亡生徒之傷感，增强貧寒學生的自信心，養成學生有正確的自由概念，並發揮其個性的專長。（三）選舉，由同學自行選舉各級成績優良的學生担任圖書館的名譽職，當選者享有圖書特殊借書及請購圖書之權利，激勵學生的向上心，培養卓越有爲的人才。

行將舉辦的其他活動

以上所述，爲本校圖書館業已舉辦之事業活動，本校準備繼續舉辦其他活動以補救過去因時間關係缺少之課程，並廣泛的予青年生活方面以合理的指導，因爲本校自三十四年十一月奉命成立以來，三個學期，學生的學業，都未能照應有的時間把功課學習完滿，雖屬事非得已，本人總認爲遺憾，本學期開始就擬定計劃從事補救，我們的計劃是由學生自動組織星期座談會，讀書月會，與青年生活研究會，在星期座談會裏，我們將一週來國內外大事和讀書心得相互研談，養成假期讀書的習慣；在讀書月會中，提出讀書報告，和研究結果，這是一種比較有系統的讀書會，至於青年生活研究會，它的研究範圍就更大了，所有青年們感覺到一切社會的生理的問題，都盡量的先由同學們相互研討，解答會裏當然聘請專科教師和訓導人員參加，教師們除口頭指導外，並指導其閱讀各種有關之書籍。這樣從生活中發生讀書的興趣，從讀書中促成生活的美滿，並且可以獲得因時間關係未能學習的智識一部或全部。

總之我們希望本校圖書館，不只是教室的輔助，而是教室的擴大：不只是書籍的偶然閱讀處所，而是自動研究的中樞，要每一個學生自動的積極的把學習重心，放在圖書館裏面。浸沉在自動研究的閱讀氣氛中。

最後本人引爲缺憾的，本校圖書藏量既不多，館內職員僅有一人，半義務職指導主任一人，（本校敎員畢心一先生）其規模實不够偉大，對於上述工作之實施在人力物力兩方面，均感捉襟見肘，吾人惟有根據既定原則，盡最大努力，以堅苦卓絕精神，謀學生學業之進步而已。

* * *

* * *

公佈專欄

南京市教育局訓令

事由：奉部令頒發印行國定本教科書暫行辦法施行細則仰知照由

令市私立中小學

案奉

教育部本年四月一日參字第一七七六八號訓令開：

「查國定本中小學教科書自本年七月一日起開放印行前經本部制定印行國定本教科書暫行辦法公布並通飭知照在案茲根據該項暫行辦法制定施行細則以利實施除公布並分令外合則檢發該項施行細則一份令仰知照」

等因附發印行國定本教科書暫行辦法施行細則一份奉此除分令外合行刊載該項細則一份令仰知照

此令

附印行國定本教科書暫行辦法施行細則一份

兼局長馬元放

南京市教育局訓令

事由：爲劃一規定升降國旗所奏樂譜令仰遵照由

令市私立各中小學校

案奉

教育部社字第一五二〇二號訓令內開

「案查行政院三十六年三月二日從壹字第八一八五號訓令開：『據廣東省政府呈請劃一規定升降國旗時所奏樂譜一案業經由院規定「凡各地軍政機關學校及人民團體舉行升降旗時在中央未則定其他升降旗樂前應奏青天白日滿地紅譜以示尊崇至駐外使領館及海軍艦隊升降旗樂可參照本案辦理」除分行外合行令仰遵照并轉飭遵照』等因奉此除分行外合行令仰知照並轉飭所屬一體遵照

等因奉此合亟令仰遵照

此令

兼局長馬元放

印行國定本教科書暫行辦法施行細則

印行國定本教科書暫行辦法施行細則

一、本細則根據印行國定本教科書暫行辦法訂定之

二、國定本教科書分下列四組：

(一)小學初級組

(二)小學高級組

(三)中學組

(四)師範組

各組書目由教育部隨時公布之

三、公私印刷機關得申請印行國定本教科書之全部或第二條所列之任何一組或二組三組但不得於各組中抽選若干種

四、凡申請印行第一組各書之印刷機關必須同時承印國常課本各冊之單式及複式教學法算術課本各冊之教學指引申請印行第二組者必須同時承印各冊之教學指引以利教學約以每印課本一百冊至少印教學法或教學指引一冊爲率

五、公私印刷機關在申請前可先向部領取稿本照繳各稿本規定之印刷費

六、公私印刷機關申請印行國定本教科書時須附送一、申請書(附式樣)二、樣本

七、申請時每科得以選印國文並有之課文若干頁，(每冊至少一頁)連同第一冊之封面及版權頁合訂成本先行送審經審核合格後再將各科各冊完整之印刷樣本全部送審

八、凡用國產紙張印刷者須送原全張大小之紙樣並註明產地單價及開數等

九、暫行辦法所稱各書字體係指課文而言至小學高年級及初中各科各冊之註釋，作業，參考書等均得用老五號字排印

十、小學低年級國常各冊之正楷手寫字體其筆劃寫法不得用破體簡體及帖體以免歧異

十一、印刷本全部送審經審核合格後每組合發許可執照一張以便影印於各冊之裏底封面惟本組之執照不得印於他組書上

十二、許可執照有效期間以三年爲限

十三、凡核准發給執照之公私印刷機關應於每學期開始前兩個月據實陳報各科課本每屆印刷確數銷行區域

十四、核給執照之公私印刷機關如中途不願繼續承印時應於每年六月或十二月前呈報並繳銷執照

十五、凡核准發給執照之公私印刷機關印行國

本敎科書時有違下列各項之一者吊銷其執照

(一)印售之敎科書粗製濫造紙張製印均與送審樣本不符者

(二)印售之敎科書擅自改易文字貽誤教學者

(三)經部通知修訂課文一年內不遵照改版印製者

(四)不印本組數學法或數學指引查明屬實者

(五)將他組或他機關之執照矇混印售者

十六、本細則自公布之日施行

附申請書式

印行國定本教科書申請書

茲願遵照教育部頒印行國定本教科書暫行辦法及施行細則承印表列各組教科書附送樣本　冊紙張　張敬祈

審核發給許可執照謹上

教育部

公私印刷機關名稱	商營印刷機關經濟部核發營業執照號數	承印國定本教科書組類	印書用紙	行銷區域	備註

南京市教育局訓令

事由：令發蒐集中日戰爭地方抗戰史實注意事項仰即遵照由

令各中小學校社教機關

案奉

南京市政府府總秘編字第四二八〇號訓令內開：「案准國防部本年四月十五日戢是字第一九三二號函開：「准安徽省政府本年三月日祕敎民文字第〇七七號公函略稱中日戰爭地方抗戰史實蒐集辦法業經飭屬遵辦並經訂定本省各縣(市)編纂地方抗戰史應行注意事項七點請查照等由查中日戰爭地方抗戰史實蒐集一案前經電請貴府辦理并轉飭辦理在案茲據安徽省府所擬注意事項尙屬可行除函復并分行外相應抄同原注意事項七點函請查照參考辦理爲荷」等由并附注意事項一份准此查關於蒐集中日戰爭地方抗戰史實一案前准國防部函送蒐集辦法到府經擬訂補充表於本年元月二十七日以府總秘編字第七八〇號令函遵照查報并限於本年三月底以前逕送本府秘書處編譯室彙編在案茲准前由除分行外合行抄發原注意事項一份令仰遵照迅速蒐集于四月底以前送交本府編譯室以憑彙轉勿延爲要等因附發注意事項一分奉此合亟抄原附件令仰迅速蒐集以憑彙轉勿延爲要

此令

附抄發原注意事項一份

兼局長馬元放

安徽省各縣(市)編纂地方抗戰史應行注意事項

一、編纂縣(市)地方抗戰史除遵照　國防部所頒「中日戰爭地方抗戰史實蒐集辦法」外并應注意本事項所列各項

二、編纂大綱爲(一)總敘該縣(市)抗戰八年來之重要經過(二)黨政方方(三)軍事方面(四)關於官民兵英勇忠烈事蹟之紀述(五)關於敵僞暴行之紀實(六)結論等項

三、上列六項之下並應遵照國防部規定詳分節款細目

四、該縣(市)所歷戰役經過縣(市)淪陷經過收復時經過復員工作以及戰時地方文化情形戰時地方經濟狀況戰時地方交通情形民衆戰時生活情形民衆抗敵之情緒民衆抗敵武裝組織及其行動以及所得效果等等均應詳細叙述列爲附屬

五、凡與抗戰有關之屬於地方黨政軍事範圍而未

經國防部規定列爲項目者（如訓練戰時地方幹部知識青年從軍情形以及戰時之特殊設施等）亦得斟酌列爲正篇黨政軍事項下之節目或於首項總敍中及之

六、是項抗戰史應遵照國防部規定格式楷書或油印各以三份逕寄省文獻會（一份存查另二份轉送國防部）彙辦

七、是項稿件統限於本年四月十日以前寄達以便彙辦轉寄

南京市教育局訓令

事由：爲奉令協助中央圖書館辦理出版品國際交換事項令仰遵照由

令　市立社教機關　公私立中學

案奉

市府交下　行政院三十六年四月十九日從玖字第一四六四六號訓令略以國立中央圖書館辦理出版品國際交換事項應予協助等因奉此自應遵辦合行抄發原辦法令仰遵照

此令

附抄發「國立中央圖書館辦理出版品國際交換事項辦法」一份

兼局長馬元放

國立中央圖書館辦理出版品國際交換事項辦法

一、凡我國政府各機關編輯出版或津貼經費印刷之中西文圖書公報得視事實之需要檢送三十份與交換處分送協約各國

二、交換處應各協約國之需要調取各機關出版品時須隨時照送

三、公私機關及個人有多出量版品贈送國外機關及個人或互相交換者均可委託交換處代爲分別登記轉寄

四、國內各機關之出版品願贈送國外而不指定何機關及個人者可各寄若干份由交換處斟酌支配寄送

五、國外贈送國內各公私機關及個人或交換之出版品寄至交換處者統由本處整理登記然後分別郵寄或裝箱寄運

六、國內寄件人委託寄遞出版品至國外時應將寄至南京之運費或郵費付清由南京寄往各國之費用歸交換處負担

七、國外委託交換處轉寄之包件分寄國內各機關或個人時所需之郵費歸交換處負担運費則暫由收件人負担

八、本處郵寄各件皆不掛號如欲掛號須先備函通知其掛號費應由收件人負担

九、因未掛號而遺失之物件交換處概不負責但寄出郵件無論大小多寡概有詳細登記并交郵局蓋印以便查核

十、國內寄件人將書件委託交換處寄往國外時應先將下列各項預先函告

甲、箱數

乙、包數

丙、刊物名稱

丁、寄件詳細清單註明國外收件人姓名住址包數及包內刊物名稱庶易點收登記以便查考其格式附後

十一、包件上人名地址須由寄件人用英文或寄往國文字用打字機打好免致模糊如係用地址單黏貼包上者紙宜堅韌若寄至機關者切勿用個人名義以免爭執

十二、包件須包紮堅固不可捲包免致汚損如有附圖恐易損壞者須加襯厚紙板

十三、包件內不得附有任何信件

十四、國內寄件者須得雙方收據時可於包件內附一空白收據以便國外收件者簽字寄回如希望對方交換亦可於此項收據或包封上印明

十五、由交換處轉寄國內外之包件內亦附有空白卡片一張收件人務須將包數及包封上所印之登記號數塡明簽字寄回以便査核

十六、交換處爲國內外出版品轉寄交換總機關幷非營利性質故除各機關及個人出版品贈送國外或交換者外凡具有商業性質之書籍概不轉遞

十七、國外寄來包件有時因地址不甚明瞭或外國拚法錯誤以致無從轉遞故歡迎各方時常來函詢問函詢時須註明收件人中西文姓名住址如無法投遞書件一年內無來承領者交換處得自由處置贈送國內圖書館或退回國外寄件人

十八、國內寄件人及收件人住址如有變更須隨時通知交換處及國外收件人或寄件人

十九、所有委寄各件均寄南京成賢街四十八號國立中央圖書館出版品國際交換處收

南京市教育局訓令

事由：爲塡報抗戰損失延至本年七月底截止不再展期令仰遵照由

令未報抗戰損失各校

案奉

南京市政府（卅六）府總抗損字第四一八二號訓令內開：

查關於本市抗戰損失調查一案前奉行政院本年元月二十三日從捌字第二九四七號訓令飭將本市抗戰損失迅速切實查報等因當經本府規定限期令飭迅速查報在案茲復奉行政院本年四月十二日從捌字第一三六六五號訓令規定各地查報公私損失延至本年八月底截止不再展期等因奉此除佈告幷分令外合行令仰遵照幷飭屬一體遵照如期塡報萬勿延誤爲要」

等因奉此查此案前經以（卅六）教四字第一四八號訓令飭將抗戰損失依式塡報以憑彙轉在案茲據各校先後呈送者爲數甚多但恐仍有未及造報者奉令前因特延至本年七月底截止不再展期合行令仰遵照依限塡報勿再延誤爲要

此令

兼局長馬元放

南京市教育局訓令

事由：爲令仰隨時協助募銷短期庫債美金公債由

令公私立中小學及社教機關

案奉

南京市政府（卅六　府總秘字第四一三四號訓令內開：

「案奉　行政院本年四月十四日從伍字第一三八五七號訓令開：「據財政部呈稱：「查民國三十六年短期庫券美金公債條例業奉　國民政府明令公佈施行所有該庫券公債募銷事宜已由本部委託中央銀行辦理並經檢送基金監理委員會組織規程暨募銷收款發票規則呈請鈞院備案値此募銷伊始亟應廣爲宣傳積極勸募俾使人民自由認購除督促本部所屬各機關切實倡導外擬請　鈞院通令各部會及各省市政府分令所屬公敎機關隨時協助以利募銷」等情應即照辦除指復幷分令外合行令仰遵照幷轉飭所屬一體遵照」等因奉此除分行外合行令仰遵照」

等因奉此合行令仰遵照

兼局長馬元放

南京市教育局訓令

事由：爲各級直接稅局執行印花稅憑證檢查工作時依法受檢不得拒絕令仰知照由

令公私立中小學及社教機關

案奉

南京市政府（卅六）府總秘字第四二〇四號訓令內開：

「案准財政部本年四月十九日京直叁第二八九三二號公函開：「據本部江西區直接稅局代電略以本區各分局檢查印花稅間有少數機關拒絕檢查情事電請轉函多予檢查便利等情據此查印花稅爲國庫重要收入欲求稽征嚴密端賴印花稅課稅憑證之檢查現行印花稅法第十四條規定「應納印花稅之憑證應受財政部指定之主管機關依法執行檢查」同法第十九條後段又規定「拒絕第十四條之規定檢查者處以二萬五千元以下之罰鍰」是各級直接稅主管征收機關對於檢查印花稅憑證爲其應盡之職責茲爲便利推行起見相應函請查照惠予通飭所屬嗣後如遇各直接稅局執行印花稅憑證檢查工作時應依法受檢不得拒絕否則卽依法處罰至紉公誼」等由准此除分行外令仰知照」

等因奉此合行令仰知照

此令

兼局長馬元放

本刊徵稿簡約

一、本刊稿件以左列各項爲範圍
1.論著
2.教育設施
3.實驗研究
4.各科教材
5.優良事例
6.書報評介
介紹與讀書報告
7.調查統計
8.教育法令
9.教育消息
10.視導報告

二、本刊除專家撰著外歡迎外界投稿

三、來稿文言白話不拘但須扼要切實並繕寫清楚附加標點稿紙請勿兩面寫每篇以壹仟字以上五千字以下爲原則

四、來稿須具眞姓名并須註明詳細通訊地址

五、本刊對來稿有刪改權其不願刪改者須預先聲明

六、來稿一經刊載版權即屬本刊但聲明保留者不在此限

七、來稿經刊載後當致酬現金但本局與各附屬機構概況介紹與報告性質之稿件酌贈本刊不另致酬

八、來稿用否概不退還其附足郵資者得於不用時寄還

九、來稿請寄南京市教育局轉首都教育出版社

本刊廣告刊例

地位	面積	每期價目
封底	全頁	國幣拾萬元
	二分之一	國幣陸萬元
	四分之一	國幣叁萬五千元
封裏	全頁	國幣捌萬元
	二分之一	國幣五萬元
	四分之一	國幣叁萬元
普通	全頁	國幣五萬元
	二分之一	國幣叁萬元
	四分之一	國幣壹萬柒千元

連登三月九折　半年八折　全年七折

首都教育

第一卷　第八期

民國三十六年四月十五日出版

編輯者　首都教育出版社

發行者　首都教育出版社
社址：南京市教育局內
電話：二四三四一

印刷者　大明印書館
南京洪武路三一一號

經售處　首都教育出版社
南京各大書局

本刊價目

項別	期數	價目	備註
零售	一期	六百元	特大號或有特殊需要時得提高售價
長期定閱 半年	十二期	四千元	
長期定閱 全年	二十四期	七千元	

此期係特大號
零售每册一千五百元

本刊依法向主管機關聲請登記中

世界書局

出版

各級教科書
各種參攷書
辭典　字典
尺牘　文範

發售

文具　儀器
學校　用品

南京分店：太平路二五三號

大明印書館

承印

報章雜誌
中西書籍
課本講義
表册簿記

出品

精益求精
交件迅速
定期不誤
保證滿意

地址：洪武路三一一號

文華印務局

承印

書籍圖表
中西箋封
彩色商標
文憑股票
喜帖訃聞
中西簿記
燙金劃線
鐫刻圖章

地址：南京林森路二六三號

首都教育

第一卷
第九期

目次

中華民國三十六年五月一日
首都教育出版社編印

特載

一市師表

沈怡

——四月三日在師範教育運動週　主席招待服務本市教育二十年以上之師範畢業生席上演詞——

大概在一個多月以前、我曾在和今天同一地方參加過一個盛會，那是慶祝本市那些結婚已有二十年，而至今融融樂樂的夫婦們。今天這個會，意義是更重大了，因爲今天與會的，都是本市服務教育工作二十年以上的師範畢業生，所以　主席要有如此隆重的表示。本人參與盛會，自與各位先生有同樣的光榮，但，這光榮却是各位先生所給予的。

我們從今日到會的名冊裏，知道各位在教育界服務，已經過如此久長的歲月，也經歷過非常艱難的時期，各位不以患難移節操，不以困苦生厭倦，堅貞自矢地爲國家民族培植新的一代，這不能不使人發生莫大的感佩，尤其本人以服務京市的身份，更應該對各位致無限謝忱。

古諺說得好：「經師易得，人師難求。」爲人師表的不僅在授業解惑，更須在人格上能感化學生，所以一個理想的教師，非但要有學問，而且還要有道德，我們要找有學問的教師，比較上還容易，但要找兼有道德的「人師」，那就很難，各位選擇此一神聖事業，以爲終身的職業，數十年不懈地爲教育盡瘁，正可說明各位不僅有學問，而且也兼具有最高尙的人格，此種艱苦卓絕歷久不渝的精神，眞令人十二萬分的欽敬。

各位中間，或許有人看過那張美國影片「萬世師表」和「萬世師表」的話劇，我想我不應當拿萬世師表來稱頌各位，但各位至少可以稱得上是一市師表，首都是全國首善之區，換句話說，各位也就是全國的師表。

今後建國大業，正可說是經緯萬端，在在都須要我們努力，而教育一項，尤其重要，希望各位先生一本過去精神，繼續努力，蔚爲風氣，完成爲國家作育人材的重大使命。

師範生宣誓的意義及其任務

馬元放

三十六年三月卅一日在南京市立師範學校講詞

今天諸位在師範教育運動週中舉行宣誓典禮，本人能來參加，非常愉快。對於這次師範生宣誓的意義，剛才王校長已經講過，現在我再申述一點。

宣誓，是自己對將來努力的方針，所下的決心，因此決心而對自己來一個約束。如今各位都已在誓詞上簽名蓋章，交給政府，正式表示今後一定要做到誓詞里面所說的話。這次誓詞裏面，雖沒有說「如有違背誓詞行爲，願受最嚴厲的處分」之類的話，但無形中已包含這層意思，這是在座各位所應明瞭的。各位在進師範學校以前，對於願否終身從事教育事業，一定有詳密的考慮。既進了師範學校，那是已經決定願意終身從事教育事業。所以今天的宣誓，是更鄭重地表示於書面，見出諸位的決心，也見出教育事業的神聖。

記起　國父將臨時大總統讓給袁世凱的時候，一定先要袁氏宣誓，當時國人以爲這是不必要的。但　國父一定堅持這個主張，結果袁世凱在就任臨時大總統的時候，他終於宣誓了。　國父這一主張，含有極深的意義，因爲宣誓是自動的，一方面表示對於所業的重視，一方面表示一種約束，如有背誓的行爲，不獨違背了他人，實是違背了自已，不獨要受他人的責備，同時也要受自已的懲罰。卽如袁世凱後來背叛民國，國民就以背誓這個罪名來討伐而使他無以自解。所有宣誓，其鄭重皆如此。宣誓如此之鄭重，不僅止於消極地遵守，尤在於對於所業，能積極的進行，才算克盡了誓言的任務。

各位對誓詞的內容想已完全明瞭，看了誓詞，就可知道責任的重大，和使命的艱鉅。師範生是未來教育界的支柱，是培養下一代新國民的搖籃。未來國民的健全與否，國家的強盛與否，完全繫在師範生的肩頭，這任務是否能達成，就要看師範生對自身的責任，教育的意義，有無認識，有無信心而定。宣誓，不但堅强了你們負這責任的信心，更增加了你們對教育的認識。根據國家的教育宗旨，培植人才來實行三民主義的建國理想，這就是師範生的天職，也就是國家所以培養大批師範人才的目的　國家將這個使命賦予師範生，就希望你們能始終無間的努力下去。如今諸位鄭重地宣誓，就是諸位能接受國家的希望始終無間的努力下去。宣誓是正心誠意修身的工夫，接下去就是齊家治國平天下的事業，這是大家所該自重自勉的。

「立志效忠國家，以準備培養第二代健全之國民而完成復興民族之大業，」這一段話里面，包含了很多的意義。人民是國家的構成份子，國民不能離國家而生存，所以國民必須效忠於國家。國民不健全，則國家不强盛，所以國家必須要有健全的國民。過去我國處於次殖民地的地位，經過數十年國民革命的奮鬥，才有今日的地位，但僅僅做到不受壓迫，而還沒有能够强盛，民族復興的工作，才完成了一半。民族必得要復興，復興必得要健全的國民；而如何方使國民健全，便是從事教育的人的責任。我們盡這個責任，就是我們效忠於國家。所以我們工作的目的　是非常之久遠，也非常之偉大，師範生宣誓從事於此，自有其光榮與價值。

再則教育宗旨，憲法上基本國策章，教育文化節，規定「教育文化，應發展國民之民族精神，自治精神，國民道德，健全體格，科學及生活知能」大家都知道我們的民族與國家有不可分的關係，我國由一個中華民族構成一個中華民國，別無其他國家；中華民國之內，只有一個中華民族，別無其他民族，民族與國家間合而爲一。因此要建設國家，必須發展固有的民族精神。我國這次抗戰的勝利，全靠民族精神去制勝强敵。我國物質方面如武器裝備給養，都處於劣勢，只因我國全體國民，同仇敵愾，堅持忍耐，發揮大無畏的民族精神，終於獲得最後勝利。我們對外能發揮民族精神，但內在的却有少數人不顧國家民族，曲解名詞，在那里稱兵作亂。我們如果不把這危害國家民族的大患澈底根除，那我們這國家將不亡於外患而亡於內亂，永遠不能富强，人民就永遠不能康樂，而使富强康樂得以實現的憲政，便不能圓滿地實施。憲政之基礎，在於自治，而自治又以法治做基礎，我們時常可以聽到許多不是民主，便是自治的口說，這般人都是借自治等類之名而實行破壞國家之實的。推其原因，是由於我國人民自治的知識能力還嫌薄弱的緣故。要知道民主不是作亂，自治不是割據，我們應當增進國民道德，健全國民體格，提高科學及生活的知能來發展自治精神，進而發展民族精神。憲法如此鄭重地一條條明白的規定，我們應如何完成教育的這個理想，去配合建國的工作，溶合國家造就師資的目的。

教育爲立國之本，政府對教育事業非常重視，所以教育部規定每年三月二十九日至四月四日爲師範教育運動週，以加强社會上對師範教育重視的觀念。不過要得社會重視，還得從事教育的同人，從本身方面去振作努力。社會上一般人對師範生都看不起，他們以爲家里窮的學生，才進師範學校，是一種救急的出路，這種完全錯誤的觀念，我們要把他糾正，要把他打破。要知道，國家辦理師範教育，並不是救濟性質，而是國家爲了師範人才的重要，所以拿出大筆錢來辦理師範教育，　以培養健全的師資，使担負起教育的責任，國家的用意，是深長而隆重的。我想各位進師範學校，並不是爲受救濟而來而是願從事教育事業而來。國家以重任付給大家，大家自必須有能負此重任的信心，從實際工作中去求成績，求表現，以打破社會上一向對師範教育的錯誤觀念。我們要建立一個自信，切不可以爲教育界清苦，而見異思遷，要曉得教育事業，是犧牲的事業，完全爲人服務，沒有自已一些功利在內。各位旣抱着獻身教育事業的信心而來，就該認定自已的担負，尊重自已的意願。所以要宣誓，就是說教育是犧牲事業，而甘願爲此事業犧牲自已的一切。這種精神，皆爲幹事業者所應有，尤其在宣誓以後，更應該始終無間的努力下去求自已任務的完成。

從事教育事業，要完成自已的任務，第一，要有責任心，要忠於做事。職後國家建設，需要大批建國人才，這許多人才培養的責任，就是從事教育者的直接負担。大家今天在學校受師範教育，明天就將身作師範去教育他人，國家建設的成功與否，完全要看各位的努力。「忠」就是敬業，能敬業，才能忠於做事，上面所說的「效忠國家」，才不致於落空。第二，對於所業應該提高興趣，不然，時間一長，就不容易支持下去，也就不能做下去。稍有厭惰，做起事來，就會敷衍塞責，甚至中途而廢。我們無論做那一件事，一定要心境快樂心境愉快！，才能興致勃勃好好地去做，這一點做不到，事業就沒有前途。做任何事也不會有辦法。

今天大家在這里舉行宣誓，表示願效忠國家，終身從事教育事業，這是推行師範教育運動的一大貢獻。希望各位對宣誓的意義，能深切的了解，，對自身的任務，能切實地明瞭，將來出學校，進社會以後，努力就各人的工作崗位，共謀教育事業的發展，那建國大業一定可以完成。國家的前途無量，諸位的前途同爲無量。

蔣主席設宴招待

本市老教師

三月二十九日至四月四日，本市舉行師範教育運動週， 蔣主席爲尊重師道及嘉慰在本市教育界服務二十年以上之師範畢業生起見，特於三日中午十二時在勵志社設宴招待，惟 主席因臨時返歸故里掃墓，乃派教育部朱部長代爲主持。參與午宴之教師共二六六人，來賓有沈市長怡馬副市長兼教育局長元放，教育部中等教育司曹司長漱逸，國民教育司吳司長研因等多人。首由馬兼教育局長報告主席設宴之盛意，繼由朱部長代表 主席致訓謂：「 主席一向對於教育事業最爲關切。以復員經費言之，教育復員經費佔最多數，足見 主席之重視教育。今日到會各教師，均親身經歷二十年來國家之動亂，備嘗艱危困苦，而各位均能堅守崗位，非特維持國家教育基礎，且逐漸求其改善與擴大。此種精神，實令人感佩，希望在實現民主之建國大道中，各位能本過去之精神，益加發揚光大，以不負 領袖殷切之期望。詞畢，沈市長起立致詞。（詞見本刊特載）最後由服務教育界達三十五年現任市立一中教師之袁叔義起立致答詞。全體教師聚餐時，情況極爲興奮。

南京市教育局即將舉辦收復區中等學校

畢業生第三次甄審

本市收復區中等學校畢業生第三次（即最末一次）甄審定於本年六月一日至六月三十日登記七月六日考試凡未參加甄審及第一、二次甄審未及格暨准考而未考各生屆時可檢同證件及相片三張往市教育局第一科申請登記已考入專科以上學校學生可檢同應繳各件暨專科以上學校成績單得免去一部或全部考試外省市敵僞中等學校畢業欲參加甄審者須向原省市教育廳局呈請轉函本市教育局委託代辦茲將辦法附登如下

一、本市收復區敵僞所設公私立中等學校畢業生未經甄審及第一、二次甄審未及格暨准考而未考者，均可按本辦法申請參加第三次（即最末一次）甄審。

二、申請登記自六月一日起至六月卅日止逾期概不受理

三、登記手續應繳下列各件（1）塡具登記表一紙（2）最近二寸 脫帽半身 照片三張（3）原校正式學歷證件（4）證書印刷成本費五仟元

四、考試科目凡學校有案可査者僅考三民主義無案可査者加考國文英文數學理化史地等科（高初中一律惟師範生免試英文加試教育概論）

五、考試日期及地點七月六日上午八時（夏季時間遲到不准入場）起在白下路市立第三中學舉行

六、凡在卅五年九月以前考入公立或已立案之私立專科以上學校肄業各生可檢具應繳各件暨專科以上學校成績單呈局審核得免去一部或全部考試初中畢業生已升入高中須參加甄審各生亦得依照本項辦法辦理

七、其他省市敵僞中等學校畢業生願在本市甄審者須呈准原校所屬主管教育廳局委託本局代辦但第六項辦法本局不受委託

論　著

現時小學自然教學的困難及其解決的途徑

徐允昭

我們知道小學自然教學的目標，一方面在使兒童明瞭人生和自然界的關係，具有利用自然和改進生活的知能，一方面在養成兒童研究自然的興趣，指導兒童探求科學知識的方法培養其科學的態度，所以關於自然教學要使它合理化，我們應有下面幾個基本認識：

1.教材必須適合兒童的興趣與程度，並爲其生活所需要的。

2.教學的進行，在兒童方面，對於所學習的，必認爲是他自己急需解決的問題，或從中可以發掘一種奇蹟與樂趣的活動，不待教師督促，而自願努力從事的。在教師方面，完全處於輔導地位，他的責任，在對兒童供給參攷資料，激發學習興趣，指導研究方法，而非徒憑書本的知識，強迫兒童硬生生的接受。

3.爲使兒童獲得實際的知識與經驗，學校必須設備充分的標本模型及理化儀器藥品，以供兒童觀察實驗。

這些話固然都是自然教學的老生常談，無需多加說明的，可是我國因經八年的抗戰，從勝利到現在，各地教育所呈現的局面校舍殘破設備空虛，教師因待遇菲薄而生活不安定，單就京滬一帶向爲繁華的地方而論，教育上所暴露的一種捉襟見肘窮困衰頹的現象已臻於嚴重的地步，其他內地及邊區，更不必說了，就自然教學方面說，由於設備的缺乏，不論中小學，大多根據書本，照課文講讀，絕少觀察實驗的機會，這雖然是因目前學校經費困難，物質條件不足所致，然而儘這樣敷衍下去，貽誤實大，決難達到自然教學的目標。爲解決目前自然教學的困難，我以爲應依照以下幾個途徑努力：

第一教師對於自然教學，必須有高度的熱忱與興趣，分析言之：一、本身喜歡研究科學，能隨時隨地搜集研究的資料，不論是在生活上所發現的一個小小問題，所見到的一件奇異事物，或在閱讀書報時所看到的一則科學新聞，與未經見過的材料，便手自筆錄，加以澈底的研究，至完全明瞭爲止，認爲新知識的獲得，是自己精神上最愉快的事情。二、明瞭並忠誠實行自然教學的目的，知道啓發兒童研究興趣，增進兒童科學知識，就是培養兒童科學的基礎，使他們將來能從事有科學性的職業，或接受高深科學的研究，由此使中國的科學得以普遍發展，與世界諸先進國家並駕齊驅，臻國運於富强康樂之境。三、深信認識各種自然物的形狀，構造，屬性，作用，變化，在學習的過程上，必須經過各種感官的接觸與大腦的思考，所以自然教學的方法，必須以觀察，實驗，製作和研討等爲手段，萬萬不可以照本宣課敷衍了事。

第二教師既具上述高度的熱忱與興趣，對於缺乏設備一問題，至少可以解決一半，這一半究竟怎樣解決的呢，說來平常，不過靠教師的一雙手與一個腦袋而已。譬如動植物的研究，本不出日常生活之外，在我們所處的自然環境中左右逢源俯拾即是，在農村裏關於稻麥棉麻的研究，可從播種抽苗起，一直到成熟收穫，凡是鑿土，栽種，灌漑，施肥，除草，除蟲，收割的方法，以及作物生長的情形，所受氣候環境的影響，只要隨時指導兒童到田間去觀察，便不需要再有什麼教科書與設備，此外如養蠶，養鷄，養鴨，養豬和牛羊的牧畜等，鄉村裏都有實際的材料，教學時如也能指導兒童實地去觀察研究，從而瞭解各種家畜的形態習性，飼養方法和經濟價值等，實在比關在教室裏，專門叫兒童唸唸課文要好得多，在城市裏關於農林畜牧方面的觀察實驗材料，沒有鄉村裏豐富完備，但是認眞說來，並非絕對沒有，並且有些關於這方面的實驗機關還特設在城市裏，祇是指導參觀，比較不很方便罷了，就社會即學校，生活即教育的一個意義說，我們的教材不妨側重在環境中現有的事物，然後由近以及遠，使兒童的經驗漸漸推廣，所以城市教學所應重視的，是各種工業品的製造，交通和電訊器具的利用，醫藥衛生工作的設施，公用事業的建設。如果我們要使兒童獲得一種比較完整的知識，就該充分找尋機會指導兒童實地去觀察，這不但設備缺乏的窮學校應該如此，就是設備充裕的學校，爲着教室中利用圖表儀器等所施行的觀察和實際的情景比較起來總不盡相同，所以也不可忽視。

或者會有人說，這樣教學自然，不覺得太麻煩嗎？現在教師大都擔課很多，而且一個人往往兼到好幾種課務，出外參觀，常須耗費很多時間，不是有許多事實上的限制嗎？我以爲要解決這一層困難，完全是技術問題。我們主張教師擔課應該就其興趣與特長，專担任某一二種學科，不應該七拼八湊，叫教師什麼課都要上，更不應該不徵求其同意而隨時更動，其次所排的課表，也不可呆定三十或四十分鐘一節，每週應該有一二節比較長的時間，或把兩節連排在一起，以便舉行實驗實習或出外參觀，有時還可利用課外或星期時間到較遠地方去作採集、調查或訪問，在社會上所有可供參觀的機關，教師應和他們經常取得聯絡或請行政機關介紹，事前先行訪問，商定參觀的部門及方法，老實說教室裏的活動，除掉文字的講解外，實在沒什麼意義，與其叫兒童在室內枯坐一整天、何如讓他們出外活動半小時，現在教學最大的缺點，就是叫兒童在教室裏枯坐，束縛他們的身心，使他們欲有所想所動而不能，多數教師的觀念，似乎還在獎勵那些安分守已不動天君，坐在教室裏呆若木鷄的好好先生，盡力壓制一般比較好動好說不甘雌伏的所謂搗亂份子，這樣兒童好奇，好勝，樂於創造的特性，完全被摧殘，我們的科學教育，怎會有效率？學術文化怎會有進步？所以這個困難，是無論如何必須設法克服的。

第三談到設備問題，我們並非否定一切標本，模型，儀器等的價值，事實上有了相當的設備，教學起來究竟要方便得多，不過在現在學校這樣窮的情形之下，那裏去找許多的錢置備呢？所以我們目前談設備，並不是有了錢計劃如何購置的問題，乃是在沒有錢的這個限制之下，自已來計劃創製設備。從教學的原理上說，爲使兒童獲得眞實的經驗，發表創作的才能，這也是一種重要的活動，茲就自然教學所需的重要設備分述各下：

1.標本——這是根本無須購置的。標本雖然是實物，但是已離開牠自然的環境，牠本身是個死東西，往往形狀色彩都已變了樣，更見不到牠們生存時一種生動活潑的姿態與其周遭所發生的關係，譬如小孩從未見過蛇，而示以蛇的標本，但所見的，祇是一條變了色蜷曲於酒精中的死蛇而已，怎樣會理解蛇在生存時如何行動，如何生活等種種實際情形？我們認爲標本的價值，祇在利用以作精密的觀察，所以研究動植物，如稻及其害蟲，可就實地探訪後，再採集一二件帶回作標本指導兒童詳細觀察，一方面可以表顯兒童的成績，一方面可以提高兒童研究的興趣，凡是本地所產的各種昆蟲標本，作物種子，木材，石材，礦石，布疋等，都可隨時依着教學的需要，指導兒童採製搜集。

2.模型——在沒有實物可供觀察的時候，不得不借助於模型，因爲模型是立體的，看起來容易明白，拿一張建築圖和一個建築模型給兒童看，無疑的兒童對於模型特別感有興趣，在內地有些不易看到火車輪船的地方，要使兒童明瞭火車輪船的形狀和構造，最好是以模型提示。模型那裏來呢，靠和勞作教師合作，由自然教師搜集圖樣提供給他，請他在勞作課內指導兒童製造，用粘土，木頭，厚紙作材料，自然教師如能兼教勞作，直接指導更好，在有些都市兒童容易看到火車輪船的，也可利用模型的製作，使兒童樂於從事實地的觀察，一般說來，小學自然教學需要的模型並不多，如三球儀，地層模型，防空模型等，都可採用這種方法製造，也可當作一種設計教學。

3.儀器——這是實驗用的器械，在物理方面所用的如槓桿，輪軸，滑車，斜面，尖劈，螺旋等實驗材料，隨處可取：槓桿用桿稱，剪刀，鑷子三件東西，就可說明它的三種性質；輪軸用紡車，斜面用滑梯，滑車用繫於旗杆頂上的葫蘆，尖劈用菜刀，螺旋用螺旋釘，就地取材，更可增進兒童生活的經驗，鄉下沒有電燈，到城裏去買一個手電，加以推廣利用，大概可說明了，電報模型可搜集些舊電線（或用銅線捲上油紙）和銅片，鉄片，鐵釘，木板等製造，配上手電中的電池，還可作電報的實驗，蒸汽輪機可用洋鉄片做一個邊緣有葉的輪盤，裝在洋鉄壺口，然後在壺內裝水煮沸，使兒童看那蒸汽噴發的情形而瞭解蒸汽的力量可以利用作工的道理，飛機的飛行，靠螺旋槳的轉動，使機身前進；靠空氣對於機翼所生的反壓力使機身飄揚，這可用兒童自製的竹蜻蜓和風箏分別來說明，光學方面的試驗，可用近視眼鏡片作凹透鏡，老光眼鏡片作凸透鏡，以說明放大和望遠的作用，至於光的直進，反射，和屈折的道理，那在普通家庭裏找一面鏡子和些別的東西，就很容易說明了。

4.化學藥品——譬如石灰水遇炭酸氣即變爲乳白色，故如要證明我們呼氣中有無炭酸氣，祇須拿一些石灰傾在水裏，俟其溶化後，濾取上面的澄清液，用麥管一吹，由其所顯示的顏色就可知道。氧氣在空氣中佔五分之一，有助燃的作用，所以煑飯，點燈必須依賴空氣的供給，若隔絕空氣（如以點着的紙撚插入竹管中）就立即熄滅。鹼質能溶化油脂，所以肥皂有去汚的作用。食鹽能殺菌，所以用食鹽醃過的魚肉，不會發生腐敗。凡這種種事實，都是在日常生活中所常見，可用來作實驗材料的，至於高深的化學實驗，在小學裏本不需要，所以也不必置備更多的化學品。

總括說來，自然教學的困難問題，平常隨時都可以發生，故自然教師為改進教學技術和鼓勵研究與趣起見，不僅個人要刻苦自勵多所努力，尤其要與同道的師友，切取聯繫，質疑問難，以求取長補短，經濟精神，增加效率因此如聯合各校各地自然教師，組織自然教學研究會，提出問題共同研討或組織教學參觀團出外參觀，或推請優良教師舉行示範教學，以資互相觀摩，都是應行努力的工作，我們知道現在已到了原子能應用的時代，為著建設科學的新中國，培養國民科學生活的基礎，願我從事自然教學的同人，急起直追，打破重重的困難，達成所負時代的使命！

介紹幾種作業測驗(PERFORMANCE TEST)

儲笑天

（一）

測驗運動的發軔，到今天亦不過三四十年的歷史，歐美各先進國家都在大量地普遍地應用着，而在今日的中國，似仍在極幼稚時期，在戰前交通發達的都市中的學校，也有用各項測驗來做一點研究工作，然究是極不普遍，至於窮鄉僻壤的鄉村小學更無論矣。其實在教育的園地裏，眞正可以說最接近科學精神的工作，只有心理測驗一項，因為測驗可以曉得兒童的先天能力，可以預測兒童某種禀賦，可以了解兒童的性格特徵，這些都可以幫助教育者加深對兒童的認識與了解，這樣我們才能施以相當的教育，才能因材施教，才能適應個性。

測量的種類很多，如以被測驗的對象言可分為個別及團體二種，如以測驗材料性質分為文字的與非文字的二種，在我們所通行的有陸志韋訂正的皮納西蒙測驗（Binet-Simon Scale）廖世承的團體文字測驗，陳鶴琴的圖形測驗，這些測驗內容，不在本文範圍以內，姑不論列，本文所要討論的乃是所謂非文字的作業測驗，我們知道文字的智力測驗，其對象一定是受過教育的人，其施用範圍即受到限制，而作業測驗其功用至少可有下列四種：

一、測驗對象的範圍擴大，不一定要受過教育的人，故可深入社會各階層，且可通行於各國僑居的人民。

二、可以提高被測驗者的興趣。

三、因為易行起被測驗者興趣，故在此種高度壓力之下進行工作，其自我意識非常濃厚，測驗者可以觀察其對外抵抗及應變能力如何，在此角度下更可以觀察及分析其氣質與性格。

四、此項作業測驗大都重視速度，藉此可以知其對機械的處理能力。（Motor AdJustment）

作業測驗不但有以上數種功用，如能以文字測驗相互為用，則更可作進一步的研究，如 1937 年鳩斯推克（Justake）的研究結果為：凡適應最不良的小孩，文字測驗較作業成績為好，常態的小孩文字與作業相等，適應能力較好的小孩其結果常常不一定，大約作業較文字稍好。又如羅沙來諾(Rossolino)有所謂心理的側影（Profile）即以三十八種作業測驗用圖解的方式，可代表各種不同的病徵。一般而論，如作業測驗較優於文字測驗，則大部是有過失的與玩皮的小孩，反之，如文字測驗較作業測驗的成績為優，則大都是神經衰弱及精神病的人。

（二）

本文擬介紹的作業測驗有三，在中國除各大學心理實驗室或有此項材料外，全國各小學能具備者恐寥寥無幾，故特在此介紹，以供努力於國民教育者的實驗研究。

一、勿乃森形板測驗（Ferguson's Formboard）

1. 形板製作——這一套形板由易到難，共有六塊，每塊上有六個不同的幾何洞形，每塊邊長十三吋、闊十吋，厚一吋，上面塗以棕色，木塊厚八分之五吋上塗以深棕色，板上洞孔深半吋，當木塊置於孔內時，則有八分之一吋在外面，以便取放便利。其圖見附圖(甲)。

2.應用原則——使用此種難度不同的形板的原則有六：

A.此種形板之所謂簡單與複雜即視形板洞孔的輪廓形狀而定。

B.形板上有些是一孔，只須一塊木塊，有些是每孔須要二塊或三塊拼合的。

C.形板有些孔是規則的，對稱的，所以二塊木塊可以有二邊適合，有些僅限於固定的一邊。

D.有些孔須要二塊木塊的，有的木塊在洞中是可互相交換的，有些不能。

E.有些二個木塊的接邊是傾斜的(傾斜角度四十五度)，有的是平直的。

F.有些木塊的拼合其方法是木塊上之榫槽互相鑲合的。(木榫長十六分之五吋，傾斜度爲四十五度。)

3.測驗手續——此六塊板測驗時是各塊分開的，且有一定的先後程度，在前面的較易，愈至後面愈較複雜，在測驗開始時，主試先以一塊木板置於S前面(S代表被試者，以下同此)將木塊弄亂，而後逐句告訴S，務使其完全明瞭爲止。主試之指導詞爲：「我這裏一塊木板上面有六個孔洞，這裏的一個孔，可以用一個木塊或二個木塊，很合適的放在裏面，現在你可以開始把木塊放進去，愈快愈好，你懂不懂？(如不懂，再復述一遍，然後開始，主試同時按捺馬表，記錄時間。)

4.記分——記分是完全要看所有木塊完全放進後的時間長短爲標準，如有錯誤的或未完成的即不計算，時間即是從開始至塡進最後一塊爲止，每塊木板以五分鐘爲限，如果到了時間而未完成即行停止，然後主試代其繼續完成，再開始舉行下面一塊板。每塊板測完後即記錄時間，凡時間在0——29秒之內記爲五分，在30——59秒之間記爲四分，在60——99秒之間記三分，在100——149秒之內記二分，在150——300秒內記一分，超過300秒爲零分。茲列於下：

時間	0—29	30—59	60—99	100—149	150-300	301—
分數	5	4	3	2	1	0

再將各項加起來成總分，再由下表可以查換成智力年齡(Mental Age)

分數	7	8	9	10	11	12	13	15	16	17	17	18	18	19	20
智齡	7	8	9	10	11	12	13	14	15	16	17	18	19	20	21

由上表憑總分即可查換到智齡若干，由智齡再除以該兒童之曆齡(Chronological Age)，所得商再乘一百即得該兒童之智慧商數(Intelligence Quotient 簡寫I.Q.)例如一兒童本測驗之總分爲十五分，由表即知其智齡爲十四歲，其曆齡如是十三歲五個月，吾人即知其智商(I.Q.)爲：

$$\frac{\text{M.A.(智齡)}}{\text{C.A.(曆齡)}}\times 100=\frac{12\times 14}{12\times 13+5}\times 100=104$$

二、側面影拼圖測驗(Feature Profile Test)

1.形板製作——先在長一呎，闊八吋之雙層木夾板上，刳成一凹孔，其形即爲一人面側影圖，其圖見附圖(乙)。

2.測驗手續——先將八塊木塊，混和在一起，然後對S說：「這些木塊，你把他們拚起來，越快越好！」主試不能說其他任何話或做他種動作去幫助他，也不能告訴他這個形狀代表些什麼東西，時間限制五分鐘，計算以秒爲單位，超過時間，即作爲失敗，不予記分。

3.記分——茲根據拚透與派森(pintuer-Parsrson)所測之常模(Norm)表列於下，以供査換：

M.A.	6	7	8	9	10	11	12	13	14	15	16
75th%	F	F	241	239	134	99	99	90	75	104	68
50th%	F	F	F	F	240	157	170	150	132	150	112
25th%	F	F	F	F	F	237	300+	299	213	300+	190

査表時普通應用中間一項(50 th%)因此成績適中，又表中有"F"符號即表示失敗，由表査得智齡後，再由曆齡即可計算其智商，本測驗經作者測過數

十兒童，共結果發現失敗者（即在五分鐘內未能拚好）甚多，故若以此測驗單獨應用，即有一部份失敗之兒童無法計算其I.Q.若能與他種測驗同時應用，似較爲宜。

三、高老夫修訂肯特沙浩形板測驗（Grove Kentshakew Test）此種形板本肯特及沙浩所製成，後經高老夫所修訂而成。

1.形板製作——其製法以一長廿一吋，闊九吋之雙層木夾板，上刻六個形狀不同的凹孔，由簡入繁，拚合木塊亦由少而多，共計四套，如附圖（丙）。

底板漆橘紅色，木塊A漆成紅色，木塊B漆成橙色，木塊C漆成綠色，木塊D漆成藍色。此項形板自左至右，闊狹不同，由狹而漸闊；但長度却是由長而漸短。

2.測驗手續——（A）以形板A置在S前面，狹長的一孔在左面。

（B）而後主試以第一孔作例，兒童了解後，再取出以之混和在其他各塊之間，然後再對兒童說：「現在你用這些木塊，把它拚在孔內，要拚得很妥當，而且要拚得愈快愈好！」主試即開動馬表。

（C）形板B，C，D，每塊每次開始時，主試照樣示例，並說這一次較前稍難，但也都能很合適的放進孔內，任何時候，被試如有疑問，主試絕不可加以暗示，只能說：「這些木塊都在這裏，要是你拚得對，都是很合適的」。

（D）如果時間已到，而未完成，即行停止，主試當補行其未完成工作，以給被試觀察。（給以學習之機會也）

3.記分——本測驗記分分二部：1爲記錄時間（以百分之幾分爲單位，Hundread of Minutes）1爲記錄動作（Moves）。凡以木塊接觸至孔內，即作一動作計算，如木塊將放入而不適復拿出再放入時，即作二個動作計算。關於時間的限制規定A形板爲二分鐘，B形板爲六分鐘，C形板爲四分鐘，D形板爲八分鐘。測驗時如在規定時間內完成，則時間及動作皆須記載，由下列正表可以査換分數；如到時間而未完成則動作及時間皆不予記載，唯視其所完成之孔形有幾，另有下副表可以査換分數，茲將表一表二列於下：

肯特沙浩形板查分正表：

分	形板A		形板B		形板C		形板D	
數	動作	時間	動作	時間	動作	時間	動作	時間
2	28以上	1.37——2.00	——	——	——	——	——	——
3	23—28	1.04——1.36	——	——	——	——	——	——
4	18—22	0.84——1.03	——	5.55——6.00	——	——	——	——
5	16—17	0.70——0.83	63以上	4.08——5.54	58以上	3.64——4.0)	——	——
6	15	0.6)——0.69	51—63	3.09——4.07	49—58	2.85——3.63	——	——
7	14	0.53——0.59	40 50	2.43——3.08	42—48	2.35——2.84	——	7.59——8.00
8	13	0.47——0.52	34—39	1.94——2.42	37—41	1.99——2.34	97以上	5.97——7.58

9	12	0.42—0.46	29—33	1.62—1.93	33—36	1.73—1.98	81—97	4.70—5.96
10	11	0.36—0.41	26—28	1.37—1.61	30—32	1.55—1.72	69—80	3.88—4.69
11	—	0.28—0.35	24—25	1.22—1.36	27—29	1.39—1.54	61—63	3.34—3.87
12	10	0.00—0.27	22—23	1.09—1.21	25—26	1.27—1.38	55—60	2.96—3.33
13	—	—	21	0.98—1.08	23—24	1.15—1.26	50—54	2.66—2.95
14	—	—	20	0.89—0.97	21—22	1.04—1.14	46—49	2.41—2.65
15	—	—	19	0.82—0.88	19—20	0.92—1.03	43—45	2.22—2.40
16	—	—	18	0.00—0.81	18	0.71—0.91	40—42	2.04—2.21
17	—	—	—	—	17	0.07—0.71	36—39	1.83—2.03
18	—	—	—	—	—	—	33—35	1.74—1.87
19	—	—	—	—	—	—	30—32	1.59—1.73
20	—	—	—	—	—	—	27—29	0.00—1.58

肯特沙浩形板查分副表：

在規定時間內完成個數	I	II	III	IV
測驗A分數	1	1	2	2
測驗B分數	7	8	8	8
測驗C分數	6	7	8	9
測驗D分數	10	11	12	13

上表之應用茲舉例明之：如一兒童測驗形板A.B.C.皆完全通過，則按其所須時間及動作由正表查其分數；至測驗D.時，未能完全通過，僅完成三個孔形，則由副表可查得該兒童之分數爲十二分。由上列正副表可查得該兒童之總分後即由總分再換至智齡，茲將標準表列如下：

智齡（M. A.）	19.50（年）	16.23	15.09	14.47	13.60	12.87	12.31	11.79	10.65	9.63	6.69
形板測驗分數	11.00	92.0	82.6	77.8	73.8	69.5	64.6	60.6	55.5	46.0	0.00

求得智齡後再除以曆齡即爲智商

（註）本篇所介紹三項作業測驗，作者已於本市第四區中心國民學校製備，並擬先在該校進行測驗。

附圖(甲)

左圖圖形中之雙線表示木塊接縫處。

附圖(2)

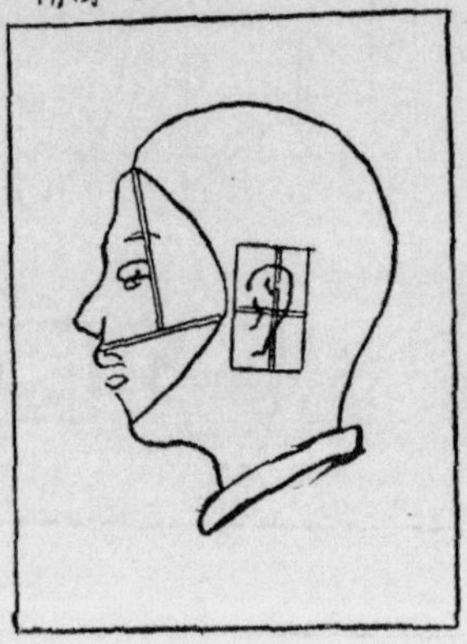

左圖人面側影，其耳朶係四小塊木塊拚成，前半面影係三塊木塊拚成。

下圖圖形中之單線條表示木塊接縫處。

附圖(丙)

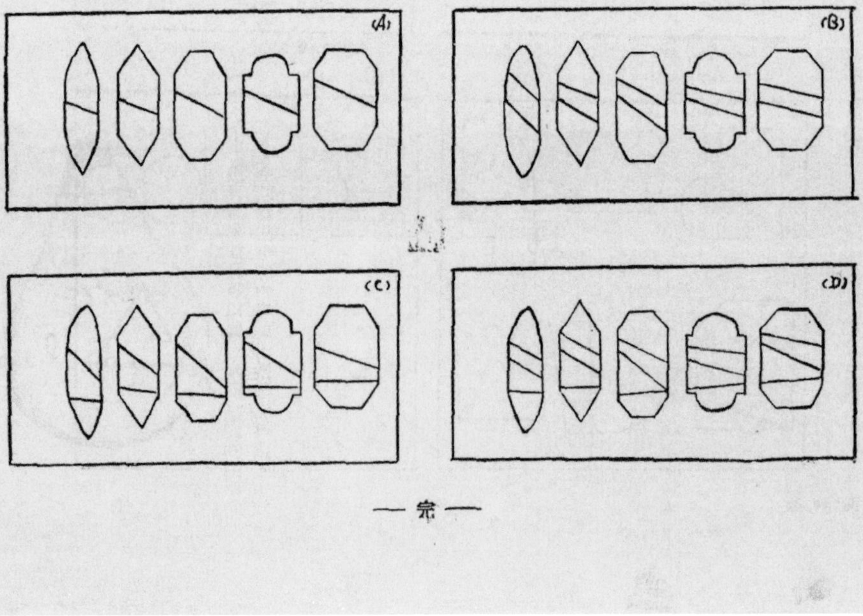

—完—

工作報告

南京市教育局工作概況

本局成立後之工作概況，在本刊創刊號及第六、七期合刊已作兩次報導，茲將一月來工作概況，摘要分述於下：

甲　國民教育方面

一、籌設市區兩級國民教育研究會　依照部頒法令籌設市區兩級國民教育研究會市國民教育研究會委員人選已遴定教育部派顧開軒先生參加輔導俟各區國民教育研究會代表產生齊全即可舉行成立大會各區國民教育研究會已先後成立一般情形均甚良好。

二、組織本市國民學校語文教學指導委員會　遵東區教育科學文化組織定九月一日在本市舉行基本教育會議並參觀本市國民學校語文教學茲特聘請專家組織本市國民學校語文教學指導委員會從事指導國民學校之語文教學四月二十三日下午三時舉行成立會並開第一次會議商定國民學校語文教學指導事項。

三、頒發中心國民學校輔導國民學校辦法　本學期起實行中心國民學校制各區中心國民學校應負輔導區內國民學校之責茲特頒發中心國民學校辦法一種令飭各校遵照。

四、舉行分科教學研究會　國民學校分科教學研究會，自四月份起，依照預定計劃，分別舉行研究會議，計分初級國常組、高級國語組、算術組、自然組、社會組、體育組、音樂組、藝術組、複式教學組、幼稚教育組、民衆教育組、社會事業組等。各組開會時，均聘有專家出席指導。

五、蘇寧分署協助本市恢復國民學校　善後救濟總署蘇寧分署撥發美國麵粉六千一百五十袋總價約值五億五千萬元補助本市恢復國民學校已派員前往洽談接受手續。

六、設計新建校舍圖樣　南昌路羅廊巷及文昌巷等三處亟待設立學校小西湖第四區中心國民學校亟須擴充校舍茲已將校舍建築圖樣設計完成即可進行建築事宜。

七、分發各級國民學校必需之校具與教具　因增校增班之故各級國民學校必需之校具教具缺乏甚多特由局總籌添置茲已分發課桌椅四千五百套辦公桌椅一百八十套風琴二十架及其他必需之校具教具多種。

乙　中等教育方面

一、指示各校改進事項　已依據視導報告，分別指示各中等學校應行改進各點，令飭辦理具報。

二、舉辦師範教育運動週　遵照教育部令，自三月二十九日起至四月四日止，舉辦師範教育運動週，其重要項目有：

1. 三月三十一日舉行師範生效忠宣誓。

2. 邀集本市師範教育專家在四月三日舉行師範教育座談會。

3. 蔣主席在四月三日設宴招待服務教育二十年以上之師範畢業生。

4. 首都教育半月刊在四月三日發行師範教育運動特輯。

5. 四月六日放映電影招待中小學教師。

6. 籌備獎勵服務教育十年以上之師範畢業生、預定教師節發獎狀。

三、舉行分科教學研究會　爲增進教學效率，提高研究精神起見，各中等學校已組織國文、英文、數學、公民、地理、歷史、物理、化學、生物、博物、體育童子軍等科教學研究會，均已陸續舉行研究會議。

四、籌辦高中畢業會考　奉教育部電令本年暑期高中畢業會考除冀、魯、熱、察、新疆、東北九省二市及台灣等地暫緩舉行外其他各省市應照常舉辦等因遵即繕備一切並通令市私立各中等學校將高中應屆畢業學生名冊呈報備核。

五、訂頒市私立中等學校聯繫辦法　查本市市區遼闊公私立中等學校分設各區缺少聯繫若遇緊急事件發生不易應付特擬定市私立中等學校聯繫暫行辦法一種令飭各校遵行。

六、公告抗戰期間蒙難青年進修辦法　奉教育部令抗戰期間蒙難青年得攜同證件，申請進修業經公告周知。

丙　社會教育方面

一、舉行兒童節紀念會　四月四日上午九時在大華大戲院舉行兒童節紀念會由沈市長主席教育部社會部中央團部宣傳部均派員出席並由紅十字會南京分會沈會長到場發給各校健康兒童獎品會後繼以餘興。

二、優秀青年兒童晉謁長官　四月四日下午二時各中等學校及國民學校獎選之優秀青年兒童由馬兼局長率領晉謁市長市長訓勉給獎後專車赴教育部謁朱部長部長特備糖果招待並慰勉有加後又分別前往救濟院佛教慈幼院聖心院慰問孤兒。

三、兒童青年各項競賽給獎　本年兒童節及青年兒童科學運動週所主辦各項活動如中學生男女組籃球比賽小學生書畫比賽講演比賽等優勝者已於四月二十一日上午十一時在市府大禮堂聯合給獎由沈市長主持。

四、恢復教育電影放映站　上學期曾由本市電化教育巡迴工作隊聯合美國新聞處與教育部社會教育司在各校成立教育電影放映站供各校學生及各區民衆觀覽寒假期間改爲露天放映專供社會民衆觀覽現正籌商恢復各校教育電影放映站並準前編印說明藉供觀衆參考。

五、青年籃球聯誼賽結束　青年兒童科學運動週舉辦之各中學青年籃球聯誼賽已於十四日決賽完畢市立一女中獲得初中女子組冠軍私立石城初中獲得初中男子組冠軍江蘇省立江甯師範獲得高中女子組冠軍私立金大附中獲得高中男子組冠軍即將定期合併給獎。

六、市立體育場建築工程招標　市立體育場建築工程業經公開招標結果劉順記營造廠以四四、九三七、六〇〇元得房屋標張福記營造廠以八〇、一四〇、〇〇〇元得場地標。

七、教部令發收音機　教育部撥發本市直流機三架交流機八架規定分發電化教育巡迴工作隊者免費社教機關半價學校全價業經妥予分發。

八、舉行電化教育技術人員登記委員會第一次會議　電化教育技術人員登記已於本月十九日截止特於二十一日下午二時召開委員會第一次會議審查證件結果合於審查登記者二十一人甄別登記者十六人並於五月十一日舉行考試以便轉呈教育部核發登記合格證。

九、會商取締淫靡歌曲　本局與社會局聯銜召開之取締淫靡歌曲會議已於十九日下午在市府會議室舉行各電台及戲茶廳對行政院公布取締之歌曲一律自市府命令到達之日起停止播唱。

丁　教育行政方面

一、核定教師待遇　本學期教師待遇中等學校方面可由平均一百七十八元之月薪提高爲二百元對各級國民學校教師已訂定核薪標準令各校於四月二十日以前彙送各教師資歷證件以便按其資歷晉級支薪平均可較上學期提高底薪之百分之二十。

二、訂購國民學校及社教機關科學標本儀器　本市各級國民學校與各社教機關所需之科學標本儀器均異常缺乏特向新中科學用具製造廠訂購國民學校用儀器標本十五組社教機關用模型標本二組以便分發各校館應用。

三、編印首都教育第六、七期合刊　此次爲響應本京師範教育運動之推行特以首都教育第六、七期合刊篇幅編印師範教育運動特輯主持全國國民教育行政之吳司長師範教育之滕科長中大師範學院羅院長以及教育專家李清悚馬客談張天麟等均惠賜鴻文爲本刊與本市師範教育運動生色不少。

四、函請本府會計處清發各市立中等學校薪俸　查各市立中等學校本學期因增加班級故員工人數略有增加特函請本府會計處按照本學期已核定之市立各中等學校員工人數自二月份起清發薪津。

五、請補發各級學校員工配購證　查本市公教人員自本年三月份起配購日用必需品本市各級學校員工本學期頗有增加已呈請教育部轉呈行政院按照本市各級學校實有員工數補發配購證自三月份起配購日用必需品。

六、處理公共汽車管理處員工與學生誤會事件　本月八日公共汽車管理處員工與學生發生誤會經召集社教附中與市立五中負責人員到局洽商處理辦法並令嚴密約束學生靜候政府合理解決並飭其他各校照常上課毋得節外生枝。

南京市國民教育實驗區近訊

南京市國民教育實驗區，於三十五年十一月籌備成立。區址設山西路二號。以第六區所屬國民學校爲實驗範圍。並經教育部指定以「訓育」「體育」「衛生」三項，爲中心實驗工作。主任陳越梅，本學期復兼任第六區中心國民學校校長。因鑒於教學研究與實驗之重要，本期除就該區原定三組中心工作以外，復增設教學組。同時爲加强四組工作內容起見，特延攬京市教育專家，分別担任各組設計委員。訓育組設計委員，爲陳玉珍，田貴鑾，許碧鈎，湯銘新，朱雙玉諸先生。體育組設計委員，爲：馬振鑾，黃麗明，高梓，趙汝功，鄒法魯諸先生。衛生組設計委員，爲：周尙，金理才，葉昭二，馬玉汝，孟浦諸先生。教學組設計委員，爲：魏冰心，雷震清，汪通祺，王問奇，潘平之，薛天漢，吳伯超，胡顏立諸先生。各組並擬訂工作計劃，連同該區全部工作計劃大綱，呈准教育局核定施行。訓育組本期主要工作，側重兒童行爲指導，與家庭教育之推廣，由鄭宏英先生主持並敦聘馬客談湯銘新二先生，定期舉行是項專題講演，以供教師施行。體育組着重實驗部編體育教材。（按該區會於寒假期間，舉辦全區體育教師短期訓練，成績良好，此項實驗工作，各教師均樂於參加。）由陳韻蘭先生主持。此項實驗計劃，業經訂定完成。實驗期間，由該區徵聘特約輔導員，分赴各校，直接輔導。衛生組以改良各校環境衛生，及促進兒童身心健康爲主。由陳主任親自主持。爲加强工作成効起見，特與中央衛生實驗院，中國紅十字總會，南京市健康教育委員會，密切連繫與合作。由中國紅十字會派醫師護士多人，按期分赴各校，舉行檢査，接種，透視，預計全區各校兒童，將普遍經過各項檢査與矯治，教學組本期計劃，側重各科研究與輔導。由顧開軒先生主持。並先以國語，算術，自然，體育，音樂五科，作本學期研究輔導科目，除全區各校，每校須担任一科以上之研究外；並加聘中央大學附屬小學，任算術科特約研究學校。市立第一中心國民學校，爲國語科特約研究學校。市立第五區中心國民學校，爲自然科特約研究學校。研究內容與方法，及所需之資料，該區隨時予以協助。並徵聘各科特約輔導員，按期分赴各校直接研討有關各項研究問題與實際教學、該區爲配合教學研究、本期將舉行各科示範教學。並徵集各科自製教具，訂期展覽，以資觀摩。又遠東區基本教育會議，將於最近期間，在京舉行。教學組設計委員，特舉行會商，決定於國語一科，側重數項專題研究。並組織小組委員會，於語言教學，閱讀教材，及識字訓練之技術與工具數項，作有計劃之研究與探討，如有所獲，再提供大會，以供參考。其他關於輔導教師進修，與教師福利，兒童福利等工作，均列入計劃，各項工作，現正開展中。

本刊徵稿簡約

一、本刊稿件以左列各項爲範圍
1.論著
2.教育設施
3.實驗研究
4.各科教材
5.優良事例介紹
6.書報評介與讀書報告
7.調查統計
8.教育法令
9.教育消息
10.視導報告

二、本刊除約專家撰著外歡迎外界投稿

三、來稿文言白話不拘但須扼要切實並繕寫清楚附加標點稿紙請勿兩面寫每篇以壹仟字以上五千字以下爲原則

四、來稿須具眞實姓名并須註明詳細通訊地址

五、本刊對來稿有刪改權其不願刪改者須預先聲明

六、來稿一經刊載版權卽屬本刊但聲明保留者不在此限

七、來稿經刊載後當致酬現金但本局與各附屬機構概況介紹與報告性質之稿件酌辦本刊不另致酬

八、來稿用否概不退還其附足郵資者得於不用時寄還

九、來稿請寄南京市教育局轉首都教育出版社

本刊廣告刊例

地位	面積	每期價目
封底	全頁	國幣拾萬元
	二分之一	國幣陸萬元
	四分之一	國幣叁萬五千元
封裏	全頁	國幣捌萬元
	二分之一	國幣五萬元
	四分之一	國幣叁萬元
普通	全頁	國幣五萬元
	二分之一	國幣叁萬元
	四分之一	國幣壹萬柒千元

連登三月九折　半年八折　全年七折

首都教育

第一卷　第九期

民國三十六年五月一日出版

編輯者　首都教育出版社

發行者　首都教育出版社　社址：南京市教育局內　電話：二四三四一

印刷者　大明印書館　南京洪武路三一一號

經售處　首都教育出版社　南京各大書局

本刊價目

項別		期數	價目	備註
零售		一期	六百元	特大號或有特殊需要時得提高售價
長期定閱	半年	十二期	四千元	
	全年	二十四期	七千元	

首都教育

第一卷 第十二期

目次

中華民國三十六年六月一日

首都教育出版社編印

論著

小學階段對兒童心理健康的注意

吳韞琨

在國民學校法中規定國民學校實施國民教育應注重三點：

一、國民道德之培養

二、身心健康之訓練

三、生活必需的基本知識技能之授予

我常常想，這三者雖然是並立的，但應當有一個重心。同時，我常常想，重心應當安置於「身心健康之訓練」的上面，理由是很明顯的，身心不健康的人是無法培養良好的國民道德的，對於生活必需之基本知識技能的學習與獲得也減少效率，甚至嚴重到不可能的地步。

至於身心健康之訓練是包含着身的健康與心的健康兩部份的，這兩者間的關係又如何呢？

我們常常聽到人說：「健全的精神寓於健全的身體」，一般人是不加思索的把這句話接受的。但是，經過仔細的考慮，這是不盡然的，有很多有着嚴重徵象的病人，在身體上找不到毛病，醫藥無法奏效，因爲這些毛病是由於精神順應不良所發生的。

我們在學校裏常常發現有些兒童的固定的特殊性格與行爲，他們對環境的反應似乎有一種固定的習性。有些兒童常常是鬱鬱寡歡的；有些兒童常常是胆怯退縮的；有些兒童常常是猜疑妒嫉的；有些兒童特別的容易怨恨和忿怒；有些兒童特別的喜歡撒謊與造謠。這些我們都可以說是心理的不健康。

從事於兒童教育的人對這問題必須全力注意，對處理方法必須努力研究。

我們假使在小學階段忽略了這問題的說話，一方面可以加重兒童在家庭裏所已養成的不良心理傾向，一方面更可以製造出新的不良傾向來，同時，我們知道兒童時期的心理最富可塑性，也最脆弱，因此，更有特加注意的必要。

我在這裏想指出一些由於教師們的輕率態度與行動所造成的不良心理傾向來。

有些教師當兒童回答錯了一個問題或做錯了一件事的時候，常常喜歡當衆予以羞辱，而且要其他兒童集體的予以羞辱，這種方法假使經常應用於某一個兒童的話，很可能使這個兒童產生下列幾種不良傾向，他開始不信任自已，懷疑自已的能力，有了自卑之感（Inferiority Complex）。他覺得週圍的人都對他不懷好意，與他爲敵，於是陰蓄了猜疑怨恨的情緒，因之日漸離開羣衆，落落寡合，或者容易發脾氣，喜歡搗亂。

有些教師常常對某些兒童特別的喜歡，對某些兒童特別的厭惡，這對所喜歡和厭惡的兒童都有不良的影響。所喜歡的兒童會慢慢的養成傲慢，矯揉造作，希圖邀引憐憫與同情及一味倚賴等習性。所厭惡的兒童就會覺得不公平，因之採取妒嫉，忿怒或悲傷等不良態度。

有的教師喜歡把課程的難度提高，把教授的速度也增加，使兒童們多得到一點，但這些好心腸的教師所獲得的結果恰恰相反，兒童們不僅不能多得到一些，不僅因爲過份的勤苦與緊張，使身體受到了損失，更嚴重的是影響了心理健康，那些兒童常常因爲課程過雜，教的太快而遭遇失敗。一次二次的失敗倘無關係，失敗的次數一多，就會使兒童自已覺得無能，漸漸的又鬱結起「自卑之感」來。

有的教師有時又不經意的把課程內容弄得太簡單太容易，教授的速度也太慢，致使兒童們的精力過剩，因之向不正當的路上發洩，如惡作劇，打架，吵鬧等，漸漸養成了不良的習性。

更多的教師們常以自已的意見，態度和行動做標準，來強使兒童們接受，照樣的做，[竹]之許多並不嚴重的事，而在這些教師們的心目中就會看得很嚴重，以至做出一些不適當處置來，使兒童們的心理健康蒙受損失。

上述這些事例可以說是略舉一二的。這些事例的因果性常常被人忽視，這實在是一件值得特別提醒的事。

大部份的兒童不良行爲是心理的不健康所致的，麥考曼克（Mccormack）會經研究過二五〇個問題兒童，他得到了一個產生問題行爲的因素的百分比：

不良的訓練方法	百分之六三·二
年級超過智慧程度	五·六
仇視教師	二·八
惡劣伴侶	一三·二
缺乏適當的娛樂設備	八·四

當然，心理不健康有些是先天的，但是麥氏所舉的因素可以說是大多數不健康心理造成的原因。

所以，爲了小孩子的心理健康起見，我們這些從事小學教育的人是應當對兒童心理與敎學方法有一番認眞的硏討的。

首先，我們應當認識兒童「發展」的特性，認識了這點，我們就會知道兒童有他們自已的一套想法，自已的一套行爲模式，我們不能純粹的把我們所知道或想做到的一套來死硬的要兒童接受，我們只能耐心的啓迪他們。

其次，我們要知道「欲速則不達」的原則，敎師們應用譏刺、羞辱或體罰等方法時，並不是存心仇視學生，而是這種方法往往能立時見効，爲了要貪這一點便宜，結果招致了重大的不幸，實在是忽視「欲速則不達」的原則的緣故。

第三，我們得知道兒童們的個別差異。各個兒童因爲環境與遺傳各不相同，所以在習慣與性格上有很大的差異，即在智力上，雖然是同一年級的，也有很大的殊別，所以我們要個別觀察，個別處理。在敎授時也應使智力高的與低的能各得其所，換句話說，我們要注意兒童們精力的調節。

此外我們更應當積極的培養兒童們的良好習慣，團體精神和優美理想。

最後，我覺得每個小學校都應當佈置一個音樂的環境。兒童們是活潑好動的，精力充溢的。有時，很容易逸出常軌，但是我們不可予以强力壓制。我們假使能佈置一個音樂的環境，自然而然的會使他們的行動有拍節，有韻律，有秩序，自然而然的會和諧起來。

當兒童們進入校門的時候，放學的時候，下課的時候，從事各種集體活動的時候，假使有優美的音樂的話，兒童們自然而然的會聽音樂的指揮。

音樂不僅能使兒童們的行動和諧，更能使兒童們的心理也和諧。心理和諧是使心理健康最好的法門。

但是，在目前，我們的學校實在是太可憐了，不僅無法佈置一個優美的音樂環境，有很多學校連一架簡單的風琴都沒有。這，我覺得是小學設備中應當首先充實的。

小學校中能在這些上面注意改善，那末麥致曼克所分析得到的問題行爲的原因就可大部消除。

但是我說過，心理不健康有些是先天的。同時，我們知道兒童們的敎養環境除了學校之外，還有一個家庭。而且，我們可以說，在目前的情况下，家庭的影響是較學校的影響爲大的。所以我們在舉行家庭訪問時，在這方面也得特加注意。有些問題兒童往往可以在這裏得到寶貴的改善的線索。

利用廢電燈泡的十種勞作教材

陳清泉

本市國民敎育藝術組研究會第二次會議，有介紹利用廢物的勞作敎材的提議，並決議第三次藝術組會議時，各校把利用廢物的製成品攜會展覽，以資觀摩，希望在首都敎育上介紹，使本市每個國民學校都可研究或採用，所以我先盡這個義務，介紹幾種本市適用的敎材。

這幾種敎材，都是利用廢電燈泡的。廢電燈泡在本市不感缺乏，收集不成問題。做的東西，有的是科學實驗的用具；有的是游戲器具。把牠當作學校的設備也好，當作兒童的玩具也好。

用廢電燈泡（如圖一）做材料，在沒有經驗的兒童，覺得要去掉燈泡上封口的火漆和燈泡裏面的支柱、炭精絲等，是困難的工作，但是一經研究，再加上一兩次的實際經驗，那就毫無問題。本來，火漆是脆的，加熱可以熔化，若用尖的鐵器，對準了封口撞擊（如圖二）、或是在封口加熱，使火漆熔化，都可達到毀去火漆的目的；但是這樣的做法，容易發生兩種毛病：一是撞擊不得法，易把燈泡撞破，或是撞傷手指，或使燈泡爆炸；一是加熱易把銅圈和燈泡黏合的東西連帶熔開，使銅圈脫落，並且加熱若是過高，局部玻璃過分膨脹，也有爆裂的可能。要避免這些毛病，較妥的方法，是用廢布把燈泡蒙好，只露出火漆的封口，放在砂石或水泥地面，或磚上磨擦，（如圖三）把火漆表面和兩塊錫片磨掉；裏面的火漆便易擊碎了。等到火漆毀掉以後，裏面便露出燈泡的玻璃封口，第二步工作，便是擊毀牠了。這封口往往是一個尖端。若是有鉗子，只要把這尖端輕輕夾斷，使外面空氣衝入（這時要發出嗤的一聲。）

（圖一）

（圖二）

（圖三）

便是沒有鉗子，擊破這尖端也是很容易的。燈泡裏有了空氣，這工作的危險便沒有了。因爲內外空氣的壓力相等，不會有爆炸的情事發生了。以後只要輕輕把洞口擊大，把支柱擊落，從燈泡內掏出，就可做下列各樣的東西了。茲將每件製作的方法分述如左：

（一）花瓶

廢燈泡的封口火漆和炭精絲，支柱等去掉以後，銅圈上的兩根短銅絲拔去，便有兩個小孔。再在兩孔之間，加錐兩孔，成爲距離相等的四個小孔，在這四個小孔中，穿上四根線或細鉛絲，在二三寸處台打一結，再向上編成一根總線。又在線頭上打一活結，以便懸掛（如圖四）。燈泡內再貯清水，養花在內，很是雅緻。

（圖四）

（二）蝌蚪缸

去掉火漆炭精絲支柱的空燈泡，在銅圈上小孔內穿線，把燈泡掛起，中貯清水，飼養蝌蚪等的小水產動物。不但有趣，並且可以研究水產動物的生活情形，和發育狀況。但是缸口稍小，空氣對流作用不快，養在裏面的小動物，要感到空氣不够。因此，最好是在

（圖五）

缸口插一金屬片（如圖六）。把缸口隔而爲二，增加空氣對流，便沒有空氣不够的缺點了。

（圖六）

（三）水盂

把空的廢電燈泡，用綫穿起，中貯清水，掛在寫字桌的旁邊，可作水盂用。向盂中取水時，只要用竹筆套或玻璃管插在水盂裏，將大姆指捺住管口，便可吸水。

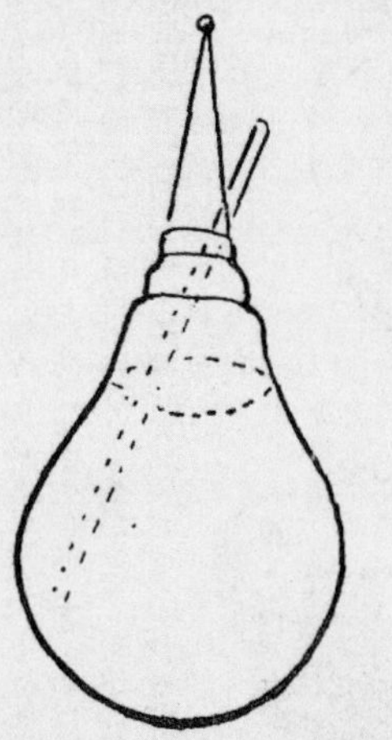

（圖七）

（四）擴大鏡

空燈泡內貯清水，把手指放在燈泡的背面，隔着燈泡看手指時，指形放大，指紋畢露，有擴大鏡的功效（如圖八）。

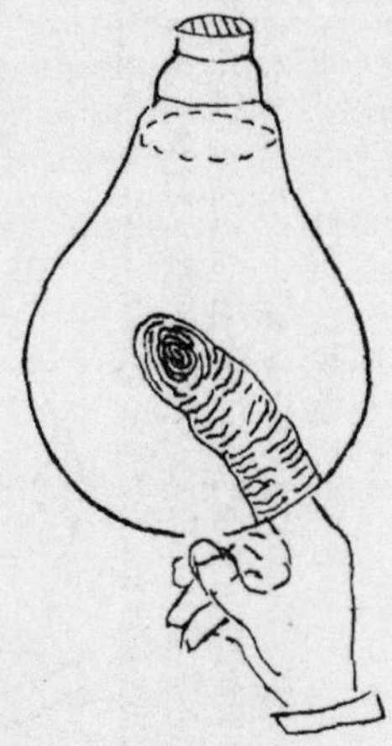

（圖八）

（五）噴霧器

把木塞的大頭切去一半（如圖九），插入兩根玻璃管或竹管（如圖十），塞在空燈泡口裏。（燈泡內貯水，如圖十一）用嘴吹橫管的一頭，豎管的上口，便有水點噴出，如下霧狀。用着噴潮衣服，以便熨燙，很是便當。還有現在撲滅蚊蠅的DDT，也可以裝在燈泡內，噴到有蚊蟲的地方。

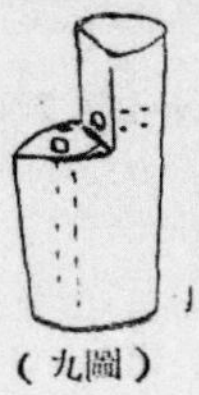

（圖九）

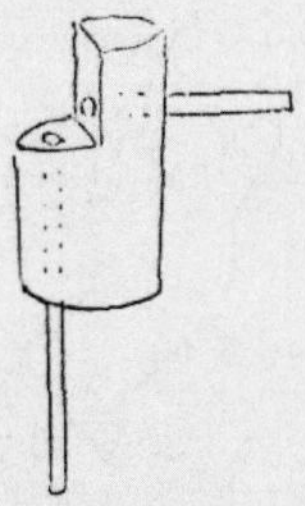

（圖十）

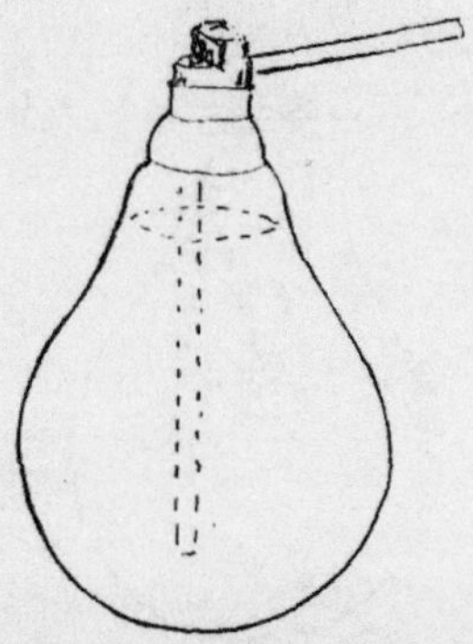

（圖十一）

（六）螢瓶

把空燈泡用綫掛起，捕螢數頭，放在裏面。在燈泡口上用紗布或窗紗扎好，不使螢飛出，在暗中觀看，一亮一熄，是兒童最歡喜玩的玩具。

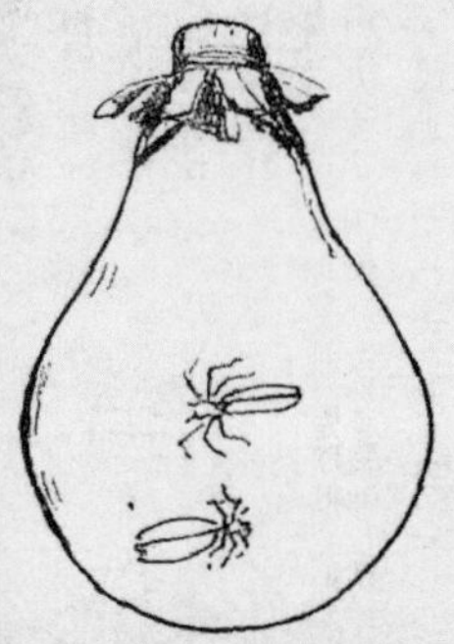

（圖十二）

（七）種子標本瓶

向車木器的店裏，定車一個圓座（如圖十三）。中間車一個圓洞，要恰將空燈泡的銅圈插入，不鬆不緊，把要陳列的種子，放在燈泡裏，插在座中，放在桌上，便是很實用的種子瓶（如圖十四）。若是節省車木座的費用，而改爲厚紙。重叠做圓形或六角形的紙座也好。

（圖十三）

（八）空氣熱脹冷縮試驗器

把空燈泡口塞一木塞，塞內插一細玻璃管，把各接合的地方用蠟或脂油之類，仔細封好，不使絲毫透氣，便成。

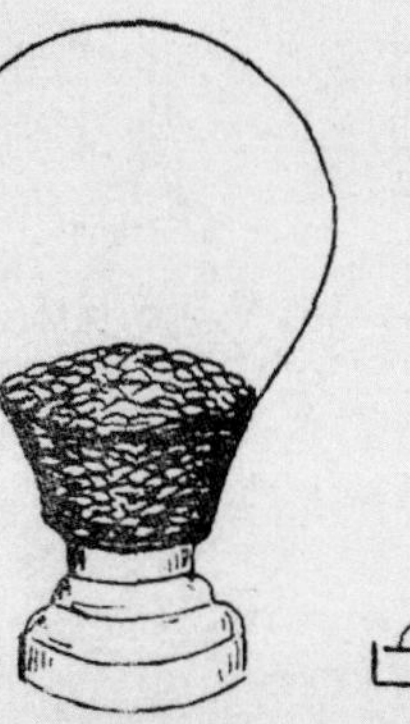

（圖十四）

試驗方法　把玻璃管的頭子插在水裏，然後豎起。管內有小水泡一個，因重力關係，自然下沉。若把雙手緊捧燈泡外，(如圖十五)使燈泡受到手上的熱氣；燈泡內空氣膨脹，便推動管中水泡，使之上昇。這上昇的現象，就是說明燈泡內空氣因熱而脹的原因。若把手掌離開、燈泡不受到掌上的熱氣，則管中水泡，仍然下降。這下降現象，是說明燈泡內空氣不受到手上的熱度，而恢復原狀。若是把燈泡浸入冷水或冰水中，則水泡下降更速。這說明空氣冷縮的原因。兒童做這種玩意兒，很有趣味；同時可以暸解科學的原理。

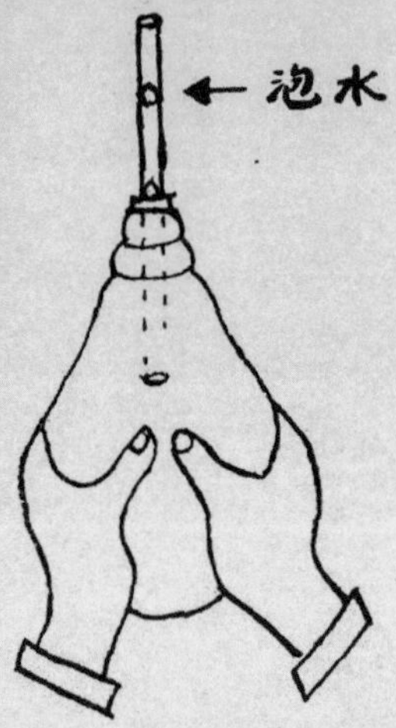

(圖十五)

(九)氣體脹縮試驗器

把玻璃管放在酒精燈或噴燈上(這些燈的火溫高些，可把玻璃管燒軟，假使沒有這些燈，放在炭爐上燒，也可以達到同樣的目的。)燒軟後，慢慢拉斷。這時的斷口，會成錐一樣的尖形。最尖的部份，可能是封閉的。把這最尖的部份，輕輕用剪刀剪去，便成很小的斷口。把這玻璃管插在木塞裏，木塞塞在燈泡口上，尖端在上，他端伸在燈泡內，離燈泡底數分，最爲合宜。把燈泡內貯水約佔四分之三，留四分之一的空氣在內，將裝好玻璃管的木塞，豎塞燈泡口，並將走氣處用蠟質封密。

試驗方法　把玻璃管的尖端含在嘴裏，用力向燈泡內吹氣(如圖十六)吹到不能再吹時，急把嘴離開，這時管口自有水向上噴射(如圖十七)，許久，始止。這是說明燈泡內的空氣，受嘴裏吹入空氣的壓力，體積縮小。等到把嘴離開，外界的壓力減少，燈泡內的空氣要恢復原狀，體積脹大，這脹力壓在水面，水受了壓力，便由管口噴出。

(圖十六)

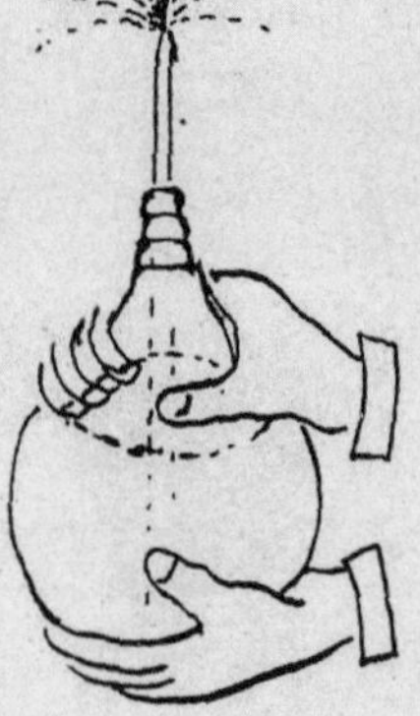

(圖十七)

(十)浮沉魚

用鉛皮剪成小魚形(長四、五分)，在脊鰭上穿一小孔，用一寸長細鉛絲，從孔中穿過。再在其中部折成雙股，又在其兩頭一分長處彎曲成鈎形。在魚身兩面，用黑漆描繪鰓、鱗、鰭、眼等形狀(如圖十八b)取電筒上的廢電珠(電筒上用的小燈泡，如圖十八a)，把封口火漆等去掉，成爲空電珠。再在銅圈與玻珠接合處，用蠟質封密，使不走氣。然後把魚脊上的鉛絲，插入電珠內，使兩頭彎鈎鈎住內壁。將鉛皮魚懸掛在電珠下(如圖十八c)。這時電珠和魚全體的重量，應該比水稍輕。放在水裏，應是魚在下，電珠在上，而電珠微露在水面。若入水卽沉，是比水重，應將魚身剪小。若電珠露出水面過多，卽是比水輕得太多，應加鉛絲或鉛皮在電珠的下口，以資調整。

在廢空電燈泡裏貯水

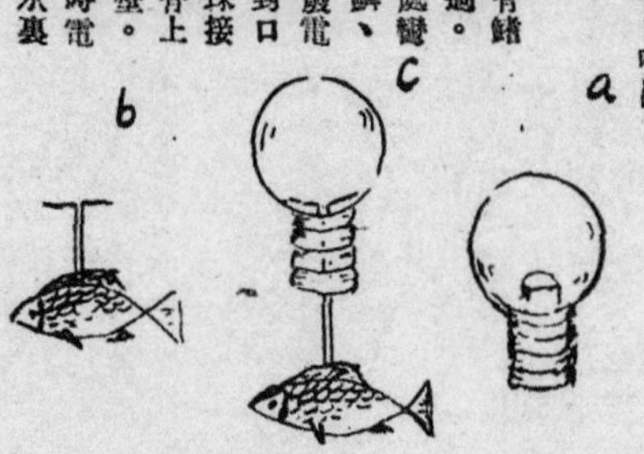

(圖十八)

(圖十九)

約四分之三，把魚和電珠放入。然後用破小皮球套在燈泡口上（如圖十九）。皮球的套法，在皮球的破壞部份剪開，開口處要剪成很多的縫口，套在燈泡口上，用線扎緊，不使走氣。

試驗方法　用手指揑壓皮球（如圖二十），使球內空氣受壓，壓力加之於

（圖二十）

水面，水便受壓力。又加之於電珠內的空氣，電珠內的空氣便緊縮，水便上昇。一部分到電珠裏，於是魚及電珠的全體重量，比水略大，就下沈。若放鬆手指，球內空氣不受壓力，恢復原狀，而魚及電珠又上浮。這樣，手指一捺一放，魚即一沉一浮，很有趣味。

若找到壞了的時色花彆針（婦女的裝飾品），無論是魚形，是飛機形，是花形，都可拿來代替鉛皮魚，掛在電珠的下面。這樣，不但可以省去剪鉛皮的工作，並且這些彆針上都是很美麗的複色繪畫，在水裏一沉一浮，比單色畫的魚又好看多了。而且又是利用廢物，意義更深。只要把名稱一改，叫做浮沉……就行了。

讀者對於以上的介紹，如有疑問，或其他意見，請函教育局第二科詢問，鄙人當詳細答覆。

我們對於鄉鎮中心國民學校應有的基本觀念

朱希仁

自從中央通令實施新縣制後，一般關心國事的人們，都熱烈的研究新縣制的內容和各項實施辦法，教育界同仁，對於因實行新縣制而產生的國民教育，尤爲重視。現在，中央對於國民教育的各項規章辦法，先後公佈，我們對於實施國民教育的辦法，也有了進一步的瞭解。

依照國民教育實施綱領規定，實施國民教育的學校有兩種：就是保國民學校和鄉（鎮）中心國民學校。而中心國民學校的任務，除了實施一般的義務教育和失學民衆補習教育以外，還須負起輔導本鄉鎮國民學校的任務。此外中心國民學校校長有時須兼任鄉（鎮）長及壯丁隊長，對於政治軍事也同時負責，因此，辦理中心國民學校的人，倘使對於國民教育的內容，和自身應負的責任，沒有深切的了解，那不僅中心國民學校和所屬的國民學校辦不好，同時還要影響地方自治的進行。另一方面，担任教育行政的人，今後不能再像過去只做些等因奉此的例行工作，務必與所屬學校——尤其中心國民學校密切聯繫，計劃執行與指導考核，同時推進，才能得到圓滿的結果。至於其他地方機關團體，也應該與中心國民學校取得聯絡。這樣，新縣制「管教養衛合一」的精神，才能充分的發揮出來。

根據上面提出的要點，我們可以確定對於中心國民學校下列四個基本觀念：

一、中心國民學校，是行政學術合一的學校。

行政與學術分家，由來已久。過去教育所以失敗，還是一個主要的原因。中心國民學校負有實施管教養衛合一的職責，對於行政與學術的合一，更覺重要。否則難免再蹈以往有名無實的覆轍。常見一般教育行政機關所訂的計劃辦法，每與學校設施脫節，平時頒行的命令，是否適合當地環境？實行後有何困難？能否獲得預期的效果？很少注意。中心國民學校既負實施管教養衛合一的責任，因此便成了推進社會文化的機關，所以地方政府的一切計劃辦法，必須確切滲透過中心國民學校組織機構，才能獲得實際的效果。因此當地機關團體，必須抽出一部分力量協助中心國民學校，使中心國民學校受多方面行政力量的推動，一面隨時解決困難問題，一面確切改進各項校務設施。至於前往督導人員，在中心國民學校裏可獲得許多施政的重要參考材料，證驗所訂的計劃辦法

是否合理有效？以作將來修正或改訂的根據，這樣行政和學術眞能打成一片，而新縣制的管教養衛合一的實施，也才能推行盡利。

二、中心國民學校是輔導訓練合一的學校。

小規模的鄉村學校，總不容易有成績表現出來。原因固然很多，而師資不健全可說是一個主要的原因，過去教育行政當局，對於這個問題，雖也相當注意，如舉辦短期訓練班，暑期講習會，及規定視導人員在外視察時多加個別指導等，但總不能收到多大效果。現在實施國民教育，對於這個問題就可獲得解決的途徑。因爲中心國民學校負有輔導國民學校的責任，對於各校教師，當然有加以訓練的職責，這樣「輔導」和「訓練」可兼籌並顧。比如國民學校裏有一部分程度太低或教法不良的教師，中心國民學校可以調來用藝友制的方式，指導參加實際工作，及參觀優良教師的示範教學，……在各項施教活動中，授以實際經驗。至於國民學校裏因抽調受訓而缺少的教師，可由中心國民學校指派本校的教師去替代，……並利用機會，加以整理改進，等到調訓的教師期滿回校，代課教師仍回中心國民學校服務。不過實施訓練輔導的重要關鍵，必須中心國民學校本身健全。它不但要有熱心辦學的校長，學驗豐富的教員，而且對於一切教育設施，都要有步驟有計劃的推進，使整個學校，時時在活躍進步中。這樣才有訓練和指導所屬國民學校的資格。今後教育行政當局，要特別注意防止一般中心國民學校的獨善其身，忽視輔導訓練所屬保國民學校的工作，所以在考績方面，不但注意中心國民學校本身辦理的好壞，應該把所屬國民學校的成績，列爲考績的主要部分：要使保國民學校無論在形式上或精神上確切成爲中心國民學校機構的一部分。這樣國民學校才能和中心國民學校同時進步。

三、中心國民學校是負責實驗研究的學校。

中心國民學校的經費比較充足，設備比較完善，優良教師也易於羅致，所以對實驗研究工作，必須切實進行，並隨時把所得的正確結果，指導所屬國民學校實施。

此外，爲改進全縣（市）教育起見，可由行政當局規定若干教育專門問題，分配各中心國民學校實驗研究，採取分工合作的原則，集中力量辦理，最後必能產生許多有價值的實驗研究結果，可供各國民學校仿傚實施。

四、中心國民學校是實施教育機會均等的學校。

中央實施國民教育，已經下了最大的決心，預備在規定期限內，將全國文盲，予以肅清，因此，規定每保設一國民學校，每鄉（鎮）設一中心國民學校。以資容納學齡兒童及成年失學民衆。學校能夠普遍設立，使人人可以入學，一般人所說的教育機會均等的口號，從此眞正實現。不過今後除了數量上的普及以外，對於質量方面的改進，也當特別重視，尤其一般特殊兒童，不論是天才或低能的，他們在普通教育設施情形之下，非特得不到益處，並且什九埋沒個性，斲傷我民族的幼芽。中心國民學校對於保國民學校裏的特殊兒童，應設法集中到本校來施以適應其生理心理的教育訓練，這樣，天才兒童不至埋沒特長，削足就履；低能兒童也可循序漸進，免受精神上的痛苦，誰都承認在這建國的大時代中，需要人才，非常迫切。而且這些人才，不僅要多，還得要精，才能使一切事業飛躍進步，那般天才兒童只在形式上施以普通的教育，那所謂教育機會均等，似乎還有些缺憾。

上面提出的四個基本觀念，辦理中心國民學校的要把握住，才能完成本身的任務，就是教育行政當局以及其地方機關團體的負責者，也須有明白的認識，因爲前面已經說過，在實施新縣制的今日，中心國民學校在各種機構中佔着重要的地位，他的得失成敗，和各方面都息息相關，倘使我們抱着祇求形式的更張，和各自爲政的態度，那與管教養衛合一的精神，就背道而馳了。

教室的設備佈置和管理問題

黃文華

（一）前言

教學室，簡稱教室，也稱作業室或生活室，從名稱上就可知道它是怎樣的一個重要所在。兒童在學校裏，除了在學校園游息外，大部份的時間是在教室裏生活的。所以教室不單在教學上是一個重要場所，在兒童整個生活當中，它也是一個不可輕視的地方。因此教室的環境設施，我們不可不加以研究。在這文裏將分兩部份來研究，一是屬于靜的方面的，是教室的設備佈置問題；一是屬于動的方面的，是教室的管理問題。

（二）教室的設備佈置問題

通常談到設備、必連帶的談到佈置，好像這兩者是一而二二而一的；其實細加分析，還兩者還是有些分別的。大概設備是指教室內的一切裝置用具和陳設而言；佈置是指教室的一切裝璜佈局而言。這兩者都是構成物質的教育環境所不可少的，適當與否，足以影響教育効果。那末教室的設備與佈置，應該如何呢？

一、要合於教學的原則　教室的設備佈置，最主要的目的在求教學上的便利。一桌一椅之排列，一圖一表之張貼，均須顧及在教學上所發生的作用及教學上的便利。要是一件物品或一種器具，對於兒童的知識道德能力方面，並沒有多大幫助或不會給予一種好的啓示與刺激的，根本就不必將它來點綴在教室裏。所以我們對於教室的各種設備佈置，在事前應該先估計其教學上的效用，是否有設置的價值，再研究如何充分的發揮其効用，怎樣來安排？怎樣來使用？還是教室設備佈置最需要注意的根本原則。茲再分列幾條具體的條件如左：

1.設備佈置確是教學上所不可少的，而能給予兒童以感化的。

2.設備佈置的排列方法，能充分發揮其教育作用的。

3.佈置要有系統有中心，不是零星雜亂漫無所主的。

4.是切合兒童生活、確是兒童所能領會的。

5.佈置要與教學材料相聯絡。

6.佈置要活動多變化，能隨時令而變換。

7.設備佈置要適合兒童所處的環境，使兒童感到親切意味。

8.指導兒童自己製作自己設計。

9.選擇兒童優良成績給予揭示給予佈置。給予鼓勵。

10利用兒童生活上的各項統計表冊，使兒童有所勉勵。

二、要合於經濟的原則　經濟這原則，在教育上很爲重要，我們研究教學的種種設施種種方法，一言以蔽之，無非是想找出一條最經濟的路線，以達到教育的終極目的。所以我們對于兒童的學習，要處處顧到「經濟」，對于學校的一切設施，也要顧到「經濟」。「經濟」才是教育的手段，「經濟」方是教育的方法。那末教室的設備佈置怎樣才合於經濟原則呢？

1.設備物要質料堅固能够長久使用　同等價值的物品，耐久性各有不同，擇堅固耐久者購備，在實際上間接的可以節省費用。

2.設備物要能多方應用　一種設備不祇是含有一種特殊的效用，可以擴充其應用範圍，要一物而兼數用。

3.設備佈置要能充分利用　不當用而用，固然是浪費，當用而不用也是一種浪費，我們對於設備佈置，要儘量設法利用它，務使充分的發揮其效用。

4.設備佈置要設法自己製造　除了自己不能製作的萬不得已購製以外，凡是能够指導兒童自製的東西，應設法自製。

5.設備佈置要利用廢物自然物　教師可隨時指導兒童搜集如樹葉，鳥羽，花瓣，果實，蟲翅，插圖，畫片等等，加以改造編排，很可佈置一個優美的教室。

三、要合於衛生的原則　教室的設備佈置要適合兒童的身心，顧及兒童的健康，凡是有礙於兒童身心的設備和佈置，雖經濟雖可有助於教學，仍不能合乎優良的標準，應該力事避免。其具體的條件，約略列舉如左：

1.設備佈置物的位置高低要合度　譬如課桌椅的高度最好要根據兒童的體長，不妨在一教室中有三等或五等高低的桌椅，以配合兒童的體長。黑板的高低也得注意。　佈置物也不宜過高，高則引起兒童仰視，甚之仰視不及，翹首跂足而視的，殊非所宜。最好以全級兒童的體高中數爲標準，最高不得超過體高的兩倍，能够給兒童平視最屬理想。

2.佈置物的字體大小要適宜　圖表中的字體大小應隨年級佈置的地位而變易。

3.設備佈置物的色彩要調和　教室裏不該有五光十色的東西，給予兒童以强烈的刺激使兒童感到心神不寧。應該配合教室原有的光彩，使它冷熱調和，切忌採用許多對比顏色。務使所佈置的環境，能使兒童心神怡悅，有清雅幽麗之感。

4.空間懸垂佈置應極端避免　空間佈置有幾點弊害：（一）容易積塵藏垢，微風吹來，紛紛墮下。（二）空中懸垂物隨風搖曳，兒童視線隨物閃動，分散學習心思。（三）光色搖晃有害目力。所以懸垂式的空中佈置，應該避免。

5.設備佈置物要保持整潔，時加拂拭洗滌。

6.此外如教室的地面應堅固平坦，不起灰塵，採光換氣等設備的顧及，清潔用具的安放，都得合乎衛生。

四、要合於審美的原則　教室設備佈置，在造成優美的環境，給予兒童身心上種種好的影響，它不單要給予兒童「知」與「意」的啓導，而且尤得給予兒童「情」的陶冶。所以教室的設備佈置，須得注意美的條件。我們要有美化環境而達到美化人生的目的。在這方面須得注意：

1.設備佈置物的排列與張貼，務使具有美的形式，合於美的境地。

2.設備佈置物的色彩配合，要調和要美麗。

3.設備佈置物的設置，要統調要整齊，但也要有變化。

總之美是屬於心靈的，很難說出具體的條件來。如何使教室的設備佈置達到美化的原則，使兒童沐浴在美的環境裏。須在現實的環境中，運用藝術的心靈妥加設計。

(三)教室的管理問題

教室的設備佈置與教室管理，同樣是想將教室造成一個優美完善的學習環境，前者是屬於物質方面的，是靜的安排，後者是屬於精神方面的，是動的表演。靜的物質方面的優美的學習環境固屬重要，動的精神方面的優美的學習環境更不可疏忽。我們常常聽見人家稱贊某某學校的學風好，也聽見人家說某某學級的學風不壞。所謂學風，就是學習的態度學習的風氣，也就是這裏所說的精神方面的學習環境。一個學級裏沒有優良的學習風氣，兒童們沒有優良的學習態度學習習慣，教師要施以教學，是無法達到其教學目的的。一個教師沒有管理教室的技術，不能使兒童養成良好的學習風氣，在教學上他將永遠是一個失敗者。如果能將教室管理得井然有序，使兒童養成優良的學習風氣優良的學習態度，那末他在教學上已可得到一半成功，只要再稍稍施展其教學技術，不怕收不到教學良果的，教室管理問題在教學上多麼重要呀！

在這裏得說明的，所謂管理，並不是消極的制止，嚴厲的責罵，强力的彈壓，而是積極的指導，有方法有計劃的訓練。所謂學習的優良風氣優良習慣，決不是死氣沉沉的教每個兒童像木佛一般的坐着，乃是生氣勃勃的教每個兒童全神貫注的從事於學習的各種活動。我們要兒童能動，在動的當中才能求得進步。不過這個動不是亂動妄動，而是有一定規律一定次序一定方法的適合各種學習的應有的活動。那末怎樣訓練兒童有此優良的習慣呢？怎樣才是有方法有計劃的訓練呢？第一要注意常規訓練，第二要指導兒童組織級自治會；第三要隨時糾正隨時指導。茲分別討論之：

一、教室常規訓練

兒童在教室中應該有些什麼優良的習慣？在各種教學活動中，教師要兒童採取什麼態度？要兒童有些什麼動作？教師在開學之初，開始教學之前先得有具體的計劃，詳盡的設計；（能夠與兒童共同商討，共同設計，而後共同實行最佳。）創立出一個具體的常規制度來，訓練兒童養成此項習慣，熟習此項規則，務使兒童在教室中一舉一動一言一態都有一定的法度。此項訓練一定要在開學之初入手，尤其是對新入學之兒童更須注意。切不可採取放任主義，不指示兒童以路線，任其自然，使兒童茫然不知所從，則教室中勢必秩序紊亂惡習橫生，等到教師發覺了惡習，再要設法改正和訓練，則非易易，故教室常規養成，重在慎始。茲將應指導的常規列舉如左：

1.出入教室的訓練指導　（一）聽見上課信號立即排隊依次走進教室，靜坐着等待老師到來；（二）上下課對教師行禮態度要嚴肅恭敬；（三）退課行禮後，各人整理用具，讓老師出教室後再依次走出教室。（四）離開坐位時把桌椅放好。

2.上課時的訓練指導　（一）上課前應將課業用品預備好，上課時不得忘帶借用；（二）寫字用的水應在課前由值日生配好；（三）專心一志學習功課，不做旁的事情；（四）發言要照一定的秩序，先舉手再說話；（五）兒童站起來發問或發言時，其餘兒童應靜聽，如有意見須待發言者說完後再舉手。（六）舉動要輕、靜、謹、敏，以不妨礙他人作業爲標準。尤其要注意的：開閉桌板的動作要輕，離座時當心妨礙兩旁同學。（七）絕不交頭接耳，切切私語；（八）不無故離開座位；（九）非上課必須應用的課業用品不得取出；（十）發言或誦讀的聲音不宜太高，也不宜太底，以全級或全組的人能聽到爲度。

3.收發材料簿籍的訓練指導　（一）分發材料簿籍時由教師交給每行第一人，然後依次傳遞（簿籍事先編就座次，依次整理妥貼）；（二）收集材料簿籍時，應由最後一人傳遞到前面，到最前一人送到教師桌上；（三）嚴禁兒童離開座位蜂擁而前亂翻亂搶。

4.教室整潔的訓練指導　（一）教室中的整潔應由全體兒童負責；（二）早上到教室第一件事要拂拭桌椅；（三）桌椅最易歪斜要隨時注意；（四）課桌內物品要常常整理；（五）紙屑要投入字紙簏；（六）教室中的佈置物隨時

注意，不使有掃落或歪斜。

5.值日生服務的訓練指導　（一）指示輪值方法與掃除方法；（二）注意門窗之啓閉；（三）留心一天的整潔；（四）下課時要揩黑板並拂拭教桌；（五）掃除後要把清潔用具收拾好。

6.各科學習活動的訓練指導　各科教學兒童方面應有的各種活動及應有的注意，教師在教學時也得訓練，使養成此項習慣，以便利教學之進行。

7.各科領袖職責的訓練指導　各科領袖應有的職務與責任，事前須使認清，並訓練其有此工作的習慣與能力，務使熟習，不致臨事慌亂。

二、組織級自治會

兒童優良習慣的養成，貴乎兒童自覺自動，教師只盡啓導與輔助的責任，才能達成真正的教育目的。教室的管理也是一樣，由教師的引導，使兒童自覺自動的起來治理自已的教室，經常的注意全教室兒童的生活習慣，使達到完善的境地。級自治會的機構組織自然是不可少的。

1.級自治會的組織　級自治會的組織，不必過事龐大徒具形式，最主要的，要切合兒童實際生活，寧可組織簡陋，不可形成實亡，空空洞洞沒有一些內容。應該按照實際需要的活動事項而支配負責人。普通級自治會的組織可設正副級長（採取保甲組織者爲保長）各一人，風紀幹事，學藝幹事，圖書幹事，康樂幹事，總務幹事各一人至二人，各行設行長（採取保甲制者爲甲長）一人。每月開大會一次，幹事會可兩週一次。

2.級自治會的任務

（1）級長的任務　a代表全級兒童，b開級會時爲主席，c登記請假兒童，d記載出席人數，e督促各幹事執行職務，f傳達學校及各導師吩咐於全級兒童，g轉達全級兒童意見。

（2）風紀幹事的任務　a負責維持教室秩序，b執行教室公約，記錄犯規兒童在夕會時提出討論。

（3）學藝幹事的任務　a負責編輯級刊事宜，b主持各項學藝活動、如演講會讀書會等。

（4）圖書幹事的任務　a辦理圖書登記編號及借出交還的手續，b保管圖書報刊。

（5）康樂幹事的任務　a每日檢查同學清潔，b注意全教室清潔事宜，c負責遊藝娛樂事項。

（6）總務幹事的任務　a教室中公用物品之保管，b作業簿籍之整理，c各種級會活動時之佈置，d教室中的文書事項，e級會中經濟事項。

（7）行長（甲長）的任務　幫同幹事執行對各該行兒童之任務。

（8）級自治會的任務　a選舉級長行長及幹事，b議決或商討重大議案。

（9）幹事會的任務　a處理級自治會交議事件，b處理各幹事報告或同學不守規則等事，c提議舉行各種比賽活動等事項，d計劃教室中應興應革等事宜。

級自治會如組織健全，運用得體，教室中的秩序，兒童的各種活動，一定能井然就範，學級風氣，學習態度自然佳良。不過要級自治會健强，仍得要教師悉心訓練、隨時輔導。

三、隨時糾正指導

兒童養成了某種優良習慣之後，如不加注意，促其保持，每每日久玩忽，故態復萌。教室常規，在開學之初，嚴格予以訓練，使兒童養成各種優良習氣，確屬重要；然而在兒童旣養成各種優良習慣之後。如何使兒童永久保持，永矢弗諼，也是值得注意的。上述的級自治會的組織，目的即在利用兒童的自覺性自動力起來自已管理自已的教室、使一切優良的習慣長此保持下去，已革除的惡習不再復萌，從未有過的敗行永遠不發生。除此還得教師隨時細加考察，遇有不是之處，即隨時予以糾正予以指導，茲舉幾種方法於后：

1.責令重行演做　例如上下課對教師行禮要嚴肅恭敬，如發覺兒童玩忽，即令重行行禮；出入教室未照規定步驟，分發課業用品未照規定辦法做，責令重做；其他情事不能與規定辦法相吻合者，亦概令重行做過。絕不馬虎。如此兒童不敢任意隨便了。爲教師者決不可因其偶一爲之或因其事態尙小給予放過，要知一切惡習的養成，好習慣的變質，都是起因於漸呀！

2給予强烈的暗示　例如發現多數兒童在談話時，教師突然中止教學，站定靜默雙目直視，兒童自然便會靜起來的。教師見少數兒童在談話時，或不注意學習時，可乘其不備，走近他的身旁，可以不費脣舌恢復秩序。

3.利用競賽方法　教師在開始上課時，即在黑板邊上橫寫着「看那一排最守秩序」，再寫1.2.3.4.表示行數，至下課時評定成績，最佳一行鼓掌，在秩序混亂時用此法很是有效。

4.不予理睬　如兒童未舉手而發言，或未經教師指定而便發表，甚之幾個兒童同時起立發言時，教師可掩其二耳搖頭不聞，兒童見狀自知沒趣，便會重行照規定辦法發言的。他如偶有兒童在上課時，得意忘形做出滑稽動作，有意胡鬧時，教師亦可設法令各兒童不予理睬，以促其覺悟。

5.課後個別談話　教師對於屢誡不聽，屢告不改的兒童，在課後可招至辦公室個別談話，問明不守規則的原由，說明應守規則的理由與方法，促其覺悟，責令痛改。

此外每週舉行秩序競賽，以各教室爲單位，每節課由担課教師評等第，週末結算，全校秩序最佳良的教室，給予錦標，此法可使全教室兒童互相督促互相箴規。收効甚宏。經常舉行「模範兒童」的選擇，也能使兒童時時注意，時時警惕。

（四）尾語

教室是兒童在學校中接觸機會最多的地方，我們要使兒童有優良的教育環境，以達到預期的教育效能，對於教室的設備佈置與教室的管理問題是絕不能忽視的。

談談小學算術教學的實際問題

居秉球

現在小學裏兒童算術成績的低劣，成爲普遍的事實，每次考試的結果，總以算術科不及格的佔多數；因此受算術科成績不及格的影響而留級的很多。三十五年下期五區中心國民學校高級兒童參加第一次定期考試三百八十一人中，有一百三十三人的算術不及格，約佔百分之三十五。這不僅是一校的現象，其他各校一定也有同樣的情形吧！

算術科成績低劣的原因，據個人的觀察約有數點：

一、教育行政的影響　教師受行政的影響，最大的是督學的督導，一部份督學以批評兒童算術作業簿本的整潔，抄寫文字題，錯誤不多，和批改精細與否定優劣，教師爲適應這種督導方法，絕對依照教科書循序教下去，不敢加以活用，以致與兒童的程度脫節，更有希望兒童簿本上錯誤減少，先令優秀兒童板演全體謄抄；甚至有老師抄在黑板上的，雖然簿本方面，整潔美觀，可是考試的結果，成績低劣得可怕了！

二、數量的觀念薄弱　教學上着重形式，注意運算方法的傳授，而忽略數量的觀念的養成；一般學生對於小數、分數，最缺乏正確的觀念；對於複名數也少具體的觀念；有的用直線或圖形來說明分數仍然是抽象的，複名數的不經實地測量，觀念很難正確；具體的觀念未能養成，更難養成抽像的觀念了。

三、兒童算術基本訓練太差　對於算術成績低劣的兒童稍加觀察卽可發現四則基本結合不熟練，和基本的運算方法不正確，是算術成績低劣的主因。有一個五下的兒童對於七加八的計算，需用手指的幫助；而且把「八」分做「三」和「五」，「七三」合成「十」，加「五」得「十五」，這樣算法，怎能達到正確迅速的目標。有一個五上的兒童乘法基本結合，必定要從頭順數起，才能得到所求的積。這是中了死背乘法口訣的毒。比如「六七四十二」必定從「一七得七」數起，到「六七」才能得四十二，這樣乘法又怎做得正確迅速呢？兒童對於除法最感困難的爲除數是多位數時，商的大小，無法估計，從「一」到「九」一一試驗，這樣當然成績不好。分數方面，基本觀念多數模糊，對於整數性質部分，因爲過於抽象，教科書中這部分材料又不多，因此約分通分，不易算得正確，分數四則演算錯誤之原因在此。四則混合式題演算規則常有「先乘除後加減」的一句，兒童多沿誤成「先乘後除，先加後減」的結果。四則式題名數錯誤最多。這些都由於基本訓練太差的緣故。

四、教材的不適用　各校算術教材都採用教科書。以前都採用中華書局版的新編高小算術課本，本學期初級及五年級採用教育部審定本，六年級採用中華本。我以爲不適合的有兩點：一是教材和兒童程度不適合，抗戰後兒童程度低劣，選用抗戰前編的教科書，實在太深，中高級教材亦不啣接。二是教科書編排不適當，中華尤其顯明，我以爲式題數目可以稍大，四則應用題數目不可太繁，絕不可曲折過多。審定本第二冊複名數習題太繁，兒童對於方法尚未熟悉，就被煩難的數字計算所難倒，因此減少兒童的學習興趣。中華本例題淺，習題深，且時有特殊困難的問題列入，又不分佈練習，有這些不適合的地方，自多影響教學成績。

至於教者本身的算術素養不够，或是教得不努力，不是一般的情形，所以不列入主要的原因了。

× × × × ×

要補救小學生算術科成績，針對上述的四種原因，提出下列幾點改進的辦法：

1.活用教科書　教師可依據兒童的程度，以所用的教科書爲主，而刪去其不重要及繁難部分，而補充些基本運算材料。那些材料必需補充，教者自應精密考慮，例如五上級可刪去速算法，而代以四則基本結合的訓練，基本結合練習純熟，自然四則計算得快，比學幾個速算法實際有效得多。連加法，連減法，短除法，都應該多加補充，四則應用題，要多加口述的補充題。小數除法，多加練習，數目不可太大。中華本四冊利息及比例練習中有許多太艱深或計算繁難的問題，也應當刪除。抗戰後學生程度低落，教材水準雖高，與其教材深而成績不好，不如降低程度而使徹底明白較好。

2.改進教學方法　一般教算術方法，我認爲有幾種亟需改進的：(一)討論例題之外要補類例。教科書中例題既淺又少，不能充分說明練習題中的各種計算方法，教師如能多舉類例，與兒童討論算法，再歸納出計算法則來，練習中如何應用這個法則，也應對於兒童多加提示。避免逐題討論練習中題目。(二)要注意板演不要弄錯了目的。令兒童板演練習題，要在兒童演算過習題之後，是一種考查的性質，如在練習題演算前板演，則不能演練習題中題目，應另出題目；以免兒童抄襲之弊。(三)訂正要快，可訓練兒童自己訂正。現在各校每級學生數過多，案頭工作過重，如算術簿一一由老師批改，必定延到下一單元開始教學後，錯誤方面，已不及公開訂正，前後二單元的教學失去聯絡，成績自然不易好。最好老師訓練兒童自己訂正，統計出錯誤之處，在下單元開始前共同訂正，自較妥善。(四)多採用直觀教學。直觀教學收效最宏，且可養成兒童具體而正確的數量觀念，試舉數例如下：三年級教「方尺方寸的認識」課前着兒童準備每邊長一尺及長一寸的正方形紙各一張，教學時令兒童以此二紙爲單位，直接去量面積，以一方寸紙量一方尺紙，得「一方尺等於一百方寸」的觀念。再用圖說明，自可了解。不然教科書中無法繪出一方尺大的圖，即兒童亦難得「一方尺」正確的觀念了。再以一方尺紙量桌面，黑板，窗玻璃，……畸零數以一方寸紙去量，即可得「幾方尺幾方寸」的觀念，面的觀念自可養成了。又例：四年級教「年月日時的認識」用日曆，作業時間表，上課日數，等實際事物出發研究，自可從具體中獲得抽象的時間正確觀念。又例六年級四則補充題有一題：「王君向郵局買一百元及一百五十元郵票共十五張，共一千七百元，求這兩種郵票各有的張數。」有一位老師用實物置換方法來講、「以紙十五張全寫成一百五十元計二千二百五十元，(150元×15＝2250元) 另外預備寫一百元的紙幾張，換入百元一張取出一百五十元一張，張數不變總元數中少了五十元（150元－100元＝50元）換了十一張時總數就減少到一千七百元，計共減少了五百五十元（2250元－1700元＝550元） 是五十元的十一倍，所以知道百元郵票十一張〔550元÷50元＝11(張)〕，一百五十元郵票四張（15張－11張＝4張）再立總式說明，學生皆能領悟。(五)注意學習的經濟不浪費兒童寶貴的學習時間，如抄寫文字題，草式的整齊抄寫，算術籌演草力求工整，消耗兒童時間筋力，應儘量避免，以增加兒童有效的學習。(六)多應用成功的教具。有許多教具應用起來是成功的。如基本結合閃鑠片，亞丁氏網格練習表哥梯氏算術練習片及其他各種算術測驗皆可給教學上最大的助力。

3.影響小學算術教學的環境要改善　(一)小學課程標準應參照小學生現實的成績定一個較有彈性的標準，使這個標準能夠徹底的實施，有良好的標準，才能編出良好的教科書，現在小學課程標準正在改訂中，請專家們注意標準的實踐性。(二)初中的入學試題，題數少而且太深，迫着小學教師到六下時拚命灌注算術升學指導這類教材，不獨戕賊兒童身心，而養成兒童學習算術的不良傾向，希望初中入學試題不能超出小學課程標準。(三)行政方面的督導方法，應注意兒童算術程度的進步以評定教員服務的成績，人事不宜常常更動，以免前後教學不啣接，書本方面一經選用後每學期根據教者意見，加以刪補，以求完善，萬不可隨意更換，使前後教學無法連繫。

以上各點意見，係就零星材料匯集，並無若何特別見解，我個人主張就原有基礎上力求改進，積歲累月，必可獲得最大的成績，至於不當之處仍祈教界同仁加以指正。

三十六年四月三十日於九區中心國民學校

專載

滬杭教育參觀報告

南京市立中等學校校長教育參觀團

（一）參觀動機及籌備經過

卅五年度上學期，教育部督學視察京滬中等教育，認為滬蘇有數校，頗有優長之處，囑京市中等學校校長，可往觀摩。四月中旬第十二次京市中等學校校長座談會中，提及此事，同人咸感覺應外出學習，亦進修之一途也。獲馬局長允助三分之二之用費，遂定計。越三日，再度集會，作具體之赴滬蘇參觀計劃，定四月廿七日啓行，推教局章祕書柳泉為參觀團團長，定名為南京市立中等學校校長教育參觀團。

（二）行程概略

為簡明起見，將參觀日程列表如左：

月日	星期	參觀活動 上午	參觀活動 下午	導引者	參加集會	備註
4/26	6	一部份團員自京出發				分散住宿
4/27	日		六時在上海青年館集合商討準備事項			宿華山路青年館
4/28	1	訪問上海市教育局談話三小時	全體參觀育才中學市一女中及中西女中	水督學	午滬教局招待午餐晚滬青年團宴會	
4/29	2	全體參觀新陸師範復興中學	全體參觀吳淞中學	嚴督學	午復興中學招待晚上海市立中等學校校長宴會	
4/30	3	第一組參觀復旦格致二中學 第二組參觀中華職校	第一組參觀光華絹概二中學 第二組參觀女師及務本女中	倪督學		
5/1	4	全體參觀省立上海中學	全體參觀南洋中學	倪督學	午上中招待午餐下午四時市黨部招待茶會晚實驗民校招待晚餐餐後參觀該校並參加該校五一勞工節游藝會	
5/2	5	晨集議明日赴杭參觀五日晚赴蘇州今日整理參觀記錄				

5/3	6	晨八時乘西湖號火車赴杭州十二時到達	訪問浙省敎廳談話二小時並參觀浙大	—	宿仁和路淸泰第二旅館
5/4	日	參觀博物院圖書館	整理參觀記錄	—	
5/5	1	第一組參觀杭州師範學第二組參觀宏道女中第三組參觀杭州高中第四組參觀建國中學	杭州初中安定中學高級職校蕙蘭中學	—	晚集議決定中止赴蘇參觀明晨乘金陵號返京
5/6	2	晨八時乘金陵號通車返京		—	下午八時廿分返抵京

（三）參觀之所得

此次滬杭參觀，先後歷十有一日，總計參觀上海中等學校十六校，杭州中等學校八校，共廿四校，訪問浙滬敎育廳局二次，參加有敎育性談話之宴會，茶會，游藝會凡八次，所見，所聞，所感，所受，殊多足爲吾人前此辦學之檢討，及今後辦學之參考者，茲就同人管見所及，臚陳於次：

（1）研究實驗之精神　敎育上現有之問題甚多，諸待研究，實驗，以謀改善，此行參觀各校。有數校之研究實驗工作，應分別提出報告者如左：

（甲）上海市立新陸師範實驗整套之新敎育理想　吾儕參觀上海市立新陸師範，聆該校校長董任堅氏（國內名敎育家，曾任中央大學敎務長，敎育學院敎授）一席話，（詳細內容擬由本團團員另爲文述之）甚感興奮。惜無時間多在該校觀摩學習，引爲憾事。董氏對現型敎育之流弊與缺陷，指陳甚多，皆爲我敎育界中人所同感者，氏本其研究之所得，大致採設計敎學法，自學輔導制，道爾頓制，三制之精神，而實驗一種革新的敎育方法，其法爲上午能力分組，習基本學科，下午興趣分組，研討專題或習專技。按此制理想極佳，但師資必延積學而能活用之士，設備應極充分，且全校同事，必須共同認識此制之意義，有興趣的共同從事此制之實驗。吾儕默察體驗，覺董氏目前對此三點，亦正未能達到理想。吾儕咸希董氏速草成一套具體的方案，基本學科之課程標準及敎材，應速編成，而專題研究之研討大綱，及參攷資料，亦須從速編訂。然董氏此種大胆實驗之勇氣殊堪敬佩。又該校校務會議中，有學生代表參加，此亦爲董氏之一大胆的實驗，可惜未及詳問此種措施之利弊如何。

（乙）上海市立女子師範實驗活敎育　該校爲名敎育家陳鶴琴氏所主持，氏爲活敎育之創導者，其訓練該校學生之重要原則有言曰：『我們的學生，要訓練她們畢業後到小學中去任敎，任職，會計畫行政，處理行政；會敎書，會控制敎室秩序，會管理小學兒童。力避一般師範學校之偏重敎室敎學，僅靠將畢業時數小時片段之實習，以致實際從事小學敎職時之一一從頭學起之病。』按此亦與『敎學做合一』之旨趣相似，誠爲一般敎育革新之共同指標。該校訓導工作，以生活爲中心，又羅列若干技能畢業標準，畢業期限不刻板規定爲幾年，打破班級制，一、二、三年畢業不等。

（丙）上海私立南洋中學之書院制的敎育　該校有五十二年之歷史，校長汪老先生，年已七十餘歲，一貫長斯校五十二年。校中無訓育主任亦無敎導主任，無級任導師，一切放任自由，而學生亦頗能自愛，無甚犯規者。男女宿舍，均無管理人員，亦甚整潔，學校對學生，愛護備至，重情感感化，學生亦能服從愛校，無規程章則，反對開會討論，校政均由校長主持。職員極少，學生犯過，敎員訓誡，課程則重國、英、算、理化、國英算鐘點，每週少爲八小時，多則十小時，且多用英文原文敎學；實驗室設備甚富，無圖、音、體、美、勞作等科，有體育設備，列爲課外活動，亦有强迫運動之時間。圖書館中，無人管理，而報紙雜誌，無人剪裁偷竊。對敎員無聘書，勝任者絕不輕易更掉。待遇一律爲每週廿小時，高中月薪一百零四萬，初中八十四萬，該校學生升學者多，投考大學之錄取率極大，據云：部督學徐瑞祥氏視察該校，亦認爲此種敎育方法，值得試驗。按該校純爲一書院制的偏重傳授知識，然亦不能認爲毫無訓育及羣育也。

（丁）其他有研究實驗工作之學校　江蘇省立上海中學實驗丘學團之學習小組，及五年一貫制，杭州建國中學實驗六年一貫制，杭州宏道女中辦理幼童研究所，蕙蘭中學辦半日制之民衆學校，上海實驗民衆學校之整個的作民衆敎育之實驗，（該校校長爲國內有名之民衆敎育專家俞慶棠女士）凡此，皆爲滬杭各校研究實驗之精神表現也。

（2）物質設備之一斑　上海各校之校舍，一部分爲接收日本中小學，及昔日英法租界工部局所辦之中小學者，建築及設備均甚好，又一部分爲教會所辦，或私立而歷史悠久者，亦然，杭州有數校建築設備亦甚佳，茲分述之。

（甲）一般設備　房屋堅固、美觀、適用、裝置考究者頗多，如鋼鐵門窗及課桌椅，（上中，務本一女中，女師等校）如教室辦公室之電風扇，水汀及救火設備（一女中，復興，實驗民校等校）又如教室有小間，可儲雜物，黑板用三夾板，髹以綠漆，或玻璃黑板，及有掛圖活動裝置者。（如育才一女中緝椝等校）。

（乙）圖書儀器及教具　上海中學有圖書四萬餘冊，杭州高中有圖書三萬餘冊，餘亦有一二萬冊者，生物，理化儀器學生能分組實習者甚多，尤以上海中學，有顯微鏡廿四架，（戰後新購）杭高有科學館，格致中學之化學實驗裝置，實驗臺有水，電，煤氣設備，（新陸師範爲接收日本小學校舍亦有實驗室，實驗檯上有水電等設備，一女中亦有，）私立中華職校，有測量儀器十餘架，打字機四十餘架，上海中學商科有實習銀行，及合作社，尤爲可羨。

又上海各校有中心實驗站之設置，即就物理，化學，生物，設備最好之一校，指定爲實驗站，由局派一二人管理，附近各校無設備者，即來此實驗，每日可供四班實驗，各校有以校車載一班五六十學生來實驗者。

（丙）勞作及體育設備　上海中學及中華職校之機械工廠設備，固無論矣，而復旦格致二中學之勞作設備，及木工場等，實屬難得，言體育設備，則杭州建國惠蘭上海一女中等均有體育館，杭州高中籃排球場有十二所，上海中學亦有八所，均屬可貴。

物質能影響精神，而精神能產生物質，尤其教育工作，應以精神爲本，吾儕誠不應豔羡滬杭各校之物質設備，然同人多年體驗之所得，覺教育效果之獲得，尤其自然科學之教學方面，在初期實非借重物質設備之力量不可，即訓導方面之整潔，肅靜，等訓練，亦頗多仰賴於校舍建築及物質設備之處也。

（3）校舍整潔之研究　吾國一般學校於校舍環境之應力求整潔，凡我教界同人，無不深切認識，而痛加努力，然效果殊難令人滿意，其原因殆有二端：一爲國人一般的整潔觀念不够，衛生習慣欠缺。二爲物質條件缺乏，經濟基礎太差。此次在滬杭參觀，多數學校，整潔成績令吾儕欽佩，同人於自滬赴杭之火車中，曾研討此一問題，歸納大家意見，特附錄於次：

『……京市學校學生服裝不整潔，對學校環境之整潔不愛護，如不隨地吐痰，不亂拋字紙果屑等事之訓練，異常吃力，而見效頗難，多數學校均有同感。此次參觀滬校，覺一般整潔情形，均甚好。同人研究其原因，覺吾人固首當承認自己之教育訓練的力量不够，然亦有下列之客觀的原因在：

（甲）滬校之校舍，接收日人，及昔日租界工部局之中小學者，其建築均甚恢宏整美。學生在此恢宏整美之建築物中，有一種環境暗示的力量，使他不忍心糟蹋。

（乙）滬校學生，家庭經濟狀況，似均較好，觀其服裝，及納費能力可知。按常情：常有新衣，多幾套襯衫褲，及不愁洗衣費用，則易講整潔。又家庭經濟較好者，其家庭生活習慣亦較爲整潔。到了學校，亦易於維持學校整潔。

（丙）租界工部局時代，極重衛生，市民亂倒垃圾，或妨害公共衛生者，巡捕隨施以無情的掌摑，或拖去罰款，於是大家整潔觀念，維護公共衛生的習慣，由強迫而進於自然的養成。

（丁）滬上原多教會學校，注重整潔衛生，爲教會學校之特點，（南京亦然）此亦足以間接影響於一般學校者。

綜上四因，學校學生對整潔的重視，及注意維持，不忍任性糟蹋，成了『風氣。』由這團體的風氣，影響到各個個人，於是從被動到自動的養成了習慣。此種浮泛研究的結論，不知亦有幾分可取之處否？』

（4）訓導問題之所得　此次參觀各校對於各校之訓導工作的主張與方法，均詢問請教甚詳，綜合各團員之記錄，得有要點數則如下：（甲）注重理性的說服。（乙）不用高壓手段。（丙）赤誠以父母之心愛護學生。（丁）爲學生生活多多着想，時時處處加以關切。（戊）提倡課外活動。（巳）師生感情務求融洽。

本團同人平日在京會談關於訓導工作，素持此種信念，今茲參觀滬杭各校，聞多校同此主張後，信且益堅，今後更應加強力行工夫也。

又現行之分班導師制，以適當之人選難得，故收效不宏，上海復興中學即實驗一種『級導師制，』其法爲高中三年級有二班或三班者，僅設置一位級導師，管理三班之訓導問題，任課較少，使集中精神處理訓導工作，據云效果確較每班一位導師爲佳，又凡遇學生考試舞弊，及無故缺席達若干次以上立即開除者，亦有數校。

（5）行政管制問題　教育行政機關，當然對各校有管制之權力與責任，然管制失當，或過於嚴峻，則往往使學校減少活力，阻礙進步，此次與滬教局浙教廳各主管人員之談話，咸主管制不可太苛，如用人、行政，核薪等事，儘量與各校以自由。研究實驗工作，則更於可能範圍內，儘量予以人力財力之協助，以求於教育事功，有所發展與改進。此種開明之教育行政態度，誠令吾儕興奮。

（6）收費問題　滬上各校，均收教員研究進修費，每學生繳六萬元分配各教職員人可月得十萬元，分二次發給，此項費用之徵收，由市府提請市參議會通過。向學生家長徵借，待市府撥出專款後發還，如不能撥還，下期不得據例繼續徵借。又除學費解庫外，其餘各費，皆由學校自收自用，僅於事前應呈報概算，事後應呈報決算而已。各校能充分自由運用各項費用，在此物價波動不定之時代，實於校務進展上有甚多之裨益也。

又滬市校之辦公費，以教職員工友人數計，每一教職員月三萬，每一工友月五千，員工額略與京市等，另撥設備購置費，高中每班期十五萬，初中十萬。又職校實習費，高中每班期十萬，初中五萬。

（7）學生之精神與服裝　上海社會，比較活躍，上海之青年學生，活力亦比較充沛，此次在滬參觀各校，看各男女青年活動情形，復深有此感，然吾儕尤深以欣慰者，即上海學生，固皆甚活潑，然嚴肅之程度，亦殊不差。如中華職校，上海中學，全校集合（一千五百人）之早操，與進出禮堂，其井然有序，與迅速靜肅情形，深令吾儕油然起欽佩之心情。而上海市一女中之上下課，尤須排隊，以爲嚴格根柢之秩序訓練。上海市一女中及杭州宏道女中之上課肅穆，下課活潑均極令吾人感奮也。

至言服裝，滬杭各校，亦有强迫一律做制服者（如緝槼中學）甚有制服之外，尤須做運動服軟底鞋者，此種學校，固極整齊劃一可愛，然多數學校，對學生制服，均暫不强迫製做，然學生雖着各式各色之服裝，要皆能整齊清潔，甚爲諧和，無凌亂差雜汚穢之感。此固由於各生家庭經濟狀況較好，然亦滬杭各校對學生生活訓練之成績表現也。吾儕應努力學習。

又學生之髮式，以中華職校規定爲最嚴，男生一律光頭，女生一律短髮齊耳，更不准燙髮，他校亦有加以限制者，在上海之社會中，能做如此規定，且能執行，殊覺難能可貴也。

（8）高中分科情形　六三三新學制，原重高中之分科，使學生畢業後不能升學者，有就業之能力。同時亦爲各實業機構培植中下級幹部人才，於建國聲中，配合　蔣主席中國之命運書中之期望，實爲要圖。乃自民十一施行新學制以來，各地以設備不齊，師資難得，高中農、工、商、家事、等科，逐漸淘汰。戰前即僅留文理分組之淺影，且多半偏重理組，此實爲現行學制下一大病態也。此次參觀滬杭各校，光華附中仍設文、理、商、三科，上海中學仍辦理、工、商、三科，普通中學中仍保持高中分科之制度，殊不多覯。

（9）師範職校之特殊問題　本團此次參觀之學校普通中學較多，而於師範及職業學校，亦極爲重視，團員中雖非現辦師範或職校者，亦甚熱心考察，計所看滬杭兩地之師範職校凡五校，與各該校教職員談話，及參觀所得，有數點應提出報告者：

（甲）師範學校必重研究實驗及實習工作，且實習必爲活的實習，眞的實習。（乙）職校設備必豐富，實習重於教學，技能重於知識。（丙）職校學生之出路，必妥爲安排。（杭州高商畢業學生由財廳分發浙省稅務機關任用），（丁）職校教師以請專家兼任爲宜。（戊）師範及職校之教師待遇，及學校經費，均應較普通中學稍高。（己）師範及職校人員設置數字，較普通中學爲多，（上海市校教員數每班初中二人，高中二、五人，師範三人，職業三至五人，職員每三班一人）。

（10）教職員待遇標準　上海市中校，教職員底薪，平均數爲二八〇元，職員六〇——二四〇元，高中教師一八〇——四〇〇元，初中教師一四〇——三六〇元，高中校長　四〇——四六〇元，初中校長一八〇——四〇〇元私立學校有低於此標準者，亦有高於此標準者，如中西女中南洋中學，均較市校爲高，任課鐘點初中二〇——一四小時，高中一八——二二小時，導師減少任課鐘點，自二小時至四五小時不等，杭州省立學校待遇，教員照鐘點計算，高中每小時十一元，高職高師每小時十三元，初中每小時九元，簡師初職每小時十一元，（照加九五〇倍生補費十四萬，杭州生活費用，絕不低於京滬故甚苦，尤苦於京市，更不如上海）。又私立中學有於薪津之外，加供教職員之膳食者。而教職員之宿舍，多數學校不能供給。至眷屬住校，則更無論矣。

（11）教師與學校　一校之興衰，教師與學校之情感及合作程度，關係綦重，此行聆上海復興中學校長報告該校教職員會協助學校協助學生解決公私生活之問題，及杭州宏道女中校長，報告該校教師之服務精神，及不計物質報酬之情形種種，吾儕聞之，不勝感動之至。

（12）學校歷史悠久，與校長少更動　此行所參觀之學校，爲覺有一原則，即學校歷史悠久及校長少更動者，此校即有獨特穩固之優良成就，如中西女中成立已五十五年，南洋中學成立已五十二年，務本女中成立已四十六年，復有多校亦均有二三十年以上之歷史，且校長多任職十年，十五年，或二三十年以上者，蓋校史悠久，社會信譽彰著，社會助力便多。校長任職久，方能貫徹施行其主張，以至於收效。此理吾儕固久已明白，然此次參觀後，更覺加深認識耳。

（13）集會談話中之體味　此次參觀中所參加之集會，談話，公與私，綜合與分組先後不下三十餘次，於集會談話中，吾儕亦頗多體會，體味，而有所獲者，茲擷錄數則如左：

（甲）董任堅氏曰：「我們辦了幾十年的教育，愈辦愈感覺有問題。愈辦愈不懂教育，愈辦愈糊塗了」。又曰：「我是一個教育主張（理想）的失敗者」又曰：「離開藝術無教育」又曰：「教育不一定是讀書」又曰：「現在的教育與生活脫了節」又曰：「教育要「人化」起來」。

（乙）滬市教育局長顧毓琇氏曰：「我們想扶助私立學校儘可能改爲公立，公款不足，我們來募化」。（如吳淞中學復校之校友學生捐款，及每個學生捐獻學校一花一木運動，及許多公私立學校之由社會，校友，學生，募捐事項甚多，皆由此一號召下所推動也。）

（丙）上海中學校長沈亦珍氏曰：「我們現在要以辦私立中學的精神來辦公立中學。本校的發展，多賴社會協助，復員以來，蘇省府僅撥到一千五百萬元，而我們用了三萬萬元以上。其中學生捐款，已達二萬萬五千萬以上。」又曰「我們固然力爭物質設備的復員，我們更要重視精神的復員，所以叫出恢復校風的口號。」

（丁）上海市黨部主任委員方希孔氏曰：「我認爲當前的教育問題，應特別重視道德教育，訓導問題，和職業教育問題。現在大家還沒十分重視這幾個問題，我個人認爲是莫大的隱憂。」

（戊）上海私立中華職業學校校長賈佛如氏曰：「我們的學生，每人每天都要寫大小字，因爲這是將來社會必需應用的技能，此外商科要珠算，歷史重近代史，及時事，地理要教經濟地理，這都是教育要配合現實的意義呀。」

（己）上海市教育局一位先生對我們說：「上海中學的建設，其動機爲戰前鄭通和（西谷）氏長校時，見上海較好中學，多爲外國人或教會所辦，而國際人士到滬，看不到一所中國國家辦的像樣子的中學。於是才買了城內兩處校地，校舍，在鄉下去買了這五百畝地，建設起來。鄭氏爲國內有數的教育家，社會地位甚高，多得社會協助，有種種的特殊關係，才能把上海中學建成一所像樣子而且達理想境地的中學。復員後，鄭氏雖不任校長，然在校外的協助恢復，盡力甚多也。」（該校沈校長爲吾儕云現在每學期均不敷七八千萬元，全賴銀行透支，及社會及校友學生家長等捐助以謀彌補。）又曰：「上海許多像樣子的中學，多爲英法日租界時代所建設，然當時建設費，絕非自倫敦巴黎或東京匯來者，亦皆爲租界捐稅收入，撥出若干所建設。今收回租界，上海各項稅收，皆爲我政府收入矣，希望今後亦能辦得像英法工部局時代一樣的成績。」

我們認爲右列這些談話，皆有甚深含義，應視爲此次進修學習之寶貴的教材。

（14）滬杭救濟清寒學生之方法　吾儕在上海一小飯館中吃晚飯，見男女青年學生，佩一臂章曰：「青年學生工讀服務團」。手捧新書一大疊，挨桌勸購，問之則爲清寒學生組一團體向書店中憑保領取新書，推銷後收取回扣，以助學費，課餘爲之，費時有限，而收入亦尚可觀。且書商亦即利用此機構，爲新書廣告。爲無薪推銷員，誠互助之道也。及抵杭州，又見各飯館旅館中，張貼「助學」二字之標語，及勸人幫助貧寒學生之標語，爲杭市地方公團所發動，向食客旅客勸捐者。余覺前者利用清寒學生之勞力與時間，以換取學費，爲工讀辦法，值得提倡。後者廣泛勸募，必有一公允辦法以分發清寒而優秀學生，亦較京市目前之祇靠教部公費，及救濟總署之發麵粉，寒衣，湯粉，奶粉之類的辦法，爲有意義。

（15）社會教育問題與學貸教貸文貸問題　社會教育之重要絕不次於學校教育，盡人皆知，吾儕此次在上海參觀實驗民衆學校，並參加該校游藝晚會，在杭州參觀圖書館，及博物館後，尤覺深有感焉，實驗民校之工人學生，於每晚懸掛汽油燈，爲學校裝配「活動房屋」，八晚而成。（此爲聽該校教師報告）又眼見是晚工人學生之演劇，及招待，糾察，種種服務熱情與活力，誠足令吾儕任教育工作者，有甚深之感動。吾儕今後必於最大可能條件下，遵照部令，兼辦社會教育之工作。

又自滬赴杭之晨，於上海北火車站，晤一銀行家徐紹轂先生，經人介紹爲一有教育信念與理想之銀行家，其人雖任銀行高級職員多年，但並不甚富有，而對教育極爲熱忱，且有見解，遂相與敍話，其言曰：「人才即是資本，我向來即鼓勵同業，多向人才訓練機關（學校）投資，爲教育人士貸款，保壽險」，渠又稱：「自古文人多窮，顏回之早死，即由於營養不良，如果顏不早死，他對文化上的貢獻，一定還要大，所以我主張對貧苦優秀的學生，銀行界要多方予以便利的辦理學貸，以及營養醫藥貸款，對優秀努力而有貢獻的教職員亦然。」渠又有一主張：「教育界人士之有抱負擬作研究，實驗，著述，等工作者，在現行教育制度下教職員尚無長期留薪休假或進修之規定時，銀行界應予以貸款之便利，以助成其志。」又私立學校及文化學術團體之已有相當成績，爲發展計劃，亦可貸款，凡此種種當時本團團員中有人戲作一名詞曰『教貸』或『文貸』，（文化事業貸款）綜合此君之意見，同人歸納曰『君可草一教育文化銀行計劃，』徐君曰：『然！余固久蓄此志矣』按金融界與教育文化界合作，以經濟力量助進教育文化之發揚，實建國工作中之一要務也。

本團此行參觀之所得，撮要略如上述之十五點，此外因此次參觀之啓發，覺今後吾儕在京市辦理中等教育，應有之努力方向，暨應向本市　教育當局之建議事項，當於次節申述之。

（四）今後京市中等教育之努力方向暨建議事項

本團此次赴滬杭參觀，覺由觀感而啓發之處甚多，收獲實至大，茲分今後努力方向及向教局建議事項二端，將同人等迭次商談之結果，摘述標目於次：

（1）今後努力之方向

（甲）關於教學者：

（子）盡力設置理科之實驗設備（丑）恢復文理分組，進而分科。（寅）儘可能於畢業班設職業選課，爲不能升學者謀就業準備。（卯）注意寫字教學，及應用技術之教學，力求不與生活脫節。

（乙）關於行政者

（子）研究實施情感說服之訓導。（丑）加強秩序訓練，整潔訓練，及一般生活管理與指導。（寅）加強課外活動。（卯）研究實驗導師制之改良。（辰）多與學生家長聯絡。

（丙）關於一般行政者

（子）各校分任研究實驗工作，提高京市教育界之研究空氣。（丑）多與社會團體聯絡，以求學校與社會溝通，互助，而不脫節。（寅）研究善用學校經濟之方法，增高教育經費之效能，（如呈准教局担保向銀行透支或貸款，而以下期經費作抵及早修建或購置等）。（卯）設法提高教職員之待遇，以安定生活，使工作效率提高。（辰）呈准教局設法向社會，校友，及學生家長募捐，鼓起社會力量，協助政府，發展教育。

（2）向教局建議事項

（甲）請速仿照上海辦法，設備理化，生物中心實驗所。

（乙）學費一律交庫外，其餘各費，准由學校自收自用，先呈報預算，後呈報決算，教局加強監督及盤查。

（丙）設法提高教職員底薪之平均數，師範職校教職員待遇，及辦公實習費用，儘可能謀合理之提高。

（丁）准許市立各校、向社會，校友及學生家長捐募，但以自由樂捐爲準則，絕對不得向學生有派捐之跡象。

最後有一事同人認爲應鄭重提出而爲本報告之殿者：即京市學生家長之職業統計，各校多有商人佔第一位之勢，公教人員之子弟均較少。此次參觀滬杭各校，每到一校，必問：『貴校學生家長之職業，以何業爲多』？多答曰：『商人最多，或工商界最多。』此在另一方面言，誠屬好現象。然公教人員子弟多不能升受高等教育，近更至於無力受中等教育，此實亦至不佳良之現象。願我教育界加意及之。而教育行政當局，對於公教人員子女之免費，及獎助優秀公教、員子女升學辦法，尤應增廣施行。此絕非吾公教人員自私自利企圖，實爲鼓勵今後優秀人才，能樂於從事公職及教育工作，不致人人視爲長途，視爲從事公教工作，子女即無上進升學，乃至受中等教育之經濟供應能力。抗戰期中，有人目此等情形曰『反淘汰』，形容殊當，而含義實至嚴重與悲哀也。

低級國常公開教學教案

第二區中心國民學校

擔任學校：第二區中心國民學校
教者：陳菊修
日期：三十六年五月十四日
年級：二年級下期
單元名稱：常識——豬
　　　　　國語——養豬
教材：兒國定本國語常識第四冊
教具：養豬的放大圖，豬鬃做的刷子。
　　　生字新詞卡片，粉筆教鞭。
教學時間：三百分鐘。

教學目的：
1.使兒童知道豬的形態和習性
2.使兒童知道豬的用處
3.使兒童知道養豬的方法
4.使兒童認識了解並能應用本課課文

教學過程：

一、動機目的——小朋友你們吃過豬肉沒有？（吃過的）豬肉好不好吃？（好吃）豬肉從那裏來的？（豬身上）今天我們來討論豬好不好？（好）

二、研　討：

1.講故事：小英的爸爸買了五頭小豬，養在豬圈裏，爸爸弄了很多菜葉菜根玉蜀黍來餵他們，豬看見了就跑來吃，小英來了看到豬在拚命的吃，吃得滿嘴眞髒，小英就問爸爸，這又髒又懶的東西餵他做什麼？爸爸說：豬雖然髒，可是他的用處很多。小英說：除掉吃他的肉還有什麼用處？爸爸說：豬鬃可以做刷子。小英奇怪的問：豬鬃是什麼？爸爸告訴他說：是豬頸脖上的和脊背上的毛又長又硬很適合做刷子，我國的豬鬃又好又多，所以每年要把多下來的賣給外國。小英又問：別地方的毛有沒有用處呢？爸爸說：可以做繩子，豬糞還可以做肥料，小英你說用處多不多。小英說：用處倒不少，不過他太髒了，我們能不能給他弄乾淨呢？爸爸說：可以，豬身上要常常洗刷，豬圈裏要常打掃，這樣就清潔了，每天給豬出來運動，吃食要有定時，那豬很快的就會長大起來，於是小英很願意幫爸爸做打掃，餵食等事，不久五頭小豬果然長得很大，小英和爸爸都很高興。

2.觀　察——小朋友我的故事講完了，我再給小朋友看一幅豬的圖。（示圖令兒童觀看。）

3.討　論

(1)豬的身體怎樣？（肥大）
(2)豬身上是什麼顏色？（有黑的、白的、花的）
(3)豬的眼睛怎樣？（細小）
(4)豬的鼻子怎樣？（突在嘴的前面）
(5)嘴怎樣？（很長）
(6)豬有幾隻腿？（四隻）
(7)豬的尾巴是什麼樣子？（細長末端有長毛）
(3)豬鬃長在那裏？是什麼樣子？（脖子上邊和脊背上毛又長又粗硬）
(9)豬喜歡吃什麼？（綠草、菜葉、菜根、玉蜀黍、高粱等）
(10)豬有什麼用處？（豬肉可以吃，豬鬃可以做刷子，豬毛可以做繩子，豬糞可以做肥料）
(11)養豬用什麼方法就可以養得好？（豬圈裏要常洗掃，豬要常到外面運動，要常洗澡，毛要常刷，餵食要有定時）

三、閱　讀：

1.概　覽
(1)看　圖——我們書上也有一幅養豬圖小朋友要看嗎？（要）
(2)概覽課文

(3)述說大意——教者提出問題令兒童回答

A.爸爸買了什麼東西回來？（猪）

B.養在什麼地方？（猪圈裏）

C.小英看見了怎樣？（又髒又懶的東西餵他做什麼）

D.爸爸怎樣說？（猪的用處很多………）

2.認識生字新詞——教師將生字新詞書於卡片上，由兒童提出生字新詞後，教師即將卡片貼於板上。

(1)試讀試解——逐字逐詞指優等生或舉手生試讀試解，解後共同補充，最後教師示範。

(2)領　讀——由教師或優等生領讀

(3)復讀復解——教者抽示生字新詞令兒童復讀復解

3.誦　讀

(1)範　讀——教師範讀課文

(2)試　讀——指優等生試讀，讀畢共同訂正

(3)領　讀——教師或優等生領導兒童逐句讀

(4)分組讀——分組比賽

(5)個別讀

四、推　究

1.內　容

(1)爸爸買了幾頭小猪？（五頭）

(2)爸爸爲什麼要買小猪來養？（因爲猪的用處很多）

(3)小英看見了說些什麼？（又髒又懶的東西餵他做什麼）

(4)小英爲什麼說猪很骯髒（因爲猪喜歡在水坑和泥裏睡覺隨地拉屎溺尿）

(5)小英爲什麼說猪很懶惰？（只知道吃睡不愛做事）

(6)猪很骯髒有沒有方法讓他不骯髒？（有方法，常給他刷毛，洗澡，掃除猪圈）

(7)猪長大了我們吃他的什麼東西？（肉）還有呢？（心肝腸胃腰子等都可以吃）

(8)猪鬃可以做刷子爲什麼不用猪毛做刷子？（猪鬃硬猪毛軟）

(9)猪糞可以做什麼？（肥料）

2.形　式

(1)這課書有幾人在談話？（小英和爸爸）

(2)第一行裏「爸爸買了幾頭小猪」能不能改爲「爸爸買了五頭小猪」？（能）

(3)第四行裏的「便說」是誰「便說」？（小英）

(4)餵他做什麼？這個（？）是什麼意思？（是問話）

(5)爸爸說：說字旁邊的「：」幹什麼？（表示爸爸說的話在下面，在「　」裏面）

五、綜合整理

1.補充想像

(1)豬圈用什麼做的？

(2)做在那裏？

(3)豬怎樣骯髒？

(4)豬怎樣懶惰？

(5)又髒又懶的東西是不是就沒有用處？

2.整理

- 豬
  - 形狀
    - 毛——
    - 顏色——
    - 頭——
    - 腹——
    - 腿——
    - 尾巴——
  - 用處
    - 肉——
    - 鬃——
    - 毛——
    - 糞——
  - 養法——

六、練　習

1.指導閱讀

2.朗　讀

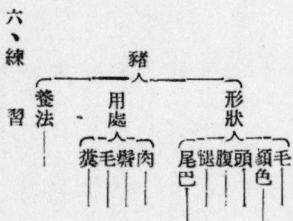

3.寫　字——習寫本課文字並說明筆順

4.作　文——題目另訂

5.說　話——令兒童上來扮小英與爸爸互相對話

七、應　用

1.發　表——指令家裏養豬的兒童報告養豬的情形或報告豬的生活

2.實　行——課外參觀豬圈及調查肉價、豬鬃及刷子的價格。

低級國常公開教學批評會記錄

時　期：五月十四日下午三時半

地　點：第二區中心國民學校教室

教　者：第二區中心國民學校陳菊修先生

出席者：教育部市教育局市立各國民學校中大附小教師河南省立信陽師範參觀團省立江寧師範本屆畢業生等團體代表三百餘人

主　席：王桂林　　紀錄房菊生

批　評：

錢耀生先生：

今天的公開教學是試驗本市研究會訂定的教學過程是否合用，主教者今天的教學是成功的，如有缺點，大半是過程的缺點與主教者是無關的。

張達善先生：

優點：

1.教者語言清楚，有抑揚，能使兒童注意力集中。

2.態度從容和善，每一動作都能引起兒童的注意。

3.技術方面在每一節課的開始及結束都能做到恰到好處。

缺點：

1.常識方面分量嫌少，觀察、推究、討論時，未能使兒童對「豬」的認識更能了解。

2.過程尚須調整：A,動機引起後，「觀察」和「討論」應各成爲一活動過程。B,在觀察時除圖以外，能再有其他實物更好。C,「故事」不妨就做動機的引起。D,故事圖不妨顯示在先，形態圖顯示在後，這樣，由整個到部份要好一點。E,個別誦讀和齊讀那一種的功效要好一點，還是一個有待研究的問題，個人的看法齊讀最好不用，喊「一、二、三。」齊讀更不大適宜，還是以個別讀爲宜。

3.有待研究的問題：A,當講述故事時，可穿插一點問題在內，以培養兒童反應的動機。B.觀察形態圖時不必在圖上比較大小，可使兒童默想舊的經驗，以引到整個的反應。C.試述大意最好不用問題，讓兒童自己報告出來，這樣，兒童可獲得整個的概念，並可免去與深究重複之嫌。D,個別誦讀能普遍注意到優等生，中等生，和劣等生，這是一個好現象，但教者在結束誦讀過程時，如能再範讀或表情讀一兩次，則效果上會更好一點。E,教材問題：這一個問題不是教者的責任，但今天提出來，希望各位教師能普遍注意這類問題，提出意見貢獻教育部來修正；譬如「生產」這兩個字，在低年級教學，無論如何教，難得使兒童獲得正確的觀念。

雷震清先生：

優點：

1.音調清楚2.態度和藹3.對於細微的動作都能注意到技巧，譬如將小黑板取下能注意到將反面向外放置等4.第二節下課時，適有小雨，教者問及學生，有無雨傘，如此注意學生生活，實爲一種至情的流露。

有待研究的問題：

1.教學進度較慢，因爲慢，空氣便欠緊張，譬如兒童舉手後應即刻找人，又如提出生字新詞經過七分鐘似嫌時間過長，而連帶的使教室空氣不緊張。

2.提出生字新詞可不必找學生試讀，因爲一經讀錯，引起兒童第一個錯誤印像，以後很難矯正，所以最好還是由教者範讀，首先便給予正確的觀念。

3.生字應單獨提出，在下面再綴以詞，這樣要好一點。

4.「便說」的便字，這一個助動詞在低年級最難教學，提請研究。

5.對於優等生，中等生，劣等生教者皆能一一注意，洵爲難能可貴，最後有一個劣等生能一個字一個字指着讀出，本人對他倒是一個很大的欣賞，不能批評他不對。

6.教學過程：由常識到國語，過程總起來只有一個，要如何運用，才能極爲自然，「天衣無縫」？我想，所謂過程，就是由一個活動跳到另一個活動的意思在過渡的時候，要一點不讓兒童覺得。講到這裏，我想向諸位提出一個教學順序問題，一般教材的編排有的是國語爲主，常識爲輔，有的是常識爲主，國語爲輔，有的是國常並行，有的是國語不須要聯絡常識的，有的只有國語不要常識的，今天的教材應以常識爲主，所以在常識方面應加重分量，這個教學順序就應該是：第一節課A.動機目的——約兩分鐘。B.故事——不得超過五分鐘，應以課文爲主。C.講讀——約五分鐘，教者一面講述課文，一面略加解釋。D.提出生字新詞——約四分鐘。E.抄寫——約六分鐘，專抄生字新詞。F.個別誦讀——約八分鐘。第二節課：A.講讀——約四分鐘（最好放在第二天）B.默寫——約十分鐘。C.閱讀——約六分鐘。D.練習——約十分鐘。照以上順序兩節課便可教完一個單元。

金皎鶴先生：

優點：

除掉前面幾位先生所說的優點以外，還有一個優點，那就是每一個學生皆給以積極的鼓勵。

有待研究的問題：

1.應把握時機，予學生以比較的機會如「圈」字學生讀做「圓」字，「肥料」學生誤會爲「養料」，這時可以提出來比較一下，使學生獲得正確的概念。

2.預先寫好生字卡片，有一缺點，即遇學生提出教者未準備的生字時，無法應付，如不讓學生發表，亦不合理。

3.卡片應專做識字練習之用，後面亦應寫字，以免教者須向前探視之苦。

4.掛圖可將豬的形態分部畫出，因爲「豬」是習見的東西，整個的印象，兒童已有，且可在故事圖上獲得，如能分部畫出，則觀察更爲明顯。

5.每一單元的研究重心，須要事前確定。如本課「豬」偏重於豬的生活方面呢，還是偏重豬的形態、功用方面呢？這都須於事前決定的。

辜遠先生：

今天的公開教學，在數百人參觀下舉行，學生情緒，並未過於緊張，且能秩序井然，實是一個好現象，但有幾位小朋友屢次舉手，終未能獲得發表的機會，如能快一點進行教學，令最先舉手的小朋友發表，使他機會均等，則比較更能滿足小朋友們的慾望。

吳兆春先生：

筆順未能注意。

某位教師（姓名未詳）

二下級教學生字時，注音符號須否寫出？

章柳泉先生：

優點：

教者態度、言語皆很好，尤以低聲講話時亦能沉重清晰，殊屬難能。

有待研究的問題：

1.進度似可稍快。

2.提出問題，固然須要快點指出兒童作答，但有的問題也必須要予兒童以思攷的時間。

3.提出生字時應板書。

4.新詞須連讀。如「骯髒」應讀做「骯髒」不能讀做骯……髒。

5.語體的詞不易解釋，可從另一方面反證。

6.提出生字不須一行行的看，一行行的提出。

7.誦讀過程於個別、分組誦讀之後，教師應再示範。

8.識字練習應將生字錯落提出，並須反覆練習，和聽、寫、讀多方面並行，這是一個值得研究的問題。

9.今天的教學已很美滿如能於每段過程進行時，更能自然，不使兒童覺得，則教學效果必更佳。

顧開軒先生：

1.應重視原則：

A.鼓勵兒童勇敢發表。

B.鼓勵兒童學好。

C.不能提出條件叫小朋友舉手，阻礙他們發表的勇氣。

2.生字的提出：

我認爲今天的生字筆畫特多，應該就字形略加解釋，以幫助兒童的記憶。

3.深究內容：

A.常識方面：ㄅ、深究內容時與前面的略述大意有重複之嫌。ㄆ、兒童的聯想未能顧及，如由兒童自己提出問題，則內容的深究，一定會更廣泛一點。

B.國語方面：教者今天在國語方面未能多對文字、句子作進一步的推究。

C.發問：教者不可多用暗示的問題。

邵鶴鳴先生：

優點：

1.今天的教學始終在愉快的空氣中進行。

2.全班兒童沒有曲身而坐的，足見平日的訓練甚好。

有待研究的問題：

1.國語的教材不是常識的說明，應在教案上將常識的題目、綱要一齊列出。

2.在教法上應儘量避免兒童不愉快的氣氛，如教過的生字，兒童提出，不可加以阻止，使兒童感覺不愉快。

張紹平先生：

今天教者在每節課的結束時，都有交代，這一點很重要，可以說今天教者每節課後已爲兒童安排好了自動作業。

陳清泉先生：

1.教學過程中的「觀察」一項，最好要顯示可能準備的實物，如豬鬃、豬毛、刷子等，最重要的在現代教育中須有課後實習（如養豬）。勞作科的要求是：「是否眞能實現」我想這句話應該能用到常識科方面。所以我主張在常識過程中可列入實物見習或實習。

2.齊讀課文似應立讀，因立讀胸襟寬暢，較坐讀爲宜。

楊駿如先生：

1.單式教學是否全要舉手答問，這是一個有待研究的問題，本人的看法，如能多用點「齊說」「齊答」當可使小朋友們全體皆有發表的機會，同時還可養成勇於發表的習慣。這樣做，我想對秩序方面也不會有什麽妨礙的。

2.生字新詞的解釋不但要顧到本字本詞的意義更要顧及到課文的內容，如「生產」兩字解釋頗不容易，但如能從不養豬就沒有豬肉吃，就沒有刷子用等，反面着手，當能加深兒童對「生產」二字的意義的了解。

3.可以從兒童生活上的體驗來解釋生字新詞。

4.推究內容時須將問題答案撮要板書，如豬圈常打掃就不骯髒了，「打掃」兩字須寫出，以加重兒童的印象。

5.注意字音。

顧開軒先生：

本人主張將今天有關過程的研究問題，提交研究會參考，將原有過程重加討論修正。

雷震清先生：

今天本人既看到公開教學，又能看到自製教具展覽非常高興，現在就我見到的教具中，介紹幾種最適用的給各位，（一）第五區中心國民學校之去一角的閃爍卡片。（二）玄武門國民學校常見別字辨正集。（三）火瓦巷國民學校活用掛圖式教具。

吳兆春先生：

常見別字辨正集的確很好，但本人主張眉頭上只須將正字寫出卽行。

竟柳泉先生：

將正字誤字同時板示或只示以正字，這兩種方法在教學效果上那一種收獲大，我想不妨實驗一下。

主席總結：

今日承各位不吝賜教，本人感覺無限光榮，謹向各位致謝，現就各位先生之意見，略加分類，以作本會一個結束。

（一）教者優點：

1.言語淸楚，有抑揚。2.態度和藹。3.一舉一動皆能恰到好處，吸引兒童注意力集中。4.能注意到小動作的技巧。5.對每一個兒童皆予以積極的鼓勵。6.平常對兒童訓練有素，致今天在數百人前教學，兒童情緒，並不過於緊張，而且秩序井然。7.能普遍注意到優等生、中等生、劣等生。8.整個的教學始終在愉快空氣中進行。9.每一課結束時都有交代，爲兒童安排好了自動作業。10能關心兒童的生活、

（二）教者缺點：

1.進度較慢，教室內空氣欠緊張。2.常識材料分量嫌少。3.觀察一項，缺乏可能準備的實物。4.誦讀過程，教者未能多予示範。5.未能把握時機予兒童以比較研究的機會。6.用卡片寫好生字新詞代替板書，似嫌失當。7.提出條件叫兒童舉手阻礙了兒童發表的勇氣。

（三）過程的研究：

1.「觀察」和「討論」應各成為一活動過程。2.故事不妨就做動機的引起。3.誦讀過程中可無須齊讀。4.教學順序須要列出。5.自動作業應列入過程。6.常識科過程應將「見習」或「實習」列入。

（四）教材的研究：

1.國常課本在低年級教材中未能避用抽象名辭，2.本課常識部份，應列出研究綱要。3.常識掛圖似可由教育局按照教材的需要，編繪成套，供應各校。4.注音符號教學究應從那一學年開始，應有明白規定。

（五）教具的研究：

中大附小雷校長就這次自製教具展覽中介紹最適用的三種教具：

一、去一角的閃爍片。

二、常見別字辨正集。

三、活用掛圖式教具。

散會（六時零十五分）

南京市各級國民學校

舉行示範教學

南京市教育局為輔導教師進修，增進教學效率，並研討教育學術起見，上學期即設置國民學校各科教學研究會，除由各校任課教師參加外，教育局並聘請各科教學專家出席指導。本學期各科教學研究會開會時，除作專題研討外，並分別舉行示範教學與教具展覽會。上列教案及批評會記錄即其實例。每次示範教學及教具展覽，成績均頗良好，情緒更異常熱烈，彌可寶貴。京市小學教育界之研究空氣，已在破牆敗壁中發榮滋長矣。

南京市國民教育研究會

成立典禮暨第一次會議

南京市教育局為督導國民教育研究改進及提高教育學術之研究興趣起見，特組織南京市國民教育研究會。該會已於五月三十日上午九時，在市政府大禮堂舉行成立大會暨第一次會議；到教育部次長田培林，市長沈怡，兼局長馬元放暨特請之專家陳鶴琴、程時煃、吳俊升、李清悚、羅廷光、馬客談、胡顏立、潘平之、魏冰心等，以及該會全體會員共一百餘人，先由主席馬元放報告市國民教育研究會之意義、任務、組織，與抗戰前勝利復員接收時去夏教育局成立，暨最近四個時期南京市國民教育概況以及勝利復員後之重要設施，繼由教育部田次長及沈市長先後致詞，田次長闡述國民教育之重要性甚詳。沈市長略謂會議重在議而決，決而行，行而通，議案不在多，而在切實具體，能行得通。復由專家陳鶴琴、程時煃、吳俊升、李清悚、馬客談等相繼致詞；陳鶴琴除表揚京市國民教育在戰前之優良成就外，並強調以教師教教師，以兒童教兒童，藉謀國民教育質與量之增進，程時煃略謂國民教育應先求其有，再求其好小學教師之待遇，亟應提高其月薪，最好由一百五十元至三百元至少不能低於一百元，並提示應重視遠東區基本教育會議視察事項之準備，工作與研究工作，以及運用電影播音來普及國民教育與掃除文盲，吳俊升闡述教育之科學研究精神與方法。李清悚除闡述本市經濟建設與文化建設之迫切需要，各級學校畢業生升學問題之妥謀解決，與教材教法教具之適當改進外，對教育局擬訂之本市國民學校教師任用待遇服務獎懲及進修規則備感快慰。馬客談對兒童的品格修養與心理衛生頗多發揮，並強調兒童教育之目標應為（一）兒童本位（二）適應社會需要（三）適合民主政治（四）促進世界和平。末由各區國民教育研究會代表王芷湘報告各區國民教育研究會之工作情況。最後攝影散會已逾十二時。下午二時舉行分組討論會，由吳俊升、程時煃、陳鶴琴、胡顏立、羅廷光諸氏，分別主持行政組輔導進修福利組教導組教具設備組之討論，三十一日上午，舉行提案討論大會，重要決議案有訂定南京市國民學校教職員任用待遇服務進修考核辦法，訂定本市掃除文盲方案，安定教師生活以增進教育效能，推動本市國民學校教師進修，編輯鄉土教材，舉辦注音符號講習會，規定三十六學年度第一期必要之設備，自製教具等。

公佈專欄

南京市教育局訓令

（卅六）教人字第〇二五三號
中華民國卅六年五月二日發出

事由：爲各教育機關雇員給卹案令仰知照由

令所屬各級學校及各社教機關

案奉

教育部卅六年四月　日第二一八六二號訓令內開：

「查戰時雇員公役給卹辦法業已廢止幷經奉頒雇員給卹辦法一種施行在案關於各學校各教育機關雇員因公傷亡或在職積勞病故如何給卹一節茲經呈奉行政院核定准予援照雇員給卹辦法辦理合行檢發原辦法令仰知照幷轉飭知照」

等因附發雇員給卹辦法一份奉此除分行外合行令仰知照

此令

附發雇員給卹辦法一份

兼局長馬元放

雇員給卹辦法

第一條：各機關雇員因公傷亡或在職積勞病故得依左列標準給卹

甲、雇員在辦公場所或因公出差遭遇意外事變以致受傷殘廢或心神喪失不能服務者得按其最後薪資給予十個月薪資之一次卹傷費其受傷未達殘廢或心神喪失程度者得酌給兩個月至四個月薪資之一次醫藥費

乙、雇員在辦公場所或因公出差遭遇意外事變以致死亡者得按其最後薪資給予十四個月薪資之一次撫卹費

丙、雇員在職積勞病故得按其最後薪資給予四個月薪資之一次撫卹費雇員之卹傷醫藥費及撫卹費除照前項規定給予外得按現任雇員之待遇在百分之三十以內比例贈給之

第二條：雇員卹金得在各機關原有經費內發給但原服務機關裁撤或經費困難者得由其上級機關發給均作正報銷

第三條：各機關公役傷病死亡比照本辦法之規定酌量給卹

第四條：本辦法自核准公布日施行

南京市教育局訓令

（卅六）教四字第〇四四九號
中華民國卅六年五月六日發出

事由：爲抄發　國民政府施政方針令仰知照由

令公私立中小學及社教機關

案奉

南京市政府（卅六）府總祕二字第四四六二號訓令內開：

「案奉　行政院本年四月二十六日從壹字第一六〇四五號訓令開：『准國民政府文官處卅六年四月二十三日處字第二七七六號函送國民政府施政方針過院除分令各部會署及各省市政府外合行抄發原件令仰知照幷轉行知照』等因附抄發國民政府施政方針一份奉此除分令外合行抄發原件令仰知照幷轉飭知照」

等因並附發國民政府施政方針一份奉此合行刊戳原附件令仰知照

此令

附國民政府施政方針一份

兼局長馬元放

國民政府施政方針

國民政府爲實施憲政推進民主自政治協商會議以來即決定改組政府延攬中國國民黨以外黨派人士及社會賢達共同參加經一年餘之不斷努力茲已詢謀僉同可即完成改組之程序關於改組後政府之施政方針亦經與各方詳加商討並經中國青年黨中國民主社會黨中國國民黨常會分別通過參加商討之社會賢達亦表贊同此項施政方針將爲改組後國民政府所共同遵守茲轉公告其內容如左：

第一：改組後之國民政府以和平建國綱領爲施政之準繩由參加之各黨派及社會賢達共同負責完成憲法實施之準備程序

第二：以「政治民主化」及「軍隊國家化」之原則爲各黨派合作之基礎在此共同認識之下力謀政治上之進步與國家之安定

第三：爲促進世界和平擁護聯合國憲章起見中國外交政策對各友邦一律平等親善無所偏倚

第四：中共問題仍以政治解決爲基本方針只須中共願意和平鐵路交通完全恢復政府卽以政治方法謀取國內之和平統一

第五：根據憲法規定之精神提前試行行政院負責制行政院應依國府委員會之決策負執行之全責以符合於有權有責之原則立法院之職權應同樣尊重行政當局遇有提案應出席立法院說明以保行政與立法之聯繫

第六：行憲以前行政院長之人選國民政府主席在提出任免時應先徵求各黨之同意

第七：對於各省行政應本軍民分治與因地制宜之原則在法制上與人事上均作澈底之檢討與改革使各省政府能充分發揮其効能

第八：凡因訓政需要而須設之法制與機關在國民政府改組後應予廢止或裁撤

第九：澈底整理稅制及財政簡化稽征手續減少賦稅種類及附加稅以減輕人民之負担

第十：嚴格保障人民身體自由言論出版自由集會結社自由嚴禁非法之逮捕與干涉其因維持社會秩序避免緊急危難而必須予以限制者其法律應由國民政府委員會通過之

第十一：今後所有舉辦之外債應指定專爲穩定並改善人民生活及生產建設之用

第十二：各省市縣之參議會或臨時參議會儘量由各黨派及無黨派人士共同參加各省地方政府亦應本惟才惟賢之旨由各黨派及無黨派人士參加

南京市教育局訓令

（卅六）教四字第〇四五〇號
中華民國卅六年五月六日發出

事由：爲各機關應隨時隨地盡力協助善後救濟事宜仰遵照由

令公私立中小學及社教機關

案奉

南京市政府（卅六）府總祕字第四三九七號訓令內開：

「案奉　行政院本年四月二十三日從玖字第（一五三九三）號訓令內開：「查各機關部隊應盡力協助善後救濟事宜一案業經三十五年七月七日以節京九字第（六〇〇九）號訓令飭遵在案茲奉國民政府本年四月十六日處字第（三七六）號訓令開：「查聯合國善後救濟總署現正以物資輸助我國所有該項物資之分配及施散概不因災民之種族宗教及政治關係而有歧異之待遇關於全國善後救濟事宜各機關部隊應盡力協助尤以各軍事機關及部隊更應隨時隨地協助進行關於交通運輸對於善後救濟物資及工作人員之輸送均應予以優先待遇不得稍事留難或阻礙通行他如各地原有醫院房舍現暫作軍用者應即遷讓以便聯總供應之醫療物資得藉此原有建築充分利用又如各部隊軍用車輛其有可騰供運輸救濟物資之用者亦應儘量暫借前經於卅五年七月六日以處京字第（八六）號訓令飭遵在案據聯合國善後救濟總署駐華辦事處長艾格頓函呈略稱此項通令實施以來頗具有効力惟近來各地尙難免對於善後救濟物資及工作人員之輸送未予優先待遇甚或有留難阻礙情事擬請重申前令嚴飭遵照俾利善後救濟工作之進行等語查善後救濟事宜爲戰後一大要政所有各機關部隊應隨時隨地盡力協助以期早觀成效合亟重申前令仰即遵照幷轉飭所屬一體切遵」等因除分令外合再令仰遵照幷轉飭所屬一體遵照」等因除分令外合行令仰遵照幷飭屬遵照」

等因奉此合行令仰遵照

此令

兼局長馬元放

南京市教育局訓令

（卅六）教人字第〇二六八號
中華民國卅六年五月八日發出

事由：爲奉發國外留學規則令仰知照由

令各中小學校
　社教機關

案奉

教育部三十六年四月二十八日參字第二三一一七號訓令內開：

「查國外留學規則業經本部制定呈奉　行政院三十六年四月十四日從玖字第一三七五〇號指令核准在案除公布並分行外合行令發該項規則一份仰即知照」

等因幷頒發國外留學規則一份奉此合行刊載原規則一份令仰知照

此令

附國外留學規則一份

兼局長馬元放

國外留學規則（法規會整理本）

第一條　凡赴國外留學者均應依本規則之規定

等二條　凡赴國外研究專門學術或實習技術學科者均爲國外留學生國外留學生留學費用全部由教育部或各省市教育行政機關（以下簡稱各省市）供給或國際學生交換由留學國給予公費者爲公費留學生

國外留學生留學費用由私人或私法人供給者爲自費留學生

第三條　國外留學生在出國前均應經教育部考試及格前項考試章程由教育部訂定于考試前

公布之

第四條 各省市考選省市公費留學生應先擬定辦法送請教育部備案公布

前項考選之初試得由各省市自行辦理覆試統由教育部辦理

第五條 凡經教育部指定醫院檢驗體格並具有左列資格之一者得應國外留學生考試

一、公立或立案私立大學或獨立學院畢業得有證書者

二、公立或立案私立大學或獨立學院之專修科或公立或立案私立專科學校畢業并曾任與所習學科有關之職務二年以上有證明文件者

三、高等考試及格者

第六條 國外留學生考試科目如左

甲 普通科目

一、國文

二、本國歷史及地理

三、留學國文或英文

乙 專門科目 二種或三種依所考之學門定之

第七條 國外留學生考試及格後經教育部頒留學證書自向有關機關洽辦出國手續

第八條 國外留學生取得留學證書後應于六個月內出國必要時得呈請延長一年

第九條 國外留學或實習期限公費留學生定為二年必要時得呈准延長一年自費留學生最長不得超過四年

第十條 國外留學生于到達留學國時應即向駐在國之留學生輔導機關或使領館呈驗留學證書并辦理登記手續

前項手續得以通信方式行之

第十一條 國外留學生輔導辦法由教育部另訂之

第十二條 公費留學生非經呈奉教育部核准不得變更其研究科目及留學國違者取消公費

第十三條 國外留學生畢業或得學位後應即報告留學生輔導機關或使領館轉報教育部備查

第十四條 國外留學生返國後應即檢同畢業證書及研究證件呈請教育部備案各省市公費留學生並應向各該省市報到

第十五條 本規則自公布日施行

南京市教育局訓令

（卅六）教一字第〇七九九號
中華民國卅六年五月九日發出

事由：為奉令轉飭各校嚴切注意整齊清潔等因令仰遵照由

令各市立中學國民學校各私立中學小學

案奉

教育部國字第二二一六〇號訓令內開：

「查整齊清潔為國民應有之恭曆習慣本部頒佈之小學訓育標準及衛生訓練標準對於整潔訓練均早有詳明之規定各校自應依照實施教員為兒童之模範尤應隨時隨地以身作則惟近時各地學校尚多不整不潔應行注意改善者茲合令仰該局轉飭各校員生嚴切注意矯正對於隨地唾涕便溺拋棄紙屑果皮隨意棄置什物塗寫牆壁尤應注意禁止學校附近不清潔之飲食攤販并應予以取締校內並宜改良廁所注意飲食器皿之清潔定時舉行大掃除並飭學校內外佈置以重衛生而肅觀瞻本年各級督學視察學校應即以此為中心督導工作列入視導要項或編入視導評點表內督導各校切實辦理除分令外仰即遵照并轉飭遵照為要」

等因奉此自應遵照除分令外合行令仰該校切實遵照為要

此令

兼局長馬元放

南京市教育局訓令

（卅六）教一字第〇九二四號
中華民國卅六年五月十四日發出

事由：奉南京市政府令以國防最高委員會決議公立學校校長在立法院未修正各級參議員選舉條例以前准兼任民意機關代表等因仰知照由

令市立各中小學

案奉

南京市政府本年五月五日（卅六）府總祕字第四六〇七號訓令內開：

「案准內政部本年四月二十五日民字第四八一五號代電開：「案奉 行政院卅六年四月十四日從壹字第一三八五六號訓令節開：「各級公立學校校長得兼任民意機關代表案前經國防最高委員會第二一二次常會決議通過由國民政府令轉到院當經於本年一月廿八日令知在卷惟原案決議僅交立法院修正各級參議員選舉條例在該項條例未依法修正公布前可否特准兼任復經本院函請國防最高委員會祕書廳轉陳核示在案茲奉國民政府卅六年四月八日訓令案經國防最高委員會第二二九次常會決議公立學校校長在立法院未修正各級參議員選舉條例以前准其兼任民意機關代表」合行抄發原令令仰知照

并轉行知照」等因除分令外特電請查照轉知等由准此除分令民政局暨函知參議會外合行令仰知照」

等因奉此合行令仰知照

此令

兼局長馬元放

南京市教育局訓令

發文(卅六)教人字第〇二一九五號
中華民國三十六年五月十六日

事由：爲奉轉統一解釋現任公務員等應否緩征事項仰知照由

令各中小學社教機關

案奉

教育部參字第一四二七六號訓令內開：

案准國防部本年四月十七日第二一九七八號代電開：「查現行兵役法已無現任荐任以上官職經銓敘合格者予以緩征或緩召之規定蓋服兵役不僅爲國民應盡之義務抑亦爲國民應享之權利平時徵集重在訓練常備兵與補充兵依兵役法第十九條第一項之規定僅徵集屆滿二十歲一個年次之現役及齡男子且就中凡具有兵役法第四條之情形者免服兵役第五條之情形者禁服兵役以及第二十四條第一項各款情形之一者得予延期徵集除過有屆滿廿歲一個年次之男子不足配額時得酌予延伸年次至足額爲度之情形外事實上廿一歲以上男子平時多在緩徵之列現役在營步兵爲期二年步兵之軍士及特種兵特業兵爲期三年期滿退爲預備役戰時動員召集重在運用凡預備役及國民兵除具有兵役法第廿六條第一項各款情形之一者得予延緩召集外其餘均應受召捍衛國家重視兵役義務之普及與在法律上人人一律平等其因過去舊兵役法所定「荐任以上官職經銓敘合格者緩召而產生之種種比照辦法及成規自現行兵役法公布實施之日起應即失效茲將對於「現役及齡」男子中之現任各機關公務員地方自治人員各級黨部團部職員國營省營公營事業機關職員民意機關與各種法定團體代表及其職員等應否緩征特爲統一解釋如次：(一)其有兵役法第廿四條第一項各款情形之一者予以緩征(二)曾在高中以上學校畢業取得軍訓及格證書者視爲備役幹部不予征集(三)曾受正式軍事訓練取得軍事學校學籍與核准復員轉業之軍官佐及士兵有正式證明文件者應爲在鄉軍人不再征集(四)經核准退職有案之軍用文職人員特准不再征集此外一經中籤依法即應受征入營又具有上列一、三兩項資格者均應向所隸縣(市)政府報到受在鄉軍人管理合併申明除分電各部會署國民政府各處局各主席行轅各省(市)政府各軍師團管區並呈行政院轉呈國民政府備查外相應電請查照轉飭所屬遵照」等由准此除分令外合行令仰知照并轉飭知照

等因奉此合行令仰知照

此令

兼局長馬元放

南京市教育局訓令

發文(卅六)教人字第〇三〇六號
中華民國三十六年五月二十日

事由：爲令知女教員生產代課金請領限制由

令市屬各機關學校

案准

市政府會計處三十六年五月九日計字第六四三號公函內開：

「案准貴局三十六年五月二日(卅六)教人字第二五二號公函略以本年度概算書內「小學教師代課金」經本處改爲「女教員生產代課金」是中小學校之女教員已包括在內惟中小學校與社教機關之女職員同在本市學校及社教機關服務而部頒修正中小學規程及國民學校教職員任用待遇保障進修辦法社教機關工作人員待遇規程均將女職員規定在內於事實法理均應同樣有生產代課金之享受又國民學校教職員之婚喪代課金業經呈奉市政府指令有案社教機關之職員亦應同樣辦理囑將「女教員生產代課金」科目改爲「教育人員生育婚喪假期代理金」以示公允等由准此查教員之任務爲教授學生學業故每一教員所任課程及授課時間均應依照課程表所規定按時到校不得因個人之便利而任意變更蓋每一教員無故缺席足以影響全級學生之學業故遇有特殊事故請假必須由合格人員代理其任務又女教員之生育於生理上須有相當時期之休養而同校教員因時間之衝突無法兼代乃不得不於校外另覓合格人員以代理其課業該項代理人之俸薪自應另行支給至中小學校及社教機關之職員雖亦有指定之任務然當其請假期間與教員影響學生學業情形迥異凡遇女職員因生育請假其職務儘可由本機關其他職員兼代(職員請假學校或機關以外人員代理者非特無此先例亦爲法所不許)由同事代理者概不給代理金業經貴局所屬各機關人員請假規則明白規定是女職

員之不能另支生產代課金自無疑義復查部頒修正中小學規程及社教機關工作人員待遇規程雖均將女職員包括在內推此項規程爲全國一般性之規定並無強制執行之性質各地方政府胥當視其財力狀況酌量遵行且中央亦有鑒於各地情形之不同財力之互異授與地方政府以另製單行法規之權如本市以往職員出差車膳費規則即較院頒公務員出差旅費規則之標準爲低即其一例

又如

貴局所訂所屬各機關人員請假規則「教職員請假其職務如由同事中分任者概不支代理金」之規定益足以資證明地方單行法規具有伸縮性之特徵

貴局爲撙節公帑起見爰有上項規定本處亦以節省市府開支特規定女職員不得列支生產代課金於事實法理似尚無不合至關於　民學校教職員之婚喪代課金一案本府第六二四四號指令雖有「……喪事以事出非常情非得已自無疑義……」之條答但對於假期長短尙有考慮之餘地良以辦理喪事除遠道外三數日或至多十日即可竣事非若生育須有相當時期之休養可比蓋是項假期爲期既暫似毋庸另請校外人員代理又如婚假儘可利用寒暑假期內舉行其有不在例假期內舉行者亦不得視爲即可另支代理金其理由與喪假不得請支代理金相同其他如社教機關之職員亦應比照辦理且證以「省市縣立社會教育機關工作人員待遇規程」第九條：「社會教育機關工作人員因本人婚嫁及生育父母或配偶之喪於左列規定期內仍支原薪代理工作人員之薪給由服務機關担任之」之規定則其代理工作人員之薪給應由原服務機關自在原有經費內勻支其不能呈請上級機關專案發給至爲明顯總之教育部所訂各該規程僅可分析於下：

（一）小學規程第七四條及中學規程第一二一條均僅有生育代理金無婚喪代理金本府自三十六年度起核准 貴局所請加入中學教員並改進該項科目限於生育用途並不牴觸教育法令

（二）上項規定限定爲女性並不包括男性

（三）社教機關規程第九條規定除生育之外尙包括有婚喪但其財源係指明由服務機關担負自應由服務機關自在原有經費內勻支不能與上述中小學同例專案呈請上級機關撥款本府三十六年度所定科目是尙並無不符

（四）本府科目與教育部規程不同之點僅在女職員部分查職員請假請外人代理者既不適宜原少其例復以本市各機關女職員甚多倘需支給則應普遍規定以昭公允倘不支給則應一律從闕以免失平此在情理方面自無不合又教育部規程係立於教育立場爲其本身懸一鵠的並非預算法案撥有專款供應地方政府自尙有統籌財力兼顧全局的量辦理之餘地此地方政府單行法規之所由產生未容偏廢

本處對於教職員福利極願贊助一俟本市財力稍裕自當逐步舉辦使達盡善盡美境地非特學校及社教機關教職員爲然即本府各局處職員同在本市服務當亦未便厚彼薄此而獨使向隅目前自仍以維持現狀爲宜所囑改變概算科目一節歉難照辦准函前由相應復請查照爲荷」

等由合行令仰知照

此令

兼局長馬元放

南京市教育局訓令

發文（卅六）教三字第〇三八〇號
中華民國三十六年五月二十日

事由：爲奉令抄發禁烟罰金充獎辦法令仰知照由

令市屬公私立中小學校
各社教機關

案奉

市政府（卅六）府總民字第四七一四號訓令內開

「案奉 行政院卅六年四月十九日從捌字第一四六七三號訓令開：『查禁煙罰金充獎規則前由本院於三十四年十一月八日公布同月十四日呈奉國民政府令准備案施行以來頗收成效惟以財政收支系統法第十七條規定罰金及沒收財物之收入應歸入國庫該規則與此不無抵觸經改稱辦法並酌加修改報請國防最高委員會備案各在案茲奉國民政府本年四月十四日處字第三七〇號訓令略開此案業經國防最高委員會批准備案等因除分令外合行抄發該辦法令仰知照幷飭屬知照此令』等因計抄發禁煙罰金充獎辦法乙份奉此除分行外合抄發原辦法令仰知照幷飭屬知照」

等因附抄發禁烟罰金充獎辦法乙份奉此自應遵照合行抄發禁烟罰金充獎辦法乙份令仰知照

此令

附抄發禁煙罰金充獎辦法乙份

兼局長馬元放

禁煙罰金充獎辦法

三十六年四月四日制定

第一條　本辦法所稱禁煙罰金包括禁毒罰金而言其充獎依本辦法分配之因煙毒案件判處沒收

第二條 財產之變價，視同禁煙罰金

禁煙罰金依左列標準分配之

一、據告發人之報告因而破獲判處罰金者以百分之五十獎給告發人百分之二十獎給破獲該案之員警百分之一十補助該管審判機關公費其餘百分之二十撥充當地肅清煙毒善後經費

二、由負責查緝員警自行破獲判處罰金者以百分之五十獎給負責査緝員警百分之十獎給協助人員百分之一十補助該管審判機關公費其餘百分之三十撥充當地肅清煙毒善後經費

第三條 依前條規定應受獎金而不願受領或無人受領或逾一年不領者其獎金撥充當地肅清烟毒善後經費

第四條 審判機關對於所判禁煙罰金經呈奉核准執行完畢時應會同該管縣市政府依第二條之規定核算成數公佈撥給

第五條 審判機關應於月終將執行所得之禁煙罰金分別列表按月公布並彙報該管上級機關轉報內政部察核其表式另定之

第六條 本辦法自公布日施行

南京市教育局訓令

發文（卅六）教四字第〇五三九號
中華民國三十六年五月二十三日

令公私立中小學及社教機關

事由：爲令飭各校館不得仿製密件封套封面上印有愼密兩字及紅色「×」符號仰遵照由

案奉

南京市政府（卅六）府總秘二字第五一二八號訓令內開：

「案奉 行政院卅六年五月十六日從寅字第一八四八八號訓令開『本院前爲寄發機密文件曾飭由秘書處與江蘇郵政管理局特訂有愼密郵遞辦法：規定封面上印註「愼密」兩字幷加劃紅色「×」符號以資識別茲准該局呈稱：「略以近査各機關交寄密件用封套封面式樣均紛起仿製以致郵局辦理困難請轉飭糾正」等情查是項封套封面式樣係本院與江蘇郵政管理局特約規定各機關似不應有所仿製卽不得於密件封套封面上印有愼密兩字及紅色「×」符號除令交通部轉飭各郵局對仿製本院寄發之愼密封套封面式樣應予拒絕收寄外仰卽遵照』等因奉此除分令外合行令仰遵照並飭屬遵照」

等因奉此合行令仰遵照

此令

兼局長馬元放

南京市教育局訓令

發文（卅六）教秘字第〇〇八〇號
中華民國三十六年五月二十六日發出

令各所屬機關

事由：爲奉令嚴格保障人民身體自由等權仰遵照由

案奉

南京市政府三十六年五月二十日府總秘字第五一〇七號訓令內開：

「案奉 行政院本年五月十五日從宿字第一八三九六號代電開『本年四月十七日國民政府公告之施政方針第十項規定「嚴格保障人民身體自由言論出版自由集會結社自由嚴禁非法之逮捕與干涉其因維持社會秩序避免緊急危難而必須予以限制者其法律應由國民政府委員會通過之」等語良因民主政治首重自由憲政國家端崇法治人民享有此種自由載在憲章施政方針更宣示保障之旨各級機關及人員務應切實遵守毋得違反其有因維持社會秩序避免緊急危難而必須予以限制者應由國民政府委員會通過之法律始得執行在未有此項法律前如有非法之逮捕與干涉應卽依法嚴究不稍寬縱以重人權而崇法治除分行外特電遵照幷轉飭所屬一體遵照』等由奉此除分行外合行令仰遵照幷轉飭所屬一體遵照」

等因奉此合行令仰遵照

此令

兼局長馬元放

本刊徵稿簡約

一、本刊稿件以左列各項爲範圍
1.論著
2.教育設施
3.實驗研究
4.各科教材
5.優良事例介紹
6.書報評介與讀書報告
7.調查統計
8.教育法令
9.教育消息
10.視導報告

二、本刊除約專家撰著外歡迎外界投稿
三、來稿文言白話不拘但須扼要切實並繕寫清楚附加標點稿紙請勿兩面寫每篇以壹仟字以上五千字以下爲原則
四、來稿須具眞姓名幷須註明詳細通訊地址
五、本刊對來稿有刪改權其不願刪改者須預先聲明
六、來稿一經刊載版權卽屬本刊但聲明保留者不在此限
七、來稿經刊載後當致酬現金但本局與各附屬機構概况介紹與報告性質之稿件酌贈本刊不另致酬
八、來稿用否概不退還其附足郵資者得於不用時寄還
九、來稿請寄南京市教育局轉首都教育出版社

本刊廣告刊例

地位	面積	每期價目
封底	全頁	國幣拾萬元
	二分之一	國幣陸萬元
	四分之一	國幣叁萬五千元
封裏	全頁	國幣捌萬元
	二分之一	國幣五萬元
	四分之一	國幣叁萬元
普通	全頁	國幣五萬元
	二分之一	國幣叁萬元
	四分之一	國幣壹萬柒千元

連登三月九折　半年八折　全年七折

首都教育

第一卷第十一、十二期

民國三十六年六月一日出版

編輯者　首都教育出版社

發行者　首都教育出版社　社址：南京市教育局內　電話：二四三四一

印刷者　大明印書館　南京洪武路三一一號

經售處　首都教育出版社　南京各大書局

本刊價目

本期係合刊號　零售每冊一千五百元

項別		期數	價目	備註
零售		一期	六百元	特大號或有特殊需要時得提高售價
長期定閱	半年	十二期	四千元	
	全年	二十四期	七千元	

首都教育

第一卷 第十二期

目次

論著

法規

公布專欄

中華民國三十六年十月十五日
首都教育出版社編印

論著

談談發問

李伯棠

一、發問的價值

曾經遇到過這樣的一次笑話：二十七年，我在內地的一個省立實驗小學裏教孩子，因爲我一向深信：合理的教學方式，常用的是幾次適當的問答，走近兒童學習室，常聽見「什麽」「爲什麽」「怎麽樣」等幾個問題，激動全場的思考和深究，斷不是站在講台上道貌岸然的去做天花亂墜的演講。所以我每次上課時，總是和孩子們相互問答——這樣來了一批參觀者，據說是曾經受過師範專業訓練的教師們，他們看了我這種教學情況，有一位詫異的問引導者：「學生爲什麽把一隻隻手舉出來？」弄得引導者不好意思回答。由此可見內地的小學教師教孩子，向來是立在講台上長長大篇的舉行講演，很少能運用問答的方式去教孩子。還都以後，我也看過不少教師上課，還是避免不了採用演講式的教學方法，即使有許多教師知道運用問答方式教孩子，往往不得其法，因此本文來談談發問。

首先，我們要認清：發問在教學上究竟有什麽價值？

我們知道：健全的教學狀況，是師生之間的有問有答，一往一來，不分彼此，充分利用了問答的方法，使教材的本身因問答而推闡益明，兒童的學習，因問答而興味愈濃。

一般教師的發問，往往以測驗兒童的知識爲目的，實則發問的用處，不單是這樣，不論你所教學的是一種技術、知識或欣賞，你總要常常用到發問的技術。陶格拉斯（Douglass）指出，發問尚有以下數種用處：

（一）發問可以發見全級或個別兒童的弱點：

1. 關於材料的是否嫻熟；

2. 關於材料的是否了解；

3. 關於思想的方法。

（二）發問可以供給兒童反復練習機會。

（三）發問可以引導兒童去注意某一方面或某一要點。

（四）發問可以使所學的材料有好的組織。

（五）發問可以引起兒童的好奇心或提出疑問，使兒童對於所學習的材料感到興味。

（六）發問可以激起兒童的思想：

1. 去了解教材；

2. 把教材應用。

（七）發問可以發見兒童的興味。

（八）發問可以詳細考查兒童準備的功課，使其此後更肯好好的準備。

二、發問的技術

發問在教學上是這樣的重要，我們怎樣使發問的價值實現，使這種價值增高？第一應考慮所發的問題，到底有沒有價值？一般教師常常發無關緊要的問題，而忽略了重要的問題。因爲發無關緊要的瑣屑的問題，比較省力，所以你最易犯這種毛病，應該格外留心；此外我們還應注意的是如此：

（一）問題的內容與形式

1. 問題不要用兒童不能了解的語句　這是類化（統覺）原則在發問技術上的應用。教師所發的問題，一定要適合兒童的年齡和程度，凡問題上所用的名詞，一定要使全級兒童完全了解。例如：教學一下級國語常識「幫助父母做事」一單元，你問：「黃香的爲人怎樣？」或「黃香的行爲怎樣？」不如改爲「黃香是怎樣一個人？」或「黃香怎樣孝順爸爸？」較爲兒童化。

2.問題的語句要簡單明瞭　問題的語句不要含糊，也不要繁冗，例如問：「鑽木取火比用火刀、火石、火絨取火的方法怎麼樣？」「紅頭火柴和安全火柴的好在什麼地方？」因爲這種問題，一則很不容易使兒童明瞭問題的意義；二則兒童聽了亦覺嚕囌難以置答。所以我們最好在教學前先將問題準備一下，如果發現問題有疑問的話，你就得重新組織語句，再問一遍。

3.問題的範圍要確定不要寬泛　確定範圍，就是畫出某某中心、特點或段落去研究，希望對於事物格外明瞭，注意不致分散。問題能够確定範圍，不寬泛，研究才有起點和歸宿，對象才能顯著和明白，而精力也不致浪費。要是範圍已含糊，頭緒自然不能把握得住，容易犯所問非所答的毛病。例如問：「中山先生做些什麼事業？」「種稻怎樣種的？」「第二次世界大戰的經過情形怎樣？」等，常易引起兒童的猜度，不易解答的問題，總以少用爲是。

4.問題要有興味　不但教材要有興味，教師所發的問題也要有興味，例如討論「稻的根」，你問：「稻的根是怎樣的？」你不如改問：「稻的根像什麼？」或問：「稻的根像老頭兒的什麼東西？」同樣，你再用手做出捋鬍鬚的樣子，那更使討論有趣味，有効果了。所以教師能多多運用鋪張、渲染、新奇、生動等等問句，引起兒童的興味，教室的學習空氣自然熱烈，學習也易收效了。

5.問題避用教科書上的字句　所發的問題，最好不要完全用教科書裏的語句，因爲問題的語句組織與課文語句完全相同，則不但缺乏興味，而且偏重記憶，是很不適宜的，例如：教學國語常識課本第六冊第一課南京的名勝，深究內容時，你死板板的照教科書上字句問：「莫愁湖湖面上浮著一點一點的什麼東西？」不如改問：「莫愁湖裏有些什麼？」較爲有變化。

6.問題要合於教師的目的　如果你的目的是要測驗兒童的知識或刺激其思想，你要避免用下列數種的問題：

（1）暗示的問題：

「三月十二日是植樹節嗎？是不是？」

「黃香很孝順他的爸爸，對嗎？」

（2）二者擇一的問題：

「燕子是益鳥，還是害鳥？」

「鄉村上大多住的是農人還是工人？」

（3）凡是可用「是」或「非」回答的問題：

「寒暑表是測驗氣溫的嗎？」

「華氏寒暑表冰點是零度嗎？」

上述三類問題以少用爲妙。如果你目的在使兒童回憶舊有的知識，以準備教新的材料，或引導他們去注意某一方面或某一要點的話，則上述數種問題，間或也可採用。

（二）發問的注意點

1.要對全體兒童發問　對個別的兒童發問，是一種極普通的錯誤。例如：「張三，七七事變是什麼一回事？」正當的發問方法，先要對全體兒童發問，然後再指名兒童回答。

2.發問不要按照坐位的次序　按照坐位次序指名發問，也是一種極普通的錯誤。這種發問，其缺點和對個別兒童發問完全相同。因爲除了被指名的兒童以外，大家可以不必思索答案了。正當的發問方法，是先發問，再不依次序指名回答，而要把所發的問題，平均分配到全級兒童。

3.發問時要注意個別差異　就是說所發的問題要適應兒童的能力，問題較難的，指優等生回答；問題較易的，指劣等生解答。如果容易的問題指優等生解答，容易養成他輕視的心理，養成他不注意問題的習慣；反之劣等生對難題不易解答，足以浪費時間，減煞興趣，影響教學。不過亦不能拘泥。

4.對不注意的兒童要多發問　你要對不注意的兒童常常發問，一方可以使他發生研究的興味，不致仇視教師；一方可以强制的使他注意討論。

5.不要因個別兒童妨礙全班的作業　如果有一二兒童回答不出問題，你可在巡視時給以幫助，不要在上課時多費時間，致妨礙全班的作業。

6、發問時用自然的會話方式　發問不論態度、語氣都要自然，不要有一種矯作或板起面孔的神氣。

7.發問的快慢要看教師的目的　如果發問的目的是練習，發問不妨快一些；如果發問的目的是要激起思想，發問便要慢一點，讓兒童慢慢的去思想。

8.發問時問題祇須說一遍　如果所發的問題很明白清楚，每一問題，祇須說一遍。有的問題比較困難，必須仔細思索，那末將原來的問題不妨再重述一遍。不過此種情形不應該常有。

9.兒童回答後教師不宜重述　兒童回答時，不僅對教師講述，而是對全級講述。如果教師重述兒童的答語，不但耗費時間，而且太重教室的形式了。一般教師往往在不知不覺中犯了這種毛病，此種習慣，應該戒除。

10鼓勵兒童作完備之回答　一問題發出，應使兒童回答得完備些，這是訓練兒童思想有條理，有系統的好機會，但又須注意不要占去過長的時間，減少其他兒童發表的興趣。

11要培養兒童詳細考慮切慢下斷語的習慣　要是兒童不經思索就回答你的問題，你應該加以阻抑。我們要培養兒童不要太粗魯，遇有問題，一定要有「詳細考慮」和「慢下斷語」的習慣。

12兒童答辯時教師勿遽加判斷　兒童對某種問題能互相答辯，這是教育上的好現象，非但不應當阻止，並且要去贊助他們，使辯論得更舒暢，然後於事理能夠透澈。不過兒童答辯時，也許有不合理的答語，教師則利用相當機會校正之。

13兒童正在解答教師中途勿加妨害　兒童的答語，即使有不合理的地方，應當聽他說完後，再指點他的缺點，用反問的口氣使答者再加以反省，很自然的自我改正。切忌中途斥止，損害兒童發表的雄心，以致把解答問題認做可怕的事情，總之，兒童解答如有錯誤，只要在教學進程上沒有過分的浪費，仍應當盡量由兒童發揮，至不得已時，只要稍稍暗示，使他自已覺悟已經可以了。

14兒童質問教師時教師從容應付　兒童質問教師，此時應如何應付呢？一部分問題，可由兒童解答；一部分問題，教師可直接解答，如有所發問題出於教師能力之外的，教者可以取爲研究資料，藉收教學相長之益，絕對不要排斥或虛飾。如兒童質問至窘迫的時候，教師態度仍要從容，臨時可用左列方法去應付：

（1）將原題轉問其他兒童。千慮必有一得，不要輕視兒童中沒有長才。

（2）先答以解決的範圍，或參考書籍，教者與問者在課後共同研究。

（3）把問題記下，約定日期再行答覆。

（4）答以此種問題屬於某科，當轉問某某先生。

★　★　★　★　★　★

最後，我們肯定：「合理的教學方式，常用的是幾次適當的問答。」「健全的教學狀況是師生之間的有問有答。」諸位教師！我們認清了發問的價值，熟習了發問的技術，多多去運用。

三十六年五月卅日於國立編譯館

京市國民學校自然教學的概況

徐允昭

南京市自復員以來，對於國民教育整頓刷新，不遺餘力，其所措施，不僅注意於校數級數之增加，以求失學兒童之減少與文盲之掃除，尤努力於各科教學之改進，以求樹立全國之楷模，而達成基礎教育之任務，在這科學昌明，日新月異的時代，國家建設，在在要以科學爲前提，無疑的國民學校中之自然科是一種最重要的課程，南京市教局有鑒及此，爲求自然教學的改進，特組織自然教學研究會，通令各校自然教師一體參加，每學期開會若干次，指定一中心學校主持其事，開會之時，除局方派員列席外，並聘請二位對於自然教學較有經驗之教育家蒞臨指導，此種辦法在戰前原都行過，祇因今昔情勢不同，就已開過的二次會來說，因受客觀條件的限制，所得結果，並不能如理想的圓滿，作者以歷來愛好研究自然教學，承本市教育局邀請參加該會共同研討，感想所及，認爲欲求自然教學之改進，並不盡在開會之如何熱烈，而應有一整個計劃，由行政當局輔導各校共同努力實施，以求貫澈。這計劃的第一步，須明瞭現在各校自然教學的實況，好像爲病人謀健康，我們必須明瞭原來缺點之所在，然後可以對症下藥，關於這工作，在去年第一次開會之前，我曾經從過一份調查表，藉以調查京市各國民學校自然教學的現況，其格式如次：

京市小學自然教學現況調查表（務請忠實詳細填寫）

（一）教師

1.姓名＿＿性別＿＿年齡＿＿學歷曾在＿＿學校畢業

2.担任自然課＿＿分鐘兼任＿＿等科共＿＿分鐘

3.課外有多少時間翻閱自然參考書？＿＿＿有多少時間指導兒童從事自然課外活動？＿＿＿

4.個人對於自然教學有無何種特長？＿＿＿興趣如何？＿＿＿

5.希望怎樣改進自己以從事自然教學？＿＿＿

（二）教科書

1.書名＿＿＿編著者＿＿＿出版書局＿＿＿出版年月＿＿＿

2.編制上有何缺點？＿＿＿插圖怎樣？＿＿＿

3.你覺得課數太多或尙好？＿＿＿兒童對課文有閱讀的興趣嗎？＿＿＿

4.有何不容易實施的教材？例：＿＿＿

5.有何錯誤的教材？例：＿＿＿

6.有何不必要的教材？例：＿＿＿

7.有何急待補充的教材？例：＿＿＿

8.貴校有那些課外補充讀物？＿＿＿

9.這些補充讀物有何缺點？＿＿＿

10.這些補充讀物你如何指導兒童閱讀？＿＿＿

（三）設備

1.貴校有關於自然科的標本＿＿＿件？儀器＿＿＿件？圖表＿＿＿件？教師參考書＿＿＿冊？其他設備共＿＿＿件？

2.就你本期所從事的教學，你以爲學校須添置的是那些教具？

(1)＿＿＿(2)＿＿＿(3)＿＿＿

3.假使你能自製教具，你能製那些？

(1)＿＿＿(2)＿＿＿(3)＿＿＿

4.在缺乏設備的時候，所有觀察實驗的活動，你用什麼方法解決的？

(1)＿＿＿(2)＿＿＿

5.學校環境方面，有何足以用爲教學設備的材料？＿＿＿

6.學校有無相當隙地足以布置學校園飼養動物及爲兒童園作爲實習之場所？＿＿＿

（四）教學的方法

1.普通一課教多少時間？＿＿＿分幾節教學？＿＿＿

2.上課前有什麼準備工作？＿＿＿約需＿＿＿分鐘？

3.一般的教學過程怎樣？(1)＿＿＿(2)＿＿＿(3)＿＿＿

4.怎樣教學才容易引起兒童學習的興趣？＿＿＿

5.兒童對於那一方面的問題最感興趣？例：

(1)＿＿＿(2)＿＿＿(3)＿＿＿

6.怎樣利用境環中之事物實施自然教學？＿＿＿

7.怎樣應付兒童於課文以外所發生的問題？＿＿＿

8.對於課文的指導，注重的是什麼？＿＿＿

9.教學自然，教師應有怎樣的態度？＿＿＿

10.兒童學習自然主要的活動是什麼？＿＿＿

填表者＿＿＿年＿＿＿月＿＿＿日於市立＿＿＿學校

校長＿＿＿教導主任＿＿＿校址＿＿＿

市教育局把這份表格油印分發各校填寫，再寄回教育局，統計填表者共有五十八校，由此關於京市國民學校自然教學的情形，我們可得一個概念如下：

一、教師方面

1.男教師較女教師爲多，男約佔百分之五十七，女約佔百分之四十三。

2.教師年齡：20—29歲的二十九人約佔百分之五十，30—39歲的十九人約佔百分之三十三，40—49歲的六人約佔百分之十，50—57歲的四人約佔百分之七。

3.教師學歷：師範畢業的二十四人，約佔百分之四十一，中學畢業的十九人，約佔百分之三十三，其餘教育學院或高師畢業的二人，專科或大學肄業的十人，職業學校畢業的三人，共爲十五人，約佔百分之二十六。

4.担任自然時間，計120分者二十八人，240分者十人。360分者三人，此外有担任480分、600分的，各爲一、二人，即大多數教師所任自然時間，不過一班，二班以上的佔極少數。

5.自然科以外兼任之學科以國語、算術、史地爲最多，其他如勞作、美術、常識、體育、童軍、唱遊等科，兼任的亦不少，總時間多數在750至900分之間。

6.課外翻閱自然時間，多數人每日不過半小時，另有不少人因擔課時間過多，工作繁重，無暇閱讀參考書者。

7.課外指導兒童從事自然活動之時間，多數人每日亦不過半小時，另有些教師時間無定，看情形較前者更少。

8.教師對於自然教學的特長，有善於製作圖表、動植物標本及理化實驗儀器者，亦有長於機械工程、裝置無線電及養雞者，但有百分之二十八無特別可言。

9.對於自然教學具有濃厚興趣者，約佔百分之五十，興趣平平者約佔百分之三十三，不甚感興趣者，約佔百分之七。

10對於自然教學方面的改進，大多數教師都願減少其他課務專任自然，多行觀察實驗，閱讀書報，參加研究會以充實自己，採集標本製作實驗用具，以增進教學的效率。

二、教科書方面

1.採用教育部審定七家聯合供應處出版的有十六校，教師對於該書之批評：

（1）編制方面，認為完善者七人，但也有認為內容枯燥，系統欠分明，間有解釋不詳，和敘述太簡的。

（2）插圖方面認為尚好的六人，稍嫌簡略的四人，但也有認為有不清楚及未能分部註明等缺點的。

（3）不易實施的教材有無線電報、播音機及染色、漂白等一類的實驗教材；此外還有奇異動植物，重要的機械，空中的星球，火山和地震等。

（4）有少數人認為軍艦潛水艇、醬油醋等製法，顯微鏡望遠鏡等，為不必要的教材；原子能、雷達，等新科學知識和地方性材料為急待補充之教材。

2.採用教育部審定中華書局出版的十七校，教師對於該書的批評：

（1）編制不盡適合標準，間有不適合生活，每課問題大綱太多，太機械，教材多寡欠均匀。

（2）插圖太少，不清楚，不詳細，有些太陳舊。

（3）不易實施的教材，有太陽和太陽系，兵器研究和電的應用，照相機和印刷術，寄居蟹和理化實驗之教材等。

（4）不[illegible]要的教材如奇異的動植物。

（5）急待補充的教材如鄉土材料、燃料和燃燒，省力機械，普通金屬各種新的科學發明如原子能、雷達等。

3.此外有五校採用世界書局出版的新課程標準自然課本，三校採用正中出版的新中國高小自然，三校採用商務出版的復興自然課本，教師意見多數認為它們編制太舊，不適合時代需要。

4.關於自然教學的補充讀物，僅少數學校備有科學發明，升學指導、及小學生文庫等，不但數量過少，不足以適應教學需要，即其內容編制亦都陳腐不堪，鮮有補充之價值。

三、設備方面

1.京市國民學校佔絕大多數沒有一個可供觀察用的動植物標本，沒有一件可供試驗用的理化學儀器，沒有一幅可供幫助想像用的自然圖表，沒有一本可供教師準備用的參攷書，有些學校有儀器一二件，圖表十張至二三十張，教師參攷書十多本，那眞是鳳毛麟角，并且有許多還是破舊不堪，不適於現時應用的。

2.大多數學校認為現時自然教學上必須的設備，是動植物和人體生理掛圖，動植物標本，試驗儀器，和教師的參攷書，在教具方面，最低限度，也要有便於自製的工具。

3.關於教具的自製多數教師承認能製作植物標本，昆蟲標本，簡單物理試驗儀器和繪畫自然掛圖，但有少數認為學校設備一無所有欲自製而亦無從製起。

4.在缺乏設備的時候，所有自然教學上應行的觀察實驗等活動，大多數的教師　依下列各種方法來解決：(1)在黑板上繪圖，再詳細加以說明，（2）率引兒童到校外去參觀（3）借用家庭中的物品，供兒童觀察（4）利用廢物製作試驗儀器（5）收集不用錢買的物品作觀察實驗材料。

5.至於各校的自然環境，則以所在地區的不同並不一致，有些學校在鬧市裏，所見的都是些百貨雜陳的商店，來往喧鬧的車馬，以及高大建築與電燈電話自來水等種種設備；有些學校靠近郊外的鄉村，或在城內冷落的地方，則所見的便有農場、菜圃、果園、樹林、牧場，許多自然農村的景物，可是却有不少學校認為它們的環境毫無可取，能用為自然設備的材料的。

6.南京雖然房屋少，人口多，但在國民學校，却有過半數以上有相當的隙地以布置學校園，飼養動物，以為兒童實習園作與畜牧的場所。

四、教學方法方面

1.普通一課教學的時間，以六十分分二節，或九十分分三節的居多數，但也有定爲一百二十分分四節教學，或一百五十分分五節教學的，這與所用教科書課數的多少有密切的關係；課數多的教科書，爲着必須把全部材料在規定的期限內都教完，因此就不得不像走馬看花似的，忽忽忙忙地趕，在教學效率上就難免不受影響了。

2.教師上課前的準備工作，多數是要把教材看一下，再另外翻閱些參考書，也有要繪製一點圖表，或搜集些實物，以便上課時指示兒童觀察的，其所需時間，廿分，卅分，四十分不等。

3.教學的過程，很不一致，總括來說，可分以下的三類：第一類，以教師爲主體，專注重文字形式的講述，其過程可以拿「（1）解釋大意（2）整理要點（3）共同訂正（4）抄寫筆記」爲代表，這當然是與自然科的學習心理相背的；第二類仍以教師爲主，注重教材內容的理解，其過程分（1）引起動機（2）觀察實驗（3）講解整理等項；第三類分教師和兒童二方面，在教師以（1）引起動機（2）指導觀察（3）補充整理等執行他教的任務時，在兒童則有（1）提出問題（2）報告結果（3）筆記要項等相應的活動，注重兒童自力的研究，教師處於輔導的地位。比較可以說是一種合理的過程，但是在一般學校自然教學設備，如此簡陋與空虛的情形之下，要想完全依照一種合理的過程實施，事實上也是困難很多的。

4.「怎樣引起兒童學習的興趣？」一般教師都認爲（1）要注意適合兒童實際的生活，（2）要多行觀察實驗，（3）要讓兒童自動發問題和討論，有些教師則認爲講課時多舉例說明，多提示圖畫，多問問題，督促兒童注意，也是一種引起兒童學習興趣的方法。

5.兒童最感興趣的問題，很不一致，在自然現象方面，爲天空的星球，日蝕月蝕的原因，昆蟲的生活，動植物的自衛等；在生活需要方面，爲電影、無線電、新兵器、科學新發明、化學變化、一切與生活有關並能觀察實驗的事物；在衛生知能方面，爲疾病和急救，能應用生理衛生常識。我們知道兒童本富於好奇心和求知慾，自然科學的常識只要是和他們生活有關，或是他們想像所及的，他們都感覺有興趣。

6.關於環境的利用，南京市區域遼闊，國民學校的分布，有在商店櫛比車馬絡繹的鬧市，有在禾田遍野雞犬相聞的農村，自然教學利用環境的方法，不外採集標本，徵集實物，出外參觀，野外教學等，似乎各校眞能利用自然或社會環境實施教學的並不多，所以記載得都很簡略。

7.「對於兒童於課文以外所發生問題的應付」，我們首先得知道兒童在課文以外有沒有問題發生。如果我們施行注入式教學，根本不喜歡兒童發生疑問，那在上課時，兒童便不敢於課文之外另找些問題來給教師麻煩；如果教學能以兒童生活爲中心，隨時注意適應其需要，則課文以外的問題，正是自然合理教學的根據，檢討調查表所得結果，各校教師對於兒童課外所提問題的處理方法，是：（1）隨時盡量設法作答或留待以後解決（1）先使自解答而後加以糾正（3）翻閱參考材料，或和同事商討（4）盡量答復以不牽涉爲原則，這些都可以說明教師對於兒童課外所提問題的處理，充其量祇要能應付得過去，就算完事，絕少有定爲一個單元，依一定的過程，指導兒童加以詳細研究的。

8.關於課文的指導，多數教師所提供的兩點：（1）注重事物原理的探討（2）使兒童習得表答記載的方法，因爲自然教學的目標，在使兒童獲得生活的知能與科學的常識，顯然我們應該注重課文內容的理解，不宜浪費精力於文字的推敲。

9.最後關於教師的態度和兒童的主要活動，多數教師都說得很對，要自己先有相當活潑熱心研究的態度，然後才能引起兒童好奇學習的興趣，領導他們做觀察實驗等　際的工作，如果教學自然像國語一樣，目的祇在使兒童多讀幾課書，多識幾個字，那就完全沒有意義了。

綜上所述，可見南京市自然教師的素質是相當高的，并且多數爲青年有爲之士；對於自然教學具有豐富經驗和研究興趣的，更大有人在，所以只要教育當局能够設法安定他們的生活，解除他們的困難，對於進修研究，盡力加以倡導，深信京市自然教學在最短期間必有長足的進展。其次關於一般學校因爲限於經費，設備未能充實，當係暫時的現象，我們知道南京爲首都所在，全國惟一首善之區，凡所設施，都是中外觀瞻所繫，現時這種因陋就簡的局面，決然不會久懸不決的。至於怎樣推進研究的工作？發揮教學的效能，使京市自然教學臻於理想之境，以限於篇幅，當另文貢其一得之愚。

兒童勞作能力的啓發和指導

程法榮

一個人生在社會上，無時無刻不在勞作，勞作的動機，各有不同，有時爲自己，有時爲社會，有時爲國家，有時爲人類。在原始時代，由於知識文化的低落，人的勞作簡單呆笨些，可是在現代的科學文明時代，人的勞作情形，趨於複雜機巧了。人生勞作的結果，使生活不斷的改良進步。故勞作與人生的關係，至爲重大。我們平日所勞作的範圍，極爲廣泛，凡是農事的耕耘，果樹花卉的栽培，家事的操持，衣服的縫紉，菜餚的烹飪，用具的製作，家畜的飼養等等，無樣不是勞作的內容，由此看來，我們平日一舉一動的行爲，皆屬勞作的範圍，我們的生活，就是勞作的生活。

人生開始的黃金時代的兒童，對於勞作亦極有興趣，而這種興趣的發生，完全由於自覺的內心表現，我們看到幼小的兒童，在他們積聚東西的地方，可以發現爲大人們所不需，而認爲廢物一類的東西，却被他們珍藏着，在他們獨自或者許多朋友，在一起的時候，常搬出來玩，這種舉動，在成人的心理上，認爲是無意義的。其實，依兒童的心理看來，是件極有價值的勞作，我們千萬不能忽視的，且要積極的注意兒童這種勞作能力的啓發和指導。

在小學校裏，兒童平日學習的功課有多種，他們對於勞作的興趣，究竟怎樣？以前有人做過一次調查，研究兒童最喜歡的功課是什麼？受調查的是二三年級的兒童，共有一三六二人。其結果如下：

最喜歡的功課	男百分比	女百分比	合計
讀書	37.2	17.0	34.1
筆算	17.2	8.9	15.7
勞作	10.5	14.6	11.2
音樂	4.9	25.9	8.7
常識	7.6	8.5	7.3
寫字	5.6	7.3	5.9
作文	6.0	4.9	5.8
美術	3.8	6.9	4.3
體育	4.0	1.2	3.5
珠算	2.2	3.6	2.6
其他	0.8	1.2	0.9

由此看來，兒童最喜歡的功課，除讀書筆算外，勞作要居第三位。所以小學勞作課程的設備，不僅是適合兒童生活的需要，而且迎合兒童的興趣。

我們做一件事，應有計劃，有目標，有系統，方克有成。尤其是目標的建立，如海中的燈塔，極爲重要，所以我們對於勞作教學，應該有認淸目標的必要，免致盲人騎瞎馬，危險萬分。我們根據小學課程標準的規定，明顯地指出勞作教學目標如下：

一、培養兒童勞動作業的習慣，和設計創造的能力；
二、啓發兒童改良農事工藝和家事的知能；
三、養成兒童手腦並用，刻苦耐勞的習慣；
四、培養兒童科學生產的技能和興趣；
五、增進兒童實際生活的經驗；
六、陶冶兒童平等互助合作團結的德性；
七、養成兒童忠於國家，盡力社會的精神。

我們既認淸了目標，去實施勞作教育，不敢自詡收獲宏大，但不會勞而無功，所成問題的是如何實施勞作教育。換句話說，即如何提高兒童勞作學習興趣？及如何促進兒童的創作能力？

兒童勞作學習的興趣，和創作的能力，有連繫的關係。兒童本來就有學習勞作的興趣，就應該有創作的能力表現。可是，事實不然，有的連兒童學習勞作興趣的幼苗，不意，遭到摧殘，委實是一件損失，所以勞作教師的責任，將如何使遭遇摧殘的幼苗，得以新生，而繼續欣欣向榮的生長，以達到預期的成果。

兒童勞作學習的興趣，有賴於老師的啓發，兒童勞作能力的增長，有賴於老師的指導。因之兒童勞作能力的啓發和指導，實爲重要的問題，本文執筆的主旨，即在這方面，提供一些自我的意見，用供批評。

（甲）關於兒童勞作興趣的啓發：

一、教材要適合兒童生活的需要。「生活即教育」生活中的一切，似乎離是教材，不過，其中有適用的，有不適用的，有的可以卽用，有的可以緩用，有的適合成人用，有的適合兒童用，成人與兒童的生活不同，所以教材的選擇，一定要適合兒童生活所需要的。

二、教材要迎合兒童的興趣。一件事情的開始，就有了興趣，那麼這件事的結果，會有成就的，所以我們對於做一件事，不要忽略了興趣。同是一件事情或者一樣東西，各人的興趣不同，因此，我們的選材一定要迎合兒童的興趣。

三、教材要適合兒童的能力。兒童有年齡，體力，智慧等發育的差異，乃有能力大小的不同，所以我們的選材一定要適合兒童的能力，方能使兒童勝任而愉快。如體力小的兒童，荷負笨重的東西，勞苦的操作，不啻阻礙兒童身心的發育，且戕害兒童的生命。

四、教材要合乎經濟原則。在現在的社會裏，到處發現物質缺乏的現象，而且國民經濟，都充分暴露窮困的境地，因之，我們的材料來源，不要使學生家長有所負担，最好視當地情形，利用天然物，廢物，及化錢不多的材料。換句話說，利用天然物廢物來做材料，這樣使兒童在作品上，不化很大的成本，而收獲美滿的成績。

五、教材要合乎類化原則。人類有觸類旁通的聰明，對於事物，會有許多新的發現。我們可以在工作性質有異同的教材中，選出相同的聯在一起；使兒童能推一反三，這樣才合乎類化原則。

六、要注意教材的連續關係。教材的前後，發生連續的關係，則兒童學習興趣，亦因之發生連續而延長。譬如兒童喜歡做小雞，因爲小雞好看又好玩，以後再做母雞，雞籠，餵小雞的娃兒，又如桌子、椅子、茶儿、床、房屋等等，其引起兒童興趣的力量，比較單件的工作，要大得多。

七、教材要由淺入深。教材有深淺，則方法有難易，能適合兒童能力的發展，教材最好要由淺入深，方法是先易漸難，合乎原則；若由難而易、方法是先難後易，是絕對行不通的路，反而能減低兒童學習的興趣。

八、教材要適合時令。一年四季，歲更有序，我們可利用機會，施用適宜的教材。如春天教兒童種花植樹。製放風箏，夏天教兒童做紙扇蠅拍等，秋天教兒童養蟋蟀，冬天教兒童編織毛絨線；還有中秋，端午，重九教兒童做些應時的物品或食品，兒童一定高興得很。

九、要多做實用品。邵靜容氏曾做過一次研究，測驗兒童歡喜做美術品，還是喜歡做實用品。據邵氏實驗結果如下：

（一）實用品的工作，被選的百分比：

年級	一	二	三	四	五	六
百分比	50.0%	36.4%	55.3%	65.0%	74.4%	77.2%

（二）美術品的工作，被選的百分比：

年級	一	二	三	四	五	六
百分比	49.0%	63.6%	44.7%	35.7%	25.6%	22.8%

由此可知，從二年級起，兒童年齡漸長，對於實用品，頗感興趣，到高年級的兒童，大都傾向實用品的製作了。

十、要多做容易性質的教材。邵靜容氏曾依工作性質的分析，做過一次測驗，分易做的，難做的，固定的，隨意的。據其實驗的結果，容易性質的最能引起兒童工作的興趣。反而言之，困難的東西，切不可强迫兒童去做，如果一定這樣做，會使兒童以初步工作困難懼怕，而致終身不愛勞作了。

十一、要與各科取得聯絡。爲提高兒童的學習興趣，且增强工作效率起見，勞作教學，必須與各科取得聯絡，或者各科聯絡勞作，則兒童認識淸楚，感應結牢固，工作的完成，必有把握，且有興趣。

十二、要適應地方環境。地方環境，各有不同，有鄉村的環境，有都市的環境，有工業的環境，有商業的環境。勞作教學，務須適應地方的特殊環境。都市兒童教農事，鄉村兒童談製輪船火車，事實上，有很多困難。再如北方兒童教種香蕉，豈不是緣木求魚嗎？差不多，都市偏重於工藝的勞作，鄉村偏重於農事的生產勞作。

十三、要搜集民間勞作的作品。多做不如多看，欣賞教學，不失爲一種良好的方法，我們可將民間的關於勞作作品，多多設法搜集，提供有價値的，給兒童欣賞批評。這種民間勞作作品，不一定要樣樣做作，選擇一二種做作也無不可。

十四、要有結果和收獲。能力高强的兒童，工作既有結果和收獲，且速度又快，這是好的現象。但有些能力低下的兒童，往往功虧一簣，不得結果和收獲，老師可以指示或輔助、不論其成績優良與否，總要有結果和收獲的表現，藉可訓練兒童有始終的精神。

十五、要時常展覽兒童優良作品。在兒童的勞作作品中，選出優良的，陳列在一起，供兒童欣賞觀摩，不但可能提高兒童學習興趣，且可增進兒童勞作的能力。作品多的話，可舉行定期的展覽會，一定可有很大的收獲。

十六、要多用比賽的方式。兒童是有好勝心的，只要老師用鼓勵的比賽方式，兒童一定會悉心學習，多多工作，所以勞作教學，不妨多用比賽方式，以增進兒童的勞作興趣和能力。

十七、要注重團體的協作。本來，年齡小的低級兒童，時常喜歡合作做一件工作，年級愈高，年齡愈大，此種興趣，愈見減低，因爲大的兒童多有好勝心，和獨立性，所以不願意與人合作了，這種不願合作的現象，對於社會的發展，頗不融洽，所以老師訓練兒童要分組工作，以團體的協作，勝於個人的技巧，爲評獎的原則，不願意合作的兒童，老師最好要開導他。

（乙）關於兒童勞作創作能力的指導：

一、採用分組教學。採用分組教學有幾點好處；第一是教材適合兒童的興趣；第二是養成互助合作的習慣；第三是解決材料工具的缺乏。不過分組的技術，要注意下列的問題：

（一）不能應用智慧測驗的結果，爲分組教學的根據。

（二）不能應用一種機械測驗來判斷兒童工藝能力的傾向，作爲分組教學的根據，因爲工藝能力是許多特殊能力的組合，而不是一種單純的能力。

（三）不能以兒童性別分組。小學勞作，是人生勞作的初步，皆應有學習的必要。一般人認爲女生專門學習家事，縫紉，烹飪，洗濯，編織等工作，男生專門學習機事，雕刻工藝等工作，如此顯明劃分，實在不可。

（四）不能以兒童年齡分組。同級的兒童，年齡懸殊不大，祗多三四歲，而勞作能力，不一定以年齡之大小，而有很大的差異，年齡小的兒童，說不定勞作能力，或許比年齡大一些的稍强，所以以兒童年齡分組，不能依爲根據。

那麼，應該怎樣分組呢？最好是以兒童學習興趣，來做分組的根據。例如勞作教學單元是佈置教室，老師先將工作分配，像洒水，掃地，抹桌子，擦玻璃，揩黑板，製圖表，寫標語，編級刊等，好讓兒童依其興趣自由參加。再如勞作教學是廢物利用的工藝，老師做好幾樣，像輪船，汽車，飛機，椅子，床，有難有易，令兒童依其興趣，擇其一端，分組教學，如此做去，方易收教學之功效。

二、指導兒童工作要點。兒童工作，由於經驗缺乏，能力低落，往往效率不大，雖有嘗試成功的機會，但有興趣不濃厚的兒童，因失敗而灰心，故老師於兒童工作時，遇有上項情事，隨時指導工作要點。洛克曾這樣的說過：「兒童凡遇不可克服的困難，必待用盡心力，而仍感困難的場合，始可與以指示而實際援助之。」這樣一來，兒童的工作，對於他們自己，具有更高的價值，而他們亦能更加努力而使其「作完成了。

三、鼓勵兒童自由創作。勞作教學，除依照預定單元外，更需鼓勵兒童有自由創作發表的機會。養成兒童自由創作的能力，是勞作教學的目的，我們不能忽視的。有自由創作能力的兒童，可公開嘉許，以資鼓勵。

四、觀察兒童個性，及其表現能力。觀察初入學的各個兒童，具有如何的個性，有如何的表現能力，以作教學上的參考，且表現能力與個性有密切的關係，每依個性的如何，而相異其表現之方向，故全級兒童之表現能力的總和上，有很大的差異，而教師的教學方法，即須依據此總和的差異而決定，因而我們對於此項觀察，有研究的必要。

五、智力較低的兒童亦須指導工作。兒童智力的高低與工作能力的大小，並無關係，據實驗的結果，智力不足的兒童，其機械能力，有的竟與智力充分者相等，甚至超過，由此可知，勞作能力是獨立於普通智慧以外的一些能力。那麼，智力不足的兒童，對於抽象學科缺少學習興趣，我們可轉變他學習的目標，從事於勞作科目方向去努力。換句話說，智力較低的兒童，亦須切實指導其勞作的學習，切莫使其學習機會減少。

六、適當支配兒童工作時間。兒童工作的時間，要長些？還是短些？過去有人調査研究的結果，發現兒童工作的時間，不要過長，也不希望時間過短，二小時的時限，最爲適當，但年級低年齡小的兒童，却大多希望工作時間短些，由於兒童勞作的興趣，大部希望一次完成。其實把一件工作分做幾回進行，顯有許多不便，一則注意力不易集中，二則作品容易失落，三則工具攜帶麻煩，四則不能馬上獲得成功的愉快。是以教師爲迎合兒童勞作學習的興趣，在工作支配時，必須顧及工作的分量輕重，以及工作內容的難易，加以調適，以期所指定的工作，兒童能在一定時間內，一次完成。有人主張，每週九十分鐘的勞作教學，分爲前六十分鐘，後三十分鐘的兩節，在編排課程表時，應須注意及此。

七、注重兒童身心各部平均發展。養成兒童手腦並用，是勞作教學的目的。不過像目耳筋肉體力等，均須注重訓練，以求平均發展，達到迅速，靈活，正確，穩定，持久的能力。如果專門注重一種特殊訓練，將來或作另一種訓練的工作，將不能發揮其特殊能力。

八、實物觀察的指導。百聞不如一見，利用實物教學，不但對於教師解說，予以便利，而且使兒童自已，亦易得觀察明晰，理解的捷徑。不過兒童欣賞觀察能力，究屬低落，老師在勞作教學時，儘可利用實物教學，並多予觀察上的指導。

九、批評兒童作品要客觀些。兒童在每件工作完成之後，少不了的要批評。批評的方式有兩種：一是主觀的批評，一是客觀的批評。主觀的批評是由教師以個人的主見，批評兒童作品的優劣，客觀的是由兒童們，在大衆共同欣賞後，公開的批評。這種客觀的批評結果，教師要採納，萬萬不要祇憑個人主觀的批評，而違兒童的公議。即是兒童的批評，將走入錯誤的歧途，老師可暗示之。

十、佈置適宜的工件環境。蓬生蔴中，不扶自直，完全受了環境的影響。因之生活環境與工作的學習，有着密切的關係。兒童的勞作教學，佈置一個適宜的環境，誠屬必要。生活勞作化的教學，最爲理想。勞作教室的設置，是爲兒童佈置工作環境，且對於勞作室內教學時，極爲合理需要。

十一、工具材料的指導和保管。兒童在勞作時，因拙於驅使材料和工具，致不能隨心所欲的發揮其能力，是一件極普通的事。還有的兒童對於材料和工具多不明白其用法，或施用時多不適當，所以手指筋肉等的訓練，使能聽從頭腦之命令得心應手的驅使工具與材料，則有必要的指導。老師如能注意周到，則兒童之勞作興趣及能力，自然成長發育，且極快樂的從事練習。至於材料和工具，亦須妥爲保管，致免物質上、經濟上的浪費。

十二、要特製適合左手兒童應用的工具。有一些兒童往往有一種與人不同的技巧，就是左手的技巧優於右手的技巧，爲顧及這般兒童特殊技巧的練習，當要特製適合左手兒童應用的工具，俾便得心應手，從事於勞作的學習。

十三、儘量和兒童的家庭聯絡。兒童家庭的聯絡，本爲學校訓育工作之一，但是爲調查兒童在家庭平日勞作情况，似有和兒童家庭聯絡的必要，有兒童家庭經濟富裕，溺愛子女，往往平日雖輕微瑣事，必呼婢喚僕，從不訓練兒童勞作的能力；還有兒童家長，由於家境貧寒，終日忙碌，席不暇溫，於兒童課餘之時，假期之日，囑兒童操持過度勞作，實有礙兒童身心發育。一寬一猛，皆非所宜，教師在兒童家長之前，婉言勸告，務期合理改善。

十四、介紹兒童閱讀勞作書籍。兒童除平日有老師指導工作外，老師可介紹兒童讀物中關於勞作材料者，使兒童多多閱讀，以廣知識。如書肆中有兒童故事，小朋友，正中兒童，世界知識，好兒童等刊物，還有小學勞作叢書，皆可選讀。

十五、注意工作的秩序管理。在勞作教學時，秩序的管理，最感不易。秩序的紊亂，不但令人感覺頭痛，而且會影響其他兒童工作的情緒。工具材料的散集，利用組長專司其事，最爲妥善。兒童工作時，遇有問題，舉手發問、老師可趨前指導，則工作的秩序，始得安靜。

十六、注意工作時的清潔習慣。兒童清潔習慣的養成，爲學校常規訓練，不過在兒童工作時，往往會忽略了這點，把餘剩的材料，隨手亂拋在地上，以致教室內頓形骯髒。或有兒童的作品，亦有不能注意清潔者，實有礙美觀，故老師對於兒童工作的清潔習慣，仍須注意訓練。

十七、要預先編定勞作教學的預計表。在現生活中，要兒童學習的生活本領，實在太多，所以在幾種經常工作之外，我們仍需充分地讓兒童去學習其他的種種本領。例如木工，油漆，烹飪，縫紉，還有裝飾房間，佈置庭園，設計用具，欣賞藝術等，都要學一點才好。教兒童一件件生活的本領，應當把一件件本領組織起來，根據兒童勞作的心理，編訂一個有系統的教學預計表，以作實施的準繩，則老師不致臨場慌忙，茫無頭緒的隨便教學。

兒童勞作能力的啓發和指導，不是件單純容易的事情，也非短期間所能收效。我們實施勞作教育，首先對於選材一定要依據兒童勞作心理，適合兒童生活的需要，以引起兒童學習的興趣，再使其精細的欣賞，努力的學習，正確的指導，訓練其自手腦筋肉體力等的靈敏活動，以啓發的方式，使其大胆的自覺創作，而漸至創作能力的增大。

蔣主席曾說過：人類文明的進步，完全歸功於勞動，天下事物，惟有勞動，然後可以發明，可以創造，所以勞動是一件最神聖的事情，外國人無論地位怎樣大，知識程度怎樣高，無不注重自已的勞動、所以人家能創造文明使國家富強。我們今後要完成革命，尤非打破舊日賤視勞動的心理，養成勞動的習慣與風氣不可。由此可知生活的改善，人類文明的進步，繫於勞動（勞作行動）的因素。

人生即勞動，勞動即人生，自有人生，即有勞動，亦即有勞動教育。我們今後生活的改進，實有待於人們的勞作，是以今後兒童的勞作教育，使命至爲重大。

法　規

私立學校規程

教育部十八年八月二十九日公佈
教育部三十六年五月七日第二四九九〇號
部令修正公佈

第一章　總綱

第一條　私人或私法人設立之學校爲私立學校

第二條　私立學校之開辦變更及停辦須經主管教育行政機關之核准

私立專科以上學校以教育部爲主管機關私立中等學校（私立專科以上學校附設中等學校同）以省市（行政院直轄市）教育行政機關爲主管機關私立小學（私立中等以上學校附設小學同）以市（行政院直轄亦在內）縣教育行政機關爲主管機關

第三條　私立學校須經主管教育行政機關立案受主管教育行政機關之監督及指導其組織課程及其他一切事項均須遵照現行教育法令辦理

第四條　私立學校不得設分校各級師範學校不得私立

第五條　私立學校校長均應專任

第六條　私立學校不得以宗教科目爲必修科及在課內作宗教宣傳宗教團體設立之學校內如有宗教儀式不得強迫或勸誘學生參加在小學並不得舉行宗教儀式

第七條　私立學校之名稱應明確標示學校之種類并冠以私立二字

第八條　外國私人或私法人依本規程之規定得在中國境內設立私立中等以上學校但應以中國人充任校長或院長

第二章　董事會

第九條　私立學校應設校董會第一任董事由設立者聘請相當人員組織之設立者爲當然董事設立者人數過多時得互推一人至三人爲當然董事

第十條　董事會董事名額不得超過十五人應互推一人爲董事長並得互推三人至五人爲常務董事

第十一條　董事會之職權如左

一、校長或院長之選聘與解聘
二、校務進行計劃之審核
三、經費之籌劃
四、預算及決算之審核
五、基金之保管
六、財務之監察

第十二條　董事會之組織董事之任期及改選辦法應於董事會組織規程中規定之

第十三條　董事會至少須有三分之一董事以曾經研究教育或辦理教育者充任現任主管教育行政機關人員不得兼任董事外國人充任董事之名額至多不得超過三分之一并不得充任董事長

第十四條　董事會設立後須開具左列各事項呈請主管教育行政機關立案

一、名稱
二、目的
三、會址
四、董事會組織規程
五、資產資金或其他收入詳細項目及其他確實證明
六、董事姓名年齡籍貫資歷職業及住址

立案後如第三第五第六各項有變更時須於一個月內分別呈報主管教育行政機關備案

第十五條　董事會呈請立案時（一）私立專科以上學校應呈由該管省市（行政院直轄市）教育行政機關轉呈教育部核辦（二）私立中等學校應呈由主管縣市教育行政機關轉呈教育廳或逕呈主管市（行政院直轄市）教育行政機關核辦（三）私立小學應呈請主管市（行政院直轄亦在內）縣教育行政機關核辦

轉呈時對於前條所列各事項均須切實調查開具意見以備審核

第十六條　已核准立案之私立中等學校董事會應由主管省市（行政院直轄市）教育行政機關轉呈教育部備案已核准立案之私立小學董事會應由主管縣市教育行政機關轉呈上級教育行政機關備案但行政院直轄市私立小學之立案手續免予轉呈

第十七條　私立專科以上學校附設中等學校及私立中等以上學校附設小學應另設董事會其呈請立案備案手續與普通私立中學校及小學同

第十八條　董事須在每學年終結後一個月內將前年度所辦重要事項收支金額及項目連同財產項目分別逕報或轉報主管教育行政機關備案

第十九條　主管教育行政機關每年須查核董事會之財務及事務狀況一次必要時得隨時查核之

第二十條　董事會選聘校長或院長應於一個月內詳開履歷呈報主管教育行政機關審核備案如不合規定或不稱職時主管教育行政機關得令董事會另聘之

第二十一條　董事會不能行使其職權時得由主管教育行政機關令其限期改組必要時得由主管教育行政機關派員監督改組之

第三章　開辦及立案

第二十二條　私立學校應於董事會立案後呈經主管教育行政機關核准始得開辦未呈准前不得遽行招生

第二十三條　董事會呈報學校開辦時須開具左列各事項

一、學校名稱（如有外國文名稱者并應列入）及其種類

二、學校所在地

三、校地校舍平面圖及說明書

四、學校組織及課程編制

五、經費來源及經費預算表

六、全部圖書儀器標本分類統計表

七、校長或院長履歷表

第二十四條　私立學校應有確定之資產經費之設備其標準由主管教育行政機關核定之

第二十五條　私立學校應於開辦後一年內呈請立案呈請時須開具左列事項

一、開辦後經過情形

二、各項章程規則

三、教職員履歷表

四、學生一覽表

第二十六條　私立學校具有左列各項條件時准予立案

一、呈報事項查明屬實

二、對於現行教育法令切實遵守並嚴厲執行學校章則

三、教職員之名額資格及任務均合法令規定

四、學生資格合格

五、設備足敷應用

六、資產或資金之租息連同其他確定收入足以維持其每年經常費

第二十七條　私立專科以上學校及中等學校呈報開辦或呈請立案應分別呈經省市（行政院直轄市）或縣市教育行政機關核辦轉呈之教育行政機關對於第二十三及二十五條各款所列事項應切實調查開具意見以備審核已核准立案之私立中等學校及小學應由省市（行政院直轄市）或縣市教育行政機關轉呈上級教育行政機關備案經核准後其立案手續方為完成

第二十八條　未依照本規程完成立案手續之私立學校其學生之學籍不予承認

第四章　停辦

第二十九條　私立學校辦理不善或違反法令者主管教育行政機關得勒令停辦

第三十條　私立學校不能達到其教育目的時董事會應即呈請停辦但須經主管教育行政機關核准後始得辦理結束

第三十一條　私立學校停辦後應由主管教育行政機關派員監督董事會清理財產並結束一切事務清理情形應由董事會呈報主管教育行政機關備案

第三十二條　私立學校停辦後之賸餘財產由主管教育行政機關接收處理之

第三十三條　私立學校停辦後其肄業學生由校發給轉學證書自行考轉他校

第五章　附則

第三十四條　外國私人或私法人依左列之規定得在中國境內設立教育其本國子女之中等以下學校

一、不得招收中國學生

二、應將左列事項呈報主管教育行政機關

（1）設立人之姓名國籍職業住址

（2）設立法人之名稱國籍事務所所在地及其代表人之姓名國籍住址

（3）學校名稱程度及所在地

（4）教職員及學生名冊

第三十五條　本規程自公布之日施行

革命抗戰功勛子女就學免學補助條例

國民政府公布（三六、三、二六）

第一條　本條例所稱之革命抗戰功勛子女，為左列人員之子女。

一、從事革命工作，有勛勞於國家，依法令給予撫卹或扶助者。

二、從事抗戰工作，依法令給予撫卹者。

第二條　革命或抗戰功勛子女，已入各級公立學校，家境貧困，無力負担費用者，得按其經濟情況，分別給予左列各種之待遇。

甲、免學費實驗費講義費，并補助在校時膳宿制服書籍等費全部。

乙、免學費實驗費講義費，並補助在校時膳宿費全部。

丙、免學費實驗費講義費，並補助在校時膳宿費半數。

丁、免學費實驗費及講義費。

前項各種費用數額，不得超過肄業學校所定一般學生之各項費用數額。

第三條　前條各種待遇之核定，應以功勛人員或其子女之經濟情況為標準。

第四條　功勛人員或其子女之經濟情況變遷時，其已決定之待遇及種別，得變更或停止之。

第五條　已核准之待遇，有左列情形之一者，得撤銷之。

一、功勛人員本身背叛中華民國，經判決確定者。

二、功勛人員之子女經受開除學籍處分，或喪失中華民國國籍者。

第六條　應免之學費實驗費及講義費，由各校於應列收入數內照數扣列，應補助之膳宿制服書籍等費，由各校專案報由主管教育行政機關在教育經費內專項列支。

第七條　請求免費待遇時，應塡具申請書四份，黏附第一條所定資格之證件，本人二寸半身照片四張，報由學校呈請主管教育行政機關轉送核定。

第八條　免費待遇之核定，在國立學校，由教育部組織革命抗戰功勛子女就學免費補助審查委員會辦理之，在省立或院轄市市立學校，由省市政府組織審查委員會核定，轉報教育部備案，在縣市立學校，由縣市政府組織審查委員會核定，報省教育廳備案。前項審查委員會組織規程及審查細則，由教育部定之。

第九條　本條例自公布日施行。

公佈專欄

南京市教育局訓令

（卅六）教秘字第〇〇八六號
中華民國卅六年五月廿九日發出

事由：爲抄發　國府原頒公文標點舉例及行文款式等令仰遵照由

令公私立中小學及社教機關

案奉

南京市政府（卅六）府總秘二字第五一二七號訓令內開

「案奉　行政院本年五月十三日從責字第一八〇七五號訓令開：「查公文書寫款式及用紙格式與尺度均有詳明規定，近各機關公文書寫多不合式，用紙尤爲參差，亟應予以糾正，以後各機關公文務須遵照國民政府頒訂之公文標點舉例及行文款式，分段敍寫，並加標點，俾清眉目。公文用紙應照本院三十四年頒發之統一各機關公文用紙格式印製，以期劃一。除分令外，合再抄發原頒行文款式及用紙格式，令仰遵照辦理，並飭屬遵照辦理。爲要！此令。」等因，並抄發原頒行文款式及用紙格式各壹份，奉此。除分令外，合行排寄原件，令仰遵照辦理，并飭屬遵照辦理。爲要！」

等因，並附發　國府原頒公文標點舉例及行文款式一份，院頒統一各機關公文用紙格式細則一份，奉此。除由本局切實遵照執行外，合行令仰遵照。

此令

附抄發　國府原頒公文標點舉例及公文款式一份，院頒統一各機關公文用紙格式細則一份。

兼局長馬元放

公文標點舉例及行文款式

（國民政府頒訂）

一、標點符號暫用左列各種仍期將來能逐漸採用敎育部劃一敎育機關公文格式辦法上規定之各種符號

（一）逗號，用於意義未完之語尾。

（例）查社會敎育經費，在敎育經費中，暫定應占百分之十至二十。自十八年預算年度起，一律實施一案。業經呈奉　國民政府，於上年十月公佈，並由部分別函令遵行在案。

（二）句號。用於意義已完之句末。

（例一）此令。

（例二）准予照辦。

（例三）中華民國靑年男女有受敎育之義務，父母或監護人應負責督促之。

（三）提引號「　」凡文中有所引用時於引用文之首末適用之。

（例一）准　貴部咨開「准浙江省政府效代電請將派員承辦該類特稅一案准予撤銷相應咨請核復」等由

（例二）查「學校學年學期及休假日期規程」前經呈奉鈞院修正通過

（四）複提引號『　』凡引用文中另有所引用時於另引文之首末適用之。

（例）案奉　鈞府第一八二二號訓令內開「案據本府文官處簽呈稱『准中央執行委員會秘書處函「頃据中央宣傳部呈稱『查全國各學校敎員編製之文學及社會科學講義，影響學生思想行爲至爲重大。（略）理合備文，呈請鑒核施行』。等情，經陳奉常務委員批准照辦。等因在案，相應據情錄批，函請查照。轉陳辦理爲荷。」等由，理合簽請鑒核。』等情據此，自應照辦。除分函外，合行令仰該院查照辦理，并轉飭遵照。此令。」等因；

（五）省略號（略）凡文中有可省略語句時用以表明之。

（例）全敎文言的仍舊孜孜兀兀把十分之五的工夫，用在「之乎也者」上，而放棄了應用科學生活技能，（略）純敎語體的兒童成績雖佳，但也不能轉學，或升學於注重文言的學校

（六）專名號——用於國名、人名、地名、機關名稱，及其他各種專名之左旁。但專名之習見者，可省略，文中如有相連之專名可以頓號代之。

（例一）前據該部會呈奉令討論邀請嘉呼圖克圖年俸（略）

（例二）查此次各省市選出之國民會議代表有江蘇李作新浙江王自強山東陳有爲天津劉之楨等均已於本月十二日來會報到。

（七）括弧（　）凡文中有夾句詞句不與上下文氣相連者適用之。

（例）除將原規程遵照加入　總理逝世紀念（三月十二日）一項，公佈施行外，合行抄發規程全文令仰遵照，并轉飭所屬一體遵照。

二、公文應就文稿意義酌量分段，其分段寫法及引用原文寫法悉依照教育部劃一教育機關公文格式辦法規定之式樣，今摘要略述如左：

（一）文在十行以上者，應酌量分段，共有意義自成段落者，雖不滿十行亦可分段，但每段末句下有空白處，應用＝號截之，以防加添字句。

（二）首行低二格寫，次行以下頂格寫。（分段者逐段如此。）

（三）對上機關之直接稱謂，均換行頂格寫，如係間接稱引，應視稱引時對該機關之關係，或換行頂格寫，或空一格寫，或不空寫，對平行機關之直接稱謂，亦換行頂格寫，如係間接稱引，應視稱引時對該機關之關係，或空一格寫，或不空格寫。

（四）分段寫者文尾「謹呈」、「此致」、「此令」、「此批」等字。均作另一行低二格寫。

（五）引用原文在兩行以上者，應另作一段，其首行低五格寫，次行以下低三格寫，以清眉目。

（六）引用原文如因過長分為數段者，每段之寫法與上款同，每段之首及末段之尾，均加提引號。

（七）引用文之分段著如末段後仍用「等因」、「等由」、「等情」、「等語」等字樣，應換行頂格寫。

（八）引用文之內復有引用文層次繁多者，提引號與複提引號可反復應用，最外面一層或可省略提引號，第二層用提引號，第三層用複提引號，第四層又用提引號，第五層又用複提引號，（略）以下倣此。

統一各機關公文用紙格式細則

卅四年五月卅一日修正

一、公文封　機要公文封套一律用軍機信封闊十六公分二公厘高二十二公分九公厘為標準並得採用較大或較小之一種其尺度由供應機關按紙張尺度標準印製之

二、信　封　闊十公分五公厘高二十二公分二公厘中間紅格闊三公分七公厘高二十公分二公厘為標準并得採用較大或較小之一種其尺度由供應機關按紙張尺度標準印製之

三、摘由紙　上端載機關名稱頁面共分四欄第一欄上刊姓名或機關下載文別附件收文年月日時第二欄摘由分三行並於以上第一二兩欄下橫刊收文字號一格第三欄擬辦第四欄批示在第一欄邊線之外記摘由者姓名并於右側邊緣距離一公分處中間劃一短直線長八公分以便裝訂其尺寸上下端橫線長十五公分左右側直線長二十二公分二公厘又上端三公分下端二公分左側八公厘右側三公分四公厘第一欄闊二公分第二欄闊三公分第三欄闊六公分五公厘第四欄闊三公分五公厘

四、簽呈紙　單頁十行右側邊緣之外記頁數及收文字號並於右側邊緣距離一公分處中間劃一短直線長八公分以便裝訂其尺寸上下端橫線長十五公分左右側直綫長二十二公分二公厘每行間隔一公分五公厘上端三公分下端二公分左側八公厘右側三公分四公厘

五、稿面紙　十行合頁頁面上端刊機關名稱下第一欄刊送達機關文別附件承辦單位會章第二欄二行事由第三欄上刊主管銜中刊經辦員司官銜下刊擬稿簽核繕寫封發月日及收文發文檔案字號等在右側邊緣距離一公分處中間劃一短直綫長八公分以便裝訂其尺寸頁面上下端橫綫長十五公分左右側直綫長二十二公分二公厘第一欄闊一公分五公厘第二欄闊二公分第三欄闊七公分第四欄起每行間隔距離一公分五公厘上端三公分下端二公分左側八公厘右側三公分四公厘後半頁之行間上下端左右側距離同此比例

六、十行紙　（並作稿心紙用）分十行合頁及十行單頁兩種其前後頁之行間及上下端左右側之距離與簽呈紙同

七、信　箋　上端刊機關名稱計分八行行間用細線每行間隔一公分八公厘左右側均二公分四公厘上端三公分五公厘下端二公分

八、函呈令代電　十行合頁頁面第一欄二行上端刊機關名稱下端記發文字號附件發文年月日第一欄邊線之外記收文年月日頁面下端底線之外記收文字號第二欄二行上端刊事由第三欄二行上端刊擬辦第四欄兩行上端刊批示第五欄起長行直行監印校對名戳蓋於頁底邊線之外頁首右側邊緣距離一公分處中間劃一短直線長八公分以便裝訂其尺寸上下端橫線長十五公分左右側直線長二十二公分二公厘上端三公分下端二公分左側八公厘右側三公分四公厘第一二三四各欄各闊三公分第五欄起每行間隔一公分五公厘後半頁共十行共上下端左右側同此比例

九、官電紙　長三十公分寬二十四公分中間刊機關名稱官電紙右上端長方格兩欄分刊送發編號及頁數第頁共頁左上端長方格兩欄分刊電紙編號及有效期間年月日起年月日止右側左緣上端刊主管長官蓋章下端分刊管理員蓋章及譯電員蓋章左側邊緣長格共分四格第一格刊本官電紙發交第二格兩欄分刊本機關及直轄機關名稱與本機關某部份或出差人員某職某人第三格刊因公拍發第四格兩欄分刊全價官電及半價官電下端自右至左刊發電長官或出差職員職位及姓名次行刊年月日時分送發中間正文闊十六公分高二十公分三公厘共分二〔十〕五横欄每欄闊三公分第一欄分刊報費流水號數報類發報局名第二欄分刊收據號數去報號數字數日期時刻第三欄分刊收報員備註第四欄變換刊以上由電局填寫第五欄分刊納費標準電報掛號發往地名字數第六欄起每欄間隔三公分劃一通直線共劃五直行以便填寫所拍電碼左邊末行闊一公分自第五欄字數下面起至第二十五欄止分刊5——100數目字

十、便　條　每本五十頁闊九公分六公厘長二十七公分二公厘左下端刊機關名稱

十一、卷宗　長三十二公分四公厘寬二十二公分九公厘中刷藍格闊十八公分高二十七公分頁面上端橫欄空白高四公分下端直分第一欄闊二公分刊字第號第宗第二欄內上端橫欄空白高二公分三公厘直欄闊十一公分三公厘刊一宗卷第三欄闊三公分刊中華民國年月日起止

十二、收文簿　八行合頁每本百頁每行由上向下依次記載收文年月日收文總號來文字號文別來文機關或人名摘由附件承辦單位歸檔月日備註等項每行間隔三公分左側八公釐右側四公分上端一公分五公釐下端一公分後頁同此比例

十三、發文簿　八行合頁每本百頁每行由上向下依次記載發文年月日發文總號單位字號文別送達機關或人名摘由附件承辦單位歸檔年月日備註等項其行間及上下端左右側距離與收文簿同

南京市教育局訓令

（卅六）教秘字第〇〇八五號

中華民國卅六年五月廿九日發出

事由：奉發革命抗戰功勳子女就學免費補助條例轉令遵照由

令市屬各級學校各社教機關

案奉

教育部本年四月二十四日參字第二二三八六號訓令內開：

「查前大學院於十七年一月九日公布之革命功勳子女就學免費條例暨國民政府二十七年十月二十二日公布之抗戰功勳子女就學免費條例現經國民政府合併改訂為革命抗戰功勳子女就學免費條例並於本年三月二十六日明令公布合行抄發該項革命抗戰功勳子女就學免費補助條例一份令仰知照並轉飭知照」

等因附發革命抗戰功勳子女就學免費補助條例一份奉此合行刊登原條例仰即遵照

此令

附刊革命抗戰功勳子女就學免費補助條例（見法規欄）

兼局長馬元放

南京市教育局公告

（卅六）教一字第一一六七號

中華民國卅六年六月十二日發出

案奉

教育部本年五月七日參字第二四九九一號訓令內開：

「查私立學校規程自十八年八月公布後，經於二十二年一月及三十二年十一月先後兩次修訂。茲為適應現時情形，並求簡化起見，已將該項規程，再加修訂。呈奉行政院核准備案。除以部令公佈暨分行外，合行檢發修正私立學校規程一份，令仰知照，并轉飭知照。」

等因，附發私立學校規程一份，奉此。除附表另行複印備案外，特此公告週知。

附錄私立學校規程（見法規欄）

兼局長馬元放

本刊徵稿簡約

一、本刊稿件以左列各項爲範圍

1. 論著
2. 教育設施
3. 實驗研究
4. 各科教材
5. 優良教例介紹
6. 書報評介與讀書報告
7. 調查統計
8. 教育法令
9. 教育消息
10. 視導報告

二、本刊除約專家撰著外歡迎外界投稿

三、來稿文言白話不拘但須扼要切實並繕寫清楚附加標點稿紙請勿兩面寫每稿以壹仟字以上五千字以下爲原則

四、來稿須具眞姓名并須註明詳細通訊地址

五、本刊對來稿有刪改權其不願刪改者須預先聲明

六、來稿一經刊載版權即歸本刊但聲明保留者不在此限

七、來稿經刊載後當致酬現金但本局與各附屬機構概況介紹與報告性質之稿件酌贈本刊不另致酬

八、來稿用否概不退還其附足郵資者得於不用時寄還

九、來稿請寄南京市教育局轉首都教育出版社

本刊廣告刊例

地位	面積	每期價目
封底	全頁	國幣拾萬元
	二分之一	國幣陸萬元
	四分之一	國幣叁萬五千元
封裏	全頁	國幣捌萬元
	二分之一	國幣五萬元
	四分之一	國幣叁萬元
普通	全頁	國幣五萬元
	二分之一	國幣叁萬元
	四分之一	國幣壹萬柒千元

連登三月九折　半年八折　全年七折

首都教育

第一卷　第二十期

民國三十六年六月十五日出版

編輯者　首都教育出版社

發行者　首都教育出版社　社址：南京市教育局內　電話　總機二一三〇—五　分機四八

印刷者　大明印書館　南京洪武路三一一號

經售處　首都教育出版社　南京各大書局

本刊價目

項別		期數	價目	備註
零售		一期	六百元	特大號或有特殊需要時得提高售價
長期定閱	半年	十二期	四千元	
	全年	二十四期	七千元	

首都教育

馬元放題

第二卷第一期

中華民國三十六年七月十六日

南京市教育局
成立一週年紀念特輯

↑市立體育場本年七月一日成立

目錄

↑市立體育場之一角

↑舉行籃球比賽等體育表演

首都教育第二卷第一至十期（一九四七年七月十六日—一九四八年四月十六日）

檔號：1003-7-1276

論著

南京市教育動向

馬元放

一、由動亂中求安定，由安定中求改進。
二、注重精神教化，充實物質設備。
三、推進建校興學運動，完成教育三年計劃。

京市自國民政府奠都以後，各種教育，無論在量的方面或質的方面，均曾有極輝煌的成績，此爲國人所盡知。不幸日寇內侵，京市淪陷，敵僞盤居八年之久，對我教育文化，殘酷摧殘，致所有過去的成就，均遭毀滅！勝利以來一面收拾殘破，一面力謀發展，冀能適應建國行憲之需要。爲欲達成此目的，復於去年七月十六日恢復教育局。迄今倏已一年。在此一年間，一切教育設施，本刊已屢有報告，不再贅述；茲僅就本市教育動向，作簡要的說明，以示本市教育實施之指標。

一、由動亂中求安定由安定中求改進

八年抗戰，二載　　、十年之間，兵連禍結，致勝利以來，社會一切，無不陷入動亂之中。本市教育，在敵僞極度摧毀與奴化之後，更形繁劇；尤以國府還都，　　流亡，本市人口激增，失學兒童與民衆及失業教師之數，均大量增加，形成嚴重之「學荒」現象。本局成立以後，首先添校增班，調整各校人事；更一再提高教師待遇，增進員工福利，以安定其生活。雖以教費支絀，一切設施，尚未能臻理想境地；但本市教育已漸入於安定狀態。今後當可謀於安定之中求改進。於改進之中益求安定，使安定與改進，成爲旋轉之連環，而繼續不息。此一動向之設施，舉其要者如下述：

1.本學期國民學校教職員之按年資給薪、業已實施，現更擬訂國民學校教職員任用待遇服務進修考核辦法，準備實行年功加俸。中等學校暨社教機關，亦均在擬訂辦法呈准施行，將來一般教師待遇，當更較現狀提高、生活亦必更較安定。

2.國民學校自上學期起實行調整，分區設立中心國民學校，訂頒中心國民學校組織規程、實施中心國民學校輔導各該區國民學校制度。一學期以來，雖以制度初立，成績未能顯著，但已按照計劃，逐步改進，各校檢討亦頗切實，期以時日，當必可能漸收效益。

3.中等學校自教育部將在京之國立男女臨時中學三所，劃爲本市辦理，改爲市立第四第五中學及二女中以後，量爲之增加，近又就職業學校分設爲農科及商科職業學校。共計現有男中五校，女中二校，以及師範職業學校等共十一所，茲已另擬具擴展計劃、準備添校增班，期能減少失學之青年並造就升學及就業之畢業生，以應建國之需求。

4.社會教育原有館場，在戰爭期間，摧毀尤甚，除就原有機構整頓外，今後爲適應社會需要，正計劃舉辦各種各級補習學校，期能增進民衆必需的生活知識和技能。又爲普及社會教育計，更擴展電教工作、組織電化教育輔導處，增設發電機及各項設備，俾能廣施電教工作而普及到沒有電話的郊區各學校各鄉村。更爲創製社會教育的基本識字工具，正聯合中華教育電影製片廠攝製民衆識字卡通。以廣收識字教育效能；因此種工具較諸本教學，有聲有色，印象深切，而每次教學對象，亦必較在教室教學者爲多。又爲提倡民衆體育，除啟南京市國民體育委員會外，特就前江蘇省立體育場舊址，修建爲市立體育場；又爲提倡一般健康教育，並組設健康教育委員會，主辦各學校與各社教機關的一般衛生健康事業。

5.各級學校教職員之服務，除依法保障外，特强化視導工作，嚴加考核予以獎勵升調、懲戒淘汰，以求素質提高；並舉行國民學校教員甄選，期能選拔更優良之教師，而增進各級學校之效率。在職教員除中等學校教員自動利用假期進修外，國民學校教員則由局舉辦寒暑期講習班，分科訓練，協助其研究進修，提高其專業素養。本暑期更進而舉辦社教人員訓練班，分設社教、體育、健教三組，調訓社教機關人員及各級國民學校體育教員，中小學教職員，期使社會教育與學校教育打成一片，且更重視學校教育中的體育教育和健康教育。

6.各級學校質的改進，除上述外，更嚴密組織各級國民教育研究會，各區舉行區國民教育研究會，每學期三次以上，均按期舉行；全市國民教育研究會已於本年五月三十及三十一兩日舉行，集在京教育專家及各區國民教育究研會代表，各中心國民學校校長及輔導研究主任等，都百餘人，議決改進國民教育等案四十六件。又推進國民教育實驗區工作，舉辦書法量表、作文量表，校正錯字測驗等有效教學工具之編造。更為促使全市國民教師各科教學之改進，各區及全市按期舉行分科教學研究會及各科公開教學與各該科教具展覽，聘請專家指導，每一集會輒百數十人或數百人，觀摩研究，批評檢討，效益良多。又為提倡藝術教育及藝作教育，特舉辦全市兒童勞美成績展覽，開會二日，觀衆萬餘人，而各校員生，互相觀摩，收益更多；且由局聘請專家選取優良成績，備送南美烏拉圭國際兒童藝術及技藝展覽。至中等學校方面，亦多舉行各校交互參觀，並組織校長滬杭參觀團，及成績展覽會，以謀各校教 學及行政 之改進。

凡上所述，皆為本市教育之從動亂中求安定，從安定中求改進之最顯著設施，今後當更依次進展。

二、注重精神教化充實物質設備

經過八年抗戰，民族精神雖益堅強，而民族道德，卻因戰亂，奴化而多有敗壞，尤以經濟困苦，人民生活感受高度不安，於是貪污遍地，人慾橫流，甘為奸（漢奸） ，是非不辨，言之心痛！而本市以受敵偽奴化較久，非有精神教化，不足以振人心而挽頹風，孟子曰：「善政之不如善教也，」故本市自接收以後，而在教育上積極注意精神教化，各級學校加強公民訓練和公民教學，使學生思想歸於純正。對教育工作人員則舉行精神講話，特別提示矯正奴化教育的歪曲理論和思想，並喚起「化民成俗，必由於學」的信念；尤其社會教育工作人員對實施社會教育應加强民衆的道德觀念和守法精神，並加强時事教育，於電教隊流動工作時，特別放映時事教育影片，使一般民衆認識時代的國家和世界。為加强中小學訓育工作，曾多次召集市私立中小學訓育會議，討論集體訓練，思想訓練，生活指導，家庭聯絡，課外活動等事項，確定各級學校訓育方針，期納兒童與青年思想行為於正軌而堅定三民主義的信仰，促進和平統一民主建國的實際運動，本年五月全國學潮蠢起，本市中等學校幸未捲入旋渦，當係精神教化之效。其次如甄審教師，舉辦中學生甄審考試三次，主席華誕舉行全市祝壽運動及祝壽獻校萬人大合唱，舉辦 國父誕辰社會教育擴大運動週，本年青年節舉辦科學化運動週並慶祝兒童節，擴大師範教育運動週等，無一非精神教化之實施，而寒暑假教師講習會更注重精神講話，務使一般教師能確實而有效地實施三民主義教育，本年來因憲法的頒佈與最近全國總動員令，及 完成憲政實施綱要之頒發，本局為配合教育實施，均先後製訂辦法令各級學校及社教機關切實施行，務使學生和民衆能明是非辨邪正，確切認識 建國之相成相因，以求總動員之成功。過去，吾人之所掃除者為敵偽遺留之奴化，腐化之餘毒，今後吾人之亟應掃除者為 所逞之惡化的罪行， 建國必成之信心，此消極與積極的兩面，實為今後精神教化之準則而以總動員令為依歸。

除清重精神教化如上述外，在物質方面更殘破不堪，時時加以充實。溯自接收以來，各學校校舍建築和修繕及內部設備的充實，一向列為本局中心工作之一。計新建校舍的有第二區，第四區，第七區，第十區等中心國民學校及中央路香鋪營，藍家莊，羅郎巷，南昌路，碼頭街，大光路，文昌巷，堯化門，慧園街，崔八巷，三條巷等國民學校；添建校舍的有第九區，第十二區，第十三區等中心國民學校及大行宮，四所村等國民學校。並為第二女子中學及第二，第四，第五中學添建一部份校舍，及正開標在中華門門外小市口興建市立師範學校校舍。建築費總額在二十億以上。其他修理工程，各級學校及社教機關，無一無之，修理總費亦在十億以上。此關於校館舍建築修理者，至設備方面，如辦公桌椅，辦公用具，教學用具，運動游戲器具以及傢具雜器等，有由本局為各校館聯合購置者，有為各校館單獨購置者，為數亦甚鉅大。近更為各中心國民學校及社教機關，添置理化儀器，化學藥品，以及動植礦物標本模型等六十八箱，即將分發各校館，當可提高科學教育和加強各區國民學校自然常識科之教學。凡上設備　一時雖未能足數應用，但繼續增加，積少成多，必可求得各校館設備充實，此仍為本局今後中心工作之一。

三、推進建校興學運動完成教育三年計劃

本市學校在戰前曾興建很多最新式的校舍，但因在淪陷期間遭受摧毀最甚，復員以來，雖盡力添建或修建校舍，惟限於財力，校舍的恐慌，仍為極嚴重的問題。本人在去年暑期，曾為此事發出「緊急呼籲」，接着在　主席六十華誕時，更發起「獻校祝壽運動」，最近復由市國民教育研究會發佈「推進首都國民教育運動宣言」，促起地方人士由「獻校祝壽運動」進而為「建校興學運動」；本局更於本市文化建設委員會成立之時，提請大會通過「南京市文化建設委員會推行建校興學運動辦法」及「南京市三十六年度第一期推行失學民衆補習教育實施辦法」。如是呼籲，運動，宣言，決議，本局之對普及本市國民教育，所以企求於地方各界及中央政府者，實深殷切，按本局曾於本年之初，擬訂本市教育實施三年計劃，為通盤之籌劃，作發展之方針，一切動向目標，悉指乎此，惟計劃推行半年，即第一年之設施，完成尚未及半，實須急起直追，三年計劃所定之第一年設施為增設國民學校六十所，增設初級中學四所完全中學一所師範學校一所職業學校兩所，（遷建尚不在內）增加民衆教育館二所及與他社教機構。於此即發生先後問題與經費問題。以本市失學兒童及失學民衆之多，挽救學荒，實施失學民衆補習教育，實為當務之急，而急其所急，國民教育，尤為社會所重視。因此，如上所述之諸種努力，即集中於此。尤足令人興奮者，則為本市盧參政員冀野陳參政員耀東等所提請指定南京為國民教育示範區」一案經國民參政會通過「送請政府切實辦理」。原案對京市失學兒童及失學民衆數，皆有詳密之估計，對於必需增加之校班數，亦有正確之建議。本案決議籌及三年，充分表示京市國民教育之至重且要，此種協助，即就精神上已予吾人以莫大之鼓勵，原案所需經費由中央負担四分之三，地方政府負担四分之一，惟決議須經送交政府，實現尚需時日，而學荒情形，且有與日俱增之勢，不能等待。若盡以責諸地方，則所需之數，當超出全市歲出倍蓰，實非事實所能，故推行建校興學運動，亟須廣為開展。過去獻校祝壽運動承各方紛紛捐獻，不可謂少。本人竭誠盼求物質捐獻者，精神協助者，一本熱心教育之初衷，作更多之捐獻並努力促成政府確定本市為全國國民教育示範區，而撥助大量協款，完成本市普及國民教育，俾每一失學兒童和每一失學民衆，均有享受基本教育和補習教育之機會，以示範全國，而壯國際觀瞻！

此又為本市教育動向之一，今後且以之為主要之動向，熱望集合各方力量，使其達成完全目的，則本市國民教育幸甚！

一年來之京市教育行政

注重量的擴展，同時不忘質的改進。
一面適應急迫需要，一面樹立永久基礎。
從互信中謀發展，從安定中求進步。

章柳泉

民國十六年六月南京市政府成立時，設有教育局，專司本市教育行政，至二十一年四月，教育局歸併於社會局，市教育行政改由社會局主辦，三十五年七月，復恢復教育局，所有市教育行政，仍由教育局專責辦理。當市政府初成立時，京市教育事業，甫由江寧縣移交接管，工作重心在規劃與整理，十七年至二十年間，迭經寬籌經費，頗有發展。二十三年至抗戰開始，京市教育之質與量，均突飛猛進，已在國內起示範作用。惟京市淪陷過久，遭敵偽摧殘過甚，戰前原有之教育基礎，一毀無餘，致勝利以後，雖經力圖恢復，終以限於經費，不能盡如人意。三十四年秋季還都，接收後重整理工作，去年七月十六日，本局恢復成立，鑒於本市教育之亟待積極擴展，以恢復舊觀，進而日新又新，乃決定教育行政之重要原則三項：一曰注重量的擴展，同時不忘質的改進；二曰一面適應急迫需要，一面樹立永久基礎；三曰從互信中謀發展，從安定中求進步，茲分述於次：

一、注重量的擴展，同時不忘質的改進。

去年七月本局恢復成立時，市立各級國民學校共九〇所，七六二班，收容學生四五〇六四人，根據同年九月首都警察廳之調查報告，本市學齡兒童數爲一二三一七六人，各學齡兒童數中，除市立各級國民學校與私立小學及其他公立小學所收容者外失學兒童約在七萬三千人以上，約佔全體學齡兒童百分之六十，並因國府還都，本市人口驟增，學齡兒童亦隨之急遽增加，後方各國立中學之復員中學生，須本局分發就學者在去年暑期即達二千四百餘人之多，本局乃力謀量的擴展以解救學荒，一年來爲擴充學額除儘量增校增班外，國民學校方面，並曾酌量辦理二部制及循環例假制（所謂循環例假制，係將校中各級學生之星期例假，錯綜排列，如甲級以星期一爲星期例假，乙級以星期二爲星期例假……使六個教室供給七個學級教學之用），中等學校方面，亦有一部分採用半日制，目下國民學校之容量，已擴增百分之七十五，中等學校之容量，已擴增百分之二百五十九，社會教育機構，已增設體育場，電化教育巡迴工作隊，兒童樂園各一所，正籌設中者，有首都補習學校及電化教育輔導處各一所，中小學學生之入學問題，得有適當解決，所有復員中學生，能予全體分發就學，實已煞費苦心。我們一方面傾全力於量的擴展，可是亦未忽略質的改進，除普遍補充各級學校與社教機關之必需設備外並組織市區兩級國民教育研究會，國民教育分科研究會成立小學體育教員寒假講習會小學教員暑期講習班，舉辦小學各科示範教學，各科教具展覽，編製作文量表，書法量表，校正錯字測驗，識字卡通等，以改進國民教育，組織中學各科教學研究會，校長教育參觀團，舉辦成績展覽與學藝表演等，以改進中等教育。並加强視導工作，以增進整個教育效能。

二、一面適應急迫需要，一面樹立永久基礎。

去年本局成立時，正值國府還都本市人口驟增，學齡兒童及青年學生自亦隨之日益增多，學荒至爲嚴重。對救濟學荒，則盡量爲各級學校增校增班；對後方復員之青年學生，則予以登記分發就學；對還都之青年軍則舉辦暑期講習班，予以升學就業之指導，補習期滿，分發就學或介紹就業；對敵僞中等學校畢業生資格之甄審，則組織甄審委員會辦理其事；對清寒學生之公費待遇，則竭力繼續維持。我們雖然一方面舉辦這種適應迫切需要之種種措施，以救濟學荒一方面對確定各種方針計劃與辦法，以樹立京市教育永久基礎之圖，亦毫未忽懈，如南京市教育實施三年計劃之確立教職員任用待遇服務進修及考核辦法之訂定，建校興學運動及失學民衆補習教育之規劃等或係樹立規模，或係擬建制度，循此而進，再求與本市文化建設與經濟建設相配合，京市教育當能深植其基礎。

三、從互信中謀發展，從安定中永進步。

上面所談的「注重量的擴展同時不忘質的改進」，「一面適應急迫需要一面樹立永久基礎」；是一年來本市教育行政兩大方針。「從互信中謀發展，」「從安定中求進步」；是我們處理教育行政的兩大原則我們把行政和業務打成一片行政人員和業務人員，常常舉行會議，常常交換意見以期由互相信任，互相諒解，進而互相督促，互相勉勵。同時我們簡化行政的手續，使行政漸趨學術化；一面給予各校進行實驗工作之便利，一面提倡集體的創作，以培養學術研究的空氣。非萬不得已，我們決不變動教育工作人員，對能勝任的教育工作人員，均予以保障，並力謀教職員待遇之提高，京市教職員待遇，雖尚未臻理想之境，但是這一年中對教職員待遇，已改善「三四次，亦可謂竭盡最大的可能了，我們希望在互信和安定中，使教育事業逐漸發展逐漸進步；我們更深信惟有在互信和安定中，才容易促成教育事業的發展和進步。

一年來之京市國民教育

岳　科

戰前京市國民教育，在質與量方面，已具有完好的基礎，合理的發展，因爲八年抗戰，面目皆非，勝利後的次年七月，設置教育局，專司其責，在人力物力困難的條件下，開闢，灌溉，使逐漸恢復元氣，慢慢的滋長繁榮。

擺在前面的第一個問題，那就是須得增班增校，復員還都的小學生，以及該呼吸些自由空氣的天真的兒童們，如何安插他們，滿足他們求學的慾望，實是迫切要圖。茲列一年來學校分佈及學生人數一覽表於下：

卅五年學度學校分佈及學生人數一覽表

區別	學校數 中心國民學校 上期	學校數 中心國民學校 下期	學校數 國民學校 上期	學校數 國民學校 下期	班級數 上期	班級數 下期	學生數 上期	學生數 下期
第一區	五	一	〇	八	九八	一五〇	五九七二	九〇六〇
第二區	六	一	二	六	一〇七	一一〇	五〇三九	六七八〇
第三區	九	一	一	一〇	一四八	一七八	九〇四四	九一八〇
第四區	一二	一	四	一二	一六〇	一五一	七一五三	一〇六二〇
第五區	一〇	一	五	一四	一七〇	一九七	九四五三	一一七六〇
第六區	四	一	一	六	七八	一二三	五〇〇七	七三八〇
第七區	一	一	二	三	三一	五一	一五〇八	二二八〇
第八區	〇	〇	二	三	一二	一八	五二四	一八六〇
第九區	一	一	一四	一八	五九	八七	二四六二	四九八〇
第十區	二	一	九	一五	四三	七〇	一七七七	四一四〇
評十一區	二	一	五	一二	三九	六六	一七五五	三九六〇
第十二區	四	一	五	一四	五八	八四	二五六三	五一〇〇
第十三區	一	一	一〇	一〇	三二	三七	一一三八	二二三〇
總計	五七	一二	六〇	一三一	一〇三五	一三二二	五三三九五	七九三二〇

儘管已經盡了最大的努力，失學兒童數字仍甚龐大，故就各級國民學校推行二部制，以廣收容。卅五學年度第一學期辦二部制一七二班，第二學期辦二五七班。並根據部頒課程標準，編訂二部學級的課表，由各校斟酌採用，而利推行，各校且曾就二部制問題做專題討論，各就辦理情形，列舉優點劣點交換意見，並將二部學級與普通學級作同時間同材料同方法之測驗一次，比較其成績，做爲實地研究與改進之參攷，各校在不斷的力謀改進中，教學進行及學校行政，均不感困難。

至於幼稚教育，戰前異常發達，幼稚園數量亦年有增加，復員後更因萬端待理，又爲經費所限，未能急起直追，市立幼稚園在短期籌備中，成立一所計三班，復於三區五區十區擇定國民學校一所，各附設一班，從這極小的數字裏，也就可想見到京市幼稚教育方露幼芽。

與兒童教育同等重要的，那就是失學成人補習教育，各級國民學校舉辦初級成人班或婦女班，加緊掃除文盲工作，配合建國需要，同時並獎勵各校編輯壁報，定期張貼，給民衆經常閱讀，茲列卅五學年度民教班分佈情形如下表：

卅五學年度民教班分佈一覽表

區別	班級數 上期	班級數 下期
第一區	四	一四
第二區	八	一四
第三區	四	一五
第四區	三	一〇
第五區	一二	二二
第六區	四	一五
第七區	一	七
第八區	二	六
第九區	一三	一七
第十區	八	一八
第十一區	二	一二
第十二區	五	一八
第十三區	七	一一
總計	七三	一七九

在京市國民教育鬧學荒的時候，私立小學，紛紛申請立案。這不僅表示他們對於國民教育的熱忱，亦所以幫同解決本市學荒問題，故無不盡量予以獎勵提倡，以期造成普遍熱心興學的風氣，私立小學既經呈准立案以後，對於教師的資歷，學校的行政，兒童的成績，教學的方法等等，在考核與輔導方面，與市立學校初無二致。茲列私立小學統計表於下：

卅五年度上下學期私立小學統計表

項別＼學期別	上學期	下學期	共計
核准立案之小學	一八校	一二校	三〇校
正在辦理立案手續者		七校	七校

另一批工作同志，同樣的在那裏埋頭苦幹，那也是我們應該注意的，這便是塾師。所以緊接着就是舉辦私塾登記，申請登記的私塾，由各區中心國民學校根据所塡報表，協同調査，其辦理完善，准予設塾的，計六十五所，此後並擬舉辦塾師訓練班或講習會，着重公民訓練科興常識與各科教學法之實際研究，並介紹進修讀物與指派參觀優良國民學校。

一方面在求量的增加。質的改進，而實驗工作的不容忽視，在本市更有其重要性與迫切性，除由各中心國民學校肩負實驗研究工作外，並成立國民教育實驗區，担負着國民教育實際問題的實驗研究，以第六行政區爲該實驗區範圍，並先從體育，衞生，訓育三項入手，爲使在職的教師，更得到研究進修的機會，故組織市國民教育研究會，及區國民教育研究會，區國民教育研究會，每月開會一次，由各該區中心國民學校校長担任主席，均由局派員出席指導，市國民教育研究會，本年五月間，曾召開大會，出席代表九十餘人，決議案件四十有六，有屬於學校行政的，有屬於教導的，有屬於教具設備的，有屬於輔導進修福利的，均分別付諸實施。

在平時更有國民學校教師分科教學研究會的組織，並舉行教學演示，以資實地觀摩。

寒暑假期，更是教師們集中研究的好機會，這不僅作學術的探討，教法的深究，更能彼此聯絡情感，交換意見，力求進步，充實自已，所以每次講習班，參加的學員，都異常踴躍。

因爲大家在爲國民教育而努力的共同目標下工作，這當中就發現不少優良教師，在三十五學年度上期會呈報教育部請奬的有十五人之多。

教師們不計報酬，不辭勞苦，各在崗位上努力，不能不維持其最低生活，雖在市庫拮据的情况下，亦盡最大可能將底薪予以提高，茲將教職員待遇表列於下：

南京市卅五學年度上下學期國民學校教職員待遇比較表

職別	上學期 最低額薪	上學期 最高額薪	下學期 最低額薪	下學期 最高額薪
校長	九〇	一七〇	一一〇	二二〇
主任	八五	一五〇	九五	二〇〇
高級級任	八〇（平均）		九五	一四〇
初級級任	七五		八〇	一一〇
高級科任	七五		八〇	一一〇
初級科任	七〇		七五	一〇〇

這數字距離生活的實際需要甚遠，我們總想逐步的調整，合理的改善。

其次就是教師們的精神食糧，教育上的問題，教學的方法，以及有關的自修材料，教師們是怎樣的渴望求知，目前各校圖書，極感缺乏，爲供各校教師進修及參考起見，除已由各校設法自行添置外，並已着手於各區中心國民學校設置小學教育料迴文庫，藉供各該區學校教師巡迴借閱。

至各級國民學校收費標準及其用途，於每學期開始前予以規定，學費一律不收，祇酌收設備費，並規定免費額爲百份之三十五，所收設備費之用途，百分之二十爲健康圖書體育美勞之用，百分之三十爲補充設備之用，百分之五十爲修理校舍，凡收之於學生的，必用之於學生，或用之學校，在兒童家長方面，亦能多方諒解而予以協助。

兒童健康生活，更是不容忽視的，據最近統計，各校兒童患砂眼皮膚病牙症者爲數甚多，這確是一個最嚴重的問題，健康教育委員會早經爲這個問題而加强組織及工作，自本學期起已有固定醫師護士，每週到校工作，中心國民學校每週二次，國民學校每週一次，對於有缺點之兒童均陸續予以矯治，對於中心衛生室之設立，盡量籌劃經費 添購設備，短期內當明其成立。

我們更爲充實本市教師素質，吸收外來師資，預爲儲備，曾辦理復員及備用教師登記，計共登記一八八五人，選拔優良師資并分發任用的有六三六人。

關於修建校舍、充實設備方面，亦未能達到最低限度，新建的校舍計三十八所，修理校舍一六二次，代辦設備一三八校。

共餘如發動首都獻校祝壽運動，訂定學校歷并規定各科教學進度，訂定視導辦法與應用表格，分區視導攷核教學成績及抽査學生成績等，亦無不盡力付諸實施。

一年來國民教育設施，千頭萬緒，更爲篇幅所限，遺漏定多，今後我們盡量提高教師素質，充實學校的設備，改善學校的行政，加强兒童健康生活，使學校成爲兒童眞正樂園，尤須再度盡量擴增國民學校，力謀國民教育之普及，我們只有更認淸國民教育的重要性，提高我們的責任感，使京市國民教育在正常狀態下發展，無疑的，社會是這樣期待着我們，監督着我們，所以每一個從事實際工作的同志們，更該因此而自惕自勉。

一年來之京市中等教育

侯景華

本局自去年七月十六日成立，迄今適屆一年，此一年內，中等教育方面之現狀，概述於後：

（一）量的擴充

去年本局成立時，有市立中等學校五所——中學三所，師範學校一所，職業學校一所。——共設六十六班 學生二五七八人，以此五校收容本京及還都之中學生，實感不敷，一年來努力擴充，現已有市立中等學校十所——中學七所，師範二所，職業學校一所。——共設一百八十一班。（另有自費班三班，不計在內）。有學生約九〇四四人。在此一年內，以校數言，增加百分之一百；以班數言，增加百分之一百八十。以學生數言增加百分之二百七十五，增加之速度如此其大，而失學者仍有相當數字，嚴重情形確已減退但尚未能根本消除，欲求與事實完全配合，仍有待於今後繼續努力。

（二）質的改進

國民教育，應偏重於量的發展；高等教育，應偏重於質的改善；中等教育位居中間，自應質量并重。復員之初，爲安插大批復員學生及收復區在校學生，完全在量的方面求其發展。惟因學生來源複雜，所以程度至不整齊，本局於收容安頓之後，即着手整頓 由各校厲行考試，淘汰劣等學生；嚴格審査學籍，以杜躐級之弊。因此留級人數較多，開除學籍者亦各校均有。經此一番整頓，學生程度之水準，已見提高，此外更加强訓導，以求學風之嚴肅；組織各科研究會，以改進教學。惟各校設備不全，教訓均感困難。最低限度之設備，自應加速補充；教訓方法之改善，仍當力求猛進。

本局一年來中等教育方面之情形，已概述如上，茲再將一年來之工作，擇其犖犖大者，分述於後：

（一）統一辦理師範教育

在三十五年度第一學期，市立中學多有附設師範科者，普通科與師範科，課程方面固有差別，訓練方面尤屬不同混合辦理殊感不便。本局爲加强師範生專業訓練起見，於三十五學年度第二學期起即令飭各中學停辦師範科，將師範學生一律劃出，併入市立師範，成立師範分校，從此師範與中學分別辦理。

（二）按辦國立臨時三中學

國府還都後，本市有國立南京第一第二第三臨時中學三所，去年十月，奉令劃歸本局接辦，改名爲市立第四中學第五中學及第二女子中學。

（三）辦理復員師生事宜

本局自成立以後，奉令辦理復員師生事宜，凡後方復員來京之教師，經教育部分發者，悉予轉發各校任用，計三十五學年度第一學期分發五十二人，第二學期分發九人，合計六十一人。復員來京之學生，一律分發本市各市私立中學肄業。其無班級可資容納者，則新設班級務使均有就讀機會。本學年度第一學期及第二學期共分發復員學生六次，合計二六九四人。

（四）辦理甄審事宜

本局奉令辦理收復區中等學校畢業生甄審考試，先後舉辦三次：第一次在去年七月舉行，計登記九二五人，考試合格者高中四百三十七人，初中一百七十五人，簡師五十九，合計六百七十一人；第二次在本年二月舉行，計登記二一五人，考試合格者　高中一百零九人初中三十九人，簡師二十一人合計一百六十九人；第三次在本年七月舉行，登記人數七一三人，審査結果高中免試者十五人，初中免試者九人考試合格者高中三百二十八人，初中一百三十八人，簡師六十八人，合計五百三十四人。綜計三次甄審　合格者，高中八百八十九人，初中三百六十一人，簡師一百四十八人，合計一千三百九十八人。又本年五月接辦專科以上學校甄審委員會移交未完工作：（一）應發給甄審合格證書者，第一批七十五人，第二批五十五人，第三批三十三人，多數已分別發訖。（二）應重讀國文遺教及中國命運者，計三十七名，應補繳大學正式畢業證書者五十六名，計現交到重讀國父遺教及中國之命運者十人，大學正式畢業證書者十二人，除已將補繳之大學證書轉部核辦外，其餘所繳國父遺教，及中國之命運，俟彙齊後聘請專家評閱再行送部核辦。（三）論文不及格應退還證件者，計有五十五名。（四）登記後應繳論文及閱讀成績者，計有五十九人，惟現在僅有二人交到。

（五）提高教職員薪給

本市各中等學校教職員薪給，在本局成立以前，多有參差，且甚低微，自本局成立以後即設法提高。本學年度第一學期各中等學校教職員平均底薪為一百七十八元，第二學期另訂教職員待遇標準力求劃一，幷提高至平均數二百元，今後如本市財力寬裕，當再設法改善，務使教職員之生活得以安定。

（六）改善公費生及師範生之待遇

本市公費生，係前國立南京三臨時中學所移交者，現已分佈五校，該項公費生，以往僅由教育部轉發膳食津貼費，其數甚微。本市師範生以往膳食津貼費，每人每月僅五千元，均不足維持膳食；經本局之一再努力，呈請增發，初為一萬元，繼增為二萬元，至本年五月份，已增為五萬六千元終覺膳食費之增加與物價之高漲相差甚遠，雖未能達到理想境地而本局已盡最大之努力，今年學潮迭起，雖另有原因，但其藉口實為公費。本市各中等學校校長在能瞭解本局之苦心，善為勸導；而公費生及師範生亦回瞭解本局之處置，相安無事，因之未有意外發生，此堪以自慰者，以後當再繼續努力，務期達到合理之標準。

（七）核發理化儀器

本市自勝利復員後，各市私立中等學校陸續恢復，但抗戰期間，受敵偽之摧殘，損失慘重，現在弦歌雖續，設備殊屬簡陋，其中以理化儀器之缺乏為尤甚，亟應從事補充俾植科學教育之基。前奉教育部配發本市物理儀器十八套，化學儀器四套，已妥予分配，由各校領回應用，並以本市市立及已立案之私立中等學校，計共三十餘所，教育部所發之數，不敷分配　特電請上海中央研究院配售理化儀器，以應各校需要。

（八）扶植私立中學

本市為首都所在，各地學子，麕集於此，各市立中等等學校，實感無法容納，端賴私立中學之協助。私立中學之中，其辦理成績優良者，本局自當予以扶植，使有進展；至私立中學之立案在可能範圍以內，亦願予以便利。截至現在為止，私立中學已辦完立案手續及核准董事會者已有二十八校。

綜上所述，本市中等教育，在時間短促之一年以內，雖限於經費，未能盡如理想；但就質量兩方而言，均見進步，今後仍當本與時俱進之原則，適應現實需要，力謀發展。

一年來之京市社會教育

楊汝熊

（一）

「社會教育化，教育社會化」，這是目前教育思潮的一股主流，常爲一般教育界同志所樂道。要實現這兩句話，其主要的方法之一，便是擴展社會教育事業。

可是在目前我國這樣國家社會情况之下：國家正值多事之秋，社會經濟瀕於破產，推行教育事業，已是困難多端：而社會教育事業一向不爲社會人士所注重，要想大量去擴展他，無疑的更是難上加難。大概負有實際推行社會教育責任的人，一定都有同感吧？

本人自去年七月十六日京市教育局成立之日，就離開教育部，踏進市政府大門，肩負了推進首都社會教育的重責，到今天恰滿一年。一年來在賢明的長官領導之下，首都各項社教設施都有了顯然的進步，差可告慰於國人。惟一年來披荆斬棘，千辛萬苦，回憶起來，確也令人感慨多端，值此教育局成立一週年紀念之日，爰就一年來推進首都社教的經過，結果，與感想，拉雜的報告如下，敬請賢達指敎！

（二）

南京是我國首都所在，理應具有宏偉的國都的規模，方足爲各省市的模範，方足以壯國際的觀瞻。戰前南京設市已有十年歷史，社敎事業雖不十分發達，可是已設有民衆教育館數所，獨立的民衆學校與職業補習學校若干所，還算具有相當的規模。

經過八年的長期抗戰，一切都已燬損，勝利後南京市政府復員，接收到的社教機關，僅僅有市立民衆教育館二所，一在夫子廟，一在市郊上新河。還有市立民衆圖書館一所，其他便什麼都沒有。社會教育的基礎太差了，根據這樣的太貧乏的基礎而進一步去擴展，必然的是事倍功半。

接收敵偽的社敎機關三所，在房舍與設備方面都發生了問題，其中第一民教館於三十四年十二月接收後，設於貢院街三十九號之一，並利用永安商場樓房二間，後被市政府指作他用，又另撥夫子廟五十七號實發池房屋，以作館舍。第二民教館亦於三十四年十二月接收，地點在估衣廊城中會堂，原係教會房産，嗣經發還，於三十五年二月改遷西郊上新河辦理。市立民衆圖書館戰前大成殿原址被燬，敵偽時期東牌樓一六三號館址已交給江甯貨物稅分局接收，館址無着，於是又指定夫子廟青雲樓爲館舍。所以這三所社教機關都需要加以整頓。

（三）

教育局成立以後，對於推行社會教育，抱着兩大方針：

第一、整頓及增設社會教育機關；

第二、利用時機舉辦各種社會教育活動。

因爲原有的社教機關數量太少，不能適應首都百萬市民的需要，而且原有社敎機關所具備的條件太差，所以我們需要整頓並充實原有的社敎機關。同時，斟酌市財政的負担能力，儘量增設新的社教機關。

可是，市庫實在太貧乏了，不能給我們大量的經費去增設社教機關，因此我們對於第二項怎樣利用時機，就是利用各種紀念節日，去舉行社教活動，認爲是最值得做的事。

向這兩大方針進行我們的工作，我們根據六個實施的原則去做。那六個原則呢？

1. 恪遵社敎法令　社教法令是我們社教機關舉辦事業最大的根據，我們必須使社教工作人員明瞭各種有關的社教法令，並督促他們確實遵照實行。

2. 愼選社教師資　社會教育是教育事業的一種，自然很需要合格而熱心的人們去辦。因此我們遵照規定辦法，審查每一社教機關教職員的資歷，並核定其職務與俸薪數目。

3. 擴充經費設備　在可能範圍內，我們盡量增加各社教機關的經費，並督促其充實設備，擴大教育效果。例如民教館以前每月經常費只有六萬元，本局成立以後，便增加到二十六萬元。

4. 以最少的經費辦最多的事業　在教育經費如此困窘的情形之下，我們必須特別注意原有經費的節約與適當的使用，達到以最少量的經費而辦了最大最多的事業的目的。

5. 與有關機關切取聯繫　辦理社教事業除社教機關本身應有的努力外，更須注意與當地各有關機關切取聯繫，發動社會各方面的力量，擴大社會教育的成效。

6. 以社教工作的成效宣揚社會教育　社教事業不爲一般人所重視，不易發展。我主張以工作宣揚工作，使民衆能認識社教事業是什麼？社教事業和他們有什麼關係？然後，社教事業方有發展的希望。

(四)

關於南京市社教機關整理及增設的經過情形，現在簡明的報告如下。

原有市立第一及第二民教館，與市立民衆圖書館，遵照上面所說的前三個原則已在師資，設備，經費、行政規章及手續等等方面，分別予以切實的改進，並已略見成效。可惜房屋問題沒得適當的辨決，各項事業的進行，還不免稍受影響。

其次，我們在這一年中在行政可能担負的範圍內，盡最大努力，增設兩所社教機關：其一是第一電化教育巡迴工作隊，其二是體育場。

電化教育是利用電影播音幻燈等科學工具而實施的教育，是教育的科學化，是教育的現代化，其教育效率的偉大，是盡人皆知的事實。我們爲要增進教育效率，迎頭趕上去，所以特別重視電化教育，因此於教育局成立後，首先於八月間設立第一電化教育巡迴工作隊一隊，向教育部領到有聲電影放映機一部，並自行購置播音機，留聲機等等，實施中小學巡迴教育電影，一年以來，放映電影達一百次以上，頗受一般民衆及各校的歡迎。

體育的重要，盡人皆知。首都如此之大，人口如此之多，而缺乏一公共體育場所，實在說不過去。戰前本市公園路有江蘇省立南京公共體育場一所，淪陷期間已大半燬損，現經市政府呈奉國府蔣主席核准，撥給本市，建設體育場，於去年十一月間正式籌備，至今年七月一日正式成立，已經正式開放，供首都百萬市民利用。

(五)

因爲教育經費的支絀，使社教機關不能多多增設，所以我們對於各種社教活動的舉辦，特別注重。每遇紀念節日，都由本局邀集首都各有關機關團體開會，商討舉行紀念性的社教活動的辦法，並由各機關分担經費。統計自教育局成立以後到現在，本局舉辦社教活動共達九次，現在列舉如下：

1. 八月二十七日，舉行先師孔子誕辰及教師節紀念會；
2. 九月七日至九日，舉辦體育節各項活動；
3. 十月十日，舉辦擴大科學化運動；
4. 十月卅一日，舉辦祝壽獻校爲人大合唱，慶祝　蔣主席誕辰；
5. 十一月十二日至十七日，舉辦國父誕辰社會教育擴大運動週；
6. 十二月四日，舉行中小學體育表演會；
7. 卅六年一月一日至三日，舉辦首都市民慶祝元旦暨憲法公布康樂活動；
8. 三月二十九日至四月四日，舉辦青年節，兒童節暨青年兒童科學運動週；
9. 四月一日至五月卅一日，舉辦禁烟宣傳。

(六)

爲了健全教育行政的組織，推行社教工作的便利起見，本局特于主管社會教育科以外，另行成立下面三個機構：

第一、是國民體育委員會，由市政府分別聘派體育專家及本局有關職員二十五人至三十一人爲委員組成，負設計推行本市國民體育之責。

第二、是健康教育委員會，由市政府分別聘派衛生及醫學專家，暨教育衛生兩局有關職員九人至十一人組成，負責辦理本市各中小學衛生教育工作。

第三、是童子軍監事會，由本局延聘童子軍教育專家九人，呈請童子軍總會核派，組設南京市童子軍支會監事會，執行本市童子軍監察任務。

（七）

社會教育與學校教育同爲教育領域中的二大部門，主持教育行政的人，有的不認淸社會教育的重要，往往只注意辦中小學，而忽視了社會教育的設施。本局自成立之初，即宣佈施政方針，把學校教育和社會教育同樣重視！所以一年以來，雖然市財政十分拮据，可是社教事業還能多所進展，這是作者個人所深以爲慰的。

但是，目前南京市的社教機關太少了，社教事業未能普遍的開展，這距離我們的理想太遠了，距離我們所訂的教育實施三年計劃還差得多了，當然還不能令人滿意，還有待于我們的繼續努力。我們推究社會教育目前還不能照着理想發展的原因，不外三個主要的原因：

第一是經費房屋與設備問題　「經費爲事業之母」淪陷八年後的京市教育，十分殘破，社教機關更是貧乏得可憐，急待充實設備，增加房屋；可是限于經費困難，心有餘而力不足，以致社教機關房屋不敷應用，設備也不充實，事業頗受影響。至于增設新的社教機關當然更困難了。

第二是工作人員的興趣與修養問題　教育是要有對教育富有興趣與修養的人去辦才行，如果工作人員對于本身所担任的職務不能勝任，或雖能勝任而毫無興趣的話，那麽一定不會做出好的成績來。所以社教工作人員必須對于社會教育具有相當的修養和濃厚的興趣，然後才能担負起推行社會教育的責任。這是一個根本條件，因爲雖然有了經費而無適當的人才，還是做不出成績來，反過來說，雖然經費困難，可是如果工作人員能克苦耐勞，多運用社會的助力，一樣會表現良好的成績。

第三是民衆對于教育的需要問題　兒童和青年失學了，家長們各方託人設法，向社會呼籲，要求政府擴充兒童教育和青年教育，民衆呢？雖然他們是文盲，可是他們不覺得需要教育；雖然他們的智識不够應付進步的社會，可是他們不要求政府增設社教機關，站在教育行政的立場上，爲急其所急，自然對于兒童和青年教育比較偏重些，因此社會教育就不免稍受影響了。

困難總是有的，只要我們上下一致努力，我相信總有克服這些困難，而實現我們的預定計劃與理想的一天的。

（八）

茲將本市社教機關概况表列如下：

南京市立社會教育機關概况一覽表　三十六年四月製

名稱	沿革	組織	設備	事業紀要	地址
第一民衆教育館	三十四年十二月在貢院街卅九號之一復員接收僞民教館設備並一度利用永安商場樓房二間旋被市府指作他用現在貢院街原址及夫子廟五十七號二處分別設施	分教導、藝術、生計、總務四部	備有兒童運動器械通俗圖書動植物標本模型兒童樂園一所書報閱覽室二間展覽室二間辦公室一間舍宿六間	閱書報室、民教週刊、社教活動、陳列室、救濟站、廣播教育	夫子廟（電話）二四零一八
第二民衆教育館	卅四年十二月接收僞第二民教館後以館址無着於三十五年二月遷上新河辦理	分教導、藝術、生計、總務四部	備有圖書展覽圖畫等閱報兼展覽室二間宿舍二間辦公室二間民校教室借用私塾運動場借用軍隊操場	閱書報室、地方事業促進會、民衆學校、輔導、私塾、社教活動	上新河
民衆圖書館	戰前大成殿原址被毀敵僞時期東牌樓一六三號館址交江寧貨物分局三十五年一月始搬夫子廟青雲樓爲館址	分採編、閱覽、總務三部	圖書一萬八千冊報章雜誌廿餘種樓下藏書室兼辦公室三間樓上閱覽室三間	組織讀書會辦理閱覽採編等工作	夫子廟

第一電化教育巡迴工作隊	卅五年八月三日開始籌備同月十三日成立初租顏科坊八十六號民房爲隊址現遷張府園四十號	分機務、教務、總務三股	備有放映機片幻燈片收音機留聲機片擴音機變壓器等機件儲藏修理室一間試映室一間辦公室一間會客室一間宿舍及飯堂三間	分廿站在市區輪流放映修理各校收音機	張府園四十號電話二三一五一
體育場	三十五年十二月開始籌備修建七月一日正式成立		田徑場一座足球場一面籃球場二面網球場一面辦公室一座		公園路

一年來之京市教育視導

夏易堪

美國教育行政專家易烈提（E.C.Elliot）謂：教育行政一語，包括四種作用：一曰計劃，二曰設施，三曰視察，四曰指導。視導工作在教育行政上所佔地位之重要可如。本市教育，承敵僞之敝，百端待理，而各級學校之設備，行政、教學、訓管，有賴於視導之加强者，恐較計劃、設施兩項，更爲亟亟。基於此意，本局成立之始，即以「加强視導工作」，列爲「教育行政」之首要，以示注意，一年以來，視導工作人員，尙能本此意旨，努力進行。本年度上學期多偏重於設備行政上之輔導，本學期多偏重於訓管，差幸尙具成績。共反映於學校方面者，如設備之日漸合理，佈置之力求適宜，行政之漸臻完善，教導之日益加緊，方法之逐漸改良。至直接表現，舉其要者，則有如下數項：

一、釐訂視導標準　此舉不獨視導人員可得一共同標準，以爲視導之目標，各級學校校長，教師，亦可得一努力之趨向。又可使視導人員之目的與一般教育工作人員之目的相同，趨同一致。本年五月，本局視導工作人員，會就部頒中心國民學校及國民學校視導標準，參酌本市實際需要，先行將本市中心國民學校國民學校視導標準訂定頒行，內容計分：（一）環境及設備，（二）組織及行政，（三）事務及經費，（四）校長及教職員，（五）教學實施，（六）訓育實施，（七）社教事業，（八）輔導研究等八項，共一百七十四條，就目下情形而論尙稱賅備，容有未盡完善，試行若干時期發現缺點再行修訂。

二、擬製中心國民學校國民學校考核記載表及教師考核記載表　上述視導標準訂定後，復就視導標準所列項目，擬製學校成績考核記載表，及老師考核記載表二種，以備視察時記載共所得之結果。此項結果之記載純用文字表示，不採用評點辦法，意在以當時事實，提供商討研究，避免視導人員於簡單籠統之數字中暗藏共主觀成見。

三、擬訂成績評定標準　各校辦理情形，有表面成績甚著而實際欠缺者，有趨於實際，而忽於表面工作者。共成績之評定，苟無一定標準，殊難期共公允。上述視導標準及記載表式之釐訂，固可視爲評定標準之一種；惟何項工作最爲重視，何項應屬次要，尙無明白規定。爰就視導標準所列各項擬定各校總成績及教職員等第評定標準各一種，中心國民學校國民學校總成績之評定，以教導實施爲主，以校長能力及服務狀況爲次，其他各項爲第三。各以優、中、可、劣四等定之。再就上列三項之成績狀況，比照預製詳表，以定其總成績之等第。教職員等第之評定，教導方法及技術占總成績百分之四十，服務情形，占百分之廿五，教師素質占百分之二十，研究進修占百分之十五。再視其總分如何，定共等第。此項辦法，與目下實際需要尙無不合，抑亦比較客觀。

四、擬定視導人員工作綱領　本年度開始時，同人等曾有三十五年度第一學期視導計劃，及視導工作注意事項之擬訂，規定甚爲詳密。本學期更就原意，擬定視導人員工作綱領一種。舉凡工作範圍，工作分配，視導次數、視導日程，視導前之準備，視察後之指示，記載與報告等，均訂有一定辦法，以期一致，藉增效率。

五、改善視導報告　本局視導工作同人之視察報告，原有臨時報告，與期終報告二種。均以校爲單位。多因時間倉卒，校數衆多，未能詳盡。本學期一方面於報告每校情形時力求詳備。一方面更以京市整個教育爲對象，繕具總報告一種，將公私立各級學校及社教機關之辦理情形，分就環境，設備、行政、教導、以及輔導、社教等項。作一概括之敍述。重在優良事例之介紹，與亟待興革事項之建議，不作孰優孰劣之品題，藉供有關方面之研究，及各校人員之參考。視以前報告性質略趨積極。此項工作，已由筆者草擬一大部份，都二萬言。市立中等學校，中心國民學校國民學校部分大致完竣，尚有私立學校及社教機關兩部份，刻正草擬中。一俟竣事，再行呈局。按視導（Supervision）一詞，含有消極的視察，與積極的指導二種意義。消極的視察，應視爲手段，積極的指導，應視爲目的。本局視導工作同人，於每次視察時，均能本此宗旨實行。至上項總報告之草擬，更於視察工作全部竣事之後，繼之以改進之計劃，廣佈各校之優點，對於所有劣點，則以較好方法提供代替。略盡引起被視導者之動機、悟性、發展、創造、自信、自立之能力與精神之責任，藉補經常機械視導之不足。

六、增加視導次數　本局視導人員，在本年度上學期僅七人，本學期僅六人。市私立各級學校及社教機關統計不下一百餘處。視導次數，原難增多。惟在本學期內，同人等鑒於責任重大，每一大規模之學校，咸經視導二三次不等。其餘亦各視察一次，無所遺漏。雖於極度匆忙之中，仍力避走馬看花之譏。

七、改善視導方法　本年度開始時，同人等對於視導方法，曾提口號曰：「輔導重於考核，考核力求客觀」。一年以來，同人等莫不遵照實行。以積極指導，啓發被視導者之創造、自信、自立之能力與精神爲主，力避敷衍巡視或僅憑主觀見解，作消極批評。從未濫用高壓或偵査等手段，以期取得被視導者之同情，並使其樂於接受。其於成績考核，亦咸以公平正確爲主，不稍涉偏私。

教育視導，原應根據視導原則，對於教育事業，作精密之視察，調査與考核，計察其優劣、是非、輕重、存缺、給予被視導者公允之批判，與妥善之指導，並計劃其改進辦法，使教育事業日在改進伸張之中，而達到理想之境地。視導工作之種類，則有計劃、調査、視察、指示、輔導、記載、報告、考核研究等種種。同人等不敏，或未能圓滿做到，自信尚能秉此原則孜孜從事。其他條件如能逐漸改善，視導效能當益顯著。

一年來京市各校館之修建

陳嘯青

前言

物質，是一切事業的憑依，教育當然不能例外，而且比一般事業需要更加迫切。本市教育的物質環境，原甚充裕，可是，經八年敵僞摧殘，竟使現有學校，破敝不堪，或者將校舍移作別用，甚至全遭拆毀片瓦無存，言之令人痛心！復員後未及一年，本局正式成立，在「教育第一」的口號下，儘量寬籌經費，辦理各校館房舍的修建。一年以來，葺補殘破，各處校舍，略見齊整，雖亦有新興建築，以物價波動影響，往往遷延時日，不克如期竣工，今將這一年內本局所有修建校舍工作簡述如次：

一、辦理修建工程的順序

在未說明本局修建工程的實況以前，凡有關修建工程的制度與法令，自有提前說明的必要。因爲動用公帑。依法必須經過會計審計的査覈。爲便於推行法令起見，曾訂定「本局及所屬各機關辦理營繕工程及購置財物暫行辦法。」這裏面的一切規定，都是依照審計部的法令訂定的，共計九條，附錄如下：

教育局及所屬機關營繕工程與購置財物暫行處理辦法

一、凡本局及所屬各校館之營繕工程，及購置財物，悉依本辦法辦理。

二、本局於預算核定後，所有修繕及購置臨時費，應即根據各校館實際需要，編造分配預算，逕撥各校立戶支用。（本局可保留分配數）

三、本局及所屬各校館營造工程，價格在肆千萬元以上，購置財物，價格在壹千萬元以上時，應辦理招標或比價，請就地審計室及市府會計處派員監視。但營繕工程價格在二億元以上，購置財物在大仟萬元以上時，由局函請審計部派員監視。

四、本局及所屬各校館營繕工程，價格在五十萬元以上，四仟萬元以下，購置財物，價格在十萬以上，一千萬元以下時，應辦理比價手續，呈由局長核定，就地審計室及本局主管會計室、不參加監視。惟合約及估單等，於報請驗收時，應附送查核。

五、營繕工程，在五十萬元以下，購置財物，在十萬元以下時，由各校館自行辦理，不辦理比價手續。惟事後應檢同憑證送局審核，轉送審計室。

六、本局及各校館對於營繕工程，及購置財物，經審計會員驗收後，應即檢同估價單，工程結算表　驗收證明書，及憑證單據，送局核對轉審計機關。

七、本局及各校館營繕工程　及購置財物，其價格如超越市價時，主管會計室，得派員調查，呈報局長核減之。

八、本辦法如有未盡事宜，得隨時報局長修改之。

九、本辦法經局長核定後施行。

根據這一個辦法，可知每一修建工程，不論大小，不經比價，即需招標，其依法以照大公的精神是一樣的。另外我所要說明的，除了這兩種方式以外，即零星工程，亦須覓取三家估單，以資核價，價定以後，才能訂合約，對保證，直到付款為止，照一般的說，須時必在一週以上，在一週以內辦妥，總算是迅速的了。這延擱的責任誰負呢？質實的說：承辦的人，沒有一個不希望快，以完成一階段的工作，可是由甲手裏到乙手裏，決不是手接手的事，同時甲送給乙，乙送給丙，乙與丙不會專等這一件事辦，如乙丙手裏有未辦完的事，擱置一二小時，總是平常事，但是一日工作八小時，一件工程怎禁得起幾個部門的一二小時擱置呢？因此遲緩的責備，無法避免，而實際是一個制度的問題，並不是有人在故意阻撓工作的進展，主辦者希望爭取時效，審核者希望完成法令，守時固然重要，守法亦復重要，目的是一樣的，在使一件事完滿成功，各有客觀條件存在，我們斷不能以主觀的看法，去歸咎一方。但法內的時效，我們還是希望爭取的。茲再將辦理工程步驟，列表如次：

各校館營建工程辦理手續簡明表

(甲)新建工程——呈送圖樣施工說明預算備核↓依法辦理招標或比價手續↓招標或比價紀錄及決標紀錄一併呈局備查↓訂立合同並請領第一期工款開工↓工竣呈送驗收證明書及工程決算表報請驗收

(乙)修理工程↓呈送圖樣施工說明三家估單備核↓由局派員復估↓定期集約廠商核比↓訂立合同並請領第一期工款開工↓工竣呈送驗收證明書及工程決算表報請驗收

二、經費的來源與收付

工程，必須有固定的經費，方能着手進行，這是毫無疑義的。本市整個經費，原甚拮据，但用在教育部門的，已佔百分之四十五強，就中用之於行政費者為最多數，支配為修建用途的，只佔百分之五，可算是微乎其微，所幸中央方面，顧念首都教育的困難，會送撥教育復員費，暨增設學校及社教機關費，而地方熱心教育人士，亦曾分別捐助，另由救濟總署蘇寧分署，撥給各校麵粉，用代工賑，以修葺學校房舍，這都是很大的補助。但以需要太多，仍感不敷，不得已從本學期起，才開始征收設備費，奉准成立特種基金事業費預算法案，於是各校方有固定修繕費用。

復次講到經費收付的情形，這實在是一個最關切要的事。因為物價不斷的在波動，而且總是扶搖直上的漲上去，從不見一次跌落。假設我們的經費收到時間遲了一些，或者是付出的時間遲了一些，這中間的進出就很大，貽誤也很多，因此而遭遇到的困難，更是不可言說。同時因為包商們在參加比較或招標的時候，為了希望得標，不得不降低價格，低價得標，危險殊甚，如是款項付得快，物價漲得慢，那算是僥天之倖，假設款項竟領慢了，物價竟飛漲了，那簡直令主辦人啼笑皆非。若以為價漲標低，是討了便宜，而包商斷不會賠本完工；若是根據事實，尤為包商請求增價，那又是法令所不許，我們一年來所遇到這種困難，真不知多少。雖然包商以低價牟利忽略責任，不顧公德，是咎由自取，但我們亦不能完全委卸責任，物價上漲，確是無可抗拒的事，而迅速付款，我們應該做到的呀！現在為簡便起見，特製表並加說明如次：我想明白這一套手續——這一套不可避省的手續以後，那責備我們付款遲緩的同志，或者要爽然了吧！

教育局收付各附屬機關經費及生補費經過手續程序表（附說明）

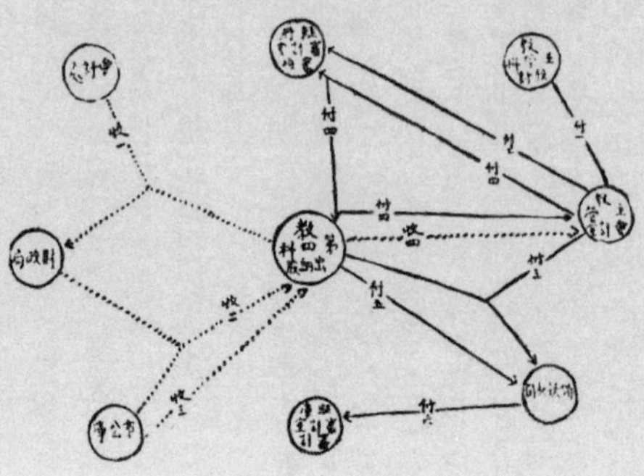

說明

收入

收一　會計處，所塡撥款通知書，送到本局會計室後，即移送第四科出納股登記，財政局憑此塡發撥款支付書。

收二　財政局憑會計處撥款通知書，塡發撥款支付書，送教育局第四科出納股，并送市公庫照數撥款。

收三　市公庫憑財政局撥款支付書，照數收入本局普通經費存款戶，并塡具收款通知單，送本局出納股。

收四　出納股憑財政局撥款支付書，及市公庫收款通知單，送主管會計室，編製收入傳票入帳。

付出

付一　主管會計室，俟撥款收到後，經費部份，按各附屬機關每月分配數，及生補費數額，分別列表，送主管科核對，臨時費則按分配數撥發，領款機關，均應先送領款數，及其必要附件。

付二　主管會計室，俟應發經費，生補費表，由主管科核對無訛，及領款書據經核批後，憑此編具支出傳票，送駐府審計室審核。

付三　主管會計室，俟傳票經審核無訛，送還後，轉送出納股簽發支票，并分別通知領款機關領款。

付四　出納股根據聯合會計室送來傳票及附表，按照費別，機關別，逐筆簽具支票，加蓋主管長官，及出納人員印鑑後，分別送會計核對蓋章後，送駐府審計審核蓋章，俟收還後以憑發放。

付五　領款機關，根據主管會計室通知，並按會計規定，分別造具清冊，及領款書，向出納股領取支票。

付六　領款機關領到支票後，根據支票上所開受款人名稱，加蓋背書，送駐庫審計核加章後，向市公庫取款。

三、一年來京市各校館之修建概況

從三十五年度七月十六日起，直至本年度七月十五日止，本局支用於各校館之修建工程款共六，九六九，六八四，六二〇元，在經費方面說，這數字不能算小，但最遺憾的就是還有八校未能完工，就中以白下路香舖營中央路市立職業學校及市師附小等五校情形最爲嚴重，將來如何完工？現在還未研究出最妥善的辦法。至於今後如何避免這種不良現象的發生？我們還拿不出積極的對策；只有在消極方面，希望物價能够穩定，參加比價招標的包商，都有雄厚的資本與高尚的道德，此外加强管理，自然重要，但也只是一個治標的方法而已。總之一年來我們努力的結果，能在漫無規律的情形下，整理出一些辦法，仍有許多困難，未能克服，尤其在爭取時效這一點上，簡直未能得到進展，因爲能够如期完工的工程實在太少了。茲將一年來各校館修建工程，列爲簡表如次：

一年來所屬各機關修建工程簡表

機關分類	單位數	修建次數：新建	修建次數：修理	修建次數：代辦	工程款項總額	百分比	備註
中學部份	九	二二	一三	一三	二，〇七三，九五八，三〇〇	二九·七%	
國民學校部份	一四五	三八	一六二	一三八	三，一九五，九四九，九二〇	四五·五%	
社教機關部份	七	二	七	七	一，〇二九，三八八，四〇〇	一四·七%	
中學工程未完部份	二		二		四四，五〇〇，〇〇〇	〇·六%	
國民學校工程未完部份	六	二	四		六三九，四〇〇，〇〇〇	九·五%	內有中央路，白下路，香鋪營三校由工務局代辦
合計		六四	一八八	一五八	六，九八三，一九六，六二〇		

結語

建設，本是一種極艱鉅的工作，教育建設，尤其困難，加以首都教育，在歷年殘破之餘，需要既多，財力不足，辦理益感棘手，本局於三十六年度開始時鑒於三十五年度下半年未完工程之情形嚴重，即在第四科成立修建股，延請專門技術人員辦理工程技術工作。半年以來，技術方面，差幸無多周折，唯各校館物質設備，至爲簡陋，尚有不少學校，缺少課桌椅辦公桌椅，缺少員生寄宿舍，缺少完整的教室，禮堂，操場，需要逐步建設，因此一年來本局各校館之建設，只是開端，說不上進步，更談不上完備，易言之，距離理想，相差過遠，而膂轉延綏，應該切實改革之處，亦在所多有，所望局內外同人，本局校一體之精神，作持續不斷努力，庶京市教育建設前途，有盡善盡美之一日。

專載

南京市國民教育研究會議為推進首都國民教育運動宣言

本會議於五月三十及三十一兩日，集首都教育專家，全市各區國民教育研究會代表，都百餘人，會議研討有關國民教育議案四十餘件，凡足改進首都國民教育各事無不詳爲討論，而會議重心，尤在「如何加速普及首都國民教育」？

緣國民教育，爲教育建設之基，憲政實施之本，極關重要。抗戰前期，中央預爲建國行憲準備，早於二十九年頒布第一次推行國民教育五年計劃，在後方各省市積極推行，頗著成效。勝利以後，復於三十四年頒布第二次推行國民教育五年計劃，推行全國。本市光復，即遵部頒法令，盡力推行，雖在校舍殘破，設備匱乏，經費困難，種種艱阻情形下，對設校，添級，猶年謀增加。截至本學期，已恢復及新設各級國民學校數爲一四四校，小學部一三二二班，在校兒童數七九、三二〇人，民教部學生八、九五〇人。校班總數，比之三十四年九月初接收時之六七校、五三〇班，已增加一倍以上；而學生總數，較諸彼時之二〇〇三〇人，更增約四倍。顧復員以後，國府還都，本市人口激增，學齡兒童與失學民衆亦隨之俱增，校班總數之增加，仍不克適應實際需要。於是「學荒」仍成當前嚴重問題。

國民教育之推行普及，原爲地方事業。首都國民教育之推進，自屬南京市之職責。惟查本市教育經費總數，已佔全市歲出百分之四五、八八，較憲法所定市縣教育經費應佔市縣歲出總數百分之三十五，超越已多。又國民教育之支出，佔市教育經費百分之六六、七三，亦佔最大比例。故從經費觀之本市國民教育之推進，過去已盡其最大力量，惟求適應需要，相距尙遠。今後如單憑市府設法增撥經費，以謀推進，則首都國民教育之普及，將永無希望！

本會議全體同人，一致認爲本市情形特殊，有與其他省市不同者數點：

一、本市爲首都所在，國民教育應加速推進，而爲各省市之倡導，職責之重，冠各省市。此其一。

二、本市爲國際觀瞻所繫，尤以本年九月聯合國教科文組織，將來本市舉行遠東基本教育會議，參觀國民教育之實施。本市國民教育之普及，尤應有所表現，此其二。

三、本市爲全國政治中心，而非工商業發達之都市，市庫收入，遠不如其他省市寬裕，而行政建設之經費開支，則重於其他省市。此其三。

四、本市中央機關林立，公務人員集中本市，其子女教育，本市担負極重，而公務人員對本市納稅則極少。此其四。

基於以上各點，本會議全體同人，特鄭重提出首都國民教育三大願望如下：

一、南京爲全國首都，國際觀瞻所繫，應儘速儘量減少失學兒童數及文盲數。教育局所訂普及國民教育之三年計劃，務必如期完成。三年計劃訂定以後，因人口激增所增之學齡兒童及失學成人之國民教育，亦必緊接三年計劃，力謀補救，而使本市成爲全國國民教育示範區域。

二、南京市政府之國民教育經費總支出，已超越比例，欲達成此鉅大任務，非可單憑此一方面之力量，所能克奏事功；必須中央大量補助，本市市民踴躍捐獻，方能有濟。其中尤以中央補助爲最合理而最有效，務請中央爲彌補本市中央公務人員子女之教育負担，並建立世界觀瞻所繫之首都，急速撥付大量教育專款，完成首都國民教育之普及。

三、本市市民應由本年之「獻校祝壽運動」，完成任務後，進而爲永久之「建校興學運動」。本會同人並願此種運動，在我全市市民之熱烈擁護和推行中壯大蓬勃，以速成首都國民教育之極速普及！尤盼中央及本市民意機構如憲政實施促進會，參政會，本市市參議會諸公，居高倡導！本市各區代表大會，暨本會各區研究會，以及各學校各社教機關全體教育工作人員，能將此種運動，積極推行，發揮力量，俾由運動而達成實踐！謹此宣言。

盧參政員前在國民參政會所提：請指定南京市為國民教育示範區案

（本案在國民參政會第四屆第三次大會休會期間駐會委員會第三次會議，經前提出，得江庸，吳貽芳，余楠秋，周謙冲等十二委員之連署，通過：「送請政府切實辦理」，上週又經國民政府國務會議通過交行政院辦理。七月二十七日南京市參議會通過李參議員清悚等提「擁護國民參政會決議請政府指定南京為國民教育示範區並請政府迅於本年內開始實施以利教育」一案。迭經商討，莫不認此案之重要。使本市能早日完成國民教育示範之使命，則他日推行及於全國，此亦可謂千里之蹊步矣。）

根據南京市本年四月市政統計報告，南京市有學齡兒童十六萬九千八百四十五人，在學兒童八萬五千二百十六人，失學兒童八萬四千六百二十九人，茲姑以學齡兒童十五萬人，失學兒童六萬人計，應增設一千二百班以每校平均開辦八班計，應增設一百五十校。建築費每校平均以二億五千萬元計，一百五十校共需三百七十五億元。設備費每校以四千萬元計，共需六十億元。每校置校長一人，共一百五十人。每班需教職員一個半人，共需一千八百人，每兩班半及工友一人，共需四百八十人。為顧及事實困難，期以三年完成兒童教育之普設工作。茲列三年所需之人力與物力於下：

項別	第一年	第二年	第三年	備註
增設校數	六〇	五〇	四〇	
增設班級數	四八〇	四〇〇	三二〇	
增設校長數	六〇	五〇	四〇	
增設教職員數	七二〇	六〇〇	四八〇	
增設工友數	一九二	一六〇	一二八	
建築費	一五、〇〇〇、〇〇〇、〇〇〇	一二、五〇〇、〇〇〇、〇〇〇	一〇、〇〇〇、〇〇〇、〇〇〇	每校建築費以二五〇、〇〇〇、〇〇〇元計算合各如上數
設備費	二、四〇〇、〇〇〇、〇〇〇	二、〇〇〇、〇〇〇、〇〇〇	一、六〇〇、〇〇〇、〇〇〇	每校設備費以四〇、〇〇〇、〇〇〇元計算合各如上數
辦公費	二八八、〇〇〇、〇〇〇	五二八、〇〇〇、〇〇〇	七二〇、〇〇〇、〇〇〇	每班月支五萬元全年合計各如上數
教職員薪	五、二〇四、一六〇、〇〇〇	九、五四〇、九六〇、〇〇〇	一三、〇一〇、四〇〇、〇〇〇	校長教職員以平均月薪一二〇元以現行加成數及生補費計算全年合計各如上數
工餉	四七〇、〇一六、〇〇〇	八六一、六九六、〇〇〇	一、一七五、〇四〇、〇〇〇	以目下待遇每人月支工餉二〇四〇〇元計算全年各如上數

南京市現有十二歲至四十五歲之失學民衆約三十萬人，應開辦六十班，以掃除全市文盲。每年開辦二十班，每學期開辦一千班內二百班由各機關團體辦理，所需人力與物力，除課本外亦由各機關團體自行担負。其餘由原有國民學校舉辦。茲列三年所需之人力與物力於下：

項別	第一年	第二年	第三年	備註
開辦班級數	二、〇〇〇	同上	同上	每學期一千班內二百班由各機關團體辦理
主任數	二〇〇	同上	同上	各機關團體所辦者其主任人數未列入
教員數	八〇〇	同上	同上	各機關團體所辦者共教員人數未列入
辦公費	三二〇、〇〇〇、〇〇〇	同上	同上	每班月支五萬元四個月結束全年合計如上數
設備費	一六〇、〇〇〇、〇〇〇	四〇、〇〇〇、〇〇〇	同上	各國民學校所辦者第一年每班支設備費二十萬元第一年以後每班支設備修理費五萬元合計各如上數
課本費	五〇〇、〇〇〇、〇〇〇	同上	固上	每年十萬人每人一冊每冊以五千元計合各如上數

指定南京為全國國民教育示範區後，因普及兒童教育與掃除文盲所費之人力與物力，其建築設備費，請由中央完全負担，經常費請由中央負担四分之三，地方政府負担四分之一，他日以示範區之成績，推諸全國，後河先海，易見成效，是否有當，敬請公決！

附錄

南京市教育概況表（一）

項別			抗戰前	接收時	三十五年七月本局成立時	現在	備註
中等教育	市立中等學校	校數	五	五	五	一〇	
		班數	四〇	五一	六六	一八四	
		學生數	二二〇〇	二九七二	二五七八	九一四四	
	私立中學	校數	二四	一七	一八	二四	指已立案之私立中學
		班數	二一〇			二〇八	接收時與本局成立時之班數尚未能查攷確實
		學生數	九七〇七			九四四九	接收時與本局成立時之學生數尚未能查攷確實
國民教育	市立各級國民學校	校數	二一三	六七	九〇	一四四	
		小學部 班數	一五八四	五三〇	七六二	一三一二	
		小學部 學生數	九五〇〇〇	二〇〇三〇	四五〇四六	七九三二〇	
		民教部 班數	〇	〇	〇	一七九	
		民教部 學生數	〇	〇	〇	八九五〇	
	私立小學	校數	四二	一五	一〇	一八	指已立案之私立小學
		班數	二〇三			一三六	接收時與本局成立時之班數尚未能查攷確實
		學生數	五四七二			六五〇四	接收時與本局成立時之學生數尚未能查攷確實

社會教育（市立）					
民衆教育館	三	三	二	二	
圖書館	一	一	一	一	
游泳池	一	〇	〇	〇	
體育場	三	〇	〇	一	
民衆學校	一五	二	〇	〇	
民衆夜校	二五一	〇	〇	〇	民衆夜校數已不易查攷本欄所列者係班數
兒童樂園	五	〇	〇	一	
盲啞學校	一	〇	〇	〇	
電化教育巡迴工作隊	〇	〇	〇	一	
首都補習學校	〇	〇	〇	一	正積極籌備中最近即可開學
電化教育輔導處	〇	〇	〇	一	正積極籌備中最近即可成立

南京市教育概況表（二）

三十六年度南京市教育經費數及其占全市歲出之百分比

項目	數額	百分比
全市歲出總數	二七、八四九、三八九、一六四元	一〇〇、〇〇
教育經費總數	一二、七〇二、八二九、七五〇元	四五、八八
其他行政支出總數	一五、一四六、五五九、四一四元	五四、一二

說明：1.此表數字係概算數字

2.總數包括經常費臨時費及生活補助費

3.教育經費如不連生活補助費計算則占全市總歲出二七、四四%

三十六年度南京市各項教育經費數及其占教育經費總數之百分比

項目	數額	百分比
市教育經費總支出	一二、七〇二、八二九、七五〇元	一〇〇、〇〇
教育行政支出	六七〇、七九二、〇〇〇元	五、二八
中等教育支出	二、七〇三、三一一、八〇〇元	二一、二八
國民教育支出	八、四七七、〇七二、〇〇〇元	六六、七三
社會教育支出	六五六、六八八、〇〇〇元	五、一七
其他支出	一九四、九四五、九五〇元	一、五四

說明：1.此表數字係概算數字　2.各項支出係包括經常費臨時費及生活補助費　3.中央補助專款未計算在內

南京市各級學校教職員學歷統計

各級國民學校

學歷	人數	百分比
師範學院或大學教育科系畢業者	四八	三
高中師範幼稚師範及後期師範畢業者	八一三	五四
各級鄉村師範畢業者	六一	四
初級師範簡易師範畢業者	一三〇	八
教員養成所或師資訓練班畢業者	四六	三
普通專科以上學校畢業者	六五	四
各級職業學校畢業者	一八	一
高級中學畢業服務小學教育三年以上者	三四六	二三
合計	一五三七	一〇〇

中等學校

學歷	人數	百分比
國內師範大學畢業者	二四	五
國內高等師範畢業者	二一	四
留學國外大學畢業者	一一	三
國內大學畢業者	三三六	六七
國內專門學校畢業者	七六	一五
其他	二九	六
合計	四九七	一〇〇

南京市立各級學校校長教師待遇統計

職	別	最高月薪	最低月薪	平均月薪
校長	中等學校	四〇〇元	三〇〇元	三五〇元
	國民學校	二〇〇元	一一〇元	一四〇元
教師	中等學校	三二〇元	一四〇元	二三〇元
	國民學校	一九〇元	六五元	九四元

本刊徵稿簡約

一、本刊稿件以左列各項為範圍
1.論著
2.教育設施
3.實驗研究
4.各科教材
5.優良事例
6.書報評介
7.調查統計
8.教育法令
9.教育消息
10.視導報告
二、本刊除約專家撰著外歡迎外界投稿
三、來稿文言白話不拘但須扼要切實並繕寫清楚附加標點稿紙請勿兩面寫每篇以壹仟字以上五千字以下為原則
四、外稿須具真姓名并須註明詳細通訊地址
五、本刊對來稿有刪改權其不願刪改者須預先聲明
六、來稿一經刊載版權即屬本刊但聲明保留者不在此限
七、來稿經刊載後當致酬現金但本局與各附屬機構概況介紹與報告性質之稿件酌贈本刊不另致酬
八、來稿用否概不退還其附足郵資者得於不用時寄還
九、來稿請寄南京市教育局轉首都教育出版社

本刊廣告刊例

地位	面積	每期價目
封底	全頁	國幣拾萬元
	二分之一	國幣陸萬元
	四分之一	國幣叁萬五千元
封裏	全頁	國幣捌萬元
	二分之一	國幣五萬元
	四分之一	國幣叁萬元
普通	全頁	國幣五萬元
	二分之一	國幣叁萬元
	四分之一	國幣壹萬柒千元

連登三月九折　半年八折　全年七折

首都教育

第二卷第一期

民國三十六年七月十六日出版

編輯者　首都教育出版社

發行者　首都教育出版社
社址：南京市教育局內
電話：總機二一三〇五　分機二二

印刷者　大明印書館
南京洪武路三一一號

經售處　首都教育出版社
南京各大書局

本刊價目

項別	期數	價目	備註
零售	一期	一千五百元 郵費另加	特大號或有特殊需要時得提高售價
長期定閱 半年	十二期	一萬五千元 郵費另加	
長期定閱 全年	二十四期	三萬元 郵費另加	

首都教育

馬元放題

第二卷　第二三期

中華民國三十六年九月十六日

↑市立第一中學

↑市立第二女子中學

↑市立第五區中心國民學校

↑市立第一區逸仙橋國民學校

目錄

特載

緬甸、暹羅、印度、錫蘭、馬來及印尼的基教概況

——遠東區基本教育會議代表對本市教師講演之一——

緬甸代表宇巴倫演講
王承緒翻譯
楊駿如、儲笑天、紀耀義紀錄

提要
1. 教師、基本教育、與世界和平。
2. 緬甸、暹羅、印度、錫蘭及馬來、印尼的基教概況。

主席，諸位先生：

這次來貴國出席聯教組織遠東區基本教育會議，今天得和諸位相聚一堂，至感快慰！本來今天係由紐西蘭代表向諸位講演，因彼忙於主席小組會議，故今日由我來報告。我願用從事教育工作三十餘年的興趣和諸位談話，亦願和諸位交換些教育經驗帶回敝國。今天的講話從兩方面說：（一）從教師與世界和平的立場來談；（二）簡略報告些關於緬甸、暹羅、印度、印度尼西亞等國的基教概況。

諸位先生，今天不能用貴國語言向諸位講話，覺得非常抱歉。但是我來貴國並非陌生的旅客，在敝國和貴國共同肩起抗日戰爭的神聖大纛的時候，曾藉緬甸訪華團名義訪問貴國，到過昆明、重慶、成都等各地，目覩貴國英勇抗戰的種種事實；且與貴國各界領袖，各地教師和兒童接觸過，歡敍過，感覺無限欽幸。而今日更幸運地見到諸位先生，益增興趣，願能共同討論研究一些基本教育問題。

現在開始一般原則的研究。未言前、我早知道「三民主義」在貴國已普遍實行，在教育上更是已顯著的實行。今日在座諸君將可以三民主義的精神，領導貴國兒童、青年，完成建設國家的任務，促進中國成爲富强康樂愛好和平的國家。

談到了緬甸教育，在小學方面，——五年級完全免費，由政府供給，所授課程以英文、地理、衛生、常識及其他課程爲主。關於教學方法非過去固定的灌注智識的舊方法，而是採用一種新方法，即各科與實際生活需要相連繫者；例如公民課程，不是僅僅一種固定呆板式的課程，而爲一種養成良好公民和世界公民的訓練。

吾人幸運，在這次大戰中幷未死去，但今有一種神聖任務，即是從事基本教育謀求世界和平的工作。大戰以後，大家共認創造新的世界，應求得世界的永久和平，亦即是　蔣主席此次對基教會議『創造新世紀以進於世界大同』的啓示。

緬甸小學的男女學生及教師，目前遭遇到的困難問題，較貴國爲甚。戰時緬甸先後遭日本兩次攻擊，許多教師，喪失了生命，許多學校的敎室被焚，設備破壞，均與貴國相同。兄弟在貴國考試院參觀貴國本年度敎育展覽會，看到貴國在抗戰時期，教育向內地遷移的艱辛工作，非常感佩；又看到戰後的復興教育，許多學校的兒童，以手工所製的標本、儀器、模型，更是非常感覺興趣。並且此次來到貴國參觀了許多國民學校及實驗區，感到貴國對於基本教育的推進和發展，也是非常欽佩，願將這些寶貴的成績帶回敝國，藉以學習。

諸位先生，我們都是教師，在同建世界大同的工作中，我認爲除教師外，無人能有力建立大同世界，祇有吾人荷担着此建立大同世界的神聖任務。

現在敝國每年訓練教師二百人在學校裏服務，辦有實驗學校以及免費小學，并注意適合鄉村生活需要的教師訓練和發展鄉村教育。

錫蘭的鄉村教育制度是：學生上課時間僅二小時，其餘時間爲飼養馬、牛、羊等家畜，并造屋、勞動等活動，爲畢業後服務社會的一種新精神。我認爲這種精神很好。在印度方面有派學生到錫蘭去學習這種精神的教育。

在馬來亞方面因人口種族複雜，有中國、印度、馬尼剌、印度尼西亞及歐洲各國僑民，故基本教育在馬來亞的推行，困難較多。

談到暹羅的基本教育，問題則較小，種族并不如馬來亞複雜，雖然貴國僑民很多，但爲同一種族、同一制度者，故僑民教育很有發展。在暹羅也有鄉村教育，我曾參觀一個鄉村小學，教師們很爲認真而滿足，其待遇之菲薄正如諸君。此種非常認真、滿足的愉快精神，亦誠屬爲教師者服務道德及優良品質之一。

結語之前，再把印度及印度尼西亞基本教育中述一下。這兩國與貴國頗有相似之處。在印度方面，其人口衆多與貴國同。由於甘地所創新的基本教育精神，所有學校課程都從手工業開始。我在貴國教育展覽會中，所見貴國兒童標本、儀器、模型等作品，亦屬手工業之技術；實因兒童對於手工的作業有自感滿足的興趣，將來對社會也可以應用。所以印度的教育，亦頗相近於貴國的三民主義教育。這種制度，在個人看來深感興趣。甘地的教學主張，在養成兒童獨立的精神，備將來入社會後保持此種精神爲人羣而服務。

在印度尼西亞方面，有土人、中國人以及其他各國人，今已實施新的教育制度，即是一種適合當地生活需要的教育。

諸位先生，兄弟今天見到諸位之後，特別高興，因爲我也是一個教師，教師遇教師，倍感親切。諸位！教師在社會上最重要者乃不講究生活的虛榮裝飾及貪求富貴，而目的在努力基本教育，教育兒童和青年，建立世界大同。兒童和青年，給予我們最大安慰，我們精神的愉快，會促使我們努力完成建立大同世界的神聖任務。

卅六年九月十日于首都介壽堂

紐西蘭的基本教育

——遠東區基本教育會議代表對本市教師講演之二——

紐西蘭代表巴遜勒演講
趙步霞翻譯
楊駿如、紀耀義、儲笑天紀錄

主席，諸位先生！

紐西蘭的概況介紹

先得向諸位道歉，昨天因爲担任基教小組會議主席，所以到今天才來與諸位見面。我所代表的國家是紐西蘭，離開中國有八千公里之遙，它是一個島國，距離大陸很遠，所以不易轉入戰爭的漩渦。國土面積很小，人口亦僅一百七十九萬餘。但紐西蘭的環境得天獨厚，氣候適宜，物產富饒，所以我們相信在紐西蘭的每一個人民都有享受生活上較高的標準。在任何地方最低工資的收入每週有五磅五先令，可以抵得上貴國南京大學教授的待遇。我所說紐西蘭國家的富裕，並不是使諸位覺得貴國現狀的不滿而失望；我是要使諸位知道：我們是經過祖先的艱苦努力，和全國人民的納稅，才能有這樣的享受。除此以外，還有許多優良的社會福利事業，這也是我們人民經過努力建設後的結果。

紐西蘭的教育制度

現在我將紐西蘭的教育制度報告於下：在紐西蘭國家內，能予每一個人民有受教育的機會，所以政府推行免費強迫教育，兒童自七歲至十五歲受小學教育的達百分之九十。有些自五歲起即入小學的，甚至許多城鎮裏的兒童，簡直也有從三歲起即進幼稚園的。總之：初等教育階段是從七歲至十五歲，年限爲八年，稱爲前期教育。前期教育以後，還要繼續受四年後期教育，即爲中等教育。受完中等教育以後，即受大學教育四年。如不願進入大學的男女學生，可進師範學校，受訓三年。其中二年爲學科訓練，後一年爲實習。在這三年師範教育期間，可以有薪給。此種免費制度我們認爲非常寶貴。

普及基本教育的特種設施

除了學校教育以外，還有特種設施，以增加學生的健康與幸福。紐西蘭教育部願意在有十個或十個以上兒童的地方，即設立一個學校。如兒童居處離開學校太遠，政府便採用兩個辦法：（一）免費用汽車或火車接送學生，而且經常有人檢査車輛安全，以免發生危險。（二）如有不能獲得車輛接送的便利，政府便給與每個學生十先令的津貼。還有，不管父母家長經濟情況如何，凡有一個孩子，每週可得政府津貼十先令。總之，紐西蘭的每一個孩子都能獲得身心充分的發展與養護。

除掉我剛才講的強迫教育，免費接送以及交通津貼等項外，還有利用郵寄的方法來實施　學的，即是函授教育。此種函授教育有五千多學生。另外還有利用無線電實施播音教育，每天按時廣播，與諸位先生現在在這裏聽我講演時一樣。

上面所講的兒童免費教育，免費交通或津貼以及函授學校等，這些都是給不易受到教育的兒童們的各種補救。

紐西蘭的健康教育設施

在紐西蘭還採用下列改進兒童健康的方法：第一，在紐西蘭教育部，有一司專管學校醫藥的，聘有醫生、護士，常派至學校調査、檢驗、醫治，同時還經常舉行傷寒腸胃病的注射。第二，除在學校施醫外，還有免費醫治牙病，免費檢驗初生至十六歲兒童的牙齒。我們在瓦西城設立牙醫護士訓練所，訓練後分發至各學校工作，每個學校設有牙醫檢査室，供學生檢査。第三，在紐西蘭的許多工業中，以牛奶生產工業最盛，每天每個兒童可以得到半磅牛奶，免費飲用；如果你走進學校參觀，即可看到學生們領取牛奶的情形。同時在紐西蘭出產水果也很多，尤其是蘋菓的產量最富，政府把蘋菓送至每一個學校，兒童們也可以免費吃蘋菓。政府所以要這樣免費供給，並不是因爲學生無錢購買，乃是因這兩種物品——牛奶和蘋菓——對兒童身體的滋養很有幫助。

在紐西蘭教育部由另有專管體育的一司，各地駐有體育指導員，指導兒童身體的訓練方法，使其獲得正常的發展。剛才我所說的衛生、營養，以及健康等項，即可說明紐西蘭的人民是可以得到長壽的，因爲營養好，故死亡率小。同時，紐西蘭的衛生部設有助產學校、護士學校，經常舉行養育指導及各種衛生教育運動，其作用在給予人民各種攝生的方法，尤其減少嬰兒的死亡率。

紐西蘭的社會教育設施

現在我要另外來講三種事業：

第一，鄉村圖書館教育：政府購備書籍，準備車輛，輪流送至各學校並開至各鄉村去，人民可在車站借書攜回家去閱讀。

第二，博物館教育：政府特別爲學校設置博物館，供給各校兒童去參觀，館內的指導員並給予詳細的說明。同時常將博物館的東西用箱子裝送至鄉村，供給不能去博物館的兒童瀏覽與參觀。

教育的基本原則

第三，在紐西蘭的學校裏，我們相信充滿着活潑自由的空氣、自發自動的精神；我在紐西蘭担任指導員時，充分的要培養兒童有自動的能力。一個好教師即是能使兒童主動而不是被動。

最後聲明

今天，在基教會議方面我還要去做報告，不能在此詳談，現在要請諸位提一些問題，大家來討論，免得諸位做了我的被動者。

我剛才所講的特別要提出二點：第一：關於我今天所講紐西蘭的教育狀況，不是理想，而已經是一種正在進展的事實。但是我們現在並不滿足，我們仍舊是繼續的努力，以期達到更圓滿的一天。第二：今天所說許多關於紐西蘭的狀況，不能拿來與貴國比較而使諸位心灰氣餒，因爲我深深的了解：貴國目前的困難，一定要從每一個貴國人民，自動的起來貢獻自已的力量，來改進自已的國家。如果諸位有改進中國教育的抱負，但也決不是一朝一夕所能奏效的。紐西蘭能有今天的現狀，乃是百餘年來努力的結果，而且從今以後，我們還是繼續不斷的向着我們的理想邁進。

諸位先生，我現在不能再講下去了，因爲掛在前面的鐘告訴我已沒有時間與諸位再談了。

一九四七年九月十一日。

聯教組織遠東區基教會議，蔣主席特頒祝辭，原文如下：「遠東區基本教育研究會議代表諸君：此次中國政府會同聯台國教育科學文化組織，在南京召開基本教育研究會議，本人極爲欣慰。中國對於教育文化向來重視，對於基本教育尤爲注意。「有教無類」是中國的教育理想，「化民成俗」是中國的教育目的。中國以三民主義立國，本人深信三民主義之成功，必須實行全民的基本教育。世界大同之實現，亦有賴於各國人民之相互了解；因此對於此次會議懷有極高的希望，特於此敬祝會議成功，並祝代表諸君在旅華期中健康愉快。」

研究

男女兒童的差異問題

儲笑天

教育的對象是『天真爛漫』『活潑潑』的兒童，凡從事兒童教育工作者，必須對兒童身心的發展有相當的了解，本文之作擬從男女雙方的身心差異作一比較。關於男女的差異，現在分二大部份來說：第一是從生理機構方面，那是比較最顯著的；第二從心理方面比較，這似乎是常人所忽略的，据近代心理學家的研究也是存在的，本文的着重點亦即在此。已往的研究有一點共同的結果，即認爲兩性間的差異，不如同性間的差異來得大。已往心理學家關於此項問題的研究甚多，其結論亦頗多出入，本文僅在綜合多數人的意見，藉供讀者對此問題有一較明確的認識，以爲敎育兒童的基礎。

（一）生理機構方面：

1.青春期開始的不同——青春期間的開始，不但男女有遲早的不同，卽各種族亦不同，上級社會較下級社會爲早；鄉村早於城市；熱帶早於溫帶；普通兩性間總是女子早於男子。大約男性自十三、十四歲達到青春期，女子則提早一年或二年。据調査江浙一帶女子初潮期平均約在一四·三——一四·六歲，男子則較此遲一二年。

2.身高——据龐亥斯（F.Boas.）調査研究的結果：

a.男自5.5→18.5歲身長是按照年齡遞增的。女自5.5→17.5歲也有同樣的現象。

b.男女自5.5→15.5歲左右，身長比率較爲類似。十五歲以後，女生身長速率降低，男生高度至二十歲左右停止，而女生在十七歲左右卽停止。

c.男生自5.5→10.5歲高於女生，女生自10.5→14.5歲高於男生。

3.體重——亦据龐亥斯之硏究如下：

a.自6.5→11.5歲左右，女略重於男；自12→14.5歲女子體重很顯著的超過男子。

b.女生自十六歲以後，其體重增加很慢，男生自十六歲以後一直增加至二十歲始成定形。

4.第二性徵（Secondary character）——關於性的機能發達意味深長，實非解剖生理學家所能形容者，男女主要的肉體上的不同，人皆知之，如女子在青春期始，骨盆之組織漸次開展，臂及乳房，尤爲發育，同時脂肪組織堆積之結果，外形較男子爲柔美。

（二）心理方面：

俗語說：「人心之不同，猶如其面。」世界上絕沒有兩個人的心理能力是一樣的，卽使是同胞的學生子，也有差異存在。以前人有一種錯誤的觀念以爲一切都是男優於女，這原因是因在歷史上去觀察，差不多每一行都是男子比女子的成功多，無論是文學、美術、科學、政治，或其他實用的事工，都是男子列於女子之前。在事工的奮鬥上，女子能衝鋒達到最前的地位，實在很少；卽使在女人中之優秀者如與男子相比，仍是望塵莫及。這種事實的存在，是只能說明以前歷史上人類的活動偏於男子，男子在社會上活動的機會多於女子，並不以此就證明女子的一切能力不如男子。今天的心理學家告訴我們，男女間是有差異存在的，但這差異是錯綜複雜而且是很細微的。現在分從下列各點說明：

1.智力方面（Intelligence）：關於男女智力的差異現代心理學家的暫論如下：

a.在普通智力測驗上，男兒與女兒的智慧平均數約略相等，在有些測驗上，女兒的智商略高於男兒，但相差極微，從統計本身看來是不足重視的。

b.在嬰兒期與學前年齡中（Pre-school age）女勝於男是很顯明的。

c.男女的平均智慧雖然相等，特別優秀的人才和低能都是男多於女，如果我們測驗很多數的男女兒童，將測驗所得成績加以整理，用常態分配曲線來表示的話，則在曲線上二極端的男較女要多，而女子集中在中間的較多。

2.閱讀興趣方面（Reading interestes）：

a.在前兒童期（六歲以前）：兒童在本期男女性不分，皆喜歡：圖畫、兒童歌謠、和諧的聲韻、顯著的節奏，還有一種鳥言獸語；並喜歡直接會話和重複的字句。關於兒童喜歡重複字句，美國斯密司女士（M.Z. Smith）會做過這樣一個試驗：她選三個故事，每個用三種體裁編寫，一種是字句重複的，例如：「鵝先生遺失了他的套鞋，他說：「我一定要有套鞋，才可以上街去。」鵝太太遺失了她的套鞋，她說：「我一定要有套鞋，才可以上街去。」……；」再一種是意義重複，而字句變化的，例如：「鵝先生遺失了他的套鞋，他說：「我一定要有套鞋，才可以上街去。」鵝太太的套鞋遺失了，「我沒有套鞋是不能到店舖裏去的。」她說：……」第三種體裁是總括直敍的，例如：「鵝先生和鵝太太遺失了他們的套鞋，他們說：「我們一定要有套鞋，才可以上街去。」……。」經試驗的結果，幼兒對於字句重複的體裁最表示有興趣，意義重複的次之，直敍的最下。

b.中兒童期（初小時期）：從六歲至十歲之間，還是神仙故事時代（The period of fairy tales）開始有男女的差別，喜歡實際生活的故事，以兒童爲中心人物，動植物的故事亦甚喜歡，由擬人的、幻想的，進而爲寫實的、合理的。

c.後兒童期：從十歲至十四歲，大約總當高小及初中一二年級，這期兒童閱讀興趣最高，兩性的差別在這期爲最大。男童最愛讀英雄冒險的故事，戰爭、俠義、學校運動，童軍生活等等壯大胆量的好漢故事，以及偵探祕奧的小說，如水滸、七俠五義、金銀島、湯姆沙亞等，而對言情小說完全不讀。至於有關科學和發明的讀物，通俗的機械、電氣、飛行，無線電以及地理探險的發現，如法布爾故事、不夜天、十萬個爲什麼等都甚喜歡。此期的女童喜歡讀家庭學校的生活故事，富於母性慈愛，以女孩子爲主角如小婦人、好妻子等，還喜讀如動物及花木園藝方面的讀物，並開始讀愛情的故事和成人的小說，關於常識的科學材料完全不讀。

d.前青年期：從十三歲至十七歲，本期兒童之閱讀，男孩愛讀歷史、傳記、旅行、打獵等讀物，並漸喜一種業餘的工作，如攝影，自製無線電 修理機器之類和閱讀同時並進。女孩子之主要興味是言情小說，如缺之指導，易至沈迷而不知自返之途。

3.從基本能力來說：

a.去字測驗（Cancellatien）的能力女強於男。

b.形板測驗(Formboard)的結果男優於女。

c.迷津測驗(Maze Test)的成績男強於女。

d.機械工作方面，男強於女。

e.敲板（Tapping）測驗與描線（Tracing）測驗，男女成績優劣不定。

f.顏色的反應，女勝於男。

4.從學校成績來說：

a.語文科的成績，据美國人研究結果，女勝於男，因爲女孩發言較早，字彙較大，文法錯誤少，文學常識豐富，但据艾偉測驗中國學生字彙結果，男子勝過女子，是否因中國家庭裏男子讀書機會較多之故，尚待研究。

b.數量概念和計算推理，男子勝過女子。

c.記憶能力，女子較男子好。

d.史、地、自然、常識，男子較高，因爲女子的興趣比較狹窄。

e.寫字方面，女子較男子爲優，但在中國尚無人以此做過實驗。

f.美術亦是女子較優。

5.從品格上比較：

a.女子多注意人與人間的關係，而男子着重社會事業，更關心個人的前途。

b.女子愛美勝過男子，女子對於顏色的辨別較男子爲強。

c.問題兒童（Problem child），男孩較女孩爲多，行爲多過犯者，男孩亦比女孩多。

d.康納耳氏（Cornell）覺得在做反應上，男孩也比女兒堅强些，不過有些兒童也並不一定是這樣。

e.女孩對勤奮、專心、興趣、記憶與了解，其分數較男孩爲高。

f.男孩較女孩多有實行的表示。

g.女兒爲社會服務的名譽較男兒爲高。

h.女兒多包涵有母性及責任心。

i.神經不安度，女兒比男兒大，女兒常常有咬指甲、吮拇指、伸舌頭等習慣。

j.妒忌，女兒對於同父母兄弟姊妹表示的妒忌，比男兒多，据試驗結果：兒童中有百分之十五是對於自已同胞起妒忌的，每三個起妒忌的兒童兩個是女兒。

6.從遊戲上看：

a.在六歲以前，無男女差別。

b.七八歲時仍無男女差別，男女兒童可以並坐在一起，可以互相拉手，此時遊戲大致還是個別的多(Playing alongside)，分工合作的（Playing withside）少，如做客人以及建造的等。

c.小學中高年級，從六歲至十二歲，此時兒童遊戲以用智力的社會化的競賽爲主，兩性分別極顯著，男孩以扮演武人、運動武技、利用工具、公務、打拳、燒飯、造橋、拋球、追、跑、飛鏢、鐵環等爲主。而女孩則富於母愛，以家事、美術、跳舞、跳繩、彈子、造房子爲主。

d.青年期——以前兒童的遊戲大致參加有組織的正式的運動比賽，注重羣體比賽（Team work），男子喜歡打獵、利用工具、射箭、開槍、放風箏，打球、釣魚、騎馬；而女子打毛繩，戶內安靜的工作如唱歌、舞蹈、縫衣等。

由以上各項比較，我們的結論是：

1.男女之能力、智力、興趣……，各有其差異高低，以往誤認爲男優於女之觀念，亟應改正，憑此實爲今日男女平等之根本理由。

2.男女間之差異固然存在，但還不如同性間之差異大，故學校之一切教育設施，不但要求能適合兩性身心之發育狀況，即普通的要求能適合個性，普爲誘導；能發展個性，因材施教；使其能蓬勃地生長、自由地發展，近代所謂「兒童本位」的教育，其精華亦即在此。

幼兒語的特徵

熊祖祿

（一）序

兒童語言之研究，在外國方面有：卜萊耶（Preyer）麼萊（Moore）和瓦德（Waddle）等；在中國則有陳鶴琴等先生。他們所着重的多在語言發展的一方面，所研究的多以成人語、或學齡兒童語爲對象，很少以幼兒語爲對象者。故無論在兒童語言的發展方面、組織方面、特徵方面，均有待後來者從事研究。

我有機會學習從事研究；因之本着學習精神，來走前人未完全開拓之路，來嘗試此種有趣之工作，雖不敢奢望對幼兒教育有何貢獻，但願從實際觀察中得到經驗，以爲來日從事幼兒教育之基礎。

（二）語言的重要

一、語言是交通的工具：

人類是一種能說話的動物，「人之異於禽獸者幾希」，人能說話，就是「幾希」的一部份。因爲如果沒有語言，人類就談不到思想、理智、道德、文化了。

在社會中語言是交通的工具，人能用語言互相溝通思想，傳達愛憎之感情，然後才會有高級的共同生活及社會組織。

有了語言，一個人的知識，才可以傳佈給衆人；一個國家的文明，才可傳入另一國家；一個民族的文化，才可同化或吸收另一民族的文化；因此語言在交通方面，有不可否認之價值。

二、語言是思想的工具：

思想是無聲的語言，語言是有聲的思想，語言能使混亂的思想有條理、有組織，能使抽象之概念發展演進而成爲系統化，故語言是思想的工具。

三、語言是人格的表現：

從一個人的談話，我們可以看出這個人是誠實的；還是虛僞的。是忠厚的；還是尖酸刻毒的。是自尊的；還是自卑的。是謙虛的；還是傲慢的。

另一方面，更可由一個人的談話知道他對是非的看法，正義、公平的見解，以及對生活之態度和人生之看法。

小孩子是天真活潑的，他沒有社會上虛假的習氣，他沒有學會隱藏他內心的慾望與要求的語言技巧，所以我們可從他的語言中發現他的眞人格，比較由語言中發現成人的人格更爲容易。

兒童的人格還未成爲定型，我們知道了他的人格傾向以後，便可給以適當的教育，使他成爲一個人格完整的人。

（三）研究幼兒語的目的

一、從心理學來看：

心理學上的原理原則，多爲教育實施之根據。但心理學是新起的科學，本身派別很多，歷史並不久；因此有許多原理學說，還沒有成爲定論，也有許許多多教育上的問題爲它所不能解釋者。

兒童心理學，更只有幾十年的歷史，關於兒童語言方面的研究，只有幾個心理學家從事，且他們研究的範圍，多爲發展的方面；至於幼兒語之組織特徵等則很少研究。

教育的主要對象是兒童，教育的主要工具是語言，如果我們不了解兒童的語言，我們就無從知道

京市文敎通訊

市教育局招待遠東區基本教育會議代表參觀京市教育

【本社訊】聯合國文教組織遠東區基本教育研究會議，於九月三日在京市中央研究院舉行會議，會議日程排定九月五日及六日下午參觀京市教育，七日遊覽京市名勝及參觀棲霞山鄉村教育的實施。各日，本市教育局均派員招待並說明一切。五日下午參觀第六區中心國民學校，特別注重注音符號教學，第五區中心國民學校特別注重民衆補習教育的實施；六日下午參觀第一區中心國民學校特別注重語文教學，印象均甚良好。七日遊覽，並由教局派員在棲霞山招待茶點。（駿）

市教育局編印京市教育文化概況贈送基教會議代表

【本社訊】市教育局爲招待基教會議代表，特編印南京市教育文化概況中英文對照小冊，內容爲京市教育文化概述，教育概況表，教育統計圖，古蹟名勝照片，教育文化機關照片，各種教育活動照片，內容豐富，印刷精美。於大會期間，業已分贈基教會議各國代表。（駿）

市教育局印發語文教學應用的各種量表與測驗

【本社訊】市教育局爲改進各級國民學校語文教學，特編製作文量表、大字量表、小字量表，及

他們的所需，他們也無從滿足需要。本齋事實的需要，所以我們要下決心來嘗試。心理學家的研究結果，雖爲教育之基礎，但我們不能完全靠別人，我們要在實際情境中去發現他們未發現的。

二、從國語教育來看：

語言心理的知識，最主要的應用，是在語言教學方面，現在的國語教本，或兒童讀物，如小說、童話、詩歌、故事等十有九本，皆本着成人的思想，成人的欲望，成人的用語寫成，很少有合兒童口味者，因此兒童雖然讀了許多書，但對他們的說話、作文，仍然毫無補益，未能因勢利導地培養着他們發表的能力。

要使一切讀物合於兒童程度與興趣，只有從新編制。而編制之主要根據之一，便是調查分析兒童用語，找出它的特徵。

關於語文用字的研究，有陳鶴琴先生語體文應用字彙，及敖弘德、王文新、莊澤宣等先生關於常用字及小學分級字彙的研究，這些都是屬於成人，或小學兒童的字彙研究，學齡期前兒童語用字研究則很少有人注意。但是幼兒語ㄉ研究，不但和初級小學的課本讀物編制有關，且和幼稚園的唱遊故事皆有很大的關係，實不能忽略。

（四）研究語言的方法

一、發展心理學上一般研究語言的方法：

1、長期的研究法：長期的研究法，如德之卜來耶（Preyer）與美之摩萊（Moore）所用者，其法是把兒童發生之新聲音、新字、新句子，及當時聲音之動境都一一記載下來，然後再分析歸類；如摩萊之研究，分爲聲音、單字、及句子三類，其研究之時間從小孩出生到五歲左右。

2.逐期研究法：這是在兒童生日之前後兩週內，將兒童所說的口語，詳細記下來，然後加以分析，其記載的方法有四種：

（1）凡兒童對人閒談時用之字語，而且這些字的意義，兒童確實知道的。

（2）凡兒童對答他人之詢問所用的字。

（3）凡兒童遇到外來事物所用的字句。

（4）凡兒童同別的兒童談論時所用的字句。

3.一天的研究法：這是把兒童從早到晚，一天所說的語言記載下來，加以研究。研究時分爲時間和字數，句子和句子的長度，以及問題同所用的次數最多的字之統計。

4.控制的研究法：控制研究是把語言的環境控制。由我們設備一個情境，特別選擇一些東西引起他的語言。控制中所用的材料如玩具和圖畫等。

5.自由情境中的研究法：這種方法是在一個兒童和年齡相去不遠的兒童，自由遊戲時記載他的談話，而加以研究，不過研究者不應加入遊戲或和兒童談話。

二、本文所用的方法：

1.觀察的對象：以中大附小幼兒園的男女幼兒爲對象。他們分大中小三班，共計一百二十人。年齡均在三歲到五歲半之間。

2.觀察的時間：從一月十日到二月十五日，每星期二、四上午八時到十一時半，如果有空則隨時觀察。

3研究的方法：用自然觀察法，把幼兒幾個人在一起遊戲活動時所用的語言記載下來，記的時候，完全客觀，不加入活動、或自已的意思，同時記下活動的情境。其次便是把幼兒工作，吃點心時自由的談話記下來，於先生用問題引起的談話則不記載。

經過一個多月，把所得的材料加以整理、分析、統計之，所得的結果如後。

（五）幼兒活動時間常用語的特徵

一、幼兒口語字彙的分析：

1.分類和結果：將記錄所得的語言，按照文法的分類分爲八種：

錯字測驗、閱讀測驗等，最近均已編造完成，印刷出版；已於招待基教會議代表之前，分發指定參觀學校應用。並於卅六年全國教育展覽會中，陳列基本教育專室（第一室）內，頗受參觀人士稱許。以後當更分發其他國民學校應用，以期實地改良語文教學云。（駿）

基教代表蒞臨第五區中心國民學校參觀

——將愉快與奮的心情，放在我們的工作上——

【五區中心校訊】遠東區基教會議在首都揭幕，排定日程於五日午後來本校參觀。本校對於這許多佳賓的到來，增加了我們的愉快與興奮。

五日，天氣朗爽，天真活潑、生龍活虎般的孩子們，工作、遊戲、跳鬧了一整天後，離校回家去了，整個學校換上一副靜美的面貌，但刹那時間民校學生來了、打破這靜寂。這時還未到上課的時間，他們從事着各種的活動，打球、看壁報、剪報、友誼的交談，年紀小的還玩着日間小朋友的遊戲器具；滑梯、天橋，處處有人。看着這教育場所能整天地被利用着，我們心裏有說不出的慰藉。

近五時，基教會代表們來了，外國代表有緬甸沙勝越代表，和馬來亞、新加坡專家等六人及我國代表歐元懷、徐侍峯、陳友松、熊芷諸氏，由教育部英千里司長、教育局岳科科長陪同。先到接待室與校長見面。寒喧後，校長報告本校概況，由英司長任繙譯，岳科長報告本校民教班編制、學生來源及人數，民教高級班無教本，由本校自編，取材偏重鄉土材料等情節。後有代表詢問小學部編制情形，談到本校共有四十五位工作同人時，緬甸代表說：「我在國內也辦有一所學校，工作同人亦是四十五位，今日參觀貴校實爲一巧合而有意味之事」、不過他們那個學校是利用寒暑假辦理民教，我們是利用晚間。

（1）名詞：媽媽、爸爸、先生、家等具體的和抽象的名詞屬之。
（2）代名詞：我、你、他等自稱、或他稱的代名詞屬之。
（3）副詞：更、倒等字屬之。
（4）形容詞：一、多、熱，好等量和質的字彙屬之。
（5）動詞：走、玩、打、等自動和他動的字彙屬之。
（6）介詞：在、把、等位於代名詞或名詞之前，以示他與其他之關係的字彙屬之。
（7）連接詞：和、同、等連接詞語的字彙屬之。
（8）驚歎詞：嗎、嘟、唉、呀等加重語氣及驚訝性的字彙屬之。
玆將分析歸納所得之結果列表於下：

字彙分析／字彙分類	所用字彙	所用字彙之百分比	字彙之常用次數	字彙常用次數之百分比	各字彙之平均常用次數
名詞	247	43.87%	1452	24.11%	5.87
動詞	143	26.28%	1429	20.41%	9.58
代名詞	5	0.89%	873	14.50%	147.00
形容詞	80	14.20%	769	12.77%	9.61
副詞	51	9.05%	523	8.77%	10.35
介詞	2	0.35%	62	1.02%	31.00
連接詞	4	0.71%	4	0.06%	1.00
驚歎詞	26	4.60%	903	15.00%	34.70
總計	563	100.00%	6020	100.00%	—

代名詞之分析／代名詞之種類	常用次數	常用次數之百分比
我	475	54.40%
你	185	21.10%
他	136	15.50%
她	3	0.34%
們	74	8.47%
共計	873	100.00%

約半時後各代表開始參觀，此時正値民教班上課，遂先參觀此部份；民教部共分四班，失學兒童班一班，高級婦女班一班，職業班兩班，學生均便服，雖不整齊，但大體清潔，而上課之情形則精神貫注，我們的民衆是樂於受教育的。

因爲天尚未黑，本校無暗室設備，故平時所用之幻燈電影等電化教材無法提前使用，讓代表們參觀批評得歡然。

離開民教部，即參觀全校各部環境及設備，各代表詢問頗詳，均由導引人一一詳爲解釋，約二十餘分鐘返接待室，進茶點後辭去，時近六句鐘。

代表們雖然去了，而我們愉快與奮的心情沒有消失，我們將以此心情放在我們的工作上，求對於基本教育有所貢獻——即使是一點一滴的貢獻。

聯教遠東區基教會議代表參觀第一區中心國民學校

【第一區中心校訊】此次聯合國遠東區基本教育研究會在首都開會。集遠東十數國之教育專家於一堂，擘劃基本教育之新途徑，實屬一富有歷史性之創舉。會程中排定參觀京市國民學校，使各會員有實地觀摩之機會。本校于暑假期中始得當局指定於九月六日下午四時舉行閱讀測驗和錯字訂正測驗招待各會員參觀，殊感榮幸！玆將參觀經過作一簡略報告。

美術專室——兒童正在聚精會神學習寫生。

由上二表可知：

（1）幼兒常用語的字彙中以名詞爲最多，在563字中名詞有247種，佔43.87%；次多爲動詞，在563字中動詞有148種，佔26.28%。次少爲連接詞，563字中有4種，佔0.71%；最少爲介詞，在563字只有2種，佔0.35%。

（2）兒童常用語的字彙中出現次數最多的是動詞；雖然名詞之種類比動詞種類多，但是常用次數則動詞最多，因爲動詞爲148種，出現1429次，佔出現總次數的百分數爲20.41%。而名詞爲247種出現1452次，佔24.11%。故名詞每一種和動詞每一種出現次數之比爲5.87比9.53，所以動詞出現次數比名詞爲多。

（3）兒童常用的字彙中以代名詞最爲常用：動詞與代名詞之比爲29.6與1之比（148：5）。但動詞與代名詞常用次數之比則爲9.58與147.6之比。

（4）代名詞中以「我」爲最常用：在我、你、他等代名詞中，我的常用次數佔54.4%。

2.討論：

（1）何以幼兒用語中，名詞最多，介詞最少？根據一般的公認，嬰兒最初獲得的爲名詞如「媽媽」「爸爸」「碗」「開水」等，隨後幼兒期的獲得也爲名詞最多。我們知道嬰兒最初幾個月叫「D-ma」，並沒有什麼意思，不過是一種發音遊戲，但作母親的聽了很爲高興，便去抱他、逗他、喂他東西吃，久之這「D-ma」便成了「媽媽」而有特殊的意義了，故兒童獲得名詞是適應環境交替反應的結果。

同時幼兒能力有限，在環境中他能把握的多爲具體事物，引得起他的興趣的也是具體的事物，故他從吃東西當中，從遊戲玩具當中，從房子裏面的陳設當中，或需要當中，便有意無意地學到了許多名詞，故名詞出現最早，獲得最多。

介詞本來種類很少，同時兒童用語很簡單，他也不會用介詞；故介詞在幼兒詞語中最少。同理連接詞也比較地少。

（2）何以兒童用語中動詞出現的次數爲多？兒童獲得的名詞雖多，但名詞多半代表靜止的事物，而兒童則一天到晚在動，他走、他坐、他睡、他吃、他小便、他大便、他騎馬、他拍皮球，他動，跟着別人動，也要別人跟着他動，動詞遂應需要而產生，而應用，如在騎馬時，口裏不住地叫「走，走，走」，他叫你去玩時叫「你來」；他一刻不停地動，動詞伴着他的活動而隨時被用。同時說話時，常省掉主詞如「來」（你來），「走開」（你走開）、我要（我要紙）等，因此動詞便成爲幼兒語常用字的多數。

（3）何以兒童用語中「我」字最常用？你在幼兒園的走廊上，你可聽到「把我」「給我騎」「我要」「我打死你」等等，故幼兒的語言可以代表他們的人格；兒童雖然在幼兒時期開始社會活動，但超乎社會活動的便是「自我」，法國心理學家Piaget稱這一階段的語言爲「自我社會語」，故這時期的兒童以「自我」爲中心，因之在常用字中「我」字最爲常用。

由上面討論的結果，我們可以知道幼兒園的幼兒是現實的、活動的，以「自我」爲中心的人物。

二、幼兒用語種類的析：

1.照普通中文用語種類的方法：

（1）種類和結果：將材料按照中文用語種類分爲四種：

a.敘述句：如「我要」「我有飛機」「他沒有擺好」等表示希望、說明事實的句子屬之。

b.驚歎句：如「好大啊」「唉呀」等表示驚異的句子屬之。

c.命令句：如「走開」「下來」「走走」等命令句子屬之。

d.疑問句：問詢的句子屬之。

其結果：列表分述如下：

九月六日下午四時來校參觀會員：鮑文、郭有守等三四十位。招待會在歡洽和諧空氣下進行，首先由兒童代表李巍獻花，盧代校長略述學校概況，指明本校在淪陷時期受害最深，復員迄今，無日不在改進中。繼由兒童代表致歡迎詞，她誠懇希望和遠東乃至全世界各國小朋友携手合作，建立世界永久和平，當場有本校小記者爲各代表拍攝照片，會場之招待，均由兒童担任，會員情緒極感興奮。

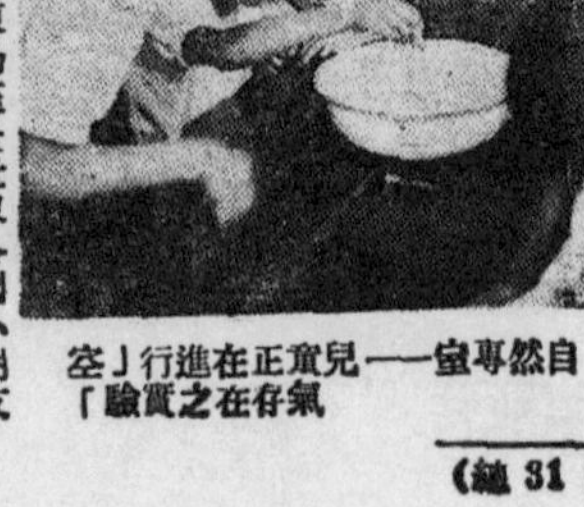

自然專室——兒童正在進行「空氣存在之實驗」

隨後參觀各專室，在兒童圖書室會員們詢問正在閱讀之兒童讀什麼書；在教師進修室會員們和本校同人共同研究教學卡片之用法；在美術室和兒童一起習畫中國茶壺；在自然專室會員們參加兒童的小組作空氣存在之實驗；在兒童遊藝室會員們取玩鴨子時，偶觸機關，叩然突叫，竟使某會員大驚失色；在音樂專室內會員們欣賞兒童練習與鋼琴配合之腔音，他們參觀之時間原

愛好活動玩具是兒童的天性

（續31）

由上表可知：

1.幼兒用語中敘述句最多：在2013句中有1137句，佔總數之56.48%，次爲驚歎句佔22.5%。

2.兒童用語中疑問句最少：2013句中只有60句佔總數之2.93%。

句子種類之分析 / 句子種類	各種句子之常用次數	各種句子之常用次數之百分比
敘述句	1137	56.48%
驚歎句	452	22.50%
命令句	364	18.08%
疑問句	60	2.98%
總計	2013	100.00%

（2）討論：

1.幼兒用語中敘述句何以最多？兒童是自我中心的，尤其是幼兒園的幼兒，他說明他的需要，他表示他的慾望！他表示他的所有，他說明他周圍環境中的事物，這一切意思的表達、情感之傳遞，都需要敘述句子；故敘述句子出現的次數很多。

2.幼兒用語中疑問句何以最少？根據一般的認爲，幼兒園的幼兒，心智的好奇甚微，故他疑問很少。

2.根據Rugg的分類：

（1）分類和結果：照洛格（Rugg）的研究分類如下：

a.描寫與自尊：以我爲中心，或描寫的句子屬之。

b.問題：疑問句子屬之，

c.知覺：普通知識的句子屬之。

d.合理思想：推理、推想的句子屬之。

e.語言實驗：試探性質的句子屬之，想用以了解環境。

f.戲劇世界：想像遊戲之類屬之。

g.社會意識：社會感的句子屬之。

h.自卑：表示處處不如人的句子屬之。

其結果如下表：

句子次數分配 / 句類	次數：Rugg研究之句子	次數：本文之句子次數	百分數：Rugg研究之百分比	百分數：本文研究之百分比
描寫與自尊		1176	40.80%	58.00%
問題		60	9.90%	2.98%
知覺		131	8.30%	6.51%
合理思想		30	6.20%	1.49%
語言實驗		36	6.00%	1.78%
戲劇世界		441	4.70%	21.90%
社會意識		125	3.70%	6.20%
自卑		12	0.25%	0.59%
總計	3125句	2013	100%	100%

由上表可知：

1.幼兒語中以描寫與自尊的句子爲最多：在2013句中有1176句，佔58%。

2.幼兒語中以自卑的句子爲最少：在2013句中只有12句，佔0.59%。

（2）討論：Rugg的結果是觀察幼稚園的某特殊兒童，在十五分鐘內所說的話而來的。現在把本文所得的結果，與他的結果比較，從兩個統計中看來，都是描寫與自尊的句子爲最多，自卑之句子爲最少。故幼兒園的兒童根本上是自尊的，心智的

很緊湊，在專用教室欣賞較久，所以參觀三年級錯字測驗之後，便來不及再詳細參觀六年級之閱讀測驗，此本校引爲遺憾者，

這次參觀會員，對本校一般觀感認爲兒童能自動學習，同時兒童對學習能發生濃厚之興趣，注重兒童之自學能力，此爲本校一貫之作風，而此次之表現則更爲完滿。雖然本校同人并不以此自驕，誠以此次之收穫，同人之努力固難能可貴；而教部教局對本校之指導與協助，尤爲成功之有力因素。（碧水）

在音樂專室內進行音樂教學

基數代表——離校時之愉快的表情

本欄歡迎 各中等學校，各級國民學校，及各社教機關 投稿！

好奇很微，而且對於稍複雜的知覺與思想的興趣能力亦很小，因為他自尊，自然自卑的語言少，而自尊的語言多。

三、幼兒常用語句子長度之分析：

（1）種類和結果：分類以字數為單位，按照每句字數之多少而分為十二種，由一個字到十二個字止，他們的句子長度在「一」到「十二」個字中間。其結果如下表：

句子長度之分析 / 句子長度之種類	各種長度之次數	各種長度之次數分配的百分比
1	366	18.18%
2	457	22.70%
3	395	19.62%
4	289	14.35%
5	218	10.82%
6	146	7.25%
7	77	3.82%
8	51	2.53%
9	22	1.09%
10	14	0.69%
11	6	0.29%
12	2	0.09%
總計	2013	100.00%

由於上表可知：

1.幼兒用語以兩個字一句的為最多：在2013句中有457句，佔22.70%。

2.幼兒用語以三個字一句的為次多，佔19.62%。再次為一個字一句的佔18.18%。

3.從兩個字一句以後，幼兒用語中，句子出現次數和句子之字數成反比；即字數愈多的句子愈少出現，如十二個字一句的句子，2013句中只有2句，佔0.09%，十三個字一句的便沒有出現過。

（2）討論：

1.幼兒活動之動作簡單：幼兒每天作的事為哭，笑、跑、跳、騎馬、拍球等，這些動作只要很少的幾個字便能表示得很清楚，如「我要」「走開」「我騎」等，當他的同伴聽了，在當時情境中，已經能夠明白是什麼意思哪。

2.語言能力尚未完全成熟：幼兒的語言能力還沒有十分發展完全，他更不知道修辭文法，他只能說很簡單的句子，加上手勢來表明他的意思。

由上可知，他們的用語，以兩三個字一句為最多，而以十二個字一句的句子為最少，那是很自然的現象。

（六）對語言教學的建議

一、對教材的建議：

最理想的兒童教材之編制，是要以兒童為本位，參照社會國家的需要來編制處理，因此根據以上諸節之結果建議如下：

1.語言教學所用資料須注意兒童日常用字：語言教學的材料，要以兒童日常用字為基礎來斟酌編制，不可以成人的經驗和要求來作兒童教材的全部，而忽略了兒童自身之需要。

2.幼兒語的長短：語言教學的材料，要注意幼兒用語的長短，不可用太長、太複雜的句子，否則便超過了兒童的了解力，阻礙了學習力和興趣的發展。

3.多用敘述句：語言教學的材料，要多用敘述句子，來辨說一切的事物，使兒童能得到清楚的概念。

4.多用名詞：要多用名詞，以名詞為基礎來說明一切。

5.語句要幼兒化，不是稚態化：「稚態化」是學兒童不通的、不完全的語言，用來對兒童講話，或者照兒童的習慣，用聲音來名東西，來逗兒童玩耍。

因此，我們主張的幼兒化，是順應兒童，以兒童所具有的生活經驗為基礎，以兒童之智能為出發點，來慢慢的增加他們生活的經驗，來豐富他們的智能，來展發培養他們學習的興趣。

二、對語言教學的建議：

三歲到五歲半的兒童，在推理進程中，多半發生錯誤，談話時往往不顧及對方，而以「自我」為中心，且不能明白事物之關係，有時把各種詞句，各種觀念重疊起來；有時又把一些事物混在一起，而弄不清楚，如他說「告先生」（意思是：我向老師說你的壞處），這與成人的語法不同，而且有毛病。故今後的語言教學，要切實注意心理原則的應用。

茲舉Waring的原則以供參考：

1.決定兒童所應學之行為。

2.決定可代表種種行為之語言。

3.對於正常之語言予以贊許。

4.倘若沒有充分的自然機會可使這種行為變為習慣、應用某些情境來引起這些行為。

（續33）

5. 成人贊許應有一定的程度與一致性。
6. 在相當時期給以暗示，暗示要有一致性。
7. 語詞要有區別。

（七）附語

一、本文材料的地域性：

本文的材料來自附小幼兒園，幼兒園的兒童多爲本校教員的子女，也有來自附近的公務機關的公務員的家庭，他們說的話多爲本地話，帶四川話，帶官話，因之頗有地域性，如果在北方，在南方，在上海等地取材，所得的材料也許在用語上有出入，在用字上有不同的地方。但是不管是南方、北方、東部、西部的幼兒，只要他們進幼兒園，他們的生活環境不會相差得太遠，因之在智的方面，想來不會有多少差異。

二、幼兒常用字彙表：

這表中的字，是從整個材料中整理出來的。

筆　　數	字　　彙
1	一
2	人刀力叉二七了八九十
3	子女山口干巾土己才三大也上下小
4	日月友父毛太手水巴夫火木天中不什比五六今方王切
5	夫生田包由本冊司句仙叭皮打用加叫出另幼半可四只白外左右他布母以
6	在自先耳早字乒乓老米件囡地西有伙肉年羊衣江色安死吃丟行忙交扣百再好多血舌兜收冰回
7	汽弟豆低尾兵身位李車朵作吵告弄改坐助見走快冷更男每沒那完佑我把呼尿你呀
8	妹朋雨爸官油事姊兒泥具育金乖法門怕虎兎呢物東板房河枝府服到來拖花抹背拍抱姓怕拉放取玩刷怪底咚表的長狗迎抽些青明所和兩爬招
9	紅美便歪故孩後度娃亮重軍勁前風苔面洋室屋看要是咬保拜挖飛拾洗耍昨很怎若哈咯降架
10	紙真修倒剛套烙扇針破根書淨哥師鬼馬桌班粉送家起病個校能夏差草海站剝討姑拿笑穿退晒蔞哩哮哪喂們耕祖珠高
11	從許做國蛋腳雪都斛圈啊晨魚盒票張桿婆荷眼乾假頂現猜唸推唱教剪偷羞掃動脫帶掉這黃得甜第混晴停紫球啦
12	就等最貼棵進棉黃朝週傘華椅畫街結彭短豬場跌買等喚開喜敢稀然幾着帝慢游訴帽琴菜揹黑喝過貼喇間遍逃換
13	嗎鈴亂媽鼓跟推話路搶鉀圓塊號歲經飯塞園電道蜂碰搖跳新嗤職碗稀敬隔會過裏落裝辮搬
14	麼窩歌銅旗餉鄉鼻蜜種賓說搞撐管睡算滾寬傢遠齊蔥對嘀蓋漱蔽厭嫌
15	課盤鞋葡踏餅劍慶彈銷影數樣鋤磕碼廟撤請嘭線嘶鬧髮黑嘴寫熱
16	頭鳥錢糖壁鋼燈親糕鴨戰機壞曉錯學辨讀噹興褲燙蕃
17	臉戲糟聲謝擠講點還幫縮牆
18	禮櫃領騎鬆擺舊雙織
19	邊橋壞騙藍
20	麵願黨
21	鷄
22	歡聽讀
23	籠羅體
24	讓
25	
26	
27	鑼
總　　計	559

兒童欣賞圖畫的心理研究

程法泌

（一）兒童認爲什麼東西最美？

在這大千世界之中，什麼東西兒童認爲最美呢？我國葛承訓氏曾用問答法加以研究。他要九五〇個兒童各人舉出一件他們認爲最好看的東西。結果：認爲花最好看的，佔百分之七四。七，認爲野景最好看的佔百分之一八。二，認爲圖畫最好看的，佔百分之一三。四，認爲鳥（孔雀在內）最好看的，佔百分之五。八，認爲戲劇最好看的，佔百分之五。八，認爲帶影最好看的，佔百分之五。四，認爲國旗最好看的，佔百分之三。五。花、鳥和野景，屬於自然的範圍，戲劇電影和圖畫屬於藝術的範圍。可見兒童最欣賞的是自然界之美，而在各種藝術之中，兒童所欣賞的，要以圖畫爲最了。

（二）兒童欣賞圖畫注意內容還是形式？

兒童欣賞圖畫的表現，有形式與內容兩方面。兒童欣賞圖畫的時候，注意形式，還是注意內容呢？根據穆伊芒（M uemann）及艾爾邦（Alban），對於七歲至十八歲的兒童調查分析的結果，發現年幼的兒童，只注意繪圖的內容而不注意他的形式，十二歲以後，才注意形式。赫爾（Hurll）女士也發現兒童愛好圖畫，只是喜歡畫裏面的事物；凡是圖畫的內容，能夠引起兒童好奇心的，最爲兒童所歡迎。兒童這種注意內容忽視形式的態度，雖不是眞正的藝術態度，但是我們不能因爲他們不明瞭技巧與情趣，而不讓他們欣賞；相反地，我們應當利用他們對於內容的感覺與興趣，善爲指導，使他們逐漸注意到技巧和情趣方面去才是。

（三）兒童到什麼時候才能認識圖畫？

倬勒曾用兩張圖畫給兒童看，一張是護士像，另一張是無意義的——剪碎護士的像，又零亂地拚合起來的。她發現第二歲下半年的兒童，大多數對待這兩張圖畫的態度不同。他們會指着護士的像微笑，或是叫它爲「媽媽」、「娃娃」、「姆姆」等。你要他們拿媽媽或娃娃時，他們有的居然知道拿出護士像來。推孟應用內容比較複雜的圖畫三張，就是「荷蘭家庭圖」、「河景圖」，以及「郵局圖」，次第呈現於兒童之前，要他們列舉（Enumerate）圖畫裏頭的各種東西。結果，大多數的三歲兒童，能夠自動的在每張圖畫中列舉出三件東西。根據這兩種研究結果，可見不足兩歲的兒童，已能辨別有意義的與無意義的圖畫；過了三歲，便能認識圖畫中的事物，並且說出它們的名稱來。所以比奈說：「兒童在三、四歲時，可稱爲認定時期」（Identification stage）。所謂「認定時期」就是指一個時期，兒童在那個時期以內，不能叙述（describe）圖中事物，不能了解圖中事物的關係，只能指認那些物件是什麼東西。這個發現，是值得從事學前教育者加以注意的。

（四）兒童到什麼時候才能叙述圖畫？

所謂「叙述圖畫」，就是說明圖畫中人物的形狀作爲，瞭解其間的關係。這種工作，據推孟說，需要稍高級的聯想作用，比列舉難。倬勒用圖畫兩張，給兒童看：一張繪有洋娃娃、皮球、跑着的貓和狗，以及打小鼓吹小號的小朋友；另一張繪着一個小孩拿一個喇叭，一個小孩被兩隻貓咬着，一條狗在盤子裏吃東西，又一個小孩滾鐵環而跌交，摔掉一隻鞋子。試驗兒童能不能叙述這些簡單的活動。結果：發現四歲的兒童，大多數能夠說出兩種以上的動作。推孟應用與前條相同的三張圖畫，要兒童加以叙述。他發現七歲的兒童大多數能夠在三張圖畫中叙述兩張，而五歲以前的兒童，却很難嘗試成功。由此可見，兒童叙述圖畫的能力，視圖畫的內容而異；大概地說來，兒童從四歲起，就能簡略地叙述圖畫，到了七歲以後，就能叙述比較複雜的關係了。推孟又發現知識較豐聯想較快的兒童，叙述起來比較詳密，可見在這種能力上，也存在着很大的個別差異。

（五）兒童到什麼時候，才能解釋圖畫？

解釋圖畫，需要一種統覺作用，較之叙述圖畫，兒童更是困難。倬勒將一套故事畫，順序排在一個紙板上：第一幅畫一個跑着的狗；第二幅是狗跑到一張垂有桌布的桌子旁邊；第三幅，是着桌子上的東西被打翻了，桌布丟在地上。她要兒童解釋這一套圖畫。結果發現六歲的兒童，才能了解這三幅圖畫裏的關係，和加以說明。他們說：「狗拉下布，所以東西打翻了」。推孟又將前面的三張圖畫，加上一張「殖民地家庭圖」，要兒童加以解釋，荷蘭家庭圖的及格答案，如「孩子把東西傾翻在地上，被母親罵了」；河景圖的及格答案，如「那是危險的旅行，他們雇了印第安人划船走」；郵局圖的及格答案，如「那是一個年老的人，他們到郵局裏來拿新聞紙的」；殖民地家庭圖的及格答案，如「那個人將要長期離家，或是去參加戰爭，所以女人恐怕他 能回來了」。其他類似的答案，如果沒有說不通的地方，也算及格。後來他發見十歲或十一歲的兒童，在這四張圖畫中，能夠圓滿地解釋兩張；十二歲的兒童，就能圓滿地解釋三張了。由此可見，解釋圖畫的能力，也和別種能力一樣，是逐漸發展的，決不是在某個時期中突然表現的。大抵，這種解釋能力，在六歲時，已經開始發展；到十二歲時，還未停止哩。

（六）兒童到什麼時候才能批評圖畫？

這裏所謂「批評圖畫」，僅指根據圖畫內容，說出圖畫的錯誤或缺少的部分。俾勒曾在一張圖畫裏面，畫了許多的錯誤，例如樹倒長着，人橫立着，白晝和黑夜同時存在着。然後將這張畫拿給兒童看，要他們自動地指出其中的錯誤。結果發現大多數的六歲兒童，能够發現其中的一個錯誤。比奈測驗裏，也有一種完成測驗；測驗時呈現四個人像，第一個沒有眼睛，第二個沒有嘴唇，第三個沒有鼻子，第四個沒有兩臂和手。要兒童說出圖裏缺少的是那一部份。據推孟的測驗結果，兒童也需要六歲的年齡，才能在這四張圖畫中指出三個缺點。他接着說：「這個測驗所需要的心力，約有兩種：（一）要有領會全體的能力，就是要能把圖畫的各部分當做全體看。（二）很快地使舊有的觀念再生，用作批評所見的圖畫的標準」。至於就圖畫形式方面加以批評，所需的心力，似與這種批評能力所需的不盡相同。其如何發展，如何養成，尚待研究哩。

（七）兒童到什麼時候才能辨別顏色？

比奈測驗裏有一個顏色命名測驗，就是要兒童看着紅、黃、藍、綠四種顏色的紙條，一一說出每種顏色的名稱，據推孟(Terman)勞威（Rowe）文奇（Winch)鄧維爾(Dumville)獨的（Dougherry）以及白烈漢（Brigham）諸氏的測量結果，發現一般五歲的兒童，才能通過這個測驗 不過這個測驗所測量的，是聯絡顏色名稱和顏色意象的能力；在這種能力發展以前，兒童也許就能够辨別顏色了。

據俾勒（Buchler）的研究，大多數五個月的兒童，看紅紙板比看白紙板的時間較久，反應更積極，注意更集中。兩歲的兒童，大多數喜歡取有色的圖畫，而不要無色的。司土次曼（Stutsman）要兒童把紅、黃、藍、綠四種顏色的圓片二十四個，分別投入顏色相同的盒子裏去，結果發現一八至二三個月的兒童，不能進行這個工作；二四至二九個月的兒童，最初還能放置正確，可是不久就會因注意散漫而發生錯誤；三〇至三五個月的兒童，有百分之七十四可以獲得一部份的成功；三六至四一個月的兒童，雖然不能完全做對，但是也沒有完全失敗的。鮑德文（Baldwin）用紅、黃、藍、綠四色絨綫，每種顏色有十種不同的濃度，要兒童把這些絨線一一地放進有同樣顏色絨線的盒子裏。在四十次的嘗試當中，兩歲的兒童平均做對一〇．三次，三歲的兒童平均做對一二．三次，四歲的兒童平均做對二二．五次，五歲的兒童平均做對三八．五次。根據這許多研究結果，我們知道五個月左右的兒童，辨別顏色的能力，已經開始發展；但是不過兩歲，還不能嘗試按色分類的工作；以後逐漸進步，到五歲時，大都能够正確地辨別紅、黃、藍、綠四種顏色並且據以分類了。

（八）兒童到什麼時候才能辨別濃淡？

一種顏色，可有種種不同程度的濃淡。兒童到什麼時候才能辨別顏色的濃淡哩？吉爾巴特（Gilbert）對於這個問題，曾經做過一番研究。他用十種濃淡不同的紅色，要兒童加以辨別。每一年齡中，男女受試各近五十人。測驗結果，發現在六、七、八三個年齡者級中，約有百分之五十的兒童，不能區辨出濃淡；換句話說，他們看那十種紅色是完全同樣的。在以後六年中，這種區別能力增進得很快。過了十四歲進入青年期，却很少增進了。在這個發展的時期以內，女孩的區別能力要比男孩强些；過了這個時期，又沒有多大的性別差異了。由此可知辨別濃度的能力發展在辨別顏色的能力之後。

（九）兒童到什麼時候才能辨別美醜？

比奈（Binet）用六張圖畫，每張畫一個婦人的頭臉，有的好看，有的不好看，有的甚至於是怪眉怪眼的。把它們拿給兒童看，每次只拿兩張，要他們比較那個臉好看。如此用六張圖畫，試驗三次，必須三次都答得不錯，才算及格。結果發現六歲的兒童，比較這三對圖畫，都很方便；五歲的兒童，只有一半是能够做得正確的。其他修正比奈測驗的人，有的仍舊把這個測驗排在六歲測驗當中；而推孟、文奇、鄧維爾、白烈漢、勞威及獨的諸氏，卻根據他們的研究，以為這個測驗應屬於五歲。推門並且說：「智齡四歲的低能，就是活到四十歲，也難通過這個測驗」。由此可見，智力正常的兒童，至少到了五歲，才具有這種較低級的審美能力。

（十）兒童審美喜歡什麼內容？

兒童審美喜歡什麼內容，許多心理學者也曾加以研究。穆伊芒及艾爾邦曾用名家所作的情緒畫和寫實畫各一張，給七歲至十八歲的兒童欣賞，看他們比較喜歡那一種。結果：年幼兒童喜歡寫實畫，十二歲以後，才愛好情緒畫。佛倫汀(Valentien)曾用花、小鳥、乘船的小孩，和其他幾種不相關聯的東西，畫在一幅畫上，同時預備一幅有意味的畫，叫兒童一同觀賞，結果兒童喜歡花鳥等不聯屬的畫。赫爾女士研究的結果：發現兒童起初喜歡關於動物生活的圖畫，而且要是簡單的；內容複雜的東西，他們不能欣賞。東大附小曾搜集名畫六十六張：如春日鄉景（Spring Pastoral）、牧羊人（The Shepherd）、落日（Setting Sun）、野花（Flowers of the field）、熟櫻桃（Cherry Ripe）、雛菊（The Daisy Field）等，其中包含風景卅三張，人物十九張，花卉十一張，和動物三張。然後混合編號，每六張做一組，共計十一組，叫兒童在每組當中舉出最喜歡的，次喜歡的，以及更次喜歡的畫 所得的結果是：四、五、六年級最喜歡欣賞的是風景畫，人物畫次之，動物和花卉畫又次之；一、二、三年級最喜歡欣賞的是人物畫，動物畫次之，風景畫和花卉畫又次之。由此可見，兒童的審美興趣，不但和成人不同，就是不同階段的兒童，其興趣也不一致哩！

（十一）兒童審美喜歡什麼顏色？

研究兒童喜歡什麼顏色，可用許多不同的方法

（續26）

。文奇（Winch）用「抽象的方法」，研究這個問題。他把白、黑、紅、綠、藍、黃六個字寫在黑板上，叫兒童按照自已喜歡的次序，把它們順序寫下來。結果發現：女生最喜歡藍色，最不喜黑色。紅色常列第二、第三。黃色對於年幼的位居第三，對於稍長的位居第五。白色總在第三第四之間，綠色更在其後。就男生說：藍居第一，其次紅色。末爲黑色。徐佩業氏，曾用「對比的方法」，研究這個問題。他用二十一種不同的組合方法，將黃、綠、赭、青、紅、黑、白七種無光色紙，兩兩地呈現在受試者的面前，問他們在每兩種顏色之中，比較喜歡那一種。受試的兒童，由五歲到十五歲，計一四八人，其中九十九個是男孩，四十九個是女孩。結果發現兒童最喜歡紅色，其次青色，綠居第三，赭居第四，黃居第五，白居第六，最不喜歡的是黑色。陳鶴琴氏曾用「排列的方法」，研究這個問題，就是將十四種不同的顏色紙條，分別地貼在卡片上，要兒童依照他們的喜歡程度，把這十四種顏色卡片排列起來；然後合併七十三個兒童分別排列的結果，加以統計。其順序如下：朱紅、深藍、橙黃、紅、紫紅、深紫、藍綠、綠、橙、黃綠、深藍綠、淺黃、淺綠藍、深綠藍。這就是說，他們最喜歡的是朱紅、深藍、橙黃、紅、紫紅，而比較不喜歡的是深綠藍、淺綠黃以及淺黃。這三種不同的研究方法所得到的結果，雖不完全相同，但差不多一致表示：在紅、藍、綠、黃、白、黑六種色與光之中，兒童最喜歡紅、藍二色，綠、黃二色次之，最不喜歡的是白和黑。除開白與黑不應算是顏色以外，在七色景中，紅與藍是比較接近兩端的，綠與黃是比較接近中段的。陳鶴琴氏說：兒童喜歡七色景兩端的顏色勝於七色景中段的顏色。這句話是大致可信的。

（十二）智慧對於審美的影響如何？

推孟應用其辨別人面美醜的測驗，驗測幾組智慧不等的兒童，發現智商在九六以下的，通過這個測驗的，佔百分之五二，智商在九六至一〇五之間的，佔百分之六九，智商在一〇五以上的，佔百分之七九，就是智慧愈高，通過的愈多，智慧愈低，通過者愈少。所以推孟在他的著作中這樣說：「普通人以爲美的判斷和智慧是沒有關係的，也沒有人能預先見到智慧上有障害的人，美的感覺也要和記憶力、判斷力、語言瞭解力一樣薄弱。實際上，美的感覺的發展，和普通心理的發展，確是平行的。智慧差的，審美的能力也就較差。智齡四歲的低能，就是活到四十歲，對於這種測驗終難及格」。不過，他這番話，是就較低級的美的判斷而言的。至於較高級的美的判斷，似與特殊訓練有關，其與智慧的關係，就不一定如此密切了。果然，賽西洛夫（Sic·loff）根據麥克多雷美術測驗（c Adory Art Test）結果，統計了二十七個相關，發現審美能力與智慧測驗分數的相關係數，在〇．一四與〇．三八之間，其中數是〇．一八。由此可見，較高級的審美能力與智慧是沒有什麼密切關係的。

（十三）熟習對於審美的影響如何？

關於熟習對於審美判斷的影響，吾師潘水叔氏曾經舉行過一個試驗。試驗的被試，是二十四個從十歲一個月到十四歲三個月的兒童，計分四組，每組六人。試驗的材料，是兩組優劣相等的畫片，所謂優劣相等，是以種類相同，同一人所畫及內容結構大略相同爲標準。試驗的方法，是先用種種方法使被試熟習兩組畫片中的一組。第一次的熟習，是使被試詳細觀察所指定的一張畫片，命他答覆幾個預定的問題。第二次的熟習，是使被試照着上次所看的範本而臨畫。第三次和第四次的熟習和第二次相同，不過每次告訴被試必須努力比上次畫得更有進步。第四次熟習時的臨畫既完畢，卽命他把臨畫的畫片和同對的其他一張比較而判斷那一張好看。結果，認熟習的材料爲好看的，在二十四人中只有一人，而其餘的二十三人，一致認爲所比較的材料好看。其中某十個被試，過了兩個多星期後的判斷，有九個仍認爲所比較的材料爲好看，只有一個改變認所熟習的材料爲好看。到了十個多星期後，情形便不同了。此時只有四人認所比較的材料爲好看，而有六人認所熟習材料爲好看，這是表示熟習影響，經過了十個星期後差不多完全消失了。這個試驗結果，很明顯而確定地告訴我們熟習的確可以影響到審美的判斷。一幅畫看得多了我們便會覺得牠引人的力量漸漸減低。不過結果又告訴我們這種熟習的影響是會因時間而漸漸消失的，社會上對藝術的興趣時常變動，所以引起這種變動的原因固然決不祇一個，但是熟習而生厭至少是其中一個主要的原因。一種舊的興趣往往經過多少時而復活，這或許是因爲熟習的影響已消失之故。

（十四）審美能力是否僅少數分子所具有？

審美能力，在人類中，究竟是怎樣分配的？這一個問題關係美術教學的原則很大。賽西洛夫，對於這個問題，也曾根據麥克多雷美術測驗的結果，加以統計的分析。他的結果表示：這種測驗的分數，形成一種連續的近似常態的分配，正和欣賞散文的能力一樣——根據卡羅耳（Carroll）的報告，三千中學兒童在散文欣賞測驗上的分數，形成一種連續的接近常態的分配；卡氏認爲他的測驗結果，可以表示欣賞散文能力的差異，係屬於程度的而不是屬於種類的。同樣地，在審美能力方面，我們可以下類似的結論，就是說：審美能力，各個人多少具有一點，並不是少數得天獨厚的人所單獨具有的。由此可見，審美的教學不妨普及。我國小學裏，普遍地設有美術課程，從心理學的觀點看來，不是沒有見地的。

（十五）怎樣訓練兒童的審美能力？

據茂勒（Muller）的研究，知道沒有美術素養的成人，欣賞的能力，和兒童差不多，可見欣賞能力是有待於訓練的。欣賞能力的訓練，一方面須參考以上所述的各種研究的結果以適應其興趣與能力；一方面須應用以下所述的各種教學的方法以指導其觀摩和鑑別。

一、指導兒童觀摩——例如搜集兒童所愛好的作品，供他觀摩。作品的種類愈多愈好。本地如有博物院，要常率領兒童參觀。在參觀之前，教師應

（續 37）

說明要點，在欣賞的時候，應讓兒童發表意見和情感。有時教師可以指定兒童在家庭中、學校內、或鄰近的地方去找尋美麗的事物，這樣，可以訓練兒童去發現自己環境的優美之處。

二、指導兒童鑑別——例如教師可以收集各種圖畫、書籍、糊壁紙等陳列在一處，叫兒童選擇自己需要的。教師又可以問兒童：「照你自己的目的看來，用那幾張圖佈置在本室內，才能使本室變成美麗堂皇」。又如逢到節日，事前可叫兒童選擇禮物的顏色和花樣。新年到了，兒童可以選擇許多畫片掛在自己的臥室裏，或選擇賀年片，寄給人家表示賀意。

複式教學研究

第十三區中心國民學校

——南京市國民學校複式教學研究會研究報告——

——駱繼倫——

本校遵照局方規定，主持複式教學研究會，借用南京市市立師範學校爲開會地點，本學期計於三十六年四月八日、五月六日、六月四日集會三次，出席各校代表暨指導人員，第一次五十九人，第二、三次各三十五人。每次集會，照預定問題均熱烈討論，詳細研究，茲作綜合報告如本文。複式教育研究會係從本學期開始，郊區學校，多係複式編制，對於複式教學問題研討尤感需要，本文報告當可有助于來學期的各校設施。惟教學研究，並非一成不變之事，研究改進，尚有待於各校之試驗並本研究會之繼續研究！

（一）複式教學意義和種類的研討：

1.何謂複式教學？

（1）有的學校，因各年級數目過少，或由於其他原因，把二個年級或二個以上年級，合編爲一學級，在一個教室中，由一個教師負責教學的叫複式編制。在複式編制學級內實施教學，就稱複式教學。複式教學時用的方法，就稱複式教學法。複式教學係因適應鄉村、救濟師資、節省經費的條件下才採用的。

附註：

（1）單級學校與多級學校係指學級數量而說的，全校祇有一個學級的稱爲單級學校，全校有兩個學級以上的稱爲多級學校。

（2）單式與複式係指學級編制而說的：如某學級的兒童祇是同一程度的，如同爲一上年級者爲單式學級；某學級爲兩個以上年級合成的，如一上、二上同在一教室者爲複式學級。

（3）單級編制與複式編制亦係指學級編制而說的；複式學級，係同一教室中有兩個以上不同程度的年級；單級係同一教室中有四個或六個不同程度的年級，而且程度是等差的，如一上、二上、三上、四上或一下、二下、三下、四下四個年級同在一教室者爲四年單級；四年單級再加上五上、六上或五下、六下同在一教室者爲大單級。大單級編制，不甚普通，過去曾有人實驗過。

2.學級編制種類如何？

（1）同學年複式編制：如，一上、一下合級，二上、二下合級。

（2）二學年複式編制：如一、二學年合級，三、四學年合級。

（3）三學年複式編制：如一、二、三學年合級，一、三、四學年合級。

（4）四學年複式編制：如一、二、三、四學年合級；又叫四年單級或小單級。

（5）五學年複式編制：如一、二、三、四、五學年合級；又叫五年單級或大單級。

（6）六學年複式編制：如一、二、三、四、五、六學年合級；又叫完全單級或大單級。

3.學級編制如何相宜？

（1）編制方法—最好採用彈性編制—能力分組。方法如下：

A先舉行智力測驗，考查兒童智力。

B次舉行教育測驗，補智力測驗所不及。

C根據教師判斷，加以分級。

（2）編制原則：A分級愈少愈好；B相鄰學年宜合編；C分級測驗宜求精密；D教師任課宜求專任。

（二）複式教學設備與坐位排列的研討：

1.設備應該有些什麼？

各校意見：（1）桌椅的陳設須使兒童便於活動，教師便於教學，便於管理。（2）教室前後兩方宜裝置大黑板，兩側壁間宜裝置小黑板。（3）設布幔、圖屏，供分組活動隔離之用。（4）各教室置一教桌，教師便於課前準備，將教材分別放置教桌抽屜內以備上課時應用。（5）備有練習卡片及兒童讀物多種。

研討結果：

（1）依照目前情况，每一複式學級最少有大黑板一塊，兩面活用小黑板兩塊，由教育局統籌製發。

（2）練習卡片，教師可自製應用，局方購發兒童讀物。

2.坐位排列如何相宜？

（1）坐位排列種類：

A橫排法：

優點：1.管理幼小兒童，比較便當。2.各組人數多少，湊補容易。

劣點：1.前列遮蔽後列，教師不便巡視指導。2.教師如在前列之後，管理頗不方便。3.使用黑板不便。4.不能適應聽力、視力有缺陷的兒童。

B縱排法：

優點：1.各組兒童聽講和教室管理都很便利。2.使用黑板非常便利。3.兒童自動作業時教師便於巡視指導。4.每組教學，教師可立於每組坐位之前，兒童注意力易於集中。

劣點：每組人數不均，排列不易整齊，教學起來比較困難。

C分組排法：

優點：1.坐位集中，兒童注意力易集中。2.教學時及維持秩序都便利。3.兒童學習興趣可以一致，且便於互相切磋。

劣點：1.各組人數不均，排列不易整齊。2.教室面積不大，而又缺少活動黑板，分組排列就感困難。

D活動排法：

優點：1.能切合學科性質和作業狀況。2.排列多變化，能增進兒童學習興趣。3.教師可以減少困難。

劣點：1.桌椅須活動便利的。2.教室須較大。3.教室四周要有黑板或活動黑板。

E向背排法：

優點：1.可以減少一部份耳目混淆的弊病。2.兒童相背坐，學習時或許可以專心。3.教室前後都設置黑板，使用頗便。

劣點：1.不適宜於全體教學。2.教師教學時跑前跑後不便利。3.教室管理很困難。

（2）坐位排列原則：

A低年級接近出入口。

B便於二組同教材教學。

C各年級宜劃分清楚。

D年級高的與年級低的兒童相鄰坐。

E注意教室光綫。

F顧全兒童生理，如近視、耳疾和注意力薄弱的兒童；身材的高矮，再決定坐位。

G注意教室秩序，如頑劣兒童，不能坐在一起。

H顧全兒童能力，優等生與劣等生相鄰坐。

研討結果：依照各校現狀，以縱排爲宜，仍須參酌上列各項原則，視各校教室面積大小、課桌椅情形合理排列。

（三）複式教科配合的研討：

配合方法：

（1）同時間、同教科、同程度。

（2）同時間、異教科、異程度。

（3）同時間、同教科、異程度。

研討結果：

（1）二學年複式編制，用同時間、同教科、異程度爲宜。

（2）國語、算術，可採用同時間、同教科、異程度教學。

（四）複式學級教室名稱的研討：

研討結果：△△合△△級　△△△△　△△△△合級

（五）複式教學中直接教導與自動作業的研討：

1.直接教學應注意那些事項？

（1）課前充分準備；（2）時間支配適當；（3）注意兒童自動作業，時以視力或巡視方法顧及自動作業之兒童；（4）課前先把自動作業材料準備妥善，以免浪費時間；（5）教師言語動作要敏捷，以免浪費時間；（6）教師聲調不宜太高，以免影響他組兒童；（7）多利用小黑板幫助教學，可多餘時間以作他組教學之用；（8）處理偶發事項要快；（9）利用助手幫助教學；（10）不但教材、教具要準備充分，即微小之事，亦應充分準備，如粉筆、教鞭，亦得安排適當地位，以免浪費時間；（11）常常留心自動作業的兒童，如已做完，要趕快結束，到那組實施直接教學；（12）如發覺自動作業　組有頑劣兒童不注意時，教師可慢慢移到那邊，不知不覺中，使頑劣兒童得以改過；（13）教師開始上課時，對自動作業一組兒童，要講解明白，以免直接教導時，發生問題。如有疑難，最好利用助手來解決。萬一有不會算的、不會寫的，可空在那裏，課後再解決。此種常規，完全要教師平時加以訓練；（14）無目的的事不要做，例如：算術的抄應用題，國語科的講解，常識科的查生字等，無謂浪費要儘量減少。

2.那些是良好的自動作業？

良好的自動作業的原則：

A運用手腦眼的工作。

B能多多利用教具提起兒童學習興趣的一種作業。

C能適應兒童能力強弱的一種作業。

D作業時間要用直接教學相配合的一種作業。

E要充分有變化不能呆板的一種作業。

F要有目的的作業。

研討結果：各教師依據以上原則選擇自動作業。

(六)怎樣訓練助手的研討：

1.助手有那幾種？

(1)助手又叫兒童助手，就是兒童作爲教師的助手，兒童間叫做導生或稱小領袖或稱組長。

(2)助手的種類以任務性質分：有教學助手，事務助手，訓練助手；以任期久暫分：有固定助手，輪流助手，臨時助手。

(3)助手的任務：

A秩序的維持；

B作業的督導：

1.幫助教師指導其他兒童自學。

2.幫助教師巡視訂正，批改成績、計算分數。

C事務的協助：

1.幫助教師預備教具及其他教學事項。

2.幫助教師整理各項用具。

3.幫助教師散發和收集簿本。

4.幫助教師登記、保管、募捐錢物、征集教具。

D事務的訓練：

1.幫助教師訓練課外服務等活動。

2.幫助教師監護兒童的活動。

3.幫助教師規勸其他兒童過失。

2.助手應如何選拔？

(1)選擇的條件：

A年齡較大，智力較高。

B學業行爲被大衆所稱許。

C具有一科特長(對於教學助手尤屬重要)。

D身體强健的。

E言語清楚流利的。

F做事不怕艱難而能有始有終的。

G能辨別是非加以公平的判斷的。

H思想敏銳能應付新問題，審察結果的。

I有互助合作的精神的。

(2)產生的方法：

A教師指定。B學生推選。C兒童自荐。D臨時產生。E輪流產生(各有利弊，教師從實驗中善予運用)。

3.助手應如何訓練？

(1)說明工作習慣與方法。(2)說明教室常規。(3)說明教具使用及保管方法。(4)說明作業簿表訂正方法。(5)養成勇於自動的習慣。(6)養成負責任的習慣。(7)教師的態度要注意公正，多用鼓勵方法。(8)注意助手本身學業。

(七)複式教學日課表配置的研討：

1.日課表配置的困難在那裏？

複式教學日課表的配置，教師一面要考慮年級的數目，一面要適合小學課程標準的規定，似難定一現成的日課表，只得附發日課表式三種以供參考。(表略)

2.日課表配置應注意那些原則？

一、每週教學時間，須視社會情形，家庭需要，並參照部頒課程標準規定而支配。

二、根據教材配合方法，注意自動作業與直接教導的科目相互搭配，以免聲浪衝突及枯坐無事之弊。

三、爲教學便利計，短節不宜在十分鐘以下；爲兒童心理計，長節不宜過五十分鐘以上。其間十分、二十分、三十分、四十分等，都可自由支配。同時短節可不計休息時間，長節須計休息時間。

四、每天上課節數，每節時間長短，宜隨兒童心理、年齡、及智力年齡而增加。

五、單調的作業，時間宜短，多變化的作業，時間宜長。

六、精神緊張的功課，宜與運動筋肉的功課，互相調劑；運用粗大筋肉之後，不可繼以運用細小筋肉功課，如寫字不宜在運動之後。

七、最費理解的功課，宜排在一日中通常精神最好的時間，如上午九時至十時。

八、同一性質的學科，不宜連續排列，以免兒童心神上發生厭惡。

九、教科複雜的一節中，時間不宜太少，以免不敷支配。

十、課後處理的學科，每日須互相勻配，否則課卷堆積批改不易。

十一、應注意衛生，體育課不宜排列在食前或食後的時間中。

十二、各級學科最好能排列整齊，以免兒童記憶。

(八)複式教學教案之研討：

由主持學校編擬低年級國常複式教案一種，分發各校參考批評，並請專家修正(教案略)。

(九)訂期舉行演示複式教學：

主持學校遵照第三次會議決定舉行演示複式教學，由寺莊國民學校芮兆芝先生擔任，時間爲六月十九日，事先由本校呈報教育局派員蒞臨指導，並函請各校會員參觀批評。是日到會會員四十二人，演示完畢後，續開批評會。各會員均以研究態度，客觀精神，提供意見，以求改進，情緒熱烈，興趣濃厚，直至五時半始散會各自返校。(教案及批評表略)

主持學校——南京市第十三區中心國民學校

(續40)

教局公佈欄

南京市教育局訓令

（卅六）教秘字第〇〇八七號
中華民國卅六年五月廿九日發出

令市屬各級學校
各社教機關

事由：爲關於從優撫卹殉職之地方行政人員一案轉令遵照由

案奉
市政府本年五月二十三日府總人字第五二三一號訓令內開：
「案准銓敘部本年五月十四日獎撫字第三八六七號公函內開：『案奉考試院三十六年三月廿四日人審字第二八三號訓令略開以准國民政府文官處函爲從優撫卹殉職之地方行政人員飭核議具復一案經以此項人員爲國殉職犧牲慘烈與抗戰守土傷亡人員情形相同所有此項因傷亡之文職公務員似可比照「抗戰守土傷亡文職人員從優給與退休撫卹金條例」及「文職人員戰地守土傷亡獎卹審核程序」各規定從優撫卹呈復鑒核在案茲奉考試院三十六年四月十一日人審字第五一五號指令開：「呈悉所擬核尚可行應准照辦除函復文官處外仰即知照并分行各有關機關查照此令」等因奉此除分行外相應函請查照』等由准此除分令外合行令仰知照并飭屬知照」
等因奉此合行令仰遵照
此令

兼局長馬元放

南京市教育局訓令

（卅六）教秘字第〇〇九〇號
中華民國卅六年六月四日發出

令所屬各級學校及社教機關

事由：爲奉令飭知三十六年度教職員退休金及年撫卹金以六月份待遇標準爲增給比例由

案奉
教育部三十六年五月十九日人字第二七三〇八號訓令內開：
「查學校教職員年退休金及年撫卹金依照規定每年調整一次三十六年度業經呈奉核定以六月份現任教職員之待遇爲按比例增給之計算標準合行令仰知照并轉飭知照」
等因奉此除分行外合行令仰知照
此令

兼局長馬元放

南京市教育局訓令

（卅六）教秘字第〇〇九三號
中華民國卅六年六月六日發出

令市私立中小學及社教機關

事由：爲奉令抄發重慶市參議會提倡愛用國貨原呈暨原提案各一件令仰切實遵照由

案奉
市政府三十六年六月三日府總社字第五五一三號訓令內開：
「案奉　行政院交辦重慶市政府呈爲准重慶市參議會函送提倡愛用國貨一案抄附原呈及原提案各一件飭辦等因奉此除分令外合行抄附原呈令仰遵照并轉飭所屬遵照爲要」
等因附抄原呈暨原提案各壹件奉此自應遵辦合行抄附原件令仰切實遵照爲要
此令

附抄原呈暨原提案各壹件

兼局長馬元放

抄原呈

案准重慶市參議會三十六年三月十三日壹議字第八一九號公函檢送第一屆第四次大會決議案關於成立愛用國貨運動委員會以免資金外溢而期人民生計一案提供辦法五項請查照辦理等由准此除該項提案辦法一二三五四項業已令飭本市社會局遵照辦理外其第四項分電中央政府通令各級政府凡公家購用物品時除國貨無代替品外必須全部購用國貨擬請通令各機關遵行以示倡導等語經查不爲無見是否可予照辦理合抄同原提案呈請鑒核示遵謹呈行政院附抄呈原提案一份重慶市市長張篤倫

查本案擬照原提案辦法辦理如左：
一、聞報載國貨廠商聯合會將於本年七月一日舉行國貨展覽會擬令飭該會及工協會重慶市分會知照是時舉行展覽會時併同舉行愛用國貨宣傳週以資節省經費而增提倡國貨效果當由本局儘量予以協助及指導
二、五、分令本市各工商團體並呈請經濟部通令全國各省市工商會提倡勸勉
三、擬具府稿令飭本市各局處首長倡導並勸勉部屬
四、擬府稿呈行政院通令各機關遵行以示提倡

南京市教育局訓令

（卅六）教秘字第〇〇九六號
中華民國卅六年六月十日發出

令市私立各中等學校

事由：奉　部令發邊疆學生待遇辦法令仰知照由

案奉
教育部本年五月二十六日參字第二八六〇四號訓令內開：
「查本部前於民國三十三年六月二日頒佈之邊疆學生待遇辦法茲經修正公佈依照該項辦法第四第五兩條規定邊疆學生升學內地中等以上學校應予從寬甄試錄取該項錄取標準應比照一般學生酌予減低除分行外合行檢發該項修正邊疆學生待遇辦法一份令仰知照并轉飭知照」
等因附發邊疆學生待遇辦法一份奉此合行令仰各該校知照
此令

附發邊疆學生待遇辦法一份

兼局長馬元放

邊疆學生待遇辦法

「教育部第二八六〇三號部令公佈（卅六年五月廿四日）」

第一條　邊疆學生之待遇除法令別有規定外依本辦法之規定辦理

第二條　本辦法所稱邊疆學生係指蒙古西藏及其他語言文化具有特殊性質地方之邊族學生而其家庭居住於原籍者

第三條　邊疆學生志願升學內地中等以上學校得由左列各機關向教育部保送

一、蒙藏委員會

二、蒙古盟旗機關

三、西藏地方機關

四、各邊省省政府或主管教育行政機關

五、國立邊地中等以上學校

第四條　保送升學之學生每年由保送機關與教育部商定名額由教育部審核分發令各校依照左列辦法辦理

一、從寬甄試成績及格者作爲正式生

二、成績不及格者作爲特別生俟修滿一學年時成績及格者改爲正式生不及格者得由校酌准留級一年留級一年仍不及格者勒令退學

三、國文國語及其他基本科目程度較差者設法另予補習

第五條　除前條依一定名額分發之學生外其餘志願升學內地中等以上學校者應自行報考惟得由第三條所列各機關予以證明由升學學校酌予從寬錄取

第六條　邊疆學生原在內地學校肄業或畢業者不得申請保送

第七條　邊疆學生在國立邊地中等以上學校肄業或在內地設有公費之中等以上學校肄業其家境確屬清寒者准予核給公費不受名額限制

第八條　邊疆學生在肄業期間如遇特殊事故或經濟情形確實困難無力負担服裝書籍等費者得呈由學校轉呈教育部請發特別補助費每人每月以一次爲限其數額視實際情形定之

第九條　邊疆學生有僞造學歷假冒籍貫者除開除學籍外并由所在學校向保證人追繳其在校一切費用及補助費

第十條　本辦法自公佈日起施行

南京市教育局訓令

（卅六）教人字第〇三六七號
中華民國卅六年六月十二日發出

事由：爲公教人員違法瀆職除受行政處分外應受法律制裁令仰知照由

令各所屬機關

案奉

南京市政府三十六年六月六日府總祕字第五六二〇號訓令內開：

「案准內政部本年六月三日民字第六二四七號代電開：『案據江蘇省南通縣臨時參議會代電建議公務人員如有違法瀆職情事除受行政處分外應由法律制裁請鑒賜採納以肅官箴等情查公教人員如有違法瀆職情事除應受行政處分外應受法律制裁一節早經通行在案茲據該會議建議除分行並電復外相應抄同原件電請查照』等由附抄送原件一件准此除分行外合行抄發原件令仰知照」等因附發江蘇省南通縣臨時參議會建議一件奉此自應遵辦合亟刊載上項原件令仰知照

此令

附錄原件

兼局長馬元放

錄原件

內政部部長張鈞鑒查本會第三次大會討論事項特別組第一案「公務人員如有違法瀆職情事除受行政處分外應受法律制裁以肅官箴案」一案僉以公務人員以奉公守法爲第一要義如有違法瀆職情事發生既已觸犯刑章自不能僅以撤職免職辭職一走了事經議決「分電各級政府請予嚴格採納施行」等語記錄在卷爲特錄案肅電鈞座敬乞鑒賜採納以肅官箴實深企禱

江蘇省南通縣臨時參議會議長錢笑吾叩（卅六）卯佳印

南京市教育局訓令

（卅六）教三字第〇四五七號
中華民國卅六年六月十九日發出

事由：爲令仰酌量訂閱民衆週報由

令市立各社教機關

案奉

教育部本年六月十日社字第三一八六七號訓令內開：

「案據民衆週報社呈稱：『近擬編印民衆週報一種以利民衆教育之推行并擬定每期印壹萬份除自行推銷外請通令各省市教育廳處局轉飭各級社教機關訂閱』等情到部查該週報內容尚佳適合民衆需要確爲優良讀物合行令仰該廳處局轉飭各級社教機關逕向蘇州國立社會教育學院民衆讀物社酌量訂閱爲要」等因奉此合行令仰酌量訂閱爲要

此令

兼局長馬元放

南京市教育局訓令

（卅六）教祕字第〇一〇七號
中華民國卅六年六月廿三日發出

事由：爲奉轉各縣市清理公有款產奬勵舉發辦法修正條文令仰知照由

令所屬各機關學校

案奉

南京市政府三十六年六月十七日府總祕字第五九六二號訓令內開：

「案奉行政院本年六月十二日從叁字第二二五六三號訓令開：『查各縣市清理公有款產獎勵舉發辦法第七條第二項條文業經本院修正公佈應予通飭施行除分令外合行抄發該修正條文令仰知照并轉飭所屬知照』等因抄發各縣市清理公有款產獎勵舉發辦法修正條文一份奉此除分行外合行抄發原修正條文令仰知照并飭屬知照」

等因附發各縣市清理公有款產獎勵舉發辦法修正條文一份奉此合行印附原修正條文令仰知照

此令

附各縣市清理公有款產獎勵舉發辦法修正條文一份

兼局長 馬元放

各縣市清理公有款產獎勵舉發辦法第七條第二項修正條文

前項提獎標準依百分之二十計算者其每宗獎金最高不得超過五十萬元依百分之十計算者其每宗獎金最高不得超過二百五十萬元

南京市教育局訓令

（卅六）教三字第〇五五九號

中華民國卅六年七月八日發出

事由：為奉令抄發厲行全國總動員以貫澈和平建國方針原提案令仰遵照辦理由

令市屬各公私立中小學校
各社教機關

案奉

市政府三十六年七月九日府總祕二字第六七〇七號訓令內開：

南京市教育局訓令

（卅六）教一字第一四四六號

中華民國卅六年七月十九日發出

事由：奉部令統一解釋兵役法第二十四條第一項高中以上學生一詞及師範生於畢業後之徵訓與服務辦法仰遵照由

令各市私立中等學校

案奉

教育部本年六月第三七一〇一號訓令開：

「查新兵役法公佈實施後關於該法第二十四條第一項『高中以上學校學生未畢業者』一詞及同條第二項下半段所稱學生於畢業後徵集

入營完成預備幹部教育一節均應明白解釋茲經本部會同國防部訂定辦法如次（一）與高中同等之師範學校職業學校或其他修業期限在四年以上之簡易師範鄉村師範等學校未畢業學生得比照高中以上學校未畢業學生之規定予以緩徵（二）師範或其同等之簡易師範鄉村師範學校學生於畢業後即應受徵入營完成預備幹部教育再依規定之期限服務教育工作於戰時得依兵役法第二十六條第一項第二款之規定予以緩召以上兩項經兩部呈奉

行政院三十六年五月一日從貳字第一六四〇二號指令內開：「會呈悉所擬兩項解釋應予照准除通令外仰即遵照並轉飭所屬遵照此令」等因奉此除分令外合亟令仰該局遵照並轉飭有關所屬遵照又查邊疆四年制初級職業學校學生亦適用本辦法（一）（二）兩項之規定併仰遵照」

等因奉此合行令仰遵照

此令

南京市教育局訓令

兼局長馬元放

（卅六）教四字第〇六七〇號

中華民國卅六年七月一日發出

事由：爲奉令轉發中文聲請歸還刼物表格一份令仰知照並飭屬知照由

令公私立中小學及社教機關

案奉

南京市政府（卅六）府總抗損字第五八七七號訓令內開：

「案准　行政院賠償委員會本年六月六日京（卅六）字第一〇五八號公函內開『查關於請還敵刼物資一案前經於三十五年十月二十六日電附本會製訂調查要點及表式暨三十六年三月二十七日電附盟軍總部新訂聲請歸還刼物表格（英文）請查照轉知填報各在卷本會先後收到該項請還刼物表件核與規定應行列報事項尚多未儘符合經另案分別還請轉知更正茲爲手續簡便並使聲請人易於明瞭應行列填報事項特再詳細說明合併填報方法如次：（一）先發之調查表無需填報祇填報後發之盟軍總部新訂表格中英文（中文表用十行紙依式填明英文表用照前發表格大小之道林紙依式譯填）各一式四份送會以備存轉（二）將合於調查要點第一項範圍規定之被刼物資原應填於調查表中「名稱」「說明效用」「原裝地址」「辨識特徵」四欄之事項概行次第填明於刼物表格第一條四項「被刼財產詳細說明」行後原應填於調查表中「拆遷年月」「拆遷機關或某部隊」「拆遷時有無條據或其他證據」「從何港口搬走」「運往何地」「現裝何地」六欄之事項概行次第填明於刼物表格同條C項「被刼事由」行後至刼物表格同條B項「所有權之證明」行後仍照前定填明所有權之來由及所有權人之姓名住址（刼物表格第二、三、四條無需填註）（三）被刼物資如不能確知運往日本本土或已被毀壞原物不復存在或係零碎物件不合調查要點第一項範圍所規定不得填報刼物表格可照本會前頒之抗戰損失調查辦法或依財產損失查報（四）就中文表格後即照譯填英文表格各於紙尾加蓋聲請人圖章（五）檢附被刼奪原始證件及所有權證件抄本（如有該物標識照片亦需附送）以上各點除分電外相應抄附中文表格全份函請查照轉知依照迅速填報以憑核轉洽還爲荷』等由抄附中文表格一份准此查關於請還敵刼物資一案前經本府於本年元月二十三日及四月十日先後令發調查要點暨規定表格（英文）飭遵辦各在卷茲准前由除分行外合行抄附中文表格一份令仰知照並轉飭知照」

等因並附抄發中文聲請歸還刼物表格一份奉此合行抄發原表一份令仰知照並轉飭知照

此令

附抄發中文聲請歸還刼物表格一份

聲請歸還刼物表格

兼局長馬元放

一、聲請國政府茲按照遠東委員會會員國各代表共同議訂並經美京華盛頓聯合參謀本部於一九四六年七月二十五日指令盟軍總部執行之條款提出聲請書請求將後開被日本政府（或日本軍隊或其所指使之人或日本人民）刼走之財產歸還聲請人

A被刼物資詳細說明（此項應敍明足資檢證物資之一切標識如有照片亦可附粘）

B所有權之證明（此項應敍明所有權之來由附具證明文件抄本註明所有主姓名住址倘若有主不屬於聲請國之國籍應敍明其國籍）

C被刼事由（此項應簡單敍述被刼時之情況與環境如係有條件被刼並應敍明其條件）

二、上述被刼財產請交還與本國政府駐日本某地代表（如係船舶得在日本國外西太平洋一地點交還）聲請人同意接收現有狀況下之原物

三、上述歸還財產自應由聲請國政府妥予着落日後如有其他國家政府或人民提出與本件相抵觸之請求時願遵從聯合國裁決

四、本件聲請書並不妨礙聲請國政府將來再對日本政府提出其他與本件有關之請求

此致

盟軍總部

聲請國政府具

地點

日期

南京市教育局訓令

（卅六）教人字第〇四一二號

中華民國卅六年七月一日發出

事由：爲轉發第三屆學術文考課應課須知令仰知照由

令所屬各機關學校

案奉

南京市政府三十六年六月二十六日府總人字第六二五九號訓令內開：

「案准考選委員會本年六月　日京會任創字第二三一號公函開：『查本會爲提倡學術鼓勵公務員進修起見前經擬訂第三屆公務員學術文考課應行公告事項呈奉　考試院令准施行在案茲依照該項公告事項訂定應課須知擬請貴市政府轉令傳以利進行而弘獎進相應檢同前項考課應課須知及應課人姓名履歷表各五十份隨函送達即希查照公布或翻印分發各職員參考并轉令所屬機關知照爲荷』等由附送第三屆學術文考課應課須知及應課人姓名履歷表各五十份准此除公告并分令外合行檢發原表件令仰知照并依照分別翻印分發各職員暨所屬機關一體知照」

等因附發第三屆學術文考課應課須知及應課人姓名履歷表各一份奉此合行印附原表令仰知照

此令

附考試院考選委員會舉辦第三屆學術文考課應課須知及應課人姓名履歷表各一份

兼局長馬元放

考試院考選委員會舉辦第三屆學術文考課應課須知

一、應課人以黨政軍各機關在職公務人員爲限

二、考課論文分正題副題兩種正題由考課委員會擬發副題由應課人就左列各項範圍內自行擬定之

1.關於　國父遺教　總裁言論之專題研究者

2.關於實施憲政之研究者

3.關於世界和平之研究者

4.關於經濟建設之研究者

5.關於考銓制度之研究者

三、凡應課人須就正副題各選作一篇文體不拘字數至少以三千字爲限少於三千字者不予評閱所用參考書籍應於篇末開列其於文內引用參考材料者並應註明註明時得依引用次序冠以（一）（二）（三）（四）等數字

四、課卷紙一律用紅格十行紙每行二十五字字跡務須清晰並加標點

五、應課人繳卷時除首頁外不得於課卷上書寫本人姓名

六、應課人應塡具姓名履歷表隨同課卷掛號寄遞南京試院路考選委員會通訊地點如有變更並應隨時聲請更正

七、正題及副題成績合計爲總分數時正題佔百分之六十副題佔百分之四十應課人總分數在八十分以上者爲超等七十分以上者爲特等六十分以上者爲一等

八、錄取名額及獎金數額規定如左

超等第一名	二十萬元
超等第二名	十四萬元
超等第三名	十萬元
特等第一名	八萬元
特等第二名	七萬元
特等第三名	六萬元
特等第四名	五萬元
特等第五名至第七名	各四萬元
特等第八名至第十名	各三萬元
一等第一名	二萬元
一等第二名	一萬六千元
一等第三名	一萬四千元
一等第四名至第十名	各一萬二千元
一等第十一名至第十二名	各一萬元

前項錄取名額得視應課人之成績酌予增減應課論文內容特優者得由考課委員會加給獎學金但以二人爲限

九、本屆考課收文截止日期訂爲八月三十一日遠道以郵戳爲憑

（附）考課試題　（正題）

壹、關於　國父遺教及　主席言論之研究者

一、五五憲法草案，幾經修正成爲去年提付國民大會之中華民國憲法草案，試根據建國大綱與　國父其他遺教，將五五憲草與國民大會通過之中華民國憲法，比較研究之。

二、　國父嘗謂民生是歷史的中心，又謂民生問題是社會的原動力，而於社會進化之原因特別重視人類之互助，試加以分析研究，並論　國父民生哲學對於建立今後世界和平之重要關係。

三、地方自治爲國家建設之基礎，　國父對於實施自治有詳盡之規定，　蔣主席秉承遺教，制定縣各級組織綱要，乃有新縣制之施行，推行以來成效未宏，流弊難免，究其原因所在，人事制度之不健全，關係至大，望參酌各國制度，斟酌國情，設計今後建立地方人事制度，增進地方行政效能，並以地方自治爲基礎，而鞏固國家統一發展之方案。

四、建國方略中有建設中國十萬英里鐵路之計劃，　蔣主席在所著中國之命運中，主張開始十年內先行建造二萬公里。試以國計民生之需要爲標準，就　國父原定十萬哩之路線中，選擇應先建二萬公里之路線，並說明其理由。

五、　國父有精神物質相輔不可分與精神重於物質之遺訓，　蔣主席於精神力量之重要更多闡發，試就　主席言論發揮此義者申論　主席領導革命與抗戰成功之要素。

六、　蔣主席推原我國固有思想與　國父知難行易之學說，闡發以力行爲中心之革命哲學，試分析推論力行哲學在中國學術上之淵源，並闡述此種思想與　主席革命功績，相爲關聯之故。

七、戰後經濟建設，以實業計劃爲準則，　蔣主席以實行此計劃最初十年中所需完成之工作，對於煤鐵汽油以至木材等十六種物資需要量，皆有大概數字之提示，試就其所定之範圍參照中國現時原料生產與工業製造之能力，分析本國可能供應與必須借助外貨者，擬訂一推進生產，發展進出口貿易，以達成上述物資供給數量之

方案。

貳、關於實施憲法之研究者

一、國民大會制憲時，有主張即由本屆大會行使憲法所賦與之職權者，亦有主張定期施行者，其理論上之根據及得失如何，試就外國先例及遺敎所昭示者以對。

二、公職候選人共公職有行使政權者，有行使治權者，有代表民意者，有擔任自治行政者，應如何分別規定，始可適合目前情形，而救選舉制度之窮。

三、考試取才與公務員保障應如何配合實施始能求人事制度之健全。

四、考試權依憲法規定，應包括公務人員之任用，其行使之範圍程度方式及步驟應如何釐定方可順利推行。

叁、關於世界和平之研究者

一、試闡述聯合國憲章中之主要原則。

二、何謂五强否决權，其於世界和平有益抑有害，試就現實局勢，加以詳述。

三、試比較託治制度與委任統治制度之優劣。

四、國際爭議之起因除利害關係而外與雙方在思想上制度上之不同，有何關係，試舉例以說明之。

肆、關於經濟建設之研究者

一、中華民國憲法關於國民經濟及社會安全之規定與中華民國訓政時期約法關於國民生計之規定孰優，試比較評論之。

二、戰後我國通貨膨脹，產業不振，試檢討其原因，並妥籌挽救之策。

三、二五減租推行已久，迄未收效，是否另有更妥善之保護農民方案試各抒所見以對。

伍、關於考選制度之研究者

一、學校與考試之聯繫，其在吾國肇始於何時，形成於何時，其制度推行之結果利弊何若？試詳究以往之史實而申論之。

二、考試錄取之標準，有主張分省定額者，有主張自由競爭者。又有主張有限度之分省定額同時又爲有限度之自由競爭者，試從教育制度與教育政策上及考選制度與考選政策上闡發其利弊得失，並擬具切實有效之具體方案。

三、方今任命人員考試及格人員，本有分發學習之制，試參考吾國古代制度及歐西各國之先例檢討其實施之效果。

陸、關於銓敘制度之研究者

一、公務員平時考核如何推行，始能發揮效果，其考績標準如何規劃，始能切合實際，獲致公允，試參考現行公務員考績條例及前代與並世國家考銓制度加以論列。

二、依建國大綱第十五條規定中央及地方人事制度之建立，其權責自係屬於中央，但在實施上應如何分別規定其限度，又縣之人事制度例如縣長一方執行中央及省委辦事項，一方綜理縣自治事項，在任免考核權之行使上如何使其協調而不相衝突，並能兼顧中央及省政令之推行與縣自治事項之進展，又如縣政府及所屬自治行政人員，其考試銓敘及人事管理與中央及省人事制度如何分別建立，並切實聯繫，試就法律政治兩方而切實規劃之。

應課人姓名履歷表

課字第　　號

姓名		姓別		年齡		籍貫	省　縣/市
學歷							
經歷							
現任職務				最近通信處			
現職等級				應課人	(簽名蓋章)		
中華民國三十　年　月　日							

說明：此表依式以毛筆正楷填寫隨同課文寄南京試院路考選委員會

南京市教育局訓令

(卅六)教人字第〇四一一號
中華民國卅六年七月一日發出

事由：爲令知凡抗戰期間中任職以來調派參加接收工作或繼續任他職之年資得變通計至卅五年底止仰知照由

令所屬各機關

案奉

市政府三十六年六月二十一日(卅六)府總人字第六一二九號訓令開：

「案准　銓敘部本年六月十四日甄任字第七二〇〇號公函內開：「案准遼寧省政府毋寒電略以本省組織在抗戰以後所有各級人員在抗戰期中多在後方服務嗣以參加接收而任現職與一般離職不同請依從寬計資辦法之規定以現職年資計至三十五年底止等由查該項辦法原爲救濟在抗戰期內任職現尙在職人員於三十六年六月底以前送審者得以其職年資作爲曾任年資予

以計資此項人員自以在本機關服務或繼續調任本機關職務者爲限收復區各省市恢復建制後所有參加接收工作人員與上項條件自未能盡行吻合本部爲求貫澈從寬計資辦法之原意對遂寧省政府建議事項加以縝密研究認爲情形特殊實有變通辦法以廣救濟之必要爰決定「凡在抗戰期中任職以奉調派參加接收工作或繼續任他機關職務確未中斷能提出證明者所任年資得依前項辦法計至三十五年底止」至送審人員倘以限期迫促不能於本月內辦理送審手續者應一面儘先造其名册於本年六月底以前寄送本部備査仍一面從速塡表檢證送請銓敍以符法令除分行外相應函請査照并請轉知爲荷」等由准此除分令外合行令仰知照并轉飭知照」

等因奉此合行令仰知照

此令

兼局長馬元放

南京市教育局訓令

(卅六)敎四字第〇六七七號
中華民國卅六年七月二日發出

令公私立中小學及社教機關

事由：爲奉令轉知厲行節約轉移風氣應以身作則率先倡導仰遵照並飭屬遵照由

案奉

南京市政府(卅六)府總祕字第六〇一五號訓令內開：

「案准內政部卅六年六月十三日禮四字第一三九四號公函開：「査厲行節約轉移風氣爲建國之要圖前經新生活運動促進總會訂定推行節約運動實施辦法通行全國實施在案凡公務人員自應以身作則率先倡導積極推進俾克奏效乃聞各地仍時有於長官任職若干週年舉行紀念或於到職去職盛宴迎送或逢婚喪喜慶大事舖張收受餽贈等情事此種行爲虛耗財力有違節約亟應禁止以端風尚除分行外相應函請査照飭屬遵照」等由准此合行令仰遵照并飭屬遵照」

等因奉此合行令仰遵照並飭屬遵照

此令

兼局長馬元放

南京市教育局訓令

(卅六)敎人字第〇四六一號
中華民國卅六年七月十八日發出

事由：爲僞組織下民敎館及圖書館職員應比照僞組織學校敎職員辦理仍應依法受限制轉令知照由

案奉

南京市政府三十六年七月八日府總民字第六六八一號訓令內開：

案准內政部三十六年六月廿五日民字第七二〇一號代電以僞組織下之民敎館圖書館職員等是否應受僞組織或其所屬機關團體任職人員候選及任用限制辦法之限制疑義一案經函准考選委員會轉准敎育部復以民敎館及圖書館工作人員向係視同學校敎職員性質有僞組織下民敎館及圖書館職員應比照僞組織學校敎職員辦理等由是項人員既係比照學校敎職員辦理自仍應依法受限制囑査照等由准此除分行外合行令仰知照并飭屬知照

等因奉此合行令仰知照

此令

兼局長馬元放

南京市教育局訓令

(卅六)敎祕字第〇一一八號
中華民國卅六年七月廿三日發出

令公私立中小學及社敎機關

事由：爲國立禮樂館出版之禮樂半月刊仰酌訂由

案准國立禮樂館七月十日函字第一一八一號函開：

「竊本館以研究制作之餘編行禮樂半月刊資與社會人士共相討論既關國家鴻業亦於社敎有裨現已發行至第七期本京各機關業多訂閱惟各省流通尚未普遍擬請貴局通令所屬文化機關一律訂閱實紉公誼」

等由附價目表及訂閱辦法一份准此合行抄發原表令仰該校館酌訂

此令

附禮樂半月刊暫定價目表一份

兼局長馬元放

禮樂半月刊暫定價目表

項別	期數	價目	備註
零售	一期	一、〇〇〇元	本刊定價國幣計算郵票代替以百元票面爲準每期郵費平寄不另收費如需掛號另加掛號費七百五十元航寄另加航費三百元
預定半年	十二期	一〇、〇〇〇元	
預定全年	二十四期	二〇、〇〇〇元	

南京市教育局訓令

(卅六)敎四字第〇七二二號
中華民國卅六年七月廿三日發出

事由：爲公務員生補費及新俸加成數收據免貼印花之規定自新稅法公佈後廢止一案令仰知照並轉飭知照由

令公私立中小學及社教機關

案奉

南京市政府（卅六）府總會字第六九〇八號訓令內開：

「案准財政部本年七月十日直（三）第四四〇三二號公函開：「查本年六月六日國民政府公布施行之印花稅法第十六條稅率表第卅五目勞務報酬收據簿摺例規定按所具金額每千元貼印花一元惟員工每月總收入未滿四十萬元者其薪酬收據免貼是員工每月總收入超過四十萬元者即應依法每千元貼用印花稅票一元前公務員生活補助費及薪俸加成數收據免貼印花稅票一案自應於稅法公布之日起廢止相應函請查照轉飭所屬知照」等由准此除分令外合行令仰知照並轉飭所屬知照」

等因奉此合行令仰知照並轉飭所屬知照

此令

兼局長馬元放

南京市教育局公告

（卅六）教二字第一五四六號
中華民國卅六年八月一日發出

案奉

教育部國字第三八一四〇號代電開「查國定本教科書版本一覽表，及初小國常、算術，高小公民、國語、歷史、地理、算術、自然等勘誤表，業經電發在案。茲據本部國定本教科書樣本審查委員會報稱，發見各課本中尚有若干錯誤處，經續製勘誤、補遺（一）（二）兩種，合行隨發上項勘誤補遺各一種，電仰轉飭遵照」。

等因；附發上項勘誤、補遺各一種，奉此，合行公告各國民學校遵照，特此公告

附勘誤補遺各一件（存局備查）

兼局長馬元放

編輯室報告

本刊自第二卷第一期起，改用道林紙封面，加印各校活動照片，面目一新，想當爲讀者讚同，現自本期起，擬從形式方面到內容方面，再加以革新：

一、每期加註總頁碼，以便全卷終了時，編輯總目錄。

二、排版式樣略予活動，以免呆板，重要文題加花題頭。

三、每期頁數自二十頁至三十頁，每頁改排三十五行，以期盡可能地擴大容納量。

四、自本期起增加「京市文敎通訊」一欄以便本市文教機關互通消息。該欄擬請各校自動投稿，報告各該校重要活動，並附活動照片。本刊自本期起，封面照片，改用各校校門、校舍及設備，亦望各校選片送備應用。

五、公佈專欄，以後擬盡量選刊重要的教育法令，其他普通的令文總想少刊一些，因爲教育法令，總是我們教師應該知道的。

六、本市上學期各組教學研究會，研究頗有成績，本期刊出複式教學研究報告、極切實用。本室願望各組研究會的主持學校，能將各該組的研究報告，從速整理分送本室一份，以便選刊。

七、本市上學期的分區或全市性的演示教學，也頗著成績，報告在本刊發表的有一區中心校報告的低級國常公開教學教案及批評會紀錄。其他各科紀錄，亦有尚未分交本室的，也盼能有交到，亦當分別刊佈，以利觀摩而改進教學。

八、本刊爲全市的教育刊物，內容應綜合中等教育、國民教育、社會教育，故稿件來源，不僅希望國民學校教師投稿，各中等學校教師及各社教機關工作人員，統有向本刊投稿的權利和義務。本刊過去也曾發表過不少無關於國民教育的其他方面稿件，今後還是這樣，不過本室很希望能有實際材料的供給，不願意作空洞理論的發佈。這當然又得看來稿的性質了。

九、其他教育文藝、通訊、研究等稿件，本刊也很歡迎。

十、最後談談本期內容：

1.本期刊布了兩篇遠東區基教會議代表對本市教師的講演詞，內容固未經原講者校正，亦未送翻譯先生看過，如有錯誤，記錄者負責。這兩篇講稿，前一篇強調教師對世界和平的責任重大，應爲吾人同情和自覺。第二篇詳述紐西蘭基本教育的普及和充實，足資吾人警惕和努力，吾人不妨以這樣的美麗遠景，作爲吾人工作的標的。

2.男女兒童差異問題，作者儲笑天先生根據各家的研究結果，作綜合的陳述，很足以供我們參考，並且有好多地方，是要打破我們的成見的，我們更要注意應用到實際上去，或再加以實驗研究。例如鄉村兒童的青年期早於城市的兒童等問題，本市城鄉皆有學校，願富有研究興趣的教師們多作些觀察、調查、研究的資料，送來本室，以便統計研究。

3.幼兒語的特徵一文，熊祖祿先生費了很長的時間，作成這個實驗和報告，我們非常欽佩，這個工作正待我們繼續努力，熊先生的大著，可以說是給我們做個起頭。因爲這件工作，很需要更多的調查統計，才能得到更完善的幼兒用語的正確字彙。幼兒的字彙研究，是編輯幼稚生讀物和小學低年級教科書最合理的根據。這一工作，我們希望本市的其他幼稚園和各級國民學校的幼稚班與一年級的教師們，作有毅力、有耐心的研究，在這一學期終了，能有幾篇類似這樣的報告。

4.兒童欣賞圖畫的心理研究一文，程法泌先生也很指出了兒童的繪畫心理發展和很多關於繪畫教學的實際問題。

5.複式教學的研究等文，上面已有述說了，不贅。（駿）

本刊徵稿簡約

一、本刊稿件以左列各項爲範圍：

1.教育論著，
2.實驗研究，
3.各科教材，
4.優良事例介紹，
5.書報評介或讀書報告，
6.調查統計，
7.教育法令，
8.教育消息。

二、本刊除約專家撰著外，歡迎本市中小學教師及外界投稿。

三、來稿文言白話不拘，但須扼要切實，並繕寫淸楚，附加標點；如有圖表，並請用墨色繪製端正，以便製版。稿紙請勿兩面寫！

四、來稿每篇以壹千字以上，五千字以下爲原則。

五、來稿須具眞姓名，并須註明詳細通訊地址和本人略歷。

六、本刊對來稿有刪改權。共不願刪改者，須預先聲明。

七、來稿一經刊載，版權即屬本刊，但聲明保留者不在此限。

八、來稿經刊載後；當致酬現金；但本局與各附屬機構槪况介紹與報告性質之稿件，酌贈本刊，不另致酬。

九、來稿用否，槪不退還，共附足郵資者，得於不用時寄還。

十、來稿請寄南京（一）市教育局首都教育出版社。

「自製教具專號」徵稿啓事

本刊爲配合本年十一月十二日本局舉辦全市國民學校各科教具展覽會，擬於十一月號，即第二卷第五期編印「自製教具專號」，敬希本市各級國民學校，將各該校自製教具的名稱、圖樣、製法、使用及使用該項教具的教學方法，詳細說明，撰賜宏文，儘十月三十日以前逕送本刊，以利編輯而充實內容爲盼！其他有關自製教具的理論與經驗，如荷各校教師自由撰稿寄賜，亦所歡迎！

首都教育出版社謹啓

首都教育

第二卷 第二、三期

民國三十六年九月十六日出版

編輯者　首都教育出版社

發行者　首都教育出版社
社址：南京市教育局內
電話　總機二一一三〇—五
　　　分機二二

印刷者　大明印書館
南京：洪武路三一一號

經售處　首都教育出版社
南京各大書局

本刊價目

項別		期數	價目
零售		一期	二千元
長期定閱	半年	六期	壹萬元
	全年	十二期	二萬元
備註	一、特大號或有特殊需要時得提高售價。 二、半寄，郵費不加。 三、本期合刊零售國幣叁千元		

廣告刊例

地位	面積	每期價目
封底	全頁	國幣拾五萬元
	二分之一	國幣八萬元
	四分之一	國幣四萬元
封裏	全頁	國幣十二萬元
	二分之一	國幣七萬元
	四分之一	國幣四萬元
普通	全頁	國幣十萬元
	二分之一	國幣六萬元
	四分之一	國幣三萬元

首都教育

馬元放題

第二卷　第四期

中華民國三十六年十月十六日

◀衛生教育專號▶

論著

教學材料

實施報告

京市文教通訊

↑市立師範學校

↑第二區遊府西街國民學校

↑南京市私立鼓樓幼稚園

推行國民體育的方向

——三十六年度體育節（九月九日）廣播詞——

沈　怡

體育的重要性，一般人大概都能了解。民族的健康，國家的強盛，皆與國民體育的發達有深切關係。吾人每見國民體格強健的國家，輒有蓬勃興隆氣象；反之，國民體格衰弱者，不免令人與萎靡不振之感。就個人而言，體格強健的人，對人愉快而富同情，遇事樂觀而能積極，體格衰弱的人，對人憂鬱而多不滿，遇事悲觀而難持久。處此競爭劇烈的時代，無論從個人、社會、國家、民族、各方面觀察，吾人均不能不重視體育。

我國向來以體育與德育、智育並列，已充分表示對於體育的重視；但實際上，一個品格高尚、智識豐富的人，如果沒有強健的身體，便易精神疲之，未老先衰，常不能盡展其所長，這在國家民族不免是重大的損失、「健康的精神，寓於健康的身體」體育的重要性，自此一觀點視之，且凌駕在德育智育之上；我國沒有德育節與智育節而獨有體育節，或係根據此意。

我國既對體育如此重視，且已提倡多年，何以我國一般國民的體格仍不十分健康，仍未能湔雪「東亞病夫」之譏呢？據調查我國各大中學學生的體格很少沒有毛病。學生如此，一般國民的體格恐更不能例外。此中原因，値得吾人深刻檢討茲乘三十六年度體育節的機會　願揭出兩義，以供商榷。

一、設施普遍化

國民體育之未能奏效，設施的不夠普遍，應是重要原因之一。設施的普遍，不但在形式，尤其須在內容。各級學校都設有體育一科　各地也多建有體育場，就形式上說，設施似已相當普遍；但按其內容，則學校體育的教材，往往不切實際，且多側重錦標；結果除了造成少數運動員以外，一般學生的體育習慣並未因之養成；於是產生「離開學校無體育，離開錦標無運動」的局面。而競奪錦標的運動不免比較劇烈，未易為學生家長所接受，即在現在，也仍有若干家長向學校要求他的子弟免受體育的訓練，由此亦可證明體育之未曾深入民間。各地體育場上　前往利用者，也大都僅限於少數在學學生及由學生出身的青年，一般民衆很少參加。今後的體育實施，應注重內容　以健身為目的，以人人都能習行為方法，使其易於普遍，引起一般民衆對於體育的興趣，而逐漸養成體育的習慣。

二、用具簡單化

要使體育普及，與體育用具亦很有關係，我國現行的體育用具，多數採自歐美，其中不無設備複雜，須用重價購置者，也有價雖不貴而習作非易者，又有習行雖易而國內尚不能自造者，凡此均為一般國民的經濟能力或時間所不及，無形中即足以阻礙國民體育的發達。今後體育用具，應以簡單，容易使用，容易推廣為標準；此種體育用具的設計與使用方法，自須合乎體育的原理，不悖健身的目的，尤須以能大量自造為原則。現行用具之與上述標準相符者，也儘可多多採用，使推廣至各鄉各村，並在各鄉各村建立簡單的體育場，成立各種體育團體加以提倡與推行。如此，體育才可算是深入民間，而增進民族健康的功效庶幾可見。

上述兩義，卑之無甚高論，而實為今後推行國民體育應循的方向，其要點為經濟實用簡單易行，着眼於廣大之民衆，而不僅限於學校的學生。至於怎樣循此方向發展，則仍有賴於我體育界人士大大的努力！

實施衛生教育的中心人物

馬元放

一、改變態度——重視衛生教育——健康第一。
二、充實學養——研究衛生知能——能知能行。
三、熱心服務——盡力衛生工作——保進健康。
四、身體力行——實踐衛生習慣——以身作則。
五、擴大效能——推行衛生教育——普及家庭社會。

「健康第一」應是教育的重要任務，因爲人生無論在那一方面，幼時的求學，壯年的服務，總需有健康的身心；「健全之身，方爲載道之器」，所以「健康第一」，確是顛扑不破之原則。而健康的獲致，必有賴於教育。因爲健康的源泉，是要從兩方面獲致的：一方面要用體育活動——遊戲和運動——以鍛鍊體格，使機體充分發育；一方面要注重保養，以充分的睡眠，相當的營養，節制的情感，愉快的觀念，去恆久維持健康，這是積極方面的；至若消極方面：疫病的預防，缺點的矯治，疾病的醫療，心理缺陷的診斷和調攝，……在在皆需教育的力量予以指導和訓練，務使有保持健康的知識和養成保持健康的習慣。這種健康知識的教學和健康習慣的訓練的教育，即係「衛生教育」。故衛生教育的目的，即在教育兒童或青年能保持或獲致個人健康，從而使民族健康；即是「使個人有豐富之生活，及對社會民族都有最大的貢獻」。此可見衛生教育之在學校，是何等的重要！

學校中實施衛生教育的中心人物，當然是學校的校長、教員和其他職員，總稱之爲教職員。教職員如不能做到實施衛生教育的中心人物，達成衛生教育的任務，則學校教育的失敗，乃爲必然的現象。此一失敗，影響之大，不僅造成許多兒童和青年，成爲不健康的廢人，必至造成全民族的不健康。吾國之被譏爲「東亞病夫國」，固有其很久之遠因，應爲吾人所警惕，所覺醒！此一警惕和覺醒，即在吾人——教職員們——應如何做到實施衛生教育的中心人物？際此中央民族健康運動委員會發動民族健康運動月，及本市健康教育委員會發動衛生教育運動週之時，而本刊亦編印衛生教育專號，本人特藉此機會向吾全市各級學校教職員，揭示五點意見，促起同仁努力作爲實施衛生教育的中心人物！

一、改變態度——重視衛生教育——健康第一

學校應重視衛生教育，實行「健康第一」的原則，前文已略有敍述；可是，今日之學校的教職員們，能本此態度去實施的，固然很多，而忽視此種重要者亦不乏其人。一般的教職員都仍認爲學校爲傳授知識的場所，都仍認爲教師爲傳授知識的中心人物；於是學校爲死知識的販賣場，教師爲死知識的灌注者，置兒童與青年之健康於不顧，更遑云衛生教育？衛生教育固爲近代科學發達後的教育新趨勢，各新進國家皆提倡、實施之不遺餘力；吾國科學落後，健康落後，固應急起直追或迎頭趕上。即在吾國古代亦曾重視此一教育，「射御」與「禮樂」「書數」並列，洪範五福，四曰「康寧」。而吾國古聖先賢所重視之「正心」「修身」，則更爲心理衛生和生理衛生之並重；其實踐之信條，則如「思無邪」，「耇、實、早、掃」的「早、掃」，「黎明即起，洒掃庭除」等，無一非重視心身衛生之表現。吾人爲發揚我國固有文化，促進個人健康，提倡民族健康，亦應改變教育上的錯誤態度，重視衛生教育，實行健康第一！舉凡學校一切設施，屬於精神者，教、導、訓、管、……屬於物質者，校舍建築，採光、通風、容量、面積，桌椅設備，高、低、大、小、坡度、距離……以及廚房、廁所、飲水、出糞……等細微末節，均應以兒童或青年之健康需要爲標準。教育即生活，生活因健康而充實而豐富。吾人若徒以死知識灌注於兒童或青年而戕害其生命的健康，則愈教育而愈失敗，又何貴乎有教育？此吾人於作實施衛生教育的中心人物時，精神上應注意之點——改變態度，重視衛生教育，實行健康第一原則！

二、充實學養——研究衛生知能——能知能行

衛生教育的實施，在積極方面：使受教育者對於保持健康，預防疾病，有相當知識，並養成受教育者善良的健康習慣，且對於家庭、社會、種族的衛生和健康，具有正確的觀念；在消極方面則爲急救、醫療、矯治、看護等，改變受教育者的不健康的身心而使之健康。凡此種種，所包含之知識和技能，因多爲專門學問或技術，必爲醫師、護士等專業者始能爲；然而如積極方面的知識教學、態度培養和習慣的訓練，固必爲教師之天職；即消極方面的救護醫治等常識，亦必爲教職員所應略備。「盲者不能教人以色，聾者不能教人以聲，」爲教師者，乃實施衛生教育之中心人物，必須自身有適當的學習，獲得衛生方面的豐富知識與技能，拋棄傳統習慣與個人偏見，依據科學的衛生知能教育兒童與青年，以培養次一代之健康子孫！故凡生理學、衛生學、心理學、優生學、病原論、微生物學或寄生蟲學，各種傳染病與預防法，如傷寒、霍亂、痢疾、肺癆、天花、白喉、痲疹、猩紅熱、鼠疫、瘧疾、鉤蟲病等的病原、病狀及預防法等，以及飲水衛生、食物衛生、心理衛生、公共衛生、社交衛生、學校衛生、交通衛生等，以及藥物學、醫療學、營養學、體育學、急救與安全，兒童養護與疾病護持等常識……均應有充實的學養，始可能知能行。此吾人於作實施衛生教育的中心人物時，學養上應注意之點——充實學養，研究衛生知能，實行能知能行原則！

三、熱心服務——盡力衛生工作——保進健康

學校實施衛生教育，所應舉辦之衛生工作，實複雜而非一端，若果一切皆須醫師、護士爲之工作，所有教職員皆袖手旁觀，則醫師、護士在學校教職員中所佔名額，其百分比數爲極少，以極少之人員爲學校教職員及學生數百人或數千人服務，欲其獲得衛生教育之效能，達成衛生教育之任務，顯爲不可能之事。必須全體教職員（包括校長在內）熱心服務，盡力衛生工作，舉凡檢視校舍、視察場地、環境佈置、衛生檢查、體格檢查、健康檢查、疾病檢查、預防注射、缺點矯治、傷病急救，以及清潔活動、體育活動、衛生表演、健康比賽、家庭聯絡、社會宣傳等等，有屬醫師、護士所應爲者，教職員應協助之，有非醫師、護士所應爲者，教職員更應分工合作，盡心服務，務使學校衛生化，教育衛生化，教職員及兒童或青年均能在衛生環境中，永恆保持健康或增進健康。此吾人於作實施衛生教育的中心人物時，工作上應注意之點——熱心服務，盡力衛生工作，實行保進員生健康！

四、身體力行——實踐衛生習慣——以身作則

衛生教育的任務，前已述及，除教學受教育者有相當衛生知識外，重在養成受教育者的健康習慣和對於家庭、社會、種族的衛生，具有正確觀念和態度；近代衛生教育家認爲衛生教育，應當以行爲爲主要目標，知識次之，更爲真知灼見。則吾輩爲教師者應如何在衛生上給予學生以極好之榜樣？吾國古哲有「以言教者訟，以身教者從」之明訓，於衛生教育上更爲必要；例如教學生早起，教職員則日上三竿猶未起床，欲學生整潔，教職員則蓬首垢面……諸如此類，雖在課堂聲如洪鐘，口若懸河，對學生講述衛生習慣之如何如何重要及應如何如何實踐，吾知學生雖表面靜心聽講，而內心在反譏教師之言行不符。何況吾國迷信太深，保守之偏見太多，許多近世之科學的衛生方法爲一般人所不願接受，非有學校教職員身爲之倡，決難予以改進。故教職員之身體力行，以身作則，實爲訓練學生實踐衛生習慣之不二法門。此吾人於作實施衛生教育的中心人物時，行爲上應注意之點——身體力行，實踐衛生習慣，實行以身作則！

五、擴大效能——推行衛生教育——普及家庭社會

我國社會的舊風氣太深，家庭迷信和保守的觀念亦太強，一切衛生常識均甚缺乏，衛生習慣和態度更多不合理，固未能與學校的衛生教育相協調，且將影響學生在校所訓練之衛生習慣和態度；因之，吾國施行新教育數十年來，而家庭、社會之衛生風氣未改，甚且全無衛生氣味，使我種族衰弱，仍爲積弱之國家，言之實深痛心！吾教育工作人員，應抱「有教無類」，「化民成俗」之熱心與勇氣，以學校爲中心，以學生爲戰士，以家庭與社會爲對象，將衛生教育從學校推向家庭，推向社會，擴大衛生教育效能，務使學校衛生化，從而家庭衛生化，整個社會衛生化。從學生個人健康而家庭健康而國族健康，復興積弱的民族，建設富強康樂的新中國，吾教育工作人員應有重大責任。此吾人於作實施衛生教育的中心人物時，教育上應注意之點——擴大衛生效能，推行衛生教育，實行衛生教育普及家庭和社會！

「健康第一」，是教育的主要任務，吾人肩負此重任，「不可以不弘毅；任重而道遠，仁以爲己任，不亦重乎！」吾全市教職員，對此衛生教育工作，請以「大仁」視之！而以「大勇」赴之！

教育必須衛生化

金寶善

教育目的：

名教育家杜威論教育，曾說「教育即生活」，我國教育宗旨，亦以「充實人民生活，扶植社會生存，發展國民生計，延續民族生命」爲目的。教育固須由生活中求經驗不斷的改造，而其目的則在使生活臻於充實達到更美善的境地，此亦爲教育者的最高理想所在。但無論爲生活、生存、生計、生命，健康實爲其必備的要素；教育必須使人民能獲得健康的體魄，然後一切事業才能有基礎，教育的功能才能充分發揮。故教育應以健康爲第一。

教育必須衛生化！

又從健康方面看，健康既爲生活必備的要素，應爲人人所共享；近代政治科學的進步，已確認健康爲人民應享的權利。促進健康之道固屬多端，而與教育尤有極大關聯。教育可以促進健康，也可以影響健康，尤其學校教育，因兒童時期的健康與否，於其未來之成長特別重要，在此時期如不能獲得良好的基礎，於其將來的健康，有極大的影響。教育家柯布說得好「新教育者，應承認他們的責任，就是替每一兒童建築一良好的健康基礎」。所以教育所應從事的不僅爲「教」，更須注意於「養」，不僅須注意智識的灌輸，而且應注意於健康的獲得。

可是過去我國一般教育的現象，祇是偏重於智識的灌輸，可說祇做到了「教」的工作，而於如何獲得健康之「育」的工作，每多忽視，以致兒童受學校教育，常成爲「曲腰駝背，面黃肌瘦」之狀，再欲予以矯正，頗非易事。這種教育上的病態和缺陷，影響民族健康者至鉅，今後必須予以革新。要達到這個目的，必須使教育能合於衛生化。

教育如何衛生化？

教育如何才能使之合於衛生化，則必須注意學校衛生及衛生教育的實施。學校衛生爲在學校內實施種種衛生工作，以減少學生的疾病，增進學生健康。衛生教育爲以種種教育方式及工具，灌輸學生衛生智識，養成衛生習慣，進而能實踐衛生生活，兩者配合實施，自可增進學生健康。此種工作，應由教育機關與衛生機關合作辦理，其效力亦最大。我國各地辦理此項工作，多組有衛生教育委員會或健康教育委員會，即由教育主管機關與衛生主管機關合組而成，以主持學校衛生及衛生教育事宜，實是一種較爲合理的組織。至於在學校內應有衛生室的設置，聘請富有學校衛生經驗的醫師担任。此外學校衛生護士及教師對於學校衛生和衛生教育的實施，亦有極大的關係，應配合設置通力辦理。

學校衛生及衛生教育工作的實施：

至於學校衛生及衛生教育工作的實施，教育部於民國二十三年已頒布城市小學學校衛生實施方案及鄉村小學學校衛生設備標準，可參照辦理，至少應做到下列各項：

一、環境衛生應注意改善：學校環境衛生與學生健康關係，至爲密切。校地的選擇，須擇開靜環境佳良與健康無礙的處所，凡喧囂嘈雜的工廠，車馬雜沓的街道，車場、劇場、酒樓，以及屠宰場，墓地、病院等附近，皆所不宜。學校的建築，應注意通氣、採光及保溫。教室的大小應依照規定的標準，室內天花板牆壁黑板桌椅等，均應注意其衛生的條件。此外寢室、食堂、浴室、廚房、廁所等，對於學校衛生上均有重要的關係，應依照衛生學的原則注意改善。至於學校用水，尤應注意清潔及消毒，校地內必須有良好的給水設備，在無自來水可用之城市或鄉村學校，最好鑿井應用；凡此均爲學校環境衛生所應注意辦理者。我國一般學校每因限於經費，對於環境設備往往因陋就簡，乃至連教室桌椅，均付缺如，學生席地受課，對其健康影響甚大；此種缺點及困難，必須努力克服。

二、保健工作應積極實施：學校保健工作的範圍甚廣，如體格檢查，按期測量身長體重，缺點矯治，晨間清潔檢查，膳食營養的改善，虛弱兒童的養護等，均應積極實施，體格檢查爲兒童保健上最重要的工作，不可忽視。我國學校大多未能注意或僅在入學試驗時舉行一次的體格檢查，以後即不再舉行，因此學生在校數年中體格狀況的變遷，學校方面往往無從知悉，殊不合理。實則學校中體格檢查，至少每年應施行一次，一方面可以測知學生體格的發育狀況，決定其入學之是否適當，一方面可以發覺學生在學校中，體格的變化，如有缺點，可立即加以矯治；其次身長體重的測定，可以觀察學生的發育及健康狀況。至於缺點矯治工作，亦極重要。我國學校兒童體格缺點之多爲熟知之事實，根據戰前上海等市檢查學童十二萬人之結果百分之九十均有缺點，健全者不足百分之十。此種嚴重之事實，急應設法補救，輕微的身體缺點，學校中應設法爲之矯治，至於重症缺點，非學校設備所可矯治者，並應指導其就醫。此外膳食營養的改善，和虛弱兒童的養護等工作，就目前狀況而論，因經費限制，恐非一般學校所可辦理完善，但亦可予兒童家庭以技術上的指導，使能於可能範圍達到逐漸改善的目的。

三、傳染疾病應早期防治：各種流行性傳染病，如猩紅熱、白喉、麻疹、百日咳等等，在學校中極易流行，其原因：（一）由於多數兒童之聚集一處，兒童之抵抗力薄弱，常易感染發病；（二）由於各種用具及空氣之媒介，其傳佈極易，但學校中對於傳染病之預防，倘能充分注意，則其流行可以相當避免。學校中傳染病的預防，可分平時與疫時。平時應注射各種預防疫苗，如霍亂、傷寒、白喉的預防注射和種痘。注意傳染病早期症狀的發現，改善學校環境衛生。疫時應注意患者之發現及隔離等。此外輕易疾病之治療，與傷病之急救，學校方面應有簡單之醫療設備，即可由學校醫師或護士處理，並可與醫院商訂合作辦法，以便遇有重病，即轉送治療。

四、教學衛生應研究改進：教學事項在學校中爲最重要的事務，其處置的得當與否，對於學生的身心兩方都有重大的影響，教學如不能注意衛生，不但足以減低教學的效果，抑且可損害學生的健康，其中應注意的如就學年齡、授課時間、課程排列、懲罰及攷試制度，各學科教學之衛生等，均應研究改進。以懲罰而言，對於兒童不良行爲之發生，如必需施以懲罰，應先研究懲罰之方式，並應攷慮其可能發生的效果。再，「體罰」無論在衛生上、教育上、人權上，均爲無理性之暴動，應絕對禁止。又以攷試制度而言，攷試在學生精神上身體上爲一種重大的刺激，學生在攷試後，常較攷試前體重減輕、食慾減退、記憶薄弱、沉鬱疲勞，故過度攷試之施行，實屬不宜。我國各地學校，入校攷試制度，年來因競爭劇烈，學生奔波應試，影響健康極大，應研究改進。

五、衛生教育應切實推進：學校內衛生教育的推進，對於學童健康影響甚大，因學童時期其教育上的可塑性較大，要養成良好的衛生習慣，應從此時期開始。即使兒童在家庭間染有不良的習慣，也容易糾正。學校衛生教育的實施，可利用課程講授，公開演講，或個別談話，衛生宣傳品的散發，映演幻燈電影，舉辦衛生展覽會，急救訓練，及兒童衛生隊訓練等。至實施時所應注意者，應利用兒童各種天性教材，應因時因地制宜，教師應以身作則，並應與家庭取得密切的聯繫。

上述各項爲實施學校衛生工作的重要事項，亦爲達到教育衛生化，必須做到的基本要件，我國兒童的健康狀況的不良，目前實極嚴重。要挽救這個嚴重的危機，必須要從教育上求改造，亦即教育必須使之衛生化，以培育健康爲教育的第一基本要義，以推行學校衛生和衛生教育作爲達到此目的的手段。準此鵠的，努力實施，民族健康前途，實深利賴。

衛生教育基本原理

周尚

衛生教育的定義是『各種經驗的總積，以資改善個人、社會和民族健康的習慣、態度和智識。』（註一）它的涵義廣大，是教育任何人的衛生事情；但我們可以認出三種領域：（一）學校衛生教育，（二）社會衛生教育，（三）衛生人員教育。這裏所指的衛生教育基本原理係屬學校衛生教育範圍內行政方面的事。

一、一個人的健康以遺傳和生活方式兩者爲決定——因爲身體遺傳迥異，所以兩個人在同一生活方式也不能維持同一的健康。我們却不必盼望衛生訓練產生「同樣」的健康。同時事實上也做不到同一個人在良好的習慣下所得的健康和效率較諸在不良習慣下爲好爲多，這便是衛生教育價值之所在。我們試膲堅質的紅木椅子，終歲的放在外面日晒夜露，質壞的洋松櫈子，保護周全，前者將先壞而後者可久存。由此觀之，天生好身體的人切忌糟塌，身體柔弱的人更需要保護。正如我國先哲嵇叔夜所稱，『夫有稼於湯之世，偏有一溉之功者，雖終於焦爛，必一溉者後枯；然則一漑之益，固不可誣也。』（註二）是以我們必須認識兒童的健康全不一定由習慣所決定，也不單單被生活所轉移。

二、教師爲衛生教育的主體——『公共衛生是人民快樂和國家幸福的基礎。注意公共衛生是政治家的第一個責任。』這是美國哲人狄司雷利所說。（註三）這裏我們要變換這句話說：『學校衛生教育是兒童快樂和民族幸福的基礎。推行學校衛生教育是教師的第一個責任。』今日兒童衛生運動起源於公共衛生、醫藥、看護，三種事業的演化。預防醫學發達，爲管理兒童傳染病，醫師護士乃進入學校。迨後公共衛生當局以爲醫力不如敎育力，於是展開了衛生敎育。因爲傳統的關係，又因爲技術問題，衛生敎育，敎師常退在後面，或乘手旁觀，而由醫師護士站在前綫，豈非賓主倒置；甚且不特不助醫師護士，在有意無意中反加以阻撓，誠屬遺憾！殊不知敎師應爲學校衛生教育的主體，敎師不出力，兒童健康決難保護。教師固對兒童的智識、品性負責；但對兒童的健康，更應負責。教師、醫師、護士，等於歌唱家、製曲家、出版家，三者缺一不可，而尤以敎師爲總樞紐。

三、衛生教育是家庭與學校的共同職責——我們不希望學校篡奪了家庭，但願學校幫助了家庭的衛生生活。如果不幸而兒童在家庭未嘗受到衛生生活的教導，那末學校將爲兒童衛生教育惟一的場所了。此乃形成我們學校與家庭間關係概念的重要原理。頂好家庭與學校間互相盡力負責，以免一曝十寒。彼此應分擔的責任，我們已有調査的規定。（註四）學校聯絡家庭，促其實現，是爲緊要的工作。

四、國民學校的衛生教育大部份在級任教師手裏——欲求設法改良習慣，我們承認反覆練習的重要。兒童形成習慣，不如由於學習事實的智識，而是反覆的做得有滿意的結果。級任與小羣學生的接觸時間充分的長，是故他爲學校中唯一的人員足以實施習慣訓練的計劃，并能日復一日輔助家庭中施行衛生的練習。

五、衛生教育必須獲得學校行政當局認爲普通教育的一部份才能成功——衛生教育應和讀、寫、算一樣重要，吾國六藝敎育的射御豈非與禮樂書數並列嗎？後代因重文輕武，忽視鍛鍊身體，以致教育上只重視一個頭腦，而三育徒具虛名。現在我們踏進一個學校，未入教室前，先與校長談話片刻，即知該校有否眞正的衛生教育。衛生敎育若無校長的倡導，督學的後援，廳長局長的支持，雖有熱忱的敎師亦難期成就。的確，欲推行一個有程序、有良好組織的衛生計劃，而無他們的贊助，實爲不可能的事。假如校長和教育行政當局，不期望衛生教育施諸於教室，而教師獨能予以適當的推動，終將鮮見。

六、有效的衛生教育要求學校系統中衛生專家的了解、同情、合作和贊助——醫師、護士、齒科醫師、口腔衛生家、體育教師和營養家，對於衛生訓練計劃，務須了解，有貢獻，并盡力合作。彼此要做到『正其誼，不謀其利；明其道，不計共功。』（註五）切忌傾軋摩擦，任意批評，爭訌失和，嫉妒誹謗，致工作相抵相制，對冲對銷，結果養成推、拖、騙、混的一派作風，而貽害於兒童健康。我們要用孟子「自反」（註六）之道，力求和諧合作。

七、一個教室實施衛生教育，對矯治兒童體格缺點，必獲有良好的成績——有一次上海一個學校護士對筆者說：『你可知道王生，他是市立某小學的一個低年級學生，我們想法治療他的沙眼，十分困難。去歲我拜訪他的家庭三次而得不到他的父母同意，我很驚異。昨天他來告訴我，他的母親說下星期起可以開始點眼藥了。這件事的始末究竟怎樣呢？第一學年王生曾說道：『母親：我猜想那個護士將快來了，我已聽到她與別個教師談過。當她來時，趕她出去。我很好，我不要翻開眼皮點藥，她是追緊每個人的。』這學年教室內實施衛生教育，其他同學對王生說：『我們的體格缺陷全都矯正了。你是我們教室中使我們成績不佳的唯一兒童，你到底怎麽樣？你怕嗎？』於是王生說：『母親：我是教室中身體有缺點的唯一兒童。我要像別個同學一樣的勇敢，我要醫治我的沙眼。』衛生教育在課室中是矯治體格缺點的一種力量。我國社會囿於舊習，昧於科學，往往不歡迎護士到家庭，或拒絕西醫，反對預防接種諸事，有些兒童害怕醫師，不肯與之親近，所以在在該運用教室輿論，逐漸改善。同樣的，我們盼望醫師、護士、牙醫和口腔衛生家，在診療工作上亦有所貢獻於兒童的衛生態度和智識。兒童與這些衛生專家接觸所得的經驗會有高度的教育意義。

八、增進教師健康對於衛生教育設施以及教育效果和教育經費都很重要（註七）——這很明顯的，一個健全教師的教室工作，自優於一個病弱的教師。身體全健，在教學上當將更爲有效，更有連續性，而且減少浪費。更有進者健全的教師容易維持靜肅、樂觀、和熱忱，有益於兒童的心理衛生，並有助於衛生訓練的成功。熱忱含蓄健全、強壯和有力，影響兒童很大，尤其是兒童所喜歡的教師。

我們可假定的說，凡屬提高教師健康的各種行政設施便將間接的貢獻於衛生教育方案。同時，我們承認衛生教育設施具有貢獻於教師的健康，教師參加了衛生教育活動不能照她自己的意見任意作爲，一壁因實用了衛生的道理，一壁因需要以身作則，身體健康常以是而進步。美國衛生教育家端納（註八）報告他們有一個學校的教師往昔未教過衛生，自與她兒童參加了積極的衛生教育後，一學年後體重增加了十四磅。她的健康和外貌兩者都呈現瀟顯著的進步。她說她從未感到像這樣的康強過，她相信此乃歸諸於教導學生衛生習慣，自身之衛生習慣，遂亦因之逐漸養成。這好比她爲了兒童開了衛生習慣的藥方，她自已也服了這帖藥。

九、教師的專業技能和創造力，對於兒童衛生訓練是頂有價值的要素——此所謂衛生設施必須安排得當，以便各個教師表現其建設力和創造力。衛生不是一種呆板機械式的教導所能奏效的功課。教師對於她所啓發的兒童生活，必須具有創造精神和濃厚興趣。同時又須具有能力足以適應各組不同兒童的需要。不然，在那個教室中的衛生教育設施便將失敗而得不到圓滿的效果。

實施方案應於每學年開始時推行，而這一級的辦法不能適合於別一級。除非這教師受到專家的輔助而能充分的明瞭她一切兒童的特殊需要，除非她獲有機會和受到鼓勵，而貢獻其專業，和教育的技能，否則必要的適應是難能辦到的。

由級任教師全部或一部所計劃的衛生設計或活動，自較他人計劃的容易成功。對於他的兒童，已胸有成竹，而且多數的家長情願堅苦地輔助他的子女有此成就。衛生指導和校長每聽見教師自已製作的設計教學法雖不十分高明，却能成功，採用人家的優良設計，輒以一成不變，應用不變緻，而遭遇失敗。其原因，教師常以爲自已的設計爲需要，非促現它成功不可，視他人的設計爲無足重輕，以致失敗。

十、兒童年幼未知科學理由前，必須發展他的衛生習慣——兒童不懂智識前已需要培養習慣。衛生訓練開端並補充於學校。我們在最低年級時即起始有組織的衛生訓練。其唯一的合理方法，爲盡量改進一年級兒童的衛生行爲。嗣後各年級的設施均照前一年級的設施作基礎。兒童逐漸長大，衛生智識也逐漸介紹給兒童，以便衛生練習有所依據。我們的衛生教學當然是適合兒童的興趣和才能。

兒童初入學校時學得幾種基本的衛生習慣，不致發問這種衛生習慣的原因和價值；等到他完畢國民教育的訓練時，已具有了對他自已個人的身體需要和活動的衛生基本原理的應用智識了。

（註一）Journal of Health And Physicel Ed., Dec., 1934

（註二）嵇康：養生篇

（註三）S. Josephine Baker：Child Hygiene，卅頁，引Disraeli之言。

（註四）周尙、葉蔭：衛生行爲，家庭與學校的合作，——商務。

（註五）西漢教育家董仲舒之言。

（註六）孟子：『有人於此，其待我橫逆，則君子必自反焉。自返而忠矣，自反而有禮矣，其橫逆猶是也；君子曰，此亦妄人也，已矣。』

（註七）周尙：『師範學院的衛生教育師資訓練』，教育雜誌，廿九卷第六號，民廿八年，六月。

（註八）C. E. Turner: Principles of Health Ed., 增訂本六九頁。

衛生教育新趨勢

王祖祥

衛生教育是新興的教育事業，第一次世界大戰，各國實行徵兵制，經體格檢查不及格者，佔全數三分之一，考其原因，大多係生活不合衛生。又根據各地衛生行政機關之研究，數種傳染病之蔓延，人民死亡率之增高，亦由各人衛生知識之缺乏與衛生習慣之不良。因此各國深知要減少死亡，增進國民健康，徒恃衛生法令及設施之完善，功效至爲遊駒，非從教育上着手不可，遂積極提倡衛生教育，研究、實驗，不遺餘力，近年以來，益形發展。茲就個人觀感所及，將衛生教育今後的動向，分述于次：

（一）由學校而家庭

衛生教育原以學校爲中心，因學校係有組織之團體，推行阻力較小，況兒童時期可塑性大，接受能力亦强，一切習慣易于養成。但學校是不能脫離社會而獨立的，縱然學校衛生教育如何完美，如無家庭之合作，兒童能否保持訓練所獲得之成果，殊屬疑問。因此各地衛生機關，年來不惜鉅資，利用各種宣傳方式，灌輸父母以衛生常識，或指派護士至各家庭就實際情形，加以指導與改進。實施以來，成績卓著，對于兒童健康頗有良好影響。

（二）由生理而心理

已往從事衛生教育者，完全偏重兒童身體方面，而忽視心理方面的因素。其實身心的關係異常密切而複雜，無論依據日常經驗或科學醫學的實驗，我們皆可看出身體可以影響心理，心理亦可影響身體。因此有識之士認爲衛生教育如無心理衛生的工作，則身體衛生的工作，很難達到圓滿結果；身心雙方必須兼籌並顧。加之近年心理診療所之普遍設立，心理衛生技術之飛躍進步，予從事衛生教育者以莫大之鼓勵，解除許多技術上之困難，使衛生教育之推行更覺順利無阻。

（三）由成人而兒童

就一般死亡率而言，兒童的死亡率，遠較成人爲大，而嬰兒死亡率又遠較兒童爲高。根據最近美國的統計，兒童在兩歲以內的死亡數要佔到整個兒童死亡數的一半，而初生的嬰兒在一年以內的死亡數又要佔到百分之六十。換言之，要減低死亡率，最重要的卽在如何避免或減少嬰兒在一歲以內的死亡。最近美國衛生教育的新趨勢，也就側重在此。我國近十年來，人口總數的實際增加或減少的情形，暫時還無從確實知道，但是嬰兒死亡的未能減少，却是頗爲明顯的事實。生一個孩子，固然爲國家添一個人口，但是，倘使我們在產後不注意各方面的衛生，因此而發生夭折，這的確不是一件合理而上算的事。此種與其生產以後遭到夭折還不如不生育爲佳。筆者希望要生一個就長一個，生兩個就大一雙；而此項重要工作，就非普遍實施衛生教育，注意婦嬰衛生不可。成年人的衛生教育固然重要，而兒童及嬰兒的衛生教育更其重要。戰前京市對於那些凡由衛生所接生的產婦，經常舉行母親會、兒童會，來作聯絡、研究，頗有效果。現在我們已成立了母職講習班，婦嬰保健所，很希望社會熱心人士來普遍的加入合作、協助，推行這基本的衛生教育工作。

總之，教育是百年大計，而衛生教育又是民族盛衰的主要原動力，各國衛生行政的設施，都已由消極的進爲積極的，治療的進爲預防的，衛生教育的趨勢，已不冉局限於過去的祇是宣傳的工作，而演進到有計劃的、有步驟的成套實施。這一切的一切，是有待於吾人實際工作者的努力。

新書介紹

小學音樂教材第二集

編者

王問奇、陳雲龍、吉爾璋三位先生合編之「中高級適用小學音樂教材」，第一集出版時，本刊曾載由馬客誠、李淸悚、張達善三位先生之介紹短文，對該教材之編印特點，舉出五條，譽爲抗戰勝利以後，最適應實際需要的音樂教材，且是音樂教材荒中的一個大福音。（見本刊第一卷第六七期合刊）該書經本市各級國民學校採用以後，一學期的試驗，很多的音樂教師，也都認爲最適用，且甚盼望第二集能於暑期出版，以便繼續使用。現該書第二集確已如期出版，內容選材，更較第一集完善。首爲「識譜教材」，次爲「音樂故事教材」，再次爲「歌唱教材」，選歌三十首，足資一學期或一學年之用。出版者：中華兒童教育社；南京太平路三八二號。定價法幣四千元。

本市的衛生教育現在與將來

金理財

「教育」從字面上講，是包括「教」與「育」的。只「教」而不「育」，是不完整的教育，也不能達到教育的任務，完成教育的使命。「衛生教育」這個名稱，嚴格的說，將「教育」這個名稱，再加「衛生」的頭銜，似乎大可不必；不過特別提醒教育要重視衛生而已！回顧我國科舉時代的教育，先生講，學生聽；先生讀，學生跟着唸，四書五經，諸子百家，與學生的年齡，當前的時代，兒童的生活，完全脫節。歐風西漸，廢科舉，興學堂，辦理新教育，於今也有幾十年，當然有了相當的成就；不過在「育」字方面，確實有檢討的必要。多數教師與主持學校行政者，仍側重學生知識的傳授，對於兒童心身健康方面，是很少被重視的，甚而對於學生身體健康的各種設施，都認為不是教師份內的事，這樣的教育前途，是很危險的。所以很多前進教育家，都皆大聲疾呼，「辦教育須以兒童身心健康為第一」。

過去的本市衛生教育

南京市政府，為注意學生健康起見，在民國二十一年秋，商請衛生署，令飭社會、衛生兩局，并聘請教育衛生專家，組織本市健康教育委員會，辦理市屬各級學校衛生工作，薊由學校為中心，推擴至家庭而漸至社會，實施衛生教育，以促進民族健康。抗戰軍興，工作停頓，復員後，去年七月間，恢復健康教育委員會，重行開始工作。茲將本市的衛生教育現在情形與將來之展望，就個人管見，就正於教育與衛生前進。

現在的本市衛生教育

現在南京市健康教育委員會的組織；是由教育局同衛生局並聘請衛生教育專家十三人組成。教育局長為主任委員，衛生局長為副主任委員，下設總幹事一人，醫師二人，護士十人，藥劑生一人，事務員二人。上面這些工作人員，由教育局調來者五人，衛生局調來者十人，請衛生部派來協助者一人，所以這個機構，目前是無人員編制的；關於經費的來源，是由每學期徵收學生修建設備費的百分之二，來作開支。因為人力與財力的不充足，只能辦理學校的衛生工作，一般民衆的衛生教育，現在尚無力兼顧。目前由本會辦理衛生工作的學校，有七個中等學校，八個中心國民學校，五十四個國民學校，合計有六十九校。學生有五萬六千多人，其餘的鄉村國民學校委托衛生局各衛生所就近兼辦。工作計有：

一、衛生教學工作：（一）師資培養。（二）編印衛生刊物。（三）衛生演講。（四）衛生隊訓練。（五）家庭聯絡。

二、衛生事務工作：（一）預防接種。（二）保健工作；包括健康檢查，缺點矯治，缺點復查，定期身高體重測量。（三）診療工作。

三、衛生生活指導：包括學校環境衛生，學生飲食起居作息，心理衛生，安全教育各項生活之指導。

因為工作人員不敷支配，學校地點遼闊，交通工具缺乏，種種限制，每星期只能到中等學校以及近二千學生的國民學校二次；其餘各校，工作人員每週只有一次。在這樣情形下，如果不能得到學校當局及教師們的協助，就拿衛生事務工作一項來說，也是不易處理的；譬如一次的預防注射，在學生人數衆多的學校，且有上下午的學生，每星期到校一次，每次半天，就要拖延到六七個星期，才能完事。健康檢查，有些并無特殊技術的項目，如視力、身高、體重測量，以及卡片上學生姓名、性別、年歲、住址的塡寫等。有些教師在事前就調查清楚，塡妥卡片。檢查時又樂意來協助，那麼就可節省護士很多時間，工作的速度，就快得多。如果教師認為這些對於兒童身體健康種種設施，是與教師的責任無關，讓一個醫護人員獨自辦理。試問一個人的力量，是否能解決這個問題？其他關於教學工作，醫護人員知道的更少，也夠非教師盡力的推行是更不易收效的。可是教師們也有相當的困難，如教課分鐘太多，課外評閱學生作業時間尚感不敷；加之待遇菲薄，物價上漲，最低生活也不能維持，工作情緒自然低落。「教」的工作尚感苦悶，遑論「育」乎。

將來的本市衛生教育的建議

將來如果人力財力以及其他環境都不受限制，筆者擬貢獻下列幾點意見，希望本市衛生教育事業得有長足的進步。

一、健全組織確定經費：本市衛教的機構，應予擴大，并充實工作人員。除醫護人員需要增加外，並須添請教育、藝術、工程、電化教育等，各部門專才。組織中，可分爲學校健康教育組，民衆健康教育組，統計研究組，環境衛生組，及總務組五組。並應有獨立經常費及事業費，以爲推行衛教事業之基礎。

二、教師應注意教而且育：教師對兒童，教與育須均衡發展，改變只教而不育之觀念。關於學生保健，預防種種設施，應視爲己事，低級學生衛生習慣的訓練，比較知識之傳授，尤爲重要。其他有關學生身心健康各項設施，學校當局均應予特別重視。師資之培養，在師範教育中，加強衛教知能之灌輸。現任教師，宜儘量利用寒暑假，予以短期訓練。教育主管並應以學校辦理健教成績，列爲學校行政考成。

三、理論常顧到實際：我國政治未上正軌，人民經濟困難，生活水準日漸低落，還是無可諱言的事實。筆者以爲各種措施，都要顧慮到當前實際情形。高調空言，與事毫無補益的，同時還會失去信心。衛生教育，自不能例外。譬如兒童的營養不良，房屋的環境不合衛生。工作人員，雖然盡到了指導責任，但是主持機關的經費，以及被指導人的經濟力量，都不能即事改善，以達到標準。被指導的，要是知識水準稍高一點的人物，他往往會牢騷的告訴你，他的學歷，他的經驗，他多年的工作，站在自已的崗位，奉公守法，到如今不要說應該有合理的享受，就是目前的生活，也幾乎顧不週全。他知道營養的重要，他知道房屋的衛生，可是肉和蛋的價格這樣的貴，房屋這樣的困難，租金這樣的昂貴，收入這樣的少，又有什麼辦法哩！所以推行衛生教育某種設施時，在理論上，雖然不是一種高調，可是在目前實際情形，多數人民認爲是一種空話，我們是應該注意的，要是以爲目前辦不到就不辦，因噎廢食，那就錯誤了，我們可以將水準看低，顧慮到當前的環境，盡力避免苛求，使民衆知道衛生的重要，將來個人及國家經濟情形好轉，一切都可以逐漸改善，以期達到標準，而免貽臨渴掘井之譏。

四、改善學校環境衛生：環境衛生影響人民健康，實屬至鉅，多數傳染病的流行，都是因爲生活環境的不良，試看保壽險的公司，對於這個城市是有自來水設備的，他的保險費就要比沒有自來水設備的城市低廉。這個意思就是說，飲用自來水的城市人民，比飲用池井水的人民，不容易生霍亂、傷寒、赤痢等傳染病，當然死亡率也比較低，所以他的保險費就比較便宜。學校是推行衛生教育的中心，是施教最理想的地方，比推行其他方面的衛教工作，困難要少。環境衛生自應要特別注意，目前學校環境衛生，實在是差得很，教室裏學生擁擠，廁所上不够衛生條件，飲水設備缺乏等等，對於學生健康，影響甚大，將來經濟可能時，要在這一方面大加努力。

五、充分利用電化教育：推行衛生教育的方式，最重要的當然是採取教育的方式。電化教育，爲近代教育新進的教學工具，所以推行衛教應採用這種新的工具，衛生電影、幻燈，以及播音等，對於兒童以及成人，都感到新穎，能收到意外的效果。將來應該多多採用；就是建設一個大劇場，來爲施教場所，也不能算爲浪費。

六、舉辦有關衛生生活示範場所：對於民衆衛生教育，施教的方法，個人以爲示範最易收效，有關衛生生活商店，如餐廳、理髮館、浴室等等，由主持衛教機關，開辦各別的示範場所；譬如舉辦衛生餐廳，內部陳設座位寬暢，空氣流通，光線調和，音樂幽雅，顧客身入其間，心曠神怡，至於食品烹調，合乎衛生原則，碗、筷、手巾、茶杯，各項用具，均加消毒，食品分量，達到營養標準，節約而不浪費。民衆入內用餐，精神愉快，食慾會加，自然滿意。此種餐廳，不以謀利爲目的，售價低廉，更能號召，比諸普通餐館，人聲嘈雜，污穢骯髒，顧客望而卻步的一定收到很好的效益，商人爲着自已的營業起見，不得不力求競爭，自必加以改善，否則無人問津，門可羅雀矣。這樣既可對該業發生領導示範作用，又能使民衆於不覺間學習衛生常識，即對改良惡習慣，推行新生活均有裨益，誠一舉而數得也。

七、注意兒童心理衛生：心理衛生爲近代衛生新興事業，兒童時期，心理衛生，尤應重視，否則兒童知識豐富，體格强壯，心理發生變態，將來長成，對社會，對國家，亦無裨益。今後在學校衛生工作中，除身體保健外，對心理衛生，應予密切注意。

八、推行防癆運動：據專家估計，我國現在每年死亡於肺結核病者，每年不下百數十萬人，患者將在千數百萬人以上，本市本年二月至八月檢查大中小學生五八五四人，患該病者有二九〇人，佔百分之五强。一般論者，咸認爲此次戰爭，歷時過久，人民生活不安，營養不足，是以結核患者有增無減。民族健康前途，誠屬隱憂。按推行衛生教育，其目的在增進民族之健康。此敵不除，後患何堪設想！防癆運動，實刻不容緩之舉。希望能喚起大衆，普遍注意，預防和治療，同時並進，以消滅此敵於無形，而使民族早復健康。

九、工作人員應有合理待遇及保障：教育是崇高的事業，工作人員自必抱定不求名利，服務終身爲目的。但是他們最低的生活和保障，也是應該注意的，戰前從事衛教工作人員，現在多數都已改了行業，尤其醫護人員，因爲在平常時代，就感覺這個工作，是不被一般人所重視，認爲可有可無的。況且目前待遇，又不能安定生活，更使他們惶恐。如果認定這種工作是終身的職業，將來到自已的年歲不能工作應該退休的時候，國家對他們又沒有確實的保障，所以衛生教育的醫護技術人員，更爲減少，這也是得值研究的一個問題。

心理衛生與教育

儲笑天

心理衛生是研究如何增進人類心理健康，預防和矯正變態行為的學問。其積極的目標是：要根據學理的指示，施行適當的訓練，培養良好的習慣態度，完成健美的性格。此項工作在中國學術界，尚未能被普遍重視，唯近年來有些醫學家、教育家，以及社會學家都已深深地感到此項工作亟應加速展開，以挽救目前社會流行着的「戰時精神病」。

吾人試按中國近五十年來歷史的遞嬗，政局的動盪不安，社會機構的蛻變，中西文化的交流，新舊思想的衝突，處處表示着這個時代是在劇變着，生活在這個不平凡的時代中的人對於生活上的心理適應，自然發生嚴重的困難，以致心理病態和行為失常遍及於社會各階層。今日社會上的精神病者，依然受着社會人士的歧視，學校中的所謂「問題兒童」(Problem Child)依然被教師及學生們譏刺着，這一羣變態的成人和兒童，始終未能獲得社會人士一點同情的體恤，更未能找到一個合適的治療機關，任他們暗暗的自生自滅，此寧非人類一大慘劇！尤其在抗戰時期，政治、社會、經濟發生劇烈的變化，個人處此極度不安定社會中，家庭的離散，婚姻的失檢，工作的艱難，讀書的困苦，行為思想的約束，……社會上表現着種種失調的現象，致「戰時精神病」被瘋狂地蔓延着，直接間接影響了人民生活和民族生命。而在勝利後二年的今日，更想不到仍是烽火連天，許多陷於戰火中的同胞，依然是流離失所，不得安居。即幸而居於非戰地的人民，亦因國家經濟瀕於崩潰，惡性的通貨澎漲，致最大多數人民的生活已降至生命的邊緣。我們環顧目前社會上種種奇異變態事件的發生，如親子弒父，父女同姦，私奔拐騙，欺詐竊取，以及那些整日在街頭瘋瘋癲癲的人，種種事實的存在，就可表明心理衛生工作的推行，實在急不容緩。

在教育的園地裏，有我們民族的下一代在被孕育着，生長在現社會的一般現代父母，以及許多正在學校負實際教育工作的教師們，應該多從注意預防及矯治兒童心理病態的發生及生長。在學校裏的教師，亟應改正過去那種利用權威管理壓制甚至體罰的錯誤的訓育觀念，今天學校訓導的基本精神，在循循善誘，以身作則，以理喻人，以心服人，俾培養成一個自尊自重，完美無缺的兒童。在今日仍有許多學校在以「體罰」為訓導的唯一法寶，須知體罰是決不能解決訓導問題的。雖則有許多教師或父母，仍迷信着體罰的效應；其實對兒童行為的過失，加以體罰，表面上似可收一時之效，實際反是壓抑兒童的情緒，此種情緒的壓抑，是培養兒童一種仇視怨恨心理的根源，日積月累，其後果是養成學生一種自卑感(Feeling of Interiority)。因為自卑會引起我們不安全之感(Feeling of Insecurity)，而這不安全感，便常成為心理失掉平衡的根源。為了此自卑的情感是對於人們生活安全的一種威脅，因此我們時時用一種補償作用(Compensation)來躲避這自卑的感覺。所謂補償作用即是「失之東隅，收之桑榆」的辦法。所謂傲慢的心理即是自卑心理的補償。我們常常遇到在大庭廣衆之中有些人滔滔不絕地在大放厥詞，這是惟恐大家瞧他不起的自卑心理表現。生得怪醜的女人，特別會講究衣飾與美容。學生考試的成績過差會說是試題的太難或教師評分的不公平，這些例子很多，不在此詳列。

講到家庭父母對於子女的教養，許多關於兒童心理衛生方面的問題，被父母們忽略了。

二年前，筆者曾親眼看到一位年僅十四妙齡的一位名教授的女兒發生私奔的一件事實。她在家庭中排行最小，上有兄姐，而兄姐皆已成年，一切言行自己能夠約束，父母對之自然甚少管教，而平時父母所嚴加管教者，僅此幼女一人，在家庭中常因細故而被父母斥罵甚至鞭打，如此日長月久，使彼自覺在家庭中地位最為低微，待遇最為差劣，漸漸使其自覺彼為其父母之贅累；更漸漸使其懷疑現在之父母非彼親生父母，故在其日記上自嘆彼之薄命，不能獲親父母之養育，她是失去家庭溫暖的人，所以厭棄怨恨家庭之心由是而起，從此便認為家庭是樊籠、是鎖鍊；父母是冤家、是仇人。其後果竟發生跟一男子私奔的事件。這私奔的造成，不是這位女孩真正為着戀愛，而是由其父母管教不當所一手造成。一個自號為現代的父母，對其所生子女應施以同樣的愛，偏愛是可以造成子女們許多心理上的創傷的。

最後我們還要指出的是在兒童期有許多行為，如口吃、用左手、吮指、挖鼻、……等，如欲加以改正，都與情緒有關。矯正的方法，當先改變其情緒環境，(Emotional Conditions)爲是。例如：口吃的兒童，不是生理上有缺陷，而是心理上的畏縮、自卑，不敢理直氣壯的滔滔發言，矯正時我們當多用同情鼓勵，安排一種適當的情緒環境，即使其從容而不自覺的發言，切不能在大庭廣衆之間催迫他說話。

生長在這個世局動盪不安、新舊思想衝突、生活艱苦的社會中，環境所給予你的是煩惱勝過愉快，危難多於安全，痛苦超過歡樂，做一個現代父母與進步的教師，必須要具有如精神分析家的一種智能，去担負診斷、矯治、考查、預防等工作，而最積極的一個目標，乃是要能安排合適的情緒環境，培養我們下一代個個具有樂觀向上的精神；勇往直前的抱負；活潑愉快的心情，鑄成健康的心理，完美的性格。工作雖屬繁重，而使命却甚重大，凡是做父母與教師的，應積極負起此項責任。

一九四七、十、於京市教育局。

教師在衛生教育上的責任

葉華

記得十二年前，美國小學教育家歐文(Ovevn)喻教師爲車轂，而以大衆人民代表車緣，學生爲車軸，教育行政機構爲車輻，教師是控制學生直接的環，引導學生的進步。教師在衛生教育實施的車輪中便要做一個車轂，負起領導的地位。常見文明各國醫師護士缺少的地方，健康檢查的許多部門亦由教師挺身辦理，吾國醫師護士各不過萬餘人，較他國更少，我教師在衛生教育上責任自重，爰撰本文作本市衛教運動的一種吶喊。

(一)教師對於實施衛生教育所負的重要責任，乃是保持自身的優良健康。教師要想、盡厥職，但須：(1)持續每日健康的生活規律；(2)作定期健康檢查；(3)矯治可以補救的身體缺點。因爲教師的以身作則在衛生教育中是很好的榜樣。

(二)教師對於他人尤其是學生的健康，應當感到或在內心培養出一種摯愛和熱誠來。同時他也須有一種扶植社會上衛生活動及使自已能負起這種工作的知識。一般的觀察，衛生教育方案的成功，大部份靠着教師的精神。而教師也必須盡力來了解衛生教育的需要；對於教育收獲的利益，更須加以適當的鑑賞。

(三)每一個曾經正式訓練的教師，都必須能在滿意而透澈了解的情勢下講授衛生。在小學裏，衛生的教學是一般級任教師的職務，而不是專科教師的事情。在中學裏，某幾種學科的教師所負衛生教育方案的責任比較地重一些；譬如生物學、家庭經濟、體育及社會科學幾種，教師對於衛生的講授，就有許多很自然的機會。

(四)教師應儘他的能力，用最有效的方法，來計劃並實現衛生教學的實際方案。同時也該研究學生們的健康需要及社會健康問題，然後擬定方案以求適合。

(五)師教在實行學校保健方案中，須能每日作衛生視察，偵察學生的可疑病症，也許這學生留校的權利，會發生問題的，則每個級任教師就得採用下列方式來處理：

1.通知學校衛生當局。

2.將呈現病症的兒童當日施行隔離，或護送回家。教師們必須設法發現學生中的可疑症候，因爲學校是一個健康的中心區，而不是疾病的中心區。如學校行政當局不在校時，便得予教師以隔離可疑學生的全權。

3.學生在校集會時，應留心那些發生可以擾亂學校安全的症候的學生。

4.在教室內能作初步的健康調查，檢出那些需要由醫師行使檢查的學生。美國某幾個城市，專爲了這緣故，對級任教師特別加以訓練，並委託他們担任每年經常的初步健康調查，以便選出需醫師檢查的學生。吾國醫師缺少，教師應多負這種責任。

5.須有急救及安全訓練，以便應付學校裏的偶發事項。

(六)要使學校方案能够保護並促進師生的身體、心理和性格的健康，教師對於學校管理及教學衛生的要素，應有最低限度的了解。

(七)關於環境衛生的重要事項：空氣、飲水、通氣、採光、清潔及其他保持學校與其四周成爲衛生的環境等方法，教師應有深切的了解。每一個學校，一如社會上優良的管家一般，同樣要保持着清潔和衛生。這裏就在貢獻一個實際管家的標準，這標準每個教師至少該鑑賞和了解的。

(八)一般小學教師及鄉村學校教師，都須受有訓練，能够教導體育課程，學校及運動場上所必要的一切體育活動，指導遊戲，領導及教學運動；必要時須視導在學校或體育場上的各種活動。

級任教師的衛生教育工作

楊駿如

衛生教育是教育的基礎，級任教師是實施衛生教育的主要動力。這個簡單觀念，應是吾人必具的信念，其理論更應爲吾人所熟諗；而且本期各篇文字，對這一觀念，闡述發揮，定必很多，筆者毋須詞費，祗就其實際工作，卽級任教師應做些什麼衛生教育工作，或應怎麼樣做衛生教育工作，不憚煩瑣地臚列出來，以供一般級任教師們（這裏姑以國民學校級任教師爲例）參考，俾能理論與實踐合一。

（一）開學時的衛生教育工作

一、檢查兒童身長體重——學期開始，爲欲排定兒童席次及檢查以後各月份增減情形，關係兒童健康，極爲重要。但是我國現在還沒有關於男女兒童發育和生長的比較精確統計，只好暫時仍把日本人的統計作爲對照的標準。

日本男女兒童身長體重比較表（據新中華健康教育頁四四）

年齡	五歲	六歲	七歲	八歲	九歲	十歲	十一歲	十二歲	十三歲	十四歲	十五歲	十六歲	十七歲
身長　男	九七·四	一〇二·七	一〇六·七	一一一·二	一一五·八	一二〇·三	一二四·九	一二八·八	一三三·六	一四〇·四	一四九·六	一五二·七	一五七·〇
身長　女	九六·五	一〇一·五	一〇五·五	一〇九·七	一一四·二	一一八·八	一二三·六	一二八·五	一三五·二	一三九·四	一四三·九	一四六·七	一四七·九
體重　男	一五·二	一六·〇	一七·五	一九·二	二一·〇	二三·九	二五·九	二七·一	二九·九	三三·六	三八·二	四四·五	四八·二
體重　女	一四·五	一五·四	一六·九	一八·四	二〇·〇	二三·一	二四·三	二七·〇	三〇·八	三四·七	三九·〇	四三·七	四五·一

本表可作吾國兒童最低限度發育和生長的標準，因爲吾國人的身體比一般的日本人高大，如不及此標準，必係兒童身體上發生障礙，應精細檢查，尋求其發生障礙的原因所在；若檢查不出，須令兒童就醫師檢查或診察。表中身長以公分爲單位，體重以公斤爲單位。

二、排定兒童席次——依身長排列，由右至左或由左至右，依次定座位。前排當中指定爲目近視或耳失聰的兒童座位。其他順眼兒童應反向定其座位，以資矯正。臨時患眼疾的兒童，應隨時調前其位置，並應在光綫較暗處，以免兒童畏光。

三、調整教室桌椅——排定兒童席次以後，應視兒童身長調整其桌椅的高低，大概椅高當身長四分之一，桌高當身長七分之三加五公分，如有不合，且無法調換，應截長補短，務適於兒童身長，方可免除駝背，或妨害兒童身體發育的不衛生現象。

各個教室可照下表按照實際需要及三一一比例各選三種，卽最高或最低的各佔五分之一，中等的佔五分之三。

兒童身長與課桌椅高度標準表

椅高（公寸）	桌高（公寸）	身長（公寸）	適合年級
2.5	4.8	10.0	幼低
2.6	5.0	10.5	幼低
2.7	5.2	11.0	幼低中
2.9	5.4	11.5	低中高
3.0	5.6	12.0	低中高
3.1	5.9	12.5	低中高
3.3	6.1	13.0	低中高
3.4	6.3	13.5	中高
3.5	6.5	14.0	中高
3.6	6.7	14.5	中高
3.8	6.9	15.0	中高
3.9	7.1	15.5	高
4.0	7.3	16.0	高

四、排定教室整潔服務輪值表——在低年級應特別注意兒童身長和體力，使其担任適宜的工作，例如擦黑板需身長較高的兒童，掃地及洒水需體力

較好的兒童，拾字紙則以年齡最小的兒童當之。

——級教室整潔服務輪值表

___年度第___學期

日期／兒童／項別	月	火	水	木	金	土
擦黑板						
拾字紙						
洒水						
掃地						
抹桌椅						
排桌椅						
擦玻璃						
備註						

___級任教師

本表使用：在中高年級，可略去拾字紙一項，責成兒童各自負責，不許拋棄紙屑；在低年級可略去擦玻璃一項，因爲低年級兒童年齡太小，不能站到窗上做這類工作。又各項別內的兒童人數，須視事務的繁簡，和級裏的兒童多寡，酌量配置二人或四人，如果人多，剩餘一些幼小的兒童不列入表也可以。兒童領袖不列入，例如保長和副保長每日應任總指揮。

五、檢齊教室清潔用具——教室裏的清潔用具，在稍有秩序或較有規模的學校，開學伊始，立刻會由總務部向庶務股檢齊送到各個教室的。不過在戰後的學校，或是學級少的學校裏，已難能這樣做到了。級任教師應該檢點檢點，向學校具領，至少應有：（1）掃帚兩把；（2）畚箕一個；（3）噴水壺一只；（4）抹布四方；（兼代黑板揩，不用市售的黑板揩，因爲市售的黑板揩，擦黑板易使粉筆灰飛揚，很不衞生；如用水溼後吹得半乾的抹布揩擦，即可免去此種不衞生的事實，這是該注意的。）（5）面盆一只；（6）手巾兩條；（7）痰盂兩只；（痰盂有人主張不用，在經濟上，在事務上，均似有理由，但在衞生上，仍然理由不充足，因爲涕唾總是一種需要排除的分泌液，必得禁止排除，那是道理？或謂兒童可以用手帕承受，有時傷風了，鼻涕特多，恐非一個手帕所能承受得了的。或謂痰唾可以咽下，這很危險，如果眞是患肺結核的，把痰唾咽下去，容易引起腸子也會得結核病；所以痰盂仍應設置，或用木盆盛灰，或用瓦罐盛水，都可以。如用痰紙簍，指導兒童用廢紙承痰，包好，置入簍中，每日取去火焚，倒是最衞生的方法。）（8）廢字簍或三角箱一只；（廢紙簍普通用竹篾編製的簍子，比較不算合用，因爲竹簍有孔，不能衞盛細屑如鉛筆屑等。）其他能備清潔櫥的學校，則清淨櫥上的用具，也應逐一檢齊，並須備肥皂等物；無清潔櫥的應備適宜高度的小面盆架。

六、安置教室清潔用具——清潔用具在教室中是最重要而又最麻煩的事物，安置不妥，往往成爲不衞生的工具，最好教室內應備清潔櫥，櫥上安置面盆、手巾、肥皂，櫥旁懸掛抹布，櫥下爲櫥，放置掃帚畚箕和噴壺，有門可關鎖，用時取出，不用時關鎖。無櫥的應該放一定地點，用時去取。免得散置教室，有礙觀瞻。字簍或三角箱宜放置在教室前內角或後內角，能設法固定，清倒時拿開，倒後仍固定安置爲宜。擦黑板抹布宜掛在黑板裏頭。痰盂放置在教室門外。有清潔櫥的，櫥櫥宜放在教室後方或後方角上。

七、指導兒童使用清潔用具和教室清潔的方法——這在學期開始時，應當指導兒童的。擦黑板的布，以兩塊輪流使用，一定要半乾不可用，潮溼的布抹上去，因爲太潮了，寫粉筆字不清楚，而且黑板擦不乾淨，水氣乾了，黑板就現粉臉；擦黑板的布，擦得粉多了，要輪流下水洗滌，不可俟布乾了，拿到講桌上、門框上或欄杆上打拭，使得粉灰飛揚，這是不衞生的。如果使用黑板揩的，也要指導兒童在黑板上穩擦，不使粉灰飛揚；黑板下方如有槽子承受粉灰更好。黑板槽去灰，也應用黑板揩穩

京市文教通訊

市立師範技能學科選修

【市師訊】本校爲加強技能學科訓練，以適應社會需要起見，特自本學期起設置體育、音樂、美術、醫實用技藝四種技能學科，由全校學生各就性之所近，分別選習一種。每一技能學科，均就選習學生之能力高下，分爲甲、乙兩組。每組每週上課時數均爲三小時。學生選定一種後，必須繼續選習至畢業時爲止，不得中途改選，蓋含分科之意云。

遠東區基教會議代表參觀六區中心國民學校

【六區中心校訊】（遲到）九月三日，聯合國教育科學文化組織，遠東區基本教育會議，在南京舉行。開會的第三天下午，與會十四國代表，開始由我國政府官員，陪同，分組參觀本市各國民學校，及兒童福利機關。本校便是第一個被參觀的國民學校。

五日，來校參觀的代表，有：簡克席（尼泊爾）、巴松納（新西蘭）、杜拉脫（暹羅）、魏爾斯（澳大利亞）、余宜坦（印度）、甲氏（印度）、王宗鏡（馬來亞），及聯教組織代表：赫巴爾德、郭有守等。由俞慶棠、吳研因、王承緒、章柳泉諸先生陪同引導并翻譯。

下午約三時，代表團到達學校，適逢某班體育課，學生由教室向體育場走，代表們摸摸小朋友的頭，表示親切。小朋友們看着這些陌生客人新奇的服著與面孔，尤其印度代表余宜坦先生因爲留有鬍鬚，更引起他們注意，頑皮的嘻嘻哈哈笑起來；代表們也隨着大笑，中外人士大人小孩頓時笑成一團，給這次參觀一個融和愉快的開始。

除，槽端用畚箕承受。粉筆頭，教師要帶走，勿遺在講桌上或黑板槽裏任兒童取去亂塗。抹桌椅必定用洗淨絞乾的溼抹布，不可用鷄毛帚；普通用鷄毛帚使灰塵飛揚，也是很不衞生的。掃地前先要灑水，噴水壺要灑開快走，使水珠灑勻，略乾後再掃，否則掃帚會被泥漿弄得溼濾濾的而滿綴泥球。掃地要穩把掃帚一把一把地掃，注意桌肚和牆根，掃得淨，灰不揚，是最好的掃地。吐痰入盂，必須俯身就盂，把痰唾吐入盂中；普通設置痰盂的學校，往往在痰盂四週，弄得痰唾滿地，實在不衞生且礙觀瞻，應指導兒童好好使用。其他各種工具的使用也都應一一指導。

八、製定教室整潔檢查表——

___級教室整潔檢查表

___年度第___學期

曜 比較 項別	月	火	水	木	金	土
地面						
桌椅						
黑板						
窗子						
牆壁						
紙簍						
痰盂						
用具						
總分						
名次						

級任教師——

本表使用：每天由級任教師於清潔活動後檢查，比較分數，以五、四、三、二、一記載，最多的五分，最少的一分，每日統計總分，每週比較名次，看輪值服務的那一組成績最好或最壞。下週月曜，予以獎勵或指導。學校班級衆多的，另分階級比較，由監護老師或兒童自治機關的清潔隊長檢查比較，看那一級成績最好，於下週調會給予錦標。

九、製定兒童清潔檢查表——

___級___組兒童整潔檢查表___年度第___學期第___週___月___日

姓名 曜 程度 項	月	火	水	木	金	土	小計	月	火	水	木	金	土	小計	月	火	水	木	木	金	土	小計
頭頸																						
顏面																						
手																						
衣服																						
鞋襪																						
書物																						
總計																						

檢查者___組長___核閱者___

此次演示給代表們看的是「注音符號教學」，演示教學的班級是一上，教材是中華版國語讀本首冊。根據教育部的規定，初小一年上期應先授注音符號，俟練習純熟後再授國字。教學注音符號的方法採綜合教學法，從完整的語句入手，等語句熟習了而且讀的多了，再分別辨認各個符號的形和音，并不開始就教各個符號的形和音。

參觀開始，代表們首先進入一上級，小孩子都是七八歲的可愛兒童。教師何彥儒先生正在教國語首冊第二課，課文是ㄉㄧㄉㄧㄑㄧㄓㄨㄇㄚ（弟弟

騎竹馬）。代表入室，全體坐在室中後排靠牆的小椅子上，鄉校長發給他們每人一冊書，他們各持一書安靜的聽教師教讀。兒童正在「分

代表坐在教室後小椅上聽講

本表每日晨會由各組組長檢查，整潔程度也記五、四、三、二、一，檢查完畢加以小計，送級任教師核閱後懸掛原處。檢查時對衣服一項，尤應注意內衣的清潔。級任教師核閱時，發現某兒童整潔程度特差者，應隨時予以指導。各組人數以教室中每一縱行為一組，檢查時比較便利。

十、製定兒童姿勢檢查表——

＿＿級兒童姿勢檢查表

＿＿學年度第＿＿學期＿＿月

項別／符號／姓名	坐	立	行	跑	閱讀	寫字	其他	小計

級任教師＿＿＿＿

本表每月使用一次，全級兒童皆在一張表中，但亦可複製一張請本級的體育教師同樣檢查，每一月終，二人會同商定其姿勢正確與否，共同注意矯正。符號用○或？。

十一、講述衛生常識——始業指導，應檢最切日常生活的衛生常識講給兒童，例如刷牙應當怎樣刷？刷牙的內部比外部尤重要；什麼時候刷？飯後和睡前比早晨尤重要等。……

十二、講述衛生姿勢——同上條應講述合於衛生的姿勢；例如：

1. 坐時精神充足，兩肩平衡，頭頸正直，胸部不靠桌邊；
2. 立時胸部挺出，目光平視，兩腿直立，身體平正；
3. 行時胸部挺出，頭部平正，目光前視，兩臂搖動，舉步不疾不徐；
4. 看書時眼睛與書本距離約一市尺，書本與視綫成四十五度角；

……

十三、講述衛生常規——例如：

1. 看書寫字採左面光；
2. 有大風時，背風向開一面窗，平時兩面全開；
3. 手和用品，不放入口內（低年級尤應注意）；
4. 隨時拾去地面的紙屑和廢物；
5. 不用手指擦眼；
6. 常修指甲（幼低級兒童，級任應代修剪）；
7. 打噴嚏或咳嗽時，用手巾掩著鼻子或嘴巴；
8. 知道遠避有傳染病的人；
6. 每天早晨大便；

……

十四、協助舉行健康檢查——健康檢查，最好每學期有兩次，一在學期開始，一在學期結束，以便比較矯治情形。此種工作需由醫師担任，且有專製表格，此間略。但級任教師應協助醫護人員填寫姓名、年齡、性別等表格上例填的字樣，以便利醫護人員檢查填寫迅速。檢查以後，發現缺點的兒童，級任教師應另保留一份表格，按時督令兒童就醫護人員矯治；有為級任可做的矯治，級任教師亦應負責工作，例如輕微沙眼的點洗藥水等，不必等候醫護人員，卽由級任教師按時點洗，收效較速，因為現在各校還未能專設醫護人員。

十五、其他開學時的衛生教育工作，例如建議學校組織衛生設計委員會等。（全文未完）

組讀」，後經「各別讀」，都能看到音標讀出國音。代表雖不能辨認中國注音符號及其漢字的意義，可是教法他們是看得懂的，聚精會神的看了半小時，退出後，每人持書學讀「弟弟騎着貓」，「弟弟去捉媽」，「弟弟騎着馬」。當時杜拉脫先生，好像覺得他們讀的都不對，大聲的讀：「弟弟騎竹貓」。同來的中國人又都大笑起來。（佩昆）

代表退出時兒童圍繞歡笑

京市教育局發起科學化運動

——講演、廣播、擴大宣傳——

【本社訊】京市教育局為提高中小學生與市民科學起見，特於本年國慶日擴大科學化運動，其實施事項為：（一）科學演講比賽——舉辦第二屆中等學校學生科學演講比賽，（詳另訊）。（二）科學教育廣播——聘請科學專家在中央、益世等電台播講科學常識。（三）科學通俗講演——國慶日上午九時舉行紀念大會，由各社教機關各中小學校，敦請專家作通俗科學講演。（四）通俗科學演講——由各機關附設補習學校及各中小學校學生組織宣傳隊，分隊赴城鄉交通要衝講述破除迷信及提倡科學之重要。（五）科學教育電影——由教局電化教育輔導處洽請中電廠、美國新聞處、國防部新聞局放映科學教育電影。（六）印發科學標語——由教局擬定醒目科學標語分發，普遍張貼，以廣宣傳。（七）編輯大幅壁報——由第一二民教館和中

抗瘧教學

周尚

一、抗瘧必需教育

歷史家陶裴（Tobey）告訴我們，瘧疾曾滅亡希臘又滅亡羅馬。英國作戰辦公廳報告上次歐戰薩羅泥岐、東非和埃及三地因瘧疾而損兵折將，數達三〇〇〇〇〇。

全世界都受瘧疾的災害，廿二年前，華生（Watson）謂全球死於瘧疾的為二、〇〇〇、〇〇〇人，而一九三四年，祗希臘一國，患瘧疾死的人數已到二、〇〇〇，〇〇〇人了。

是抗戰第二年，筆者調查四川軍訓學生患瘧的佔半數以上，民間可知。三年前，福建東南各縣十人中三人病瘧，例如晉江患者六六、〇〇〇人，莆田五七、〇〇〇人，貴州銅仁的牛郎場四年前，平均每家病瘧的四人，每三家瘧死一人，每十萬人口死於瘧的六、一一五人。雲南的元江、巴比江和瀾滄江一帶，受瘧害最深，尤多惡性瘧，。衛生署考察「瘴氣」的區域，檢查患者血液的瘧原蟲自百分之七六．六至九八．一七。他若蘇、浙、豫各省，也有驚人的統計。

瘧疾在我國的猖獗，間日瘧全國皆有，夏秋瘧華南、華中猖盛，偶現於華北。三日瘧流行於華南、華中。大概雨量少氣候冷的地方，瘧疾也少，北平雨量十二吋，千分之四十一病瘧，南京四十吋，患者佔百分之十，華南閩粵區域雨量八十吋，患者衆多。雲南雨季時，瘧疾更盛。

瘧疾，減少人口，危害健康，阻撓軍事，破壞建設，摧毀經濟，損失之大，無論怎樣都賠不回來的，是以抗瘧運動，必須要迅速的展開。這種運動便要靠教育的力量。

六年前，美國哈佛大學公共衛生教授薛米里（Smille）說得好：「瘧疾控制方案是不能成功的，除非民衆們充分知曉了這病傳染的途徑和預防的方法。大部份人尚不信蚊蟲傳染瘧疾，許多預防的設計，在特別情形，大如軍營等固用不到民間協助；但一般的成例，任何瘧疾控制方案的前鋒，必須要有教育方案，將所行的步驟做覺講解給民衆。」的確，教育是各種事業的先驅，各種事業的基礎，沒有教育便沒有事業。所以撲滅瘧疾的問題第一是教育，第二才是醫藥。今日教育的特殊傾向，厥為社會化的進步，擴大範圍。社會應用學校作工具，以完成它的目的。

筆者今以抗瘧教學的一課，貢獻於教育工作者們。施教時必須依照學生的經驗和能力。教室內紛有自製的水族器觀察蚊的生活史，更須率領學生出外撈捉孑孓和蛹，並學捕蚊卵和成蚊，以資聯別瘧蚊和普通蚊的異同。小學的公民、常識、自然，中學的衛生、博物，都是施教的絕好機會。

二、瘧疾的教學

（一）瘧疾怎樣發生的？

一、什麼是瘧疾？——是人類的一種疾病，盛行於熱帶潮濕的國家。

二、瘧疾有時又叫什麼名稱？——瘧疾因地域

小學校負責征集通俗科學論文，編輯大幅壁報，張貼各該館門前。（八）繪製科學漫畫——由第一二民教館定製布質科學油畫，長八尺，闊八尺，分在京市各重要地帶懸掛。（駿）

京市中學生科學講演比賽

【本社訊】南京市教育局主辦之第二屆中學生科學講演比賽，於國慶日下午二時在市立一中大禮堂舉行，到評判員市參議會王副議長、蕭秘書長、李參議員濤悚及教育部陳督學東原等九人，馬兼局長因事未能親臨主持，由章主任秘書仰泉代表主席。各校前往聽講者約五百餘人。茲將講演結果探誌如下：

第一名明德女中李鴻鴻，得沈市長銀盾一座，社會部贈「中國之抗戰」精裝一厚冊。

第二名匯文女中余心如，得國防部獎旗一面及學用品等。

第三名市立二女中郭文運，得教育部獎旗一面及學用品等。

第四名市立師範張藝民，得馬副市長獎旗一面及學用品等。

第五名鍾英中學譚天鐸，得市黨部獎旗一面及學用品等。

第六名中華女中謝洛曼，得勵志社贈『科學與人生』精裝書一冊及學用品等。（涵）

首都第一屆公務員運動會

【本社訊】首都第一屆公務員運動會，於十月十日至十一日在南京市立公共體育場舉行，揭幕時到朱家驊、沈怡、馬元放、薛篤弼及各部院首長特別來賓暨觀衆二萬餘人，參加運動單位三千三，人數六百四十九。十日九時正，大會舉行開幕式，全體運動員繞場一週後，鳴炮升旗，大會會長朱家驊致開會詞，希望『以行政配合體育，使公務員鍛鍊健全體格，增進行政工作效率。體育要求普遍，使

不同各異其稱，有瘴氣、冷熱病、打擺子、賣柴病、稻頭黃、瘧寒、悪子、擺擺痧、兩日頭熱病、打半日、打半工、打潮熱、做老爺等等。

三、瘧疾的原因怎樣？——一個人血液裏呈現了某種小的有機物，聚了相當數目，他就發冷發熱，成爲瘧疾。

四、你怎樣從病人血液裏找得到？——因爲用了顯微鏡，我們可以看到瘧疾病人的紅血細胞裏含有這種寄生蟲。

五、你講的「紅血細胞」是什麼意思？——它們的身體很小，浮游於血液中，形狀很像圓的餅乾，團着厚厚的邊；它們給血液紅的顏色，它們是生命的要素。

六、瘧疾寄生蟲怎樣跑進血液裏？——瘧疾不是吃了不適宜的食物或侵襲了瘴癘之氣而生的，也不是飲了壞水或其他原因而遭罹，祇是從蚊虫刺螫而起的。一個人如果已經有了瘧疾，他的血液裏便有這些寄生蟲了。

七、是不是所有的蚊蟲都能傳染瘧疾寄生蟲給人們？——不，只是按拿斐雷蚊傳染瘧疾；而且僅爲幾種的按拿斐雷蚊，簡便的名稱便是瘧蚊。

八、瘧蚊是不是卽有瘧疾寄生蟲？——不，他們叮了血液中有瘧疾寄生蟲的人才能得到。如此說來，寄生蟲是由瘧蚊叮了人而得來的。至於這種寄生蟲最初怎樣來的呢？我們迄今還不能知道。

九、那末瘧疾怎樣傳播呢？——一種雌蚊叮了患有瘧疾的病人，吸了他染有瘧疾寄生蟲的血液。這雌蚊在數天（一週或一週以上）後咬上人，尚不能傳染瘧疾，但等了相當時日，（理由詳後）牠咬叮了人，把瘧蟲注射人體，於是這人患染到瘧疾。

（二）怎樣知道瘧蚊？

一、雄蚊和雌蚊是不是兩者都要咬人？——雌蚊會咬人，雄的不咬。

二、你能敘述出一個蚊蟲的頭嗎？——所有的蚊蟲都有一張嘴和二根觸鬚，觸鬚外邊是二個觸角，分開的長着。雄蚊的觸角像羽毛，雌的像鞭子。

三、你能告訴出按拿斐雷蚊和庫雷蚊以及我國其他不傳染瘧疾的蚊蟲嗎？——有一個方法，就是看牠們的頭，按拿斐雷蚊有直形的嘴，觸鬚和嘴同樣的長，其他雌蚊的觸鬚很短，雄的庫雷蚊和按拿斐雷蚊有一樣的長觸鬚，那就不易分別了。

四、有沒有其他的不同呢？——有的，棲息在牆壁上可以看出。按拿斐雷蚊棲止時成一直線，老是用頭站立起來。其他的「拱膠駝背」的躲息着。這是一個最容易的方法可以看出。

五、其他顯著的不同處有沒有呢？——瘧蚊是瘦弱而美觀，翼翅有斑點或淡黑。

六、你能告訴雌性按拿斐雷蚊叮人的習慣嗎？——他在白晝罕見叮人，傳染黃熱病的蚊蟲日間則咬人的。按拿斐雷蚊羞答答的很容易驅走，人在行動時牠不敢去叮咬的；因此，熟睡時他便來光顧了。他咬得比較不痛，而且聲音很低微，平日我們怨恨的蚊虫都不是瘧蚊，而瘧蚊成羣結隊的來了，我們反而不會抱怨，誰知牠們遺害於日後。

（三）蚊蟲的繁殖：

一、蚊蟲在什麼地方繁殖？——在水裏——池沼浜溝的靜止水裏，以及流水之水邊草裏。

二、這些蚊蟲怎樣繁殖？——牠們生卵於水面。這些卵是飄浮的，在熱天經過五六日光景，孵成幼蟲，俗稱孑孓。這些孑孓生活於水中，隔了一週時間變成蛹，由蛹乃成蚊蟲。蚊的發育共有四個變遷，正像蝴蝶一樣；蚊、蝶，兩者都產卵；蚊的孑孓就像蝶的毛蟲，兩者又都有蛹，一種變成蚊，另一種變成蝶。蚊蟲所有的這些變化都在水裏進行，按拿斐雷蚊自卵成蚊在熱天需時十二日至十六日，冷天則較長些。

三、一個人能知道按拿斐雷蚊的幼蟲嗎？——可以的，按拿斐雷蚊的幼蟲，躺在水面上與水面平行；其他蚊蟲的幼蟲從水面上懸掛，頭向下，被擾了常潛入水中。按拿斐雷蚊的幼蟲不一定常潛水，

全國人人都是運動員，絕不是培植幾個選手就算提倡體育。』市教育局長馬元放致詞時，更特別强調『提倡體育，强身健國』。

大會於兩天間按照預定程序，舉行完畢：空軍司令部以九十四分獲甲組總錦標，乙組錦標則由資源委員會奪去，教育部獲女子總錦標。十一日下午四時半結束，由大會會長朱家驊親自授獎，旋即鳴炮降旗，在悠揚的音樂中舉行閉幕禮。（璧）

南京市第二區各級國民學校衛生實施概況

【二區中心校訊】本區各校校舍或破壞不堪，或狹窄過甚，縱有少數新建校舍，因限於經費，即合條件之廁所廚房，亦未能建築，遑論其他衛生設備，然各校深知衛生教育，關係重要，無不竭盡心力，以期稍有成就。茲就本區各校衛生設施現狀，分四項說明於後：

一、衛生環境

本區新建校舍，僅有二區中心國民學校，三條巷國民學校，及綉花巷國民學校三所，然亦僅建教室；若會公祠，洪武路兩校，皆舊式房屋，採光通風，均不合理，加之學生衆多，超過教室容量，尤覺不合；遊府西街、二條巷、火瓦巷，及市立幼稚園四校之房屋，或新舊並存，參差不一，或運動場所太小，不敷兒童活動。總之，學校環境之不合衛生條件，要爲事實，目前祇有從整潔着手，按期逐步修建，以求進步。

二、衛生設備

1.衛生室——遊府西街及洪武路國民學校，均闢衛生室，內部牆壁，及桌椅、藥櫥；均漆白色，並備有診療台，及辦公桌椅。

普通是沿水面疾行後退。牠們沒有一點相同，只要見到一回，以後就不致認錯了。

四、認識按傘斐雷蚊的幼蟲是否很重要？——是的；認識按傘斐雷蚊的幼蟲比識得成蟲本身重要得多，因爲這可使我們知道牠們繁殖的地方而予以一網打盡。

五、按傘斐雷蚊繁殖在何種地方？——他們喜歡繁殖在清潔的水裏，如池、塘、溪、沼的水草。

六、他們是否祇在這種地方繁殖？——除了實在太髒的外，牠們偶然的可在任何積水中，例如淺井、水桶、洋鉛罐等，尤其是有樹葉或草，或綠色藻類，「田雞的苔蘚」裏。一般的說，牠們是不喜歡水桶、罐頭，或其他人造的器具。

七、蚊蟲出世需要多少時間？——從卵變蚊，平常約三四天，如果水在中途完全乾涸，瘧蚊便無從產生。

（四）人體內的瘧蟲：

一、什麼時候蚊蟲放入瘧蟲到人體血液內，牠們變成什麼？——雌瘧蚊將瘧蟲注射入人體紅血細胞內。當時牠們十分的微小。牠們吃人血而逐漸長大，待他們的邊緣變成扇形，然後分裂成許多楔形的小塊，在中間相遇，像幾塊薄片的餅。隨後血液細胞碎開，讓幼小的瘧蟲自由，於是每個瘧蟲各自開始產生新的瘧蟲，而進入另一種紅血細胞。牠的母體瘧蟲，反覆的經營這過程。

二、一個瘧蟲能分裂多少？——依蚊的種類而異，從分裂八個到二十四個或三十二個新瘧蟲，牠們可增加得很快。

三、瘧蟲是不是有不同的種類？——是的。牠們至少可分三種，每種產生不同的瘧疾。

四、瘧蟲進入紅血細胞要多少時間才產生小瘧蟲？——這要看瘧蟲的種類。有一種曰隔日瘧蟲需時四十八小時或二天。又有一種曰三日瘧蟲，需時七十二小時或三天。第三種爲日發瘧蟲，自二十四小時至四十八小時。最後的一種，時間很不規則，牠產生頂惡劣的瘧疾，叫做惡性瘧。

五、一個人患了瘧疾爲什麼要發冷發熱？——當被傳染的紅血細胞碎開時，牠們不獨放出了一批瘧蟲，還流出寄生蟲所生的小量毒質，在同一時間，大量的瘧蟲細胞分裂，破裂紅血細胞，進入其他紅血細胞以後，遂造成病人的發冷發熱。科學家估計，瘧蟲在同一時間內分裂，至少一五〇、〇〇〇、〇〇〇個，放出的毒質足致病人發冷——普通比這個數目要多出好多倍。

六、是不是紅血細胞內所有的瘧蟲都會分裂？——不是。除了無性方式的分裂而使人發冷外，血液細胞內的瘧蟲尚有其他二種方式，即是瘧蟲的雌性和雄性二種。雌雄同在人體血液內，並不影響人的健康，不過蚊蟲吸了他們便傳染到了。

七、蚊蟲染到了瘧蟲怎樣呢？——如果蚊在血中只吸到無性的瘧蟲，不論吸到怎樣的多，牠不會傳染瘧疾的，假使蚊蟲吸到了雌雄兩種瘧蟲，瘧蟲在牠的胃裏生長，雌雄兩性彼此交配，旋又穿出牠的胃壁，緊緊的附在胃壁上，在母體內慢慢發育無數小瘧蟲，隨後母體散出了許多小瘧蟲，有幾個最後從蚊蟲的嘴找到了出路，小瘧蟲混合了蚊的唾液，俟牠叮人時遂注射到人體。小瘧蟲進入人體血液細胞後，循環的開始牠們的生命。

八、這種循環的變化要多少時候？——夏季約十一天；寒季時間須延長。

九、這變化完全後，蚊蟲對人是不是很危險？——不。瘧蟲不到蚊的唾液裏，牠咬人時，不能把瘧蟲注射人體；即使牠叮了患瘧病的人，時間不成熟，也不致危險。

十、瘧蟲生長於蚊體內，是不是像人一樣使蚊生病？——不。蚊老是很好的。

十一、按傘斐雷蚊叮了帶瘧病人須要多少時間，再叮了健康人，才會使健康人發瘧疾？——從十二天至十六天。

十二、一個人被傳染的瘧疾蚊咬了，經過多少

洪武路國民學校衛生室的醫療工作

2. 藥品——上學期由健康教育委員會，配發藥箱，各校又於設備費中，撥款購置藥品，本學期健委會已組織藥品採購委員會，遴購藥品，分發各校，將更見充實。

3. 磅秤量尺——遊府西街國民學校，購置磅秤，自製量尺，以便隨時檢查兒童身長體重。

4. 衛生掛圖——各校選擇適當場所，將衛生習慣，人體解剖，及急救治療方法等，衛生掛圖，分別懸掛。

5. 清潔用具——各校備有木桶和手巾，以便學生盥洗，亦有備穿衣鏡，供學生自行檢查清潔。

6. 自來水——二條巷國民學校，鑒於飲料之重要，特於經費困難中，裝置自來水，使兒童得有充分衛生之飲料。

三 衛生訓練

1. 體格檢查——京市健康教育委員會分派醫師護士，赴各校實施體格檢查，矯治缺點，頗多成效，惟多級學校，極希望能專派校醫，則對於學校衛生之措施，兒童身體之保健，更可處理完善。

2. 防疫種痘——按時由健委會派員分赴各校，

天發生瘧疾？——從六天至十五天。

三、瘧疾預防的教育

（一）第一個方法——驅除瘧蚊

一、瘧疾能控制或預防嗎？——可以的。

二、怎樣減少或肅清瘧疾？——這裏有幾個方法可以運用的：

1.驅除傳染瘧疾的按那斐雷蚊。

2.不使瘧疾接近健康人。

3.處理血液裏含有瘧蟲的人，不給蚊蟲傳染。

4.健康人既被傳染的瘧蚊叮咬了，要保護他不發瘧疾。

三、你怎樣滅除蚊蟲？——破壞牠們繁殖的地方：

1.汲乾或塡滿牠們的池塘和濕地等。

2.不能汲乾或塡滿的池塘沼澤，則灑油或巴黎綠，殺死孑孓。油浮水面，孑孓在水下吸不到空氣便窒死了。

四、隔多少時間再洒油或巴黎綠呢？——視氣候而異，通常自十天至十四天洒澆一回；但最好每星期澆一回，而且固定每星期的某一天澆，庶不致遺忘。應用充分的石油或火油洒鋪於水面。

五、是不是所有的池塘澆油都有效用？——倘若池塘生草，油便不能鋪成一層；假設池塘的面積大，風可吹油集中於一邊。那末水面不能全鋪着一層油，像這樣的環境，油便無用武之地了。

六、巴黎綠應用多少？——一磅巴黎綠用於一英畝之面積，可殺纖蚊的孑孓。

七、巴黎綠能殺其他蚊蟲的幼蟲嗎？——巴黎綠祇能殺死瘧蚊的幼蟲，因爲其他蚊的幼蟲不吃巴黎綠的。

八、我們怎樣把巴黎綠洒在水中？——拿巴黎綠混入任何塵灰中，如路上的灰塵，化碎的石灰粉末等，以一掬巴黎綠混入一百掬量的灰塵。這裏風向對岸吹着，即將巴黎綠混合物向風拋洒，風把巴黎綠吹送滿池塘、藉此就可殺死瘧蚊幼蟲。

九、有沒有其他方法施用巴黎綠？——有的。撒洒小的池塘，或狹的溪流，許多人用尋常的手搖風箱或送風機像農人用來作撒樛植物一樣；對於面積廣袤的地方，西洋常用飛機散播。

十、瘧蚊幼蟲還有其他敵人嗎？——有的，小溪流裏的大批「鱂魚」常吃掉很多瘧蚊幼蟲，有鱂魚的地方，牠們便罕見了。今發現治蚊魚一百八十種，其中以柳條魚最好，鰍虎魚也不差，還有蛙類蝦蟆屬也頗能吃孑孓。

在第一個方法中，還要注意住宅殺滅瘧蚊。有時入夜瘧蚊盤旋屋內，躲匿在黑暗的地方，這些瘧蚊自然預備叮人，其危險甚於戶外的數倍，可用蒼蠅拍打殺；如躲在天花板，在牠們下邊懸以酵粉罐或黑箱，頂塗煤油，蚊可跌入裏邊。罐釘在長棒的一端，必須要練習找到瘧蚊。

（二）第二個方法——不讓瘧蚊接近健康人。

一、怎樣防止瘧蚊叮咬健康人？——1.房屋裝紗門紗窗；2.用蚊欄。

二、怎樣裝置紗門紗窗抗瘧蚊？——應用第十六號細鉛絲。所有的窗和晚間要開的門都該裝鉛絲網，重要處的門戶應有雙重的紗門，外紗門向左開，那末內紗門向右開，以防蚊蟲潛入，所有的紗門向外開，各種小孔洞和煙突都該裝紗或塞住，入晚我們該住在室內，蚊蟲便不能飛來了，光天白晝，蚊蟲很少入屋的。

三、怎樣阻止蚊蟲從煙突進屋？——煙突頂裝置紗絲或在燒火的地方裝備黏貼紙；還有一法懸掛一長狹的鐵絲籠，離烟突頂二呎，放一百粒蛀蟲丸，蚊就無法飛下去。

四、買不到鉛絲時怎樣裝置紗窗紗門？——用夏布或紗布，細的鐵絲亦是最好的替代品，因爲容易去塵垢。

（三）第三個方法——預防蚊的傳染

一、怎樣治理血液內有瘧蟲的人以免傳染給蚊

注射預防針及種牛痘。

3.組織衛生隊——各校有衛生股，由教師擔任，抽調高中年級學生，組織衛生隊，學習包紮、敷藥、急救、注射等簡單技術。

4.訓練救護隊——二區中心及火瓦巷等國民學校，臨時舉行避災演習，及救護演習，以增加兒童救護常識。

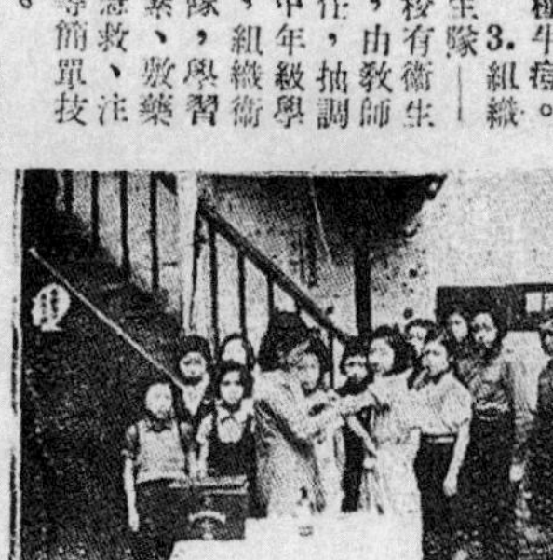

健教委會分赴各校注射預防針

5.清潔檢查——各校每日課前，舉行清潔檢查，分衣服身體書籍等項。

6.禁吃零食——勸導學生，不吃零食，校外攤販，自動絕跡。

7.編輯壁報——於壁報欄，闢衛生常識一欄，以灌輸一般民衆之衛生常識。

8.聯絡家庭——對於兒童之患有眼病、皮膚病、及貧血病者，分別與家長談話，協助治療。

四 衛生活動

1.健康比賽——火瓦巷及二區中心等國民學校，由各級選出健康兒童參加全校健康比賽，評定優劣，發給獎狀，以資鼓勵。

3.清潔比賽——各校組織清潔隊，輪流負責，各級清理事宜，分牆壁桌椅及公共用具等項，由科任教師批評，每週週末揭示成績，給以獎旗，以資鼓勵。

3.衛生演講——二區中心及洪武路國民學校規

（續68）

蟲？——有兩個方法：1.血液中染有瘧蟲的人，該澈底的完全治愈，不要治愈了一部分，旋又復發。這是醫師的事。2.病人住居裝有紗窗紗門的房屋，至少夜間居在蚊欄內，直至血液中已無瘧蟲蹤跡為止。

二、人們血液中有了瘧蟲，是不是在瘧疾徵象上表示？——不，個人血液裏有了瘧蟲，瘧蚊咬了他，也會傳染到，但不一定有疾病的徵象。人們患染瘧疾後，可以好幾星期，乃至好幾個月，血液中仍有瘧蟲。

四、抗瘧方法圖表

瘧疾預防：
- 驅除瘧蚊——破壞繁殖（汲乾或塡滿池沼／澆油／養魚／洒巴黎綠）
- 防止蚊蟲接近人體（裝紗窗紗門／裝蚊欄）
- 防止傳染（澈底治療瘧疾病人／住居有紗窗紗門或蚊幗的房屋）
- 治療病人——在醫師指導下，用金雞納撲滅瘧母星，或用最新出的滅瘧藥，如Paludvine和奎拿寶(Sn7618)亦可

定每星期舉行衛生講話一次，以灌輸衛生常識。4.大掃除——每學期各校舉行大掃除，全校師生，均須參加。5.撲滅蚊蠅——各校均組織撲滅蚊蠅隊，以防止疾病之傳染。

以上所舉，皆本區各級國民學校衛生設施之實際狀況，惟以經費奇窘，未能盡量發展，殊屬憾事！（振聲）

本欄歡迎投稿附活動照片！

夏令衛生中心單元教導實施報告

第七區中心國民學校

按：三十五年度下學期六月間，本校鑒於兒童夏令衛生常識及其習慣，多數一知半解，尤少能身體力行，關於兒童健康，憂患隱伏，殊為可慮，爰有實施本中心單元教導之決定。舉辦結果，尚稱滿意，所有計劃、報告及一應附件，均經呈局備查。茲因受本刊主編先生之囑，敢不揣敝陋，以現成材料稍加整理，編為報告，用實本刊，藉以就正於諸教育先進之前　金廷棟謹識

時交夏令以後，學校裏面臨着一個最迫切的問題，就是怎樣保護兒童度過這最可怕的夏季。於是喚起兒童注意夏令衛生的問題，成為全校上下一致的要求。教導部在五月十三日，召開第三次教導會議，提出實施夏令衛生中心單元教導的議案，經通過決定在第十七週（六月九日——十四日）舉行，籌備工作遂在第二月學月測驗後的第十五、六兩週展開。先由教導部擬訂了「夏令衛生中心單元教導計劃綱要」（附件一）「各科教學分鐘支配表，」（附件二）（編者按：為節省篇幅計，附件略去。）。並調製教學日程表，一面呈報教育局備查，請派員蒞校指導，一面推動全體教師，進行準備工作。經兩個星期的籌備，一切均按照計劃準備完成。茲將其實施經過報告如次：

（一）動機

兒童動機的引起，依照計劃，原定於本單元教導開始的第一天早晨週會時間，（六月九日星期一）把兒童分為高中階段和低階段兩組，集體的引起動機，因值天雨，無法舉行，不得不分別在各教室舉行。中高階段用時令或兒童疾病引起，低階段用故事引起，結果均甚圓滿，人人要研究怎樣去實行夏令衛生。

（二）目的

動機引起之後，教師用啓發方式和兒童共同決定了下面許多目的，各種工作，都是依着這預定的目的而努力進行：

一、研究方面：

1.知道夏令衛生的重要，並了解時令與疾病的關係。

2.知道蚊蠅的害處及傳染病預防治療的方法。

3.知道蚊蠅的習性和牠的發育情形。

4.知道怎樣去適應夏天的氣候和環境。

二、實行方面：

1.實行健康生活，養成衣、食、住、行合理的習慣，以增進身體健康。

2. 練習清潔環境撲滅蚊蠅的工作，養成勤勞整潔的習慣。

3. 訓練兒童自發活動，使其具有適應環境的能力。

（三）計劃

六月九日（星期一）下午，興中區全區各保舉行保民會議，討論應做那些有關夏令衛生的活動。各保都有可寶貴的建議，會後旋即召開區民代表大會，就各保建議，提出討論。結果除決議請求老師對夏令衛生的知識多多指導外，並就同學力量所能辦到的，決議舉行下列各種活動，並分別敦請指導教師。茲將所決議的活動日程，及指導教師照錄如下：

日期	星期	活動	指導教師
六月九日	一	舉行保民會議 召開區民大會	級任教師 吳麗生
十日	二	興中半月刊出版夏令衛生專號 組織滅蠅隊 訓導分團談話	王冠成 臧天鐸 分團專師
十一日	三	夏令衛生演講比賽	吳守中
十二日	四	夏令衛生座談會 大掃除	陳鼎文 王冠成
十三日	五	夏令衛生展覽會 夏令衛生表演會	黃爾定 房兆驥
十四日	六	各保舉行檢討會 批評會	級任教師 吳麗生

附註：為尊重兒童意見，本表與原定計劃略有出入。

上列各種活動，均由興中區區公所之政治、文化、公安、經濟四組，負責籌辦，老師備居於指導地位，兒童的工作情緒，極為熱烈，此為始料所不及的。

（四）準備

準備事項，頭緒繁多，有屬於教導行政者，有屬教師者，有屬於兒童者，茲擇其要，略述於後：

一、各科教學分鐘之支配：實施本單元教導，係以設計為中心，實際活動極為重要，為勻出活動時間，並就各科教學一單元所需之分鐘，作合理支配，是以課程均集中於上午，下午僅有課一節，自三時零五分起，即為自治活動時間，週前釐訂「各科教學分鐘支配表」，以憑調製課表。

二、教學日程表之調製：本單元活動，除六下級因畢業班關係未參加，一上級甲乙兩組，因暫行半日制關係，課表仍舊外，其餘各班級，均按照分鐘支配表，重行調配，各教室課表，遂煥然一新。

三、教材之編撰：各科教材內容，均與本單元密切聯絡，除四下，二下，一下三級國常教材，用國定課本原有材料外，其餘各科均由担任教師自編，經教導部審查後付印。（教材略）

四、教具之製造徵集：

1. 自製：傳染病菌圖（二張） 蚊蠅放大圖（七張） 衛生習慣圖（一套）過濾器解剖圖（一張） 生字卡片低階段（每級一套）

2. 徵集：衛生習慣圖（一套） 急救圖（一套） 蚊蠅頭部模型 蚊蠅發育順序標本 傷寒霍亂赤痢等病理模型

五、環境之佈置：公共場所環境佈置，由興中區政治文化兩組負責；教室環境佈置，由各保負責，於是週星期一、二兩日內，全部佈置完成。

六、展覽會陳列品之徵集：事前派員赴衛生部、衛生實驗院、市衛生局、市民教館、金門藥房、協順水果行等機關商號，分頭接洽，經十餘日之奔走，於事前將全部陳列品借到應用。衛生展覽會，成績之美滿，為本單元實施上生色不少，

七、預防注射之接洽：利用參觀展覽會時間，為本區兒童及民眾實施免費注射，並測量身長、體重。事前派員赴健康教育委員會接洽，均告圓滿解決。

八、其他：各保演講比賽之預備，表演節目之籌備，及各種集會應行準備事項，均分別進行，工作之緊張情況，向所罕見，故一切活動，皆能符合理想，予以實現。

（五）研究

自從研究目的決定以後，小朋友抱着很大的希望和決心，要研究有關夏令衛生的知識及技能，教師為迎合他們的要求，利用各種方法，使他們盡量提出問題。因教師事前有充分準備，一般教學情形，均屬良好。除研究教材本身外，兒童並提出許多問題，綜合起來，有下列各點是比較有意義的：

1 夏天為什麼會熱？
2 不講衛生為什麼會生病？
3 病菌究竟是什麼東西？為什麼這麼厲害？
4 預防針何以能防止傳染病？
5 赤痢的病狀怎樣？
6 常蚊和瘧蚊有什麼區別？
7 蒼蠅怎樣變化？
8 蒼蠅蚊子一生能繁殖多少子孫？
9 殺蟲藥品除DDT外還有些什麼東西？
10 怎樣消毒？
11 自來水能不能生喝？為甚麼？
12 得了傳染病，沒有錢醫治怎麼辦？

在本單元研究過程裏，教師對於提供實物，給兒童觀察，做到盡善盡美的地步，蚊蠅頭部模型，蚊蠅發育順序標本，傷寒霍亂赤痢等病理模型，都是極好的實物，兒童研究問題興趣濃厚，實由於此

。

（六）實行

本單元實際活動，均由兒童自己舉辦，他們依照區民代表大會的決議，忠實執行，茲將各種活動陳述如次：

一、整潔檢查：本週晨間檢查，各級的情緒，均與平常不同，認眞而正確，小朋友們都修飾得乾乾淨淨到學校來，所以很少發現不整潔的。

二、興中半月刊出版夏令衛生專號：興中半月刊，由區公所文化組主編，本學期已出版了五期，他們爲配合這次單元活動，所以決定出版夏令衛生專號，只有一天的準備時間，竟集了很多稿件，結果在九月十日（星期二）的下午就出版了。

三、訓導分團談話會：本校訓導分團共二十三團，平日每週均分別舉行談話會一次，本週（九月十日）談話會以夏令衛生爲中心，按照談話會活動要項實施，情緒均極融洽。

四、組織滅蠅隊：每分團組織滅蠅隊一小隊，各隊均於九月十日下午組織成立，在正副隊長領導下作滅蠅工作，小朋友都自備蠅拍小瓶各一個，隨身攜帶，人人競相爭拍，惟因氣候關係，蒼蠅不多，直到星期六上午，各團交到的蒼蠅，合計約達二萬隻，悉數予以焚燬。

五、夏令衛生演講比賽：六月十一日（星期三）下午，全校舉行夏令衛生演講比賽，小學部、民教部均派選手參加，合計二十六名，比賽結果，小學部每階段錄取二名，民教部錄取一名，各獎給糖果一包。

六、夏令衛生座談會：十二日（星期四）上午十一時二十分至十二時二十分，在五下教室舉行，出席各保代表三十六人，教師吳麗生、陳鼎文、潘良弼、葛儒林、臧天鐸列席指導，主席由五下級學王義華担任，各代表提出很多實際問題，均有意義。

七、大掃除：同日下午三時，舉行全校大掃除，在總指導王冠成老師指導下，各級熱烈競爭，十足表現出兒童之蓬勃生氣，並選拔年長兒童，及民教班學生參加街頭打掃，直至五時三十分全部結束，由金校長等六位老師，評定成績，結果五下、四下、二上分別獲得各階段錦標。

街頭掃除

八、夏令衛生展覽會：展覽會陳列品均於上週徵集完成，十二日開始佈置，忙了一整天，金門藥房的藥品，協順果行的食品，均如期送到，佈置得琳瑯滿目，第二日（十三日）上午九時開始展覽，因對外宣傳的成功，七、八兩區兒童及民衆來參觀的絡繹不絕，十三、十四兩日計到參觀者二千一百五十餘人，團體參觀者依照日程整隊來校參觀後，可得協順商號附送糖果一大包。

衛生展覽室一角

陳列品計分模型、圖表、醫藥、食品四大類，以前二者最爲出色，計營養模型十一組，病理模型七組，蚊蠅模型標本六種，生理掛圖一套（十張），營養掛圖一套（十六張），營養圖說一套（八張），衛令習慣圖一套，急救掛圖一套，其他圖表多種，夏令常備藥品十五種，夏令衛生食品多種。（陳列品一覽表略）

九、預防注射：利用參觀展覽會時間，由健康教育委員派職員龍先生來校作霍亂預防義務注射，由本校兒童担任測量身長體重工作，第一日接受注射的最爲踴躍，計三百餘人，第二日因天雨關係，只寥寥數十人而已。

十、夏令衛生表演會：在十三日（星期五）下午舉行，各班均參加精彩節目一項，有舞蹈歌劇等均以夏令衛生爲中心，有家長數十人來校參觀，雖在烈日高照下，而兒童情緒始終不衰。

夏令衛生表演會

十一、批評會及各保檢討會：十四日（星期六）下午，由興中區區公所召開批評會，每保代表二人，及全體教師共同出席，對本週各項活動，作嚴正之批評（批評要點詳見披末一章）同時各保分別舉行檢討會，檢討各該保此次參加活動的成績。

（七）結果

一、綜合檢討：次週星期一早晨（六月十六日週會時間，由金校長報告上週活動的效果及批評會所提出的要點，令兒童自行返省，兒童興趣特別濃厚，竟提出「再來一次」的要求，因爲學期即將結束，答以下學期再舉行，兒童很滿意的接受了勸告。

二、綜合測驗：第十八週（六月十六至二十一日）各級舉行綜合測驗，國、算、常各科合併舉行，測驗成績，較日常確有進步。

三、效果：在本單元實施之後，就各種活動及學習情形觀察，並以測驗成績予以驗證，我們可以斷定，在計劃時所懸的目的，已大部份達到，從而並可得到下列數種結果：

1. 可以養成兒童在行裏求知，知而能行的學習方法。
2. 可以從整個活動中，使兒童得到有系統的知識。
3. 可以使兒童得到多方面的訓練。
4. 兒童已了解，從觀察及工作上學習，才可以得到眞知。

四、批評：根據批評會裏提出的意見，扼要的說，有下面幾個要點：

甲、優點：

1. 大家都知道夏令衛生的重要。
2. 大家都厭惡蚊蠅。
3. 與中區區公所的職員們都能盡責。
4. 展覽會中的服務兒童都能盡責。
5. 參加活動的大部份兒童興致極佳。
6. 撲滅蒼蠅的工作，兒童多能認眞辦理。
7. 全體教職員通力合作，師生能打成一片。
8. 展覽會的陳列品豐富。
9. 能按照計劃進行不誤。
10. 民衆對我校有一深切認識。

乙、缺點：

1. 氣候突變，氣溫較低，似不適宜。
2. 星期一、二、六曾落雨，對工作情緒不無影響。
3. 拆修禮堂，遷移教室，亦影響工作。
4. 校舍前部因工程關係，無法使其整潔。
5. 集會時有少數兒童不守秩序。
6. 拍蠅後有少數兒童不洗手。

（八）結語

本單元活動，事實略如上述，自問尚稱滿意，周不敢自詡，六月十二日承　教育局夏督學溢校指導，十一日十三日復蒙陳輔導淸泉兩度蒞臨，均有周詳之指示，對同仁今後教學之改進，裨益匪淺。

（吳縣生擬稿）

衛生教育之設施

南京市立第二女子中學

徐元璞

本校於勝利後接收僞校開辦成立，名爲接收，實同新創，且限於基地校舍，實有不如新創，所以因先天的不足，根本在學校設施上是有許多問題不能令人滿意的，因此以本校現實的環境，現實的設備，再限於現實的經濟而擁有很大的學生數的勢態之下，要談衛生教育的設施之合於理想，盡如人意，事實有所不能。但是我們——我們全體同人全體學生全體工友，却同心協力，極願意努力於活的教育、生的教育的發展。因之竭盡可能，向衛生教育的途程上邁進。以培育青年的健康身心，藉以啓發青年的正確思想，培養青年的良好態度，利導青年健全的情緒，薰淘青年的完美人格，要這樣把青年的現實生活充實起來。

一、本校衛生教育設施目標

1. 使身心健全有高尙的生活理想。
2. 使善用感情有合理的社交活動。
3. 使愛好運動有活潑的工作態度。
4、使衛護健康增進公民服務效率。
5. 使把握意志力謀職業事業發展。
6. 使崇向淸潔促進生活環境改造。

二、心理衛生指導

「健全之精神，寓於健全之身體。」從這一句老生常談的話，我們很應轉移爲：「健全之身體，寓於健全之精神。」事實上，確是一個人要能精神愉快了，身體才會強健，試看有幾多憂愁抑鬱畏縮胆怯的青年或成人能有健康的身體，而努力於學問的研求，努力於事業的創造！這樣要他們負起適應現代社會創造將來社會的重任，可能嗎？所以衛生教育不是專講究設備，或注重體育，或側重衛生教學所可濟事的，除掉身體的鍛鍊而外，首先還得要使青年們有快樂的情緒，活潑的精神，向上的意志，愉悅的心境，廣闊的胸襟，而形成偉大的抱負，堅强的毅力。因此，心理衛生的指導，乃是第一應該講求的。可是心理衛生的牽涉方面太多，實施指導之時，常使困難叢生，所以本校在施行之初，僅注意下列幾點：

1. 樂觀興趣的培養　善愁多感，似乎是女子天賦的特性，而這些也就改變了女子的人生觀，所以女青年免不了多數常常在抑鬱煩悶中討生活，本校對於這點看得很重，乃有歌詠隊弈棋團故事會等組織，以聯誼生活而避免孤獨居處，減少憂愁的因素，遺忘既成的煩悶，同時對於少數或個別學生所有特殊愁苦問題，則個別幫助她們解除。

2.自尊自信心的修鍊　懦弱、自餒、忍辱、苟安，似乎是我國國民的特性，而在女子表現得更爲顯明，究其原因，當然還是由於不良環境而造成的許多變態心理，我們爲了要力矯這層弊端起見，無論在作業指導成績考查或是師生生活之間，都隨時隨地注意青年的自尊自信心的長成，所以本校有榮譽試驗（不用教師監考）的試行，自治團體的組織。

3.失敗成功精神的消長　我們對青年的遇事發生阻抑，或是事業遭受失敗，不僅表示同情，還十二分引爲痛心的。因之這問題使我們全體同仁有深切的注意，所以對於學生遭遇到的失敗問題，即是小到一個算術習題的演算錯誤，或是考試成績的低落，都要幫助她們探究原因，而矯正而再事努力，務必使她達到圓滿成功的境地，進而深信：「失敗乃是成功之母。」

4.社交生活的指導　在今日以女青年而談社交生活，雖不如往日的諱莫如深，總還是有大多數人認爲頗不相宜，可是事實上大有不然，據藏維斯的研究，女孩犯手淫過失的，約有二分之一起始於五歲到十二歲的，又據伊克斯諾的調查，兒童有最初的性的行爲平均在十二歲至十五歲之間，可見在中學的青年社交生活的需要指導，尤爲迫切。所以本校一方面在生理衛生課上，對於男女生理上的自然發育及結構，是不避其諱的研究，在衛生上尤有深切的指導和勸告。一方面擬對她們在社交生活上的態度，有正當的指導，進而使她們對社交的新道德有很深的正常修養，同時代替她們個別的解決社交或兩性間的困難問題，及非自然的遭遇，務使她們對社交生活有正確的認識。

5.作業疲勞的調濟　很多學生常苦於作業分量過重，科目繁劇的難於應付，因此長時間的工作，甚至夜以繼日的工作，疲勞身心，莫此爲烈，而阻礙青年健康正常發育，亦莫此爲甚！所以我們一方面指導她們自製作業表，注意各科作業疲勞價大小的調濟排列，一方面竭力注意休息和睡眠的時間充分，及空氣調換等問題。

三、生活環境改造

本校係就前市立竺橋小學原址，辦理中學，原難適合，年來雖經一再設法擴充，在房屋及場地方面，仍是極度不敷，爲了學校的實際需要和觀瞻整美起見，目前仍正在設法徵購民地之中。幾經努力改造的學校環境，約可分述如後：

1.教室人數限制　本校現有二十四個教室，除一二教室的光綫略差而外，其他教室之採光，都可尙稱人意，通風換氣的設備，亦不過劣，只是大小的人數容量，起初很多是超出限度，經過本年的極度調整，現在的大教室容六十餘人，小教室容四十五人，平均每人都可佔四立方公尺的空間，這是稍可滿意的一點，教室內的設備，如黑板、課桌椅、清潔用具等，限於目前的經濟條件，尙難盡如理想，然已能在一般水準以上，也是本校最近幾費苦心所獲的結果。

2.拓展寢室　以本校目前僅有的房屋和場地，實在不宜於收容寄宿學生，可是漢亡青年太多了，不收容又將怎辦呢？起初本校的學生宿舍，說來可憐，既是暫時利用接收的民房，破舊陰悶，固然不能談甚麼衛生條件，而人數擁擠，簡直是一個難民收容所罷了，目擊心傷，實所難忍；所以才下最大決心，新建造了一幢二層樓房，計總面積二百六十方公尺，空間佔有計八百立方公尺，容納寄宿生一百四十四人，平均每人佔地位一·八方公尺，空間五·五立方公尺（照標準仍嫌過小些），而光綫採自東方，既充足而明淨，空氣亦極流通，調換得宜，這實是目前得入本校住宿學生的幸福，宿舍之內，一律用上下雙層鐵床，而且規定：（一）內務一律平舖，床上下不得放置任何衣物。（二）學生內務每日分上下午輪流檢查兩次並公佈結果。（三）有皮膚病等足以傳染他人之學生，即行隔離，被褥予以消毒。（四）每兩週噴射DDT一次。

3.擴充操場　本校操場，原係一個天井式的曠場，要應付千人以上的體育課和課外運動之用，實太不够，經力事設法，先後購得毗鄰民地二方計二百餘市方，均已闢爲運動場，并且全部用三合土建築，上舖細沙，既是雨天不會泛濫成陷足的泥濘，風天也不會飛沙揚塵，又是雨停即可乾燥應用，這倒是引爲滿足的第二點，不過面積還太小些，限於環境，已至無可擴展的地步了。

4.美化環境　在本校開辦之初，一進校門，很令人有到了沙漠地帶之感，眞是枯燥到不見一些綠色植物，雨天泥污裏足，不能出門，風天黃沙滿空，不能開窗，其苦痛可知，去年在本校添建校舍之後，校內所餘隙地，都劃成了庭園，滿植花卉樹木，平舖綠草，經過今年春夏兩季的滋長，眞無異替學校加上了一層綠色的外衣，環境美觀得多了，空氣也清新得多了，爲我們全校師生增加不少的生命力。

5.其他場地　最慚愧的，也是最引爲缺憾的，本校對於極重要的廚房飯廳浴室盥洗室和廁所，限於經濟及場地，尙無合理的建築，都是因陋就簡，權宜備用，而飯堂更是借用禮堂的，學生如是衆多，而又不能如願速加改建，對於全校師生的健康，實是埋伏了一個隱憂，乃使學校當局極感不安。目前只有竭盡可能，注意清潔管理，藉以減少隱憂發發的因素，一方面總願最短期間，能合理建築起來。

6.全校清潔辦法　本校清潔，分別由各班學生分區管理，教師和工友，也分區督導和協助，每學期並同樣分區舉行大掃除二次。

四、學校行政改善

學校行政設施的妥善與否，關係於青年的身心的健康至大，誠以青年在校的一切生活，都隨學校的教育主張而改移的，本校既重視衛生教育，因之在學校行政上曾從研究而進於改善，概舉數端，或許也是愚者一得。

1.由「威」而轉爲「愛」的訓育　我們的訓育主張和方法，都是自改變了，是由過去一般所主張的「以威服人」的嚴的訓育，而轉變爲「以德服人」的「愛」的訓育了。要學生「愛人」「自愛」，進而「愛學校」「愛社會」「愛國家」「愛人類」。亦即是說廢除了消極的訓管，不採用一味以懲罰或斥責爲能事的手段，而力求積極方面的啓示和誘導，在負訓導責任的人，首先以身作則樹立楷模，對於優良青年，予以鼓勵，對於青年的過失，必研究其原因，減少其刺激，因勢給於交替式的誘導，對於事態的發生，必推緣其本質，評議其曲直，處處於青年以自悔自覺自新的機會，並協助其遺種改過遷善的意志，務達於成功的境地。所以青年在校，總感覺到是在一個偉大的愛的懷抱裏，對她是殷切的期望，給她充分的恩惠，沒有怨尤，沒有誹議。

2.對舉行競賽的新態度　很多人認爲競賽的舉行，是應用人類好勝的本能，在教育上是有很大的價值的，這當然是對的。可是我們對于每次各種競賽舉行後給我們的印象，備是在競賽前的一個很短時期裏，發生特殊的刺激，使青年爲了某種競賽，頓然放棄了其他一切重要或次要的學習，以及正常的作業。甚至廢寢忘食，徒使青年陷於非常緊張的狀態中，而樹立身心健康的大敵。因此我們注意到各種競賽的舉行，事前應該注意在平日的正常訓練，不宜事的倉卒，在很短時期內，給青年以强烈刺激，造成緊張勢態。而舉行競賽的宣佈，應是臨時的，不必給青年以準備時期，增加青年心理上的苦痛。同時我們更注意平時的考績。譬如時事吧！我們是偶然舉行測驗競賽，却極注意於各個青年在週記等寫作裏所有的發揮和記載中所表現的反應。這要比一時競賽測驗所得的效益，也許是豐富而永久的。

3.榮譽考試的成功　考試這一個制度，在今日似乎是一致主張嚴格的，即是教育家，也有同樣的論調，因此各校對於考試，在編座上監考上試卷彌封上及考場規則方面，都極其切合嚴格的能事，近乎到了防應試青年如防大盜的地步，這樣姑不論使青年自卑自餒了，置青年人格於何地；而青年每逢參加考試，便是戰戰兢兢，提心吊胆，臨深履薄，如迎大敵，却是事實，這種緊張局面，誰能說對於青年健康沒有妨礙呢？上學期本校曾試行榮譽試驗，在致試時，主考人員發過試卷解釋考題以後，即退出致場，留在考場裏的便祇有應考的青年。結果，我們倒感覺得相當確實可靠，比到監考的考試，青年反高興得多，顯露出自信的誇耀，這是給我們以新的啓示，這是我們覺得成功的。

4.適時作息　這是一個學校間的通病，教師往往因爲課間作業多了些，或是教學材料過於充分了，每不能適時退課，總要延長時間，有時直延到下一時上課了爲止。要是站在青年健康的立場上來說，那是不應當的，遲下課，無異是褫奪青年的休息權利，減少了青年的休息機會。有時教師即是適時退課，可是學生作業未了，還得繼續做下去，退課等於不退課一樣，所以我們從上學期起，全體同仁，已做到適時上課適時退課，退課應後不許學生繼續作業，必至室外透換一下空氣，如有教師不遵守時間退課，反會受到教務處的警告的。還有學生的起身就寢，以及課外活動，都得要適時作息的，所以我們校裏很少有「早車」或「夜車」的風氣，也很少老呆在教室裏的份子。

5.作業課程的新排列　本校對於課程時間表的排列，是遵兩個原則，一是衡量各科的疲勞價的大小，決盡可能不使疲勞價大的科目連續排列在一起，或是把疲勞價小的科目排在精神最旺盛的時間裏，一是近距離運用視力的作業，也竭力避免連續排列，所以本校各級如算術國文英文各疲勞價最大的科目，都排在上午，不得已才排列在下午二時至三時之間，據學者的研究，常識科目如歷史地理生物等，是不特疲勞價甚小，而且能够使既疲勞的精神恢復，所以常用他做調劑科目，這樣，多少對於青年的精神衛生是有幫助的。

五、醫療工作概況

本校於籌創之初，對於衛生醫療工作，即特別予以重視，所以設有衛生室，雖然爲了經濟條件的限制，也儘可能購置藥物器械，並聘有專任校醫和護士各一人，經常駐校担任診療工作，並協助計劃整個學校衛生事，其工作概況，可分述如次：

1.設備　現有內服外用藥品約六十餘種，診療器械大小卅餘件，雖然僅比簡單設備，對於一般病症，尚可應付。

2.預防工作

（一）健康檢查　每學期對學生的健康狀況，都定期普遍檢查二次，新入校的學生，則在入校時施行檢查，每月更不定期予以個別檢查，健康特殊不良的學生，則隨時予以檢查，下面是卅五年度第二學期健康檢查的統計結果：

南京市立第二女子中學
各年齡學生平均身長體重表

年齡	女生		
（足歲）	人數	平均身長	平均體重
12歲	11人	136.5公分	31.9公斤
13歲	40人	141.0公斤	35.6公斤
14歲	87人	145.0公分	39.7公斤
15歲	182人	150.0公分	42.7公斤
16歲	184人	152.8公分	45.5公斤
17歲	229人	152.7公分	48.0公斤
18歲	133人	153.5公分	50.6公斤
19歲	64人	156.0公分	50.8公斤
20歲	35人	157.0公分	51.5公斤
21歲	11人	160.0公分	52.0公斤
22歲			
23歲	1人	164.0公分	53.0公斤
24歲	1人	147.0公分	56.0公斤

三十五年度第二學期三十六年六月日

南京市立第二女子中學學生健康檢查統計表——

三十五年度第二學期　三十六年六月日

項別		共計 人數	共計 百分比
參加檢查總人數		1250	100%
有疾病之總人數		1125	90%
視力	一眼近視		
	二眼近視		
聽力	一耳障礙		
	二耳障礙		
耳病		4	0.3%
沙眼		491	39.0%
其他眼病		6	0.5%
牙齒		182	14.5%
扁桃腺		474	37.1%
淋巴腺		568	45.4%
皮膚		18	1.4%
循環系		232	18.5%
呼吸系		13	1.0%
整形外科		0	0.0%

（二）佈種牛痘　每年春季冬季，全校師生工役，接種牛痘一次，以預防天花的發生。

（三）防疫注射　每年夏季秋季，全校師生工役，都注射血清、或霍亂針液，以預防傷寒腦膜炎等傳染病流行症。

3.矯治工作　由健康檢查的結果，所發現的學生生理缺點，日常即由衛生室注意指導矯正。根據前表的統計，本校學生缺點，以淋巴腺之百分比為最高，沙眼次之，扁桃腺更次之；幸患有淋巴腺之學生，都非結核性，病態淋巴腺肥腫，如能得有充分之維他命A及D，即可漸歸無形；所以這一缺點，實在可以列入營養不良一類，可是這乃我國現社會普遍大問題，學校尚無法可以矯治。沙眼一類，則每日由衛生室指導學生分組互相洗滌。

在統計表中皮膚病佔百分之一・四，呼吸系病只百分之一，耳病百分之〇・三，整形外科竟是零，還不能不說是本校衛生教育上的一個好現象。再看身長體重的統計，發育亦很均勻，合乎常態！以本校十七歲學生二二九人而論，平均身長為一五二・七公分，體重四八公斤。與女子十七歲標準身長一五三公分相符，而體重且超過二・五公斤，標準重量為四五・五公斤，這又是一個好現象。

4.疾病治療　師生偶有疾病，即由校醫傾心診治，護士留意藥物飲食的使用，以求速愈，如病象嚴重而非校內簡單設備所能診療的，則轉送中央醫院或市立醫院醫治。至於普通疾病，除由校醫診治外，並利用機會隨時指導患者以應有之醫藥常識。一年以來，本校師生患重疾經送中央醫院者僅二人，市立傳染病院者僅一人，且均經痊好。校內醫病人數每月約計二百餘人，以眼疾為最多。

七　未來計劃

兩年以來，本校對衛生教育之實施，雖略有成果，可是在環境及設備上所給予的障礙很多，至難盡如理想順利進行。所以擬在最近將來務必實現以後的計劃：1.繼續擴充場地。2.重建學生宿舍。3.以合理改建廚房浴室廁所，並增建膳堂。4.增設運動器械。5.充實醫藥設備，訓練學生醫藥普通知能。6.廢除考試，完全在平時考績。這六點是本校所殷切希望的重點，也是努力促其實現的目標，然學校本身經濟條件太差，則不得不求助於教育主管當局，和愛護本校的社會人士和明達的學生家長，共襄其成，是本校之幸，也是京市教育之幸。

（卅六年十月）

編輯後記

本期首載　市長在體育節廣播的「推行國民體育的方向」，點示體育為衛生教育的積極基礎。有了體育的鍛鍊，才有強健的身體；有了強健的身體，才能實現積極的衛生教育。因為衛生教育應是積極的，等到疾病醫療，缺點矯治，已是消極的了。而在學校裏實施衛生教育，中心的人物應是全體教職員，所以教職員對於衛生教育的實施，責任極重，本期載有馬局長的「實施衛生教育的中心人物」，葉華先生的「教師在衛生教育上的責任」，楊駿如先生的「級任教師的衛生教育工作」，都是偏重在這一點上，足以喚起教師們注意和參攷！

本期特承衛生部金次長實善，僑委會僑民教育處周處長尚君，衛生局王局長祖祥，暨本市健教委會金主任理財於公務百忙中為本刊選稿，本刊非常榮幸！各稿對於衛生教育的理論與實施，都有獨特的見地，足供吾人實施衛教的參攷，編者於此誌謝。

談到衛生教育，普通都偏重在生理衛生，忽視了心理衛生，實際上心理衛生，尤重於生理衛生，本期有儲笑天先生的「心理衛生與教育」一文，足以免除本專號偏廢了「心理衛生」，編者非常欣謝！

「抗瘧教學」一文，是一篇實際的教學材料，現時雖已涼秋，而秋季瘧、三日瘧，或惡性瘧疾，正侵犯着許多兒童和成人的健康，吾人應依本文的指示加強抗瘧教學和抗瘧教育！

本期的三篇實施報告，內容均極充實，七區中心校的大單元教學，應為各校效法，多多實施，內容自不必限于夏令衛生，本刊歡迎這一類報告！二女中的衛生教育設施，徐校長提出了很多的寶貴的原則和方法，極應為各級學校所重視，尤以「心理衛生指導」與「學校行政改善」諸點，值得吾人注意！徐校長報告原文甚長，本刊為篇幅所限，曾　所刪節，並將體育訓練全章刪去，這對徐校長很是抱歉的。第一民教館的衛生教育設施，可為一般民衆教育館仿行！最后應特別聲明，本期稿擠，致有全文未能刊完，或後來稿件，竟留待以後刊出，無限歉仄！

（駿如）

南京市立第一民衆教育館衛生教育之設施

——民衆診療所概況——

沈桂甲

（一）

「衛生教育」是運用一切教育方法或工具來推行衛生，實施衛生的一種教育。具體地說「衛生教育」即是以種種教育方式教育工具灌輸國民衛生知識，使其了解衛生之重要與日常生活必須實踐的衛生要項，以及各種預防疾病和增進健康的方法，而養成其衛生習慣，提高其對於衛生興趣與認識；並增加國民對於衛生之維護與信仰，以期達到預防疾病，增進健康，改善生活爲目的。

顯然的，「衛生教育」是在教育範疇之內，不僅爲教育領域的一部份，並且爲教育內容的基本因素；教育如果缺少了衛生的一項，其他一切教育均將失去憑依。它不僅與教育有密切的關聯，并且必須透過教育的方式方可實現其目的；不過此種教育的重點在衛生方面而已。因此，我們認爲衛生之推進，需有賴於「教育」的力量；而教育之實施，又必須以「衛生」爲始基。

「衛生教育」當然也不僅是教育機關或衛生機關任何單方面的工作。而是急切需要兩者相互合作，協力推進，方克成功，本館爲「服務貧病民衆推廣衛生教育」而設立的「民衆診療所」，就是本着上述的意思會同南京市第十一衛生所而辦理的。

（二）

本所自經呈准市教育局及衛生局設立，并於八月十六日正式施診以來，已近兩月，各項業務均能照原訂計劃逐步施實，茲將本所概況條述於次：

（甲）組織方面：係由本館會同南京市第十一衛生所合辦，以分工合作爲原則，診療所人員分醫務及教務兩部份，醫務方面醫師、護士由南京市第十一衛生所派員担任，教務方面則由本館教導部負責辦理。

（乙）目的方面：積極的指導預防與灌輸常識同消極的醫藥診治並重。事實上一般民衆不知「衛生」，更無所謂衛生習慣，惟有疾病臨頭才感到痛苦；同時經驗告訴我們，在民衆無病痛的時候進行衛生教育，往往不爲他們所接受，我們認爲應從醫藥治療中進行施教工才才比較有效，故本館在就診民衆候診時間內宣講預防及保健方法，並灌輸衛生基本常識，以期達到衛生教育的目的。

（丙）對象方面：確定爲全民，而重點在民衆，檢討今日的衛生教育工作，多偏重於學校領域以內，很少推及到社會，甚至於與廣大民衆絕緣，無怪乎有人誤解「衛生教育」爲「學校衛生」，並且衛生教育與民衆脫節，他們沒有衛生常識與習慣，全部衛生設施都是徒勞無功，這是可斷言的。

（丁）設備及器材方面：醫藥部份由南京市第十一衛生所負担，并由本館函商中國紅十字總會撥贈（業已領用十四種）；教務方面各項工具材料由本館搜集供給。民衆診治疾病一律不收費用，但就診民衆須接受本館訪問與指導。

（戊）施診情形：本所診病時間，暫定爲每日午后二時半至五時半，掛號時間爲二至五時，星期日停診；宣講指導每週三次，作候診時間內舉行，據統計自八月廿八日起至九月底止，來所就診民衆總數爲三七六七人，平均每日就診民衆在百人以上。

病症性質：外科佔百分之七九・七；內科佔百分之二〇・三。再就病種分別，瘡疥、癬疱、皮膚病最多，花柳沙眼次之：皮膚病佔外科人數百分之三七・一；花柳佔百分之二八・四；沙眼佔百分之二四・七。內科以腹痛咳嗽，瘧疾等病最多；瘧疾佔百分之三八・〇九。咳嗽佔內科人數百分之四九・七。

分析以上民衆所患較多之病症，可知傳染病佔絕對多數，如各種皮膚病，花柳、沙眼、瘧疾、咳嗽等均是。這些病都是可預防的，而又都是不注意衛生的結果。同時夫子廟區域是一個熱鬧場所，公共衛生設備可說毫無，傳染疾病易於傳播，當然也是事實。所以本館加強實施衛生教育已是一項刻不容緩的重大工作。

（三）

惟本館民衆診療所草創伊始，人力物力均極有限，一切業務尚待繼續不斷的充實與推進，茲擬有關衛生舉辦事項有：（甲）擴充現有機構，徵求有關衛生醫藥機關參加，以充實業務部門，展開服務工作。（乙）增設沙眼防治站，商請中國紅十字總會經常矯治，并積極實施預防教育。（丙）診病時間延長，增加衛生宣講次數，俾加多民衆受惠機會。（丁）舉行區內家庭訪問，指導衛生改良。（戊）倡導環境衛生改良。

我們確認健康是人生幸福的泉源，也是國家盛衰的基礎。但是我國國民體格衰弱，死亡率與疾病率均高，平均年壽短促，并且思想多消極頹廢，精神亦多萎靡不振，實應急謀補救，尤以加強實施衛生教育爲當前建國之首要急務，願與本市各有關「衛生教育」之機關團體，共策進行！

本刊徵稿簡約

一、本刊稿件以下列各項爲範圍：1.教育論著，2.實驗研究，3.各科教材教法，4.優良事例介紹，5.書報評介或讀書報告，6.調查統計，7.教育法令，8.教育消息。

二、本刊除約專家撰著外，歡迎本市中小學教師及外界投稿。

三、來稿文言白話不拘，但須扼要切實，並繕寫清楚，附加標點；如有圖表，並請用墨色繪製端正，以便製版。稿紙請勿兩面寫！

四、來稿每篇以壹千字以上，五千字以下爲原則。

五、來稿須具眞姓名，并須註明詳細通訊地址和本人略歷。

六、本刊對來稿有刪改權。其不願刪改者，須預先聲明。

七、來稿一經刊載，版權即屬本刊，但聲明保留者不在此限。

八、來稿經刊載後；當致酬現金；但本局與各附屬機構概况介紹與報告性質之稿件，酌贈本刊，不另致酬。

九、來稿用否，概不退還，其附足郵資者，得於不用時寄還。

十、來稿請寄南京（一）市教育局首都教育出版社。

「中等學校各科教學法特輯」徵稿啓事

本刊爲京市教育局各級學校暨社教機關所共有之綜合性的教育刊物，本卷第一期曾出「南京市教育局成立一週年紀念特輯」，第四期曾出「衛生教育專號」，第五期將出「自製教具專號」；現擬於第六期，即十二月號，編印「中等學校各科教學法特輯」，藉能供給京市各中等學校教師發表心得之機會，敬希公私立中學、師範、職業學校諸位校長暨各科教師，對某科教學經驗具有特到之處，發抒偉論，撰賜宏文，儘十一月廿五日以前逕寄本刊，以利編輯而光篇幅爲盼！

首都教育出版社謹啓

首都教育

第二卷 第四期

民國三十六年十月十六日出版

編輯者 首都教育出版社

發行人 首都教育出版社
社址：南京市教育局內
電話（總機二一一三〇—五 分機二二）

印刷者 首都印書館
南京：王府園四十八號

經售處 首都教育出版社
南京各大書局

本刊價目

項別	零售	長期定閱 半年	長期定閱 全年
期數	一期	六期	十二期
價目	叁千元	壹萬伍千元	叁萬元

備註：
一、特大號或有特殊需要時，得提高售價。
二、平寄，郵費不加。
三、本期專號零售國幣肆千元。

廣告刊例

地位	面積	每期價目
封底	全頁	國幣六十萬元
封底	二分之一	國幣四十萬元
封底	四分之一	國幣二十萬元
封裏	全頁	國幣五十萬元
封裏	二分之一	國幣三十萬元
封裏	四分之一	國幣十五萬元
普通	全頁	國幣四十萬元
普通	二分之一	國幣二十五萬元
普通	四分之一	國幣十三萬元

首都教育

[illegible]題

第二卷　第五期

中華民國三十六年十一月十六日

自製教具專號

論著

實例

京市文教通訊

教育局公佈欄

本私立金陵大學附中

本市立第二中學

本私立[illegible]中學

怎樣設備各科教具？

吳馨

教具的價值與自製的必要

小學各科教學以能應用於兒童實際生活爲主，故當以具體可見的事物，刺激兒童，引起其實地觀察、實驗、判斷，以正確其觀念，發展其創造，及實際生活的應用能力。書本教材多是用文字來表現它的內容，專憑抽象的教材，空口討論，頗不易使兒童觀念正確，印象深刻。我們爲了要使兒童對事物有明確的觀念，爲了要使兒童從實事實物研究，獲得實用的知識與經驗，那些足以輔助兒童增進實用知識、擴張經驗的教具，確是教學過程中急需應用的工具；也唯有這一工具，才能使教學上產生最大的功效。

教師爲了要幫助他教學上便利起見、也很需要適用的教具；兒童呢？因爲他天性喜歡活動，那種以遊戲方式能幫助他學習上了解和熟習的教具，更有迫切的要求。然而，各級各科應有各種特殊作用的教具，而各科又因教材不同又需各種不同的教具；如此，一個學校需要的教具設備，數目相當可觀，在這物價高昂，學校經費日趨短絀的情形之下，勢難辦到，況且目前專製教具的工廠很少，出品亦屬有限，縱然勉強能夠購置一部份，杯水車薪，無濟於事，補救之道，也只有設法自製一途了。

自製教具的本領

自製教具，在經濟上、教育原理上，及教育方法上，確實具有極重大的價值。那末我們就趕快動手製作優良適用的教具吧！這是一句話，可是事實上又怎樣呢？我們知道製作教具須有教育價值，適應社會生活需要，適合多方應用，以及適宜合度，各方面都要顧及周到，要能成功這樣適合的教具，又非教師本身特具下列各種本領不爲功：（一）要明白教育原理；（二）要懂得兒童心理；（三）要有工藝技能；（四）要有勞工身手；（五）要不斷創造研究。

試想一位普通的教師可能做得到嗎？在教育各方面的立場上看，的確眞要有萬能的教師，可是具備那樣萬能的教師有幾位呢？即有，在目前生活情況中，恐怕他早已不安於位了。再一方面，教師能力即或可能做到，生活清苦也丟開不說，而時間上也很大的問題；另一方面學校又缺乏製作工具的設備。事實如此，要苛求教師自作那樣多而合用的教具，談何容易。然則，任其自然，讓兒童受些抽象的知識，食而不化，直至立身社會亦復不能體會應用嗎？這樣不單是犧牲兒童，並且影響國家民族的元氣，至深且鉅。那末國家何苦要你這樣的教師？而我們又爲什麼要做教師呢？不，我們決不這樣苟且敷衍下去，我們有犧牲的精神爲國家社會服務，同時更具有熱忱去教育兒童，在任何艱難情形之中，決本着這樣精神和熱忱，實事求是地去幹。

我們到底怎樣幹法呢？我認爲最低限度總可以照着下列幾個窮辦法，先去實行起來，困難大概不至於太多。

幾個窮辦法

一、儘量利用現成的材料——校中原來作爲別的應用購置的設備，如火柴、畚箕、茗帚、字紙簍、算盤、鐘，以及課室裏的桌椅、黑板、粉筆，烹飪用的各種用具，點綴校景的花木，還有書信、布告、契約、公文等等，都是一般學校普通的設備，我們在各科教學中，只要把那種有關的東西，調度設計，皆爲利用，大部可成爲有關科目的教具。不用買，不用做，這是對經濟和時間兩方面均有裨益的辦法。

二、儘量徵集現成的材料——我們可以向農場或農家要到各種作物種子，向紙舖或紙廠要到各種紙樣，向裁縫舖或綢布店，要到各種綢布樣，他如木材、金屬、瓷器、玻璃、煤炭、藥材，以及各種工藝品，都可充分利用機會去徵求。其徵集辦法，約可採用下列三點：一、用學校名義向有關各方去徵求；二、全體師生以私人情誼去徵求或轉託接洽；三、向學生家庭徵求。這樣努力做去，日積月累，定可有很豐富的收穫。

三、留心搜集自然的材料——自然界一草一木，一蟲一魚，如平時不加注意，不設法搜集，則一到教學急需應用時，購買既不可能，自製又趕不及，彼時覺得無關得失，此時認爲非常重要，但時機已失，這實在可惜！我們可以利用各種機會，採集許多動植物標本，捉到一隻蝴蝶或一隻青蛙，要比在掛圖上的生動得多，在教學上更有意義。他如稻、麥、豆類、蔬菜等，無不可以隨處採集，依時應用。倘能具備一隻水族缸，把偶然獲得的小魚、蝦蟹等類養於其中，則其功用效能，更非掛圖、模型所能及其萬一了。如果遇到不能給我們採集回校而教學上又實在迫切需要的，不妨作一兩次實地觀察研究，這也未嘗做不到；即使在整個教學時間上不無問題，一經衡量其得失，那種有意義的活動，實在有舉行的必要。

四、設法利用公共環境的設備——實地觀察，在教學過程中佔着非常重要的地位。即教具設備相當充裕的學校，也決不肯失掉它參觀的機會，遑論設備簡陋，甚至一無所有的學校呢？譬如教學電的單元時，就應到電廠以及各有關方面去觀察，教學機器或工業的單元時，就應到工廠及機器廠裏去觀察，並得請各場所的負責人，加以解釋，以補充教師講解之不足；如有國貨展覽會、勞作展覽會以及農產品、工業品等等專業展覽會舉行時，我們更應把握住機會，充分利用，其效果決不遜於普通教學。好在只要我們把時間、教材稍微活用一下，便無多大的困難了。

五、搜集可利用的廢物——在這新教育潮流中，一切設施再也不容我們踱方步似的跟着進行了，在教學方法上，不僅是求其改進就算了事，應當要有新的創造，新的發明了因此，利用廢物來做教具，在教育意義上，其價值顯然是非常微小，可是我們在節省經費，不浪費時間的原則下，爲了急於應用，仍不妨將失去其本身功用的東西改製成教具，權宜應用。如墨水瓶改作酒精燈，舊講義以及紙頭等作模型的坯底或紙筋，和勞作教學配合起來，也未嘗沒有創作價值，存乎其間。更有那不用改造而成爲很好教具的也不少，如各種畫片，報章雜誌上的廣告字畫，都可把它搜集剪貼，裝成小冊子，供美術、國語、常識等科教學之用。

六、多製卡片——卡片練習，爲國語、算術科教學中不可缺少的方法，因此，各種卡片的製作便勢在必行了。如國語科的識字閃爍片，造句卡片，默讀練習片，句子聯綴片等，及算術科的數法閃爍片，數字圖案閃爍片，數字閃爍片等，或用厚紙製成適度尺寸的長方形，或用普通用紙，製成長形紙條，既省錢，又省工夫，在教學上的方便與效果，實非其他教具所能及；所以我們做教師的在百忙中，也應抽出一些時間來作這種教學準備工作。

上述辦法，如能一一實行，對現階段的教育，實不無小補。進一步，我們對使用的方法還有多加注意的必要：

★……使用方法……★

第一，使用時，不能專供兒童一時玩弄，應當要有正確啓發的作用，引起兒童對學習發生濃厚的興趣。

第二，怎樣應用，先後必須支配適當，而次數及時間，尤宜妥爲配當，兒童學習才能充分發展。

第三，兒童性喜活動，因此他也特別喜歡動的東西給他觀察，教具中如卡片等類，有的雖有圖畫，但究竟都是靜的東西，那我們使用時，便當常換方法，多多變化，以補工具本身的不足。

對低級兒童更須採用遊戲方式進行教學，這樣，兒童興趣自較濃厚。但最要緊的須把握着教學目的，不因變化而越出原來預定的活動中心。的確，有了適用的教具，還須我們做教師的能有適合的方法，努力去運用才行呢？

★……一個願望……★

我們不希望老是這樣過下去，我們要創造，要迎頭趕上去，但是硬要責成教師兼負這個使命，絕難有良好的成果。試看有關教育展覽會各種比較有價值的一些教具，大多出自匠工之手。抑或也有教師自製的，然其工作所需的時間，及應用工具的購置，計其利弊，影響原來教學及經費，實在得不償失。我們只有一個願望，就是請政府作有計劃的大量的製作教具，以便普遍配給各校使用。

三十六年十月二十九日　於首都國教實驗區

怎樣運用教具？

李伯棠

教具就是教便物，教便物就是便於教學的東西。沒有教具固然不足以幫助教學；但有了教具而不用，或是運用而不得其法，也不能收到實效。我們怎樣運用教具呢？這裏提出幾點具體經驗，聊供參考。

一、選擇適宜的教具　要選用那一種教具，先要問你這次教學或練習的目的是什麼？倘使你要教低級兒童練習加法，那麼你一定要選用適合低年級練習加法的教具；如：加九九練習片、六面數字木塊、計數器和計數籤等教具。倘使你要二年級兒童復習讀書課文中的生字，那一定得選兒童所讀過的字片給他們練習。又如教學體積求法時，你不用立體模型加以證驗，而選用了平面圖表，說明當然費力。又如你教學兒童研究大麥、小麥的時候，田野間長遍的是麥子而不去拔來觀察，偏要運用玻璃櫥內的掛圖或是標本模型；現成的螃蟹不去捉來解剖觀察，而偏要畫張圖來解釋，或是重價向儀器製造所訂購螃蟹模型；一枝水槍、一塊重心板和一隻竹蜻蜓等簡單易做的教具，你不設法自製應用，而偏偏看中了儀器店裏製成的現成貨色：那都是不懂得選擇教具和運用教具。怎樣選擇適宜的教具？總括起來可以得到下述幾個原則：（一）要選用能達到教學目的的教具；（二）要選用適合兒童程度的教具；（三）要選用示理明顯的教具；（四）大自然裏陳列各式各樣的教具，應盡量利用；（五）可以就地取材自己製造的教具，應多多創製。

二、教具要準備齊全　教具要備得多，觀察實驗時可分許多組同時進行，時間可經濟不少。例如：低年級常識課研究「蚊蟲」，教師準備蚊蟲模型和幼童文庫中蚊蟲一本參考書，令兒童觀察，這樣從第一排看到末一排，不知要浪費若干時間。我們如果能同樣多找些蚊蟲的掛圖、模型，或令兒童每人捉幾個蚊蟲放在火柴盒裏帶進教室，或多用幾隻玻璃杯養著孑孑，這樣討論到什麼問題，就將本問題內所需應用的教具，有條不紊的支配給兒童觀察，在教學上、時間上，不都很經濟嗎！至於實驗時用的玻瓶、玻杯、試驗管等，更應多備一些，因為備少了，試驗時不慎破碎，勢必重行裝置，便只能叫兒童坐著空等了。就是對於與本教材聯帶有關的教具，也應多費些搬運手續把它帶去，一旦發生疑問時，就可拿出來證驗。例如研究到「鉛筆」，應準備「石墨」等實物，同時「鉛」的實物我們最好也能帶去，因為教師講到鉛筆的鉛，原料是石墨時，兒童懷疑是不是「鉛」做的，我們便可相機給兒童證驗。還有教學前對於本課應用的教具，一定要仔細檢查，不要有所遺忘。往往做一個實驗，各項教具都準備好，開始試驗時，不巧少帶幾根火柴，臨時再跑出教室去找火柴，這樣中途發生了障礙而停頓教學，是要不得的現象；因為這是我們可以設法避免的缺陷啊！

三、預先搜集合用的教具　在目前國民教育經費支絀的情況下，國民學校會有充實的教具供你使用，事實上是不可能。因此，我們還得有預先搜集教具的本領：在平時報章雜誌上、舊貨攤上、垃圾箱裏，你們不妨留心去搜集，準會發見不少東西可供你教學上的使用。例如報上教育新聞欄裏載有山東省武訓中學立校紀念消息，並附刊一幅武訓畫像，在不注意的人輕易放過了，要是我們能把它剪下來，貼在剪報集裏收藏著，到教學國立編譯館編的高級國語課本第一冊第十七、十八課乞丐興學的時候，武訓畫像便可作觀察之用，這不是很合用的教具嗎？這種搜集的本領，全在平時的留心，不怕麻煩，有恆心，才得成功。附帶的話，我們不但要會搜集，還要有會修理的本領。我們可以準備一套簡易的修理工具，壞了便動手修補，一定要靠工匠那是靠不住的。

四、填寫購買通知單要早要詳細　有許多教具要臨時購備的，宜早日通知學校負責人購買；同時必須遵照學校內部所規定購買物品的手續，按時填寫，按時送去；填寫要十分清楚詳細，使校工購買時不致弄錯。要是通知時間倉促，臨時來不及購買，教學時勢必無所使用；填寫含糊，校工買錯，調換時頗費周折，或至教學時不及使用，都是要不得的現象。

五、確定使用的方法　一種教具有一種教具的用法：有須教師主持的，有須兒童主持的；有供普徧使用的，有供分組使用的；有利用遊戲練習的，有利用比賽練習的；有用作參考的，有用作觀察實驗的；……。在你決定選擇一種教具指導兒童學習前，你應當加以考慮：究竟採用那一種方法最容易達到你所預定的目的；同時再以兒童的興趣作為你採用方法的第二個依據。譬如普通的練習，兒童已感乏味，那麼你得設法換個使用方法——遊戲或是比賽，來提起他們的學習興趣。教具的效用，也就因此增大了。

六、訓練使用的技術　一種教具使用的方法了解了，不一定就會使用。記得今年京市小學教師暑期講習會算術組講習「教具製作和應用」一科時，其中談到卡片的使用，我曾講了又講，演示了又演示，學員們的筆記記得清清楚楚，明明白白，可是到了實習時，大出岔子：第一次使用方法完全失敗，於是來一次批評、討論和試演，以期改進使用方法；第二次實習時，使用方法雖是進步了一點，結果還是未臻完善，少不了又來一次批評、討論和試演；第三次實習時，仍有不少小疵，並且手法亦未見純熟。足證理論與事實還沒有配合起來。如何使理論與實際相互聯絡？那便要注意到使用技術的訓練了。譬如抽卡片的方法及注意點知道了，接着應該有個實習的機會；並且還須不斷的研究改進，那麼抽卡片的技術才能熟練，才能生巧。所以使用教具雖是雕蟲小技，我們不能小看它而不加訓練。下面提出幾種教具的使用注意點。藉資研討：

（一）卡片的抽法　抽卡片的方法該注意些什麼呢？譬如一疊生字卡片，拿在你的左手（字體向下），一定要用左手的五指挾住卡片的兩面（大姆指、食指在上，中指、無名指、小指在下。）；右手逐張抽出卡片，一定要用右手的大姆指與食指、中指、無名指執了卡片，舉示兒童，兒童認過後，再夾在左手大姆指與食指中間，這樣抽時才可便捷。這些小動作，平時應多加練習，才能得心應手。另外我們還得注意下列幾點：

1.抽的時間——這是指每張卡片抽出所需之時間，這裏沒有一定的規定，要視兒童之年級、程度、能力與練習材料之難易，練習次數之多寡而決定。大概低年級初習一種材料時及所習材料較繁者，所抽出停留的時間宜稍長，反之宜短。停留時間久暫不適當，不是兒童不易練習，便是失卻閃爍片的真義！

2.抽的姿勢——初學抽卡片，技能未熟練，姿勢往往不十分妥當：有時手指遮去半張卡片，字體未能全部顯露；有的站立地位太前，前排兒童不易看清，或須昂首瞷看；有時抽出時費去不少氣力；有的抽時會顯露出答案；有的抽時手放得太高、太低或歪斜……。此種姿勢，均非所宜，應於練習時注意改進。尤其複式學級中的助手，更應多多訓練。

3.隨機應變——複式學級中往往利用助手協助使用卡片練習，目的是調劑時間。要是教師直接教學不能如原定之計畫時，端賴助手能隨機應變。例如：預定甲組兒童卡片練習九分鐘，乙組兒童直接教學五分鐘，不料直接教學五分鐘內竟不得結束，如助手無隨機應變方法，必致全體兒童枯坐無事，影響整個教學計畫。所以應訓練助手如遇有此種現象，速算不能立即停止，應繼續延長若干時間。如直接教學將結束，則助手應視實際情形改變原有計畫，從速準備結束抽卡片，或舉行交互訂正及批評結果等的隨機應變的小聰明。

（二）掛圖的運用　教學時常常用到一幅幅的掛圖，目的是使學生能得到正確的觀念，我常看到有許多教師教學常識時，拿了一幅明細的中華民國全圖掛在黑板上，教師執了教鞭，指東畫西的說：「這裏是南京。」「這裏是上海。」「這裏是南京到上海的一條鐵路叫京滬鐵路。」其實兒童在老遠的座位上，僅僅看到一叢叢的黑螞蟻，那裏還能分辨得出這裏是南京那裏是上海呢？結果兒童觀念還是一個不清楚。試問這種教具，這種教法，和用與不用有什麼差別？所以掛圖的大小，色彩的明暗，掛的地位的高低遠近，都有研究的必要。我們在使用前最好先掛起來，站在後排看看是否清楚，要是後排學生看不清楚，便得想個補救辦法。最簡便的就在小黑板上將看不清楚的一部分，放大繪出；如不易繪得正確，最好在上課前用大張白紙，放大畫幅簡明圖，如不能放大時，就得在講解時用粉筆做個記號，或分組輪流觀察。至於掛圖的零件，如鐵鈎、圖釘等，在上課前也應準備齊全。如果自製掛圖，能用兩塊竹板同報夾一樣做了夾起來，掛着應用，省去釘，又不致損壞黑板，那更理想了。

（三）觀察實驗用具的運用　一件觀察的實物，一件實驗用具，在上課前，一定要把它仔細觀察過，親自試驗過，因為自己對於實物沒有仔細看過，不能指導兒童觀察要點，兒童觀察後發生疑問，或報告觀察所得，常有錯誤，教者便不能解答兒童所發生的疑問和校正及補充兒童所報告的錯誤了。所以觀察的實物自己應先看個明白。至於實驗用具，更應親自試驗一下，而且要試驗過幾次。往往一件儀器，試驗時不一定會十分靈驗，而且有的或者早已損壞；或者生鏽不靈活；或者裝置手續較繁，我們能在課前親自試驗一下，然後去實驗給兒童看，才不致失敗。要是事前馬虎，不加以試驗，不是當時不會裝置或裝置費時；就是裝置時不慎而損壞或竟不發生變化。所以在事前試一試，早些發現缺點，可以計劃一種改良的方法和補救的辦法，免得影響教學。還有野外教學和參觀工廠等，教者事前應該去察看一次，計劃一下。這樣的教學，一定經濟，收效也可預卜了。

最後說一句，教具對於教學上有極大的幫助，是教師教學時唯一的利器。進步的教師們！我們應該多多運用，好好運用！

三十六年十月二十五日在國立編譯館

怎樣自製自然科教具？

徐允昭

根據去年調查南京市國民學校自然教學現況（編者按：該報告載本刊第一卷第十二期）所得的結果和歷次自然科教學研究會所討論的議案，可說再沒有一個問題能比缺乏自然教具為最嚴重而不容易解決了。大家認為自然教學，不管用何種方法，必須要有各種標本模型理化儀器，供給兒童觀察實驗，才能使兒童獲得真實的知識，要是祇用書本教學，一切徒託空言，等於紙上談兵，決無效率可言。但是在南京市教育經費如此竭蹶情形之下，何來鉅款為各校添置自然教具？（編者按：教育局於本年暑前曾為國民學校、中等學校及社教機關，經購標本模型、理化儀器及地球儀等，共費一二三、九九一、六〇〇元，暑期分發各校，國民學校方面，存中心校，訂有借用辦法。）於是復有人提到自製的一種辦法，反覆研討，似乎捨此絕無別途可尋，這樣就把問題輕輕的通過了。經過相當時間以後，大家再把這問題細加檢討，固然有少數學校，由於自然教師的努力教學和校長教導主任的熱心提倡，對於自製自然教具，是有相當成績表現的；可是大多數學校教學自然，依然照本宣課，備備做些文字上的講讀工作。由此可知自製教具，並不是一件簡單的事情，俗語說：「巧媳婦做不出無米飯」。我們知道事實上有不少教師，對於現成的標本模型理化儀器，還不懂得如何指導兒童觀察實驗，更何從談自製教具：至於學校對於自製教具所需的工具材料，往往一無設備，使有志自製教具的教師赤手空拳，有力無處使，也確是一件憾事。

自製教具的價值，就教育的立場說，實際並不僅在節省經費，補救學校的窮困；牠的更大的意義，尚有下列二點：

（一）使兒童自視爲一發明或發見者：譬如研究飛機，並非單就飛機的實物或模型，給兒童說明飛機的構造和證驗飛行的原理，却要啓示兒童用簡單的方法，自已製造一架具有玩具意味的小型飛機或飛機模型，指導兒童搜集各種飛機圖片作參攷，使由觀察試驗而明瞭飛機構造的精妙，和所以能飛的道理，更由設計、作圖、製造、試飛以實現自已的理想，或修正理想的錯誤與製作技術上的缺陷。兒童這樣一步一步的製作和一步一步的思攷，終於造成一架木製或紙製的小飛機，他那所得的知識，自然要比僅用現成模型或實物給他觀察後所得的知識切實和豐富得多。

（二）使教學和生活打成一片：兒童天性本是喜歡製作的，風箏、紙燈、洋囡囡等常是兒童樂於製作的玩意兒，自製教具假使能看做一種實際的教學活動，教師從做上教，兒童從做上學，不論課內課外，使兒童所思所行，都以此一問題與活動爲中心，兒童的生活一定是非常豐富充實的；若僅以現成的教具供兒童觀察實驗，不惟減少他們思攷經驗的機會，他們將視觀察實驗爲一種被動的作業，興趣旣差，效率亦必大大的降低。

所以自製教具，不但沒有錢的學校應該努力從事，就是經濟寬裕設備充實的學校，爲多給兒童思攷經驗的機會，也應該多多採用，何況教師和兒童對於自製教具，大多不會有怎樣豐富的經驗和熟練的技術，以致對於教學的時間和所需的材料，不免多所浪費；所以提倡自製教具，決不應看作補救學校經費困難不能購置設備的惟一理由。現在我們把關於自製教具各方面的問題詳細研究一下：

1.自製教具，要製些什麼呢？就自然教學所需要的來說，有下列幾種：

（1）標本 這是最重要的觀察材料，當然在所研究的事物容易就實物舉行實地觀察的時候，我們應該指導兒童實地觀察；譬如鄉村學校研究稻、麥、豆、棉等各種農作物的生產，應該帶領兒童到田間去，把呈現在面前的農田、作物、和農人的操作情形爲課本，指導兒童觀察研究；城市學校研究麵粉、棉紗、肥皂、玻璃等各種工業上的生產，應該帶領兒童到工廠去，把所見的機械、原料、和工人的活動情形爲教材，指導兒童注意認識，都不必用什麼標本。但在相反的情形時，假使鄉村學校要研究城市裏的工藝品，城市學校要研究農村裏的農作物，就不得不借助於標本了。實物和標本的意義，名異而實同，都是指實在的東西而言，照習慣上的說法，衣服、用具、房屋、車船各種用品、食物等，都可稱爲實物，標本係指各種物品收集共一部分，作爲研究觀察的資料。因此我們要有各種動物標本，植物標本，礦物標本，各種工藝品及其製作順序的標本等。就教育的價值說，一件實物應在實際環境中表顯其作用；一件標本應與其環境發生相當的關係。譬如一盞燈，須見它在黑暗裏發了光，才能明瞭其作用；一個昆蟲，須在牠棲息的草上或樹上，見牠跳躍、飛翔、食害作物或傳播花粉，才能知道牠的生活和人生關係。如果單就實物或標本的本身觀察，不注意牠的環境，只是一個死東西而已，並沒有多大的意義。而且如壓製的臘葉標本，液浸的動物標本，非但見不到牠們生氣蓬勃的樣子，連牠們的顏色和形狀都變了；所以與其觀察標本，不如到實地去觀察實物。在小學自然教學方面所需的標本，實際是並不多的，但是利用自製標本作一種教學的手段，鼓勵兒童實地去採集或搜集，依所指示的方法做成標本，使他們由親切的經驗獲得許多眞實的知識，還是一個很有意義的活動。

（2）物理儀器 例如不倒翁、蛇螺、重心板、槓桿、斜面、尖劈、輪軸、滑車、上壓力試器、側壓力試器、上提唧筒、下壓唧筒、虹吸管、自來水裝置、空氣對流試器、金屬傳熱比較器、固體熱漲試器、液體熱漲試器、發音齒輪、準弦器、七色輪、三稜鏡、羅盤、濕電池、電鈴、電報、簡易無線電收音機、電動機……等，都可指導兒童自製，這些東西，最富於玩具性，製作起來，不但有現成的儀器或圖畫可資參攷，也可叫兒童別出心裁，自已創作。在都市裏，校內或其附近人家如裝有電鈴、電燈、電話、電風扇、無線電收音機、自來水管、以及其他各種物質設備，都可利用作物理實驗儀器，不但不必購置，而且比購置的教具更切於實際，教育的價值更大。

（3）掛圖和圖畫 就眞實性或教育的價值說，因爲牠是在平面上描畫的線條和色彩，遠不及實物和標本、儀器，假使兒童不懂透視，把立體看做平面，尤易發生錯誤的觀念。不過掛圖和圖畫，無論購置或自製，都比較容易辦到，在沒有實物儀器可供觀察實驗的時候，用圖畫指示說明，可使兒童獲得一個具體的印像，也比空洞的講述要好些；如果在觀察實物以後，再用詳細的圖畫作印證，尤可使兒童所得的知識，更爲明瞭而深刻。至於掛圖和圖畫之別，實際是一樣的東西，掛圖通常是專供講課用的，例如關於人體生理可分骨骼、肌肉、呼吸系、消化系、循環系、神經系、排泄系等，各畫一張掛圖，在每一張掛圖中，又可分作整體的、局部的、外觀的、剖視的，和成一系統的許多小圖，畫面要大，掛在黑板上，能使最後一個人也能看到，注解簡單而扼要，觀察後可以獲得若干明確的要點。圖畫範圍比較廣泛，不論教科書中的插圖，香煙匣中的畫片，以及報章雜誌中記事畫或廣告畫，只要是和自然科學有關的，都應搜集以供教學應用；如果能夠搜集到照片，自比圖畫更有價值。這些圖畫和照片，畫面小，紙張形式不一致，內容有的亦許還很正確或適合教學之用，使用時須加以適當的選擇和改造。通常都用以配合教材布置在教室內，以引起兒童學習的興趣和供給他們研究的參攷。在窮鄉僻壤的學校，所需掛圖可由教師自行繪製，圖畫除盡量搜集外，也可指導高年級兒童畫了供低年級應用。為使兒童從事精密的觀察起見，我們還可用教學寫生的方法，把比較畫得好的成績留下來，以供以後他級兒童的參攷。

2.自製教具，究竟應該怎樣進行呢？這也可以分做以下幾點來說：

（1）要製作富有教育價值的　就是無論製作什麼東西，在事前我們總要攷慮一下，牠有多大的教育價值？如何設計，使用起來，牠的教育價值最大？譬如製作一個電報機，並不要和電報局所用的一般無二，卻要構造很簡單，用極普通的材料，為兒童所能自製的。然後再就製成的東西，研究形式是否美觀，使用是否便利，還有那些缺點應該修改？再進一步，觀察實用的電報機或圖畫，以鼓勵兒童精益求精思攷深入的興趣。

（2）要製作適於實用的　譬如一幅掛圖，是供全班兒童觀察用的，須畫得大而明顯，便於掛在黑板上。有時為使兒童特別注意某一部份，如蚊蟲的頭，蒼蠅的口器和腳，不妨畫得更大些或做成模型，使平常所不容易觀察的地方，也能表顯出來。

（3）要和課程配合　就是所謂自製教具，並不是拿儀器館所發售的做藍本，照樣的仿造一套，卻要依循着教材進行。這種辦法，一則可以不必設置專門的人員和準備大量的材料以致感覺人力財力的困難；二則因教學需要而製作，可以更加增進教具的效用。說得具體一點，自製教具可由各級分頭進行，在學期開始時，由任課教師依照預定的教材或所用的教科書擬訂自製教具目錄，分掛圖、標本、模型、儀器等項，計劃所需材料和工具以及製作的方法，列成一自製教具曆，在某週製作某種教具，由某教師擔任或負責指導製作，計日完成，於學期終舉行自製教具成績展覽會，請對於自然教學有研究的人批評，提供改進意見，使所製的教具一次比一次完善。這樣積上幾學期，除掉限於人力、財力無法自製的東西外，我們自製的教具，應該有很豐富的收獲，足以滿足教學上需要。

（4）要和教學打成一片　上面已經說過，自製教具並不專為補救學校的窮而不能購置設備，而是要使教師從做上教，兒童從做上學，藉以增進教學的效率。所以理想的自製教具辦法，是指導兒童製作，萬一兒童能力不夠，教師不妨多多加以輔導，使兒童仍有參與設計製作的機會，然後可以明瞭教具的作用而獲得充分的眞實的知識。

（5）要多利用廢物　所謂廢物，係指一件東西已經破舊與失去其本身的功用而言；例如一個墨水瓶，墨水用完了，我們就說牠廢物，事實上仍有種種用處。在我們生活環境內，這類東西很多，我們利用廢物作教具，不過求其可以節省經費而已。譬如墨水瓶可以改做酒精燈，舊講義紙可以利用作模型的材料，蛋殼可以做不倒翁，舊電燈泡可以做種子瓶和空氣壓力試器，舊簿本可用以粘貼從報章雜誌上剪下的參攷材料和所搜集的各種照片圖畫。依此類推，不勝枚舉。所以我們平日盡量收集廢物，設法利用製作教具，在經濟困難的學校，確是一種很好的充實設備辦法。

3.自製教具，所需材料工具，多少總得用些錢，這經費究竟如何籌措呢？我以為有下面二種辦法可以解決：

（1）規定在經費中：如在購置項下，以百分之幾作為購置自製教具的材料和工具之用，則不論所列的數目如何微小，自製教具的計劃，就可慢慢的實現起來了。

（2）徵收設備費：這是有許多地方是這樣辦的，所謂設備當然不限於自然教具，因此學校對於所收的設備費，應該斟酌各方面需要的情形，有一合理的統盤的支配。擔任自然的教師，如果感覺本科設備問題十分嚴重，應該根據極經濟的原則，擬訂自製教具計劃，就所需的材料工具編制預算，請校方按所編預算規定收費數，或支配已收之設備費。這裏我們又須特別說明的，原則上自製教具所需的材料，以能收集廢物為主，工具以由兒童自帶或借用為主，而規定用以購置材料和工具的經費，務必專款保管，不移作別用，然後才可眞正解決自然教具的問題。

4.自製教具須有相當的技術，有些人不善於繪畫和製作，又怎樣辦呢？的確，這是我們常常聽到有人是這樣說的，解決的辦法，我以為：

（1）擔任自然科的教師，必須要有教不厭、學不倦的精神，儘管你不會畫、不會做，但你必須有濃厚的研究和練習的興趣。起初不妨從臨畫和仿造入手，練習得多了，自然慢慢兒就純熟了。教師有了一點基本技術，無論是自己做或是請人家幫忙，都要便利得多。

（2）和勞作、美術教師聯絡，譬如關於儀器模型，就可和勞作教師商量，請他做一樣子，要是可以利用作勞作教材的，就由勞作教師在勞作課內，直接指導兒童製作。關於掛圖圖畫等，也可請美術教師協助繪製。這樣，一個教材，譬如仍以飛機為例，在自然課內詳細研究飛機的構造和飛機的原理，在勞作課內學習製作飛機模型，在美術課內繪飛機的寫生圖和飛行的想像畫，確是一種極有意義的教學活動。

（3）有時一種精細的工作，也許必須工匠才能做成的，但是設計部分，仍要由自然教師担任。做這種教具的工匠，必須選擇心機聰明和技術較高的，然後可以舉一反三，對於你所設計的容易領悟；更要常常和他切取聯繫，等到有了相當的感情以後，不但可以獲得製作上的便利，就是工資方面，也不會居奇多要了。

綜括以上所說的話，自製教具並不是件簡單的事，第一担任自然的教師，要有強健的體格，製作的興趣，不厭不倦的精神，可以克服所遇種種的困難。其次學校方面於自製教具所需的費用和時間上，也要給担任教師以相當的便利；如果教師待遇過差，生活不能安定，教學時間每天在四五節課以上，席不暇暖，精神疲憊，又無材料工具以供應用，空口提倡自製教具，有什麼用處呢？

三十六年十月于國立編譯館

四種自製的自然科教具實例

陳清泉

一、上提唧筒

（一）材料：直徑一寸左右一頭有節的竹筒一個，直徑二寸到三寸一頭有節的竹筒一個，舊皮一方寸，木板二方寸，細鉛絲二寸，竹片一塊，粗鉛絲二寸。

（二）用具：鋸、木銼、鑽、劈竹刀、金銼、鉗。

（三）製法：把一頭有節直徑一寸左右的竹筒刮削光滑，節中穿一孔，節底鋸成三隻脚。節上約二寸處鋸一槽（如圖b），取舊皮一塊，剪成七、八分的圓形，用細鉛絲從圓皮中部兩點穿過，作成活蓋（如圖n）。用線從筒內把鉛絲脚引出，向兩旁折轉，使皮活蓋在筒內活動而不致脫落（如圖c）。取竹筆套或小竹管，裝在上側的孔中，作為出水口子。取二分厚木片，鋸成和竹筒內徑同大的圓板，中央及兩側各穿一孔（如圖l）。另鋸取較小的木板，中穿一大孔（如圖m），再取較竹筒長些的竹籤，刮削圓滑，在一頭約二寸長的部份削細，把大孔的木板套上，（要上下活動自如，）把穿有三孔的木片緊裝在頭上（如圖h）。又在竹籤的他端做成公榫式的頭子，中間穿一小孔（如圖j）。鋸取直徑二三寸的大竹筒一段，一頭有節，在離節約三寸處橫鋸筒周約三分之二的縫，（如圖f）將上部三分之二的部分劈掉（如圖f）把留存三分之一的部分頂端中間鋸成二分寬六七分長的槽，並將兩側鋸成有圖案意味的曲線（如圖g）；然後刮削光滑，又在下部的兩側各穿一孔，此孔的位置，要比照小竹筒外側的橫槽做，最好是把小竹筒放在大竹筒的裏面，小筒的脚緊貼大筒的底，小筒的外壁緊貼大筒的內壁，並且是在留存三分之一的部分的直對面（如圖h），比着小筒的橫槽穿孔，使由此孔穿入的橫閂，恰好從槽裏穿過，而且閂得很緊，（如圖h）孔穿好後，用長約三寸的竹籤，削成圓閂，從孔中穿過，將小筒固定在大筒之內，毫不活動，取寬約一寸，長約六寸的厚竹片一片，刮削平滑，並鋸成略具美觀的彎曲形狀，（如圖i）在其一端鋸成母榫的式樣（如圖i），套在活塞柄上的公榫外面，要鬆而平滑。在適中的地方穿孔，用粗鉛絲從孔中穿過，（活塞柄上的孔亦套在鉛絲上。）把鉛絲兩頭彎轉，使不脫落（如圖h）。再把捺柄放在大竹筒柱上的槽內，並在適中的地方穿孔，用粗鉛絲閂牢，使捺柄在支柱上可以活動（如圖h）。

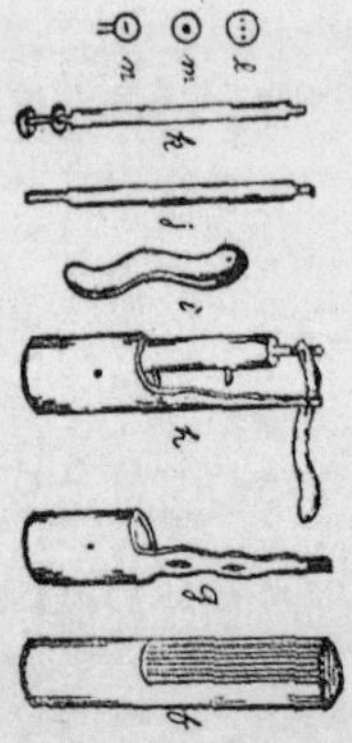

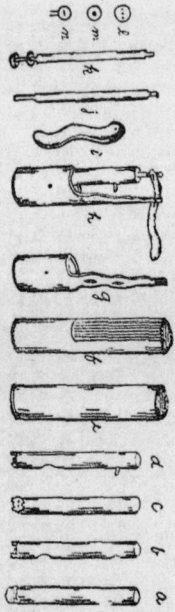

（四）實驗：在大竹筒內貯水，右手執捺柄上下移動小竹筒內活塞也上下移動，水便由大筒內抽入小筒內，再由管口流出，仍貯入大筒內，可以循環不絕。

二、下壓吸筒

（一）材料：直徑一寸左右一頭有節的竹筒一個，直徑二三寸一頭有節的大竹筒一個，長約一尺厚約二、三分，寬約一寸半的竹片一段，舊皮一小塊，粗細鉛絲各二寸，小方木兩塊，二分厚木板一小塊，線三、四尺，小竹管二、三寸。

（二）用具：同前

（三）製法：把直徑一寸一頭有節的竹筒刮削光滑，在其節下鋸成三隻脚形，節的中央鑽一孔，節上的旁面及離口一、二寸處各鑽一孔（上下對直）。在其中部約離節二、三寸處鑿一槽（如圖a）。把舊皮剪成直徑六、七分的圓形，在其中部穿兩小孔，把細鉛絲折轉，從兩孔中穿過，放入筒中，使鉛絲的兩脚，伸出筒外，向兩旁折轉，鈎住竹節，不致向裏退縮。（但要寬鬆使皮在筒內能上下活動）。把二分厚木板，鋸成和竹筒內徑同大的圓形，中間鑽一孔。把厚竹片劈取二、三分寬的一條，削圓，在一頭做成公榫形狀，一頭裝圓木板，是爲活塞（如圖f）。把一個方木塊做成每邊六、七分的正立方體，在其相鄰的兩面各鑽一孔，相交於木塊的中心，使成相連的曲孔（如圖h）。在一孔的近彎曲處釘一小釘。又把舊皮剪一小圓形，直徑要比小竹管的外徑略小，放在木塊的孔內，要能活動。然後把小竹管裝在孔內，使小圓皮在小竹管與小釘之間活動自如（如圖h）。這部份叫做活門，要得靈活。做好後，用嘴含住小竹管向小木塊裏吹氣，要暢通無阻；又含住竹管吸氣，要使氣不能吸入。（有小皮蓋住小竹管的口子。）倘不能達到這個目的，應該仔細修整，一定要做到小皮蓋能在孔中活動，當吸氣時蓋住管口，呼氣時離開管口而又被小釘擋住，不致跑到曲孔的彎曲處或曲孔的那一頭去。這樣試驗成功後，把小竹管的他一頭插在竹筒近節的孔中，把小木塊聯緊到竹筒上去。（如圖b）另取一小木塊，在其一端鋸成約一、二分長一、二分徑的小公榫（如圖i、j）以便裝在竹筒側面的上孔內，再在其對面及鄰一面各鑽一孔，相交於木塊的中心，使成曲孔（如圖j）。鋸取小竹管裝在兩個小木塊之間，使彼此連通（如圖b）。又鋸取小竹管約一寸長，裝在上面小木塊向外的孔中作爲出水的口子。爲牢固起見，在木塊及竹筒外面用線扎緊（如圖b）。把大竹筒的中部橫鋸一縫，以便把上部的三分之二劈去（如圖c）。在留存的三分之一的上端中間鋸一長約一寸的縫，然後把兩旁鋸成略具美觀的圖案形，作搖柄的支柱（如圖d）。在大筒的下部中間鑽一對穿的孔。以便把小筒固定在筒內。鑽此孔時，宜先把小筒放在大筒之內，使緊貼支柱對面之內壁，比照小筒槽的位置鑽，鑽好後用三寸多長的竹釘把小竹筒閂在大筒內（如圖c、e）。把厚竹片鋸削成彎曲的搖柄。一頭鋸一深槽，以便把活塞柄的公榫插在裏面。又在其近支柱部份略銼削薄些，以便夾在支柱的槽中。把粗鉛絲銼折爲二段，把活塞柄與搖柄連結處鑽一孔，插入鉛絲，並把兩頭彎轉。再把支柱與搖柄連結處鑽一孔，插入鉛絲，也把兩頭彎轉（如圖e）。

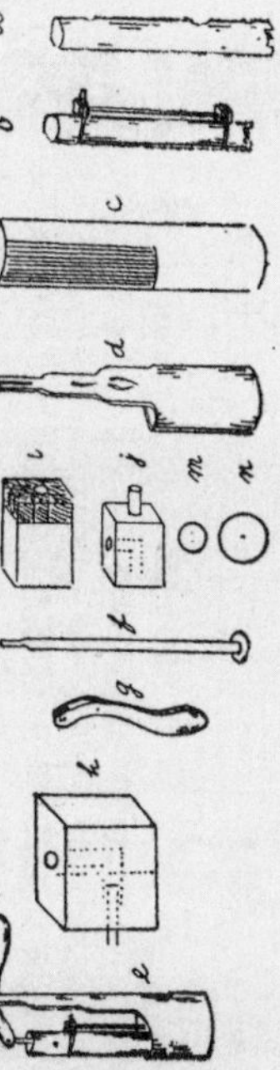

（四）實驗：貯水大竹筒內，握住搖柄，上下搖動，使小筒中活塞，上下移動，水便由大筒而入小筒，更由小筒的出水管子流入大筒中。

三、蒸汽機

（一）材料：舊墨汁罐或牛乳罐一只，舊馬口鉄一小塊，鉛絲一段，銲錫少許，松香少許，舊墨水瓶一個，紗燈心一段。

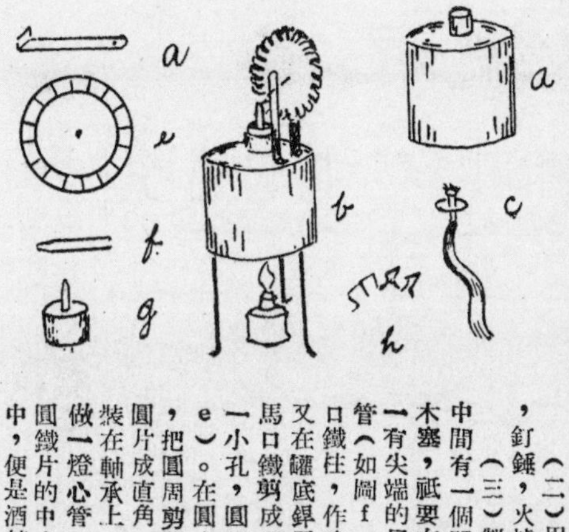

（二）用具：烙鐵，金剪，鉗子，釘錘，火爐，刮刀，鑽。

（三）製法：如用舊墨汁罐，因中間有一個現成的罐口，且有現成的木塞，祗要在木塞中穿一孔，孔中插一有尖端的馬口鐵管或有尖端的玻璃管（如圖f）。又在其兩旁銲兩個馬口鐵柱，作輪的軸承（如圖d及b）又在罐底銲三或四根鉛絲做脚。另用馬口鐵剪成二寸多徑的圓形，圓心穿一小孔，圓周剪成等距離的縫（如圖e）。在圓心孔中穿一鉛絲作輪的軸，把圓周剪開的齒片一一捩轉，使與圓片成直角。（如圖h）輪做好後，裝在軸承上。（如圖b）另用馬口鐵做一燈心管（如圖c），插在一個小圓鐵片的中心作燈頭，插在空墨水瓶中，便是酒精燈（如圖b）。

(四)實驗：墨水瓶中貯些酒精，墨汁罐中貯些清水，酒精燈燃着，放在墨汁罐的下面，罐中水沸時，水蒸汽由管口逸出，推動上面的輪子，輪子便旋轉起來，說明了蒸汽的力量。

四、獨脚人

(一)材料：粗鉛絲一尺二三寸，黏土少許，廢紙少許，漿糊少許，木板一小方，竹管一段，磁漆三、四色。(二)用具：鉗子，鋸子，土工用具，劈刀，鑽，錘。(三)製法：把鉛絲錘成兩段，一段長約三寸，一段長約八、九寸，照圖a的樣子扭在一處。把廢紙、黏土、漿糊放在一起，加水搗爛，達到可以揉搓而不變形或開裂的程度，用以包在鉛絲五扭處的上下成為人頭、人身，及手臂的形狀(如圖b)。又取等重的兩塊紙泥，搓成兩個球形，裝在作為手臂的兩根鉛絲的頭上(如圖b)。做好後，放在適當的地方陰乾。另用厚竹片及竹竿做一個座架(如圖c、d、b)。把做成的人形，立在架上，任何動搖，不致傾倒，如圖(b)。然後用顏料或磁漆施以裝飾，塗繪適宜的色彩，便成一有趣的物理儀器。

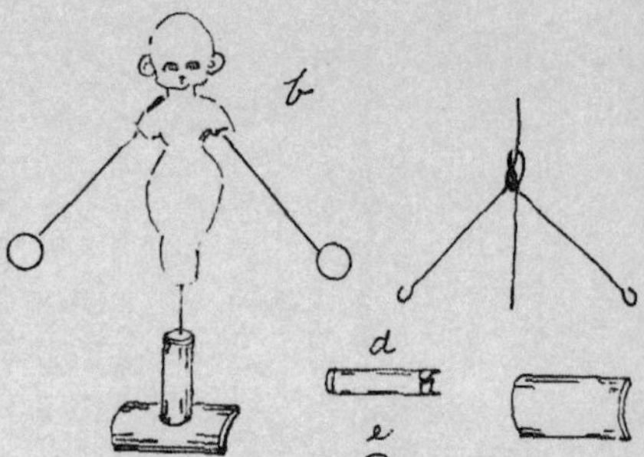

自製初小常識國語第六冊第十六單元教具說明

第二區中心國民學校　沈良芬

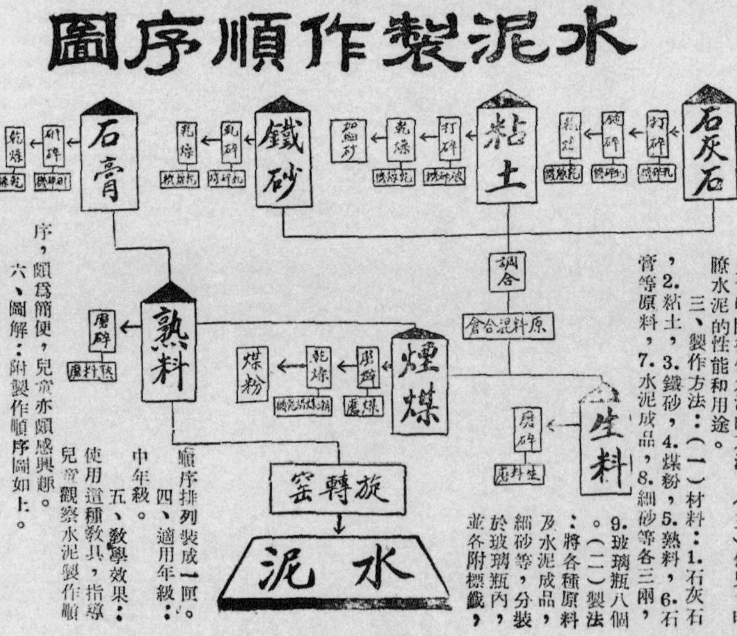

一、教具名稱：水泥製作順序標本。

二、使用目的：(一)使兒童認識水泥的形態及其各種原料；(二)使兒童明瞭製作水泥的方法；(三)使兒童明瞭水泥的性能和用途。

三、製作方法：(一)材料：1.石灰石，2.粘土，3.鐵砂，4.煤粉，5.熟料，6.石膏等原料，7.水泥成品，8.細砂等各三兩，9.玻璃瓶八個。(二)製法：將各種原料及水泥成品，細砂等，分裝於玻璃瓶內，並各附標籤，按順序排列裝成一匣。

四、適用年級：中年級。

五、教學效果：使用這種教具，指導兒童觀察水泥製作順序，頗為簡便，兒童亦頗感興趣。

六、圖解：附製作順序圖如上。

一個經濟製作的教具『地球儀』

第五區安品街國民學校　王召南

（一）材料：廢紙，竹紙，薄木板，小木頭，馬口鐵，麵粉……等。

（二）工具：小刀，鉛絲鋸，小鐵錐，……砂紙，節草等。

（三）製法：（1）地球體——用碎的廢紙，一層層裱糊在皮球上，（或其他圓形物體上亦可。）糊成相當的厚度，俟其陰乾後，用小刀破之，再用竹紙糊上，多糊數層，必需使其堅硬。圓體完成後，即以白粉塗之，即成模型。最後即依照地球圖上之部分，分別繪畫，著色。（2）弧架——用馬口鐵照圖上尺寸剪成，兩端錐小孔以便裝置。（3）圓柱——用小木頭，以小刀鏇成細圓柱，然後用砂紙，節草……磨光。（4）圓盤——用薄木板，先劃成圓形，然後以鉛絲鋸鋸之，再以小刀削之，復以砂紙……打光。（5）球心軸——以細竹削成細圓竹籤（依照圖樣），用砂紙、節草磨光。（6）著色——地球儀用地球圖上的原色塗著，圓柱底盤，用褐色，圓弧用銀色或淺藍色。（7）裝置——先將球心軸通過球心，弧架按置軸之兩端上，及弧端上下，裝置鐵圓半片，相互夾之，再將軸之下端裝於圓柱上，最後再將圓柱裝置於底盤上即成。（8）圖樣——附詳圖於下：

（四）使用：這個地球儀的教具，可以使用到：「自然科」、「國語科」、「歷史」、「地理」……及「算術」等科；對於教學上之使用，可以學科為準，分別作適當之應用。這種教具，可以說是含有「單元教材」，及「分科教學聯繫教材」的彈性適用教具。關於目的，在使兒童能得到滿足的了解；和教學上便於聯繫教材之應用。教學方法，在能節省時間上之講解，藉觀賞而得到研究興趣和領略。

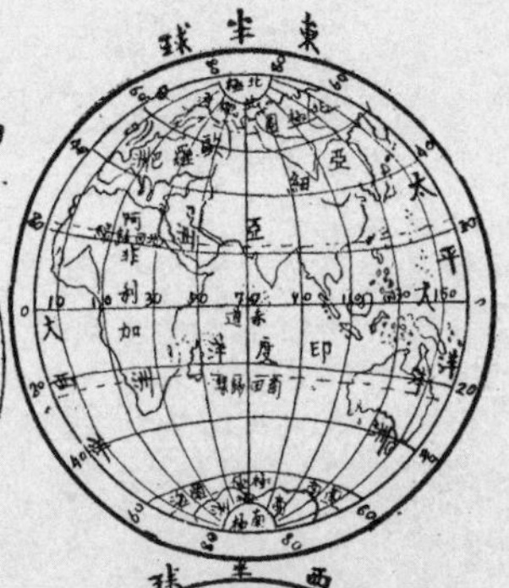

圖一

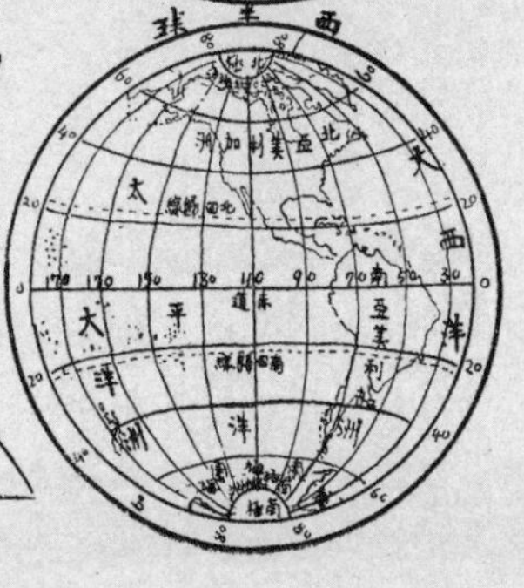

圖二

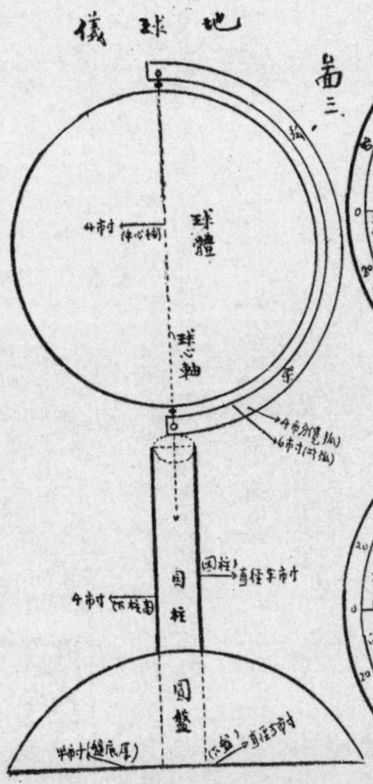

圖三

介紹兩種「注音國字」的報紙

——國語小報和國語報——

編者

民國二十四年政府公佈「注音國字」推行辦法，上海、北平出版的民衆讀物，都已經一律採用「注音國字」排印。抗戰以後，因印刷器材及紙張缺乏，才停止了「注音國字」的印刷；直到現在，連國定教科書，還沒能使用「注音國字」印刷，實是推行注音符號和統一國語的極大障礙！但熱心國語運動的專家們，還在竭力提倡，編印注音符號的國語報紙，一在北平，一在南京。前者為「國語小報」，發行人為教育部國語推行委員會的蕭家先生，內容有新聞，民衆市場，兒童之友，國語園地，都是「很白很白的白話文」，確為「有聲文字的有聲報」。後者為「國語報」，發行人為郝霖文沖先生，郝先生曾在本市署明講習班主講注音符號，他為提倡注音符號及國語運動，最近在南京創辦「國語報」，他說：「我們創辦的國語報，是響應北平國語小報，都是完全用注音國字排印的……本報內容不但適合民衆及小學生閱讀，凡是中華民國受過教育的國民，甚至領導青年的先進人物，都應該拿一種注音國字的讀物，來訓練自已，念得正確的標準字音，習熟民族統一和文藝基礎的標準國語。」

兩報皆為三日刊，國語小報是白報紙對開四版，出版處北平西單南大街甲一六九號；國語報是白報紙八開四版，出版處南京漢中路鐵管巷七七號。

國語科教具

一、識字玩具

第六區三牌樓國民學校　陳衣風　周士秀

（一）製法：1.用甲乙丙丁四個可以旋轉的輪軸，裝入一木箱內，正面略成傾斜，啓放兩方孔，一孔看圖，一孔看字。2.再用甲乙兩種紙條（紙須堅固），甲紙寫字，乙紙畫圖（字與圖都須參錯，切忌排列有序；惟字與圖須對照）。3.甲乙兩種紙條是爲一組，如甲紙寫牛馬羊豬……，乙紙畫羊馬豬牛……；并可再製丙丁組、戊己組……等，如丙紙寫糖菜油鹽……，丁紙則畫油鹽糖菜……；其餘各組類推。4.將寫好的字和畫好的畫，每次用一組，於木箱背面裝在甲乙輪軸上和丙丁輪軸上。

（二）應用：1.教初識字兒童，教者旋轉輪軸，將字與圖相對照，由木箱斜面方孔露出。2.教熟生字後，令兒童自己旋轉輪軸，按字索圖，或按圖索字。

附註：能改用幻燈映放尤佳。

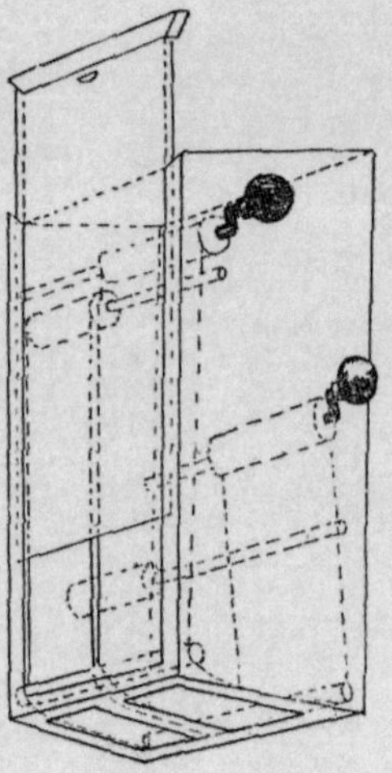

二、注音符號拼讀器

第五區秣陵路國民學校

（一）製法：1.製聲母圓盤一只，周緣圍以白布，勻書聲母各符號。2.製介母圓盤一只，周緣圍以白布，勻書介母各符號。3.製韻母圓盤一只，周緣圍以白布，勻書韻母各符號。4.上層設聲母盤，中層設介母盤，下層設韻母盤，兩層間分別鑽孔，使各轉動不拘。三盤依符號數爲比例，大小各不相等。5.盤前備總軸，布因軸轉，於同一位置，顯示各不相同之符號。軸有柄。

（二）用法：1.轉動總軸之柄，符號分別組合，顯示於外。

（三）原理：盤不等，轉動次數不一，故得分別組合。

（四）教法：1.認識——專指某盤符號，令兒童學習。2.拚讀——由三種顯示之符號，指導兒童拚合習讀。3.多多練習，以明純熟。

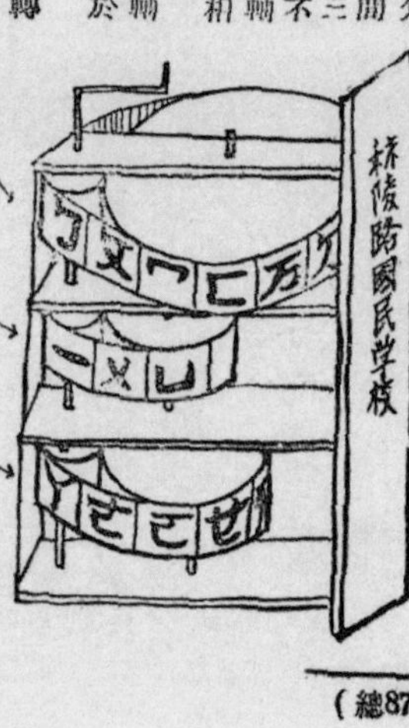

三、注音符號基本練習教具

第十二區大士亭國民學校　劉忠文　喬仁元　葛春台

（一）製法：用白鐵製一種鑄模型，正面塗一白色圓形，中間鑽一孔，孔內塞一圓柱，通過圓心，中下部挖一較大之放音孔洞，下部之長方形底座須挖空。製成後，將注音符號發音部位，用藍色書於圓周上。另製指針一枚，（塗紅色或黑色）裝在當中之圓柱上，以示發音部位。再製白鐵圓片若干塊（即音盤），讀音標準一幅，（長白布）圓片中心鑽一孔，圓周上分書紅色注音符號（每片寫六個或七個），白布上書每個注音符號的標準讀音，另用橫圓木棍兩根，將讀音標準捲於其上，裝置於底座之上下兩端即成。

（二）使用及教學方法：1.準備——使用前，教師先將所須教學之注音符號音盤，置於通過圓心背面之圓柱上。2.教學——教學時，教師攜帶教具，置於講桌上，先移轉音盤，使注音符號顯露於放音孔洞中，後移動下部之讀音標準，使該注音符號之標準讀音，顯露於方框中，授以讀音，再轉動指針至發音部位上，詳加說明。3.練習——教師移轉注音符號盤於放音孔洞中，先令兒童讀音，再令兒童撥動指針，指示發音部位。

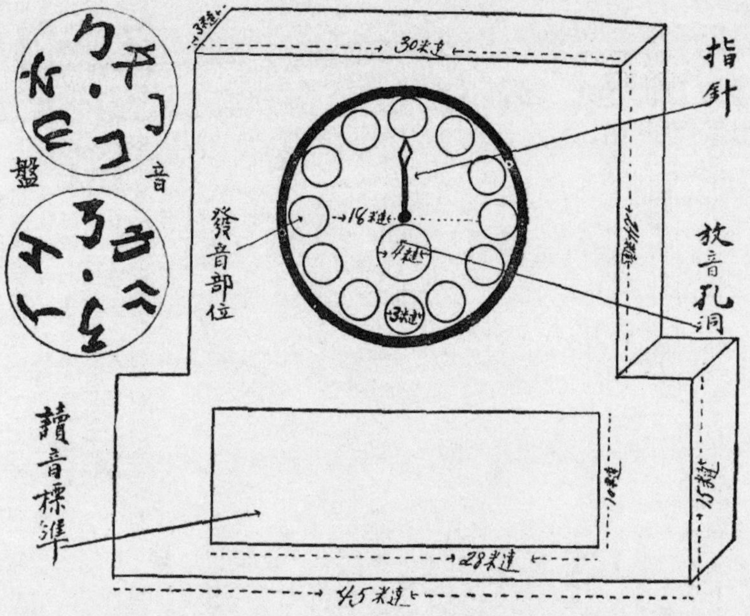

四、國語注音調聲練習片

第二區中心國民學校　王家梁

（一）說明：關於教學國音的教具，最重要的、基本的，有發音解示圖、聲韻讀法圖、圓周拼音盤、活動拼音架，幫助國音教學，功效很大，這些都是第一步教學國音應用的工具。至於國語拼音調聲練習片，為教學國語進一步應用的工具，編製工作，比較繁重費時，而便利國音教學，實居極重要地位。

（二）製法：1.用橫五寸、直三寸的卡片四百張，大小長短，務求整齊劃一，每片的底邊適中處打一孔；2.卡片面右首，寫國音符號拼音，左邊寫調聲轉音漢字表，每片均可兩面寫；3.另用有色較厚卡片二十四張，做聲符指導片，尺寸大小和前種卡片相同，惟於一端取二分之一部分與高為三寸五分；4.製一大小長短可以容納木卡片全部數量之木盒，比卡片直高約低七分，盒的兩端各打一孔；5.用粗鉛絲一根，為貫穿卡片裝盒之用，長度比盒稍長一寸；6.如欲便於課堂教學揭示之用，可放大卡片的尺寸；7.卡片面書寫及裝置見圖。

（三）功用：編製卡片，分部比類，排列成帙，盛以木盒，貫以鉛絲，上下容易，檢查便利，既資參考，復利教學，可以解決教師臨堂教學的窘迫，可以增加學生學習國音的興趣，圖如下：

拼音\調声	陰平	陽平	上声	去声
ㄒㄧㄢ	先	閑	險	現
	鮮	咸	顯	線
	仙	弦	銑	陷
	鶼	鹹	癬	縣

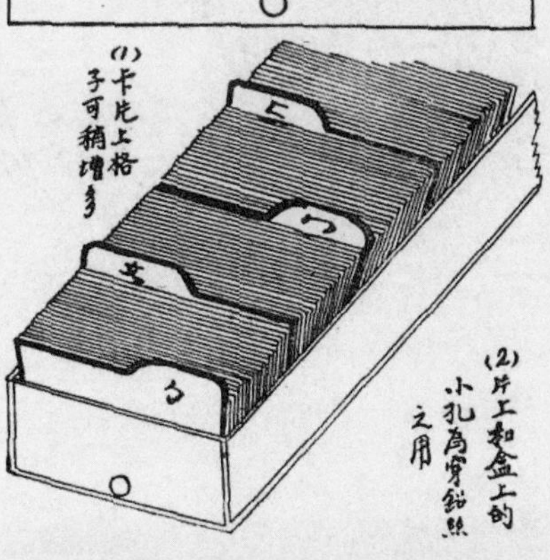

五、轉盤遊戲

第五區安品街國民學校 黃椿壽

（一）製法——用紙板一塊，裁成二市尺見方，紙上繪以螺旋路線，每旋書四數字，數字之旁，繪以圓圈。圈內就兒童國常課本中，選書作文題字。每隔若干圈，書上努力和不誠實等字樣如圖（一）。再按照圈內作文題字的意義，用書面紙條書有關係的句子，疊在旁邊如圖（二）。再用轉盤一只，以木製，面加白鐵一層。白鐵上分劃若干格，格數適與旋上圈數相等，格內更書以和旋線上圖樣的數字，盤之中心裝置可以迴旋的指針。如圖（三）

（二）用法與教學方法——活動時，令若干兒童依次轉盤，視指針所指盤上格內數字，再令檢尋圈內題字後，選擇疊中相當的字句，如某兒童檢得題字爲「國父」，所選得的字句爲「孫中山先生」，很有意義；該兒童除得記敘成績統計表外，並得繼續轉盤；假使所選字句，弄得文不對題時，便要罰他停轉一次或二次。如轉盤後在圈內檢得「努力」二字，得多轉若干次；檢得「不誠實」三字，停轉若干次。

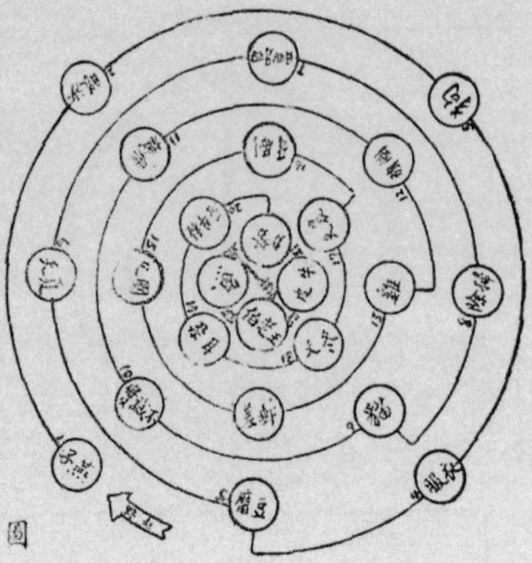

圖（一）

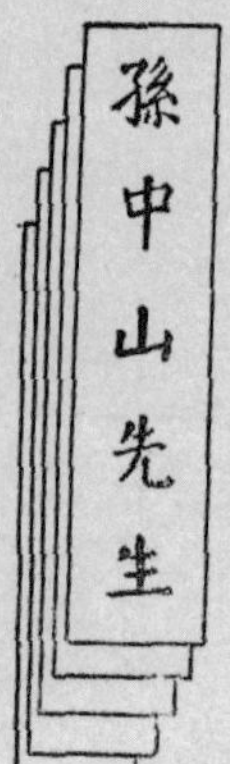

圖（二）

（編者按：本圖及下圖，原爲紅字，以不便套色印，改爲黑字，製作時仍可用鮮明彩色寫字！）

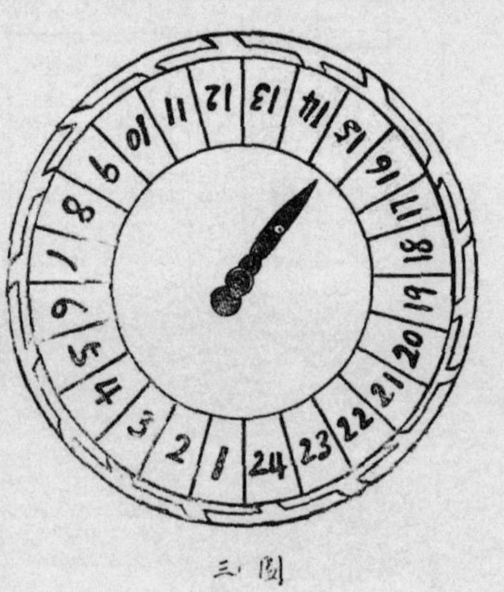

圖（三）

六、錯字辨正集

第二區中心國民學校牧詠南郭平先

（一）目的：1.使兒童對通常互相誤用的字，得一深刻的正確觀念。2.使兒童能明白辨認，以免再錯。3.使兒童對文字的研究，發生濃厚的興趣。

（二）準備：1.錯字的搜集：搜集各級兒童作業中經常錯的字。2.錯字的分類：爲便利兒童檢查錯字辨正起見，把常錯的字，予以歸納，大概分爲四大類：（ㄅ）形類似而義不同的字。例如：「我」與「找」。——「找」是一個小學生。他「我」到一本故事書。（ㄆ）音類似而義不同的字。例如：「在」與「再」。——我們都「再」學校讀書。我下次「在」也不說謊了。（ㄇ）形音類似而義不同的字。例如：「變」與「戀」。——學校裏的佈置，常常在「戀」化。玄武湖的風景，是值得留「變」的。（ㄈ）形類似而筆畫錯誤的字。例如：「奮」與「奮」。——我們要「奮」門到底。我們要「奮」門到底。

（三）作法：用長二尺、闊五寸的牛皮紙裝訂成冊，再將正字分別書於每一頁的上端，而後在其下造一完整句子，嵌在句中的錯字，用紅色書寫以標明。

（四）用法：1.將此辨正集懸掛於課室內，以供兒童自己參考。2.作業時由導師指導兒童辨認。（附圖樣，製作時「 」內字用紅色。）

算術科教具

一、算術識數練習片箱

南京市第六區玄武門國民學校

(一)適用年級——一上級初入學兒童。

(二)製法：盒用木製，高一呎二吋，寬一呎四吋半，厚二吋。盒內左右部有木軸各一，前面嵌以玻璃，外有木蓋。內用八吋寬、六呎長的圖紙，上書數字或式題，再剪各種玩具用具，或花果等圖，順序捲於軸上。軸能左右轉，內容可以常換。

(三)圖樣：如下圖。

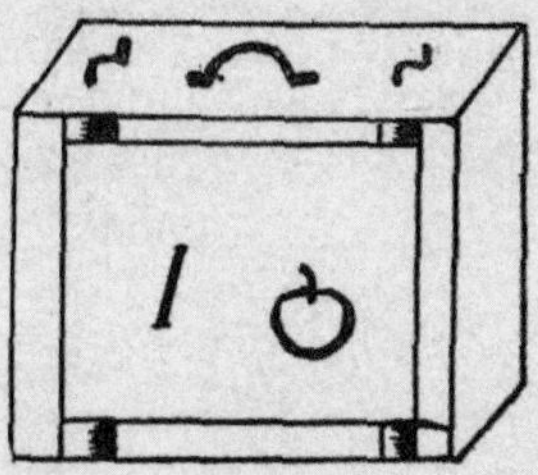

(四)用法：將木蓋抽出，用右軸轉動數字或式與圖，即依次顯出，令兒童認識數字或練習，又可便於保存。

(五)效果預測：初入學兒童年齡幼小計算能力簡單，應用是種教具，一方面可以增加兒童興趣，一方面容易明瞭數的觀念。

二、計算識數機

第五區評事街第一國民學校王淑梅

(一)適用年級：低年級。

(二)製造方法：1.用半分厚，寬五寸，長一尺之木塊一塊，平放。2.兩端各釘以一寸長之木條一根。3.距木條頂端約一寸地方，各鑽一小洞，中以粗鉛絲貫穿。4.鉛絲兩端分置黑色白色算盤珠各九粒。5.各釘一尺長、八寸寬薄木板一塊於兩端，木板上漆以黑色，可做黑板。6.木塊中間豎兩立方寸木塊一，上面分寫「識數」「十」「一」「╳」等符號。

(四)用法：1.先移轉正方形「識數」向兒童，再移動黑白算盤珠於兩塊黑板之間，可令兒童看所放珠數報告分寫於黑板上，有錯誤者，可令兒童共同訂正。可多變化，引起兒童識數技能。2.先移轉正方形「十」向兒童，再移動黑珠二枚白珠三枚令兒童相加。可變化，使兒童熟悉和數在18以內的加法。3.移轉正方形「一」向兒童，可使兒童學習減法。4.移轉正方形「╳」向兒童，可使兒童學習積在18以內的乘法。5.若儘可能增加算盤珠或增加鉛絲數根，可推廣至除法。

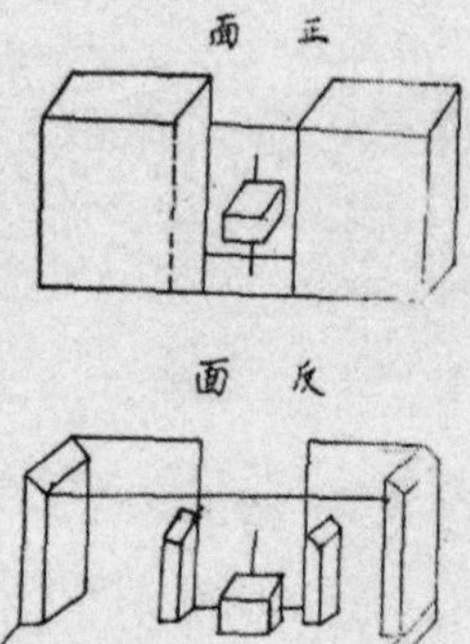

三、識數計數盤

第五區林陵路國民學校

(一)圖樣：

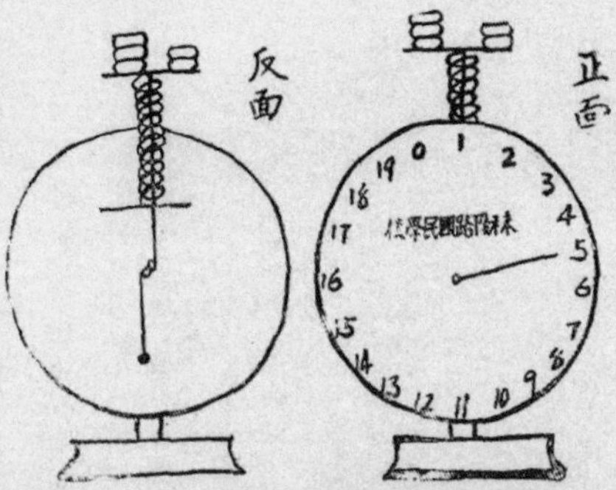

(二)製法：1.製黃紙板圓盤一只，上糊白紙，周沿順序寫一至十九或二十以上之數字。2.圓盤中備一軸，貫通前後，後備綠細，前連指針。3.後面置二承盤，下盤牢結圓盤，下盤中有孔，備彈簧軸上下貫穿。上盤連於彈簧軸，軸周備彈簧。彈簧軸下繫有綫。4.綫繞圓盤軸半周，綫卜端更繫以重。5.同質等重之物代替砝碼若干。

(三)用法：1.識數——以砝碼若干置承盤上，指針即指若干，視所指之數而教學之。2.加法——以加數被加數先後放置承盤上，視指針所示之數，即爲和數。3.減法——先以被減數之砝碼置承盤上，視指針所示之數，再於其中取去減數之砝碼，指針所示之數，即爲差數。4.乘法——以被乘數爲一組，取其砝碼置承盤上，視指針所示之數，再以乘數若干，取同樣若干組，一併置上，視指針所示，即爲積數。

5.除法——先以被除數之砝碼置承盤上，以除數若干爲次數，一併取出一以外各組，視指針所示，即知商數。

（四）原理：承盤假定爲無重量，故指針恆示以「〇」，設置以三砝碼，承盤因重下降，懸動繫於彈簧軸下之綫，牽及圓盤之軸，軸轉指針亦隨之轉，示以應指之數。反之，取去砝碼，彈簧上昇，綫亦隨昇，軸轉針亦易位另指。

（五）教法：運用此項教具，最宜用設計教學法。教師固可多予識數或計數之機會，學生亦可當衆多多練習。如某生仍未了解，可以此予其個別學習，務使熟練爲止。

四、活動計數器

第四區船板巷國民學校

（一）適用年級：低年級。

（二）圖樣：

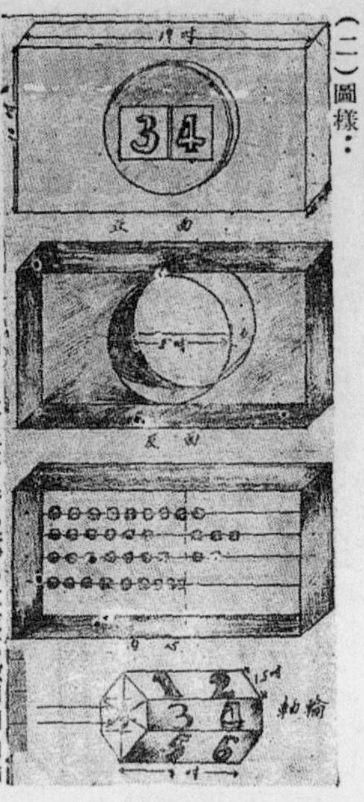

圖樣說明：長十九吋闊十吋高四．五吋長方形馬糞紙盒依式做兩個軸輪，一個每邊闊一．五吋，長七吋。

（三）製作方法：一、材料：馬糞紙，糯米膠，細竹筒，牛皮筋，圖畫紙，細鉛絲，算盤珠，漆。二、構造：依照以上尺度做成兩個盒，取一盒將上面刻成直八吋的圓形，再用同直徑邊高四吋的圓形盒子，斜膠在盒蓋上，內裝一個六角形的轉動軸輪，使斜度適合兒童的視線。另一盒內裝置紅綠色計數珠。

（四）應用本教具教學方法：一、將裝置旋轉數字盤的盒子放在計算器盒的上層，使其順着字的次序，令兒童練習認識。二、順序練習：使兒童注意力集中，抽動數字軸，令兒童輪流撥動計數器的珠子，使其順着字的次序練習計數。三、奇偶數練習：使兒童明白十以內有二、四、六、八、四個偶數，及一、三、五、七、九、五個奇數。四、混合練習：使兒童明白一至九數的形體。五、其他：將計算盤內軸心上數字更換，可以計算百以內的加減法或乘法等。

五、低級算術四用教具簡述

第四區荷花塘國民學校沈實秋

（一）適用範圍：教學識數記數及二十以內加減法用。

（二）需要材料：木板、鉸連、釘、及漆等。

（三）製作說明：用四尺長、一尺寬、五寸厚之木板一塊（如圖甲）。板之兩端按螺絲，以備配繩懸掛。另做二寸見方之木牌二十個，釘上鉸連，備聯於木板上邊，作成活蓋，便於揭開放下（如圖乙）。活蓋之正面漆綫條自一至二十（如圖丙）。活蓋之反面寫中國數字（如圖丁）。木板之上端，寫亞拉伯數字（如圖戊）。木板之下端漆白色，上書「十」「一」等記號，再將活蓋依次用鉸連聯於木板上即成（如圖己）。

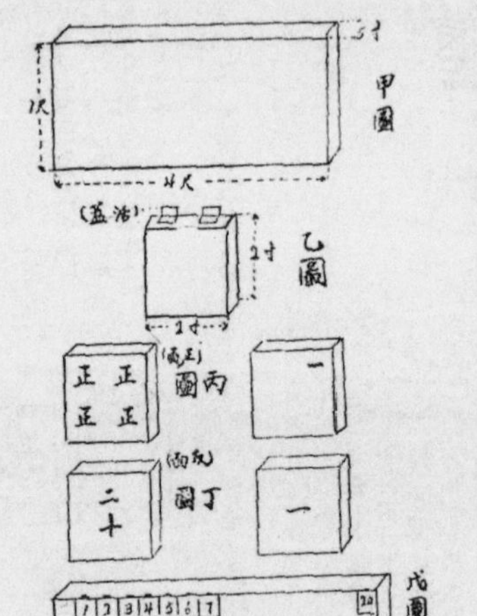

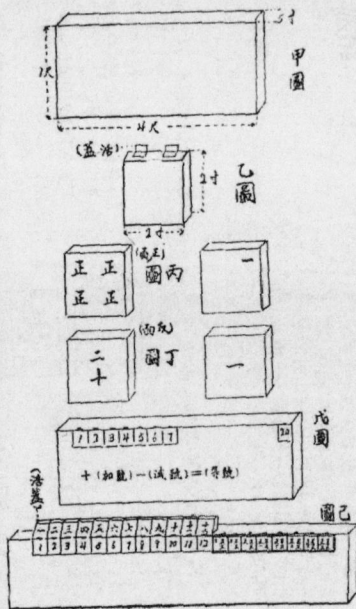

（四）使用方法：（甲）識數——教學時可將活蓋一部或全部揭開，視教者口唱之數字而定。如口呼一、二、三，教者隨時依次將一、二、三活蓋揭開、令學者一邊唱數，一邊認淸其順序，餘類推。如此反覆教學，數的基本觀念，自可正確。（乙）記數——教學時可將活蓋一部或全部揭開，視教者口唱之數字而寫。如口唱「七」，教者隨時將第七活蓋揭開，令學者將「7」字照錄一次，餘類推。復習時先令學者聽寫亞拉伯數字，然後揭開比對，久之，數字之認識與書寫，自然密切聯結而純熟。（丙）加法——教學時將活蓋完全揭開，教者照被加數數值先將活蓋放下，再照加數數值，接續放下，其最末一塊，即爲和之結果。（丁）減法——教學時照被減數數值將活蓋放下，再照減數數值，從最後一塊揭開，其最末一塊，即爲差之結果。檢驗正誤，十分方便。

勞作科教具

勞作科可以自製的教具

陳清泉

在本市各級國民學校自製教具的濃厚情緒中，偶有『做些什麼教具？』的問題發生。清泉不揣冒昧，把自然、勞作兩科，可以自製及可作勞作教材的，分別列爲簡表，寫出實例，作各校的參攷；如有疑問，請函教育局視導室商討！（編者按：陳先生的自然科教具實例見前，爲節省篇幅計，自然科自製教具簡表略去。）

各級國民學校自製勞作科教具簡表

類別	名稱	製作要點
材料的種類和使用實例	黏土的種類和使用	搜集不同的幾種，就調、搏、搓、塑、乾燥、塗色等使用上應使兒童明處，分別作成實例指示之，使兒童看到實例，便會操作。
	紙泥的搗和法	把紙、土、漿三種分量，及廢紙浸爛步驟，紙泥搗和情形，用具體實例，分別表示之；使兒童觀後便會操作。
	薄紙的種類和使用	搜集各種薄紙訂成樣本，並對剪、截、切、摺、裱、糊、貼等應學習之方法，分別以實例表示出之。
	厚紙的種類和使用	搜集各種厚紙切成樣片，並就折曲、接合等方法，分別舉例說明。
	竹的種類和使用	搜集各種竹料陳列比較，並將鋸斷、劈開、刮光、削薄、銼平、熏彎、着色等使用上應知之處，分別舉例說明。
	木的種類和使用	搜集各種木材陳列比較，並將鋸、刨、鑿、接等施工時應注意之點，分別舉例說明。
	片金屬的種類和使用	搜集銅、鐵，及鍍鋅、鍍錫等日常使用的片金屬材料，陳列比較，並將剪、摺、錘、接等使用方法，分別舉例說明。
	綫金屬的種類和使用	搜集銅、鐵、鋼及鍍鋅，鍍錫等綫金屬材料，陳列比較。並將斷、彎、鎚、扁、銼尖、絞、接等使用法。分別舉例說明。
	釘的種類和使用	搜集洋釘、螺絲釘，陳列比較，並將用釘連接部分，應如何注意，一一以實例說明。
	舊罐舊盒等利用法	搜集舊罐、舊盒等廢棄物分別陳列，並將可以利用之處及施工應注意之點，舉例說明。
	天然物的利用	搜集植物的根、莖、葉、花、果實、種子；動物的皮、毛、骨、角、殼、爪羽；礦物的塊、粉等天然物，整理陳列，並將可以利用之處，分別舉例說明。
用具的種類和修理	剪的種類和使用	把布剪、紙剪、金剪，及剪紙、剪布、剪金屬片的方法，及應注意之點，繪圖說明。
	裁紙刀的種類和使用及磨藏	把裁紙刀的種類，如小洋刀、有柄刀，及裁紙、切紙、削竹籤等使用法，和磨快、保藏等法，繪圖說明。
	鋸的種類和使用保管	把各種兒童能用的鋸，繪圖說明其用法、修理法及保管法。
	劈竹刀的用法及磨法	把劈竹刀的使用法及磨法，繪圖說明。
	斧的用法及磨法	把斧的用法及磨法，繪圖說明。
	錐的種類和用法及保管	把各種木錐、金錐的使用法和保管法，分別繪圖說明。
	穿孔器的用法和修理法	把各種穿孔器，如手鑽、搖鑽、牽鑽的用法及修理法，繪圖說明。
	鉋的用法磨法及保管	把各種鉋的用法磨法及保管法，繪圖說明。
	鑿的種類和用法、磨法及保管法	把各種鑿的用法、磨法及保管法，分別繪圖說明。

保管掛圖

釘錘的用法	把各種釘錘的用法，分別繪圖說明。
螺絲扳的用法和修理法	把螺絲扳的種類、用法、修理法，分別繪圖說明。
鉗的種類和用法	把各種鉗的用法，分別繪圖說明。
烙鐵的種類用法和修理.	把各種烙鉄的用法和修理法，分別繪圖說明。
鑿的種類用法和修理法	把各種鑿的用法、修理法，分別繪圖說明。
土工篦的種類、製法及用法	把各種土工篦的自製法及使用法，分別繪圖說明。
漆工用具的種類和用法	把各種漆工用具、用法，分別繪圖說明。

設計及製作掛圖

家畜家禽的飼養設計及模型製作圖	把準備飼養或製作模型的，分別繪圖說明，
衣的演進模型設計及製作圖	把製作此模型的計劃及製作步驟，詳細分別繪圖說明，以便兒童按圖分工製作。
食的演進模型設計及製作圖	同上
住的演進模型設計及製作圖	同上
水上交通工具演進模型設計及製作圖	同上
陸上交通工具演進模型設計及製作圖	同上
空中交通工具模型設計及製作圖	同上

小藥箱的使用法

健康教育委員會

本會為便利學校，對於學生偶發傷害，及簡易治療起見，特製就小藥箱一種，分發市屬各校應用，茲將箱內藥品及器材，簡述用法如後，以供各校參考。

甲　藥品

一、汞色素水（又名紅汞水、紅藥水、二二〇水）Mercurochroms Sol.

性狀：爲百分之二汞色素水溶液，殺菌力頗強，且能深達組織，無刺激性。

用途：（1）常用於皮膚及粘膜外傷消毒。

（2）有時做爲眼、耳、鼻之點滴藥以殺菌。

二、稀碘酊（俗名碘酒）Tr. Iodine.

性狀：爲百分之二·五之碘酒精溶液，是強力之殺菌消毒液，刺激性甚強。

用途：（1）癬癬等之局部塗布。

（2）淺小外傷之消毒。

（3）頭癬之塗布。

注意：（1）創口大或深者，足引起劇烈之疼痛，使患者難堪忍受，不用爲宜。

）眼、耳、鼻、及溼潤不易揮發處，（如腋窩、鼠蹊、肛門附近）不可用。

（3）每日一——二次，多用常引起皮膚炎。

（4）本品對破傷風菌，及狂犬病毒素作用強，甚賞用之。

三、醇（酒精）Alcohol.

性狀：爲無色透明易揮發有酒氣之液體。普通消毒用百分之七〇至七五水溶液，爲最佳。濃酒精能凝固組織細胞之蛋白質，足以阻礙其滲透性而減低其殺菌力，不適於消毒用。

用途：（1）皮膚及器械消毒。

（2）揩擦皮膚，能促進血流，消散瘀溫。

（3）扭傷處用之罨包，有消炎之功。

注意：（1）酒精塗入傷口，引起劇痛。

（2）本品易揮發燃燒，應注意保管。

（3）市售之好高粱酒，（約含百分之七十至八十之酒精，）可用作代替。

四、松節油擦劑 Lin. Terebin.

性狀：為松節油與樟腦等之合劑。白色液體，易揮發，有特臭，具刺激局部血行，及消腫止痛作用。

用途：神經痛、風溼痛，或挫傷、凍傷等，塗擦或罨包用。

五、芳香氨醑 Spr. Ammon. Aromat.

性狀：為淡黃色有刺激香氣之液體，用為興奮藥。

用途：虛脫、暈厥、假死之急救用之。以棉球醮藥嗅之，或用本品一——三c.c.，加熱水內服，勝於一般市售之十滴水，副作用少。

六、過錳酸鉀（俗名灰錳氧）Pot. Permang.

性狀：為紫色有金屬光澤之稜柱狀結晶，溶於水成紫紅色溶液，氧化作用極強，有殺菌解毒之效，對於腋氣菌作用尤佳。

用途：（1）用千分之一溶液作為洗滌傷口之用，尤以分泌惡臭膿液之傷口，可能消毒除臭。

（2）咽峽炎、口腔炎，常用作漱口劑。

（3）阿片、嗎啡、磷等服毒時，作為解毒之催吐劑。或作洗胃劑。

注意：（1）本品過濃溶液，有刺激性，或腐蝕性，使用時應注意。

（2）本品以臨用時配製為宜，新鮮者氧化及殺菌作用强大。

七、奎甯丸 Tab. Quinine, Bisulphate.

性狀：為白色極有苦味之片劑。有時外面裹以糖衣。普通每片含有〇·三公分奎甯粉。（亦有含有〇·一三或〇·五公分者。）

用途：本品為治瘧疾特效藥。對三日瘧，及四日瘧均有特效。對惡性瘧疾，功效較弱。每日三次，每次一粒。其他對流行性感冒、百日咳、肺結核、肺炎等解熱時，醫師亦有時用之。

注意：孕婦服用本品，有流產危險，當注意。兒童應酌減分量，服用過量時，有耳鳴等症狀。應即停服。

八、醋柳酸片（阿斯匹靈片）Tab. Aspirin.

性狀：本品為白色片，但亦有製成紅色者，味酸，為常用之解熱、鎮痛劑。每片含純品〇·三公分。（亦有〇·五公分者。）

用途：（1）用於傷風、感冒、扁桃腺炎等。成人普通用量，每日三次，每次一片（〇·三）。

（2）醫師有時用於風溫症，神經痛等。

注意：本品發汗作用强大。老年、幼兒、身體虛弱、心臟衰弱者，應特別注意，有時大汗，可生意外，不可不慎。

九、複方重炭酸鈉片（蘇打片）Tab. Soda mint.

性狀：本品為重炭酸鈉與薄荷合之劑片。弱鹼性之白色藥片。普通每片含有重炭酸鈉〇·三公分。

用途：（1）胃酸過多症，用本品能中和為制酸劑。

（2）能增强澱粉發酵作用，以助消化。

（3）與其他某種藥品伍用，能減少副作用。

注意：（1）本品對正常消化並無益處，故忌濫用。

（2）胃酸過多者，應同時注意飲食之攝取。

十、硫酸鎂（硫苦，俗名瀉鹽。）Mag. Sulphate.

性狀：為白色稜柱狀結晶，味苦，有下瀉鎮痙作用。

用途：（1）常用於食物中毒、腸炎、赤痢等症，作為下劑，以排除毒物。通常用一五公分至卅公分，頓服。

（2）常習性便秘尤以痙攣性便秘，賞用之。每次五——十公分，每日二、三次。

注意：（1）本品為峻瀉劑，老弱應慎重使用。急性腹痛，有時可能為盲腸炎，不可妄用本品，以致不治。

（2）忌常用，免成習慣，而誘起腸麻痺之後果。

十一、地亞淨片 Tab. Sulfadiazine.

性狀：為白色藥片，俗名消炎片，本品少副作用，係較好之一種，每片含〇·五公分，為近年來對某幾種細菌有特效之藥劑。

用途：（1）內科之腦膜炎、肺炎、猩紅熱等。

（2）外科之丹毒、癰、癤、蜂窩織炎等化膿性病。

（3）眼科之淋毒性膿漏眼等。

（4）其他各科之傳染化膿性球菌病。

用量：本品吸收速，而排洩緩。故用量可較其他消炎藥小，普通成人初次服二——五片，以後每隔四小時服一——二片（小孩酌減至四分之一——二分之一片以下）。

注意：（1）本劑對球菌作用較强，對桿菌甚少療效。

（2）本品有時亦有副作用，忌濫用，以免中毒。故仍應在醫師指導下服用。

十二、複方甘草合劑片 Tab. Brownmixt.

性狀：本劑係用甘草浸膏、樟腦、酒石酸銻鈉等合成之褐色片。味甘，有祛痰止咳作用。

用途：常用於咳嗽，作爲祛痰止咳藥。成人用量每次一——二片（每片〇・三），每日三四次。

注意：咳嗽若服本劑一、二日無效時。應就醫診治，以免咳成慢性病。

十三、弱蛋白銀溶液 Argyrol. Sol.

性狀：爲百分之十乃至十五之弱蛋白銀水溶液，黑色，有消炎、收斂、制泌作用。

用途：（1）急性結膜炎點眼用。（2）鼻粘膜炎，亦可作點鼻之用。

注意：新配製者功效佳，配製過久者不可用，本品應貯於有色玻璃瓶內。

十四、硫酸鋅溶液 Zinc Sulph. Sol.

性狀：爲百分之〇・五之白色水溶液，有收斂、消炎功用。

用途：（1）桿菌性結膜炎之特效劑。（2）輕度沙眼，每日可點一至二次。

十五、硫黃軟膏 Sulph. Oint.

性狀：爲黃色之軟膏，有硫黃臭味，內含百分之十乃至十五之硫黃。

用途：疥瘡之特效劑。

注意：使用本劑時，（1）塗擦前應先沐浴。（2）油膏應擦遍全身，並應加力揉擦，以使藥力深入。（3）衣服被褥等，應充分消毒，可置沸水中煮沸十五分鐘。或用蒸汽消毒，以殺死其中疥蟲，以免繼續重染。（4）同居家屬，應同時治療，而免反復傳染。

十六、硼酸軟膏 Boric. Acid. Oint.

性狀：爲百分之十之硼酸粉，與百分之九十凡士林，混合調製而成之黃色油膏。有防腐、收斂，及生肌之效。殺菌作用雖弱，但無刺激性。

用途：創傷、火傷、潰瘍多用之。

注意：膿多之傷口勿用。塗布宜薄，以免肉芽弛緩突出，而致難愈。

十七、鋅氧軟膏 Zinc Oxid Oint.

性狀：爲淡黃色之油膏，無臭，內含百分之十之氧化鋅，百分之九十之凡士林。有吸收滲出液，而使創面乾燥之功用。

用途：（1）水泡性皮膚炎，溼疹，脂漏性皮膚病。（2）輕度火燙傷，常用之。

十八、魚石脂軟膏 Ichthyol Oint.

性狀：爲黑色有焦臭之油膏，普通含量爲百分之十。有消腫、止痒作用。

用途：（1）癤、癰、丹毒等局部炎症，塗布貼敷。（2）魚鱗癬等之塗用。

注意：（1）局部炎症塗布時，應稍厚，以兼收罨包之效。（2）應加熱罨，以增療效。（3）皮膚抵抗力弱者，不可久用。以免引起皮膚炎。

乙　器材

一、鑷子：用以取敷料，用前須以酒精消毒。
二、剪子：剪敷料用。
三、壓舌板：壓舌窺喉用。
四、滴管：滴眼藥用。
五、體溫計：測量體溫用。
六、軟膏刀：調軟膏用。
七、灣盤：盛污物用。
八、量杯：量藥水用。
九、中式剪刀：剪紙及敷料用。
十、綳帶：裹傷用。
十一、紗布：敷蓋傷口用。
十二、棉花：洗傷口及塗藥水用。
十三、棉花球：蘸拭藥液用。
十四、絆創膏：用以絆固敷料用。

級任教師的衛生教育工作

楊駿如

（二）每日的衛生教育工作

一、早晨的工作：

1. 巡視教室，指導工役開放門窗，齊整和清潔桌椅，並擦淨黑板，清潔走廊。
2. 檢査男或女廁所，發現不清潔時，應建議學校督令工役立時清潔之，在夏令應建議多洒臭藥水或噴射DDT。
3. 未至早讀時，指導兒童室外遊息。

4.早讀時，低年級?導朗讀，但不使信口狂喊；中高年級應指導其默讀。並注意朗讀和默讀的姿勢，養成閱讀的正當習慣。

5.早操時，應協助體育教師，指導兒童整隊。動作時，低年級級任應注意指導並矯正兒童姿勢，中高年級級任應以身作則隨兒童一齊動作，但有時亦應注意兒童姿勢和動作的正確與否，隨時協助體育教師矯正之。

二、早會時的工作：

1.指導兒童檢查清潔並核閱檢查表；

2.指導檢查兒童書包，防止攜帶雜食；

3.檢查兒童零錢用途，防止吃雜食；

4.講述衞生常識；

5.講述衞生信條；

6.早操或早會時，發現兒童暈厥的（這在團體站立時曾經有過的現象。）應立即施行急救。

三、課內的工作：

1.注意兒童心理健康，不苛責，不加重負担；

2.注意兒童坐立及閱讀或寫字姿勢；

3.注意桌椅整齊和地面整潔，隨時糾正或督令兒童檢拾紙屑；

4.注意氣候變化，指導兒童關閉大風時的當風一面的窗關，或多開氣窗；

5.注意氣候變化，指導兒童穿脫衣服，假如氣候忽變冷，衣服穿得薄的兒童，應督令其回家穿衣；

6.注意兒童精神，如發現全體或大多數兒童精神困頓，應注意改變教法，提起兒童興趣和注意，或實施桌間體操，振奮其精神；如在寒天，氣候極冷的時候，教室無暖氣設備，兒童無法耐冷時，尤應行之；

7.注意兒童氣色，是現病症的兒童，應立即施行隔離或設法護送其回家，並將病狀告訴家長，情勢較重者，應督促家庭速送醫院診治。

四、課間的工作：

1.下課時迅即退課，並指導兒童全體離開教室，到室外遊息；

2.參加兒童遊戲並監護其危險；

3.注意兒童行、走、跑、跳等姿勢；

4.遇有兒童發生危險或受傷出血等，應立即施以急救；

5.注意兒童飲食茶水（未消毒的生水禁飲。）；

6.課間有營養設施的學校，級任教師應指導兒童飲用牛乳或豆汁，並清潔其飲具。

五、飯後的工作：

1.監護兒童不使做激烈的遊戲或運動；

2.指導當值兒童整理教室，使桌椅整齊、地面清潔；

3.注意兒童飲食茶水，查禁攜帶或偷食雜食；

4.午睡時指導兒童伏案姿勢，最好同方向睡，避風睡。（最低年級的兒童，如已熟睡，雖經上課，亦不必喚醒。）

六、課後的工作：

1.指導兒童室外遊戲或參加課外活動；

2.主持散發遊戲器具；

3.指導當值兒童做教室整潔活動；

4.檢查教室整潔；

5.檢查兒童疾病或健康檢查的某項缺點，責令到學校衞生室或兒童自治機關的衞生局或診療室去醫療或矯治，尤應注意砂眼、瘡、疥、癬、癩痢頭及其他皮膚病等兒童。

七、夕會時的工作：

1.檢討本日個人整潔及其他衞生事項；

2.檢討本日團體整潔及其他衞生事項；

3.檢討本月衞生信條實踐情形；

4.檢查兒童手臉，骯髒的應指導其就清潔檯前清潔之；發現長指甲的，責令回家剪短；衣著不清潔的責令回家更換洗滌；

5.指導兒童整理書包和整齊桌椅散學。

八、散學時的工作（散午學同）：

1.監送兒童出校，城市有馬路的，應監送其過馬路——健康第一，安全第一；

2.監視兒童勿食雜食；校門外見有雜食攤，應建議學校設法取締。

（三）每週的衞生教育工作

一、填寫兒童整潔程度表——根據前列兒童整潔檢查表的統計，填寫兒童整潔程度比較表；表式如下：

看！誰最整潔？

——年度——學期———年級

週次／程度／兒童	第一週	第二週	第三週	……	第廿二週	總計	名次	等第

級任教師——

本表張貼教室內，與缺席遲到統計表及各學科成績表等同列，使兒童知所警惕。

本表程度記載就原檢查表中小計數字填入，每週填寫，學期終了依總計數字，排列名次，用常態分配法決定其等第，將其等第記入成績報告書中。

二、填寫教室整潔服務統計表——根據前列教室整潔檢查表，填寫兒童教室整潔服務統計表；表式仿上表將兒童姓名改爲組別，記第一組至第六組，表頭寫「看！那一組的整潔服務最好？」也張貼在教室內，每週填寫。

三、訪問家庭衛生——每週訪問兒童家庭五家至七家，每學期可訪遍每一兒童家庭二次，與其他校定的普通家庭訪問合併舉行亦可；惟衛生訪問，應注意：1.兒童在家作息時間；2.飲食時間；3.營養狀況；4.臥室設備；5.睡眠習慣；6.自修情形和設備——燈光、桌椅等；7.衣被洗曬情形；8.沐浴次數；9.疾病情形；10其他。

四、編製下週衛生教材及衛生信條——教材應準備繕印並搜集教便物；信條應繕寫張貼教室。

（四）每月的衛生教育工作

一、檢查兒童身長體重——每學月開始應從新檢查全級兒童身長體重一次，比較其增減情形。1.體重單位以公斤計算；2.每月檢查一次，並製就統計表以資比較。3.遇有與此標準相差之兒童，應即探究其原因所在，因疾病，抑由於營養不良或心理不健康，設法改善其衛生教育。

健康兒童每月應增體重表

年齡	男童	女童
5——6	0.23	0.23
8——11	0.30	0.30
11——14	0.45	0.45
14——16	0.60	0.30
16——18	0.80	0.15

二、調換教室中兒童席次——重依兒童身長排列，原由右至左入座者，本月改為由左到右入座，以免兒童偏視，這在衛生教育中是很重要的事；其他特殊兒童，亦可依前述酌量調換其位置。

三、統計兒童姿勢比較表——依前列兒童姿勢檢查表，製定兒童姿勢比較表，與身長體重比較表，同列教室中，以便兒童相互比較：

看！誰的姿態最好？

——年級第——學期————年級

兒童＼比較＼學月	第一學月	第二學月	第三學月	第四學月	統計	名次	等第

級任教師——體育教師——

身長統計表、體重統計表，仿此製作，惟「名次」改為「前後比較」，可以看出每一兒童在這一學期中身長、體重各增加若干。

四、檢查兒童健康檢查時，應行矯治的缺點已矯治的情形。

五、製發兒童本月健康狀況家庭報告書。

（五）學期結束時的衛生教育工作

一、統計兒童姿勢比較表；

二、統計兒童身長、體重比較表；

三、統計兒童整潔服務統計表；

四、統計兒童整潔程度比較表；

五、指導兒童假期健康生活——例如：（一）暑假的生活應注意：1.不赤膊；2.不穿濕衣；3.衣服常洗；4.不多食瓜果；5.不食不潔食物；6.不飲未消毒的生水；7.不多食冷飲料或冰棒、鎵冰、汽水等；8.不食隔宿食物；9.不食蒼蠅落過的食物；10住所要保持清潔，瓜果皮勿亂拋；11不露宿；12不貪風涼；13早睡早起；14睡時不當風；15不在暴日下行走；16天天沐浴；17作息有定時；18多做娛樂活動；19撲滅蚊蠅，宣傳衛生等。（二）寒假的生活應注意：1.宜戴帽護腦；2.不帶圍巾，以免傷風；3.內衣要勤洗；4.被褥常曬晒；5.多吃青菜，多飲開水；6.多吃牛奶、雞蛋；7.不食烤火爐；8.不食用熱水袋，防止手面凍瘡；9.常用冷水或溫水洗足，防止凍瘡；10有凍瘡即醫治；11常做室內或室外遊戲或運動；12早晨跑步、早操；13不蒙被睡覺；14熄燈睡覺；15被窩不烤火爐；13作息有定時等。

六、製發家庭報告書，填入兒童健康狀況及整潔程度。

七、放假時檢點教室清潔用具，送還學校。

八、放假時檢點教室中各種健康檢查或統計圖表，送存教導處。

（六）假期中的衛生教育工作

假期中級任教師的衛生教育工作，主要的該是關於衛生教育的研究進修：

一、參加教育主管機關舉辦的有關衛生教育訓練班；或

二、研究閱讀有關衛生教育的書籍，如兒童營養的研究、心理衛生、兒童養護、學校衛生等專著。

三、編製一學期的衛生教育實施報告；其他如

四、協助學校改善學校衛生設施等，均是很重要的工作。

三十六年十月於京市教育局 （留）

京市文教通訊

第一區大行宮國民學校國慶日舉行科學化運動誌略

【大行宮國校訊】本年十月十日國慶紀念，本校舉行慶祝式，並遵照部頒各級學校擴大科學化運動工作要項，分別舉行各項活動：（甲）國慶紀念式；（乙）科學講演比賽：決賽結果：高級部第一名五下甲甯正玉「一個發明家的故事」，第二名五上甲溫業洪「第一個飛上天的人」，第三名六上乙魏啓華「小小銅匠」；中級第一名四上甲楊漢潛「蒸汽機的發明者」，第二名三下甲李湘容「牛頓的故事」，第三名四上甲朱湘春。（丙）科學化運動論文比賽：決賽結果．高級部第一名六甲陳安娜「科學創造了文明」，第二名六上丙陳維孝「國慶紀念和科學建國」，第三名五上甲溫業洪「滑翔與國防」；中級部第一名四上甲史景醇「記一個科學家的故事」，第二名三下甲業治政「科學化運動」，第三名四下宋景華「發明電話的信到」，（丁）通俗科學講演，選定講演員二十人，組二大隊，出發大行宮，太平路等處講演，講題是「科學的成功」，「科學救國」，「怎樣提倡科學？」「我國古代的幾種發明」，「破除迷信」，「科學與人生」等。（戊）編貼科學刊物，半月刊科學專號，科學特刊，科學漫畫等。其他童子軍檢閱，低中級部同樂會，均甚熱烈，晚並由新生活運動促進總會在校放映幻燈，歡迎校區民衆學生家長及在校學生等觀看，計到三千餘人云。（雲初）

（編者按：國慶日科學化運動，京市各級學校皆有舉行，編撰報告，寄投本刊者，除第一區大行宮國民學校外，還有第七區、第五區兩中心國民學校，本刊爲篇幅所限，不克備載，於此誌歟。）

研究改進求知心切　三區各校聯合參觀

【三區中心校訊】爲了增進教學技術，改善教學方法，嚴密學校組織，加强行政效率起見，本區各國民學校校長，教導主任，階段主任，幼稚園主任，輔導研究主任，推廣主任等三十餘人，特於十月十六，十七兩日，參觀本市中大附小，鼓樓幼稚園，珠江路中心國民學校，五台山中心國民學校，瑯琊路中心國民學校。各校參觀人員歸校後，擬將自己之所得，研究討論，做爲改進本校之借鑑云。（成德）

京市組織國民教育參觀團　赴滬、杭兩地參觀

【本社訊】京市教育局爲改進京市教育及增進教育工作人員進修起見，上學期曾組中等教育參觀團赴滬杭等地參觀，本學期原擬組織國民教育參觀團前往台灣參觀，嗣因經費支絀，仍決定往滬杭參觀，團員擬定二十五人，計中心國民學校校長十二人，國民學校校長八人，首都國民教育實驗區主任一人，市立幼稚園主任一人，教育局四人。預定本月三十日出發，參觀時期暫定十日。（駿）

京市教育局編印南京市教育概覽

【本社訊】京市教育局爲使各界明瞭京市教育實況，特編印南京市教育概覽一冊以備索取並代說明。該書於本月三日出版，內容爲市政府及教育局之沿革，教育局現行組織，本市最近教育概況，抗戰前與復員後京市教育概況之比較等。主要材料均爲各項統計，如本市面積及人口分佈與密度表，本學期市私立中小學概況表，兩學期來失學與在學兒童百分比表，國民學校、中等學校、社教機關抗戰前後概況表，各級學校教職員學歷統計表等，均爲重要之統計材料，並附錄市私立中等學校一覽表，社教機關一覽表，專科以上學校及非市屬中等學校名稱地址表；封底裏並選印市內公私教育機關銅版多種，手此一編，可見本市教育之全斑。（駿）

京市市立一中建校廿週年紀念誌略

【市立一中訊】十一月一日是本校創辦廿周年紀念日舉行慶祝儀式，到來賓馬副市長兼教育局長元放，市教局秘書章柳泉等，國民參政員廬前，市參議會秘書長蕭若虛等，市立中等學校校長、學生家長及全校師生等，共一千六百餘人。儀式開始時，首先舉行廿週紀念碑揭幕典禮，由馬副市長躬親主持，一時爆竹聲大作，音樂隊伴奏，儀式莊嚴熱烈。揭幕禮成，續又舉行校慶慶祝典禮。由陳校長重寅致詞，報告本校廿年來之略史。繼由馬副市長訓詞稱：「廿年之過程，艱辛不易，諸生

紀念會升旗

應亟珍貴卄年光榮歷史，從今以後，繼續努力今後之事業……。」盧參政員勉以：「吾人對於今日，中學生學力水準之低落，誠係一大危機，今夏投考中大一萬人中，有四千人國文科得零分，此爲國家之恥辱。「今後應提高課業程度，做到眞正的全國中學第一。」蕭祕書長訓示稱：「生活條件與戰鬥條件，須合而爲一。」蕭參議員訓以：「磨尖牙齒吃苦，站穩脚跟做人。做人要做茱人，餘出全部生命力量去爲國、爲民族做事。」復由教職員代表吳維正及校

紀念會場

童軍檢閱訓話

友會代表章柳泉致詞後，舉行童軍二八二團隊員宣誓禮，由馬副市長監誓、盧參政員證誓，全校童軍隊員，面對國旗，誓以至誠，立志爲一世童子軍。宣誓畢，舉行童子軍大檢閱。

下午三時舉行校友全體大會，校友們熱烈關心與愛護「母校」，決議了籌募體育館與捐款二千萬的案子。

晚間七時，舉行火炬遊行，是晚停電，高舉火炬之行列，於黑暗中，由陳校長領首，自大操場，繞怡闌、明德院、新民堂，復回至大操場，行列中火光與歌聲相映，全校一片歡騰現象，誠爲壯舉。並於遊行後，舉行營火會（是日童子軍在校內露營），有舞蹈，口琴合奏，歌詠等餘興節目。八時，於新民堂舉行遊藝會，由學生自治會主持，節目二十餘項，其中精采者有國樂合奏，及青年會團契友客串之舞蹈歌劇：「茶館小調」「邊疆舞」「朱大嫂賣鷄蛋」等，本校話劇團上演之「禁止小便」「兩個患難朋友」「未婚夫妻」三齣獨幕劇。至十二時半始散。（十一月五日櫝渹寄）

童軍檢閱進行式

童軍自由車隊檢閱

京市各級國民學校 本學期各科教學演示

【本社訊】京市教局視導室於九月十七日召開第一次國民教育輔導會議時，決定本學期輔導工作，從舉行公開演示的實際教學上，輔導教學的改進；並決定在每次演示後舉行討論會由參觀的教師及邀請的專家（國常：胡頡立，李伯棠，俞煥斗，朱變玉，楊駿如；算術：胡頡立；自然：徐允昭；歷史：張達善；地理：夏光浩；音樂：王問奇；唱遊：俞淑芳、高梓、高袞；體育：俞晉祥。）共同批評研究。担任演示的學校、科目、日期、教師等，由各區國民教育研究會或各區中心國民學校校長及輔導主任徵得各校教師同意後決定。經時一月各區徵求工作完畢。計全市共須舉行演示教學四十二次，如後表。已舉行之各次教學，成績均甚良好，討論亦極熱烈，尤以各專家懇切的指示，爲各教師所樂於接受，大有參觀一次公開教學，勝讀十年教育書籍之概。（清泉）

南京市各級國民學校三十六年度上學期各校公開演示教學預定表

十月二十三日製

次第	週次	月	日	曜	時間	科目	年級	教師姓名	担任學校	演示地點	備註
1	8	10	23	木	上午十時	國語	高級	潘良弼	七區中心國民學校	下關綏遠路本校	
2	8	10	24	金	下午二時	自然	五上	顧超然	九區中心國民學校	燕子磯本校	

3	8	10	25	土	上午十時	音樂	高級	吳有源	三區夫子廟第一國民學校	夫子廟本校	
4	9	10	29	水	上午十時	國常	二上	張敬珍	五區評事街第二國民學校	借程善坊國民學校	
5	9	10	31	金	下午一時廿分	唱遊	低級	胡淑婉	二區二條巷國民學校	二條巷本校	
6	9	11	1	土	上午十時	國常	二上	王祖慶	十二區中心國民學校	上新河本校	
7	10	11	4	火	上午十時	國常	中級	楊良箴	十三區中心國民學校	湯山本校	
8	10	11	5	水	上午九時十分至十時卅分	唱遊	低級	張麗嬋	三區夫子廟第二國民學校	夫子廟本校	
9	10	11	6	木	下午二時	算術	三上	汪爾駒	十區馬羣鎮國民學校	馬羣鎮本校	
10	10	11	7	金	上午九時	音樂	六年級	李德興	一區中心國民學校	珠江路本校	
11	10	11	8	土	下午一時半	國常	三上	榮明明	十一區中心國民學校	雨花路本校	
12	11	11	13	木	下午二時	國常	低級	劉鳳鳴	四區中心國民學校	小西湖本校	
13	11	11	14	金	下午二時	國常	中級	徐映龍	九區下壩國民學校	八卦洲下壩本校	
14	12	11	18	火	上于九時	算術	六下	彭慶光	五區程善坊國民學校	程善坊本校	
15	12	11	19	水	下午二時	算術	中級	湯玉璋	七區二板橋國民學校	借七區中心國民學校	
16	12	11	20	木	上午九時	國常	中級	王秀蘭	三區新廊國民學校	長樂路新廊本校	
17	13	11	24	月	下午一時半	歷史	高級	王鑫仁	四區荷花塘國民學校	借馬道街國民學校	
18	13	11	25	火	下午一時半	音樂	高級	何家滔	一區大行宮國民學校	東海路本校	
19	13	11	26	水	下午二時	國常	低級	張正炯	九區堯化門國民學校	堯化門國民學校	
20	13	11	27	木	下午一時半	自然	高級	崔思燦	二區曾公祠國民學校	曾公祠國民學校	
21	13	11	28	金	下午一時半	注音符號	低級	吳秀瓊	六區中心國民學校	瑯琊路本校	
22	13	11	29	土	上午九時	算術	高級	何淑民	三區顏料坊國民學校	顏料坊本校	

23	14	12	1	月	上午九時	國常	一上	陳文鶴	一區鄧府巷國民學校	鄧府巷本校	
24	14	12	2	火	上午十時	算術	複式中級	余家濤	十三區後村國民學校	西村本校	
25	14	12	3	水	上午九時	地理	五上	邢硯耕	十區中心國民學校	孝陵衛本校	
26	14	12	4	木	下午二時	唱遊	一上	魏明孝	十一區窰灣國民學校	借小市口市立師範新校舍	
27	14	12	5	金	上午九時	國常	低級	徐稚鴻	一區大光路國民學校	大光路本校	
28	14	12	6	土	下午二時	歷史	五下	裴繩祖	十二區莫愁湖國民學校	水西門外本校	
29	15	12	10	水	上午九時	幼稚園	幼稚園	宋陳鄧	三區中心國民學校	府西街本校	
30	15	12	12	金	上午九時	算術	六上	吳紹曾	一區香鋪營國民學校	香鋪營本校	
31	16	12	16	火	上午十時	唱遊	低級	聶曼秋	十區滄波門國民學校	滄波門本校	
32	16	12	17	水	下午二時	音樂	五上	姚家駿	五區崔八巷國民學校	崔八巷本校	
33	16	12	18	木	下午二時	唱遊	低級	常俊英	九區寶塔橋國民學校	寶塔橋本校	
34	16	12	19	金	上午九時	國常	一上	王淑嫻	一區逸仙橋國民學校	逸仙橋本校	
35	16	12	20	土	下午二時	算術	三下	胡經文	十一區中心國民學校	雨花路本校	
36	17	12	23	火	下午一時半	國常	低級	徐德貞	七區中心國民學校	綏遠路本校	
37	17	12	24	水	下午一時半	國常	中級	郭平先	二區中心國民學校	白下路本校	
38	17	12	25	木	下午一時四十分	國語	高級	彭樂元	四區馬道街國民學校	馬道街本校	
39	17	12	26	金	上午十時	體育	高級	陳達	六區三牌樓國民學校	三牌樓本校	
40	19	1	6	火	上午十時	國常	複式中級	張桂丹	十三區中心國民學校	湯山本校	
41	19	1	10	土	下午二時	算術	三上	喬仁元	十二區大士亭國民學校	水西門外本校	
42	20	1	14	水	上午九時半	體育	高級	房兆巘	七區中心國民學校	綏遠路本校	

教育局公佈欄

南京市政府訓令

（卅六）府總教字第七六六五三號
中華民國卅六年八月九日發出

事由：爲奉 院令據教育部轉請明令保障國民學校基金一案，通令知照由。

令各級國民學校

案奉

行政院（卅六）四防字第二八四〇七號訓令內開：「教育部呈稱：『據河南省教育廳六月廿六日汴一三字第三一〇號呈稱：「查憲法規定『依法設置之教育文化基金及產業應予保障』，保國民學校及鄉鎮中心國民學校，依照部頒基金籌集辦法籌集之基金，自應保障，歸各籌集學校所管有。乃各縣輒有藉整理公有款產之名，將各國民學校基金產業收歸縣有；或藉統收統支之名，將各國民學校基金收益列入縣預算，抵支各校經常費；或將國民學校基金與縣教育特種基金混合列入縣預算，作爲縣教款收入等情事；致各校對基金籌集，多存戒心，未籌者不肯積極籌集，已籌者隱匿不報，使政府無法稽核，影響國校前途，殊非淺鮮。擬懇鈞部轉呈行政院明令保障，凡保國民學校及鄉鎮中心國民學校，依法籌集之基金產業，其所有權應屬於各籌集學校，由各校依法組織保管委員會保管經營并支用，政府有監督稽核之權，但不得移轉其所有權。是否有當，理合呈請鑒核示遵。」等情；據此，查國民學校籌集之基金，應交由各校基金保管委員會保管一節，前經鈞院祕書處於本年四月七日以從玖字第一二六八三號函知陳奉核准在案。此項基金之所有權，既屬學校，似未便收歸縣有，或列入縣預算統籌支配，自宜切實依法保障，俾籌募國校基金工作，順利進行；對於普及教育關係尤鉅，據呈前情，理合呈請鈞院鑒核，准予通飭各省一律遵照辦理，實爲公便。』等情；查保國民學校及鄉（鎮）中心學校之基金，依照『保國民學校及鄉（鎮）中心學校基金籌集辦法』之規定，應由各該校基金保管委員會負責保管運用，不得挪移，除分令各省（市）政府并指復外，合行令仰飭屬一體遵照！」等因；奉此，除令各區公所知照并具報外，合行令仰知照！此令。

市長沈 怡

南京市教育局訓令

（卅六）教人字第〇五八八號
中華民國卅六年八月十一日發出

事由：爲令發捐資興學條例仰知照由。

令所屬各級學校及社教機關

案奉

教育部三十六年七月九日參字第三八二五三號訓令內開：「查捐資興學褒獎條例，業經國民政府於本年六月二十六日明令修正公佈，除分令外，合行檢發該項修正條例一份，令仰知照！」等因；附發捐資興學褒獎條例一份。奉此，合行抄發原條例令仰知照！此令。

附錄捐資興學褒獎條例

兼局長馬元放

捐資興學褒獎條例

第一條 凡私人或團體捐助公立或已立案之私立學校、圖書館、博物館、美術館、體育場、民衆教育館或其他有關教育文化事業者，依本條例給予褒獎。

外國人捐資興學者，得依本條例給予褒獎。

第二條 褒獎方法如左：

一、獎狀分爲四等，由省政府或直轄市政府給予之。
二、獎章分金質、銀質兩種，由教育部給予之。
三、匾額由國民政府給予之。

第三條 捐資給獎標準如左：

一、捐資叁拾萬元以上，不滿五十萬元者，給予四等獎狀。
二、捐資五十萬元以上，不滿壹百萬元者，給予三等獎狀。
三、捐資壹百萬元以上，不滿貳百萬元者，給予二等獎狀。
四、捐資貳百萬元以上，不滿五百萬元者，給予一等獎狀。
五、捐資五百萬元以上，不滿壹千萬元者，給予銀質獎章。
六、捐資壹千萬元以上，不滿五千萬元者，給予金質獎章。
七、捐資伍千萬元以上者，給予匾額。

第四條 凡依本條例第三條所定應給獎狀者，由主管官署開具事實檢附捐資證件及受獎人履歷，呈請省政府或直轄市政府核明給予，年終由省市政府分別彙報教育部、內政部備案。

第五條 凡依本條例第三條之規定應給獎章者，由主管官署開具事實檢附捐資證件及受獎人履歷，呈經上級機關送由教育部會同內政部核呈行政院核准後，由教育部給予之。

第六條 凡依本條例第三條之規定應給予匾額者，由主管官署開明事實檢附捐資證件及受獎人履歷，呈請上級機關送由教育部會同內政部核呈行政院轉呈國民政府給予之。

第七條 僑居國外之中華民國人民依本條例第三條所定應給褒獎者，由當地使領館開具事實檢附捐資證件及受獎人履歷，報請僑務委員會會同教育部、內政部核辦。

在未設使領館地方，得由校長或學校董事長或其他僑民教育主管人員，呈請僑務委員會核明後，會同教育部、內政部給予之。

第八條　捐資在蒙古、西藏地方者，由蒙古各盟旗官署，西藏地方官署，依本條例之規定分別受獎，年終彙報教育部、內政部、蒙藏委員會備案。

第九條　凡已領有獎狀或獎章，繼續或於兩地以上捐資者得合計捐資數目晉獎，但以一次爲限；一人不得同時給予兩種獎狀或獎章。

第十條　凡經募捐資超過本條例第三條各款所列數額十倍以上者，得比照同條規定給予褒獎；但募捐爲其職務上應有之工作者，不適用本條例之規定。

第十一條　凡以不動產或國幣以外之動產捐資者，應按當地時價折合國幣計算。

第十二條　給予外國人之褒獎，由教育部會同內政部、外交部核辦。

第十三條　匾額獎狀獎章之款式由內政部定之。

第十四條　本條例自公佈日施行。

南京市教育局訓令

（卅六）教一字第1816號
民國卅六年九月三日發出

事由：准南京結核病防治院門診部函，以擴大X光檢查，囑轉飭所屬前往洽辦，仰知照由。

令所屬各級學校及社教機關

案准

南京結核病防治院門診部八月十四日箋函開：

「逕啓者：查肺結核係一呼吸道之傳染病，我國每年死亡於該病者，不下百數拾萬人，患者將在千數百萬之上，為任何其他疾病之所不及。南京為我國政治文化之中心，全市人口凡一百餘萬，以百分之五患病率計算，則有活動性之肺結核病人五萬以上，其中較嚴重之患者，約四千餘人。查該病迄今仍無任何藥物所可治愈，其嚴重性當可想見一般。處此情形之下，惟有早期發現無任何病狀之初期患者，予以療治及管理，以免病變之惡化，而防患於未然，故本院為推行該項預防工作起見，特擴大團體X光檢查，并予特別優待，拍攝新型X光小片每人收費貳千元，以資貼補材料費用。事關各員生之健康，諒必貴局定能賜予協助與合作，轉飭所屬公私學校來院接洽檢查事宜。特用函達，即希查照賜覆為荷！」

等由；准此，除分行並函覆外，合行令仰知照！

此令。

局長馬元放

編輯後記

（駿如）

（一）現代教育的重要原則，是注重發展兒童創造能力與自發活動的「自由學習」和注重啓示兒童具體思想與觀察的「直觀教學」。教學上要能達成這種任務，教具實具有此種功能。自盧梭，斐斯塔洛齊諸氏，竭力提倡自然教育與實際教育以來，蒙鐵梭利的教學方法賴教具以著成效，德可樂利也以製造教具而實行他的教育主張。教具的價值與功用在教育上的重要，有其不可顛撲的理論和著有成效的先例，固不待編者詞費而為任何教育者所承認所重視。惟是教具之獲得，或謂應由國家設廠大量製供應用，或謂可向書坊或儀器館購用，這自然是一種來源；但教具之設計製作，要非少數人所能善其事，更不是離開直接教學的人，所能善其事的，所以「自製教具」即是在教具足敷應用的學校裏，教師們仍應本其直接教學的經驗和需要，出其聰明才智，自行發明製造。是「自製教具」不僅在救窮而已；更何況我們在大戰以後，教具的應用，實在處於窮的境地呢！職是之故，年來本局竭力提倡各級國民學校教師自製各科教具；原擬於本月十二日舉辦全市自製教具展覽大會，嗣以大會費款太多作罷；於是本專號乃代替了展覽大會而為書面展覽了。不過本刊篇幅有限，承各校踴躍投稿，而所能刊出的還只是極少數，這是首先要向未刊出的各學校和教師道歉的！

本期論著三篇，對設備各科教具，運用教具及自製自然科教具，均能根據實際需要的情況立論，絕非空說高調之論；作者且均富有實際經驗，值得向讀者介紹。

教具實例，編者於選採時極其注意能有「舉一反三」的作用，用以節省篇幅；同時也顯示教具的自製，首先要顧到：1.「實用」，包含「適用」「耐用」和「多方應用」；2.「經濟」，包含人力物力和使用時間的經濟；3.「效力」，能使教學經濟，能養成製造能力，能訓練兒童感官，能使兒童學習深刻，經過感官的動作而幫助記憶，能使兒童自由活動而運用思想，由思想而創造發展；4.「顯示科學方法」，在這上特別強調自然科教具，故特將自然科教具排列在前；圖表中特選「水泥製作順序圖」為例，編者覺得這種科學方法應多提倡和向兒童提示並引導兒童自作；實際製作時，必須附列各種實物，這是亦應注意的事。正在本市舉辦的國貨展覽會中，這種例證最好，各級學校的自然科教師，應前往參觀詳作筆記，並引導學生前往研究更佳。國語科教具選刊了六種，內有注音符號練習教具三種，這是特別提倡注音教學和國語運動的意思。最後選了一種「錯字辨正集」，這是一種矯正錯字最好的練習教具，大家不妨多多應用。算術科教具，選刊的偏在低級方面了，實因低級算術教學，最需應用教具；而中高級的算術教具，類多幾何形體和公式證驗，大家知道的一定很多，故未選刊。

「小樂箱的使用法」，原是上期衛生教育專號的特約稿件，因稿擠未克排入，在本期發表了，也好算是一種重要的教具使用說明。「級任教師的衛生教育工作」一文，本期續完。

本期文教通訊裏特將本市各級國民學校，本學期各科教學演示日期學科刊出表，而且是經校正過的正確報導，頗便各校教師按期前往各該演示學校參觀之用；各校教師如對演示教學有寶貴意見，著為文章，本刊亦所歡迎！

本刊徵稿簡約

一、本刊稿件以下列各項爲範圍：1.教育論著，2.實驗研究，3.各科教材教法，4.優良事例介紹，5.書報評介或讀書報告，6.調查統計，7.教育法令，8.教育消息。
二、本刊除約專家撰著外，歡迎本市中小學教師及外界投稿。
三、來稿文言白話不拘，但須扼要切實，並繕寫清楚，附加標點；如有圖表，並請用墨色繪製端正，以便製版。稿紙請勿兩面寫！
四、來稿每篇以壹千字以上，五千字以下爲原則。
五、來稿須具眞姓名，幷須註明詳細通訊地址和本人略歷。
六、本刊對來稿有刪改權。其不願刪改者，須預先聲明。
七、來稿一經刊載，版權卽屬本刊，但聲明保留者不在此限。
八、來稿經刊載後；當致酬現金；但本局與各附屬機構概况介紹與報告性質之稿件，酌贈本刊，不另致酬。
九、來稿用否，概不退還，其附足郵資者，得於不用時寄還。
十、來稿請寄南京（一）市教育局首都教育出版社。

「中小學訓育專號」徵稿啓事

本刊擬於三十七年一月號（卽第二卷第七期），編印「中小學訓育專號」，一方面發表本市公私立中等學校、各校訓導處……公私立小學……，另一方面……訓育主任、訓導主任與級任導師等，對中小學訓育問題，發抒偉論，供獻經驗，務請……於……二十日以前，寄交本刊，以便編輯，而光篇幅爲盼！

首都教育出版社謹啓

「演示教學專號」（各科教學研究會報告專號）預告

本市各級國民學校，本學期均普遍舉行演示教學，並有各科教學研究會……，提示研究風氣及興趣，探討教學原理，總結……必有豐富之收穫。本刊擬於三十七年三月號，爲此兩項，特編專號，即希各主持學校，將演示教學紀錄及研究會報告，隨時寄交本刊，以便彙編。特此預告。

首都教育出版社謹啓

首都教育

第二卷 第五期

民國三十六年十一月十六日出版

編輯者　首都教育出版社
發行人　首都教育出版社（社址：南京市教育局內、電話（分機）二三〇一五一二）
印刷者　首都印書館（南京……國府路四十八號，電話二一……）
經售處　首都教育出版社、南京各大書局

本刊價目

項別	期數	價目
零售	一期	肆千元
長期定閱 半年	六期	貳萬元
長期定閱 全年	十二期	肆萬元

備註：
一、特大號或有特殊需要時，得提高售價。
二、平寄，郵費不加，掛號另加掛號費。
三、本期係專號，零售國幣伍千元。

廣告刊例

地位	面積	每期價目
封底	全頁	國幣六十萬元
封底	二分之一	國幣四十萬元
封底	四分之一	國幣二十萬元
封裏	全頁	國幣五十萬元
封裏	二分之一	國幣三十萬元
封裏	四分之一	國幣十五萬元
普通	全頁	國幣四十萬元
普通	二分之一	國幣二十五萬元
普通	四分之一	國幣十三萬元

本刊歡迎、批評、指教！交換、訂閱！通訊、投稿！刊登廣告！

27

首都教育

馬元放題

第二卷 第六期

中華民國三十六年十二月十六日

★中等學校各科教學專號★

通訊研究

京市文教通訊

八屆市運會專頁

5.

三十六年國父誕辰全市兒童音樂大會活動照片選刊

我對中等學校教學上的幾點意見

章柳泉

有人說：「中學和小學不同，中等學校的教師只要學問好，學生自能得益，方法好不好是末節」。這話自也有他的道理；然而如果一個中等學校的教師，學問也好，方法也好，豈不更美滿吧！其實方法的好不好，影響學生的學習極大，我們不能以末節視之。第一，學生對於一門功課，入手時有沒有興趣，要靠方法。第二，學者的經濟不經濟，有效無效，也靠方法。第三，保持的情形如何，應用的情形如何，還是靠方法來決定。講到方法，最好有實驗研究的根據；不過目前很不容易。雖然如此，我們仍應向這條路走。其次便是一般的原理，原理能指導方法，同時也可以用實驗來證明。要是實驗能證明原理有效，這原理便更加堅强；要是實驗的結果，和原理相反，也不妨修改原理。本文便是想從原理上貢獻幾點意見，更想從這幾點意見引起同志們做點實驗工作，來補充或是修改這幾點意見。

一、一切學習必須有用

教育即生活，因此一切學習不能離開生活；離開生活的學習，是徒勞，也是浪費。然而現在中學的課程和教材，有很多是生活上無用的，或是雖有用處而用處很小的；反過來說，也還有很多生活上必需知能，並沒有好好地讓學生學習。講到什麼是有用？什麼是無用？問題並不簡單，應當詳詳細細做一番生活分析以及職業分析的工作。這件事在國外雖有許多嘗試，在國內還沒有人大規模的做過。不過放在眼面前的事實，我們決不能否認。像幾何的難題，深奧的古文，離時代太遠的英文等等，都可以說徒增學生的負擔。同時像閱讀，發表等與生活息息相關，終身應用無窮的能力，並沒有作有計劃的培養。還有只需要某種學問的一部分，偏要把這學問的全體叫學生學習，也是很大的浪費。我們應當大膽的檢討，把無用的材料儘量摒棄，集中力量於指導有用的學習上。

二、學習必須完全把握

中等學校裏有許多科目，尤其語文，必須完全把握得住，才有價值；如果半途而廢，或半生不熟，囫圇吞棗地學習，結果是全部時間浪費。譬如學英文吧，材料不妨淺一點，每次的分量不妨少一點，但是必須完全消化，積之時日，也許能達到簡單而熟練的地步；否則東塗西抹，客須記憶，一日不用，便可以忘得乾乾淨淨。照學習心理的道理講，一種技術，如果能完全把握，雖然丟開一些時候，回復起來非常容易，只要稍加練習，便能運用自如。如果半生不熟，在繼續學習的時候，似乎還可以勉強應付，要是稍稍間斷，便又要從頭學起。因此我們對語文以及其他技能的教學，必須使學生達到完全把握的境地，熟練到像我們能把握我們的語言，器樂家能把握他的樂器一樣才行。

三、要養成自學的精神

被動學習的情形，在中等學校，仍舊存在：教師與書講解，學生傾耳靜聽，教師寫黑板，學生抄筆記，教師指定習題，學生照做練習，是最普遍的辦法。能有課前的預習，課裏的討論，課後的多方應用，已屬難能；至於供給環境和設備，讓學生自己找材料，自己嘗試，自己觀察，自己試驗，把學習過的材料重行組織，製成綱要，把已獲得的知能應用到實際生活環境上去，致說是少之又少。這一半是由於學校的設備，一半也有關傳統的束縛。照說一個中等學校的學生，是很有自學能力的。教師們如果站在指導的地位，多讓學生嘗試，從旁指點，不使學生太費冤枉路，學生對學習不但感覺興趣，經過一番體驗，了解必更加親切，而離開教師即無法學習的毛病，也自然可以革除。一舉數得，是最值得提倡的。

四、要注重功用的觀念

社會科學和自然科學如史地公民理化生物等，是中等學校中有內容的學科。在這些學科裏，功用觀念，最爲重要。功用觀念，是對構造觀念而言。所謂構造觀念，便是死事實排列的重視和系統的過分注重。在構造觀念下，學生以記帳式的背誦爲能，而不能從事實中另得啓發。我們知道本國史地的學習，決不是僅僅要學生苦記一些人名、地名，古事，今事，要緊的是要使學生從學習中了解中國國家，中國民族，並使他獲得演進的觀念，發生社會的態度。理化的學習，也決不是要學生僅僅記一些原理公式，而是要學生由了解自然，進而能利用自然，更進而激發起追求眞理的興趣和科學精神。這種明因果，找關係，獲得進一步的了解和新的態度，便是功用觀念，也是內容學科教學上最值得提倡的。

五、要對生活發生影響

中等學校的音樂、圖畫等學科，和生活最有關係，而往往最爲學生所忽視。生活的最高的境界是道德的，也是藝術的。如何求善，在公民科或是訓導的各種措施上還會提示學生，如何求美，似乎要賴音樂圖畫戲劇文藝來涵養了。可是不幸的很，學校裏的音樂圖畫，多半沒有盡到涵養情操，陶冶心性的責任，只把牠當作一門功課。學生爲取這門功課的分數而上課，教師爲教這一點鐘功課而上課，對生活並沒有發生影響。實在可惜的很。一個人的生活，沒有受道德的洗禮，是罪惡，沒有受藝術的洗禮，也是罪惡。如何使學生的生活受道德和藝術的洗禮，決不是教條，也決不是上課，而是打入生活，使學生喜悅牠，愛好牠，優游浸潤，自然便能收潛移默化之效了。

以上方面意見，本人在其他的文章裏也曾稍稍提到過，因爲這一期是中等學校教學專號，特別歸納起來。提供研究。

我怎樣教學公民？

陳重寅

我先後担任高初中公民教學凡十餘年，對於公民教學感覺若干困難，也有若干意見，茲簡略述之於次，以就正於方家。

（一）公民教學之主旨

公民科之教學，約分三部：（一）公民知識之傳授；（二）公民思想之啓迪；（三）公民行爲之指導：而應以第三者「公民行爲之指導」爲中心、爲重心。因爲公民行爲是有具體表顯，而影響於社會羣體生活的，也正是個人德育、羣育的修養關鍵。

教育部把公民列爲高初中各科課程之第一位次，以顯其崇隆、重要，用意至當。但每週僅上課一小時，畢業會考不考牠，高中大學入學試驗不考牠，沒有專習專任的教師，多半請文史教師或級任導師配搭一二鐘點，担任教學；以致無論教者、學者，都有『理論上重視，實際上輕視』之感。

公民科也實在太難教了，其內容可稱集社會科學之大成，舉凡：社會問題、政治學、法律學、經濟學、倫理學、人生哲學，無所不包。雖說祇教各該學科之常識，然而對各項社會科學無相當修養與認識的人，又怎能提要鈎玄，深入淺出的講授呢？

公民科知識、思想、行爲，三方面的交互關係，極其密切。知識是底子，內蘊爲思想，外鑠爲行爲；知識爲因，通過了思想之組蘊，而成行爲之果。知識確屬重要，但知識的獲得，並非難事；難在根據知識，通過思想，反映在生活行爲上，更能善良、合理。更於行爲體驗中，加深知識的認識、與理解，再參合行爲的印證，而成爲進步成熟的思想因素。如是，即可成爲知而即行，行以求知；知助思，思助行；行又助思，思又助知，因果循環，知、思、行，打成一片，以增進、充實人類的精神生活；此實爲公民科教學之主要任務。

過去乃至現在，各校都有公民教學，但學生的行爲表顯，是否符合起碼公民之條件？檢討起來，實在可怕！如服裝、儀容、禮節、秩序、紀律、整潔、合理，及一切學生公私生活方面問題，缺陷實在太多！我以爲就是祇傳授知識，不重視行爲指導，及思想啓迪之故。

（二）我的公民教學法

我的公民教學法，不敢說全對，但十餘年如此實施以來，直接間接所得到學生方面之反映，尚有安慰，簡述如下：

（甲）時間分配　每課五十分鐘，我以二十五至三十分鐘講授教材，二十至二十五分鐘講補充活教材，及問題討論。

（乙）課文講授之準備　事前必多加準備工夫，務能要言不繁，深入淺出，提要鈎玄的，在三十分鐘左右，講明這一課的預定進度。

（丙）補充活教材　採與課文有關之最近國際、國內、本阜、本校、本班之實際生活事實，提出印證。此種活生生的事實，最足以引起學生之注意與興趣，而且就在此種題材之抒發或評論中，訓練指導學生之思想與行爲。

（丁）問題討論　問題要學生提出，儘可能多叫學生發表意見，教者加以輔導。使生結論，此法對於訓練思想、指導行爲的功效極大。

（戊）筆記、表解、綱要及做研究題　筆記要他們摘錄我解釋補充的要點、和警句。每段課文要他們做表解；不能列爲表解的材料，做成綱要。（此點一般社會科學都極需要，對於理解、記憶的幫助極大，攷試前略加翻閱，即可有把握的得七十分以上，屢試不爽，但必須自己做，嚴禁抄錄。）書上的研究題，可命選擇的做，不一定全做。酌量學生全部生活，對此科可能給與的時間，不可求之太奢。

（已）訂正作業　祇能用抽考制，但每人是否逐課都做，則必須檢查督導。

（庚）攷試方法　以測驗題又大範圍的問答題爲主，少用小問答題。高中二年級以上，可試做論文題。總之：要訓練他們歸納、綜合、整理、認識的能力。

（辛）記分法　切實做到平日積分爲主，且必需加以行爲考核的記分，以符公民教學以行爲爲主之要旨。所以以級任導師或訓導處人員兼授公民爲最宜。

（三）關於公民師資及教材之意見

理想的公民師資，要是眞正的社會科學博士，並且還有對指導靑年有興趣、有熱忱，對時事動態關心，且能提出要點，對自己又肯注意修養，而又重視行爲表顯的人。試想：這種師資，向何處去尋？

當然，大學師範學院辦公民訓育系，是一正途；但遠不濟急。我以爲使會經担任公民教學有經驗的人，而且有研究實驗的興趣者，請他們努力實驗改善，是一有速效的途徑。講到公民知識範圍之廣泛，社會科學無所不包，但一個學文史的大學畢業生，在第一次教公民的時候，多化點準備工夫，還是可以勝任愉快的。教學相長，藉此使自己社會科學的常識，豐富起來，也是一個相當有價値的收穫哩。我自己就是這種看法、這種做法，而教公民，而感覺相當有興趣的。

公民每週一小時，但月考、期考批閱試卷的時候，却不得了！平時檢查作業、記分，也不得了。時間、精力，都應付不了。公民分給文史教師兼任，缺點很多，集中一二人教學，則必須減少其任課標準時數（如初中二十二小時、高中二十小時爲一專任）爲高中十四小時，初中十六小時，方能要求教師做到較理想的境地。

至於教材，初中教本大致尚可。高中教材，則確實嫌深、嫌繁！每週一小時，朗讀一遍，略加解釋，且不能講完進度，何况補充教材。我主張教部應請高中教公民有經驗的教師，担任高中教材之修訂工作，不一定要請大學各社會學科專家、教授；編教材一事，教學經驗是十分重要的。

我所謂逐課逐段的補充活教材，我認爲十分重要！其重要性，有時甚且重過於原教材。何以故呢？因爲公民要學生反映到行爲表顯方面，絕對不是知識傳授而已！有暇我願意再寫一文，專論此節，並舉列實例以明之。

（三十六、十一、二十五、于市立一中）

高中國文教學一得

張須

（一）

爲本國之中學教師而授本國文字，在理論上當爲最易之事。教材既俯拾卽是，參孜書亦有辭典可檢。近十餘年，官方更頒課程標準。書賈則依標準以編輯成書，段落分明，標點淸晰，解題說字，原原本本。爲教師者，不須操選事，亦無煩檢工具書，而自有適當課本可資選用，便莫甚焉。就此諸點而言，國文教師誠哉其甚逸！

然有說者：敎學之事，今昔不同。從前中學國文，以一師一班爲常，今則兩班爲最普通，而三班亦習見焉。每班最少五十，多或至七八十。集一二百程度不同之學生以爲弟子，而欲一一爲之摩頂授記，完成使命，日力皆所不給。每次作文，課卷高尺有半，新舊相覆，旣去還來。勿論殘燈細字，過銷精力，其情緒已先受創傷。學生經八年離亂，基礎最難堅實。以高中言，三五高材以下，僅能以語體作最簡易之說明文，猶有必須刪易，始臻圓滑者；若遇理論文，非枯卽冗。文言文更難爬梳。從前高中學生，其文多已淸通；今則纔如初試筆，豈但未能淸通，實乃稚拙已甚。或有自行補習者，又不免沾染多烘習氣，習之中人，益難滌洗。以是種種關係，遂覺高中部定標準，所謂「養成其用文言文敍事說理表情達意之技能」者，深感無法成此任務。勉强扶掖，功亦難期。而每屆各大學入學試題，又復不一其格：今年小品，明年經說，北監南雍，各各殊致。因之高中敎師，又似有「符合升學需要」之一種任務。設有未能，爲師者有餘憾焉。故今日之中學國文教師，舌疲耳聾，只餘竭蹶。旣無績效可期，亦無慰藉可言。筆者尸敎中學，近三十年，從前頗好有所施爲，草定規程，勤勤不已，在所任班級之小範圍內，頗自喜尙有辦法可資倡導。行之有年，亦似能有其相當之成績。今則不敢言矣。承首都敎育編者以教學論文相屬，行已不足，何有於言？旣不容已，則姑就日來從事經驗所獲，欲求正而未得其間者，約言卑論，有如下方。

（二）

第一、吾以爲今日語體文之代興，乃由文言文之自取。凡爲文言者，束於規格，囿於宗派，已簡括猶恐不簡括，已高古猶恐不高古。弊之所極，以至論說不便發揮，記事不盡情狀。雖誦之可出金石，而施之不如竿牘。其害於事，非一日矣。自宋以來，每經一時期，皆當有大才作家，不甘束縛，自闢園地以資馳騁。但不旋踵間，自爲正統大師所征服。此等大師，其壁壘甚固，其戒律甚嚴，負其資地氣力與徒黨之衆多，儼有不許他宗派存在之勢。古文家動自稱許，以爲「舉世不爲而吾爲之。」抑知「舉世不爲」，即狀有他派代興之兆。究其眞實本領，自亦非可遽幾，篤而言之，不外小巧二字，聊堪把玩而已。於是文言距離實用日遠，其有待解放亦日急。若胡以魯之提倡「質文」，黃公度之不避「流俗」，風雨滿城，新機已見。最近即無適之者出，白話文亦終必有人主持倡導，奪文言之幟而代之。所謂事有必至理有固然者也。吾於戰前執教揚州，即嘗著論示高中學生，謂文言文必當解放。嘗舉國聞周報所錄時事評論之文爲例，謂今爲論說，與其步趨八家桐城，不能盡量發揮，其義理又多迂而難通，無寧即效時人之作，不用一生字，不煉一短句，題前不事回旋，篇終又無搖曳，惟以盡量發表所見爲度，尙能確收文字之用。今秋南來京邑，承乏二中高三國文，依部定標準，高三以文言文爲主。余於講業之始，嘗括八家中三人示例，以爲韓愈之蓄勢，歐陽修之作態，舉不如蘇軾之盡意。欲爲文章，捨盡意外更無餘事。知文章之特宜盡意，則烹煉含蓄種種技巧，皆屬枉費心力。古初文字，簡而不暢，每待深求而後得之，此由散文未臻成熟使然。惟能盡意，乃爲成熟。故今爲文章，句法不必求短，虛字不必求省，取能委曲如意而已。其有紆曲不伸，反煉成晦者，吾常歎息，勸以改圖。又因學生於文言程度未臻解放之故，遇校中舉行作文競賽之時，三四百字略得大意之文言，終不敵六七百字較能酣飽之白話。相形之下，益見前述部定目標所云，有不易達到之眞憑實據。高中國文教師，處此情形，加以上文所舉竭蹶之因素，祇有竭己所知，任其發展；若求兼到，亦良難矣！

（三）

第二、高中三年級之教材，舊標準以學術思想爲主。最近適用之標準，則略予變通。二中所用教本，係合江穆氏濟波所編，仍係以學術思想爲綱者。余觀其書編輯義例，與諸篇所附題解，以及首尾附表，知編者用心甚勞，可謂已盡指導與介紹之責任。余所用者爲第五冊，課文凡二十八篇，皆經子中重要文字。顧以學生所詣尙淺，而本冊僻字難句，以及古代制度名物，皆非前此各冊之所曾經涉。教學時倘加輔導，猶難豁然。必須稍費時間，爲之逐細解釋，發聽者無不喻之隱，無囫圇之患。因之一學期中，又須就原列課目，節去其半而僅授其半，乃能符合事實，而使大多數人可皆領會。此類先秦文字，較之選授唐宋散文之手揮目送，自不可以並論。故教者於此，必當有以調節其心神，而宜導其沉悶，斯又當然之要求也。顧尤有重於是者；余以所授既皆有關學術思想，故常隨時示以研究方法，期於治學興味，有所闢導。今請就已授各篇之略有啓發者，爲舉二例以見一隅。如左傳楚武王侵隨篇，事見桓公六年，而春秋不載，是爲無經之傳。左氏主於紀事，不主釋經，故既有聞而遂存之，此左氏所以爲良史。「王毀軍而納少師」，其下即接以「少師歸，請追楚師」句。中間少師見楚師之羸，與歸後告隨師之語則皆節去。雖節去而讀者能自得之，不至因此而晦昧脫節，一部左傳，用此可推。是謂窮微小事之法。此又左氏所以爲良史。楚隨之臣，各有獻計，伯比請羸師以張少師，季梁請修政以親與國。二國兵謀，皆接存之。此又左氏所以爲良史。篇終以十字結局，曰：「隨侯懼而修政，楚不敢伐。」此十字所云，必非桓公六年事，而猶附於此者，是曰「終言之」之例。此又左氏所以爲良史。左氏義例，誠不可以一言盡。而本篇所可言者，亦大略盡之矣。又如論語顓臾章，孔子最後數語，謂「季孫之憂，不在顓臾，而在蕭牆之內」鄭玄解此語曰：「後季氏家臣陽虎果因季桓子。」朱子則曰：「其後哀公果欲以越伐魯而去季氏。」二說殊異，當有所主。余先徵諸生意見，然後平決。余以此章實深罪冉有，終並子路而俱斥之。其曰「謀動干戈於邦內」此「謀」字實以上文「由與求」二人爲主詞，並知是時季孫之門，權在二子。其謂季孫憂在蕭牆，正謂大權旁落，家難將作。鄭玄所指，可最得情事者也。孔子嘗歎「陪命執國命」。豈惟陽虎而已，雖冉有季路亦其儔也。漢宋經解多岐，必當平心，乃得眞是，往往然矣。

（四）

第三、劉歆詆經師「分文析字，煩言費辭。」余授高三國文，遇訓解之必當稽古者，每不欲過求修博，使學者或至迷惑不喻，失其簡易之心情。緣講授之事，不外字句：用力於字者過煩，則求通於句者難知。但選定衆解，不敢不詳爾。學生遇一難字，常喜言下即是，而不喜迂複其詞。爲之師者，不容不知。但「言下即是」？此四字亦談何容易？往往教者以爲習見之句，不須更解，因亦不復預擬淺語；而學者則猶須剖析，終以相質，每有無由相喻者。故知訓釋工夫，在於教者先憭其本義與引申義，及夫同音假借之由，選定一解，必精必當。其次，即非難字，而課前亦須自爲譯解，庶幾小大不遺，可以貫通。此在初高中授文，原皆應爾。高中課文艱深，乃更不可忽也。非惟「字」應如是，「詞」亦如是。孟子齊桓晉文章：「黎民不飢不寒」，此「黎民」字，盡人都解，若可不加措意者。然上文「老者衣帛食肉」，以「黎民」對「老者」，必有其說。稍一推求，則知「黎民」乃謂頭髮尙黑之民。孟子之意，乃謂制產有道，則老者固可衣帛食肉，其壯者亦可免於飢來。有此效果，眞可無憾；而「黎」與「黧」同，又不待言也。又如「天下」一語，在禮記禮運篇中，梁任公即解爲「超國家的組織」。以我觀之，梁說非是。此天下二字，不過指當時統治所及而已。本篇論天下爲公之世，有選賢與能講信修睦二語：前者言其內政，後者言其外交。若「天下」爲超國家的組織，則不得更有國際關係也。且下文天下爲家節，亦有反證。其曰「大人世及以爲禮」，明是時已不選賢與能也。其曰「城郭溝池以爲固，」明國際間已不講信修睦也。「禮義以爲紀」句，冒下文正君臣篤父子等五事而言，原爲標幟亦非。凡此者，皆求諸本篇以得之。更取他篇，如易繫辭傳古者庖犧氏章，所稱「天下」一語，其義又皆僅指政教所及而言。他不具論，即如神農氏「日中爲市，致天下之民，聚天下之貨，交易而退，各得其所。」此如今之墟集，大都朝來暮散，而曰「致天下之民，聚天下之貨，」知其所包，決不如梁氏之大矣。

（五）

第四、教本以羣經爲教材，最可窺見古代社會制度及古初思想。本冊首錄國語展禽論祀爰居，明古時祀典，其類有五，皆因崇德報功，而非緣於迷信，編者發之詳矣。最要者，世以鯀遭殛死，目爲凶人，而展禽獨曰：「鯀障洪水而殛死……故……夏后氏……郊鯀而宗禹。」據此則知鯀亦在「以死勤事」之科，故崇報加焉，此與世論徵異者也。繫辭傳：「神而化之，使民宜之。」意謂行變化於不知不覺之中，則民以爲便。但誦經文，若甚難知；喻以淺近之句，則帝王之權變而已。不爲深解，轉乃得其眞也。禮運稱大同之世外，戶不閉。據下文以禹湯諸人爲小康六君子，知大同當在堯舜之世。按繫辭：「重門擊柝以待暴客」，又「弧矢之利以威天下」，乃正在黃帝堯舜氏所作六事之內。二經所云，顯有牴牾。余嘗以此付諸生討論，意見不一，余終加斷定，而謂繫辭所云爲得實。蓋知禮運之大同，不過寄其理想，不能作歷史觀也。儒家社會政策，在顯與章有「均無貧」之語，可謂引而未發。孟子齊桓晉文章則曰：「無恆產而有恆心者，惟士爲能；若民則無恆產，因無恆心。」因進論制產之道，在使凡民皆有恆產而有恆心。編者謂此可與論語合觀，斯固然矣。即就孟子所云，亦可洞見戰國社會情狀。蓋是時有「士」「民」兩種階級。其曰「無恆產而有恆心」者，謂是時井田廢壞，兼井盛行，舊貴族（士）沒落而淪爲無產。孔子所謂「吾少也賤」，孟子所謂「士之失位，猶諸侯之失國家」者也。民無恆產，則無恆心，此「民」即「庶人」之謂。自來皆受井田之分配，純爲被治階級。斯時因豪強兼井之故，往往喪田，故多有「無恆產」者。玩本章下文，知當時戰國之君，亦有其制產之法，但不足仰事俯畜耳。「盍反其本」，謂仍行周制，觀下文「五畝之宅」「百畝之田」，皆主張之可見者也。凡此隨時指點，可養成學者讀書細心之習慣，兼明羣經無非史料，眞乃一字不可放過。此在一二年級，所授多係文藝教材，自以欣賞爲主。高三學生漸能用思，而教材又漸入學術範圍，便不當專以涵泳揣摩爲事，勢自然耳。

（六）

余往日爲雜誌撰文，恆陳教學方案，今則不欲言之，而願第以最近經驗及感想進。竊謂與其鋪陳甲乙，鄰於濫調，且因事煩而有不能平均做到之處，似尙不若約言數項爲較能深刻。際此國文教學議論多岐；社會對於是科，要求不一；又有經濟背景，任教者不無以多勞而叢脞；如是又豈易有萬妥萬當之教學方案？斯篇所得，僅當拋磚。甚冀學者鴻碩，本其所見，繩而正之！

三十六年十一月二十九日稿

談中學國文教學問題

王敏時

前幾天首都教育負責人約我寫一篇關於中等國文教學問題的文字，他們認爲筆者在專科及中等學校廝混了廿多年，雖不定是老馬識途，却至少是江湖跑老賣武當行，總有幾套。慚愧的我，除謝謝他們好意外，自然是却之不恭，便硬着頭皮答應寫了。寫什麼呢？如果強調教學方法如何如何，論列周詳，勉人從我，倒不如從現時客觀的環境和事實中說話較好。記得從前對于這問題，曾有許多專家和學者如胡適之、梁任公、錢基博、呂思勉諸先生都發表過論文；此外散見於各大報章和雜誌的，更是多不勝計；後來經營局彙集印成「論叢」，或「討論集」之類的，至少有四五種之多。他們在理論上自各有所見，但終嫌陳義過高，實施時多感有困難。我覺得要求教學有效，最基本的還是教師素質的問題。方法並不須如刻舟求劍，只要是學識經驗相當而負有責任心的教師，儘可能的由他配合學生程度，因時制宜，來得自由伸縮爲妙。現在筆者即本着這個原則，提出幾個共同問題，論述如次：

一、教材問題

在現時一般中學生國文水準低落的情形之下，我主張選擇教材，不宜高深。現行各書局出版的國文課本，和部頒高初中國文課程標準，編訂的人多數不是久任中學的國文教師，對學生程度都不免估計過高。例如以高中國文教材來說：按部訂標準，第一學年，以體制爲綱；第二學年，以文學源流爲綱；第三學年，以學術思想爲綱。用意是使學者對于中國文學及學術思想得有初步的認識，這在理論和教學系統上，自屬無可非議。不過筆者認爲今日的學生，百科待治，我們國文教學的目的，只在促使學者對於普通文字的理解和應用；而尤要的，在能養成他們能以自由運用明通的語句來表達情意，或打發事物的能力，而不在於這空泛的一知半解的徒資談助的文學史國學常識。就說需要，也可引用一二小時的文學概論、國學概要、古書選讀等選科來作補充，在範文選擇方面，正不必拘拘顧及。就如高中第一冊國文，教材選擇，都爲着配合標準，須得文體詳備，于古典式的辭賦，和浮濫的碑文墓誌，都要入選；這不但不適合學生心理和環境，而且體制繁多，深淺互見，錯雜紛陳，使淺學青年，目迷五色，印象模糊，更從何處去求學去？以筆者多年的觀察，一般中學生的文字毛病，最普遍的現象是「艱澀」、「生硬」、「拖沓」、「冗贅」、「詞不達意」、「文無條理」等。我們要對症下藥，應多選擇內容翔實，詞理明達，而氣勢暢利的文字，使他們勤加諷誦；如教者能指導和督促得宜，久久自可領悟。筆者最不同意現行國文課本中，尤其是高中第一冊，竟連連選錄古代文如尚書金縢牧誓，詩大小雅周頌魯頌以及莊子養生主逍遙遊幾達十篇之多。這種古奧典重與瑰奇詭怪的文字，在行文已具相當基礎的人，其于鍊詞選色，敲聲琢句，自是助益很多；可是對于剛由初中升學，文言文的認識極度淺薄，而寫作還是「文不從，字不順」的高一新生，能發生什麼作用？結果不是格格不入，意興索然，便是東塗西抹，食古不化，把文字眞走入魔道！所謂邯鄲學步，又如何不遭顛蹶呢？所以筆者主張中學國文選材標準是：內容須適合學生心理與環境的要求，外形須適合論理與文法的條件。與其多選艱深古澀的古代文，不如多選平正通達的近代文；雖然古代文字也有比較淺易的，可總不如近代文的內容和語法，較與現實接近，易于摹仿和運用。至於系統方面，不妨採用單元式，將內容或形質相同的文字，分成各組，以便於比較和研究。

二、背誦問題

以前有些學者對于範文不主張強迫學生死板地去背誦，筆者不敢苟同。即按部頒高中課程標準閱讀項下，也有精讀略讀的規定。然所謂精讀的方法，祇注意作品底體制、特徵、派別、流變、背景及影響等，實際精讀還是未曾辦到。所謂精讀，是熟讀精思的說法。一篇傑作和名著，粗疏的閱覽，是抓不到它的精華奧義所在的。它是須得仔細諷誦，精密體味，才能領略其微妙的意境，使你心神俱化。必如此讀書，方能獲得實益，不致遭走馬看花的譏評。曾國藩說：「學者於看、讀、作三者，缺一不可。看者涉獵，宜多宜速。讀者諷詠，宜熟宜專。看者日知其所無，讀者月無忘其所能。看者如商賈趨利，聞風即往；讀者如富人積錢，日夜摩挲，但求其久。看者如攻城拓地，讀者如守土防隘。」看即我們的略讀，而讀即爲精讀，精讀須熟而且專，固毫無疑義的。朱熹亦說：「大抵觀書，須先熟讀，使其言皆出於吾之口，繼以精思，使其意皆出於吾之心，然後可以有得爾。」他發揮熟讀精思的理論，最爲簡要。近世法國的約翰柏萊士著有誦讀的藝術一書，詳述誦讀的方法。他說：「誦讀時有三個最要的條件：一、了解：朗誦時，使人能領悟篇中底意趣。二、感動：表現眞理，使人爲之感動。三、怡快：詩文的美感，由聲傳出，使人聽了，引起一種快感。這三項，也就所以求自己的了解、感動、怡快的。」他還有六條的研究誦讀的方法，爲聲音、字、句讀、全文的表示、背文等，極爲精確，可作參證。我以爲國文精讀，必須切實熟讀精思，如爲時力限制的話，那末每學期務必選擇若干篇，於透徹其文義外，還得誦讀到流利純熟的地步，任經何種考問，可應答背誦如流，使詩文中健全的精神和意識不知不覺的滲入閱讀者的血液裏，無形中就可增加寫作的力量，其收效是很大的。

三、批改問題

「多所塗抹」、「強人從我」的改文方法，大概現在多數人已不會再採用了。筆者多年來批改學生文卷，一貫主張尊重作者原意，我的信條是：（一）善刪不如善就，多改不如多批。（二）總批不如眉批，責斥不如獎掖。至於批改的方式，最理想的是採行複改法。就是將學生文卷交入後，初次批改，只用種種記號，將文中毛病，逐一指出。發還學生，由他自行訂正。從前劉半儂先生曾按學生通見的毛病，列製了二十四種符號，也似過於繁複了，教的學的都感有不便；不妨將他合併簡化，大約有十種就够用了。現擬訂如左：

× 用字不妥　⊠ 用典或用成語不當　一 語氣不貫　﹏﹏ 造詞生硬或軟弱

？ 全句意義不明　—— 詞意重複　⅃ 誤寫　丱 不合文法　丬 不合論理

⋮ 語氣未完

批閱後，交由學生自行改正，另卷謄清，二次再作正式之批改。這樣，在作者方面，既已深自研求，盡了最大的努力，一經教師改削或潤飾，感識自然比較深刻，比較一般敷衍成篇，聊以塞責，當不可同日而語！不過所難的，就是如今公私立中學，每級人數過多，甚而有超出六七十人的，教師的待遇既那樣的菲薄，鐘點科目，又很繁雜，益以在高度的生活驅策之下，往往力不從心，這正是有待於教育當局迅加改善的呢！

中學數學的教學方法

涂世澤

一、引言

有些人以爲教師祗須知道他所授的教材，便可教學，殊不知任何職業上的熟手，都不但要深悉他的材料和工具，亦且要熟諳最好的工作方法。教師如不知教學方法，則其教學，必不能獲致良好的效果。

今日中等學生之數學程度，低落已甚，欲謀補救，則教學方法的研究，實爲當務之急。筆者係一中學數學教師，用就平日之教學經驗，寫爲本文，拋磚引玉，尙望高明賜政！

二、教學的基本原則

（一）明瞭學生　施教之始，必須明瞭學生程度，及其學習能力等，然後方可決定如何去教。教師千萬不可變爲教本的俘虜，祗知照本播音，毫不顧及學生。

（二）提高學生興趣　研究學術，要有充分興趣，若引以爲苦，勉强應付，決無成功之理。故教師在教學時，必須設法提高學生對于數學的興趣，養成其堅强的心志，庶幾遇有困難，方肯多下工夫探討。此種由興趣而生的努力，方爲眞努力。努力愈多，成就愈大。成就愈大，興趣愈高。此種因獲有成就而生的興趣，方爲眞興趣。所謂不樂不知學，不學不知樂。教師能使學生發生眞興趣，則其教學必能有良好的效果。

（三）引起學習動機　人類的一切作爲，泰半是爲了想滿足其需要而引起的。教學時，不妨先提出問題，然後指點解決的途徑，使學生有解決問題的需要，因而引起其學習解決方法的動機；於是教學得以順利的進行。

（四）實用與理論並重　教學時，太重實用，每易流於褊狹；太重理論，又易流於空泛，筆者管見以爲中等數學之教學，宜兩者並重；不過對於初學，宜稍偏實用，以引起其興味，以後卽逐漸增多理論。

上述四點，各科教學皆如是，不獨數學一科爲然也。

三、教學實施的要點

（一）擬訂課程計劃　學期之始，應將學程預定進度，分全學程爲若干大小單元；並應將學習目的及學習方法對學生說明。

（二）引導學生運用思考　每次開始講授新教材時，宜儘量利用學生已有的經驗爲根據，亦卽選用舊教材爲先導，誘使學生運用思考，自行獲得結論。溫故知新，教與學雙方，均可事半而功倍。惟基本教材及高深理論，仍以直接講授爲宜。

（三）整理與複習　教師於下課前，應將所授教材加以整理，俾使學生得一有系統的概念。而上課之始，亦應將上次所授的教材，加以複習。其法由教師口述，或令學生答問，以覘學生之是否記得與了解。中學數學教學的目的，重在引導學生運用思考，而進行思攷，須以知識爲依據。所謂知識，又須由了解與記憶得來，故上課時之複習，下課前之整理，極爲重要。

（四）練習與試驗　練習分課內練習與課後練習，課內練習又分口述與演算二種。大抵簡易問題，用口述方式，而演算亦僅限於與例題相彷之問題；此其目的，在趁熱打鐵，使學生加深印象耳。問題之須由學生安靜思攷，自動探討者，可用作課後練習；課後練習應分爲必作與任作二類，藉以適應學生之個性差異。試驗亦可視爲練習，多多益善，務使學生日知其所亡，月無忘其所能；並且教師亦可因而發現學生的缺點所在，以便設法補救。筆者以爲教材每有一段落時，卽應有一次試驗。

（五）批改作業　數學課程中的學生作業，以練習本爲主。教師對於練習本的處理，有細改與不改兩種極端辦法。筆者以爲兩法均不妥善，教師批閱練習本之目的，在督使學生減少錯誤；而錯誤的種類甚多，有計算訛誤者，有單位差錯者，有不註單位者，有看錯題意者，有作圖不對者，有列式舛誤者：前四類之錯誤，教師祗須指出，令學生自行改正；而後二類之錯誤，則非由教師細改不可；如遇全班學生公有之錯誤，並應在上課時詳加說明。

關於練習，有下列十事，應令學生注意：

（一）寫錄務宜整潔；（二）作題前要看淸題意；

（三）名數必須註明單位；（四）應作圖的題必須作圖；

（五）得數須考究是否合用；（六）作圖務求正確；

（七）列式有序，立論要有所本；（八）依法演算，不要死代公式；（九）練習本中犯過的錯誤，不可再犯；（十）練習要自己作，遇有難題，要自己多想，與同學討論亦可；但不能妄事抄襲，致失去練習目的。

（六）試題與記分　試驗時，教師命題，並非易事。筆者以為試題應於實用、理論、記憶及思攷各方面兼籌並顧。較難之題，每次可插入一個，而書中之最關緊要處及學生常犯錯誤之點，宜佔試題之大部分。記分以試卷為主，並應有客觀標準，遇不及格之試卷過多時，教師應研究其原因，如係教法不良，應即設法補救，如係試題太難，不妨降低及格標準，酌加分數，如係由於學生太不用功，須嚴厲警告學生。

四、教學效果的預期

（一）懂　教師詳細的講，學生安靜的聽，務求教師所講的教材，能為學生所領悟，所謂懂，即是要學生了解其所習的教材。

（二）會　學生已了解其所習的教材後，教師即演算例題，並用與例題相彷的題目，令學生試作。所謂會，即是要學生會運用教材以解題。

（三）熟　學生會作題後，然未必純熟，於是指定練習，限期作完。這樣，不僅使學生會作題，而且能使學生熟悉各種作題方法。所謂熟，即是要學生熟諳作題方法。

（四）速　教學時，不但要學生熟諳作題方法，並且還要學生能靈活的運用，能很快的把題目解出。所謂速，就是要學生遇着問題，能很快的解出。但是在上述的歷程中，教師千萬要注意學生的所懂、所會，是否正確。

五、結論

各個教師各有其有效的教學方法，本文所述，不過是最正常而且切合實際的幾點。其實，教師的態度、表情，或其說話的言辭上有了差異，也就是教法的差異。茲將教學時，教師應有的注意，為上文所未提及者，列述於下，以作本文的結束：

（一）討論問題，解釋要點，以及發問時，均須面對學生。

（二）須使學生想，學生作，不要祇顧自己講。

（三）引證舉例，要能層出不窮，庶乎解釋透澈，可使學生了解。

（四）宜多用圖解，幫助學生懸想。

（五）注重個性差別，體貼學生困難。

（六）善用問題，吸引學生注意力，利用詼諧，免除學生困倦。

（七）態度宜莊嚴和藹。

（八）說話宜緩而清晰，聲音宜響亮而有抑揚。

中等算學教學經驗點滴

彭樂元

近年來中學生算學一科的成績，與他種學科的成績比較起來，相去很遠。這可從歷年會考的成績中看出來，而一般學生也向來視算學為畏途。其實，算學這學科並非像一般人所認為的那樣難。如果學習得法，反而是很有興趣的，不過怎樣才能使學生學習得法而感興趣呢？筆者認為編制優良的教材，和純熟的教學技術，直接可以減少教學雙方的困難，和增加學習的興趣。祇有這樣，才能把算學一科化難為易，打破一般人對算學錯誤的畏難觀念。筆者把十年來教學經驗的點滴寫出來，希望和算教同仁交換經驗，俾便教學時減少困難。

一、教材的選擇應慎重

無論那一種學科的教材，都應當慎重的選擇，算學教材的選擇尤為重要。教材的編制不良會減低學習興趣，同時會影響到教學的進度。反之，優良的教材，可以使學生在不知不覺中獲得所要學的知識。

二、教材應由易而難，由簡而繁

不論是一本書的開始，或一章一節的開始，都應當根據這個原則，如果在開始教學的時候，便講授繁難的問題，則易養成學生畏難的心理；所以不論採用書局編輯的教材，或自編的教材，都應當由易而難，由簡而繁，這樣可以使學生毫不感困難的學習下去。我們試把世界書局出版的初中代數（蔡研深編）和中華書局出版的新編初中代數（高季可編）拿來比較一下，蔡編初中代數開始便舉了一個算術四則應用問題利用方程式的解法。本來四則應用問題，學生已稍感困難，再加上未學過代數的人，見初到方程式，眞是如入五里霧中；而高編初中代數，則從正負數講起……（節錄於下）

研究問題

1.某人月薪50元，每月支出30元，還餘多少元？

【解】50元－30元＝20元。　　答：還餘20元。

2.某人月薪50元，每月支出50元，還餘多少元？

【解】50元－50元＝0元。　　答：沒有剩餘。

3.某人月薪50元，每月支出55元，

【解】從50元減去55元，則不足5元，便叫做負5元，用－5來表示他。

（算式）50元－55元＝－5元，這5前面的“－”號，便叫做負號，數字前面有負號的，便叫做負數。

我們試把這兩書的題目比較一下，一望而知後者是適合學習心理的。同樣，在教學時所舉的例題，和學生的練習問題，都應依照這個原則。

三、先舉例然後用歸納法求出公式

教學時應先舉例題，例題不妨多舉幾個，然後把這些例題的一般性質，指示給學生，再就這些例題的通性，求出公式。這樣，學生就可以明白公式的來源，而不致於「祇知其然，而不知其所以然。」如果僅叫學生死記公式，而不知其所以然之理，那是太危險了；如果問題稍一變更，他所死記的公式便無用了。所以解題時應注重理解，公式的應用，祇是在理解以後一種便利計算的工具，應該知道先有問題而後有公式，並非先有公式而後有問題。

四、教學時應盡量利用圖解

圖解可以幫助理解，一個問題有時需要很多的話來解釋，但如果利用圖解來說明，便可以一目瞭然。

例如：有蘋果若干個，甲拿去全數的一半又一個，乙拿去其餘的一半又二個，還餘三個給丙，問共有蘋果多少個？

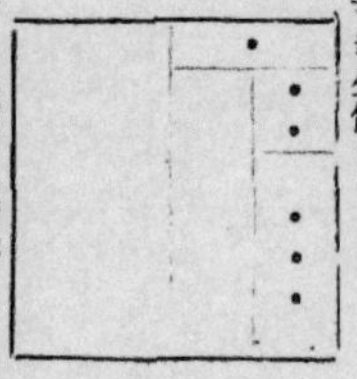

【解】如圖　2個＋3個＝5個，（甲拿去後，其餘的一半。）

5個×2＝10個，（甲拿去後，所餘的蘋果數）。

10個＋1個＝11個，（全數的一半。）

11個×2＝22個。（總蘋果數。）

由上題之解法，可以看到圖解之用處。總之，能應用圖解的時候，應盡量利用圖解，以增加教學的效率。

五、遇到較深的理論時，應詳細反覆的解釋

算學中的實際問題，當然很容易使學生明白。如果遇到較深的理論時，應該詳細反覆的解釋；初次的解釋，也許高材生可以明白，中等程度的學生，恐怕還不能完全明白；至於程度差的學生，甚至完全沒有聽懂，這便需要做教師的人耐着性兒，不憚煩的詳細反覆的解釋，切不要怪學生太蠢笨，因爲較深的理論，實在不易使程度較差的學生立刻明白。

六、容易錯誤的地方，應隨時提出來，使學生特別注意

算學中有些地方，如不留心學習，常常會發生錯誤，所以應當隨時提出來，使學生特別注意，絕對不能馬虎，現在隨便舉幾個例子在下面：

例一．$\frac{a^2+b^2}{a+b}=a+b$．這是初學者最易犯的錯誤，應注意分子分母各是單項式才能相約，若是多項式，應該先將他分解爲因式，然後約分。

例二．試計算 $\frac{x^2-5x+6}{x^2-16}\times\frac{x^2+7x+12}{x^2+2x-15}\times\frac{x^2+x-20}{x^2+x-6}$。

【解】原式＝$\frac{(x-2)(x-3)(x+3)(x+4)(x+5)(x-4)}{(x-4)(x+4)(x-3)(x+5)(x+3)(x-2)}=1$．應注意分子分母完全約盡的，結果等於1，而不是等於0。

例三．$\sqrt{-5}\times\sqrt{-3}=\sqrt{(-5)(-3)}=\sqrt{15}$．這也是初學者最易錯誤的地方。因爲他們在根數乘法中，曾學過下面的問題：$\sqrt{5}\times\sqrt{3}=\sqrt{5\times3}=\sqrt{15}$，所以把計算的方法弄錯了。爲了避免這錯誤，還是把$\sqrt{-1}$變爲i來計算，最爲穩妥。例如：

$\sqrt{-5}\times\sqrt{-3}=\sqrt{(-1)5}\times\sqrt{(-1)3}=i\sqrt{5}\times i\sqrt{3}=i^2\sqrt{5\times3}=(\sqrt{-1})^2\sqrt{15}=-\sqrt{15}$。

算學中容易錯誤的地方很多，教師應隨時提出來，促使學生多多注意。

七、新的教材應和已學過的教材相連絡

如果在講授新教材的時候，最好把和新教材有關的已學的課程提出來，使學生對於新教材不感到陌生。例如在算術中已學過分數四則，在講代數分數四則時，可先把算術分數四則複習一下，然後再講代數分數四則，那就可以收事半功倍之效。

例如：$\frac{2}{3}+\frac{4}{5}$，$\frac{x}{3}+\frac{y}{4}$；$7\times\frac{2}{3}$，$a\times\frac{c}{b}$；$\frac{14}{15}\times\frac{5}{7}$，$\frac{by}{ax}\times\frac{y}{x}$。

八、同一問題有數種解法時，應盡量介紹給學生

算學中常有一題數解者，在可能範圍內，應盡量介紹給學生，使學生知道解問題並不拘於一種方法，並且解法有巧拙之分，題目愈多作，方法愈純熟。熟則生巧，這是事實。

例如：求下式的結果：$\frac{20^5\times 20^4}{(8^2\times 5^3)^3}$，本題如將分子分母乘方後再行簡約，其答案當然正確，但如下之計算則較爲簡便。

$$\frac{20^5\times 20^4}{(8^2\times 5^3)^3}=\frac{20^9}{(64\times 5^3)^3}=\frac{20^9}{(4^3\times 5^3)^3}$$

$$=\frac{20^9}{4^9\times 5^9}=\frac{20^9}{20^9}=1.$$

九、巧妙的記憶

算學中有些公式或常用數值是需要記憶的，但是昔日的算學家已爲我們發明了好些巧妙的記法，我們應該介紹給學生，既省時間，又便應用。茲舉例如下：

例一．代數中二項式和或差的乘方公式，可用巴斯開三角形記憶之。（用法略）

（二項和乘方公式）

$(a\pm b)^0=1$

$(a\pm b)^1=a\pm b$

$(a\pm b)^2=a^2\pm 2ab+b^2$

$(a\pm b)^3=a^3\pm 3a^2b+3ab^2\pm b^3$

$(a\pm b)^4=a^4\pm 4a^3d+6a^2b^2\pm 4ab^3+b^4$

$(a\pm b)^5=a^5\pm 5a^4b+10a^3b^2\pm 10a^2b^3+5ab^4\pm b^5$

（巴斯開三角形）

1
1　1
1　2　1
1　3　3　1
1　4　6　4　1
1　5　10　10　5　1

由巴斯開三角形可求出$(a\pm b)^n$的乘積。

例二．三角法中三角函數基本公式可用巴生氏圖解記憶之。

I．平方和差關係：（1）$Sin^2A+Cos^2A=1$．（2）$1+Tan^2A=Sec^2A$．（3）$1+Cot^2A=Csc^2A$．

II．逆數關係：（1）$SinA=\frac{1}{CscA}$，（2）$COSA=\frac{1}{SecA}$，（3）$TanA=\frac{1}{CtoA}$。

III．商數關係：（1）$tanA=\frac{sinA}{cosA}$，（2）$cotA=\frac{cosA}{sinA}$。

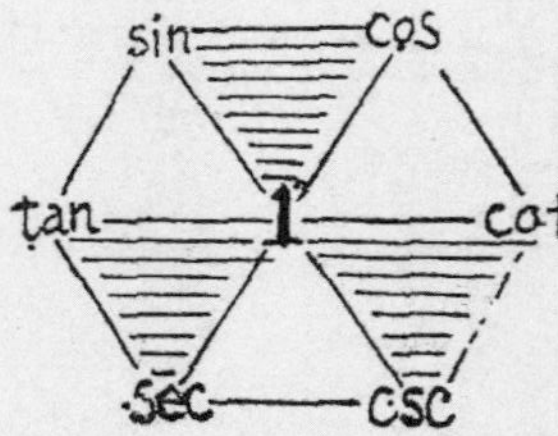

此六角形之每相鄰三頂點有商數關係；對角線兩端之函數有逆數關係；陰影部分之三角形上面兩角頂之函數平方之和，等於下面一角頂函數之平方。（即表平方和差關係。）

以上之記述，掛一漏萬，然筆者之所以不自揣冒昧，實欲拋磚引玉，深盼海內明達，予以指正，幸甚！

介紹徐楓吟幼稚園音樂集

·編者·

徐楓吟先生是幼稚教育專家，她担任過江蘇省立南京實驗小學幼稚園主任，編著幼稚園音樂集，抗戰期間他在後方國立重慶師範附屬幼稚園担任主任，又將她的大著從新實驗。勝利復員後，修訂再版。內容有唱歌三十首，節奏十八曲，均是極其切合幼稚園應用的教材，就是小學低年級也很適用。值此戰後音樂教材奇荒的時會，編者願爲其介紹。徐先生現任市師幼師科主任，欲購此書者，請向南京中正路羊皮巷市立師範徐先生處直接接洽！

高中物理教學法

高超

一、引言

高中物理教學，教材以初中理化課程內容爲起點，逐漸授以物理學上所用之初步方法，解釋時，空間、實物現象之因果律，尤須多舉日常生活習見習聞之實例，使學者有進一步物理現象律例得具深刻之印象或了解。故實施教學不必引用高深算術（限於高中程度），更不必使學生背誦定義定律而忽其所要。應於講授時多作簡單實驗表演，利用假期領導學生參觀物理有關之場所，鼓勵學生質疑，討論問題，多選作業習題，公布例題，公布學生作業，注意國防生產有關者，試與學生製作簡易儀器。依此爲原則，得分敎、學、做三階段實施教學：

（教）第一階段教學程序：A引起動機，B觀察實物，C說明定律，D實驗方法，E深究內容。

（學）第二階段教學程序：A檢查學生領悟程度，B學生實驗，C領導學生參觀物理有關場所，D鼓勵學生質疑。

（做）第三階段教學程序：A應用定律，B試製簡易儀器，C歸納及演繹定律，注意國防及生產器具之創制性。

附教案『落體運動』例

本例『教』『學』『做』各一小時，如何支配，由教師酌量定之：

二、第一階段（教）

A、引起動機——將粉筆挾於兩指間，任其自由落下，而後再述牛頓氏對於蘋果落地之歷史，進而更述伽利略在比薩斜塔之實驗。

B、觀察實物——1.將藏有羽毛一片，銅元一片之長玻璃管內空氣抽出，倒立於鉛直方向，使學生觀察羽毛與銅元同時落下。

2.取定滑輪一隻，細繩通過滑輪槽，兩端懸AB兩等重之砝碼使適平衡。在砝碼A上加一小砝碼C，注意A及C向下之運動，愈行愈速，同時B向上運動亦愈行愈速。（見下圖。）

C、說明定律——自由落體爲不受阻力之物體，祇有地心吸力一個單力作用於該物體。自由落體爲等加速度運動。復述伽利略試驗位移與時間之關係。分列結果如表：

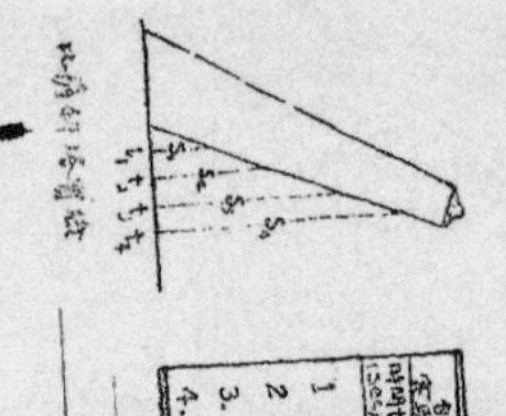

時間t (sec)	位移S (cm)
1	490
2	1960
3.	4410
4.	7840

繪S－T圖，由解析幾何得知曲線S＝490t2

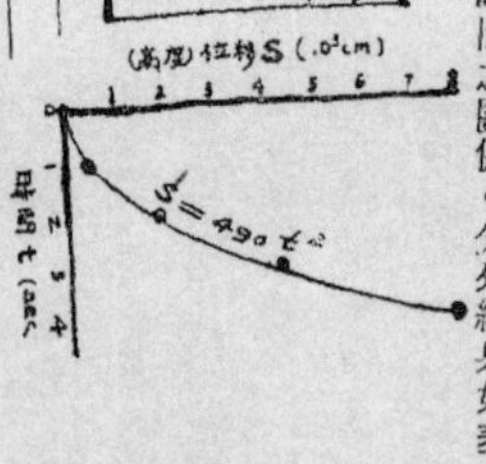

因等加速度運動，繪速度v及時間t圖

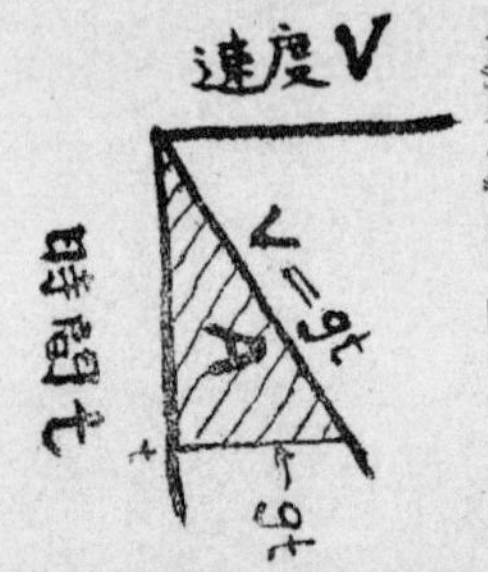

面積A＝S

$=\frac{1}{2}gt^2=490t^2$ ……（1）

∴ G＝980 Cm./sec./sec.

V＝gt……（2）

$V^2=g^2t^2=2g(\frac{1}{2}gt^2)=2GS$……（3）

(Ⅰ)自由落體之位移與時間之平方成正比例；
(Ⅱ)自由落體之速度與時間成正比例；
(Ⅲ)自由落體速度之平方與位移成正比例；
(Ⅳ)地心吸力之加速度約爲980cm/sec/sec

D、實驗方法——取一均勻金屬圓柱體，將幾無重量之絲線，一端繞縛於圓柱體之光滑面上；另一端繫一砝碼，絲線繞於圓柱之光滑面上，將其中心長軸之兩端，插入幾無摩擦力之軸承內。而後令一生登樓量砝碼離地之高度，而後任其轉動。他生注意砝碼自開始落下，直達際至地面所需之時間，由樓上一生呼「一、二、三！」於下墜之初，「一、二」爲預備，「三」開始任其下墜。他生聽喊「一、二」迅即預備，聞「三」立即撳動停錶，直達地面時，復又撳停，此爲第一次試驗，記錄其位移（高度）及時間。如是作四次，取其平均值爲S及T。

更上一層樓，令其他各生重復上項試驗四次，取其平均值爲S_2及T_2。
更上二層樓，令其他各生重復上項試驗四次，取其平均值爲S_3及T_3。
更上三層樓，令其他各生重復上項試驗四次，取其平均值爲S_4及T_4。

…………

將其結果列表如上並繪s—t圖，證明（C）項定律（Ⅰ）（Ⅱ）（Ⅲ）及（Ⅳ）之正確性。計算實驗求出地心吸力加速度之誤差。如誤差百分率過大，應重行實驗，並求其失敗之因。

E、深究內容——落體運動不僅自由落下，上拋、下拋、旁拋均爲落體，茲更研究之：

（Ⅰ）上拋運動——鎗口指天，鉛直向上，彈出鎗口之速度爲V，向上，而gt因地心吸力向下合并爲$V=V_0-gt$ ……（4）

繪V－T圖，求出

$S=V_0T-\frac{1}{2}gt^2$ ……（5）

將（4）式平方之，得

$V^2=V_0^2-2V_0gt+g^2t^2$

$=V_0^2-2g(V_0T-\frac{1}{2}gt)^2$ 括弧內 $(V_0t-\frac{1}{2}gt^2)$ 與（5）式S值相等

$\therefore V^2=V_0^2-2gS$ ……（6）

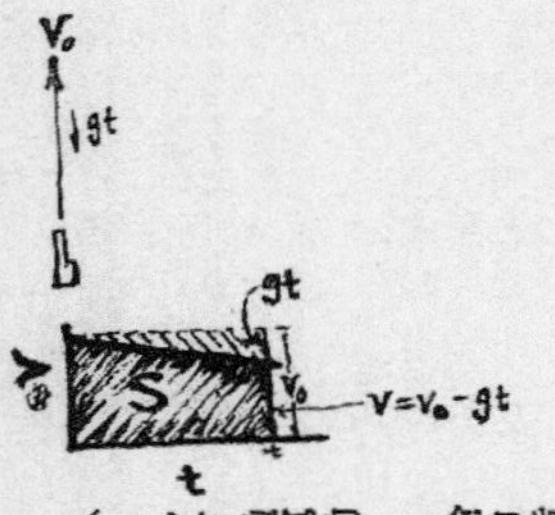

（Ⅱ）下拋運動——鎗口指地，鉛直向下，彈出鎗口之速度爲V_0向下，而gt因地心吸力亦向下，合併$=V_0+gt$ ……（7）

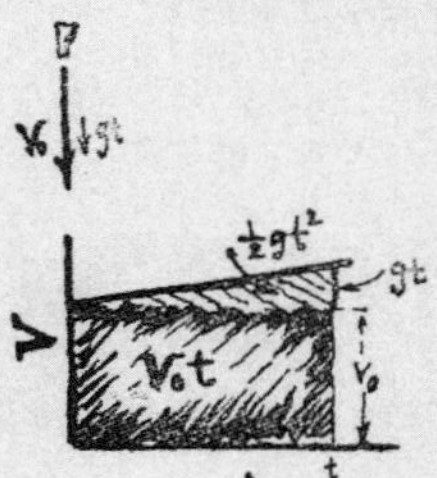

繪V－T圖，求出

$S=V_0t+\frac{1}{2}gt^2$ ……（8）

將（7）式平方之，得

$V^2=V_0^2+2V_0gt+g^2T^2$

$=V_0^2+2g(V_0g+\frac{1}{2}gt^2)$

$=V_0^2+2gS$ ……（9）

（Ⅲ）旁拋運動－鎗口指向與水面夾角爲θ 則$V_x=V_0\sin\theta-gf$（10）

$S_y=V_0\sin\theta T-\frac{1}{2}gt^2$ ……（11）

$V_x=V_0\cos\theta$ ……（12）

$S_x=V_0\cos\theta T$ ……（13）

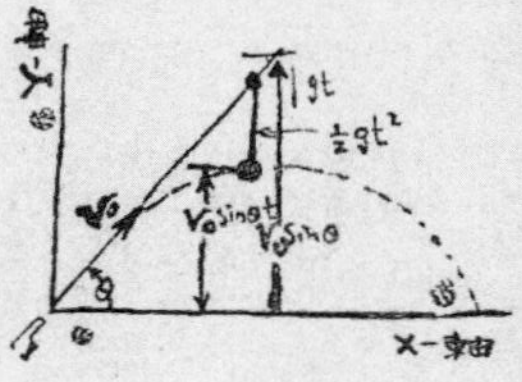

由（11）式$S_y=O$ 則$T(V_0\sin\theta-\frac{1}{2}gt)=O$

T=O 鎗未鳴時；或$T=\frac{2V_0\sin\theta}{G}$彈已至水面時。

則 $S_x=V_0\cos\theta(2V_0\sin\theta/g)=V_0^2\sin2\theta/g$ $\sin2\theta$之值最大時爲sin90°，即2θ爲90°，換言之θ爲45°則水平距離S_x最遠。又彈到達最高點之時間，則向上之速度爲零，代入（10）式，則

$O=V_0\sin\theta-gt$ 或 $T=\frac{V_0\sin\theta}{g}$

此適爲彈達水平面時間之一半。再此彈所經過之路綫稱爲拋物綫。其最高處爲

$S_y=V_0\sin\theta(\frac{V_0\sin\theta}{g})-\frac{1}{2}g(\frac{V_0\sin\theta}{g})^2$

$=\frac{V_0^2\sin^2\theta}{g}-\frac{1}{2}\frac{V_0^2\sin^2\theta}{g}=\frac{1}{2}\frac{V_0^2\sin^2\theta}{g}$

此時之 $S_x=V_0\cos\theta(\frac{V_0\sin\theta}{g})=\frac{V_0^2\sin2\theta}{2g}$

適當彈已達水面，水平距離之一半。　（本節完，全文未完。）

對高中化學教學之管見

闞鵬摶

化學一科高初中均須學習，在初中以提起興趣，使學生認識簡單化學現象爲原則，在高中則須闡明理論、發揮應用爲前提。故在初中注重示範表演，在高中則偏於理解而以實驗爲輔助。初中情形，本文不擬討論；僅就高中化學教學法，提出意見，以供參考。與教法有密切關係者：一爲教材，一爲實驗。教材支配教法，而實驗與教法收輔助之效，只論教法，實如搯頭去尾，不得要領。故本文擬就教材、教法、實驗、三點論之。

一、教材

現今各書店所出版之化學教科書甚夥，甚至有一書局出版數種之多者。因編者觀點不同，或偏重於理論，或偏重於實用，或着重事實之敘述，或着重名詞之定義，現時並無一本教科書能靈使人滿意者。因此有中學採用大學教本者，而大學教本之對象爲對已經學習高中化學之學者，故多採綜合性之緒述，或理論方面作較深之探討，故不適合高中之用。就目前而論，採用筆記爲一較佳之途徑；採用筆記可以使學生之注意力集中，同時可以藉此訓練學生聽寫能力。蓋學生畢業以後，多具升學之企圖；而升入大學後，筆記工作更形重要也。既採用筆記，故筆記之內容實甚重要，編書者頗重次序，而編化學者尤重次序；如何章於何處敘述最佳，一名詞安插何處解釋最爲恰當，均須煞費苦心。更有進者并須顧及理論與事實兩部分之分配問題，否則學者有難易懸殊之感；故同時須顧及教學順序與教學興趣，而兩者每不能兼顧，故章節如何安排實屬煞費心思。高中化學每週僅有五小時，實驗鐘點在內，需要講述；材料又極複雜，故必須刪去不要必之章節，或做縮短敘述。茲根據課程標準擬定之章節如下：

1緒論。2大氣，氮、氧、臭氧。3水，氫與過氧化氫。4基本定律和學說。5氣體之性質。6化學式與化學方程式。7鹵素及其化合物。8硫及硫化物硫酸。9氮化物及硝酸。10酸、鹼、鹽。11溶液與中和。12化學平衡與電離。13磷、砷、銻、鉍。14矽、硼、碳。15原子構造。16放射性元素。17週期表。18活潑金屬。16銅、銀、金。20錫、鉛、錳、鉻。21鐵、鉑兩族。22金屬通論與合金。23電化學。24膠體化學。25有機化學概要。

二、教學法

一般學科之共同方法，如學習心理、學習興趣、記分方法、習題分配等，與其他學科大同小異，本文不擬討論，僅就化學教法中，值得注意之幾點提供參考。

一、化學首重次序故每章節應作顯明標記，使學習者便於研究：例如

1.氯及氯化物。

A氯

1製法

a工業製法

（1）電解法

二、定律或特殊名詞應附帶原文　化學中諸定律，常以發現者命名，各地方言不同，譯者命名又不一致，有相差極遠者，如名化學家Lavoisier有譯爲拉發西埃者，亦有譯爲那法西，或拉瓦錫者。再者諸特殊名詞各書翻譯亦迥不相同，如Ionization有譯爲解離，有譯爲離子化，有譯爲電離者，雖然教育部編譯館已有理化命名原則，然在此過渡

京市文教通訊

京市遊府西街國民學校復校紀念

（遊府西街國校訊）京市二區遊府西街國民學校，十一月一日，舉行復校周年紀念會。該校戰前校舍，被敵炸毀一空，並改爲軍用汽車修理廠。三十五年秋復校，就原有廠房、改建教室，築路，藍纖，無異新創。本年周年紀念，特舉行復校大單元設計，俾全校兒童，對敵人摧

攀柱比賽

三隻小豬

階段，仍以附用原文為佳。至於有機化學仍沿用Genera System或普通之英文命名為方便。蓋有機之命名由字尾變化而用中文命名從造字作起，使學者在記憶與理解方面，頗感困難。

三、講述時如遇有工業化學方面之表解圖例，可事先繪好以免臨時描繪，浪費時間。且課後仍可懸掛室中，再供學生仔細觀摩、抄閱之用。

四、流行諸教科書，對名詞之定義，或不甚符合，或浪費詞句，甚或根本不下確切之定義者，使學者無明確觀念。故筆者以為每當敘述一新名詞時，須下簡潔確切之定義，以正觀念。如摩爾濃度一定義，能有一確切定義，不但能使學者明瞭濃度為何物，且可根據此定義，計算一切濃度之換算。計算題為學生所感覺困難者，實際上如定義瞭解，根據定義，逐步解答自可迎刃而解。可知定義嚴正，對學習之關係甚大。

五、化學教材龐雜，只每週上課不能講述完全，僅能做概要之演講；故學生於課後必須抽出時間，整理充實其所做之筆記；於是一參攷室，實不可缺少。其中廣集坊間諸教本，大學普通化學，一般化學手冊，至於表解計算，亦搜集羅列室中，予學生以閱讀機會，自求解決問題之途徑，并可養成集體研究之風氣。如有疑難，可互相討論，不能解決者，室中設有質疑箱，定期啓視，由有關先生負解答。

三、實驗

學生對實驗極感興趣，如不予實驗機會，常牢騷滿腹；如給予實驗機會，則又草率了事，敷衍塞責。推究其原因，先感興趣為好奇，後又草率，由於實驗並不如理想之有趣，蓋試驗常有輕微之動作，已足顯示某種理論，於是常覺枯燥，後甚至袖手旁觀，更有不到者。而中學試驗之目的，不但在輔助教學，使學者親手操作，以究其原因，且負有訓練學生運用儀器及裝配儀器之任務。故實驗進行之方法與內容，頗值得討論。茲分別敘述於後：

A 內容：

1. 各種儀器使用之方法：溫度計、壓力計之讀法，滴管之讀法，固體裝入燒瓶之方法等。

2. 各種儀器之名稱與裝置：各種儀器務使學生明瞭其名稱，其連繫方法多用木塞，木塞之打孔，玻璃管之彎曲等，均應指導其學習。

3. 各種實驗運用之原理：如氣體搜集法，有排水法，上方排空氣法，下方排空氣法，在何種情形下，應用何種方法，學生應當了解。又如冷凝管一定自下方進入冷水，上方排出溫水。燒瓶必須用鐵絲網與火焰隔離。製氣時，燒管必須向下傾斜，其中一一均有道理，實驗不應忽視此點，否則失去實驗大部分意義矣！

B 方法：

1. 先發實驗綱要，由學生詳細研究。

2. 實驗前先考察學生對綱要之認識，常藉小考方式測驗之，再講解本實驗應注意之點。

3. 進至實驗室後，切忌嘈雜，蓋實驗室分組實習，秩序易於紊亂，秩序不佳，影響作業，甚至易出危險。

4. 打破浪費藥品之觀念，學生每以為多用藥品易得良好結果，常用過量酸鹼或過量試劑，此不但浪費藥品、消耗財力；而最要者，如此並不一定收致預期之效果，甚至得相反之結論。

5. 實驗初稿應於實驗終了時，送交指導者簽字，日後交正式報告時，應附交初稿，以免學生竄改記錄。

化學一科，由教材而教法進而實驗，俱甚複雜，不能如物理次序井然，眉目清楚。蓋今日之化學，尚未進入理想之境地也，故甚難做最合理之敘述，以致使學者有千頭萬緒茫然之感。至於如何自千頭萬緒中整理出條理，自茫然無措中納入軌道，厥為現階段執教化學者之中心工作，筆者不過略抒鄙見，尚希賢者指正！

毀我教育機關情形，留下深刻印象。紀念日上午，舉行慶祝會，馬局長元放派代表致訓，頗多嘉勉。家長及來賓講演後，舉行遊藝體育表演：復校紀念操、國術、攀柱競賽等；音樂表演：二部合唱、獨唱，及表情歌，小小兵、好寶寶；故事表演：三隻小貓、拔蘿蔔等。國防部魔術團，並到場獻藝。是日除全校師生一千餘人出席外，家長及附近居民前往參觀者，不下二千人。晚間並放映電影，往觀民眾約三千餘人。（竹安）

京市十一區各級國民學校編印聯合週刊

（十一區中心校訊）本區各級國民學校，為增進兒童發表能力，加強本區各校聯誼，並節省編印人力財力起見，特編印「聯合週刊」，由各校輪流主編，用十六開白報，兩面印刷，極為經濟。第一期由中心校主編，第二期由寶塔山國民學校主編，第三期由碧峰寺國民學校主編，均已出版。（瑞寶）

國父誕辰舉行全市兒童音樂會

（本社訊）京市教局與新生活運動總會、童子軍總會聯合舉辦全市兒童音樂會，於十一月十二日下午二時在五台山童軍總會舉行，一至五區各級國民學校小學部高級學生全體參加，約萬人，合唱：國歌、總理紀念歌、童子軍歌、新生活歌、國旗歌，滿江紅歌。各校並另有精彩節目參加，盛況空前。（活動照片見本期封面）（駿）

京市教局舉辦社教擴大運動週

（本社訊）京市教局以奉教育部令從國父誕辰日起，舉行本年度社會教育擴大運動週，於十一月十二、十三兩晚，假香鋪營文化劇院，會同國立劇專，主辦話劇「清宮外史」公演。十七日晚在洪武路介壽堂舉行音樂會，請由國立音樂院、中央廣播電台音樂組、江蘇省立江寧師範音樂科等團體奏演，以廣宣傳而資倡導戲劇音樂教育。全市各社教機關亦配合工作，增強效果。（駿）

中等學校理化科教學法之商榷

周衍柏

按中學課程，初中有理化，高中亦有理化。但初中課程，僅述及若干基本原理，及用此等原理，以解釋習見之日常現象，其目的，不過使學生對此等學科，有概略之認識耳。迨于高中，則因學生之理解力增進，故材料亦大爲增加，除學理外，兼及應用，除平敷直敍外，兼用數學，以使學理更趨于謹嚴。蓋中學生畢業後，不外就業或升學，是以理化科之目的，應訓練學生能有科學精神、科學思想及科學常識，此三者與鼎之三足，功能相等，不可偏廢也。故爲就業，則能以已有之基礎，以求實用，或更進之，以發展其才智；如升學，則能運用此項基礎，作更進一步之深造。

所謂科學精神者，即對于眞理，當有百折不回之毅力。歷來大科學家，可歌可泣之事，固不勝枚舉也。所謂科學思想者，即對于科學，能運用腦力，以科學方法，探討眞理。所謂科學常識者，即對于科學能發生興趣，將學理與應用，熔於一爐，以改善日常生活，使人類日趨於文明之境。質言之，中學之理化科，并非培養專門人才，不過引導學生，進入科學之門而已。故最重要者，在於引起學生之興趣，絕除其畏縮不前之心理，以爲將來登堂入室之階梯，或爲其將來普通常識之一部分。茲根據教學之經驗，略臚列數端，以供指正：

（一）講述某原理、某定律、某發現、或某發明時，應將此科學家之平素言行及努力探討之經過，宣示學生，使學生無形中對此等科學家發生景仰之心，而思效法其精神。

（二）講述時，應多舉例，尤其生活方面之實例爲最宜。蓋一方面可使其發生興趣，另一方面可使其知原理、定律之實際價値，然後可令學生自行舉例，以解說或佐證所述之原理與定律，藉以培養其思想，而免呆板式之注入。

（三）應多利用示教儀器，尤其對於普通認爲不可能之現象，及不易了解之學理，或爲講解所不能盡其詳者。於此，一方面可引起學生研究之興趣，一方面可使其對原理、定律，有更深刻之了解與認識。

（四）應多演算習題，使學生對於定律、原理及公式等，能易於記憶，而知其應用，且融會貫通之。

（五）學生對於理化科，因需思索，故多畏難，而感枯燥乏味。故教授此等學科時，如時間容許，應採用啓發式，儘量令學生參與討論，或直接採用討論法，教師退居指導地位。此可與每週或每月之開始，由教師先印出若干討論大綱，并指出參攷書籍之名稱與所在，由學生按照大綱，自行預備；上課時，由學生輪流担任主席，開始辯難與討論，其有逸出題外者，教師可起而糾正之；如不能辯入正題時，教師可從旁引導之，然後綜合討論之結果，得一總結，是即普通教科書中之原理與定律。此法雖耗時頗多，然所得之結論，學生可永記弗忘，與塡鴨式之注入，固不可同日而語也。

（六）抄筆記利害兼備，主張與反對者，各有千秋，殊難强行論斷其優劣。惟爲提起學生之注意力起見，每章完了後，應令其自行做一大綱，交與教師，改正發還，作爲平時成績之一部分，兼作他日溫習時之參攷。

（七）如時間及財力充裕，學校應購備學生實驗儀器，每週排兩小時，令學生自行做實驗。實驗教材，應先於講授，蓋如是，始可令學生有思索與研討之機會也。實驗之主要目的，亦即在此。至於驗證原理與定律，猶其餘事耳。

概言之，教書乃一藝術，可以意會，不可以言傳，故應無規律可循。上所述者，不過作者個人之意見而已，尚希海內達人，有以教之也！

京市教局分區辦理注音符號講習班

（本社訊）京市教局爲積極推行國語教育，使各級國民學校國語教員，均有教學注音符號之技能起見，特擬具分區辦理注音符號講習班辦法，定於十二月十四日正式開班，茲採錄該項辦法如下：

南京市教育局國民學校教員注音符號講習會實施辦法

一、本局爲積極推行國語教育 使國民學校國語教員，均有教學注音符號之技能起見，特舉辦國民學校教員注音符號講習會（以下簡稱本會）。

二、本會以分區設立爲原則，設在中心國民學校或國民學校內。

三、本會設正副主任各一人，由教育局局長及第二科科長分別兼任，並設教務及總務組長各一人，均由主任及第二科職員中指定兼任之。

四、本會每班設講師一人，由主任聘請，每小時酌致鐘點費。

五、本會每班學員人數定爲三十人。

六、本會學員暫以各中心國民學校、國民學校教員爲限，一律自由報名參加。

七、本會學員必須按時到班，並不得中途退班。

八、本會講習時間，暫定爲六個星期日，每次上課三小時（上午九時至十二時或下午二時至五時）。

九、本會講習方法，以教學合一爲原則，並於教學外舉行教學演習至少四次。

十、本會教材以「注音符號十八課」爲主，另編補充教材。上課九小時後，按期分發「國語小報」，以便課外練習。

十一、本會所有課業用品，均免費發給。

十二、本會學員講習期滿，其學業成績，經考查合格者，給予注音符號教員合格證書。

談談英語教學上的問題

吳金鑑

英語教學問題，專家迭有論列，初不待吾人多所置喙；緣此次「首都教育」，爲倡導教學上研究興趣，特刊行「各科教學專輯」，用意至善，個人忝列教員行列，不自藏拙，用將愚見所得，略爲陳述，以求正於同道先進！

（一）直接法（Direct method）教學問題

十餘年來，對於英語教學上「直接法」問題，持論互異，贊否不同。贊同者認此法易於養成學習能力，加深了解程度，及便於獲得具體觀念。異議者認此法易發生「字句不會寫」，「文法欠明白」，與「能讀不能講」等流弊。贊否兩方，各執一詞。個人以爲倘認定一方爲是，則不啻隱沒他方之長，良深可惜：苟兼而取之，各採其長，而補其短，則直接法之價值，不致忽視。試比一人，初涉異鄉，對於當地風俗人情種種，完全漠然不知，俟經相當時間之潛移默化，則語不教而自通，事不學而習慣；否則，其人即不宜生活於其間。此所謂環境迫使然也。習英語者亦若是，英語教室若一異鄉，倘吾人用直接法教學則學生必傾耳以聽，集中注意於意義上之了解，習慣成長，則雖不懂英語字母者，亦能略通一、二語。爲養成學生英語能力，自應從初中訓練更宜，緣初中學生年齡較幼，注意力較強，做做習慣易於養成，故自初中學生訓練起，則英語之根基，可以確立。第爲補救「讀」「寫」二事，似可用「圖表教學法」（Pictures reading method）以輔導之。初中學生英語字彙太小，用英字釋英字，仍感不便，如用此法配合教學內容，則學生自可了解，且亦不致乏趣，所謂看圖識字是也。此對於字句意義之解釋，可獲一助，而「寫」事可迎刃而解。至於「讀」事，則亦因寫事解決而自解決。是以教學英語，用直接法在初中既可一試，則高中學生更無問題。

（二）學習英語之心理基礎問題（Psychological basis）

英語教學之「教法」問題，上文業已論及，茲再研究「學習」問題。學生對於一學科之學習，如無適當之認識，則爲「被動的學習」（passive learning），而非「自動的學習」（active learning）。教學法最要者，當以學生獲得有效的學習爲上策（To learn effectively）然欲獲一適當教學法則精神環境（Meutal enviroment）與物質環境（Physical enviroment）之養成，實同等重要。直言之，「學生如何學習」（How do pupils learns）【問題，自爲【基本上心理問題，而爲教師最需注意者。愚見認爲培養學生之心理基礎，則須注意以下三事：（1）學生學習英語，要自其經驗中發生需要之感覺，亦即學習動機之如何引起問題。過去注入式教育，僅要求學生「注意」（Pay attention），「秩序」（Order），與「用心學習」（Learn by heart）諸事，此在現代教育上已不合用。現代教育，應從「聽講學校」（Listening school）改變爲「活力學校」（Active school）。所謂活力學校，應使學生在學校中有活潑潑之生活氣力，要使學生視英語教室成爲學生學習英語之有趣味場所，（此點非限於英語教室而已），學生有學習英語之需要，自當有學習英語之活力，而學生學習英語之心理基礎，自可奠定。（2）充實學習英語之豐厚興趣：加會學習英語興趣，惟有儘量佈置英語生活環境，蓋自英語生活環境中，

十三、本會經費預算另編之。

十四、本辦法自公布日實行。

市立師範第二次實驗各科教學過程

（市師訊）部令本校實驗師範學校各科教學過程，本校遵令於上學期作第一次之實驗，已獲有相當結果；本學期爲求此項結果更加正確起見，特自十月廿七日起至卅一日止，舉行第二次實驗，教部派李紹白先生，教局派張右源督學來校指導。各科實驗後均開會討論，並於十一月四日舉行總討論會一次，商定報告內容及形式，以便作一總報告，呈送部、局備核。（惠）

京市教局舉行 全市各級國民學校校長談話會

（本社訊）京市教局以本學期各級國民學校上課已十一週，舉凡共同性質的校務之應興應革事項及公開教學工作之推行，注音符號講習會之舉辦，教員學歷證件之補驗，代課教員資歷之審核，訓育工作之改進，兒童社會活動工作之推進等事，亟須研討決定；爰於十一月二十日下午三時，在夫子廟第一國民學校大禮堂召集全市各級國民學校校長舉行談話會，交換意見決定一切。出席馬局長、章秘書、盾科長及全市各級國民學校校長一百四十九人，共約一百六十餘人。（駿）

京市教局電化教育補導處 印發教育電影說明書

（本社訊）京市教局電化教育輔導處將最近放映之教育電影，編成說明書，就各片內容大意，詳爲介紹。業鉛印第一輯，分發各學校及各社教機關。計包括「猩猩、犀牛、河馬、駝鳥」「小學自然科實習，野外寫生和勞作」「一幅長景」「北美一少年」「牙齒」「圖書館」等六片。編撰人爲楊治熊、胡同虎、毛裕懋，發行者爲南京市教育局。

學生始明白學習英語之需求。此種需求，一旦爲學生感覺後，則其學習心理之基礎，自可培植。但如何佈置英語生活環境，則介紹英語書報，舉辦英語演說會，聆聽英語唱片，欣賞歐美風景圖片，佈置英語專科教室，以及介紹歐美學生通訊等等，皆爲養成學習心理之基礎的一助。（3）學以致用：學生學習英語之需求實用，應遇機予以適當利用或實用機會，則其學習心理，必牢不可動。如何予以實用機會，則諸如英文報紙之閱讀，書刊雜誌之投稿，英文日記之寫作，有關學科之選譯，以及英文書信之來往，與西人之交談等等皆是。上述實用機會，或爲中學學生難以做到，但如從淺顯或與生活上必需之資料，試行練習，或可收有效果，學生能體驗其效果，則學習英語之興趣，必益感濃厚，而學習心理之基礎，亦可養成。

（三）教學效率問題

教學效率問題，關於教師工作負荷量與設備條件二事。一位英語教師，在教室按時上課，在課外訂明改卷，固然已能盡其教學上責任，但仍難配合上述教學需要。英語教師應注意個別指導重於集體講授，許多問題由個別指導得到解決，其效果實較集體講授所收者爲大，於此吾不得不順將班量問題提出，目前學校一班學生數，概在七十以上，少在四十或三十以上（在三十以內者，寥寥無幾）。一位英語教師，每週須任十八至二十小時課務，又須擔負每週每班一次之卷務。如是一位英語教師，除上課外，每週須改卷一百五十至二百份。試思上課與改卷已佔教師生活大部，欲再冀其有所自修，對教學效率有所研討，誠屬緣木求魚。如對英語教師工作負荷問題，謀一適當解決，在經濟困難之南京市教育局下，除採重點主義教育外，一時尚難有較妥辦法。若南京市各校，對於各科之教學上研討或改進，必有充實之設備，而此設備，當不外「人」「財」一二事。政府如對所有學校裝備較理想之教學設備，誠爲現時市財力所未及，卽有少數餘款，如分散所有學校，則杯水車薪，無濟於事，不如卽以此少數經費，用之重點工作，則雖於經濟拮据下，亦可謀教學上研討之目的。過去京市小學，採用分區實驗教學，用意甚是，並已獲相當成果，如用此法，推行於中等學校，則未爲不可。惟茲事關於考訂學校體制，當先約集熱心教育人士，交換意見，先訂原則，次謀設施，預料京市中等教育之前途，俟來年度世界文教會議在我國舉行時，當可有所貢獻，而上述二問題亦可不致紙上談兵，尚祈同道與我賢明教育當局裁酌是幸！

三十六、十一、於市立一女中

對於英語教學之我見

謝良德

筆者因課務太忙，無暇寫爲長文，謹將對於英語教學之管見，綱要式列舉於次，必要者略加詮釋，敬求方家指教！

一、教學法之檢討

（1）拚音：

A初學者字母與字須同時教授，俾能辯明其間之區別；元音輔音之關係亦宜於此時約略言之。

B各字母發音，宜於教生字時，就字中讀音言明之，初學者不必另教拚音；蓋開始卽教拚音，於學者時間精力皆不經濟，且亦不易有所得也。

C初二、三學生識字已稍多，可以音符教之，

京市教局長視察各區學校

（本社訊）京市教局馬兼局長於十一月二十六、二十七兩日率同督學張右源、祟啓等，視察第十三區（湯山區）各學校，歷麒麟門、西流村、東流村、鎖石、後村、西村、謝塘、楊尙頭、文頭村、孟家場、前村街、孫家邊、北尙莊、湯山頭、成家莊、黃栗墅、寺莊及湯山各地，凡各校及分校均經視察。深以各校教職員，在此艱苦環境中，類能勉力奮進，認眞服務，至爲欣慰。其應行改進及獎懲計五點：

一、該區三、四、五保國民學校，頗多設有分校一所至三所，但地址星散，精神難以集中，殊足影響教學效率。查該五保境內有靈靜寺一所，地點適中，房屋寬敞，堪充設校之用。應於下學期，將北尙莊國民學校之前村街分校，淵南村分校，湯山頭國民學校之成家莊分校，文頭村國民學校之孟家場分校，合併改爲靈靜寺國民學校。原有校具，均應集中移交，不得分散。一切規畫佈置，着第十三區中心國民學校駱校長，北尙莊國民學校韓校長會商該區區民代表會主席歐陽德模先生及地方人士擬具辦法，報候核定。

二、北尙莊國民學校之孫家邊分校，下學期應歸併本校，如學生足開兩班，則北尙莊國民學校，可仍開辦。倘僅有一班學生，應改爲靈靜寺國民學校北尙莊分校。

三、東流鎭國民學校校舍，係借用性質。該鎭地點重要，人口較多，爲久遠計，應由該校校長會同地方熱心教育人士，妥籌建校辦法。

四、教室佈置，極關重要，所取資料，應有中心之點，使學生於觀感上得有進益。間有數校，對此漫無標準，轉失意義，亟應注意改正。

五、第十三區中心國民學校民教班，每晚實到學生甚多，並能按時授課，該校駱校長亦能擔任教課，辦理成績頗佳，應予嘉獎。

但仍宜就教生學時爲之，使能識字後則其中各字母之讀音，可於無形中體會得之。

D舊式音符，標準不同，學生與教師皆莫衷一是；即教師對之能了了，以此教與學生，學生獲益殊鮮，故大可不必費時費事於此。

E語音學符號，一符代表一音，極科學，教生字時即以此種符號隨時教之，使學生知該字讀音之所由來；如此經相當時日後，學生自能見符號而知讀音，不感困難矣。

總之，教師不必限於某時間內專教拚音，學生亦不可能於短時間內學會拚音；蓋拚音之教與學皆非一朝一夕之事也。教師可不教拚音，然不可不知音符，尤不可不知語音學音符；不然，教學必感不便。

（2）直接教學法——以英語教英語：

A優點：

1.學生可獲較多聽口語之機會。

2.易造成學生會話之能力；平時訓練有素，在英語環境中，即可脫口而出，既自然，亦準確。

B缺點：

1.學生口語雖流利，然往往不能寫，且多不識字者。

2.學生往往不能明瞭教材之正確意義，且有因不善用英語發問，而聽其不懂者。

3.教師準備工作麻煩，教時費時費事，再加教具不全（如掛圖等），更增教學困難。

4.學生缺乏翻譯能力，因平時無此訓練故也。

（3）間接教學法——翻譯法——將教材逐句翻譯：

A優點：

1.學生較易了解教材之正確意義。

2.學生翻譯能力易於養成。

3.教師準備工作單簡，不須攜教具掛圖，教時亦不須表演或作手勢等。

B缺點：

1.學生聽講英語機會較少：

2.學生因祗重翻譯，不重口語，待需用英語時必畏縮不前，恐將貽「啞吧英語」之譏。

（4）結論：

A教學不可拘泥於任何一法，蓋前述之法各有利弊，教者應行其利而去其弊，相機而爲。用直接法者，遇繁難之句，不妨偶用翻譯，俾學生易於明瞭，何必與學生繞圈，多費脣舌！用翻譯法者，亦不應自始至終，不說英語。學生年級愈高，教師所用本國文，宜逐漸減少，教材中除必須翻譯始能明瞭者外，其餘可不必逐句翻譯。如此，則直接法與翻譯法，皆能使學生領會教材，一樣能達成教學目的，是殊途而同歸也，奚有軒輕於其間耶？

B學生明瞭教材後，宜多方與以練習，耳、目、口、手四官並用。問答、改錯、摹倣、背誦、默書、聽、寫，及各種英語競賽等；其宗旨不外予學生以四官並用之機會，促其反復訓練，而收熟練之效。

C晚近學生英語程度低落原因固多，然班級過大，實爲主因。班級大（幾三倍於理想班級）則教與學雙方困難重重，舉凡教室之控制，作業之改正，個別之訓練，在在須數倍之時間與精力。夫以一人之精力與時間，作兼人之工作，其效率之微，可以想見。餘如近日所用教材，與學生實際程度不相銜接，亦使教者遭遇莫大困難，個中滋味，凡現任英語教師殆無不鑑嘗矣。

二、讀本與文法之分際

讀本與文法劃分決非合理之辦法；讀本中處處皆有文法，不可忽也；文法與讀本中語句之構造及字類之運用，無不息息相關。教讀本時，不講文法；或教文法時，不提讀本，皆非教學最妥善之辦法。總之，文法與讀本須打成一片，不可偏重，更不可劃分淸楚。

A文法重實例，使學生多記例句，并儘可能由讀本中採語句爲例，則從經驗中求原理，學者易於

以上各點，均已分別訪遊。十二月二日，又偕同督學夏易堦等，視察第十二區大士亭及所街等校。（駿）

首都國民教育實驗區舉行教育演講會

（國教實驗區訊）本區爲提高教師知識水準，及求教學方法改進起見，特於十一月二十九日下午三時假國立中大附小舉行第一次教育演講會，敦請教育部吳司長研因主講。講題爲「關於教學的一鱗維增」。對教學方面之指示頗詳，計到各合作學校教師百餘人，均極感興趣，五時餘始徹散。（鵬）

京市教局與教部合辦京市小學 體育巡迴輔導團

（本社訊）教育部國民體育委員會爲協助京市小學體育之發展，特與京市教局合辦京市小學體育巡迴輔導團，分區輔導京市小學體育。該團工作在團長高梓、副團長王毅誠、俞晉祥及總幹事陳韻蘭等諸氏合作努力之下，業已迅速展開。輔導工作已於十一月初從第一區開始進行，除視察輔導外，并舉行體育唱遊講習會，介紹及供給小學新體育教材與教法。并聘請專家周鶴鳴、高梬、宋鴻坦、牛炳鑫、趙汝功、劉德明等爲講師，分別担任體操、墊上運動、韻律活動、唱遊、競技運動，球類運動及遊戲、走步等科目。定每星期二、六兩日上課，每日六小時，共計二十四小時，兩星期即可完畢。所有該區國民學校體育及唱遊教師一律參加訓練。進行頗爲順利云。聞該團俟第一區輔導竣事，即開始二、三區輔導工作。茲將該團計劃要點摘錄於后：

教育部南京市教育局合辦南京市 小學體育巡迴輔導團計劃要點

一、目的：茲爲巡迴輔導南京市立小學體育教學，並促進體育教員進修起見，特訂定本要點。

二、範圍：按南京市十三區內市立小學，予以

了解，然後可冀其融會貫通。至常作練習，多看參致，多事做造，尤爲學文法之不二法門。

B讀本取材不宜過深，新課未上前，須令學生預先準備。查生字後，至少學生應將教材了解達一半以上，此種教材方稱合格。不然，教材過深，生字過多，學生查字典後，仍不能捉摸教材內容之大意，則亦無從準備起矣。至教材中習語之運用，句法之構造，教師尤須多舉實例，多加剖解，務使學生澈底明瞭，運用自如。若有適宜教材，使學生背誦通篇，俾能明其章法，悟其段落大意，則更佳。

三、修詞與作文

高中學生於畢業前，能粗通各種句法，已大不易，若再學標點法及鍊句法爲輔導，則其進步定有可觀。造句既稍有把握，再使其稍知段落眞諦，教以作文必有格式，使之勤加練習，則高中畢業時，欲成短篇作文一篇或非不可能也。若長篇大論之作文，則於中學階段，實無講求之必要。

對於師範學校課程的意見

南京市立師範

本校教師，因鑒於部頒師範學校課程標準所規定之教材及教學時間，在實際教學時，頗多困難，遂有「現行師範學校課程標準座談會」之舉行。茲聞教育部即將遴集專家，來京商討中等學校課程問題，特將各教師之意見整理發表，藉供關心師範學校課程的先生們參考。　沈堅附記

一

師範學校課程標準所規定的各科教材，有一種很壞的現象，就是許多科目，都比照高中普通科的教材，略增師資訓練的分量，或減少某一個部分。我們認爲師範教育具有其獨特的使命與理想，師範的課程就應該配合此理想而擬定，部分的增刪與修正，都不是改進師範學校課程的合理態度。

二

師範學校原是訓練小學師資的地方，所以，一切課程，都着重兒童教育的部分，現小學已改爲國民學校，國民學校的任務，與小學不完全相同；所以，師範教育也應隨國民教育而有轉變，現行師範課程，除增設社會教育一科，列爲二年一期之選科外，餘僅在教育心理及教材教法等科，提出注意成人教材的說明，這實在是不够的，我們認爲要充實今後國民學校的成人教育，必先從師範學校改變起；這種改變，在整個課程裏，都要充分的注意到。

三

戰前師範學校曾有分文理組之規定，在使興趣不同之學生，得分別專攻所習科目，雖以種種關係，效果未著，然分組辦法仍有保存之價值。過去師範學校之訓練，希望學生萬能，畢業後担任教師時，要他們什麼都能教，而且都應該教得好。我們認爲以師範生受教時間的短促，要他們對於任何一科，及任何一種技術，都有所長，將來担任教學，都能勝任愉快，這實在是不可能的。何況，現在單級小學的設置已極少，尤其在南京及其他較大城市裏的學校。普通學校，都在六級以上，並不需要由一、二位教師來包辦全部的課程了。所以，我們認爲師範學校課程的分組，有重行考慮的必要。

分區巡迴輔導，以一區或數區爲一單位。每單位輔導兩週，如有必要得延長一週。

三、日期：輔導日期訂自三十六年十一月下旬開始，至三十七年一月中旬止爲第一期，自三十七年三月至五月爲第二期。

四、工作：

甲、視察：每區於施行輔導以前由本團派員先行按預定程序巡迴視察各市立小學體育教學與體育設備情形，隨時予以指導。（各區學校視察日程另訂之）

乙、輔導：由市教育局嚴令各單位被輔導學校轉知各體育教員，分期（日期另行通知）齊集預定地點，由本團所聘講師示範領導，共同實習；每單位於輔導前舉行校長談話會一次，輔導完畢後舉行體育教員檢討會一次。

五、獎勵：凡受輔導之人員，經攷核其成績優良者，由本團函請市教育局分別予以嘉獎或予以升調。（攷核辦法另訂之）

六、經費：本屆輔導經費由部核發之。至市教育局所派人員出差費由局支付。

七、附則：本要點如有未盡事宜，得隨時呈請補充之。

八、實施：本要點自呈准日開始實施。（晉）

南京市中等學校體育研究會成立大會誌盛

（本社訊）京市中等學校體育教師，爲聯絡感情，促進教學效率，并與其他體育團體，共謀京市體育之發展起見，特發起組織南京市中等學校體育研究會。該會業已於十一月三十日上午八時半假府西街私立鍾英中學大禮堂舉行成立大會，到會員馮鍾陽、祁雪琴、彭南生、劉守光等五十餘人，除教育局派俞督學晉祥出席指導外，尚有來賓祁更生、程宗潮、王毅誠等十餘人。大會由馮鍾陽爲主席，

四

師範學校，現設各學科，分列太雜，全部課程竟分設三十科；每一學期應開科目，亦有十三、四科之多。不但各科教材，彼此多有重複，而且因為科目多，每科教學時間少，教學內容，極為貧乏，教學亦無法深入；學生學習之興趣，因之甚淡。我們再看各學科之設置與時數的分配，亦無合理的安排。如公民科第二學年中，每週一小時，須教畢民權主義及有關政治與法律方面之教材，而地方自治、農村經濟及合作、地方行政、地方建設各科，每週各為三小時，教材與時間分配之失却平衡，於斯可見。

五

對於各科具體的建議：

國文科　教材的選擇與編排，不應過分重視學術的系統；關於我國學術思想的介紹，不妨集中時間，作系統的講述，整個國文教材的安排，應以學生學習的興趣為準。

數理科　1.照課程標準之規定，應於一年二期及二年一期兩學期中，教完普通數學；普通數學中，包括代數、三角及解析幾何。這種混合教學，牽連太廣，時間不敷，教學甚感困難，似仍以分科教學為是。2.小學自然科，內容豐富，教者常感到難於勝任之苦，因此實有加強師範學校理化課程之必要。照現行師範課程之規定，內容較普通中學為多，而教學時間僅及中學之半，實驗時間亦少，均應予以極大的調整。

博物科　本學科包括範圍過廣，一年內不易授完；最好將生物部份，於一年級時教畢，礦物部份，如礦縮教學，似宜另定時間，不必混合教學。

史地科　1.地理教材包括自然地理，區域地理，人文地理，及地理教材教法等四大類，規定於四學期教完，每週教學時間為二小時。關於自然與人文部份，可能依限授完，至於區域地理，內容包括中外兩部，在高中需授四學期，而師範須於一學期內教完，即擇精要者講授，亦難辦到，故建議改為第一學年教畢本國地理，第二學年教授自然地理與外國地理綱要，地理教學法部份，併入各科教材教法中講授。2.為充實小學公民訓練及兒童故事等之課業活動之內容起見，師範學校歷史教學，應重視本國歷代之重要史實與名人傳記等故事之講述。

公民科　1.照三十三年修正新課程標準之規定，社會科學之講解，完全依照三民主義之綱要教學，但反使教材內容支離破碎，教者極感困難而學者亦不易獲得一深切印象；不若仍照原規定，將政治、經濟、法律等學科，分期教學，關於三民主義之介紹與研討，列為一個學期之學程。2.地方自治、農村經濟及合作，併入公民科內教學，將公民科教學時間，每期均改為二小時。

教育學科　1.初中畢業生剛進師範，對教育心理之學習，甚感困難，似以自一年二期開始為佳。2.教育心理一科內，應增添「成人心理」及「社會行為發展」之章節。3.教育通論，仍改為教育概論，每週三小時，於一年一期教畢，關於通論中之教育思潮與教育史的部分，改於三年一期單獨講授。4.實習，參觀與見習部份，宜配合教材教法之進度，自二年級開始。

美術科　目前師範生對美術之修養太差，美術必修課，應延長至第三學年，第一學年「剪貼實習」與第二學年之「黑板畫練習」及「教學法及實習」，均應移至三年級時教學。

音樂科　第三學年理論教學之時間不够，「音樂故事及常識」，以提前至二年二期教學較妥。

六

最後，我們還要說明當前的二個嚴重問題：（一）三十年修正的課程標準，至今還沒有適合的教本，教科書不能與課程標準相配合，這實在也是一個重要問題。現在教育部又將修正中等學校的課程了，我們盼望這次參加的專家們，能連帶的把教科書的問題一併解決；否則，標準雖作合理的更改，而教材、教本仍然照舊，就有失政府求進步的苦心。因為戰後各校的圖書與設備，都極簡陋，一般教師，實在沒有方法與時間來自編教材。（二）學生程度的低落，這是戰後我國各地學校的一般現象，師範學校不但有此現象，而且更為嚴重。小學教師生活的清苦，使青年望之生畏；再加上師範生的待遇，有時還不及中等學校的公費生，所以投考師範的學生，一天天的減少，各校取錄的標準，也因之降低，今日學生的程度，早與課程標準所規定的相脫節。這一個嚴重的事實，如何解決，我們極希望教育當局能注意及之。

行禮如儀後，報告籌備經過。繼由郝更生、王毅誠、程宗潮、俞智祥諸氏等致詞，勗勉全體會員，於教學之餘，努力體育學術之研究，使京市中學體育日趨進步，而為全國之模範。旋即討論會章與選舉理監事，結果馮鍾陽、彭南生、步毓坤、芮庭英、謝明德、祁雪琴、李景石、許琛瑞、陳斌等九人當選為理事，宗維城、吳磊、鄒鶴林等三人為監事。最後請全國體育協進會放映最近從美國購來之體育影片，計籃球、田徑、跳水之基本訓練及十一屆世運會等影片，歷時一小時餘，大會於十二時半閉幕。該會議決，以後每月至少舉行研究會一次，聘請專家講演或表演，放映有關體育教學之電影，及研究各項體育上之實際問題云。（鋆）

本刊啓事

至本月二十五日，本刊創刊已是一週年了；而這一期已是本卷的一半了。過去這一年整，本刊在形式上、內容上，都時刻求改進；惟是編者未致引為滿足，極盼讀者諸君，能給本刊以很寶貴的意見！

通訊研究

鄉村國民學校的實際問題討論

劉訪師
楊駿如

一、京市十三區文頭村國民學校教員劉訪師來信

駿如先生：

湯山匆晤，蒙囑到局暢談，無任感激；特以工作蓁繁，未克謁見，以決胸懷之疑，悵甚！

訪師忝負文頭村國民學校孟家場分班之責，兒童雖僅二十餘人，程度則異常複雜，計有：幼稚生、一上、一下、二上、三上、等五種差別。教學時以卅分鐘支配五種不同程度，本已困難；又兼此地乃靜態鄉村社會，八年淪陷，更使本地人無讀書觀念，因此兒童愈益愚魯。愚魯，複雜，為教書之障礙；而「誤人子弟」，乃教育者所自警，不得不利用下課時間指導作業：故經常生活，均於緊張中度過。

孟家場成人文盲特多，美國以不了解其憲法為文盲，今我亦將行憲，雖國情不同而難一致，但教育工作者，實當以此為的。故在白日勞累之餘，晚來猶辦理成人班。手頭無成人班課程標準，但本予人民需要之教育之義，故搜集此地人之需要定其課程為：國語四時，算術二時，音樂二時，美術一時，珠算一時，常識一時，說話一時，計每日七至九小時。這樣支配可否？

鄉村教育與城市略有出入。因鄉村散漫，人民無識字需要，而認識方塊字，費力多，收獲少，亦為其主因之一。故前此有拉丁化羅馬化之改革漢字呼聲，近有社會教育專家馬祖武氏專心於新字新詞之創造，如◎為「眼睛」，◉……為「淚」，合為「房子」等，其他簡體字如「體」簡為「体」，「國幣」簡為「圓」等合理之字，皆在其採集之列。近日和平日報、中央日報等亦有爭取大衆鄉村讀者之識。其法總計為利用注音與簡字等二種。訪師亦覺推行掃盲工作，關于文字，似有權宜改變之必要。但目前行政方面之指示則不及此，以理勢推之，勢當有變。但如改變究當採用如何路徑？如何方式方法？

鄉村學校，五歲至十七歲均有，如本校二年級學生有八歲、有十六歲，其識字程度，均二年級；其心理成熟程度則相差懸殊。於此情況下，行注入式教學，自無問題；若施以兒童本位之教學法，則殊有困難，現代教育之所異於從前。心理學之發展與應用實為其主要原因之一，此等問題之解決，訪師曾冥索實驗，終未得完滿之答覆，盼示，以啓愚昧！

成人班之學生，善惡各殊，程度不齊，需要不同，如何實施適應個性需要之教育，實為一極繁重極艱鉅之工作。教育工作者，既非萬能，而作此萬能之事，自不免敷衍塞責，草率了事。此為國民教育變質，國家骨幹（民衆）未受實益之主因。辦教育以提高文化水準為目的。今日之中國當以掃除成人文盲為主，已無異議，故訪師以半力用之於成人；但其困難繁多，如教材教法之抉擇，皆非簡單，甚盼有實貴材料及方法之指示！

以上皆訪師日來深切之感觸，素仰 先生於教育有深厚造詣，有遠大見解，湯山一聆訓示，知為名實相符之教育學者，於此等問題，諒必不吝指示也！特此請教！

劉訪師謹上十一月十二日

二、受信人的意見

訪師先生：

國父誕辰來信，讀悉一切。至為感幸！至為欽佩！在戰後，在鄉村，物質極度缺乏，生活極度困難的情形之下，有忍勞耐苦，負責盡忠於國民教育，像 先生一樣的無數國民教師在為教育建國而努力，筆者衷心欣慰，而默致無上敬意！尤其對 先生之富於研究興趣和熱情，能發現問題，把握問題，利用假日，寫成意見，不恥下問地，來信和筆者討論，筆者更衷心欽佩！惟是筆者學識譾陋，過蒙獎飾，答語不足以饜需求，實深慚愧！希能原諒！統觀來信意見，可分為：（一）程度不齊的教學問題；（二）民衆補習教育課程與時間問題；（三）文字改革與普及教育問題；（四）超學齡兒童的教學問題。謹就鄙見所及，略為提供研究資料和意見，未敢謂為解決辦法，仍煩試驗研究！

（一）程度不齊的教學問題

在鄉村單級學校裏，兒童學力差異非常複雜，如來信所說的情形，極其普遍，教學上實在感受極度困難。三十分鐘支配五種不同程度的分組（或稱年級），時間上確嫌不足。但五種不同程度的兒童，是在某種科目之下分別的，如讀書科是；但如在其他科目下，似可不必分得如此之細，儘可能的併成兩組或三組，如幼稚生與一上併為一組；一下，二上併可為一組；三上為一組。這樣，教學時間上的支配定便利得多。教學科目上，即多應用同教科異程度的教學，而在學力最低的組上廢棄課本，應用同教材異程度的學習指導，培養兒童自動學習的能力，訓練助手（同組中能力較強的兒童）幫助教學的進行和指導。這樣，即使在讀書課上，也可酌量減少組別，多利用助手教學。幼稚生更不必斤斤于文字的

教學，重在保育，因為它實類似托兒所的性質。在鄉村裏，做母親的下地操作，幼兒無人管帶，故送入學校，學校即應認清幼兒教育，「育」尤重於「教」；任其在教室內學習團體生活，在教室外發展其身體發育，未可拘拘地把他們拘在學座上板板地學習死文字。（上課時如任學力最低組在室外活動，平常應訓練其在一定場所，作適宜的活動，而是教師可能以目光照顧得到的。）算術科在最新的趨勢下，最低年級將取消正式上課，故這一科目的教學，幼稚生和一上，更不必在教室內枯坐學習，儘可能地任其在室外做含有計算的遊戲。依此類推，儘量減少組別，請多試試看！至於有兩組以上的不同學力的教學，在直接教學和間接教學的支配上，應多研究複式教學法。過程的如何配當，自動作業的如何支配和指導，複式教學諸書中，都有詳細的敘說，這裏恕以篇幅關係，不能介紹！

（二）失學民衆補習教育課程與時間問題

文盲，在中國民主憲政上自是一個嚴重問題；掃盲運動，更是當前的一個迫切問題。努力教育建國的工作者應重視這一問題而顧為其盡最大之努力！惟是這一教育運動，在教育法令上不這樣稱謂；在本年遠東區基本教育會議上也不這樣稱謂，許多人的主張，應以中國教育法令中所稱的失學民衆補習教育為其正名。因為「文盲」一詞似有鄙視不識字民衆之意；「掃盲運動」，更有賤視不識字民衆之意。故下文概以「失學民衆補習教育」一詞立論。

失學民衆補習教育課程標準，依照教育部三十年九月十九日頒佈的「國民學校及中心國民學校規則」第五條第二款的規定，「國民學校及中心國民學校之成人班和婦女班，其各科課程標準及教學實施方法，應依照教育部頒佈之民教部課程標準辦理。教學科目，計分「國語」「公民常識」「算術」「音樂」等四科。國語科分識字、寫字及作文三項；公民常識包括宇宙、世界、民族、國家、社會、家庭、個人生活，處世接物等項知識；算術科包括筆算及珠算。高級班並注意職業常識的培養；婦女班並注意家事常識的培養。各科分量的支配，依民教部課程標準之規定如下表：

級別＼科別（每週教學時間）	國語	公民常識	算術	音樂	總計
初級	六小時	四小時	一時半	半小時	十二小時
高級	六小時	四小時	一時半	半小時	十二小時

附註：（1）每日授課二小時，得分為四節，每節三十分鐘。（2）常識科每週教學時間中，提出三十分鐘，為舉行國父紀念週時間。（3）在專授國語，常識二科之四個月結業之初級班，可將音樂時間併在國語科目內，算術時間併在常識科目內。（4）音樂及國語科目的寫字作業，應注意鼓勵學生課外分佈練習。（5）上表所列各科每週教學時間，視當地社會的實際需要情形，酌量變通。

上項課程和時間是部定的標準，錄供參考。至於來信所列時間，根據前表附註第五條之規定，未始不可應用；或者音樂二小時，不免嫌多，每次授課如為三十分鐘，每週就要有四次音樂。實際上民衆如有需要，每週授二次亦足矣，餘一小時仍改為國語較好，併說話一小時，仍為六小時，鄙意以為如何？常識一小時，未免太少；算術連珠算共三小時，超過標準一倍，與常識平分如何？美術一科，是否是民衆需要的？如果民衆確有需要，為使民衆能欣賞美術，運用美術，而使其生活美化，也是很有意義的；但時間仍可改為半小時，每週授課一次，偏重在美術欣賞為是；多餘時間，仍併入常識。

民教部課程標準總則列目標兩條：「一、使成人及婦女信仰三民主義並激發其民族意識，培養國民道德，改良其生活習慣，訓練其辦事能力。二、使成人及婦女熟習民權之運用，獲得公民常識，並學習常用之文字，增進生產之知能。」可見公民常識與國語教學之重要。其時間必需加多，自無疑義。再請斟酌！

又，失學民衆補習教育與兒童教育合併，在我國為「國民教育」，在聯合國教科文組織中稱為「基本教育」。基本教育的目的，聯教組織認為「不僅教人讀、寫和算，並且授給他們若干基本的東西，使他們可以謀生，改良他們的經濟情況；使他們可以藝術地有教養地表達他們自己的思想，使他們可以改進健康生活的環境，參加國內及國際的政治活動；藉以引導他們走向比較充實而完善的生活。」這也足供我們實施失學民衆補習教育及確定科目與時間的重要參考。

（三）文字改革與普及教育問題

文字為教育的主要工具，中國文字艱深，以致教育不能普及，這是事實；如何改革文字，使其為普及教育的簡便工具，也是最迫急的問題。來信談到這一問題，極有見地。但「拉丁化」「羅馬化」是否必要，是否即能為普及教育的簡便工具？倒是大成問題。先說後者，假如國字羅馬化，由單字而變為拚音字，由方塊字而變為橫行字，認寫都較容易了。但大多數中國人不能同時學會，學會的人拿羅馬字寫信給人家，人家不懂；而現在的一切書報，一時也不能改為羅馬字，學會羅馬字的也沒有書看。國字雖被人認為不好，卻有其悠久性和普遍性，如果拿羅馬字代替國字，必然要使中國一時成為無文字的國家。或者說「國字羅馬化，並非像站崗兵士換班似的，一瞬間就可了事，而是要經相當長期間的運動。在這過渡期中，當然是國字和羅馬字並存，甚至可以混用，僅不過前者自然日趨沒落而後者日益成長罷了。」這又何必一定要將國字羅馬化呢？其他使國字化為簡易的方法就不可在長時間裏運動和工作嗎？這就要討論到拉丁化和羅馬化的是否必要的問題了。談到這個問題，可舉朱經農先生作爲代表。他說：「中國應否廢棄漢字，專用羅馬化的拼音文字？年前美國教育考察團主張日本廢除漢字，專採羅馬化拼音文字，居然有人主張中國也可以如法泡製。但大多數人覺得，用羅馬字拼音來幫助初學的人識字，本無不可。（筆者按：注音符號第二式即係羅馬字，舊稱國語羅馬字，現名「譯音符號」。）如果廢掉漢字，全羅馬化的拼音文字來代替，那就非再加斟酌不可。（一）中國數千年的文化都是用漢字記載下來的，一旦把漢字廢了，將來中國人民就無法閱讀古書，瞭解中國固有文化。這不是愛國的人所希望的。……除了存心要毀滅中國文化的人以外，決不願意如此。（二）中國文字，原係一字一音。同音的字實在太多，用羅馬字拼起來，實不容易分別清楚。……（三）同一個字，各地讀音不同，各人照自己的鄉音用羅馬字拼出來，會變成完全不同的許多字。將來中國的文字，化爲無數種不同的文字，沒有法子可以統一，也弄得彼此不能互相瞭解。。統一的文字與國家的統一有密切的關係。破壞數千年來文字的統一，將有不良的結果。不可不愼重考慮。……廢除漢字，祇有不懂漢字，不瞭解東方文化的外國人才能有此主張。」（見教育雜誌三十二卷五期朱經農作參加遠東區基本教育研究會議後所發生的幾點感想。）這可以代表反對用各種文字來代替國字的主張，尤其證明國字羅馬化在中國是不必要的。筆者關於國字存廢問題，曾於基教會議前撰有「基本教育中文字問題」及「基本教育中字彙問題」兩文在南京和平日報教育雙週刊第三十六期至三十八期中發表；又撰「基本教育的基本工具問題」一長文，在新教育雜誌第一卷第三四期及第五六期基本教育特輯（一）（二）中發表。對於來信所言「關於文字，似有權宜改變之必要；……但如改變究當採取如何途徑？如何方式方法？」均有詳細論列，此間爲篇幅所限，不克長談，請參閱！但簡單的說：㈠國字的形體必須加以整理，使之標準化，簡單化；但不可廢。㈡國字的標音應以注音符號爲其主要的標音符號，並力求其讀音標準化，成爲標準的國音；但利用其他符號作爲國字的音標，保存國字的形體而使國字國音化的可不反對。㈣注音符號之教學，在兒童教育中應儘量應用綜合法開始教學，漸進於折衷法和分析法；在成人教育中應儘量應用折衷法和分析法，並或應用吳稚暉的注音符號歌中基本國字六十五字，或注音符號十八課中的六十三個字母，期能傳學習，便利並迅速普及。㈤國字應由政府廣鑄注音國字，用之大量編印兒童讀物和民衆讀物，使學習注音符號的兒童或成人有自力閱讀和學習的材料。該項讀物的編製，並應依各級教育程度之高低，用科學方法選定兒童與成人之字彙與詞彙，作爲編製時用字詞的根據。

此外，來信中提及的馬祖武氏之新字新詞的創造，似可不必。中國文字的形體已够太多了，正需整理簡化，不必多造，徒增學習的困難。而且那些字體仍多爲象形，已違反中國文字演進的原則。尊意以爲然否？至集體字，如圓之爲國幣，我也贊成，可以減少許多抄寫和印刷的時間；在學習心理上閱讀距也好縮小了很多。在前述拙作中舉例不下數十，可以參看。

（四）超學齡兒童的教學問題

來信所云二年級學生有八歲，有十六歲，其識字程度均二年級，其心理成熟程度則相差懸殊；因而感覺兒童學習心理對教學發生困難。這確是一個問題。惟要解決這個問題，似不可施行「注入式教學」；而尊見「於此情況下行注入式教學，自無問題；實施以兒童本位之教學法，則殊有困難。」這恐怕還是表面的觀察、傳統的教學，强迫了超學齡的兒童勉强接受，其學習情緒不會熱烈，學習心理不够滿足。尊云「現代教育之所異於從前，心理學之發展與應用，實爲其主要原因之一。」是很有見地的說話。那麼根據超學齡兒童的心理成熟程度，仍然施以因襲的注入式教學，如何能引起其興趣和滿足其心理的要求。在這種情況之下，正應施行一種以他們爲主體的設計教學：㈠適應他們的興趣和能力，變化教者的教學技術，供應他們適量的學習材料，指導他們經濟的學習方法，使他們得有熟練的技能和學識；㈡多用問題教學法，啓發他們自由思考和發問，讓他們能自動自學地消化他們的學習材料；㈢用他們做「助手」，用他們做「導生」，用他們做「小先生」，使他們能互相研究，不專靠教師教學，而能自動學習；使他能協助教師扶助幼小同學學習，減少教師對他們同程度的班組直接教學時間；㈣對他們的學習，應打破年級界限，實行能力分組，彈性編制，可在兩期學學完三學期課程，或更短些，使能滿足他們的要求，不使他們感覺年齡太大永遠和適齡的兒童一樣的開慢車而失去進取的勇氣，而感覺到學習無興趣。

我們知道，兒童的學習心理和學習能力，的確隨年齡俱進的。在兒童期和青年期，其記憶力就是隨年齡俱增的，而其理解力也是隨年齡俱增的，至於閱讀書寫等能力，更是年齡愈大愈強；所以在教學上應能適應他們的學習心理，而隨時予以滿足。譬如規定的二年級教材，是假定適合七歲至八歲的兒童學習的，年齡大一倍的兒童雖不能在時間上縮短一倍，但必須減少是無疑的；教學方法當然也不能和對七、八歲幼兒所實施的相同。這一問題，請再變換方法試試看！

最後，來信曾論到國民學校中的民教班之不爲一般校長和教師所重視，致國民教育變質，不能達成預期的目的，實係慨乎言之，筆者極爲同情！你以半力用之於成人班，筆者更爲欽敬你的精神偉大！至詢各種教材教法，這裏不暇細說，俟晤面時再談吧！此頌

教祺！

楊駿如謹復十一月十六日

第八屆京市運動會專頁

一、京市第八屆全市運動會籌備經過

京全市運動會，戰前每年舉行一次，至廿六年抗戰爆發時，已先後舉行七次之多，勝利還都自京市國民體育委員會成立後，即籌備舉行第八屆全市運動會，惟以京市缺乏公共體育場地與設備，無法舉辦；直至去年十二月，奉 蔣主席電諭，將本市公園路原有江蘇省體育場場址，撥交本市應用。除由市府派員接收並撥專款修建外，於本年四月聘請江良規先生等四十餘人為籌備委員組織籌備委員會，開始籌備。本擬定於六月七八兩日在新建場地舉行：並於五月十日舉行第一次籌備委員會議，通過競賽規則等要案多起。嗣又以時間迫促，籌備不及，以及其他種種關係，決定展期舉行。

本年七月經市府決定由馬副市長於體育節慶祝會宣佈第八屆市運動會，定於本年 國父誕辰紀念日在原地舉行並於十月廿日召開第二次籌備委員會議：當經決議廿一日開始報名。報名截止時，小學組運動員，竟達一千五百餘人。籌備會為維護兒童體育起見，特訂於十一月九日舉行小學組預選會。

二、小學組預賽會

小學組預賽會，於九日上午九時在公園路市立體育場隆重揭幕，到大會副會長馬元放，總幹事鄒更生，副總幹事俞晉祥、馮公智、楊汝熊，總裁判徐汝康等，暨全體運動員一千五百餘人。馬副會長致開會詞，強調體育對個人事業及國族前途之重要，勉小學生注意體育訓練，培養健全之身心，以做未來建國之資本。末宣讀中華民國憲法第五節第一百五十八條，指出健全體格在教育文化中之重要地位。詞畢，運動員繞場一週，精神活潑，步伐整齊，時豔陽已衝破層雲，光明照耀全場，若象徵此一代幼小者之前途然。競賽自九時半開始，因各項參加人數甚多，迄午後一時半，上午項目始完畢；下午二時半繼續競賽，迄五時完滿結束。茲將各組各項取錄名額抄錄如下：

男生組：六十公尺，十八人；一百公尺，十八人；跳高，五十一人（錄取標準一公尺十五）；立定跳遠，三十四人（錄取標準六級以上）；壘球擲遠，二十六人（錄取標準十一級以上）；二百公尺接力，十單位。

女生組：六十公尺，十八人；一百公尺，十四人；跳高，三十六人（標準一公尺）；立定跳遠，廿六人（標準四級以上）；壘球擲遠，十九人（標準五級）；二百公尺接力，十二單位。

三、大會如期開幕

大會於十一月十二日八時卅分在公園路體育場開幕，到名譽會長朱家驊、會長沈怡、副會長馬元放、總幹事鄒更生、總裁判江良規等。計參加單位一百四十三個，出席運動員二千一百餘人。八時三十分全體運動員由樂隊前導繞場一週，經過司令台時，各色隊旗迎風招展，男女健兒精神弈弈。旋即舉行升旗儀式，於軍樂爆竹聲中，綢質黃底綉有紫紅色賽跑圖案之會旗徐徐升空。會長沈怡領導行禮後，宣佈市運大會開幕。接着名譽會長朱家驊起立致訓，首先說明在 國父誕辰紀念日舉行市運大會意義特別重大深遠， 國父一生艱苦奮鬥的目的是在救國救民，求中華民族的富強康樂。我國人口雖然衆多，但一般國民身體遠不及人家的強健有力。須知強健的國民是建國的基礎，希望大家能體念 國父遺志，救國從救我做起，強國先強自己。繼稱，我們民族的另一缺點，如 國父民族主義中所指出是一盤散沙，不能合作，而體育活動則首重團結合作，希望大家能保持這種精神，發揚這種精神。詞畢禮成，各項節目在緊張而又和諧之空氣下進行。

到場觀衆竟日留連忘返。全日比賽項目，按程序依次進行，運動員精神旺盛，秩序井然，予觀衆以深刻印象。茲將兩日比賽成績錄後

四、第一日田徑賽成績

（每項取六名）

公開男子組

一〇〇公尺 冷培樹（空軍）楊榮柱（東方語專）范道鶴（中大）汪雍叔（政大）陳嘉（空軍）楊山（兵工署）一一·九秒

四〇〇公尺 楊金指（中大）朱裕厚（中大）孫丕謹（中大）林國珍（中央警校）郭子偉（中大

)陳炳恆(中央警校)五七‧六秒
一五〇〇公尺　朱裕厚(中大)維達(個人)倪泗(個人)趙子清(中央警校)孫永慶(邊校)李在勤(個人)四分四九秒
百十公尺高欄　李叔聲(空軍)曾鳳相(中大)吳榮華(個人)吳廷元(內警)黃偕芳(政大)——缺——一八‧四秒
一千六百公尺接力　中央大學　中央警校　空軍總司令部　政治大學　憲兵學校　南京電信局三分三八‧六秒
跳高　林振瑩(空軍)張志彩(空軍)馬國勳(中央警校)朱文賢(個人)徐明義(京電)曾鳳相(中大)一‧七八公尺
三級跳遠　冷培樹(空軍)徐明義(京電)曾鳳相(中大)馬國勳(中央警校)關竹銘(個人)楊譜生(憲校)一二‧七七公尺
推鉛球　鄧力軍(空軍)楊義淮(空軍)孫丕謀(中大)邱鑅(政大)逯光宇(個人)張長有(個人)一〇‧六〇公尺
擲標槍　王金鑄(空軍)馬漢卿(個人)陳世華(憲校)楊義淮(空軍)蘇昭祥(中大)陸仲熹(中大)四三‧三〇公尺

公開女子組

六〇公尺　俞人佳(金女大)陳慶懷(金女大)劉坤厚(中大)鄭瑜摩(金女大)常冰文(個人)九‧一秒
二〇〇公尺　王其曼(金女大)張素英(金女大)李惠霞(個人)曾昭美(個人)丁素芬(個人)唐博華(劇專)三三‧七秒
跳高　劉厚坤(中大)胡翠華(金女大)張素英(金女大)周龍(金女大)高穎英(中大)陳芷華(金女大)一‧二八公尺
推鉛球　宮潤英(金女大)劉敏如(金女大)張樂光(中大)蕭嘉玲(金女大)王秀青(個人)劉友荷(個人)八‧二八公尺
擲標槍　胡翠華(金女大)王其曼(金女大)陳宜民(個人)張素梅(個人)王劍英(個人)李月華(個人)二一‧七八公尺
四〇〇公尺接力　金陵女子文理學院　中央大學——缺——缺——缺——缺一分〇‧六秒

高中男生組

一〇〇公尺　閻振都(中大附中)謝海亭(勵中)湯璆(金中)趙巾仁(和平)袁爾平(成美)——缺——一二‧七秒
一五〇〇公尺　丁悅盛(二中)棐天眠(東方)劉漢泉(勵中)傅英傑(二中)王廣臣(五中)高志貴(五中)五分四九‧二秒
跳遠　蕭翔雲(中大附中)王銘鏞(勵中)劉日興(二中)王世修(四中)樓仁煊(甄樂)魏鶴齡(東方)五‧六〇公尺

高中女生組

六〇公尺　金大(金女中)楊良玲(金女中)鄭國鈞(市師)劉貴珍(二女中)陳超英(二女中)陳燁彤(明德)九‧六秒
跳遠　鄭亞美(寧師)劉思華(明德)郭雨英(寧師)陳雪蘭(石城)徐清遠(二女中)劉毅成(明德)三‧九〇公尺
四〇〇公尺接力　金女大附中　市二女中　明德女中　江寧師範　中華女中　中大附中　一分四秒

初中男生組

一〇〇公尺　周岐龍(寧師)姜公望(中大附中)廖孔濡(石城)逯衛新(遺族學校)薛瑞元(遺族)——缺——一三‧四秒
四〇〇公尺　逯衛新(遺族學校)邵存謨(遺族學校)張長興(大雄)邱雄東(金中)李國範(憲中)楊正琦(中大附中)分二‧三秒
跳高　李又嫵(成美)姜公望(中大附中)孫振宇(農職)李道煌(高職)劉家淼(五中)孫唐(澄清)一‧四四公尺

初中女生組

八〇公尺　鄒俊娟(寧師)阮靜珠(二女中)黎模昭(育羣)甘大京(明德)張白萍(一女中)陳劍秋(一女中)九‧四秒
跳高　林振基(明德)鄒俊娟(寧師)汪甯儀(中大付中)蕭筱蘭(二女中)丁士林(中華)鄒傳餃(明德)一‧二六公尺
四〇〇公尺接力　市立二女中　金女大附中　育羣中學　匯文女中　中大附中　市立一女中　一分四‧一秒

小學男生組

一〇〇公尺　李富華(四所村國校)蔣志潤(漢口路國校)劉長翔(洪武路國校)——缺——缺——缺——一三‧七秒
立定跳遠　張春城(玄武門國校)桑家華(虹門

口國校）趙陵（四中心校）楊雲山（七中心校）梁美亭（船板巷國校）吳守仁（虹門口國校）二・二一公尺

壘球擲遠　陳昌年（金工小學）朱順德（漢口路國校）邱清華（福建小學）藏銘儀（鼓樓國校、萬元鈞（益智小學）陳梅驊（莫愁湖國校）五七公尺

小學女生組

一〇〇公尺　閻從英（五中心校）艾文秀（三牌樓國校）曾彩娣（曾公祠國校）李金華（五中心校）馮秀如（夫子廟國校）萬雲（三中心校）一五・五秒

立定跳遠　徐美容（夫子廟國校）陳華（遊府國校）王兆錦（顏料坊國校）曾彩娣（曾公祠民校）賀宗鳳（七中心校）彭月娥（七中心校）三公尺

壘球擲遠　陳萍（遊府國校）韓桂芳（七中心校）張錦芬（邁皋橋國校）錢月清（評事街國校）周青霞（五中心校）陳文美（邁皋橋國校）三八・五公尺

五、第二日田徑賽成績

（每組取六名）

公開女子組

擲鐵餅：宮潤瑛（金女大）王劍英（個人）張先怡（中大）丁憶珠（個人）蕭嘉玲（金女大）劉夢梅（中大）二一・九六公尺

壘球擲遠：張先怡（中大）劉夢梅（中大）胡翠華（金女大）林同崇（中大）蕭嘉玲（金女大）陳宜民（個人）四二・五公尺（新）

跳遠：王其曼（金女大）劉坤厚（中大）靳榮裕（個人）常冰文（個人）陸德芬（個人）徐桂珍（個人）三・九五公尺

八十公尺欄：宮潤瑛（金女大）高穎英（中大）吳紹榮（中大）鄭瑜靡（金女大）唐作璋（金女大）陳德俊（個人）一五・六秒（新）

一百公尺：俞人佳（金女大）陳慶懷（金大）潘煥廉（金女大）靳榮裕（金女大）王桂珍（個人）陳德俊（個人）十四・二秒

公開男子組

擲鐵餅：楊義淮（空總）鄧力軍（空總）王鼎（中大）陳世華（憲校）孫丕謹（中大）陸仲熹（中大）三〇・二一公尺

撐竿跳高：盧光華（空總）陸子豪（中大）盧鐵中（個人）朱文賢（個人）傅遠銘（中大）程煒（空總）三・〇八公尺

跳遠：冷培樹（空總）徐明義（京電）曾鳳相（中大）馬國勳（警校）林維紳（中大）王銘絃東方語專）五・九公尺

二百公尺：楊金指（中大）冷培樹（空軍）維嘉猷（個人）范道鵾（中大）尤家洪（空總）王緒勸（警廳）二五・七公尺

八百公尺：朱裕厚（中大）馬漢卿（個人）陳翔（政大）倪寶元（個人）趙子清（警校）謝繼忠（金大）二分二〇秒

一萬公尺：駱福昌（兵工署）金惇（個人）孫永慶（邊校）劉智平（個人）舒振耀（個人）趙子清（警校）三八分一二・一秒

四百公尺欄：鮑家聰（空軍）朱裕厚（中大）范道鵾（中大）楊譜生（憲校）王治祥（內警）吳榮華（個人）一分八・二秒

四〇〇公尺接力：中大　中央警校　憲校　政校成績五十秒又十分之六

高中女生組

壘球擲遠：陸毅民（明德）費容芬（市二女中）華小玲（金女附中）王翰華（金女附中）任維敏（匯文）翁國英（市二女中）四一・五五公尺（新）

跳高：邵平心（明德）于承英（甯師）鄒德珠（中大附中）傅素蘭（市二女中）謝玉文（匯文）翁國英（市二女中）一・二四公尺

一百公尺：徐素文（甯師）鄭亞美（甯師）劉貴珍（市二女中）梅冰岩（金女附中）楊良玲（金大女中）鄭杏鮮（市二女中）一五・一秒

高中男生組

鉛球：宋成鏞（商職）謝海亭（勵志）陳國順（東方）王銘鑑（勵志）葉天贶（東方）張繼（金大附中）一〇・三八公尺

跳高：王國齊（皖中）熊源平（金大附中）胡傑（農職）鄧志源（市女中）周昌襄（樂羣）王世修（市四中）一・五五二公尺

四百公尺：葉天贶（東方）丁悅盛（市二中）傅英傑（市二中）孫福根（市一中）闞振都（中大附中）王慈寬（市五中）一分四秒

八百公尺接力：勵志中學　中大附中　市立五

中　市立一中　江寧師範　市立師範　一分五二·二秒

初中女生組

壘球擲遠：遲雲霞（市二女中）朱延寧（金女附中）孔憲禕（市二女中）張新男（市一女中）劉貞利（匯文）楊一鳳（明德）三〇·五〇公尺

跳遠：林振基（明德）鄒俊娟（寧師）王寧儀（中大附中）張麗如（市二女中）張嘉楨（中華）黎模昭（育羣）四·一二公尺

一百公尺：阮靜珠（市二女中）周桂英（匯文）徐端（明德）劉閑淑（弘光）張美蕊（金女附中）甘大京（明德）一几·二秒

初中男生組

推鉛球：鄒學正（石城）鄒存謨（遺族）王崇林（青中）邱耀東（金中）李文樾（成美）朱秉金（市四中）一一·五三公尺

跳遠：吳定仁（憲光）孟仲清（冶城）謝煦（市五中）朱國鈞（遺族）鄒存謨（遺族）范家銓（大雄）四·八七公尺

六十公尺：逯衛新（遺族）張春颿（勵志）周岐龍（甯師）朱詩頻（青中）周文財（鍾山）趙中英（市六中）八·一秒

四百公尺接力：遺族學校　五中　勵志　石城　市農．成績五四·八秒

小學女生組

跳高：陳萍（遊府西街國校）舒桂珍（五中心校）王兆錦（顏料坊國校）吉美玉（朝天宮國校）邊翠芳（建康路國校）孫琇（夫子廟國校）成績一·一三公尺

六十公尺：艾文秀（三牌樓國校）曾彩娣（曾公祠國校）吳桐（淵聲巷國校）陳寶如（五中心校）王秀珍（夫子廟國校）熊兆瑩（明德附小）九·八秒

二百公尺接力：二區中心學校　漢口路小學　三中心校　三牌樓國校、金工小學　火瓦巷國校成績三四·一秒

小學男生組

六十公尺：董保華（四所村國校）蔣志清（漢口路國校）王春富（程善坊國校）趙陵（四中心校）徐仲華（金工小學）八·四秒

二百公尺接力：漢口路國校　金工小學　二中心校　五區中心校　朝天宮小學　三中心校二九·九秒

跳高：陳昌年（金工小學）黃世貴（金工小學）王芳民（大行宮國校）王春富（五中心校）李安祥（評事街國校）嚴學海（漢中路國校）（第四名三人同等成績，五六名缺）一·三二公尺

六、大會圓滿閉幕

大會，經歷兩日熱烈舉行，十二日傍晚五時圓滿閉幕。當最末一項節目公開男子組四百公尺跳欄決賽後，各單位運動員拔旗收帳齊集會場南端，由警廳樂隊前導，和開幕儀式一樣，依小學、中學、公開次序，魚貫經過司令台。此時北風驟起，各隊旗幟，颼颼作聲。與會健兒，雖連日辛勞，然均精神振奮，面無倦容，且對大會之結束似有無限惆悵留戀之情。會長沈怡、副會長馬元放、總幹事郝更生、總裁判江良規等領導行禮畢，會長沈怡即席致閉幕詞。首對大會各項良好收穫，表示欣慰。認為一般運動員都能履行會場所豎「運動精神重於技能」和「勝毋驕，敗毋餒」的標語，希望下次大會會有更好的表現。末謂：會場秩序的維持，以及各項比賽的順利進行，實賴郝更生，江良規諸先生及軍警界的合作，特別深致謝意。繼沈怡會長後，總幹事郝更生向全體運動員講演十多分鐘。他說：一九三六年柏林世界運動會開幕時間是下午四時另三分半，準時舉行，一秒不差，這足以表示他們精神的貫注與紀律的嚴肅。此次市運動開幕時間雖一度遲延，而能立刻糾正，閉幕按時舉行，表示快慰。再檢討大會各項運動稱：大多數運動員尚能領悟競賽意義，注重體育精神。須知技術可以輸人，而精神絕不能輸人。全國運動大會明年就要舉行，至盼保持此次大會優良收穫，造就將來輝煌成績。詞畢由會長沈怡主持給獎典禮，司令台上堆積如山的錦標、銀盾、銀杯和文具，在悠揚軍樂和響亮鼓掌聲中，被一個個的優勝者笑臉捧了回去。（京紅十字會又送來十二包美國兒童禮物，指定為初中小學四組前三名優勝獎）五時三十分，會旗在暮色蒼茫中輕輕降落，依着音樂的節奏，總幹事郝更生，把它獻給沈怡會長，第八屆市運會就這樣圓滿結束。

七、決賽成績總檢閱

女子田賽有顯著進步

中小學組亦甚堪滿意

第二日大會各項節目按既定程序進行，觀衆較前日尤多，據估有五萬人之譜。各組決賽項目共三十二個，場上風沙交襲，頗影響成績。上午預賽較多，公開男女擲鐵餅、跳遠等幾項決賽，成績均弱。下午幾全屬決賽項目，且每有優異成績。公開女子組壘球擲遠，張先怡以四二·五公尺，打破全市紀錄，（按南京市紀錄為吳厚柏所保持之四一·三〇公尺。）張係中央大學外交系二年級學生，繼後高中女生組壘球擲遠決賽，明德女中陸毅民榮居首位，成績為四一·五五公尺，亦越出場地所標識之全市紀錄，為大會生色。八十公尺欄為女子組各項競賽中最難精擅之項目，此次宮潤瑛以一五·六秒之成績打破查良

佩所保持之十六秒紀錄，誠屬難能可貴。

復員以來，運動設備未臻善境，此次全市運動會實為各種競賽成績之總檢閱，根據大會兩日結果，各組成績，除女子組田賽有顯著之進步外，其餘能達戰前者甚少。中小學組因戰前成績散失，無法比較；惟據個人之年齡高度衡量，有幾項成績尚堪滿意者：初中女子組跳高達到一．二六公尺，幾趕上高中組成績；跳遠四．一二公尺，打破高中及公開組成績，此亦為大會良好之收穫。大會全部成績，就公開男子、女子兩組各項成績與第六屆全運會紀錄比較，若以此為本市參加全運會代表選拔之根據，可有獲分把握之項目，男子為跳高（林振瑩一．七八公尺）、三級跳遠（冷培樹一二．七七公尺）、一千六百公尺（中大隊三分三八．六秒）；女子為六十公尺、一百公尺（俞人佳十四．二秒）跳高（劉厚坤一．二八公尺），擲壘球（張先怡、陸毅民四二．五五公尺）。上項成績，如加以短期訓練，當有長足之進步，希望負責本京體育者及早予以訓練機會，使今年揚威首都之選手，在全運會中替本京爭得光榮。

八、個人暨團體總分

兩日來大會頗有收穫，除公開女子組跳高平等京市紀錄外，高中女子壘球，公開女子壘球及八十公尺跳欄亦相繼打破全市紀錄。當宣佈成績時，觀眾莫不熱烈狂呼，共伸歡欣之意。各組田徑賽團體及個人總分業經評定，並於閉幕禮完畢後宣佈成績，計：公開男子組個人總分第一冷培樹（空軍），二十六分。女子組總分第一金女大宮潤瑛，二十一分。

高中男生團體錦標：（一）勵中三十六分，（二）中大附中二十八分，（三）市二中二十三分。個人總分第一，裴天賑（東方中學）十四分。

高中女生組團體錦標：（一）金女大附中三十八分，（二）江甯師範三十四分，（三）市二女中三十四分。（二、三名同分，依照競賽規則第十條判定，以下同。）個人總分第一鄭亞美（甯師）十二分。

初中男生組團體總分：（一）遺族學校四十六分，（二）石城中學十七分，（三）勵志中學十三分。個人總分第一逯衛新（遺校）十七分。

初中女生組團體錦標：（一）市二女中四十三分，（二）明德女中二十四分，（三）金女大附中十七分，江甯師範十七分。個人總分第一鄭俊娟（甯師）十七分。

小學男生組團體錦標：（一）金工小學三十一分，（二）漢口路國民學校二十九分，（三）四所村國民學校十四分。個人總分第一陳昌年（金工小學）十四分。

小學女生組團體錦標：（一）　區中心校二十分，（二）遊府西街國民學校十九分，（三）三牌樓國民學校十八分。個人總分第一陳萍（遊府西街國民學校）十九分。

（俞哲祥）

編輯後記

這一期的開篇，承章秘書於公務百忙中，寫成他對中等學校教學上的幾點意見，可代本專號的弁言。本刊為等他的稿子，特預留地位，致排印較擠，深為抱歉！他在這篇文字裏，首先提出「中學要不要有教學法」的問題，針對一般的誤解，申論了三點，足可以補偏救缺而正視聽！的確！中等學校的各科教學，傳統的習慣，都是不大注意教學方法的；好像講教學法只是小學教育界的「雕蟲小技」，而為一般中等學校教師所不屑為的。這真是大錯！記得戰前國際聯盟的教育考察團對中國教育的改進，曾說：「中國小學教育有進步，大學教育有發展，中等教育則極沉悶，欠活躍。」這就是不重視教學方法所致。他們說：「許多中學之教學方法，應加以徹底的改革，以演講為唯一的或最好的教學方法，此種觀念在中學其流弊尤甚！」的確，此種方法實施之結果，徒使學生對於四周之環境，起一種沈思之態度，而不能鼓勵學生之活動力與創造力。

我們知道；中等教育的教與學，其主要目的，是在「引導學生發現為學的興趣，並養成其對學問各方面的寬廣興趣，及訓練其心智方面獨立的生活，使其無須學校及教師之督促，能自勵前進。」那麼教學方法的講求，實是必需。為着這個必需，所以本刊特編輯這期專號，介紹許多從事中等學校多年的前輩教師們的經驗，把他們行之而有效的辦法、實施而已見成績的設施，給大家參考，與藉此能促起我全市中等學校教師，對這方面的注意，而增進研究興趣，改良教學方法，使全市中等學校的各科教學，能臻於完善境地。

我們知道，中等教育的教與學的目的、其次即在「培養學生為學的能力，這能力並不是一個抽象的，概括的，模糊的東西，而是一些的確的本領。最重要的是：1.適應與處理環境的能力，2.運用語言文字的各種技能，3.閱讀的效率，4.發表的能力，5.運用外國語的技能，6.數學及科學中的思想方法。……」為此，本刊以篇幅限制，僅就來稿中選刊了，關於「公民」「國文」「數學」「理化」及「英語」數科，以見梗概；其他因篇幅或時限的關係，未能刊入的稿件，謹向作者致「遺珠」之憾！

至本期各稿內容，均有獨特的見解和寶貴的經驗，這裏不及一一介紹，祗有請讀者細細閱讀各稿，各自體驗！編者謹在封底介紹各位作者的略歷，以示各位作者均是教壇老將。編者這一介紹、並不是偶像主義，還很希望讀者對他們的意見，加以詳細研究和試驗！如有異議，提出來和他們討論，編者可代介紹。

教部現正對中學、師範課程標準的修改，將作最後決定，本期承市師全體教師提出對於師範學校課程標準的意見，特刊佈了以供讀者的研究和當局的參考。

這一期刊載了一篇通訊研究，將作為這一運動的開端。凡本刊讀者，如有有關教育問題提出討論，或請求解答，本刊極願延請專家解答，並選載本刊！

這一期特刊「第八屆全市運動會專頁」，教育局公佈欄暫停一期。

最後要說的：這一期到達諸位讀者面前時，也許已是三十七年新年或接近新年了，編者謹代表本社同人向讀者諸君，恭祝新年進步！

（駿如）

本期作者略歷

章柳泉	南京高等師範東南大學畢業，曾任南京市立一中教務主任多年，四川省教育廳主任秘書北碚社會部兒童福利實驗區主任等職	現任南京市教育局簡任秘書
陳重寅	東南大學教育學士，歷任中學校長，大學副教授等二十四年	現任一中校長
張須	又名煦侯，江蘇公立法政專門學校畢業，歷任江蘇省立第六師範、第八中學、第五師範、淮陰中學、揚州中學等校文史教員，前江蘇省教育廳修訂國文科進度委員會委員，著有「應用文」商務印書館出版，「國史通略」中華書局出版。	現任二中高中國文教員
王敏時	東南大學文科畢業，歷任中學教務主任，高中首席國文教員二十餘年	現任一中國文教員
涂世澤	中央大學畢業，歷任中學教員十二年	現任一中訓導主任與數學教員
彭樂元	（外來稿件，略歷不詳）	
高超	國立交通大學電工學院電力學士，曾任國立交通大學唐山土木工程學院物理與電工助教，江蘇省立揚州中學理化教員訓育主任，江蘇省立第四臨時中學理化教員高中主任，國立社會教育學院附中理化教員訓育主任。	現任六中理化教員
闕鵬摶	國立重慶大學畢業，歷任中學教員	現任一中化學教員
周衍柏	金陵大學理學士，歷任金大講師副教授及中學數理教員多年	現任五中高中數學教員
吳金鑑	金陵大學文學士，曾任金陵中學、金女大附中、國立南京第一臨時中學教員	現任一女中英文首席教員
謝良德	金陵大學文科畢業，曾任貴州省教育廳荐任督學及中學校長等職	現任一中英文教員
揚鍛如	江蘇省立第六師範學校後期畢業，曾任江蘇省立揚州實驗小學研究系主任兼低級部主任，江蘇省立界首鄉師附小及第二臨時小學校長多年，兼任界首鄉師、第二臨時師範教育教員，江蘇教育廳國民教育輔導員。主編揚州實小兒童週報、實驗研究月刊，江蘇教育廳國民教育輔導月刊。	現任南京市教育局編審，首都教育出版社總編輯

首都教育

第二卷 第六期

民國三十六年十二月十六日出版

編輯者　首都教育出版社

發行人　首都教育出版社　社址：南京市教育局內　電話（總機二一三〇—五（分機二二

印刷者　首都印書館　南京：王府園四十八號　電話：二一二一三號

發售處　首都教育出版社　南京各大書局

本刊價目

項別		期數	價目
零售		一期	肆千元
長期定閱	半年	六期	貳萬元
	全年	十二期	肆萬元

備註：一、特大號或有特殊需要時，得提高售價。二、平寄，郵費一千。掛號，郵費六千。三、本期係專號，零售國幣伍千元。

首都教育

馬元放題

第二卷第七八期合刊

中華民國三十七年二月十六日

中小學訓育專號

私立金陵大學

私立金陵女子文理學院

國立中央大學

專載

新的認識和新的作風

——給市立一中陳校長重寅的一封信——

馬元放

重寅吾兄：

你送來的「市立一中之自我批判」，已經收到，我近來雖是很忙，但仍從頭至尾，細細地將它看完，使我深深的發生了共鳴。

去年十二月十九日，我參加南京市國民學校校長座談會，曾向大家致詞「這次座談會，或許是本學期的最後一次，我們當學期結束的時候，應該詳細檢討，切實反省，做校長的是否盡了做校長的責任，做教員的是否盡了做教員的責任，是否對得起自已的職責，社會的屬望與國家的付託，在我，常是這樣的檢討，這樣的反省」，看了你的自我批判，使我精神上有「不孤」之感。

「教育」是何等莊嚴的名詞，教育事業又是何等神聖的事業，我們應看一看現在一般教育的情況，是不是已有莊嚴的氣象，是不是已達成神聖的使命，至少要自問教育成績的表現，是不是差强於其他部門。說來眞够慚愧，實在需要批判，需要警惕。

古人論爲治之道在「綜覈名實，信賞必罰」，我是時刻向這目標做去。但是要切實做到這一點，必須對於實際情形，知道得十分淸楚，所以我於去年十一月間，即開始全市總視察，到本年一月中旬，才視察完畢。除中等學校及社敎機關不計外，本市十三個區內的國民學校，本校一百四十九所，分校二十七所，遠之如八卦洲、七里洲、江心洲以及皖境的大黃洲、小黃洲，凡有學校的地方，都一一親自去過。鄉區道路崎嶇，車輛不通，都要徒步跋涉，每天常步行三四十里多至五六十里不等。在去小黃洲視察時，中途遇雨，捨舟登岸時竟滑跌在江邊，弄得泥汚滿身，幾乎落下江去；雖是這樣的吃苦費力，但因有個前進的目標，精神上仍舊是非常的愉快。

當三十六年度開始的時候，我曾向同人說過，三十五年度是「整理年」，三十六年度應該是「改進年」。這次視察以後，覺得一般情形，均甚良好，除少數幾個學校外，都在力求改進，凡一見有國旗飄揚之處，即知爲學校所在，使不覺心神嚮往，步履輕健，這是我的很大的安慰。

我常常想到現在做事固須「有能力」，還必須「肯努力 。這次到各地視察，覺各同人一般工作現象，可以分爲下列四類：

一、有能力，肯努力；　二、有能力，不努力；　三、能力弱，而肯努力；　四、能力弱，又不努力。

曾國藩說過：「祇問耕耘，不問收穫」，但不管你能力如何，只要有一分努力，一分耕耘，自會有一分收穫。我這次看到一部份校長能力既強又肯努力，成績便很優異；又一部份校長能力並不弱，可是不自努力或是努力不够，便無成績可言。可見努力之可貴，更勝於能力。當然一件工作的成功，自有種種必備的條件，如做人之道等等，各種條件都能配合，成功便有很大的可能。但條件的配合，仍在於個人的努力，使它適當而據以改進。

我對於用人，自問向無成見，例如本局重要職員如祕書、科長等等，過去多無一面之雅，經人介紹，再加諮訪，如堪稱職，即予任用。我以前曾主持過江蘇教育，俗語所謂「班底」，並非沒有；所以如此，完全因爲教育是神聖的事業，而且百步之內必有芳草，用人更應以「惟才惟能」爲標準，正惟如此，所以我對於同人的考核，也儘量的客觀。本學期少數的人事調整，不僅是根據督學平日的考核；並亦參酌我這次視察的結果，雖不能說是「信賞必罰」，但在不能嚴格過高的情狀中，總還沒有離開「一秉至公」的原則，這是堪以自信的。

現在做事真難，幾乎到處都有窒礙，要是全憑自己理想做去，那遭遇的窒礙，將更會加多。因此有時就不得不紆迴曲折的前進，走上自己所要到的途徑。你到校之初，有好多不必要的誤會，不必要的麻煩，可以避免而沒有避免。你說經過磨鍊以後，處事做人，稍有進步，此於將來校務之發展，或當有所裨益。但這只是一時的行權達變，算不得是進步；吾人無論修己待人，一切還當以「誠」爲本。先聖說過：「誠者物之終始，不誠無物」；又說：「誠者非自成己而已也，所以成物也」；又說「唯天下至誠爲能化」。所以「誠」是一切事業的原動力，尤其從事教育工作的人，更應一本乎「誠」。上面所引的「成物」之「成」與「能化」之「化」，皆是教育的任務，堪以造就者使之「成」，不堪造就的使之「化」；化而有成，成而再化，環進不已，乃能達到樹人的目的。而這個「成」字與「化」字，只是從「誠」中方可得來。假如我們真能以誠修己，以誠待人，我想一般自私自利的人，和你所謂「老氣橫秋，自命特殊階級而教學不佳」的極少數教員，總會有自知慚愧，改悔之一日。

先聖又說：「君子喻於義，小人喻於利」。義利之辨，自古最爲重視。何以成爲小人，因爲他只喻於利，只知道自私，何以成爲君子，因爲他能喻於義，消除一己之私，而做得合理得宜。利之所趨，義即無有。人如蔽於私欲，則一切不明。中庸說「誠則明矣，明則誠矣」。要消除自私，亦必本乎誠。這是與前面所說，可以互相發揮的。

貪汚之風，完全由「喻於利」生出來的。教育事業既不容自私，更非以自利。義利之辨，於此最當分清；若不分清，則貪汚之風，必將沾染，這是絕不容許的。「貪汚」的對面是「廉潔」，貪則必汚，廉則能潔；惟其能潔，方得守廉。可見「潔」之一字，實爲「廉」之張本。這個「潔」字，與我們教界同人生活清苦的「清」字相當。我們的生活，固然是苦，但苦得要清。又惟有苦，才顯得清。假如衣食過充，便也看不出清來。所以我們的苦，正是表示出我們的清。這個「苦」，這個「清」，足以增高我們的人格，我們當引以爲光榮，正不必惟以爲缺憾。

我知道由於你和各同人的努力，所以一中這個學校，在外表上、精神上都有進步。你說你等待光榮的撤職或是被打倒。我看，這句話還缺少氣度。假如你真爲肯努力而被撤職或被打倒，在你算是光榮，在對方便是恥辱。社會上自會有公評的。要知，我們努力，爲的是盡我們的責任，我們正不必縈心於被撤職或打倒，也不必顧慮於社會的虛聲。我們的工作，是我們的責任，必須誠肅確實地做去。

我自審持躬很剛直，同時對事業則很能忍耐。「動心忍性」，是我唯一的箴言。以前被敵僞劫持囚禁在南京，歷三年又二個月之久，不爲所屈，便是這種性格的表現，我爲着我的理想，是一切無畏——不淫、不移、不屈。也惟其爲實現我的理想需要忍耐的時候，我也得忍耐——愼思、明辨、篤行。希望你以此爲參考，忍受克服一切的困難，邁步前進！

國步艱難，於今已亟。我們生在這個時代，實在需要「確立新的認識」，並「樹立新的作風」。如何保持「教育」這個名詞的莊嚴，如何達成這個神聖的教育任務，還須我們日自三省，共同予以更大的努力。

馬元放　三十七年二月一日

民主化的訓育實施

朱佐廷

一、引言

現世紀是「人民的世紀」，新時代是「民主的時代」，「民主化」是社會進入劃時代階段的一個新標誌，社會的一切一切，都趨向於民主。教育爲順應社會的進步，自應循着社會發展的規律，適合社會的要求，作社會的前導，負起改進社會、建設社會的責任，把社會更向前推進一步。尤其我國現當憲政開始，步入民主政治的時候，教育更要配合政治，普遍實施民主訓練，加强人民政治上的民主意識，啓發人民的民主思想，養成人民的民主作風與民主習慣，教育人民認識民主、理解民主，進而爭取民主、參加民主的社會生活，奠定民主政治的基礎。羅素說：「要希望建設完善的民主政治，最切要的是準備和訓練，而準備和訓練一定要着眼於教育。」又說：「培養民主政治的責任，大半在教育家的肩上。」杜威說：「學校是民主社會的一個雛形，惟有經過民主精神薰陶過的兒童或青年，將來才能成爲社會的健全公民。」這說明了民主政治孕育了民主教育。教育民主化，學校的訓育實施，當然也要遵從教育民主化的新方向．實施民主化的訓練了。

二、民主教育的特質

民主化的訓育，既着根於民主教育，那麼，要求訓育民主化的合理實施，必先認清民主教育的眞諦。什麼是民主教育的基本概念？民主教育應包括下面幾個顯著的傾向與特質：

一、與時代結合：負起時代的任務，領導人民走向新的時代，使人人具有現代的科學知識和生活技能，並訓練人之雙手萬能有自謀生存、充實生命的力量，教育方面，時代需要什麼，便教什麼、學什麼，一切適合時代的需求。

二、與社會結合：教育是一種「社會的歷程」，要使社會裏面的各個人，對於社會的關係與制裁，都有個人的興趣，要使各個人所有的心理習慣，能改進社會，而又不致擾亂社會秩序，注重個人的創造力，養成個人對於社會的興趣，增加社會的效率。

三、與生活結合：學校自身須是一種社會的生活，須有社會生活的應有的種種條件，學校裏的學業，須與校外的生活連貫一氣。

四、與人民結合：就是全民教育的意思，一切教育爲全體人民而設施，一切教育機關爲全體人民而開，全國人民無分男、女、宗教、種族、階級、黨派，受教育之機會，一律平等；不但是使人民可以普遍的享受教育，而要把人民的實際生活，溶化成爲教育的中心內容，並從教育得到一種新鮮迅速進步深厚的基礎。

五、注重實踐：使人民從實踐中獲得一切生活經驗，總結經驗的結果，上昇爲原則理論。並培新生的創造能力，這種能力使人更自由的更圓滿的改善生活、創造生活，「便利衰老力量之淘汰，看護新生力量之長成，與新生力量共存共榮，要將領導權操在新生力量當中、因此，它的內容，要生動、靈活、客觀，向前探討。」

六、注重啓發：培養自覺自動自主的精神，採用自由政策，一任兒童自由發展，啓發個人，使成爲活動的能够參與政治的份子，遇事憑理性來判斷，個人應依理性來管束自己；所要求的是自治，不是他治，充滿着民治、民本的精神。

總之，民主教育是民有、民治、民享的教育，是「人民的教育，爲人民自己謀幸福的教育」。它要從人民中來，到人民中去，一切活動，以人民爲主，使人民與教育相聯系相結合，成爲一種實際生活的實踐。

三、民主化的訓育實施

基於上述民主教育的精神與原則，民主化的訓育實施，必須注意下列各點：

一、要注重民主思想的培育：「民主是人類的天性。但這種精神，却須從修養得來，把這種精神應用之於實際，還須經過一番練習。」所以要實施民主化的訓育，先要培養遠大的民主思想，從思想意識上，先植下民主的根基，由思想變成行動，那麼行動才更有力量，行動也才能正確合理。關於訓育上民主思想的培育，具體的說，須注重奉公守法、公正嚴明、坦白忠實、自由平等，及自制、合作等觀念的培養，將小學訓育標準中的「信義、服從、助人」等項的訓練細目，加緊實施；如：

「我服從多數人的意見；我和別人合作肯犧牲自己的成見；我聽從並尊敬團體的指導；我服從政府的命令；我遵守國家的法律；我愛護我們的團體；我樂意接受別人正當的勸告；……等。」要定為中心訓練，養成兒童對於民主化的道德習慣，凡體表現在日常生活方面。

二、要注重團體的訓練：團體訓練的重要意義，在利用集體生活的方式，提示訓練的要義，訓練的時間與精神，固然曾得經濟，就是兒童團體生活的習性，注意公共事業的興趣，也可以藉此養成。小學訓育實施方法要點裏，特別提示團體訓練，俾養成兒童適應羣體生活的能力，獲得各種現實的知識，並促進兒童經驗的發展，練習辦事的才能。團體訓練的具體方法，要指導兒童組織級會，全校各級聯合組成校會。較高的年級，並訓練兒童調查及判斷自己各種團體組織和社會環境中各種事業的優點和劣點，並計劃如何改進。又應酌量各年級兒童能力，隨時使兒童參加社會活動，如社會各種會議，各種組織，藉以發展兒童的社會意識，練習兒童的社會服務。

三、要注重社會的制裁：民主化的訓育最高理想，便是實行社會制裁，利用大衆的力量，制裁個人的行動。所謂社會，當然是指兒童自己所組織的團體，和所活動的範圍。所謂制裁，當然就是兒童多數人的公正處分。因為個人與社會不能免於衝突，故必須有社會制裁。關於社會制裁的要點有二：一是訓練兒童接受合理的社會約束，並能適應團體生活的需要；一是訓練兒童審慎的採用社會的評判，和羣衆的行動，而保留個人有效的發展所必須的自由。故第一希望兒童有適應社會能力，並希望對於法律輿論，有合理的一致服從。第二要訓練兒童明瞭公共責任的意義，養成參與社會的習慣。杜威說：「這種制裁，能深入人的傾向，並不是外鑠的，也不是強迫的。教育的職務，就是要使人認明興趣與了解，因而成就這種內在的制裁」。也就是說明社會制裁，是民主化訓育的必要條件。

四、要注重個性的適應，尊重兒童獨立的人格：由於中國傳統的社會思想，向來不承認個人的獨立性，把個人看作「依存者」；所以教育上對於個性的適應，便 大注意，便造成教育上違反民主精神的現象。不知「愛好自由、愛好民主，是人類的天性，當兒童某種能力成長時，便想發揮某種能力，而厭恨師保的壓抑；所以公意集團自由活動，必較師保指定演習遊戲為尤快樂。師保強迫他服從，這服從是勉強的。一羣兒童自由玩耍，自定節目，自覺玩具，便演出狂歡的態度。這些都是人類天性愛好自由、愛好民主，反抗不自由不民主的自然表示。至於年長，前面有利祿在引誘，後面有刑罰在驅迫，奉公維謹，這那裏是他們的天性！」兒童有兒童的理想，兒童有兒童的人格，我們應絕對尊重，才不違反個性原則，才不致戕害兒童的天性。所以民主化的訓育，應該是：「凡兒童自己能够做的，應該讓他自己做；凡兒童自己能够想的，應該讓他自己想；你要兒童怎樣做，就應當叫兒童怎樣學。」

五、要注重服務觀念的培養：民主化的訓育，應該打破功利思想，積極建設為社會人羣服務的觀念。約翰穆勒首創每個人應以促進公衆福利為目的；英國的赫起遜提倡為最大多數求得最大幸福。這些原則，至今仍為英美民主國家所追求，能够實現他的，就為人民所擁護，不能够實現他的便為人民所拋棄。我國向來缺少這種美德，以致大家都祇有為個人謀功利，求功好利，祇知貪功，祇知發財，祇知有己，不知有人。這種錯誤的功利思想，亟應鏟除，代以服務的觀念，使人人能舍己為羣，能為大衆造福，以服務為人生職志。所謂：「力惡其不出於身也，不必為己。」

六、要注重反復練習，把知和行統一起來：「行是知之始，知是行之成」，這是近代教育上一個重要發現，要想訓育發生效力，更須注意「行」，注意練習。因為祇注意訓誡，得有行動，是落於空談，而訓育上的優良習慣養成，要非從實地去做不可。我們知道，如果祇注意「訓」，而忽略了「練」，祇是解釋現象，迹近虛幻，處理現實，偏於主觀。所以民主化的訓育實施、不是在發號施令，作教條的誥誡，而是引導兒童去實踐，在做上學，做上教；指導兒童如何實踐，如何去做，如何把機械的教條，變成實際的行動。指導兒童做的方法，設法減少做時的錯誤，解決做時的困難，吸收做的經驗，繼續不斷的改造經驗，使生活行為，隨着時空的發展，在時刻變化，在時刻前進。

七、要注重身教，師生營共同生活：「言教者訟，身教者從。」教師為着以身作則，示範於兒童，須要了解兒童；為着了解，便須深入兒童中間去。不獨思想意識兒童化，在一切行為方面，更須起領導作用，處處給兒童學樣，處處和兒童一樣，不顯示出一些特殊。凡是希望兒童做的事，教師先要做起來，要兒童怎樣做，自己便先怎樣做，在校內是這樣，在校外也是這樣。教師能以身作則，事事為兒童範例，處處給兒童榜樣，那麼一切的訓練，才容易得到兒童信服。所以教師要與兒童共同生活，在一起學習，一起遊戲，一起工作 一起休息，一切的活動，教師都與兒童共同參加。教師的一舉一動，都給兒童以間接的暗示與模仿，潛移默化，無形中可以改導兒童的行為，增進師生的情感。

八、要加強課外活動及自治的指導：課外活動及自治，是學校中一種實際的民主鍛鍊。今日在校的學生，便是明天社會的公民，要培養兒童為社會服務的能力，及自治能力，便須給兒童以實際練習的機會。因為課外活動的內容及自治的組織，都是紀律化、組織化的集體活動，可以養成創造能力、辦事能力、合作互助習慣，及犧牲自我的精神。同時，在課外活動及自治組織富中，兒童有時做領袖，有時做屬員，可以養成領導和被領導的民主作風及民主習慣。大家在民主組織裏過民主生活，實際運用民權，並藉此直接參與社會服務。不過，課外活動的實施，要與課內聯繫，要使兒童普遍的參加，給予兒童以各種練習的機會。兒童自治，要切合實際的需要，從兒童自己生活問題上，訓練兒童自治的能力，使兒童自己管理自己，改善自己的生活，充實生活的內容；不是具體而微的社會，把社會上所有的機關名目，都仿效建立起來，致有名無實，落於空虛。

總之，民主化的訓育，是遵循民主教育的大道，是配合民主教育的需求行進的。依着民主原則，訓練人民成爲健全的公民，遵民主的生活，充分發揮創造力量，在民主創造新路上，爲大家造出幸福來。上述各種，祗是闡明民主化訓育的重要法則，如何使這些法則，一一見諸事實，還有待於吾人今後的努力。筆者以爲要今天學校訓育眞正民主化，要求學校訓育眞正能配合民主運動的要求，必須從根本上着想，從根本上把一切不合民主的學校訓育制度方法，一齊改革，一齊推翻，剷去陳腐，另圖新生。

四、訓育上反民主的跡象，應一律革除。

因爲表現在今日訓育上一些跡象，都是些反民主、不民主的事情。例如學校裏每日上下課時，教師進退教室，兒童對教師行禮，必須喊「一、二、三」，差不多課課如此，各校如此，這完全委屈兒童是在強迫命令之下，一種不自主不自發的盲動，而且是形式的、虛僞的。這樣訓練下去，那麼兒童無論何時何地，如果要行禮，都必須喊「一、二、三」後，才能。這樣機械的訓練，命令的強迫，還談什麼民主？我以爲與其這樣，倒不如很自然地，師生在教室第一次見面或臨別的時候，大家自由的說聲「早或好」，臨別時說聲「再會」，來得親切、眞摯、誠懇。可惜一般學校裏，很少這樣做。又如上課點名，一般學校總是一課課，由教師按照點名簿相序的一個個點下去，兒童都不以爲意的聽着，並無多大作用，徒然侵佔了上課時間。與其這樣，倒不如製定表格貼在教室裏面，讓兒童自已簽名或劃到，表示負責、嚴正，刺激兒童對於出缺席的注意，加深兒童對於出缺席的印象，來得有效。又如學校裏的排隊，一般習慣，總是按照兒童身體高矮，排列前後，高的在前，矮的在後，這樣似乎整齊美觀，可以訓練兒童守秩序有紀律的習慣。其實，又是離開現實的辦法。試看實際的社會，無論公共場所或交通機關，如戲院、車站、輪船碼頭，以及各種集會，都是先到的在前，後到的在後，如果照學校排隊的方法，按着高矮排列，是何等麻煩！豈不是笑話？所以爲着確實合理，學校的排隊，也應該以先後爲序，不應該再採用以高矮爲排列的順序才是。再如學校舉行的各種比賽，無論是演說或體育，以及其他各種活動，都是在選拔少數的選手，而忽略了大多數的一羣，不更是顯而易見的不民主的辦法嗎？這些是些小的例子，比較重大的，例如學校訓育的行政組織，名爲訓教合一，教師都負有訓導責任；可是，實際訓育的設施，仍決定於一二主任之手，一切以集權爲主，所謂「事無大小，取決於上」。諸如此類，目前學校訓育方面不民主的現象，不一而足。我們要求學校訓育民主化，先要突破歷史傳統的藩籬，扭開機械論的鎖鍊，從現有學校訓育不民主的地方徹底改革起。

五、實施訓育民主化，訓育者應有的自我檢討。

因爲歷史傳統，是進步的障礙，王芸生先生說：「到如今，我們的民主制度，還不能順利的建立，歷史傳統實有極大影響。」所以我們負有訓育責任的人，先要認清此點，同時，自己先要自我檢討一番，自己的思想意識，自己的言語行動，自己平時對學生的訓導，夠不夠民主，是不是有了相當的民主修養。要訓育實施民主化，先要訓育人員民主化，「幹部決定一切」，「從法不足以自行」，「教育界應站在衆人之前，領導人們走向新的時代」。我們要深切的體會，我們要用自己的力量，全心全意地去寫成民主化的訓育寶典一頁。最後，用一個譬喻，做本文的結束。「我們做人，不是在預先排定了的一幕戲裏，去做一個角色，我們是要由自己用盡心血，去把自己所演出的部份，在劇本中寫出；並由自己用盡氣力，把這部份很精彩的在宇宙的舞台上演出」。這是勗勉我們努力的一個很好範例的實言，我們要好好的接受，努力於民主化的訓育實施，使每個學生都很自由很舒適的在民主時代中，過着很安樂的民主生活。（留）

本文參考書報：

1. 鄒恩潤譯：教育上的民本主義的概念（民本主義與教育第七章）；
2. 羅廷光：世界教育的總形勢（最近歐美教育綜覽第一章）；
3. 范寄梅譯：有效的訓育原則（建設的學校訓育第三章）；
4. 李相勗：訓育論；
5. 李之鷗譯：民主主義與教育（各國教育政策之綜合研究第一章）；
6. 劉百川：公民訓練法；
7. 邱　椿：陶行知先生的民主教育思想（活教育四卷七、八合期）；
8. 王芸生：一統與均權；
9. 楊同芳：民主政治的教育基礎（新教育一卷二期）；
10. 李成蹊：從中國政治思想看民主（大公報十二月十三日）。

（續137）

如何廢止體罰？

郭子通

一、體罰的界說

體罰的意義，在一般人認爲用「暴力」施之於兒童身體者，謂之「體罰」。這樣看法，對「體罰」的意義，尙未深切瞭解。茲先定一界說，再簡單的加以說明。

「凡是用不正當的手段，如暴力、惡聲、怒目或醜視、威脅等方法刺激兒童，使兒童精神上、身體上，因之發生不良的反應而損害其身心健康者，均謂之體罰。」

根據上邊的界說，不但用暴力對待兒童，如打、推、擰耳朵、抓頭髮、捆手、紮腿、久立，迫使兒童受冷受熱等是體罰；卽是用惡聲、（吵、罵均屬之）醜視（眼及面部厭惡之表情），使兒童精神上感覺痛苦，亦可說是體罰，因精神上的痛苦有更甚於身體上的痛苦者。有時教師用威脅的手段强迫兒童承認錯誤或硬說兒童不對等，使兒童立於無可容之地，違反「快樂中學習」的訓練原則，亦可列爲體罰之一種。由此可知，體罰包括兒童身體上之各部份（四肢、肉體與感官），受到不正當的刺激而使其發生不良的反應，損害其身體健康及心理衛生者均屬之。

二、體罰給與兒童的影響

在歷史上，無論中外，甚於輕視兒童的觀念，施用體罰是司空見慣，甚且認爲教育兒童非「打」不可，中國更有「棒打出孝子」之成語。實際上「打」是不是教育兒童最好的方法？稍加思索卽可否認，甚至有相反的效果，茲將體罰給與兒童之惡劣影響，分述於后：

（一）毀傷兒童器官：兒童身體尙未發育完全，各部器官較爲脆弱，稍不留意，或用力過猛，很容易使兒童器官毀傷。如某教師因一時之怒，用力較重，將兒童的耳朵拉破；亦有因一掌之故，將兒童的耳膜震壞變爲聾啞者；其他因用暴力而使兒童器官毀傷者，亦時有所聞。兒童因器官毀壞，影響其一生幸福，違反人道，莫此爲甚。

（二）妨礙兒童身體發育：兒童時期是身體發育最旺盛的時期，身體某一部份若受打擊太重，則無異阻止其生長；故體罰很容易影響到兒童身體之發育。日本在朝鮮所施的奴隸教育，兒童如遲到，常令其在教室外雪地裏罰站或罰跪，使兒童受凍，因之兒童身體發育受到莫大的影響或殘缺，卽其例證。

（三）引起兒童對教育有不良的態度：兒童因身體上或精神上受着痛苦，常常發生痛恨的心理，視求學爲畏途，視教師如仇敵，而造成逃學、懶學等現象；如此教育，焉能收到良好的效果！有一個二年級的兒童，他的算術成績每次都考得很好，可是因教師體罰其他兒童的關係，嚇得他上算術課時卽哭不停止。

（四）常使兒童對學習消極和灰心：兒童因受體罰或過甚責備之後，精神上受了打擊，同時再受同儕兒童的嘲笑和輕視，刺激過深，因之對於功課的學習，乃抱一種消極的態度，甚至於灰心到底，影響其整個人生前途匪淺。我有一個親戚，他小時候喜歡音樂，有一天他將他聚了半年的積蓄，買了一個胡琴拏回家去，被不明教育的父親將胡琴摔壞，從此他不會唱歌。又有一個小朋友在校裏玩弄風琴，被先生打了一掌，他從此再不感覺音樂的興趣。

（五）養成兒童虛僞的行爲：如對兒童的錯誤，不能耐性教育，使其達到眞誠的覺悟，只粗魯的加以體罰，則以後兒童因一切衝動的滿足，所引起的不良行爲，只要能瞞過教師就可免去處罰。這樣最易引起兒童虛僞的行爲，實與教育之旨相悖。

（六）增加兒童間的糾紛：兒童是富於模仿性的，教師如常使用體罰，甚等於示範兒童，以打罵對同學。這樣模仿性的行爲卽是「自然的學習」，甚或認爲打罵等不合理的方法，可以解決世間一切問題，養成兒童憤恨、嫉妒、仇視等一切不正常的惡劣心情。因此兒童間之打罵糾紛，必然增加，擾亂秩序，莫此爲甚；甚至將來影響及於社會。

（七）引起學生家長之反感及社會之物議：爲人父母者，無不愛其子女，故學生家長除少數不明教育方法者外，大都不願學校對兒童濫施體罰；甚至於有許多家長，因其子女受體罰而質問校方或訴諸輿論與法律者。

（續138）

（八）喪失兒童生命者：如去年十月間滬市某小學教師，因體罰兒童失手太重，竟喪失了兒童的生命，以致演成刑事犯而被判徒刑。又如京市某小學低級級任，曾體罰一學生，次日該生即生重病，不幾日而竟死去，因之發生很大的糾紛，幸校長妥爲處理，得免事態之擴大。此二學生之死，雖不能完全歸過於施用體罰之教師，但由於兒童生理上及心理上受了相當的刺激，不無關係。

三、一般教師仍採用體罰的原因

根據前面所說各點，用體罰作爲教育兒童的手段，實在是最笨的方法，在二千數百年前的孟母，即唾棄體罰，她用三遷的方法來改變環境，教育孟子，終於收到很好的效果，現在是各種科學進步非常迅速的，廿世紀又是注重兒童幸福的時代，居然還有許多教師們，依舊使用體罰，實在是違背時代；但考其原因，不外下列幾種：

（一）教師粗心躁氣輕舉妄動：有些教師——尤其是年青的教師們，常常粗心躁氣地輕舉妄動，遇到兒童們的問題發生，不加思索，漫然處理，更不去細心研究，以求出合理的教育方法；而只是憑了一時氣憤，胡亂打罵兒童，只求適便了事。有時打罵過了也常自覺不妥當，但總想不出比較好的方法來。有一次我遇到一個年青的教師爲了發現兒童罵人，很快的伸手給兒童頭上一掌，當時我很想以校長的地位去說他，馬上我又覺到給教師難看是不妥當的。隔了一天該教師因事到我房裏來談話，我順便說：「那天你的手伸得太快了，我實在來不及阻擋你！」他從此再不隨便打兒童了，遇有困難問題解決不了，都來和我商討。

（二）教師情緒不佳：有些教師不明體罰對於兒童身心之影響，因爲頭腦裏常盤旋着不滿意或不易解決的問題，在心理方面已存了不安現象，所謂情緒不佳，正想尋找機會發洩；在此時兒童不論在學習方面或行爲方面，如使其有不如意之處，即以體罰兒童爲其惟一洩忿之機會。這些教師當多多休息，或遇兒童行爲有不滿己意之處，當暫時忍着性兒，自己離開兒童，到操場上散步五分鐘，過了一會，精神方面恢復常態，再處理兒童的問題，或可減少錯誤。

（三）教師工作太煩重：目前各小學教師們所担任的課務，有九百以上的分鐘，課卷處理太多，簡直無片刻休息，是以對於兒童問題之處理，自然比較隨便，只要求得苟安一時，無暇擇手段了，本來沒有脾氣的也常常冒火，體罰兒童。

（四）教師缺乏專業訓練：在目前的我國許多事情均未走上軌道，要求小學教師都受專業訓練，事實上尚難辦到。這些未受專業訓練的教師們，對教育基礎知識太差，認識不清，當然不能有良好的教育方法，於是襲用一般教育者所反對的體罰了。

四、如何廢止體罰？

體罰可以說絕對不是良好的教育方法，且給予兒童身心以惡劣的影響，過去因爲不研究教育不明白兒童，致發生極大的錯誤，今後應當絕對避免。但避免的方法如何？茲分四方面來說：

（一）教師本身應注意的事項：

(1)要有慎重的態度，遇事最好能「想一想」再處理：「想一想」即是慎思的工夫；不少的教師多不肯用這番工夫，以致遇事隨便處理終遭失敗。兒童或兒童間發生問題，能想一想再處理，總比不想一想的方法來得好些；常常想一想即可得到比較合理完善的方法來。因爲想一想可以使你心平氣和，處事有方，而決不會長久的失之魯莽。

(2)要有耐性才能訓練兒童使之變好：俗語說：「欲速則不達」，處理兒童們的問題，尤其要有耐性，因爲兒童幼小無知，心靈脆弱，更小的連說話尚不夠清楚，偶一不慎，操之過急，即易傷害兒童們的弱小心靈。兒童們有錯誤，這正是教師教育兒童的好機會，要找出問題的根本原因來，（如多方考察兒童的個性，舉行家庭訪問等。）最好預訂訓練的計劃和步驟，再一步一步的作合理有效的處置，自可免去體罰。

(3)要以身作則才能收到教育兒童良好的效果：「身教者從，口教者訟」，是教育上的鐵律，我們爲教師的如不能事事以身作則，使兒童們樣樣無所適從，以致事倍功半收不到良好教育的效果。反之則兒童對教師心悅誠服言聽計從，更用不着無人道的體罰了。

(4)研究兒童心理，改良教學方法：好的教學方法，自能適合兒童的學習心理，並能使兒童們發生濃厚的興趣，而使學習順利進行；如此則不易引起教師施行體罰兒童的機會。

(5)注意愛的教育，對兒童要有同情心，並特別關切周到問題兒童：教師遇兒童有錯誤時，對兒童要有眞愛才能爲其表同情，兒童有不良行爲之發生，教師應表示非常惋惜，熱誠的說明不良行爲的影響與危險，使兒童自己覺悟，能痛悔自己之錯誤而決心糾正。對問題兒童更應關切周到，使他感動，不好意思不接受教師的勸告，有時兒童對新教師故意弄點小花樣，教師不一定當時處理，下課後把他叫到辦公室裏，誠懇的與之談話，即可解決，更不必責罰。責罰有時亦無濟於事，徒傷感情，以後遇事更不易處理。

總之，一切訓導兒童的方法，最重要的是教師的熱誠及態度問題。教師能熱誠細心的教導兒童，能溫文爾雅的對人對事，能不急不燥的處理兒童們的問題，能平心靜氣的想出方法來糾正兒童們的錯誤，能一秉至公的對待各個兒童，能一團和氣的領導兒童生活，能這樣做法，兒童無不樂意親近教師，愛護教師，感激教師，聽從教師，還用得着「體罰」嗎！

（二）要防患於未然：

（1）兒童行爲記載：將兒童許多的特殊行爲，不論是優良的或是惡劣的，用一公開記載表，張貼敎室內，隨時予以正確記載，一方面可以增進兒童的優良行爲，另一方面因爲惡劣的行爲，記載在表上，不易去掉，使犯過兒童看了觸目驚心，不良行爲自可減少。但此表要斟酌應用，總以不使兒童引起反感爲準繩。另外教師要備一本兒童特殊行爲記載簿，要不厭其詳地考查兒童犯過原因，以便想出方法來對症下藥。

（2）指導課外活動：兒童是好動的，所以每天在上下課間及課後，須有充分的時間，給與他們活動。但在課外活動時，教師要監護周到，有時更須參加指導，免得兒童間有糾紛或不良行爲發生。如此不但消極的可以減少兒童的不良行爲而免去體罰，且積極的可以養成兒童們的良好習慣。有時領導兒童野外旅行，更易增加師生同學間的感情，這也是課外活動的一種。

（3）指導兒童服務：好頑皮的兒童，有許多是爲了剩餘精力要發洩。且最頑皮的兒童，有時往往就是最聰明的兒童，做教師的千萬不可忽視。故對於特別容易犯過的兒童，須設法予以相當的工作，鼓勵他能爲大衆服務，不但可以減少錯誤行爲，且可訓練其服務技能，養成其樂於爲公服務，勇於犧牲個人的精神。

（4）師生共同生活：兒童犯過，最初未必存心如此，有時爲了好奇或試誤的心理所驅使，結果發生犯過的行爲。教師如能與兒童有共同生活的機會，隨時示以榜樣幷予以指導，協助其解決困難問題，免得多有盲目試誤，犯過行爲，自然可以減少。

（5）組織兒童舉行行爲比賽：將兒童分成若干組，或利用保甲組織編若干兒童爲一甲，一甲之內實行聯保連坐法，使兒童間互相關照監視。更可利用兒童之好勝心理，各組或各甲舉行行爲比賽，擇優獎勵，其效尤大。

（三）代替體罰的方法：

（1）令兒童自己反省：兒童犯了過或發生特殊的情形，可以令兒童反省自己錯誤的原因及結果，有時可以當衆報告，教師從旁同情的積極指導改正方法，並暗示其他兒童對他應當寬容原恕，有時需要大家幫助他改過。如此能使犯過兒童切實覺悟其行爲之不合理，而樂受指導，養成「聞過則喜，有過必改」的美德。

（2）團體制裁：將兒童們容易發生之不良行爲，提出交由全體兒童詳細討論，共同訂定公約，一面張貼一面講述，使每個兒童印象深刻，知所注意。如此可以養成兒童守法的習慣，減少兒童的犯過行爲。

（3）以獎勵代處罰：兒童極富有好勝心，無不喜歡人稱贊他，故對於犯過兒童的處理，不應當只從消極方面去禁止爲非，更應當積極的去鼓勵其爲善。對犯過兒童應特別留心其較優之處，予以獎勵，使其盡量表現其長處。兒童要好心切，如此亦可減少犯過的次數。同時更因獎勵甲兒童之優點，可以刺激乙兒童之羨慕而有所效法。

（四）處理兒童問題時教師應注意的事項：

（1）不着急不生氣：有些教師操之過急或動輒生氣，兒童們的問題本不甚嚴重，結果弄的更麻煩或因處理不善而發生節外生枝，使問題更嚴重，這都是教師沉不住氣的毛病。做教師的要常常反省自己、訓練自己、糾正自己，能常常這樣涵養，自然對處理兒童們的問題，胸有成竹，沉着應戰，穩紮穩打，得到最後的成功。

（2）求優不求快：處理兒童們的問題，（這裏我們應認爲兒童發生問題是應該的，沒有問題即不需要先生們敎導他們。）遇有特殊困難時，可不必當時或當天處理完畢，在可告一小段落時，即令兒童回家，並說：『你回去想一想，明天再答覆我！』兒童走後，教師可與在校全仁討論；有時可請教專家，然後可比較得一合理處置方法，也許經過一夜，兒童自己想過來了，自己承認錯誤並決心糾正，這時教師更應當安慰他、鼓勵他，使他感覺愉快，養成勇於改過的習慣。

（3）處理兒童問題時能先叫兒童靜坐片刻，則一切問題比較容易解決：用這方法可以使兒童恢復正常心理狀態，因兒童在發生事故時，往往內心非常激動、畏懼，或發生欺騙、諉過等情形，我們不必馬上處理，應令其在辦公室內靜坐，或站立片刻（不必認爲罰站，可說等一等再說。），這時教師對問題可想一想，定一處理步驟，直到兒童心理平靜，再進行處理，教師與之說的話，兒童很容易接受，所有問題可迎刃而解。

（4）有時需要替兒童保守祕密：兒童有要好的心理，對兒童們的錯誤，在相當時候，如能代他保守祕密。兒童在敎室上課時有錯誤，教師要多用耳語，培養其羞恥心，很容易使兒童改正錯誤；因爲其他兒童知道常對犯過兒童譏笑，更因引起不良現象難以處理。

（5）要時常考查兒童並舉行個別談話：兒童注意力往往不能持久，且犯過兒童亦不能一改就好，有時需要注意考查並舉行個別談話，隨時勉勵他促醒他使他上進，使其知道教師對其異常關心愛護，而有所感動，則以後不再犯過錯。

總之，教育兒童不是一件簡單容易的事，打罵兒童得不到良好效果，可以說是教育上的鐵律。兒童們有問題，我們得想出各式各樣的方法來處理。

教師沒有好的方法即不是好教師。故做教師的必得耐心忍性，循循善誘，遇有問題，不肯放鬆，細心揣度，立定計劃，按步就班，逐步實施，到了時候，自有效果。既不可粗心浮氣，尤不可以步驟當目的，兒童犯了過或發生不良行為，教師既不可打罵，更不可聲色俱厲，只可稍帶嚴重的表情，表示不贊成的樣子即可。這種工夫不是新做教師的一下能成功，必得時時留意涵養自己，立定目的下一番苦工，過了幾年，自會老練。願與諸同仁共勉之！

中學訓育之改進

吳裕後

一、中學訓育之重要

訓育之成敗，關係教育之成敗，若無訓育，即無所謂教育。蓋教育之主旨，不僅在智識之灌輸與技術之訓練，而在人格之陶養與德性之鍛鍊。使學生從事於「眞、美、善」的人生之追求；在社會上成為健全的個人，在國家成為良好之國民，尤為其最大目的。訓育在教育中既如是之重要，而其施行，則甚不易，觀年來各學校風氣頹敗，學潮激盪，推厥原因，何非由於訓育之不易施行，有以致之乎？

中學教育為大學教育及專門教育之預備階段，亦為人才教育與職業教育之主要基礎，其辦理良善與否，影響整個教育前途。訓育在教育中既佔重要地位，則中學教育在各級學校中，當然亦屬至要。且大學學生，年齡已長，已有獨立與自主能力，訓育可完全包孕於學習生活之中，無須特別注意；小學學生，年齡幼稚，思想單純，指導管理，俱易施行，訓育亦不甚難；獨中學學生，正當將達成人之年，血氣未定，思想好動，意志不堅，認識不清，需要良好之訓育至殷，而訓育之事，亦至繁至艱。此就訓育在各級學校施行之難易觀察，亦可知中學訓育之如何重要矣。

現代各國，均注重公民教育，訓育兒童，莫不以培養其團體觀念、增進其愛國思想為最大目的。吾國教育宗旨，雖亦定以「發展國民生計，延續民族生命，務期民族獨立」為目的，然一考實際，整個教育，最多不過為知能之教育，公民教育，根本尚談不到。夫國民固貴乎有知能，然尤貴乎其智能用之於正當之途。換言之，即國民之知能，必須貢獻於國家社會，方謂眞知眞能。不然，知能徒供個人自私作惡，妨害社會國家利益，則何貴乎國民之必有知能？知能教育，僅能使國民獲得自立謀生之工具；至若欲使國民知如何運用此知能於正當之途，則不能不賴於公民教育也。然公民教育又與訓育同其範圍，其施行，大部包含於訓育之中。因之，現時中國公民教育之失敗，實亦即訓育之失敗。今欲改革公民教育，不能不從訓育着手，尤不能不從中學訓育着手。

二、現時中學訓育實施概況及其失敗原因

現在中學訓育，係遵照中華民國教育宗旨及其實施方針所規定，以陶融青年「忠孝仁愛信義和平」之國民道德，並養成勇毅之精神與規律之習慣為目標。其實施方法，除佈置合宜環境，懸掛民族運動史圖及古今聖哲格言標牌等，予學生以適當之刺激，而促進其自修，並增進其民族意識國家觀念外，通常分集團的訓練，個別的訓練及課外活動之指導三項。集團的訓練，過去通常利用國父紀念週（現在改為週會）之時機，舉行小組會，演講會及談話會行之。個別訓練，又分個別考查與個別談話。前者乃考查學生之思想、品行、日常生活及背景等，以作個別訓練之依據，後者則依事實之需要，隨時決定舉行，普通遵照中央頒佈之學生自治團體組織法，使學生組織自治團體，承教師之指導，辦理學生生活範圍內之自治事項，藉以養成其服務習慣，并練習四權之運用。（最近國內學校猶有青年營之特殊訓練，與夫集中軍訓之舉行。訓育之責，掌於教務事務二處平立之訓育處，由訓育主任及訓育員執其事，訓育主任與訓育員，普通均兼教學，以取得訓育與教學之聯絡；然亦有不兼教學專理訓育者。）

以上乃現時中學訓育之大概情形，惟訓育之事，極端艱難，論其目的，則非於人生道德之大經大法，具有深切之了解者，鮮能勝任而有餘。論其方法，則必於學生心理，教育原則，能為巧妙之運用，始足以遂其所欲而達其所求。且訓育成敗，繫於人格關係者多，繫於法制方案者少，訓育方針與實施方法，雖有周密規定，但實行則未必能得良好結果。又加以現時一般青年，因受時代潮流之影響，醉心共產主義，憧憬於未來之理想，現實一不滿足

其欲求，符合其希望，則由苦悶慣灑心理之形成，轉而頹唐墮落，或激進惡化；更以年來國內政治經濟不安定，黨派分歧，青年恆被捲入政治漩渦中而爲少數政客所利用；因外力之衝擊，侵及學校，學潮遂動輒發生，莫可遏止。處茲境況，欲求訓育之成功，尤屬至難。年來各中等學校學風凌替，管理廢弛，訓育失敗，蓋已成公認之事實，推原其故，上述訓育之難於實施，固其重要原因之一。然除上述外，又有以下各要因：

第一、各中學訓育人員，概須由國民黨黨員充任，近年此種限制，雖已無形取消，然訓育資格，仍須受黨部審查；但以審查規定過於懸濫，各校當然不能盡得合格之良才者充任；因此各校訓育人員，類皆資格較低，學識稍差，而不能勝任教學者，「學生對之既少信仰之心，縱有良善規約，亦難生效力。而弁髦校章，不受約束，種種不良行爲，由之以起。其思想情意，則更受時代潮流之支配，一任固有氣質之反應，激盪演變，莫爲指導。教育之所以變化氣質，克制環境之功效，至是蕩然俱盡」。（引用教育部訓令語）近年中學學風頹敗，蓋非無故也。此訓育人員之不健全，爲其原因之一。

第二、訓育之事，係教育之一部，亦可謂達到整個教育目的之一種手段，其與教學，自不能分離爲二。譬如教授歷史，除講述歷史中之事實外，并教學生應取法古時偉人傑士，作一有爲之人，作一愛國家愛社會之人，則已包含訓育於其中矣。教授國文，關於材料之選擇，注重激發民族思想，則亦已兼施訓育於中矣。至其他如教授算學、教授理化，若注意增進學生求智之熱情，鼓勵學生獨立研究之精神，亦莫不含有訓育之作用在內。誠以訓育之事，範圍至廣，項目至繁，教學之時，最便施行，且施行亦最易生效，其與教學本不可強爲分開也。今中學訓育，全以委諸少數訓育人員之手，一般教員，祇負教學之責，不問訓育之事，即其兼任級任或導師者，亦大多僅負其名，不負其實，積習相沿，致一般學生，祇知入學校專爲求知識，此外更無所事。其甚者，且有教員與學生互表同情，反與訓育人員處對立地位，教學不惟不能輔助訓育之進行，反與訓育背道而馳，徒爲訓育之累，事之矛盾恐無過於是者。如此，欲求訓育之不失，其烏可得？此訓育與教學之分離，爲其原因之二。

第三、訓育之目的，在使學生能指導其自己，實現之法，一爲管理，一爲自治，介於其間者，則爲訓練。夫訓練與管理，名似同而實非一物，訓練所以凝定學生之意志，管理則所以限定其行爲，凝定意志，常能附帶的限定行爲，而限定行爲，則不必能凝定意志，是管理消極的，而訓練屬積極的，管理不過爲訓練之一種手段，而訓練則爲管理之最後目的也。現今各中學訓育之實施，其所能作到者，僅爲不重要之管理，至其重要之訓練，則罕有能善爲施行者，訓育人員，祇知秩序與紀律之重要，終日所務，無非秩序之維持與紀律之執行，至對於學生思想之指導、意志之陶冶、習性之改革、德行之鍛鍊等重要工作，則似無暇顧及。此外對學生之課外活動及自治等事，亦大多指導不得其法，甚或根本即未指導，其結果，學生與訓育人員，僅成命令服從之關係，無感情成分存於其間；其尤甚者，學生視訓育人員爲壓迫階級，訓育人員視學生爲搗亂份子，二者各處對立地位，互相仇視，互相敵視，高尚純潔之教育機關，竟完全充滿冷酷之氣與鬥爭之風。似此，學風何能良好，訓育何能成功。此管理訓練之不得法，爲其原因之三。

第四、年來中學訓育之失敗，學校環境設備不良，亦其重要原因之一。蓋我國戰後財政困難，教育經費，更形支絀，不論公私立中學，其設備方面，大多簡陋不堪，學校設備既不完善，則甚易引起學生之不滿；此種不滿心理，蘊積既久，遇有機會，即爆發而釀成風潮，即不然，亦難期學生有愛護學校之心，更難使其信仰學校而能聽學校之訓導也。此學校設備之不良，爲其原因之四。

最後，除上述外，其他如訓育人員與學生間生活之過於隔閡，教員之不能盡合學生之希望，以及訓育人員對學生之賞罰不公，亦皆爲訓育致敗之要因，特以事屬明顯，不多贅詞。

三、今後中學訓育改進之道

中學教訓分離之弊，現今教育當局，已深切注意，力革從前訓育與教學分離之弊，使全體教員，皆負訓育責任，由校長指定若干教員兼任訓育專員，樹立人格教育之基礎。至其具體規定，則有如下述：

一、中學校長及全體教職員，均負訓育責任，須以身作則，採用團體及個別訓育，指導學生一般課內課外活動。

二、中學各主任皆由專任教員兼任。

三、每級設級任導師一人，擇該級一專任教員任之，掌理各該級之訓育及管理事項。

四、校長及專任教員，均以住宿校內爲原則，與學生共同生活。

五、學生宿舍，須有教員住宿，負管理之責。

六、專任及兼任教員，均應輪值指導學生自習。

七、專任教員每日在校時間至少七小時。

以上所定，可謂改革訓教分離之對症良藥，若能完全依照實行，則既可促教訓之合一，又可使教員與學生生活密切，而打破以前之隔閡。

其次，前已言之，訓育之成敗，繫於人格關係者多，繫於法制方案者少。因此欲改革現時中學訓育，注重人選，亦至爲重要，鄙見以爲兼任訓育主任之教員，至少須具備下列條件，始可勝任。

經驗充足，6.能吃苦耐勞，勇於任事，有責任心。至兼任級任導師之教員，雖不一定必須具備上述條件，然亦必須人格高尚，學識優良，有責任心，方堪充當學生之表率。

復次，言及訓育方法之改革，因訓育方法可依人、地、時之不同而異其運用，不能固執一綳，致陷偏頗，討論甚難。然現時中學訓育之失敗，其原於訓育人員之自身不修，誠信不孚，致不能引起學生之信仰者，實佔重大部分；因之，無論如何，以下諸原則，似必須採取：

1.訓育應注重人格感化，不應徒重形式上之管理；

2.應重積極之領導，不應重消極之制裁；

3.集體訓練，應重精神講話，非遇必要，不宜多談紀律與秩序；（蓋談的次數愈多，愈難生效也。）

4.個別訓練，應依學生個性、年齡，及所屬班級之不同，而異其方式，對各學生平時生活狀況、家庭背景、嗜讀書籍，及交游之人，尤應確實明瞭，俾便予以適切之指導。

5.在學校規則所許之範圍內，力重青年活動之自由，不宜斤斤小節，過事干涉，致戕賊其身心。

6.對學生是非要明，賞罰要公。

7.凡事應以身作則，言必行，行必認眞。

8.與學生須推誠相與，切忌使用任何手段，致啓學生蔑視之心。

最後，人類慾望之發展，本無止境，而青年尤甚。學校對青年，除制止其不正當慾望之發展外，尤當鼓勵並扶持其正當慾望之發展，青年因求智慾之擴張，對學校教學及起居等各種設備，當然希望充實完善。此時學校應當盡最大限度，隨時改良設備，以滿足學生之要求，充實其生活內容，並增其信仰學校愛護學校之心。固然，此事與整個教育經費有關，非僅空言可補；然各中學當局，若能盡力節省不必要之經費，以作改良設備之用，則已可謂盡最大之能事，而差慰人望矣。訓育之改進，有深賴焉。

卅六年十二月十八日市立商校

中學訓育之我見

何謂易

一、訓育之重要

成功的教育是要使每一個受教育者均能成爲完人，不管他的素質如何，在教育上所得到的效果都是一樣，固然有賢愚優劣之分，如能以後天的教育來補足他先天的遺傳，使得人人均能成爲實際有用的人才，這纔是教育的成果。

學校教育，無疑的在今日爲教育中之主幹。學校教育，除能使受教者增長智能，更能增進其德育之發展，而且德育比智能尤爲重要。因爲一個人即使他的學識稍爲淺陋，道德很好的人，他影響社會較小。假如一個人的學識融會中外，貫通古今，可是他的道德上有了缺陷，他對於國家社會必是害多益少。例如我國在這次對日抗戰期中，多少有才學的人，都奴顏卑膝，甘爲漢奸，出賣祖國，即一明例。所以訓育在學校中之得失，小則關係個人前途與學校風紀。大則影響國家及社會之隆污。

二、青年都是純正的

訓育的重要，既如上述，而目前一般學校仍有不安之現象，甚或激起風潮，固然受時局及社會不安的影響；不過像這一類的事態，我們應當予以仔細的觀察，分析及處置。所以担任訓育工作者，更應事先防止事件的發生。

一般青年的本質都是很純正的，容或在思想上或行爲上有所差異，這不過是由於環境的關係而形成的。從前某一個學校有一個中學生，成績比較窳劣，他的級任導師始而箴規訓勉，繼而對他置之不理；因此，這個學生依然故我，絲毫不知悛悔。不久，該級導師因事他去，學校另請了一位導師，他對於這個學生過去的行爲，一概不知，今後如對其他一般學生一樣，能用種種調查與測驗的方法，明瞭各個學生的個性及心理狀態，然後精神上再施以個別的感化與訓練，糾正每個學生意識上和生活態度上的錯誤。他們在日常接觸中導師雖是訓誨勸勉，但却能恩威並濟，保持如親子間因「愛之深而責之切」一樣的至誠，使學生於體認接受之後，對於事理固然心悅誠服，對於師長並能倍加敬愛。就這樣在這位新導師的人格感化之下，不到一年的工夫，這個學生的一切觀念和讀書態度，皆與以前大異，就好像在這位導師精神的潛移默化中，不知不覺的改變成另外一個人了。由此可知訓導的方法，也要因人而不同，主要須針對學生的個性，不可依照個人之主觀見解。

青年的本質既然都是純正的，所以担任訓育工作者，應該從這一方面注意，首先要使他的觀點正確，不容錯誤，應該負起眞正從事敎育者的任務，注重提高普遍的素質，不應有所偏頗，然後才可以獲得敎育上的成果。

三、注重積極啟發避免消極處罰

青年學生在各方面的見解，自然比較的膚淺，很多事情常有觀察不正確的情形，甚至因此而發生不良的結果，這一些事情，當然也不能責難他們；因爲他們年紀很青，理解力不够，自是情有可原，爲師長者應當遇事對他們善爲解說，並且要指示他們正當的途徑，不要使之誤入歧途。

敎師們對於學生們應注重啓發，不要使他們變成一個被動的機械式，推一下動一下，也不可使他們變成一個書呆子似的，死讀書讀死書，所謂：「處處留心皆學問」，確實有幾分道理。

學生如果犯了過失，固然應當處罰公平，可是處罰不過是一種補救的辦法，並不是積極訓育的辦法，正如一個眞正法治的國家，並不需以很多的法律來禁止人民有違法的行爲，而是希望人民自動的不違法，同時學校裏的情形也是這樣。學校裏風紀納入正軌以後，並不一定要先生很嚴厲，更不可以處罰的手段來威脅學生，而是需要以良好的敎育方法來培植他，儘量避免處罰的措置。

四、發揮自覺自動自治的精神

學校是培養人材的地方，今日學校裏的學生，就是來日國家的棟樑和社會的中堅，學校裏的一切，對於學生的將來影響很大。學校當局也應當能高瞻遠矚，行政上從大處着眼，使學生養成自覺自動自治的精神，學校僅予以適當的指導，但不可存有堅持以約束學生爲訓育原則的錯誤成見。

學生的事情最好讓學生自己來管理，敎師們只可立於從旁輔助的地位，因爲學生若自動參與活動，可以引起工作興趣，並增進其組織能力；譬如學生自治會即爲一個使其實習的良好機會，學校當局應善爲輔導，使學生對自治會的組織發生熱烈的感情和迫切的需要，不致與學校立於敵對的立場，並能養成學生有服務公衆的責任心，而減少消極訓育的管訓。

五、師生生活打成一片

青年都是純正的，所以平日在校中生活，師生之間不應稍有隔閡，師長的一切思想與態度，都要示範學生，使學生學習，學生的生活一切不可與師長脫節，不但其家庭狀況習性偏好，須使師長得以明瞭，即其生活上之小節，偶然所遇之疑難問題，亦必要隨時請益師長，指示解決的正當方法，並於生活上爲保持密切聯繫，於校外應由級任導師及負有訓育責任的師長，經常至學生家庭作私誼上的訪問。於校內，應對學生隨時隨地施以個別談話，從而獲知學生之性情與志趣，對其讀書處事待人接物，以便予以有益之指導，俾可不斷糾正其言行思想，使之不至誤入歧途。至於課外一切活動，如體育比賽、遊藝節目、音樂晚會、遊覽風景等，以及其他種種活動事項，凡有學生足跡之處，敎師都當廁身其間，同其好惡，不分高下，除卻敎室內須絕對保持莊嚴師儀外，至於師生課外之接觸，則應維持誠懇親睦之感情，一如家人父子兄弟一樣之坦白直率，勿須有隱諱之言與機祕之事，然後才可相見以誠，學生對師長之箴規，無不可接受之理。如是才能盡量發揮訓育的最高效能。

我怎樣訓導學生？

陳重寅

「難莫難於人管人！」天下最吃力不討好的事，莫如學校訓導工作。

一般人都會說：「管學生要嚴！」誠然！但不是片面的對學生「嚴緊」與「嚴厲」，必定要自己「嚴正」、「嚴肅」、「嚴明」、「嚴謹」，才能收到「師嚴而後道尊」的「嚴」字的全面意義。

我反對「民可使由之，不可使知之」曲引誤解的對學生一味以「絕對服從，莫問道理！」的高壓，而使學生盲從。我要學生知其然，我更要學生知其所以然。

我喜歡對學生講明道理，使他了解。徵引取譬，不厭求詳；雖然同事和學生頗有一部份人嫌我囉嗦、多言，但我認定還是對的！修辭與組織應力求精練與簡明，但原則是不可變的。

我極注重指導學生運用知識學問去做事、做人，這是教育的全面，和學、行、體的聯繫、配合與協調；並非功利主義，更非不懂所謂「純理學科」之意義。

我更注重指導學生把「理智」和「感情」分開，公、私、義、利，和是非、利害判清，因爲這是做人、做事的基本條件。

我崇信天理（眞理、公理）、國法（一切紀律、法規）之外，相當重視人情，但不徇情、重情，我極關切、體貼學生的生活，但絕不「姑息」或「婦人之仁」。

我注重糾正學生的小動作，我反對「呂端大事不糊塗，我們小事可馬虎」的說法。

我的訓導技術不大好，心氣欠和平，反應嫌太快，易暴躁、惱怒，求效過急，愛切言深，往往激動感情；以是常遭反感。

此外我極端注重「眞正客觀的合理化」，「應用科學方法」，「崇善服務道德」，「提高正義感」，「勇於任怨」，「想與說、做一致」，「凡事總得研究改進」，「人要會忙、會閒、會玩」，「努力職業進修」，「實行民主修養」，「五育並重」，「純誠而行道有術」，「充實軍訓、童訓與新生活，」等等的鼓吹倡導與力行，與學生切實的共勉。但效果與反映不見佳，其原因先怪我的技術，次緣學校內外大小環境的不能配合，與不够理想。

還有一個要點：過去二十三年的經驗事實，證明我自己的修養工夫和我的訓導效果　恰恰成爲正比例，而且絲毫不爽！凡是我自己修養工夫努力的時候，和有進境的地方，也便是我訓導學生收效果的時候，和得力的地方。

我常常竊笑旁人不懂教育，更不懂訓導；但我自反：我幹了二十三年的訓導工作，「見解雖頗少錯誤，而力行倘欠工夫！」今後當勉下和易、循誘、感化的王道工夫，而力戒暴躁、惱怒，和求急效，與言太深。（免犯失言或失人之誤）但應變、解紛的需要鎮懾和懾服時，權宜的魄力與豪氣，亦不可全泯。

訓導語彙

重寅

余從事中學訓導工作，嘗於實際體驗中，獲得若干近似理論原則式之詞語，以爲工作實施上之信念及準繩。茲擇錄若干條於次，以就正於有道。（其中雖有若干是原來的成語格言，但余確係經過一番體驗、認識後，始錄入者。）

（一）訓是啓迪，導乃指引。

（二）訓導工作，是難莫難於人管人的工作。

（三）經師人師，應該合一。

（四）言教不如身教。

（五）暗示重於明示。

（六）做人重於求學。

（七）先品行，次學問。

（八）有道德而無學問，如一懦夫；有學問而無道德，如一惡漢。

（九）訓導是犧牲自己，成就他人的工作。

（十）一切事是人做的，一切人是教育上訓導工作造就的。

（十一）訓導學生，要從穿衣，吃飯等生活細節上，「使有條理」做起。

（十二）做人有辦法，做事、做學問，也都有辦法。

（十三）訓導工作之收效，多在學生畢業離校後始看得出。

（十四）我們要對學生的將來行爲負責任。中學時期要打好他們做人的基礎。

（十五）應用並運用知識去做事、做人，是訓導工作的中心。

（十六）幹訓導工作，自己首先要有「肯認錯」的精神。

（十七）抑制情感，提高理智。

（十八）子率以正，孰敢不正。

（十九）上有好之者，下必有甚焉。

（二十）力行講到做到，切戒不兌現。

（廿一）自己先要時時、事事反省檢討。

（廿二）先使「知」之，再令「由」之。

（廿三）最要是「使學生知其所以然」。

（廿四）臨做傻瓜，勿做乖子。

（廿五）從「誠拙」二字下手。

（廿六）堅信力量是不會白費的。

（廿七）常替學生想想。

（廿八）常替學生家長想想。

（廿九）認識一切矛盾，不能統一，必求縮短距離。

（三十）細心體念一切社會的動態。

（卅一）指陳現實，使學生自家體味。

類此之詞語甚多，茲以限於篇幅，不克備舉。

訓導工作的實施原則

李昭大

我國教育宗旨，已由政府明令頒布，而中等學校訓育要目，亦經教育部訂定實施，從事訓導工作人員，當不患漫無準據；願以訓導工作的對象，爲智愚不同，範圍廣泛之各種學生，如何使訓導實施的方法，獲致理想的結果，筆者願就近年從事訓導工作之經驗，一得之愚，略揭其重要之點如次：

一、積極的而非消極的

一般訓導實施的方法，凡採用消極的禁止者，縱能收效於一時，終亦不可以爲訓。蓋在平時如疏於積極的訓導，等待問題猝發，始予糾正或處罰，則在教育的意義言，固然有所未盡，而在良知上，亦難辭疏於注意之咎。如平時常採用積極的方法，因材施教，因勢利導，以培養學生完美健全的品格爲依歸，使不正當的行爲，感化於無形，進而使學生不獨不爲惡，且能勇於爲善。

二、間接的而非直接的

直接的指導，雖簡單而明，唯人類自尊心不予保持，則其自信心難趨於健全與發展，故由接的訓導方法，常較直接者收效爲宏。假使學生已有不正當行爲已發現，如直接的予以訓斥，易令其自尊心喪失，且屢犯屢斥的結果，將使其廉恥道喪，而陷於不可救藥之境，間接的訓導、即對於該不正當行爲的學生，明瞭其變態心理發生之原因及過程，施以適切的說服，令其自覺行爲之不當，俟其反應甚屬良好時，應即鼓勵其勇於悔過自新，非至萬不得已之時，務須避免訓斥。其能以和顏悅色而令該學生自動悛改者，實爲實施間接訓導最上乘之妙法。

三、自動的而非被動的

語云「工作貴出於自動」，如教室的清潔，學校環境的美好，以至學生個人服裝的整潔，均有賴於學生自動的注意，齊心協力以達於理想。假使學生僅懍於規定而奉行，即使非敷衍了事，亦不過勉強奉行；自與訓育宗旨多所違悖。且被動工作的結果，容有因學生表面上的屈服，而其內心反加深反感或頑抗的因素，則尤難忽視。至於校規的遵守，校風的振勵，尤須學生有自動的傾向，使能於不知不覺之中養成良好的習慣，而不致有畏懼、恐怖與憂慮等因素存在，從而反感與頑抗的因素自可根絕。

四、具體的而非抽象的

將一套空洞的問題，如仁、義、禮、智、信等，向學生施教，因此項抽象的教材與實際生活，有相當隔離，學生感受以後，雖不至於瞠目不懂，但其乏味與不親切，自是意料中事。訓導工作對於學生日常生活的關聯異常密切，而學生健全的品格之養成，係由於其日常生活薰陶於優良環境中的累積；故實施訓導的資料，以與日常生活有關者爲適宜。具體的價值遠非抽象者所比擬；故抽象的教條的資料，當以愈少引用爲愈佳。

五、生動的而非機械的

訓導的實施方法宜於生動化、活潑的，不宜採取機械的，理由至爲明顯。青年學生的本性好動、好新奇、好創造（其實亦爲人類天性所同）故，如以機械的方法實施，則學生的個性易趨呆滯，且不爲其所樂於接受。實施訓導工作的方案，宜富機動性，多利用課餘活動以促使學生相互情感之交流，增加學生生活之實際興趣，每週有施訓中心項目，每學期有施訓的中心要旨，輪流更換，反覆施教，以促使學生活潑有朝氣。

六、自主的而非專制的

各校學生自治會的組織目的，在使學生獲有自主的訓練與習慣，而每一國民均爲國家的主人，在民主世紀的今日，專制的桎梏自應盡力摒除。蓋在校之學生已有自主的訓練與習慣之養成，將來在社會生活時，當不能甘受專制之壓迫。故一般課餘活動，以學生自主爲原則，担任訓育工作者祇站在輔導的地位，以啓發代替專斷，以合作代替獨行，俾使學生自主的能力充分發揮，以養成時代需要的民主精神爲歸依。

七、實踐的而非理論的

訓育工作的實施，貴能以身作則，以身行教，凡能獲得學生堅定之信仰與同情，則其實施的目的，自可獲得最圓滿的效果；例如以「樸實」爲施訓的中心項目，設使自身未能踐行，厚其脂粉，華其服裝，則將使學生發生驕奢的感覺。故訓導工作者的言行，在在爲全般學生所注意，故不能前後矛盾，表裏不一致，至於施訓教材的實踐性尤需格外注意。

八、情感的而非理智的

欲求訓導工作的收效，對於師生間感情的培成，頗有必要。訓導工作者，決非要使學生懷威而不懷德，而冷若冰霜的臉孔，尤易使學生不敢接近或望而卻步。故對於師生間的日常生活，與其偏於理智的做法，不如側重於情感爲宜。對於學生的冷暖與疾病，乃至於家庭間的生活，不妨以關切之情，時予瞭解，以通過感情的做法，達到訓導工作的理想境界。

以上所陳，僅舉其犖犖大者，雖微嫌籠統，惟自信對於訓導工作的實施原則，或不致大相逕庭，尙望專家學者賜與教正！

京市一中實施『深化訓導』之要旨

涂世澤

學生在中學時期，還是「半成熟」、「準成熟」的，其可塑性仍然存在，我們教育者，應當小心翼翼忠勤懇摯的在他們奠定一個做人的基礎，指引他們一條人生的大道，軌範他們處事立業的正常態度和精神，這不僅是爲了他們個人，實亦爲了國家事業，並且也是我們的責任。

人類不貴有知能，貴乎能用知能于正當之途，所以本校本學期配合着「加强教學」，提出了「深化訓導」的辦法。

孔子說：「道之以政，齊之以刑，民免而無恥；道之以德，齊之以禮，有恥且格」。我們辦訓導工作的人，如果祗講究處罰學生，其結果最多祗能迫使學生掩藏「眞我」，造成學生的「免而無恥」；于是學生在校雖循規蹈矩，出校往往仍犯錯誤。這樣的訓導，其成果是暫時的、表面的。近年來政治舞台上的營私，官吏的貪汚，我們在教育工作者的立場，固然是痛心疾首，但是也應該反躬自問，不能不承認過去學校訓導的失敗。

我們所提出的「深化訓導」，其唯一的要義、就是對于學生不過事拘束，不希望學生表面化的「免」（掩惡），而側重於學生優良習性的培養；要我們所施的訓導能深入學生的心裏，養成學生高尚的「眞我」，使其能「造次如是，顚沛亦如是。」這樣的訓導，其效果不僅有益於學生個人的處事立業，而且也有補於國家社會的前途。

深化訓導既着重在養成學生高尚的「眞我」，所以實施的方法，也在促起學生自覺、自動的精神，培養其自愛、自尊的心理，學生有了過錯，處罰以外，還要使其自覺其非，促其自動改過，更進一步，行爲不善的學生，固然是我們訓導的對象，就是有善不爲的學生，也應該是我們深化訓導的對象。

總之，我們所提出的深化訓導，是「王道」的訓導，希望訓導的效果，能有永久性。而實施的辦法，在在求其能促起學生的自覺、自動精神，軌範學生的處事立業的正常態度，爲學生奠定一個做人的永久基礎；使此輩學生走入社會，能不隨俗浮沉，而成爲國家的中流砥柱。

訓導工作與學生心理

——一個實際訓導測驗的報導——

陳重寅　梁澤楚　涂世澤

一、訓導測驗的意義

訓導工作，在學校教育中，毫無疑義的是最難做而最重要的一環，舉凡校風的養成，人格的培育，以及待人接物，處事做人等一切良好習慣的陶冶，莫不有賴訓導工作者循循善誘，孳孳勸導，小而影響個人的成敗，校譽的良否；大而影響社會國家的前途；擁有優秀俊拔的青年的國家，一定是富强康樂的國家，推之古今中外，無不盡然。今日中國的教育，値得研討的問題很多，而訓導問題實在是最値得研究的問題之一。中等教育階段尤其重要，因爲受中等教育的學生，年齡都在十二歲以上，二十歲上下的青年，一切身心的發展與變化，非常顯著，心理學家，稱之爲「再生期」，有如狂風暴雨的海上，山雨欲來的峽谷，這股磅礴的生氣與活力，逆之則問題叢生，順之則左右逢源。故在此時，訓導工作者，必須明瞭青年身心的發展與需要，以客觀爲立場，以誘導爲方式，以己身爲模範，以人格去影響人格，在訓導學生中訓練自己，共同生活，共同工作，共同學習，完全與學生打成一片。祇有這種訓導，學生才能接受，也祇有如此訓導，才能發生教育效果。那些强制式的、警察憲兵式的，收效於一時的訓導，或放任式的、無爲式的、妥協式的訓導，我們應該絕對避免，絕對揚棄。話又說回來，「子非魚，焉知魚之樂？」訓導人員，不是學生，如何知道青年學生的身心發展與需要。我認爲除了回憶自己過去在青年學生時代的心境，以及密切地與青年學生共同生活外，運用訓導測驗的方式，去測知他們的志願、興趣、理想、思想，以及對生活的態度與需要等心理，實爲必要的措施。根據這個出發點，我們擬定了這個訓導測驗。

二、編製與統計的經過

本校實施「深化訓導」，已歷年餘，收效雖宏，然深深自省，問題尚多

南京近代教育檔案

。這個測驗的編製，就是作爲「深化訓導」的根據與參考，編製和測驗統計的程序如下：1.整個測驗共五十題，分「塡充」、「選擇」與「是非」三種方式。2.規定每題只能塡寫或選擇一種答案。3.測驗的內容，包括志願、興趣、理想、思想、習慣及對生活的態度、需要與檢討。4.測驗編定後，由各班級任導師分發塡寫，並鄭重說明塡寫時須坦白眞實。5.塡寫畢，指定各班班會主席及學藝股幹事、服務股幹事分別統計、整理。6.將各班統計整理的資料，彙集訓導處，作總合的統計、整理，得到如下的結果。

三、測驗後統計與整理的結果

（本測驗共五十題，玆將表示中學生一般心理之十二題的結果錄後。）

（A）我將來立志要做：（一〇八八人）

1. 工程師	三〇二人
2. 軍人（陸軍）	二一九人
3. 醫生	一〇七人
4. 從事教育	一〇二人
5. 政治家	一〇一人
6. 科學家	五二人
7. 空軍	五二人
8. 學農	三〇人
9. 文學家	一七人
10. 公務員	一七人
11. 服務社會的好人	一三人
12. 新聞記者	一二人
13. 商人	一〇人
14. 邊疆屯墾者	九人
15. 實業家	七人
16. 海軍	六人
17. 律師	五人
18. 領袖	五人
19. 藝術家	四人
20. 郵政	四人
21. 工人	三人
22. 外交家	二人
23. 遊歷家	二人
24. 天文家	二人
25. 共他如偵探、農人、會計、音樂家、航海家	各一人
總計	一〇八八人

（B）我愛讀的課外書籍：（一二二六人）

1. 文藝小說	四七四人
2. 雜誌	一九五人
3. 科學書籍	一四四人
4. 偵探書	九六人
5. 報紙	七五人
6. 教育書籍	四七人
7. 名人傳記	三四人
8. 寓言故事	三一人
9. 三國誌	一七人
10. 歷史類	一五人
11. 畫報	一三人
12. 軍事類	一三人
13. 地理類	一〇人
14. 三民主義	九人
15. 空軍類	八人
16. 修養	七人
17. 新詩	五人
18. 古籍	五人
19. 政治類	五人
20. 戲劇類	四人
21. 憲法	四人
22. 農藝	三人
23. 哲學	三人
24. 藝術	三人
25. 英文	三人
26. 共他如衛生、社會、及遊記	各一人
總計	一二二六人

（C）在學校中最感興趣的學科：（一五二五人）

1. 英文	三三八人
2. 數學	三〇〇人
3. 國文	二七九人
4. 歷史	一六二人
5. 化學	一一七人
6. 地理	七六人
7. 圖畫	五七人
8. 體育	五〇人
9. 生物	四六人
10. 物理	三八人
11. 公民	二三人
12. 音樂	一七人
13. 童軍	一一人
14. 勞作	一〇人
15. 衛生	一人
總　計	一五二五人

（註）參加測驗學生計一四四八人而本題總人數達一五二五人想係有數人塡答兩科以上所致。

（D）在學校裏最不感興趣的學科：（一一四七人）

1. 數學	二六四人
2. 地理	一七九人
3. 英文	一六六人
4. 衛生	一一一人
5. 歷史	九六人
6. 國文	六五人
7. 生物	六一人
8. 圖畫	五九人
9. 化學	三三人
10. 音樂	三二人
11. 公民	二六人
12. 勞作	二一人
13. 物理	一六人
14. 童軍	一二人
15. 體育	六人
總　計	一一四七人

（E）我愛好的娛樂：（一三六五人）

1. 操場運動	四七六人
2. 音樂	三六〇人
3. 看電影	一六八人
4. 下棋	一二二人
5. 旅行	三八人
6. 話劇	三四人
7. 圖畫	三一人
8. 看小說	二四人
9. 國樂	一八人
10. 游泳	一五人
11. 口琴	一四人
12. 乒乓球	一二人
13. 自行車	一〇人
14. 平劇	九人
15. 談心	六人
16. 滑冰	三人
17. 釣魚	三人
18. 射槍	三人
19. 書法	三人
20. 講演	二人
21. 勞作	二人
22. 舞蹈	二人
23. 划船	二人
24. 國術	二人
25. 集郵	二人
26. 其他：照相、剪報、騎馬、打彈子	一人
總　計	一三六五人

（F）中國當代名人中我最欽佩者：（一〇一三人）

1.	蔣主席	五八二人
2.	胡　適	八一人
3.	陳　誠	六八人
4.	于右任	四七人
5.	王雲五	四三人
6.	白崇禧	二四人
7.	孫　科	二二人
8.	吳稚暉	二〇人
9.	盧冀野	一七人
10.	顧[illegible]伯	一〇人
11.	何應欽	一〇人
12.	馮玉祥	七人
13.	張治中	七人
14.	張　謇	六人
15.	王世杰	六人
16.	陳裕光	六人
17.	孫立人	五人
18.	龔傳賢	五人
19.	周至柔	五人
20.	張伯苓	四人
21.	郭沫若	四人
22.	胡宗南	三人
23.	巴　金	三人
24.	華羅庚	三人
25.	邵力子	二人
26.	其他如：蔣夫人、陳立夫、蔣經國、翁文灝、茅以昇、林語堂、李宗仁、朱自清、梅蘭芳、居　正、邵從恩、馮友蘭、吳有訓、謝冰心、傅斯年、陳雪屏、顧維鈞、洪　深、馬占山、齊白石、曹　禺、茅　盾	各一人
總計		一〇一三人

（G）我對中國的前途：（一二九三人）

1.樂觀，七四七人；2.悲觀，四七一人；3.無所謂，七五人。

（H）我認爲中國應與做朋友的國家：（一二八五人）

1.各國，八一五人；2.美國，四一六人；3.英國，三一人；4.蘇聯，二三人。

（I）我對師長的處罰：（一三六〇人）

1.反省，九二七人；2.接受，三九一人；3.反抗，四二人。

（J）我對三民主義：（一三三七人）

1.似懂非懂，七三一人；2.了解，五〇〇人；3.不了解，一〇六人。

（K）人生如夢，何必努力奮鬥，自討苦吃：（一三一二人）

1.認爲不對者，一二七二人；2.認爲對者，四〇人。

（L）我認爲中國的病根是：（一三七三人）

1.貪官污吏	三六二人
2.自私	二九九人
3.不團結	二六九人
4.教育不普及	七〇人
5.不講衛生	五三人
6.窮	四七人
7.政治腐敗	四四人
8.道德淪喪	三四人
9.科學落後	三〇人
10.內戰	二八人
11.無進取心	二七人
12.懶	二六人
13.講人情	二五人
14.只說不做	二二人
15.不負責任	一五人
16.依賴	一三人
17.無同情心	三人
18.有共黨	二人
19.不守時	二人
20.獨裁	一人
21.人民不信仰政府	一人
總計	一三七三人

四、統計後的感念

根據以上十二項統計資料，我們可以大略窺測在一四四八名受測驗的青年學生中，對與志願、興趣、思想、理想，以及對生活態度的輪廓與趨勢，少數偏激或乖僻的學生，即可加以個別指導或補救。我們做完這一統計後，發生下列的七個感念：

1.俗語說：「人貴立志」，尤其生爲今日的青年，應早早立定志向，向着一定的目標邁進。在受測驗一四四八人中三六〇人，沒有填述志向，我們應在平日加以指導，使其確定志向，以爲一生努力的指標。此次測驗中，立志將來爲工程師者三〇二人，佔第一位，其他立志做軍人、醫生、從事教育、政治者，亦屬不少。當然人各有志，誰也不能硬性地勉強；但是我們可以將此次統計的結果，作爲升學就業指導的參考。

2.課外閱讀，總以有益知識與身心修養爲原則。在此次測驗中，發現學生課外閱讀的範圍甚廣，達二十餘類，愛讀文藝小說與偵探、寓言故事類者，達六〇一人，幾近二分之一。這是青年學生必然的現象，在添置圖書與指導課外閱讀時，一方面要顧及學生的心理與興趣，而對於學生學識與品格之修養，尤不應忽視。

3.學生對於校內正常課程感興趣與不感興趣，與教授者有很大關係。在此次測驗中，在一五二五答案中，對英、數、國三主科感興趣爲九一七人，佔百分之六十以上；而對於音樂、童軍、勞作、衛生等科感興趣者，僅及三九人，祇佔百分之二·六。反之，對英、數主科不感興趣者在一一四七答案中，爲四三〇人，我們應該研究其中的原因，加以補救，使不感興趣者，感覺興趣，感覺興趣者，更感興趣，以期達到中學階段，各科平均發展的原則。

4.娛樂對於身心健康與學業增長，關係很大，英文中「Recreation」一字，亦係「再創造」的意思。所以學生娛樂，也是訓導上最關重要的一項。此次測驗中，學生對於愛好的娛樂，範圍很廣，達三十餘種，其中愛好操場運動者爲四七六人，幾佔百分之四十，其他愛好音樂、電影、下棋、旅行、話劇、繪圖、國樂等，亦屬不少，故訓導工作者應盡力充實娛樂設備，組織各種娛樂團體，領導青年學生，從事正當娛樂。

5.近來常聽到一般人說：青年學生如何消極？如何悲觀？如何偏激等危言聳聽的言論，然而此次測驗的結果並不盡然，在一二九三答案中，對於中國前途樂觀者爲七四七人，佔大多數；認爲「人生如夢，何必努力奮鬥，自討苦吃，」不對者在一三一二答案中，佔一二七二人，師長處罰而認爲應當反省與接受者，在一三六〇答案中，佔一三一八人。而消極、悲觀與偏激者只屬少數，訓導人員即可從事個別指導與說明，以納於正軌。

6.欽佩最高領袖　蔣主席者在一〇一三答案中佔五八二人，了解立國最高原則三民主義者，在一三三七答案中，佔五〇〇人。認爲中國應與各國做朋友，在一三八五答案中，佔八一五人。在中學生立場而言，足見其思想與見解之一般，訓導工作者，應隨時開導。

7.對於中國病根的見解，充分表現其赤子之心，認爲「貪污」是中國的病根者，在一三七三答案中，佔三六二人，認爲係「自私」者，佔二九九人，認爲係「不團結」者，佔二六九人，認爲係「教育不普及」者，佔七〇人，訓導工作者，應根據此種統計的結果，加以勉勵，懲前毖後，以堅其操守，使他們將來踏入社會，免去這些病根。

最後幾點說明：

1.本測驗共五十題，受測驗者計一四四八名，一時難以全部統計、整理，今先就其重要而有代表性者十二題，統計完畢，寫爲斯文，然已花去不少時間，以後自當全部整理，續向讀者報導。
2.本測驗受測驗者全係男生。
3.本測驗蒐集後發現少數意思含混及不合規定者均略去未記。
4.本測驗因係草擬，缺點甚多，以後仍當繼續修訂，盼高明有以賜教。
5.全部測驗題目附左。

南京市立第一中學　**訓導測驗**　卅六年十一月七日　訓導處編製

I 填充

1. 我將來立志要做＿＿＿＿
2. 我愛讀的課外書籍是＿＿＿＿
3. 中國的病根，我認爲是＿＿＿＿
4. 我在學校裏，對＿＿＿＿科，最感興趣。
5. 我在學校裏，以＿＿＿＿科，成績最好。
6. 我在學校裏，對＿＿＿＿科，最不感興趣。
7. 我在學校裏，以＿＿＿＿科，成績最差。
8. 在校老師中，我最欽佩＿＿＿＿先生。
9. 在同班中，我最敬愛＿＿＿＿同學。
10. 政府當局要員中，我最欽佩＿＿＿＿
11. 中國當代名人中，我最欽佩＿＿＿＿
12. 世界當代名人中，我最欽佩＿＿＿＿
13. 中國歷代名人中，我最欽佩＿＿＿＿
14. 世界以往名人中，我最欽佩＿＿＿＿
15. 自省我的優點是＿＿＿＿
16. 自省我的缺點是＿＿＿＿
17. 我愛好的娛樂是＿＿＿＿
18. 我來讀書爲的是＿＿＿＿
19. 我最怕＿＿＿＿
20. 我最討厭＿＿＿＿
21. 我最愛吃＿＿＿＿
22. 人生以＿＿＿＿爲目的

II 選擇（選擇你認爲是對的一項，打一橫綫於下。）

23. 我的性格(1)好動(2)喜靜(3)不頂喜靜也不太好動。
24. 我對中國的前途(1)樂觀(2)悲觀(3)無所謂。
25. 我每天(1)必看報(2)不看報(3)看幾個大標題。
26. 我的父母對我(1)嚴格(2)不管(3)無所謂。
27. 我(1)喜歡運動(2)不喜歡運動(3)平平常常。
28. 我希望中國與(1)美國(2)蘇聯(3)英國(4)各國做朋友。
29. 我的朋友(1)很多(2)很少(3)適中。
30. 我的家庭環境(1)很好(2)不好(3)尚可。
31. 我到唱國歌(1)必立正(2)不立正(3)有時候立正。
32. 我對課外活動(1)喜歡參加(2)不喜歡參加(3)有時參加。
33. 師長責備後我(1)反抗(2)反省(3)接受。
34. 我對三民主義(1)很了解(2)不了解(3)似懂非懂。
35. 我以爲(1)中央日報(2)救國日報(3)大公報(4)申報(5)新民報(6)＿＿＿＿言論最正確。
36. 我(1)恨共產黨(2)喜歡共產黨(3)無所謂。
37. 我(1)信迷信(2)不信迷信(3)有時信迷信。
38. 我喜歡(1)城市生活(2)鄉村生活。
39. 我見窮人(1)同情(2)可憐(3)盡力幫助(4)討厭。
40. 我(1)每天(2)每週(3)每月洗澡一次。
41. 我的身體(1)強健(2)有病(3)普通。
42. 我對一中(1)滿意(2)不滿意(3)無所謂。

III 是非（是的打「十」號，非的打「一」號）

43. 吃零食對身體並沒有害處…………（　）
44. 我愛看國產電影…………（　）
45. 人生如夢，何必奮鬥努力，自討苦吃…………（　）
46. 生爲今日中國的青年眞是倒霉…………（　）
47. 人生本來是一杯苦酒…（　）
48. 奮鬥才是人生…………（　）
49. 求學重於做人…………（　）
50. 外圓內方這是今日社會對人處事的要訣…………（　）

＿＿中＿＿年級＿＿組學生＿＿＿＿年＿＿歲（卅六年十一月＿＿日填）

國民學校的訓育問題

單成仁

一、何謂訓育

提到訓育便會聯想到人性。（包括反射、衝動、本能、情緒、能量等。）因爲訓育的目的，在改變人性；誠如大學所云：「大學之道，在明明德，在新民，在止於至善。」

（一）人性　關於本性善惡，自古學者即有四種不同的說素。但無論是孟子的性善說，荀子的性惡說，告子的無善無惡說，以及王充的有善有惡說，總表明人性是可以改變的。

（二）優良性行最重要　王陽明說：「記誦之廣，適以長其傲也；知識之多，適以行其惡也；聞見之博，適以肆其辯也；辭章之富，適以飾其僞也。」於此我們可以知道，優良的性行，是最重要的。

（三）訓育的目的　我們既知道，人性可以改變，而優良的性行，比學問還重要。那麼我們要怎樣應用教育的方法，提示做人的道理；使被教育者，對於善的本能，知所發展；對於惡的本能，知所抑制；對於可善可惡的本能，知所改良，從而檢束行爲，服從理知。一方面明辨是非，不爲「氣稟所拘」，不爲「人欲所蔽」。一方面勇於取舍，滌去舊染之汚，擇善而從；「貧賤不移，威武不屈，富貴不淫。」

二、訓育上的難題

（一）社會風尚反常　現社會道德淪喪，知能衰減。舊思想既經崩潰新道德尚未確立。充斥各種低級興趣和私利觀念，民族精神與活力，虧耗殆盡；投機取巧，虛僞倖進，各種劣行，與學校所訓育者，背道而馳；馴至互相抵銷，毫無功效。

（二）家庭訓育失當　家庭所期望於兒童者，每能超脫功利觀念。僅注意其將來之富貴利達，眞是眞非，往往不計。此其一。而家長知識能力及家庭情形，各不相同，其訓育主張，亦難一致。有主嚴詞訓導者，亦有向重體罰與譽罵者；甚或嬌養成習，管教失態者。主張不同，適應頗感不易。其流於溺愛，一切爲兒童辯護；忙於生活，一切在所不顧。而於家庭訪問，書面聯絡等，認爲無聊。凡此種種，均足以發生反效用。此其二。

（三）個性差異　人之個性，千差萬別，絕少相同。或由於遺傳，或由於環境。蓋遺傳與環境，於個性差異正互爲函數。（個性差異等於遺傳乘環境。）其間更有男女之分，習尚之別，以及生長期間，生理方面、心理方面之變化遲速，以及氣質等等差異，不一而足。教師訓育時，頗難一一適應。

（四）教師之精力與時間　教師從事訓育，自應顧及差異，摒除困難，或以團體訓導，或以個別訓導，以善誘各被教育者之性行，止於至善。但教師之精力不濟，時間有限，往往心餘力拙。

（五）學校設備不足　兒童於生長期間，因發展失其均衡之故，常會手腳呼應不靈，而做出錯事。如校中有相當設備，亦是應交替作用，以發洩其過賸的精力，而導之作善行爲。但限於現實，苦難依應，致因此而生的紛擾，無可避免。

三、怎樣訓育（包括管理訓練在內）

甲、原則

（一）一面身教一面言教　訓育人員，決不能終日板着面孔，令兒童望而生畏；必須親切友愛，循循善誘，以身作則，予以身教。至訓育方法，事前首要將善良性行，剴切訓導；並須設計種種有益的行爲來替代，預爲防範。隨時潛移默化，加以監護；事後應予訓誡，使其改過遷善，自相檢束，予以言教。善行並要多多獎勵。

（二）一面致知一面力行　力行者，謂在兒童實際行動中，直接培養各種優良的德性而力行之。致知者，謂由文字或語言，訓練思想，陶冶觀念，以自動改進其生活和行爲。力行着重在行，致知是由知及行。在訓練的時候，要利用或假設種種的情境，使能充分明悉。部頒訓育標準上面，曾指示我們，關於養成觀念的：先要用歸納的方法，使兒童在許多實際情境裏，經驗許多特殊的行爲，建立一個堅定的觀念。次要培養兒童的情操，使其有一種高尙的感情，支配日常的行爲。並須持有一種正當的態度，目前的利害關係，在所不計。關於養成能力的：先要分析這種能力包含那幾種基本能力。再因兒童生理上、心理上發展的程度，而予以適宜的訓練。關於養成習慣的，由：（一）分析，（二）示範，（三）試做，（四）糾正，（五）反覆練習等五種步驟，而訓練純熟。

（三）注意荀子所說的「積」與「漸」兩點：關於性行修養是件相當繁難的事，一面要將善良行爲日積月累，做到積善的工夫；同時對於善良行爲要漸次增加，使能做到一步是一步，做到一點算一點，實際做到漸進的要點。尤關重要的是一面要堵塞惡行之門，一面大開善行之路。

乙、方法

（一）佈置環境：上面既已說明環境亦足以影響個性，故於實施德行訓練時，須佈置一合適的環境，以便潛移默化。其主要的：

（1）校門外　佈置有關教育的標語；

（2）進門處　置屏門書「禮義廉恥」校訓等；

（3）禮堂　勻書靑年十二守則，懸掛　國父遺像、元首肖像，以及聖賢名人像；

（4）教室　佈置與級訓或常規有關之標語畫等；

（5）走道或牆壁　繪整齊、清潔等新生活運動標語畫；

（6）專用校舍　視其性質佈置，如校園書愛護花木等。

（二）訓練：

一、中心訓練：

作用	實例		
	時期	現象	訓練
順應作用	開學	或以環境生疏，或以生活改變，散亂無秩序。	秩序
順應作用	一二週	學生往往無禮貌。	禮貌
改正作用		發現學生有因晏起遲到情形。	早起
改正作用		發現學生有浪費金錢之情形。	節儉
改正作用		發生不整潔之現象。	整潔
啓發作用		如救濟難民。	助人
啓發作用		如提示兒童舉辦合作社。	節儉
項目	如秩序、準備、忠勇、孝順、仁愛、信義、和平、勤勞、節儉、有恆、學問、整潔、禮節、助人、衛生等。		

二、常規訓練：

1.收發簿籍——（1）每排由第一名向後傳遞；（2）簿本右角書明號數；（3）分發試卷材料等時，由上層逐次取一。

2.準備用品——（1）筆、墨、硯、水，在課前準備；（2）鉛筆在課間削好；（3）課業用品要檢帶齊全；（4）各人用各人的用品；（5）上課時不能到別級借東西。

3.發問——（1）要說話先舉手；（2）得教師許可再起立發問；（3）等教師答問後再坐下。

4.板演——（1）同時不能有四人以上；（2）其餘的人要注意觀察或自行演算；（3）要寫得整潔；（4）做好不要改動。

5.作業——（1）今日事今日畢；（2）課卷做好再看一遍；（3）按時交卷。

6.缺課——（1）沒有不得已的事不請假；（2）缺課要補習；（3）不懂的先問同學，再問老師。

7.出入教室——（1）聽到上課鈴，立刻進教室坐好；（2）大讓小，男讓女，不爭先；（3）遲到的要輕聲走動；（4）要行禮；（5）點名答到；（6）教室內不奔跑。

8.服裝——（1）服裝要整潔；（2）在室內不戴帽；（3）隨氣溫加減衣服。

9.服務——（1）認眞洒掃；（2）愛護桌椅用品；（3）因事缺勤，先要請人代理，後要代人補做；（4）黑板要勤擦；（5）下節課要公用的東西早點準備。

10排隊——（1）要靜；（2）要齊；（3）要快。

11集會——（1）準時到；（2）守秩序；（3）必出席；（4）不私語

喧嘩，(5)要發言先舉手；(6)起坐走動要敏捷輕靜。

12公物——(1)使用遊戲器具依次不爭先；(2)用後放還原處；(3)愛護公物；(4)損壞要賠償。

三、特殊訓練：

項別	現象	訓導方式	
天才	理解力高，因先了解而厭倦、而無聊、而搗亂、而妨礙秩序。	愛惜導其所長	分小組或個別訓導
低能	辨別力差，易受人誘而作惡、犯規，擾亂秩序。	同情使其安分	
問題	無力向學，盜竊、說謊，性情暴戾，精神萎靡，怙惡不悛，及其他。	考查緣由善予導引	
特殊	有特殊才具或缺陷者	利用殊才補救缺陷	

四、德行競賽：

意義	因兒童競賽本能，利用競賽方式，砥礪性行。
方法	一、宣講意義，二、公布辦法，三、要有結果。
要項	1.種類、2.日期、3.單位、4.比賽標準、5.計分方法、6.名額、7.評判人選、8.比賽地點、9.給獎辦法。
德行競賽：秩序	秩序整齊，1.由級任共同負責，2.課間及上課整隊時檢查，3.秩序逐項依最高五分，依等給分，4.依總分評等第，5.錦標輪懸優勝教室。
德行競賽：早起	確定，1.比賽單位，2.規定到校（通學）、起身（寄宿）時間：3.以到校時間依次於黑板上日書五名，其過早及遲到者逐一記名，填送訓導處總冊。全體分數各計算標準時到校人數除以在籍人數所得之商，依次取列名次。
德行競賽：整潔	1.項目：（1）黑板、（2）地面，（3）門窗，（4）牆壁，（5）桌椅（6）用具。2.給分最高每項五分，以每日各項總分之和評定名次。3.由每日值日監護負責查評。4.錦標輪懸優勝級。
德行競賽：勤勉	1.項目：（1）曠課人數，（2）遲到早退人數，（3）請假人數，（4）折計：曠課人數（遲到早退共四次，請假二次，各等於曠課一次。（5）每週累計，（6）曠課總數除以在籍數求商。（6）依商評列名次，（7）錦標懸優勝級。
德行競賽：儲蓄	（1）競賽單位，（2）起訖日期，（3）收款組織，（4）收款辦法，（5）評判標準（各單位平均每人所儲之數），（6）獎勵，（7）生息分紅。
德行競賽：服務	（1）競賽單位，（2）競賽及評判日期，（3）評判標準（精神廿五分，方法廿五分，效果五十分。）（4）每期分三次由各單位指導教師給分，（5）依總分評名次，（6）名譽獎狀。

上列整潔、勤勉、秩序三項，每週經常比賽。

學藝比賽	
講演	（1）代表產生及名額，（2）講題（命定或指定範圍），（3）時間，（4）順序，（5）單位，（6）錄取名額，（7）標準（低：題材20，語言50，儀態30；中：題材25，語言45，儀態30；高：題材30，語言40，儀態30。）（8）評判人數及人選，（9）個人依總分，團體依該單位總分求和評列，（10）分預賽決賽兩次，（11）獎品。
遊技	（1）參加人員，（2）項目（踢毽、跳繩、拍球、滾環等之一），（3）標準（1.不越活動限制之範圍，2.次數最多，3.花樣最多。），（4）順序，（5）錄取人數，（6）評判，（7）獎品。
習字	（1）日期，（2）時間限制，（3）材料（由校定或自由寫），（3）分組（班級為主），（4）評判，（5）比賽單位及地點，（6）成績用百分法，（7）標準（量表），（8）辦法（依人數比例由各組薦卷），（9）錄取人數，（10）給獎。
算術	（1）日期，（2）測驗題，（3）比賽地點，（4）分組（班級為主），（5）評判，（6）成績百分法，（7）標準，（8）錄取人數，（9）獎品。
作文	（1）時間，（2）文題，（3）分組，（4）評判，（5）標準（作法50，思想30，誤字（無誤字10），書法10。），（6）辦法（依比例薦卷），（7）取人數，（8）給獎。
歌詠	（1）時間，（2）材料（自由選或指定），（3）分組，（4）評判，（5）標準（禮節10，表情15，吐字15，準確20，音之質量15，節拍20，2.團體獨唱（儀表，合唱整齊5。），（6）辦法（1.個人各別給分，2.團體（集體）計個人分數，（7）錄取名額，（8）給獎。
演劇	（1）（2）（3）（6）（7）（8）同歌詠，（4）標準（表演逼真，動作自然，協調表情，合式，音調合度，言辭清楚，台辭純熟，劇本佳良。音調10，餘皆1[illegible]）。

五、獎懲：

	意義	價值
獎	用獎賞的方法，激勵兒童行善。	理論上，獎不足以激成善行，徒使兒童虛偽驕傲，且足以養成功利報酬思想；但事實上，以獎勸善，較易收效。
懲	用懲罰的方法，懲誡兒童，使其嫉惡向善。	理論上，罰亦不足以抑止惡行，徒使作弊，欺詐，且足以喪其自尊心與羞恥心，且往往更使身心受損傷；但事實上，往往罰仍為最易有效之方法。

原則		
	值得獎的才獎；	查明犯過緣由；
	講過獎的必獎；	罰也要有記錄，並須看效果；
	應該獎的即獎；	處罰要公平；
	先要講明獎賞的緣由；	照章執行，決無例外；
	獎賞要當衆執行；	先使有反省悔過的機會；
	獎賞要公平；	原諒無意過錯；
	獎賞重精神，不重物質；	勿因少數罰全體；
	獎賞要有記錄，並須觀察反應；	最好勿當衆執行；
	獎賞不要集中少數人；	原諒誠心悔過；
	團體獎，多於個人獎。	不能體罰，不能濫罰。
結論	最好能多用積極訓導方式，獎賞懲罰均以少用爲宜，使其有善的信念，無所爲而爲之。	

訓導兒童方法的檢討

玄武門國民學校

談到小學校訓導兒童的方法，確是一件重要的工作，聚集了成千成百個性不同的兒童，加以訓導，也是極不容易的事。我們作小學教師的人，要深深的想，訓導的目的，究竟爲的是什麽？第一步是誘人爲善，第二步進而希望訓導者自動的爲善，時時避惡遷善，建築了良好公民的基礎，訓導的最大效果，始能達到。

試觀現今的訓導方法，不外命令式、抑制式、懲獎式、勸導式四種，是不是盡了訓導的能事？那也未必，不過這四種方法，是訓導中最爲便利的方法，也是一般小學校中常採用的方法，除此以外，迴避式、暗示式、示範式、隔離式、代替式、也可以配合應用。分別敍述如次：

（一）命令式 在訓導中最直截了當的方法，是軍隊化，當然是收效的；但兒童非比軍士，有時會不顧接受教師的命令，而發生心理上不良之反應；設或命令太多，或命令不當，倒是可慮的，應斟酌採用。

（二）抑制式 是在兒童將要犯過以前，教師用强制的方法，遏止著不得發洩出來，有時確有效；不過頑皮的兒童，當他們看見老師的時候，立刻彬彬有禮；一旦背了老師，故態復萌，任所欲爲。因爲兒童根本沒有接受到教師的訓導而改變其行爲，不過一時受了教師的威嚴抑制罷了；所以一離開教師的威嚴，又恢復原狀。常時抑制，絕對不會生效力的，並不是有效的訓導方法，反養成虛僞的情緒。

（三）懲獎式 懲是在兒童已犯過以後的一種消極方法，也是在兒童發生不良行爲後給以不快之感，其目的希望以後不再發現，或發現較少。懲當然是有效的，如記過、扣分、禁止遊戲等，但有時懲罰不當或太多，會引起反感，還倒不如獎勵方式較佳。

獎是激勵爲善的一種方法，愛好心理，人皆有的，獎勵一人，全班隨之而好；例如模範兒童選出後，大家都想爲模範兒童，不良的行爲，無形中消逝。獎實物不如用名譽獎好，但多獎即濫，反不生效力。

（四）勸導式 用個別談話，好言勸導，百般解釋，使他明白行爲的不當，希望以後改善。更進一步說，勸導含有說服的意思，要使犯過兒童改正錯誤，在改正錯誤以前，要知道錯誤，承認錯誤，以後不再犯過。是種方式，雖多費時，但收效甚宏。

以上四種是小學校中常用的，至於其他五種，也可以配合採用，施之問題兒童最爲適宜，再分敍如次：

（一）迴避式 兒童常因某種環境而犯過，如無某種環境因子，也不會發生不良行爲，例如甲生帶來一種奇異的玩具，乙生因爲自已佔有慾的衝動，而發生偷竊行爲，倘無奇異的玩具發現，乙生即無偷竊行爲發生。其他例子很多，訓導時不妨注意此點，用迴避式避免，對於問題兒童不妨試用。

與迴避式不同，迴避式是迴避足以引起兒童不良的行爲的環境，是種隔離式，施之於特殊問題兒童最好，隔離訓導與教學，避免傳染不良行爲於其他同學，可斟酌採用。

（二）暗示式　解，隨時可用暗示式。教師在上課時、游戲時，聲音笑貌之中，儀容舉止之間，刻刻暗示，用言外的口氣，一知半解的說話，作種種表示，或者佈置特殊環境，誘導爲善，使兒童無形中漸漸感化。

（三）示範式　兒童犯過有時不明白其何以犯過，所以在訓練方法中，最好用示範法，教師與兒童共同生活中，處處以身作則，教師的行動舉止，無形中示範兒童，使兒童有了良好現象，潛移默化，收效於不知不覺間。是種方法效力，超出一切訓導方法之上。

（四）隔離式　與迴避式不同，迴避式是迴避足以引起兒童不良的行爲的環境，是種隔離式，施之於特殊問題兒童最好，隔離訓導與教學，避免傳染不良行爲於其他同學，可斟酌採用。

（五）代替式　利用兒童不良行爲，而以其他遊戲和工作代替，是種方法不僅誘導爲善，更可以發展其本能，例如好鬥的小朋友，常恃其力，欺侮幼小同學。兒童好鬥是其本能，教師可利用之，組織角力會，是代替法中一例。

以上五種，是補前四種的不足，也是我們在幾年應用訓導方法中體驗出來的，作一次檢討，希望小學教育同志多加指正。

怎樣實施特殊兒童的訓練？

駱繼倫

「特殊兒童」：凡一大羣的兒童裏，如果我們去測驗他們的智慧、品性、特殊才能，以及心理上、生理上的機能，我們可以發現有極少數的兒童，與普通兒童有極端的差異。這一般兒童，可以謂之「特殊兒童」。

「特殊兒童之成因」：凡訓練兒童必須明瞭兒童的個性，因材施教，不應用同一的方法來訓練。各個兒童具有各個兒童的特有性質，即所謂「個性」。個性的形成，是有兩種成因：（一）由於遺傳（先天的），（二）由於受環境的影響（後天的）；這兩種形成個性的成因，是具有同等的力量。特殊兒童個性的形成，當不外乎兩大成因，不過他們的個性與普通兒童的個性有極大的差異罷了。

「特殊兒童舉例及其訓練方法」

（一）天才兒童：這類兒童的智力很高，他們的理解力和解決問題的能力，都比別人强，通常學校的普通課程，不能適應他們的需要。同一學習，在別的兒童還沒有學習成功，而在天才兒童却早就學會而感厭倦；往往會使他由厭倦而無聊，由無聊而搗亂，以致妨礙大衆的秩序。糾治的方法：

（1）打破年級限制，隨時給他們升級的機會；

（2）增加補充教材，滿足他們的需要，積極訓練他們的特長，培養他們的領袖才能、發展他們的創造能力。

（二）低能兒童：一個學校裏往往有少數天資魯鈍的兒童，他們的理解力異常薄弱，學習很遲鈍。我們對於這般兒童，除了可憐他們、同情他們以外，應當按照他們的能力，分配學習的工作，減輕他們學習的材料，盡心竭力不厭其煩地指導他們的學習方法。

（三）問題兒童：學校裏時常發現無心向學、偷竊說謊、性情暴戾、怙惡不悛、孤獨遁世、仇視現實，精神萎靡等兒童。這一類兒童如不早爲設法矯治，必使愈久愈壞，是影響個人、家庭、社會的幸福。我們應當利用個別談話、家境訪問、環境調査、身心的觀察來研究它的根源，分析動機，循循善誘，予以適當的矯治。

（四）具有特殊才能或缺陷的兒童：例如某一兒童，對於某一學科具有特殊才能和興趣或缺陷，我們就應予以適當的指導，使展其所長，而補其短。

總之，訓練特殊兒童，除了應該明瞭兒童的個性與心理、生理外，又須詳細考査所以發生這些問題的原因；然後施用改良環境、介紹良友、家庭聯絡、師生同處、增減作業、指導服務、鼓勵興趣、團體制裁、舉爲領袖、隔離等方法，而予以適當的處置，使兒童有所適從。其他如成立特殊兒童訓練班、高材班、勵志社、感化所等，凡這類特殊兒童，令入各特班，分別指示，多多學習，好好誘導，改善其行爲，矯治其缺點。長此以往，這般特殊的小朋友，必有顯著的進步，美滿的成長。

寫于南京市第十三區中心國民學校

怎樣訓練問題兒童

顧雍和

一、研究實驗的動機

本校——第五區中心國民學校——共有二十四班，分低、中、高三個階段。因校舍不敷支配，低階段採半日二部制，中、高部每天有一班輪流休息；加以經濟限制，設備未能充實，兒童活動器具稀少；更加之兒童習氣囂張，以致在訓導上不免有些問題發生。所以本學期開學以後，校長和教導主任便抱着決心，力加整頓，就教育上有問題的兒童，予以診斷，予以適當的處置，而求改進的途徑。以期糾正兒童不良習氣，養成優良學風。這是第一個研究實驗的動機。

兒童行為與思想，大多受環境所決定；兒童環境之善惡，對品性、學業成績大有影響；環境條件之最要者，莫如兄弟姊妹之關係。倘家庭和睦、環境優裕，兒童養育其間，自然成為良好的兒童。倘父母染有惡習，或好事賭博，或好事虛榮，或終日在外遊蕩而不事家計，則家庭缺乏訓育，兒童生活其間，必然性格偏頗，行動粗亂。總之，兒童的一切行動，皆與環境有特殊關係；昔孟母三遷，即其例也。所以對問題兒童的研究，應着重家庭環境的調查，注重個別指導。這是我們研究實驗的第二個動機。

教育方法的創行與推廣，自有他的歷史和背影，我們一味去盲從、去附和，不從經驗中去體味，不從實際中去革新，都會有失敗的可能。從事教育的同志們，對於一般教育上發生的問題，應當接受事實、分析事實、承認事實、綜合事實，加以繼續不斷的研究、發現新的理論；繼續不斷的改進，發現比較妥善的辦法，這便是我們研究實驗的第三個動機。

二、訓練的原則

1. 從積極方面發動鼓勵，絕對廢除消極的體罰；
2. 教師處處以身作則，共同活動，施行感化教育；
3. 運用團體制裁，互相檢討，互相批評，幫助進步；
4. 實行教訓合一精神，打破級任科任間之界線。

三、產生的標準

所謂問題兒童，不論品性、習慣和學業各方面，都顯示着十分惡劣，在訓導上更會發生許多困難，而一時不易解決的問題。而他們錯誤的特徵，並不是每個都相同的，往往起初只有一兩點相似，如果不詳加注意，因勢利導，久而久之，就會逼得他們愈演愈壞，愈演愈多。下面所訂的標準，係本校高階段會議所決定的。

1. 成績過分惡劣；
2. 不肯按時繳閱作業簿本；
3. 屢犯校規不改；
4. 精神散漫，有始無終；
5. 說慌欺詐，有偷竊行為；
6. 逃學曠課；
7. 上課隨便說話，不肯努力學習；
8. 喜歡罵人和打人；

京市文教通訊

五區中心國民學校展開自然實驗輔導工作

▲開放自然專科教室

▲指導各校學生實驗

【五區中心校訊】五區中心國民學校對於自然教學，本學期積極改進，除與首都國民教育實驗區合作，担任研究自然教材外，並特設一自然專科教室。所有桌椅、模型、標本、儀器等設備，大加充實，以便觀察實驗教學之用。該校訓練全體高級，做一組基本的實驗，頗具成績、爰

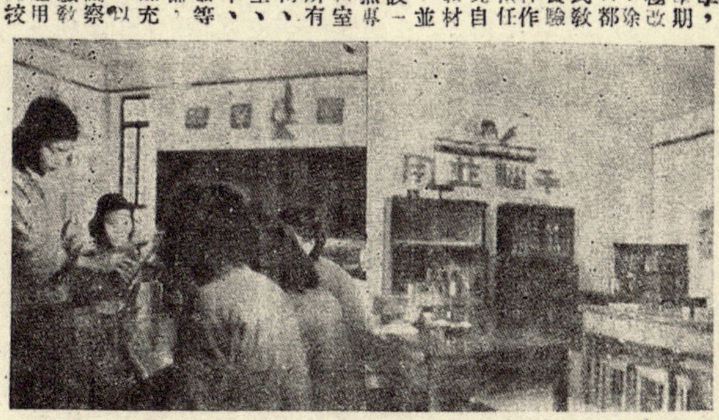

自然科學教室實驗第一組

9. 性情暴戾，頑皮倔強；
10. 身上骯髒，不愛清潔；
11. 喜歡損害公物；
12. 其他。

四、產生的方法

產生的方式，約有下列三種：

1. 檢舉法——由兒童根據上列標準，採用記名檢舉，以得票多少為決定。未選以前，對於擬訂之標準詳加說明，養成兒童大公無私的精神，萬不能徇私偏袒。
2. 級會討論——級會時，提名公決，根據事實，不作無的放矢。
3. 自願加入——兒童自知行為上有缺點，欲改過自新，而自願報名加入受訓。
4. 教師指定——級任老師對兒童接觸機會較多，對各個兒童個性了解，根據客觀事實，作主觀上之決定。

五、訓練時期及受訓人數

1. 時期——一個月，自四月一日起至三十日止，共計三十天。
2. 人數——共計三十五人：五上級七人，五六合級五人，五下甲級四人，五下乙級八人，六上級三人，六下甲級三人，六下乙級五人。

六、訓練方法

對於問題兒童的訓練，首在實施診斷，次為對症下藥，加以適當的補救。主持訓練的人，須有耐性和毅力，採取朋友和醫師的態度，這樣對他們才有幫助。下面的幾種方法，便是我們在訓練中所採用的。

1. 施行個別談話——各級問題兒童產生後，便個別召集談話。在談話中注意：你為什麼被檢舉？檢舉以後，覺得怎樣？你願意真誠的改過自新嗎？對每個兒童的談話，都把它記載下來，作為訓練時對症下藥的依據。
2. 施行性行、學業、家庭、體格檢查。（表式略）
3. 廢止消極責罰，予以同情了解——發現兒童的錯誤，便研究錯誤發生的原因，然後設法救治；絕不作主觀上的批評與責罰。
4. 改換環境，轉變不良心境——問題兒童的形成，大多由於四週環境的不良所致。環境的改造，確是他們重要轉機之一：例如××級×××，是個意志薄弱的兒童，終日與一羣流浪作惡的兒童在一起，以致染上種種惡習而不能自拔；後來與家庭聯絡，設法補救，轉移到較好的環境，因此他的性行也隨之改變。
5. 解放抑制的情緒，予以發洩的機會——兒童往往因父母或老師的監視，不敢把他的情緒表現出來，於是勉加抑制；但這種情緒的傾向，有擾亂他心理狀態的可能。如果發覺兒童有這種情緒變態現象的表現，應設法予他有充分發洩這種抑制情緒的正當機會，使他思想能循着正路發展。
6. 啓發理智，培養判斷能力——問題兒童往往沒有堅強的意志，健全的判斷能力和常態的堅持性；或許為了某些衝動所驅使而犯過，但後來又非常懊悔。遇到這樣的兒童，我們設法啓發他們的理智，鼓勵他們在遇到問題的時候，學習決定行為的方針；更指導他們，遭遇到一切情境，加以分析，獲得正確的認識，然後決定正當的行為。
7. 運用團體制裁——利用他們原有的團體或訓練班的組合，互相批評，互相檢討，幫助學習，幫助改過，加強團體生活紀律化，使兒童了解在團體中過生活，一切行動，祇有受團體紀律的支配，絕不許有個人的自由行動。更進一步了解，要得團體健全，當以個人為出發點。
8. 劃定特別區，予以集體課外活動。
9. 健全組織——將受訓練的兒童分為四小組，每組設小組長一人，設正副隊長各一人。

將自然專科教室開放，輔導該區各國民學校。自然教學的觀察實驗一項，由該校自然專任教師居秉球編訂實驗教材，並擬定公開辦法，提交該區校長會議通過施行，已於十一月中旬開始，採用分組輪流辦法，由優秀學生担任講解，並經陸子賢、詹春光、居秉球三先生負責指導。各校兒童學習情緒，至為熱烈，分級實驗教材，正在編印中。（球）

市立師範學校舉行地理科示範教學

【市師訊】京市市立中等學校為謀改進各科教學計，特經校長座談會議決，由市立各校輪流舉行示範教學。第一次示範教學由本校担任，教學課目為地理，担任教師為夏光諧先生，教材為「東北地帶之概觀」：此項教學於十二月十二日上午十時在高女三班（二上）舉行，教育局侯科長、楊編審，二女中校長徐元璞，及各校地理教師黎立容等二十二人，均到校參觀。教學時講述討論，頗為精彩。教學完畢後，舉行討論會，侯科長、徐校長、王校長等均有重要指示云。（禮）

京市一中舉行數學化學教學演示

【一中訊】本校為加強中學數學法之研究，訂於一月十六、七兩日上午，舉行高一數學、高二化學兩科之教學演示。前者由涂世澤先生擔任演示，後者由關颺搏先生担任演示。除呈請教局派員出席指導外，並分請本市公私立中學該兩科教師，蒞臨指教。演示後，隨即舉行討論會，共同研究該兩科之教學方法。又下學期開學後，即舉行高中國文、英文兩科之教學演示云。（寅）

首都國民教育實驗區編印「國民教育」

【本社訊】京市首都國民教育實驗區近為輔導京市國民學校教師進修起見，最近特編印「國民教

A.第一組——五六合級，五下乙級，計十三人；

B.第二組——六上級，五下甲級，計七人；

C.第三組——五上級，計七人，

D.第四組——六下甲級，六下乙級，計八人。

10釐訂公約共同遵守——集中後，舉行第一次會議，選舉隊長及各組組長，並由大家訂定下列的簡單公約：

A.今天的事要在今天做完；

B.自己管理自己，互相管理，大家管理；

C.接受人家的意見；

D.不說謊話，有過就改，做錯了什麼，就說什麼；

E.上課的時候，不做其他的作業。

11自我檢討會——每天下午課後舉行一次，由兒童將日常生活逐項檢討，力戒說謊、虛僞等惡習。

12精神談話——由教導主任及各級級任担任，着重性行指導。

13參加集會或散學整隊時，另行一組。與其他各級舉行比賽。

七、如何考查

在訓練期中，對學習的努力、性行的改善，時刻予以檢查；考查的方式，採用下列幾種：

1.自我報告——口頭與書面間用，根據他們自我報告後，如發現有懷疑的地方，隨即調閱筆本檢查，或向級任老師查詢。

2.同學考查——設立意見箱，由原級或訓練班之同學，觀察所得，互相砥礪；如發現訓練班之同學有不良性行，隨時可以檢舉。檢舉人之姓名，極力保守祕密；但被檢舉之事實，須有所根據。

3.教師觀察——由訓練班主持老師，及各兒童有關之老師，均予以嚴密考查與注意。

4.在訓練期中，成績優異者，提名經級會討論通過，並注意其具體成績表現者，方准歸隊。先後歸隊之兒童，由教導主任或階段主任在紀念週（週會）予以獎勵並公佈之。

5.訓練期滿後，仍無成效之兒童，會商教導主任另行設法補救。

八、幾個實例

所謂問題兒童，自有共通的特性。茲就教育方面，略述一般的注意。

1.成績性行較劣之兒童，大多缺少友朋；或有，則年齡必較自己小者爲多，蓋比自己年齡較大之兒童，精神上及身體上均有不合自己之條件，以致在校中造成獨樂其樂，獨自遊玩的行爲表現，而影響身心的發展。對於此種兒童，最要緊的是養成能依靠自己之思想而活動的情緒。

2.成績性行較劣之兒童，對於一切活動，深恐失敗，不敢大膽的全力從事，加以意志薄弱，更無從表示其長處。對於此種兒童應極力發揮其長處，時時予以獎勵，促其努力；結果，必然成績進步，且增高其自信力。總之，對此種兒童，應多施以獎賞勉勵，爲必要的教育方法。

3.成績性行較劣之兒童，身體多虛弱，且注意力散漫，故先應使營有規則的生活，適當的運動，適宜的營養，以強健其身體，從此方面入手，再施以精神上之治療，爲最有效之方法。對此種兒童，不可強使其用功，當以身體之鍛鍊、意志之加強爲先決問題。

例一——逃學

1.××級×××，今年十三歲，女生，家中經濟尚稱富裕，惟成績低劣，厭惡學校，常有逃學的現象。

矯治方法：

a.由級任老師親往家庭訪問，發現家庭與學校不能聯繫（家中以爲該生經常到校。）

b.嚴格執行請假手續，非得家長簽名蓋章之請假書，一概無效。

育季刊」，以增進學校的機能，教師的表現，學生的生活。」共創刊號已於三十七年一月出版。內容極爲豐富，有：雷震清的「國民教育的實驗題材（代發刊詞）」，芮秀芝的「中心國民學校怎樣輔導國民學校？」倪振鑫的「兒童的活動和組織」，俞澄清的「國民學校圖書分類法」，吳聯的「低級國語教具介紹」，以及京市五區中心校，一區大行宮、藍家莊、香鋪營等國民學校教訓實施報告，計十餘篇。聞該刊將由本京太平路世界書局發售云。

南京市九所國民學校 聯合舉行兒童音樂會

【本社訊】南京市九校聯合音樂會於一月十日發出啓事謂：「本會由中華兒童教育社協助舉辦。先生：爲了使孩子們在音樂教育上多一些學習的機會，我們九校的兒童，訂於本月十一日（星期日）下午二時半在明德女中禮堂舉行一次兒童聯合音樂會。屆時，請您出席指教！」參加學校計爲一區中心、七區中心、五區中心、大行宮、香鋪營、鄧府巷、承思寺、崔八巷、漢口路等國民學校，暨私立明德女中附小。節目有九校齊唱，各校獨唱，齊唱，二部、三部、四部等輪唱，及鋼琴獨奏，四手聯彈，變二重唱等九十餘節。自下午二時半起，直至五時半始散會，到各界來賓五、六百人，頗極一時之盛。（駿）

京市十一區九龍橋國民學校 按週舉行週末遊藝大會

▲提倡正當娛樂

▲實施社會教育

【本社訊】京市十一區九龍橋國民學校，爲提倡兒童正當娛樂，實施社會教育起見，本學期來，每週星期六下午第二課起，在該校大操場舉行全校聯合級會，由教導處排訂游藝演出輪流表，各級輪時演出遊藝節目，招待學校附近民衆，共同娛樂，兒童情趣與民衆情趣，極爲濃厚。（九龍橋國民學校）

c.採用上下午簽到法，由該生家長裝訂一小冊，註明日期、午別，每次學生到校時，交該級任老師簽「到」字爲憑。

d.課後予以補習，由淺入深，由簡而繁，引起學習興趣。

例二——不肯繳作業簿本

2.××級×××，十三歲，男，家庭經濟十分充裕，性情草率無恆心，不安定，時想變動，對任何事件，毫無耐性；對事物之觀察，雖有懷疑之態度，而無研究之精神；愛好攝影、踢球等活動，怕機械工作：行動散漫，不能集中注意、平時在校學習，視繳簿本爲畏途。

矯治方法：

a.舉行家庭訪問，與家長討論該生在家中的規律生活，像食事、睡眠、讀書、作業等日常工作，須有一定之時間。

b.對於他愛好的正常活動，極力鼓勵提倡。

c.由該生所有任課老師，舉行個別談話，研究不繳簿本之原因。

d.在班級中舉行繳簿比賽，那一組繳齊，那一組先行批閱，並用表張貼教室內。

e.由該生所有任課之老師，對該生簿本之繳納與否，嚴加檢查，不容有一絲一毫之疏忽。

例三——性情粗暴

3.××級×××，十四歲，男，家庭經濟尚可，對於整潔絕少注意，性情暴躁，成績低劣；但爲公服務之精神，尚見努力。

矯治方法

a.爲公服務之精神，繼續鼓勵，善爲利導。

b.獎勵多讀傳記及旅行日記等書籍，（淺近的）轉移其粗暴性情。

c.利用休假日，作附近名勝古蹟之遊玩，多與自然界接觸，藉以潛移默化。

d.課後施以補習，先立教授之順序，由易而難，使其容易了解，增加學習興趣。

例四——因敵機轟炸精神失常

3.××級×××，十三歲，男，家庭經濟尚可，抗戰期中，隨父母顛沛流離，曾在重慶遭敵機轟炸，神經大受刺激，態度失常，在校絕少活動，形似白癡，對功課索然無味。

矯治方法

a.第一促進身體之健康，與家庭聯絡，切實注意該生之營養。

b.課後多鼓勵參加活動。

c.多鼓勵郊外散步，自由運動。

d.商請家長，聘請專門醫師，常常施行體格檢查。

例五——假用功好虛榮

5.××級×××，女生，性情浮燥，上課喜歡隨便說話，又喜和同學吵嘴；她有一個習慣，就是喜歡看書，但不求了解；有時也自命不凡，認爲自己功課很好，而考試時卻大多不及格。在她交友方面，也有個毛病，要別人恭維她，決不願意接受人家的批評。

矯治方法

a.個別談話，指導讀書方法。

b.指導選擇適合自己程度的書籍去看、去讀。

c.遇到疑難字句，應摘錄下來，請教老師和同學，一定要弄個明白。

d.不可看小字或不正當之書籍。

e.看書時，身體須端正，務必保持三十生的之距離、並須注意光線之強弱。

f.讀書須有一定之時間，以資休息。

g.使明白眞正的是非，能够接受善意的批評。

例六——不願歸隊

6.××級×××，十三歲，男，家庭經濟尚可，體格亦健，上課時喜說話，反應尚强，惜多錯誤，成績低劣，犯過後肯認錯，但不能徹底悔過，痛改前非；所以在訓練期中，雖經本級級會通過，仍不願歸隊，怕的是第二次再被同學檢舉；另一個原因

京市市私立中小學勸募教師進修金

【本社訊】京市各校教師進修金一案，前經市參議會決定實施辦法以後，京教局即擬訂勸募辦法，呈經市政府轉咨市參議會審核。經市參議會決定勸募辦法五項，轉行到局，京教局即通令市私立各中小學遵照勸募。茲悉勸募成績尚好，中學教師每人得四十八萬元，小學教師每人得四十二萬元云。

京市國民學校教員注音符號講習班概況

【本市訊】京市教局所辦國民學校教員注音符號講習班，第一期自第一區至第六區辦六班，已於十二月十四日上午九時同時開課。班址計爲第一區大行宮國民學校，第二區火瓦巷國民學校，第三區夫子廟第一國民學校，第四區考棚國民學校，第五區評事街第一國民學校，第六區瑯琊路中心國民學校。參加講習學員一百八十人 上課時間爲六個星期日，每次三小時。除聘請講師每次按時講授外，教局並指定高級職員六人，分別出席管理，並負與講師聯繫之責。該班進行非常順利，定於三十七年一月廿五日結業，在市立師範舉行結業總考及結業典禮云。（駿）

京市教局發給清寒學生助學金

【本社訊】京市清寒學生助學金募集委員會審核委員會，於十月廿一日舉行第一次會議，當審核通過中學生五八九名，所有助學金當即發給。第二次會議又於十二月三日下午舉行，當經審查通過申請助學金中學生一五〇九名，專科以上學生一〇〇八名，以所募之款，不敷分配，決定第二次通過者，每人暫發十萬元，俟捐款續收後，再行補發。聞各校均已陸續到局具領完畢。（駿）

京市教局招待首都電影與播音工作同志座談會

【本社訊】十二月九日晚六時半，首都電影與播音工作同志座談會第三十五次例會，假市府餐廳

就是想做訓練中隊長，還是兒童領袖慾的表現。

矯治方法：

a.每天做反省報告（書面），着重錯誤事實的考查，並研究錯誤原因之所在。

b.加强自信心，保持優良習慣的養成。

c.培植他的領袖慾，多講名人故事，藉以鼓勵。

d.歸隊後予以服務的機會。

例七——性情頑强

7.××級×××，男，家庭經濟尚可，性近頑强，怕讀書，以致成績低劣，在家中時遭體罰，亦不肯改。

矯治方法：

a.兒童性情的頑强，有時爲誤解自尊心所致，不可强使屈服，必要細察兒童之心理。

b.與家庭商洽，廢止體罰，平時多與之解說事理或介紹閱讀名人之成功史。

c.老師應以兒童能接受之言語，作和藹之解釋，則頑强兒童，必然變成柔順。

例八——有偷竊之惡習

8.××級×××，十四歲，男，在家中常有偷竊行爲，屢加勸導，稍有效果。

矯治方法：

a.調查校內外最知交之朋友。

b.對偷竊之金錢如何使用？與那些人用？在怎樣場合下用？與家庭取得密切聯繫，作澈底調查。

c.嚴密注意其所交的朋友，予以環境之改善。

d.每日行規律的生活，鍛鍊意志，常以一定善良之目的，指導其行動。

九、結論

最後，將我們這次研究實驗的一點心得，寫在下面，作爲結束。

A對問題兒童的訓練，應着重個性調查，施行個別指導。

B對問題兒童的訓練，不僅在消極方面救治兒童身心的缺陷；還應在積極方面發展他們的特長。

C對問題兒童的訓練，必須與家庭合作，推行家庭教育，使家長能以合理的方法教養兒童，以免兒童有趨于變壞的危險。

D對問題兒童的訓練，教師應與兒童打成一片，共同生活；並幫助他們介紹優良伴侶，促其養成良好的學習態度與習慣。

E對問題兒童的訓練，教師的態度，應快樂活潑、和藹可親，藉作兒童的表率。

F對問題兒童的訓練，要給予兒童有參與實際活動的機會，予以積極的鼓勵。

G對問題兒童的訓練，應重啓發自治、自管的精神。

H對問題兒童的訓練，應培養他們道德觀念。

I對問題兒童的訓練，應多利用團體力量，幫助學習，幫助進步。

J對問題兒童的訓練，應勸導其他兒童的不良行爲，表示不屑注意，予以自知自動而改過。

本文的完成，承徐校長和陸主任指示不少，還是要附帶表示謝意。

三十六年七月脫稿。

處理兒童偷竊的一個實例

周　毅

兒童的偷竊問題在一般國民學校裏是常常可以遇到的，而且這個問題也是教師們最感棘手的。黃兒的衣袋裏會發現着張兒的橡皮；王兒的捲筆刀會跑到李兒的書包裏；一瓶墨水，一枝鋼筆，甚至是一張小白紙，稍不留意，就會不見的，於是失竊的兒童嚷着、罵着，向老師哭訴着；主犯的兒童抵賴

舉行，席間除曹[illegible]恭報告影音預聞、陳汀生等講演外，並表演電動華文打字機，放映「一舞難忘」影片。教局特備茶點招待，並由第三科同仁參加座談。

京市教局舉行第三次輔導會議

【本社訊】十二月二十日上午十時，京市教局在市府會議室召集全市中心國民學校校長暨輔導主任舉行本學期第三次輔導會議，議決：（一）各科研究會聘請專家講演，由各中心校接洽；研究會舉行地點，一至七區中心校在各該校舉行，九至十三區假市立師範舉行。（二）推一、二、三、四、十一區中心校修訂行政表冊，由四區中心校召集，並請張督學右源出席參加。（三）推一、五、六、七、九區中心校修正學生簿本，由一區中心校召集，並請張主任家衡出席參加。茲探錄其研究會會次及日期如下表：

十二月廿七日	幼稚教育	三區中心校	雷震清	本校
十二月廿九日	初級國常	二區中心校	李伯棠	本校
十二月三十日	複式教學	十三區中心校	李伯棠	市師
一月五日	算術	四區中心校	馬客談	本校
一月六日	社會事業	十區中心校	李清悚	市師
一月七日下午	體育	七區中心校	高梓	綏遠路
一月八日	自然	九區中心校	徐允昭	市師
一月九日下午	社會	一區中心校	金兆梓	珠江路
一月十二日	民衆補習教育	五區中心校	趙步霞	五台山
一月十三日	初級國語	六區中心校	蕭家霖	瑯琊路
一月十四日	高級國語	十一區中心校	胡頴立	市師
一月十五日	藝術	十二區中心校	薛席儒	市師

、中辯，也同樣地哭叫着。老師權當了審判官，教室或辦公室頓變了法庭。這樣的風波，一天不知要有多少起。

下面就是本校上期的某兒童，發生偷竊的一回事實：

六上級學生趙××，剛買了一枝鋼筆，不料，在當天下午第三節體育課後，就發覺鋼筆失蹤了。這時，他便苦着臉，噘着嘴，走進我屋裏告訴我說：「老師！今天早上我剛買了一枝鋼筆，當上體育課前我把它放在抽屜裏，此刻就不見了！」說着，便淚珠滾滾的哭起來。

「不要哭！你在什麼地方買的？多少錢？」

「從毅力合作社買來的，五千元！」

「你現在用嗎？好啦，我這裏有一枝，先借給你用。等明天給你找，你先不要吵嚷！」

剛才我看到錢××，手上拿了一枝，好像就是的！」

「好吧！你先去，不要聲嚷！」

「哼！錢××這小孩子是個很好的學生，尤其是功課。我不相信，眞不相信他會做出這種事來。不過，趙××偏說是他，怎辦？」

第二天早上，當他們在上課間操的時候，我走進他們教室巡視了一次。在返回我辦公室的時候，恰好他們收操回來。這時錢××走進教室，不多時便獨自又走出來。我便很和藹的向他招呼：「錢××，今天怎麼來校不很早呢？有什麼事嗎？」「沒有什麼。」「到我屋裏談談吧？」「老師還給我講故事，我就去。」「可以！」

到我屋裏便都坐下。

「美國第一任大總統，你知道是誰？」

「華盛頓！」

「對啦！他在小的時候有一段故事……」

「是不是砍櫻桃那麼一回事？我知道。」他沒等我說完便插嘴了。

「哈！是的！你說華盛頓好不好呢？」

「好！因爲他砍了櫻桃樹，很誠實的告訴了他的父親。」

「對啦！做人要誠實才行，誠實才會做出大事呢！現在你們班裏發生一件事，你知道嗎？」

「什麼事？」

「趙××，丟了一枝鋼筆！」

「我不知道，我還買了一枝鋼筆呢！」

「你從什麼地方買來的？多少錢？」

「夫子廟小朋友書店，一萬元。」

「呀！怎麼那樣貴？我們學校裏的毅力合作社只賣五千元，你怎麼到書店去買呢？」

「………」

「同學趙××，不是在毅力合作社買了一枝嗎？」

「……我不知道？」說時有點不自然。

「眞不知道嗎？怎麼你這枝鋼筆，趙××說像他的？」

「同樣的東西多着呢？」

「固然，同樣的東西是多，但怎麼不一樣的價呢？」

「那誰曉得？……」

「錢××，我向來不是說你是一個好學生嗎？好學生能不誠實嗎？」

「不！」「那末！那枝鋼筆是不是趙××的？你肯誠實的告訴我嗎？你有華盛頓的精神嗎？」

「………」

「如果你誠實的告訴我，我就更喜歡你了；因爲我頂喜歡知道認過和勇於改過的人；這種人我不但不罰他，並且我還說他是個好學生。」

「……老師！……」哭起來了！

「不要哭，怎麼回事？我總愛護你，你告訴我吧！」

「……老師！這並不是我故意拿人家的東西！……我眞難受。上次×老師讓我買鋼筆，我回家便向我繼母要錢，她不但不給，反打罵了我一頓！到學校裏，×老師嫌我沒買，訓斥了我一回。這次×老師又嚷我買，我不敢向繼母提一個字，但又怕

京市教局訂購中華小學文庫

【本社訊】京市教局爲充實各級國民學校兒童讀物，增加兒童閱讀能力和生活知能起見，特與中華書局洽妥，照最優惠辦法訂購該局出版之中華小學文庫一百二十六部。該文庫每部有高級、中級、低級三集。高級一集，寒假後凡有完全小學部之國民學校，一律每校分配一部；僅有小學中、低級之國民學校，一律分派中、低兩集。（駿）

部令嘉獎京市教育局長

【本社訊】教育部前於三十六年九月召開聯合國教科文組織遠東區基本教育研究會議，京市教育局特招待各國及各地區出席代表，並特編印南京市教育文化概況中英文對照表冊贈送各代表。頗獲各代表讚譽。茲悉教育部以馬兼局長「籌劃周詳，工作辛勞。」於本年一月九日以國字〇一二六二號訓令南京市教育局「傳令嘉獎」云。（駿）

京市教局馬兼局長視察國民學校完畢

▲一般情形良好
▲較上學期進步甚多

【本社訊】京市教育局馬兼局長元放爲徹底明瞭京市教育實際狀況以資改進起見，特決定總視察。於去年十一月間開始，逐日偕同督學出發各區視察　民學校；截至一月十三日止，已將國民教育部份視察完畢。各區各校遠至八卦洲、七里洲、江心洲、大、小黃洲，均曾跋涉前往，總計國民學校一百四十九所，又分校二十七所，共一百七十六所，凡學校所在之地，均經前往視察。視察結果，認爲一般情形甚爲良好，較上學期進步甚多。關於應行改進各點，即將分別決定指示各校辦理云。（駿）

老師訓斥，才拿了趙××的鋼筆。……」

呀！原來如此！小孩子受了兩重的逼迫，也無怪他走向偷竊的一途了。

「你很好，這樣的告訴我。」

「老師！請你不要告訴×老師！」

「這沒有關係；即使我說了，他們也不致怪你；因為你有勇氣，你很誠實！」

「你父親做什麼事？在家嗎？」

「他在××軍部當副官，每晚回家；可是請老師更不要告訴我的爸爸！我怕他打我。」

「這也沒關係；我說了，他更不怪你；並且以後待你還要好！今晚我給你爸寫封信，明天放午飯時你帶回去，請他抽暇來校一談。」

「現在已到上國語課的時候了，你去教室罷！」

他很虔誠的鞠了一個躬，慢慢地走回教室了。

× × × ×

又一天下午，錢××的爸爸來校了。身着軍服，很精神，表情也很和藹。校工向他說：「這便是我們的周老師！」接着他也說聲：「周老師！」一面又使個舉手禮。我立即請他到我屋裏，隨便寒暄幾句。他便問我。「××在學校怎麼樣？」

「沒什麼，他很聰明，功課很好，也很努力；我向以他做全班的模範。不過前幾天發生一件出我意料之外的事；可是這件事，的確不怨他。就是他拿了別人的一枝鋼筆。……」

「這太可惡了！怎麼做出這種事來？我在家裏管束他很嚴。」

「這不怪他的！家裏限制他很嚴，最容易逼他到邪路上。譬如：學校裏關於兒童應用的物品，當然要購置；可是當小孩子向他母親要錢時，再加以限制、甚或不給；小孩子受到雙方的逼迫，他是如何的難受呀！……」

「……大概他母親怕他濫用錢；若是正當的花費，我是絕對不限制小孩子的！」他好像被我感動了！

「如果家裏怕他亂花錢，我們學校有一種辦法，就是家長把錢存到本校會計股，以便學生取用；當學生取用時，必經級任先生的簽字；若非正當的用途，老師也絕不肯讓他們胡花！」

「好！這太好了！」說着便從口袋裏拿出拾萬元交給我。接着說：「老師！這次饒恕他罷！以後還請老師多費心！……」表示非常感激的神情。

「……」又寒暄了幾句，他便告辭。

回頭我把這事告訴給錢××聽，他真歡喜，並且他更信任我了。

今年暑假，他畢業了，接着就升入××中學。到現在他們父子兩個，還時常寫信給我。我精神上感覺十分的愉快！

× × × ×

總而言之，偷竊是一種可鄙的行為，行竊的兒童自然也是人人所厭惡的了，所以兒童偶爾犯了一次人們所謂偷竊而自己還以為不是重輕的事情，就永遠給人瞧不起了，從此以後，他就常常挨着罵、挨着打，受着種種難堪的待遇，在大人一方面原以為利用這種懲罰的手段，可以叫兒童不敢再犯；可是在兒童一方面，却變成一個更嚴重的僵局了。因為你愈對他嚴厲，他就愈對你疏遠，他也越對你沒信仰，並且也加快地逼他走上了犯罪的路頭。所以我們在遇到兒童有偷竊的行為時，還該平心靜氣地探求各種不良的因素，並要很誠懇地對待他，讓他知道私拿別人的東西是一種不道德的行為，開導過後，便把這件事情永遠丟開，不再重提。我們要照樣地同他親熱、同他遊戲、同他談笑，要他覺到你真是一個了解他、同情他的知己；並且常常誇獎他的好處、叫他常和一般誠實的、有良好習慣的兒童做朋友；使他們能很自然地愛慕誠實，使他們感到誠實的快樂，這才是正當的辦法。

南京市第十一區中心國民學校訓育實施報告

前言

本校僻處城郊，校舍簡陋，場地狹隘，一切訓育施展，均感困難；再加學生家長泰半工販，知識水準較低，期其協力，殊非易易。是以本校訓育實施，均屬因地制宜，因勢利導。茲謹就訓育實況，臚陳諸君子之前，敬請斧政！

邵子禎誌

一、實施原則

（一）全校的行政設施，環境布置，均按照訓育目標、直接間接以改進兒童的整個生活。

（二）利用兒童活動，使漸漸養成良好的習慣，同時注意其興趣、技能、知識、精神、理想、態度等的發展。

（三）全校教職員共負訓練的責任，隨時隨地注意兒童活動，并引用訓練細目，指導兒童切實實踐。

（四）訓練所用的材料，係根據 部頒「小校訓育標準」及本校特殊情境更加兒童生活上生出的中心問題，擬訂訓練細目，活用實施。

（五）訓練兒童的方法，注重間接的和積極的指導。施訓者以身作則，並常和兒童的家庭密切聯絡。

二、實施方法

（一）組織訓育委員會，集全校教職員共同議定訓育的組織系統和訓育的具體方法。

（二）為集中注意，加強訓練效能起見，本校於每學期開始，根據部頒之小學訓育要目，舉行中心訓練週與中心單元教學聯絡，與各科教學聯絡，以收教訓合一之效。訓練細目則分高、中、低階段施行。

（三）厲行團體訓練，切實養成兒童有團體組織的能力，具備協作的精神，及愛護團體的情緒。運用級會進行學級自治事業。全校兒童組織兒童自治機關，進行全校自治事業。訓練兒童幹部並指導兒童儘量運用民權初步。指導兒童釐訂各種公約，遵守公約，認識權與能的關係，養成「既能發令又能受命」的態度。利用晨夕會、週會、聯合級會等集團訓練，為正式的、直接的生活訓練。每日晨會前、夕會後舉行升旗禮、降旗禮，切實養成兒童有愛國、愛羣的觀念。

（四）個別訓練之效果，大於團體訓練；特殊兒童、頑劣兒童，尤須受個別訓練。欲實施個別訓練，必先明瞭其個性，研究其特殊行為，與家庭密切聯絡，協助矯正或訓練。根據本校行事曆，定期舉行家庭訪問、家庭通訊、家長懇談會，及不定期通訊商討，或邀請家長面談，藉以與家庭充分聯絡，以收訓育實效。

（五）為適應情境需要，施行特殊訓練；如舉行防疫宣傳，滅蠅運動，禁烟宣傳，衛生教育宣傳，各種紀念集會及參加社會活動，以練習社會的服務，發展兒童社會的意識。

三、訓育考查

（一）關于團體訓練的成績考查，經常有各項常規訓練比賽（秩序、整潔、勤勉），有特殊活動比賽，如大掃除，集合訓練，寧靜訓練，滅蠅成績比賽，均以一級為團體單位。

（二）關于個人行為的考查：

1.教師考查：

ㄅ、訂有各級兒童行為考查記載簿，為教師平時考查記載之用。

ㄆ、定期舉行兒童品行成績評判委員會，作綜合性批評。

2.兒童考查：

ㄅ、利用晨夕會兒童間的輿論及團體制裁，訂有各級風紀股記載表、巡察團違警記載表、衛生隊個人清潔檢查記載表、好公民選舉等，作客觀之批評。

ㄆ、利用兒童反省表，隨時記載，藉作兒童自我檢討，糾正錯誤，以資考查。

ㄇ、訓練細目測驗，於觀念的細目，採用測驗法，培養其正確觀念，藉悉平日所持的情操。

四、獎懲辦法

（一）獎物種類：

1.實物獎。

2.名譽獎—ㄅ、當衆報告，ㄆ、題名，ㄇ、攝影，ㄈ、獎狀，ㄪ、錦標。

ㄅ、ㄆ、ㄇ、ㄈ四項得用于個人獎（如品學兼優、服務勤勉、成績優良、好公民……）；ㄈ、ㄪ兩項得用于團體獎（如秩序、勤勉、整潔等常規比賽）。

（二）懲戒種類：

1.口頭訓誡—隨時施行；

2.反省—以二十分鐘為限；

3.停止課外活動；

4.通知家長；

5.團體制裁；

6.其他。

（編者按：本文附有許多表格，茲為節省篇幅，略去。）

通訊研究

商改一篇有關訓育的音樂教材

韓鐸
楊駿如

一、江蘇省吳江縣松陵鎮中心國民學校韓鐸來信

駿如先生鈞鑒：

讀蘇教廳之「國民教育輔導月刊」一卷四期所載先生選曲作歌之「兒童助兒童歌」，頗饒興趣；事實上，兒童甚需要養成此種互助精神和助人的習慣，故即教兒童習唱。然該曲係分甲乙兩組輪唱，即第一首甲（富有者）先唱；唱畢，再由乙（窮苦者）唱；唱畢，依次再唱第二首。如是，鄙意在甲乙輪唱兩首以後，添一第三首，由甲乙合唱。擬詞如下：

「兒童助兒童呀。
嘻哈嘻哈嘻哈笑。
我們都是一羣親愛小弟兄，咿呀嘿！
不分呦貧富，不分你我，咿呀嘿！
年紀雖是小，志氣却很高，
大家要做個好寶寶。

嘻嘻哈哈、嘻嘻哈哈、互助好，咿呀嘿！」這樣，是否合理？當請賜教！敬頌撰祺！

吳江縣松陵鎮中心國民學校韓鐸敬上
三六、一一、三〇。

二、原作者復信

韓鐸先生：

由蘇教廳轉來大扎，敬悉先生對拙作「兒童助兒童歌」，惠予採用，並指示修改意見，極感快慰！的確，在甲乙輪流歌唱之後，有一第三首、由甲乙合唱，在樂章上、在詞意上，都有必要！當時也曾想到，惟以編輯事忙，不暇細細斟酌，致未能將第三首詞編就，故付闕如。茲承代擬歌詞，極感謝！同時讀來詞的用意，顯使筆者感觸到對兒童實施互助教育，似乎不必要兒童對「貧、富」發生階級觀念，値茲戡亂建國時期、更要消弭他們這種階級觀念！應該直接了當地將「以有濟無」的觀念來教育他們，使他們發揮人類至高無上的同情心，視人溺猶如已溺，視人飢猶如已飢，解衣衣人，推食食人，我有你無，我該助你，你有我無，你該助我。「不分你我，更何分貧富。」原詞將「富有的兒童」、「窮苦的兒童」，納入歌詞，殊不妥當；且在詞意上亦甚不合，如認甲爲富有者，則甲何能自稱爲「富有的兒童」而自歌自唱起來！這樣唱起來、是如何地助長他們「以富驕人」的氣習，對訓育上，是很大的錯誤和失敗！如認乙爲窮苦者，則乙於接受甲之幫助時，自稱「窮苦的兒童」而自歌自唱起來，何異乞丐之哀憐。這樣唱起來，又是如何地消滅了受助者的自尊心，對教育上也是很大的錯誤和失敗！

因此，現將原有歌詞及尊撰之第三首詞，合併修改一過，合上原譜，寄交國民教育輔導月刊，現付編輯朱佐廷先生，請他分一頁寶貴篇幅，重新刊佈一次，以修正前歌，以介紹先生雅意！並響應目前的各地冬令救濟運動，請各地教師們採用本歌，發動「兒童助兒童的大運動」！此頌

教祺！

楊駿如謹覆　十二，十七，于南京市教育局首都教育出版社

D調　4/4拍

兒童助兒童歌

（修訂稿）

55 6561̇ 551̇ | 1̇56 5632 515 | 1.2 36 53 | 53 62 1 76 |

（一）甲/乙 兒童助兒童呀！嘻哈嘻哈嘻哈笑。我有/你把 舊衣，髒了/送我 一大包，咿呀

（二）甲/乙 兒童助兒童呀！嘻哈嘻哈嘻哈笑。我有/你把 舊書，髒了/送我 一大包，咿呀

（三）甲乙合 兒童助兒童呀！嘻哈嘻哈嘻哈笑。咱們 孩子都是 親親 愛愛小同胞，咿呀

5 —— 6 5 6 | 3 56 1̇ 5 | 61̇ 1̇35 6— | 65 66 12 |

（一）甲/乙 嘿！包裹的舊衣，都拿出/受下 來，咿呀 嘿！自已穿舊了

（二）甲/乙 嘿！包裹的舊書，都拿出/受下 來，咿呀 嘿！自已讀完了

（三）甲乙合 嘿！不分什麼你我，祇問有無，咿呀 嘿！以有濟無，咱們

53 32 3— | 1̇65 35 1̇5 63 | 31̇ 65 31̇ 65 | 3 6 1 76 |

（一）甲：送人也很好。送給你無多衣的小寶寶！嘻嘻哈哈，嘻嘻哈哈，助人好！咿呀
乙：送我眞正好。多謝你助人情誼高！

（二）甲：送人也很好。送給你沒有書的小寶寶！嘻嘻哈哈，嘻嘻哈哈，助人好！咿呀
乙：送我眞正好。多謝你助人情誼高！

（三）甲乙合 大家互相助！大家互助，大家互助，嘻嘻哈哈，嘻嘻哈哈，互相助！咿呀

5 —— · 0 ‖

（一）甲/乙 嘿！

（二）甲/乙 嘿！

（三）甲乙合 嘿！

（一）這首歌的曲子，是抗戰期間在大後方很流行的普及教育運動歌曲「朱大嫂送鷄蛋」的原譜，作曲者署名爲「崔牛」先生。

（二）「朱大嫂送鷄蛋歌」有很好的表情舞，讀者如願將原歌應用的那種表情舞，對本歌試作一個合用的表情舞說明，請寄作者！

（作歌者附誌）

助人爲快樂之本！

歡迎自編音樂教材！

高中物理教學法（續完）

高超

三、第二階段（學）

A.檢查學生領悟程度——將本級學生按其初中理化成績及高中數學成績分爲三組，（每組一、二十人，優、中、劣三等學生等量分配。）組別內互相研討，使有深切印象。舉行：

（I）口試問答——擇每組中等程度學生之一，復述定律眞義，予以簡單問題如：落體運動之位移速度及時間有若何關係？擇每組之優秀學生之一，復述上拋、下拋、旁拋定律眞義，予以簡單問題如：旁拋最高所需之時間與落至水平之時間關係若何？上拋是否上項關係能否適用？下拋與上拋最主要公式不同點何在？擇每組較次程度學生之一，復述實驗方法　並予以簡單問題如：羽毛與銅元在空氣中是否同時落下？何謂自由落體？

上項答案如中次等生有錯誤處由優等生訂正之；如優等生仍有錯誤處由教師訂正之，並囑全級學生注意此種訂正。

（II）指定課後作業——多選習題，按時繳閱，訂正後按時發還。

（III）公布例題——例如：

某艦停在遠處海面，一飛機在海面上1960m處，以每小時180公里之速度向艦水平飛行，求（1）飛機飛到何處，將炸彈放落才能炸着該艦？（2）放彈後5秒、10秒鐘時，彈在空中落下之距離（設艦爲幾何點，有位置無大小，又1公里=1000m）。

解：炸彈之水平速度爲：

$$130\frac{公里}{小時}=\frac{130\times1000\ m}{60\times60\ sec}=50\frac{m.}{sec.}$$

$$V_0=50\frac{m.}{sec.}\qquad \theta=0$$

$$S_x=V_0t\qquad t=\frac{S_x}{V_0}$$

$$S_y=\frac{1}{2}gt^2=\frac{1}{2}9.8\left(\frac{S_x}{V_0}\right)^2$$

$$2V_0^2S_y=9.8S_x^2$$

$$2\left(50\frac{m.}{sec.}\right)^2 1960m=9.8\frac{m}{sec^2}S_x^2$$

$$\therefore\ (1)\ S_x=\frac{(\sqrt{2})(50\frac{m}{sec})\sqrt{1960m.}}{\sqrt{9.8\frac{m}{sec^2}}}=1000m.$$

$$(2)\ t=5\quad S_y=\frac{1}{2}gt^2=\frac{1}{2}9.8\frac{m}{sec^2}(5^2)sec^2=122.5m.$$

$$t=10\quad S_y=\frac{1}{2}9.8\frac{m}{sec^2}(10sec)^2=490m.$$

（IV）公布學生作業——擇書寫淸楚、說理明晰、繪圖演算俱佳之學生作業，訂正公布之，以資觀摩。

B.學生實驗——依照第一階段「D」之實驗方法編組，自行實驗，當場核評其記錄表，各生帶回繕作報告，按時繳閱，按時訂正發還。

實驗時應顧及以下各點：

（I）（1）尋求現象之因果；

（2）證明律例之數量關係；

（3）切合實用問題。

（II）所用儀器雖不十分精密，惟所視察之結果，則力求其準確。

（III）訓練學生作有系統記錄「數據」。

（IV）計算誤差（教師先提出理論值）；誤差過大重行輔助學生實驗與計算，並尋求其失敗之因。

以上「教」「學」二階段均採用萬國公制，遇有名詞，隨時註出英文原名，俾便學生閱讀西文物理書籍。

C.領導學生參觀——如射擊、描準、砲兵試炮，以及物理儀器製造所。

D.鼓勵學生質疑——遇學生發問時，另設較易解決之問題，以逐步引到學生自行解答其疑難之途徑。解決後，再提出少許類似問題，囑其攝歸，與所隸之分組學生共同討論；解決後，再詢其解決之始末，遇有錯誤，訂正之。

四、第三階段（做）

A.應用定律——橋距水面高度之簡單測量、井深之測量，如有秒針之時計，即足資應用。

（I）橋距水面高度之測量：在橋面上置一小石塊，以手指彈出之，同時撳動時計注意碼錶，觀其到達水面，注意停錶時計，則其所經之時間量出；應用定律 $S=\frac{1}{2}gt^2$，則距水面高度可以求出。

（II）井深之測量：以手電筒照井中之水面，自井口自由落下一小石塊，計其到水面之時間，以

$S=\frac{1}{2}gt^2$，則井水距井口之深度可以測得。

（Ⅲ）將上兩項測得高度、深度，並計算所得之結果，另與皮帶尺懸一重錘，舉行直接測量，實得之結果，再互相比較之。並討論其誤差之由來。

B. 試製簡單儀器——因物體自由落下時，加速度g之值甚大，故其運動情況，頗難實測，可製一斜面：上置重量w，繩末端扣上w，重量分解爲N及F

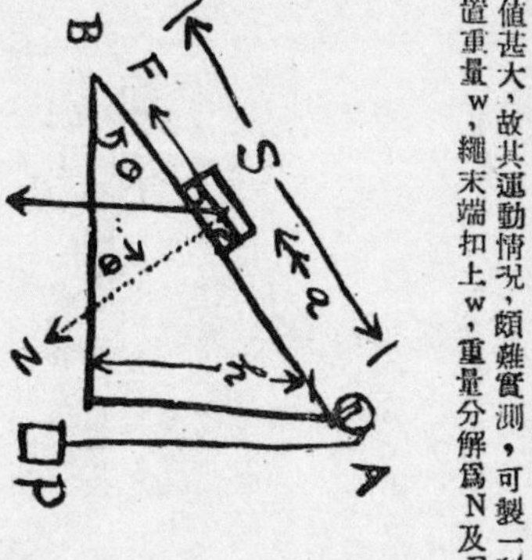

$W=mg$

N $mg\cos\theta$

F $mg\sin\theta=ma$

沿斜面下滾物體質量「m」之加速度「a」此時爲

$a=g\sin\theta$

代入等加速度公式則斜面下滾物體之初速度 V_0 其最後末速度V爲 $V^2=V_0^2+2g\sin\theta S$

但 $h=S\sin\theta$

$\therefore V^2=V_0^2+2gh$，

因此可製一斜面AB而其角夾θ可自由更變（以鉸鏈在B處釘牢），於A處裝一定滑輪，可以安置絲線於滑輪槽中，繫一已知之重物w置於斜面上，於絲線另端懸砝碼P，任P下墜。w下裝有滾動盤，不計摩擦力；則

$mg\sin\theta-Pg=(m+P)a$

$g(m\sin\theta-P)=(m+P)a$

$\therefore a=\left(\frac{m\sin\theta-P}{m+P}\right)g$

因a小於g，故運動頗爲遲緩，極便研究。

$S=V_0t+\frac{1}{2}at^2$

如無初速度，測s距離及行此距離所需時間可求出「a」之值。

用一米尺量h及s之值，則 $\frac{h}{s}=\sin\theta$ 之值不難求出。

代入公式 $g=(m+p)a/(m\sin\theta-p)$ 本地之g可求出之。

C. 歸納及演繹定律，注意國防及生產器具之創製性。

1. a. 觀察空氣中，羽毛與銅板落下之現象，
b. 注入水汽於玻璃管中，觀察羽毛與銅板落下之現象。
c. 觀察部份眞空，羽毛與銅板落下之現象，
d. 昇高溫度重行觀察此節之a. b. 及c. 各節所呈現之現象。

歸納：空氣之溫度、濕度、氣壓，均影響落體運動。如射擊鎗炮彈不能在眞空中旅行。如何能較正上項公式使射擊準確。實驗及研究，鎗彈在鎗管中純來復線運動之現象，炮彈射擊目標命中與否：（一）在來復線之改進，（二）在實驗公式之重要。

2. 由本段（B）得知斜面將「g」化爲較小，延斜面方向之「a」，而質量m與a相乘之積爲力量，故推物自斜面上昇之力，比鉛直方向之力爲小。演繹此理，貨車裝載貨物實爲便當。又運動與摩擦阻力有關，減少摩擦力，可增加有用之功效。滾動摩擦小於滑動摩擦，凡能用滾動摩擦者，設法多用；如本段（B）中A處之滑輪，w下之滾盤皆此理。利用落體拖動物體，則高山之泉源，長江之水源，皆可利用發電。（全文完）

【接第四十四頁】經濟一端而言吧，本刊定價已是極其低廉了，而一般教師，你如勸他訂閱一份，他會喊經濟能力不够，也甚至說你是苛捐雜稅；其實他們拿到的進修費，也有四五十萬元呢。這也許就是部先生所說的「研究風氣」還未提倡起來的原因。同志們！大家舉起熱烈的火炬，燃起這「究研的風氣」！等這風氣狂熱了，我想本社也許會另出一種與「小學教師」相當的刊物，假定是「首都教師」，或是「國民教師」，完全依「小學教師」的辦法再改進其編印和發行「首都教育」則仍其舊，使之相當於「江蘇教育」。那末稿件的發佈更爲便利得多，免得如現時非專號，稿件被積壓了。那時「首都教師」，就可大家人手一冊。這事，只要大家多擔負些印刷費用，衆擎易舉，其目的也不難達到。那時，諸位讀者實貴的建議，更可大量的採納了！這時，編者也當儘可能的採納，恕不逐條作答，謹此謝謝諸位讀者！

三、本期稿件

談起究研風氣，京市教育界，這兩學期來，已是在蓬勃發展中了，我們應該非常樂觀！你看演示教學，已從國民學校進入中等學校了，這不是很進步的明證嗎？有人謂爲本刊提倡之功，編者未敢貪天，的實在還是各級學校的校長、教導主任、研究主任等策動之功爲最大。他們更幫助本刊，大量發動投稿。我向他們頂禮膜拜！這一明「中小學訓育專號」，收到的稿件，打破歷來的紀錄，統計如下表：

校類	校數	稿數
市中	4	15
私中	1	2
國校	21	28
中心	5	7
私小	2	3
外稿		1
本局		2
總計	33	58

總計收到稿件五十八篇，而本刊以篇幅所限，雖兩期合刊，仍僅容納十五篇，約佔四分之一。致使許多稿件未能編入，深爲遺憾！但編者爲「掘發新人才」、不減殺研究興趣起見，特在遺珠之中，選優送刊和平日報教育副刊，尚希作者原諒！

這期編後不容多寫了，已刊稿件，請讀者自己研究，不作介紹！以後各期，盼有更多的稿件！

首都都市計劃資料展覽會
教育專頁

一、首都都市計劃資料展覽會概況

南京市政府都市計劃委員會設立以來，對於首都建設計劃，積極進行。上年十月間即開始準備舉行都市計劃資料展覽會，全市政府各局處一律參加，因之展覽材料極其豐富，內容亦極充實。

展覽會自三十六年十二月二十日開始佈置，卅日完成，三十一日招待中外嘉賓、新聞記者暨各界人士，舉行預展。此一盛大展覽，在中國尚係創舉，頗得來賓讚許。三十七年元旦起，舉行公開展覽四日，每日自上午八時至下午五時，參觀人士，肩摩踵接，絡繹不絕。

展覽會場係在白下路新落成之參議會暨民衆教育館大樓。進門處爲工務局之都市交通管制活動模型，來往車輛，在快車道上，循序而行，陸續不斷，頗足吸引參觀人士的駐足。

右前行爲地政局陳列室，主要表現爲地籍整理、土地重劃、扶植自耕農等重要統計圖片。其中有市區三角網，表示三角測量工作之進行；市區航空攝像結合圖，顯示本京鳥瞰圖形。其他地籍測量實施狀況圖等，更要表現都市計劃中的土地重劃，使目前不合用、不整齊之土地，如何變成整齊而合使用之土地。

越室爲工務局陳列室，有道路設計、房屋建築及下水道等標本模型，對首都交通主要幹綫及支綫等道路計劃，極其週詳。對室有下關碼頭模型，引用自來水顯示江流與碼頭駁岸工程之關係，頗足說明下關塌江之主因而爲根治之張本。再越室爲民政局陳列室，有關戶籍及選舉等統計圖表，最足顯示戶政管理之公民身份證檢查樹，隨時可以檢出參觀者之身份證，頗多參觀人報名一試者，甚爲有趣而顯示科學管理之有效。

升樓爲教育局陳列室，迎樓梯有「建國時期，教育第一」醒目醒人之紅字標語，頗足使參觀人士重視「建國時期，教育第一。」展覽室概況，另詳教育展覽特寫。

登三樓全部爲都市計劃委員會陳列室，有土地使用計劃、交通計劃、建築計劃、綠地計劃、南京城市沿革，上海、北平、天津、瀋陽、漢口、廣州等六大都市比較，世界各大都市如倫敦、巴黎、柏林、紐約、華盛頓、芝加哥等詳圖。歷徧三樓，恍如進出了古代的南京、現代的南京和將來的南京，以及遊徧全國及世界各大都市。

下三樓轉入二樓中間大廳，這中間爲南京市立體大模型。前左方爲政治區建設模型，整個明故宮遺址，均爲中央各院部及國民大會堂等建築。模型與空測攝像及計劃平面圖等均極精細。大模型前右方爲市政府建設模型，整個鼓樓四週，均爲市政府各局及市參議會之建築。該項建築爲環形，市政府與參議會分列南北，各局緣弧形建築，中間則就原有鼓樓建忠烈祠，計劃偉大，構形巧妙，實爲南京市政府極其美麗的遠景。本室北牆所懸，則爲「何謂都市計劃？」對交通、建築、居宅……無不作舊式及現代式之比較，給參觀者明瞭現代都市計劃極其明瞭而有意義。

循參觀路綫前進，二樓右端則爲衛生局及財政局之陳列室，入衛生局則立即聞到藥用品氣味，入財政局則顯著看到歲出入數字。在這裏我們知道了有關都市的衛生統計、保嬰、防癆、防疫及減少死亡率等數字，與南京財政收入和支出情形。教育經費佔總支出之第一位，這足以證明市政府對於教育之重視。

下二樓入社會局陳列室，內容分社會救濟與社會福利兩項；對室則爲標準度量衡器等的陳列。間室爲自來水管理處展覽室，凡自來水的器材都在陳列之中，標出「送水到尊府需要這許多器材」，眞令人起「一涓一滴，當知來處不易」之感。對室爲首都電廠展覽室，凡電路、電源及電力供給等都有實物和圖表模型的陳列。離室則爲出口。

市政府爲應各學術團體需要，展覽會於五日起展期至十日止，任各學術團體參觀研究，並於十日下午，沈市長再次招待中外來賓及專家茶會，而正式閉幕。展覽期間，市長並會招集專家舉行座談會，對市政建設頗收集思廣益之效云。（楊駿如）

二、首都都市計劃資料展覽會教育展覽特寫

「建國時期，教育第一。」這是不可顛扑的名言；但在目前艱困的環境中，各級政府，縱然有怎樣完備的計劃，苦幹、實幹的精神，而在事業表現上，莫不受着嚴重的物質條件的限制，這是建國的障礙，也是教育建設的障礙。

首都都市計劃資料展覽會，於卅七年元旦揭幕了。關於教育部份的詳細而寶貴的資料，在不滿三方丈的兩間屋子裏，陳列着整個首都教育的過去、現在與未來，顯示出物質條件的限制，也顯示出艱難精進的旅程，使首都的市民們，能瞭然於首都教育的一般情形和未來計劃，同心奮起，努力於教育建設，實有其重大意義。茲略記其會場情形，並附

觀感如下：

在整個會場的二樓左面第一室，——市教育局第一陳列室——一進門沿着箭頭所指示的路徑看去，牆上掛滿了一幅幅整齊美觀的統計圖表，桌上擺週了種種資料，被四周潔白的牆壁，襯托得非常雅潔美觀。最先映入眼簾的是一幅「南京市教育概況總表」，對紛繁的首都教育，先作了一個概括而又具體的說明，裏面表列出中小學的校數、教職員數、學生數、教職員素質、教員待遇以及其他教育行政上的重要統計數字。接着便是「南京市教育實施三年計劃」表，把理想的首都教育，作成一幅美麗的遠景。從現在到三年後的未來，這不算短的一段路程，還需要首都市民和教育者不斷地努力。桌上滿佈的各種資料，在行政上的如各種法規章則，經費的來源與支配，歷年校數的增設，教職員薪給的提高，以及學校教育以前的種種設施。這些資料，可以決定南京市整個教育的前途，是非常光明的。

這一室內，除行政資料外，還有中等教育方面的，其資料收集更多，內容亦頗精湛。大概說來，南京市的中等教育從統計數字上看，其進展不能謂不速！市立中等學校數，從復員之初（三十四年上期）到現在，由五所增至十二所（三十六年上期），班級數由五十三級增至二〇四級，教職員數由一五三人增至六九三人，學生數由三一一〇人增至一〇七七七人；私立中等學校之發展亦甚速，所以二年來中等教育方面，就量來講，已有長足的進步，較之戰前，有過無不及，這當然要歸功於教育行政的負責者、籌劃與實行的成功。但是我們還不應該以此為滿足，因為戰後的首都，人口劇增，所以學校的量的擴展自為必要，而我們更應特別注意的，即為質的改進，目前學風窳敗，教員素質低落，這固然是長期戰爭後的必然現象；但是我們現在至少已經離開戰爭二年有餘，上述情形，必須立即根除，才能有良好的教育效果。因此，在此次展覽會中的中等教育方面，特別提出「提高程度」「加強訓導」「提高教師素質」「改善教師待遇」等具體可行的計劃，以作日後改進之張本。除此之外，在中等教育的範疇中，所不可忽略的，還有師範教育和職業教育。師範教育是實行全民教育所不可缺的重要部份，國家為了實行其教育政策，就不能不有計劃的培植國民教育的師資，而目前散漫無計劃的師範教育，似有改進的必要。從它的根本精神，一直到它的課程內容。關於這點，在此次展覽會中，有極生動具體的師範教育改進的資料展覽。職業教育，在此次展覽會中，亦有相當表現。（孫家駒、劉家玉）

元旦的一天，晴空萬里，陽光普照大地，參觀者是聯肩接踵而來，在粉白的牆上滿掛着一律天藍襯底上所繪製的各類彩色圖表，牆壁的最上端，有用紅線接着標題所牽引至各處圖表的深紅箭頭指示，這樣使資料的系統一目了然。走出第一室，在走廊出看到各級國民學校演示教學成績及各校兒童生活照片，我們深信『生活即教育』應該是我們每個從事教育工作者所亟亟追求的目標。

走進第二陳列室，這裏是國民教育部份，立刻了解國民教育的工作及事業，佔着整個市教育中相當重要的一部。這裏的資料，不但在份量上是應有盡有，而主要的在於資料內容的系統一貫，條理分明；在形式上也注意到資料安排的合適，色調配合的和諧。

這裏的資料可分為二大部份，第一：是國民教育的概況，實際的資料是用本市國民學校與人口密度分布圖及本市國民教育概況圖來表示。第二：是實施情形，一方面用本市歷年國民學校數量比較表、班級數比較表、學生數比較表，以及歷年設校增班實際數量統計圖，來表示本市國民教育方面量的增加情形。另一方面是關於質的改進，有教師待遇標準的比較及改善待遇的說明，甄選教師人數的統計，教師年齡統計比較圖，優良教師統計等。其次在桌面上的有關於改良學校建築、健全學校行政、改善教學、加強訓導，以及研究進修等資料。其中以改良學校建築模型，與三區中心國民學校的常識、故事、遊戲等自編教材，十一區中心學校的夏令衛生中心單元教材，一區中心國民學校的國語閱讀測驗實施報告，四區中心學校中、高級綴法、書法測驗研究，六區中心學校低級注音符號教學實驗報告，以及五區中心訓練、問題兒童報告等資料，都是各校精心傑作，也就足以代表進步的教育的徵象，值得我們在這裏一一介紹。並且在預展的那天下午，有好幾位教育學者，頻頻詢問記者關於此項實驗性的教學及訓導資料的情況。這該是首都國民教育今後應走的一條道路。（儲天大）

這室的西邊半間桌面和壁面，陳列着為喚起民衆實行民主而實施之社會教育的統計圖表，我們剛才從總經費表中，看到社教經費只佔百分之二．九九，小得可憐，但這裏概況和成績的表現，卻充分表示已有過很大的努力：

（1）增設機關並調整員額經費——機關一年半來由三個（二個民教館一個圖書館）增至六個（新增電教輔導處、體育場、補習學校），人員二十二人增至八十三人，經費每月由一五二、〇〇〇元增至一五、九二〇、〇〇〇元。

（2）提高社教人員的任用與待遇的標準——待遇由平均一百二十元增至一百五十六元；任用標準過去百分之廿六是曾受過大學教育與專業訓練的，現在到百分之五十九。

（3）有大小四項建築——建築體育場一所，民教館一所，兒童閱覽室一所，兒童樂園一所。

（4）一年半來舉辦各種社教活動——舉辦了十六次社教活動，如第八屆全市運動會、中小學生獻校祝壽、萬人大合唱、中小學體育表演會、　國父誕辰兒童音樂會等等，並且部令嘉獎三次。

所可惜的戰前社教機關九所，四所為軍警佔用，三所為國民學校用，二所燬於砲火，可說一無所有；現在的七所社教機關房舍，二所是新建的，二所是公產撥用的，二所是租的民房，一所是借的會產，要實現社教三年計劃，將民教館增至十三所，設立科學館、藝術館、電化教育館、兒童教育館各一所，增設體育場二所，設立民衆學校、補習學校各十三所，則所需校舍場舍之建築費甚鉅，決非只佔總教育經費百分之二、九的數子，所能辦到。這就要中央和地方當局共同努力了。（虞稈鈞）

這窄狹的兩室，記者足足盤旋了二個鐘頭，當金色的陽光透進室內時，鮮明絢爛，和諧溫暖；如果再打開日光燈時，則銀光閃閃，真似水銀瀉地，象徵着教育的前途和功能。從許多不同年齡、不同個性、不同程度、不同心理及面孔的參觀者中間，我們可意會着他們有同一的鮮明向上的感覺。所以當新聞局的攝影者走進室時，他們立刻選上了最好的角度，攝取了幾幅最奪目的畫面。同時在參觀者中間如果是有知音的教育家，那麽他不僅是欣賞這些美麗的圖案，他更會去探求那些彌足珍貴的記錄，因爲這些是許多人努力工作，創造成的結晶。

走出了教育展覽室，記者從人叢的擁擠中擺脫，正在門外舒展腰背，猛抬頭又見到了上面的教育總檢討：

復員後本市教育工作的小成就

量的方面

1. 國民學校：學校數由67校增至185校
（內私立小學 學校數由0校增至36校）
班數由530班增至1750班
（內私立小學 班數由0班增至283班）
在學兒童數由20030人增至87733人
（內私立小學 在學兒童數由0人增至1098人）
民教班由0班增至365班
2. 中等學校：學校數由15校增至44校
（內私立中學 學校數由10校增至33校）
班數由121班增至499班
（內私立中學 班數由68班增至295班）
在學青年數由5375人增至24928人
（內私立中學在學青年數由2347人增至14151人）
3. 社會教育：機關數由3所增至6所

質的方面

1. 恢復戰前學校學風；
2. 發起研究實驗風氣；
3. 師資水準逐年提高；
4. 教師待遇已漸改善；
5. 學校內容逐漸充實；
6. 社教活動成效顯著；
7. 計劃推進逐步確立；
8. 視察輔導逐年加强。

這麽小的成就，我們未能引以滿足，我們大的希望，在有適當的經費來完成「南京市教育實施三年計劃」

計劃中本市教育工作的大問題

南京市教育實施三年計劃，是本市教育建設的根本；也是最低限度的要求。

我們的計劃

要完成三年計劃，我們還要使：

1. 21,594學齡兒童入學，並改善學校環境與設備；
2. 246,953失學民衆受補習教育；
3. 9,238青年入中等學校，並改善學校環境與設備；
4. 1,119,733市民能利用社教機關的一切設備與設施。

爲達成上項任務，我們需要：

1. 增加國民學校 68所 975班 教職員 1,270人
2. 增加民教班 2460班 教師 1,230人
3. 增加中等學校 18所 210班 教職員 700人
4. 增加社教機關 43所 工作人員 661人

我們的需要

1. 完成上項計劃，按現在標準，我們需要：
建築設備費……2,811億元
一、國民教育……1,278億元
二、中等教育……620億元
三、社會教育……913億元
2. 每年人員待遇及經常費……943億元
一、國民教育……622億元
（1）小學部……253億元
（2）民教部……369億元
二、中等教育……176億元
三、社會教育……145億元

給予記者綜合的印像，使記者更對京市教育有明瞭的概念，記者是深佩這一展覽室的陳列和佈置的主持者，極具匠心的，不愧是教育展覽！（駿如）

教育局公佈欄

南京市教育局訓令

（卅六）教人字第〇六六八號
中華民國卅六年九月二日發出

令市立各級中等學校／國民學校／社教機關

事由：爲轉飭關於陝西省膚施縣更名延安一案，已奉核准，令仰知照由。

案奉

南京市政府（卅六）府總秘二字第八〇一八號訓令內開：

「案准內政部卅六年八月十三日方字第〇八〇六號公函開：『案查前奉　國民政府主席蔣轉據西安綏靖公署胡主任宗南電呈，請將陝西省膚施縣更名延安等由，當經本部核議並請行政院核示在案。茲奉指令內開，業經呈奉　國民政府令准備案，縣印候飭局鑄換，飭仰知照到部。除通行外，相應函請查照。』等由；准此，除分行外，合行令仰知照！此令。」

等因；奉此，合行令仰各該校（館）（場）知照！

此令。

兼局長馬元放

南京市教育局訓令

（卅六）教人字第〇七四一號
中華民國卅六年九月十二日發出

令本市公私立中小學及社教機關

事由：爲奉令轉知台灣省高山族改稱爲「山地同胞」一案，抄附原文，仰知照由。

案奉

教育部本年八月十一日蒙字第四五五〇八號訓令內開：

「案准內政部本年七月二十四日民字第八一

六〇號公函內開：「准行政院祕書處本年七月八日服四內字第二三七五號通知，爲台灣省政府，請對該省高山族改稱「山地同胞」一案，奉諭交內政部分行有關機關等因，抄附原件通知到部。除分行外，相應抄附原件，函請查照，並飭屬知照爲荷！」等由；抄附原件。准此，除分令外，合行抄附原件，令仰知照，并轉飭知照！」等因；並抄附原件一件，奉此，合亟抄附原件，令仰各該校館場一體知照！此令。

兼局長馬元放

附抄附原件一件

抄件

（銜略）查本省山地同胞，在日治時代，備受歧視壓迫，並使集居高山，視同化外，寖成高族之名稱。光復之後，對山地同胞，一視同仁，「高山族」名稱，早經廢用，以示平等之至意。惟查外界仍有襲用此種名稱，似有未妥，本府委員會第五次會議，各委員談話，均一致主張嗣後對於「高山族」應悉改稱爲「山地同胞」；又本府南委員志信建議，由山地選出之國大代表，勿再用「高山族」代表之稱謂，等語；除分令遵照外，理合電請鈞察，並分行各有關機關照辦爲禱！

南京市教育局訓令

（卅六）教會字第零二五三號

中華民國三十六年九月六日

事由：奉令關於審計部審計報告書建議改進事項有關部份，令仰遵照由。

令市立各中等學校

案奉

教育部本年八月十八日會字第四五六〇號訓令內開「層奉國民政府七月十日處字第七六六二號訓令開：「據監察院法字第七六一一號呈，爲據審計部呈送卅三年度審計報告書到院，轉請鑒核備案等情：應准備案。除指令外，關於該報告書第六章建議改進財政預算等事項，尚屬切要，合行抄發該事項有關部份，令仰遵照！」等因；除分行外，合行抄發原事項，令仰遵照！此令。」等因；奉此，合行抄發原事項令仰各該校遵照！此令。

附抄發原審計報告書建議改進事項第三、四、五各項一份。

兼局長馬元放

節抄審計報告書建議改進事項

三、各級機關節餘現金，應請通飭掃數解庫，以重庫款。

各級機關每屆年度終結，節餘現金及生活補助費爲數甚鉅，按本部檢查各機關現金結果，多有自行挪用，延不解庫情形；曾經本部通知解庫在案。惟是機關林立，範圍甚廣，本部稽察難周，不無類似以上情事，應請通飭各級機關，將各項節餘現金，依限掃數解庫，以重庫款。

四、公有營業及公有事業機關之預決算，應一律按期送審。

近年以來，公營事業，日益繁興，建設歲出，年有增加。各公有營業及事業機關，是否能適應政府規劃，推行業務，以收預期之效果，本部於其各年度預決算及計劃報告，需有詳加審核之必要。惟此項預決算，每年經核轉到部者，爲數無多；其有編送者，亦大多逾期，事過境遷，審核上已失時效。應擬請通飭一律按期送審，不得延誤，則綜合審核之結束，方能提供興革意見，使事無虛設，財無虛糜。

五、主管部向所屬公有營業事業機關征取解部款，充預算外之支出，亟應制止。

查國營事業收入，依法應全數繳納國庫；但查仍有少數主管部會，向所屬營業事業機關征取解部款項，此項解部款之用途，非彌補預算超支，即濫立名目，移充津貼。此項收支，積習於沿，視爲固然，直使核定預算，等於具文，國家歲入，任意虛糜，似應嚴加取締，以重公帑。

南京市教育局訓令

（卅六）教人字第○七四二號

中華民國卅六年九月十二日發出

事由：爲轉奉院令嚴飭保障人民基本權利，令仰恪遵由。

令本市公私立各中小學校

案奉

南京市政府本年八月卅日府總祕字第八三〇八號訓令內開：

「案奉行政院本年八月二十二日（卅六）七法字第三三六二四號訓令開：「奉國民政府主席蔣本年八月十四日未寒府交乙字第一二九五五號代電開：「查人民基本權利應切實尊重，妥爲保障。兩年以來，迭經政府嚴切申令有案，最近新頒之完成憲政實施綱要，亦復重有昭示，各級政軍憲警機關，務應恪遵，以崇法治。東北九省臨時緊急軍政措施辦法等法令規定，得臨時由軍法機關受理之案件外，凡非司法機關及非依法賦予司法警察職權之機關絕對不得逮捕人民，尤不得有其他法外侵擾人民自由之行爲。即司法警察受命拘提人犯，亦應切實依限移解法院。務期在此　之緊急時期，仍貫澈培養法治，保障民權之本旨，以深植建國基礎。卹希轉飭所屬，一體恪切遵照爲要！」等因；奉此，除分令外，合亟令仰切實遵照，并轉飭所屬一體恪遵爲要！」等因；奉此，除電令外，合行令仰切實遵照，并飭屬一體恪遵爲要！」等因；奉此，合亟令仰各該校一體恪遵爲要！此令。

兼局長馬元放

南京市教育局訓令

（卅六）教祕字第〇一二八號

中華民國卅六年九月十八日發出

事由：爲抄發厲行節約消費辦法綱要，令仰遵照，並飭屬遵照由。

令公私立中小學及社教機關

案奉

南京市政府（卅六）府總秘字第八四八一號訓令內開：

「案奉　行政院本年八月三十一日（卅六）六經字第三四五五三號訓令開：「奉　國民政府三十六年八月十八日處字第九一六號訓令略開：「厲行節約消費辦法綱要，業經本年八月十五日第九次國務會議決議通過，抄發原綱要飭遵照並轉飭所屬一體切實遵照施行。」等因；自應遵辦，除將原綱要公佈施行，暨各該實施辦法、檢察辦法，俟另令繼續公佈施行，並分行外，合行抄發原綱要，令仰遵照，並轉飭所屬一體遵照！」等因；附抄發「厲行節約消費辦法綱要」一份。奉此，除分令外，合行抄發原綱要，令仰遵照並飭屬遵照！」等因；並附抄發厲行節約消費辦法綱要一份。奉此，合行抄發原綱要一份，令仰遵照，並飭屬遵照！

此令。

附抄發厲行節約消費辦法綱要一份

兼局長馬元放

厲行節約消費辦法綱要

一、關於公務機關及國營事業機關　（主辦機關）

（1）根據各機關業務實際需要限制員額　行政院主計處

（2）依據員工四與一之比調整工役數額　審計部

（3）限制數額文武機關及長官住宅警衛隨從及勤務兵　行政院主計處　審計部

（4）限制使用汽車分期減少其數量　國防部　交通部

（5）訂定加强物品保管制度及配用辦法　國防部　行政院

（6）訂定獎勵節省公物辦法　財政部

（7）限制不必要之宴會及招待　社會部

（8）軍警制服換季時，另訂節約剪裁，以明保持固有儀表而達節省材料之目的　國防部　內政部

（9）非必需之新建築，應一律停止；其有必需之建築者，應先報經上級機關核定　內政部

二、關於一般社會

（1）訂定禁造頭號白米麵粉及節約粮食消耗辦法　粮食部

（2）禁止進口之物品，于本綱要公布兩個月後，在市場上發現時，由政府予以沒收　經濟部

（3）訂定限制私人使用汽車辦法　交通部

（4）厲行使用國貨　經濟部

（5）各大都市，政府酌量當地情形規定筵席節約標準與價格，並令原有餐館改設或附設經濟食堂　內政部　社會部

（6）禁止營業性之跳舞場　內政部

（7）各大都市娛樂場所限夜間十一時收場　內政部

（8）規定報紙雜誌及書籍所用紙張節約標準，嚴格推行　內政部　教育部

（9）慶弔文字以紙書寫，禁用布帛書寫，或屏聯及花籃花圈，並禁用重磅紙之柬帖　社會部

（10）提倡廢止年節餽贈　社會部

（11）勵行工賑制度，籌設游民習藝所，並發動社會力量，協助進行　社會部

（12）延長夏季時間適用之月份　國民政府文官處

（13）厲行守時運動　社會部　內政部

三、附則

（1）以上各項有須訂定實施辦法者，應由行政院令飭各主管機關分別擬訂呈院核定，並另訂檢察辦法，于九月一日全部同時公布實施。

（2）本綱要暨各種實施辦法公布後，應由行政院通令軍政首長各省市政府及國營事業機關之主管人員，切實遵辦，督率部屬，身體力行，否則嚴予處罰。

（3）本綱要及各種實施辦法之實施成績，規定為各省主席及市長之重要考成。

（4）行政院應通令各省市政府，提倡體育球賽，音樂會，廣開游泳場，郊外旅行，教育電影，學術演講等，以正當娛樂，糾正奢靡之風習。

南京市教育局訓令

（卅六）教三字第零八六七號

中華民國卅六年十一月一日發出

令所屬各機關學校

事由：奉令抄發慶弔節約實施辦法，仰切實遵照由。

案奉

市政府總秘字第九六四五號訓令內開：

「案奉　行政院三十六年十月十一日經字第四一三一九號訓令開：「查「慶弔節約實施辦法」業經制定，除明令公佈，並分行外，合行抄發原辦法，令仰遵照並轉飭所屬一體遵照！」等因；附抄發慶弔節約實施辦法一份。奉此，除分行外，合行抄發原辦法，令仰遵照，並轉飭所屬一體遵照！」等因；附抄發慶弔節約實施辦法一份。奉此，合行抄發原辦法，令仰切實遵照辦理為要！此令。

附錄慶弔節約實施辦法一份

兼局長馬元放

慶弔節約實施辦法

一、本實施辦法依據厲行節約消費辦法綱要第二項第九款之規定訂定之。

二、慶弔饋贈紀念物品，以適合受者之需要或實用為宜，其價值不得超過饋贈人每月收入百分之二。

前項饋贈，如代禮金時，其價額同。

三、慶弔招待，應以茶點爲原則，並禁止濫發請柬。

四、未滿六十歲者，不得稱壽，及開市遷居、新屋落成、死者陰壽、暨嬰孩彌月過當等，不得酬宴。

五、慶弔文字，應以紙書寫，禁用巨幅屏聯及以布帛書寫。

六、使用花籃、花圈，如對外賓時，得依其習俗使用；其他慶弔，以不用爲是。

七、本辦法自公布日施行。

南京市教育局訓令

事由：奉令轉知關於機關團體辦理民衆學校辦法修正各點仰知照由

令各社敎機關

案奉

教育部卅六年七月二十九日社字第四二五六二號訓令內開：

「查本部於卅三年五月十六日以一三二八五號訓令頒佈之機關團體辦理民衆學校辦法，施行已久，條文中現有需予修正者。關於是項辦法第五條入學年齡一項，應改爲自十二歲起；同條內「民衆補習教育」改爲「失學民衆補習教育」。第十四條內「結業證書」改爲「畢業證書」，以便與國民學校法暨國民學校及中心國民學校規則之規定於符合。除由本部修正公布並分行外，合行令仰知照，並轉飭知照！」

等因；奉此，除分行外，合行令仰知照！此令。

兼局長馬元放

南京市教育局訓令

（卅六）敎四字第零八九三號

中華民國卅六年九月二十六日

事由：爲奉　市政府轉奉　行政院令，爲各機關對於駐華各使館行文，應由外交部轉達，仰遵照由。

令各所屬機關學校

案奉

市政府卅六月九月十二日（卅六）府總祕二字第八七六六號訓令開：

「案奉　行政院卅六年九月七日（卅六）七外字第三六〇七二號訓令開，據外交部呈稱，查本國政府所屬各機關與各國使館間有所商洽時，均須行文外交部轉達，此係各國慣例；惟近，似有少數機關，未明此旨，每逕行文駐華各使館，不特有乖國際慣例，且易滋弊端。嗣後各機關與各國使館行文，擬仍由本部轉達，以符定例。理合呈請鑒核，通令遵照等情，應准照辦。除分令外，合行令仰遵照，並轉飭遵照！等因；奉此，自應遵辦。除分令外，合行令仰遵照，並飭屬遵照！」

等因；奉此，自應遵辦。合亟令仰各該館場處校遵照！此令。

兼局長馬元放

南京市教育局訓令

（卅六）敎一字第二〇〇八號

中華民國三十六年九月廿六日

事由：奉　部令檢發調整中等以上學校開辦費及每年經常費最低數額表，仰遵照由。

令各私立中等學校

案奉

教育部本年九月　字第五〇二五二號訓令開：

「查本部前以近年經濟情形變更，經將私立中等以上學校開辦及經常各費數額，予以調整，制定「中等以上學校開辦及每年經常費最低數額表」，於本年二月五日以參字第〇六五五九號訓令頒發施行在案。茲以物價繼續波動，該項標準仍不能適合實際情形，應再酌予提高。按戰前原定標準一萬倍計算，特另定私立中等以上學校開辦費及每年經常費最低數額表，附發。自文到之日起，所有私立中等以上學校，呈請立案時，其開辦及經常各費，均應遵照此項規定辦理。除分令外，合行令仰遵照，並轉飭遵照！」

等因；附發新定中等以上學校開辦及每年經常費最低數額表一份。奉此，自應遵辦。除分行外，合行附發該項數額表一份，令仰遵照爲要！此令。

附發新定中等以上學校開辦及每年經常費最低數額表一份。

兼局長馬元放

私立中等以上學校開辦費及每年經常費最低數額表

一、大學各學院或獨立學院各科（照大學規程第十條規定之數額增加）

院別或科別	開辦費	每年經常費
文學院或文科	一、〇〇〇、〇〇〇、〇〇〇元	八〇〇、〇〇〇、〇〇〇元
理學院或理科	二、〇〇〇、〇〇〇、〇〇〇元	一、五〇〇、〇〇〇、〇〇〇元
法學院或法科	一、〇〇〇、〇〇〇、〇〇〇元	八〇〇、〇〇〇、〇〇〇元
教育學院或教育科	一、〇〇〇、〇〇〇、〇〇〇元	八〇〇、〇〇〇、〇〇〇元
農學院或農科	一、五〇〇、〇〇〇、〇〇〇元	一、五〇〇、〇〇〇、〇〇〇元
工學院或工科	三、〇〇〇、〇〇〇、〇〇〇元	二、〇〇〇、〇〇〇、〇〇〇元
商學院或商科	一、〇〇〇、〇〇〇、〇〇〇元	八〇〇、〇〇〇、〇〇〇元
醫學院或醫科	二、〇〇〇、〇〇〇、〇〇〇元	一、五〇〇、〇〇〇、〇〇〇元

二、各種專科學校（照修正專科學校規程第十條規定之數額增加）

類別	開辦費	每年經常費
甲類之學校一、二、三、四、等項專科	二、〇〇〇、〇〇〇、〇〇〇元	一、〇〇〇、〇〇〇、〇〇〇元

校別	開辦費	每年經常費
甲類之五、六、七、九、十一、十五、十六、等項專科學校	一、五〇〇、〇〇〇、〇〇〇元	八〇〇、〇〇〇、〇〇〇元
甲類之八、十、十二、十三、十四等項專科學校	一、〇〇〇、〇〇〇、〇〇〇元	八〇〇、〇〇〇、〇〇〇元
乙類之一、二、六、七、八、等項專科學校	一、〇〇〇、〇〇〇、〇〇〇元	八〇〇、〇〇〇、〇〇〇元
乙類之三、四、五、等項專科學校	六〇〇、〇〇〇、〇〇〇元	五〇〇、〇〇〇、〇〇〇元
丙類之各項專科學校	六〇〇、〇〇〇、〇〇〇元	五〇〇、〇〇〇、〇〇〇元
丁類之醫學專科學校	一、五〇〇、〇〇〇、〇〇〇元	一、〇〇〇、〇〇〇、〇〇〇元
丁類之藥學專科學校	一、〇〇〇、〇〇〇、〇〇〇元	八〇〇、〇〇〇、〇〇〇元
丁類之商船專科學校	一、〇〇〇、〇〇〇、〇〇〇元	六〇〇、〇〇〇、〇〇〇元
丁類之三四五六七九等項專科學校	六〇〇、〇〇〇、〇〇〇元	五〇〇、〇〇〇、〇〇〇元
三、中等學校		
高級中學	建築費 三〇〇、〇〇〇、〇〇〇元 設備費 二〇〇、〇〇〇、〇〇〇元	三〇〇、〇〇〇、〇〇〇元
初級中學	建築費 二〇〇、〇〇〇、〇〇〇元 設備費 一五〇、〇〇〇、〇〇〇元	二〇〇、〇〇〇、〇〇〇元
高級農業學校	建築費 二〇〇、〇〇〇、〇〇〇元 農場及設備費 一〇〇、〇〇〇、〇〇〇元	三〇〇、〇〇〇、〇〇〇元
高級工業學校	建築費 三〇〇、〇〇〇、〇〇〇元 工場及設備費 三〇〇、〇〇〇、〇〇〇元 其他設備費 二〇〇、〇〇〇、〇〇〇元	四〇〇、〇〇〇、〇〇〇元
高級商業學校	建築費 三〇〇、〇〇〇、〇〇〇元 設備費 一〇〇、〇〇〇、〇〇〇元	二〇〇、〇〇〇、〇〇〇元
家事學校	建築費 三〇〇、〇〇〇、〇〇〇元 設備費 一五〇、〇〇〇、〇〇〇元	二〇〇、〇〇〇、〇〇〇元

附註：一、二兩項所列開辦費包括建築費、設備費等在內。

南京市教育局訓令

（卅六）教人字第〇八九〇號
中華民國三十六年十月廿九日

事由：為奉令轉知規定每月一日上午舉行月會仰遵照由　　令所屬各機關

案奉

教育部三十六年十月十七日人字第五四九九五號訓令內開：「案奉　行政院本年十月四日人字第四〇三〇九號訓令內開：『案奉　國民政府三十六年九月三日處字第一〇二五號訓令開：「據文官處轉呈行政院函，為紀念週停止舉行後，政府各機關及學校為溝通情感、集中意志、提高工作效率、倡導善良風氣，可改為舉行週會或月會，由該機關學校首長精神講話，或指定高級人員報告業務，或作專題講演。至開會程序，依普通方式行之。經提院會議通過，請轉陳通行遵照等由一案，經提本年九月二十六日本府委員會第十二次國務會議決議，舉行月會於每月一日上午行之，（每逢假期則順延至二日舉行。）除分令外，合行令仰遵照，並飭屬遵照！」等因；奉此，除分令外，合行令仰遵照，並飭屬遵照！」等因；奉此，除分令外，合行令仰遵照！」等因；奉此，合行令仰遵照辦理！此令。

兼局長馬元放

南京市教育局訓令

（卅六）教四字第〇九二一號
中華民國卅六年十月三日發出

事由：為轉飭各校館對于公款出納保管，務須依法辦理，仰遵照由。　　令市立各中小學校社教機關

案奉

南京市政府三十六年九月十七日（卅六）府總會字第八九三〇號訓令內開：「案奉　行政院三十六年九月六日（卅六）六財字第三五七五一號訓令內開：『查各機關歷年自行保管之剩餘經費或保管款項，自應依照各年度國庫收支結束辦法所規定之期限以前，從速繳還國庫，以重公帑。除分令外，合行令仰遵照，並轉飭遵照！此令。』等因；奉此，除分行外，合行令仰遵照，並飭屬遵照！」等因；奉此，合行令仰各該校館場一體遵照！此令。

兼局長馬元放

南京市教育局訓令

（卅六）教人字第〇八七四號
中華民國卅六年十月廿四日發出

事由：為奉令轉知七月七日為我們陸軍節，令仰知照由　　令所屬各機關學校

案奉

南京市政府卅六年十月十八日（卅六）府總人字第九七八一號訓令內開：

「案奉行政院本年十月八日四防字第四〇七九五號訓令內開：「案奉國民政府本年九月廿五日處字第〇三五號訓令開：「據國防部簽呈為各國陸軍無不有紀念節日之規定，其所以追懷往績，策勵來茲者，用意至深。我國現正積極建軍之際，為策勉全軍將士，強化民族精神起見，似有從早規定陸軍節日之必要。查民國二十六年七月七日蘆溝橋事變，鈞座統率全民族奮起對日抗戰，血戰八年，卒獲最後勝利，挽國祚於危亡，廢除百年來之一切不平等條約，其意義之重大，婦孺皆知，擬即以是日為陸軍紀念節日，是否有當，理合簽請核示祇遵。等情；應准照辦。除分令外，合行令仰知照，並轉飭所屬，一體知照！」等因；奉此，除分令外，合行令仰知照，並轉飭所屬一體知照！」等因；奉此，除分行外，合行令仰知照，並轉飭所屬一體知照！」等因；奉此，除分令外，合行令仰知照，並飭屬一體知照！」

等因奉此，合行令仰各該校館場處一體知照！

此令。

兼局長馬元放

南京市教育局訓令

（卅六）教人字第〇九二一號
中華民國卅六年十一月四日發出

事由：為奉部令訂定月會或週會儀式及月會秩序，令仰知照由。　令所屬各機關學校

案奉

教育部本年人字第五九一六七號訓令內開：

「查紀念週停止舉行後，經國務會議決議舉行月會，於每月一日上午九時起行之。前奉行政院令經轉飭部屬各機關學校在案。茲照國民政府月會舉行辦法，訂定月會儀式，令仰知照，並轉飭知照！此令。」

等因；并附月會儀式。奉此，合亟抄附該項儀式，令仰知照！此令。

附月會儀式（機關用）

一、月會儀式開始
二、全體肅立
三、主席就位
四、唱國歌
五、向國旗暨國父遺像行三鞠躬禮
六、機關首長訓詞或精神講話（或單位主管人業務報告或講演）
七、禮成

附註：第六項「機關首長」，可自行就首長職稱改正。

兼局長馬元放

南京市教育局訓令

（卅六）教二字第二二三七號
中華民國卅六年十一月十九日發出

事由：奉令重申前令通飭嚴禁銷燬敵偽時期印行之中小學各科課本由　令市私立各中小學校

奉

教育部三十六年十月國字第五九〇六〇號訓令內開：

「查戰時敵偽所編中小學各科課本，早經令飭嚴禁銷燬，並於本年暑期通令轉飭各校，一律採用印有本部許可執照之修訂國定本教科書各在案。茲據報各省地方尚有將用敵偽課本者，不獨貽害兒童抑且違犯法令，合再重申前令，仰即嚴予查禁，並飭所屬一體切實遵照為要！」等因；奉此，合行令仰市私立各該校一體切實遵照。

此令。

兼局長馬元放

南京市教育局訓令

（卅六）教一字第二四九一號
中華民國卅六年十一月廿四日發出

事由：奉令為制定學生請求更改籍貫處理辦法令仰知照由　令市屬各中小學及社教機關

案奉

市政府本年十一月八日（卅六）府總秘字第一〇五九八號訓令內開：

「案准內政 教育部本年十一月五日人三 叁字第五五一三一四 五九四六六號公函開：「查學生請求更改籍貫手續，「戶籍法」及其施行細則，均無明文規定，近來各級學校在校學生及畢業生，因屬籍變更，請求更改籍貫者甚多，不能不酌定更改籍貫原則，以資救濟而示限制。茲依「戶籍法」規定設籍、除籍意義，制定「學生請求更改籍貫處理辦法」三項。如次：一、各級學校在校學生如因籍貫變更，須更改前畢業學校畢業證書所載籍貫時，應檢其本籍地鄉鎮公所或區公所戶籍登記簿謄本一份，連同畢業證書，呈由本籍地縣市政府查核，轉呈該管上級政府，轉送內政部核辦。二、各級學校畢業生更改籍貫，應依照前項規定程序辦理；但在內政部未核定前，可依據戶籍登記簿謄本或國民身份證以證明其現在籍貫所屬地。三、各級學校在校學生及畢業生經內政部核准更改籍貫者，應呈由原校轉報主管教育行政機關備案。以上三項辦法，除由本教育部通令所屬各級學校知照外，相應會同函請查照，並飭屬知照。」等由；准此除分令民政局外，合行令仰知照并轉飭知照！」

等因；奉此，合行令仰各該校（館）（場）（處）一體知照！

此令。

兼局長馬元放

南京市教育局訓令

（卅六）教二字第二二六三號
中華民國卅六年十一月廿四日發出

事由：奉教育部訓令以呈擬降低兵役法所定小學教

師緩召標準之統一規定奉院令准予照辦一案令仰遵照由

令
市各級國民學校
私立各小學

案奉

教育部三十六年十月訓字第五八七〇五號訓令：

「查兵役法第二十六條第一項第一款，對現任小學教師得延緩動員召集，已有明文規定；其非預備役或已受訓之國民兵，前令於該條款之現役適齡男子，在緩期期間，並准緩徵，經奉准通行在案。近據各級管區及地方民意機關，僉以戰後文化復興工作艱鉅，小學師資缺乏，咸請放寬尺度前來，核屬實際。茲擬統一規定：「（一）曾在公立師範學校（包括政府委託辦理之私立師範學校）畢業，現任小學教師未滿一年者；（二）非師範學校畢業，試驗或無試驗檢定合格，現任小學教師一年以上者；（三）在收復區各省市，曾在敵偽時代之師範師道或國民高等……等學校畢業，經依「修正收復區中等學校學生甄審辦法」甄審及格，現任教師一年以上者。」凡具有上列三項資格之一者，在緩期期間，均暫准比照兵役法第二十六條第一項第二款之緩召規定，免予徵集；一俟工作完成，小學師資合法調整後，與其他臨時規定同時廢止。以上三項，經本部與國防部呈奉行政院三十六年十月十一日四防字第四一二一四號指令內開：「呈悉准予照辦，此令。」等因；奉此，除分令外，合亟令仰該局遵照，并轉飭有關所屬遵照。」

等因；奉此，合行令仰各該校一體遵照。

此令。

兼局長馬元放

南京市教育局訓令

（卅六）教四字第一二五四號
中華民國卅六年十二月五日發出

事由：奉部令轉飭中等學校教學課程中兼授聯合國及其有關之教材令仰遵照由

令市私立各中等學校

案奉

教育部本年十一月十四日文字第六三三一號訓令內開：

「准聯合國駐滬辦事處聯字第二一七號公函內開：『竊查世界五十餘國，鑒於今代人類兩度慘遭戰禍浩刼，爲維持國際正義，保障世界和平，爰於一九四五年在舊金山簽訂憲章，成立聯合國機構，旨在重伸人權、人格，消彌戰爭屠殺，本睦鄰相處、平等公益之信念，以求全球人民經濟社會生活之進步。此種理想，端賴各國賢明之教育家共同負責竭力宣揚，後代青年，始能有所遵循，永爲遂大之目的而奮鬥。其青年正確思想之養成實以大中學時代爲最重要階段。但據本處調查所知，目前中國各大中學教師，於他種課程內兼授有關聯合國之教材者，尚不多見；至於特設一科，延聘教師，專門講述聯合國者，更爲難得。查聯合國之長成，具有悠久歷史背景，其與世界歷史實有不可分割之關係，歷史課內，既屬不可缺少之教材，而聯合國所揭櫫者，又爲平等正義和平睦鄰公益等人類最高之理想，故倫理公民等課內，尤需隨時加以講述，庶幾聯合國之崇高信念，得以發揚光大，推行進利。本處爲使全中國青年，皆能了解聯合國之此種信念，及其組織性質與工作情形等，冀其共爲世界和平而努力，擬請大部通令全國各大中學，飭於歷史、倫理、公民等課內，兼授聯合國教材，或特設一科，專門講述聯合國。素仰大部熱心維護世界和平，向爲聯合國之後盾，於應函達查照。除另函各大學校長請予合作外，敬祈惠允照辦，並盼見復爲荷！』等由；准此，查我國爲聯合國會員國亦爲聯合國教育科學文化組織會員國，並於本年八月成立聯教組織中國委員會，全國大中學於公民、歷史、倫理等學科中教授聯合國及其附屬機構，尤其聯合國教育科學文化組織等有關之教材，殊有必要。除分令外，合行令仰該局轉飭所屬中等學校遵辦。」

等因；奉此，合行令仰各該校切實遵照辦理爲要！

此令。

兼局長馬元放

南京市教育局訓令

（卅六）教人字第一〇四六號
中華民國卅六年十二月廿五日發出

事由：爲轉飭中訓團教育班畢業學員不能派充學校軍訓教官令仰遵照由

令市私立中等學校

案奉

教育部本年十二月訓字第六六五二一號訓令內開：

「准國防部本年十一月十八日代電節開：『查軍訓教官之資格，規定爲現役軍官由國防部統一委派，而中訓團教育訓練班畢業學員，乃轉業之退役軍官，自不能派充現役軍官所擔任之工作，用特電請查照、通令遵照爲荷！』等由；准此，自應照辦，惟工作在未另派妥之前，暫准以訓育員名義在校負責協助管理學生之責。除分令外，合行令仰遵照爲要！」

等因；奉此，合行令仰各該校遵照！

此令。

兼局長馬元放

本刊歡迎實驗研究調查統計等下過工夫的成文報告，至少要像本期中的市立一中的「訓導測驗」統計，或是五區中心校顧雅和有「問題兒童研究」兩文；更費氣力的，最好是像本卷二期郝祖緣的「幼兒讀物」的調查統計。我們知道，「教育是科學」，必須用科學方法去研究，用科學方法研究出來的成文報告，才有客觀的根據，才可作合理的實施，否則全憑各人的主觀立論，主觀設施，未必全合科學。我們南京市的各級學校，不乏教育科學方法研究的人，我們希望，有很多的人能循這方向下工夫，現在是學期開始，正好準備工作，本刊也準備在第三卷上爲諸位發表報告！（編者）

讀者·編者·作者

一、讀者建議

本刊近來收到本市城區及郊區的讀者建議甚多。茲錄出可以代表一般要求的來信如後。

（一）第十一區九龍橋國民學校部聯元先生信

駿如先生偉鑒！……茲對「首都教育」發行一年以來，外人及讀者之批評和意見，列舉如下：「首都教育」，吾人要確認，它是領導研究風氣的中心。今日學校，已經滲透了，衙門氣氛，教書者常以坐辦公廳觀之，一有空閒，不是對現實發牢騷，便是討論些無聊的問題；甚而至於如何搽扮、抹胭脂的問題，也做了議論資料。這種風氣，不糾正，前途實在未堪設想。而糾正這種頹敗氣習的方法，應當先從充實他們和她們的精神食糧做起點。「首都教育」果能達成教師們的求知慾，使他們和她們樂於看、勤於看；我想不難成為他們和她們的生命與精神寄托的所在。使得教師們得到一個精神中心，進而精神和行動打成一片。

下面的意見，如能賜予採納，敢保證過一個時期就能達成人手一冊的目的。目前由校長介紹訂閱的方法，應重行考慮！具體建議如下：

一、宗旨；它是學術性的刊物，它是領導研究風氣的中心。

二、方針：1.要由官方宣傳品，變為純教育研究的刊物。2.要由校長先生的應付面子而訂閱，變為全市教師爭相訂閱。

三、內容：1.多請教育學者執筆；2.在朝者的作品宜少刊（教育學者例外）；3.取消公佈專欄，增闢教師園地；4、多多介紹優良實例和有價值的教育書刊；5.服務教師、解答疑難；6.多多舉行徵文競賽，鼓勵教師進修；7.編造時間性的單元教學方案；8.內容實質：（1）以國民教育為主體——京市教育在現階段中仍應以國民教育為中心；（2）成人教育和兒童教育並重；（3）教務處理和訓導實施並重；（4）教法改進和教材研究並重。

四、封面：關於一個刊物銷數的多寡，往往有關封面的設計，首都教育的封面，由純粹的仿宋字變為楷書仿宋合用，由單色變為套色，想編者已在時刻求改進，茲就觀感所及略舉數點意見：1.美觀大方，含有教育意識；2.簡單明白，題目次宜移至封底封裏；3.刊名要生動有力，亦可用藝術字；色彩多變化，邊緣可套色；活動照片不宜整齊排列。

以上意見，是否有當，尚希卓裁！專此，敬頌

撰安！　部聯元謹啟　元，十六。

（二）第四區雙塘國民學校程法榮先生信

首都教育主編駿如吾師大鑒：首都教育雜誌為本市教界之精神糧食。自吾師主編以來，為時雖短，然內容日趨充實，編排亦漸新穎，至為欣幸！值此力求革新之際，略陳鄙見，藉作芻蕘之獻：1.提前截稿，按時出版；2.增加教師進修機會，改為半月刊或旬刊；3.提高稿酬；4.編印教育叢書；5.掘發新人才。專此佈達，敬頌

撰安！　程法榮謹上　一、一三、

（三）第十二區小黃洲國民學校符秉樓先生信

駿如主編：先生主編之「首都教育」　足媲美過去吾蘇之「小學教師」，對教界同仁之進修，確有裨益！最近，先生答劉訪師先生之問題，尤令人欽佩！鄙人更建議多刊載些教育上的實際問題，使此刊物，成為教師必修之讀物，方不負編者之苦心！：敬頌

撰安！　符秉樓謹啟　一、一五、

二、編者談片

綜觀各信，多承　讀者諸君對本刊重視，並給編者以鼓勵和安慰、編者非常興奮！編者的心，可算是和讀者的心心相印的。編者無時無刻，不在向讀者諸君所期望的目標邁進。惟以客觀條件所限制，向有不能盡符諸君的期望，極為抱憾！（一）筆者能力不夠，未免心餘力絀，甚望讀者、作者，多予協助！（二）目前鑒於社會經濟的沒落，物價暴漲，漫無止境，每期印刷費（包含紙張在內）自數十萬元已漲至千萬元；本局的補助費，亦自每月的二百萬元增至八百五十萬元，而最近仍不敷每月的支出，不得已自半月刊改為月刊，這一期且為七八合期，變成雙月刊了，更離諸君的要求益遠。這固因為本期的材料特多，也是為的合期可以節省一次封面費約四百萬元。（三）本刊為京市教育局、各級學校暨社教機關所共有之綜合性的教育刊物，係由教育局補助出版的（不僅是補助，可以說完全是教育局的經費印刷的，因為收入的訂閱費，尚不敷郵費和稿酬的支出），不要他做官方的宣傳品，他確負着介紹京市教育全貌給各地讀者之責；編者以本刊的立場如此，未可偏廢教育行政、中等教育、社會教育於不顧。所以本卷已出第一期關於教育行政的，第二三期關於初等教育的幾種研究報告，第四期衛生教育專號關於各級教育的，第五期自製教具專號關於小學各科的，第六期關於中學教學的，第七八期關於中小學訓育的，下期將出演示教學專號，關於國民學校教學的，以後還將出社會教育專號、學校行政專號等。在編者這樣編排，是有心顧及各方的，縱橫兼顧的，縱的如各級教育，橫的如教學、訓育、研究等，都不使偏廢的。因為京市現時祇有這末一種教育刊物，內容重國民教育是可以的，待完全「以國民教育為主體」，實在還不是本局發刊還末一種刊物的主旨，編者更不便放棄這個立場，而專重國民教育。雖然我對國民教育是非常有興趣的，尤其是提倡國民學校教師的研究風氣，更為編者數十年來所熱心從事的。然而提倡了國民學校教師的研究風氣，同時提倡了中學教師、社教工作人員的研究風氣，不更好嗎？教育是整個的，一方面的發展，不能盡其整個的全功，我希望全南京市的教育同工，都燃起研究的狂熱！本刊雖是一個小小的火炬，但得大家的狂熱、也可照得更大的光明！

很多的讀者，響往着留戀着過去的蘇省的「小學教師」，希望本刊能做到那樣，人手一冊。編者當然也很盼望能有那一日；所以編者正從內容的充實，編排的革新方面努力，總想如部聯元先生所說「過一個時期就能達成人手一冊的目的」。事實，還不是一蹴而幾的。況且現在的社會狀況，迥不能同戰前的江蘇相比，各種客觀條件均不夠，儘量

（下接第三十四頁）

本期作者

（已見上期者不列）

馬元放	南京市副市長兼教育局長
朱佐廷	江蘇省教育廳國民教育輔導員
郭子通	南京市教育局國民教育輔導員
吳裕後	南京市市立商業職業學校校長
何謂易	市立第二中學訓育主任
李昭大	市立第一女子中學訓育主任
涂世澤	市立第一中學訓育主任
梁澤楚	市立第一中學教員
單成仁	第五區秣陵路國民學校校長
駱織倫	第十三區中心國民學校校長
顧雍和	第五區中心國民學校教員
周　毅	第五區清涼山國民學校教員

「社會教育專號」徵稿啓事

本刊爲京市教育局、各級學校暨社教機關所共有之綜合性刊物，現爲適應社教機關工作人員需要，及發展社會教育運動，研究國民學校及社教機關的民衆教育設施起見，擬於本年五月號，即第二卷十一期，編印「社會教育專號」，除分函邀請國內社會教育專家執筆外，敬希本市各社教機關工作人員暨城鄉各級國民學校校長教員，發抒　卓見，撰賜宏文，儘三月底以前逕寄本刊，以利編輯爲荷！

首都教育出版社謹啓

本刊發售第一卷存書廣告

本刊第一卷自第五期起至第十二期止，每期尚有存書約五百份，（第五期以前各期，已無存餘，不可補全。）暫定每期收回印刷工本費二千元出售。特此廣告！

首都教育出版社

江蘇郵政管理局第一類新聞紙登記執照第貳肆玖號

首都教育

第二卷　第七八期

民國三十七年二月十六日出版

編輯者　首都教育出版社

發行者　首都教育出版社
社址：南京市教育局內
電話（總機二一三〇五 分機二二）

印刷者　大明印書館
南京：洪武路三一一號

經售處　首都教育出版社
南京各大書局

本刊價目

項別	零售	長期定閱	
		半年	全年
期數	一期	六期	暫不
價目	一萬　千元	六萬元	預定

備註：
一、特大號或有特殊需要時得提高售價。
二、平寄，郵費一千。掛號，郵費六千。
三、本期係專號，零售國幣二萬元。

廣告刊例

地位	封底	封裏	普通
面積	全頁 / 二分之一 / 四分之一	全頁 / 二分之一 / 四分之一	全頁 / 二分之一 / 四分之一
每期價目	國幣二百萬元 / 國幣一百萬元 / 國幣六十萬元	國幣一百六十萬元 / 國幣八十萬元 / 國幣五十萬元	國幣一百二十萬元 / 國幣六十萬元 / 國幣四十萬元

首都教育

馬元放題

第二卷第九、十期合刊

中華民國三十七年四月十六日

小學各科演示教學專號

國立東方語文專科學校

國立編譯館

國立中央研究院

教學演示的過去現在和未來

沈百英

「教學演示」這個活動，現在到處風行着，報章雜誌上也常常可以見到。大家認為要輔導教師進修，改進教學方法，非用教學演示方法不可。究竟教學演示的效果如何？值得加以研究一下。茲用歷史的研究法，分過去、現在和未來三時說一說：

過去的教學演示

在從前無所謂教學演示，只有師範畢業生快畢業時，在附小裏實習試教。在試教之前，由教者長期參觀原担任教師教學的方法和運用的步驟，然後自己編製教案來試驗一下。試驗純熟了，再舉行幾次公開的批評試教。其順序大概分為以下幾步：

甲、合擬教案　試教的人，跟原担任教師共同商定教學的內容和方法，使試教的人較有把握。教案的作用，一面表出這次教學的重點，一面使參觀的人容易明瞭。

乙、公開演示　教者一面依教案規定，挨次教下去；一面應付兒童反應，能使原定計劃全部實行，時間也恰到好處，就認為滿意的收穫。

丙、批評討論　教學完畢，集許多參觀的人共同商討教學的優點和缺點。其順序大概為：（一）教者自陳。說明此次教學的要點，說明已經預備而未能做到的原因，或說明並未預備而臨時處置的理由。（二）輪流批評。批評取材是否可靠，適當，教具是否充分準備，教時是否分配得宜，教態是否自然活潑，教法是否有利無弊，無論教者一言一動，一顰一笑，都要仔仔細細的批評一下，而且批評的多數是在吹毛求疵。（三）討論問題。在批評時偶然發現了問題，或提到末後來討論。因為一個問題，總有兩方面的看法，甲派認為是的，乙派也許認為非；甲派認為合理的，乙派也許認為陳腐；仁者見仁，智者見智，各人見解不同，便發生不同的感想。這討論一段的趣味最濃，也最有價值。

總結過去的教學演示，目的在於試驗而不是示範。

現在的教學演示

目前的教育情形，跟戰前不同。為了趕快達到復興建國的目的，各地儘速創辦學校。同時又因師資缺乏，祇要有人肯犧牲，肯為兒童服務的，一概歡迎加入教師的隊伍裏來。因此，當教師的頗多沒有受過專業的訓練，祇將他求學時代的方法，一一搬演出來。於是不論教什麼功課，總是玩着一套先生講學生聽；先生寫，學生看；先生示範，學生模仿的把戲。用一句術語說來，就叫做「注入法」。

負有行政責任的人，為了輔導教師進修，改進教學方法計，東也提倡教學演示，西也提倡教學演示。演示的情形跟過去略有不同，茲將不同的幾點，分述如下：

甲、演示的人，選拔校內最優良的教師，能說一口標準國語，能具水準以上的教法，能有三五年以上的教學經驗，跟師範生的試教實習完全不同。

乙、演示的課，選一種比較富於活動的科目，使參觀的人不致厭倦。更在多變的科目中，選擇頂精彩的一幕，當衆表演拿手好戲。

丙、教學方法，為改進教學計，竭力避免採用注入法。於是不惜工本，專在方法上想花樣。校內本來沒有設備的，為了演示，往往特地花了一筆錢去買許多標本啦、實物啦、掛圖啦，好像變戲法一樣，變了一套再變一套。平時教學時不多問答討論的，為了演示教學，特別準備一套大大小小的問題，使兒童答不勝答。平時教學的過程很簡略的，演示時往往特別討論好，教完一節功課，只做到短短的一個步驟。本來演示的目的在於示範，却不料結果適得其反，使人心餘力拙無法模仿。

丁、參觀的人，個個是有經驗的教師，但還想看些新鮮花樣，學些乖巧，所以特別注意於教學的技術上。到批評討論時，輪到他發表了，總是搖搖頭，含笑着說一句「我沒有什麼意見」坐下去了。演示教學的目的，在於改進參觀人的教法，結果，參觀完畢，一切都完畢。各人仍舊我行我素。毫不更改。

總結現在的教學演示，似乎教法超過現實太多。以至於參觀教學的只能等於看變戲法。

未來的教學演示

找到了現在的缺點，就可以謀未來的改進方法。現在的教學演示，為了彌補目前師資缺乏，先在教學技術上做一點表面的功夫，在事勢上似乎不能不這樣幹。如果將來再照樣幹下去，勢必至於變成僅有皮毛而不切實際；僅有軀殼而沒有靈魂，名為改進教育，實則改進不了多少。今後的演示教學，如須澈底改造，當全部加以革新。茲就管見所及，略陳一二如下：

甲、演示的目的，不是練習，也不是示範，而是實驗。預先擬定了一種教學計劃，集幾個志同道合的人，共同商討一種新的教法，相互推定一位經驗豐富的人担任演示，如有愛好研究的人，不妨也列席參加。

乙教學的記錄，不是錄教師的口供，也不是記教師的動態，而是觀察兒童的反應。如果反應良好的，表明預定的計劃合於理想；反應不佳的，表明非把預定計劃更改不可。總之是研究重於批評。

丙、演示的內容，不是僅有精彩的一幕，不是限於某某科目，而是試驗某種方法的整個過程，時間當然不止一次，演示者所用的預案，有教師的計劃，有兒童的活動，更有變化的推測。整個教學經過，完全建築在研究上。

丁、討論的目標，不是批評教師，不是批評教法，而是研究預定計劃的是否可行。計劃可行的，介紹於大家，希望大家都來實施，計劃不好的，把計劃重擬了，再來一次演示研究。

總結未來的演示教學，有兩句話可以概括：

（一）將教師中心移到兒童中心；

（二）將批評本位，移到研究本位。

（留）

對京市國民學校演示教學的觀感

李伯棠

「他山之石，可以攻錯。」這是我們辦教育的人深可取法的。基於上述理由　本學期南京市教育局規定各級國民學校必須舉辦公開演示教學。各區事前排定演示學校、科目、年級、教師跟日期時間，通知各校教師出席觀摩，聘請對於各該科教學有特殊研究與興趣的人員蒞臨指導，藉以改進各科教學方法，用意至善。一學期來，共舉行四十二次，各負責學校，熱誠籌備；任課教師，勇於施教；各校教師，熱烈參與，盛况空前。尤以歷次批評討論會，研究空氣之濃厚，為以往所未有。筆者謬承教育當局邀請參與批評討論，先後凡十四次（國常十次，算術二次，自然一次，注音符號一次。內複式教學占三次），所獲至多。今首都教育刊印專號，徵稿於余，謹將觀感所及，擇要陳述於后，一得之愚，不卜可供參考否？

一、演示教學不是對人而是對事　教學是一種「技術」。一個國民學校教師不但要有熟練的教學技術，同時還要不斷的研究改進自己的教學技術，教學才有進步，效率始能提高。往往有許多教師對於自身教學的優點與缺點，無法明瞭，所謂「當局者迷，旁觀者淸。」他們又好比新嫁娘洗手作羹湯，不知翁姑的性情怎樣，無法做出一道適合翁姑的好菜來。舉行了演示教學，各方面能予以忠實的批評與指導，任教教師藉此明瞭本身優點與缺點，知道烹調好菜的方法。至於全體參觀者，參觀後遇有優點，可以模而仿之，缺點則力求避免，確實收到相互觀摩之效。所以公開演示教學，在研究教學方法上，是最好不過的一種設施，值得倡導推行。不過我們在舉行演示教學之先，不論校長、教員以至於行政當局，都應有個信念：就是演示教學不是對人而是對事；所有的批評指導，純粹是教學技術上的討論，決非對於某教師甚至某學校、某校長的好惡的批評。假如有了這種信念，那麼輪值演示學校與教師，會眞實的、大大方方的抱著「成敗在所不計」的態度，肩負起這種有意義的任務。至於參觀者在批評討論時，也會抱著研究態度，不僅稱頌教者的優點，而且還能多多揭發教者的缺點，連很小很小的地方也不放鬆的指摘出來。即使批評意見有相左的地方，也會提出共同研討，求得合理解決。能這樣，教學技術可望改進，才能達到完美無缺的教學。

二、演示教學事前要有周密的計劃　「凡事豫則立，不豫則廢。」舉辦一件事情，一定要有個計劃，才能按步就班做去，才能達到預期的目的。同時計劃還得要周密，進行時才不致發生阻礙而有美滿的結果。舉行公開演示教學，同樣少不了一個計劃，因為演示教學須要動員若干人員——演示學校校長、教員、學生、工友、中心國民學校校長、輔導主任、各區有關教師以及教育當局與指導人員——。人員牽涉這樣廣，計劃更應周密。全市有全市的計劃，各區、各校、有各區各校的計劃。計劃時第一要計劃得早，使大家有充分的準備時間。不要計劃太遲而不及準備；或全市計劃，尚未全盤確定而各區先我已進行；或演示學校因事展期，臨時發出通知或不及通知等情事發生。第二、計劃時在縱的方面，各區、各校、各科、各年級以及日期等應顧到普偏、均勻；橫的方面：各區也應統籌支配，不偏重某一科、某一級或某一校、演示教學過程也能注意到錯綜排列，能合數校演示一整個過程，則更屬理想。

三、要編製一分較合理想的教案　教案本來又叫「教學計劃」。在師範生實習時與初出茅廬的教師們，自屬必要。有經驗的教師在課前略加思索，成竹在胸，教學時自可應付裕如，無須再要教案。不過在公開演示教學，不論新舊教師，教案的編製，還是必不可少的工作。一則有了教案，批評討論時比較具體、有根據；二則演示教學較平時易緊張，關係亦較大，事前編就教案，教學自易接近理想，批評討論也可深入。理想的教案應如何編製呢？我以為要注意下列各點：

1.要選擇有生趣多變化的教材——枯燥、抽象的教材，演示教學不易生動，教者、學者、參觀者一定索然無味。如選取「循環器官的保健」為演示教材，不如選取「排泄器官的保健」教學起來有趣。

2.要有一個完善的教學過程——教學過程不要生硬的加入無意義的活動或作無謂的更動。如國語教學無須「試講課文」一過程；常識教學「觀察」後必有「報告」，「報告」後即須「討論」等是。

3.要計劃良好的教學活動——無意義的活動應減至最低限度。如「默寫課文」不如改為「默字練習」活動較有意義。

4.能正確估計教學時間——教學時間能估計後列入教案內，尤以複式教學更應估計正確。演示教師最好不要有「進」到那裏算那裏」的態度。

5.教案能多採納別人的意見——教案編好後能請同仁參加意見，集思廣益，漏洞自易減少。

四、要注意到教學環境跟常規訓練　物質環境影響於人的精神作用很大，我們要想達到教學目的，必須要在事前布置適宜的物質環境；否則教學技術雖巧，也難收實效。公開演示教學，我們更應有個妥善的布置。我們要想找到一所大教室，使參觀者與兒童隔離，不使影響教學，事實上不可能。不過至少要注意不使參觀者太接近兒童，甚至妨礙教學活動。同時再注意教學活動開始後，可能範圍內要保持室內的寧靜，祇要有礙教學的因子，如參觀者或工友在室內穿進穿出，參觀者的遲到，室外別級學生的喧嘩與佇立旁觀等，都應設法避免。至於兒童的常規訓練，平時應加注意。特別須加訓練的如：1.入方，在演示教學特殊環境下仍能不失本來面目；2.要說話先舉手；3.喜歡發表；4.發表的態度、習慣與聲浪；5.板書注意點；6.誦讀與訂正等的習慣；7.收發簿籍、材料、教具等的習慣；8.進出教室；9.行禮、點名等的習慣；10下課後的習慣等。平時養成習慣，臨課時進行定必順利。

五、要會運用教學技術　教學是一種技術。發問有發問的技術，使用教具有使用教具的技術，板書、巡視、批評、訂正、指導練習、維持秩序以及使用教案等，各有各的技術。教師具備了教學技術，才可施教；教師有了熟練的技術，才能達到「成功的教學」。所以教學是藝術的，我們做教師的對教學技術，必須多加修養，教學才能神乎其技。公開演示教學，教師可相互觀摩，集合教師優良的教學技術，冶為一爐，不難使本身的技術出神入化。如何運用教學技術，非本文所能詳述，我想提出幾個教學上重要原則，我們在運用各項教學時，務必遵守下列原則：

1.兒童是兒童，不是成人。「教育兒童」是教育的「兒童」，不是教育的「成人」。一切教學方法，一定要適合兒童的生理心理。現在兒童教育上有許多罪孽——增加教學科目、時間，禁止兒童活動、加重筆頭工作等——都是從不承認兒童的「一念之差」所造成的。

2.教學時兒童的活動應多於教師的活動。凡是兒童自己能做的應該讓他自己做，兒童自己能想的應該讓他自己想。教師不要自作聰明，越俎代庖。

3.教師的責任不在「教」，而在「教學」，而在「教學生學」。所以教學時做教師的應該只負「指導」的責任，學生便須負「學習」的責任。一切知識經驗的獲得，技能的熟習，都要由兒童自己去學習，處處培養兒童「自動」的精神與「自學」的習慣，一生受惠無窮。

4.教學時我們還要注意教的法子必須根據學的法子。心理學上說是「適應個性」。就是兒童怎樣學，便怎樣教；兒童學得多，我們教得多；學得少，教得少；學得快，教得快；學得慢，教得慢。不要只顧自己的便利，一股腦兒好像裝酒、裝油的倒了進去便算了事。

5.「兒童教育以健康為第一。」這雖是老生常談；但我在此還得強調，教育家柯布曾經這樣說：「教育上凡是妨礙兒童健康的都是罪惡。不極端注意改善兒童的健康，建築一種強健的身體以為將來的基礎的，那也是罪惡。」由此我們今後，僅公開演示教學要注意，其他平時的教學以及學校一切的設施，都得注意：(1)盡量減少筆頭工作；(2)不再用難題難學生；(3)無意義的抄書、閱書、抄應用題等工作少給兒童做；(4)教學時間不太長；(5)不延遲下課時間；(6)矯正坐立姿勢，以及桌椅的設計、教室採光、通氣、走廊與操場上的塵灰等，在在與健康攸關的，必須設法改善。

六、演示教師應有的態度　公開演示教學是以一位教師在大庭廣衆之下實地施行教學，目的是借一位教師作為研討教學方法的具體對象。那麼演示教師可說是「衆矢之的」。在此種情況下，演示教師應抱如何態度呢？我以為要注意下列三點：

1.要若無其事——首先，教者對演示教學認為與平時教學一般無二，抱着「成敗在所不計」的態度，來担任這偉大的工作，教學時便可不致過於緊張、費力，更不必偽裝，處處以真實態度出之。

2.要虛懷若谷——天下沒有一個完美無缺的人，同樣也不可能有一次無缺可擊的教學。因此參觀者的批評意見，演示教師不問理由的祇有敬謹接受。即使意見有相左的地方，當場不能解決時，教者日後不妨加以證驗，便可有一合理答案了。

3.要深自反省　一切教學方法絕對不是金科玉律，教者經過一次演示、批評後，應該深自反省施教的情形，探求出教學上的許多問題——也許批評者未曾發覺——繼續加以研討，精益求精，「優良教師」的尊稱，便可加到你的頭上來了。

綜上所述，京市公開演示教學，一學期來在教學上確實收到相當成效。今後仍盼繼續以往精神，充分發揮它的效能。筆者預祝京市國民學校教師教學方法日新月異，國民教育的推行成效卓著，則兒童幸甚！國家幸甚！

三十七年一月於國立編譯館

從算術教學演示中發現幾個有關學習心理的問題

胡顏立

首都的國民教育，經一年來的努力，尤其是本學期各區紛紛舉行演示教學，對於教學的改進，頗多成就，由此可知小學教師埋頭苦幹的一般。茲將算術教學方面，根據數次演示教學的結果，提出幾點有關學習心理的問題來討論討論。

一、應用題的抄寫問題　抄寫文字，是書記工作，兒童最感頭痛。算術教學的目的，在訓練兒童解決數量問題，抄寫文字，與解決數量，在心理上毫無關係。每節短短的三十分鐘時間，要使兒童抄一題做一題，往往做不完三個應用題，已經下課。因此不得不剝奪兒童遊息和睡眠的時間，強迫兒童課後和晚上，做影響健康的苦工，無怪乎兒童視算術為畏途！有人說抄了題目便於查考，還未免得不償失。祇要在練習簿上寫明練習幾、第幾頁、第幾題，在查考還是很便利。假使把抄寫應用題的時間，移作演算練習，自然可以經濟時間，增加教學效率。因此在教學批評會裏，多數主張絕對不抄應用題，是有充分的理由，毋庸猶豫。

二、基本訓練的速算問題　在教學演示時，有許多利用卡片做心算練習，很有價值。但是是否經常訓練，在演示時很容易露出馬腳，尤其兒童在黑板上或簿本上演算習題，平時有無此類訓練，可以一望而知。卡片閃爍練習，是速算練習的一種，最適宜於低年級；三年級起，最好在每節算術課開始，有五分鐘心算或筆算的速算練習。方法要單純，例如完全一位數加法，或兩位數、進位的加法。決不能一次習題中，包括加、減、乘、除。習題限度，要比正在教學的材料淺而簡單，並已經過練習的。例如正在教學一位或兩位進位數加法時，祇可用一位不進位加法的基本組合做速算題。題目最好預先印在紙上，約每次三十題至四十題，如經濟力量不夠，只可預先寫在小黑板上，約二十題，以不必演算，能直接寫答數，大多數人五分鐘內能做完為原則。時間到後立即叫停，令成績優良的學生報告答數，全體兒童自行批改，對的不做符號，錯的記「×」。報告完畢，全做全對的舉手，那一排舉手的人最多便優勝。這種遊戲式的速算練習，可以增加兒童學習興趣，經過一學期的訓練，對於基本運算的準確和迅速，有驚人的進度，要比枯燥無味的死讀口訣，效率大得多。

三、影響速度的幾種惡習　從一年級起，兒童往往養成專靠手指計數的惡習，直到中高年級，還脫不掉撥動手指，這種阻礙速率的惡習，在此次教學演示中很少發現，這是很好的現象。還有演算加法乘法時，關於進位數字，用點或在旁邊寫數字代替記憶，如 $\begin{array}{r}89\\ \times\ \ddot{9}\\ \hline 801\end{array}$，$\begin{array}{r}89\\ \times\ 9\ {}^{8}\\ \hline 801\end{array}$；和計算時嘴裏發音，嘴唇活動；做乘法時從一一得一起背口訣；這些不良習慣，也很少看到。不過演算的速度較慢，祇要一方面注意兒童演算時除去浪費的動作，一方面按時舉行速算練習，演算的速度自能增加。

四、教學新材料的方法問題　怎樣教學新方法，是算術教學最重要的過程，假使例題解釋不清楚，兒童莫名其妙，以下的練習，便發生很大的障礙。在我看到的幾次教學演示中，對於這一點，大多很注意，並且能夠遵守下列幾個要則：

1.從事實題入手——學習一個新材料，都能選擇現實的事實題入手，例如一位除兩位數的除法，先從「有十二個橘子，分給兄弟三人，每人得幾個？」入手，同時在解釋時能利用乘法：「三個人每人拿幾個，一共是十二個？」，這是利用舊經驗獲得新學習的重要原則。

2.充分利用實物或圖表——憑空解釋題目，不能引起兒童的注意，更不易瞭解。如能利用實物或圖表，使兒童由具體的事物解決問題，容易了然。

例如方寸的求法，最不合理的，先把「長闊相乘等於面積」的公式令兒童死記，然後演算習題。遇到「壁高一丈，闊二丈，面積多少？」一類的題目，兒童無從下手，原因是：「先生教我長闊相乘等於面積，高和闊面積的求法，尚未教過」。假使能利用一張二尺闊三尺長的紙，利用黑板劃成六方尺的方格，或是使兒童用尺量書面或桌面，先瞭解什麼叫方尺或方寸，然後令兒童實測長和闊、高和闊，或高和長，再解釋面積的求法，自易明瞭。這一點淺顯的原則，教師們都能注意到，如運用得法，解答任何題目，可迎刃而解。最近杭州國民教育實驗區俞子夷先生編印算術教學實際問題一冊，正中書局出版「正中兒童」定期刊物，俞先生也常有如何利用圖表解釋算術難題的妙文，對於算術教師有很大的幫助。

五、豎式與橫式並用的問題　教科書的例題和黑板上演算例題，先寫豎式，後寫橫式。害得兒童的練習簿上，每一習題，都要寫豎式和橫式，教師也要化兩倍的時間批改。我以爲例題不過表示演算的過程，和豎式或橫式的寫法。演算習題時，用」豎式，就不必再寫橫式。寫了橫式，就不必再寫豎式。有時看到兒童先在草稿紙上用豎式演算，然後把豎式抄到練習簿上，再加上橫式，這樣變重的負担，太不經濟。

六、驗算問題　教科書五冊以上的例題，往往附有驗算，這不過使兒童證驗演算方法和結果是否正確，並非使兒童每個習題，都要驗算，並且把驗算的式子排列出來。實際上如商店、銀行等，假使都要用這類驗算方法，那還了得！曾經看到一個兒童演算乘法，正確迅速，可是爲了用除法驗算，化了兩倍以上的時間，還沒有得到正確的結果。難道驗算錯了，就可以證明原式錯誤嗎？與其這樣用相反的方法驗算，還不如多算一題，或是把這種浪費的時間，移一部分作基本計算的訓練，自能減少演算的錯誤。

七、教科書與現實脫節的問題　國定算術課本是戰時的產物，書上寫鉛筆每枝三分錢，走盡中國無找處。假使兒童家裏開書店，他要發現的話，怎麼得了！不過現在的物價，閃電式的變化，就是馬上編輯合時代的新課本，不待出版，已與現實脫節。因此要使教材吻合現實，全靠教師運用得法。有人主張課本中此類物價問題，棄之不用；有人主張齊以萬元或千元爲單位，這樣似乎也成問題。我以爲教材中能避免物價的，使盡量避免，例如小數方面，可用於幾尺幾寸，幾畝幾分等，角分可絕對不用，因爲目前事實上也沒有再用角分的。但是每冊書多少元，每枝筆多少元等實際生活問題，仍需要教學。高年級只要教科書上加一個萬字、千字或加上幾個圈，就可以解決。在中低年級，不妨利用心算，以萬元或千元爲單位。例如：「每本書四千元，三本書多少元？」在心算中爲

$$\begin{array}{r}4\text{千元}\\ \times 3\\ \hline 12\text{千元}\end{array}$$

，非

$$\begin{array}{r}4000\text{元}\\ \times\ \ 3\\ \hline 12000\text{元}\end{array}$$

。至於需要筆算時可否寫

$$\begin{array}{r}4\text{千元}\\ \times 3\\ \hline 12\text{千元}\end{array}$$

，似乎也有問題，不敢斷然決定。我們希望國家早些太平，不再聽到殺聲；那麼物價穩定，幣制走入正規，算術教師便不會再大傷腦筋了！

怎樣做一個國民學校的自然教師

——徐元昭先生在南京市國民學校教師自然組分科研究會講——

九區中心校記

一、爲什麼要做自然教師？

1. 自然科學足以增進個人的知識經驗及工作效率，而使生活改善，又足以增進社會的福利而致國家於富强。
2. 中國科學最落後，一切建設都有待於科學的努力。
3. 推進中國科學化運動，使一般國民都有基本的科學知識，這是國民教師最有意義的工作，也是我們最神聖的任務。

二、自然教學的目標怎樣？

1. 指導兒童理解自然界的現象。
2. 指導兒童具有利用自然和改進生活的知能。
3. 指導兒童獲得生理衛生及醫藥的常識。
4. 增進兒童研究自然的興趣。
5. 培養兒童科學的態度，並使明瞭探求科學的方法。

三、要有些什麼基本知識？

1. 關於自然現象的各種知識——天文、氣象、地質、物理、化學、動物、植物、礦物等。
2. 關於生活需要的各種知識——農業、園藝、畜牧、水產、紡織、水利、航空、電信、土木、機械等。
3. 關於衛生醫藥的各種知識——生理、衛生、醫藥、看護、營養等。

4.關於教學原理的各種知識——如教育原理、學習心理、教學原則等。

四、要有什麼實際經驗？

1.標本採製。 2.生物實驗。

3.物理實驗。 4.化學實驗。

5.氣候測量。 6.天象觀察。

7.工廠和科學機關的參觀。

8.板畫及掛圖的繪製。 9.簡易教具之自製。

10裝拆電器（電鈴、電話、電燈等）

11幻燈及電影的放映。

12簡易無線電收音機製造及裝置。

13照相的攝影及沖洗。 14普通樂器之吹奏。

15普通疾病之診斷。 16健康檢查。

17簡易看護。 18農事及園作。

19家畜飼養。 20小工藝之製造。

五、要有些什麼教學技能？

甲、關於環境布置的：

1.經常布置——a教室的位置及長、寬、高。b.採光面積與地板面積之比例。c.通氣裝置。d.遮光裝置。e.課桌椅的高低及式樣。f.兒童分組實驗用具。g.兒童參考書櫃。h.教師演示實驗用桌。i.水電設備。j.黑板。k.壁間掛圖及裝飾。l.室外環境。

2.臨時布置——注意與教材配合，以引起學習興趣提供觀察實驗及參考爲目的。

乙、關於課前準備的：

1.搜集觀察實驗材料並預行試驗。

2.審閱教材，搜集參考資料——注意現實化、科學化。

3.預定教學時間及各課活動。

丙、關於教學實施的：

1.引起學習動機。 2.決定研究問題。

3.指導觀察實驗。 4.指導參考閱讀。

5.指導發表研討。 6.指導解答問題。

丁、關於課外活動指導的：

1.問題徵答．壁報編輯等。

2.實驗競賽，玩具製作，科學遊戲，園作，飼養實習等。

六、怎樣才是自然教學理想的兒童？

1.留心學習。 2.愛提問題。

3.樂於發表或報告。

4.喜歡觀察實驗及製作實習。

5.上課時注意集中，秩序井然。

6.會自動設計研究。

7.有正確的科學思想和態度。

8.有熟練的觀察實驗的技能。

9.有豐富的科學的玩意兒。

10有做科學家和發明家的願望。

七、自己該有怎樣的修養？

1.飲食起居有規律，無不良嗜好。

2.身體健康，精神飽滿，能克服各種困難。

3.隨時隨地留心研究，不做時代的落伍者。

4.堅持初衷，在工作上求快樂，不見異思遷。

音樂教師七七自省表

王問奇

一、關於教學的：

1.我熟練各年級的音樂教學法嗎？

2.我在課前有充分準備嗎？

3.我已盡力搜求有關音樂的材料了嗎？

4.我能用淺近的言語，有趣的比喻，解釋樂理或其他音樂問題給學生聽嗎？

5.我能悉心考查學生對於音樂的反應情形嗎？

6.我能按時批閱學生音樂練習作業嗎？

7.我能按照學生心理生理選擇教材嗎？

8.我能幫助天才學生發展嗎？

9.我能輔導低能學生進步嗎？

10我能指導變聲學生嗎？

11我能管理頑劣學生嗎？

12我能幫助單音學生嗎？

13我對課程標準熟悉嗎？能運用嗎？

14我能搜集並創作鄉土教材嗎？

15我能搜集並創作適合時令的教材嗎？

16我能搜集並創作關于紀念日及偶然事件的教材嗎？

17我能搜集並創作與各科有關的教材嗎？

18我能搜集並創作與時代有關的教材嗎？

19我能捉着學生偶發的問題，作爲音樂教學的出發點嗎？

20我對于學生所發的問題能心平氣和的去考慮回答嗎？

21我能使全體學生愉快地歌唱嗎？

22我能培養學生隨時注意研究音樂的興趣嗎？

23我在學期開始完成了全學期的教材計劃嗎？

24我常常同不喜歡音樂的學生談話嗎？

25我常常同喜歡下流卑俗音樂的學生談話嗎？

26我能隨時隨地利用機會和學生研究音樂上的問題嗎？

27我常聯絡他科教師以增進音樂教學上的效能及其他方面的便利嗎？

28我定期舉行了本校音樂會嗎？

二、關於知識技能的：

29我對於樂理能充分了解與運用嗎？

30我能運用普通中西樂器嗎？

31我能修理普通中西樂器嗎？

32我能辦理並主持音樂會嗎？

33我能用正確的發聲法範唱普通歌曲嗎？

34我有對於各種樂器的普通知識嗎？

35我能講述簡略的音樂史嗎？

36我能講述有趣的音樂故事給學生聽嗎？

37我能彈奏簡單的伴奏曲嗎？

38我能演奏供學生用的進行曲嗎？

39我能指揮齊唱、合唱與輪唱嗎？

40我能訓練學生獨唱嗎？

41我熟練簡單的和聲知識嗎？

42我熟悉簡單的作曲法嗎？

43我能看出歌曲中印刷上的錯誤嗎？

44我能看了樂譜就唱出來、奏出來嗎？

三、關于進修的：

45我隨時留心有關音樂科的新出版物嗎？

46我常閱讀有關本科的參考書嗎？

47我長期訂閱一種以上的音樂刊物嗎？

48我隨時隨地注意音樂上的問題並求解決嗎？

49我時常參觀他人音樂教學作爲自己參考嗎？

50我時常訪問其他音樂教師互相討論嗎？

51我隨時記錄自己不知的事物向各方求解答嗎？

52我時常出席音樂會嗎？

53我參加了音樂研究團體嗎？

54我常和研究音樂的人通信嗎？

55我每天溫習舊曲嗎？

56我每天練習新曲嗎？

57我常作音樂上的實驗研究嗎？

58我常把研究的結果用文字發表出來嗎？

四、關於操作的：

59我樂於引導學生組織音樂隊及合唱隊嗎？

60我能利用空閒搜集教具嗎？

61我能利用空閒製作教具嗎？

62我樂於指導校外音樂團體嗎？

63我能利用空閒修理樂器嗎？

64我能盡量利用學校環境佈置音樂環境嗎？

65我樂於指導學生課外練習樂器嗎？

五、關於態度的：

66我對於音樂科有充分的自信力嗎？

67我對於音樂科有充分的興趣嗎？

68我的生活音樂化嗎？

69我的生活規律化嗎？

70我確信音樂有移風易俗陶冶情感的力量嗎？

71我確信「無音樂即無學校」的西諺嗎？

72我認識學校音樂科對國民性之重要嗎？

73我努力向各方宣傳音樂的價值嗎？

74我努力提倡有民族精神的音樂嗎？

75我努力排斥靡靡之音嗎？

76我抱有推進音樂教育的決心嗎？

77我樂於把自己所知的音樂知識傳給別人嗎？

民國廿四年初稿、卅六年校正。

附記．偶檢舊稿，得音樂教師修養標準一文，雖事隔十年，但環顧四周音樂環境，進步仍甚有限，爰將原稿重加整理，改爲自省表形式。擬供樂教同志，作爲參考之材料，兼以自勵也。

本表之運用法如下：

1.本表共七十七條，故名七七自省表。

2.應用本表者可逐條自問，對爲一分，不對爲〇分，將總分登於表內，與七十七相減，即爲不足之分數，自己可定一及格標準。

3.以後每七日（即每週末）自省，將記錄記下，以作比較。

4.可與一二音樂教師互作比較。

下列記載表格式可供採納：

音樂教師七七自省記錄表

週次	得分	尚不足之分數	尚未做到之條文	較上週進步或退步之情形
1	50分	27分	，10，……	無
2	55分	22分	10，30，……	+5分
3				

6.此表亦可作教育當局之視察標準。

怎樣克服演示教學的幾點困難

郭子通

本京市立國民學校上期舉行四十二次演示教學，我參加了很多次，覺得担任演示教學的教師發生很多困難的地方。怎樣克服這些困難？茲把我個人的意見寫在下面與各位教師商討：

（一）態度不自然的問題

一般教師上課總是怕有人看，尤其担任教學時間不久的教師更是如此；即是老教師上課，忽然教室裏增加了許多參觀者，似乎又都是抱着吹毛求疵心來批評的參觀者，心裏總不免有些忐忑；受教兒童忽然看見增加了許多客人，反應亦與平時不同。於是在演示教學時有一部份教師現出了不自然的態度，有的臉部變色，全身發抖，說話變音，動作失常，致教學中間偶爾再出了一點小毛病，甚至滿頭大汗，心內着急，欲罷不能，亂了步驟。要克服這種困難應當：

（1）愼選演示教學科目——要教學好，全憑平素的訓練，事先的準備，與教師手腦的靈活，絕不是一時起勁所能成功，所謂養之有素，才能運用得法，這是担任演示教學的先決條件。担任教師在最初應當愼重選擇，何種科目與自已爲最有把握最合適，不可勉强從事。

（2）參觀他人教學——擇合於自已喜歡研究的科目去參觀有成績的學校教師教學，或參加他人演示教學及批評會，以便觀摩學習，增長見聞。

（3）練習演示教學——在本校內要有計劃的校長領導全體全仁互相參觀教學，批評改進，熟練教學技術，增加演示教學的胆量，所謂熟能生巧，藝高胆壯。

（4）改正錯誤，練習技術——在平時教學要常常留意自已的錯誤，接受學生家長、仝事、參觀人及兒童對自已的批評，加以改正。如自己國音不正確，要定時自修學習，如教態、教聲、說話快慢，及常不留意的口頭語病等有不合適處，要常經揣度自已的缺點，加以定時合法的糾正練習，痛下苦功。

（二）準備問題

教師有時準備材料很多到時不能應用，有時準備的過少又不够應用，應當如何解決？

（1）要準備恰當運用合適——有一位教師把教學時間忘記了，準備的材料很多，想把五六節的材料用三節教完，弄到後來慌的手忙脚亂，無法結束，當時我告訴她教到那裏算那裏，她才停止教學。

（2）教常識自然的材料要準備的充分些——一位教師試驗氧，只按計劃取了三瓶氧，中間一瓶不靈弄得教不下去，如多取二瓶作預備即，到時不會受窘了。想試驗氮只預備了一隻小鼠，上課時拿出來，小鼠已經死了；當時很殺風景，如能多預備一二隻小鼠，即不會有此現象。

（三）要不要預演

教師恐怕到時演示不好，于是事先預演幾節，等到演示教學時，兒童反應太快或發生其他笑話，應當怎樣？

（1）最好不要預演，免得發生上項情形。

（2）萬一覺得自已無把握時，用另一班級預演。

（3）有時可用不同科目或不同教材預演。

（四）教具問題

演示教學最困難的問題是找不到教具，解決方法有下列幾點：

（1）按教學法及參考書上的指示繪製教具。

（2）本自已教學經驗要獨出心才的創造教具。

（3）在鋪子裏、攤子上、花局裏，買教具。

（4）自已或帶領兒童到大自然環境裏採集教具。

（5）到其他學校、博物館、科學社、圖書館及朋友處借教具。

（6）備公函到機關裏、店子裏去要教具。

（7）學校裏有的可隨時多取些來（如教燃料可到廚房裏多拿一些柴、草、木炭、煤等類的東西，分給兒童去研究，用完歸還即可，不可每樣只帶一點，飛得多數兒童摸不着，看不淸。）

（8）兒童家裏有的，可事先囑兒童們帶來。（如教降落傘時，教師自已帶一把雨傘外，很可以令兒童每人帶一把來。）

（9）只要能留心的話，隨時隨地都有教具。（如本身上的衣服、頭髮、鈔票、戒指、手表等；教室裏的掃把、雞毛帚、桌、凳、門窗等，都可拿來做教具用。）

（10）平時應當注意，有計劃的繪製搜集教具。（所有製造的、買來的、要來的、採集的教具，能保存的都需要好好保存，以備日後再用。）

（三）如何應用教科書？

（1）討論時不用看書。但討論完結，要將討論要點歸結到課文上去，以資印證而備兒童課外學習和複習。

（2）看完書報告時，可令兒童全體把書反放在桌面上。

（3）需要看圖時，不要忘記令兒童翻開書上的圖與掛圖對照。

（4）讀書時令兒童雙手持書成斜面形。（完）

新書介紹

丁十著「新教育的實踐」

編者

這是新教育雜誌社總編輯丁十先生自「新世紀的教育」與「新社會底新教育」二書以來的第一部教育巨著。全書計十章，共三十萬言，對新中國需要民主政治，需要民主教育，用一種新型文筆寫出，有看法，有做法。愛好新教育的研究者和工作者，如能手此一書，她將帶給你變革人生，變革社會的火一般的力量。該書現正發售預約，平裝只收二十五萬二千元，本社可代辦預約手續。直接預約可向該書發行所江蘇鎭江雙井路華美印書社接洽。

演示教學的理論與實施

程法榮

（一）演示教學是教育輔導的有效工作

國民教育的實施，不但要注意到「量」的擴展，而且更要注意到「質」的提高。怎樣才能提高「質」呢？有人說是慎選優良的國民教師，分發任用，固屬至理。惟欠優良的國民教師，是不是任其轉業或失業呢？優良的國民教師，是不是會永久的優良呢？而且優良的標準，將如何規定呢？我們認為能夠合理的、至善的來解决上項諸問題的方法，就是期望於担任教育視導的工作人員，對於所屬學校的國民教師，能夠盡心盡力的，負起考核和輔導的任務，尤其要以輔導重於考核。是以求諸教育方法上的改良，技術上的改進，實為根本的要圖。

根據部頒鄉鎮中心學校設施要則第十三條的規定，中心學校為輔導各保國民學校起見，應舉行示範教學，每三月至少一次，因為演示教學是一種教育輔導有效的工作，所以有人說，不管教育原理講得如何美滿，教育心理學應用如何週到，勝利的演示教學，總不失為改良教法的重要方法。最近，南京市教育當局，曾協助各區中心國民學校，舉行全市演示教學，這實在是教育輔導方面，值得慶幸的一件事。

（二）演示教學的優點

演示教學如果舉行得美滿，收效一定很大。家兄法泌在其「示範教學的流弊及其防止的方法」一文中，曾歸納地指出演示教學的優點如下：

一、使某種教學上的指示，易於了解；
二、證驗某種教學研究的結果；
三、使輔導者親切的了解教師的問題；
四、鼓舞教師有改進教法的興趣；
五、供給教師足資做效的良好模範；
六、使教師觀察他人的弱點，以資借鏡；
七、引起教師的批評和討論；
八、作為繼續研究的根據。

換句話來說，我認為演示教學的優點：

（甲）在輔導人員方面：一、以積極的輔導，代替消極的考核；二、以實際的工作，代替理論的灌輸；三、以自覺的討論，代替被動的指示；四、以團體的批判，代替個人的主見；五、以經濟的代價，獲得有效的結果。

（乙）在被輔導人員方面：一、有直接學習的功能；二、能建立類化的基礎；三、能獲得同時學習的暗示；四、能獲得整體的印象；五、能由注意觀察而增大學習的效果。

（三）演示教學的流弊

施行演示教學，並不是「萬靈膏」，有利無害，在施行的結果，往往不能滿意，容易發生種種的流弊，歸納起來，約有下列幾種：

一、有的參觀者對於演示者的優點，大加稱讚，缺點竟不提隻字；
二、有的參觀者對演示者，抱不合作的態度，專注意弱點，挑剔錯誤，吹毛求疵；
三、有的參觀者以演示成功，而嫉妒演示者，喪失自尊心；
四、有的參觀者以演示失敗，而輕視演示者；
五、有的參觀者以演示失敗而輕視輔導工作；
六、有的參觀者以演示失敗，而認為是「勞師動衆，耗時傷財」的舉動；
七、演示者雖然異常賣力，但是被批評地方很多，而引起自愧灰心，認為「吃力不討好」，因此摧傷再演示的興趣；
八、未臻完善的演示教學，使辨別能力較差的教師，當作模範，加以做效，為害至深；
九、不是原校的教師，担任演示教學成功，足使學生、對原校教師的尊敬和信仰，發生動搖。

（四）演示教學的施行

（甲）演示教學的籌備：
一、公佈演示教學的計劃；
二、確定演示教學的班級科目和日期時間；
三、聘約演示教師；
四、佈置適當的環境；
五、通知參觀教師；
六、搜集或選擇教材；
七、編製教學方案；
八、準備應用教具；
九、印製應用表格。

（乙）演示教學的進行：
一、演示教師須慎重其事；
二、演示教師須有充分的熱忱；
三、演示教學須遵守施教計劃；
四、演示教師須忠實於教案；
五、演示教師須和平常一樣施教；
六、演示教師應儘量表現自己的能力；
七、輔導人員須領導參觀者參觀。

（五）演示教師的遴選

演示教學的教師，必須慎重的遴選，以平日著有聲望的和教學技術高強的，對於某科有特殊研究的教師，担任演示教學，收效自易美滿。做個演示教師，須注意下面的幾點：

一、態度方面——（1）與兒童接談，要滿面春風；（2）解答兒童問題，要沉着審慎。
二、語言方面——（1）語音要清晰；（2）音調要和諧。
三、儀容方面——（1）要端莊可敬；（2）要活潑如昇；（3）衣服要樸素。

四、教學技術方面——（1）要有善於發問的技術；（2）要有控制兒童學習的技術；（3）要有刺激兒童去理解的方法；（4）要能運用方法，去引起兒童的注意和練習；（5）要能運用方法，引導兒童欣賞；（6）要有指導兒童自動學習的技術。

五、課程方面——（1）要有濃厚的興趣；（2）要有豐富的補充；（3）要有研究的精神；（4）要能自製應用的教具和圖表；（5）要能注意時間的經濟分配；（6）要能明瞭教材內容的教學目的。

（六）演示教學參觀者的指示

在舉行演示教學時，參觀者的指導，是一件最重要的工作。如果指導得法，可能以參觀者遵守規則，使演示教學獲得良好的結果；也可以使參觀者自己，獲得進步的教學方法。所以指導參觀，不是一件極容易的事情，我們應該要釐定參觀守則，要大家遵守：要提示參觀要點，促大家注意。

（甲）參觀前的準備：

一、印發教學方案；

二、印發演示教學參觀表；

三、附發教材內容；

四、製定某科教學畫表。

（作者註——以上各種表式，以節省篇幅，姑且從略。）

（乙）參觀規則的訂定：

一、在演示班師生入室以前進教室，在演示班師生出室以後，走出教室；

二、取座應在學生的後方；

三、不互相談話，不左顧右盼，或忽坐忽立；

四、不得吸香煙，吃糖果；

五、不得在上課時，檢查學生的作業，或與學生問答；

六、不爲教師或學生的某種可笑的動作而發笑；

七、對於教學情形，無論滿意與否，不可現形於色；

八、記錄要敏捷，勿使教師和學生注意；

九、不能中途離開教室。

（丙）參觀的要點：

一、具有學習的態度；

二、要冷靜的批評，不宜有成見；

三、記錄要詳細；

四、記錄師生活動客觀而具體；

五、當時只記實際情況；

六、事後要有系統的整理；

七、要出席演示教學後的批評討論會；

八、最好在演示教學以前參觀者和演示者輔導者舉行一次談話，商討某種教學的目的、和方法，以及困難問題的解決。

（七）演示教學批評會的召開

在演示教學舉行以後，再舉行一次批評討論會，意義至爲重大，不但可以使參觀者得到教學難點的認識，優點的推許，藉以改進教學的技術和方法，並且使能力較差的教師，得到正確的認識，而引起學習研究的興趣，從事實際工作的努力。

（甲）批評會議的進行：

一、開會時間——在演示教學終了以後。

二、開會地點——在担任演示教學的學校。

三、開會程序——（1）主席報告——由輔導人員或担任演示教學的學校校長，担任主席。把演示的目的，籌備的經過、參觀的人數等項，加以簡單報告。（2）演示教師報告——把準備的經過，教學的方法，實施的心得，感到的困難。說明一番。（3）批評——由各參觀者，提出優點難點和疑點。（4）討論——參觀者如有疑問，可於批評後，提出討論，由各人儘量發表意見。（5）總結——由主席或輔導者根據本次演示及討論的經過將所發現的優點，所認識的困難，所歸納的原理，以及研究的問題，作一總結的敘述，使參觀教師，得一深刻的正確的印象，藉謀教學方法的改進。

四、會議的結束——由主持學校推出一、二人担任記錄，根據演示的和討論的結果，並參考各人參觀記載的意見，編成報告，印發各參觀教師，並在教育刊物上登載，以引起廣泛的討論研究。

（乙）討論時的注意要點：

一、態度要誠懇；

二、語言要扼要；

三、意見有條理；

四、意見要力避重複；

五、討論要充分實在；

六、不要固執自己的成見；

七、要多請教師發言；

八、發言要有「知無不言，言無不盡」的精神；

九、對於新的教學方法，要予以重視；

十、對於有待研究的問題，應指定專人繼續研究，定期報告。

（八）預防演示教學的失敗

（甲）關於方式方面：

一、採用「協助演示」方式。「協助演示」，就是由輔導人員協助教師演示的；

二、由教師們自己推選担任演示教師；

三、由原任的教師担任原來學生的演示教學；

四、由演示教師，自選有興趣的課程。

（乙）關於教材方面：

一、要明瞭教材內容的教育價值；

二、要確定教學的目的；

三、要注意教材內容的選擇：（1）要適合兒童心理；（2）要切合時令季節；（3）要適合時代需要；（4）要適合社會環境；（5）要有代表價值的教材；（6）切忌採用特殊的教具教材；（7）多活用教科書上的教材。

四、要能自編適用的教材。

（丙）關於教室方面：

一、要注意室內光線的充足；

二、要注意室內空氣的流通；

三、要佈置適宜的環境；

四、要注重課內秩序的管理。

（丁）關於兒童方面：

一、要注意兒童人數的多寡；

二、要明瞭兒童成績的差異；

三、要明瞭兒童智力的差異；

四、要明瞭兒童個性的差異；

五、不要使兒童的精神，過於緊張。

（戊）關於演示教師方面：

一、課前準備要週到；

二、教案編製要富有彈性；

三、態度要從容鎮靜，和藹可親；

四、在未演示教學以前，要舉行適當的預演；

五、兒童的常規訓練要注意運用；

六、在演示教學時，遇有困難、要能預防或處理。

（已）關於參觀教師方面：

一、要遵守參觀規則；

二、要注意參觀要點；

三、要尊敬演示教師，忌有嫉視心理；

四、有輪流演示機會，培養自尊心理。

（庚）關於協助改進方面：

一、對於演示教學的成果，要力求實踐應用；

二、對於演示教學的成果，要繼續研究改進；

三、輔導人員的指示，應以演示教學的成果為根據；

四、認識在教法上求改進協助是演示教學最後的目的，也就是演示教學的成功。

（九）演示教學與新教育

「教育即生活」，生活不斷地改造進步，教育自然也隨着不斷地改造進步。我們知道，教育原理是不變的，而教育方法，並不是亙古不變的。我們苟能求得教育方法的新，自然求得教育的新，更能求得生活的新。換句話說，有新的教育方法，才能有新的教育；有了新的教育，才能有新的生活。

演示教學就是一種科學化的改進教育方法的主要基本工作。我們能從演示教學實地的去努力，以謀教育方法的新，則教育的發展，自然趨於新的道路，那麼新的生活就在眼前了。（完）

對「演示教學批評會」之我見

潘大白

在抗戰前，本京教育，的確有很大的成就。在學校設備方面、以及教師的素質方面，均有良好的條件。抗戰期間，備受敵偽蹂躪，摧殘過半。勝利以還，迭經教育行政當局，勉為其難，從事整頓；雖在物質方面，仍感缺乏，而精神方面，且較勝于往昔。即就教學一節而論，一般教師，在極端艱苦的奮鬥當中，都儘量在向着新生的方向邁進，無時或懈。這確乎是京市教育前途的一把熊熊的火炬——這可從我們一再參觀演示教學當中，充分的證明出來。

各校對于演示教學，雖限于種種環境的物質設備，正如有些批評者所說：黑板太小、直觀教學實物不够分配、儀器掛圖未能配合運用……；而在教學精神、態度、及技術方面，均顯着新生的趨勢，這是一件很可喜的事。關于演示教學的本身，這裏不願多說，個人祗覺得演示教學的過程結束後，照例都接着來一個批評會，征求參觀者的意見和專家們的指示，這本來用意很好。可是我總以為有兩點要提出來和大家商討一下，作為今後演示教學批評會的參考；

（一）充分發揮民主作風澈底打破人情觀念——普通有句俗話：「人情鍋裏煮不爛」，而中國目前之社會，又仍是一個側重情感的結合體；因此一般人在社會上立足，就來認清所謂「世事如棋」「人情練達」這一套哲學；可是因此也就使得一般人在事業上的進展，打了折扣。各次演示教學的批評會，在批評者與被批評者之間，都帶着很濃厚的人情色彩。而失去了批評者和被批評者應有的態度，也就抹殺了「為什麼要開批評會」的真義。這裏不是說一個人要摒除感情，而是說在這樣一個研究教育性質的公開批評會的場合下，我們應該抱定「對事不對人」的態度。批評者應該儘量發抒所感，大膽提供意見；被批評者應該不論是非，無條件地接受。充分發揮民主作風，澈底打破人情觀念，這樣的批評會，才更有價值，才更收效果。

（二）從爭辯中發掘真理，請專家們再作總結——有好幾次的批評會，空氣本來很熱烈，可惜未能進行爭辯，結果對某一個問題，仍未找出焦點。同時有些神經過敏的人，却已認為過火，有失和諧了。這是一種不正確的看法。我們主張在參觀者批評時，教者也不妨作必要的解釋，如批評者與批評者的論點不同時，更不妨擺下陣容，大放厥詞地爭辯一下。若經過一番爭辯之後，問題仍不能解決，就再征求專家們的意見，作成總結。這樣所收的效果才大，而使參觀者能够獲得更多的知識與經驗。本學期的演示教學，都未能做到這一點，的確是一個很大的損失。

綜上管見所及，深盼教界同人，有以教我！

低級唱遊演示教學

第二區二條巷國民學校

一、教案

時間：三十六年十月三十一日下午二時開始，共六十分鐘。

年級：二年級。

教者：胡淑媺。

教材：菊花開。（歌另附）

目的：順應兒童愛好遊戲的興趣，發展兒童聽音和發音的能力。

準備：風琴　菊花

教學過程：

1.整隊——教師奏進行曲兒童跑步入場。

2.練音——生唱：「胡1老3師5好i」師唱：「小i朋5友3好1」師唱：「小1朋3友5好i」生唱：「胡i老5師3好1」

3.律動練習—兒童依圓圈進行，教師奏進行曲，兒童作鳥飛、搖船、拍手、打鑼等動作。

4.復習舊歌—擇兒童喜歡唱的舊歌復習一二首

5.引起動機：這是什麼花？（菊花）你們喜歡菊花嗎？（喜歡）我講一個菊花的故事給你們聽好嗎？（好）

教師講故事：

星期日小明帶着妹妹阿英，到公園裏去玩，阿英看見竹籬下開着許多花，一球一球地，有紅的，有白的，有紫的，有黃的，都很美麗。就問小明「哥哥！這些是什麼花啊？」小明說：「這些都是菊花，到了秋天才開放呢。」阿英就想摘幾枝帶回去。小明連忙阻止她說：「公園裏的花是給大家看的，大家都應該保護牠，不能隨意採摘的。」阿英聽說，就不摘了。小明說：「妹妹！你會唱菊花歌嗎？」阿英說：「我不會。」小明說：「我唱一首菊花歌給你聽，好不好？」阿英說：「好！」小明就唱歌了。

教師唱菊花歌。

小朋友！這首歌好聽嗎？（好聽）你們要學嗎？（要學）

6.口授歌詞：教師把歌詞一句句教兒童唸二、三遍後，兒童從頭至尾說出來；如無錯誤時，並使其明瞭內容。

7.學習歌唱：教師把全歌範唱一次後，一句一句的教兒童唱，俟各句都唱準確，再將全首歌詞合唱數遍；等兒童差不多都會了，再分組唱或指名唱，以資練習。

8.設計表演：教師和兒童共同設計。決定後，指揮一兒童範作或教師範作，由兒童共同學習。

9.遊戲—競賽遊戲：（送菊花）說明方法並範作，再試作練習。

10.整隊歡散。

（附菊花開歌）

菊　花　開　　D調　2/4

3 5 1 | 3 5 1 | 5 6 i 6 | 5 3 5 | 3 3 5 6 |
菊花開，菊花開，菊花開得眞可愛。紅的紅來

5 4 3 | 3 5 2 3 | 1 5 1 | 5 5 5 | 6 6 6 |
白來白，紫色黃色一齊開。小弟弟，小妹妹，

5 i 6 3 | 3 5 2 | 5 4 3 2 | 5 6 5 | 3 5 2 3 |
大家快到這裏來。祇用眼睛不用手，菊花可愛

1 2 1 ||
不可採。

二、批評會記錄

時間：卅六年十月卅一日下午四時。

地點：第二區二條巷國民學校。

出席者：江寧師範：金紱鶴、教育局：郭子通。楊駿如、張家衡、俞晉祥、各區國民學校教師等八十餘人。

主席：王桂林　記錄：朱柏林

主席報告：本人對於唱遊是外行，但是今天看到胡老師的教學，可以看出他的辛苦經劃，我們很是感謝。現在先請胡老師報告。

教者報告：我是學師範的，曾在附小教學唱遊。我總以爲孩子們生活在快樂的空氣中，最適合他們的發展。唱歌即是讀書識字，且是增長知識、發育身體，最好的方法。不過現在學校設備簡陋，教學唱遊，頗感困難，所以也談不到教學的研究了。本學期調來本校不久，對學生一切，尚少了解，談到示範，實不敢當。但因我對唱遊較有興趣，且以教而學，勉力從事。今天的教學，教材的選擇是依據兩點：（1）適合時令——現在正值菊花盛開的時候。（2）適合需要——兒童喜愛菊花。至於遊戲方面，先準備用感覺遊戲，但不能普遍；又想改爲競爭遊戲，要將學生分兩組，似仍不妥；最後才決定了用傳遞遊戲。今天教學缺點很多，尚希各位多多指教！

批評指導：因時間短促，教師過分疲勞。錢淸文先生：應當延長過程時間；

俞晉祥先生：（1）不够活潑天眞；（2）過程時間太短；（3）歌辭應講解，多用暗示方法，

或多用表情動作，可幫助兒童記憶。（4）兒童位置固定，減少其興趣，應多改換方式。

郭子通先生：（1）唱遊教學之目的在使兒童身心活潑，故要注意自然學習法。教師最好參加活動，兒童興趣較濃。（2）歌譜D調過高，應改成C調，使兒童易於學習。（3）教案方面：甲、故事在教案中可不寫出；乙、過程應視反應而變動，免得呆板。（4）隊形方面：甲、風琴可放在圈子裏，教師可免得走進走出；乙、練習時可變行靠攏，唱遊時可再變成圓形一行。（5）練習唱時可先由教師獨唱，再操琴伴唱。（6）未能多用鼓勵法。（7）教師地位要多移動，以常靠年小的為宜。

陳碧水先生：（1）D調最好改為C調。（2）歌辭歌譜可改簡單點。

金峻鶴先生：（1）唱遊祇唱而不遊，或祇遊而不唱，或全課唱全課遊，都是不合兒童生活的；今天胡先生既唱且遊，教學是成功的。（2）要求兒童過於整齊劃一，反而呆板，這是有害兒童身心健康的；所以要自然，要活潑。因而發現下列缺點：甲、學生始終立正；乙、非動的每一個動作停一停，表示要求整齊，其實反欠自然。（3）過程太快——教師要求學生學習過快，學生不會，反而影響過程。（4）音符練習——學生應由低而高，再由高而低；今日全由低而高，似乎不對。（5）引起動機——兒童說了「喜歡菊花」，老師接着說講故事，而未說明。（6）下課——下課時教師應有結束語句，不應簡單的說「下課」就走了。（7）運動量——應顧全兒童全身活動；傳遞遊戲，只有上肢運動，是不對的。（8）風琴的位置——不主張將風琴放在圈子內，因為背對兒童，有礙教師視綫，不易管理。（9）隊形應多變換。

張紹平先生：（1）希望以菊花為題，擴充為全校大單元的設計教學。（2）兒童邊唱邊遊，學習容易。（3）室外較室內難於學習，但環境不允許這樣做嗎。（4）「紅的紅，白的白，菊花可愛不可採。」語氣嫌深。

楊駿如先生：（1）歌辭與實物不符，紅白菊花未分開。而歌辭有「紅的紅，白的白，」似不合直觀教學。（2）環境佈置與實物觀察不够，如在圈子中央，多置盆菊，兒童興趣必較濃。（3）歌詞末了一段唱「不可採」，而實物是採得來的，似與教學意義違反。傳替菊花，儘可用紙做，比較適宜。（4）學生少活動，方位少變換。（5）兒童間位置要注意背陽光，背風向。（6）遊戲時兒童間隔太小，最好重行分隊。（7）表演唱歌的時間，似嫌過長，因而運動時間短了，也未能在運動前說明注意要點。（8）遊戲結束，應作簡單批評會，以糾正學生弊端。遊戲中學生有撒騙的舉動，應予揭穿，否則影響國民道德殊大。

何玉仲先生：（1）未能實地觀察。（2）學生自始至終，未曾發表意見。（3）練習歌唱少變化。（4）兩節課中均由同一學生表演，表演時面朝陽光，均不適宜。

主席結論：今天各位先生的批評，都很中肯。但我認為教者能以兩節課六十分鐘的時間，教會了大多數兒童唱這只歌，效果已是不易了；但我覺得還有幾點意見：（1）唱遊教學應始終使兒童在快活的氣氛中。（2）今天的環境太緊張，刺激兒童趨於呆板，這是不對的。（3）學生多而地方小，兒童不能愉快活動。（4）今天的天氣熱，教師於第二節課時應囑學生脫除外衣。（5）在此教育經費困難的時候，教師對風琴的保護，也是要注意的。總之今天胡先生的教學是值得我們欽佩而感謝的。

（續189）

高級音樂演示教學

第一區中心國民學校

一、教案

日期：三十七年十一月七日上午九時起
年級：六年級
教者：李德興
教時：九十分
教材：漁家（民歌）欣賞研究教材自選
單元：
1.歌唱——漁家（民歌）。
2.欣賞——流浪之歌（民歌）。
3.研究——Fa大調，[illegible]民歌之來源。

目的：1.發展兒童欣賞民歌之興趣與才能。2.加深兒童瞭解民歌之情調與精神。3.增進兒童學習Fa大調樂譜之興趣。4.發達兒童的聽聲和發聲的官能。

教具：活動五綫架、粉筆、指揮棒、Fa大調掛圖、卡片、風琴（免用）、五綫黑板（未用）。

方法：
1.動機目的：由已經熟悉之民歌引動而決定唱民歌。
2.樂譜認識：由前一單元之Do大調組織說到Fa大調之組織。
3.領唱樂譜：視唱聽唱之練習；
固定唱名法：a.兒童靜聽教者讀譜一、二遍。b.教者唱譜兒童隨節徵唱低唱。c.兒童自己低唱背唱。
時間30分　歌唱50%　欣賞30%　研究20%
4.樂譜討論：a.兒童自唱隨機討論（如十六分

音符等）；b.節拍討論（二拍子之說明）；c.揮拍唱全曲。

5. 歌詞瞭解：a.教者用故事方式講述歌詞；b.兒童想像和領悟歌詞情調。

6. 試唱熟唱：a.兒童試唱歌詞；b.遇錯誤隨即討論糾正；c.揮拍熟唱全曲。

7. 欣賞民歌：a.教者介紹民歌一首；b.同時欣賞民謠之風趣。

8. 共同研究：a.民歌之來源——啓發式討論；b.民歌與其他。

9. 揮拍練習：a.鼓勵兒童起立揮拍歌全曲；b.揮拍錯時隨予糾正。

10 擴充發表：a.鼓勵發表作爲以後研究；b.可相機複習；c.提示課後工作。

時間30分　歌唱30%　欣賞50%、研究20%

附、教材：

時間30分——歌唱20%　欣賞20%　研究60%

漁家

鄂西民歌

二、批評會紀錄

時間：三十六年十一月七日上午十一時至十二時

地點：本校一上乙教室

出席者：京市各校教師七十餘人（詳簽名簿）

列席者：程宗潮　郭子通　陳清泉　王問奇

主席：盧貫珠

主席報告：本校校舍少，班級多，無專科教室；復以經費有限，缺乏教具，教學環境不良，兒童音樂根柢又差，條件諸多不够；惟尙有興趣嘗試。其間缺點至多，敬希滋場諸君不吝賜教，嚴予批評，俾資學習而圖改進！

教者自述：1.認爲演示教學是絕好的學習機會，故膽敢嘗試；2.此次採用領唱法教學，未用風琴，自做五線譜黑板及音符記號，以補救缺乏教具之缺點；3.班級爲六上甲，因其課間發問較多，致使教學過程未及照預定教案實施完畢；4.平時教學均用五線譜，杜絕用簡譜，以養成兒童認譜之習慣和能力；5.虛心接受諸位之寶貴批評。

批評指導：

張相蘭先生：1.連接線解釋未能清晰；2.研究節拍應予簡明的指示。

祠玉仲先生：1.不用風琴教學音樂獲此成就，欽佩無似；2.固定唱名法，教學成功；3.過程中歌唱、研究、欣賞三方面兼籌並顧，且百分比配合適宜；4.講述民歌的來源極其淸楚；5.唱譜打拍不稍紊亂，足見平時訓練甚佳。

姚家駿先生：1.教時該諧生趣；2.以分切麵包解釋切分法，恰到好處；3.第三節教案預定雖甚充實，惜未教完，引爲憾事；4.如用風琴教學，效果將更好；5.附點解釋未能盡善。

吉爾璋先生：1.固定唱名法固可採用，惟一般教師，必須用琴；2.教具準備充足；3.以簡明的方法解釋樂理，値得效法；4.提示出無琴亦可教學音樂的補救辦法，意至良善；5.小聲唱後用自然的聲調冉唱，不使兒童隨便高歌，省喉嚨，衞身體；6.教者倡用五線譜之精神甚堅，可爲南京市樹立風氣；7.希望教育當局對音樂科教具，能積極籌置，充實各校音樂活動，調劑教者精神，使音樂氣氛佈滿學校中每一角落，鼓起兒童讀書愉快的情緒。

王開奇先生：音樂教師應具條件爲本身修養和學習興趣，二者相輔，缺一不可。今日教者對此項條件均備，故能發揮其效力，獲致良好之結果。尤以在不良之教育環境中，能臻此境，洵非易事。就其教學本身言，自無批議之處；若言推廣，本人提出可商酌的數點，和教者交換意見：1.研究作業分量似重，因小學音樂教學以實用爲主，理論爲輔，能使識譜會唱，即爲達到目的；能使知其爲然，不必定要研究其所以然，故若刪除少許研究事項，將省下不少時間。2.兒童答問能力強，可見思致力很好。3.比較難唱的句子，最好單獨提出，反復習唱。4.解釋音節組織，可利用實物說明，一般用琴鍵解釋爲較好方法。5.歌唱時兒童姿勢應隨時注意，有少數兒童歌譜放在腿上，閱譜時身體必然不正；若用手持之，可免此弊。6.兒童拍子記號之讀法很好，可以改正習用分數的讀法的錯誤觀念。7.民歌雖宜提倡，必須有條件，分量不宜過多，選擇更須審慎；其中音調高低甚大者，不適用爲小學音樂教材。8.對於唱名法之意見：(一)唱名法是一種工具，利用此工具，使學生見譜唱歌。故採用固定唱名法，或首調唱名法教學，當視學生素養高低而定。(二)一般的教法，係用首調唱名法　(三)用固定唱名法必須知道升降音符方可，首調唱名法則不然。今試比譬如下：固定唱名法好似舊的汽車，中途如拋錨，駕駛者必須自己會修理，方能繼續前進；首調唱名法，好似新的汽車，無拋錨之慮，駕駛者精於修理與否無礙汽車本身之進行。故宜視教師之音樂修養而定。

程主任宗潮：1.演示教學非考驗教師成績，純係研究性質，因教育當局欲在其中取得研究資料，要謀改進耳。2.教育局正計劃設法備置教具，並可能於明年舉行研究會或歌詠會。3.一區中心師生都有歌詠團及音樂活動，希望各校師生多從事音樂活動，以美化人生。

郭輔學子通：1.今天演示教學，各方面已臻理想之境。2.希望各校教師都來一次演示教學，演示一次即爲自身進步一次。

陳濟泉先生：1.代表楊駿如先生致希望兩點：(一)造成音樂空氣；(二)提倡民族性教材。2.教材是否適合，端賴各教師選擇。

主席作結：承賜寶貴教言，銘感無已，並希繼續以書面提供卓見，以資改進。

說明：1.此次音樂公開教學在七日舉行，而教案在三日即已印就，分發本市各校，事先對教案有一番研討。2.此次教學是一個整個單元，音樂教學歌唱研究欣賞同時注重。3.教學方法採用一般教師所很少採用之領唱法，是希望作一次考驗。

高級體育演示教學

第六區三牌樓國民學校

一、教案

日期：三十六年十二月二十六日(上午十時二十分)

學級：六下

參加兒童數：四十八

教者：陳　達

分鐘：三十分鐘

教材：棍棒健身混合操(各四節)

教具：棍棒四十副

教學過程：

一、動機：教者於整理隊形後，說明本日新授節目，以引起兒童學習之動機與興趣。

二、主旨：訓練兒童由健身操改用器械操，以混合教法爲過渡，每一單元增加一節棍棒操，減少一節已經學習純熟之健身操。(本日第四節棍棒操爲新授節目)

三、示範：1.教者示範動作宜慢，使學生觀察節拍易于學習。2.分組練習，先由甲隊操演，次由乙隊操演，互相觀摩批評，以資矯正。

四、準備活動：跑步、走步、隊形變換。其目的使兒童體溫增加，肌肉伸縮自然，尤以冬令，準備活動，更爲需要。

五、主要活動1.：棍棒操四節，包含兩臂、胸部、關節活動，(前三節爲複習，第四節爲新授，教學過程見示範欄。)2.健身操四節，包含腰部、背部、下肢、平均活動，其目的爲補足全身未運動部份，以求平衡。

六、戲遊：將原有隊形分爲四組，利用原有棍棒，輪流傳遞，其目的爲養成兒童接力賽跑之技能。

二、批評會紀錄

時間：三十六年十二月二十六日上午十時二十分—
—十時五十分

地點：本校大操場

指導專家：教育局俞督學，郭主任，小學體育巡迴輔導團陳主任。

參觀人數：二十三校，五十九人。

主席：黃德正　紀錄：唐正賢、王際霖、周士昌

主席報告：本校以本市上學期各科教學演示，多偏於知識科，活動地點全在教室，本校本學期爲提倡體育，以起全市教育同仁，重視兒童健康起見

，不自然，擔任體育科公開教學，缺點殊多，敬希諸位先生不吝賜教！批評指導，

七區中心校吳守中：1.技能嫻熟，姿勢正確。2.操場潮溼，在可能範圍內，應儘量減少活動區域。3.遊戲時，棍棒傾倒者應呼組別，令兒童重行扶起。

六區漢口路國民學校徐啓民：雨後地濕且滑，遊戲教材採用賽跑，似覺不宜。

四區中心國民學校朱存：1.遲上課十分鐘是什麼理由？2.報數應全班先報，不應先分組報數，以便考查兒童出缺席情況。3.男女混合排隊，是很好的現象。4.左後轉變應改正爲左二轉彎。5.步伐整齊。6.向前看動令較長。7.示範時間較長。8.甲組向右轉，乙組向左轉。9.號布宜不用、應呼以幾排幾名。10秩序很好，態度很活潑。11豎棍棒宜改接棒、以訓練接力賽跑之技能。

七區中心國民學校房兆麟：1.小朋友動作自然，態度活潑，無做作氣。2.教材支配適當。3.用口令喚起兒童注意姿態，異常確當。4.走步時應和走路一樣，腳步不可過重，影響兒童身體。

二區中心國民學校蕭韻平：1.動作熟練，姿勢正確，精神活潑，教法適宜。2.口令——「立正」後，兒童是否應呼「一二」？3.號布公用，不合衞生，自備難免脫落，究竟應否採用？4.遊戲方法宜先逐一說明。5.接力遊戲，是否能多次練習。6.六下男女生合組遊戲，是否合於生理需要？7.犯規次數，應記正確，以便懲獎。8.體育衞生各項設備，宜密切聯系。

小學體育巡迴輔導團陳主任：（甲）優點：1.預定教材能準時授完。2.雨後場地半濕半乾，教者能因地制宜，運用合度。3.棍棒操偏於上體運動，教者能加演柔軟操使全身運動均衡。（乙）改進點：1.走步時間宜縮短，遊戲時間要伸長。2.走步動作不自然，腳步輕重左右未能平衡。3.教材採用棍棒操似嫌太深。4.遊戲時兒童豎棒不穩、以致傾倒，應呼組別，令其重豎。5.場地不平，遊戲時豎棒亦有難易，各組機會不能均等，各組位置宜常調換。

教育局郭主任：1.場地應儘量利用不潮濕的地方。2.少數兒童姿勢不正確，未能一一糾正。3.遊戲規則及注意點，未能詳細說明。4.走步時間稍長。5.應訓練兒童平時練習興趣。6.遊戲時小動作可不必過分注意。

教育局俞督學：（甲）優點：1.校長熱心提倡體育，值財力枯竭之時，能設置棍棒，殊非易事，希各校當局重視體育，努力提倡。2.這次體育教學演示總算成功，因本京很多學校或因場地窄狹，或因教者修養不夠，對於體育教學每多敷衍了事，殊覺遺憾。3.男女生混合排隊，打破男女界限，甚爲合宜。4.教者任課，班級太多，兒童姓名，難以分別辨認，各生自備號布掛於胸前，俾便考查成績，亦甚合宜。5.用徒手操補救棍棒操之偏廢，使全身運動平衡，極是。（乙）改正點：1.宜採用新式器械操——有柄鐵球鍛鍊軀幹運動。2.柔軟操多演放鬆動作。3.走步時間縮短，遊戲時間伸長。4.走步時腳步輕重要左右變換。5.兒童犯規宜呼出組次名次。（丙）解答點：1.左、右後轉彎左右二轉彎兩種口令均可採用。2.口令「立正」後兒童呼唱「一二」是可以的，惟須一齊呼唱。

低級國常演示教學

第十二區中心國民學校

一、教案

日期：三十六年十一月一日。

教者：王祖慶。

年級：二年級上期。

單元名稱：國語——雁南飛；常識——雁。

教材來源：國定本國語第三冊。

教具準備：雁的標本，雁的放大圖，生字、新詞卡片，粉筆，教鞭。

教學時間：二百四十分鐘。

教學目的：1.使兒童知道雁的形態和習性。2.使兒童明瞭合羣、守秩序及親愛的美德。3.使兒童認識本課生字、新詞，及了解其意義和用法。

教學過程：

一、動機目的：小朋友！你們知道，我們教室裏，有什麼鳥曾經做過窩？（燕子）燕子現在到那裏去了？（飛去了）在燕子走的時候，有一種什麼鳥會飛來？（雁）我今天講一個雁的故事給你們聽好嗎？（好）

二、研討：1.講故事：（略）2.觀察：這裏有一隻雁的標本和一幅雁的圖，請小朋友們仔細看一看。（出示「雁」標本及圖令兒童觀看）3.討論（1）雁的身子長得像什麼？（2）雁的嘴是怎樣？嘴是什麼顏色？（3）雁的腳趾間有什麼東西連着？（4）雁的羽毛，是什麼顏色？（5）雁的腿同腳縫裏連着的皮是什麼顏色？（6）雁的翅膀怎樣？（7）雁喜歡吃什麼？（8）雁有什麼用處？

三、閱讀：1.概覽：（1）看圖：我們書上也有雁的圖，小朋友要看嗎？（要）好！翻開你們的書，在第十五課。（2）概覽課文：（3）演述大意：小朋友！大家都看過了，誰能把大概的意思說出來。（指明二三兒童演述，教師共同訂正。）2.認識生字新詞：由兒童提出生字新詞後，教者書於黑板上，教者將注音符號寫在生字旁，先令兒童拼

讀，錯誤處加以指正。（1）試讀試講：逐字逐詞，指優等生或舉手生試讀試講，講解後共同補充，最後教師範讀。（2）復讀復解：教者利用卡片出示生字新詞，令兒童復讀復解。3.範讀：（1）範讀——教師範讀課文。試讀——指優等生或舉手生試讀，讀畢共同訂正。（3）領讀——教師或優等生領導逐句讀。（4）個別讀。（5）範讀——教師重範讀課文一次。——（如兒童無錯誤，則免去。）

四、推究：

1.內容
- （1）現在是春天還是秋天？
- （2）秋天裏什麼風比較多？
- （3）秋天裏有什麼鳥會飛來？
- （4）雁從那一方飛到南方？
- （5）雁飛的時候排成什麼形？
- （6）雁爲什麼要排成整齊的隊伍在天上飛？
- （7）雁爲什麼不分離？

2.形式
- （1）書上的西風起可不可以換爲東風起或者是南風起？
- （2）「一會兒排成人字」能不能放在「一會兒排成一字」的前面？
- （3）晚上一同宿的宿字換爲飛字，行嗎？
- （4）蘆葦旁邊有幾隻雁？
- （5）幾隻雁睡着？
- （6）那一隻雁做什麼？
- （7）上面飛的雁排成什麼形？

五、綜合整理1.補充想像：（1）雁喜歡睡在什麼地方？（2）雁飛在天上是怎麼樣的？2.表列要點：

雁
- 形狀
  - 頭——
  - 身——
  - 腳——
  - 趾——
- 用處
  - 肉——
  - 毛——
- 習性——

六、綜合練習：1.指導閱讀和朗讀。2.作文練習：題目另訂。3.寫字練習：習寫本課文字，並說明筆順。4.表演練習：配合兒童唱遊課程，教授「雁」方面的歌舞。

七、應用1.發表：指令見過雁的兒童講述雁的形態和習性給大家聽。2.實行：課外參觀實物。

二、批評會紀錄

時間：三十六年十一月一日上午十時。

地點：本校

出席者：國立編譯館：李伯棠、江甯師範：馬客談、金陵鷂、宋燮玉、喬一乾、教育局：程宗潮、張紹平、郭子通、楊駿如、第二民教館：蔣維新、第十二區公所：徐天池、二、四、五等區中心校及十二區各國民等校校長教師等一百二十人。

主席：喬宗元　紀錄：胡文琦、沈炳炎、廖志榮。

主席報告：一、本校僻處西郊，交通不便，更以改制未久，一切物質設備，極感缺乏，一年以來，添建新校舍，修繕舊校舍，薄盡棉力，惟以先天後天均感不足，致一切多未臻完善，本日簡慢之處，尚祈鑒原！二、今天是本區舉行第一次公開教學，担任施教的王祖慶老師，是新從學校裏出來，經驗不豐，缺點恐怕很多，敬請諸位來賓不吝賜教，多多批評，俾資改進。

教者自陳：教者初離學校，自知能力薄弱，經驗太少，担任這一次公開教學，缺點一定很多。但是我並不灰心，深望因這次失敗而得到許多教訓，許多寶貴的指示，作今後改進的南針，所以敬請各位前輩，多多指教，使我得有長足的進步。

批評指導：

江心洲中心校徐鵬飛：本人參加這次公開教學，得到不少的益處。同時深感教育誠如馬客談先生所說：「教育是科學的，也是藝術的。」王老師今天的公開教學，態度和藹，措置裕如，已臻藝術境地。

四松庵國民校周陶正：一、教者的態度，非常和藹可親，使兒童能在快樂的氣氛中學習，這是王老師教學的優點。二、需要研究的，是兒童回答問題，就站在本人位置上，不必離開坐位，時間固可經濟，而教室秩序也易於保持安靜。

大士亭國民校劉忠文：此次公開教學，各位老師得有進修機會，獲益不少。惟以每次公開教學，不是眞正成績，老師和兒童，事先都有準備，演習過幾次；本人覺得以後最好以甲校老師教乙校學生或乙校老師教甲校學生，以求其成績的表現。

天后村國民校劉廣潤：一、本區十二級以上的學校很少，多係複式學級，今後希望公開教學，也多多舉行複式公開教學。二、王老師今天教學的整理過程，有填表一項，二三年級兒童，整理筆記，能否有此能力，這一點值得我們提出研究。

二區中心校柯振聲：這次的教學是成功的，教學上的小動作，都能注意到，又能應用實物直觀教學，這些都是優點。另外有點意見：一、試讀試講，似以不站到黑板前爲宜。二、提出生字問：「在第幾行」已成習慣，似不必改爲第幾路。三、試讀課文時，不必連齋題目讀。

五區中心校袁希齡：今天的教學，就大體說是成功的，其優點有：一、態度和藹，是兒童眞正的保姆。二、國音很正確。三、時間與教學過程，支配得非常適宜。

要提出研究的，亦有兩點：一、雁的觀察是拿鴨子說起的，如將雁與鴨的不同之點，多多比較，印象更易深刻。二、範讀（第三節）可令兒童先讀，再由老師範讀。

國立編譯館李伯棠：今天王老師教學的方法，很多優點：一、注意小動作，如在講故事時，有一兒童舉手，王老師隨時停頓，解決兒童急須明瞭的問題。一、令兒童打開書本，特別告訴兒童是十五頁，恐怕兒童把書翻錯。三、塡表時已下課，兒童沒有做好，王老師隨令兒童帶回家去試做，後天繳來，就此下課。結束靈活，更見聰明。

需要研究或改進的：一、教案方面：（1）由動機至演述大意，僅有三十分鐘，時間稍嫌短促，討論不妨詳細，整理大意時要板示。（2）內容與形式，分得不很清楚；「形式」的整個問題，可併入「內容」項內。（3）補充想像，最好要培養兒童想像能力，原教案中第一個問題，可劃入「深究內容」內。（4）表解要簡潔明瞭，使兒童一看即能瞭好。二、教學技術：（1）動作與說話要經濟，如令兒童「坐下去」不必用得太多。（2）不必要的說話，要儘量避免，如「雁肉吃過了沒有？」不要重複發問。（3）誦讀方面：（A）教者範讀時，最好要看着書讀。（B）兒童誦讀課文，要捧着書讀。（C）課文題目，可以不讀。（D）兒童試讀時，不必站到前面，更不要行禮。（E）試讀訂正，由兒童自己發問，請求同學較正，如仍有錯誤，教師再加補充。（4）深究內容：最好先有兒童提出問題。老師加以補充，但老師要把握中心，不可談到題外。（5）卡片最好切右上角，以免顚倒。（6）小動作：（A）向兒童問：「這是什麼鳥」？（雁）老師應隨時板書。（B）向兒童發問時，宜多用「請」，少用「我」。（C）應用掛圖，要手續敏捷。三、常規訓練：（1）「起立」「敬禮」「坐下」口令要短促。（2）招呼問題，在教室內可無須應用「早！」「好！」等。（3）概覽課文後，令兒童把書「蓋」起來、「關」起來，最好用「合」起來。（4）看完課文後的表示，可養成兒童舉手的好習慣。

江甯師範金皎鶴：一、提出生字時，生字旁邊，寫明注音符號，兒童意能拚音讀出第幾音，可見該校平時對兒童訓練注音符號的認眞。二、掛圖有兩張，但內容沒有大分別，第一圖似覺多餘，最好一張是國語[illegible]用圖，一張是常識應用圖，如放大雁的頭部足部或雁鴨之比較。三、本課文兒童不易說出大意來，我以爲在這個教材裏，可以省略這個過程。四、有些事不易解釋，如「雁」——鳥名，仍不清楚，最好能使兒童明瞭共在本課文內之意義。五、用卡片最好在第二節課開始時，不必[illegible]去黑板上寫的生字。六、有關意見：（1）公開教學如用甲校老師教乙校學生，教者對兒童個性、姓名均不明瞭，諸多不便，最好仍用原校學生施行。（2）考查兒童了解程度，不得以兒童答語「會了」爲已足，應當做實際的考驗。（3）筆記是課文的整理和結束，在作文教學上：有共作、助作、自作等方法，低級兒童整理筆記，可採用共作法。（4）建議：教學時掛圖確是必要的教具，現在各校準備一切應用掛圖，事實上困難太多，所以我希望能由教局印發各科掛圖，供各校應用。

教育局楊駿如：一、教學課程和時間分配：（A）過程與時間要分配適當，更要把握過程重點，以免時間上本末倒置。（B）試讀範讀時間要少，試講範講，時間要長。二、教學技術：（A）動機從教室內燕子窩引起，以兒童舊經驗爲出發點，很好。（B）鴨雁不同之點，未能用雁鴨放大圖詳細說明。（C）應用啓發的方法，討論問題，這是很好的方法。三、附帶意見：（1）教學常規，我主張以不呆板、不機械。（2）公開教學，爲「整齊劃一」訓練成刻板式的常規，足以影響兒童身心。（3）觀察實物，要注意方向，應將實物轉動，教者最好旁立，使兒童都能看到。（4）公開教學，事先需否演習，我以爲要看教者技術如何運用，如不影響反應，事先演習亦無不可。（5）注音符號教學，希望全市各校都能提倡起來。（6）教者教學生字讀音，一遇字音相似時，要用四聲分別得很清楚。（7）發表能力較差的小朋友，老師最好用鼓勵的方法，用安慰的口吻，引起他講話的興趣和勇氣。（8）深究內容，要多用「爲什麼」？（9）低級教學多用卡片，是很好的方法。（10）教具應用，宜於事先準備好，有架子的小黑板、報夾，都是掛圖的好工具。（11）塡表在低級可以少塡字，多塡圖，儘量的以圖代字。

教育局郭子通：一、準備充分，語調態度，都令人滿意。二、常規訓練，不宜太呆板，背着手坐時，胸部無須過分挺出。三、常識教學，仍嫌不夠，觀察實物時，教者如能持實物走一圈，輪流指示，則易於增加兒童印象。四、雁的鳴聲，亦可相機指示，「守夜的情形」，「遇敵報警的情形」　教師倘能形容，亦可提高學習興趣。

江甯師範宋雙玉：一、講故事夾着討論，易於分散兒童注意力，減低兒童聽故事的興趣。二、掛圖臨時釘在黑板上，太覺費時，最好利用小黑板，先爲掛妥。三、生字解釋：（A）生字旁加注音符號，最好先讀後拚，再範讀。（B）解釋詞和語不要分開。

江甯師範喬一乾：我們教學，能達到教學目的，就是成功。今天王老師的公開教學過程與時間，支配得當，能達到預期的目的，可以說是成功的。（甲）優點：一、講故事的技術很得法。二、掛圖應用也很得法。三、教具的收拾，利用空閒，是合理的。四、生字解釋，能就本課文意思解釋。五、每個問題，問得很得法。（乙）待研究的：一、略述大意，可以養成兒童閱讀能力，是很需要的。兒童看過以後，能知道多少就說多少，今天講述的人，稍嫌多些。二、拚音要注意正確。三、閃示卡片，要顧及全體兒童。四、兒童答覆問題，如果答對了，不必再問。五、低級筆記，平時如果沒有做過，還一過程，可以省去。六、齊讀的語調要和平常說話一樣。七、背手坐着方法欠佳，值得研究。八、拿書的方法單手、雙手，都要在平時多多訓練。九、教具製作，除無法製者外，教師在平時，可以陸續收集或自製。十、公開教學，如需演習過程時間，是否支配適當，用同程度之另一級兒童試教，亦無不可。十一、教者提出問題，爲注意兒童個別學習能力，也可喊不擧手兒童解答。十二、教學方面，要注意副學習和附學習。

教育局程宗潮：一、各種掛圖、標本等的添設，這是今後教育當局的責任。現時雖不能辦到，但總有實現的一天。二、請求各位教師，能運用簡單的設備，努力教學。我們本着「一切爲兒童」的原則，耐勞耐苦的去做。三、兒童能了解的問題，做教師的必須給他滿意的答覆。四、教案編製應處處爲兒童着想，要把握着兒童的心理。五、教育局提倡公開教學的目的，在求教學方法普遍的改進，並提高教師教學技術的水準。這在輔導工作上，並不是一件頂頂重要的事，所以事先演習，可以不必，一切要自然，不必過份緊張。六、常規秩序等問題，平日訓練到某種程度，自然會養成習慣。

教育局張紹平：一、今天的教學，就大體講來，是成功的。因爲教者實地從事教育工作，爲時僅二個月，能有如此成績，實不易得。二、教案編製，尚稱適合，惟常識科中，填表內容，似嫌太深。三、時間支配，尚稱適當。

江寧師範馬客談：我今天來這裏參觀公開教學、非常高興，同時覺得這種辦法，是大家研究教學的最好方法，美國就有一種「教育工廠實習」的制度，就是把許多從事實地工作的人，和教育理論家，在一起工作、在一起生活，做教育的科學實驗，使理論與實際，打成一片。今天對於王老師的公開的教學，各位先生提供的意見很多，非常寶貴，如果分類記錄，就是一本好的國常教學法。至於我對王老師今天的公開教學的意見有如下各點：一、今天教的課文是一首詩歌，是一種韻文，其要旨在使兒童能欣賞秋天的景物，和詩歌體裁的韻味。二、爲了要還就常識，要兒童明瞭雁的形態生活，和鴨子的分別，已非低級兒童能力所及，更以設備不足，自難收效。三、教師說明雁鴨的各種分別時，尚未能以最淺近的比喻，使兒童易於了解。四、如興

？樣的課文，教學終了，兒童對課文眞能欣賞了嗎？對雁的特點，眞能明白了嗎？尚屬疑問！這不僅是教者技術問題，就是教材的問題，也很重要，希望教育同人，多加研討。

本校解釋（劉光照報告）：一、因欲實驗每節教學時間，支配是否適當，曾以二上乙組，預演兩節。二、掛圖因既有「雁」的標本，故將雁頭足放大圖省去。三、卡片用以考查兒童認識詞字的能力，故使用前將黑板上所寫的詞字抹去。四、詞字的解釋，因不欲含混，故將難極難解釋或極淺顯之詞字，如「雁」「排」「隊伍」「相親相愛」……，亦以最淺近之語句，力求詮釋淸楚。五、整個教學時間計八節，二百四十分鐘，按低年部國語分鐘爲四百二十分鐘，常識爲一百五十分鐘，若再加音體一百八十分鐘，圖工一百五十分鐘，共爲九百分鐘，本課僅佔三分之一不足，一週可教國常三課，似無不當。六、教室口令，因避免兒童拉長，故採用兩字一節。七、招呼兒童用「我」和「請」，命令兒童收拾書本，用「關」不用「合」，前者爲語氣溝通問題，後者屬方言習慣，在文法上無既定方式，意義相同，似亦不必硬性規定。

（完）

中級（複式）國常演示教學

第九區下壩國民學校

一、教案

擔任學校：下壩國民學校

教者：徐陜龍

日期：三十六年十一月十四日

年級：三四上級（複式）

單元名稱：三上食的進步及食物和營養、四上航海

教材：初級國常第五冊第二〇、二十一課，七冊第二十六課

教具：掛圖

教學時間：二百四十分鐘

教學目的：

三上：（1）使兒童明瞭食物進步的順序；（2）使兒童知道含營養料最多的食物；（3）使兒童明瞭缺乏營養的害處。

四上：（1）使兒童認識我國的軍港、商港；（2）引起兒童學習航海，獻身海軍的遣趣。

教學過程			
三上	1.默讀課文 4.研究課文形式 5.整理 7.摘記 10.討論問題	以上過程從略，公開教學自以下開始。	11 應用練習：1.在外國各大都市裏都有（　）茶館。2.外國人起初認爲用（　）烹調是不衛生。3.後來經過化驗，知道（　）是很好的。4.古人吃的是（　）和（　）等。5.燧人氏發明（　）的方法。6.現在中國人對（　）的方法很講究。
四上	2.引決 3.觀察報告 6.說明 研討 9.整理		12 引起國語科讀書教材之動機：1.小朋友：你們坐過船嗎？（坐過的）2.坐在船上過山好玩嗎？（好玩）3.你們航過比江還大的海嗎？（沒有）4.你們要不要航海呢？（要的）5.現在我們先看一看「航海」這一課好不好？（好）

7. 我國人大都吃的是（　）。
8. 外國人吃的是（　）。
9. 外國人注意食物的（　）。
全體兒童要做完，至六各條，高才生可全部做完，

14 巡視指導

17 收集訂正

（第一節課完）

18 復習「食物和營養」第一段

21 續「食物和營養」
1. 先找出營養充足和不充足的兩位小朋友來：你們看那位身體好（　）身體好。
2.（　）你平常吃的些什麼東西？（糙米飯、青菜、番茄等）
3. 還一位小朋友的身體爲什麼不好？（他家吃的食物中缺少營養料）

13 概覽課文：大家把三十四頁打開，有不懂的地方，可以用鉛筆記下來。

15 1. 問答大意；出連雲港後，海上的情形怎樣？（只見水連天，天連水，一片茫茫。）
2. 有風浪時什麼情形？（船在水面上只覺得天也搖、地也搖）
3. 航海時要注意些什麼事？（來船、暗礁、燈塔和浮標）
4. 進了吳淞口可到什麼地方？（上海）
5. 黃浦江兩岸的情形怎樣？（有高樓寬廣街道，男女老少）

16 好了！你們把不懂的字句提出來吧？提出生字新詞：生字：1.乘 2.浪 3.駛 4.撞 5.觸 新詞：1.茫茫 2.滔滔 3.暗礁

（時間三十分鐘）

19 解釋生字和新詞：
生字：1.乘ㄔㄥˊ坐著的意思。2.浪ㄌㄤˋ水的波浪。3.駛ㄕˇ行船。4.撞ㄓㄨㄤˋ碰到。5.觸ㄔㄨ兩樣東西相撞。
新詞：1.茫茫ㄇㄤˊ大的樣子。2.滔滔ㄊㄠ水流的樣子。

4. 你們大家看看他們兩人的形態有什麼不同？（我們看着書就可以說出來）

2 整理：
1. 我常吃的食物含營養料最多的是（　）等。
2. 營養充足的人身體一定（　）。
3. 我國人注重食物的（　），所以身體大多（　）。
4. 外國人注意（　），所以精神（　），臉色（　）。

（第二節課完）（時間二十分鐘）

3. 暗ㄢ礁ㄐㄧㄠ藏在水裏的石頭。

20 抄錄生字新詞；

23 試讀和試講；

24 範讀和範講：

25 伴讀、優美讀：

（公開教學結束）

7 引起讀書教材之動機：
8 概覽課文：
31 問答大意：
32 提出生字新詞：
35 解釋生字新詞：
36 抄錄生字新詞：
39 試讀和試講：
40 範讀和範講：
41 誦讀：
44 深究內容：
45 整理

26 默讀：
29 誦讀：
30 深究內容：
33 研究課文形式：
34 整理及補充筆記：
37 朗讀：
38 體味：
42 想象：
43 應用練習：
46 巡視指導：
47 考查。

二、批評會紀錄

時間：三十六年十一月十四日下午四時。

地點：本校大禮堂。

出席者：李伯棠、郭子通、柯玉仲、戴心持、李峻觀暨本區各國民學校教師共三十餘人。

主席：許貽善。

紀錄：沈守道，駱文漢，朱德夫。

主席報告：本校地處鄉間，交通不便，承複式教學專家李伯棠先生，教育局郭主任及戴先生柯先生本區中心校李主任等，不辭辛勞，熱心參加指導，十分感激。

教者自陳：1.此次承校方推定本人担任公開教學，很覺榮幸。2.這次的公開教學，因個人身體有病，事先沒有充分準備，錯誤一定甚多。3.施教時未能掌握時間，實因經驗欠缺。4.歡迎諸位指正，個人誠懇接受，以求上進。

批評指導：

柯玉仲先生：本學期的公開教學，全南京市共計四十二次，其中以複式的公開教學，爲最困難；而今天的複式教學，有如此的成績，實不容易。概括的說，徐老師教學的優點有：1.看空座點名，用傳遞法散發簿本，很能經濟時間。2.講解生動，詞意顯明。3.板書正確敏捷，極爲難得。尚待研究之點有：1.生字的注音符號，未能清楚的讀出。2.生字的解釋不宜將詞拆開。3.課內提出生字，可分組檢查字典，比較經濟時間。

戴心持先生：標準的教師有三個條件：甲、修養有素；乙、學驗豐富；丙、教室管理適宜。以上的三個條件，今天的徐老師已兼而有之。講解生字時，將生字包涵到原有的詞內解釋，還是極好的教法。最後我覺得可討論的問題就是：1.查生字可否利用課餘時間，課內加以指正。2.討論新詞生字，宜經濟時間。3.解釋新詞，語句宜簡明扼要。

李伯棠先生：Ⅰ關於教案方面的：甲、國常教案應混合編制——今天的國常複式教學是三上常識四上國語，國常分得很明顯，爲同時間異科目異程度的編制。其實國常的教學應將其化合，在編制上應使人看不出是國語教學，抑是常識教學。乙、過程的搭配應注意下列原則：1.複式教學過程可將大過程分爲許多小過程：例如內容的深究可分爲：（一）深究生字（二）深究文意（三）深究形式等，教學時比較便利。再如生字新詞的討論，也可分爲檢查研究和抄寫等步驟。總之，一個過程不能拖延到很長的時間，影響複式教學的進行。2.複式教學的過程可以前後錯綜的排列——複式教學與單式教學時不同，過程的排列，不必太機械，得就直接教學與自動作業互相搭配的需要，而前後錯綜排列。

3.各過程時間須估計正確——今天各過程的搭配時間，因爲沒有估計正確，致有時兒童枯坐，有時教師無事可做，如最後幾個過程即未能做完。4.複式教學應儘量減少無味的自動作業，以免浪費時間——如今天的複習，實係重行說明，又如今天三上的填充練習，學生填寫的不過數字，而抄寫的反佔去大部時間；此種兒童不必要的筆頭工作，應儘量減少。倘所示練習題，可僅填答案而不抄寫題目，或能避免時間的浪費。5.各過程的先後次序，必須加計數字，則上課時便不致慌亂。II關於教學技術方面的：1.動機目的，未能依次舉行。2.概覽的目的，只在訓練兒童看得快看得懂；換言之，即在培養兒童的閱讀能力及理解能力，不必令兒童注意生字新詞。概覽後，可令兒童將書合放桌上，然後令兒童復述大意。如調劑時間，可用小黑板先寫簡明問答。3.報告大意或問答大意，不得看書回答。4.生字提出先令學生查字典註音，教師不必先範讀。5.生字新詞討論完畢後，方可轉入抄寫過程。6.字和詞的註解宜用語體。7.正在教學進行中，不宜中途停頓；處理偶發事項，最好利用兒童爲助手。此爲複式教學最重要之點。8.自動作業方法，應於開始時說明清楚，以免兒童發生偶發事項，難於處理。9.教師發言須用啓發式，切忌用命令式的口氣。10課內問話宜簡明扼要。11無關本課材料，不必列入練習題內。12發音的高低，以不妨害自動作業的兒童爲宜。13生字經兒童板書後，不必由教師重寫一次，白白浪費時間。III關於準備方面的：1.教具的安放——如粉筆及揩子等，應先分佈妥當，可以經濟時間。2.環境的布置——尤宜注意室外的寧靜。IV關於常規方面的：1.舉手發問習慣的養成——齊聲回答，應絕對避免，可以舉手表示或點頭示意，以免課間喧嘩。2.宜準時上下課，以免影響兒童的身心健康。

郭子通先生：照今天徐先生的教學看來，如徐先生更能繼續努力，將來一定可以成爲一個好的複式教學老師。現就兩節課中所見到的小毛病，提出幾點意見：1.課間的發問應該肯定——活動的語氣不宜用：懂就是懂，不懂就是不懂，如「大約都懂了嗎」？便開得不合。2.教師課內站立的位置，不宜妨礙兒童的視線，並須顧及整良的傳遞。3.注意訓練兒童的好習慣，可用反復練習的方法。4.解釋詞語，少用生的名詞。5.名詞的解釋　須注意兒童對其概念的認識與記憶　6.教學的技術，應平日逐漸培養，教學過程要能靈活運用，教具要事先充分搜集。7.複式教學三十分一節較短，可延長爲四十分或四十五分。

李峻觀先生：1.今天的點名方法，平日可以採用　很能經濟時間。2.收發簿本，能養成好的傳遞方法，秩序井然，極爲可取。3.今天的問答大意，能顧及課文內容。4.查字典應使兒童多加練習。鄉村兒童缺少字典，應鼓勵他們購買。5.生字注音、要有清楚而正確的範讀。6.未完工作，不宜令兒童利用課餘十分鐘的休息時間，繼續做完　以免影響兒童身心發展。

說明：時間短促，李伯棠先生急於渡江返城，致討論問題，不及繼續舉行，討論至此散會。

高級歷史演示教學

第四區荷花塘國民學校

一、教案

日期：三十六年十一月二十四日

學級：五下甲

教者：王鑫仁

教材：明太祖（教育部審定高小歷史第二冊第十二課）

教具：明太祖畫像　明代疆域略圖

教學過程：

一、動機目的：藉述明孝陵引起，使兒童明白我國民族英雄及平民革命領袖明太祖之功績與事略。

二、演述大意：以本課課文爲主，加入小說故事及民間傳說，以助興趣，使兒童深刻了解下列各概要：

1.元代的崩潰；　2.明太祖的崛起；

3.明太祖的政績；　4.明代的政治。

（以上三十分鐘）

三、閱讀課文：指示兒童閱讀課文，及參考資料，使其注意前述各節大意。

四、討論：1.元代失敗的原因；2.元代統治年代；3.反抗元之最有力者是誰；4.朱元璋的出身；5.朱元璋投效何人；6.明太祖建都何地；7.明太祖爲什麼和漢高祖相似；8.明太祖行使什麼政策；9.明太祖怎樣關懷民事；10明太祖推行何種制度；11什麼叫做「靖難之變」。（以上三十分鐘）

五、整理：提出問題和兒童整理，謄入筆記簿：

元代的崩潰
1.元人長於軍事，短於政治。
2.待漢人不平等，引起人民反抗。
3.元代統治中國不及百年滅亡。

明太祖的政績
1.實行中央集權，防人叛變。
2.時常派遣大臣，巡行國內，安撫軍民。
3.地方官違法，處罰非常嚴厲。

（以上三十分鐘）

一、批評會記錄

時間：三十六年十一月四日下午二時四十分起

地點：馬道街國民學校禮堂

出席者：教育局：程宗潮、陳清泉、郭子通、楊駿如、王傑、儲笑天、宋亞清、郭季萱。

專家：張逵善。

本市各級國民學校教師一百廿七人。

青浦縣立簡易師範師生五十人。

主席：王芷湘　紀錄：張家祥

報告事項：（略）

批評指導：

二區中心校何先生：王先生對於教學歷史很有研究，惟可惜未能利用教室內所繪之地圖，是美中不足。

雙塘國民學校潘先生：1.掛圖嫌小。2.介紹明太祖幼年故事，似嫌瑣碎，間有不合史實處。3.敍述元代滅亡原因太長，時間未能控制。4.下課鈴響時，教、學兩方情緒太緊張，如令學生閱讀課文，不到一分鐘便令學生收書下課。5.板書時教師須側身。6.指名問答，教師常立加肯定，諸學生缺乏研討機會。7.閱讀時，分段不相宜。8.討論時，關於郡縣制度與宰相制度，未能詳加分析。

馬道街國民學校李先生：1.朱元璋投效郭子興後，如何承其乏，未加敍述。2.提出問題討論時，最好由兒童發問。

新炭場國民學校曹先生：1.用鳳陽花鼓詞引起動機，未切實際，因鳳陽花鼓詞在明亡以後才有，並非元末明初景象。

邊營國民學校諸先生：問題法教學，問題之提出，應由教師，抑由學生，確是一大問題，請各位先生研究。

馬道街國民學校彭先生：態度沉濟是教者的優點，討論時未能讓學生多多發表，彼此訂正，是教者的缺點。

大中橋國民學校吳先生：教程適合，惟本單元之要旨在指示民族英雄平民革命，惜未能於此點詳加發揮。

荷花塘國民學校范先生：1.閱讀課文討論問題可以分段，因每段有一中心。2第一節下課時，教者確太緊張，大概因爲下課鈴早響之故，不過教者於結束時，可令學生在下課後閱讀課文，不知教者能表同意否。

鈔庫街國民學校喬先生：1.第二節討論問題時，始終由教師問，指定一個學生解答，由教師加以訂正，學習情緒不甚緊張。2.引起動機時，稍嫌迂緩，應縮小討論範圍。

張逵善先生：教學歷史科，本極困難，因爲歷史資料廣泛，不宜盡量灌入兒童頭腦。我們不是考古家，不必詳爲史實的考據，只須知道一種史實的因果關係，能分析現代政治，兩相比較最好。最需要的是中心思想，所以我們教學歷史科，應顧到1.敍述事實當不當、2.選材當不當，3.問題當不當。談到問題教學法，用於自然科算術科適合，用於歷史科較差；至於歷史科教學法，可用啓示法，由教師提出研究範圍或問題，由學生儘量發表解答，今天教學上：1.引起動機時，應當簡捷些，最好活用，不妨問元代滅亡後是那一朝（明朝），好，現在介紹明太祖。2.人名地名的介紹最好少些。3.民間故事介紹後，應加以正確指示。如明太祖幼年之從軍，可以表示其抱負很大。4.閱讀課文，從學習心理說，最好整篇，從研究討論技術說，可以分段，最好先全篇概覽後，分段研討。5.整理時應側重中心思想，如民族英雄平民革命等問題之演述。

郭子通先生：1.教學要合乎經濟原則，尤其是歷史科，所以先要抓住要點，本課即在指出平民革命及民族英雄成功的因素。2.歷史故事，每帶着迷信色彩，其實迷信中有眞理在；講述故事應揭示眞理，使學生了解，如朱元璋幼年與孩兒作皇帝遊戲、孩兒不敢受拜，惟朱元璋能受之無愧，此雖近於迷信，然可見朱元璋自命不凡，終成大業。

楊駿如先生：1.歷史科教學，要能多方聯絡，尤其要顧到現代史實，如講述朱元璋之從軍，可鼓勵學生戡亂思想。至問題教學法，教師過於控制，剝奪學生思想，不甚相宜；討論時應鼓勵學生多發問、多研討。

程宗潮先生：歷史科教學，殆始於海爾巴特教荷馬的詩，十九世紀末葉，主張重興趣，近來主張認識現代社會，應從歷代史實着手研究，故教學歷史，應鼓勵學生研究興趣，並了解現代社會。

教者王先生自陳：教歷史科，選參考資料不易、引用故事，在增加興趣，難免牽强附會，各位先生宏論，本人接受，并十分心感。

散會：時爲五時三十分。

高級地理演示教學

第十區中心國民學校

一、教案

日期：三十六年十二月三日上午九時至十一時。

年級：五年級上學期。

教者：邢硯耕。

教材：我國兩大海島——海南和台灣（國立編譯館本第一冊第十一課）。

教具：全國掛圖、海南台灣掛圖、五彩粉筆、教鞭等。

教學時間：九十分鐘，三節，每節三十分鐘。

教學目的：

(1)使兒童知道海南島與台灣的位置和物產情形。

(2)使兒童知道海南島與台灣在國防上的重要性和連環性。

(3)使兒童研究海南島與台灣的過去及未來可能發展的情形，並激勵兒童積極建設兩島的觀念。

教學過程：

(1)動機目的——(三分鐘至五分鐘)依據該科課文遊記體裁，以及旅行順序，今天我們應該向海南島遊覽；同時因爲台灣與海南島有姊妹島的關係，所以必須一併加以研究。

(2)觀察掛圖——(十分鐘至十五分鐘)。

甲、觀察全國掛圖　使兒童了解海南島和台灣在全國地理形勢上佔有的位置，并辨別其方向。

乙、觀察海南島掛圖，使兒童了解海南島上的山脈、河流、公路、都市、港口、農產、礦產等分佈情形。

丙、觀察台灣島掛圖，使兒童了解台灣島上的山脈、河流、公路、鐵路、都市、港口、農產、礦產等分佈情形。

(3)瀏覽全文——(五分鐘至十分鐘)。

甲、指導全體兒童默讀課文。

乙、選擇優秀兒童閱讀課文。

丙、選擇優秀兒童敍述每段大意。

(4)研究內容——(十五分鐘至二十分鐘)。

甲、研究海南島和台灣島的地理形勢。

乙、研究海南島和台灣島的物產情形。

丙、研究海南島和台灣島在國防上的重要性和連環性。

丁、研究台灣島收復前後的簡單情形。

戊、比較海南島和台灣島的異同。

(5)討論問題——(十五分鐘至二十分鐘)。

甲、收集兒童問題。

乙、輔導兒童討論問題。

丙、結論。

(6)整理筆記——(十五分鐘至廿五分鐘)。

甲、提示綱要。

乙、抄寫筆記。

丙、繪製圖表。

二、批評會紀錄

時間：卅六年十二月三日上午九時至十時五十分。

地點：孝陵衛本校。

指導專家：李清悚　夏光諳　楊駿如。

參觀人數：本市各中心國民學校輔導主任暨校長教師以及市立師範高三學生計二十餘單位共七十餘人。

主席：殷世文

紀錄：梁　超　徐永康

主席報告：

1.本校孔校長奉令赴滬杭參觀　校務由本人代理。

2.各位先生不憚城鄉往返之勞，蒞校參觀指導，謹代表全校全人致其最大之謝意。

教者自陳：

1.教案簡略，教學時也未能緊湊，請各位不客氣的批評與指教。

2.公開教學爲一種研究風氣的養成，希望不能爲一種點綴品。

3.設備簡陋，參考書籍缺乏，教者極感施教之困難，希望能共同研究，以謀合理之解决。

批評指導：

觀心持先生：1.教者對社會科各方面都能顧到；2.兒童自動學習的精神稍嫌不够；3.學習空氣不够緊張，應設法鼓勵與加强；4.掛圖嫌小；5.海南島沒有名字的鐵路，應將起訖點向兒童說明，

辜讓先生：1.使用圖表教學，自較文字符號教學收效大，但上課時板書時間不經濟。2.史地的關係密切，教學時應予兒童以歷史的明確和清晰的觀念。

余鼎卿校長：1.講到台灣淪陷情形時，教者慷慨激昂，能引起兒童憤恨暴日的情緒與加强建設新台灣的意念，令人非常欽佩。2.地方特產應使兒童知道，今日漏講海南島的樹膠，而樹膠在今日工業上的地位是非常重要的。

俞盛榮校長：1.準備充分，教態自然；2.掛圖上應加入重要的城市，使兒童知道其方位；3.參考的材料，最好寫在書本上。

吳守中先生：1.教學過程大致很好，惟動機目的後面，應予提示要點；2.教具方面，掛圖太小，應利用小黑板，節省時間；3.研究討論的時間太急促，可分兩個單元教學；4.教學技術方面：研究內容嫌太偏重台灣，忽略了海南島；太看重歷史方面的說明，對於山河形勢港口出產等沒有給予同樣的注意。至於學習空氣的沉悶，是由於教師說的過多，因而兒童感到趣味冷淡；如果教師能够提示要點，兒童自易獲得一種明確的學習概念。

張瑞賓先生：1.地理科現在注重人文地理與經濟地理，教學時對該方面應特別加强。2.作業指導以提示綱要爲最重要。

陳碧水先生：教學時間的不够是一個普遍問題，社會科最好能混合教學，以便節省精力與時間。

夏光諳先生：1.教者精神飽滿，態度自然，言語清晰，足見準備充分。2.課前既準備掛圖，第二節課不必再行板畫，以免浪費時間。3.教學時運用五彩粉筆，非常重要；惟今日運用尚欠顯明。4兒童自發的研究太少，故收効較差。5.時間最好改爲兩節結束。6.社會科最好能混合教學；海南島的敍述，未能完盡。7.人文及自然的互相影響及關係，應多予說明；至於物產交通港口等在經濟及國防上的價值，尤應給兒童明確的觀念。8.今後要收集新的材料，如圖畫照片等，以便加强兒童學習興趣。同時可利用野外教學，由近及遠，以小及大，俾增

進教學效果。

李清悚先生：教材與教法，未有適當之配合，以致兒童活動機會較少，討論時亦不够熱烈。其實教學的要素，不外教法、教材與動境。而學的方法是根據教的概念，今日地理科之教學是注重人文地理與經濟地理，因此教者應於教材方面，有適宜之選擇與處理。至於動境方面，在經費困難的情況下，應就可能的予以更確切的佈置，以便增加學習的興趣和效果。今天教學過程中，概覽全文一項似不需要，因爲地理科教學，只要給兒童一個具體的概念，教學適當時可以不用課文。研究問題是常識科教學中最重要的過程，今天因時間迫促，以嫌不够；同時各種問題最好設計由兒童提出討論，教師站在輔導地位，供給資料，整理結論，使兒童自動地獲得一種正確之觀念。

陳濤泉先生：各種教學的動境佈置，當非教師一己之力量所能爲功，大家應打破本位觀念、通力合作，實行中心聯絡教學。

徐先生：老師的教學時間雖了，但兒童的學習時間不了，我們要使教了、學了，才算盡善盡美。要把整理的時間，放在學習的時間以內，否則教和學兩方面均不經濟。

楊駿如先生：(甲)準備方面：教者對於本課教學，已有相當準備，惟：1.對書中插圖似不嫻熟，故在教學上很少配合應用；2.實物似少搜集，如甘蔗、樟腦、橡子、橡膠等，均未搜集實物，以供觀察研究；3.「高山同胞」，「瓊崖省」等新定種族名、政治區域名，都很少提示。(乙)掛圖方面：1.板畫比例不稱；2.掛圖未注經緯線；3.雷州半島不註明，似少指示方位的力量。(丙)技術方面：1.少板書；2.板書斜列；3.教鞭不釋手，而指示方位有時並不正確；4.掛圖張貼，事先少準備；5.注入太多，討論太少；6.無結果的問題應不予提出；7.用比喻極是，例如喻兩島爲兩眼，香港爲眼中釘等甚好；8.少反問兒童，即綜合整理，欠妥。(丁)兒童方面：1.閱讀能力似差；2.對週遭的觀念不清；3.反應不強。(戊)實驗教學問題：1.社會科的教學時間，根據部定標準，總嫌不够，實際教學上應注意選擇重要材料，控制時間，不能有一分鐘的浪費；2.教材內容問題，在社會科的教學上也很嚴重，因爲材料太多，不易控制，必需選擇重點，加强教學，不可將所有教材，都一律講述，致兒童不能得到正確觀念，那就很成問題了。3.副學習，在社會科的教學上也很重要，例如今天强調收復香港和琉球，激勵兒童愛護兩島，極是。4.閱讀問題，李清悚先生已有論及，不贅述。5.參考資料問題，各報皆有各地通訊、畫報、地圖週刊、風景畫片等，應多方搜集。6.筆記問題，各科的筆記，均不應照抄黑板，應啓示兒童運用腦筋自作，例如本課可由兒童自作台海比較表，地理科更應指導兒童作圖。

高級自然演示教學

第九區中心國民學校

一、教案

日期：三十六年十月二十四日。

教者：顧超然。

年級：五年級上期。

單元名稱：空氣和風。

教材：高小自然課本第一冊第十四課。

教具：氫、氮、鼠、燭、燐、玻杯、玻瓶等。

教學時間：一百二十分鐘。

教學目的：1.使兒童明瞭空氣的功用和成分。2.使兒童知道空氣的清潔方法。3.使兒童明瞭風的成因和區別。4.使兒童知道風的利用和風災的預防。

教學過程：

一、動機目的：1.小朋友！大家把鼻子和嘴掩起來試試看，好過不好過？(不好過)這是什麼原因呢？(因爲不透氣)透不到什麼氣？(空氣)呵！這樣說起來，空氣眞是一樣極重要的東西，我們要不要來研究一下呢？(要的)。2.現在你們再把書拿起來搧搧看，覺得怎麼樣？(有風)這風和空氣有什麼關係？你們要不要曉得呢？(要的)好！那末現在我們先來把關於空氣和風所要研究的問題一個個提出來！。

二、提出問題：(1)空氣是不是到處都有？(2)空氣的成分是什麼？(3)空氣有什麼用處？(4)爲什麼人多的地方，空氣就不新鮮？(5)怎樣使空氣能常常清潔？(6)風是怎樣發生的？爲什麼有的時候大？有的時候小？(7)風有沒有分別？(8)我們怎麼樣去利用風？(9)風有沒有害處？(10)怎樣預防風災？(兒童提出之問題，以次序問後、加以整理。)

三、參考教材：好！現在我們問題都提出來了，各位小朋友把書拿出來看一遍，把和問題有關係的材料記好，停一會兒，我們來討論。(小朋友看書)(教師巡視指導)

四、討論及證驗：各位小朋友！書都看完了嗎？(看完了)大家把書合起來，放在檯子裏。小朋友！我們書已看過了(揭示小黑板上的問題)，現在我們就可以開始討論。

(1)空氣是不是到處都有？(到處都有的)是的，地球的四週，到處圍着空氣，無論一個小孔，一條小縫裏，都有空氣充滿着。那末我們用什麼方法來證明呢？你們想得出方法嗎？(……)現在我有一個方法在這裏，可以證明空氣的存在。實驗一：用空玻杯一隻，合入水盆內，看水是否能進入杯內？

小朋友！爲什麼水不能進入杯內、是什麼道理？(因爲杯內有空氣，所以水不能進去。)

(第一節課完)(時間三十分鐘)

小朋友！我們第一個問題解決了，現在我們來繼續討論下去。

(2)空氣的成分是什麼？(空氣的成分，大約由五分之一的氧，五分之四的氮和一些二氧化碳、水蒸汽及其他氣體、灰塵等混合而成的。)

小朋友！空氣中氧佔五分之一，氮佔五分之四，你們曉得了，但是你們有沒有方法證明呢？(……)現在我有一個很簡單的方法，你們要看不要看？(要的。)

實驗二：用黃磷稍許，置於水盆內的小木板上，燃着，立刻用玻杯罩上，水便向杯內上昇。小朋友！水爲什麼能上昇杯內的？(……)因爲杯內的氧燒完了。不錯！那末杯內的氧佔多少呢？(五分之一，就是水上昇的位置。)那末其餘剩在杯內的是什麼氣？(……)可是不是純粹的氮氣，因爲還有其他的氣體混合在裏面。

小朋友：空氣中氧佔五分之一，氮佔五分之四，我們已經證明了，關於氧和氮的性質，你們要不要曉得呢？(要的)我因爲時間關係，在上午取了氧、氮各一瓶，現在試驗給你們看。

實驗三：用洋燭燃着放進氮瓶，火即熄滅，放進氧瓶，燭火復燃。

小朋友！從這個試驗看來，可以證明氧能助燃，氮則不能助燃。小朋友！現在我還有一個實驗，你們要看不要看？(要的)

實驗四：把老鼠放進氮瓶裏，老鼠便不能呼吸，把老鼠放進氧瓶裏，老鼠便很快活。

小朋友！爲什麼老鼠在氮裏很難過？(……)爲什麼老鼠在氧瓶裏很快活？(因動物需要氧才能生存)。小朋友！從這個實驗裏，可以證明動物需要氧才能生存，植物營呼吸作用時也需氧的。

(3)空氣有什麼用處？(空氣是人類和一切生物所必需的物質，沒有空氣，就不能生存。)

(4)爲什麼人多的地方空氣就覺得不新鮮？

小朋友！我們要解決這個問題，我先要問你們一個問題1.什麼時候的空氣最好？(朝上)2.爲什麼朝上的空氣最清潔呢？(……)對了！要氧充足的空氣，才算是新鮮的空氣，那末我們人需要空氣中的那一種氣？是氧氣)吐出的是什麼氣？(……)二氧化碳是不清潔的氣體，我們在人多的地方大家吸進氧氣，呼出碳氣，空氣還能清潔嗎？(不能清潔了)所以人多的地方，空氣一定不清潔的，因爲空氣中的氧減少了。

(5)怎樣使空氣常常清潔？(多種樹木，多開窗戶。)對的！爲什麼多種樹木，能使空氣清潔呢？(因爲樹木在日光下，能吸收二氧化碳，放出氧，並且還能調節空中的水蒸汽，防止灰塵飛散。)對的！爲什麼多開窗戶，能使空氣清潔呢？(因爲空氣流通)

(第二節課完)(時間三十分鐘)

以下各過程在第三節第四節教學，第三節繼續討論及證驗，第四節瞭解課文，綜合整理及批評訂正。

二、批評會紀錄

時間：三十六年十月二十四日下午二時半。

地點：本校。

出席者：專家：徐允昭、李伯棠、教育局：張右源、郭子通、陳濤泉，市師分校：熊秀山，二、七、十、十一等區中心國校及九區各國民學校等三十四人。

主席：孫爲之。

紀錄：許榻楣、石 瑛。

主席報告：

一、一般教育同人認爲改進教學法，最感興趣而收效最大的方法，就是看人家教學，簡單說看人家上課。故 教局視導室此次決定各區均舉行公開教學，本區本學期規定舉行示範教學四次，第一次自然科由本校担任，敬請多多予以指教！

教者自陳：

此次教學，未能充分準備，缺點太多，深滋慚愧：自覺：一、說話未能用普通話。二、經驗缺少，三、有一實驗臨時發生意外，致過程與時間稍有參差。四、過程方面未能詳細列入教案。五、小朋友因環境關係發表不甚踴躍。六、內容解釋太簡，或有錯誤處，敬請各位先生指教！

批評指導：

徐允昭先生：

甲、關於自然教學的幾個原則：

1.自然即科學，科學重發明和發見。科學家先有問題，再由實驗而得結果。

2.自然教學的目的，是以科學知識與原理，用實驗例證的方法來告知兒童，使他們亦能做到科學家的發明發見。

3.兒童應根據自己生活上、經驗上切身需要提出問題，即自然教學的問題應是兒童自己所需要的問題，不是教師預先所準備的。

4.教學過程應加活用，不能過分拘泥，自然教學須順自然趨勢、根據事實來加研究，不能包含假的成分。

5.須用暗示的方法，來啓發兒童提出問題，問題提出以後，應即把握問題，加以研究，免兒童有失望之感。

乙、對於教法上的意見：

顧先生所編的整個教案，大致尙好，茲提出意見如下：

1.動機目的方面——一個單元內包括「空氣和風」兩個材料，不妨分成兩個小單元來研究，使兒童觀念較爲清楚。

2.提出問題方面——黑板上將問題全部寫出，時間太費，問題應由兒童自己提出並須給予大家決定的機會，教者隨時加以整理修正汰除，重複排列次序，再寫在黑板上。顧先生在整理問題時，又另用小黑板寫，時間太不經濟。

3.參考材料方面——整理問題以後即使兒童看書，不甚妥當，因上課時每一種活動，應有作用，容在整理問題後，即繼續討論實驗，與看書後再討論其結果決無大異。顧先生使學生看書，與其他活動失去配合作用。最好提出問題後，須緊接研究討論，使問題得有結果，如此可以避免兒童提出問題不負責任。看書係一種參考，本人意見，以在討論實驗以後爲宜。

4.討論及證驗方面——

ㄅ、問題提出後，須由兒童根據舊經驗來討論，再由實驗中發見新事實；顧先生在實驗時未能使兒童發見事實，如用空玻杯放入水中，實驗時未能將道理解釋明白。

ㄆ、關於實驗材料甚多，顧先生在教時，尚可增加若干，如呼吸作用及空氣對流等，均可作極簡單之實驗與說明。

ㄇ、顧先生說明植物呼吸作用，是吸碳吐氧，似有錯誤；按植物的呼吸作用與動物相同，惟在陽光下有「光合作用」，係吸碳吐氧，此點應加改正。

5.教者態度從容，並能在預定時間內完成過程，是其優點。但缺點亦多，如(1)教學空氣欠緊張。(2)不必要問題如「是不是」「好不好」等太多。(3)在過程中細節未能應變。(4)教學過程太呆板。(5)學生研究情緒欠濃厚。(6)學生坐的姿勢太嚴肅，最好自然一點。

李伯棠先生。

1.利用小黑板應事先準備，實驗器具亦應先用桌子放置教室內；臨時拿取，易分散兒童注意力。

2.提出問題不必一一寫出，應隨時整理合併，免浪費時間。如兒童提「看戲時爲什麼空氣不好」？及「開會時空氣爲什麼不好」？兩問題意義一樣，即可併合爲「人多時空氣爲什麼不好」？

3.提問題教者不要太重視教案，在整理後，問題亦不要硬使教師化。如兒童提出「空氣到處都有麼」？教師改爲「空氣是不是到處都有」？又如兒童問「風有幾種」？教者改爲「風有沒有分別」？

4.實驗時桌太低，後面看不清，應用木箱等墊高；並准兒童站立觀察，讓他好奇，才有研究神精。

5.關於實驗結果，應讓兒童自己說出來。

6.實驗時有二個意外，如火柴擦了三次，預備的小鼠死了等；但教者能將老鼠放在氮氣裏的情形，用表情方式報告，很可效法。

7.實驗器具不必隨時收去，以免分散教室內空氣。

8.兒童在討論時看書，亦可補充舊經驗增加新知識，惟教者應指示要點，不能只求其快。

9.在討論時教者太重視教案，如空氣的存在，可改問「室內有空氣嗎」？「黑板下面有空氣嗎」？……等等，用種種方法，證明到處都有空氣，不一定重用玻杯來實驗。

10討論時對於兒童的問題和意見，應能掌握住。如試驗空氣的存在，有一小朋友說是因爲空氣的壓力，但教者僅複述一次，並未加以注意，如此能減低兒童的發表興趣。

11當過程完了下課時間未到，教者似顯露慌張，此時最好能利用時間，將所有教材作一整理。

張督學右源

1.試驗過程應讓兒童知道，如試驗空氣 玻杯內有水無水，應令少數兒童實地觀察，再加證明。

2.氧佔空氣五分之一，氮佔五分之四，五上學生對分數觀念尙模糊，最好在實驗時將水面上升的比例，加以說明。

3.試驗氧之助燃，與氮之不助燃，可用同一物體，不必以燭及硫黃分開試驗，以正確兒童觀念。

4.今天教者態度從容，寫問題有條理，時間估計準確，能代表九區先行公開教學，甚爲可佩。

郭子通先生：

1.教學時需要教案，但不必過分重視教案。

2.今天教學時尚未能鼓起兒童興趣，研究空氣不甚濃厚。

3.國語應逐步練習，即可漸趨純熟。

4.說話吻尚未能兒童化，同時應設法刺激兒童，多多反應，今天兒童態度不甚自然。

5.不要太形式化。

陳清泉先生：

1.教室秩序及兒童發問，教者均能隨時掌握，甚爲難得。

2.討論「空氣的用處」，解答時只說到供人類和一切生物的生存需要，而助燃的特質，並未提出，似欠完全。

3.學習活動應使兒童自己活動，今天各種實驗各種問題，均係教師做的，兒童是否完全了解，尚成問題，如實驗時教者取出二瓶氧氣、一瓶氮氣，兒童未免疑惑均係空瓶，最好由兒童自己實驗，報告結果。

4.最後我建議兩點：(1)鼓勵兒童課前課後自動實驗。(2)鼓勵兒童自製簡單實驗器具，或由教師製作，供給兒童實驗。

熊秀山先生：

1.自然應與兒童生活發生關係，應利用自然，了解自然，欣賞自然。

2.實驗器具各校不能普遍有，最好是自己製作，如實驗空氣，用一小瓶放水中，或有孔皮球均可實驗，氧氣助燃在人生經驗中，亦可得到體驗。

3.科學不特要知其然，同時要知其所以然，如「早上空氣新鮮」「人多空氣不好」等，教者應加詳細說明。

柯振聲先生：

1.國定課本太陳舊，「教學指引」至今缺如，希望能早日出版，如今天所講「光合作用」，教師便很少得到參考。

2.關於實驗，今日教者能儘量利用，已不容易；其他學校能有實驗器具者，實在不多。

3.顧先生教案編得恰到好處，實可效法。

主席補充：

1.要接受諸位先生所說上課空氣太嚴肅、欠生動活潑、教學時應多問、多答的批評。

2.要免除提問題時間太費，可簡寫空氣「成分」？「存在」？且「空氣」二字，可用△△符號代寫，或將新單元在舊單元結束時提出，令兒童預先在課前提出問題，由教師整理用小黑板寫出，到上課時即行研討。

3.顧先生因實驗空氣成分，兒童不易看清，試驗時水中倒些紅水液，是其聰明處、

4.今日本區舉行公開教學，尚係創舉，蒙諸位出席的專家和各位有經驗的先生們，予以詳細指教，甚感難得，謹代表同人表示謝意。散會。

中級算術演示教學

第十一區中心國民學校

一、教案

日期：三十六年十二月二十日下午二時

年級：四上

教者：陳　馨

教材：乘除合式（教育部審定三十六年修訂本初小算術第七冊第五十二頁）

演示時間：六十分鐘

教學目的：

1.指導兒童熟習乘除合式的計算方法。

2.指導兒童將乘除合式的計算方法應用於實際問題。

教具：1.心算練習表。2.題題掛圖。3.小黑板。4.粉筆。5.教鞭。6.紙六疊。

教學過程：

1.心算（教者出示練習表，指示兒童計算，錯誤的共同訂正）。

2.動機和目的：根據心算練習經過，隨機引起學習興趣，進而決定學習目的。

3.討論問題及證驗：小朋友計算的本領很好，那我現在再請你們算一個題目。這裏有六疊紙，（教者用示六疊紙）每疊紙有十一張，請小朋友算算，這裏有多少紙？（六十六張紙）怎樣算出來的？（指名列式11張×6=66張　如有錯誤指名訂正）假如這六十六張紙，分給你們三甲小朋友，平均每甲小朋友可得幾張紙？（二十二張紙）怎樣算出來的？（指名列式66張÷3=22張　如有錯誤指名訂正）假如現在我說一疊有十一張紙，拿六疊紙去分給三甲小朋友，平均每甲小朋友得幾張紙？你們也能算嗎？（討論列式指名板書11張×6÷3=22張其餘兒童各自演算，教者桌間巡視，然後共同訂正）我們看連起來做的結果和分開來做的結果同不同？（分別比較）那種方便？

現在我把這裏的紙發給小朋友，每人應得幾張？（一張）（分發白紙）有人沒拿到嗎？

現在請小朋友在紙上做一個題目（出示小黑板，指出兩名兒童板演，其餘兒童各自演算，教者巡視指導，然後共同訂正）。

我還有一筆賬，請小朋友算一下：（揭示其圖）有一個老人，做賣橘子的生意，他在每一堆橘子面前插一張片子，寫着每堆三千五百元，（指圖）而每堆橘子都是七個，這時跑來一個小朋友要買橘子，他只要買四個，可是他不會算賬，站在那裏祇是向那片子翻眼，我們這裏那位小朋友能告訴他應該付多少錢？（假使小朋友不能回答　教者提示）小朋友你們還記得一堆橘子有幾個？一堆橘子值多少錢？那麼一個橘子要多少錢？（指名列式3500元÷7=500元）一個既然要五百元，那麼四個橘子呢？（指名列式演算500元×4=2000元）好了，四個橘子應該付二千元。小朋友看：這兩個式子是否可以連起來！那我們看連起來做的結果是否相同？有誰會做？（指名列式並演算如下：3500元÷7×4=500元×4=2000元共同訂正）現在算出來的結果是一樣的，那種做法方便？（連起來做方便）

4.試演例題：上面的兩個題目都懂了嗎？（懂了）好！現在我有兩個題目請小朋友做做看！（教者出示例題：1.[illegible]803÷27×51=？　2.鉛筆65打，分給[illegible]0個兒童，每個兒童分得多少枝？指名板演，其餘兒童自行演算，教者巡視指導，尋找兒童困難點，然後共同訂正，再提出應注意的解決困難的要點）。

5.歸納方法：各位小朋友看：我們剛才做的幾個題目列的式子是不是一樣的？（不，有的是除在前面，有的是乘在前面）現在我們可以曉得，一個題目要用到乘法、除法兩種方法做時，我們一定要列兩個式子嗎？（不，可以連起來做）對了，我們可以把乘除兩種方法列成一個式子做　那末做的時候，有沒有一定的方法？（有）什麼方法？（指名答：乘在前先乘，除在前先除）對了，乘除合式的時候，乘在前先乘，除在前先除（板書。同時介紹書本上的例題，使兒童瀏覽對照）。

6.練習：各自演算，巡視指導。

7.收集訂正。

【附】教材：

鉛筆65打，分給60個兒童每個兒童分得多少枝？

12枝
×65
60
72
780枝

60)780枝(13枝
60
180
180

12枝×65÷60
=780枝÷60
=13枝

答每個兒童分得13枝。

乘在前先乘，除在前先除。

(1)2808÷27×53=？　(2)4662÷63×25=？

(3)35×24÷21=？　(4)54×30÷18=？

(5)墨6包，每包140塊，分給42個兒童，每個兒童分得多少塊？

(6)蠟球120盒，每盒[illegible]個，分給40個兒童，每人分得多少？

(7)顏色紙每刀98張，共價3[illegible]2元，今有顏色紙2450張，共值多少元？

二、批評會紀錄

時間：三十六年十二月二十日下午二時至三時十分

地點：本校禮堂

出席者：國立編譯館：胡顏立，教育局：郭子通、張家衡，本市各國民學校計十三單位共三十八人(另詳簽名册)。

主席：邵子楨　記錄：單景堯

主席報告：一、致謝專家列席指導；二、教者歷經介紹；三、本日批評會程序。

教者說明：本人剛離開學校，在工作上時刻感到學識不够，教學經驗缺乏，單憑自己平時去學習，又很不容易得到什麽。所以這次能有機會担任演示教學，非常高興！因爲藉此可以得到諸位先進寶貴的指示。

批評指導：

李峻觀先生：一、心算練習爲一般教學算術科老師所忽視，今天教者能注意此項練習，值得效法。二、掛圖明顯清楚，且適合兒童日常生活。三、兒童舉手均用左手，且高度一律，足見平日有訓練。四、教者語言合于標準，且吐字清楚　五、少數兒童用手指揩擦黑板，應注意糾正，以養成其衛生習慣。六、名數的註明，近有人主張只須在最後答數上註明，究竟應該怎樣寫，須待研究。七、兒童試演錯誤，教者不宜帶有責備口吻，致減少其興趣。八、兒童板演，其他兒童指出其錯誤時，教者應加注意。九、乘除合式之運算方法，教者未能加强說明，致兒童未能得到正確的印象。

吳守中先生：一、教態安詳，語言清楚，但發簿本很得法。二、心算練習時有正，答數後，不必再問：「有沒有不同的答數呢？」以求經濟時間。三、問題提出後宜稍停一刻，使兒童有思考機會，然後再指名板演。四、板演兒童演完後，教者應注意自己兒童是否已多數演完，使兒童可作一比較後，共同訂正。五、板演結果，對的與錯的，應共同討論，比較其不同處。六、四只橘子應爲二千元，某兒童誤答爲二百元，此時教者正可把握機會，加以討論，不應令其坐下，自行修算。七、乘除合式的演算方法，只有一個，教者說有兩個，似欠斟酌。

胡顏立先生：一般教師都以爲教學算術比國語容易，殊不知國語科教學，注重過程，算術則須使兒童懂方法，會應用，兩者均非易事。今天的算術教示，從看到的方面，有下面幾點意見：

一、今天心算練習的方法很好，本來心算練習在求正確、迅速。練習材料一次揭示，取巧的兒童往往預先依後面題目的答數，以較充分的時間算出；教者能不順著題目的次序，用前後相間的方法，作運用技術，可稱得法。心算練習的方法，應有變化，例如出心算題二十則，令兒童于二分鐘內用筆作答，雖形式上係筆答，但因時間短促，兒童無暇列竪式演算，仍不失爲心算。又在練習時，可比較各行中那一行算得最快，錯誤最少，予以獎勵。這樣可以利用兒童的競爭心理，鼓起其練習興趣。今天教者所用心算材料，帶有測驗性質，二十題內包含四種基本結合方法，練習時間計七分鐘，尙算相當快。二、指名時應注意普遍，可直接呼名。三、教學算術舉例時應注意恰當，今天教者舉例時：1.有實物，2.用圖表，3.應用心算，殊爲合宜。四、心算要能應用，例如11盒×6=66盒一類簡單的算式，可指導兒童應用心算，不必再列竪式，及兒童列出之算式，如等號兩邊不等時，應注意糾正，並以實例說明。五、名數的註明，近有兩種主張：1.在每一算式之第一個數和得數上各註一名數；2.在答數上註一名數，究該怎樣寫，尙待研究。在算術教學目的上和學習經濟原則上，似以第一種方法爲宜。六、兒童學習算術，學一種新方法時，往往會演式題，對于應用題則常無從著手，今天教者會事先做例題，故能避免此困難。又練習題應讓兒童自己看，教師無須講解，更無須講釋。七、教者每講解一例題後，都能指出類題，令兒童練習，甚爲恰當。因爲兒童在討論時，似都能懂得，但若不接著予以反覆練習機會，則每易忘記。八、兒童試列算式時，如各人所列算式不同，教者應將錯誤者一一指去，最後留一正確算式，特別提起兒童注意，予以詳盡之討論講釋，使兒童得一清楚之概念。九、阿拉伯數字之寫法，應指導兒童避免變化，以求經濟時間。十、兒童演算練習題時，教者在桌間巡視，應注意尋找其共同錯誤及困難點，提出矯正或指示。十一、今天的教材內容計有兩個關鍵，第一須使兒童知道一問題，應用乘除兩種方法時，可併列一式演算；第二須使兒童知道乘除合式演算時的程序。兩個困難點在同一時間內教，自較吃力，假使教者能在第一節時間，先討論列式方法，第二節時間，再討論演算程序，當可省力不少。十二、兒童板演時完全正確者，應予以鼓勵。十三、歸納方法以後自應開始演算習題，不必再多討論。十四、整個的兩節課時間，教者在與兒童共同討論中進行教學，注重自動學習，教法頗爲合宜。十五、下課後再出補充題嫌多事，兒童回家後，最好不要有作業。十六、傳發簿本，方法很經濟。十七、教者還有一個特別優點，就是能與兒童相處，有感情；還從下課後能與兒童共同生活時的情形可以看出。優良教師，當然應該在上課時間講解透闢，使每個兒童都能瞭解；但因兒童程度不齊，往往不易做到，則利用課後與兒童接近的機會，個別指導，確是補救的辦法。十八、算術科兒童程度差異最大，在練習時已做完的，應如何處理，確值得注意研究。

郭子通先生：一、講解例題後，教者令懂的兒童舉手，事實上尚有少數兒童，未曾舉手，教者即予忽視，此時教者應令不懂的舉手，再解釋一遍，叫全體兒童都能瞭解算法。二、兒童板演類題後，正討論作共同訂正，尚未完畢，此時教者宣告退課、應照顧兒童不要將黑板上算式擦去，留待下節課時繼續討論，退課時教者既疏于照顧，則應于第二節上課後，板書正確算式，繼續討論。三、兒童對于一問題，須應用乘除兩運方法時，只知分列兩式、很難想到將兩式併列，教者應暗示兒童思考之途徑，如問：「我們可不可以將兩式併列一式？」「併成一式後計算結果是否相同？」「式子應怎樣寫法？」四、心算應于課間隨時尋找機會練習。五、教者聲音大小應注重與場所配合。六、兒童程度差別較大，教者應注意兒童之瞭解程度，個別指導。七、名數我也主張只須在每題之答數上註明。

張家衡先生：一、講解例題費時略多，解釋亦有重復處，似不經濟。二、新授教材，列題演算，不必多；每一兒童板演時，應指導其他兒童能判斷其演算有無錯誤。三、不舉手的兒童，教者應加詢問，以適應其對算術理解能力之差異。四、教者所出補充題未寫等於符號，似缺乏精細。五、教者聲音太小，于大場合講話，應注意提高聲調。六、舉例時如不用掛圖，亦可口述生活實情作例。七、教學算術平時應多作心算練習。八、教者桌間巡視時，應注意兒童是否明瞭算法，兒童之單獨錯誤，可個別指導，普遍錯誤，則應共同訂正。

研究事項：

吳守中先生：能力較强的兒童對指定習題已做完者，教師應預爲準備補充題，用鼓勵方式令其演算。

毛石麟先生：氣候嚴寒影響教學效率，課間是否可令兒童作取暖之活動？

胡頌立先生：一、氣候特別寒冷時，可令兒童作取暖活動。二、剛才吳先生所提對于能力較强兒童用鼓勵方式加演補充題的辦法，頗足採取。此外坊間有教科書刪本出售，也可參酌利用。

郭子通先生：天氣太冷太熱或兒童精神疲倦時，均足影響教學效率，教師應相機指導兒童活動，或作靜默訓練，以資調節。

主席致閉會詞：

各位批評的意見和專家指示的要點，都很寶貴，謹代表同仁致謝！

高級算術演示教學

第五區程善坊國民學校

一、教案

日期：民國三十六年十一月十八日上午九時五十分

演示學級：六下年級

教師：彭慶光

教材來源：國立編譯館編三十六年修訂本高級小學算術課本第四冊四十五頁至四十六頁。

教材：圓形的研究和計算。

教學時間：六十分鐘（教材原可定爲九十分鐘教完，本教案縮爲六十分鐘）。

教具：粉筆，小黑板，掛圖，圖形紙板，紙尺。

教學目的：使兒童知道：

1. 圓的定義——圖形的認識；
2. 圓周、直徑、半徑、圓心等名稱；
3. 圓周率的測定；
4. 圓周和直徑的關係。

教學過程：

（一）動機

1. 教師揭示掛圖一，使兒童認識圓形。
2. 令兒童於觀察掛圖後，舉出圓形的實物。
3. 決定研究圓形和圓形計算。

（二）研究

1. 揭示掛圖二，使兒童明白怎樣的形狀才叫做圓。
2. 什麼叫做圓心、圓周、直徑和半徑？
3. 比較一個圓內的直徑和圓周的長短。
4. 怎樣測量圓周？（揭示掛圖三）

（三）驗證

1. 分組實驗（分配圓形紙板和紙尺）
2. 令兒童報告結果。
3. 什麼叫圓周率。

（四）示例

1. 教師板示例題。
2. 令兒童朗誦一遍。
3. 教師演算。

（五）歸納

1. 將直徑和圓周的關係暨計算方法綜合研究。
2. 令兒童板書公式。

（六）練習

1. 令兒童板演。
2. 令兒童選作若干題於作業簿上。
3. 訂正。

（附測驗紀錄報告）

南京市第五區程善坊國民學校六下年級算術科

圓形測驗紀錄報告

組別：第＿＿＿＿組。組長姓名＿＿＿＿。

用具：紙尺，圓形紙板各一。

日期：三六年　　月　　日。

步驟	結果
1.先量直徑	1.直徑＝＿＿寸
2.半徑也量一量	2.半徑＝＿＿寸
3.半徑是徑的多少？	3.半徑是直徑的＿＿
4.仔細量一量圓周	4.圓周＝＿＿寸
5.圓周比直徑大多少倍？	5.圓周比直徑大＿＿倍

注意：如有小數，計算至小數一位！

二、批評會紀錄

日期：三十六年十一月十八日上午十時五十分

地點：本校五上教室

出席者：教育局：謝劍南、郭子通、陳滿泉。楊駿如；各區學校代表。

主席：貝有慶

紀錄：魏永康

主席報告：今天輪流本校舉行高級算術科公開教學，承蒙各位蒞臨指示，不勝榮幸！惟以校舍狹小，設備簡陋，招待欠週，諸多怠慢，統祈鑒原！且請不客氣地予以批評，俾資有所藉鏡。

教者自白：一、此次公開教學，事前未做如何準備，完全以研究立場，不計成敗地實施；二、教材選取圖形的研究和計算，與預定教材距離不遠；三、教案編制採用大綱，應分為九十分鐘，今天縮短為六十分鐘，似嫌短促，至深遺憾！四、今天公開教學未能盡滿人意，請在座諸位先生不吝指教，本人誠意接受！

批評指導：

五區中心校葉　遠：教學時間縮短為六十分鐘，教學過程僅有一點未做完，尚無大礙。教學時畫圓周、直徑、曲綫、半徑等，應同時由教師寫出該項名稱，使兒童腦筋有深刻印象。

教育局揚駿如：本人感覺彭先生的教態、教法、選材等，均臻上乘，值得一般教師取法；惟教學過程中研究一項，似宜改為討論。多多啟發兒童講話，加強兒童活動力。動機以後，進行研究，可令兒童參看書本，以資對照。雖然教學不可死用教本，但完全脫離課本，則兒童於課後自習時，將失其依據。分組實驗方法極好，惟演算乘法時，除演算的小朋友在黑板演算外，各兒童在同一時間亦可以共同演算，最後共同訂正。教學時，未能加強圓的面積觀念，兒童腦筋簡單，教師過分顧慮節省時間，未能根據實驗結果，將公式逐條歸納演繹，使兒童印象強固——反復練習原則，在教學上很重要，一般教學，往往點到為算，不免忽視學習心理上的感應結問題，應為吾人特別注意。

二區中心校柯玉仲：本人參觀公開教學認為一區中心校音樂科是南京市第一次收穫，第二次收穫就要輪到今天彭先生的算術科了。彭先生的教法很正確，對於算術科頗有經驗，講解生動，姿態老練，是其優點。至於教學時間不夠，切不可延長下課時間，蓋兒童自由雖一分鐘亦不可剝奪也。兒童上黑板分組報告，在同一時間內，可以直寫，不必橫寫 以節省時間。

四所村國民學校周齊勳：本人認為教學時間縮短與預定時間恰到好處，教案擬訂時要短，不宜如。今天彭先生的教學態度安詳而鎮靜，頗適合高年部的教學風度。談到算術公式，應先有一總公式，然後再求各種公式。（編者按：似宜多用歸納法，不必偏重演繹法。）

石鼓路國民學校蔡培祖：測量圓周驗證紀錄報告極度良好 兒童演算乘法除法時，讀法錯誤，如（3×4）（6÷3）須讀「三乘以四」「六除以三」。

教育局謝劍南：今天彭先生教態很好，所選教材很適合，所訂教學時間，最好為九十分鐘，不要以六十分鐘結束。關於圓的認識，應多以實物令兒童觀察，不僅利賴圓紙板而已，尤其對於3.1416的認識，要令兒童有深刻印象。

教育局郭子通：一、今天彭先生教學可說已到精彩的地步，不過精彩中仍要求得精彩。二、教學時間如未教完，低年部切不可延長，高年部可延長一二分鐘。三、教學要避免注入式，最好還是啟發式。四、教具應多自製，教學後宜儲藏妥善，保護完密。五、平時教學要像今天的公開教學的精神。六、書本習題不精密或數量太多者，可以刪去。七、希望今天在座諸位先生，把彭先生的教法和各位先生所貢獻的意見帶回去，以為今後教學之榜樣。散會：時為十二時三十分。

高級讀書演示教學

第七區中心國民學校

一、教案

日期：三十六年六月二十三日

教者：潘良弼

年級：五上甲級

教材：跳傘記（國定課本高級國語第一冊）

教具：課本、黑板、粉筆、掛圖。

預定時間：一百六十分鐘

教學要點：

1. 使兒童了解記敍文的作法；
2. 使兒童知道跳傘應注意的事項；
3. 使兒童明瞭引號的應用；
4. 引起兒童航空的興趣。

教學過程：

動機與目的：從看圖引起兒童學習本課的動機。

概覽全文：令兒童默讀課文。

略述大意：由兒童報告本課內容，再加補充。

討論字詞語句：先由兒童提出生字新詞，令兒童檢查字典，共同討論後註寫在課本上，遇有疑難的詞語，由教師暗示後，再共同討論。

試讀範讀：1.由兒童分段誦讀，共同訂正。2.教師範讀。

試講與指導：令兒童分段講解，共同訂正。

深究內容：

甲、實質方面：先討論本課要旨及段落大意，再研究下列各問題：

1.跳傘時怎樣離開飛機？

2.爲什麼數到「三」的時候，才拉脫「開傘環」？

3.拉動一邊的吊帶，爲什麼就搖擺不定？

4.爲什麼到最後幾百公尺時，墜落的速度加快呢？

5.在將着陸時，爲什麼要把腿併攏縮成弓狀？

6.在着陸後爲什麼被傘衣拖得前後搖擺，像不倒翁一樣呢？

形式方面：先討論體裁，再研究下列各問題：

1.本課有引號「」數處，如「開傘環」「半坐」「風鏡」和我一邊默數着「一、二、三」，使兒童明瞭這種引號的用法。

2.「矯正」和「改正」怎樣？

3.「相當於」和「相等於」相同嗎？

4.「簡直像」改作「活像」怎樣？

5.「剛剛」改作「才」怎樣？

6.「爲了……因此……」的用法怎樣？

整理：由兒童將所討論之字詞、要旨、體裁、段落大意，共同整理，分別謄入筆記簿。

欣賞：1.令兒童再度觀看掛圖，欣賞跳傘的情景。2.令兒童美讀課文，加以表情，以助其想像。

練習：1.將深究內容之各問題，擇要令兒童筆答。2.令兒童在作文課做給友人的信（說明跳傘應注意的事項）。

訂正：收集兒童筆記，分組交換訂正錯誤，再由教師復閱，並揭示優良作業，以資觀摩。

二、批評會紀錄

日期：三十六年十月二十三日上午十一時十分起

地點：本校禮堂

出席者：教育局——楊駿如、郭子通，各區學校代表等三十五人。

主席：金廷棟　紀錄：吳匯生　吳守中

主席報告：

今天本校的演示教學，是本市本學期的第一次，希望各位出席先生盡量從教學的缺點上加以指正，實非旨在下評，供潘先生此後教學上的改進，亦可作同仁今後教學之參考。

教者自陳：一、本人過去在師範學校求學的時候，對於注音符號雖然學習過，但實質上等於沒學習，現在改進更嘗試，若干字詞讀音多欠正確。二、學生用的字典，受了經濟限制，未能選擇合理的統一的字典。

批評指導：

楊駿如先生：一、高級國語教學過程後面比較重要，而時受時間限制，未能進行，此後公開教學，宜將實驗過程示範。二、今日教學，事前準備尚充足，惟每個過程時間需要有適當之支配。三、字典太小，有礙兒童健康，應加注意。四、教者發言接近國語，但注音符號，未能使用。五、本課課文爲科學中心，故對科學演示，亦宜做到；最簡單的實驗，如令兒童用雨傘張開，上下拉動，可以體驗降落傘的道理。六、對兒童宜少用消極的批評語句。七、兒童反應欠生動，討論機會太少。八、分組導查字典集體學習的方法可取，一切工作均可利用分組合作的集體學習。

柯玉仲先生：一、教者聲調有抑揚頓挫，教學並能顧及全體學習。二、兒童講解宜讀完全句後再加解釋。（編者按：語體文的講解，似宜採講讀法，順着文意講述下去，不必讀一句講一句。）

張瑞寶先生：分段試講由一個兒童担任，似嫌沉悶，能否分段共同討論，隨時指導？

楊律心先生：一、教態從容；二、宜用文法幫助講解；三、檢字工作可在課外舉行，兒童提出之字詞，需視其價值爲斷，不必一一檢查。

汪芹圃先生：一、兒童略述大意後，教者補充詳細；二、試講指導過程，兒童注意力頗集中。

黃　斌先生：討論字詞，可否逐段提出，以免費時。

郭子通先生：一、桌椅並排排列，教者目光容易顧到全體兒童；二、兒童學習興趣稍差，教者發言聲音嫌低；三、注音符號宜設法學習。

吳守中先生：一、教學過程中，「試讀範讀」及「試講與指導」兩項，可否修改爲讀講練習？「訂正」前之「練習」過程，可否改爲「作業指導」？二、解釋新詞最好避免定義式的說明，應和實際問題聯繫，從兒童舊有經驗中去說明。三、進行單式教學，要多注意個別的發展，讓兒童提起興趣，多多發問，多多討論。

主席致結束詞：

各位先生批評的意見都很寶貴，謹代表教者致謝！以後本區演示教學，尚祈惠臨賜教！

散會

介紹「兒童與社會」雜誌

上海兒童福利促進會，近由陳鶴琴先生發行一種「兒童與社會」雜誌。其宗旨提倡家庭教育，研討社會問題，促進兒童福利。刊載有關兒童教育、心理、衛生、社會方面之論著、譯述、文摘、兒童福利消息、兒童保教實際問題、教員及兒童之讀物介紹等等。洵爲父母與教師不可不讀之雜誌。現正徵求基本訂戶，先收二十萬元，照定價八折優待。如欲訂閱，本社可代辦手續。特此介紹。

三十六年度第二學期各科演示教學表

視導室

南京市私立各級國民學校三十六年度第二學期各科公開演示教學表

三十七年三月二十日製

第次	週次	日期 月	日期 日	曜	時間	科目	年級	擔任演示 區	擔任演示 學校	擔任演示 教師	地點	備註
1	5	3	23	火	下午一時半	勞作	高級	一	藍家莊國民學校	曹學耕	藍家莊本校	
2	5	3	26	金	上午九時		大班	二	市立幼稚園	俞蓮青、黃明卿、陳秉坤	遊府西街本校	
3	6	3	30	火	下午一時半	唱遊	低級（二下）	三	鈔庫街國民學校	仲秀英	鈔庫街本校	
4	6	4	2	金	下午一時半	歷史	高級（五下）	四	船板巷國民學校	杜章林	船板巷本校	
5	7	4	7	水	下午一時半	自然	高級	五	中心國民學校	賀汴珍	五台山本校	
6	7	4	9	金	下午一時半	國語	低級（一上）	六	鼓樓國民學校	須槐芳	鼓樓本校	
7	8	4	13	火	下午二時	地理	高級（五下）	九	中心國民學校	石瑛	燕子磯本校	
8	8	4	16	金	下午二時	美術	高級	十	中心國民學校	張若海	孝陵衛本校	
9	9	4	20	火	下午二時	體育	中級（三四合）	十一	窰灣國民學校	鮑堯	窰灣本校	
10	9	4	23	金	下午二時	算術	高級	十二	三汊河國民學校	韓震	下關三汊河本校	
11	10	4	27	火	上午十時	算術	低級（三合）	十三	中心國民學校	盧積溪	湯山本校	
12	10	4	30	金	下午一時半	體育	高級（女生）	七	中心國民學校	曹秀玉	下關綏遠路本校	
13	11	5	4	火	下午一時半	勞作	中級	一	老虎橋國民學校	朱可珍	借珠江路中心校	
14	11	5	7	金	下午一時半	常識	中級（四上）	二	遊府西街國民學校	張友珍	遊府西街本校	
15	12	5	11	火	下午一時半	勞作	高級	三	中心國民學校	譚莉娜	府西街本校	
16	12	5	14	金	下午一時半	圖作	低級（二下）	四	中心國民學校	曹佩坼	大油坊巷草堆巷本校	
17	13	5	18	火	下午一時半	國語	中級	六	漢口路國民學校	張琢	漢口路本校	
18	13	5	21	金	下午一時半	算術	高級（六下）	七	興安路國民學校	張耀華	下關興安路本校	
19	14	5	25	火	下午二時	算術	中級（四下）	八	中心國民學校	鄭逸珠	浦口碼頭街本校	
20	14	5	28	金	上午十時	算術	中級（三四合）	九	笆斗山國民學校	吳植	燕子磯笆斗山本校	
1	15	6	1	火	下午二時	美術	中級	十	小衛街國民學校	張鑑	孝陵衛中訓團	
22	15	6	4	金	下午二時	國語	高級（六上）	十一	中心國民學[illegible]	周祝堯	雨花路本校	
23	16	6	8	火	下午二時		民教班	十二	中心國民學校	夏雨彬	水西門外上新河本校	
24	16	6	11	金	下午二時	國常	中級（合）	十三	麒麟門國民學校	魯占五	麒麟門本校	
5	17	6	15	火	下午二時	體育	高級（女生）	五	丁家巷國民學校	錢德全	丁家巷本校	
26	17	6	19	土	下午二時	音樂	高級	一	大中橋國民學校	周碧君	借大光路國民學校	
27	18	6	22	火	下午二時	國常	低級（二下）	二	火瓦巷國民學校	楊紹縕	火瓦巷本校	
28	18	6	26	土	下午二時	音樂	中級（四上）	三	建康路國民學校	崔徵	建康路本校	
29	19	6	29	火	下午二時	珠算	高級（六下）	四	考棚國民學校	黃彭齡	考棚本校	
30	19	7	2	金	下午二時	算術	低級	五	漢中路第二國校	高明潔	漢中路本校	
31	20	7	5	火	下午二時	注音符號	低級	六	私立力學小學	李逢瀾	湖南路本校	

通訊研究

關於注音符號的教學問題

王興元
楊駿如

一、第十一區雙橋門國民學校教員王興元來信

駿如老師：

……「怎樣教學注音符號？」這一問題，我願提出來請您指示：

關於這一問題，我的教學困難是這樣：我們從前在師範學校裏學習注音符號的經驗，是先從各個注音符號的讀音學起，而後學習拚音、注音，最後應用注音符號習寫文句。時間並不過長，運用已很自如。在這裏，當然還是根據我的舊經驗，教低年級小朋友學習注音符號。可是小朋友們對於單獨的注音符號，並不感覺興趣；而注符的繁錯已是最簡單的獨體字，小朋友們反而攪得不清不楚，眞是傷腦筋。不過，我在這裏還担任民教班的課程，我把這樣的方法，應用在民教班的教學上，其困難並不如在低年級的大。民教班的學生學了不久，已會知道應用注音符號幫助他們識字讀音，對於文字的認識教學，省力不少，我更確信注音符號是能幫助識字和矯正讀音的最好工具，我們應該努力推行並研究其教學方法。惟是低年級的注音符號教學效率與民教班的不同，我很懷疑。究竟低年級與中高年級及民教班的注音符號教學，應有怎樣的不同？小學各階段的注音符號的實際教學，究應怎樣施行？統請指示！專此，敬頌

撰安！

受業王興元謹啓　四月四日

二、編者復信

興元同學：

來信謹悉，你在研究進修上，肯隨時留意問題實驗問題、並能利用假日寫信來和我討論，我眞高興極了！提出來的「怎樣教學注音符號」問題，極合一般教師需要；因爲一般教師們有着和你同樣經驗的，一定很多，所以我就在這裏公開的答覆你，藉以提供一般教師們參考。

談到「怎樣教學注音符號？」這個問題，根據來信所言，確係事實。因爲兒童與成人的學習注音符號，未可用同樣方法去教學。一般傳習注音符號的，均沒認清對象，均不講究方法，不分兒童、不分民衆，不分知識份子，一概先教「符號的名稱」、次「拚音」，再次「辨音」……始終是ㄅ、ㄆ、ㄇ、ㄈ……那麽一套，當然要有不盡合轍的地方而失敗了。所以教學注音符號能否收效，最要緊的在於教學方法的應用適當與否。

注音符號的教學方法，進到目前，經多年多方的試驗，爲能適應各種對象，已有三種方法，即：「分析法」、「折中法」、「綜合法」。這三種教學方法，上學期本市第六區中心國民學校主持的全市語文教學研究會所發的研究綱要附有參考資料，節錄張拱貴先生「注音符號的三種教學方法」，講得非常明白；我在這裏再轉錄給你，以當說明。

注音符號的教學法有三種。第一是師資訓練用的「先分析後綜合」法，即名「分析法」。此法從「符號、音素」着手，即把注音符號分做三步來教學。先教符號的名稱，就是每個符號的讀音，逐個教學；次教拚音，次教四聲；最後用三千五百個最常用的字做總練習。這種方法的對象，適合於中學以上程度的知識份子。牠的優點是快，缺點是乾燥無味。對小學生和民衆教學注音符號，都不適用這種方法。

第二是普通小學之「先綜合，後分析」法，即名「綜合法」。此法開始就從「完整的語句」教起，即不先教符號和拚音，逕用注音符號編成課文，當作文字來教學。國語有四百一十個音，連分四聲，一共有一千三百多個。課文中要把這一千三百多個字音，最少要把四百多個字音編進去。讀完這種讀本，注音符號和國音也就學會了。然後再來分析符號，提示注音符號表。這種方法的對象，適合於小學，尤其是低年級。牠的優點是有趣味，包管學會。民衆和知識份子學習注音符號，若有充分的時間，也很合用。

第三是民衆補習之「綜合分析並用」法，一名「折中法」。（按民衆補習指國民學校之民教部成人班婦女班及特設之民校等。）就是把分析法和綜合法折中來應用。此法以教「字音」爲主，就是先教有意義的符號，符號和符號相連又可合成別的字音。具體點說，就是把三十七個注音符號照國字的特性變成六十三或八十一個符號來教學。這六十或八十個符號，都是有意義的字音；但拿兩個符號合起來又可合成另一個字音。這種方法的對象，適合於失學民衆，小學高年級亦可適用。牠的優點是比分析法有趣味，比綜合法快；缺點是不如分析法更快，不如綜合法更有趣味。

上所謂「分析」，指分究符號；所謂「綜合」，指綜習詞句，其關係如下：

1.分析法：用「字母」教學。符號的本身無意義。例如ㄉ一，代表一切語音中讀ㄉ一的音素。

2.折中法：用「字音」教學。符號有意義而無定義。例如ㄉ一，代表天地的「地」，弟弟的「弟」，第一第二的「第」等。

3.綜合法：用「語句」教學，符號有定義。例如ㄉ一ㄉ一ㄑ一ㄓㄨ ㄇㄚ的「弟弟」。

你看了上面的說明，你應該明白小學低年級與中高年級及民教班的注音符號教學，應有怎樣的不同了吧？換句話說，你應明白教學注音符號，要看清對象，實用其適當的方法了吧？但是小學各階段的注音符號的實際教學，究應怎樣施行呢？這裏再節錄前述語文教學研究綱要參考資料之二如下：

一、先從幼稚園說起，注音符號四十個，可用種種方法製成幼稚園兒童的玩具，讓他們自然能認識，能讀出音來，能知道寫法。例如注音符號積木，七巧板或四巧板或益智板等，拼排注音符號。

二、初小一年級的兒童，不管他們在幼稚園裏有沒有學過注音符號，要遵照下述諸原則教學：1.要和漢字暫時分離，就是先拿注音符號當作文字用，不用漢字來對照。2.要從整個的詞句入手，就是不許從字母、拚音教起。3.要教以標準的國語，就是把注音符號和說話合併在一起。4.要用直觀教學，即事物（如圖畫、手勢等）教學，是把注音符號和學生的生活打成一片。5.先學會國語，再學習代表國語的符號，在說話相當熟練之前，不准學生閱讀課本（即不教以注音符號）。6.要以「詞」爲單位，無論說和寫，凡是代表整個觀念的複合語詞，要連着讀、連着寫，不可拆開講。7.先學說話，次認字，最後練習寫字，不要同時並進，看得多了，慢慢的自然會寫。8.到了兒童能夠自動的用注音符號寫出自己的意思的時候，再教漢字也不嫌

三、中高年級的學生補習注音符號，方法仍舊和低年級差不多，不過教材可以複雜些，時間要加長些。1.依照上列各條辦理，尤其1.2.兩條，在教學的初期，務必作到。不可先費工夫叫他們死記字母，作無謂的拚讀。等到詞句認識多了，再利用機會，分析字母，練習拚音。2.從語詞分析字母。教學拚音時，用雙拚法，不用三拚法，即用結合聲母和韻母（或結合韻母）急讀合音的方法。3.分析字母，用比較辨別的方法。譬如從已學的ㄅ一ㄠ、ㄉㄠ、ㄕㄠ中辨別比較，結末都是ㄠ，這時候再教ㄠ的發音；從ㄉㄠ，ㄉㄞ，ㄉㄛ中，辨別比較；開始都是ㄉ，同時教ㄉ的發音。再進一步，從ㄅㄠ和ㄅ一ㄠ，ㄅㄢ和ㄅ一ㄢ等，辨別比較；使學生自知ㄅㄠ和ㄅ一ㄠ之不同，在於ㄅ和ㄅ一（或在於ㄠ和一ㄠ），此種辨音練習，宜於練習說話時，隨時注意；並用以矯正他們的發音。4.高年級的學生，理解力較強。如沒有充裕的時間照低年級的辦法從完整的句子教起，至少要用「折中」的方法；即先教以六十或八十幾個基本的字音（即聲母、韻母、結合聲母、結合韻母），再練習「合音」。這些基本的字音，也要嵌在句子或語詞裏提示出來。5.教學字音字母，許多學生如有共同的錯誤，可採用比聲、遊戲、兒歌、故事等方法，增加他們的興趣。如以「子彈在空中飛聲」比作ㄖ的發音；以「刮大風聲」比作ㄏㄨ的發音；又如貓叫是ㄇ一ㄠ，鑼鼓聲是ㄉㄤ ㄑ一 ㄎㄤ ㄑ一。連串的故事　如以火車站做材料：開車的時候到了，ㄊ ㄊ ㄊ！ㄆㄨ ㄆㄨ ㄆㄨ！（停時的聲音）打鐘了：ㄉㄤ！ㄉㄤ！站長搖旗吹哨子了：ㄐㄩ！開車了：ㄨ！ㄏㄥ！ㄏㄥ！（初開時的聲音）車子動了：ㄍㄚ ㄉㄜ ㄉㄚ！ㄍㄚ ㄉㄜ ㄉㄚ！開快車了：ㄍㄚ ㄉㄚ ㄉㄚ！ㄍㄚ ㄉㄚ ㄉㄚ！6.用查字典的方式，幫助學字音。每次提若干漢字叫學生查了字典，自己讀音，此種練習，每週有一次即可，不要花去太多的時間，因此減少了口讀的機會。7.利用查字典來練習國音，可作有計劃的布置，俾得系統的學習。如用「巴、波、爬、法、磨、破」等字，練ㄅㄚ、ㄆㄚ、ㄇㄚ、ㄈㄚ、ㄅㄛ、ㄆㄛ、ㄇㄛ、ㄈㄛ等音節，認識ㄚ、ㄛ、ㄜ等韻母，ㄅ、ㄆ、ㄇ、ㄈ等聲母。8.不光是訓練學生的口，還要訓練學生的眼；就是要拿純注音符號的讀物給學生閱讀，要布置注音識字的環境。

此復即頌

教祺！

楊駿如　四、八。

編輯後記

編　者

這一期的「演示教學專號」預告了好久，集稿也好久，本可在三月底出版的，突因紙價飛漲，印刷費大增，致受經濟影響，延遲了付印的時期，有累讀者、作者的盼望和詢問，編者非常抱歉！然而總能在近於五千萬的印刷費中，將這一個專號出版未致流產，尚可告慰於作者和讀者。

這個專號，承沈百英先生在百忙中，偷得廢曆的元旦之暇，爲我們寫了一篇「教學演示的過去、現在和未來」；他這樣地重視演示教學和這樣的愛護本刊，實在值得我們感謝！沈先生現任商務印書館編審部編審，主編「國民教育文庫」，爲我們國民教育界建築精神糧庫，其熱心輔導國民教育之進展，實爲我們國民教師之良友。他且是上海市極富有實際經驗的小學教育家，我們在報紙上也常見到他常常出席上海市的各科演示教學批評會，所以他對演示教學的意見，並非憑空虛想，確是實地經驗，更應爲我們所重視，他最後提出「未來的演示教學，應將教師中心移到兒童中心，應將批評本位移到研究本位」該是我們本學期及將來的演示教學的改進標的！

李伯棠、胡顏立、徐允昭三位先生都是小學教育專家，現在國立編譯館主持國定本教科書編輯事宜，本市過去及現在的各科演示教學，都承他們熱心出席指導，這是大家常相晤見的良友，編者在這裏不必多所介紹。惟是他們綜合過去對我們的演示教學指導的經驗，發爲專論，更值得我們寶貴，應請讀者特別注意，仔細地讀讀他們的專論，再回憶回憶他們在演示教學批評會上給我們的謦欬笑貌和懇切指導的大小鉅細意見，定會使我們在教學上更

新書介紹

沈百英著「小學國語教學討論集」

金　行

「在民治社會中，基本教育的推行，是政治上的首要工作。在基本教育中，本國國語的教學，又佔首要的地位。所以，國民教育中，對於改進本國國語教材教法的研究，應爲全國研究教育者共同努力的目標。

「自然，從新教育運動以來，小學國語教學上，已有很多有價值的研究，小學國語教學的教材與教法，亦已有劃時代的進步。不過，我們也得承認，我們對於這種研究，還正在開始；並且，許多在教育學上，公認的原理與原則，尚未爲一般教師所採用。

「因此，遍滿全國，小學國語教材中，仍充斥著許多不合時宜的教材，他們有許多既不是國民所需至少限度的基本知識；在編輯的方式，又反乎兒童心理生長的程序。」

所以，我們要以研究與實驗的精神，對於小學國語的教材與教法，作更進一步的改進。在作這進一步的改進的研究和編著，全國小學教育界雖不乏同志在進行，但有共顯著的成績表現和發表的，尚不多見。最近，沈百英先生本其數十年的國語教學和研究實驗的經驗，及在各地國語討論會或國語演示會、暑期講習會等所討論講述的結果，著爲「小學國語教學討論集」一書。內容極其充實，形式極其新穎，誠爲尚未前見的一種新著，應爲研究國語教學改進的小學教師們不可不讀的要籍。

該書的特點在敍述上採用座談方式，根據事實需要，用正反兩面討論。分「贊成」與「反對」兩派，用辯論的方法寫出，一則使理論越辯越明，一則使問題越研究越精深。令人讀之，極饒興趣，毫無枯燥乏味之感。而各問題中贊成與反對兩派，並非就是甲乙兩人。有時贊成派是新的，有時反對派是新的，究竟主見如何，著者則於每節終結作一「總結」，指示讀者一個正確路綫。所以這本書是一本極富於興趣而足以解決問題的專著，極能供給讀者很多實際材料並解決許多不能決斷的疑難問題。

這些問題所涉及的範圍亦極廣闊，凡小學國語教學中待研究的、須解決的問題，均在討論之列。其目次連緒論及結論共廿八篇，重要的例如「國常贊成合編嗎？」「注音符號贊　先參嗎？」「教學順序贊成規定嗎？」「字音贊成用旁注法嗎？」「背書贊成用嗎？」「默書贊成用嗎？」這些問題，都是小學教育界爭訟紛紜，贊否不決的問題　沈先生本其經驗而作正確的總結，實爲無價的定讞。茲舉幾個總結如下：「字音贊成用旁注法嗎？」總結：「生字應該注音，課文不必注音」。「字形贊成用分析法嗎？」總結：「有些字值得分析的，用分析法；但不必太重分析，以致鑽進牛角尖去。」「字義贊成用口譯法嗎？」總結：「字義解釋應多用直接法，少用口譯法。」「背書贊成用嗎？」總結：「詩歌可以背，散文不必勉强兒童背。」……至於該書的材料新穎實用，尤爲該書的特色，附表附圖，極其豐富，這裏爲限於篇幅，不克引來介紹，盼讀者諸君能夠人各一冊，自行去閱讀並應用吧！

該書爲三十二開本，全書計七又一九〇頁，定價肆元伍角，出版處爲商務印書館，已列入該館最近出版之「國民教育文庫」。——該文庫正發售特價，教師們如能集體合購一部，對於研究進修、一定有很多的益處，筆者於此爲介紹參考書籍，特地附帶道及，並爲該館作義務宣傳也！

有興趣地研求改進！

王問奇先生是音樂教育專家，他指揮過我們全市小學兒童大合唱，他出席過我們唱遊或音樂的演示教學。他這篇音樂教師的七七自省表，足爲音樂教師們研究進修的指針。

郭子通先生是本局首席國民教育輔導員，他的意見，更是非常切實，願教師們也　切實的態度重視之

關於演示教學的問題　教師們投來的稿子很多、本刊爲篇幅所限，這裏選登了[illegible]塘國民學校教員程法榮和潘大白兩文，前者是一篇論理組織的完整文字，對演示教學的各方面都有道及；後者是一篇發抒己見的短篇文字，見地深邃，不失爲短小精銳的文字。就這樣代表了各位投稿教師的意見，編者謹對未刊出的各位投稿者表示歉意！

上學期的全市演示教學，計共四十二次，每次均有完善的教案和詳盡的批評紀錄，如欲全部刊載，增加三倍篇幅，也難完全編入。不得已僅選了十篇如本期所刊的各稿。選稿的標準。係以階段和科目爲單位，除美勞兩科未曾演示教學，無從選刊外其他各科皆有了。惟仍因篇幅限制，致幼稚園及注音符號兩教學　排版後又抽去了；還有些原稿油印太不清楚，內容雖甚精善　也無法選用，深表遺憾！

在演示教學各科教案批評紀錄以後，附列本學期各科演示教學表，這是承前啓後，足以表示這個專號在這時出版有其重大的意義和作用。

本期爲出版時間關係，京市文教通訊欄暫停，以免明日黃花之感。但藉此欄篇幅，特闢「教師園地」，這是本期的特色。以後當仍儘量選登教師作品、希望教師們多多投稿！

教師園地

怎樣是優良教師？

邵籲雲

每個教師總該有一點長處，我們要了解他們的長處，使得他們能够儘量發揮其所長而應用到教育上來。同時也要避免他們的短處，倘能設法補救其短，而漸漸培養成就了他們的長處，使得他們有一種長處的，進而具有多種長處，這豈不是由一個普通教師，進而成就了一個優良教師嗎？

如何能使教師發揮其所長？這固然在教師本身對於教育信仰是否堅强，工作興趣是否濃厚，願否竭其所能而樂於發揮其所長；也要看負學校行政責任者，對於教師情感聯繫是否密切，工作支配是否適當，能否迎機利導而使人樂於接受其要求以爲決斷。又如何補救教師的短處而培養成就其長處？除由教師自己對於道德與學業進修外，最好是教育行政當軸，利用寒暑假期，多辦講習班講演會之類，俾每個教師均獲有增進教育知能的機會。平素研究會，學科分組不妨多，但不必有硬性決議。亦不必强制實施，多留活動餘地、聽憑每人試行其理想方法，究竟成效何如？視導人員少用消極的懲處，多用積極的指導。視察工作成績，固屬重要，輔導教學訓管方法，尤爲事實所必需。凡此均爲培養優良教師必須注意之事。至於調整待遇，年功加俸，養老退休撫卹，以及進修，獎金，福利事業等，視地方情形，都要有詳密計劃規定實施。我們要培養優良教師，自然不能忽視這些物質的條件。

可是我們做教師的認淸環境，放大眼光，看重自己的地位，負荷着下一代國民好壞的責任，這於國家前途民族生存，有着很大的關係。不僅僅教死書，做騐事，灌輸學生知識以爲盡了責職；還要進一步注重啓發學生思想，領導學生思想，使其認識國際環境與國家民族前途的危機，以確立其爲國家盡忠爲民族盡孝的志願，共同担負起民族復興的責任，這才算是教師盡了責任，才不媿是一個爲人師表的優良教師。

我們從那裏去找優良教師？我們要從深信教育爲建國大業，而志願以教育爲終身事業的教師裏邊去找。要從埋頭樂幹不以教師職業爲淸貧，寧願犧牲一己而要把下一代國民養成爲國家效忠爲民族盡孝的教師裏邊去找。要從每一個角落裏，不論在城市或鄉村，去找不慕名利不求人知而能忠於職守富於合作精神的教師　要從多方面，不論是男女或老少，去找操守廉潔學驗豐富，而教育興趣濃厚作事精神一貫的教師。我們要找能當校長又能做校工的教師、我們要找能像嚴父、又能像慈母的教師。我們要找有一物不知以爲恥，一人未教以爲憂的教師。我們要找我不入地獄，誰入地獄的教師。這些教師不是沒有地方找，祇要我們隨地隨時留心去找，總會遇得到。不過以中國之大，究竟有多少優良教師，至今還不會有個統計的數字給人看。

這裏我應該說一點關於教學實際方面的話：我以爲做教師的，應該注重啓發學生的思想。所謂啓發式，就是指的思想方面的啓發而言。比如教學國語，應當把每一課或每一篇的大意，由學生演述教師整理後，將這一課或一篇的中心思想，一一啓發推究，使學生思想方面，得到一明確的認識，並且能够會應用到事實上去。不必單在文字形式上的推敲，而要在思想內容上的開發。

比如作文，萬不可一味助作，教師說意思，學生只是照着做。或是把學生原有字句，完全删掉，而改換教師自己許多意思。這樣抹殺學生思想，大不應該。我曾聽說有一個學校國文教師，規定學生祗許做半張，不許多做；還要照教師所指示的意思去做，不許隨便多說。這樣窒息學生思想，根本不對。教學作文，應聽學生自己運用思想去寫作，儘量的發揮，就是出了題目範圍，也不必删去。作文的目的，就是要把自己的思想，能够用文字表達出來就是了。

比如教學社會科，講歷史要如講故事一樣，多畫圖表，易於瞭解。關於地名應該對照現時地名有無變更，以及疆域沿革都要說明變遷經過的原因，名人小像也需要懸掛認識。尤其是偉大人物的故事，忠孝節義的事實，隨時隨地講述，不獨學生聽得有興味，容易記憶，且於養成學生愛國家愛民族愛人類的觀念，大有幫助。

教地理不用說要畫地圖，本國本省的山川河流氣候風俗物產交通，都要講得明白，使得學生了解地理與人生的關係。照圖講解，自然容易記憶。就是國際情勢，也要使他們下一代的主人翁，從小就知道敵我關係，恩怨分明。

教史地而不能使學生愛國家愛人類，這不能算史地教師盡了責任。教美勞而不能使學生愛好藝術，有美的觀念，與工作興趣，也不能算美勞教師盡了責任。就是教算術，也要使學生知道運用思想，重於方法練習。教體育，也要使學生了解健全思想，寓於健全身體的理由。

做教師的，爲啓發學生思想，應該注重學生身心的發育，關於衛生運動，應有詳密之計劃實施。爲領導學生思想，應該注意公民訓練，關於訓育自治，應有周詳之規劃指導。并注意活動實施，不必拘泥陳法，而爲死條文的限制；更不必消極管制，而去濫施懲罰。

以上幾點，是做教師的起碼應當做到的實際工作，當教師的人，各能一一做到，再能繼續不斷的從事進修，那就不難成爲一個優良的教師了。

教師自省錄

宋德馨

有人說：教小學，是一件很容易的事，不錯，小學都是天眞爛漫的兒童，如同一張白紙，容易染色，何嘗不容易呢？可是，要嚴格的講起來，教課前應該如何準備，上課時，應該如何運用技術，課後又應該如何處理兒童學習，才能收到效果。這，又好像不是一件容易的事了。筆者是京市二區的一個小學教員，一年以來，參加了多次教育研究會，和參觀了多次公開教學，深感得益不少。因就課前準備、課堂秩序、上課技術、課後處理各方面，寫成自省錄四十條，一以自勉，一以就正於同仁。

一、課前準備

1.我在上課前，是否有準備，聞到鈴聲，馬上走進教室；還是時間已到，我猶在換換書本、拿拿粉筆、遲遲其行呢？

2.我到課堂上，有時忘帶教便物，又要兒童去拿，或是要人送來，就擱教學時間嗎？

3.上課前，我會編簡單教案，按過程教學；還是自信很高，上課隨便講授呢？

4.我上的課，如有疑問，是不是歡喜和同事研究；還是怕麻煩，就馬虎過去算事呢？

5.我能儘量想法子，利用教具幫助教學嗎？

6.我是不是推着事忙，不肯準備；還是按時塡敲實施錄，把上的課都準備起來呢？

7.我自己教的課，能儘量想法自製教具嗎？

8.我有沒有專業精神，留心參考書報，研究新的方法；還是抱着做一天和尚撞一天鐘的態度呢？

9.別的老師上課，我是不是抽暇參觀，矯正自己的缺點呢？

10我自己有日課表，每日上課時間，都記載準確，便利我自己準備工作嗎？

二、課堂秩序

1.我走進教室，能不能用目光向兒童掃視一下，使兒童注意；還是不問兒童秩序，一直走進呢？

2.我走進教室 兒童喊口令還是聲音過長不很適當，還是高低合度、秩序井然；遇到級長不在，還是負責無人，還是有人代替呢？

3.我開始上課，還能設法引起動機嗎？還是開頭便講，不顧兒童興趣呢？

4.我能訓練兒童先舉手後說話，秩序很好嗎？還是兒童一齊問，一齊答，聲音還達戶外呢？

5.我上課多讓兒童發問，興趣盎然；還是口若懸河直講不歇，令兒童疲倦呢？

6.在發問時，能不能儘量採用「爲什麼？」「是怎樣的呢？」等口語，多給兒童思考；還是常用「對不對、是不是」等語氣，叫兒童隨口亂答呢？

7.上課時遇到兒童偶發事件，我是暫令停止，課後處理；還是當時處理，停課不上呢？

8.上課時兒童有個別的不注意我能想法暗示令其感覺；還是直呼其名，分散別的兒童注意力呢？

9.我散發簿本，能事前排好，用經濟的傳遞方法，快而不亂；還是喊名發給，要兒童來取，浪費時間呢？

10我會不會提拔兒童領袖，指導兒童工作，鍛鍊兒童能力，減少自己的麻煩呢？

(續213)

三、上課技術

1.我上課喜用很深的語句，要兒童難懂；還是能用合乎兒童口吻的語句，讓兒童容易領會呢？

2.我上課的聲調，是一味強大，叫兒童生畏；還是聲音低平，毫無變化；抑是高低適度，聽之悅耳呢？

3.兒童在課堂發現錯誤，我是當衆斥責，大發脾氣；還是課後找他個別談話，勸其改正呢？

4.兒童寫錯字，答錯問題，我是當衆宣佈，博得閤堂大笑；還是背地指出，讓他們樂於改正呢？

5.我上課能用板書，幫助兒童了解；抑是不用黑板，死授課文呢？

6.我在板書時，面向黑板，擋着兒童視線；還是側身書寫，讓兒童一望可見呢？

7.我發問時，是專門對聰明兒童；還是時時注意到愚笨兒童呢？

8.我上課時，是不是常帶笑容，令兒童覺得和藹可親呢？還是板着面孔，令兒童望之生畏呢？

9.我上課支配時間，是不是得當？還是打過下課鐘，老不下課，表示我是熱心呢？

10我在下課前，是不是留着時間，把上的課，做一個總括，便於兒童領會呢？

四、課後處理

1.下課以後，我對兒童學習，還能時時注意和指導，要他多有了解機會嗎？

2.我能指導兒童學習的方法，養成他自動自發的精神，使他感到學習有味嗎？

3.我對兒童簿本的批改，字跡歡喜潦草，叫兒童看不懂，再來詢問；還是儘量讓兒童自己改正？還是我改的字，都寫得端正清潔呢？

4.批改簿本，我能把兒童的優點，儘量發揚，缺點背地指正嗎？

5.我批改本子，能間或用眉批，指導用字用句的方法嗎？

6.兒童在課外，有所詢問，我能很好的予以解答，還是兒童來問，怕麻煩不予解答，抑是草草解答敷衍了事呢？

7.我上課後，不聽取兒童反映，一味主觀，還是能接受兒童意見，隨時改進教法呢？

8.我對不用功的兒童，是望之生厭，不屑與之談話，還是多與兒童接近，留心他的生活，必要時還舉行家庭訪問呢？

9.我的教學方法，常常檢討，隨時變換；還是天天用老一套的辦法呢？

10課堂標語，是不是詞句艱深，叫兒童不易領會；還是有中心，適合兒童口味，顯明易行呢？低級標語，是不是多用圖畫，貼的很低，讓兒童易於默化呢？

末了值得我們欣喜的，現在教育當局，每學期對於各校的教學方法，已在鼓起熱潮。聽說今春還有大批公開教學，準備舉行，這實是戰後教育走向繁榮的開端。筆者這些自省，當然是逃不出舊的範疇，可是，很希望，今後同仁努力，能創造些新的方法出來，滿足我的慾望。

提高小學生寫作程度的我見

——問題還在常識的充分和日記的習練——

朱桂森

許多人感覺到小學生寫作的程度太低劣了。但以我的觀感，至少要比我們在小學生時代——念多年前——的寫作程度高。一代不如一代，原是中國人「鬎鬁頭自叫好」的頑固心理造成的錯覺。然而我們教育者以理想的標準來衡量現在小學生的寫作程度，似乎還很「低劣」。低劣的原因固然多端，而「常識」的缺乏，實是寫不出好文字的最大癥結。

「物必自腐而後蟲生之」，你以爲是好文句嗎？「舜葬於蒼梧，象爲之耕；禹葬於會稽，鳥爲之田」，你以爲好史實嗎？……以這等見解，說明固舛謬百出，說到也隔靴抓癢。寫景更是空洞抽象。名垂簡冊的成人，尚且留下如許的笑柄，莫說是知慮未周的小學生了。

所謂學識，是整個的、聯繫的；分而言之，有文學、科學、政治學……的區別；合起來說，就是「常識」。寫作是一個人學識的反映。小學生因爲智力、體力、經驗都不及成人，對於這些常識的瞭解，當然很淺薄，因之寫作出來的文字內容，也很膚淺，我們絕對不能有所苛求的。再深刻一點說，只覺得他們的寫作不入我們的眼，而不知道這問題，就在常識，任憑你把文章作法，作文要訣這一類的東西朝夕灌注給兒童，即使兒童懂得了「起承轉合」的玩意兒，而對於常識仍是過分飢餓的話，結果，還不是「蜂窠裏做戲」，要想兒童就此「夢筆生花」起來，確是難乎其難的。

我們應得正確的認清癥結所在，趕快從常識方面來提高小學生的寫作程度。要隨時隨地引起「什麼」「爲什麼」「爲什麼這樣或那樣」的種種常識疑問。教科書上一點常識是夠可憐的，我們必得把常識的範圍擴大。要知道宇宙之大，蒼蠅之微，無一不是常識，都要勾引他們的疑問，替他們詳細的解釋說明，使他們懂得這一類，便記下這一宗來，懂得那一類，便記下那一樁來，日積月累，常識自然增多了，「聯想」也自然豐富了，到下筆的時候，雖不至「不能自休」，但至少可免掉無話可說或者強作解人之弊了。

此外，爲要寫作時調遣句子的純熟，須增多練習寫作的次數，而「日記」實是最好練習方法，寫景、抒情、說理、敍事，都可容納到日記裏去。我們所應指示小學生的，在想到那裏，說到那裏，最怕他們格格不吐。日記非但是練習寫作，並可以代替腦筋貯藏日常所獲的常識。所以我以爲文可以不作，而日記更不可不記。

至於工具方面，當然以語體爲適宜，能夠使用大衆語更好。許多教育者尋不出學生寫作低劣的先天病，却歸咎於語體文，欲代以礙硬的文言，那眞是因了江河築邱陵，作文之難，難於上青天了。我們回想小時遺老遺少們所給我們的毒素，還不夠受用嗎？

怎樣指導高年級作文

王國驊

一、高年級作文的教學目的

國民學校的高年級是國民教育最後的一個階段。每個國民完成國民學校的高年級的教育，就是受過國家最基本教育的一個身入社會的公民了，應有了生活上必需的基本知識和技能。爲了適應這個需要，高年級作文的目的應是：

1.熟練日常生活實用文的應用　例如各種稱謂、各種類別的來往書信，地方自治團體的一切實用文字，社會上的契約合同等。這都是一個身入社會的公民生活上必需的一部份基本知識和技能。這一點，或有不合兒童本位教育的原理。但從國民教育結束階段的觀點來看，似乎還是必要的。而且在國家現在經濟和教育情形之下，能有幾人到初中去學習實用文呢？完成國民教育的國民，又如何應付生活上的實際需要呢？雖是國語科讀書有實用文的教材，作文的文體分配上有實用文的體裁，但所佔成分極少，不爲教者所重視。普通教學常就國語課本上所有寥寥幾篇實用文，指導兒童依樣畫葫蘆仿作一次，就算了事了。所以小學畢業的兒童，甚至初中畢業的學生，總不能應付日常生活上必需的實用文。國民教育究竟是爲了培養國民在日常生活上必需的基本知識和技能，除了國民應有的道德，應有的健強體格外。所以個人強調「熟練日常生活上實用文的應用」是教學作文的第一個目的，必期一個國民完成國民教育之後，能有這個知識能力，應付他日常生活上的需要。

2.善於發表意見和感情　這是教學作文不待研究的目的，是國語科諄諄教訓、孜孜學習的傳統目的，沒有那個學校、那個國語教師教學作文重心不是放在這上的。不過以往的「久練成熟」、「豁然貫通」的作文教學方法，是很不科學的，很不合教學的經濟原則的。

二、怎樣培養兒童發表的能力

「發表的能力」已是國語科教學上的一個術語。個人以爲在教學高年級作文可以說「作文的方法」，比較具體些，更能明切目的些。無論是那一種科學或是藝術，總有其基本的方法和法則，如欲學習某一種科學或是藝術，勢必從基本的方法和法則研究起，作文亦自有其基本方法，亦必須從基本方法教學起，才合乎科學，才合乎教學的經濟原則。管見所及，培養高年級兒童「作文的方法」的方法，有這麼三點是實際的：

1.研用方法　高年級兒童不成問題有了作文的詞句、立意、組織的基本能力，正是迫切需要清楚實用文的格式，文法的組織，標點的用法，實能在應用上達到熟練、正確。假若不在方法上去應用，應用上去研究，那就是「可以意會而不可以言傳」的玄與妙法了。

2.設計活動　文字是一種工具，這種工具是人類有了活動才能發生作用的，猶如斧鋸用之於木材然。任何一個會作文的人，假使沒有活動過程的體驗，而希冀其能發表一篇內容豐富、生動、具體的作文，眞難免有「巧婦難爲無米之炊」之感，何況兒童呢？這就是小學課程標準上「作文教學要點」的，指示我們對於作文命題，應注意「合於兒童生活的，便於兒童發揮的」兩點原則了。所以有些先進也告訴我們：「作文的題目，對作文的品質關係很大，合宜的題目，能產生優良的作品。」一點不錯。所謂「合宜」，我想就是小學課程標準上指示的兩點了。那末如何能「合宜」？個人認爲必須設計活動，使兒童有實際生活的體驗，需要的感覺，不然，「內容枯澀」、「思想貧乏」，又如何能克服呢？

3.創造心境　作文較高的要求，當然是要產生一種文藝作品，這是需要培養兒童欣賞能力和審美能力的，所以要善於創造兒童欣賞和審美的心境。例如月亮在沒有心境的人看來，毫無所感；而在李白有思鄉心境的時候，却吟出「舉首望明月，低頭思故鄉」膾炙人口的詩句來。又如秋風秋雨在沒有心境的人看來，是一件很平凡的事情，眞是無動於中，但在女俠秋瑾就義的時候，就有「秋風秋雨愁煞人」之感。所以培養兒童發表的能力，創造兒童的心境　使能觸景生情，引起其感情的反應，作文的品質自然會優良了。

三、幾個具體的問題

一件事情和一件工作，往往會仁者見仁，智者見智，因此發生的不同的觀點和不同的方法，隨着就有不同的具體的問題發生，所以個人對於指導高年級兒童作文的具體問題，依據平時教學心有所感，提供幾點一得之見：

1.命題的方式　大概不外自由命題共、同命題、教師命題三種，究竟那一種是完善的方式，說起來各有利弊。自由命題的優點，是在兒童有感而發，有興趣的，有經驗的，能產生很優良的作品；但它的流弊：是在有些兒童會無感可發，加之尋找材料能力不够，以致有些兒童反對自由命題的，再則不務實際的兒童，就去抄襲成文了。至於共同命題，教師命題兩者，總難免前者的弊，不過有時程度上的不同罷了。總之，無論什麼方式，總要以兒童經驗做基礎，兒童心境做依據。話再說回去，那還靠教者如何設計活動、創造心境了。

2.訂正的方式　訂正的對象，可以說是「錯誤」和「缺點」。發現錯誤，訂正錯誤，能由兒童自己親身去做，得到的印象是較深刻的，所謂「事非經過不知難」。所以小學課程標準指示我們在高年級得酌用訂正符號，個人是極端贊成的。事實上現在普遍用的教師批改的方式，批改後的作文，能有幾個兒童再去孜孜尋味的呢？至於兒童對這種批改的方式的心理狀態，細細研究起來，那不知如何的復雜，如何的令教費苦心的批閱者失望呢？這裏我也不去分析了。

3.課間習作時間的分配　「一週一次，一次兩節」的時間分配，是行之已久，推之已廣了。不過某一種的課間習作時間的分配，祇是適應於某一種的教學方法的。假使要從研用方法、設計活動、創造心境來培養兒童作文的能力，要用訂正符號來訂正兒童的作文，那是有不可少的若干的教學過程。那末「一週一次，一次兩節」的時間分配，實在是不够用的。至於究竟要多少時間？怎樣分配？這個問題，祇有待諸實驗，才能回答了。

一九四八年一月十三日
於南京市第十區中心國民學校

教育局公佈欄

南京市教育局訓令

（卅七）京教國字第〇〇〇三號
中華民國卅七年一月二日發出
令市私立各級國民學校

事由：爲奉部令注意兒童營養等因，通令遵照由。

案奉

教育部醫字第六七五七七號訓令內開：

「査營養爲維持人類生活力之要素，兒童正當發育成長時期，除需要營養維持日常生活外，更賴以供給生長及發育之原料，關係至爲切要。抗戰期間，物價高漲，生活困難，國民營養缺乏；抗戰勝利後，以戰時破壞，一切建設恢復不易，民不聊生，國民營養，仍感不足，影響個人一生及整個民族健康至鉅。故學校對於學童之營養，亟應特別加以注意，關於學童營養問題，各國均極重視，竟有由學校供給學童飲食，或補充營養，或由學校向當地慈善團體或學童家長募集經費辦理，茲由教育行政委員會負責支配，聘請專家料理其事，成績斐然。我國國民經濟尚不發達，教育經費甚感拮据，學校既不能担負學童膳食或補充營養，多數學童之家長，亦無力負担。爲求促進此項重要設施，各級教育機關，應盡力設法督導辦理，小學實施公民訓練暨舉行學童家長集會時，應就經濟環境下，因時、因地、因人，施以各種日常生活必需之營養知識，如食物之分配與選擇等，使學童及其家長，知所注意。如兒童自帶午膳到校，學校須備膳堂及廚房爲兒童服務。除分行外，合行令仰遵照並轉飭遵照！」

等因；奉此，自應遵照；除呈復外，合通令各該校遵照。

此令。

兼局長馬元放

南京市教育局訓令

（卅七）京教祕字第〇〇〇三號
中華民國卅七年一月八日發出
令市私立中小學及社教機關

事由：奉　市政府令爲准函以新疆省增設裁撤各縣局及其更名升縣一案，已呈奉令准備案等因，通令知照由。

案奉

南京市政府卅六年十二月廿二日府總秘二字第一二〇九〇號訓令開：

「案奉內政部卅六年十二月十七日方字第一二二六號公函開：

「案査前准新疆省政府公函，以該省僻處邊陲，交通不便，民族複雜，情形特殊，所有歷年行政區域之變更，多未報核，檢送該省縣名表，請査核等由。經核該省增設昭蘇，鞏哈、寗西、溫泉、阿圖什、岳普湖、阿合奇、裕民、民豐、和靖、和碩等十一縣及新源，烏河二設治局。裁撤葉爾羌縣及賽圖拉設治局、又呼圖壁縣更名景化，托克蘇縣更名新和，霍爾果斯縣更名霍城，布倫托海縣更名福海，可可托海設治局升縣，更名富蘊，青格里河設治局升縣，更名青河，和什托落蓋設治局升縣，更名和豐，烏魯克恰提設治局升縣，更名烏恰，又托克遜、伊吾、庫爾、勒特克斯四設治局升縣等等，均經呈奉行政院核定，轉奉國民政府令准備案。除通行外，相應函請査照。」等由；准此，除分令外，合行令仰知照。」

等因；奉此，合行令仰知照！

此令。

兼局長馬元放

南京市教育局訓令

（卅七）京教人字第〇八〇號
中華民國三十七年一月廿九日
令市立各級學校及社教機關

事由：爲各學校機關主管人員尚有未遵照審定級支俸者，應即改支，並繳還溢支薪給，以附規定，令飭遵照由。

査本局所屬各級教育機關主管人員薪俸，應於到職後即塡具資歷表，連同證明文件，繳送來局，嗣經審定，即行飭知，按月支領，如有認爲審定不合而能補繳證件、得申請復審，重行核定，飭遵改支。茲査尚有不明是項手續主管人員，或於學期中途擅自加薪，或藉故要求提高待遇，或任職一學年後，即希圖得有年功加俸等類情事，核與本局規定，均有未合。凡各現任主管人員之薪給，均應遵照原經核定俸額支領。至未經復審改支而自行增加者，應即將溢支之數，全部繳還。除分行外，合行令仰遵照爲要！

此令。

兼局長馬元放

南京市教育局訓令

（卅七）京教人字第一一七號
中華民國卅七年二月七日發出
令市立各中小學校

事由：爲轉發革命抗戰功勛子女，就學免費補助條例審査細則，令仰知照由。

案奉

教育部本年一月十五日參字第三二八〇號訓令內開：

「査革命抗戰功勛子女就學免費補助條例及革命抗戰功勛就學免費審査委員會組織規程暨申請書式樣，業經本部於上年四月二十四日以參字第二二三八六號及五月十二日參字第二五七九二號訓令先後頒發在案。茲制定革命抗戰功勛子女就學免費補助條例審査細則公佈施行。前於民國十三年四月三日頒佈之抗戰功勛子女就學免費給予規則，並予廢止。除分行外，合行檢發該項審查細則一份，令仰轉飭知照！」等因，並附發該項審查細則一份；奉此，合行附錄該項原細則轉飭知照！

此令。

附錄革命抗戰功勛子女就學免費補助條例審查細則一份

兼局長馬元放

革命抗戰功勛子女就學免費補助條例審查細則

第一條　本細則依革命抗戰功勛子女就學免費補助條例（以下簡稱本條例）第八條之規定制定之。

第二條　本條例所稱功勛子女，指功勛人員之婚生子女或養子女而言。

第三條　本條例第一條所定資格之證件為有效明間之卹亡給與令，撫卹金證書或撫助金證書。前項有效證件以由國防部或前軍事委員會銓敍部及中國國民黨中央執行委員會核給者為限。

第四條　本條例第二條所列各項待遇，應先由所在學校根據學生所提各種證件，家庭經濟狀況及在校生活情形，依同條例第三條之規定，嚴加審查，並擬定項別後，呈報各該主管教育行政機關核定。依同條例第四條變更或停止待遇者亦同。

第五條　本條例第二條規定應免之膳費以公費生之膳費數額為準，制服書籍等補助費，由學校就所在地經濟情形擬定數額，呈報各該主管教育行政機關核定。

第六條　請求免費之學生，應於學校每學期開始後三個月內辦理申請手續，一經核定免費及補助，准予發至畢業為止。如轉學或升學作為他校新生時，應再持有效證件，報由學校轉呈主管教育行政機關，重行申請。

第七條　本細則自公布之日施行。

南京市教育局訓令

（卅七）京教人字第一七四號
中華民國卅七年三月一日發出

事由：為奉令官吏凡經檢舉貪污，在偵查期中，暫緩調用，轉令遵照由。

令各級學校及社教機關

案奉

市政府三十七年二月二十日府總人字第一六六九號訓令內開：

「案奉　行政院本年二月五日七法字第六一三八號訓令內開：「查懲治貪污為澄清吏治，講肅政風之張本。迺近據報各機關長官，對於屬員之被檢舉貪污而案情重大者，每多遽予調用，致使事證湮沒，偵查困難。與政府嚴懲貪污之旨，不無背戾，亟應迅謀糾正。嗣後凡官吏經檢舉貪污，嫌疑重大者，在偵查期中，應暫緩調用，俾便偵辦而肅官箴。除分令外，合行令仰遵照，並轉飭所屬一體遵照。此令。」等因；奉此，除分令外，合行令仰遵照，並飭屬一體遵照！」

等因；奉此，合行令仰遵照！

此令。

兼局長馬元放

南京市教育局訓令

（卅七）京教總字第二三四號
中華民國三十七年三月四日

事由：為奉　令抄發各級政府機關團體，懸掛國旗方式一案，抄附原件，仰知照由。

令公私立中小學及社教機關

案奉

市政府本年二月廿五日府總字第一八一三號訓令內開：

「案奉　行政院本年二月十八日（卅七）四內字第七九二四號訓令開：「據內政部呈稱：查政府機關團體學校，祇懸掛國旗，曾奉鈞院卅六年四月二十八日從人字第一六〇六號訓令通飭遵照在案。惟懸掛國旗之面數與方式尚無規定。茲為適應事實需要，根據有關法令，擬就各級政府機關學校團體懸掛國旗方式一種，是否可行，理合檢呈上項草案，呈請鑒核示遵等情。經呈請國民政府核示。茲准國府文官處函復，本案已奉主席批「可」。除分函外，相應函達查照，並轉飭知照等由。除分令外，合行抄發原件，令仰知照，並轉飭所屬遵照。此令。」等因；並附發各級機關政府學校團體懸掛國旗方式一份；奉此，自應遵辦，除分令外，合行抄發原件，令仰知照，並轉飭所屬遵照。此令。」

等因；並附抄發各級機關政府學校團體懸掛國旗方式一份；奉此，合亟抄發各級機關政府學校團體懸掛國旗方式，令仰各該校館場一體知照！此令。

附錄各級機關政府學校團體懸掛國旗方式

兼局長馬元放

各級政府機關學校團體懸掛國旗方式

方式：各級政府機關學校團體之禮堂會議廳及集會場所之正面牆壁，應正懸國旗一面，並於其下方懸掛　國父遺像如圖：

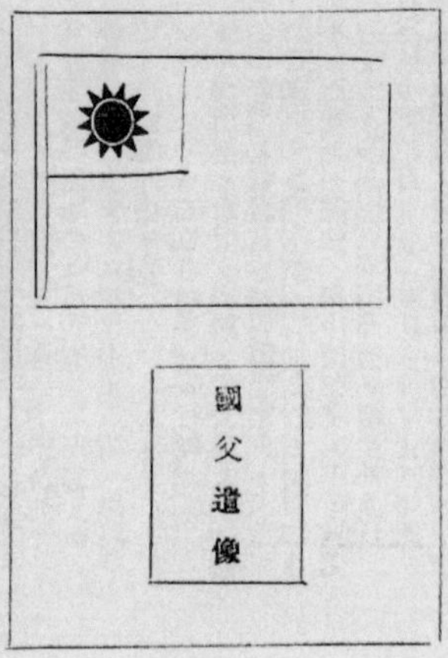

南京市教育局訓令

（卅七）京教社字第一五四號
中華民國卅七年三月九日發出

事由：為奉　市政府轉發修正國防部徵集史料獎勵

辦法，令仰遵照由

令公私立中小學及社教機關

案奉

市府本年二月二十日府總秘二字第一六九五號訓令開：「案奉行政院三十七年二月十六日（卅七）四防字第七六八四號訓令開：「據國防部呈，擬征集史料獎勵辦法，經酌予修改，並呈奉國民政府三十七年一月二十六日處字第一二〇號指令准予備案，除分行外，合行抄同該項修正辦法，令仰遵照協助征集。」等因；附抄發修正國防部征集史料獎勵辦法一份。奉此；除分令外，合行抄發原辦法，令仰遵照辦理。」等因；附抄發修正國防部征集史料獎勵辦法一份；奉此，合行令仰遵照爲要！

此令。

兼局長馬元放

附錄修正國防部征集史料獎勵辦法

國防部徵集史料獎勵辦法

第一條　國防部（以下簡稱本部）爲獎勵蒐征抗戰史料及其他有關國防軍事史料文物除法令別有規定外，依本辦法辦理之。

第二條　應征史料，依其珍貴程度，分爲左列四等：

一、特等史料；　二、優等史料；

三、甲等史料；　四、普通史料；

第三條　有左列條件之一者，爲特等史料：

一、對每一部份之全部史實或圖片，物品內容體裁，均屬全璧無缺者；

二、確屬珍貴史料，且爲歷史上之重要發現者；

三、對國防軍事有重大之貢獻者；

四、價值在二百萬元以上，而未索價，或索價較應值特廉者。

第四條　有左列條件之一者，爲優等史料：

一、對某一時代之全部史實或圖片，品物尙屬完備，或其中之重要段落，確屬完備無缺者；

二、確爲珍貴史料，而有裨史乘者；

三、對國防軍事有裨益者；

四、價值在一百萬元以上，而未索價，或索價較應值特廉者。

第五條　有左列條件之一者，爲甲等史料：

一、對某一戰場或戰役經過，或國防軍事上之某一事項，有完備忠實之紀載，並附有良好之檢討意見或有完備之圖片而具有必要之說明者；

二、對僞軍政組織設施及某一戰場或戰役之作戰經過事實，有完備之記載或圖片物品者；

三、具有特殊功勛忠勇烈事者之血衣遺物及可供紀念與有價值之物品；

四、有價值之抗戰回憶錄及有系統而內容完備之抗戰軍民服務或死事之記述或圖片；

五、價值在五十萬元以上，而未索價，或索價較應值特廉者。

第六條　凡未具有本辦法第三、四、五各條所列條件之史料，而尙有參考價值者，爲普通史料。

第七條　特等史料之獎勵如左：

一、呈請國民政府頒給褒狀或題頒　主席玉照，或併同頒給之；

二、頒給五十萬元起之獎金，或以一部折給同等價值之書刊；

三、最有價值者得（一）（二）兩項併獎之。

第八條　優等史料之獎勵如左：

一、由本部頒給獎章褒狀或題頒　部長玉照，或併同頒給之；

二、頒給二十萬元起之獎金，或以一部折給同等價值之書刊；

三、特有價值者得（一）（二）兩項併獎之。

第九條　甲等史料之獎勵如左：

一、由史政局彙案記報表揚；

二、發給九萬元起之獎金或同等價值之書刊；

三、特有價值者得（一）（二）兩項併獎之。

第十條　普通史料之獎勵如左：

一、以史政局名義致函申謝嘉勉；

二、發給五萬元以下價值之書刊；

三、有較大價值者得（一）（二）兩項併獎之。

第十一條　普通史料由本部史政局第二處審理呈報核准後獎勵之。

第十二條　甲等及優等史料由本部史政局組織史料評定組審定後呈准獎勵之。

前項史料評定組由史政局第一、二兩處處長、副處長、科長、編纂官、參謀各二人，總務組長一人，共十一人組成之，並以第二處處長爲組長，副處長爲副組長。

第十三條　特等史料由本部組織史料評定委員會審定後呈准獎勵之。

前項史料評定委員會，置委員十五人至十七人，由本部各廳局遴員兼充之，並以史政局局長爲主任委員，副局長爲副主任委員。

第十四條　本辦法所稱珍貴史料得依軍事珍貴史料征集辦法，所定標準，比照評定之。

第十五條　本辦法第七、八、九各條所定「獎章」「獎金」「褒狀」等，呈請及頒給手續，依照陸海空軍獎勵條例之規定辦理之。

第十六條　史料評定組織及史料評定委員會會議規則另訂之。

第十七條　本辦法自公佈之日施行。

南京市教育局訓令

（卅七年）京教總字第三四〇號

中華民國卅七年三月廿五日發出

令市私立中小學及社教機關

事由：爲奉令抄發全國各地標準時間推行辦法一案，抄附原件仰知照由。

案奉

市政府本年三月六日府總秘字第二二二〇號訓令內開：「案准內政部三十七年三月三日禮字第四六九號公函開：「查全國各地標準時間推行辦法，前於三十四年修正公佈，劃分全國爲五個標準時間區。茲以東北九省重劃，台灣光復，原定標準時間區域圖，應有更改。經呈奉行政院核定修正，除公佈並分行外，相應抄發上項辦法，暨附圖各一份，函請查照辦理見復爲荷！」等由，暨附送全國各地標準時間推行辦法暨附圖各一份；准此，除分行外，合行抄附原辦法令仰遵照！」等因，並附抄發全國各地標準時間推行辦法一份；奉此，合亟抄發全國各地標準時間辦法，令仰各該校館場一體知照！

此令。

兼局長馬元放

全國各地標準時間推行辦法

（一）全國各地標準時間劃分爲五個區域如左：
甲、以東經一百二十七度半之時刻爲標準者，曰「長白區」；
乙、以東經一百二十度之時刻爲標準者，曰「中原區」；
丙、以東經一百零五度之時刻爲標準者，曰「隴蜀區」；
丁、以東經九十度之時刻爲標準者，曰「新藏區」；
戊、以東經八十二度半之時刻爲標準者，曰「崑崙區」。

（二）全國各地標準時刻之供給，由國立中央研究院天文研究所與國防測量局會同負責。報時事項，由內政部委託中央廣播事業管理處負責辦理。其聯繫辦法，由各該機關自行商訂並送內政部備查。各民營廣播電台之報時，應以中央廣播電台所播之時刻爲準。

（三）全國各地電信機關之時刻，須與各該區標準時刻校準，負答復人民詢問時刻之責。前項電信機關校準時刻辦法，由內政部會商交通部訂定之。

（四）各地方政府應設置收音機一座，並特備時鐘一座，收得各該區標準時刻後，須將特備之時鐘校準。未設收音機者，應由地方政府商洽當地電信機關，於每日一定之時刻依電信機關之時刻，校準時鐘。

（五）各地方政府應設置標準鐘或特備時鐘，並採用午炮或其他信號傳報時刻於當地民衆，俾資遵守。標準鐘之管理及報時事項，應指定人員負責辦理。

（六）各機關時鐘每日至少應校正一次，各機關指定人員負責校準時刻。

（七）各地方政府設置之標準鐘或特備之時鐘，如發現速度不準者，應即加修理，不堪修理者，應即更行換購新鐘。

（八）本辦法自呈奉行政院核准後施行。

南京市教育局訓令

（卅七）京教人字第一二二五號
中華民國三十七年三月廿五日
令各中小學校

事由：爲准南京市紅十字分會，以組織紅十字少年會，請予贊助一案，轉令遵照由。

案准中華民國紅十字會南京市分會京分字第九〇號公函內開：「敬啓者，前奉總會代電內開：『爲務勸紅十字少年組訓工作起見，經決定先在南京、上海、江都、武進四處試辦，由各該分會在理事會之下，組織紅十字少年委員會，並選定當地中小學校若干所，籌組紅十字少年會。』等因；查世界各國紅十字會，均提倡紅十字少年工作，以倡導健康活動，發動社會服務，促進國際交誼，爲共同目標。故教育行政當局及學校教師，無不積極贊助，協同組織訓練，至今已有三十年之歷史，成績斐然可觀。本分會於三十五年十月間，創辦紅十字青年服務團，即爲響應此種富有教育價值之工作，曾經函請貴局准予備案在卷。茲爲提倡普及起見，擬請本市若干中小學校，舉辦紅十字少年會，列爲課外活動，凡紅十字青年會員，得自由參加。由學校當局選定導師，與紅十字會合作指導，無任感荷？」等由，附學校團體組織紅十字少年會辦法乙份；准此，合行刊錄原辦法乙份，令仰遵照協助爲要！此令。

附錄學校團體組織紅十字少年會辦法

兼局長馬元放

（A）學校團體組織紅十字少年會辦法

一、中華民國紅十字會，爲輔助少年公民教育，增進其身心健康，培養其服務能力，發揚其博愛精神起見，特提倡紅十字少年會組織。

二、凡各學校團體，有紅十字少年會員二十人以上，並有合格之指導人員，及活動場所，經申請當地分會認可後，得依法組織紅十字少年會。

三、學校組織紅十字少年會，定名爲「中華民國紅十字會〇〇市、縣分會〇〇學校紅十字少年會」，簡稱爲「〇〇學校紅十字少年會」。

四、各學校紅十字少年會，由會員中推選幹事五人至九人（男女同校者男女生各半）組織幹事會，並由幹事中互推一人爲主席。

五、幹事會工作包括總務、文書、會計、康樂、服務、衛生等項，由各幹事依照幹事會之決議，並秉承指導人員之指導，推行會務。

六、各學校紅十字少年會以校長爲指導員，教師一人至三人爲導師，與紅十字會合作，經常負責輔導。

七、各學校紅十字少年會爲促進會務，加強指導，舉辦各種活動作業，得聘請學生家長及校外人士担任顧問或技術指導。

八、各學校紅十字少年會所需經費以自籌爲原則。

（以下略）

首都教育
第二卷第十九期
民國三十七年四月十六日出版
編輯者　首都教育出版社
發行者　首都教育出版社　社址：南京市教育局內　電話總機二一一三〇—五　分機二
印刷者　大明印書館　地址：洪武路三一一號
經售處　首都教育出版社　南京各大書局
江蘇郵政管理局第一類新聞紙登記執照第貳肆玖號
本期每册售價伍萬元